日本比較法研究所翻訳叢書
62

ユダヤ出自のドイツ法律家

ヘルムート・ハインリッヒス
ハラルド・フランツキー
クラウス・シュマルツ
ミヒャエル・シュトレイス
著

森　勇 監訳

DEUTSCHE JURISTEN
JÜDISCHER HERKUNFT

von
H. C. Helmut Heinrichs
Harald Franzki
Klaus Schmalz
Michael Stolleis

中央大学出版部

DEUTSCHE JURISTEN
JÜDISCHER HERKUNFT

von
Dr. H. C. Helmut Heinrichs
Dr. Harald Franzki
Dr. Klaus Schmalz
Dr. Michael Stolleis

Originally published in German language
Copyright © Verlag C. H. Beck oHG, München (1993)
All rights reserved.

装幀　道吉　剛

ドイツ法学への感謝をこめて

訳者一同

序

　1989年，当時の西ドイツの上級地方裁判所長官は，ザールブリュッケン (Saarbrücken) において会同したが，その際「ナチの時代におけるユダヤ人法律家」というテーマのもと，いままで司法行政という問題に集中してきた長官諸会同においてはまったく取り上げられることがなかった問題領域が議題に掲げられた。会同参加者は，その報告において，——その一部は報告者ないしはその前任者がイニシアティブをとった——出版物や催し物を引用することができた。そしてまた，わが共和国の市民わけても後進の法律家に，ユダヤ出自 (Judische HerKunft) の法律家が，ナチによるその迫害，権利剥奪，そしてその抹殺が行われるまで，ほかの出自の法律家にくらべていかに多くわが国の法の発展に寄与してきたかをあきらかにするためにあまりにもわずかなことしか行われてこなかったということについても，意見は一致していた。その後の議論には，連邦弁護士会の理事ならびに大学教員が参加した。この議論から，元々のテーマとは若干アクセントのおき所をかえて，本書刊行のアイデアが生まれたのであった。

　本書のテーマは，19世紀の初めから，ワイマール共和国が終焉するまでの時代である。ユダヤ出自の法律家が，いわゆるナチによる「権力の掌握」まで，いかにわが国の法の発展に関与し，そしてまた，すべての法分野を，あらたなアイデアとあらたな刺激をもって満たしてきたかがあきらかとなるはずである。ナチが権力を握っていた間における権利剥奪と抹殺については，ゲッピンガー (Göppinger) が1989年に出版したその著書の2版において百科事典的に解説したとおり，1933年以降の時代にまで言及する各人物伝において明らかとされている。本書の最後の，個々人にではなく，ある時期に切り結んだ論文においても，このことは取り扱われている。もっとも，この論文があるからといって，本書の対象は原則1933年までであるということには変わりはない。

　本書の書名及びその構想については，もう少し説明が必要であろう。法律家

という者を分類する場合，その基準は，たとえばその職業，活躍した法分野，その属した法的な方向性ないしは学派あるいはそれが奉じた方法論といったように，さまざまである。これにたいし，どの宗教に帰依していたかとか，さらには，どの人種・民族の出身かは，分類基準としてはまったく妥当性を欠く。本書が取り上げる法律家は，その自己認識そして法制史的な基準によってもまたドイツ法律家である。彼らの多くが，プロテスタントであれカトリックであれ，キリスト教徒であった。そして，その先祖を受け継いだユダヤ教であった者もまた，自らのことを「ドイツにいるユダヤ人」ではなく，「ユダヤ系ドイツ人」だと考えていたのである。その宗教に関係なく，彼らをそのほかのドイツ法律家から区別することができるし，またそうしなくてはならないという見解は，反ユダヤ主義がもたらした観念によって立っている。それゆえ，本書の構成をどうするかの議論にあたって提起された，本書は心ならずも，反ユダヤ主義，ニュールンベルク法（Nürnberger Gesetze）とよばれるユダヤ人排斥をはかった２つの法律（以下では「ニュールンベルク法」）そしてまたホロコーストで使われた分類基準をある程度引き継いでいるという異議は，的外れではない。しかし，編者は，このことが本書とその構想を否定するものだとは思わない。本書の編者及び著者のように，反ユダヤ主義的な先入観に立ち向かい，そして，ユダヤ出自の人々によるわれわれの社会と文化への貢献を評価しようとする者にとっては，反ユダヤ主義がとった分類基準による以外の選択肢はない。「ユダヤ人法律家（Jüdische Juristen）」というのが，おそらくはよく使われる機会が多い表現のようではあるが，しかるべきことには，45人の著者のなかには，逆の人種差別としてこのような表現を使おうという誘惑に負ける者は，１人もいなかった。ユダヤ出自の人々は，1933年まで，学者として，そしてまた大学教育を受けた者がたずさわる職業にあって，確かに格別の成功をおさめていた。しかしこのことは，人種差別的なエセ理論によらずとも，社会史的にも社会学的にも説明することができる。なお編者が，ユダヤ「出身（Abstammung）」ではなく，ユダヤ「出自（Herkunft）」という表現を採用したのは，前者が人種差別をより意識させる可能性があるからである。

序　　　　　　　　　　　　　　　　　　　　　　　iii

　個々人にではなくある時期に切り結んだ3つの論文が本書には掲載されているが，これらは，本書全体をまとめるものであり，加えて，ユダヤ人法律家がドイツにおいて生活しそして仕事をしてきた際の法の枠組み及び社会の枠組みをあきらかにしてくれる。ラインハルト・レルップ（*Reinhard Rürup*）の最初の論文のテーマは，「ユダヤ人の差別からの解放と遅々として進まなかった法律職の門戸解放」である。すなわち，18世紀の中葉から差別の時代の終焉をもたらした1869年7月3日の北ドイツ同盟（Norddeutscher Bund）の法律までの時代がそのテーマである。レルップは，何度となく，とくに1848年その目標をあたかも達成したかにみえたものの，繰返しその反対勢力によりブレーキがかけられあるいは逆戻りさせられた差別からの解放プロセスをさまざまな角度から説明している。彼は，国家とのその結びつきの強さのゆえに，法律職については，ユダヤ人参入希望者への門戸開放に対する抵抗が，とくに強かったことを示してくれる。

　ペーター・ランダウ（*Peter Landau*）による2つ目の論文は，ドイツ帝国およびワイマール共和国におけるユダヤ出自の法律家と取り組んでいる。ランダウは，「1869年7月3日の，市民関係及び公民関係における宗派の平等に関する法律（Gesetz betreffend die Gleichberechtigung der Konfessionen in bürgerlicher und staatsbürgerlicher Beziehung）」から，1933年4月7日のいわゆる「職業官僚制度の再生のための法律（Gesetz zur Wiederherstellung des Berufsbeamtentums）」までのほぼ60年間を取り上げている。この約60年間というのは，ドイツの法秩序が，ヨーロッパの文化国家の要請に適応し，ユダヤ人にたいしてすべての市民と同様の職業チャンスと公民権を与えた時代である。その取り上げる範囲と問題点からしてとくに重要なこの論文はまた，法的な平等は，決して社会での機会均等をも補償するものではなかったことをもあきらかにする。この論文は，1869年から1933年までにあっても，インゲボルク・ヘヒト（*Ingeborg Hecht*）がいう「見えない壁」か，ドイツのユダヤ出自の人々の前にそびえていたことをはっきりと示してくれている。多くの著名なリベラリストをもまきこんだ反ユダヤ人主義の台頭もまた，（はじめはうまく

いった）ドイツ大市民階級への同化・統合の1つの例とされるドイツのユダヤ家族レーニング（*Loening*）家の歴史によせて語られている。この論文は，法政策にたずさわった者，大学教員，弁護士そして裁判官などすべての法律に関わる職業を取り上げている。しかし，その重点は，ユダヤの法学者がドイツ法とそのさらなる発展にもたらした功績をほぼ百科事典的に説明するところにおかれている。

　本書をしめくくる3つ目の論文は，本書が原則1933年までを扱うとしてはいるものの，ユダヤ出自のドイツ法律家を取り上げる書籍には欠くことのできないテーマを取り扱っている。執筆者ウォルフガング・ベンツ（*Wolfgang Benz*）は，ベルリンの反ユダヤ主義研究センターの長としてとくにこの点に詳しく，ナチの時代におけるユダヤ系法律家の排斥，権利剥奪そしてその抹殺をあきらかにする。「権力の掌握」直後における迫害の開始及び「職業官僚制度の再生のための法律」，ニュールンベルク法，1938年11月9日から10日の夜のプログラムに関してとられた諸処置，そして，ホロコーストにおける殺戮の絶頂期までにとられた諸措置が説明されている。20世紀においてなぜこんなことがドイツで起きそしてドイツ人から許容されえたのか，この論文はしかるべくその答えを読者に委ねている。

　これら3つの，個々人ではなくある時代に切り結んだ論文はジグムント・ツィンメルン（*Sigmund Zimmern*: 1796年–1880年）から始まり1899年に生まれたロベルト・ケンプナー（*Robert Kempner*）をもって終わる43人の生涯をかたる枠組みをなしている。19世紀中葉以来，すべての法律にかかわる職業において，ユダヤ出自の卓越した法律家が多数いた。編者は，40人から45人の生涯を描き出す本書で誰を取り上げるべきかの判断をしなければならなかった際，その候補となったのはほぼ200人にも達したし，これらの者はすべて賞賛と賛辞に値する人々である。それゆえ編者は，その選考基準を定めなくてはならなかったのであり，つぎの3つをその基準とすることとした。
(1) 本書でその生涯を取り上げる前提は，対象人物が法学またはその法実務にとくに貢献し，その生涯の功績を納得のいく形で描き出すことができることで

ある。その活動をもっぱら弁護士としてあるいは裁判官としてのそれに限定していた人は，その職業において大きな貢献を果たしていても，この要件を満たさないこととなる。したがって，これらの人々は，大学教員に比べると数が少なくなっているが，やむをえまい。編者は，弁護士及び裁判官に関し，その生涯を本書で取り上げるかどうかその判断に迷うケースにおいては，マイナスにはたらく要因を考慮しないという形で若干の調整を図った。

(2) オーストリアとドイツは，20世紀初めまで，法学，法曹教育そして実務にあって，かなりの程度一体化していたが，編者は，本書にオーストリアの法律家の生涯は取り上げないこととした。ボリュームの問題がその理由の1つであるが，政治的な誤解を生じさせるのではということもまたその理由である。それゆえ，フーゴ・ジンツハイマー（Hugo Sinzheimer）が，その同様の名前の著書において，『ドイツ法学のユダヤ系の古典的巨匠（Jüdische Klassiker der Deutschen Rechtswissenschaft）』と賞賛したヨーゼフ・ウンガー（Josef Unger）及びユリウス・グラゼル（Julius Glaser）の生涯は収録されていない。しかしまた，編者は，このような区切りを，オイゲン・エールリッヒ（Eugen Ehrlich）そしてまたヘルマン・ヘラー（Hermann Heller）の生涯が取り入れられていることからわかるように，厳格に守ってはいない。これに加え，先にあげた個々人ではなくある時代に切り結んだ3つの論文においても，オーストリアにおける展開とオーストリアの法律家が取り上げられている。

(3) 本書の対象を原則ワイマール共和国の終焉までに限るとする判断のもと，その職業上の功績の重点が1945年以降の時期にある法律家は，取り上げない。この時代も取り込み，たとえば，フリッツ・バウアー（Fritz Bauer），エルンスト・ハイニッツ（Ernst Heiniz），ルードルフ・カッツ（Rudolf Katz），ハインリッヒ・クローンシュタイン（Heinrich Kronstein），マックス・ラインシュタイン（Max Rheinstein），エルナ・シェファー（Erna Scheffler）そしてヴァルター・シュトラウス（Walter Strauß）などの生涯も取り上げるとすれば，とうてい1冊の本には収まらない。ドイツに限るという地域的くくりと同じく，1933年までという時期のくくりについても，編者は，個別具体例の特殊

性にかなうよう試みた。そういうことで，本書刊行の1993年当時93歳のロベルト・W. ケンプナーの生涯も，その1933年以前の業績よりも1945年以降のもののほうが重要ととらえられているにもかかわらず，本書では取り上げた。

しかし，地域をドイツに限り，時期も1933年以前と限定したにもかかわらず，完璧とはならなかった。取り上げなかった人物のリストには多くの名前があがっており，その数は取り上げた人物よりも多い。大学教員では，たとえばヴィクトル・エーレンブルグ (*Victor Ehrenberg*)，ユリウス・ハッチェック (*Julius Hatscheck*)，エルンスト・ランズベルク (*Ernst Landsberg*)，フランツ・レオンハルト (*Franz Leonhard*)，クルト・ペレルス (*Kurt Perels*)，フリッツ・スティアーゾムロ (*Fritz Stier-Somlo*)，ヴィルヘルム・エドゥアルド・ヴィルダ (*Wilhelm Eduard Wilda*)，そして弁護士ではマルティーン・ドゥリッカー (*Martin Drucker*)，マックス・ヒルシュベルグ (*Max Hirschberg*)，ヘルマン・イザイ (*Hermann Isay*) とルドルフ・イザイ (*Rudolf Isay*) 兄弟，パウル・レヴィー (*Paul Levi*)，ハンス・リッテン (*Hans Litten*)，ルードヴィッヒ・マラム (*Ludwig Maram*)，ルドルフ・オルデン (*Rudolf Orden*)，ハインリッヒ・ハルブルガー (*Heinrich Harburger*)，ビクトル・ヘニガー (*Victor Hoeniger*)，ヴィルヘルム・クローナー (*Wilhelm Kroner*)，エルドマン・レーベ (*Erdmann Löwe*)，ゲオルク・シャプス (*Georg Schaps*) は本書には登場しない。これら人物の生涯を取り上げることは，本書の予定ページ数からしてできなかった。当初の計画では，フーゴ・ジンツハイマーが，正当にもドイツ法学の古典的なユダヤ系巨匠と賞賛したオットー・レーネル (*Otto Lenel*) の生涯も予定していたがあきらめることとした。これは，編者が自らの考えを押さえ込んで，レーネル家の意向に応えたものである。

先にあげた2つ目の時期に切り結んだ論文の結語において，ペーター・ランダウは，ドイツのユダヤ系法律家の世界観的な背景をスケッチしている。正当にも彼は，精神的かつ政治的な方向性は実にさまざまで，一般化することは限定的にしかできないこと強調している。確かに，ユダヤ出自の法律家は，政治的な関心を持っている場合，その多くは，社会民主党（SPD）またはリベラル

な諸政党とかかわってきたことは確かである。しかしまた，1988年に出版された著書のタイトルと同じ意味での「好戦的な法律家（Streitbare Juristen）」は，ドイツ法律家全体に占める好戦的な法律家が割合からみると少なくはないとしても，彼らの中でもまた少数派であったことも確かである。ランダウは，ユダヤ出自のドイツ法律家の多数について，世界市民的理想と結合した躍動的なドイツ国民たる感覚，世界市民たることと母国としての誇りのシンテーゼとそしてまた人間性という法文化を胚胎していたことを認めている。もちろんこの際，自らを愛国者と考えそしてそうだと認めることは，ランダウが「ドイツ史上最悪の惨事」とよんだ時代の前にあっては，その後の時代におけるよりも簡単であり，かつまた問題も少なかったということは忘れてはならない。

　ユダヤ出自のドイツ法律家の迫害と抹殺によって，ドイツの法生活は確実に貧弱なものとなってしまった。確かに，生き残った若干のユダヤ系法律家は，1945年以降法治国家にかなった司法の再構築そしてまたナチの精神から解き放された法学の再構築に身を捧げた。しかし，ホロコースト後，ドイツの法生活が主としてユダヤ出自のドイツ法律家により特徴付けられていた時代は過ぎ去り，こうした時代が来ることは2度とない。最も強大な法律職のグループである弁護士についてみると，1928年プロイセンでは26％がユダヤ出自のドイツ法律家で占められていた。これにたいし今日では3％を超えたことすらない。そのほかの法律にかかわる職業，とりわけ大学教員についても同様と思われる。若干の法分野，たとえば比較法の分野において，第二次大戦終結後ほぼ50年を経過した今日でも，ユダヤ系法律家の迫害によってもたらされた間隙はいまだ完全には埋められてはいない。

　そうこうしている間に，ユダヤ出自の法律家が我々の法にもたらした多大の貢献が，忘れ去られてしまう危険が増大している。本書は，この危険に立ち向かおうとするものである。1936年カール・シュミット（*Carl Schmitt*）とハンス・フランク（*Hans Frank*）は，「国家社会主義にもとづいた法の擁護者同盟の大学教員全国グループ（Reichsgruppe Hochschullehrer des Nationalsozialistischen Rechtswahrerbundes）」の大会において，ドイツに

おける法学議論にあってはユダヤ系著者の著作及び学説は，今後これを考慮してはならないとの要請をかかげたのであった。シュミットとフランクが，反ユダヤ主義の狂信に支えられたこのような要請を，ユダヤ出自の法律家の所論攷が確かに再び顧みられそしてまた引用はされるものの，もはやそれがユダヤ出自の法律家の論攷だとは認識されないといったかたちであれ，実現させつづけることがあってはならない。

編者は，執筆者として 2 人の著名な歴史学者とさまざまな法律にかかわる職業から，43 人の，そのうち少なからずは著名な法律家を得ることができた。ユダヤ人出自の人々がした貢献の賞賛をつうじて，執筆者と編者は，反ユダヤ主義の狂信に立ち向かう。このことが今なおドイツにおいて不可欠であることは，ここ何週間かの間に起こった反ユダヤ主義にもとづく苦々しい暴力沙汰や不作法な振る舞いがはっきりとさせてくれた。執筆者と編者は，本書をもって，ユダヤ人がドイツ人から受けた不正の回復にも寄与しようと考えているが，ホロコーストに対する回復処置が，現実には不可能であることは知っている。

編者は，その財政的支援に対し，ドイツユダヤ人中央評議会（Zentralrat der Juden in Deutschland），アクセル・シュプリンガー財団（Axel-Springer-Stiftung），ルードビッヒ・シーバース財団（Ludwig-Sievers-Stiftung）及びルドルフ・アウグシュタイン（*Rudolf Augstein*）氏に，感謝の意を表する。加えてまた，人名リストおよび略語表を作成してくれた裁判官であるアン-マリエ・ヴォルフ（*Ann-Marie Wolff*）氏，そして本書の出版社に対しても，本書の刊行を責任感と専門性をもって支えてくれたことに対し，感謝しなくてはならない。

1993 年 1 月
ブレーメン・ツェレ・フランクフルトにて

編　　者

目　　次

序
略　語　集
参　考　文　献

ユダヤ人の解放とこれに遅れた法律職の開放
　　　　　　　　　　　　　ラインハルト・リュールップ
　　　　　　　　　　　　　　　　中山幸二 訳　　1

ジグムント・ヴィルヘルム・ツィンメルン（1796-1830）
　ユダヤ人解放の早期におけるローマ法の体系家
　　　　　　　　　　　　　クリストフ・クランペ
　　　　　　　　　　　　　　　　森　　勇 訳　　35

エドゥアルト・ガンス（1797-1839）
　ヘーゲルとサヴィニーの狭間にあった
　政治指向の人物
　　　　　　　　　　　　　ヨハン・ブラウン
　　　　　　　　　　　　　　　　川並美砂 訳　　63

フリードリッヒ・ユリウス・シュタール（1802-1861）
　キリスト教的国家と正統性の政党
　　　　　　　　　　　　　クリストフ・リンク
　　　　　　　　　　　　　　　　小野寺邦広 訳　　85

ガブリエル・リーサー（1806-1863）
　ユダヤ人解放のための戦いから自由主義的な
　ドイツ憲法への道のり
　　　　　　　　　　　　　ウイルフリード・フィードラー
　　　　　　　　　　　　　　　　森　　勇 訳　　129

エドゥアルト・フォン・ジムゾン（1810-1899）
　1848-49年ドイツ国民議会議長，1871年ドイツ
　帝国議会議長，ライヒ裁判所長官
　　　　　　　　　　　　　　　ゲルト・プファイファー
　　　　　　　　　　　　　　　　　榊原嘉明 訳　155

フェルディナント・ラッサール（1825-1864）
　社会主義，国家主義革命家
　　　　　　　　　　　　　　　ティロ・ラム
　　　　　　　　　　　　　　　　　金井幸子 訳　177

ドイツ帝国及びワイマール共和国における
ユダヤ出自の法律家
　――エルンスト・ランズベルクへの
　　思いをこめて――
　　　　　　　　　　　　　　　ペーター・ランダウ
　　　　　　　　　　　　　　　　　森　　勇 訳　199

レヴィーン・ゴルトシュミット（1829-1897）
　現代商法学の創始者
　　　　　　　　　　　　　　　クラウス・ルーイク
　　　　　　　　　　　　　　　　　藤嶋　肇 訳　337

ハインリッヒ・デルンブルク（1829-1907）
　後期パンデクティスティク及びプロイセン
　私法の「侯爵」
　　　　　　　　　　　　　　　クラウス・ルーイック
　　　　　　　　　　　　　　　　　坂本恵三 訳　359

エドゥアルト・ラスカー（1829-1884）
　法治国家のための生涯
　　　　　　　　　　　　　　　アドルフ・ラウフス
　　　　　　　　　　　　　　　　　村山淳子 訳　385

エミール・フリードベルク (1837-1910)
　歴史法学派の教会法学者,「国家カノン法学者」
　そして「文化闘争」における共闘者
　　　　　　　　　　　　　　　　クリストフ・リンク
　　　　　　　　　　　　　　　　　　森　　勇訳　433

パウル・ラーバント (1838-1918)
　学問としての国法学
　　　　　　　　　　　　　　　　ヴァルター・パウリー
　　　　　　　　　　　　　　　　　　土屋　武訳　463

ビクトル・ハイマン (1842-1926)
　ブラウンシュヴァイク公国の弁護士
　そして地方政治家
　　　　　　　　　　　　　　　　ディーター・ミオスゲ
　　　　　　　　　　　　　　　　　　森　　勇訳　491

フィリップ・ロートマール (1850-1922)
　自由の精神と社会主義におけるローマ法,
　法哲学及び労働法
　　　　　　　　　　　　　　　　ヨーアヒム・ルュッケルト
　　　　　　　　　　　　　　　　　　金井幸子訳　507

ゲオルク・イェリネク (1851-1911)
　公法のための生涯
　　　　　　　　　　　　　　　　マルティン・J. ザトラー
　　　　　　　　　　　　　　　　　　工藤達朗訳　541

ハインリッヒ・ロジーン (1855-1927)
　一般行政法及び社会保険法のパイオニア
　　　　　　　　　　　　　　　　アレクサンダー・ホレルバッハ
　　　　　　　　　　　　　　　　　　森　　勇訳　561

ヘルマン・シュタウプ（1856-1904）
　商法の注釈者，積極的契約侵害（positive
　Vertragsverletzung）の発見者
　　　　　　　　　　　　　ヘルムート・ハインリッヒ
　　　　　　　　　　　　　　　　村山淳子 訳　585

アルフレート・ルードヴィッヒ・ヴィロシュコフスキー（1857-1945）
　裁判官，高等教育機関教師そしてゲーテ研究家
　　　　　　　　　　　　ハンス-ユルゲン・ベッカー
　　　　　　　　　　　　　　　　森　勇 訳　613

マックス・ハッヘンブルク（1860-1951）
　分類された経済生活としての取引法
　　　　　　　　　　　　　カール・オットー・シャナー
　　　　　　　　　　　　　　　　梶浦桂司 訳　631

フーゴ・プロイス（1860-1925）
　都市法制（Stadtverfassung）から
　ヴァイマル共和国憲法（Staatsverfassung）へ
　　　　　　　　　　　　　ディアン・シェーフォルト
　　　　　　　　　　　　　　　　武市周作 訳　649

オイゲン・シッファー（1860-1954）
　司法改革の開拓者
　　　　　　　　　　　　　　　ヨアヒム・ラム
　　　　　　　　　　　　　　　　山﨑　勉 訳　683

オイゲン・エールリッヒ（1862-1922）
　法社会学の創始者
　　　　　　　　　　　　　アンドレアス・ヘルドリッヒ
　　　　　　　　　　　　　　　　野沢紀雅 訳　701

クルト・ヨエル（1865-1945）
　ライヒ司法の行政官
　　　　　　　　　　　　　　　ペーター・ディエナース
　　　　　　　　　　　　　　　　　本間　学訳　723

ルーイ・レヴィーン（1865-1939）
　「実務の指導者」
　　　　　　　　　　　　　　　ルドルフ・ヴァッサーマン
　　　　　　　　　　　　　　　　　山﨑　勉訳　737

リヒャルト・マンスフェルト（1865-1843）
　ドイツ大審院部長判事
　　　　　　　　　　　　　　　ディーター・ミオスゲ
　　　　　　　　　　　　　　　　　田代雅彦訳　755

ユリウス・マグヌス（1867-1944）
　自由な弁護士の指導者であり警告者
　　　　　　　　　　　　　　　ゲルハルト・ユンクファー
　　　　　　　　　　　　　　　　　坂本恵三訳　773

カール・ノイマイヤー（1869-1941）
　ライフワーク「国際行政法」
　　　　　　　　　　　　　　　クラウス・フォーゲル
　　　　　　　　　　　　　　　　　森　勇訳　795

マルティーン・ヴォルフ（1872-1953）
　明解性の大家
　　　　　　　　　　　　　　　ディーター・メディクス
　　　　　　　　　　　　　　　　　坂本恵三訳　811

マックス・O. フリードレンダー（1873-1956）
　弁護士法の開拓者にして先見の明を備えた人物
　　　　　　　　　　　　　　　　エーベルハネト・ハース
　　　　　　　　　　　　　　　　オイゲン・エーピック
　　　　　　　　　　　　　　　　　　　森　　勇訳　829

エルンスト・ラーベル（1874-1955）
　国際売買法の先駆者
　　　　　　　　　　　　　　　　ゲルハルト・ケーゲル
　　　　　　　　　　　　　　　　　　　廣瀬克巨 訳　853

ジェームズ・パウル・ゴルトシュミット（1874-1940）
　ある偉大な刑事訴訟法学者にして民事訴訟法学者
　　　　　　　　　　　　　　　　ヴォルフガング・セラート
　　　　　　　　　　　　　　　　　　　森　　勇訳　889

フーゴ・ジンツハイマー（1875-1945）
　労働法の創設者
　　　　　　　　　　　　　　　　ハンス=ペーター・ベネー
　　　　　　　　　　　　　　　　　　　高橋賢司 訳　919

ヘルマン・ウルリッヒ・カントロヴィッツ（1877-1940）
　ジレンマに立たされた法理論家
　　　　　　　　　　　　　　　　モニカ・フロンメル
　　　　　　　　　　　　　　　　　　　野沢紀雅 訳　943

エルンスト・ヴォルフ（1877-1959）
　一流の弁護士にして最上級審の裁判官
　　　　　　　　　　　　　　　　ゲオルグ・マイヤー・ライマー
　　　　　　　　　　　　　　　　　　　田代雅彦 訳　959

マックス・アルスベルク（1877-1933）
　真実発見の創造的原理としての弁護人の批判精神
　　　　　　　　　　　　　　　　　　ティルマン・クラッハ
　　　　　　　　　　　　　　　　　　　　　渡辺靖明 訳　979

レオ・ローゼンベルク（1879-1963）
　偉大な訴訟法学者
　　　　　　　　　　　　　　　　カール・ハインツ・シュワープ
　　　　　　　　　　　　　　　　　　　　　本間　学 訳　997

ハンス・ナヴィアスキー（1880-1961）
　連邦国家，法治国家そして民主主義に
　奉じたある生涯
　　　　　　　　　　　　　　　　　　ハンス・F. ツァヒァー
　　　　　　　　　　　　　　　　　　　　　畑尻　剛 訳　1009

エーリッヒ・カウフマン（1880-1972）
　時代の渦中にあった，そしてまた，
　時代を越えた法律家
　　　　　　　　　　　　　　　マンフレート・フリードリッヒ
　　　　　　　　　　　　　　　　　　　　小野寺邦広 訳　1035

ハンス・ケルゼン（1881-1973）
　「世紀の法学者」?
　　　　　　　　　　　　　　　　　　　ホルスト・ドライアー
　　　　　　　　　　　　　　　　　　　　　土田伸也 訳　1053

フリッツ・プリングスハイム（1882-1967）
　ローマ法研究の大家
　　　　　　　　　　　　　　　　　　　　エルマー・ブント
　　　　　　　　　　　　　　　　　　　　　川並美砂 訳　1099

リヒャルト・マルティーン・ホーニッヒ（1890-1981）
 正当な法を追求して
バーバラ・フーバー
渡辺靖明訳　1119

ヘルマン・ヘラー（1891-1933）
 自由主義的法治国家から社会的法治国家へ
クリストフ・ミュラー
工藤達朗訳　1149

アルベルト・ヘンゼル（1895-1933）
 法治国家にのっとった租税法を目指した闘士
パウル・キルヒホッフ
森　勇訳　1169

ロベルト・M.W. ケンプナー（1899-1993）
 プロイセン内務省警察局法律担当官から
 ニュールンベルク裁判における
 アメリカ合衆国選出主席検察官代行者への道のり
ヘルマン・ウェーバー
森　勇訳　1187

迫害及び絶滅のための権利剥奪について：
国家社会主義体制のもとでのユダヤ人法律家
ヴォルフガング・ベンツ
小田　司訳　1217

訳者あとがき
人名索引

略　語　表

aaO	am angegebenen Ort
ABGB	Allgemeines Bürgerliches Gesetzbuch für Österreich
abgedr	abgedruckt
Abh	Abhandlung
Abtl.	Abteilung
ACI Roma	Atti del Congresso internationale di diritto romano, Roma 1993,2 Bde
ACJI Romae	Acta congressus iuridici internationalis,Roma 1934,4 Bde
AcP	Archiv für die civilistische Praxis
A.D.B. (ADB)	Allgemeine Deutsche Biographie
ADHGB	Allg.Deutsches Handelsgesetzbuch von 1861
AE	Alternativentwurf
Am.J.Comp.L.	American Journal of Comparative Law
Anm.	Anmerkung
AnwBl	Anwaltsblatt
AO	Abgabenordnung
AöR	Archiv des öffentlichen Rechts
Arch.f.Bürg.Recht	Archiv für bürgerliches Recht
Arch VölkR	Archiv des Völkerrecht
ARSP	Archiv für Rechts- und Sozialphilosophie vorher : Archiv für Rechts- und Wirtschaftsphilosophie
Art	Artikel
Aufl	Auflage
Bank-Arch	Bank-Archiv.Zeitschrift für Bank-und Börsenwesen
Bd	Band
BGB	Bürgerliches Gesetzbuch
BGB-KE	Entw.der Kommission zur Überarbeitung des Schuldrechts 1992
BGBl	Bundesgesetzblatt
BGH EGE	Entsch.des Obersten Ehrengerichtshofs beim Bundesgerichtshof
BIDR	Bulletino dell´Istituto di Diritto Romano
BlVergl. RWiss.	Blätter für vergleichende Rechtswissenschaft und Volkswirtschaftslehre
BNSDJ	Bund Nationalsozialistischer Deutscher Juristen

BRAK-Mitt.	BRAK-Mitteilungen vorher:Mitteilungen der Bundesrechtsanwaltskammer
BRAO	Bundesrechtsanwaltsordnung
BT-Drucks	Drucksachen des Deutschen Bundestages
BVerfG	Bundesverfassungsgericht
BVerfGE	Entscheidungen des Bundesverfassungsgerichts
CCBE	Rat der Europäischen Anwaltschaften
CISG	Convention on Contrasts for the Intern. Sale of Goods
Colum. L. Rev.	Columbia Law Review
DAV	Deutscher Anwaltsverein
DDP	Deutsche Demokratische Partei
ders	derselbe
Dig	Digesten
Diss	Dissertation
DJT	Deutscher Juristentag (Verhandlungen des...)
DJV	Deutsche Justizverwaltung (sowj.Besatzungszone)
DJZ	Deutsche Juristen-Zeitung
DNotZ	Deutsche Notarzeitschrift
DRiZ	Deutsche Richterzeitung
DRZ	Deutsche Rechta–Zeitschrift
DStZ	Deutsche Steuer–Zeitung
DZKR	Deutsche Zeitschrift für Kirchenrecht
EAG	Haager Übereinkommen über den Abschuß von internationalen Kaufverträgen über bewegliche Sachen
ebd. (ebda)	ebenda
ed.	editit (herausgegeben)
EGH	Ehrengerichtshof
EKG	Haager Übereinkommen vom 1. Juli 1964 über den internationalen Kauf beweglicher Sachen
erg	ergänzend
EuGH.	Europäischer Gerichtshof
EWD Abl.	Amtsblatt der Europäischen Gemeinschaften
Festg.	Festgabe
Fn	Fußnote
FS	Festschrift
FV	Fragmenta Vaticana

略 語 表

GA	Goltdammer's Archiv für Strafrecht
GLA	Generallandesarchiv
GruchotsBeiträge	Gruchots Beiträge z. Erläuterung d. dt. Rechts
Grünhuts Z.	Grünhuts Zeitschr. f. d. Privat– und öff. Recht 1874–1916
GRUR	Gewerblicher Rechtsschutz und Urheberrecht
GS	Gesetzessammlung
Harv. L. Rev.	Harvard Law Review
HGB	Handelsgesetzbuch
HRG	Handwörterbuch zur deutschen Rehtsgeschichte
Hrsg.（auch Hg）	Herausgeber
HStA	Hauptstaatsarchiv
HZ	Historische Zeitschrift
Ibid.	ibidem
I. K.V.	Internationale Kriminalistische Vereinigung
Int. L. Q.	International Law Quarterly Review
Jb	Jahrbuch
JBl	Juristische Blätter
Jg	Jahrgaug
JherJb	Jherings Jahrbücher für die Dogmatik des bürgerlichen Rechts
JöR	Jahrbuch des öffentlichen Recht der Gegenwart
JR	Juristische Rundschau
JRS	Journal of Roman Studies
Jur. Bl.	s. JBl
JuS	Juristische Schulung
JW	Juristische Wochenschrift
JZ	Juristen–Zeitung
KJ	Kritische Justiz
KritV（js）	Kritische Vierteljahrsschrift für Gesetzgebung und Rechtswissenschaft
L. Contemp. Probl	Law and Contemporary Problems
LQR	The Law Quarterly Review
LZ	Leipziger Zeitschrift für Deutsches Recht
Mich. L. Rev.	Michigan Law Review
MittDGesVölkR	Mitteilungen der Deutschen Gesellschaft für Völkerrecht
Mot.	Motive zum Entwurf eines Bürgerlichen Gesetzbuchs für des Deutsche Reich

Ms	Manuskript
MschrKrim (MschrKr)	Monatsschrift für Kriminologie und Strafrechtsreform vor 1953: Monatsschrift für Kriminalbiologie und Strafrechtsreform
Nachw (m. w. Nachw.)	mit weiteren Nachweisen
NDB	Neue Deutsche Biographic
Nds.	Niedersachsen
Neudr (ND)	Neudruck
N. F.	neue Folge
NJ	Neue Justiz (DDR)
NJW	Neue Juristische Wochenschrift
NSDAP	Nationalsozialistische Deutsche Arbeiterpartei
N. S. R. B. (NSRB)	Nationalsozialistischer Rechtswahrerbund
OGHBZ	Oberster Gerichtshof der britischen Zone
o. J.	ohne Jaht
OLG	Oberlandesgericht
o. O. u. J.	ohne Ort und Jahr
Pg.	Parteigenosse
Preuß. ALR	Allgemeines Landrecht für die Preußischen Staaten (seit 1. 6. 1794)
PrGS	Preußische Gesetzessammlung
PrJMBl	Justizministerialblatt für die Preußische Gesetzgebung und Rechtspflege
PVS	Politische Vierteljahresschrift
RabelsZ	Zeitschrift für ausländisches und internationales Privatrecht ab 1961: Rabels Zeitschrift für...
RAO	Rechtsanwaltsordnung
RBewG	Reichsbewertungsgesetz
RdA	Recht der Arbeit
Rdnr	Randnummer
Reg. Bl.	Regierungsblatt
Rev. dr. int. leg. comp.	Revue de droit international et de législation comparée
Rev. gen. dr. i. publ.	Reve generale de droit international public
RG	Reichsgericht
RGBl.	Reichsgesetzblatt
RGG	Religion in Geschichte und Gegenwart
RGZ	Entscheidungen des Reichsgerichts in Zivilsachen

RHDFE	Revue Historique de Droit Français et Etranger
RheinZ	Rheinische Zeitschrift für Zivil- und Prozeßrecht
RIDA	Revue internationale des droits de l'antiquité
RMJ	Reichsministerium für Justiz
ROHG	Reichs-Oberhandelsgericht
SB	Staatsbibliothek
Schmollers Jahrb.	Jahrbuch für Gesetzgebung, Verwaltung und Volkswirtschaft herausgegeben von Schmoller
SDHI	Studia et documenta historiae et iuris
SJZ	Schweizerische Juristenzeitung oder Süddeutsche Juristenzeitung (ab 1950: Juristenzeitung)
SP	Spalte
StA	Staats- oder Stadtarchiv
StGB	Strafgesetzbuch
StuW	Steuer und Wirtschaft
SZ	s. ZRG
TR	Tijdschrift voor Rechtsgeschiedenis
TRE	Theologische Realenzyklopädie
UA	Universitätsarchiv
UB	Universitätsbibliothek
U. Chi. L. Rev.	The University of Chicago Law Review
UCLA	Univercity Of California Los Angeles
UIA	Union International des Avocats
UStR	Umsatzsteuerrichtlinien
VerwArch	Verwaltungsarchiv
Vjschr StuFR	Vierteljahresschrift für Steuer-und Finanzrecht
VO	Verordnung
Vol.	Band
VVDStRL	Veröffentlichungen der Vereinigung der Deutschen Staatsrechtslehrer
WRV	Weimarer Reichsverfassung
ZaöRV	Zeitschrift für ausländisches öffentliches Recht und Völkerrecht
ZfA	Zeitschrift für Arbeitsrecht
ZGB	Schweizerisches Zivilgesetzbuch
ZGR	Zeitschrift für Unternehmens-und Gesellschaftsrecht
ZgStrW	Zeitschrift für die gesamte Strafrechtswissenschaft

ZHR	Zeitschrift für das gesamte Handels-und Wirtschaftsrecht
ZKR	Zeitschrift für Kirchenrecht
ZNR	Zeitschrift für neue Rechtsgeschichte
ZParl	Zeitschrift für Parlamentsfragen
ZRG	Zeitschrift der Savigny Stiftung für Rechtsgeschichte; Germanistische, Romanistische Kanonistiische Abteilung
ZSR	Zeitschrift für Sozialreform
ZStW	Zeitschrift für die gesamte Strafrechtswissenschaft
Ztschr. (Zs.)	Zeitschrift
ZZP	Zeitschrift für Zivilprozeß

参考文献

P. *Arnsberg*, Die Geschichte der Frankfurter Juden seit der französischen Revolution, 3Bde, 1983

H. J. *Becker*, 600 Jahre Rechtswissenschaft in Köln, in : Festschrift der Rechtswisseschaftl. Fakultät zur 600-Jahr-Feier (1987), 3–30 (1988)

H. -P. *Benöhr*, Jüdische Rechtsgelehrte in der deutschen Rechtswissenschaft, in : Judentum im deutschen Sprachraum,hrsg. v. *Karl E. Grözinger* (1991), S. 280–308

A. *Brammer*, Judenpolitik und Judengesetzgebung in Preußen 1812–1847 (1987)

J. *Braun*, Sigmund Zimmern (1796–1830)-ein deutsch-jüdisches Gelehrtenschicksal, dargestellt anhand von Auszügen und Briefen, in : Zeitschrift der Savigny-Stiftung für Rechtsgeschichte, German. Abteilung 108 (1991), S. 210–236

ders., Die „Lex Gans"-ein Kapitel aus der Geschichte der Judenemanzipation in Preußen, in : Zeitschrift der Savigny-Stiftung für Rechtsgeschichte, German. Abteilung 102 (1985), S. 60–98

W. *Brauneder*, Juristen in Österreich 1200–1980 (1987)

B. *Diestelkamp/U. Stolleis*, Juristen an der Universität Frankfurt a. M., 1989

E. *Döhring*, Geschichte der juristischen Fakultät der Christian-Albrechts-Universität Kiel, 1965

D. *Drüll*, Heidelberger Gelehrtenlexikon 1803-1932

H. *Fischer*, Judentum, Staat und Heer in Preußen im frühen 19. Jahrhundert. Zur Geschichte der preußischen Judenpolitik, 1968

E. *Fucks*, Um Deutschtum und Judentum, 1919

P. *Gay*, In Deutschland zu Hause. Die Juden der Weimarer Zeit, in : Die Juden im nationalsozialistischen Deutschland, hrsg. v. *A. Paucker* (1968) (=Schriften-reihe des Leo-Baeck-Instituts 45) 31–43

F. *Golczewski*, Jüdische Hochschullehrer an der neuen Universität Köln vor dem Zweiten Weltkrieg, in : Köln und das rheinische Judentum, Festschrift Germania Judaica 1959–1984 (Köln 1984)

ders., Kölner Universitätslehrer und der Nationalsozialismus (=Studien zur Geschichte der Universität zu Köln 8, 1988

H. *Göppinger*, Juristen jüdischer Abstammung im „Dritten Reich". Entrechtung und Verfolgung, ²1990

M. *Hachenburg*, Lebenserinnerungen eines Rechtsanwalts und Briefe aus der Emigration, hrsg. v. *J. Schadt*, 1978 (=Veröffentl. d. St A Mannheim Bd. 5) ders., Juden im Wilhelminischen Deutschland 1890–1914 (1976)

ders., Rechtswissenschaft in Göttingen, hrsg. v. *Fritz Loos*, 1987 (=Göttinger Universitätsschriften A, Bd. 6)

E. Hamburger, Juden im öffentlichen Leben Deutschlands ; Regierungsmitglieder, Beamte und Parlamentarier in der monarchischen Zeit 1848 bis 1918 (1968)

K.Jarausch, Jewish Lawyers in Germany, 1848 bis 1938. The Disintegration of Profession, in : Year Book (Leo Baeck Institute) 36 (1991) , S.171–190

Jüdisches Lexikon, 5 Bde. (1927 bis 1930)

N. Kampe, Studenten und Judenfrage im Deutschen Kaiserreich (=Krit.Studien zur Geschichtswissenschaft, Bd. 76) , 1988

J. Katz, Aus dem Ghetto in die bürgerliche Gesellschaft. Jüdische Emanzipation 1770 bis 1870 (1986)

S. Kaznelson, (Hrsg.), Juden im deutschen Kulturbereich,²1959

G. Kisch, Der Lebensweg eines Rechtshistorikers, 1975

G. Kleinheyer/J. Schröder, Deutsche Juristen aus fünf Jahrhunderten, ³1989

T. Kolbeck, Juristenschwemmen. Untersuchungen über den juristischen Arbeitsmarkt im 19. und 20. Jahrhundert, 1978

T. Krach, Jüdische Rechtsanwälte in Preußen. Über die Bedeutung der freien Advokatur und ihre Zerstörung durch den Nationalsozialismus, 1991

F. Morstein, Lebensbilder Hamburgischer Rechtslehrer, 1969

W. E. Mosse, Arnold Paucker, Reinhard Rürup (Hrsg.), Revolution und Evolution. 1948 in German-Jewish History, 1981

K. W. Nörr, Zwischen den Mühlsteinen. Eine Privatrechtsgeschichte der Weimarer Republik (= Beitr. z. RG d. 20. Jhdts. 1), 1988

F. Ostler, Die deutschen Rechtsanwälte 1871 bis 1971 (1971)

Philo-Lexikon –Handbuch des jüdischen Wissens, hrsg. v. *Emanuel bin Gorion* (1935), ND 1982

M. Richarz, Der Eintritt der Juden in die akademischen Berufe. Jüdische Studenten und Akademiker in Deutschland 1678 bis 1848 (1974)

dies. (Hrsg.), Jüdisches Leben in Deutschland, Selbstzeugnisse zur Sozialgeschichte 1780 bis 1871 (1976)

R. Rürup, Emanzipation und Antisemitismus. Studien zur „Judenfrage" der bürgerlichen Gesellschaft, 1975 (ND 1987)

ders., The Tortuous and Thorny Path to Legal Equality -„Law Laws" and Emancipatory Legislation in Germany from the Late Eighteenth Century, in: Year Book (Leo Baeck Institute) 31 (1986) , S. 3–33

Semper apertus, Sechshundert Jahre Ruprecht-Karls-Universität Heidelberg 1386 bis 1986, hrsg. v. *W. Doerr*, 1986

H. Sinzheimer, Jüdische Klassiker der deutschen Rechtswissenschaft, 1953

R. Smend, Zur Geschichte der Berliner Juristenfakultät im 20. Jahrhundert, in: Studium Berolinense. Gedenkschrift zur 150. Wiederkehr des Gründungsjahres der Friedrich-Wilhelms-Universität zu Berlin 1960, S. 109–128

E. C. Stiefel/F. Mecklenburg, Deutsche Juristen im amerikanischen Exil, 1991

W. Tetzlaff, 2000 Kurzbiographien bedeutender deutscher Juden des 20. Jahrhunderts, 1982

J. Toury, Die politischen Orientierungen der Juden in Deutschland. Von Jena bis Weimar, (= Schriftenreihe des Leo-Baeck-Instituts 15), 1966

ders., Soziale und politische Geschichte der Juden in Deutschland 1847 bis 1871 (1977)

J. Walk, Kurzbiographien zur Geschichte der Juden 1918 bis 1945 (1988)

A. Weißler, Geschichte der Rechtsanwaltschaft, 1905

A. Werner, Jüdische Juristen in München, in: *H. Lamm*, Von Juen in München (1958), S. 256–260; neu abgedruckt unter dem Titel: *H. Lamm*, Vergangene Tage. Jüdische Kultur in München, 1982

S. Wininger, Große jüdische Nationalbiographie, 7 Bde., 1925ff.

Weitere Literaturnachweise bei den einzeLnen Lebensbildern.

ユダヤ人の解放とこれに遅れた法律職の開放[*]

ラインハルト・リュールップ[**]
訳　中　山　幸　二

I．解放の歴史における根本問題

　ドイツにおけるユダヤ人法律家の歴史は，ユダヤ人解放の時代とともに始まる。「ユダヤ人の中世」は 18 世紀後期まで及び，少なからぬ場所でさらにもっと長く続いた。数世紀にわたり，ユダヤ人の生活は，迫害と追放，抑圧と搾取によって宿命づけられていた。伝統的にユダヤ人の存在を特徴づけていたのは，住所不定，差別的な「ユダヤ人法」，惨めな暮らし向き，さらにユダヤ教徒とキリスト教徒の峻別，ユダヤ人世界の内外の閉鎖性などであった。ユダヤ人は，敵対する宗教に属しているだけでなく，異質な「民族（Nation）」とみなされた——それゆえ，教会や職場，ツンフトやギルドの中に居ること自体が望ましいことでなく有害であるとさえみられたのである。当時の領主たちはユダヤ人に「保護状（Schutzbrief）」を発給して高い金を払わせたが，その「保護ユダヤ人」の生活及び稼働の可能性につき長期の保障を与えてはいなかった。かくしてユダヤ人は他の住民とは広い範囲で隔離され，周縁部に追いやら

---

　[*] Die Emanzipation der Juden und die verzögerte Öffnung der juristischen Berufe
　[**] Dr. *Reinhard Rürup* : Professor an der Technischen Universität Berlin
　　（ベルリン工科大学教授）

れた，まさにキリスト教の社会秩序の外に隔離されたのである。1801年のバーデン政府の鑑定書でほんの少し取り繕って書いているように，彼らは「単に国家に受忍された臣民であって，一応国家の保護は受けるが，決して市民社会の構成員ではなかった」[1]。

このような状況のもとで，ユダヤ人による法律学の学修と法律職の活動がまったくみられなかったことは明らかである。それでも17世紀及び18世紀には，ユダヤ人の中に，本質的に「ユダヤの中世」を克服しようとする2つの発展がみられた。まず，「宮廷ユダヤ人 (Hofjuden)」とともに，危険を覚悟で多くの成果をあげたユダヤ人企業家たちの限られた階層が成立した。彼らは軍や宮廷の御用商人として，取引や金融の仲介人として，貨幣職人や税金取立人として，さらには皇帝や国王，諸侯や司祭の財政的及び政治的助言人として活動した[2]。彼らは権力者の近くで活動し，多くの財産を蓄え（そのうちの多くを急に失うことになるが），贅沢と流行，芸術と教養が重要な役割を占める「世俗的」生活を送った。彼らは特権を与えられていたにもかかわらず，その存在は，その時々の支配者たちの恣意とともに，その家臣たちの嫉妬や憎悪にも晒され，常に危ういものであった。しかし，「宮廷ユダヤ人」によって，狭いユダヤ人世界の外でも生活できることが確かめられ，彼らとともに近代史上初めてユダヤ人が一般的な支配システム及び社会システムの中で重要な機能を担う者として登場する。このように経済的影響力が大きく社会的孤立の殻を破ったユダヤ人層は，18世紀初めには全ユダヤ人口の約2％と見積られている。19世紀初頭に多くの家族がキリスト教に改宗したのはそういったユダヤ人層であり，子供たちに高い教育を施し，彼らを大学に送り込んだのももちろんそういう家族であった。

---

[1] Vgl. *Reinhard Rürup*, Emanzipation und Antisemitismus. Studien zur „Judenfrage" der bürgerlichen Gessellschaft, Göttingen 1975, S. 15.
[2] 「宮廷ユダヤ人」の歴史については，*Selma Stern*, The Court Jew, Philadelphia 1950, 及び *Heinlich Schnee*, Die Hoffnanz und der moderne Staat, 6 Bde, Berlin 1953-1967 参照。

第2の発展は，18世紀の中頃ベルリンで始まった。当時，ユダヤ人知識人の小さな集団が一般教養にあらたな時代を開いただけでなく，ヨーロッパの啓蒙運動のアクティブな部分としても受け止められた[3]。モーゼス・メンデルスゾーン（Moses Mendelssohn）の指導のもと（彼の特別な指導力はすぐに争いの余地のないものとなった），これらユダヤ人啓蒙家たちはユダヤの伝統と現代ヨーロッパ思想を架橋しようと努めた。彼らは，ユダヤ教改革の必要性と可能性について，宗教と哲学，倫理と美学について，ユダヤ人の教育と一般的な人間教育について，集中的な議論を開始した。その際，ある程度まで彼らの後ろ盾となったのは，ベルリンの大ブルジョワ・ユダヤ家族であった。同時に，彼らは，口頭や文書で，雑誌や著書で，キリスト教の友人との語らいの中で，そしてキリスト教の対立者との論争の中で，一般的な民衆の啓蒙談義に加わったのだった。同時代の議論を受け入れるに留まらず，自分独自の構想をも提示し，そうすることによって非ユダヤ人の友人や仲間の同意と驚嘆を勝ち得たのである。話すのも書くのも，洗練された，しかも文学的な標準ドイツ語（Hochdeutsch）を操り，仲間からすぐにユダヤ・ドイツ語として受け入れられた。1786年にメンデルスゾーンが亡くなった時，ユダヤ教から離れることなく，他の人間と同じように1人のユダヤ人が同時代の公衆の発展に積極的に参加できたことが，理論的にも実践的にも示された。したがって，ドイツは——正確にはベルリンは——近代ユダヤ社会の揺籃の地となったのであり，換言すれば，非ユダヤの，近代的ないし近代化しつつある社会におけるユダヤ人の存在が形作られた場所となったのである。

　1780年頃ドイツで——他のヨーロッパ諸国より早く——ユダヤ人解放の綱領宣言がなされたのは，もちろん，このような発展があったからこそである[4]。

---

3) ユダヤ人の啓蒙活動と近代ユダヤ民族の成立については，とりわけ，*Jacob Katz*, Tradition and Crises, Jewish Society of the Modern Jew. Jewish Identity and European Culture in Germany, 1749-1824, Detroit 1967; *Alezander Altmann*, Moses Mendelssohn. A Biographical Study, London 1972 を参照。

4) ドイツにおけるユダヤ人解放の歴史については，*Jacob Katz*, Aus dem Ghetto in die bürgerliche Gesellschaft. Jüdische Emanzipation 1770-1870, Frankfurt 1986;

同時代の大多数の人と同様に，ユダヤ人解放の理論家たちも，ユダヤ人の現状につき否定的な評価から出発した。ユダヤ人集団は，社会のお荷物であり，克服すべき「害悪」とみなされた。しかし，ユダヤ人の嘆かわしい状態の根源は，彼らの宗教でも「民族的特質」でもなく，キリスト教信者による抑圧と迫害に由来する，との新しい考えが生じ，これがまたその後の発展にとって決定的となった。この診断がなされると同時に治療が開始された：人はもはや抑圧をやめ，「ユダヤ人法（Judenrechte）」を廃止し，過去の間違った展開を修正するため，市民社会に参加する道を開かなければならないのだ，と。啓蒙の意味で持ち出されたのはつぎのような論理である。ユダヤ人も他の人と同じ人間であり，市民社会の「有益かつ幸福な」構成員となる同等の資格をもつ。宗教的信念の相違は，所有権と人格の自由を基礎として形成さるべき市民社会においては，もはや市民の権利義務に相違をもたらさない。近代国家は，その国家高権の及ぶ領域のすべての人間を市民（Bürger）としなければならず，どんな社会集団をも法的社会的に疎外することはできない，というのである。

　ユダヤ人の法的平等と社会組入れの原則がすべての解放理論家に承認された一方で，実務では著しい相違がみられた。革命フランスにおいては1791年，唯一の立法行為で法的平等を創出し，社会的な接近と融和は社会的諸勢力の自由な作用に任せることに決したのに対し，ドイツでは，他の多くのヨーロッパ諸国と同様に，国家のコントロール機能を放棄することはできないと考えた。そのさい明らかになったのは，ユダヤ人にとってまず第一に重要なことは，人権と市民権を与えることではなく，ユダヤ人を市民以前の存在・市民以外の存在かられっきとした市民へと格上げすることであった。1830年頃に「解放（Emanzipation）」の概念が明確に前面に出てくるまでは，ユダヤ人の「市民への格上げ」が最初の解放段階のスローガンであった。解放政策は，こうして国家により統率され公的に議論された教育政策となり，必然的に長期にわたるものとなった。権利の拡張と「市民への格上げ」とは相連携して前進するものと

David Sorkin, The Transformation of German Jewry, 1780-1840, Oxford1987; *Reinhard Rurup* (aaO Fn. 1) 参照。

され，完全な法的平等は集合的な再教育の最後の仕上げと位置づけられた。

　このような解放の考え方に鑑みて，解放をめざして設定された「ユダヤ人問題」がドイツでは何世紀にもわたって議論の対象になり続けたことも不思議ではない[5]。「解放の時代」は，1780年頃の最初の綱領宣言的な議論から1869年の北ドイツ連邦のユダヤ人解放法（Emanzipationsgesetz）まで続き，この法律が1871年に帝国法（Reichsgesetz）として引き継がれた。18世紀後半に極めて活発になされた公の議論に続いて，ナポレオン支配下でのライン同盟諸国及び改革期プロイセンにおいて，ユダヤ人に多くの分野で（しかし決してすべての分野ではないが）同等の権利を認めた最初の重要な解放諸法が制定された。初めから際立ったのは，それぞれのドイツ諸国で極めて扱いが異なっていたことである；解放立法の時間的または内容的な一致についてはどの時点でも特定できない。法律関係を変えるだけでなく，偏見を解き，社会関係を再構築することが重要であったので，さまざまな「反ユダヤ人規範（Judenordnungen）」が相互に連携なしに併存したことが，解放と同化のプロセスにとって最初から大きな負担であった。

　ウィーン会議で全ドイツ連邦に統一的な解放ルールを実施するというチャンスは，プロイセン及びオーストリアの圧力にもかかわらず，活用されなかった。その後に続く時代も，その展開はとりわけ矛盾によって特徴づけられた：法的同化が前進する一方で，すでに認めた権利を取り消すこともあり，しかもそれが同じ国家の中でさえしばしばみられた。しかし，1848年の革命前夜には自由かつ民主的な動きが強まり，解放にとって有利な方向に世論の転換をもたらした。フランクフルト国民会議で議決された「ドイツ国民の基本権」によって，いったんは解放立法も締め括りを迎えたかにみえたが，革命の挫折によって再び後退と停滞の段階に入り，1860年代にようやく個々の国家でもドイツ民族の統一国家でもユダヤ人の平等原則が実現した。

---

[5]　ドイツにおける解放政策と解放立法につき，*Reinhard Rürup*, Totuos and Thorny Path to Legal Equality – "Jew Laws"and Emancipatory Legislation in Germany from the Late Eighteenth Century, in Year Book (Leo Baeck Institute) 31 (1986), S. 3-33.

1871年以前のドイツにおけるユダヤ人法律家の歴史は、このように遅延した自己矛盾を孕んだ解放プロセスを反映している[6]。法律職への就任については個々の国家で規律が異なっていたが、すべての国家について言えることは、ハードルが異常に高く、帝国創立期に至るまで概してこのハードルを越えることができなかったということである。国家の司法職は長い間ユダヤ人に閉ざされており、何らかの法的制限がユダヤ人には課されていたのである。国家の職務がユダヤ人にはほとんど一般的に遮断されていたのであるから、ユダヤ人の裁判官や検察官などはおよそ考えられなかった。大学の法学教師の職についても、他の専門分野で緩和されてもなお、司法職の制限が適用された。さらに、ドイツの大部分の地域で、弁護士は自由職ではなく、公権的職務とみなされていたため、国家の職務からのユダヤ人の除外がこの領域でも何十年もの間効力を維持した。さまざまな職業集団の中で、ユダヤ人法律家ほど、解放の時代おいてもなお存在する法的制限に縛られ、これらの制限の背後にある偏見に見舞

---

6) 以下の叙述については、脚注に引用を示すだけであるが、とくに次の文献が基礎となっている：*Monika Richarz*, Der Eintritt der Juden in die akademischen Berufe. Jüdische Studenten und Akademiker in Deutchland 1678-1848, Tübingen 1974; *Jacob Toury*, die politischen Orientieungen der Juden in Deutschland. Von Jena bis Weimar, Tübingen 1966; *ders*., Soziale und politische Geschichte der Juden in Deutschland 1847-1871, Düsseldorf 1977; *Ernest Hamburger*, Juden im öffentlichen Leben Deutschlands. Regierungsmitglieder, Beamte und Parlamentarier in der monarchischen Zeit 1848-1918, Tübingen 1968; *Hans-Peter Benöhr*, Judische Rechtsgelehrte in der deutschen Rechtswissenschaft, in : Karl E. Grötzinger (Hrsg.), Judentum im Deutschen Sprachraum, Frankfurt 1991, S.280-308; *Konrad Jarausch*, Jewish Lawyers in Garmany, 1848-1938. The Disintegration of a Profession, in: Year Book (Leo Baeck Institute) 36 (1991), 171-190; *Tillmann Krach*, Jüdische Rechtsanwälte in Preussen. Über die Bedeutung der freien Advokatur und ihre Zerstörung durch den Nationalsozialismus, München 1991; *Thomas Kolbeck*, Juristenschwemmen. Untersuchungen über den juristischen Arbeitsmarkt im 19. und 20. Jahrhundert, Frankfurt 1978. Besonders zu danken habe ich *Frau Barbara Strenge* (Humboldt-Universität, Berlin) für die Einsicht in den Entwurf ihrer Dissertation „Die Zulassung von Juden zu preussischen Justizämtern (1812-1918)".

われた領域はまずないであろう。

II. 1800年以前のユダヤ人学生

　今まで述べてきたところから、個々のユダヤ人学生が18世紀の最後になってようやく法律学に向かうようになったことについて、長い説明は不要であろう[7]。彼らは、この専攻分野を選択して解放の議論に反応し、ユダヤ人法律関係の根本的な変革が間もなく訪れることを確信していた。大学が彼らを法学部に受け入れる姿勢をもったことは、同様に、来るべき改革にとってもオープンであることを示している。この時点までは、もっぱら医学部にしかユダヤ人学生はいなかった。それは15世紀の終わり頃イタリアの大学で始まり（パドゥア大学では18世紀初めまでに200人以上が医学博士の学位を取得している）、オランダのライデン大学でも17世紀後半よりユダヤ人医学生を教育した。アカデミックな教育を受けたユダヤ人医師たちは、大きなユダヤ人社会で活動したが、キリスト教の患者からも利用された。ドイツでは、最初のユダヤ人医学生が1678年にフランクフルト・アン・デア・オーデルで学生登録しており、これに続いて、ハレ（1695年）、ギーセン（1697年）、マールブルク（1710年以前）、デュイスブルク（1708年）、ハイデルベルク（1724年）、ケーニヒスベルク（1731年）、ゲッチンゲン（1735年）、ベルリン（Collegium medicum et chirurgicum 1738年）等々がある。カトリックの啓蒙運動の影響の下、マインツとヴュルツブルクでも、1780年からカトリックで最初の大学としてユダヤ人医学生を受け入れている。1721年には、フランクフルト・アン・デア・オーデルで、プロイセン国王の特別な保護状を受けて、ドイツの大学で最初のユダヤ人医学博士号が授与された。一定の時間的間隔をあけて、他の大学でもこの例に倣った。
　初期のユダヤ人学生は、圧倒的に、「宮廷ユダヤ人」層に属するか、医師の

　7）ドイツにおけるユダヤ人学生の歴史につき、基本的には、*Monika Richarz*, (aaO Fn.6)。

家系を引き継ぐ裕福なユダヤ人家庭の出身が多かった。なかにはすでに実務的な医学知識を持っている者もいたし，誰もが礼儀作法としての教養を有し，もちろん十分なラテン語の素養を身に付けていた。哲学，数学または自然科学に関心のある者も，必然的に，医学部に登録するしかなかった。ケーニヒスベルクはこのようにしてユダヤ人啓蒙運動の第2の中心地となったが，少なくとも8人のユダヤ医学生がカント学派としても知られている（なかでも，マルクス・ヘルツ（*Marcus Herz*）とイザァク・アブラハム・オイヘル（*Isaak Abraham Euchel*）は有名である）。医学について例外が認められると，ほかでも，大学の伝統として当然のこととみなされた。アカデミックな学位取得の際に使われていたキリスト教の宣誓方式は，初めからユダヤ人を排除した。ゲッチンゲンの著名なオリエント学者J. D. ミヒャエーリス（*J. D. Michaelis*）は1776年に，変革を提案するためではなく，現実の状況をドラスティックに照らし出すため，こう書いている：「モーゼス・メンデルスゾーンがここでマギスターになるとしたなら（哲学部にとっては正に願ってもない格別の栄誉であろうが），我々は彼を退けざるを得なかったであろう……」[8]。

このような背景のもと——18世紀にユダヤ人学生の数は合計約300人にのぼる——大学での勉学がユダヤ人に原則として開放されたとき，それがいかなる転回点を意味するかが明らかになる。まず，ハプスブルク君主制の中で1781年以来のヨーゼフ2世の勅許状（Toleranzpatenten）によってこれが生じ，18世紀後期にドイツのあちこちの大学で実現し，ナポレオン時代のドイツ大学制度の再編以来，原則となった。しかし，入学が許可されたからといって，それがすなわち明確な人生設計の期待と結びついていたわけではないし，決して就職を要求できるわけではなかった。当面，医学以外では，ユダヤ人に博士の学位を認めたのはごくわずかの大学にすぎなかったし，国家試験では原則としてユダヤ人は排除されていた。

ケーニヒスベルクでは，1788年から1790年に，最初のユダヤ人法学部生4

---

8) *Monika Richarz*（aaO Fn.6），S. 31 f. からの引用。

人が登録され，後に他の大学でも法学を学ぶ数人の学生が記録されている。すでに1799年には，ゲッチンゲンの裕福な家庭の息子であったアーロン・ヤーコブ・グムプレヒト（Aaron Jacob Gumbrecht）が，初のドイツのユダヤ人として両法の博士の学位を取得した。この最初のケースでただちに，その後数年及び数十年の間ユダヤ人法学生が直面するディレンマが白日のもとに晒されることとなった：グムプレヒトは，法律家としての職に就く見込みがないと悟って，商人となり，フランクフルト・アム・マインでイギリスの手工業製品を扱う企業を設立したのである。つぎの2つの事例も，ユダヤ人が法律学に取り組んだ初期の例として，理解に資するであろう。ベルリンのユダヤ人ザロモン・ベンダヴィド（Salomon Bendavid）は，1796年，ゲッチンゲン大学で学んだ後，ベルリン市裁判所（Stadtgericht）に司法官試補（Auskultator）として司法修習の許可を求める申立てをした。申立ては斥けられた。理由は，1797年11月28日の官房通達で述べているように，「憲法上ユダヤ人に司法の職を認めることはできず，この種の先例を認めると，志望者が多数押しかける事態を惹き起こしてしまうであろう」[9]。このような状況から，イザアク・エリアス・イツィク（Isaac Elias Itzig）──彼は，きわめて影響力の大きいベルリンの銀行家の一族で1791年に「市民権を得た」イツィク家に属する──は，1799年，法学を修めた後，予備修習に入るために，洗礼を受けることを決意した。司法大臣は，一族の繋がりがさらに続くことから疑念を表明したが，国王は「キリスト教に宗旨替えしたユダヤ人は，たとえ彼のユダヤ人家族との繋がりが続いていても，彼の資格を基準として司法職に就くことが許される」と決断した[10]。このケースで明らかなように，ユダヤ人法律家の採用に対するすべての反対理由が洗礼によって解消した。がしかし，社会史的関心からすれば，少なくともベルリンのユダヤ人上層階級では，洗礼がもはや必ずしも家族関係の断

---

9) 引用は，*Horst Fischer,* Judentum, Staat und Heer in Preußen im 19. Jahrhundert. Zur Geschichte der preußischen Judenpolitik, Tübingen 1968, S.206（Dokumentenanhang）による。

10) 1799年8月27日の官房通達，前注文献206頁から引用。

絶をもたらすものではなかった。これらの数少ない事例を総括して言えることは，解放という意味での法的及び政治的な劇的変化を期待して法学に身を捧げたユダヤ人学生は，洗礼を受けるか，職業を変えるかの選択を迫られた，ということである。

III. 解放法とその限界

　ドイツ諸国では，ヨーゼフの勅許状はひとまず別として，この時点まで解放政策はずるずると遅滞した準備作業の域を越えることはなかった。解放問題が現実に動き出したのは，ようやくフランス革命によって，とりわけナポレオンによるところが大きい。まず，これが当てはまるのは，軍事的に占領され，後にフランスに併合されたライン河左岸の地域である。この地域では，1798年以降，フランス法と同様に，ユダヤ人は他のすべての市民と同じ権利を享有することができた。職業選択の自由だけでなく，国家の官吏への道も含まれていた。もちろん，彼らはフランスの市民として種々の権利制限も受けることとなり，ナポレオンが一定の商取引と「暴利行為」を抑えるため，1808年3月17日のデクレで東部地区のユダヤ人に課した制限も受けた。この法律は，フランスでも急に国家によるユダヤ人の「教化」をめざして発令されたものだが，10年の期限が付された。フランスでは王政復古により廃止になってしまったのだが，1815年以降ライン左岸地域を管轄したドイツの歴代政府（プロイセン，ヘッセン・ダルムシュタット，バイエルン）はこれを維持することを決定した。フランスの立法は，1808年のデクレの制限とともに，1811年3月以降，フランスに併合された北西ドイツの広い領域でも適用されたが，「フランス人の時代」がここでは短かったので，ナポレオンの失脚後ユダヤ人の解放は簡単に元の状態に戻されてしまった。ドイツの土壌の上に築かれたナポレオンの「モデル国家」と言われたヴェストファーレン王国とベルク大公国では，ユダヤ人は1808年に一部は完全に平等化され，一部は広い範囲で法的平等化が実現された。

フランスの立法がまったく元に戻されてしまったとはいえ，ユダヤ人が少なからぬ地域で，短いとはいえ一定の期間，法律上平等に扱われたという事実は重要である。もちろん，ナポレオンが，旧帝国の清算とドイツ領の再編を推し進めることによって，ドイツにおけるユダヤ人解放のプロセスに与えた間接的な影響は，決して少なくない。ドイツ諸国家の急激な数の減少により，生き永らえた公国の領土は大方著しく拡大した。新たに獲得した領土では，しばしば新たなユダヤ人住民集団をも獲得した。バイエルンやヴュルテンベルクなど相当数の国家では，初めて大量のユダヤ人住民と向き合わざるをえなくなった。これらの国家は，あらたな「国民」と，多数の相異なるさまざまな「ユダヤ人法令」を目の前にし，今や，ユダヤ人住民の権利関係を規律するよう迫られた。久しく中断していた解放議論とフランスの立法に接し，ユダヤ人の解放という意味で，少なくとも「市民として地位の改善」という意味で，何らかの前進を示さざるをえなかった。この方向で最も大きな前進を示したのが，バーデン大公国であり，1807年から1809年の間に出した一連の「憲法勅令」の中で，ユダヤ人の法的地位を定めている[11]。大公国は，ユダヤ人を「相続されない国家市民（erbfreien Staatsbürgern）」であると宣言し，ユダヤ人に市民的な職業と職業教育への道を開き，ユダヤ教の宗教組織をキリスト教の教会の構造に倣って再編し，飴と鞭のシステムで「市民としての地位の改善」を促進しようと努めた。もちろん，一連の法的制限——とくに居住権の制限やその土地に結びついた権利の制限——も含まれており，その撤廃についてはさらなる市民化プロセスの進展を待たねばならなかった。ユダヤ人に国家市民権を認めることが国家職務への資格をも認めることになるのかは，まだ明確に決められてはいなかった。憲法勅令が国家職を求める平等の権利を認めたのはキリスト教徒についてだけであったが，しかし他の宗派の者を「国家の執行的職務」から明白に排除していたわけではない。1815年，大公国はカールスルーエ・高等学

---

11) バーデンの展開については，*Reinhard Rürup*, Die Judenemanzipation in Baden, in: Zeitschrift für die Geschichte des Oberrheins 114 (1996), S.241-300 ; auch in ders,: Emanzipation und Antisemitismus (aaO Fn. 1)。

校に 1 人の教師を任命することにより，ユダヤ人が基本的に国家職務から排除されていないことを確認した。しかし，1818 年のバーデンの憲法では，いまだにキリスト教徒にのみ国家職務を認めており，実務では 1848 年の 3 月革命の時期までずっとユダヤ人は国家職務に不適格とみなされていた。

ドイツにおけるユダヤ人解放の過程で最も重要な立法成果は，疑いなく，1812 年 3 月 11 日のプロイセン解放勅令である[12]。プロイセンでも，それまでほとんど放棄されていた解放努力を再開し，成果をもたらすまでには，ナポレオンに対する敗戦とそれによって可能となった改革政党の勝利を待たねばならなかった。1812 年に，プロイセンのすべてのユダヤ人は，勅令自体に明文でとくに別段の定めのないかぎり，「キリスト者と同じ市民的な権利と自由」を享受する「内国人かつプロイセン国家市民」であると宣言された。その別段の定めとして勅令が規定したのが，「公的役務と国家職務」であった：「学術的な教育職及び市町村の公務」への就任が認められた一方で（第 8 条），他の公共的職務への就任については，後の時期に決定するものとされた（第 9 条）[13]。改革論者は，当初企図さていた国家職務一般への就任許可を求めて，激しく抵抗し，最後には抗しがたい勢力となった。移行期間を 15 年に限定するという案さえも，反対者には納得されなかった。勅令はヨーロッパ全体の解放法令の大きな流れの中に組み込まなければならないが，国家職務への就任の可否をめぐる激しい議論からすでに，1815 年以後の時期に明らかになるプロイセンの解放政策の問題点が見て取れる。

---

12) プロイセンの解放政策については，*Annegret Brammer*, Judenpolitik und Judengesetzgebung in Preußen 1812 bis 1847, Berlin 1987; *Herbert A. Strauss*, Pre-Emancipation Prussian Policies towards the Jews 1815–1847, in：Year Book（Leo Baeck Institute）11 (1966), S. 107–136; *Ismar Freud*, Die Emanzipation der Juden in Preußen unter besonderer Berücksichtigung des Gesetzes vom 11. März 1812, 2 Bde (Darstellung und Dokumente), Berlin 1912 参照。

13) 勅令の本文は，*Ismar Freud*（aaO Fn. 12），Bd. 2, S. 455–459; *Ernst Rudolf Huber* (Hrsg.), Dokumente zur deutschen Verfassungsgeschichte, Bd. 1, Stuttgart 1961, S. 45–47.

プロイセンの国家運営は，ドイツの他の国にもプロイセンの解放政策の実施を義務づけようとしたが，ワイマール会議ですでに反動がみられた。連邦文書では，連邦国家内おける市民的及び政治的権利の平等は「キリスト教の政党」に属する者にのみ保障されたが，ユダヤ人解放に関しては，「できるかぎり意見の一致したやり方でユダヤ教信者の市民的地位の改善をいかに実現できるか，連邦会議で審議する」旨の文言に合意が得られただけであった[14]。この時点まで，ユダヤ人には，「個々の連邦国家からすでに認められた権利」が保障されたにすぎなかった——草案では，個々の連邦国家の「中に」すでに存在する権利が論じられており，これはフランス並びにウェストファリア及びベルクの立法に含まれていたのであるが。1815年以降の王政復古（旧体制復活）の基本合意はユダヤ人の解放に対して明らかに不利に作用した。公の議論では反ユダヤ的な意見が強力に主張され，1819年には——近世で初めて——数多くの都市と地方で，ユダヤ人及びユダヤ人の所有物に対する暴力行為が生じた。「時代精神」は移り変わり，改革楽観主義に代わって，解放悲観主義が前面に出るようになった。

プロイセンでは，このような変化の結果，ティルジットの和約〔訳注：1807年ナポレオンがロシア及びプロイセンと結んだ講和条約〕により著しく縮小した領土に発令された解放布告が，1815年の後，新たに獲得した領土や再び奪還した領土には適用されなかった。それゆえ，1847年までのプロイセンのユダヤ人には，もはや法的統一性を語ることはできなかった。プロイセン王国の中に，ほぼ2ダースの異なる「ユダヤ人法」が存在し，そのうちのいくつかは18世紀前半に成立したものであった。このようにして，1816年に公民権を享受していた約68,000のユダヤ人に対して，約59,000の公民権を持たないユダヤ人が存在した（そのうち約38,000人がポーゼン地方）。1815年から1847年の間にプロイセンのユダヤ人の法的地位に関して適用された一般的な規定のほぼすべてに，さらに制限が加えられた。ライン左岸地域並びにかつてのウェス

---

14) 1815年6月8日のドイツ連邦文書の本文については，*Ernst Rudolf Huber* (aaO Fn. 13), S. 75-81.

トファリア及びベルク地域におけるユダヤ人が享受していた比較的上質の権利は，プロイセン政府からは，その制限的な政策方針に従い，ごく一部しか認められなかった。他方，ナポレオンの1808年のデクレの制限的規定は，10年の期限の経過により遅滞なく広く適用されることが決定された。

プロイセン国家政府が，ライン地方において，フランス時代から司法職に就いていた3人のユダヤ人をプロイセン国家公務員として引き継ぐことを拒絶したのも，このような政策に対応している。問題となったのは，トリアー高等裁判所の法廷弁護士ハインリヒ・マルクス (Heinrich Marx)，ハインスベルクの執行官フィリップ・ベネディクト (Philipp Benedict)，クレフェルトの審判所の秘書室に勤務していた書記官ヨハン・ヤーコブ・マイヤー (Johann Jacob Meyer) である。1816年4月のデュッセルドルフ高等裁判所所長の鑑定意見の中では，3人がいずれも良好な勤務実績を果たしており，上司からも優秀との評価書を得ている旨がはっきりと確認されている。所長は，ユダヤ人の法的地位の平等化に対して基本的には批判的な立場であったにもかかわらず，司法大臣に3人の公務員を引き継ぐことを明確に推薦しているのである。

「かの3人のユダヤ人はいずれもイスラエル生まれで当地の住民である。彼らは適法にその職を得た。彼らは，ユダヤ人を国家職から排除しない法律を信頼して，この職を選んだ。もしこの職を失ったなら，彼らのパンを得る途は閉ざされてしまう。また，懲戒処分を受けることなく勤務してきた従来の公務員は引き続きその職に留まれる旨の，制限なしに出された国王の言葉も，それ自体彼らの利益に働く。彼らの不利になることは何も思い浮かばない。むしろ公式の勤務評価は彼らの採用を大きく後押ししている。もし推薦するとするならば，法廷弁護士のマルクスを司法省委員に，執行官ベネディクトを裁判所記録官に，そして書記官マイヤーを地方裁判所官房室秘書官に推薦申し上げたい」[15]。

---

15) Gutachten "Die bürgerlichen Verhältnisse der Juden betreffend" vom 24. April 1816, zitiert nach *Jacob Toury*. Der Eintritt der Juden ins deutsche Bürgertum. Eine

この印象深い指摘にもかかわらず，司法大臣は3人の公務員を司法職に引き継ぐことを拒否した。なぜなら，1812年の布告第9条には——その他の規定は新たな領地への適用が否定され——ユダヤ人は当面国家職へは登用しないことが明確に規定されていたからである。

　カール・マルクスの父ハインリヒ・マルクスは，このような状況の中で，仕事を得るため，キリスト教への改宗を決意した。書記官のマイヤーは職を辞したようであるが，執行官のベネディクトは上司の明確な支持を得て職を死守しようとした。「ユダヤ人を国家の官職から排除するという基本原則は，断固たる行政原理として，従来公務に就いていたユダヤ人にも原則として適用される」[16]という立場を繰り返す国家の省庁との長年のやり取りの後，1823年4月，最終的に，この個別事例で国王が自ら申立人に有利な決定を下した。もちろん「その者が遅かれ早かれキリスト教に改宗することが期待される」[17]との補足付きであるが。ベネディクトは，洗礼を受けなかったが，1840年代にもなお官職にあり，その職務遂行に対してさまざまな表彰を受けている。

　とくに教示に富んでいるのが，1813年以来ナポレオン戦争に義勇兵として参加し，戦後，文官司令部の配置の際に全義勇兵に優先的に割り当てられたポストを要求したユダヤ人たちに対して，プロイセン政府の示した態度である。極めて多数のユダヤ人が義勇兵として戦い，顕著な功績を挙げた（新たに創設された鉄十字勲章を授与された者71人，昇進した者40人以上，しかも2階級昇進した者もいる）にもかかわらず，——あるいは，まさにそれがゆえに——政府は，彼らが国家の文官の地位に就くことを拒絶したのであり，彼らの能力・資質に異論がない場合であっても認めなかったのである。ここでも，学問的な教育職と地方の官職を除き，ユダヤ人は国家の役職から排除されるとの原則が固守されたのである。鉄十字の受章者には例外を認めるという考慮自体が，決

Dokumentation, Tel Aviv 1972, S. 277–279.

16) 1822年3月25日の内閣決定。*Barbara Strenge* (aaO Fn. 6), S. 19の手写本からの引用による。

17) 1823年4月12日の内閣政令。

定的な拒絶に遭った。司法大臣は，国家職へのユダヤ人の採用に対する「国王陛下の断固とした嫌悪感」を引き合いに出して，こう述べている：「その原因は極めて重要であり，鉄十字の受章によっていささかも克服されない。理由は道徳性の欠如にあり，一時的な勇敢さでモラルの低さの推定が覆されるわけではない」[18]。内務大臣も同様の理由をあげ，つぎのように述べている：「この勲章が讃える勇気は，国家の職務に必要とされる唯一の美徳ではない。我々が例外を認めうるのは，国民の駆引き（savoir faire）として，その例外が短期間だけ原則となることを期待できる場合に限られる」[19]。さらに，警察大臣はごく実務的に「ユダヤ教信者を警察官吏に採用するとなると，とくに国民の下級階層の世論に逆らうことになろう，それゆえ私は，この宗教の義勇兵に功績があっても警察官吏に就職することを申請することはできないと信ずる」[20]。

　ユダヤ人が国家の職務に就くことが原則として許されないという立場にとって，ユダヤ人がプロイセン軍にすでに属しているという事実は，1つの問題であったに違いない[21]。1814年の国防法以来，少なくとも古い府県（Provinzen）ではユダヤ人も他のすべての市民と同様に一般的な徴兵義務に服した。他の府県では，プロイセンのすべてのユダヤ人が軍役義務ありと宣言される1845年まで，規律が異なっていた。戦争中に辞令をもらっていたユダヤ人将校は，1815年以降，洗礼を受けるか，または職を辞するか選択を迫られた。洗礼を受けずに軍隊に残った者は，当面はその地位に留まることができたが，1822年以降は原則としてさらに昇進することはできなかった。唯一の例外が砲兵隊将校メノ・ブルグ（Meno Burg）である。彼は，戦時中に資格を取得し，1815

---

18) 1815年12月23日のKircheisen司法大臣の意見表明，*Ismar Freud*（aaO Fn.12），Bd. 2, S. 466からの引用による。
19) 1815年12月24日のSchuckmann内務大臣の意見表明，同書 *Ismar Freud*（aaO Fn.12），Bd. 2, S. 467からの引用による。
20) 1815年12月26日のFürst zu Wittgenstein警察大臣の意見表明，同書 *Ismar Freud*（aaO Fn.12），Bd. 2, S. 467からの引用による。
21) ユダヤ人と軍隊との関係につき基本文献として，また国家職務へのユダヤ人の就任可能性一般についても重要な文献として，*Horst Fischer*（aaO Fn. 9）。

年に陸軍少尉に任命され，1816年以降ベルリンの砲兵学校で教鞭を執り成功を収めた。1826年には中尉に昇進したが，さらに昇進するには，その前にキリスト教に改宗するよう，あからさまに求められた。彼の上官から推挙された勲章も，同じ理由から授与されなかった。40年後になってようやく，徐々に空気が変わり，ブルグは国王から上級の勲章を授与されるだけでなく，1847年には遂に陸軍少佐にまで任命された。しかし，このきわめて例外的な場合を除き，ユダヤ人は原則として上等兵にさえ昇進できなかったのである。

　ユダヤ人を公的な職務に就くことから排除するという傾向は，政治的な職務でも留まることがなかった。1823年にプロイセン地方議会を設置する際，ユダヤ人に被選挙権は認められなかった。1831年には，ユダヤ人の荘園領主から領主裁判権も剥奪された。1809年の都市条例はユダヤ人を市会議員及び（無給の）市参事会員として認めたが，1831年の改定都市条例では市長職を明確にキリスト教者に限定された。1833年には，内務大臣の回状通達により，村長の職務を行う権利もユダヤ人から剥奪された。同様の規定が1845年のライン市町村条例にもみられ，キリスト教徒にのみ市町村長の職を引き受けることを認めている。1841年，ユダヤ人は市庁において警察職務に就いてはならない，との行政命令を内務省が発している。プロイセンには1848年まで憲法も州議会もなかったので，これら地方自治行政における権利制限や身分上の権利制限は，プロイセンのユダヤ人たちの国家市民たる性格を決定的に空洞化するものであった。

　このような状況下で，プロイセンのユダヤ人にとって司法職の開放など到底考えられなかったことは明らかである。ドイツ連邦の他の諸国では，それぞれまったく異なる展開があったが，全体の傾向としては，1815年から40年代まで大きな一致がみられ，ユダヤ人には原則として権利が付加されるよりも権利が剥奪されるという現象が多くみられた。ただごく少数の国で，1848年より前に，ユダヤ人法律家に少なくとも限定された職業の可能性が与えられていた。しかしながら，全期間を通じて，法律学に勤しむ少なからぬ数のユダヤ人学生がいたことは，特別に注目に値する展開というべきである。

Ⅳ. ユダヤ人法学徒と就職機会

　19世紀後期，ドイツの大学の全学生に占めるユダヤ人学生の割合は，およそ10％であり，これは明らかに平均的なユダヤ人の人口比に比べて1％以上やや上回っている。19世紀前半には対応する統計が存在しないが，慎重にみ積もって，この時期には人口比に比べて約2倍のユダヤ人学生が学んでいたと見られる。この数十年の間はユダヤ人学生にとって就業機会が極めて劣悪であったことからすれば，この数字はますます際立ってみえる。医学生の割合がユダヤ人の場合は特に高かったという事実は，古くからのユダヤ人の伝統であるばかりでなく，現代の就業可能性にも対応している。おそらく，1848年以前の全ユダヤ人学生の半数以上が医学部に在籍していた。自然科学を含む哲学部にも学生が殺到しており，これからのユダヤ律法博士（Rabbiner）には神学の教育と並んで哲学部における大学教育が求められるとされてから一層この傾向が強まった。プロイセンにおけるユダヤ人学生のうち法学部生の数は，初めて公式の統計数値が発表された1886–87年でもわずか16％にすぎなかったのであるから，この世紀の前半にはもっと少ない数字から出発せざるを得ないだろう。もちろん，プロイセンの以外のいくつかの大学ではユダヤ人法学部生の割合がもっと高かったという事実も考慮しなければならない。
　ユダヤ人法学徒にとって最も重要な勉学の地は，明らかにハイデルベルクとゲッチンゲンであった。両大学は，ユダヤ人学生に対して比較的自由な規則を持ち，また両大学の法学部はとくに評判が高かった。キールやチュービンゲンのような他の大学でも，3月革命前には法学部に比較的多くのユダヤ人学生がいた。他方で，ベルリン大学のようにユダヤ人に対してとくに拒絶的な態度をとった法学部では，1844年にたった2人しかユダヤ人学生がいなかったとの報告がある。ゲッチンゲン大学においては，1800年から1837年の間に少なくとも75人のユダヤ人学生につき，名前だけでなく，出身地や父親の職業まで確認できる。それらの学生のうちちょうど3分の1が法学部に学籍登録してい

たが，これは法学部の名声だけでなく，「ゲッチンゲン大学の貴族的伝統がユダヤ人の上級階層出身の学生にとって大きな魅力となっていたことに由来する」[22]。法学部生25人中15人が特別裕福な家庭の出身であることが，具体的に追跡可能である（父親の職業：宮廷代理商，銀行家，金利生活者，商人，等々）。このような社会的背景が，彼らに，当時の状況下では現実的な就業の見込みと結びつかないような専門科目をも選択することを容易にしたのであろう。

　法律学を修めた後に国家職や大学の職を得ようとする者は，洗礼を受けるという選択肢しかなかった。ゲッチンゲンの法学部生でも，一部は就職のために，一部は他の理由から後にキリスト教に改宗した者が少なくない。ユダヤ人法学部生への洗礼の圧力は，19世紀前半にはとくに強かった。それゆえ，同時代人には，法律を学ぶ決意をすることは信教変更への第一歩と解釈する者も少なくなかった。ダビット・ホーニッヒマン（David Honigmann）が1843年に父親の友人に相談して法律を学ぶことを決意した時，先祖の宗教から離脱するわけではないということを納得してもらうまで両親に説明しなければならなかった[23]。イザァク・マルクス・ヨスト（Isaak Markus Jost）は，19世紀の最初の偉大なるユダヤ人歴史家であるが，彼が1822年にこう書いている。「学問的な人は決して人生航路を見いだせない，彼の人間性を救うのは洗礼だけである。我々が手工業を促進しないなら，我々に続く次の世代はみんなキリスト教徒になる」。彼はこれに付け加えて言う，「いったい，何が彼らを先祖の宗教に縛り付けるのか？　……我々の子供たちは別の世界に生きるのだ。ユダヤ人と呼ばれるがために彼らの全存在を犠牲にする理由は存在しない。彼らはもうユダヤ人ではないのだ……」[24]。社会的及び文化的に完全に同化している学生や

---

22) *Monika Richarz*（aaO Fn. 6），S 122 f.; ゲッチンゲンのユダヤ人学生の構成については，同書123頁参照。

23) Vgl. David Honigmanns Aufzeichnungen aus seinen Studienjahren（1841/5），hrsg. v. *M. Braun*, in: Jahrbuch für jüdische Geschichte und Literatur 7, 1904, S. 160.

24) Zitiert nach *Monika Richarz*（aaO Fn. 6），S 161.

若い学者がこの洗礼の圧力に抗するには、よほどの強い宗教的感情、刻印された伝統の意識、または強烈に培われた名誉感情が必要だった。ドイツの大学にいる改宗者の数は少なくない：ベルリン大学では1856年に24人の「洗礼を受けたユダヤ人」が、ケーニヒスベルク大学では1848年まで少なくとも7人が教鞭を執っていた。1848/49年にドイツの議会で選ばれた21人のユダヤ人のうち9人が洗礼を受けていた。19世紀前半のキリスト教への改宗によるユダヤ人の減少数は、同時代人のドラマチックな叙述が想像させるよりははるかに少なかったが、アカデミックな教育を受けた者の中では、そしてもちろん法律家の中では、ユダヤ教徒の減少の割合が平均をはるかに超えて高かったことは事実である。

ドイツ連邦諸国において、19世紀半ば過ぎまで、司法職にとってはユダヤ教が欠格事由とされており、一部では不文律として、一部では明文の法律として規定されていた。プロイセンでは、1812年の布告の留保がますます厳格に解釈され、バーデンでは従来の憲法布告の比較的自由主義的な規定を新たな憲法が廃止したのに対し、1813年のバイエルンの「ユダヤ人法」や、1828年のヴュルテンベルクの「ユダヤ人法」では、国家職または裁判官職の問題に触れることすら必要ないとみなされていた。その他の多くの国では、排除規定が存在した：ヘッセン・カッセルでは1833年以来それらの規定がなくなったが、ここでも実際に違いはなかった。大部分の国でユダヤ人に予備的な司法修習さえ認めなかった。なぜなら、彼らはキリスト教の宣誓を行うことができず、彼らが立ち会っているだけでキリスト教徒たる民衆の裁判に対する信頼を損ねたからである。この点で栄誉ある例外をなしたのは、ヴュルテンベルク、バーデン、ヘッセン・カッセル、及びフランクフルトだけである。

1848年の革命前夜まで、原則としてユダヤ人の弁護士を認可したのは、これら4つの国だけであった。全体の数字は知れていないが、フランクフルトには比較的多数のユダヤ人弁護士がいたことに疑いがない。1837年には、フランクフルトの94人の弁護士のうち10人がユダヤ人として記録されている。1848年以前には、ハイデルベルクで法学を学んだフランクフルトのユダヤ人

学生は19人にすぎなかったが，彼らはいずれも経済的に裕福な家庭の息子であり，後に郷里のフランクフルトで弁護士登録をした者が少なくない。バーデンでは，とりわけカールスルーエ（1838年：4人）とマンハイムにユダヤ人弁護士がいた。クアヘッセンでは，少なくとも3人の弁護士がハナウ市にいたことが判明している。ヴュルテンベルクでは，1828年以降，司法修習が自由になったが，1848年以前にユダヤ人が独立の弁護士として活動していたかどうかは明らかでない。多くの国では，基本的にユダヤ人の弁護士登録を認めず，個々のユダヤ人法律家について特別扱いをするという形が目立つ。フランス占領時代に与えた認可がそのまま剥奪されずに続いたケースもいくつかある。具体例を挙げれば，ホルシュタインでは，キールの高等裁判所弁護士マイヤー・イザアク・シッフ（*Meyer Isaak Schiff*），アルトーナのモーリッツ・ヴァーブルク（*Moritz Warburg*），ハンブルクの公証人マイヤー・イスラエル・ブレスラウ（*Meyer Israel Bresselau*）とアブラーム・メルドーラ（*Abraham Meldola*），ガブリエル・リーサー（(*Gabriel Riesser*) は1829年にハンブルクで弁護士登録を拒絶されたが1840年に公証人のポストを引き継ぐことを許された)，ツェレのザーロモ・フィリップ・ガンス（*Salomo Philipp Gans*），そしてハノーファーのモーリッツ・コーヘン（*Moritz Cohen*）がそれである。メクレンブルク・シュヴェーリンでは，3月革命前に，シュヴェーリンのレーヴィス・マルクス（*Lewis Marcus*）とギュストロウのナータン・アーロンス（*Nathan Aarons*）が弁護士として認可され，ブラウンシュヴァイクではフィリップ・マンスフェルト（*Philipp Mannsfeld*）が弁護士として認可された。バイエルンでは，1834年にジグムント・（ザームエル・ローエプ）グリュンスフェルト（*Sigmund (Samuel Loeb) Grünsfeld*）がフュルトの弁護士に任命された。さらに，ザクセンでは1841年からイジドール・カイム（*Isidor Kaim*）が，ザクセン・マイニンゲンではミヒァエーリス（*Michaelis*）が（1840年代から）弁護士に任命されている。これらの弁護士のほとんどが裕福な家庭出身であり，大学での学業を法学博士の学位を得て修了している。ベルリンのユダヤ人団体は，1843年にプロイセンの司法省に陳情を行い，その中で，とくに

評判の高い20人のユダヤ人弁護士の名前を列挙して，プロイセンにおけるユダヤ人の権利拡張を求めた[25]。この弁護士のリストは，ごく一部ほかでも知られている名前と一致しており，たとえばフランクフルトについては4人の名前しかあがっていないので，ユダヤ人弁護士の実際の数は40年代の初めに実質上もっと多かったであろう。それらの弁護士の中には，一般的な政治問題，とくに1848年に明らかになったような政治問題に強くかかわった者も少なくなかった。さらに，多くの弁護士が，ユダヤ人解放運動の前進と締め括りをめざす輪に，鑑定人や出版人として，組織の顧問やリーダーとして関与していた。

V. ドイツの大学における教授職からの排除

19世紀半ばを過ぎるまで，ユダヤ人がドイツの大学で教授になるなどということは，およそ見込みのないことであった。このことはすべての学問分野に当てはまった——1859年に初めてユダヤ人学者が正教授に任命された：ゲッチンゲンの数学者モーリッツ・シュテルン（Moritz Stern）がそれである——，しかし，法学の世界はまったく特別であった。確かにユダヤ人は多くの大学で法律学の学修に励むことができたが，博士号取得についてはしばしば拒絶された。ハレで1817年に1人のユダヤ人が法学博士を取得したが，その後の数十年もはやプロイセンのどこの大学も法学博士の授与は行わなかった。ベルリン大学の法学部も，またベルリン大学だからこそ，そのような手続を厳しく拒絶した。博士号を取得しようとする者は，ハイデルベルクかゲッチンゲンに行かざるを得なかった。そこでは，実際に多くのユダヤ人法学者が博士の学位を取得していたのである。ごく稀に，グライスバルト，ロストック，ギーセンでも学位が出され，1829年以降は比較的多数の学位がミュンヘンでも出されるようになった。

　ハビリタチオン（教授資格論文）という制度は徐々に時間をかけて学者を養

---

25) 1843年3月7日の陳情で名前があがった弁護士の構成については，*Herbert A. Strauss* (aaO Fn. 12), S. 117 参照。

成するシステムなので，非常に優れた博士論文は多かれ少なかれアカデミックなキャリアに直接就けることを意味した。私講師（Privatdozent）としての任用申請は，法学部と文部省からただちに承認を得ることができたし，あるいはさらに学部での口頭での討論会（Disputation）と教授資格論文の審査の成績を提出することもできた。申請者はそれぞれ学部と文部省の好意に左右された。このことは一般的に妥当し，ユダヤ人の志願者にとってもまさにその通りであった。私講師の認可は全体として非常に遅くになって付与された。1848年までのユダヤ人私講師のリストによれば（おそらく完全ではないが），18人の名前が記載されており，その中には，ユーリウス・ルーボ（*Julius Rubo*）（ハレ大学），ジグムント・ツィンメルン（*Sigmund Zimmern*），ハインリッヒ・ベルンハルト・オッペンハイム（*Heinrich Bernhard Oppenheim*），アレキサンダー・フリードレンダー（*Alexander Friedlaender*）（すべてハイデルベルク大学），ザームエル・マールム・マイヤー（*Samuel Marum Meyer*）（チュービンゲン）の名がある[26]。ルーボとマイヤーの特別な例を除けば，ハイデルベルク大学だけが，ユダヤ人法学徒にとって少なくとも私講師となりうる唯一の場であった。

　ここに名前のあがった個々の私講師に簡単な一瞥を与えることが有益であろう。ユーリウス・ルーボは，おそらくプロイセンにおける最初のユダヤ人法律家である。彼はゲッチンゲンとベルリンで学び，1817年にハレ大学で博士号を取得した。その後，ドイツ連邦のいずれかの国で弁護士として認可されるよう長い間試みたが，結局無駄に終わり，1820年にハレで私講師となった——これは，プロイセンにおいてユダヤ人法律家が私講師となった最初にしてその後数十年にわたり唯一の例である。しかし，すでに1822年には講師の活動を停止している。プロイセン政府がユダヤ人はアカデミックな教育職をもはや行使してはならない，との原則を定めたからである。2年後に彼はベルリンのユダヤ人地域団体（Gemeinde）の事務局長（Sekretär）となった。ヴュルテンベ

---

[26]　私講師のリストについては，*Monika Richarz*（aaO Fn. 6），S. 208 参照。

ルクのザームエル・マールム・マイヤーの人生は，まったく特別な例である。彼は Hechinger Talmudschüler〔ユダヤ法典編集奨学生〕としてヴュルテンベルク国王の目に止まり，学校と大学の勉学を支援された。1820年，大学の成績優秀により国家から提示された官職を彼は拒否した。理由は，その条件に洗礼を求められたからである。長年にわたり彼はキリスト教徒の弁護士の代わりに働き——ユダヤ人の法律家にとってこれが通常のことだった——ユダヤ人解放問題について鑑定意見を書いた。その後，国王からの継続的な助成にもとづき，1829年に私講師に，1831年にはチュービンゲン大学の法学助教授に任用された。ドイツの3月革命以前の歴史においてまったく異常な現象である。結局彼は1834年キリスト教に改宗し，1937年に正教授に任命された。

ハイデルベルクの2人の私講師ハインリッヒ・ベルンハルト・オッペンハイムとアレキサンダー・フリードレンダーは，ともに明らかに政治的な法律家に属し，1848年–1849年の革命闘争に積極的かつ主導的に参加した点で，明白な共通性を示している。とくにオッペンハイムは，作家，編集者かつ過激派の演説家として知られる。彼は1842年から私講師となり，1847年に助教授への任用を申請したが認められなかった。革命の失敗により——2人ともさらに1849年のバーデン革命に参加したが——大学の地位も失うことになった。フリードレンダーは内乱罪で懲役刑を言い渡され，その後恩赦により国外追放となった。オッペンハイムは1849年に亡命し，同じ年に私講師の名簿から抹消された。2人とも，学問上のキャリアは，ユダヤ人としても民主化運動の主導者としてもこの時点で途絶えた。

ジグムント・ツィンメルンの場合は，ハイデルベルクの自由思想と寛大さの限界がみえてきて，とくに興味深い。エドゥアルト・ガンスはベルリンでついぞ私講師になれず，ベルリンの法学部の任用をめざした彼の努力が最終的に「ガンス法」(Lex Gans)に終わり，これにより，ユダヤ人がアカデミックな教育職に就くことが基本的に禁じられるようになった。2人とも，資産家の出で，天分豊か，親密な友人関係にあり，ハイデルベルクでそれぞれ「summa cum laude」の博士号を取得した。ツィンメルンは，1816年にハイデルベルクの教

授フリース (Fries) の反ユダヤ的な見解に対して新聞雑誌で反論を書き，1817年の学位取得後ベルリンとゲッチンゲンで法律学の研究を続けた[27]。彼の私講師任用への申請は，必要とされたハビリタチオンの提出の後に認められ，ハイデルベルクの1818-19冬学期にドイツの大学における初のユダヤ人私講師として教え始めた。もちろん，学部内にはこれに対する議論が沸き起こり，「当時の国家状況により」正教授または特別教授となれる見込みはなかったが，それでも彼は1821年に助教授任用申請を出した。文部省は大学に，「彼のユダヤ教が妨げとならない限り」ツィンメルンを任用する意向である旨を伝えたが，法学部はこの若き同僚を専門的及び人格的に評価していたにもかかわらず，原理的な考慮にもとづく判断でこれを拒絶した。詳細な鑑定意見の中で指摘されているのは，法学部は同時に裁判機関であること，大学はその本質上キリスト教に拠っていること，1つの先例は大学に後々害を及ぼす可能性があることであった。紛れもなく，こう書かれていたのである，「Dr. ツィンメルンには，宗教以外に大学での任用を妨げるものは何もない。ただ，彼はキリスト教徒ではない……」[28]。そのため，十字架への道に到達した：宗教的なユダヤ主義から久しく疎遠となっており，ツィンメルンは外的な条件（世俗の必要性）に忍従したのである。1821年に彼は洗礼を受け，4週間後，申請とは異なり，助教授ではなく正教授に任命された（ただし無給であった）。1825年に彼はイェナ大学の招聘を受け，1830年に34歳の若さで夭折した。19世紀初期にみられた最も好条件のもとでさえ，洗礼という代償を払わなければ，ユダヤ教から明確に転向しなければ，法律学の大学での人生に割って入ることは不可能であった。

エドゥアルト・ガンスは，ベルリンの銀行家の息子で，ベルリン，ゲッチンゲン，ハイデルベルクで学び，1819年に輝かしい博士論文を書いた[29]。ベルリ

---

27) Zimmern については，本書の Christoph Krampe の論文，及び Johann Braun, Sigmund Zimmern (1796-1830) — ein deutsch-jüdisches Gelehrtenschicksal, dargestellt anhand von Auszügen und Briefen, in: Zeitschrift der Savigny-Stiftung für Rechtsgeschichte, German. Abt. 108 (1991), S. 210-236 を参照。
28) 前注27) の Johann Braun の文献 222頁, 223頁, 226頁からの引用による。
29) Gans については，本書の Johann Braun の論文，及び，derselbe, Die"Lex

ンに帰って，1819年以降「ユダヤの文化と学問の会」の共同創立者かつ執行部の1人となった。この会の目的は，現代的な改革ユダヤ社会のための学問的基礎を創出することにあった。同時に，彼はプロイセンの首相フェルスト・ハーデンベルク（*Fürst Hardenberg*）の支援を受けて，ベルリン大学または他のプロイセンの大学で私講師として任用されるべく努力した。これを契機に，ガンスの著作物の学問的質だけでなく，そもそもユダヤ人がプロイセンの大学の構成員となるべきかという問題をめぐって長い議論が展開された。ユダヤ人に明文で「アカデミックな教育職」の道を開いた1812年の布告第8条により，法的状態は一義的に明確であり，首相自身が後押ししていたにもかかわらず，決定は繰り返し先延ばしされた。最後に，文部大臣のアルテンシュタイン（*Altenstein*）が遠慮なくつぎのように言明した：ガンスの任用には同意できない，理由は彼がユダヤ人だからだ。教育と国家における「キリスト原理の堅持」は，ユダヤ人が大学で教えることを許さない。布告第8条は直接適用される法とみることはできないのであり，権威ある解釈が必要である，と。結局，その結果が1822年8月18日の内閣命令（政令）となり，これが「Lex Gans」として歴史に名を残したのである[30]。存在する法律の文言を解釈ないし厳密化することではなく，止揚することが重要であった。アカデミックな教育職にユダヤ人を任用することは「大きな不調和をもたらすことなしには」実施できない，それゆえ対応する規定は廃止しなければならない，と詳しい理由づけもなしに確定された。同時に，Dr. ガンスの任用申請は終局的に拒絶された。存在する法律の規定によれば許されるはずのユダヤ人法律家の任用をめぐる議論は，結果において，プロイセンの大学制度がユダヤ人にとって講師のレベルで固く閉ざされるという帰結を導いた。ガンスの個人的なケースは，ジグムント・ツィンメルンから知られる転向をもたらした：1825年パリで洗礼を受け

Gans"—ein Kapitel aus der Geschichte der Judenemantipation in Preussen, in : Zeitschrift der Savigny-Stiftung für Rechtsgeschichte, Abt. 102 (1985), S. 60-98, und *Hanns Günther Reissner*, Eduard Gans. Ein Leben im Vormärz, Tübingen 1965 参照。

30)　内閣命令（政令）の文言は，*Johann Braun* (aao Fn. 29), S. 92.

て後，1826年にガンスは特任教授に任用され，1828年にベルリン大学法学部の正教授となり，そこで死ぬまで活動し功を遂げた。

ツィンメルンとガンスの学問的経歴を決定した状況は19世紀の半ばまで変わらなかった，それどころかプロイセンその他の少なからぬ国では帝国創設期まで続いた。大学または裁判官の地位に「ユダヤ人法律家」がいたら，それはユダヤ人として生まれ，後にキリスト教徒になった法律家である。学生ないし若手研究者のときに改宗を決意した者もいれば，子供の頃に両親が決断した者もいる。エドゥアルト・ジムソン (*Eduard Simson*)[31] は，才能のあるユダヤ人の少年が，早い時期に洗礼を受けることによって，ユダヤ人の学生や学者が晒された障害や嫌がらせを一切免れ，職に就くことができた古典的な例である。彼は，1810年にケーニヒスベルクに生まれ，13歳で洗礼を受けた。21歳で私講師になり，26歳でケーニヒスベルク大学のローマ法の正教授となった。1846年に裁判官の人生に進路を変え，結局，帝国裁判所 (Reichsgericht) 長官の地位にまで辿り着いた。政治家としても，1848年にはドイツ国民議会 (Deutshce Nationalversammlung) の議長に選ばれ，後にプロイセン衆議院及びドイツ帝国議会の議長にまで登りつめた。彼のユダヤの出自が，どの時点まで，またどのような関係で識別されていたかは，評価が困難である。確かに，すでに早い時期から「洗礼を受けたユダヤ人」が話題となったが，同時に洗礼はユダヤ教から解放される明確な第一歩として尊重されていたし，帝国時代に至るまで，洗礼は，ユダヤ人に負わされた一切の法的差別からの解放を意味した。

ジムソンの伝記と生涯ユダヤ人で通したガブリエル・リーサーの伝記[32]を比較してみると，とくに政治の分野では著しく類似する点があるが，法律家の経歴でみると明らかな違いがくっきりと浮かんでくる。リーサーは，ジムソンよりも4歳年上にすぎないが，ハイデルベルクで法学博士を取得して後，すぐにこの時代の法律職に画された境界に出くわした。彼は，複数の大学に私講師の

---

31) *Simson* については，本書の *Gerd Pfeiffer* の論文を参照。
32) *Riesser* については，本書の *Wilfried Fiedler* の論文を参照。

任用を求めて努力したが徒労に終わり，また弁護士職を得ようと長い間登録申請を試みたが，ある程度の必然性をもって失敗に終わった。30代半ばになってようやく，ハンブルクで1つ空席になった公証人のポストを与えられた。法律家としては，それ以上彼にとって発展可能性はほとんど認められなかった。30代初めから，彼はユダヤ人解放のため，やがて一般的なドイツにおける自由主義的国民運動のための作家及び編集者として活動するようになった。1848年，彼はドイツ国民議会の第2副議長に選ばれた——これはユダヤ人に託されたドイツで最高の政治的ポストである。その後も，彼は議会と出版の世界で活動し，ハンブルク市民会議の副議長も務め，遂に1860年ドイツのユダヤ人で初の裁判官——ハンブルク高等裁判所の判事——に任命された。この職に就いて3年後に彼は亡くなってしまったので，彼の人格に高い評価が与えられてはいるものの，法律家としては実際上完全に力を発揮することはできなかった。この時点までのすべてのユダヤ人法律家の中で彼が最も成功したと言えるが，それでも差別の軌跡は彼の伝記の中でもあまりにも明白にみて取ることができる。

Ⅳ．法的平等化と法律職の制限解除

リーサーの人生の記録からみえてくるように，1848-49年の革命は，一方で長く待ちわびたユダヤ人の平等化への風穴を開けたが，他方で解放立法及び解放政策の実際の仕上げには至らなかった[33]。まず，ユダヤ人はドイツだけでなく，ヨーロッパの革命中の多くの国で，積極的な活動者として，政治的リーダー及び一般政治の政策形成者として，登場した。1848年2月にフランスで新たに組閣された政府に2人のユダヤ人が入閣し，まさに同じことがヴェネツィアの革命政府でもみられた。ウィーンでは，3月事件においてもその後の

---

33) 解放の歴史との関連での1848年の革命の経過と意義につき，*Reinhard Rürup*, The European Revolutions of 1848 and Jewish Emancipation, in : Werner E. Mosse u.a. (Hrsg.), Revolution and Evolution. 1848 in German-Jewish History, Tübingen 1981, S. 1-53 参照。

数カ月の論争においても，とくに若いユダヤ人学者の指導的役割を決して見のがすことはできない。3月革命の犠牲者の中には，ベルリンでもウィーンでもユダヤ人の反乱者もいた。ドイツの自由主義的民主化運動にとって，反対運動のユダヤ人の代表者がいわゆる「予備議会（Vorparlament）」に招待されたのは，当然のことであった。ドイツの複数の国において，その中にはプロイセンも含まれるが，ユダヤ人が憲法制定会議に選出され，フランクフルトのドイツ国民会議でも7人のユダヤ人が議席を獲得した（さらにユダヤ出身の議員が10人，そのうち2人は暫定政府の大臣に任命された）。同時に，手工業者及び労働者会議の演説者ないし組織者として，ユダヤ人が急進的な民主化及び社会主義運動に登場した。革命の間，そして革命後も，ユダヤ人の法的地位について議会及び政府が決定しようとするたびに論争し，そうした政治的な活動によってユダヤ人は自らを解放した。

　革命の当初の数カ月間，ユダヤ人の終局的な法的平等化が，至る所で大きな議論なく決定された。選挙権及び被選挙権がユダヤ人にまだ与えられていないところでは，面倒な議論なく認められた。議会は完全な解放に賛成し，政府はこれに対応した法案を提示した。1847年にまったく異なる「ユダヤ人法」を公布したプロイセンでさえ，1848年4月6日の「将来のプロイセン憲法の若干の基礎に関する法規命令」の第5条で，「国家市民的権利（市民権）の行使は，今後，宗教的信仰心に左右されない」と簡潔に規定している[34]。その後，いくつかの中小の国が明確なユダヤ人解放法を可決する一方で，明らかに延期政策を執る国やドイツ国民会議の決定に待つ国もあった。パウルス教会で決議され，1849年の春ドイツの29カ国で承認された帝国憲法は，その基本権に関する章（第146条）で無制限の平等を謳い，議会の承認を経ずに定められた1848年12月5日プロイセン憲法（第11条）も，「宗教的信仰にかかわらず」「市民権及び国家市民権を享受すること」を宣言した[35]。

---

34) Text der Verordnung vom 6. April 1848 bei *Ernst Rudolf Huber* (aaO Fn. 13), Bd. 1, S. 368 f.

35) Text der Verfassung vom 5. Dezember 1848: ebd., S. 385-394; Text der Reichsverfassung

しかし，革命の挫折によって，解放問題が決して終局的に解決されたわけではないということが明らかとなった。帝国憲法は拘束力をもつに至らず，1851年8月には，復活した連邦議会により「基本権」も明確に廃止されてしまった。これに伴い，複数の国で次々と革命前の立法が再び施行され，他の国ではその後長く続く法的不安定が生じ，また他の国ではユダヤ人の権利を明らかに切り詰める新たな法律が制定された。したがって，とくに50年代の前半はきわめて矛盾に満ちた展開によって特徴づけられている：完全な法的平等を憲法または法律で宣言する国が徐々に増加する一方で，未だに部分的な解決を模索する国や，一時はあからさまに反解放的な政策を追求する国さえみられた[36]。この時期，解放は閉塞状況に陥り，それどころか後退したとも言えるが，そこで主として問題とされたのが政治的権利（南ドイツでは地域市民権も），国家職への任官，大学及び司法であった。この点で，とくに特徴的なのがプロイセンにおける展開である。

プロイセンでは，革命直前の1847年7月23日に「ユダヤ人法」が公布されており，その反解放的傾向は統一地方会議における審議によって確かに緩和されはしたが，決して払拭されなかった，という点がとくに重要である。同法の第2条には，こう書かれていた：「直接又は間接の国家の職務，及び地方公務員にユダヤ人を任用するには，その職務が裁判権，警察権又は行政権と結びついていない場合に限りこれを認める」[37]。さらに，ユダヤ人は，医学，数学，自然科学，地理学及び言語学の科目で私講師，助教授及び正教授となることはできるが，学長又は学部長という名誉職からは排除される，と規定されていた。これらの規定は，ユダヤ人法律家にとって，大学での出世と国家の司法

---

vom 28. März 1949: ebd., S. 304-324.

36) 1850年代以降の一般的な展開については，*Reinhard Rürup*, Emanzipation und Krise. Zur Geschichte der "Judenfrage" in Deutschland vor 1890, in Werner E. Mosse und Arnord Paucker (Hrsg.), Juden im Wilhelminischen Deutschland, Tubingen 1976, S. 1-56 参照。

37) Text des " Gesetzes über die Verhältnisse der Juden" vom 23. Juli 1847 bei *Ismar Freund* (aaO Fn. 12), Bd. 2, S. 501ß520.

職が遮断されているということを意味した。これに対して，司法委員（Justiz-Kommisariat）や弁護士への道が開かれていたかどうかは明らかではない，これらの職については法律に明文で書かれていなかったからである。司法省は，司法修習が権力機能と結びついているとして，ユダヤ人に司法修習を行うことを許さなかったため，ユダヤ人の司法委員及び弁護士の認可に反対していたが，国王は 1848 年 2 月 25 日，ユダヤ人の志願者が基本的にこれらの職務に就くことができると決定した。間もなく，プロイセンも革命に見舞われ，4 月 6 日の法規命令が出て従来の議論は通用しなくなった。ましてや，その後の 12 月憲法（Dezember-Verfassung）がユダヤ人の無制限の平等を宣言したからなおさらである。まだ 1848 年のうちに，司法修習が何件か認められ，ライン地方では何人かのユダヤ人が弁護士登録を認められた。

　もっとも，解放の実務に対する抵抗，とりわけ司法職と大学の教育職へのユダヤ人の任用に対する抵抗は非常に厳しいということが，すでに革命の時期にも明確になっていた。50 年代の初めから，解放反対論者は 1850 年 1 月 31 日の改正プロイセン憲法を援用して自己の見解を押し通そうとした。この憲法の第 4 条で，公職は「その職を行う能力のあるすべての者に等しく開かれている」と宣言し，さらに第 12 条で「市民権及び国家市民権の享受は宗教的信仰に左右されない」と明確に規定していた。これらの条文が新たに 12 月憲法の諸規定を受け入れただけで，第 14 条が新しく書き換えられていた：「第 12 条で保障された信教の自由を侵すことなく，宗教行事に関連する国家の制度においてはキリスト教が基礎となる」[38]。ユダヤ人の権利との関係で，この条文の伸縮自在な・曖昧な文言がその後の数年間，大学及び裁判所により，さらにまた司法省及び文部省によっても，可能な限り広い解釈が与えられ，1847 年の「ユダヤ人法」に回帰することも——このユダヤ人法の関連規定は憲法の明確な文言により廃除されていたにもかかわらず——はばからなかった。とくにベルリン高等裁判所（Kammergericht）の長い抵抗に対して，プロイセン司法省は

---

38) Text der revidierten preussischen Verfassung vom 31. Januar 1850 bei *Ernst Rudorf Huber* (aaO Fn. 13) Bd. 1, S. 401–414.

1851年9月にもう一度，ユダヤ人が司法修習（Auskultatur, Referendariat）を許されていることを決定した，しかし，司法修習がうまくいっても（成績優秀でも）決して国家職に就けるわけではないということをはっきりと確定する機会を利用しなかった。1852年3月，プロイセン地方議会の第1部会で，ユダヤ人の政治的権利を制限し，国家職から締め出すことが提案された。1856年3月には，衆議院で，憲法第12条から国家市民権を削除することが提案された。これらの提案は否決されたものの，保守的な政治の攻撃的傾向が明らかになったし，いずれにせよプロイセン政府が運用によって，行政職や裁判官職をユダヤ人に占められないよう配慮するであろうことをこの機会に知らしめたことから，この傾向はなおさら明確になっていった。

プロイセンでも50年代の終わり以降は具体的な進歩がみられたが，原理的な抵抗は帝国創立時まで続き，一部ではそれ以降も実際上著しく重要な意味を持ち続けた。1859年以来続いた請願キャンペーンに対しても，衆議院のますます強まる圧力に対しても，次々と入れ替わるプロイセン司法大臣は，一部の例外を除いて，著しく反解放的で「キリスト教的な」政策を維持した。50年代には，ユダヤ人への法学博士号の授与は大学の基本原理に反し，大学制度及び司法制度の「脱キリスト化」を助長するとの，ベルリン大学とブレスラウ大学の法学部から強く主張された見解自体が，司法大臣に支持されていた。1857年，司法大臣は，司法修習生が多すぎるという一般的な苦情を利用して，すべてのユダヤ人の志願者を追って沙汰のあるまで——実際には3年間，1861年夏まで——司法修習から排除するとした。

1859年に，プロイセンで初めて3人のユダヤ人司法委員ないし弁護士が任命された。60年代には，ユダヤ人の修習修了生が比較的に多かったため，急激にその数が増え，1871年にはすでに75人のユダヤ人弁護士が存在し，これはプロイセン弁護士全体の3％に相当した。ドイツの他の国々の一部でも同様の発展がみられ，たとえばバイエルンやハンブルクでも1848年ないし1849年以降ユダヤ人弁護士が認可された。他方，1848年以前にユダヤ人を弁護士として認めた国では，すでに早くから数が増加し，たとえばヴュルテンベ

クでは1858年にすでに弁護士の10％がユダヤ人であった。裁判官の任命は，1870-71年まで大きな例外であり続けた。1870年までに裁判官に任命されたのはわずかに2人，すなわち1860年にハンブルクで任命されたガブリエル・リーサーと，1869年に帝国商事裁判所判事に任命されたレヴィーン・ゴルトシュミット (*Levin Goldschmidt*) だけであった[39]。プロイセンでは，北ドイツ連邦の解放法が成立して後，ようやく1870年に最初の3人の地区裁判官及び都市裁判官が任命された。解放時代が終結するまで，ユダヤ人法律家にとって裁判官の道が開かれたとは確かに言うことができない。ただし，例外として，バーデンには比較的自由主義的な運用がなされており，そこでは1864年にハイデルベルクで兎にも角にも初めてユダヤ人の検察官が任命されている。大学の中での学問的な職に就く可能性についても，裁判官の場合と同じであった。帝国の創設に至るまで，ユダヤ人で法学教授に任命されたのは2人だけであり，1人はすでに触れたレヴィーン・ゴルトシュミットであり，彼はハイデルベルクで1860年に助教授になり，1866年に正教授となった。もう1人がヤーコブ・フリードリヒ・ベーレント (*Jacob Friedrich Behrend*) で，1864年にプロイセンで2人目のユダヤ人としてベルリンの私講師に任命され，1870年にベルリン法学部で助教授となった。最後に，自由国家バーデンで，まだ帝国創設前に1人のユダヤ人法律家が大臣になったことに触れないわけにはいかない。モーリッツ・エルシュタッター (*Moritz Ellstatter*) は，まず弁護士になり，地区裁判所司法官試補，司法省参与を経て，1868年から1893年までバーデンの財務省を率いた。

　1869年7月3日の北ドイツ連邦の法律は，1871年に帝国法として引き継がれ，ドイツにおける解放時代の締め括りとなったが，この法律の表現は，革命と帝国創設との間の時期に，ユダヤ人の国家職とくに司法職への就職をめぐる議論にふさわしい言葉を含んでおり，それが特別な意味を示唆している。このような前史を前提としてはじめて，まったく明確な最初の一文に，意図的に

---

39)　*Levin Goldschmidt* については，本書の *Karsten Schmitd* の論文を参照。

誤った解釈をしようとするあらゆる試みを排除する第二文がさらに付け加えられたことが説明できる。この法律には，こう書かれている。「宗教的信仰の違いに由来する今なお存在するあらゆる市民権の制限は，本法により廃止する。とくに市町村及び州の代表に参加する資格並びに公職に任官する資格は，宗教的信仰に左右されない」[40]。この誤解の余地のない法律の規定に至るまでの道のりは，長く，苦痛に満ち，多くの反動と落胆の連続であった。それにもかかわらず終点に辿り着けたのは，人権と市民権をユダヤ人にも拡張するという要求自体が正義と理性に合致したということだけではない。ユダヤ人解放の歴史が，初めから市民社会の勃興と結びついており，自由で民主的な発展と産業資本の発展を成し遂げた市民社会の一部をなしていたということにもよる。1860年代に解放支持者が，「遂にその時期が熟した」と繰り返し主張したのも，このような社会全体の変革にユダヤ人解放を組み込んだからである。将来にとって重要なことは，もちろん，常に変転しますます難しくなる状況のもとでもこの結論を維持できるかである。

---

[40] Text des "Gesetzes betreffend die Gleichberechtigung der Konfessionen in bürgerlicher und staatsbürgerlicher Beziehung" vom 3. Juli 1869 bei *Ernst Rudolf Huber* (aaO Fn. 13), Bd. 2, S. 248.

ジグムント・ヴィルヘルム・ツィンメルン*

ユダヤ人解放の早期におけるローマ法の体系家**

クリストフ・クランペ***
訳 森　　勇

I. はじめに

1830年，ジグムント・ヴィルヘルム・ツィンメルン[1]が，彼の生まれ育った都市，ハイデルベルク（Heidelberg）で亡くなったとき，彼は34歳であった。その4年前，彼は，イエナ（Jena）大学に正教授として招聘されていた。2番目の名前ヴィルヘルムは，1821年に彼が洗礼を受けた際に得たものである[2]。それ以降，彼の著作，たとえば未完に終わったその主要著作『ユスティニアヌスまでのローマ私法史（Geschichte des Römischen Privatrechts bis Justinian）』

---

　* *SIGMUND WILHELM ZIMMERN*（1796年-1830年）
　** Systematiker des römischen Rechen in der Frühzeit der Emanzipation
　*** Dr. *Christoph Krampe*：Professor an der Universität Bochum（ボーフム大学教授）
1) その生涯に関する今日までの徴表は，*Braun*, Sigmund Zimmern (1796-1830) – ein deutsch-jüdisches Gelehrtenschicksal, : SZ (Germ. Abt.) 108 (1991), S. 212 Anm. 3 にまとめられている。この *Zimmern* に関する今までのところ唯一の論文は，厖大かつ幅広い未発表のアーカイブを評価しつくしたものである。
2) Karsruhe の改革教区の1821年9月11日付け教会日誌にある洗礼に関する記録によれば，彼の洗礼名は，„Wilhelm Siegmund" となっている。Generallandesarchiv Karlsruhe Abt. 390/1935. イエナ大学の学部記録（UA Jena, A 526）でも，*Zimmern* の名は，„Wilhelm Siegmund" の順になっている。

(1826年-1829年）では，2つの名，ジグムント・ヴィルヘルムが用いられており，後世における評価にあたっても，大方は，そうである[3]。もっとも，たとえば彼の友人，エドゥアルト・ガンス（Eduard Gans）は，その追悼の辞[4]において，出生時の名前，ジグムントにこだわっていた。

この若年のイエナ（Jena）大学正教授は，彼に残されたわずかな時間の中で，専門的にも人間的にも卓抜した学術的人格を世に示した。1つには，彼はパンデクテン法学者であり実証主義者であった。かかる人物として彼の関心事は，ローマ法の資料から導かれる，体系的に整理された現行の民事法の理論であった。しかしツィンメルンはまた，古代ローマ法をその歴史的発展の中に取り込んだ，歴史的視点に立ったロマニストでもあったのである。

II. ハイデルベルクのユダヤ人の子息

ジグムント・ツィンメルンは，1796年3月4日，ハイデルベルクで誕生した。その両親，つまり商人であった父，ダビット・ツィンメルン（David Zimmern：1767年-1845年）と母親ツィンメルン・サラ（Sara：1777年-1832年：旧姓フロルスハイム（Flörsheim））は，いずれもユダヤ人である。2人は，11人の子をもうけ，ジグムントがその第一子であった。

1. 両親の家系，家庭そして教育

ジグムントの母親サラは，フランクフルトの商人の家庭，フロルスハイム

---

3) Neuer Nekrolog der Deutschen 8, 1830 (1832), S. 486; *Günther*, Lebensskizzen der Professoren der Universität Jena, 1858 (Neudr. 1979), S. 91; *v. Weech*, Badische Biographien II, 1875, S. 541; *v. Eisenhart*, A.D.B. 45 (1900), S. 302; *Winninger*, Große-Jüdische-National-Biographie VI, 1931 (Neudr. 1979), S. 362f. *Drüll*, Heidelberger Gelehrtenlexikon 1803-1932, 1986, S. 311.

4) *Gans*, Allgemeine Preußische Staatszeitung 1830, 1284. その一部は，Allgemeine Literatur-Zeitung 1830, Sp. 475 に収録されている。*Gans* については，本書所収の *Braun* の論文 S. 45 ff. 参照。

家の出身である[5]。もともと一家は，フランクフルト近郊のフロルスハイム・アン・マイン（Flörshheim am Main）の出であり，彼女の先祖の1人，亜麻布商人であったレーブ・フロルスハイム（Löb Flörsheim：1743年没）が，1680年にフランクフルトのある家庭にいわゆる婿養子に入り，それ以降，フロルスハイム家は，フランクフルトのユダヤ人街区に住んでいた。ジグムントの先祖は，父方が，カールスルーエ（Karsluhe）に近いネッカー川沿いのネッカーツィンメルン（Neckarzimmern）の出身で，そこでは，フォン・ゲミンゲン（Von Gemmingen）男爵家の庇護下にあった。1698年，バハラッハ（Bacharach）とも，またツィンメルン（Zimmern）とも呼ばれたセリグマン・フォン・ネッカーツィンメルン（Seligmann von Neckerzimmern）と名乗った者の1人（1705年頃没）が，マンハイム（Mannheim）で，神聖ローマ皇帝の庇護下に置かれるユダヤ人の地位（Judenschutz）を獲得した[6]。ジグムントの祖父，セリグマン・ツィンメルン（Seligmann Zimmern：1740年頃－1782年）は，1778年マンハイムからハイデルベルクに移り住み，その地で，ハスペル小路（Haspelgassse）に，バロック風の住居兼商店用の家屋を取得した[7]。ジグムントが生まれた家である。

---

5) Vgl. *A. Dietz*, Stammbuch der Frankfurter Juden, 1907, S. 82; *A. Schiff*, Die Namen der Frankfurter Juden zu Anfang des 19. Jahrhunderts, Diss. Freiburg i. B., 1917, S. 30; *E.J. Lejeune*, in: Genealogie 10（1979/71），S. 719 ff., Tafel 7.

6) Mannheimの市文書館には，*Seligmann von Neckarzimmern*の相続に関した1705年の議会記録（Ratsprotokoll für das Jahr 1705）が残っている（S. 205）。1704年から1826までのユダヤ教区のメモ書帳（*Memorbuch der israel. Gemeinde. Laurent Zimmern*, in: Cercle de Généalogie Juive 25, 1991, S. 17に収録）に書き記されている*Zimmern*一族すべての名前も参照されたい。さらに，*Zimmern*の先祖については，*P.R. Hirsch*, Die Mannheimer Judenschaft am Ende des 18. Jahrhunderts, in: Mannheimer Geschichtsblätter 1922, S. 178ff.（187）；*L. Löwenstein*, Geschichte der Juden in der Kurpfalz, 1895, S. 130, 311ff.; *Dreifuß*, Die Familiennamen der Juden unter besonderer Berücksichtigung der Verhältnisse zu Anfang des 19. Jahrhunderts, 1927, S. 95; *F.W. und E.J. Lejeune*, in: Genealogie 7（1965），S. 579; *Teutsch*, in: Jüdisches Gemeindezentrum, Mannheim F 3, Mannheim 1987, S. 17 ff.（20 f.）参照。

7) 1735年にプファルツ選帝侯の財務管理官，*Anton Cajeth*により建造され，おそ

ジグムントの父ダビット（*David*）とその兄弟ローヴ（*Löw*）は，当時まだプフアルツ選帝侯国（Kur-Pflalz）に属していたハイデルベルクにおいて布地販売業と銀行設立の許可を得た。このような特権が与えられたのは，慎重ながらもユダヤ人に対し友好的なこの選帝侯国の政策にそうものではあったが，非ユダヤ人市民のどちらかといえば拒絶的な態度に照らせば，やはり希有の例外であった。ツィンメルン兄弟の商会は，その後も，1803年の帝国代表者主要決議（Reichsdeputationshauptbeschluss）によりハイデルベルクを取得したバーデン大公国（Großherzogstum Baden）の，比較的ではあるがユダヤ人解放を促進する政策の恩恵をも受けたのである。すなわち，1808年，カール・フリードリッヒ大公から，この兄弟に対し，その地限りの市民権（Ortbürgerrecht）が与えられたのである[8]。

　ダビット・ツィンメルンは，1824年から亡くなるまで，バーデンにおけるユダヤ教会の最上部団体（Oberrat）のメンバーであり，そして，詩人ニコラウス・レナウ（*Nikolaus Lenau*：1802年-1850年）のみるところによれば，「優秀かつ優しい人物」であった[9]。レナウは，1831年から32年にかけて1セメスターハイデルベルクで学んだ際，この「愛らしくかつ尊敬に値する老ユダヤ人」の家を好んで訪れたのであった。レナウは，「ツィンメルン婦人」に詩を1つ捧げていた[10]。彼女が亡くなった後，残された子供達は，「サラ・ツィ

　　らくは棟梁であった，*Alessandro Galli da Bibiena* からも „Bibiena-Haus" とよばれたHaspelgasse 12 にある家屋は，時を経た今も残っている。今日では，文化財保護の下におかれている。Vgl. *Julier*, in: Heidelberger Fremdenblatt, Dezember 1969, S. 9 f.

8)　Vgl. *Lewin*, Die Geschichte badischer Jude seit der Regierung Karl Friedrichs (1738-1909), 1909, S. 270; *Rosenthal*, Heimatgeschichte der badischen Juden, 1927, S. 120 f., 242 ff., 353 f., 358; *Rürup*, Zeitschrift für die Geschichte des Oberrheins 114 (1966), 241; *Heuser*, Die Bedeutung des Ortsbürgerrechts für die Emanzipation der Juden in Baden 1807-1831, Diss. Heidelberg 1971, S. 23 ff.

9)　*Anton X. Schurz*, Lenaus Leben. *E. Castle* の改版補訂版 Bd. I, 1913 (Repr. 1975), S. 299; *S. Brandt*, in: Ruperto Carola, Illustrirte Fest-Chronik der V. Säcular-Feier der Universität Heidelberg, 1886, S. 163.

10)　*Lenau* は，彼女の死の直前の1832年6月，彼がもう1度ハイデルベルクに帰った

ンメルン（旧姓フロルスハイム）財団」の設立を計画した[11]。主導したのは，後にツィンメルン兄弟商会を引き継いだジグムントの長兄アドルフであった (*Adolfph*：1797年-1864年)。ジグムントの姉妹の中では，とくにレギーネ (*Regine*：1800年-1870年) をあげておくべきである。彼女は，2度にわたり夫を失い，子供の世話のためのキリスト教系保育園を，最初はバーデンのラウテスハイム（Lautesheim）において，その後ノネンヴァイアー（Nonnenweier）に設立した。それ以来，人は彼女を「マザー・ヨルベルク（Mutter Jolberg），あるいは，その洗礼名をとって，「マザー・ユリエ（*Mutter Julie*）」と呼んだ[12]。ノネンヴァイアーにある新教の社会奉仕館には，創設者であり初代館長の思い出が，今日もなお息づいている。レギーネは，その義理の息子で教育学者の，マルティーン・ゴットリープ・ヴィルヘルム・ブラント (*Martin Gottlieb Wilhelm Brandt*：1818年-1894年) に，この地で描かれ，1829年頃完成したジグムントのリトグラフ〔訳注：原書には，これが掲載されていたが，事情により収録できなかった。〕を与えていた。もっとも，彼女はこの絵を「残念だがかなりひどい」と評し，この絵についてさらにつぎのように記述している[13]。

「……とくにその額部分について，あまりに不自然なふくらみに思いをめぐらしては決してなりません。そうではなく，その高く，白くそして広い

際に，ツィンメルン婦人にささげるシャレード（Charade）を作っている。Lenaus Werke, hrsg. von *C. Schaeffer*, Bd. 1, Leipzig und Wien 1905, S. 361; dazu *D. Neuer*, in: Kraichgau, Beiträge zur Landschafts- und Heimatforschung 8 (1983), S. 217 ff. (219) 参照。

11) Archiv der Stadt Heidelberg, Nr. 287 Fasc 22. この財団は，ハイデルベルク高等市民学校のためになるよう設立されたものである。すなわちその目的は，財団の資金から，キリスト教の宗教教師とはことなって無給だったユダヤ教の宗教教師に給与を支払うことにあった。

12) *Gmelin*, Badische Biographien I, 1875, S. 423 f. 近時のものとして，*Lina Lejeune* (Mutter Jolberg の姪の娘), Daß nicht vergessen werde, Leben und Werk der Mutter Jolberg, Lahr 1965.

13) *M.G.W. Brandt* (Hrsg.), Mutter Jolberg, Bd. 1, 1871, S. 142 f.

額は，子供のような面立ちの上に気高くそびえ立ち，面立ちをとりまとめているのです。彼の優しい目もまた，絵の中では弱々しく描かれています。しかし，冗談と真面目さが，そこから入れかわり立ちかわり飛び出してきた口は，つぐんだままでも美しい。」

1823年ツィンメルンは，フランクフルトの東10数キロにあるハナウ（Hanau）出身のカロリーネ・ヴァルター（*Karoline Walther*：1796年-1872年）と結婚し[14]，2人の子供をなした。1人は，エリーゼ（*Elise*：1824年-1859年），もう1人は，ハインリッヒ（*Heinrich*：1825年-1896年）である[15]。この2人の子供はハイデルベルク生まれである。ツィンメルンが招聘された後，家族はイエナに住んだ。カロリーネは，ツィンメルンの死後も，当初その地に止まったが，後に，子供達についてバーデンに移り住んだ[16]。エリーゼは，牧師カール・ヴィルヘルミー（*Karl Wilhelmi*：1809年-1893年）と結婚した。息子のハインリッヒは，自身牧師となった。最初は，カールスルーエ近郊の地区監督（Dekan）であった。ライプチヒのメソポタミア学者，ハインリッヒ・ツィンメルン（*Heinrich Zimmern*：1862年-1931年）は，この牧師の息子，つまりジグムントの孫である[17]。ジグムントの弟，ルードビッヒ（*Ludwig*）の孫は，

---

[14] 1796年4月8日にHanauで生まれた 財務管理官（Rentmeister）の娘，*Philippina Carolina Adriana Walther* は，改革新教（evangelisch-reformiert）の洗礼を受けた。das Taufbuch der Marienkirche Hanau von 1796 参照。彼女の両親は，ユグノウ派の家庭出身であり，Hanau の（フランス的に改革された）ワロン系教団に所属していた。das Taufbuch der Wallonischen Kirche Hanau von 1795 参照。*Karoline* と *Sigmund Zimmern* の結婚式は，1823年9月26日に Elberfeld でとりおこなわれた。

[15] Geburten- und Taufbuch der ev.prot. Kirche zum Heiligen Geist, Heidelberg, Bd. 16, S. 12 Nr. 68, S. 36 Nr. 80. *Karoline Zimmern* 及び子供達 *Heinrich* と *Elise* の生涯は，思い出の記（Karlsruhe 1859, 1873, 1897）に描かれている。この思い出の記は，Nonnenweier の女性奉仕館（Diakonissenhaus）の資料室に保管されている。

[16] *Prahl* が編集した1850年におけるハイデルベルクのすべての住民の住所録（Adreß-Kalender sämmtlicher Bewohner der Stadt Heidelberg für 1850）S. 83 によると，*Karoline Zimmern* は，ふたたびハイデルベルクに居を構えていた。

[17] Vgl. *B Landsberger*, in: Zeitschrift für Assyrologie, N.F., Bd. 6 (Bd. 40), 1931, S. 133 ff.

オックスフォード大学の歴史学者であり政治学者であったアルフレッド・ツィンメルン (Alfred Zimmern：1879年-1957年) である。イギリスで作家として活躍した，ヘレン・ツィンメルン (Helen Zimmern：1846年-1934年) は，ジグムントの末の弟ヘルマン (Hermann：1815年-1893年) の娘である[18]。

ジグムント・ツィンメルンは，心温かく，来訪者に親切でかつまた裕福な両親の家で成長した[19]。1808年までは，家庭教師から教育を受けた。その後，1808年から1813年まで，ハイデルベルクのギムナジウム (Gymnasium) にかよった。1813年4月，17歳で，1803年にあらたに創設された故郷の都市プペルト・カローラ (Ruperto-Carola) 大学，つまりハイデルベルク大学に法学を学修すべく入学した[20]。ツィンメルンは，規定どおり4年弱の間学修した[21]。彼はまず，文献学セミナールの学生として，数多くの哲学群科目，具体的には，歴史学，文献学，哲学及び自然科学の講義を受けた。その後法学に取り組み，以下のような講義に参加した。すなわち，フリードリッヒ・クロップ (Friedrich Cropp：1790年-1832年) からパンデクテンと起案演習をヨハン・カスパー・ゲンスラー (Johann Kasper Gensler：1767年-1821年) から演習 (Übung)，民事実務及び判決起案技術を含んだ民事訴訟法と刑事訴訟法を，クリストフ・マルティーン (Christoph Martin：1772年-1857年) から弁論術を含む刑法を，アントン・フリードリッヒ・ユストス・ティボー (Anton Friedrich Justus Thibaut：1772年-1840年) から法制史及び解釈学を含むパンデクテンとインスティトゥシオーネンを，カール・テオドール・ヴェルカー (Karl Theiodor Welcker：1790年-1869年) から弁論術を含む刑法を，そして，カール・ザモロ・ツァハリエ (Karl Samolo Zachariä：1769年-1843年) から

---

18) Vgl. *Wininger*, (aaO Fn. 3), S. 362; *L. Zimmern*, (aaO Fn. 6), S. 17 ff.
19) Vgl. *M.G.W. Brandt*, (aaO Fn. 13), Bd. 1, S. 5 ff.; *Lina Lejeune*, Das Haus an der Pfingstweide, Stuttgart 1932, S. 14 ff.; 同, (aaO Fn. 12), S. 24 ff.
20) *Toepke*, Die Matrikel der Universität Heidelberg V, 1904, S. 82: 29. April 1813.
21) Vgl. *Dickel*, in: Ruperto-Carola, Aus der Geschichte der Universität Heidelberg und ihrer Fakultäten, 1961, S. 209.

は，封建法，公法，国際法そしてカノン法を学んだ[22]。上記の教授達は，当時高い評価を受けていた人々であった。ハイデルベルク大学法学部は，彼らとともに，19世紀における主導的法学部の1つとなっていくその歩みをはじめたのであった[23]

2. フリーズ (Fries) との確執

1816年という年は，ユダヤ系法学部学生であるツィンメルンが，ユダヤ人解放という問題と特段に向き合う年となった[24]。『Heidelberger Jahrbuch der Literatur』という年報に，当時まだハイデルベルクで教鞭をとっていたヘーゲル (Hegel) の前任者ヤコブ・フリードリッヒ・フリーズ (*Jakob Friedrich Fries*: 1773年-1843年) が，ベルリンの歴史学者クリスティアン・フリードリッヒ・ルーフス (*Christian Friedrich Rühs*: 1781年-1819年) の『ドイツ市民権を求めるユダヤ人の請求権について (Über die Ansprüche der Juden an das deutsche Bürgerrecht)』と題する論文[25]について，『ドイツ人の豊かさとその性格がユダヤ人により脅かされていることについて (Über die Gefährdung des Wohlstandes und Charakters der Deutschen durch Juden)』[26]と表題した書評を寄せた。別冊としても刊行された[27]，「哲学及び医学博士，ハイデルベル

---

22) *Zimmern* の博士号申請書の添付資料にある彼の「履歴書 (Curriculum vitae) in: Akten der Juristenfakultät Heidelberg 1817, UA Heidelberg H-II, 111/9, Bl. 15 参照。

23) *Dickel* (aaO Fn. 21), S. 215 ff.; *v. Lilienthal*, in: Heidelberger Professoren aus dem 19. Jahrhundert, Festschrift der Universität zur Zentenarfeier ihrer Erneuerung durch Karl Friedrich, Bd. I, 1903, S. 203 ff. (= Heidelberger Strafrechtslehrer im 19. und 20. Jahrhundert, hrsg. von *W. Küper*, 1986, S. 1 ff.); *Landwehr*, in: Richterliche Rechtsfortbildung, Festschrift der Juristischen Fakultät zur 600-Jahr-Feier der Ruprechts-Karl-Universität Heidelberg, 1986, S. 657 f.

24) この点に関しては，たとえば，*Richarz*, Der Eintritt der Juden in die akademischen Berufe, 1974, S. 111 f., 154 f.; *Braun*, (aaO Fn. 1), S. 215 参照。

25) Berlin 1815, 2. Abdruck 1816.

26) Heidelbergische Jahrbücher der Litteratur, 1816, 241 ff.

27) Heidelberg 1816.

ク大学哲学及び物理学正教授，ベルリン及びミュンヘン王立学術アカデミー寄稿会員」であるフリーズのこの書評に対し，フリーズの「実験物理学」を受講した[28]一介の「法学徒」ツィンメルンは，同じ年の内に，『フリーズ教授のユダヤ人に対する攻撃評価の試み (Versuch einer Würdigung der Angriffe des Herrn Professor Fries auf die Jüden)』と題する反論の論文を書いた[29]。この反論は，平等の市民権を求めるユダヤ人の請求権という解放の核心問題にかかわるものであった。こうしてこの2人は，クリスティアン・ヴィルヘルム・ドーム (*Christian Wilhelm Dohm*：1751年-1820年) が，1781年に，『ユダヤ人の市民としての地位の改善について (Über die bürgerliche Verbesserung der Juden)』と題した綱領[30]をもってはじまった論争に加わることになったのであった。ツィンメルンは，この綱領の著者を何度も引用している[31]。ユダヤ人の法的平等をはかろうとする努力は，フランスの影響のもと，はじめは個々のドイツの邦国において成果をあげ，さらなる実現に向けての歩みが続いたが，ナポレオンの支配が崩れてウイーン会議が開かれた後は後退することとなった。ルーフスとフリーズのユダヤ人解放に敵対的な著作はこの範例である[32]。

　フリーズは，同等の市民権に対するユダヤ人の請求権を否定したばかりではなく，さらには，「このカーストは，一国におけるあらゆる秘密裏の政治結社や組織のうちで，最も危険であるから，根絶やしにされるべきである。」と要求するまでにエスカレートしていた[33]。フリーズが，物理的な抹殺という意味でこれを希求したのでないことはもちろんである。そうではなく，「彼は，我々の兄弟であるユダヤ人にたいしてではなく，ユダヤ人たること

---

28) *Zimmern* の履歴書参照 (aaO Fn. 22)。
29) Heidelberg 1816.
30) Berlin und Stettin 1781; 2. Aufl. 1783.
31) *Zimmern*, (aaO Fn. 29), S. 15 f., 42, 50, 55, 59.
32) *Katz*, Aus dem Ghetto in die bürgerliche Gesellschaft, Jüdische Emanzipation 1770–1870, 1986, S. 220; 同, Vom Vorurteil bis zur Vernichtung, 1989, S. 77 ff.; *Mattenklodt*, Über Juden in Deutschland, 1992, S. 64 f.
33) *Fries*, (aaO Fn. 26), S. 248, 256, 260 ff.

（Judenschaft）にたいして」戦線布告をしたのだと理解されることを望んだのであった。彼は，先にあげたドームの論文を皮肉るかたちでつぎのように述べている。すなわち，「ユダヤ人の市民としての状況を改善することは，とりもなおさずユダヤ社会を破壊することである。」と。実際に，フリーズは，ドイツの各邦国の政府にたいし不可解な施策を求めたのであった。それはすなわち，ユダヤ人が移民してくることを禁止し，そして他国への移住を優遇すること，反ユダヤ的教育政策の促進，親睦形式の会合を刑罰をもって禁止すること，16世紀に由来する警察規則のやり方で商売を厳しく制限することであった。フリーズの評論は，全体としては，一般的な「ドイツ狂い（Germanomanie）」におちいった専門家筋の「反ユダヤ主義」だということができるが，当時はこのドイツ狂いがドイツの大学に蔓延していたのであった[34]。

　バーデン内務省は，この扇動的な書を押収した。ツィンメルンは，「真実の声をもってこの書に立ち向かう」ことを求められていると感じたのであった[35]。この20歳の学生は，驚くほどに卓越した議論をもって，ただ必要なところでは，巧みなポレーミックと辛辣な皮肉をもって完璧にこれを成し遂げたのであった。たとえば，ユダヤ社会の撲滅を口にするフリーズの不作法が見受けられるところでは，彼は，「とはいっても，個々の人々は，兄弟愛を持ち続けたいのだ！」というコメントを付した上で，辛辣な論評を加えたのである[36]。もちろん，ツィンメルンはまた，本題とも取り組んでいた。フリーズは，ユダヤ人総体の名声を傷つけるような歴史上の個別事例を多く取り上げたが，これにたいしこの学生は，寛大に，そして物事につうじかつ豊かな知識をもって，それぞれについて的確な反論を組み立てたのであった。彼は，フリーズの提示した諸施策のカタログと取り組み，これをひとつひとつ退けたのである。将来

---

34) *G. König* は，Heidelberg im säkularen Umbruch, Traditionsbewusstsein und Kulturpolitik um 1800, 1987, S. 522 ff.（526）において，フリーズの書評に当を得た解説を加えている。

35) *Zimmern*, (aaO Fn. 29), S. 3 f.

36) S. 49.

に関してツィンメルンは，現状につき相互の歩み寄りがなされた後のことではあるが，すべてに共通する単一の信仰を期待している。それまでについて彼は，ユダヤ教に帰依している者に関しても，同等の市民権が与えられることを断固求めるとともに，商売を営むことに関しての差別，そしてまたいうまでもないことではあるが，フリーズ流の国外追放に反対したのであった[37]。

3. 博士号の取得

ツィンメルンの学業は当時すでにかなり進んでいた。1817年の2月，彼は，ティボーが学部長のとき，法学博士号を取得してその学業を修了した[38]。彼は自らティボーに教えを乞い，ティボーは，彼にそれを解釈するよう2つのテキストを与えた。1つは，ユスティニアヌス法典の一節，もう1つは，カノン法の一節である。ツィンメルンは注釈をラテン語でしたためて学部に提出した[39]。同じくラテン語で書かれた博士論文のテーマは，『De juramento diffessionis』である[40]。これは，普通法の民事訴訟における特別の証明責任問題，つまり，いわゆる「否認宣誓（Diffessionseid）」のことである[41]。この宣誓によって，相手方の提出した私文書の証拠力を揺るがすことができた。すなわち，文書提出のもと主張された事実が争われ，そして否認（Deffessio）につき宣誓がなされる。ツィンメルンの博士論文では，ローマ法にはみられないこのような宣誓の性格及びその効果に関連する多くの争点が取り上げられている。博士審査手続は，厳粛に行われた博士口頭試問をもって，1817年2月3日に修了した。

---

37) S. 11 ff., 60 ff., 63 ff., 68 f.
38) Akten der Juristenfakultät Heidelberg 1817, UA Heidelberg H-II, 111/9, Bl. 10 ff.
39) これは今日なお大学のアーカイブ（aaO Fn. 38), Bl. 12-14 に保管されている。
40) 1817年に Heidelberg で出版。
41) Vgl. *Glück*, Pandecten, Bd. 23, 1, 1820, S. 45 ff. *Zimmern* のテーゼを肯定するかたちで指摘している（S. 47 Anm. 35)。

III. 教授への道のり

ツィンメルンがユダヤの信仰共同体にいる限り，教授への道は彼には閉ざされたままであった[42]。

1. ベルリンとゲッティンゲンでの研究

博士号を取得した後1年間，ツィンメルンはベルリン（1817年夏セメスター）とゲッティンゲン（1817-18年冬セメスター）に研究のため滞在した。彼は，1817年のはじめには，とくにザヴィニー（Savigny）の授業を聞くため，ベルリンにおもむいていた。ディボーからザヴィニーにあてたツィンメルンの推薦状には，つぎのようにしたためられていた[43]。「ツィンメルン氏は，その才能，見識そしてその模範的な性格の点で非常に優れている。……彼がユダヤ人の息子であるということ以外，彼にとって不利になることを私は知らない。しかし私は，言葉の悪い意味で，彼についてささかなりともユダヤ的と感じたことは一切ない。」と。

ツィンメルンは，ベルリンで，ハイデルベルク時代の学友であり，のちにブレスラウ（Breslau）大学とハレ（Halle）大学の正教授となるカール・ヴィテ（Karl Witte：1800年-1883年）に再会した[44]。ヴィテもまた，その数カ月前に，エドゥアルト・ガンスに知己を得ていた。この3人の若い学者は，このとき多くの時間をともに過ごし，講義を受け，キケロの書簡を読み，長い散策の

---

42) その詳細については，Braun, (aaO Fn. 1), S. 217 f. 同じく，L. Mugdan, Rhein-Neckar-Zeitung vom 9.2.1966 参照。

43) Abgedruckt bei Polley, Anton Friedrich Justus Thibaut (AD 1772-1840) in seinen Selbstzeugnissen und Briefen, Teil 2: Briefwechsel, 1982, Nr. 210, S. 309.

44) Brief von Witte an Dorow vom 21. August 1842, in: Dorow (Hrsg.), Reminiscenzen, 1842, S. 252 ff. (253); Faksimile-Abdruck, in: Die Juristische Fakultät der Universität Berlin, Festgabe der Deutschen Juristen-Zeitung zur Jahrhundertfeier der Friedrich-Wilhelm-Universität zu Berlin, 1910, S. 77.

間に専門的問題を議論した。ヴィテによると,ツィンメルンは,「思慮深くかつ変わることのない優しさをもって」議論するように心がけ,こうして,ややもすれば「論争を好み,怒りっぽくそして過敏」に振る舞うその友人らと対照をなしていた[45]。ベルリン時代についてもう1つ記しておくべきは,ツィンメルンが,ガンスとともにそのイニシアティブをとった,ユダヤ系学生及び学者グループに加わったことである。このグループは,「学術サークル」と名付けられ,定期的に講演の夕べを催した。ツィンメルンもここで,『刑法の哲学的根拠入門 (Einleitung in eine philosophische Begründung des strafrechts)』と題した報告を行っている[46]。

1817-18年の冬セメスターについては,ゲッティンゲンを研究の地に選んだ。8月,ツィンメルンは,ガンス及びヴィテとともに,4週間の遍歴 (Wanderschaft) にでかけた[47]。彼らは,イエナ (Jena) に何日か滞在し,間近にせまった〔ドイツ人のアイデンティティーを求めた〕ヴァルトブルクフェスト (Wartburgfest) に向けた学生団 (Burschenschaft) の準備を経験し,イエナのラテン協会 (Jenaer Lateinische Gesellschaft) の名誉会員となった[48]。ヴィテの旅行ノートにはつぎのような記述がある。「ユダヤ人の市民としての地位をめぐって繰り広げられてきた戦いもまた時をゆり動かし,そしてそれは,私の同行者の出身をとおして,私の身近に迫ったのであった。」と[49]。

ヴィテは,ゲッティンゲンの時代についてつぎのように記している。「我々は,非常に珍しい時をすごした。遅くまで,つまり,午前10時,いや,それより遅くまで寝ていた。机に向かい合ってすわったり,あるいは,読書用の小部屋に行ったりし,午後は再び,夕暮れが帰宅を促すまで,ベルリンでのように逍遥討論を行った。いつもは遅くなる前に,皆はもう1度お茶につどった。

---

45) Brief von *Witte* an *Dorow*, (aaO Fn. 44), S. 253 ff.
46) 徴表については,*Reissner*, Eduard Gans, 1965, S. 28 ff., 31 Anm. 33.
47) *Witte*, (aaO Fn. 44), S. 255 ff. 参照。
48) その教授資格論文 (vgl. Fn. 54) において,*Zimmern* は,*Societatis Latinae Jenensis socius honorarius* とも自らを称している。
49) *Witte*, (aaO Fn. 44), S. 256.

しかしその時に本当の勉強をはじめ、それが朝まで続いたのである。」と[50]。

2. ハイデルベルクでの教授資格の取得

1818年1月、ツィンメルンは、これもティボーに勇気づけられて[51]、ゲッティンゲンから、ハイデルベルクの法学部及びバーデン内務省に、講義担当権限（Venia Legendi）の付与を求め、そして、つぎの夏セメスターから、つまりは、教授資格認定手続が終わる前から、私講師として講義することを認めるよう申請した[52]。もちろんこれは、「必要な公開での講演と講義担当権限にむけたプログラム、つまりは教授資格論文（Habilitation）の出版を規定どおり短期間で履行すること」を約束した上でのことである。3ヵ月以内であれば、教授資格の要件を事後的に充足することは大学ではよく行われていたようであり、そのため、学部も大学の評議会もこれを認めた。しかしながら、内務省は、まだ教授資格の授与がないことを指摘して、暫定的に申請を却下した。これに応じてツィンメルンは、再度の私講師の認可申請に先立ち、5月初めに、講義担当権限にむけたラテン語による教授資格論文の諸テーゼについて講演を行い[53]、7月には「プログラム」すなわち、同じくラテン語で書かれた担保に関する教授資格論文『De Muciana cautione』[54]を提出した。実のところ、教授資格のための諸要件は、まったく疑う余地のないまでに充たされていた。にもかかわらず、手続は、ツィンメルンの信仰を理由に突然1ヵ月間延期されてしまった。8月の末、ツィンメルンは、講義担当資格（fakultas Legendi）を得た

---

50) S. 258.

51) Brief von *Zimmern* an *Witte* vom 3. März 1818 (UB Göttingen, Cod. Ms. Philos. 1789, Nr. 8); この点については、*Braun*, (aaO Fn. 1), S. 219.

52) *Zimmern*の教授資格審査手続は、Karlsruheにある州総合アーカイブ（Generallandesarchiv）及びHeidelberg大学アーカイブに保管されている1818年の個人記録及び学部記録からたどることができる。Vgl. GLA Karlsruhe 205, Nr. 587; UA Heidelberg, A-219, UA Heidelberg, H-II, 111/10. これらに関しては、*Braun* (Fn. 1), S. 219 ff.

53) *Zimmern*, Theses juris controversi, Heidelberg 1818.

54) *Zimmern*, De Muciana cautione, Heidelberg 1818.

が，その際，「現在の国家情勢に照らすと，彼は，正教授ないし特任教授，または教授会のメンバーになれる見込みは皆無である。」という「注記」が付されていた。こうして，バーデン内務省は，この学部と評議会のつぎのような見解を取り入れたのであった。その見解とは，すなわち，「将来ユダヤ人を教授として任用することは，……非常に好ましからざる結果をもたらそう。つまり，このようなことは，そもそものところ精神的な施設としての大学の本質，わけても，常にプロテスタントの大学であると名のり続けてきたハイデルベルク大学の本質と矛盾するように思われる。」というものであった。

というわけで，まず問題となったのは，教授職ではなく，私講師の職であった。しかし学部は，講義担当資格を与えるに際し，「彼の最高の才能のゆえに，達成することのできない目標をむなしく追い求めることがないよう，ツィンメルンにたいして，彼はユダヤ人としては決して任用……を期待してはならないということを……示唆する」ことが必要と考えたのであった。いずれにしても，今や達成が可能となったところを今度は現実のものとする道が切り開かれたのである。ジグムント・ツィンメルンは，ユダヤ人としてはじめて，ドイツの大学において法学の私講師に任じられたのであった[55]。彼は，1818-19年の冬セメスターにおいて，パンデクテンの起案演習を担当したのであった。

3. 教授職のための洗礼について

教授として任用されるという本来の職業上の目標を，ツィンメルンは辛抱強く追い求めた。約2年半にわたり私講師をつとめた後，1821年2月，彼は，大公国バーデンの所管省に特任教授任用を求める申請をした。そういうわけで，今や大学と所管省は，はたしてユダヤ人は教授になりうるのかという問題について旗幟を鮮明にしなくてはならなくなった。1818年のバーデン憲法は，「すべての民間人，軍人及び教会吏員」につく請求権を等しく平等に認めるとしてはいたが，それは，「3種のキリスト教を信仰するすべての公民」にたい

---

55) *Richarz*, (aaO Fn. 24), S. 123 f., 207 f.; *Benöhr*, in: Judentum im deutschen Sprachraum (hrsg. von *Grözinger*), 1991, S. 288, 297.

してのみであった[56]。しかし，ユダヤ人はこの理由だけで排除されていたわけではなかった。かえってそれは多分に政治的な裁量の問題であった。バーデン大公は，ツィンメルンの申請を，「彼のユダヤ信仰以外の何者も，それと矛盾しないのなら，」認める「方向」にあった。しかし，所管省は，まずは，学部と評議会の意見を徴した。この2つの大学の機関は，断固ツィンメルンの任用に反対した。ツィンメルンは，「今まで，その性格，その学識そしてその機敏さの点で非常に秀でていることを示してきてはいるが，」しかし，「我々の諸邦国が，ユダヤ人の権利はとくに邦国の行政との関係ではできるだけ制限されなくてはならないという原則，及び，ユダヤ人を，わけても裁判官職，選挙人そして分限にかかわる会合から排除しなくてはならないという原則を採用し，かつまた採用しなくてはならない限り，そして，国務を直接的に形成する高度の学術は，さまざまな面でキリスト教の信仰と関連している限り，さらには，多くの点でキリスト教にもとづき，そしてあらゆる面でキリスト教と結びついている法学との関係ではとくに，我々のアカデミーを，全面的にキリスト教の教育施設とあつかうことが絶対に必要である限り，」ツィンメルンの信仰は教授職とは相容れないと，彼らは考えたからであった。

　学部の意見書はそれまでツィンメルンの学術的な成長を力強く支援してきた当時の学部長，ティボーの案[57]にもとづいていた。そもそもティボーは，ハイデルベルクのユダヤ人にとり大いに功績のあった人物である。彼は，1819年8月に起きたユダヤ人襲撃事件，つまり「ヘップ・ヘップ騒動（Hep-Hep-Unruhe）」に際し，彼の学生達とともに，暴徒の襲撃を受けるユダヤ人の住居や商店の前に，これを守るべく立ちはだかったのであった[58]。しかし，ユダヤ人を同等の権限を持つ学部メンバーとして受け入れることができるかという今

---

56)　§ 9 der Verfassungs-Urkunde für das Großherzogtum Baden（Reg. Bl. 1818, Nr. 18）；この点については，*Rürup*,（aaO Fn. 8）, S. 262 Anm. 88.
57)　一部は，*v. Lilienthal*,（aaO Fn. 23）, S. 16 ff.; *Polley*,（aaO Fn. 43）, Nr. 299a, S. 584 ff.; *Braun*,（aaO Fn. 1）, S. 210 f., 223 に収録されている。
58)　これについては，*Pfitzner*, Akademische Monatshefte 2（1886/87）, 210 ff. 参照。

回の問題に関しては，ティボーにとっても，克服しがたい壁がそびえていたのである。評議会は，学部の意見に従った。評議会の結論は，「ツィンメルン博士にとって，信仰以外その任用を妨げるものはなにもない」というものであった。彼は大公ルードビッヒ（Ludwig）と謁見したが，それでも望んだ結果は得られなかった。しかしながら，ツィンメルンは，1821年5月18日，大公との謁見の後，ただちにバーデン大公国審議官（Großherzoglich Badischer Rat）に任じられたのであった。

　教授職への道は，先に本節のタイトルとした洗礼により，その障害が取り除かれた。1821年9月11日，ツィンメルンは，ルター派の信仰に改宗した。もっとも，その4月には，ガンスの提案に従って，まだベルリンの「ユダヤ文化・学術連盟」の会員となっていた。しかし，洗礼によって，そのメンバーから離脱した[59]。ツィンメルンの洗礼は——ハインリッヒ・ハイネ（Heinrich Heine），ルードビッヒ・ボルネ（Ludwig Börne）そしてまたエドゥアルト・ガンスの場合と同じく——ときとして「キャリアのための洗礼」と呼ばれている[60]。ツィンメルンが洗礼を受けたのは，カロリーネ・ヴァルターと結婚できるようにするためだと考える者もいる[61]。最後に，『バーデン書誌（Badische Bibliographien）』おいてフォン・ヴィーヒ（von Weech）は，キリスト教への改宗は，「長く抱いていた確信の結果」と記している[62]。しかし，こう単純にいうことは，ツィンメルンに関しては正しくない。ヴィテに宛てた彼の書簡[63]から明らかなように，彼にとってみると，改革されたユダヤ教とキリスト教統一運動をかかげるキリスト教の間には，本質的な差異はなにもなかったのであった。

---

59) Vgl. *Reissner*, (aaO Fn. 46), S. 188 f., und *Braun*, (aaO Fn. 1), S. 227 Anm. 70 m.w.N.
60) *Richarz*, (aaO Fn. 24), S. 137 Anm. 12, 207. 一般的には，vgl. *Kisch*, Judentaufen, 1973.
61) *Gmelin*, (aaO Fn. 12), S. 424.
62) *v. Weech*, (aaO Fn. 3), S. 541.
63) Briefe vom 16. Dezember 1821 und 24. April 1822, UB Göttingen, Cod. Ms. philos. 178^g (Nr. 19) und 178^g (Nr. 21);. この点については，*Braun*, (aaO Fn. 1), S. 228 ff.

1821年10月，ツィンメルンは，洗礼の後すぐに教授，しかもただちに正教授に任ぜられた。それは無給の教授職であった。彼は，そのメンバーたる資格が教授職と連動している教授会における活動から，ある程度の収入を得ていた[64]。4年間にわたりハイデルベルクにおいて正教授として活躍した後，ツィンメルンは，イエナ大学より，1825-26年の冬セメスターから第6法学正教授となるよう招請された。1826年1月21日，彼は，その就任講義つまりは『De iudicio quod vocant, rescindente ac rescissorio』と題する講演を行った[65]。この論攷は，以前の財産状態の回復（integrum restitutio）を命じる判決（iudicium rescindent）と，現状回復（iudicium rescissorium）を命じる判決の関係を取り上げたものである。1827年には，さらにブレスラウ大学から招聘を受けた。しかし彼はイエナに止まり，そこで上級控訴裁判所（Oberappellationsgericht）の第5学術判事に任じられた。彼は同じ年に学部長となった。彼の講義科目は，わけても，ローマ法のインスティトゥシオーネンとパンデクテンであった[66]。そして後者については，ハイデルベルクの恩師ティボーの教科書[67]を用いた。彼は，ときおり相続法も独立の科目として講じたが，その際には，ハイデルベルク時代に自らが書いた入門書[68]を教材として用いていた。

　わずかな学期をへた1828年の秋，ツィンメルンは肺結核に罹患した。すでにその冬セメスターには，1人では立っていられず，1829年の夏セメスターには，講義するのをあきらめなくてはならなかった。その年の秋，彼は南フラン

---

64)　この点については，*Jammers*, Die Heidelberger Juristenfakultät im neunzehnten Jahrhundert als Spruchkollegium, 1964, S. 40 f. 参照。

65)　Jena 1826.

66)　Vgl. G. *Buchda*, Biographien des Lehrkörpers der Juristischen Fakultät von 1545 bis in die fünfziger Jahre des 20. Jahrhunderts, Thibaut bis Zimmern, Manuskript im Universitätsarchiv Jena, Bestand V, Abt. XI, Nr. 17/2.

67)　*Thibaut*, System des Pandektenrechts, 7. Aufl., Jena 1828.

68)　*Zimmern*, Grundriß des gemeinen in Deutschland geltenden Erbrechts, Heidelberg 1823.

スかイタリアでその病を癒そうとした。しかし，彼はハイデルベルクまでたどり着くのが精一杯であり，1830年6月9日，彼の地において逝去したのであった[69]。

IV. 学術的業績

ツィンメルンが残した広範にわたるも未完の学問業績[70]は，ザヴィニーによってそのローマ法の分野が確立・形成された「歴史学派」の全盛期初期に分類される[71]。とはいっても，ツィンメルンは，学派の中心人物ザヴィニーに近いところにいたわけではなかった。彼が，自分がアウトサイダーであると感じていたことは，ヴィテに宛てた彼の書簡にあらわれている[72]。そこでは，「エゴイスチックで，傲慢，現実よりも人柄とか虚栄にあふれた見てくれを重視し，濫用的に歴史的と名乗る学派」とその「偶像的存在であるザヴィニー」を嘆いている。というわけで，ツィンメルンは，ランズベルク（Lansberg）がいうように，独立独歩の人ではあるが，ものごとをわきまえ手をたずさえて同じ歴史上の責務に献身する人物だったのである[73]。

1. 歴史家にして体系家

こうした歴史学的法学の歴史的・体系的方法は，すでに，ツィンメルンが1818年に刊行した担保に関する教授資格論文，『De Muciana cautione』にみて

---

69) Vgl. *v. Eisenhart*, (aaO Fn. 3), S. 302; *v. Weech*, (aaO Fn. 3), S. 541; *M.G.W. Brandt*, (aaO Fn. 13), Bd. 1, S. 91f. 注15にあげた手記では，Zimmern は，1829年から30年にかけての冬，Handschuhsheim において，牛小屋で治療を受けていたと記されている。

70) Vgl. die Zusammenstellung der Schriften bei *Braun*, (aaO Fn. 1), S. 212 f., Anm. 9.

71) *Landsberg*, Geschichte der Deutschen Rechtswissenschaft III, 2, 1910, Text, S. 287, 293f.; Noten S. 126 f.

72) Brief von 18. August 1823, UB Göttingen, Cod. Ms. philos. 178^g (nr. 18).

73) *Landsberg*, (aaO Fn. 71), S. 293.

取ることができる。この研究は，その発明者であるローマ共和制時代の法律家クイントス・ムシウス・スカエボラ（*Quintus Mucius Scaevola*）にちなんで，ムシアナの担保（Causio Musiana）と呼ばれている特別の担保給付に関するものである。ある者にたいし，消極的随意条件のもとで遺贈がなされた場合，たとえは，被相続人の妻に対し再婚しないという条件で遺贈がなされた場合，条件が充たされたかどうかは，本来，受遺者が死亡してはじめて確定する。しかし，ムシアナの担保により，受遺者は，被相続人の死後すぐ，複数の保証人の保証を受けて，もちろん，もし受遺者が条件に反したときは取得したものを返還するとの約束と引換に，遺贈されたものを受け取ることができる[74]。ツィンメルンは，14章にわけて，ローマ時代の資料であつかわれているこのムシアナの担保の適用範囲に関する個々の事例を検討した。こうして著者は，まずはじめに，この担保は遺言についてのみ認められ，約定（Stipulation）では認められないことをあきらかにしている。加えて彼は，この保証は，何かをしないという条件が設定されたケースで問題となるが，しかしながら，消極的条件かどうかはその文言にかかるのではなく，その実質的な内容によることを強調している。たとえば，被相続人が，息子の配偶者に，息子との婚姻を長期にわたり維持するという条件のもと遺贈をした場合，これは確かに積極的なかたちで規定されてはいるが，その意味に従えば，これは消極的随意条件である。というのは，遺言者が実際に意図したのは，「息子の妻の側から，離婚がなされないときは」という意味だからである。それに続き，さらに解釈論的な論述が，誰に担保を立てるべきかという問題についてまで進められている。すべての知見は，ローマ法の資料から導き出されている。全体的にみると，こうしたかたちで，ムシアナの担保に関する特別のコンメンタールとなっている。このような方法の特徴は，取り上げられた諸資料が，同時期に存在したかのごとく，体系的に一体化された上で評価されている点にある[75]。

---

74) Kaser, Das Römische Privatrecht I² (1971), S. 254; 普通法に関しては，*v.* Vangerow, Lehrbuch der Pandecten II⁶ (1854), S. 149 ff. (*Zimmern* の論文の評価付き) 参照。

75) この観点から，基本的に異なる出発点に立った，つまりは，時と筆者によってわ

ツィンメルンが，ローマ法の学術的取扱いというその任務をどうみていたかは，同じく，教授資格を得た1818年の発表にかかる著作『ローマ法における被支配者が第三者に与えた損害の賠償を支配者に対して求める訴えの体系 (Das System der Römischen Noxalklagen)』[76]にもこれを見て取れる。ここで取り上げられているのは，その奴隷あるいはペット・家畜が損害を発生させた場合の，支配関係 (dominus) を根拠とした訴えである。ツィンメルンは，その序において，つぎのように述べている。「ローマ法は，単純な基礎の上に立ちつつも，相互に美的に絡み合った構造体を形成している。ローマ民族は滅びたが，その法は我々のものとなり，研究者は，その個々のセンテンスの解明に数百年の長きにわたって取り組んできた。現下の時代は偉大な人物を求めている。それは，今の時代が，個々の部分を全体と結びつけている糸を解明することを求めているからである。筆者自身，自らにもこの要請を課し，本稿で取り上げるいまだほとんど研究がなされていなかった法理を展開しようと試みた。もっとも，体系的な関連を解き明かそうと努力することで，それを研究することではじめて全体がわかる個々のセンテンスを無視してしまうことがけっしてないよう努めた。」と。

2. 歴史学的ローマ法学者

この歴史的・体系的な方法は，それ自体時代の制約を受けている。しかし，19世紀の初頭はまた，歴史主義 (Historismus) が幕を開けた時期であり，この時期に現代的なローマ法学がはじまった。そしてその方法は，今日もなお，ローマ法研究を支配している。ツィンメルンの時代は，ユスティニアヌスの時代よりも以前の資料のセンセーショナルな発見の時代である。1816年，歴史学者バルトホルト・ゲオルク・ニーブアー (Barthold Georg Niebuhr) により，

けた Cautio Muciana に関する，Levy, SZ (Rom.Abt.) 24 (1903), S. 122 ff. = Gesammelte Schriften II, 1963, S. 537 ff., および H. Krüger, in Mélanges Girard II, 1912, S. 1 ff. の論文参照。

76) Heidelberg 1818.

北イタリアベローナの寄贈図書館において，ガイウス（Geius）のインスティトゥシオーネンとともに，ある再使用紙の草稿（Palimpsest）が発見された。それから数年後の1821年，アンゲロ・マイ（Angelo Mai）が，バチカンの図書館で，バチカン・フラグメンタ（Fragmenta Vaticana）を発見した。ツィンメルンの著作には，原則的には現代のローマ法学者と異ならないやり方で資料を解釈している論文が複数ある。もっとも，ここでもまた，どちらかといえば，時代と結びついた証明となるすべての資料の調和を図ろうという彼独特の努力をみて取ることができる。

その一例が，ツィンメルンの，『学術及び実務のためのローマ法研究（Römischrechtliche Untersuchung für Wissenschaft und Ausübung）』と題する論文集に載せられたレックス・ヴォコーニア（Lex Voconia）に関する彼の論攷である。この論文集は，「ハナウに置かれたヘッセン選帝候国宮廷裁判所（Hofgericht）の事務弁護士（Advokat）かつ法廷弁護士（Procurator）」であった彼の友人であり義理の兄弟，レオポルト・ヨーゼフ・ノイステテール（Leopold Joseph Neustetel）[77]とともに，ツィンメルンが私講師の時代に出版したものである[78]。先にあげたガイウスのインスティトゥシオーネンには，紀元前169年に発令されたレックス・ヴォコーニアの内容の一部が，つぎのように転記されていた。すなわち，「…*mulier…ab eo, qui centum milia aeris census est, per legem Voconiam heres institui non potest…*」と[79]。

それによればこの法律は，その財産が100,000アセ（1アセは，金373グラム相当）と監察官の評価を受けた被相続人が，女性を相続人と定めることを禁止したものである。すでに19世紀においてそう考えられていたし，今日の支

---

77) *Neustetel* (1797-1825) は，後に „*Mutter Jolberg*" と呼ばれた *Zimmern* の姉妹 *Regine* が最初に結婚した相手である。Vgl. *Gmelin*, (aaO Fn. 12), S. 424; *M.G.W. Brandt*, (aaO Fn. 13), Bd. 1, S. 14 f., 31 ff.

78) *Zimmern*, in: Neustetel/Zimmern, Römischrechtliche Untersuchungen für Wissenschaft und Ausübung I, Heidelberg 1821, S. 311-331.

79) Gai. 2, 274.

配的見解もこのように理解している[80]。これにたいしてツィンメルンは，次のようなテーゼを立てた。すなわち，それは，監察官の財産評価を受けた市民はすべて，その財産額に関係なく女性を相続人と指名することを禁止された。ただし，この禁止が妥当するのは，女性を相続人に指名することで，その者の相続する財産価値が，100,000 セステルツェ（Sesterze:1 セステルツェは，2.5 アセに相当する価値）を超える場合に限られるというものである[81]。この際ツィンメルンは，わけても，アウグスチヌスの時代に関してではあるものの，3世紀の初めに，レックス・ヴォコーニアの内容をこのように解釈した歴史学者カシウス・ディオ（*Cassius Dio*）[82] に依拠している。ツィンメルンはまた，ガイウスの立場もこのように解釈してしまい，そしてこの論攷の最後をつぎのように結んでいる。「このようにすべての証拠が，一部はそれ自体，一部は相互関係において一致していることは，おそらく，ここで述べた見解が他の見解よりも勝っていることを保証するものとしてよかろう。」と[83]。

しかし，そうだとしても，ツィンメルンは，ガイウスのテキストを正しく評価していたわけではけっしてない[84]。ガイウスの時代には，レックス・ヴォコーニアは，使われなくなっていたのであるから，ローマの法律家は，現行法の体系家としてではなく，歴史家としてこれについて語っているわけである。さらに，ガイウスが，彼の時代にはもはや廃れていた通貨アセを使って説明していることは，彼が，レックス・ヴォコーニアのオリジナルの文言に大きく依拠していることを示している。これにたいし，カシウス・ディオの立場は，アウグスティヌスの時代について，時代が経過するうちに，煩わしいと感じられるようになり，いずれにしてもその文言の点であまりに広すぎるこの法律の制限的な解釈を提唱するものである。はるかに高価なセステルツェ通貨に

---

80) Vgl. *Kaser*, Über Verbotsgesetze und verbotswidrige Geschäfte im römischen Recht, 1977, S. 50 f.; *Wieacker,* Römische Rechtsgeschichte I, 1988, S. 417 f. 参照。
81) *Zimmern*, (aaO Fn. 78), S. 318 ff., 323 ff.
82) Cassius Dio, 56, 10, 2.
83) S. 331.
84) Vgl. Gellius, Noctes Atticae, 20, 1, 23.

置き換えられているにもかかわらず，この法律が定める100,000アセが，何の調整もないままに，ここではそれが「100,000セステルツェ」と解されているのは，すでに大幅な制限的解釈である[85]。カシウス・ディオによるレックス・ヴォコーニアの改竄は，もう1つの制限的解釈に思いをいたらせる。すなわちそれは，そもそも100,000という額は，被相続人の財産に関するものであったが，この額を女性を相続人とすることで彼女に遺贈されるものに関連させ，そうして，たとえば，その財産が150,000セステルツェまでと評価された被相続人は，その2分の1につき女性を相続人とすることができるというものである。ガイウスはレックス・ヴォコーニアのオリジナル文言によっていたが，カシウス・ディオは，後世の制限に従ってその内容を書き換えた。ツィンメルンは，テキストの調和ということを考えた手法をとったために，こういったとらえ方に思いをめぐらすことはなかったのであった。

それはそうとしても，これは，非常に掘り下げた，今日でもなお注目される論攷であり，ほぼ同時期ではあるが，ツィンメルンの論攷とは無関係に書かれたザヴィニーのレックス・ヴォコーニアに関する論文[86]にけっして劣るものではない。他方，ツィンメルンはまた，ザヴィニーと論争する機会も持った。たとえば，ザヴィニーの論文『lex cincia de donis et muneribus 及びその後世における変革について（Über lex cincia de donis et muneribus und deren spätere Umbildung）』[87]にたいするツィンメルンの書評[88]にこれがあらわれている。紀元前204年のレックス・シンシア（Lex Cincia）は，その詳細はわからないが，

---

85) Cassius Dio, 56, 10, 2 は，100 000 セステルツェに相当する 25 000 „Denardrachmen" としている。Vgl. *Zimmern*,（aaO Fn. 78), S. 325 一般論は *Hultsch*, Metrologie², 1882, S. 250ff.; *Mommsen*, Römisches Staatsrecht III, 1, 1887, S. 249f., insbes. Fn. 4.

86) *V. Savigny*, Über die lex Voconia, in: Abhandlungen der historisch-philologischen Klasse der Königlich-Preußischen Akademie der Wissenschaften, 1820/21, S. 219-238, auch in: Vermischte Schriften I, Berlin 1850, S. 407 ff.

87) In: Zeitschrift für geschichtliche Rechtswissenschaft IV, 1818, S. 1 ff. = Vermischte Schriften,（aaO Fn. 86), S. 315 ff., mit einem Nachtrag von 1849, S. 380 ff.

88) *Zimmern*, in: Heidelberger Jahrbücher der Literatur 1820, 780 ff.

一定の額を超える贈与を受けることを禁じていた。もっとも，贈与者に近い一定の人物はこの禁止から除外されていた (personae exceptae)[89]。ザヴィニーの論文は 1818 年に，ツィンメルンの書評は 1820 年に発表された。したがって，2 人の著者は，その後発見され 1823 年に編集・出版されたバチカン・フラグメンタを参照することはできなかった。このフラグメンタには，パウルス (*Paulus*) の手になるレックス・シンシアの長い注釈が書き写されていた。この資料は，後に，ある重要な内容に関するツィンメルンの批判を確証することとなった。すなわち，ザヴィニーは，レックス・シンシアは，当初上記の適用除外を規定していなかったと論じた[90]。ツィンメルンはこれに異議を唱えた[91]。バチカン・フラグメンタは，ツィンメルンに軍配を上げることとなった。というのは，パウルスの注釈は，まさにこの適用除外に関するもので，しかも，当該法律をはっきりと引用しているからである[92]。ツィンメルンは，後に発表したレックス・シンシアに関する他の論文の書評において，今や正しいことが証明されたその批判を，満足感をもって繰り返すことができた[93]。ザヴィニーはといえば，訂正することはしたものの，注においてすらツィンメルンを評価することはなかった[94]。

　ツィンメルンの法制史に関する主要著作は，本稿の冒頭にあげた『ユスティニアヌスまでのローマ私法史』である。これは 3 巻からなるものであるが，出版されたのは，第 1 巻と第 3 巻の 2 編である[95]。ツィンメルンは，もはや第 2 巻を書き上げられなかった。しかし，この未完の著は，そのボリュームからし

---

89) Vgl. *Kaser*, (aaO Fn. 80), S. 20 ff;.; *Wieacker*, (aaO Fn. 80), S. 417.
90) *v. Savigny*, Vermischte Schriften, (aaO Fn. 86), S. 341 ff.
91) *Zimmern*, (aaO Fn. 88), S. 793 ff.
92) FV 298-312, insbes. 308: *in hac lege*.
93) *Zimmern*, in: Erlanger Jahrbücher der gesamten deutschen juristischen Literatur 6, 1827, 48 ff. (59).
94) *v. Savigny*, System des heutigen Römischen Rechts IV, 1841, S. 194 ff.
95) *Zimmern*, Geschichte des Römischen Privatrechts bis Justinian I, 1 und I, 2, Heidelberg 1826; III, Heidelberg 1829.

てすでに，ローマ法制史全体を驚くほど内容豊かに解説したものである。そしてまたこの著作は，その内的な体系性のゆえに，とくに注目を引く。ツィンメルンは，ライプニッツ（*Leibnitz*）にさかのぼる，「内的」法制史と「外的」法制史を原理的に区別するという手法を採り，まず第1巻では，「資料とその研究の歴史」，つまり外的法制史を解説する。この限りでは，それまで標準的であったグスタフ・フーゴ（*Gustav Hugo*）の解説[96]に対応している。しかし，——第1巻第2部における——，第2章「法諸原則の歴史」がそれに続くが，それはつぎのような順のガイウス流の体系を採用している。すなわち，「人について」（ここまでは，第1巻），「財産について」（計画では第2巻用），そして「ローマの民事訴訟」（第3巻）と続く。このようにしてツィンメルンは，内的な法制史をまずは私法史に限定し，そして，フーゴとは異なり，一次的には法制史上の時代区分ではなく，学説に従って整理している。つまり，ツィンメルンは，古代ローマ法における私法上のドグマの歴史をつづっている。このような解説の仕方は，確かに歴史を原理のコンセプトに合わせてしまうという批判をうけうる。しかし他方で，私法に関する学説は独自の歴史を持ち，それは外的な法制史上の時代区分とはパラレルに展開したわけではないという事実は，このような構成をよしとするものである。ともかくも，ローマ法制史をどう区分けするかというこの基本問題にかかわらず，ツィンメルンのこの著作は，今日でもローマ法の研究になお役立っているが，それはつぎのようなその長所のゆえである。すなわち，この著作は，古くて最近では忘れられている文献へのアクセスを容易にし，それまでの研究状況を独自の観点からさらに推し進めた資料豊富な解説となっている点がそれである。

3. 普通法の実践者（Praktiker）

ツィンメルンは，自らが民事法の実践者であることを，とくに民事法の雑

---

96) *Hugo*, Lehrbuch der Geschichte des Römischen Rechts bis auf Justinian, 10. Aufl., Berlin 1826. *Hugo* は，*Zimmern* の著書の第1巻の書評を，Göttingische Gelehrten Anzeigen 1827, 609 ff. に書いている。

誌である『Archiv für zivilistische Praxis』によせた諸論攷で示している。彼はこの雑誌が 1818 年に創刊されて以来，定期的に寄稿していた[97]。しかし彼はまた，1828 年創刊の民事系の雑誌『Zeitschrift für Civilrecht und Prozeßrecht』の第 1 号に，質権に関する論文をもって加わっていた[98]。ツィンメルンがあつかったテーマは，民事法の広い範囲におよんでいる。優先的に重点をおいたのは，相続法であった。ある具体的なケースを契機に書かれた論文『遺産分配の後，取得前に死亡した遺贈者の相続人は，代替相続人に優先するか？（Gehen die Erben des nach der Delation aber vor acquisition verstorbenen Legatars dem Substituten vor oder nicht?)』は，1826 年に発表されたものである[99]。ツィンメルンは，普通法上争われてきた問題は，個別事案ごと，被相続人の意思によるべしとしたのである。この論攷は，正教授であるツィンメルンが，職務上その構成メンバーとなるイエナ大学内に設置された鑑定所（Schöppenstuhl）のために作成した鑑定書をベースに書き起こされたものであった。

V. 結　　語

　ツィンメルンは，彼の時代における法学の卓抜した代表的人物である。彼の死後すぐに，イエナ大学法学部が，彼の後継に関して作成した「任命に関する意見書」[100]には，短いが当を得た彼のスケッチが記されている。
　「もっとも，我々の学部は，去っていった我々の同僚の死により，非常に重大な損失を被った。逝去した同僚は，いずれの点においても立派であった。それは，完璧なまでに細部にわたり，かつまた非常に広範にわたって自分の専門を掌握していたからであり，今日における現行法に関する学問のかなり高度な

---

97)　*Braun*, (aaO Fn. 1), S. 212 f. Anm. 9 にその徴証があげられている。
98)　S. 47 ff.
99)　*Zimmern*, AcP 9 (1826), 357 ff.
100)　Denominationsgutachten der Juristischen Fakultät vom 7. Juli 1830, Universitätsarchiv Jena, A 526.

要請すべてに対応した学問的方向性をとっていたからであり、学問的な前進と想像において努力を重ねていたからであり、研究と評価が独自かつ厳格だったからであり、まさにその偉大な著作によって学問的名声を得ていたからであり、そして、実践的なものの見方と経験を備えていたからであり、また、自由闊達かつ精神あふれる講義をしたからであり、つまりは、最も高潔な気質と全人格を備えていたからである。」と。

ジグムント・ヴィルヘルム・ツィンメルンの著作

Versuch einer Würdigung der Angriffe des Herrn Professor Fries gegen Juden, Heidelberg 1816.

De juramento deffessionis, Heidelberg 1817.

De Muciana cautione, Heidelberg 1818.

Römischrechtliche Untersuchungen für Wissenschaft und Ausübung I (L.J.Neustetel と共著), Heidelberg 1821.

Grundriß des gemeinen in Deutschland geltenden Erbrechts, Heidelberg 1823.

De iudicio, quod vocant, rescindente ac rescissorio, Jena 1826.

Geschichte des Römischen Privatrechts I,1,I,2 und III, Heidelberg 1826/29.

ジグムント・ヴィルヘルム・ツィンメルンに関する文献

Braun, Sigmund Zimmern (1796-1830)-ein deutsch-jüdisches Gelehrtenschicksal, in:SZ (Germ.Abt.) 108 (1991), 210-236.

Landsberg, Geschichte der Deutschen Rechtswissenschaft III, 2, 1910, Text, S.293f., Noten, S. 126 f.

エドゥアルト・ガンス[*]

ヘーゲルとサヴィニーの狭間にあった政治指向の人物[**]

ヨハン・ブラウン[***]
訳 川 並 美 砂

I. 数々の妨害を受けた人生

　法律学の発展に足跡を残したユダヤ出身の法学者達の中で，エドゥアルト・ガンスは特別の地位を占めている。多くの者が認めているところによれば，ガンスはドイツで法学教授になった最初のユダヤ人であるばかりではなく[1]，それにくわえて，ガンスのおかれた状況はきわめて劇的なものであった。実際，「ガンスの事例」は，「キリスト教的ゲルマン」国家において，ユダヤ人が大学の研究生活でうけた妨害を具体的に説明するのにうってつけであるように思われる。しかし，ガンスの学術活動それ自体もまた，彼の経歴から離れては正しく理解することができない。すなわち，ガンスという人が作り上げられたのは，ドイツの最も古いユダヤ人の家系の一員であることよりも，大学の世界へ

---

[*] *EDUARD GANS*（1797年–1839年）

[**] Ein homo politicus zwischen Hegel und Savigny

[***] Dr. *Johann Braun* : Professor an der Universität Passau（パッサウ大学教授）

[1] しかし，実際にはガンスの友人 *Zimmern* がドイツで法学教授になった最初のユダヤ人であった。Vgl. Braun, ZRG (Germ) 108 (1991), 210 und *Krampe*.——すでに子どものときに洗礼を受けたヨーゼフ・フォン・ゾンネンフェルス（*Josef von Sonnenfels*）のケースはまた別である。

と入るにあたり乗り越えなければならなかったさまざまな困難があったことによって大きく影響されている[2]。

1.

ガンスが1816年にベルリン大学で勉強をはじめたときすでに，ここで研究生活を終えることにならないことは確実であった。というのも，ユダヤ人としてたとえベルリンで邪魔されずに勉強することができたとしても，ガンスに法学の博士号を授与することは拒絶されていたからである[3]。それゆえ，ガンスはゲッチンゲン大学での短期間の研究生活の後，最後には，リベラルであると言われているハイデルベルク大学で学んだのだが，それは，ほかの場所で経験を積むためだけが目的ではなかった。ガンス以前のほかの人々と同じように，この地で試験に合格した後，1819年3月に博士号を得てその研究を終え[4]，その年のうちに，民法及び教会法博士としてベルリンへ戻った。

ガンスが初めから学問の人生を考えていたことは多くのことによって示されている。プロイセンには学問の道を志すことができるもっともな理由があった。1812年のユダヤ人解放勅令（Emanzipationsedikt）[5]はユダヤ人達にすべての「公務及び官職」（したがって，司法委員の職も含まれる）への道を閉ざしていたのではあるが，その職に就きたいと思う者が「それ相応の知識・学識があれば，大学の教職及び学校教師，地方官吏」だけは例外として認められた。その例外に従っていえば，大学での研究生活はプロイセンにおいてユダヤ人の法律家に可能性のある唯一の道であるように思われた。それに際して，必要な資格証明を得ることは，乗り越えられない障害ではなかった。大学教授資格取得

---

2) Vgl. *L. Herz*, Skizze einer Geschichte der Familie Gans, 未出版のタイプ原稿 (1934), Leo Baeck Institute, New York.
3) ドイツの大学についてのさまざまな状況の概要は，*Richarz*, Der Eintritt der Juden in die akademischen Berufe, 1974, S. 97 ff.
4) UA Heidelberg, Cod. Heid. 386, 57c Ⅷ, 2, Nr. 272, Bl. 41 ff.
5) Gesetz-Sammlung für die Königl. Preußischen Staaten 1812, S.17. これについては*Rürup*の横断的論考を参照。

令（Habilitationsordnung）がまだなかったため，ベルリン大学の講師に就任する許可を得るために，当時は，特別の大学教授資格取得論文は必要なかった[6]。基本的には当人が博士号を取得していることで事足りていた。この点に関して，ガンスはハイデルベルク大学の博士の学位記を提出することができた。

そこでガンスはただちに，そのハイデルベルク大学の博士学位取得論文を，「古代ローマの債務法について（Über Römisches Obligationenrecht）」(1819年) という1冊の本にまとめ，これをプロイセンの文部大臣アルテンシュタイン (*Altenstein*) に提出して，大学の教職へ就任するための許可を申請した[7]。

それによってガンスは否応なしに，3月前期におけるプロイセンの宗教問題を投げかけることとなった。それまでは，前述の解放勅令の条項は理論上のものにすぎなかった。しかし，ガンスが行った申請は具体的事例として試金石となったのである。

ガンスが通知を待っているあいだ，裏ではガンスの就任に反対する者達が活動しはじめた[8]。ベルリン大学法学部――その頂点には当時最も影響力をもつ法律家，ザヴィニー（*Savigny*）がいたのだが――は決定に介入を受け，予想どおり，ガンスにとってきわめて不利な決定が出された[9]。その後まもなく，ガンスが新しい論文「ガイウスの註釈（Scholien zum Gajus）」(1821) を発表したのだが，その判定はさらに不利な結果となった[10]。しかしその際，問題となったのは研究内容だけではなかった。最初の審査において，ガンスがユダヤ人であることが「公職に就くために差し障りとならない」かどうかを法学部は文部省に問い合わせた[11]。それは解放勅令を絶対的に文字どおり解釈する必要はないということに，法律上お墨付きを得るためのものであった。防衛省にお

---

6) Vgl. *W. Thieme*, Festschrift für Felgentraeger, 1969, S. 205 (206 f.).
7) *Braun*, ZRG (Germ) 102 (1985), 60 (72).
8) Vgl. *Braun*, (aaO Fn.7), 72 ff.
9) Personalakte *Gans*, Geheimes Staatsarchiv Merseburg, Rep.76 Vf Lit. G Bd. 1, Bl. 5 ff.
10) Personalakte *Gans*, (aaO Fn.9), Bl. 80 ff.
11) Personalakte *Gans*, (aaO Fn.9), Bl. 6 (v).

いてもガンスが兵役義務をすでに終えているかどうか調査しはじめた[12]。ユダヤ人は兵役義務をはたしていないことがあったため，ユダヤ人同権化の努力に対しては，とかく異議が唱えられていたのであった。

ユダヤ人であることが不利であったにもかかわらず，ガンスはユダヤ人であることを隠そうとしなかった。審査手続きが遅々として進まないあいだ，ガンスは「ユダヤ人文化学術協会」のベルリンでの中心人物の1人として世間を騒がせた[13]。この協会の目的はユダヤ人の同権化へ向けられていたのではあったが，ガンスが中心人物となって騒がせたことによって，以前よりも偏見が強くなっただけであるといってよいだろう。このため，最後には当然の事態を招くこととなった。ガンスは手を緩めることなく，解放勅令の文言を強く主張し続けたので，ガンスが希望の拠りどころとしていた解放勅令第7条及び第8条の関連する点は正式に撤廃されてしまった[14]。「当該条項の撤廃と，その職にふさわしくないという文部省の決定があるため，エドゥアルト・ガンス博士の法律学の員外教授としての任用は行われない」と，廃止を定めた政令において述べられた[15]。

その後，プロイセン王国の宰相の提案によりガンスは研究助成金で折り合いをつけた。もっとも，ガンスがこの研究助成金を受けたのは，これまでの専門分野の研究を深めるためではなく，それとは別にユダヤ人としての個人的事情によって妨害が入らないという効果を得て，しっかりと勉強を続けるためであった[16]。

2.

すでに，大学時代から，ガンスはサヴィニー及び歴史法学派と距離をおいて

---

12) Personalakte *Gans*, (aaO Fn.9), Bl. 21 (v).
13) *Braun*, (aaO Fn.7), 67 ff.
14) *Braun*, (aaO Fn.7), 92.
15) その政令は，Gesetz-Sammlung für die Königl. Preuß. Staaten 1822, S. 224 に存在するが，けっきょく，その文言どおりには伝達されなかった。
16) Personalakte *Gans*, (aaO Fn.9), Bl. 103.

いた。もちろん，このことにはさしあたり，いくつかの理由があった。先に成果をあげていた友人，カール・ヴィテ（Karl Witte）が，後のガンスと同じように，1816年から1817年にかけての冬学期にサヴィニーにより大学教授資格取得論文に関して妨害を受けたとき，ガンスはベルリン大学の学生であり，すでにサヴィニー及びベルリン大学法学部に対して深く考えることなく議論を挑んでいた[17]。それまで，ガンス自身も教職に就こうとしていたので，とりつくしまもない，拒絶するような対応には慣れていた。ガウプ（Gaupp）——サヴィニー派の学徒——が「民法及び教会法博士号を受ける者がキリスト教に帰依しないものであるならば，それは良き慣習を汚すであろう」[18]と，博士号取得論文のための要件を主張したことを法学部が咎めなかったときに，ガンスはガウプを批判しただけでなく[19]，同時にこれら一連の事件の背後にいると推測される人物に狙いを定めた。その人物とはサヴィニーであった。このようにして，すでにガンスの第2作目——「ガイウスの註釈（Scholien zum Gajus）」——は，サヴィニーに対する一連の論争の発端となり，この時の一連の論争はガンスの最後の著作——サヴィニーの「占有権（Besitzrecht）」に対する返答[20]——をもってようやく終わったのである。

　大学で職を得るという期待が妨害によって打ち砕かれた後，ガンスはまもなく新たな指針となる人物を見出した。ヘーゲル（Hegel）である。ガンスは自分自身で教職を得ようと奮闘する一方，ヘーゲルの著作を読んだりその講義を聴講したりすることによって，学問というものがなすべきことは何かについて，これまでにない考えを得るに至った。ほどなくしてガンスは，「世界史的展開における相続法（Das Erbrecht in weltgeschichtlicher Entwicklung）」第

---

17) Urteil eines Unpartheiischen über das Benehmen der Juristenfacultät zu Berlin in der Habilitationsangelegenheit des Dr. *Witte*, 1817（匿名で発表されているが，ガンスによって書かれたものである）．

18) Vgl, *Stintzing/Landsberg*, Geschichte der Deutschen Rechtswissenschaft, 3. Abt., 2. Hbbd. (Text), 1910, S.356.

19) *Gans*, Scholien zum Gajus, 1821, S. VIII.

20) *Gans*, Über die Grundlage des Besitzes. Eine Duplik, 1839.

1巻で，ヘーゲルから学んだ考え方を実践した。この著作はヘーゲルの哲学[21]への完全なる信奉を含んでいるだけでなく，同時に，歴史法学派及びその中心人物サヴィニーときっぱり袂を分かつものであった[22]。1年後，その第2巻で，ガンスは，サヴィニーとの対立をこんご長期にわたり覚悟しなければならない立場に立ったことをあきらかにした[23]。

したがって，ガンスは法学部との関係で生じた溝を，確実に，よりいっそう広げてしまった。しかし，プロイセン政府においては，改革時の精神がまだ生き続けていたので，「歴史法学派」に反抗してヘーゲルが提唱した法を主張したことは，かならずしも否定的に捉えられたわけではなかった。

しかし，ガンスがユダヤ人であるからといって否定しない者がいただけでは，採用されるにはじゅうぶんではなかった。解放勅令において，ユダヤ人が採用されるための唯一の条項が廃止された後には，もはや，洗礼しないままでは，講師に採用される方法はなかった。それについてはさまざまな憶測がなされた。すなわち，ガンスが単に日和見主義的理由によってだけからキリスト教に入信するのかどうか，または，その改宗は内面的信条の表れなのか。洗礼を受けることの決心は，対外的な配慮がなくはなかったと推測される。しかしこの宗教問題に関して，ガンスはヘーゲルから，哲学的な見方によりキリスト教というものを知り，尊重することを学んだ。彼はすでに1821年にユダヤ人「文化学術協会」においてつぎのように意見を述べている。「神について，不滅性そのほかについて，じゅうぶんな回答を与えるのは哲学だけである。その回答によって誰もが自分自身の信仰というものを作らなければならない」と[24]。したがって，その友人達が，ガンスは「洗礼を受けていないヘーゲル派のクリ

---

21) *Gans*, Das Erbrecht in weltgeschichtlicher Entwicklung, Bd. 1, 1824, S. XXXIX（書かれたのは1823年3月）.

22) *Gans*, (aaO Fn.21), S. VI ff., XX ff.

23) *Gans*, Das Erbrecht in weltgeschichtlicher Entwicklung, Bd. 2, 1825, S. XIII bzw. VII ff.（書かれたのは1824年12月）.

24) Protokollbuch des Vereins für Cultur und Wissenschaft der Juden, The Jewish National and University Library, Jerusalem, Arc. 4° 792 B2, Bl. 55.

スチャン」であり，哲学を拠りどころとした理性的信仰心をもつ信者とみなしたことは必ずしも不当ではなかった[25]。そして，ガンスが 1825 年の終わりにパリで洗礼を受けたとき，ガンスを良く知る者はさほど驚かなかった。

ベルリンに戻ってきて早速，ガンスは員外教授に任用された[26]。洗礼を受けたことで，文部省のこれまでの留保条件はかき消されたようになくなってしまった。

3.

しかし，法学部との緊張状態はけっして解決されたわけではなかった。さまざまな方法によって，ガンスは自分が歓迎されざる人物であることを感じさせられた。その中の 1 つの出来事としては，ガンスは非常に窮屈な教室に追いやられていたのに対して，ほかの者は信望があるという理由からより大きい教室を使うことができた，ということがあった。数年経ってもなお，ガンスの講義の受講生の 1 人は「正教授が講義している部屋の多くが空席だらけであるのをいつも見ていた」が，「どうにかキリスト教に宗旨替えした私講師であるガンスの教室はからっぽであるどころか，たいてい満員であったので，天気がよければ，一部の受講生は窓の外からからのぞきこまなければならなかった」[27]，ということを覚えていた。

法学部との小競り合いがあったものの，ガンスは 1827 年にはすでに 1 冊の民法の教科書[28]を出版して評価を受け，有名になった。同年，ヘーゲル派機関誌である「学術批評年報」が出版されはじめたが，その創刊もまた，ガンスの働きに負うところが大きかったというべきである[29]。そのため文部省は基本

---

25) *Glatzer*, Leipold and Adelheid Zunz, London 1958, S. 365.
26) Entwurf der Bestellung vom 13. März 1826 in der Personalakte *Gans*, (aaO Fn. 9), Bl. 136.
27) *Graf Dyhrn*, in: Vollständige Verhandlungen des Ersten Vereinigten Landtages über die Emancipationsfrage der Juden, 1847, S. 101.
28) *Gans*, System des römischen Civilrechts im Grundrisse, 1827.
29) 詳しくは，*Gans*, Rückblike auf Personen und Zusände, 1836, S. 215 ff.

的には，ガンスに正教授のポストへの道を開くことに，もはやこれ以上難色を示さなかった。もっとも，これに関して，このつぎにはサヴィニーの友人及び信奉者の抵抗，とくに王太子の抵抗を乗り越えなければならなかった。王太子はガンスに断固として反対の立場をとり，それと同時に王太子が述べたように，「このおかしな奴」について「多方面の者と何度も交渉していた」のであった[30]。したがって，ガンスの任用は再度，一風変わった騒動となった。つまりは，文部大臣アルテンシュタインもまた，若干思い切ったことをしなければならなかったのであった[31]。王太子の外国滞在という好機を捉え，アルテンシュタインは国王にガンスの任用を提案した。王太子は帰国して，ガンスが任用されてしまっているという事実に直面した。「このようなことはまことに，あまりにもめちゃくちゃである」。王太子はサヴィニー宛の手紙に書いた。ただ，残念ながら，私はここにいなかったのだ。さもなければ，この措置はなされなかっただろうに。

　しかし，ここで初めて本当の意味での騒動が起こった。昔からの任用特権を盾にとって，サヴィニーは，ガンスとは「同じ教員仲間としての有益な協同作業は期待するべくもないから」，学部の仕事から手を引く，と宣言した[32]。法学部は王太子が任用の取消しを進めることさえも支持した。サヴィニーがユダヤ人に屈しなければならないならば[33]，「きわめて遺憾である」と人々は思ったのではあるが，けっきょくガンスの任用はそのまま維持された。つまり，サヴィニーは去り，ガンスが登場したのである。

---

30) *Stoll*, F. K. v. Savigny, Bd. 3, 1939, S. 281.
31) Vgl. *Braun*, JZ 1979, 769 (772 f.).
32) *Stoll*, F. K. v. Savigny, Bd. 2, 1929, S. 402.
33) *Oechsli* (Hrsg.), Briefwechsel Johann Kaspar Bluntschlis, 1915, S. 165.

II. 大学の正教授をめざした政治志向の人物

1.

　ガンスはドイツ語の言葉でいうところの学者，つまり，無数の本を読んだり，血がにじむほど勉強をして，学識という非生産的な資源を頭にしまいこんでおいたりするような者ではなかった[34]。専門学者というよりは多方面に学識を有する者，教授というよりはジャーナリスト，そして政治家であるガンスの思考は，とりわけ，今現在，問題となっていることから頭が離れなかった。そして，ガンスにとって，火急の問題となっているのはヘーゲル哲学であった。なめらかな口調で語ることのできたガンスは，かつてルドルフ・フォン・イェーリング（Rudolph v. Ihering）がガンスの特徴を，法律家の中の「弁証法のヴィンフリート」と称したのだが，それも当然のことであった[35]。それはガンス以外のヘーゲルの門弟にとっては難しいことであった。ガンスは哲学の主張を分かりやすい文句にし，それを当時の政治的状況と関連させ，多くの人々のあいだで共有させた。

　ガンスの受講生は振り返って以下のように意見を述べた。「ガンスの名は断じて不滅ではない。独創的な創造者ではない。しかし，変わらないものを創り出すために選ばれた人間のうちのひとりである。今世紀の叡智と理念を備え，ほかの偉人に先んじて，ほかの考え方を受け入れてじゅうぶんにその時代の考えと結びつき，その時代から離れることなく，自分自身に集中することができる。まさにその点に選ばれた人達の重要性が存在する。これらの人々は同時代の人に必要とされる天才であった。そして人類を完全さへと導く階段の1つのステップのようであった。またほかの人々が向上していくための努力の助けとなる」[36]。

---

34) Zeitung für die elegante Welt 1839, 443 (444) では，そのように性格が描写されている。

35) v. Ihering, Scherz und Ernst in der Jurisprudenz, 13. Aufl. 1924, S. 19.

36) Neverov, in: Otečestvennye Zapiski, St. Peterburg 1839, Nr. 6, S. 39 (44) (Frau

頑なでいつも自分の威厳を気にかけており，受講生にお宝のように自分の言葉を分け与えていたサヴィニーとの対立関係は，それ以上のものがないほど大きいものであった[37]。エーベルティー（Eberty）によれば，「それは異なる意見や見解をもった2人の法学者の対立であるというよりは，むしろ，特徴的な代表者により主張がなされている2つの異なった民族相互の対立であった。すなわちキリスト教的なゲルマン人とユダヤ系の東洋人との対立である」[38]。

ガンスは，人によってさまざまに意見が分かれる人物であった。ある人々からは大げさにほめたたえられ，ある人々からは少なからぬ恨みをもって責め立てられ，ガンスは生存中，業績にふさわしい評価を受けたことはまれであり，しかしながら，その中でも最も好意的な見方をしたのは，ガンスの主導で再燃した，「歴史法学派」及び「哲学学派」両派の争いにかかわりを持たなかった者であった。ロシアの歴史家グラノフスキー（Granovskij）は，ガンスの講義から多くのことを学んだが，ある時，その立場に捉われずに，公正に意見を述べた。「ガンスの講義をサヴィニーの講義と同じであると思ってはいけない。両者の学問に関する目的及び見解はまったく異なっている」。グラノフスキーはガンスについて苦情をいった友人にこう勧めた。「教室で隣り合って座った人と話してみなさい。話してみれば，ガンスの講義はサヴィニーのそれと同じく必要であり，意義があることがわかるだろう。ガンスの受講生の大部分がガンスを非難し，いい加減なものだというけれども，その受講生達はガンスの講義から，人の生き方及び学問について非常に多くの現代的主張を学んでいた。私はまったくもってガンスを無条件に崇拝する者ではなく，ガンスの虚栄心及びしばしば耳にするうわさ話については残念に思う。しかし，ガンスの努力には感嘆せずにはいられないし，また，感謝に堪えないものである」[39]。

　　Podsuchina, Leipzigによる翻訳）．
37)　*Bismarck* bei *Franzos* (Hrsg.), Deutsche Dichtung, Bd. 13 (1893), S. 47.
38)　*Eberty*, Jugenderinnerungen eines alten Berliners, 1925, S. 311.
39)　*Granovskij* an *Frolov* am 20. Juni 1838, in: *Stankevič* (Hrsg.), T. N. Granovskij i ego perepiska, Bd. 1, Moskau 1897, S. 65 f. (Frau *Kammer*, Mannheimによる翻訳).

2.

　プロイセン政府では，ガンスを招聘することによって実務的な法と自国の法を同時に，よりいっそう発展させることを期待していた。それらの法は，歴史法学派のもとではおおかた無視されてしまっていたのである。実際，ガンスは数年間で9回，プロイセンのラント法について講義をし，また，プロイセンの立法についての専門雑誌を出版した[40]。しかしながら，ガンスの関心は現行法の説明よりも，むしろ改革へと向けられていた。すなわち，硬直的な法解釈よりはむしろ法政策へと向けられていたのである。歴史法学派の中でもロマニストといわれる同僚の大多数とは異なって，ガンスは政治的意志をきわめて強くもっていた。ほかの者が過去を重視した一方で，ガンスは現代的要求について敏感な意識をもっていた。政治はガンスの本領を発揮するものであった。

　当時，大学の教壇で政治的なテーマを扱うことは厳重に禁じられていた。それにもかかわらず，ガンスは教室においても政治を論じるという誘惑に抗うことはできなかった。日常の政治に関する出来事について公に見解を示すことによって，ガンスは多くの騒ぎを引き起こした[41]。とりわけ，「王太子の一件」は語り継がれている。それは以下のような経緯であった。1827年の冬から，ガンスはヘーゲルの代わりに「自然法及び普遍法の歴史」という講義を定期的に担当した。この講義で，ガンスは，ヘーゲルの「法の哲学（Grundlinien der Philosophie des Rechts）」そのほかこれに類する論考にもとづいて講義をしていたのだが，ガンスは，「法の哲学」にさまざまな説をくわえることによって，通常のものとは異なった，「先進的な」特色を持たせていた。ガンスがヘーゲルの著作に先進的な特色をくわえているという噂はすぐに広まった。その結果，つぎのような出来事があったとアルノルト・ルーゲ（Arnold Ruge）が伝えている。「ある日，ヘーゲルは王太子と食事の席を共にした。『ガンス教授がプロイセンの学生をすべて共和主義者にしてしまったこと，これは事件である』と王太子はいった。『ヘーゲル教授，あなたの法哲学についてのガンス教

---

40) Beiträge zur Revision der Preußischen Gesetzgebung, 1830-1832.
41) これに関しては，*Braun*, Rechtstheorie 15 (1984), 343 (362 ff.) を参照。

授の講義は，常に何百人もの学生が受講しており，教授の法哲学の解釈にまったくもってリベラルな，それどころか，共和主義的な色をつけていることは周知のことである。どうして教授はご自身でその講義をしないのですか？』」[42]。ヘーゲルは，自分で講義をするというこの要請に従おうとしたが，このことは，ヘーゲルの突然の死を目前にして，ガンスとの深刻な諍いをもたらすこととなった——この2つの出来事の関連については，さまざまな憶測を呼ぶのにじゅうぶんな理由があった。

しかし，前記の事件より多くの注目を集めたのは，ガンスが1828年から行っていた「現代史」の講義で引き起こしたものである。教室にあふれんばかりの受講生を前にして，革命と王政復古が公然と考察の対象とされた。——それはベルリン大学においてたった1回しかなかった出来事であった。実際，活字となって出版されることのなかった多くのことをガンス教授のもとで聞くことができることを多くの出席者も十分理解していたのである。しかし，ここでも「高貴な立場からのほのめかし」があった。1833年にガンスは文部省から講義をやめるようにと勧告を受けた[43]。その理由は，講義の内容が「国王陛下におかれては不快に思われるであろう」ということであった。ガンスが数年後にその講義を再開したとき，文部大臣は，警察大臣からの照会を受け，すぐさま，ガンスに対し「法律以外の講義を行う権限を与えないこと」を要請された[44]。

したがって，けっきょくのところ，ガンスは自分の講義のことがあったために，自分の研究の方向を差し障りの少ない分野であった公法の領域へと，しだいに鞍替えしていったのであるが，それは理屈にかなったことであった。ここでもまた法律の細かい部分はガンスにとって重要でなく，むしろ一般にガンスが公的活動の源であると考えている要素と法学を結びつけようとすることが

---

42) *Ruge*, Aus früherer Zeit, Bd. 4, 1867, S. 431. Vgl, auch *Erdmann*, in: Allg. Dtsch. Biographie, Bd. 11, 1880, S. 272 f.

43) Personalakte *Gans*, (aaO Fn. 9), Bd. 2, Bl. 11.

44) *Rochow an Altenstein* am 29. September 1838, Personalakte *Gans*, (aaO Fn. 9), Bd. 2, Bl. 34 (v). これに関して詳しくは，*Braun*, Kritische Justiz 1989, 433 (437 f.).

重要であった．当時のプロイセンではこのことは常に綱渡りをしているのと同じで，バランスが重要であった．しかしガンスの講義は長年にわたって自由主義的であるとの評判を得ることに成功した．「フリードリッヒ・ヴィルヘルム 3 世（*Friedlich Wilhem* III.）統治下の国では，それは価値あることであった」と，後の教会法学者で，従順なサヴィニー派の門弟，オットー・マイアー（*Otto Mayer*）でさえも認めざるをえなかった．「しかし，それが何であるかを私は判断することができなかった」と[45]。

III. 議論を活性化させるものとしての批評

1.

法学の歴史において，ガンスはたいていは，それほど高い評価を受けているわけではない[46]．それにはさまざまな理由がある．歴史法学派を憤慨させる敵として，当然のことながら，ガンスは歴史法学派の門徒により書かれた歴史の記述において踏みつけにされている．そしてそれにくわえ，学術史においては，問題提起ではなく成果が，何かを生み出す理念ではなく整合性をもった理論が価値をもっていた．しかし理論的に重箱の隅をつつくようなことはガンスの研究では重要ではなかったので，かつて，ガンスは，ドイツで広まっていた「非実際的な書物での学問」をあけすけに「学問にとって本当の意味で障害物である」といった[47]．それゆえ，とりわけ，エルンスト・モリッツ・アーント（*Ernst Moritz Arndt*）がガンスのことをあるとき，「多くの場合，あまりに硬直して強情になっている歴史法学派の馬のしっぽの下にあるトゲ」と評したのは，あながち間違いではなかった．さらにそれに続いて，「その馬の多くの愚

---

45) *O. Mejer*, Autobiographie（未出版），UA Göttingen, S. 93.
46) その点では，例外として，*Stintzing/Landsberg*,（aaO Fn.18), S. 354 ff. Vgl. auch Welker, in: *Dilcher* (Hrsg.), Grundrechte im 19. Jahrhundert, 1982, S. 65 ff.
47) *Gans*, Manuskript vom 23. April 1836, in: *Duller*, Deutsches Stammbuch, 1838, nach S. 114（この原稿については，マインツ大学の A. Stumpff 氏のご協力により参照することができた）．

かな騎手は，しばしば知らず知らずのうちに，政治的体制としての絶対主義，そして，階級組織としての絶対主義に手を貸している」といっている[48]。

歴史法学派が，歴史の重箱の隅をつつくような研究から体系構築へと変化したと，しばしば指摘されたが，ガンスはそれにかかわりがないではなかった。確かに，ザヴィニーはすでに「使命」論文（訳者注「立法と法律学に対する現代の使命（Vom Beruf unserer Zeit für Gesetzgebung und Rechtswissenschaft）」）において，法律家は歴史についての考えと同時に体系的思考を自分のものにしなければならないと要求していた[49]。しかしけっきょく，ガンスには常に新しいスタートにおいて，歴史的法学だけでなく，体系的な「概念」法学へ向けた要請を実現するという挑戦が残されていた[50]。ガンスがこの点で自分自身で成し遂げたことは，後にハンス・ペータース（Hans Peters）をして，ガンスは「そのような体系化においてずば抜けて素晴らしい頭脳の持ち主」であったという，思いがけない評価をさせるきっかけとなった[51]。とくに，プフタ（Puchta）は，ガンスがザヴィニーへと向けた攻撃を含む論争において，体系の概要を描写したことを評価したことには相当に意義があり，プフタはそれを後の論文の基礎とした[52]。

2.

通常，ガンスのきわめて独特な業績としてみなされているのは，中でも，4巻本である「世界史的展開における相続法（Erbrecht in weltgeschitlicher Entwicklung）」（1824年-1835年）に載せられている普遍法の歴史についての

---

[48] *Arndt* an *G. B. Mendelssohn* am 14. Mai 1839, in : Mendelssohn-Studien (hrsg. von *Lowenthal-Hensel* und *Elvers*), 1979, S. 100.

[49] *Savigny*, Vom Beruf unserer Zeit für Gesetzgebung und Rechtswissenschaft, 1814, S. 48.

[50] *Gans*, Erbrecht, Bd. 1, (aaO Fn. 21), S. XXIX f.; ders., in: Jahrbücher für wissenschaftliche Kritik 1827 I, Sp. 321 (=Vermischte Schriften, 1. Bd., 1834, S.3 ff.); ders., System, (aaO Fn. 28), S. 141 ff.

[51] *Peters*, ZRG (Rom) 32 (1911), 179 (180).

[52] *Puchta*, Rheinisches Museum für Jurisprudenz, 3. Jg. 1829, S. 289 ff.; また，これに関しては，*Braun*, Quaderni Fiorentini 9 (1980), 457 (467 ff.).

論文である。それを一読すると，ガンスはその論文によって，激しく論争してきた「歴史法学派」を，歴史法学派自身の領域で凌駕したいと考えていたように思えるかもしれない。しかし実際は，それとは別のことを目指していたのである。ガンスは，いわゆる歴史法学派よりも歴史に取り組んでいたのは自分である，と主張していたのではあるけれども[53]，ガンスはこの研究では，いわゆるより良き過去への逃避にはまったく見向きもしなかった。ガンスにとって歴史研究とは，その時々で状況がうつろいやすいことを確認し，それと同時に今ある要請を認識する試みであった。というのも，ガンスが念頭においていた普遍法史は，やはり，歴史法学派の私生児ではなく，むしろそれはヘーゲルも認めたように，正統な嫡子であり，新しい時代に登場した，自然法にみられる普遍的な考え方であったからである。その際，無言のうちに問題とされたのは，いってみれば「普遍法的精神」という覆いをかけること，及び，その時代の特色について大まかな理解を得ることであった[54]。

ヴィアッカー（*Wieacker*）の見解では，この，法学における普遍法史への取り組みは最初で最後となった[55]。しかしながら，ガンスが最初で最後であったことはそれほど確かなことではない。ヨーゼフ・ウンガー（*Joseph Unger*）は婚姻の普遍法史においてはっきりとガンスを範例として引き合いに出したが[56]，ラサール（*Lassalle*）は，「既得権の体系」において，ガンスをとにもかくにも論破し凌駕しようとした[57]。若いころのピュッター（*Pütter*）も，全体的な普遍法史の概論についてはヘーゲルの魅力のみならず[58]，同時に，ガンスの影響をも認識させた。ほかの者が書いた普遍法史についての専門論文の中で

---

53) *Gans* an *M. Kind*, 1834, in: Hallische Jahrbücher 1840, 902
54) これについて詳細は，*Braun*, ZNR 1982, 156（166 ff.）.
55) *Wieacker*, Privatrechtsgeschichte der Neuzeit, 2.Aufl. 1967, S. 413.
56) *Unger*, Die Ehe in ihrer welthistorishchen Entwicklung, Wien 1850, S. V f.
57) *Lassalle*, Gesammelte Reden und Schriften（hrsg. von *Bernstein*），Bd. 9, 1920, S.36, Bd,11, S.21 f. そのほか。*Lassalle* については，本書の *Ramm* の論稿を参照。
58) *Pütter*, Der Inbegriff der Rechtswissenschaft, 1846, Zweiter Abschnitt: Allgemeine Weltrechtsgeschichte（S. 25-204）.

も，ガンスの名前は少なくとも欄外では触れられていた[59]。このことから，法が歴史法学派達の占有物になっていてほかの者の介入を許さないという，狭い枠組みを打ち破るために，ガンスがほかの者と一緒になってその基礎を築いたことは，否定することはできない。

3.

政治的色彩をもつことを避けていた法学を解放し，今ある重要な問題によって法学の進むべき方向を決めるという試みに関しては，実際，長期にわたりガンスの後を継ぐ者はいなかった。このようなことに関心を寄せていたため，ガンスは当時，かなり孤立した存在であった。かつて，ハンス・ティーメ (Hans Thieme) は，歴史法学派の人々の非政治性について，「後期の自然法及び啓蒙思想の前提となっている法政策的諸目的」は，もはや「法律家の仕事」ではなくなっているといって適切に特徴付けた。「法律家は，進歩のため，人権の確立，営業の自由，農奴の負担の廃止，子どもの労働の禁止などのために戦うことはない。また，法史学者の場合には，平穏無事に何かを発見するために，次々と昔の文献を読み進めるばかりであり，法史学者が現行法にかかわった場合でも，近代または昔の前例となる意見に取り組み，とにかく今ある法律を正確に適用し，こんごそれについて何らかの判断ができるなどとは思わないのである。その結果，法学は停滞し，諦念が支配し，現代史的問題または政治的問題を放棄することとなった[60]。

ガンスはさらに一歩先を行っていた。法学の停滞の理由は，ガンスのみるところでは，王政復古の時代に典型的にみられたように，法律実務それ自体が発展しなかったことであった。ガンスはかつて詳しく述べた，「我々ドイツ人は，政治的に無力であると攻撃された場合，私達独自のものであり，そしてその強さ及び意義によって役立つと考えられており，そのほかの弱点をも覆い隠してしまう学問

---

[59] *v. Tornauw*, Das Moslemische Recht, 1855, S. VII ; *Mayr*, Das Indische Erbrecht, Wien 1873, S. 14 f., 99, 103, 156, 174.

[60] *H. Thieme*, Festschrift für Schmelzeisen, 1980, S. 274 (278 f.).

をいつも拠りどころする。しかし，物事を対立する側から考察することさえしてはならなず，また，協力者として現れ，表には出ない学問は，真実に迫る要素及び刺激の欠如によって，学問それ自体が衰退に苦しんでいるという主張を呼び起こすのであれば，学問はどこで助けが必要だと言われるのだろうか？　学問は，人が思考を通じて，自然及び知力を通じて得る，高度な意識とは別のものなのだろうか？　そして，学識及び学識を基礎としている存在，まさに思考の範囲から除外されたものとみなされるならば，取り返しのつかない傷を受けることがあるのではないか？　現在，私達の時代に合致した立法という使命を失った法学は，その最終地点が1789年である歴史に対して，そして，最終的結論がヨーロッパの均衡である，政治力学的な観念である政治に対して，何をいいたいのであろうか？　現在とは，学問がいつもめざさなくてはならず，学問の活力及び新しい発展のための刺激を受け取るところである。これまでずっと学問はその時代を超えることはなく，それが時代性に欠けていた場合，学問は役に立たなかった」[61]。

　この観点のもとでは，第一に，現状を改善することが最優先すべき課題である。変革期において現状を改善することは，とりわけプロイセンにおいて推し進められた法改正の方法でのみ可能であった。その点について，法学における支配的な傾向といえば，当時は，ザヴィニーに続いて，立法という使命について全般的に論じられることはほとんどなかった。すでにヘーゲルがこのような評価を，完成された国家に示されうる「最大の侮辱の一つ」と言明したとき[62]，ガンスはあきらかに皮肉をもって事実を指摘した。「私達の時代について，立法という使命があることを否定したにもかかわらず，現代ほど多くの数の法律が作られたことがないのは奇妙である」[63]。これに続いてガンスは適切にもつぎのようにいった。「法の変化は，真に時代の生み出したものである」。そうであるなら，法律はまさに歴史の事項索引[64]なのである。歴史が作られていくところ

---

61) *Gans*, Manuskript vom 23. April 1836, in: *Duller*, (aaO Fn.47), nach S. 114.
62) *Hegel*, Grundlinien der Philosophie des Rechts, 1821, § 211 Anm.
63) *Gans*, Naturrecht, 1836/37 (Nachschrift *Feuerbach*), Württ. Landesbibliothek Stuttgart, Cod. iur.2° 268, S. 129.
64) *Gans*, Naturrecht, 1832/33 (Nachschrift *Jahncke*), UB der Humboldt-Universität

に，かならず新しい法律が生まれるのである[65]。

その際，不毛な法実証主義の肩をもつことは，ガンスにとってはまったく意味がなかった。むしろガンスの関心事は，現在の，実生活にかかわる問題点から法を把握することであった。そして，それは何かといえば，ガンスの考えによれば，立法であった。「すべてのことが上から立法によって確定されなければならないことが私達の時代の特徴である」。法のはじまりは下からではなく上からであり，歴史を鑑みると，下から持ち上がっているのだが，わが国では下から法が生まれることはない[66]。

どのような問題でも納得のいく原則にまで迫り，そして原則の表れを日常レベルに引き下げるまで突き進んでいくという，覚悟という点で，ガンスは当時のいっぱんてきな法学のあり方とはあきらかに対照をなすものであった。ある友人がガンスについて書いたときにまさにこのことを以下のように述べた。ガンスがこんごもかけがえのない存在であり続けるであろうことは，政治に関することである。ガンスはすべての講義において，心を捉える核心として，または何かを強調するための背景事情として政治を扱い，それによってドイツの若者に，活気を呼び起こし，また長きにわたり影響を及ぼす，ますます不可欠な存在となっているのである[67]。

IV. 後の時代に及ぼした影響

私達にガンスの興味深い評伝を残してくれたライスナー (*Reissner*) は，ガンスの人生を，あるとき，流れ星にたとえた。「流れ星，すなわち，破壊された世界の一片は，その途中で異質な世界をかすめるのであるが，それを取り巻

Berlin, Hdschr.-Koll. 77, S.200.
65) *Gans*, (aaO Fn. 63), S. 130.
66) *Gans*, in: Beiträge, (aaO Fn.40), S.284.
67) *Hotho* an *Varnhagen* von *Ense* am 10. Mai 1839, zitiert nach *Sange*, ARSP Bd. 7 (1913/14), S. 580 (585).

く大気との摩擦によって熱くなり，一瞬輝き，消えていく。ガンス，すなわち，めちゃくちゃに破壊され自分達の世界を持たない宮廷ユダヤ人達のその一片は，ヘーゲル哲学の大気の中を駆け抜けるうちに精神が熱せられた。その精神の火花は飛ぶ速度が増すにつれ，学問という空を明るく照らした」[68]。これはもちろん，外面だけが忠実に再現されているにすぎない。というのも，ヘーゲルの死後ほどなくしてヘーゲル哲学は衰退していったのだが，ガンスは同じ運命にあり，また，サヴィニーの支持者達が努めて「ガンスの件」を黙殺しようとした状況があったことも，否定できないからである。「サヴィニーは再び台頭し，法学界は再びサヴィニーのものになった」と，ファルンハーゲン(*Varnhagen*) は，ガンスの死の 2, 3 日後には，早くも，法学界の雰囲気をそのように描写した[69]。

しかしながら，歴史法学派が決定的な役割をはたしていた表舞台の裏で，ガンスは広範囲にわたる影響を残していたといってよいだろう。カントロヴィッツ (*Kantorowicz*) は，あるとき，ガンスを，以下のような人々の中にくわえた。それは，確かに，後世あまり称賛されないだろうが，「ドイツ法学の将来をゆだねることができる」人々であり，道を誤っているのは歴史法学派であることを認めない人々の中には存在しない人々である[70]。歴史法学派を批判したゾーム (*Sohm*) は同じように考え，立法の重要性を考慮して，あるときに以下のようにコメントした。「19 世紀の法学史の中では，ドイツの歴史法学派の理念ではなく，当時優勢であった啓蒙主義の哲学，本質的な力をともなって今日もなお人々を支配している自然法の思考が次々と決定的な役割を果たした」と[71]。この流れの中で，ガンスもまた，その活動を行っていた。もしかすると，かつて，ガンスがユダヤ人「文化学術協会」の内部においてユダヤ人の同朋に

---

68) *Reissner*, Eduard Gans. Ein Leben im Vormärz, 1965, S. 3 f.
69) *Varnhagen von Ense*, Tagebücher, Bd. 1, 1861, S. 129.
70) *Radbruch*, Vorschule der Rechtsphilosophie, 3. Aufl. 1965, S. 76 により引用. Vgl, auch *Kantorowicz*, Rechtswissenschaft und Soziologie, 1962, S.65. *Kantrowicz* については，本書の *Frommel* による論稿を参照。
71) *Sohm*, ZRG (Germ) 1 (1880), 1 (80).

予言したことは，まさに，ガンスのユダヤ人としての運命であったと証明されたのかもしれない。「われわれは没落することも散り散りになることもないであろう。そして，我々ユダヤ人は川の流れが大海で生き続けるように，ヨーロッパ世界の一部とならなければならないし，そのようにしてのみ生き続けることができるのである」[72]。

エドゥアルト・ガンスの著作（抜粋）

Urtheil eines Unpartheiischen über das Benehmen der Juristenfacultät zu Berlin in der Habilitations-Angelegenheit des Dr. Witte（匿名で書かれている），Frankfurt a. O. 1817.
Über Römisches Obligationenrecht, Heidelberg 1819.
Scholin zum Gajus, Berlin 1821.
Das Erbrecht in weltgeschichtlicher Entwicklung, 4 Bde., Berlin 1824 und 1825, Stuttgart 1829 und 1835（復刻版 Aalen 1963）.
System des Römischen Civilrechts im Grundrisse, Berlin 1827.
Beiträge zur Revision der Preußischen Gesetzgebung, hrsg. von E. Gans, Berlin 1830-1832（この中でガンスによるものは，die Einleitung, die Nrn. I-IV, VI-VIII, X-XIV, XVII, XXI-XXIII, XXVI-XXVIII）.
Vermischte Schriften, juristischen, historishcen, staatswissenschaftlichen Inhalts, 2 Bde., Berlin 1834.
Rückblicke auf Personen und Zustände, Berlin 1836.
Über die Grundlage des Besitzes. Eine Duplik, Berlin 1839.
Hrsg. von: G. W. F. Hegel, Grundlinien der Philosophie der Rechts, 2. Aufl., Berlin 1833.
Hrsg. von: G. W. F. Hegel, Vorlesungen über die Philosophie der Geschichte, Berlin 1837.
Philosophische Schriften（hrsg. von Horst Schröder），Glashütten i. T. 1971.
Naturrecht und Universalrechtsgeschichte（hrsg. von Manfred Riedel），1981.
Eduard Gans - Texte und Dokumente（hrsg. von Norbert Waszek），1991.

ヨハン・ブラウンによるエドゥアルト・ガンスに関する文献

„Schwan und Gans". Zur Geschichte des Zerwürfnisses zwischen Friedrich Carl von Savigny und Eduard Gans, Juristenzeitung 1979, 769-775.
Der Besitzrechtsstreit zwischen F. C. von Savigny und Eduard Gans, Quaderni Fiorentini 9 (1980), 457-506.

---

[72] *Gans*, Halbjähriger Bericht im Verein für Cultur und Wissenschaft der Juden, 1822, S. 10 f.

Eduard Gans als „Goethe-Esser", Juristische Schulung 1982, 244-247.

Eduard Gans und die Wissenschaft von der Gesetzgebung, Zeitschrift für Neuere Rechtsgeschichte 1982, 156-173.

Die Lehre von der Opposition bei Hegel und Gans, Rechtstheorie 15 (1984), 343-383.

Die „Lex Gans"— ein Kapitel aus der Geschichte der Judenemanzipation in Preußen, Zeitschrift für Rechtsgeschichte (Germ) 102 (1985), 60-98.

„Doktor Eli und Monsieur Ane"— Fragmente einer juristisch-literarischen Freundschaft, Neue Juristische Wochenschrift 1989, 321-329.

Der Jurist Eduard Gans — ein Streiter für Hegel, Kristische Justiz 1989, 433-439.

フリードリッヒ・ユリウス・シュタール*

キリスト教的国家と正統性の政党**

クリストフ・リンク[1]***
訳　小野寺　邦　広

　フリードリッヒ・ユリウス・シュタールは，ドイツにおけるユダヤ系法学者の中でおそらく最も評価の分かれる学者であろう。彼に関する文献は枚挙にいとまがなく，彼の人物像，業績，影響を取り上げた研究は，涸れることなく流れる川のように，現在も発表され続けている[1]。彼に対する評価は時代により

---

　* FRIEDRICH JULIUS STAHL（1802年-1861年）
　** Christlicher Staat und Partei der Legitimität
　*** Dr. *Christoph Link* : Professor an der Universität Erlangen-Nürnberg
　　（エアランゲン・ニュルンベルク大学教授）
　1）　シュタール研究の「古典」として現在でも参照されるべき文献として，G. *Masur*, F. J. St. -Geschichte seines Lebens -Aufstieg und Entfaltung 1802-1840, 1930 ; O. *Volz*, Christentum und Positivismus-Die Grundlagen der Rechts-und Staatsauffassung F. J. St. s, 1951. 最近の文献のなかで特にあげるべき文献として，H. *Sinzheimer*, Jüdische Klassiker der Rechtswissenschaft, 1953, S. 9-49 ; E. *Fahlbusch*, Die Lehre von der Revolution bei F. J. St., Diss. theol. Göttingen, 1954 ; A. *Roos*, Konservativisumus und Reaktion bei F. J. St., Diss. juri. Bonn, 1957; H. -J. *Schoeps*, F. J.. St. und das Judentum, in: H. *Lamm* (Hrsg.), Von Juden in München, 2. Aufl. 1959, S. 99-103; ders., Das andere Preußen, 3. Aufl. 1964; G. *Böing*, Art. „St. ", in: Staatslexikon der Görresges., 6. Aufl., Bd. 7, 1962, Sp. 645-647; A. *Hollerbach*, ebda. 7. Aufl., Bd.5, 1989, Sp. 244-246; *Chr. Link*, Die Grundlagen der Kirchenverfassung im lutherischen Konfessionalismus der 19. Jahrhunderts, 1966, S. 63-85; H.*Heinrichs*, Die Rechslehre F. J., St. s, Diss. jur. Köln 1967; H. *Heinrichs*, Menschenbild und Recht bei F. J. St. Diss. jur. Innsbruck 1969; D. *Grosser*, Grundlagen und Struktur der Staatslehre F. J. St. s., 1963; O. K. F. *Koglin*, Die Briefe F. J. St. s, Diss. jur. Kiel 1975; H. -J. *Wiegand*, Das Früwerk F. J. St. s und dessen Bedeutung für den Beginn

非常に異なるが，その理由は彼の学問上の業績とは別の点にある。そのような学者は珍しいが，彼はみずからの学説を政治の場で実現しようとした。彼は，自己の学問的立場の当然の帰結として，何のためらいもなく君主制的正当性を基軸とする法治国家をキリスト教によって根拠づけ，そして，そのような法治国家を実現するため，プロイセン王政復古期に政治家として粘り強く戦った。結局，彼の意図したことは国家においても教会においても実現されることはなかったが，このことは彼がドイツの国家思想史・法思想史における最も重要な章の1つを占めるに値する人物であることを変えるものではない。

I. 伝 記

1. 青少年期，学問的及び政治的出発

フリードリッヒ・ユリウス・シュタール（ヨルゾン）[2]は，1802年1月16日に8人兄弟[3]の長子としてヴュルツブルク[4][2]で生まれた。彼は，裕福なユダ

---

seiner Wirksamkeit in Preußen, Diss.theol. Heidelberg 1976; ders., Das Vermächtnis F. J. St. sein Beitrag zur Geschichte des konservativen Rechts-und Ordnungsdenkens, 1980; *G. Hütter,* Die Beurteiling der Menschenrechte bei Richard Rothe und F. J. St., 1976; *Chr. Wiegang,* Über F. J. St.（1802-1862 [sic!]）-Recht, Staat, Kirche, 1981; *A. Nabrings,* F. J. St.—Rechtsphilosophie und Kirchenpolitik, 1983; *H. Klenner,* Feuerbach contra Stahl, Staat und Recht, 1990, S. 303-311; *J. E. Toews,* The immanent genesis and transcendent goal of Law : Savigny, Stahl and the ideology of the Christian German state, in : American Journal of Comparative Law 37（1989）, S. 139-169; *W. Füßl,* Professor in der Politik F. J. St.（1802-1861）, 1988; *W. Sellert,* Art.„ St.", in : Handwörterb. z. dt. Rechtsgesch., Bd. 4, 1990, Sp. 1882-1886; *M. Stolleis,* Geschichte des öffentlichen Rechts in Deutschland, Bd. 2, 1992, S. 152-156. 以上シュタール関連文献目録による。

2) 父方の姓についてはいくつかの異なる綴りがあるが，これについては *Joh.Heckel,* HZ 155（1937）, S.506 ff.（509）参照。

3) 兄弟姉妹についてシュタールは，友人であるヘッセンの教区委員プファイファー（*Pfeiffer*）に宛てた1838年4月30日付の手紙（Koglin 前掲注1の文献195頁に転載）において述べている。兄弟姉妹のうちで特に取り上げねばならないのは彼の2人の弟，フリードリッヒ・カール（*Friedrich Karl*：1811年-1873年）とヴィルヘルム（*Wilhelm*：1812年-1873年）である。カールは，精神科医でありカルトハウ

ヤ人商人の出であった。彼にとくに大きな影響を与えたのは，母方の祖父アブラハム・ウルフェルダー（*Abraham Uhlfelder*）であった。ウルフェルダーは，農家の声望ある家父長といった風貌の人物であったが，ユダヤ教信者団体のミュンヘンにおける責任者としてユダヤ人解放運動に精力的に取り組んだ。たしかに，1813年のモンジュラの寛容令[3]により彼の望みがすべてかなえられたわけではないが，この布告によりバイエルンにおけるユダヤ人をめぐる状況が「17世紀的状況から19世紀的状況に」[5]改善されたことは確かである。ウルフェルダーの，家庭における厳格な修道者という側面のみならず，戦い取った市民権を守るために国家への忠誠を実証しようとする人物であったという側面もシュタールに影響を与えた。ウルフェルダーが，シュタール少年に，非常に信心深い保守的ユダヤ教徒でありながら，同時に，国家を肯定し高度の近代的教養を備えたユダヤ人，そのような人物は当時のバイエルンではいまだ例外的な存在であったが[6]，そのような人物像を示したのである。シュタールの両親，バレンティーン・ヨルゾン（*Valentin Jolson*）及びバベッテ・ヨルゾン（*Babette Jolson*；旧姓ウルフェルダー（*geb, Uhlfelder*））のことについてはわずかなことしか伝えられていない。父は商人であったが，のちに，おそらく銀行家も兼ね，はじめはハイディングスフェルト[4]そしてその後ヴュルツブルクに住んだ。1805年に一家はミュンヘンへの移住を許可され，祖父の家へ越した。1813年の布告後[7]，バレンティーン・ヨルゾンは臣従の誓いを行い，バ

　　ス・プリュルの精神病院の院長であった（彼については，Pagel, ADB Bd. 35, 1893, S. 400 f. 参照）。ヴィルヘルムはエアランゲン大学及びギーセン大学の経済学の教授であり，1848年にフランクフルト国民会議の議員に選ばれている（Umpfenbach, ADB Bd. 35, 1839, S. 403）。

4）　出生地について異なる申請がいくつかなされているが，これについては *Chr. Wiegand*, (aaO Fn.1), S. 11 Anm. 3 参照。

5）　*Masur*, (aaO Fn.1), S. 12, 22 ff.

6）　ウルフェルダーは，ユダヤ系住民が国民軍に参加できるようにするために精力的に活動し，国王に対して，多くの請願において，ユダヤ人が「国民としての義務を最も忠実かつ敬虔に果たすこと」を誓約した（*Masur* (aaO Fn. 1), S. 22）。

7）　*Masur*, (aaO Fn. 1), S. 23 f.

レンティーン・ゴルトゾン（*Valentin Goldsohn*）というあらたな姓名を受け入れ，彼が今後従事する仕事を「食料品販売及び両替商」と登録した[8]。祖父ウルフェルダーらの活動のおかげでユダヤ人が高等教育を受けることが許可されたが，これによりシュタールがミュンヘンの著名なギムナジウムであるヴィルヘルム・ギムナジウムに入学できたのである。彼は，すでにこのギムナジウム時代に，信仰覚醒主義神学者（Erweckungstheologen）であり「新人文主義（Neuhumanismus）の旗手」[9]であるフリードリッヒ・イマニュエル・ニートハマー（*Friadrich Immanuel Niethammer*）[5]，哲学者でありかつゲーテの友人でもあるフリードリッヒ・ハインリッヒ・ヤコビ（*Friedrich Heinrich Jacobi*）[10][6]などの著名人と接することができた。しかし，特別の信頼関係を築いたのは，シュタールの洗礼において代父役を務めた[11]フリードリッヒ・ヴィルヘルム・ティエルシュ（*Friedrich Wilhelm Thiersch*）[7]とであった。彼は，教育改革者「ババリアの師伝」[12]として，ギムナジウムの生徒たちに新人文主義の理念[8]を吹き込んだ。ユダヤ教と新人文主義というこれら2つの

---

[8] 彼は，1814年に，バイエルンの猟師兵団の6人のメンバーから高いばかりでさほど役に立たない装備を引き継いだ。このことは，シュタール家の裕福さばかりでなく愛国心の証拠でもある（*Chr.Wiegand*,（aaO Fn. 1），S. 12）。

[9] *M.Simon* in: Die Religion in Geschichte und Gegenwart（RGG）3. Aufl. Bd. 4（1960），Sp. 1475. —ニートハマーはシュタールの弟であるヴィルヘルムの代父であった（注3）参照）。

[10] 彼については，*J. Wieland*, RGG Bd. 3 (1959), Sp. 507 f. 参照。

[11] 参照，1819年1月20日（正確には1820年）のシュタールの礼状，*Koglin*,（aaO Fn. 1），S. 44 ff. 参照。2度目の洗礼における代父はエアランゲン大学の文献学教授ルートヴィヒ・デダーライン（*Ludwig Döderlein*）であった。ちなみに彼はニートハマーの娘婿であった。

[12] F. W. ティエルシュ。ギムナジウムの教師であったがのちに大学教授となった。彼は文献学のゼミナール，このゼミナールはのちにミュンヘン大学の講座に組み込まれたが，を創設し，そして，ギムナジウムの教育課程の構成に大きな影響を与えた。彼の息子カールは形成外科のパイオニアであり，孫娘のアマリエ・ティエルシュ（*Amalie Thiersch*）は1879年に偉大な神学者アドルフ・ハルナック（卿）（*Adolf（von）Harnack*）と結婚した。A. v. Zahn-Harnack 一族については，*Adolf v. Harnack*, 2. Aufl. 1951, S. 83 ff.（m. Nachw.）参照。

流れが，シュタールの思想が生涯にわたってその間を揺れ動く緊張領域を形成した[13]。

シュタールはギムナジウムを優秀な成績で終えて上級課程に進み，教職試験に傑出した成績で合格することによりこの過程を締めくくったが，天賦の才に恵まれた青年であってもユダヤ人である彼には官吏への途は閉ざされていた。とはいっても，「法学を学ぶために，彼は1819年11月6日にルター派に改宗した」というエルンスト・ランズベルク (*Ernst Landsberg*)[9]の人を見下したような言い方はあてはまらない[14]。シュタールがルター派の洗礼を「市民社会への入場券」（ハイネ）以上のものと考えていたことは，彼の著書や手紙が証明している。ご都合主義でルター派へ改宗するということは当時のバイエルンではほとんどありえなかった。洗礼式において彼はフリードリッヒ・ユリウス・シュタールという名を与えられた。

彼は大学生生活をヴュルツブルクで始めた。この地で彼は，バイエルンではカールスバード決議[10]にもかかわらず学生同盟は当面大目にみられていたので，これに加入し，そして，その後まもなくそのスポークスマンに選任された。ハイデルベルク大学での学期を終えると，彼は最後の学期をエアランゲン大学において学ぶことを計画した[15]。しかし，学生同盟における活動がその妨げとなった。ここにおいて運命が暗転した。審問調書によれば，彼は学生同盟における自己の活動を正当化しようとしたがそれは無駄な努力に終わった。退学処分，のちに恩赦請願が容れられて2年間の停学処分に軽減されたが，この処分は学業を最短期間で終えるという彼の当初の望みを打ち砕いた。停学期間が経過したのちにようやく彼は博士号を得たが，そのときにはもう1824年になっていた。しかし，そのわずか3年後には，ローマ法における訴権について

---

13) 実際に，シュタールの個々の著作が，文体によってどちらかの領域に分類できるかどうかは，*Wiegand*, (aaO Fn. 1), S. 13 f. Anm. 13が言うように，依然としてはっきりしない。
14) ADB Bd. 35, 1893, S. 392 ff. (392).
15) 記録の抜粋が*Koglin*, (aaO Fn.1), S. 47 ff. に掲載されている。

の論文——ランズベルクはこの論文を「まったく何の影響力もない」[16]と切り捨てているが——この論文によりミュンヘン大学から教授資格を与えられた。それはともかく，ミュンヘン大学において彼はシェリング (*Schelling*)[11]と知り合った。彼との出会いは，シュタールの人生において，「師弟関係を結ぶには至らなかったが画期的出来事であった」[17]。その後，ミュンヘン大学における私講師としての苦しく，経済的に困難な時期が続いた[18]。そのこと自体は，決して珍しいことではなかったが，シュタールの場合，それに加えて父の死により長子として兄弟たちを養わなければならなくなったため，普通の場合よりもさらに厳しい状態におかれた。しかし，給与の増額や雇用の要求を国王は無慈悲にも退けた。おそらく，バイエルン政府の官報である「国王と国民の友」への貢献が評価されたのであろうが，1832年に彼はようやくエアランゲン大学員外教授の職を得ることができ，同年中にヴュルツブルク大学ローマ法正教授に任命された。その後，1834年に国家法及び教会法講座担当正教授としてエアランゲン大学に戻った。1835年，彼はエアランゲンの手袋製造工場経営者の娘ユーリエ・キントラー (*Julie Kindler*) と結婚した。しかし，夫婦の関係はすでにエアランゲン時代から，またその後のベルリン時代にもしっくりいかなかった[19]。

　この時期のシュタールの重要な学問上の成果は，大著『法の哲学 (Philosophie

---

16) ADB Bd. 35, 1893, S. 392.
17) *Masur,* (aaO Fn. 1), S. 107. シュタールはシェリングの強い影響を受け，シェリングの講義をヘーゲルの強い影響からの解放，有神論への突破口と感じた。もっとも，そのことにより彼は自らをシュタールの弟子と位置づけたわけではないが (*Koglin,* (aaO Fn. 1), S. 121 に掲載されている1833年3月12日の書簡。さらに，シュタールの『法の哲学』第1版，第2版の序文，いずれも1878年に第5版，1963年の再版では第1巻XVI以下参照)。
18) *Chr. Wiegand,* (aaO Fn. 1), S. 18.
19) 友人たちは，彼女が礼儀と教養に欠けていると非難していた。ビスマルク (*Bismarck*) でさえ，シュタールの家を最初に訪問した後で嘲笑した (*Chr. Wiegand,* (aaO Fn. 1), S. 20 Anm. 37)。しかし，最初のベルリン時代についての彼女の手紙 (*Koglin,* (aaO Fn. 1), S. 235 ff.) は，その様な評価を証明するものではない。

des Rechts)』の完成である。その第1巻をシュタールは，すでにミュンヘンにおいて完成させ，第2部（2巻からなる）を1833年及び1837年に上梓した[20]。同じくエアランゲン時代に彼の第2の主要著書である『プロテスタントの教義と法による教会組織（Die Kirchenverfassung nach Lehre und Recht der Protestanten）』[21]が出版された。この著書はこの世紀の前半50年間の教会政策をめぐる議論の幕開けを告げる鐘の音であった。そしてこのエアランゲン時代に，シュタールは議員としての活動に第一歩を踏み出した。もっとも，それはすぐに不本意な結果に終わってしまったのではあるが。領邦議会における大学代表として，国法学の立場から彼はアベル（Abel）大臣[12]の反動的な省の「倹約」政策つまり予算を自由に削減するという実務[22]——これは具体的にはミュンヘンのルートビッヒ通りにある壮麗な建造物のための倹約であったのであるが——この実務と闘った。芸術愛好家はシュタールの敗北をそれほど残念には思わないかもしれないが，しかし，勇敢にも憲法に賛成したことは，シュタールにとって，彼つまり保守的な国家理論家から国法学を講義する資格を奪い，民事訴訟法担当に替えられるという結果をもたらした。彼は，それ以前にクールヘッセンの保守派の大臣であるハッセンプフルーク（Hassenpflug）[13]からのマールブルク大学への2度の招聘を断っていたのであるが，今回の懲戒処分は，シュタールが，マルクス（Marx）の師でありヘーゲル主義者であるエドゥアルト・ガンス（Eduard Gans）[14]が亡くなる1年前の1840年に彼の後任としてベルリンに赴任するきっかけとなった。彼をベルリン大学正教授に任命することは学部が求めたのであるが，フリードリッヒ・ヴィルヘルム4世（Friedrich Wilhelm IV）[15]の即位及び当時なお影響力を保っていた文化大臣アルテンシュタイン卿（v. Altenstein）[16]——彼はヘーゲル・シューレ

---

20) 第1巻第1版は1830年，第2巻第1分冊は1833年，第2分冊は1837年，第2版は1845年から1847年，第3版は1854年から1856年，第5版は1878年（再版1963年），但し第3版以降内容の変更はない。以下引用は第5版による。

21) 第1版1840年，改訂新版（彼の没後の）1862年（再版1965年）。

22) この点について，E. R. Huber, Deutsche Verfassungsgeschichte seit 1789, Bd2, 3. Aufl. 1988, S. 437 f.

の中から後任を選ぶことを強く主張していた——彼の死がそれを後押しした。もっとも，それだけではなく，ザビィニー（*Savigny*）[17]，そして，のちにシュタールの反対者となるが当時は彼を称賛していたChr. K. J. ブンゼン卿（*v. Bunsen*）[18]——神学者でありかつ当時はプロイセンのベルン公使も務め，のちにはロンドン公使となった人物であり新国王の友人の一人でもあった——らの支持もシュタールが任命されたことの重要な要因であったことはいうまでもない。

2．政治的教授

シュタールは，ベルリン大学において，すべての人に心から歓迎されたというわけではなかった[23]。彼の超満員の講義は，最初，ヘーゲル主義の学生たちにより妨害された[24]。シュタールは，反動主義者，神権主義的絶対主義者として知られていた。このことは，彼が神学者であるヘングステンベルク（*Hengstenberg*）[19]，フォン・ゲルラッハ（*v. Gerlach*）兄弟[20]，グリム（*Grim*）兄弟[21]そして法律家であるハッセンプフルーク卿（*v. Hassenpflug*）[25]といったきわめて保守的とみなされていた人々のサークルに入ったことにより証明されたといえるであろう。もっとも，このような評価には若干の留保が必要であろう。シュタールは，プロイセン反動の導きの星となっていたカール・ルートビッヒ・フォン・ハラー[22]のような旧身分制的で愛国主義的な[26]「国家学の復古」には決して同意しなかった。彼は生涯を通じてルター派の「積極的なキ

---

23)　シュタールと彼の妻により非常に具体的に描写されている。*Koglin*, (aaO Fn. 1), S. 235 ff. 参照。

24)　この点について，*W. Bußmann*, Zwischen Preußen und Deutschland-Friedrich Wilhelm IV., 1992, S. 138 ff. 参照。

25)　クールヘッセンの大臣の子息であり，同じ年（1840年）にプロイセン上級法廷の裁判官に任命された。

26)　この点については，*Chr. Wiegand*, (aaO Fn. 1), S. 24 Anm. 50 で引用されているハインリヒ・レオ（*Heinrich Leo*）宛てのルートヴィッヒ・ゲルラッハ（*Ludwig v. Gerlach*）卿の手紙を参照。なお，*Stolleis*, (aaO Fn. 1), S. 153 ff. も参照。

リスト教徒」であったにもかかわらず，この地で広まっていた敬虔主義[27]もまた彼にとっては異質なものであった。彼のユダヤ人という出自のために彼は身分意識の強い貴族が中心を占めていた保守主義の貴族的世界においてよそ者という位置を脱することができなかったのであるが，結局，この様な出自が「国家学の復古」や敬虔主義への親和に一定の歯止めをかけたのである[28]。

それにもかかわらず，シュタールは，まもなく国王の親友たちのサークルであり同時に「本来の意味における支配者の国政諮問機関」を形成していた国王の「奸臣」の1人となった[29]。このサークルにおいて彼が最もすぐれた洞察力に富んだ理論家であったことは疑いない。そして，ブンゼンにより妨害されたため結局実現されなかったが，とくに教会政策上の諸問題について，彼は国王に大きな影響を与えた。この対立については，のちにまた触れることになるであろう。ここではシュタールの著作活動についてさらに話を進めることにする。1845年，「君主制原理（Das monarchische Prinzip）」と題する短い論文が公刊された。この論文は，ウイーン会議におけるこの原理にあらたな内容を充填しようとしたものであり，そのため彼は右派自由主義陣営を含む幅広い層からの支持を得た[30]。教会法や教会についての国法上の諸問題についての著作の多くは，正統派ルター主義者という彼の評判を証明するものであった[31]。これ

---

27) この点について，1841年1月1日と4月12日の手紙（*Koglin*, (aaO Fn. 1), S. 239 ff., 243 ff.) を参照。

28) *Chr. Wiegand*, (aaO Fn. 1), S. 24.

29) *E. R. Huber*, (aaO Fn. 22), S. 482 f. フーバーは，他のメンバーとしてゲルラッハ兄弟，将軍であるラドヴィッツ卿（*v. Radowitz*）ならびに大臣であるティーレ卿（*v. Thilr*）とグラーフ・シュトルベルク（*Graf Sfolberg*）をあげている。

30) ザビィニーも称賛したし，ビスマルクも同様であった。

31) „Zwei Sendschreiben an die Unterzeicher der Erklärung vom 15.bzw.26. August 1845" (1845); und Vortrag „über Kirchenzucht". 講演は1845年，後に1847年のヘングステンベルク（*Hengstenberg*）の Evang. Kirchenzeitung 1847, 2. Aufl. 1858 に（後に注記する „christlichen Staates" 及び1846年の „Rechtsgutachten über die Beschwerden wegen Verletzung der verfassungsmäßigen Rechte der Protestanten im Königreich Bayern…"と合わせて) 掲載された。

に対して，『キリスト教国家（Der Christliche Staat）』と題する2分冊の仮綴じ本[32]は，シュタールが自己の法哲学の核となる国法上の諸テーゼを綱領的にまとめた著書であり，それらのテーゼはいまだに彼の名前と結び付けられている。

　ベルリンにおける革命により彼は，保守派の象徴的人物と目されていたために，一時身を隠さなければならなくなった。彼は革命の根本的原因を保守派のだれよりも明確に認識していたが，同時にまた，革命を政府の罪に対する神の裁きと解釈しようともした[33]。同じ年に，保守派のあらたに設けられた機関である十字新聞[23]への彼の協力が始まった。そのために，彼は，まもなく風刺雑誌「クラッデラダーチュ」により「預言者聖シュタール」というあだ名を奉られた[34]。この風刺雑誌に掲載された預言者エレミアの嘆きは，シュタールの論稿の調子を実に的確にとらえていた。実際，『法の哲学』（第3版）のシュタールの序文は，彼が精力的に抵抗した，滅亡の予言，国家と教会の崩壊への嘆きで貫かれていたのである。この序文は，1848年以降，「新時代」が始まるまでの間に，この世の終わりという雰囲気が保守陣営を覆っていたことの雄弁な証言である。

　それにもかかわらず，シュタールは，プロイセンを立憲国家に仲間入りさせた1848年12月5日の憲法を基本的に歓迎したようである。国王がこの憲法を公布したということは，シュタールの理解する君主制原理にあきらかに適合することであった。1849年にシュタールは第一院の議員に選出され，1854年には国王により終身貴族院議員に任命された。貴族院において，シュタールは超保守派の代表，精神的指導者として活発に活動した。彼の演説は素晴らしく典雅であり，また，その内容は鋭く，そのため反対派からは恐れられた[35]。しか

---

32) „Der christliche Staat und sein Verhaltnis zu Deismus und Judenthum". 同じく Ev. Kirchenzeitung 1847, 2. Aufl., 1858. また，1846年には彼の Rechtsphilosophie の第1巻の増補版が „Fundamente einer christlichen Philosophie" と題して出版されている。

33) Rechtsphilosophie, (aaO Fn. 20), II 2, Vorrede z. 3. Aufl., S. XI.

34) *Koglin*, (aaO Fn. 1), S. 345 に転載されている戯画をみよ。

35) 第1集は1850年に Reden として，第2集は1856年に J. P. M. トロイヘルツ（J.

し，彼は今回だけは絶対に自分の方が正当であると認めた場合にしか批判を行わなかったし，まして人格批判などは決して行わなかった。今日でもなお，彼の演説は19世紀の議会における議論レベルの高さの証言として価値をもっている。

　プロイセン憲法改正をめぐる戦いにおいて，シュタールは決して反動勢力の最前線にいたわけではない。おそらく彼は，旧身分制的制度はもはや時代遅れでありプロイセンにも真の国民代表が必要であることを自覚していたと思われる。彼は，イギリスにおいて——部分的に——実現されていると考えた「議会制原理」を敵として戦うことになる。それはすなわち国家権力がもはや国王の下にはなく，議会及び議会の信任に存続を左右される政府の下にあるとする原理である。このような議会制原理にもとづく君主制は「あきらかに共和制へと移行する」傾向を示していた。共和制の本質は「国家を構成する国民は……統治はするが，公共の利益のために独立して決定を下すことはできない」という点にあるのである。これに対して，公共の利益のために独立して決定を下す力は「君主の概念に固有のものである」[36]。議会制原理に，彼は，君主制原理を対抗させた。もっとも，それは彼独自の解釈による君主制原理ではあったが。すなわち，彼は国民代表の共同決定ないし承認権を否定しなかった。シュタールは，当時のドイツ諸邦の国法になお残っていたような「等族」の諮問機関的権限を守るためだけに異議申し立てをしたわけではない。そうではなく，「国王は，憲法の適用が原因で生じる紛争についての最高の裁判官であり続けなければならない」[37]ということは決して譲ることができないと考えたがゆえにである。

　　P. M. Treuherz) 編集により „Parlamentarische Reden" としてそれぞれ出版された。後者は1862年に „Siebzehn parlamentarische Reden. Nach letztwilliger Bestimmung geordnet und herausgegeben" として再版された。

36)　Das monarchische Prinzip-Eine staatsrechtlich-politische Abhandlung, 1845, S. 11.
37)　Ebda. S. 30；この点について，E. Kaufumann, F. J. St. als Rechtsphilosoph des monarchischen Prinzips (1906)，現在は, ders., Rechtsidee und Recht (=Ges. Schriften Bd. 3), 1960, S. 1 ff. (27 f.).

この「最終決定権」の存在が，カール・シュミット（*Carl Schmitt*）[24]の意味における主権が国王にあることを根拠づけ，そして，国王を憲法の上位におき，「国家の中心」にあるとはいえ単なる国家機関とは異なる存在にする。しかし，この権利が国家権力の行使をすべて規定し，かつ，制限するのであるから，シュタールにとっては，多くの王党派とは（そして，フリードリッヒ・ヴィルヘルム4世自身とも）異なり，国王が憲法忠誠宣誓を行うべきと主張することは何の矛盾でもなかった[38]。すでに1849年に，シュタールは国王の緊急勅令制定権を単なる「行政処分の規律」権へと限定することに精力的に取り組み，「原理上の法律すなわち臣民の法状態を継続的に規律する法規範を制定する権限」を国王に認めることをきっぱりと拒絶した。これにより，シュタールは法律と処分の原理的区別をはじめて理論化した学者となった[39]。

　しかしながら，「キリスト教国家」という彼にとって最も中心的な理想像を憲法に組み込むことは非常に限定的にしか行えなかった。「キリスト教は……宗教の実践と関係する国家制度において，第12条において保障されている信教の自由にかかわりなく，基礎とされなければならない。」と規定する改正憲法第14条が，基本権を保障する同数代表的国家（paritatische Staat）において達成できる最大限のことであった。とはいえ，このことは国家と教会の厳格な分離の拒否であり，キリスト教の承認した「主要な宗派」が他の宗教や世界観に優越的地位を与えられているということを意味していた。そして，保守的な解釈をとれば，婚姻や学校も，大学（神学部が存在しているがゆえに）や軍隊（従軍司祭による信仰相談のゆえに）と同じく宗教の実践と関係する国家制度に含ませることができた[40]。このことは，少なくとも，シュタールの部分的勝利ということはできる。もっとも，このような勝利も，公的生活の世俗化の進展に対する歯止めにはならなかったのであるが。

　ビスマルク[25]との対立を強める中で，シュタールは大ドイツ主義[26]，親

---

38)　この点については，*Füßl*, (aaO Fn. 1), S. 275 ff. 参照。
39)　*E. R. Huber*, Verfassungsgeschichte, (aaO Fn. 22), Bd. 3, 3. Aufl. 1988, S. 42.
40)　この点について詳しくは，*Huber*, (aaO Fn. 39), S. 115 f. 参照。

オーストリー政策を通して超保守派との結びつきを深めた。ここで，民族主義的理念と復古主義的理念が交差した。自由主義と聖パウロ教会も民族統一を標榜していたが，これらは，革命をきっかけとしてシュタールにとっては信用できない存在になった。統一は，彼にとって，国民議会が——王朝の裏をかいて——なしうることでも，なすべきことでもなかった。そこで，「奸臣」シュタールは優柔不断な国王に対して国民議会により提示された皇帝の位を辞退するように強く勧めた[41]。他方で彼は君主のイニシアチブによる統一を一貫して主張し，個別の点について，とりわけフランクフルト憲法の基本権の章を取り入れたことについては連合憲法を厳しく批判したものの，プロイセン主導で行われ短命に終わったエアフルト連合[27]を支持した。しかし，対外情勢により，保守派がプロイセンの対オーストリー強硬路線に反対であったこともあって，彼はオーストリーとの妥協を求めた[42]。1849年の初期に彼はエアフルト議会[28]の国民院（Volkshaus）議員に選出された。エルンスト・ルートヴィヒ・ゲルラッハ卿及びビスマルクとともに彼は，この議会における「プロイセン超王党派」の核をなしていた[43]。議会における反対派でさえも絶賛した演説において，彼は連合憲法案の修正を求めた。この演説に，彼の基本的考えがとくに明瞭に示されている。すなわち，統一の国法上の形式が彼にとって重要であったのではないし，ましてや，プロイセンが主導権を握るか否かということでもなかった。彼にとって重要であったのは，統一というドイツの基本問題の決定が，「全ドイツ的に行われるかプロイセン主導で行われるかということや，国家連合なのかそれとも連邦国家かということではなく，君主により行われるのかそれとも議会によってか」ということであり，そして，正しい決定は，必要とあれば君主制にとって不利なものであっても断固として実行するということであった[44]。それにもかかわらず憲法が全体としてそのまま採択されたこと

---

41) *Füßl*, (aaO Fn. 1), S. 203 ff.
42) この点について個別には，*Füßl*, (aaO Fn. 1), S. 224 ff. 参照。
43) *Huber*, (aaO Fn. 22), Bd. 2, S. 895.
44) Parlamentarische Reden, (aaO Fn. 35), S. 58, 60; *Füsl*, (aaO Fn. 1), S. 245 ff.

は, 奸臣[45]により行われたプロイセンの連合政策, シュタールは多くの点で留保を付しながらもこれを基本的には支持していたのであるが, この政策全体の失敗と同じく, 彼にとって敗北を意味した。おそらく, このことが, その後, 彼がプロイセンの連合政策をめぐる議論にほとんど関与しなくなった[46]原因であったのであろう。ヴィルヘルム摂政の宮[29]の即位 (1858年) により始まった「新時代」が, シュタールの運勢を決定的に弱めた[47]。1861年8月10日に, シュタールはバド・ブリュッケナウにおいて亡くなった。

II. 教会政治家シュタール

シュタールは, エアランゲン時代には, 確固としたルター派の立場に立っていた。このルター派の信仰心は二重の敵との格闘から得られた[48]。その1つは, 当時なお優勢であった後期啓蒙主義の神学的合理主義[30]であり, もう1つはルター派教会と改革派教会の同盟である。ちなみに, フリードリッヒ・ヴィルヘルム3世[31]は, この同盟の実例を示そうとして, 1817年の宗教改革記念祝典のためとして, これら2つの宗派の宮廷教区と駐留軍教区を合併させ, そして, その後ただちにドイツ諸邦もあとに続いたことによりこの同盟が成立したのである[49][32]。この同盟は多くの場合領邦君主によるかなりの強制がなければ成功しなかったが, それだけに一部では暴力をともなったルター派の抵抗を呼び起こした。しかし, それだけではなく, この同盟は改革派の信仰の基礎の

---

45) この問題についてシュタールは孤立し, 審議のために招かれることはまれであった。
46) *Füßl*, (aaO Fn. 1), S. 255 ff.
47) *Chr. Wiegand*, (aaO Fn. 1), S. 31 f. 一般的には, *Huber*, (aaO Fn. 39), S. 270 ff. 参照。ビーガントによれば, ベルリン大学はシュタールが学長を務めていた時期 (1852年, 53年) から, すでに, 王位継承者により冷遇されていた (注76) 参照)。
48) *Link*, Grundlagen (aaO Fn. 1), S. 17 ff.; ders, Die Entwicklung des Verhaltnisses von Staat und Kirche, in: Jeserich/Pohl/v. Unruth (Hrsg.), Deutsche Verwaltungsgeschichte, Bd. 3, 1984, S. 527 ff. (531 f.), jeweils mit Nachw.
49) 詳しくは, *Link*, Verwaltungsgeschichte, (aaO Fn.48), S. 531 Anm. 14.

再検討ならびにこれに対応した教会組織の再編をも促した。他方では，世俗の立憲主義運動が長老会議的代表制の要求という形で教会にも影響を与えていた。これら2つのラインが交差することにより政治闘争の前線が新ルター派[33]の登場もあって移動して，階層秩序や制度を重視する保守的方向と教区原理を強調するむしろ自由主義的方向とに分裂するという事態を生みだした。教会の党派的対立は，それゆえ，国内の政治的分裂を反映していたのであり，したがって，シュタールがここでも保守陣営の主役の1人に数えられていたことは驚くに値しない。しかし，彼と国王の関係にまったく緊張状態がなかったわけではない。イギリスをモデルにした司教制度を備えた高教会派的教会というフリードリッヒ・ヴィルヘルム4世の教会像は，さまざまな理由から自由主義者や保守主義者からの抵抗を受けた。合理主義や信仰無差別論を阻止するためすでに，フリードリッヒ・ヴィルヘルム3世は彼の同盟政策に反対して彼と熱狂的に戦ってきた保守主義者との提携を求めていた[50]。1852年に，シュタールは，その3年前に設けられた福音主義教会上級教区会議，これは旧プロイセン同盟内の教会を指導する官庁であるが，この会議の議員に任命された。この会議は，文化省から独立した官庁であり，国家のそれではないが，領邦国家的な官庁として国王の継続的な君主教会監督権（Summepiskopat）のもとにおかれた。当初優勢であった保守的で信条主義的（konfessionalistische）な勢力がシュタールに多大な影響を与え，同盟の枠内においてルター主義を守ることを彼に期待した。しかし，新たな御代がはじまり，同盟支持派の神学者がこの会議においても優勢になりはじめた1856年に彼は上級教区会議を追われるように去った。

　この戦いについて，おそらく彼の最も個人的事柄を扱った著書といってよい1859年の『ルター派教会と同盟（Die lutherische Kirche und die Union）』が証言している。彼にとって重要であったのは，「ルター派の信仰の正しさを証明すること」であり，「我々の信仰と教会が存続するかそれとも滅びるか」で

---

50) *Huber*, (aaO Fn. 22), Bd. 2, S. 269 ff.

あった[51]。2つの改革派の信仰が相いれないということが詳述されている。しかし，シュタールはプロイセンの同盟には全く異なる態度をとった。彼を突き動かしていたものは，国王が1834年以降認めたような同盟の＜中において＞（原文イタリック）ルター派の信仰と教会を維持すること，すなわち，それぞれの宗派の信仰の現状を維持したうえで，単に組織面，教会の統治機構面において結合することであった。この本を貫いているのは，ルター派の信仰の独自性を，精神面においては仲裁神学[34]の中に，また，教会組織の面においては不可分の1つの教会組織の中に，それぞれ昇華させる合意同盟（Konsensuunion）の中でルター派の教会が消滅してしまうのではとの懸念——この懸念には，後に見るように決して根拠がなかったわけではないのであるが——であった。その限りにおいて，シュタールはユダヤ教の多数派とも異なっていた。彼はユダヤ教の多数派を「フランクフルトとベルリンにおける憲法制定国民会議」の多数派と同視して蔑視していた。すなわち，（彼によれば）彼らの前には（憲法よりも）「さらに高次の制度の法」が立ちはだかっている[52]。それにもかかわらず，シュタールは，プロテスタント内部でのルター派とカルヴァン派を離間するための戦略を用いなかった。すなわち，彼は両宗派の共通の基礎を強調すると同時に説教壇共同体に至るまでの兄弟的結びつきを支持したのである。キリスト教の実質を溶解させるあらゆる形式とこの結びつきを分離する溝は比較にならないほど深かった[53]。それゆえ，彼が，同志であり後に文化大臣となったモリッツ・アウグスト・ベートマン・ホルヴェク卿（*Moriz August v. Bethmann Hollweg*）[35]とともに，国家統一の動きと並行してドイツの福音主義教会の統一を目標として設置され，今も続いている国内伝道団の偉大な福祉事業の出発点となった1848年のヴィッテンベルクの教会議会の議長に選ばれることを拒否しなかったことは何の矛盾でもない[54]。シュタール

---

51) Vorrede, S. III, V.
52) Ebda. S. 558 f.
53) Ebda. 428 ff., とくに S. 437 f.
54) *Link*, Verwaltungsgeschichte, (aaO Fn. 48), S. 550 f. m. Nachw.

は，まさにここにおいてプロテスタント内部の宗派のすべての垣根を越えて現実主義的キリスト教精神が優越していると議会を賛美した[55]。もっとも，この場合もまた風向きはすぐに変わり，シュタールは期待を裏切られて退場したのであるが[56]。政治の世界の場合と同じく，教会政治の世界においても彼は時流から外れはじめていたのである。

III. 国家理解

彼の同時代の保守主義者の場合と同じように，シュタールの国家理解もまた，自然法的で合理主義的な契約論の徹底的な否定により深く規定されていた。国家の成立についてのその様な契約論的説明[57]は，シュタールにとって機械論的でありかつ原子論的であった。

1. 神と自然―自由と制度

シュタールの思想においては，観念論とロマン主義が結びついて1つの独特の合金となっている。カントに従い，シュタールは，すべての行動はあらかじめ決定されており，それゆえ，シュタールには倫理的自由が奪われていると思われたスピノザの無欠欲の因果性という理論を拒否した。その理論によれば，神は，この自然科学的に構想された世界像においては，理神論的に，作用の原因としてしか，すなわち，論理学上の原理としてしか考えることはできない。これに対してシュタールは，キリスト教の神を人格的存在として，ただし人格

---

55) 1848年10月5日のヘングステンベルク宛ての手紙（*Koglin*,（aaO Fn. 1），S. 322 f.）。最も重要な結果は，「さまざまな＜キリスト教＞（原文イタ）原理が内的に結びついた，しかも，確固とした基礎の上に，ということである」。

56) *Koglin*,（aaO Fn. 1），S. 30 f.

57) この点について現在の文献では，*R. Saage*, Vertragsdenken und Utopie, 1989. この問題全般については，*Chr. Link*, Herschaftordnung und bürgerliche Freiheit, 1979, S. 72 ff.; *M. Stolleis*, Geschichte des Öffentlichen Rechts in Deutschland, Bd. 1, 1988, S. 275 f., 323 f. 参照。

的とは中世的意味でのそれであり、現実主義的意味というよりもむしろ唯名論的で主意説的な意味であるが[58]、そのような神を措定した。すなわち、「神の人格性を認めることにより、神の自由と創造力が不即不離のものとして結合される」[59]。創造主として、神は法、国家、教会などの「制度」を設けたが、これらの制度は拘束力のある秩序であり人間の恣意に左右されない、つまり、神の意思によりすでにそのようなものとしてあらかじめ与えられているものである。制度もたしかに「自然」の一部であり、したがって、腐敗すべき地位（Status corruptus）にある。制度の現実の姿は、神が欲した姿を断片的にぼんやりとしか表現していない。しかし、人間の「精神」は、「神聖な原像」[60]、これが現実の制度を作る際の指針となり規制的理念となる[61]のであるが、この原像を認識することができる。自由と拘束が、ここにおいて、それぞれがまったく固有の仕方で融合する。すなわち、制度は、その具体的姿においては、完全なものとしてではなく課題として与えられている。神の人格性が永遠不変の天上界の法（lex aeterna）を排除したのと同様に、人間の人格性が制度を現実の中において形成する自由、つまり、「聖なる原像」を指針としつつ、具体的な歴史状況にあわせて制度を形成する自由を人間に与えた。このことは、シュタールに、これまでの歴史に法を与えることを可能とした。社会の変遷に対する、法の監視役的な意義が保守的教条主義に対する防壁となった。神の意思は時代を超えた模範として作用するが、しかし、それはその時々の社会条件に合わせて現実化される。制度は神が定めたものであるが、しかし、啓示された法は存在しないし、断固これに拠るべきだと命じられた国家形態も存在しない。キリスト教的国家は硬直的な神権国家ではない。シュタールの批判者たちは、この

---

58) フォルツ（*Volz*）、ハインリヒス（*Heinrichs*）とは異なるナブリンクス（*Nabrings*）によるシュタールの「トマス主義的」解釈については、Nabrings,（aaO Fn. 1）, S. 24 ff. 参照。*Chr. Wiegand*,（aaO Fn. 1）, S. 202 ff. も参照。
59) Rechtsphilosopphie II 1, S. 26. この点について *Stolleis*,（aaO Fn. 1）, S. 153 も参照。
60) Rechtsphilosophie I, S. 281, II 1, S. 149 ff.
61) *Chr. Wiegand*,（aaO Fn. 1）, S. 203 ff.

点において，今日に至るまでシュタール像を捉えそこなっている。たしかに，彼は当時のドイツ固有の政治状況から君主制原理を支持したが，しかし，この原理を神により欲せられたものとして絶対化しようとは決してしなかった。超保守派[62]と異なり，彼は，代議制憲法の価値を国家内での諸勢力の均衡を保つという点において認めていた。それどころか彼は，その「共和制への重力」を懸念していたとはいえ[63]，イギリス流の議会における「共同主権」を国民主権の恣意に対する十分な防波堤として評価してさえいた[64]。すなわち，彼にとって，国民主権につきものの人間の独断性は，神が定めた制度を破壊するが，国民が議会に加わるという形で国家意思の形成に参加することはこれを破壊するものではない。

2. 倫理的王国

シュタールの法及び国家論の2つの焦点である制度と人格性が，彼の法体系の第3の鍵となる概念，すなわち，「倫理的王国」において結合している。本性必然的に「人格性への傾向」を持っている[65]として，神を人格と捉えることにより創造の統一性を根拠づけたように，人間共同体も，どのような形態のものであれすべて，神により定められたものの不完全な模倣でしかない[66]。しかし，この分野は——アリストテレス的に理解された——内在的な意味づけによ

---

62) 彼ら（*Genz, Haller, Jarke*）をシュタールは明確に批判している。Rechtsphilosophie II 2, S. 365 ff.

63) (AaO Fn. 62) S. 373 ff.

64) (AaO Fn. 62) S. 383. たしかに「法律により秩序づけられ，固有の諸条件と諸目的により存立している共同体という意味では，国家はどれも必然的に共和国であるが，しかし，狭義における共和国が存在するのは，国家を構成する国民が，ゲマインデの場合も同様であるが，自分自身はただ統治するのみであり，公共のために決定する独立の力は持たない，というのもそのような力は概念必然的に君主のものであるから，そのような場合に限られる」。

65) Rechtsphilosophie, II 1, S. 22 f.

66) (AaO Fn. 65) S. 23, 43, 45 ff., 76 f., 203 ff.

り特徴づけられるのではなく，――キリスト教的観点から――本源的に倫理的規範性により特徴づけられる。

　個人が，自然の制約にもかかわらず「真実かつ完全に人格である」という課題を課され，最終的には，「神の人格性が各人間それぞれに完全に表れる」[67]だけではない。同様に，あらゆる法制度，あらゆる形の人間共同体は，自然の世界に基礎づけられるが，同時に，「神によって生活諸関係に設定された命令」としての倫理的理念が内在してもいる。生活諸関係を法の助けを借りて倫理的王国の秩序にまで高めそして完成することが「神により人類に課された使命」[68]である。

　かくしてシュタールにとって，倫理的王国は，最高の倫理学上の概念でありかつ人格原理の南中点であって，「自由意思により服従する自覚的存在に対する，倫理的で知的な動機による，合意にもとづく自覚的支配」[69]により特徴づけられる。「人格性の王国として」，倫理的王国は――いくつもの階層が並列的にあるいは重なり合って建てられているのであるが――，倫理の王国が神の王国において完全に実現されていることを体感するために，世俗の領域（人間の統一）と同様に信仰の領域（人間と神の統一）をも包み込んでいる[70]。倫理の王国の中央の階層において，国家は「現実化されたあるいは現実化されるべき倫理的理念や思慮深い諸目的の王国」[71]として，神の王国に対応する。国家における人間による支配は国家組織の諸制度を通じて行われざるを得ないが，しかし，重要なことは「人間に対する，人格的性格を持った崇高な支配」[72]である。

---

67)　(AaO Fn. 65) S. 23.
68)　(AaO Fn. 65) S. 203 ff.
69)　Rechtsphilosophie II 2, S. 1. 倫理的世界秩序のこのような人格化によりシュタールはフィヒテ (*Fichfe*) やカント (*Kant*) とも，また，非人格的な存在である客観精神を説いたヘーゲル (*Hegel*) とも区別される（前掲書5頁以下）。
70)　Rechtsphilosophie II 2, S. 1.
71)　(AaO Fn. 70) S. 140 f.
72)　(AaO Fn. 70) S. 2, 132 f.

3.「多数ではなく権威」

　かくしてシュタールにとって，国家の究極の目的は，国家それ自体にあるのではなく，たとえ漠然としてはいても，神の支配の印章であるという点にある。この「印章自体に内在しておりそこから湧き出てくる威信」が国家高権の拘束力の究極の源泉である。この限度において役所等の支配機関はすべて，直接の「神の恩寵」である。もっとも，このことは具体的な特定の国家が神により創設されたということを意味するのではなく，神の秩序づけ命令の正当性付与力から正当性を得ているということを意味しているのであるが。「神は人間が罪を侵したがゆえに自らの人格的で直接的な力を人間界に及ぼすことをおやめになった」[73] が，しかし，破滅に導くカオスの中に人間を放置したわけではなく，秩序づけ意思を1つの制度すなわち国家という形でお示しになった[74]。国家と法は，「神の世界秩序の維持」，もっともそれは「人間による独立かつ自由な仕上げ」[75] を認めるものであるが，を目標としている。そこでシュタールは「人間の罪の結果」としての国家と「世俗権力の神的性格」について矛盾なく語ることが可能となった。ここから国家は自らの固有の使命つまりテロスを受け取る。もっとも，シュタールはここで制度を「営造物」と同視しているのではあるが[76]。たしかに，彼はすべての非人格なものを営造物概念から排除したが，それにより彼が目指したのは，国家は「人間が作ったものではなく世界秩序において与えられているもの」であり，社会契約により作られたものではないことを示すことに止まっていた。しかし，それでもやはり彼の弁明は，既存の支配形態の神聖化とほとんど隔たりがない——実際シュタールは繰り返しそのように解釈されてきた。もっとも，シュタールにとって，自己の戦いにおいて第1に重要であったのはそのことではなく，国家，民族そして公共倫理の維持であり，これらを多数に対抗しても守り通すことであった。「多数ではな

---

73) Rechtsphilosophie II 2, S. 181.
74) Rechtsphilosophie II 1, S. 153 ff.
75) Rechtsphilosophie II 1, S. 200, 210.
76) Rechtsphilosophie II 2, S. 133 (Anm.).

く権威！」これが，制度の「脱キリスト教化」に対する防波堤を築くためのスローガンである[77]。キリスト教的国家，キリスト教的婚姻そして神の命令に従うことを義務づけている「神の世界秩序を維持するための……国民の生活秩序」[78] としての法——それらを手掛かりとして信仰と不信仰，従順と背反が区別される。たしかにシュタールにとっても——歴史法学派にとってと同じく——法の源泉は共同体である[79] が，彼にとって法が法という名に値するのは，それが神の世界秩序の維持に役立つ場合のみである。キリスト教精神が第1に存在すべき場は個人の心の中ではなく——シュタールは個人の信教の自由を容認しているが——公共性の中である。シュタールは，この点において，他の法秩序や制度に対する公法の価値の優越性という特殊ドイツ的で反革命的な伝統の中に位置づけられる[80]。

4. キリスト教的国家と正統性の政党

それゆえに，「正統性の政党」はキリスト教的国家のために戦う。ここではキリスト教が客観法的意味において，すなわち，「キリスト教の教会の公的名声と公的保護，キリスト教的婚姻法，キリスト教による国民教育及びキリスト教教会による宗派学校の管理，キリスト教信仰告白を公務員や邦議会議員となるための要件とすべきこと」という意味において，国家宗教である[81]。ここで

---

77) *Stahl*, Die gegenwärtigen Parteien in Staat und Kirche, 2. Aufl. 1868, S. 189 f. この点について，*Huber*, (aaO Fn. 22), Bd. 2, S. 388；*M. Heckel*, Säkularisierung; Staatskirchenrechtliche Aspekte einer umstrittenen Kategorie, jetzt in : ders., Gesammelte Schriften, hg. v. *K. Schlaich*, 1989, S. 773 ff. (806).

78) Rechtsphilosophie II 1, S. 210.

79) 「それ（法 — 著者 Link 補充）は，したがって，国民により最初に与えられた統一性に由来する」(Rechtsphilosophie II 1, S. 234)。

80) Die gegenwärtigen Parteien (aaO Fn. 77), S. 314. *R. Smend*, Zum Problem des Öffentlichen und Öffentlichkeit, in : Forschungen und Berichte aus dem Öffentlichen Recht, Gedächtnisschrift f. W. Jellinek, 1955, S. 11 ff. (19).

81) Die gegenwärtigen Parteien (aaO Fn. 77), S. 295. 勢力を増しつつあった労働者階級への配慮も組み込まれ，「国民国家的権力国家」を目指さなかった，キリスト教

シュタールが,「信仰の行使と関係する制度」はすべてキリスト教を基礎としなければならないとする1850年のプロイセン憲法第14条を念頭に置いていたことはあきらかであるが,彼の解釈は,当時の国法学による信教の自由を優位に置いた限定的な解釈[82]をはるかに超えた解釈であった。

　自己の見解に対する批判に非常に激しく反論しながらも,シュタールは,自己の理論の帰結からすれば不可避となるはずの公的生活の神権化を否定しようとした。というのも,シュタールは,保守的な「正統性の政党」は具体的な政治プログラムをまったく示せないということを明瞭に認識していたからである。すなわち「それは,……現実の財であり革命から守られた,正確には再建された,制度を持っているが,国民生活のあらたな制度,あらたな刺激を与えることはできず,保守的,否むしろ復古的であり,——このことは大きな利点であるが——生産的,創造的ではない」——この「欠点」をシュタールは何のためらいも見せずに容認し,あきらめ顔で,「保守精神は何物も生み出さず,改革精神は破壊するのみであるという悲惨な経験」を思い起こすように指示するが,彼にとっては,保守精神が何物も生み出しえないということは,正統性の政党の欠点ではなく「この時代の欠点」[83]であった。彼が自己の戦いをどれほど偉大な戦いと見ていたかを,「誤謬と破壊のこの大海原で」,「突撃せよ,撤退するな」すなわち「ここで戦う者こそ聖戦の戦士なり」[84],「再び諸国民の中により良い精神が育つまで」[85]という聖書の金言を戦いのスローガンにしていたことが示している。ここで語られているのはバーク流の「保持しつつ漸進

　　国家の「柔軟な保守的理論」と評価するものとして,W. Ribhegge, Konservative Politik in Deutschland, 2. Aufl. 1992, S. 74 f. 及びこの理論全般については Stolleis, (aaO Fn. 1), S. 153 ff. 参照。

82)　たとえば,G. Anschütz, Die Verfassungsurkunde für den preußischen Staat vom 31. Januar 1850, Bd. 1, 1912, S. 220, 224 ff., 264 ff. 参照；この点について,Huber, (aaO Fn. 39), S. 115 f., フリードリッヒ・ヴィルヘルム4世のこれに対応する見解については ebda., Bd. 2, S. 256 f.; M. Heckel, (aaO Fn. 77), S. 816 f. 参照。

83)　Die gegenwärtigen Parteien (aaO Fn. 77), S. 336 f.

84)　Der Protestantismus als politische Prinzip, 2. Aufl. 1853, S. 37.

85)　Die gegenwärtigen Parteien (aaO Fn. 77), S. 337.

的に変革する」という実践的保守主義ではなく，終末論的次元におけるカタストロフィーに対する恐怖である。

5. 法治国家としての国家

他方，シュタールは国家の全能ということを決して口にしない。国家は彼にとって「倫理的共同体」であるが，しかし，同時に常に法治国家でもある。たしかに，この概念は彼に由来するわけではないが，しかし，彼の有名な定義づけがドイツの国家思想の中に法治国家を投錨させた。すなわち，「国家は法治国家であるべきであり，このことがスローガンである。……国家は自己の権力を発揮する通り道とその限界を，その国民の自由な領域の場合と同じく，法により正確に定め，それを破らないように守るべきであるし，それゆえ直接に，国家の活動の倫理的理念を法の分野に属しているよりも広く，すなわち最低限必要な限度を超えて実現（強制）すべきではない」[86]。

これによりシュタールの国家はあらゆる形の家父長制的で世襲財産的な国家や同じく絶対主義的警察国家と，そして，それだけではなく「各市民に対して完全かつ能動的な政治的徳を持って国家の活動に当たるべきことを求め，各市民のその時々の倫理的判断にはいっさいの法的制約を認めない」[87]ルソーの「人民国家」とも一線を画している。それゆえ，シュタールの国家理解が20世紀の全体主義におけるその時々の一般意思のために市民に全体に服従することを

---

86) Rechtsphilosophie II 2, S. 137. もっとも，この「非政治的」でいわゆる形式的な法治国家概念はあらゆる統治形態に適用可能である。その中心に位置しているのは，自由主義者の場合とは異なり，法的な自由の基礎であり保証人であり，国民代表により決定される法律ではない（この点について，*E. W. Böckenförde*, Entstehung und Wandel des Rechtsstaatsbegriffs, 1969, jetzt in: ders., Recht, Staat, Freiheit, 1991, S. 143 ff., 148 ff.）。この様な脱政治化とそれによる無害化のゆえに，すでにオットー・ベール（*Otto Bähr*）はシュタールを変装した絶対主義者と批判していた（Der Rechtsstaat, 1864-Neudr. 1963-S. 77-79）。しかし，正当にも Hollerbach (aaO Fn. 1, Sp. 245) は，シュタールの法治国家を形式的法治国家とする解釈に，法治国家と倫理的共同体が結び付けられている点を根拠として，反対している。

87) (AaO Fn. 86), S. 138.

義務づけることに導いたということは誤解である[88]。市民の，国家から自由な領域にこだわったという点でシュタールは，自分が認めた以上に自由主義的である。彼と自由主義を隔てているのは国民の政治共同決定権を拒否した点ではない。すなわち，彼は「さまざまな要素（国民，官吏，裁判官）が国家権力の行使に関与することは——実際，市民的自由とりわけ政治的自由の基盤であるが，逆に，あらゆる機能が1つの同じ主体（君主であれ国民議会であれ）により行使される場合にそこにあるのは専制政治のみである」[89]と述べてロックとモンテスキューの見解を「偉大な真理」と呼んだ。しかし彼が念頭に置いていたのはおそらく代議制ではあるものの，それは，諸身分による「真の国民存在の代表」つまり「すべての身分から選りすぐられた者（エリート）の集合として」の代表によるものであった。それは理念的意味における代表であり[90]，普通選挙により根拠づけられた委任という現実的意味における代表ではなく——それゆえ国民主権原理と「まさに対立する物」[91]である。

6. 基本権と市民の自由

（シュタールの意味における）議会制的国民代表は，したがって，国家意思

---

88) シュタールをナチ支配の露払いと貶めようとの試みについては後掲注142参照。

89) Rechtsphilosophie II 2, S. 203. 保守主義の流動性及び必要な変化は受け入れるという柔軟性について, R. Vierhaus, Art.„Konservativ-Konservativismus", in : O. Brunner/W. Conze/R. Koselleck (Hg.), Geschichtliche Grundbegriffe, Bd. 3, 1982, S. 531ff. (549 ff., 558)。Stolleis (aaO Fn. 1) は，正当にも，まさにシュタールの理論形成に，「自己の側における急進主義」を拒否するだけでなく，時代の憲法的諸要求に対しても開かれており，民族的自由主義者の「保守的立憲主義」への地ならしとなったプロイセン保守主義の近代化をみている。

90) ここで意図されていたのは，「土地貴族，都市，ラント・ゲマインデ及び国民教会」すなわち「土地と職能団体に根拠づけられ，直接に最高ラント官庁のもとにある大規模な官庁的団体の代表（Vertreter）」である。それらだけが「政治的意味における諸身分」(aaO Fn. 89, S. 322) であり，真の代表者である。このことは，それぞれの身分内部での選挙を排除するものではない。現にシュタールは1830年代以来南ドイツ立憲主義において存在していた国民代表に賛成していた。

91) Rechtsphilosophie II 2, S. 320, 322.

形成の1つの要素に止まり，他の要素——君主や政府——がこれと同等の権利を持って国民代表に対峙している。これらの権利は，直接にせよ，また，自然法的な国家契約論の見解の場合のように間接的にせよ，決して国民に由来するものではない。したがって，シュタールはカントに至るまで主張されていた，国家は市民の主観的権利を守るために作られたという（いわゆる）自然権論[92]も拒否する。たしかに彼にとって自由の保護は国家目的であったが，それはあくまで国家目的の1つに止まり[93]，しかも，それは客観的保護義務という意味においてであった[94]。この義務に対応する主観的権利すなわち基本権が存在するのは国家が与えたからであり，人権を確認したのではない[95]。もっとも，この様な基本権理解においてシュタールはドイツの立憲主義の中で孤立していたわけではない[96]。

しかし，基本権のこのような客観化，国家を「営造物的意味において法理論化すること」は国王の地位を相対化し，国王を国家権力の構造の中に組み込んだ。カール・シュミットが正当にも（もっとも非難という文脈においてである

---

[92] (AaO Fn. 91), S. 137 f., 147f.

[93] (AaO Fn. 91), S. 147.

[94] (AaO Fn. 91), S. 147, 299 ff.（政治的自由すなわち「公権力の行使に国民が暴力等を用いずに整然と参加すること」は「市民の個人的生活領域や個々の権能の保障である」市民的自由と区別される。「市民的自由は憲法への絶対要求であるが，政治的自由は褒美—Vorzug—である」(231頁)。

[95] (AaO Fn. 91), S. 518 ff. もっとも，「個人の自由の保障は，それを保障することにより国民の公共利益が害されるほど強いものであってはならないのであり」，「同様に国家のキリスト教性の枠内にあるものである」(528頁)。とりわけ個人の自由は，「個人の自由と同じように根本的なものであり，これと並列的に，それどころかむしろ上位に存在している」憲法上の制度的保障（「官庁組織，教会等々」）により制約される（527頁）。一定の保障（学問の自由，平等原則，身分特権の廃止）をシュタールは単なる「ことば」，「将来の法律の予告や約束」(281頁)と述べているのであり，直接の拘束力がある法とは考えていない。

[96] この点については, W. v. Rimscha, Die Grundrechte im süddeutschen Konstitutionalisumus, 1973, 及び私の書評, ZRG, Germ. Abt.〔法学専門雑誌 Zeitschrift der Savigny — Stiftung für Rechtsgeschichte, Germanistische Abteilung〕95 (1978), S. 416 ff.

が）指摘したように，シュタールはドイツの憲法思想の伝統を引き継いでいる。

7. 国家と教会の自然の結合

　キリスト教国家は「キリスト教徒である国民が神の要求として認識した公的状態の秩序」[97]であるのだから，国家と教会は決して解消できない共生関係にある。「神が人類にお示し下された偉大な2つの営造物が，一方は社会生活を倫理的で理性的に形成するために，他方は国家自体と一体化するために，相互に顧慮し助成しあうということ以上に自然なことは他にない」[98]。このことは「新教の教会は体制の堅固さが欠けている」ため特に新教にあてはまるのであるが，「教会は，外に対しては国家の傘の下で勢力を拡張し，内に対しては信頼を保ち……セクトへ分裂することを防ぐことができる」。しかし，国家はより多くを得る。すなわち，国家が教会と結びつくことは，「国家は本性上そのようになりがちなのであるが，国家が物質的欲望や諸関係の機械論的取り扱いの中に埋没してしまうことを防ぐ」のである[99]。国家は，「キリスト教的礼節と品格が国家性の土台となり，それが真剣かつ深いところで維持されるように配慮する」[100]。それゆえ，堕落と時代精神に対する戦いが特に教会法そして教会の法的内部秩序の形成という分野において行われたことは決して偶然ではない。国家と教会を分かつことはできない。というのも，「革命の政党」は国家だけでなく教会においても仕事に取り掛かっており，また，「革命の政党の精神の根幹にあるのは，教会についての見解ではなく，信仰観，宗教的見解である」からである[101]。

---

97) Verfassungslehre, 3. Aufl. 1928 (Neudr. 1957), S. 285. この点全般について，H. - J. Wiegand, (aaO Fn. 1), S. 76; Stolleis (aaO Fn. 1), S. 153 参照.
98) Der christliche Staat (aaO Fn. 32), S. 28 f.
99) (AaO Fn. 98), S. 28.
100) (AaO Fn. 98), S. 30.
101) Die gegenwärtigen Parteien (aaO Fn. 77), S. 338.

8. 信教の自由の限界

したがって国家が、個人に信教の自由があるにもかかわらず、キリスト教の信仰がとくに義務づけられる国家公職から排除しなければならないのはユダヤ人や他の離教者のみではない[102]。その限りで、ユダヤ人や離教者が「それ以外の点で政治的権利をも持つこと」は「どうしても否定できない必要不可欠なこと」[103]であるにもかかわらず、これらの人々の政治的権利は制限されている。国家宗教は、キリスト教の信仰共同体が異論なく承認されることと大教会の優越性が守られることを命じる。この命令についての裁判官となるのがキリスト教国家であり[104]、それゆえ国家は世俗国家つまり世界観的に中立な国家であってはならない。教会からの分離は、キリスト教自体からの分離と同様に、ありえないことである。というのも、「国家が我々の時代においてキリスト教的でないとすれば、国家は必然的に反キリスト教的であるということになり……現代はキリスト教が公的制度になるかどうかのこのような危機の中にある」[105]からである。公的制度となることにより国民大教会は客観的制度として国家性の公的領域に取り込まれ、その秩序は強制権力により規定される。公的制度となることにより、教会は自己の内部秩序を自由に形成する機会を奪われる。信教の自由は個人の自由であり、国家教会法の強制秩序とは厳しく対立する。信仰は個人の心の中にあるのではなく、公的なものとして、制度による保障を必要不可欠としている。国家が阻止しえない世俗化に対する絶望的な退却戦は何の成果ももたらさず、それどころか、国家教会法を「精神的闘争権」（M. ヘッケル）として黙示録的に高めることは、むしろ、制度と人格の分離を促進し、信教の自由をその逆のものに狭め、まさに世界観的に中立な立憲国家において教会に開かれていた自由を享受する機会を自ら失わしめた[106]。

---

102) Der christliche Staat (aaO Fn. 32), S. 38, 81 f.
103) (AaO Fn. 102), S. 80 （イギリスにおける「カトリックと反対者」のために）.
104) (AaO Fn. 102), S. 44 f.
105) (AaO Fn. 102), S. 84 f.
106) この点について、深く検討したものとして、*M. Heckel*, (aaO Fn. 77), S. 811 ff. がある。

Ⅳ. ブンゼンに反対する

シュタールのこの立場はブンゼンとの論争において典型的な形で示されている。シュタールは1855年に——国王臨席のもと——「キリスト教的寛容について」と題する講演を行った[107]。学識があり，もっとも，外交官としての才能は必ずしも十分とは言えなかったが，外交官であり[108]，フリードリッヒ・ヴィルヘルム4世の最も親しい友人の1人であったブンゼンは，エルンスト・モリッツ・アーント (Ernst Moritz Arndt)[36] に宛てて書かれ，後に多くの人に読まれた『時代の特徴 (Zeichen der Zeit)』においてシュタールを批判した[109]。これに対してシュタールは，1856年に『ブンゼンに反対する (Wider Bunsen)』[110] により反論した。

---

107) なお，この講演は同じ年に出版された。
108) クリスチャン・カール・ヨシアス・ブンゼン (Christian Carl Josias Bunsen)（1857年以降は男爵として，ブンゼン卿）（1791年–1860年）は，学業を終えたのちに，ニーブール (Niebuhr) の推薦により，1824年に，彼の後任としてプロイセン代表に任命されバチカンに赴任した。「ケルン騒動」の際の不手際が1838年の解任へと導いた。1839年，彼はベルン公使となり—新国王の即位後—1842年にはロンドン公使となった。この地において彼はすでに1841年以前に，国王の年来の望み，すなわち，エルサレムにおけるイギリス・プロイセン司教区の設立（1886年まで），を実現することに成功していた。しかし，彼は，ここでも，外交官としてはさほどの成果を残せなかったが，とりわけ，シュレシュヴィッヒ・ホルシュタイン問題においてそうである。1854年に，彼は1853年の東方危機をめぐり政府と対立し辞職した。彼の多彩な学問的業績は彼に非常な栄誉をもたらしたが，その一つがプロイセン王立アカデミーの会員となったことである。シュタールとの対立は—両者とも個人的にも傷ついたが—悲劇をもたらさずにはいなかった。というのも，シュタールは，ブンゼン及びシェリングの骨折りによりベルリン大学に招聘されたからである。ブンゼンについては，E. Geldbach, Theol. Realenz. Bd. 7, 1981, S. 415 f. 参照。
109) 1855年。この本はその後も読み続けられ第3版まで版を重ねた。実際には，同書はシュタールだけではなく，保守的福音主義神学者ヘングステンベルクや超終末主義論者とされたカソリックのケッテラー (Ketteler) 司教も批判されていた。
110) シュタールとブンゼンの論争についての最近の文献として，H. Hattenhauer,

論争の核心は，国家により承認されている教会以外の宗教的ないし世界観的共同体に対する寛容の問題であった。一見したところ枝葉末節にかかわるに過ぎないと思われるこの問題は，シュタールの国家政策及び教会政策への含意のゆえにシュタール理論の急所を捉える問題であり，教会概念だけではなくキリスト教的国家自体の成否も左右する。

1. 社団かヒエラルヒーか

イギリスでの経験に影響されたブンゼンにとって，2つある「時代の特徴」のうちの1つである「社団精神」はもう1つの特徴である「ヒエラルヒー」により常に危険にさらされていると思われた[111]。社団精神すなわちそれは国家，教会及び社会における市民の自発性，自治及び自己責任である。国家においては，この様なことを革命主義者の憎しみの的であった君主制原理と調和させることは困難であったが，宗教においては，シュタールの教会概念の根底を捉えた。ブンゼンは，自由な市町村教会すなわち地域共同体に根ざして下から上へと構成される民主的な教会組織を支持し，ルター派の「精神性教会」[112]を神学上の邪道として非難し，精神的な職の正当性の根拠を市町村の一般聖職者の意思に求め[113]，あらゆる形態の国家教会制と闘った。むろん彼も国家の世俗化を

Stahl und Bunsen, in : E. Geldbach (Hg.), Der gelehrte Diplomat-Zum Wirken C. C. J. Bunsens, 1980, S. 84 ff. (同書の 96 頁の注 16) に同時代の文献が列記されている); E. Geldbach, Ein „gelehrter,geistreicher Franzose" zum Streit zwischen Stahl und Bunsen, in : H.-R. Ruppel (Hg.), Universeller Geist und guter Europäer-C. C. J. v. Bunsen 1791-1860, 1991, S. 189 ff.

111) Die Ziechen der Zeit (aaO Fn. 109), 1. Bd. S. 23 ff.
112) Verfassung der Kirche der Zukunft, 1815, S. 87. その際ブンゼンは，地区教会から自由教会的団体の設立への移行を念頭に置いていたわけでは決してない。地区教会を彼は改革しようとした，つまり，自由な団体からのみ得ることができる新しい力を地区教会に導入しようとしたのである（aaO S. 318 f.; Zeichen der Zeit-aaO Fn. 109-, 2. Bd., S. 106 f. さらに 252 頁も参照。そこで彼は，教会の内部組織について「教会同盟」という言葉を使っている）。その限りにおいて，Hattenhauer, (aaO Fn. 110), S. 86, 97 は誤りである。
113) Die Verfassung der Kirche der Zukunft (aaO Fn. 112), 1815, S. 87, 112 ff.

求めたわけではなく——ヘーゲルにならったものだが——「人類の倫理的生活の最高の表現物」であるキリスト教的国家を求めたのではあるが。それゆえ，国家は「神により設けられた，救済された人間の体（団体）の一部と認められることによって」[114] キリスト教的になる。しかし，それは彼にとって国家教会ではなく「国民教会」[115] でなければならなかった。すなわち，「これにより，我々にとって，国家の市民的組織と教会的組織それゆえ諸身分と諸教会会議は，完全に分離されることにより最もよく両者の一体性が保たれる国民生活という同じ源流から流れる2つの川のようなものでなければならないこともまたあきらかである」[116]。それゆえ彼にとって「カルビン主義に由来する自由な自治体組織と教会会議組織」[117] は市民的立憲主義運動とパラレルなものであり，それを実現することが第一ランクの政治課題となった。

2. 国民主権と教会

教会への民主主義の侵入は，シュタールに真理性という問題を突き付けた。彼にとって，教会もまた倫理の王国でありかつ営造物でもあった[118]。たしかに，神の共同体はキリストの支配の下にある。しかし，この経験は個人の信仰心に根ざすものであるため，キリスト教も衰退する危険がある[119]。そこで，神は「外的世界のための制度として」教会を設けられた[120]。教会は，「神の恩寵としての営造物」として，「所与の物的力」として[121]，神と人類の間に送り込まれ，キリストがお示しになった諸制度におけるキリストによる支配の「有機

---

114) （AaO Fn. 113), S. 89 ff.
115) （AaO Fn. 113), S. 100.
116) （AaO Fn. 113), S. 106.
117) Zeichen der Zeit (aaO Fn. 109), 2. Bd., S. 24.
118) Rechtsphilosophie (aaO Fn. 20), II 1, S. 197 f.
119) （AaO Fn. 118), II 2, S. 149. Kirchenverfassung (aaO Fn. 21), S. 46 ff. シュタールの教会概念について詳しくは，Link, Grundlagen (aaO Fn. 1), S. 73 ff. m. Nachw. 参照。
120) Rechtsphilosophie (aaO Fn. 20), II 2, S. 149.
121) Die Lutherische Kirche und die Union, 1859, S. 57.

体的側面」を根拠づける。その際，教会の聖職者に，神と一般人を媒介する職として中心的地位が与えられる。これは，個人的に神との関係をもつためすべての信者が聖職者であるという総聖職者制とは根本的に異なる考えである[122]。教会を個人的な神との関係により根拠づけることは，シュタールにとって「革命という民主主義的誤謬」に等しい[123]。教会組織の主体である聖職者が教会の法的管理運営も行うということは，——この点はブンゼンの「精神性教会」の場合も同じであるが——シュタールにとって神によって設けられた団体の「飼牧職」である以上，概念必然的なことであった[124]。シュタールはこれらすべてのことを「正当性の原理」[125]と呼び，これは教会においても妥当性を有しなければならないと主張したが，このことは当時の時代的背景以上のことを示している。すなわち，共同体の改革原理を「原子論的」で「機械論的」にしか理解しようとせず，教会にも国民主権原理を貫徹しようとする民主主義的諸傾向を阻止することである。

3. 真の寛容

その際シュタールは，国家と教会を結合した制度を創ることを求めたのではない。教会の管理運営は，彼にとって，福音主義の上級教会会議の構成員の職つまり教会の職であり国家の職ではない。しかしキリスト教的国家は，それでもやはり，教会を自己の強制手段によって保護しなければならない。寛容とは，彼にとって，個人の信教の自由の保障のみを意味するのであり，信者たちの組織的活動は，それが教会を危険にさらす限り，保護されない[126]。たしか

---

122) Kirchenverfassung (aaO Fn.21), S. 95.
123) (AaO Fn. 122), S 99.
124) (AaO Fn. 122), S 122, 150, 158 f.; Lutherische Kirche und Union (aaO Fn. 121), S. 278 f.
125) Kirchenverfassung (aaO Fn.21), S. 253.
126) Wider Bunsen, S. 71:「したがって，我々が欲しているのは公的な宗教秩序のもとにありかつそれと併存する個人の宗教的意見の自由であるが，ブンゼンはあらゆる公的な宗教秩序を宗教についての単なる個人的な意見に解消しようとしている」。

に,「宗教的社団」は認めるべきであるが,しかし,「セクト」に「公式の認可」(法的な保障,社団の諸権利)は保障されない[127]。とりわけ,「公的教会と併存する宗教団体の設立はすべて――官庁の審査に服する」[128]。「決定論的で無神論的な物質主義は容認されえないし,ましてや,これに基づく子供の教育などなおさらである」[129]。シュタールは,ブンゼンが彼の見解を批判して新たな魔女狩りの火刑台の薪が燃えるのが今から見えるようだと述べたこと[130]に対して,自分が求めているのは国家の刑罰権の投入ではなく,警察的規制権限の行使であると正当にも反駁した。彼が制限しようとしたのは宗教の自由ではなく,宗教の平等である[131]。それでもやはり,権威主義的な国民教会制度が自由の防波堤となっている。

シュタールに対して,彼は「民主主義的な」共同体の諸権利に対して教会の信仰という限界を設けた,また,彼は世俗の自由主義的な自由を教会に導入することを阻止しようとしたと批判することはできない。その限りにおいて,二人の激しい論争の勝敗を明確に判定することは決してできない[132]。しかし,それにもかかわらずシュタールが国家の警察権に頼ったということは「時代の諸特徴」に対して単に防御するだけの立場であった彼の理論の内的弱点を示している。

「公的教会はセクトの組織的プロパガンダから保護されなければならない」(72頁)。「というのも,他の教会制度に対する攻撃,干渉はおそらく良心にもとづく行為でありうるが,しかし,それは良心の自由として正当化できるものではない」(95頁)。

127) (AaO Fn. 126), S. 72.
128) (AaO Fn. 126), S. 71.
129) (AaO Fn. 126), S. 68.
130) (AaO Fn. 126), S. 67 f. Bunsen, Zeichen der Zeit (aaO Fn. 109), Bd. 2, S. 77 ff. に対する反論。
131) Wider Bunsen, S. 76, それは,「教会の分野における自由と平等」を意味する。
132) しかし, Hattenhauer, (aaO Fn. 110), S. 100 f. は以下のように述べている。「シュタールがブンゼンに打ち勝ったことにより生じた同時代及び後世への損害がどの程度のものかを量ることはだれにもできない。……我々が民主的意識を平穏のうちに育てて修得することが決してできなかったということの原因の1つは1855年の出来事にもある」。

V. 後世へのシュタールの影響

　150年以上たってもシュタールについて途切れることなく関心が持たれているということは、『現代における国家と教会の諸政党（Die gegenwärtigen Parteien in Staat und Kirche）』が現在でも古びてはいないということのある程度の証明になるかもしれない。シュタールの著書は——このことは彼の『法哲学』にさえあてはまるのであるが——その核心においては闘争文書であった。彼の業績が現代においても対極的に評価されるということは、闘争の前線が——旗はさまざまに替わったが——本質的にはそれほど移動してはいないということの証拠であるかもしれない。

　一定の恒数を形成しているのは、一方では、自由主義的批判及び社会主義的批判である。まず、そのような批判は自由主義者においてしばしば反ユダヤ主義の悪意に満ちた批判と結びついて行われ、1933年にはじめて他方と交代した。その批判とは、洗礼を受けた成り上り者がユダヤ人による神権政治を樹立しようとしている、彼は自己の教会論や国家論を宗教的狂信主義により基礎づけている、反動勢力に奉仕するキリスト教的で疑似自然法的非合理主義的理論、などというものであった。また、彼はプロイセンのユンカー制度の弁護人となり、市民的な立憲主義活動の獲得物や目標に反対して現実の権力関係を擁護したとの批判もあった[133]。

　マルクスも、シュタールを、プロイセンの教育施設から啓蒙精神を追放した不明なる者の一人に数えている[134]。さらに痛烈な評価を下しているのは後の時代の社会主義者たちである。すなわち、シュタールは支配的権力層に労働者階級を抑圧するための理論的武器を提供し、この武器を、神は「重要な政治問題について東部の大土地所有者層と見解を同じくしている」（アントン・メン

---

133) この様な評価の証拠として、グナイスト（Gneist）、ブルンチュリ（Bluntschli）、ベール（Bähr）等々、詳しくは、H. J. Wiegand, (aaO Fn.1), S.3 ff., 45 ff. 参照。
134) Marx-Engels Werke, 1963 ff., Bd. 12, S. 685; Nabrings, (aaO Fn.1), S. 28 参照。

ガー (Anton Menger))[135]とでもいうように神学的に飾り立てた。より粗雑で，あまり機知に富んでいるとはいえない批判をドイツ民主共和国のある1人の著者の著作で読むことができる。それによれば，シュタールは自己の理論を「最暗黒の中世」から取ってきて，国民に対して教会と国家を「刑吏」として対峙させた[136]。

　法実証主義はシュタールの業績を手掛かりとしてあらたな理論を形成することはできなかったが，1919年の大変革により彼の業績が再評価されるようになった。ルドルフ・スメンド (Rudolf Smend)[37]はシュタールの倫理の王国を自己の統合理論の身元保証人とし[137]，カール・シュミットは神学と国家論の共通性をシュタールに学んだ[138]。他方ヘルマン・ヘラー (Hermann Heller)[38]は，もちろん具体的な点まで一致しているわけではないが，現実化された法秩序としての国家理解をシュタールのそれを模範として形成した[139]。シュタールは，ここでも，自由主義者や社会主義者の場合と同じく保守主義者によってもドイツ国家論の反民主主義的伝統の中に位置づけられていたのであるが，それにもかかわらず[140]，1933年以降は，「異民族的精神」の代表的人物，ドイツ法学から排除されるべき「新ユダヤ主義的で法学教授的なユダヤ教聖職者」（ハンス・フランク (Hans Frank)）とみなされた。ドイツ精神へのユダヤ精神の「寄生的関係」は，「神聖な悪魔払いの儀式」によってのみ清算することができ

---

135) Neue Staatslehre, 1903, S. 57 ff. 神の立法意思に関する「保守主義者の解釈独占」についての現在でも最も適切な文献として，P. Kondylis, Konservativismus, 1986, S. 225参照。

136) W. Sellnow, Gesellschaft-Staat-Recht, 1963, S. 173 ff.

137) Verfassung und Verfassungsrecht (1928), 現在は，ders., Staatsrechtliche Abhandlungen und andere Aufsatze, 1955, S.119 ff. (183, 210) 所収。

138) Politische Theologie, 1. Aufl. 1922, S. 45. この点について，他の典拠も含めて H. J. Wiegand, (aaO F. 1), S. 19, 76参照。

139) Das Souveränität (1927), 現在は，ders., Gesammelte Schriften, 1971, Bd. 2, S. 31 ff. (104); dens., Staat (1931), ebda. Bd. 3, S. 3 ff. (6) も参照。

140) Carl Schmitt, Positionen und Begriffe im Kampf mit Weimar-Genf-Versailles 1923–1939, 1940 (Neudr.1988), S. 293.

る（カール・シュミット）[141]。

　シュタールの業績が両極端の評価を受けるということは，第二次世界大戦後も続いている。彼は，再び，プロイセンのユンカー層のそれのような権力国家のイデオローグ，ドイツの破滅への道を用意した者とみなされたが[142]，他方では，価値に結びつけられた国家及び法秩序の重要な証人とみなす者もいる。そのような見方では彼はキリスト教民主同盟の先祖の系図の中に位置づけられた[143]。しかし，多くの保守主義者は，シュタールについてきわめて粗雑な知識しか持っていないにもかかわらず，彼を引き合いに出したり，彼と自己の立場を区別したりしているにすぎないということがすぐに露見する。

　シュタールについて非常に多様な評価がなされているが，いずれも彼の影響を過大に評価しているという点では共通している。彼は，プロイセン官憲国家やビスマルク時代の国家思想の代表的人物では決してない。せいぜいのところ，ビスマルクはシュタールの理論のごく一部を用いたにすぎない。革命後のフリードリッヒ・ヴィルヘルム4世の治世を彼の理論が代表していたということは，一定程度の正当性を持っているということができるが，しかし，それも

---

141) *Wiegand*, (aaO Fn.1), S. 22 f., 81 f. により引用されている。1936年10月3日と4日のNSRBの大学教授の帝国グループの会議における発言。Das Judentum in der deutschen Rechtswissenschaft, H. 1: Die deutsche Rechtswissenschaft im Kampf gegen den judishen Geist, S. 7 ff. (Frank); 14 ff. (15), 28 (30 ff.) –Schmitt; シュミットとシュタールの関係について―心理学的分析に重点が置かれているが―*N. Sombart*, Die deutschen Männer und ihre Feinde, 1991, S. 65, 228 f., 235 ff., 278–Heckelの論説(aaO Fn. 2) は，批判すべき点は多々あるが，シュタールの国家法思想，教会法思想についての鋭い分析を含んでいる。

142) すでに，*Marcuse*, Reason and Revolution (1941, 独訳本 1972), S. 318. まったく別の立場からの同様の評価として，*E. Topitsch*, Die Sozialphilosophi Hegels als Heilslehre und Herrschaftsideologie, 1967, S.63ff. ―さらに，*H. J. Wiegand*, (aaO Fn.1), S. 25, 83 f. の注記文献も参照。

143) *H. -J. Schoeps*, Das andere Preußen (aaO Fn.1), S. 128 ff.; *K. Buchheim*, Die Partei Gerlach–Stahl, in: FS L. Bergstraesser, 1954, S. 41 ff. (53 f.). 他の文献については，*H. J. Wiegand*, (aaO Fn.1), S. 25 ff. 参照。

無条件にではない。シュタールの「悲劇的な防衛」[144] は彼の人生の終わりにはすでにほとんど失敗に終わり，彼は政治的，宗教的挫折により苦い思いを味わっていた。

それゆえに，むしろ重要なのは，シュタールを「歴史の中に位置づけて理解する」[145] こと，つまり，彼を彼の時代の政治的，社会的紛争との関連において理解し，彼を公平に評価することである。革命に対する戦い，背教と民主主義の恣意に対する戦い，教会における信仰と国家における自由を保障した制度のための戦い，制度的，法的に拘束された君主制の神の法のための戦い，これらすべては，シュタールが自己と最も深く結びつけられていると考えていた伝統的価値秩序の本質にかかわる攻撃に対する反応であった。キリスト教的要素とユダヤ教的要素が独特の仕方で結合した彼の信仰は，しばしば主張されたような政治的お飾りではなく，彼の人格の核であった。それゆえ，キリスト教的関心と政治的関心は教会における「革命的」潮流に対する防御のためにのみ組み合わされたのではない。彼の教会組織論は——もっとも一方の関心が際立って高いのであるが——，改革の基本思想の擁護に努めることにより，今日に至っても現実性を失っていない。

彼の国家論及び法理論は，過去の歴史の具体的刻印と要求の一部である。「政治的教授」として，彼は，当時の1つの党派の意見を代表的する人物，象徴する人物であった。しかし，彼の重要性は法哲学及び国家哲学を改革派のキリスト教という基盤に根拠づけたという点において現在でも変わっていない。核心においてそれは，歴史法学派とキリスト教的で制度的な法思想を結合するという一風変わった試みである [146]。トライチュケ (*Treitschke*)[39] にとって，シュタールはユダヤ系の思想家の中で唯一の偉大な政治的頭脳を持った人

---

144) Masur, (aaO Fn. 1), S. 166.
145) このことは，グロッサー (*Grosser*) による評価 (aaO Fn. 1) の出発点でもある。*E. W. Böckenförde*, Gesetz und gesetzgebende Gewalt von den Anfängen der deutschen Staatslehre bis zur Höhe des staatsrechtlichen Positivismus, 1957, S. 1699 ff. も参照。
146) 同様に，*Hollerbach*, (aaO Fn.1), Sp. 245.

物であった[147]し，グスタフ・ラートブルフ（Gustav Radbruch）[40]にとっては「最後の重要な法哲学者」[148]であった。根本的に異なる立場に立つ場合，このような評価は大げさすぎると思うかもしれない。しかし，法哲学者として彼は，ユダヤ人らしい体系的厳密性によりルター派のキリスト教を把握しようとした著作によって，キリスト教的国家思想の歴史において独自の地位を占めている。この点において，彼の理論は現在に至るまで唯一無二である。

フリードリッヒ・ユリウス・シュタールの著作（抜粋）

Die Philosophie des Rechts, 1. Bd.: Geschichte der Rechtsphilosophie; 2. Band in 2 Abteilungen: Rechts-und Staatslehre auf der Grundlage christlicher Weltanschauung (1830-1837); zuletzt 5. Aufl. Tübingen 1878, Neudr. Darmstadt 1963;第2巻第1部の第2版の抜粋を単行本として出版したものとして，Fundamente einer christlichen Philosophie, Heidelberg, 1846.

Die Kirchenverfassung nach Lehre und Recht der Protestanten, (1840), 2. Aufl. Erlangen 1862 (Neudr. Frankfurt/M. 1965).

Das Monarchische Princip. Eine staatsrechtlich-politische Abhandlung, Heidelberg 1845.

Der christliche Staat und sein Verhältnis zu Deisumus und Judentum, Berlin 1847.

Rechtswissenschaft oder Volksbewustsein? Eine Beleuchtung des von Herrn Staatsanwalt von Kirchmann gehaltenen Vortrags:Die Wertlosigkeit der Jurispurudenz als Wissenschaft, Berlin 1848, wiederabgedr. in: H. Klenner (Hg.), J. H. V. Kirchmann, Die Wertlosigkeit der Jurisprudenz als Wissenschaft, Freiburg-Berlin 1990, S. 47-77.

Die Revolution und die konstitutionelle Monarchie, (1848) 2. Aufl. Berlin 1849.

Reden von Stahl aus den Verhandlungen der preußischen Ersten Kammer und des Volkshauses des Deutschen Unions-Parlaments 1849 und 1850, Berlin 1850.

Der Protestantismus als politisches Prinzip, (1853) 2. Aufl. Berlin 1853 (Neudr.Aalen 1970).

Über christliche Toleranz, Berlin 1855.

Parlamentarische Reden, hg. und mit einleitenden Bemerkungen versehen von J. P. M. Treuherz, Berlin 1855.

Wider Bunsen, Berlin 1856.

---

147) Deutshe Geschichte im 19. Jahrhundert, Neuausgabe 1928, Bd. 5, S. 407.

148) Einführung in die Rechtswissenschaft, 1.Aufl.1910,現在は，ders.Gesamtausgabe, hrsg. von A. Kaufmann, Bd. 1, S. 91 ff. (104).

Die lutherische Kirche und die Union-Eine wissenschaftliche Erörterung der Zeitfrage, (1859), 2. Aufl. Berlin 1860.

Siebzehn parlamentarische Reden und drei Vortrage-Nach letztwilliger Bestimmung geordnet und herausgegeben v. Hertz, Berlin 1862.

Die gegenwärtigen Parteien in Staat und Kirche-Neunundzwanzig akademische Vorlesungen, (1863), 2. Aufl. Berlin 1868.

フリードリッヒ・ユリウス・シュタールに関する文献

G. Masur, Friedrich Julius Stahl.Geschichte seines Lebens-Aufstieg und Entfaltung 1802-1840, Berlin 1930.

O. Volz, Christentum und Positivisumus. Die Grundlagen der Rechts-und Staatsauffassung Friedrich Julius Stahls, 1951.

D. Grosser, Grundlagen und Struktur der Staatslehre Friedrich Julius Stahls, 1963.

H. J. Wiegand,Das Vermächtnis Friedrich Julius Stahls.Ein Beitrag zur Geschichte des konservativen Ordnungsdenkens, 1980.

Chr. Wiegand, Über Friedrich Julius Stahl (1801-1862) -Recht, Staat, Kirche, 1981.

A. Nabrings, Friedrich Julius Stahl-Rechtsphilosophie und Kirchenpolitik, 1983.

W. Füßl, Professor in der Politik: Friedrich Julius Stahl (1802-1861) -Das monarchische Prinzip und seine Umsetzung in die parlamentarische Praxis, 1988.

他の文献については注1参照。

〔1〕 *Christoph Link* (1933年～)。ウィーン,ザルズブルク,ゲッチンゲン,エアランゲン・ニュルンベルク各大学の正教授として憲法,行政法,教会法などを担当,専門は憲法,教会法,憲法史,政治思想史。Zeitschrift für evangelisches Kirchenrecht の共同編集者の1人。主著として,Herrschaftordnung und bürgerliche Freiheit.Grenzen der Staatsgewalt in der älteren deutschen Staatslehre, Wien, Köln, Granz 1979, Zugleich Habil. Schrift. Univ. München などがある。

〔2〕 ドイツ中部,マイン河畔の大学都市。

〔3〕 バイエルン王国の政治家マクシミリアン・フォン・モンジュラ(モンジュラ伯爵マクシミリアン・ヨーゼフ)(*Maximilian Carl Joseph Franz de Paula Hieronymus Graf von Montgela*:1759年-1838年)の啓蒙主義的改革の一環として制定された勅令。登録簿に登録されたユダヤ人にのみ居住を認め王国内のユダヤ人の増加を厳しく抑制しようとした半面,登録されたユダヤ人には,一定の範囲で,土地所有,信教の自由,公教育の平等などを認めた。そのためこの勅令はバイエルン王国のユダヤ人の同化 (Assimilation) の里程標と評価されている。

〔4〕 現在はヴュルツブルグ市南部の，マイン川左岸の市区（Stadtteil）。ヴュルツブルグを1565年に追放されたユダヤ人が定住し，その後ユダヤ人ゲマインデの重要な宗教的中心地の1つとなった。

〔5〕 *Friedrich Immanuel Niethammer*（1766年–1848年）。イエナ大学においてカント哲学を研究し，1794年以降同大学において哲学を講義するとともに，1797年以降はフィヒテとともにPhilosophische Journalの編集者を務める。また，信仰覚醒主義神学すなわち合理主義による理性の過度の重視を批判し信心深さの復興を目指した18世紀，19世紀の保守的神学の神学者として1804年までイエナ大学員外教授（神学）としても活動。その後1804年，ヴュルツブルク大学に移籍，1806年，フランケンの新教上級学校特別委員（protestantischer Oberschulkommisar）に就任。1807年以降，新教委員会バイエルン中央教育委員（bayerischer Zentralschulrat für protestantische Kommission）として新人文主義（訳注〔8〕参照）にもとづき教育制度を改革。

〔6〕 *Friedrich Heinrich Jacobi*（1743年–1819年）。ドイツの哲学者，法律家，商人，文筆家。

〔7〕 *Friedrich Wilhelm von Thiersch*（1784年–1860年）。「ババリアの師伝」，「人文主義教育の父」と呼ばれたドイツの文献学者。1809年ミュンヘンのヴィルヘルムギムナジウム教授，1811年ギムナジウム上級課程教授。1826年以降，ランズフートの大学のミュンヘン移転に伴いミュンヘン大学正教授。1814年以降バイエルン学術会議会員，1848年同会議議長。1831年から32年までのギリシャ滞在をきっかけとして，ギリシャ独立運動支持者となり，その後ギリシャ革命を正当化する論稿を多数執筆。

〔8〕 新人文主義とは1750年代以降のドイツにおける古代ギリシャ・ローマ文芸再評価運動であり，教育においてはギリシャ語，ラテン語，古代ギリシャ，ローマの文芸特にキケロの諸著作を重視し，それらの学習を通じた人間形成を目指した。しかし，この理念にもとづく教育には，現実の社会生活に役立つ実践的知識，技術の修得に不向きという問題もあった。ドイツの古典文献学者，考古学者Friedrich August Wolf（1759年–1824年）は新人文主義の理念を，「実践的目的と無関係に純粋に人格形成を促進し，あらゆる精神的，感情的能力を向上させることにより精神と肉体の美しい調和をもたらすこと」とまとめている。

〔9〕 *Ernst Landsberg*（1860年–1927年）。ドイツの法史学者。ボン大学正教授。

〔10〕 1815年以降ドイツ各地で結成された学生同盟による自由主義的，民族主義的活動を抑圧するために，メッテルニヒ（オーストリーの外相のちに宰相。1773年–1859年）の主導により1819年にカールスバード（現在のチェコのカルロヴィ・ヴァリ）で開催されたドイツ連邦会議で採択された決議。学生の秘密結社の禁止，検閲制の採用などが決定された。

〔11〕 *Friedrich Wilhelm Joseph Schelling*（1775年–1854年）。ドイツ観念論哲学の

代表的哲学者。

〔12〕 *Karl von Abel*（1788年-1859年）。バイエルンの政治家。内務大臣などを歴任。
〔13〕 *Hans Daniel Ludwig Friedrich Hassenpflug*（1794年-1862年）。19世紀ドイツの政治家。新教の神秘主義的敬虔主義及びロマン主義的，有機体的国家理解・法理解にもとづき反革命，正統派の立場をとった。彼の政治思想にシュタールの理論が大きな影響を与えたとされる。原注25）も参照。
〔14〕 *Eduard Gans*（1797年-1839年）。彼については，本書63頁（川並美砂訳）参照。
〔15〕 *Friedrich Wilhelms* IV（1795年-1861年）。プロイセン国王。
〔16〕 *Karl Sigmund Franz Freiherr vom Stein zum Altenstein*（1770年-1840年）。プロイセンの政治家。フリードリッヒ・ヴィルヘルム3世とともにプロイセン福音主義教会創設。文化大臣として，新人文主義の立場からプロイセン教育制度を改革。「人文主義ギムナジウム」(humanistische Gimnasium) は彼に由来するとされる。
〔17〕 *Friedrich Carl von Savigny*（1779年-1861年）。ドイツの法学者，国王法律顧問。歴史法学派の創始者，近代私法の基礎を築いた法学者。
〔18〕 *Christian Karl Josias von Bunsen*（1791年-1860年）。プロイセンの外交官。詳しくは原注108）参照。
〔19〕 *Ernst Wilhelm Theodor Hengstenberg*（1802年-1869年）。ドイツの新教の神学者。信仰覚醒主義神学の主唱者の一人。1827年に合理主義に反対して福音主義教会雑誌（Evangelische Kirchenzeitung）創刊。
〔20〕 *Ludwig Friedrich Leopold von Grelach*（1790年-1861年）。プロイセンの将軍。保守派の政治家。フリードリッヒ・ヴィルヘルム4世の侍従武官長などを務める。*Ernst Ludwig von Gerlach*（1795年-1877年）。プロイセンの超保守派の指導者。キリスト教的でゲルマン的国家の再興を目的とするヴィルヘルム通りクラブの会員，「Polotische Wochenblatte」のメンバー。枢密上席法律顧問，枢密院及び立法委員会の一員，マグレンブルク上級ラント及び控訴裁判所長官（Chefpräsident）も務めた。1849年に「Neue Preußen Zeitung」（題字の頁の十字架にちなみ十字新聞と呼ばれた）を創刊し君主制的，封建的立場から評論を執筆。また，同年以降プロイセン貴族院議員として，反立憲主義，中世貴族特権の回復を唱えて保守党の指導者として活動。
〔21〕 *Jacob Ludwig Karl Grimm*（1786年-1863年），ドイツの言語学者，文献学者及び歴史法学派の法学者。ドイツの言語学，考古学の創始者とされる。「ゲッチンゲンの7教授」の中心メンバーの一人。*Wilhelm Carl Grimm*（1786年-1859年），ドイツの言語学者，文献学者，童話・民話収集家。「ゲッチンゲンの7教授」の一人。
〔22〕 *Karl Ludwig von Haller*（1768年-1854年），スイスの国法学者，政治家，政治評論家，国民経済学者。

〔23〕訳注〔20〕参照。
〔24〕*Carl Schmitt*（1888年–1985年）。ドイツの国法学者，政治学者。ボン大学，ケルン大学教授などを歴任。ナチ政権下の1933年から1945年までベルリン大学正教授。
〔25〕*Otto Eduard Leopold von Bismarck-Schönhausen*（1815年–1898年）。ドイツの政治家。1862年–1890年プロイセン首相，1867年–1871年北ドイツ同盟首相，1871年–1890年ドイツ帝国初代首相。
〔26〕オーストリーを含めた統一国家の形成を主張する立場。これに対して，これを含めない立場が小ドイツ主義。1848年のフランクフルト国民議会では当初は大ドイツ主義が優勢であったが多民族国家であるオーストリーが反対したため，プロイセン主導による小ドイツ主義による統一が目指された。しかし，プロイセン国王は議会主導の自由主義的統一国家の形成を嫌い議会との協力を拒否したため，結局挫折した。
〔27〕フランクフルト国民議会の挫折後の1849年に，「上からの」統一を目指してプロイセンが主導してザクセン王国，ハノーファー王国と形成された国家連合。オーストリーの圧力により1年ほどで解消された。
〔28〕エアフルト連合の議会。国民代表により形成される国民院（Volkshaus）と連合加盟国代表により構成される国家院（Staatennhaus）の二院があった。1850年3月20日から同年4月29日までエアフルトにおいて開催され，小ドイツ主義にもとづく統一国家の憲法案が審議された。
〔29〕*Wilhelm* I（1797年–1888年）。フリードリッヒ・ヴィルヘルム3世の二男。1858年に兄であるフリードリッヒ・ヴィルヘルム4世の摂政となり，61年にプロイセン国王，その後，ドイツ帝国皇帝となる。
〔30〕神の啓示を理性適合的に解釈する立場。超自然主義や神秘主義に対立する。合理主義の諸原理を適用して理性の検証に耐えた啓示の完結した体系を示そうとする立場から啓示を否定する立場まである。
〔31〕*Friedrich Wilhelm* III（1770年–1840年）。プロイセン国王。フライヘルン・フォン・シュタイン（*Hairich Friedrich Karl Reichsfreiherr vom und zum Freiherrn vom Stein*）（1757年–1831年），カール・アウグスト・フォン・ハルデンベルク（*Karl August Freiherr von Hardenberg*）（1750年–1822年）らを登用し農奴解放などを行いプロイセンの近代化に努めた。
〔32〕1817年9月27日，フリードリッヒ・ヴィルヘルム3世は，宗派を統一し「合同教会」（unierten Kirche）をつくるために，ルター派のゲマインデと改革派のゲマインデの「同盟」を呼びかけた。
〔33〕ルター派における19世紀の神学の一潮流。聖書と告白録を重視する。シュタールやゲルラッハ兄弟は，この潮流のベルリンにおける代表的主張者。信仰覚醒主義

神学に起源を有するがカルバン派との合同に反対する点でこれと一線を画する。新ルター主義では啓示は教義ではなく神の生き生きとした作用とされる。また，神の啓示を正しく理解するため，聖書だけでなく，告白録も重視し，教会の役割の重要性も認める。

〔34〕 19 世紀のドイツの神学の中で最も影響力のあった学派。自由主義的学派（左派）と実証主義的学派（右派）の中間に位置づけられる。ヘーゲルとシュライアーマッヒャーの影響を強く受け，学問知と信仰の宥和，架橋を図った。

〔35〕 *Moritz August von Bethmann-Hollweg*（1795 年 – 1877 年）。ドイツの法律家，政治家。ゲッチンゲン大学，ベルリン大学で学び，特にザヴィニーの強い影響を受ける。1823 年ベルリン大学正教授（民事訴訟法）。1817 年キリスト教の信仰に目覚め，アドルフ・フォン・タッデン・トリグラフ（Adolf von Thadden-Trieglaf, 1796 年 – 1886 年，プロイセンの保守派の政治家，ポメルンにおける新教の敬虔主義的信仰覚醒主義運動の中心人物）のキリスト教――ドイツ晩さん会クラブ（Tischgesellschaft）においてゲルラッハ兄弟や王太子と知り合う。1840 年，貴族に叙され，1845 年，枢密顧問官となる。1848 年にドイツ福音主義教会議会を設立し 72 年まで（一時期シュタールとともに）議長を務める。1850 年代には，ゲルラッハの「十字新聞党」とは異なり，立憲国家を否定せず，保守的政党である――自由主義的立憲国家の漸進的拡張などを主張する―「週刊新聞党」の党首として中道派を率いて活動。1849 年から 1855 年までプロイセン議会議員（衆議院のちに貴族院）。1858 年から 1862 年までプロイセン文化大臣。

〔36〕 *Ernst Moritz Arndt*（1769 年 – 1860 年）。ドイツの文筆家。フランクフルト国民議会議員。ナポレオンによるドイツ占領に対抗するための軍隊の動員に尽力した。「自由戦争」（1813 年から 1815 年のナポレオン戦争）期の最も影響力のあった抒情詩人とされる。しかし，彼についての評価は多様であり，民主主義者，ドイツの愛国者という評価もあれば民族主義者，反ユダヤ主義者という評価もある。

〔37〕 *Carl Friedrich Rudolf Smend*（1882 年 – 1975 年）。ドイツの国法学者，教会法学者。

〔38〕 *Hermann Heller*（1891 年 – 1933 年）。ドイツの国法学者。詳しくは本書 1149 頁（工藤達朗訳）参照。

〔39〕 *Heinrich Gotthardt von Treitschke*（1834 年 – 1896 年）。ドイツの歴史学者，政治評論家，帝国議会議員（1871 年 – 1884 年）。

〔40〕 *Gustav Radbruch*（1878 年 – 1949 年）。ドイツの刑法学者，法哲学者。ワイマール共和国議会議員（1920 年 – 1924 年），ワイマール共和国司法大臣（1921 年 – 1923 年）。

＊以上（　）は原注，〔　〕は訳注。訳注はドイツ語版ウィキペディアを参照して作

成した（適宜，同英語版，日本語版を参照した場合もある）。
＊シュタールの国家及び法理論についての我が国における文献として，とくに，玉井克哉「ドイツ法治国思想の歴史的構造」（一），（二），（三），（四），（五・完），国家学会雑誌103巻9・10号1頁，11・12号1頁，104巻1・2号1頁，5・6号1頁，7・8号1頁。

ガブリエル・リーサー*

ユダヤ人解放のための戦いから自由主義的なドイツ憲法への道のり**

ウイルフリード・フィードラー***
訳　森　　　勇

I

　1860年10月17日，ガブリエル・リーサーがハンブルクにある上級裁判所の裁判官に任命された。それ以降，ユダヤ教信者で，ドイツにおいてはじめて裁判官となった人物と呼ばれることとなったが，このとき彼は，感無量であった。というのは，約30年前の1829年，彼の生涯でかなり頻繁にみられたことではあるが，このハンブルクにおいて，市民権のないことを理由にその弁護士認可を拒絶されていたからであった[1]。当時，ユダヤ人には市民権は与えられていなかったが，しかしながら，市民権は，弁護士として認可を受ける要件と

---

　* *GABLIEL RIESSLER*（1806年-1863年）
　** Von Kampf für die Emanzipation der Juden zur freiheitlichen deutschen Verfassung
　*** Dr. *Wilfried Fiedler* : Professor an der Universität des Saarlandes
　　（ザールラント大学大学教授）

1)　*Feiner, Gabriel Rießer.* Leben und Wirken, 3. Aufl. 1911, S. 10; *Wippermann*, Riesser, Allgemeine Deutsche Biographie, Bd. 28, 1889, S. 586; *Lehmann, Gabriel Rießer,* ein Rechtsanwalt. 1881, S. 15; *Fiedlaender*, Das Leben des *Gabriel Rießers*, 1926. S. 30.

されていたのであった。

　ハンブルクでは最上級である裁判所の裁判官にいたるまでの道のりは，リーサーをして，あらたな職業をはじめる数多くのステップを踏ませることとなったが，この際，最後に達成した目標は，法学の学修を成功裏に終えた後にリーサーが抱くことを許されたイメージとは，そもそも大きくかけ離れていた。ハイデルベルクあるいはイエナ（Jena）で私講師になるという最初のプランは，ほかの場合と同じく，彼がそれを隠すことの一切なかったユダヤ教徒だということで頓挫した[2]。このとき彼は，少なくとも法律家としての実務を行い，そして弁護士として事務所を開こうと試みたが，これもまたうまくいかなかったが，これは，ガブリエル・リーサーをことさらに別格の人物にかぞえる理由ではない。というのは，彼は当時のほかの多くのユダヤ人と同じ運命をたどったに過ぎないからである。むしろ，ドイツにおけるユダヤ人の平等へのその倦むことを知らない取り組み，さまざまなレベルにおける彼のすばらしい法的弁護，そして，最後には，1848年にフランクフルトのパウルス教会（Paulskirche）で開かれた国民議会の代議士に選出された後に踏み出し，この政治の道を一貫して突き進んだことこそが，彼を格別な人物とするゆえんである。

　この歴史を刻み込んだ，そしてまたその功績を長く後世までおよぼした[3]彼の議会における働きは，リーサーという人物に計り知れない名声を与えることとなり，そしてこの名声は，19世紀をとおして維持されるとともに，20世紀にいたるまで続いたのであった[4]。1963年，ハンブルクで，リーサーの逝去100年を偲ぶ機会が持たれたが[5]，この時期になると，彼が，パウルス教会にお

2）　詳細は，*Lehmann*，(aaO Fn.1), S. 13 ff.

3）　Vgl. *Kühne*, Die Reichsverfassung der Paulskirche, 1985, S. 73ff.; *Fiedler*, Das Parlamentsalbum von 1849/50 und die Entwicklung des deutschen Parlamentarismus, ZParl 1985, S. 71 ff.

4）　Vgl. *Fiedler*, *Gabriel Riesser* – a Famous Jewish „Father" of the German Constitution of 1849, in: *Fiedler/Ress* (Hrsg.), Gedächtnisschrift für *Wilhelm Karl Geck*, 1989, S. 189 ff. 参照。vgl. auch *Koch* (Hrsg.), Die Frankfurter Nationalversammlung 1848/49, 1989, S. 338 f.

5）　Vgl. *Lüth*, *Gabriel Riesser*, 1806–1863, 1963; *Biermann-Ratjen* und *Schoeps*,

いて，副議長として，卓抜した憲法を知る法律家として，そしてまた，ウイルヘルム4世に対しドイツ皇帝につくことを提案すべく1849年3月30日に国民議会代議士の中から選ばれた，「皇帝への派遣団（Kaiserdeputation）」のメンバーとして，その時代の代表的な人物らと肩をならべ，どのような役割を果たしたのかを，一般の人々はもはや知ってはいなかった。

パウルス教会憲法が，今日適用をみている自由主義的憲法の基礎として（再）評価されているが，そうであるなら，ガブリエル・リーサーもまた，パウルス教会憲法がさまざまな理由から長きにわたっておかれていた日陰[6]から，表に出してやるべきである。そうしてはじめて，ユダヤ人の平等のために主導的・政治的に取り組んだこの闘士が，どれほどまでに後への影響が大きいパウルス教会憲法の起草に内容的にかかわったのかを，あらためて完璧にあきらかにできるであろう。このようにすることでまた，つぎのことをドキュメンテーションすることができると思われる。すなわちそれは，すでに1848年以前，ガブリエル・リーサーがその名声を博していた理由は，単に，かなり差別されていたマイノリティーの権利のために戦い，成功をおさめたことだけではない。それとならんで，特定の個別的利益のための取り組みではとても達成できない歴史的な偉業に，彼が主導的にかかわったこともまた，名声を博した理由であったということである。

ガブリエル・リーサーがなしとげたその生涯の功績を評価しようとするなら，彼の永続的な意義を構成している個々のエレメントを，個々別々に考察したのでは無理がある。というのは，ユダヤ人の権利のための倦むことを知らない取り組み，そしてまた，パウルス教会における憲法に秀でた法律家としての活躍，さらには，弁護士，公証人そして裁判官としての彼の活動のいずれも，それ自体は，リーサーがその死後もなおそれを享受することとなった，滅多にはみられない高い尊敬を集めた理由ではないからである。その理由はむしろ，

Gabriel Riesser und der Weg des deutschen Judentums. Vorträge und Aufsätze hrsg. vom Verein für Hamburgische Geschichte, Heft 11, 1963.

6)　Dazu allgemein *Fiedler,*（aaO Fn.3），S. 72 ff.

彼の人格の中で邂逅した，じつにさまざまな影響力とうやうやしさだったのである。

II

ガブリエル・リーサーは，1806年4月2日，アルトナ（Altona）のゲマインデ（Gemeinde・最小地方公共団体）書記ラッツァルス・ヤコブ（*Lazarus Jacob*）の5人の子の末子としてハンブルクで生まれた[7]。そして，すでにその出身の特殊性が，後の展開にとって有利となる諸前提を備えていたとするのは，確かに正鵠を得ている。というのは，ガブリエル・リーサーは，両親のいずれもが，古くからのユダヤ教の指導者であるラビの家庭の出であり，親の庇護のもと，彼は単に幅広い教育を受けたにとどまらず，父親から，ユダヤの教訓などを集大成したタルムード（Talmud）中の法にかかわる部分についての教えをも受けていたからである[8]。母方の祖父，ラファエル・コーン（*Raphael Cohn*）は，連合していたアルトナ，ハンブルク及びバンズベック（Bandsbeck）の3つのゲマインデのラビであり，さらには，デンマークのユダヤ人にとっての最高位の裁判官であるとともに，正統派ユダヤ教のスポークスマンでもあった[9]。これにたいし父は，バイエルンのリース（Ries）地方にあるオッティンゲン（Oettingen）とヴァレルシュタイン（Wallerstein）に居をかまえていたラビの家庭で，「リース」に地理的に近いことから，付加的な苗字として「リーサー」と名乗っていた[10]。

のちの彼の発展に関係したものとして真っ先にあげられるのは，ギムナジウム時代のすばらしい教育と，わけても大学在学時代の終わりまで続いた父親に

---

[7] これにたいして，*Wippermann*, (aaO Fn. 1) は，13人の子があり，*Riesser* はその末子だとしている。この説明は，文献上確認されていない。
[8] *Lehmann*, (aaO Fn. 1), S. 6.
[9] Vgl. *Schoeps*, (aaO Fn. 5), S. 6. ここでは，"Cohen" という表記も用いられている。
[10] So *Wippermann*, (aaO Fn. 1).

よる面倒をつうじた実家との良好な関係であるが[11]，まさにこの点に，彼が深い信仰を続けた主たる理由をみいだすことができる。というのは，ハイデルベルクとキールにおける学生時代，そして，博士号取得の後のミュンヘンでは，親から独立していたが，これらすべての機会においても，普通だとよくみられる，自らの信仰との過去から決別するということは一切なかったからである。反対に，ずっと続けられていた父との文通は，信仰上の諸原則を確固たるものとし，そして彼は，のちに何十年にもわたり，公然とこの信仰上の諸原則を，ユダヤ人の平等を求めるその政治的・法的闘争の出発点としたのであった。ギムナジウム時代をみてみると，彼はまず，1817年からリューベックのギムナジウム（Katharineum）で，1820年からはハンブルクのギムナジウム（Johaneum）に通い，そしてこのハンブルクのギムナジウムを，非常に賞賛されたギリシャ語による卒業の辞をもって去ったのであった。もちろん，非常に才に長けた生徒が成功をおさめたからといって，これで，つぎのような2つの状況を糊塗することはできない。すなわち，一方では，家族がその住まいを変えたのは，父親の就職の可能性がその原因だったということである。というのは，1813年のリューベックへの移住は，フランスによる占領が終わったのち，ユダヤ人に対するハンブルクの態度が厳しくなってきたからであったし，ハンブルクに戻ったのもおなじく，容赦のない，そしてまた全体としてみると矛盾しているリューベックのユダヤ人にたいする姿勢に由来していたからである[12]。

他方で，国の教育施設において教育を受ける機会が与えられていたからといって，そのことが，この非常に才に長けた生徒の場合には，そうこうしているうちに自学自習がその度を増していき[13]，ギリシャ語の書籍のみならずラテン語そしてイタリア語の書籍の著者達が，いってみれば家庭教師となることを止めさせることはできなかった[14]。1824年からのキールでの法学の学修への

---

11) *Lehmann*, (aaO Fn. 1), S. 6 ff. に詳しい。
12) 詳細は, *Friedlaender*, (aaO Fn. 1), S. 22 ff.
13) *Friedlaender*, (aaO Fn. 1), S. 26.
14) *Lehmann*, (aaO Fn. 1), S. 6.

道は，このようにして万全に準備されたのであった。
　大学をハイデルベルクに代えたことで，リーサーはティボー（Thibaut）やミッターマイヤー（Mittermaier）といった学者とコンタクトを持つことができた[15]。そこで大学での学修を終えるとともに1826年には博士号を「優（Summa cum Laude）」の成績で取得したが，1927年，シェリング（Schelling），オーケン（Oken）そしてゲレス（Görres）といった名声にひかれて，ミュンヘンに移った。しかし，当時としてはよくあったことだが，まず確実とみられていたその学者としてのキャリアは頓挫したのであった。私講師になろうとの希望は，リーサーがユダヤ出自だという理由で，ハイデルベルクでもイエナでもかなえられず[16]，こうして彼は，これから10年以上にわたり，確固とした職業を探し続けなくてはならなかった。彼は，1836年に，ヘッセン選定候領であったフランクフルトの中心地ボッケンハイム（Bockenheim）に移り住んだ。望みがないわけではなかったが，やはりここでも確たる職を得られなかった。この地でも市民権を認められなかったとき，彼は，イングランドへ移住しようと考えたが，その直前，ハンブルクにおいて募集された公証人職に応募できるという好機をつかんだ。ハンブルク市政府が提出した法案によれば，その職には，ユダヤ出自の公証人がこれにあたらなくてはならないとされていたのである[17]。

III

　1840年，ハンブルクにおいて公証人の職を得たことで，リーサーは，長きにわたり追い求めてきた継続的な法律的活動に戻ることができたが，さらにまた，これにより彼は，引き続きドイツにおけるユダヤ人の擁護者そして支援者として活躍する時間をも得たのである。というのは，彼は，その学者としての

---

15) *Feiner*, (aaO Fn. 1), S. 7. 参照。
16) わけても *Friedlaender*, (aaO Fn. 1), S. 30. 参照。
17) 詳細は，*Lehmeann*, (aaO Fn. 1), S. 41.

キャリアを強制的に終わらされた後においても，彼のすばらしい法学的知見が大いに役立つこととなった．ユダヤ人の平等を求めるジャーナリスティックな闘争にも，その活動の1つの重点をおいていたからである．

1830年にその第1版が出版され，1931年にはその第2版が出版された，『ドイツにおけるユダヤ教信者の地位．信仰がどうであれドイツ人すべてに向けて (Über die Stellung der Bekenner des mosaischen Glauben in Deutschland. An die Deutschen aller Confessionen)』と題する論文は，太鼓を打ち鳴らすがごときに大きな反響を呼び起こした．彼はこの論文で，求めつづけてきたユダヤ人の法的な平等を公然と主張し，この時点ですでに，その生涯を閉じるまで維持し続けた議論の基本ラインを打ち出したのであった．「信仰の自由という問題は，今日では，信仰の問題というより，むしろ，権利，名誉そして自由の問題である」と説いたのである[18]．これは，その後の多くの論文からもわかるように，ユダヤ人解放のための闘争を，懇願，調整はたまた隠蔽するというレベルから，権利のレベル，そしてまた，ユダヤ人の自由と名誉のための公然の取り組みというレベルへと移行させることを意味した．リーサーはまた，実に首尾一貫していることではあるが，キリスト教に改宗することで，それまで認められていなかった道を開くという一般的な慣行に対しても，強く反発したのである[19]．

初期におけるこの宣戦布告状は，ユダヤ人社会から，多くの共鳴する旨の宣言をリーサーにもたらすことになったが，同時に，後の諸論文によりさらにその程度を増していくこととなる彼の知名度を高めた．特記すべきは，たとえば，1831年にアルトナで出版された『パウルス博士の反論に対する，ユダヤ人の市民としての平等の擁護 (Vertheidigung der bürgerlichen Gleichstellung der Juden gegen die Einwürfe des Herrn Dr.Paulus)』である．パウルス博士は，ハイデルベルクのプロテスタント教会理事 (Kirchenrat) であったが，同年の少し前に，自らの論文において，ユダヤ人にはドイツの公民権

---

[18] 出典，*Lehmann*, (aaO Fn. 1), S. 16.
[19] *Lehmann*, (aaO Fn. 1), S. 18. 参照．

(Staatsburgerrecht）を求める権利はないと論じていた。その中心的な論拠は，想定上の「ユダヤ人の民族隔離（Jüdische Nationalabsonderung）」であり，それは，市民権を完全に認めることを否定するものであった[20]。それにたいするリーサーのこの反論の書には，パウルスの見解に対する熱意あふれる反論をみることができるが，同時にそこには，今日においてもなお実に有益な，ドイツ各邦国においてユダヤ人がおかれていた状況の概要があきらかにされている。また，とくにこの反論の書には，パウルス教会の時代までリーサーの名前と結びつき続くこととなった，中心的な措辞をみいだすことができる。彼はつぎのように記している。「我々は移民ではない。我々はここで生まれた。そしてまた，そうであるから，我々は，ほかの場所に我らの祖国を求める権利を有しない。我々は，ドイツ人であるか，それとも無国籍者であるか，そのいずれかなのである」と[21]。

　この姿勢は，当然ながら，ユダヤ人自身の自己理解からもまた，議論や反論を呼び起こすはずのものではあった。しかし，その政治的そして法的批判の矛先が，ユダヤ人の特別扱いとか，切り離しにたいして向けられていることはあきらかであった。人権の伝統，所与の自由権そしてまた人間性に関わる諸原則からユダヤ人の平等を導き出すことで，その追い求めるユダヤ人解放を，国家による保障のいかんにかかわらないものとしたのであった。同時にこれは，時代の最も重要な潮流と結びついていた。パリの7月革命は，リーサーの努力を強く後押しをし，彼がすでに持っていた基本的確信と一体化して，市民としての自由権を求める闘争を全体として強化することとなったが，このこともまた，けっして偶然の出来事ではなかったのである。

　ボッケンハイムをへてハンブルクに帰るまでの10年間，リーサーはかなり

---

20) *Paulus* のこの論文は，当時活発であったバーデンの分限会議（Badischen Stände-Versammlung）での審議にその標準をあわせたものであり，そのタイトルは以下のとおりである。Die Jüdische Nationalabsonderung nach Ursprung, Folgen und Besserungs-Mitteln. Oder über Pflichten, Rechte und Verordnungen zur Verbesserung der jüdischen Schutzbürgerschaft in Teutschland, 1831, 150 S.

21) （AaO Fn. 18), S. 39.

の量の著作活動をこなしていたが，全体としてみると，これらはユダヤ人解放との取り組みであった。彼は，この時期，さまざまな方面から非難を浴びていたジャーナリストのルードビッヒ・ボルネ（Ludwig Börne）そしてまたかのハインリッヒ・ハイネ（Heinrich Heine）を擁護し，加えて，雑誌を創刊していた。この雑誌は短命に終わったが，しかし，この雑誌は，連邦各邦国におけるユダヤ人の特別扱いと関連した議論のために欠くことのできない場を提供したのであった[22]。

この際とくに重要だったのは，バーデン大公国の第二院におけるユダヤ人の解放にかかわる審議に参加したことであった。彼は，バーデン第二院でのこの問題に関する審議についての批判的な『考察』においてすでに，ユダヤ人を市民として平等に扱うことに反対する立場の主たる論拠に反論を加えていたが，それでも彼は，1833年，当時バーデンにいた約2万人ユダヤ人の利益のために報告書を作成することを明確な形で依頼されたのであった[23]。この報告書のドキュメンタリー的な性格は，確かに，バーデン議会第一院と第二院におけるユダヤ人の地位を強化することにはなったものの，市民的平等を政治的に達成することは，やはりかなわなかった。1831年と同様，カール・フォン・ロテック（Carl von Rotteck）が深くかかわって[24]，その代わりに，宗教的独自性の放棄がユダヤ人解放の要件とされたのであった。

すでにこの政治的な動きの激しい時代において，リーサーが，事に即して

---

22) 1832年から1833年にかけて刊行された Der Jude. Periodische Blätter für Religion und Gewissensfreiheit である。Riesser は，Kritische Beleuchtung der neusten ständischen Verhandlungen über die Emancipation der Juden とのテーマのもと，1833年の号に，わけても，Baden, Bayern, Hessen 公国そして Hannover におけるユダヤ人解放問題に関するさまざまな論文を寄せた。1912年に復刻されたことは，この論文が重要な資料的内容のものであることを示している。

23) 詳細は，Friedlaender, (aaO Fn. 1), S.46 ff.

24) Riesser の攻撃は，彼のその趣旨がほとんど不明な主張，わけても，Rotteck のもちいた「政治的諸権利（Politische Rechte）」という概念に向けられた。vgl. Friedlaender, (aaO Fn. 1), S. 50 ff..

考え抜かれた議論を展開する能力の持ち主であることはあきらかになっていた。そして，彼がそれをもって自らのテーマと取り組んだ個々の論文において，そのうちなる動揺を垣間見せたのは，わずかばかりでしかなかった。たとえば，1832 年の『ボルネとユダヤ人（Börne und Juden）』には，後の謙虚さとはまったくの正反対と思えるつぎのような一節がある。すなわち，「私の祖国ドイツにたいする私の請求権が私にはないと争う者は，私の考える権利，私の感じる権利，私が話している言葉を使う権利，私が空気を吸う権利を争う者である。それゆえ，私は，殺人者にたいすると同じく，このような者から身を守らなくてはならないのである」と [25]。

とはいえ，このような発言もまた，飾り気のない率直さのあらわれ以外の何物でもなく，そしてこの素直さが，後に，そしてまた別の領域でも多くの成功をもたらし，加えてまた，ハンブルクでも，フランクフルトでも，いつもこれに共感した集会が数多く開かれた。たとえば，1936 年ハンブルクから去ったとき，そしてまた 1840 年にフランクフルトを旅立ったときには，ドイツの多くの地域から，多数の賛辞が寄せられたのである [26]。

一時期リーサーは，どちらかといえばつまらない，ほかの種類の法的・歴史的問題と取り組んでいた。たとえばそれは，1937 年の『選帝候国ヘッセンの資本債務者は，ナポレオンの委託のもとで彼らに与えられた領収書により，その債務を免じられたかという問題の調査（Untersuchung der Frage, ob kurhessischen Capitalschuldner durch die ihnen in Napoleon's Auftrag erteilte Quittung von ihrer Schuld befreit worden）』に搭載されているようなものであるが，これによって彼の知名度が損なわれることは一切なかった。むしろ，ハンブルクに帰った後にも，たとえば 1843 年の哲学者ブルーノ・バウアー（Bruno Bauer）との論争 [27] において，ユダヤ人の解放という以前からのテー

---

25) *Lehmann*, (aaO Fn. 1), S. 34 等の引用。
26) はっきりとあげられているのは，Stuttgart, Karlsruhe, Mannheim, Heidelberg 及び Kassel, そしてまた，*Riesser* の栄誉のために「200 人以上の友人と同士」が Frankfurta. M で開いた祝いの宴である。vgl. *Lehmann*, (aaO Fn. 1), S. 41.
27) *Wippermann*, (aaO Fn. 1), S. 588. 1840 年創刊の雑誌 Jüdische Briefe zu Abwehr

マと取り組む機会を得ていた。これに加え，公益にかかわるさまざまなテーマのほかにも，地域を超え，そしてまたユダヤ人の解放ということを超える問題との取り組みが増えてきた。それは，たとえばレッシングの祝賀の辞[28]のように，どちらかといえば文学的な問題との取り組みではなく，1846年におけるように，彼が熱心にそのドイツへの帰属を主張してきた[29]シュレースヴィヒ・ホルシュタイン問題と関連する論点との取り組みであった。

IV

リーサーが，ユダヤ人の平等に驚くほど熱心に取り組んできたことで得た名声は，同時に，彼が政治的には自由主義者であることの証左でもある。それゆえ，1848年2月，野党のリーダーからなる7人委員会（Siebener-Ausschuss）から，同年3月31日に開催されるフランクフルト国民議会のための準備議会（Vorparlament）[30]に招請されたことは，別に珍しいことではなかった。すでにこの会議に印象深いかたちで関与し，そして，ラウエンベルク（Lauenberg）公国の代議士として選出されたことは[31]，リーサーの功績にあらたな章の幕を切って落としたが，この章は，最終的には，彼を，ドイツ議会主義の道を広げた人物であること，そしてまた，しばしば見過ごされてきた彼の自由主義的な憲法的伝統を知らしめるものであった。

---

und Verständigung, Heft 1, 1840; Heft 2, 1842における論争，わけても，*Pfitzer*や*Menzel*のような反ユダヤ文筆家にたいする反撃を考えたものも参照。

28) Einige Worte über *Lessing's* Denkmal an die Israeliten Deutschlands gerichtet, 1838. 詳細は，*Lehmann*, (aaO Fn. 1), S. 36 ff.
29) わけても，1846年10月18日のライプチヒ騒乱記念日の祝典のさいの祝辞参照。
30) 委員会の仕事とそのメンバーについては，*E. R. Huber*, Deutsche Verfassungsgeschichte seit 1789, Bd. 2, 1960, S. 598 ff. 一般的な歴史的関連性については，わけても*Koch*, Die deutsche Nationalversammlung 1848/49, (aaO Fn. 4), S. 9 ff. 参照。
31) リーサーは，自らが1848年3月13日の書簡に記しているところによれば，64票対31票で，精鋭啓蒙市民会（ein feinsinniges, aufgeklärtes Bürgertum）により選任された。vgl. *Friedlaender*, (aaO Fn. 1), S. 96.

リーサーは，——なぜなのか今日では皆目理解しがたいところであるが，——当然のこととして，そのユダヤ人の市民としての解放の擁護を，包括的な政治的目標，わけてもすべてのドイツ人のための憲法を創設するという目標と結びつけた。1849年，やむなく，そしてまたその現実主義的感覚から，小ドイツ主義・世襲皇帝という解決方法に同意するにいたるまで，彼がパウルス教会において長きにわたって熱心に追い求めた目標は，自由のもとでのオーストリアを含めたドイツの統一だったのである。リーサーが設定したさまざまな目標が内面で関連していたことは，有名となった以下に引用する彼の論文の一節において，すでにあきらかとなっていた。すなわち，「片方の手は，私の衷心からの望みがすべてそこに向けられているユダヤ人の解放を私に差し出し，もう片方の手は，ドイツの政治的統一というすばらしい夢の実現を，政治的な自由と結びつけましょうというのであれば，私は躊躇なく後者を選ぶ。なぜなら，そこにはすべてが含まれていると私は確信しているからである」と[32]。

統一をつうじて内面的にも自由へ。これが，リーサーそしてまたパウルス教会に集まった多くのほかの者達がその出発点とし，そしてまた，後の時代見逃されがちの多くのことを解き明かしてくれる国家観だったのである[33]。

パウルス教会においてリーサーは，いずれの政治陣営に加わったか。今まで解説してきたことからして，その答えはいわずもがなである。彼の権利，自由そして政治的統一に関する考え方は，彼が当時における政治的な自由主義者だということを示している。彼は右派中間派，つまり，「ヴルテンベルガー・ホーフ（Wurttemberger Hof）」と呼ばれた議員団に属していた[34]。この議員団は，そのメンバーがたどった運命から容易にわかることであるが，決して過激な民主主義者のグループではなかった。いつもながら賞賛される彼の現実主義

---

32) 代表的なものとして，*Lehmann*, (aaO Fn. 1), S. 33; *Friedlaender*, (aaO Fn. 1), S. 88 参照。この *Riesser* の諸書簡は，*Isler* 著の，*Gabriel Riessers* gesammelte Schriften, 4 Bde., 1867/68 に収録されている。

33) Dazu *Fiedler*, (aaO Fn. 3), S. 93 ff.

34) Vgl. *E. R. Huber*, (aaO Fn. 30). S. 616 f.; *Eyck*, The Frankfurt Parliament 1848-1849, 1968, S. 139.

的な政治感覚は，彼が，どのようであれ政治的なアナーキーを後押しすることがないようにした。そしてまた，彼が，議会制君主主義が望ましいものだと考えたのは，まさに，この内面的な傾向によるものだったのである。背後にあったのは，政治的差別の撤廃は，政治的に熱狂した人々の醸し出す不安定さにおいてより，高位にある憲法が敷くレールに乗ったほうが，一般的にはよりよくかなえられるという確信である。

　オーストリアが自ら孤立し，その結果，小ドイツ主義的・世襲皇帝を選ぶか，それとも憲法制定が頓挫するかのいずれしかないと思われるようになるまでに多くの代議員がその政治的立場を変化させていった。リーサーは，その議員団を「アウグスブルガー・ホーフ（Augsburger Hof）」[35]に替えたが，これによって，1848年12月，ハインリッヒ・フォン・ガーゲルン（*Heinrich Von Gagern*）サイドにつくこととなり，ガーゲルンの憲法案を，シモン・ガーゲルン協定（Simon-Gagern Pakt）[36]とともに，最後まで擁護したのであった。彼は，ロベルト・フォン・モール（*Robert von Mohl*），ルーメリン（*Rümelin*），シュテッドマン（*Stedman*），ラウベ（*Laube*）及びほかの人々とともに，1849年3月における憲法の成立をやっとのことで可能とした約40人の代議員の1人だったのである[37]。ガブリエル・リーサーを，その時代の言葉一言で表現することが許されるなら，彼は，ドイツの個々の邦国がふたたびその勢力を増してきていることにかんがみて，必要とされる現実的な政治上の結論を導き出した，自由主義に立つ愛国者だったのである。

　もちろん，ここで最初に行った，当然ながら概括的とならざるをえない彼の政治的立場の位置づけをもってしては，議会での審議期間が非常に長くなっていくにつれて，なぜリーサーがその影響力をますます増していったかを説明することはできない。彼は，1849年3月21日に行われた有名な『皇帝に関す

---

35) Vgl. *Eyck*, ebd., S. 139.
36) Vgl. *Biedermann*, Das erste deutsche Parlament, 1898, S. 69 ff.; *E. R. Huber*, (aaO Fn. 30), S. 816; *Eyck*, (aaO Fn. 34), S. 373.
37) Vgl. *E. R. Huber*, (aaO Fn. 30), S. 619.

る演説（Kaiserrede）』においてその絶頂期に立った。この演説においてリーサーは，憲法委員会の最終報告者として聴衆を魅了し，拍手の嵐を浴び，深い感動を呼んだ[38]。こうして，後世人は，その演説を「画期的（ビーデルマン *Biedermann*）」と呼び，そしてまた，ゲオルク・ベーゼラー（*Georg Beseler*）やほかの人々が，リーサーは国民議会の最も偉大な演説家であることを示した，と考えるようになったのであった[39]。哲学者で同じく代議士であったルドルフ・ハイム（*Rudolf Haym*）は，リーサーの最終演説後の高揚した雰囲気を振り返って，「リーサーとガーゲルンは抱き合っているようにみえた」と記したのであった[40]。このシンボリックな描写は，けっして大げさなものではない。それは，リーサーが，1848年5月以降，いかなる名声を博したか，そしてそれがいかなる程度にまで高まっていたのかを示しているのである。

V

　もっとも，リーサーの意義を，主にその演説家としての天賦の才に切り結んで説明しようとしたら，それは過ちであろう。確かに，その演説の才は，彼を著名とするのに寄与はしている。しかしそれは，彼の内なる能力が，外にその光を放ったものでしかない。その能力とは，2つの分野におけるものであり，すでに同時代の観察者から認められていたものであった。1番目は，議論の仕方が，事に即し率直であったことをあげることができる。これは，知的な討論を糧とし，こうして思いも寄らない説得力を獲得したのであった。2番目は，おそらくはリーサーの成功と彼の意義にとり最も重要な前提となったものであるが，それは，パウルス教会の議会に帰属していた全期間を通じて行ってき

---

[38]　*Wigard* (Hrsg.), Stenographischer Bericht über die Verhandlungen der deutschen Constitutierenden National-Versammlung zu Frankfurta. M., 9 Bde., 1848-49, Bd. 9, S. 5911 参照。

[39]　この演説がパウルス教会においてどう受け止められたかの詳細とそのほかの数多くの徴証については，*Friedlaender*, (aaO Fn. 1), S. 117 ff.

[40]　*Friedlaender*, (aaO Fn. 1), S. 117 m. weit. Nachw.

た，厳格で，義務の意識に支えられ，そしてすでに説明した彼の受けた幅広い人道主義的な教育に由来する議会での日々の仕事ぶりである。

まず第1の点を考察してみると，1848年末から1849年はじめにかけて描かれたポートレートに，すでにその手がかりをみることができる。このポートレートは，ほかでは容赦のないそのとげのある筆致で知られるヴィルヘルム・ロベルト・ヘラー（*Wilhelm Robert Heller*）が，その著書『パウルス教会の胸像（Brustbilden aus der Paulskirche）』において，リーサーについて書いたものである。そのほかの箇所では予断から逃れられてはいないのが，ユダヤ人の評価に関する彼の解説ではあるが，あるところでつぎのように述べられている。すなわち，「我々の中の者で，自分達は親切さよりもむしろほかの諸特性よしとする者に対しては，我々は，絶対的に親切な人物としてリーサー氏をもって応酬することができる。彼は，貴重な才の持ち主でありながら，遠慮深く，よいことに関してのみ自信に満ちた人物であり，そしてまた愛国者である」と記している[41]。リーサーのメルクマールとなったのは，知的な討論に自らの有り様を限定したことである。このような彼の性格の方向性は，病に倒れた代議士マレック（*Mareck*）のために作られた1849年3月13日付けの議会アルバムにみられる――今では失われてしまっている――リーサーの寄せ書きによっても，確認することができる。彼は，そこに，つぎのように記したのである。すなわち，「見解の相違を乗り越えるのは，心の奥底での真の意見の一致であり，最高の一致は，真摯な確信をかけた戦いから生まれてきます。野蛮な時代，戦争が国民を団結させたように，我々の時代においては，知力の戦いが，人の心を近づけるのです」と[42]。

このことが，政治への情熱を失わせたわけではけっしてなかったはずではあるが，しかし，徒党を組んだりバリケードを敷くまでにおよんだ1848年9月16日と18日のパウルス教会における暴力沙汰を激しく非難したとき[43]，リー

---

41) Brustbilder aus der Paulskirche, 1849, S. 25.
42) Deutsche Rundschau CVI, Januar-März 1901, S. 99 ff.
43) Sitzung vom 6.1848, *Wigard*, (aaO Fn. 38), Bd. 3, S. 2473.

サー自身は、自分がそこによって立った、「怒りに満ちた正義感をたぎらせた情熱」のみしか、あるいはほとんどそれしか知らなかった。深く傷つけられた名誉感そしてまた正義感から生まれてくるこの種の怒りの爆発といったものは、パウルス教会時代、リーサーにはまったくなかったものであった。対立が激化していったことはすぐに思いつくが、議会のさまざまな議員団に属していた代議員を取り巻く環境を特徴付けていたのはそれではなく、折衝の回数が厖大となっていたことであった。すなわちそれは、彼が重要な判断をする前に常に配慮をめぐらし、そして、反対の立場をとる政治家の代表との私的な会合の形ではぐくむといった類の環境である。

今日まで変わらないリーサーの意義は、彼の議会における活躍をみてみればわかる。彼は、外部的には、請願委員会委員、そのほかのさまざまな特別委員会委員、そしてまたわけても1848年9月7日以降、将来の憲法を準備しそしてまたその事前審議を行ったかの有名な憲法委員会[44]の委員をつとめた。この委員会には、パウルス教会の指導的人物が所属しており、その構成の点でこの委員会に匹敵したのは、国民経済委員会のみであった。リーサーは、この仕事に、ダールマン（*Dahlmann*）とベーゼラー——ここではこの2人しかあげないが——らとともに、時間のすべてを割いた。しばらくするうちに、リーサーを得たことで、この委員会は、その幅広い法学の知見を持っていることであらゆるサイドから認知された非常に有能な同僚を得たことがわかってきた。こうした意味で、彼の意見はなくてはならないものとなり、本会議の活動自体にも影響を与えたのである。最終的には、1848年10月から12月にかけて、国民議会の第2副議長をつとめたことは、種々の委員会における彼の活動にたいする評価がどうであったか、そしてまた、レトリックの点でいずれにおいて

---

44) 詳しくは、*Kühne*, (aaO Fn. 3), bes. S. 544 ff.; zur Bedeutung der Paulskirche für die verfassungsrechtliche Entwicklung in Deutschland den Überblick bei *Wahl*, Die Entwicklung des deutschen Verfassungsstaates bis 1866, in: *Isensee/Kirchhof* (Hrsg.), Handbuch des Staatsrechts, Bd. I, 1987, S. 3 ff., Rdnr. 17 ff. m. w. Nw., さらに die Darstellung bei *Grimm*, Deutsche Verfassungsgeschichte 1776–1866, 1988, S. 188ff., 197 ff. 参照。

も効果絶大であった彼の本会議における調整がどう評価されていたかを推し量らせてくれる[45]。

リーサーの影響を判断するには，もちろん，国民議会自体の評価をふまえなくてはならない。というのは，1945年以降まで何十年にもわたって続いた，国民議会はどちらかといえばロマンチックでアカデミックな催しだったという評価に反し，パウルス教会の議会は，とくに諸委員会をみると，当初から懸命に活動した集会だったからである。たとえば，この集会では，事務処理規則によって自らの組織を定めるというやり方をとらざるをえず，それゆえ，いまだドイツ議会主義の揺籃期に位置していたことは確かではある。しかし，わけても委員会で起案された法律諸草案は，パウルス教会議会自体が消滅してからかなりの時間が経過した後に，多くの邦国で取り入れられたのであった。委員会の活動が，勤勉かつ懸命にすすめられたことは，各邦国が再びその力を回復して，国民議会を終息させることとなるまで，議会に残された時間が1年もなかったことに思いをめぐらせれば，よりはっきりする[46]。

委員会の活動については，1848年10月29日のリーサーの書簡が，その証左である。この書簡において彼は，淡々とつぎのように報告している。「私は，基本権の検討準備のために設けられた3つの小委員会の1つに属しています。この委員会は，その仕事を終えたばかりです。これに加え，現在審議に付されている憲法の一部分についての3人の報告者の1人です。報告者として，先週いっぱいかけて報告をしましたが，今週もまた報告することになるでしょう。そしてそれが終わっても，また，入れ替わり立ち替わりです」と[47]。

1848年11月の書簡において，リーサーは，「何らはっきりとした特段のきっかけもなかった」のに，憲法委員会委員，そしてまた副議長に選出されたと述

---

[45] *Friedlaender*, (aaO Fn. 1), S. 105 ff. 参照。

[46] 憲法委員会の作業が密度の高いものであったことについては，*Kühne*, aaO Fn. 3の論文からつとに理解できる。委員会の作業一般については，*Botzenhart*, Deutscher Parlamentarismus in der Revolutionszeit 1848-1850, 1977.

[47] *Friedlaender*, (aaO Fn. 1), S. 104.

べているが[48]．このことは，彼の大いなる謙虚さを示している。実際には，後にはじめて評価されることとなる彼の能力は，すでに準備議会において発揮されていた。国法上の概念からすればいまだ私的なものであり，選挙ではなく招聘されたに止まるこの集会では，国民議会の民主的な基礎に向けた進路が定められたのであった。なぜなら，将来開催する国民議会をどう構成するかの問題はかなり難航したのち，その決着をみたからである。すでにこのとき，解決策をみいだし，そして，その提案にもとづき，一般的かつ平等の選挙権を認める方向での判断がなされるよう準備を整えたのはリーサーであった。予備議会では，「すべての成人で独立した公民（分限，財産または宗教に関係なく＝著者）は，選挙権を有し，かつまた被選挙権を有する」との決議[49]がなされたが，これは，リーサーの意見を採用したものである。こうして，今日までその影響をおよぼしている特別の歴史的決断が下されたのであった。のちにパウルス教会においても，選挙権をめぐる争いの炎が再び燃え上がったことは確かではある[50]。しかし，国民議会のための選挙が国民主権の趣旨にかなうよう構成されたことに，決定的な役割を果たしたのは，ガブリエル・リーサーであった[51]。

VI

リーサーを，パウルス教会におけるほかの弁舌さわやかな人々と比べてみてわかることは，彼は，当初非常に謙虚であり，そしてまた後にあっても，議会における多弁な論客の1人ではなかったことである。そのため，彼の言は，か

---

48) *Friedlaender*, (aaO Fn. 1), S. 105.
49) Dokumente zur Deutschen Verfassungsgeschichte, hrsg. v. *E. R. Huber*, Bd. 1, 3. Aufl., 1978, S. 335; 予備議会 (das Vorparlament) は，はっきりとつぎのように定めていた。「選挙権及び被選挙権は，選挙登録 (Wahlcensus), 宗教の事前評価 (Bevorrechtung einer Religion) 及び特定の分限を基準とした選択 (Wahl nach bestimmten Ständen) によりこれを制限してはならない。」同書参照。
50) Vgl. *Kühne*, (aaO Fn. 3), S. 416 f.; *E. R. Huber*, (aaO Fn. 30), S. 787 ff.
51) Vgl. *Friedlaender*, (aaO Fn. 1), S. 94.

えって，多いに重要性を持つことになった。それは，時間が経過するうちにその度合いを増し，先にあげた1849年3月における「皇帝に関する演説」にまでいたったのである。リーサーが本会議において貢献したのは，とくにつぎの3つの分野であった。選挙権を含む基本権，シュレースヴィヒ・ホルシュタイン問題を含む連邦国家性にかかわる問題，そして，統一ドイツの国家組織上の問題である。

たとえば，1848年8月18日にリーサーが，登壇者としてはじめて演説した際のテーマは，信書の秘密の不可侵性という問題であった[52]とかいったように，リーサーが登場した場面を詳細にみていくことは，この場では不可能である。もっとも，1つとくに取り上げておく価値があると思われるのは，すでに準備議会において彼が決定的な影響をおよぼした，選挙権に関するスピーチである。国民議会の選挙が再度議題となった際，パウルス教会の議会では，一方で，一般的かつ平等の選挙権の導入について，他方では，制定を計画している選挙法と憲法との連動のあり方について，意見が真っ2つに割れた。選挙権の個々の問題に関する彼の演説は，想像をかき立てるニュアンスを漂わせている。たとえば彼は，直接選挙を支持しつつ，選挙行為自体は公開を支持していた。彼の目からすると，選挙行為は，「勇気の道徳的な表現」であり，したがって，秘密選挙に勝るものであった[53]。オーストリアが脱落した場合と同じく，そもそものところ，まずは統一憲法を成立させること，そして，そのために必要な多数をプラグマティカルに確保することがリーサーにとって問題となったとき，ついに彼は普通選挙という考えを捨てたが，その原因は，土壇場になってから議員団が変動したことにある。個別問題がいかに重要であっても，憲法の制定を優先したのである。

もっとも，市民権及び公民権に関するユダヤ人の同等扱いという問題においては，リーサーはぶれることはなかった。シュトゥットガルトの代議士，モリッツ・モール（*Moritz Mohl*）が，彼がいうところの「イスラエル出身の民」

---

52) Vgl. *Wigard*, (aaO Fn. 38), Bd. 3, S. 1601 f.
53) *Wigard*, (aaO Fn. 38), Bd. 8, S. 5503 f.

に関して特別の章句を立ち上げ，そして，この者には，選挙権のみ認め被選挙権は認めないとする提案をしたとき[54]，1848年8月29日，リーサーは反論し，ユダヤ人にたいするすべての差別に反対する自然発生的で人々を感動させるその演説をもってして，この反論は，レトリックの点で予想もしていなかったほどの成功を収めたのであった[55]。このときの議事録には，「議場全体から活気に満ちた拍手喝采」と記されている。彼は，一撃で，議院の共感と支持を自らのものとした。まさにこの演説とそれにたいする代議士達のこのリアクションこそ，パウルス教会の大多数は，彼らがキリスト教に改宗するつもりかどうかに関係なく，さまざまなユダヤ系の代議士が関与することを至極当然のこととして受け入れていたという状況を，格別ハイライトするものである。ハインリッヒ・フォン・ガーゲルンの後継者として，1848年12月から1849年5月まで，ケーニッヒベルクの碩学エドゥアルト・フォン・ジモン（Eduard von Simon）を議長として議会の頂点にすえたことは，ドイツではじめての国民議会の特徴であり，そしてまた，その栄光でもある。ジモンもまた，偉大なユダヤ人家庭の出身であり[56]，のちに，1867年から1873年まで帝国議会議長として，またドイツ大審院（Reichsgericht）初代長官として活躍したことで知られている。

シュレースヴィヒ・ホルシュタインの問題について，リーサーはたびたび演壇に立った。彼の心が，ドイツへの帰属にむけて鼓動していたことは知られていた。彼が，後の帝国憲法1条2項の文言に同意し，シュレースヴィヒ公国との関係の確定を留保したが，それは，デンマークが相応の節度をはっきりと示すと確実に期待していたからである。「デンマークが，同様の控えめな態度に

---

54) *Wigard*, (aaO Fn. 38), Bd. 3, S. 1754.
55) *Wigard*, (aaO Fn. 38), S. 1755 ff.. 論争の全体とその結果については，*Eyck*, (aaO Fn. 34), S. 241 ff.
56) *Eyck*, (aaO Fn. 34), S. 245. ユダヤ人解放をめぐる議論の枠内で，*Simson* と *Riesser* がそれまで国民議会で占めていた地位から推論されることについては，Pazi, *Fanny Lewald* - Das Echo der Revolution von 1848, hrsg. v. Grab und *Schoeps*, 1983, S. 233 f., 244 ff. *Simson* については，本書所掲の *Pfeiffer* の論文参照。

気がつかないとしたら，つまり，デンマークが，その憲法において，敵対的な意味でこの問題を判断しようと考えるということであれば，かかる思い上がりは，単にデンマークの利益を害し，ドイツの利益になるだけだと考える」と彼は記している[57]。リーサーの法廷での能力を知るものからみると，これにより，いわんとするところが実にはっきりと語られていたのであった。

のちに可決された帝国憲法のさまざまな条文の文言，たとえば連邦国家原則（5条）に関する条文の文言には，リーサーの手が入っている。この連邦国家原則に関する条文の文言をどうするかは，領土の併合の問題がからむことから，とくに争われたものであった[58]。リーサーが，帝国憲法の「父」の1人となったのは，単に憲法委員会に所属していたからではない。先にあげた1849年3月21日における「皇帝に関する演説」がその好個の例であるが，議会においてその意見を押し通したこともまた，これにあずかっている[59]。まったくもって当然の帰結ではあるが，憲法についての議決で勝利したことで，リーサーが情熱をこめて追い求めた目標は達成された。同じく当然の帰結としてよいのは，リーサー自身が，プロイセン王に対して，無駄骨ではあったが，皇帝位につくことを上奏したいわゆる皇帝への派遣団の一員となったことである[60]。プロイセンがこれを拒絶した後も，リーサーはパウルス教会に止まり，のちになってはじめて，つまりは1849年5月26日，中間派の大方の代議士とともに辞任を決意した。彼は，深い敗北感を味わいながら，こうしたのである。彼の敗北感は，『ドイツ国民議会に私を選出した選挙人へ向けた釈明（Rechenschaftsbericht an meiner Wähler zur Deutschen Nationalversammlung）』にも，示されている[61]。しかしその後も，彼は決して政治の舞台から身を引

---

57) *Wigard*, (aaO Fn. 38), Bd. 4, S. 2765.
58) Vgl. *Siemann*, Die Frankfurter Nationalversammlung 1848/49 zwischen demokratischem Liberalismus und konservativer Reform, 1976, S. 195ff., 215f.; *Wigard*, (aaO Fn. 38), Bd. 5, S. 2971.
59) *Wigard*, (aaO Fn. 38), Bd. 9, S. 5899 ff. *Riesser* は，憲法委員会の報告者として演壇に立った。
60) 詳細は，*E. R. Huber*, (aaO Fn. 30), S. 847 ff.
61) *Wippermann*, (aaO Fn. 1), S. 589.

くことはなかった。かえって，ゴータ（Gotha）の議会そしてエアフュルト（Erfurt）の議会にも，ハンブルクから選出されて，引き続き関与したのであった[62]。

Ⅶ

とくにキューネ（Kühne）が強調したように，パウルス教会における議会上の活動がのちに影響を与えていたことを，これらの活動にみてとることができる[63]。というのは，リーサーは，世襲皇帝擁護派に分類されながら，あらたな諸会合においても，たとえば，ゴータ綱領に関与し，あるいはエアフュルトでの議会の憲法委員会に属するなど，憲法問題で活躍を続けていたからである[64]。1859年以降彼は，ハンブルク市議会議員として，1860年のハンブルク憲法の審議にも加わったが[65]，これは，ほぼいわずもがなのことである。もっとも，1861年に，さらに市議会副議長に選ばれたことは，特段のことといえる。

とはいえ，1850年以降，さまざまな彼の活動の中でその比重のおき方に変化が生じた。法律にたいする関心は持ち続けてはいたが，1857年には，公証人をやめた。もっとも，その後も弁護士として，そしてまた，たとえば，1859年にドイツ国民協会（Deutsche Nationalverein）のメンバーになるなどして，公衆の間にあって活躍した。彼の地方政治に関する見解は，市議会ばかりではなく，彼が発言したほかの多くの機会においても耳目を集めた。パウルス教会時代の後も，彼がかつての同僚代議員と親密なコンタクトを維持していたことは，全面的に自由主義で彩られたそのほかの彼の政治活動と同様裏付けられている。これに加え，それまでとは比べものにならないくらい頻繁に旅行したこ

---

62) 詳細は，*Friedlaender*, (aaO Fn. 1), S. 137 ff. Gotha 議会と Erfurt 議会一般については，*E. R. Huber*, (aaO Fn. 30), S. 888 ff. 参照。

63) *Kühne*, (aaO Fn. 3), S. 73 ff., 579 f.

64) *Friedlaender*, (aaO Fn. 1), S. 139.

65) 審議の緊迫度と *Riesser* の特別の役割については，*Kühne*, (aaO Fn. 1), S. 96 f.

とがあげられる。この活動は，とくに，北アメリカ，そしてドイツ及びヨーロッパのさまざまな地域へと彼をいざなったのであった。

1860年の，ハンブルク最上級裁判所裁判官への任命は，彼の法律家としての比肩する者なき経歴の絶頂期となった。確かにリーサーは，政治の分野で多いに活動したが，常に法律家として活動し，そしてまた法律家として認められていたのであり，政治的な成功の基礎となったのは，法学的な議論の仕方であった。1863年4月22日，いまだ老齢に至らぬうちに亡くなったとき，ハンブルクのみならず，人々は，失ったものの大きさをはっきりと自覚することとなった。葬儀は，滅多にはみられない126台の車列をもって，「豪華で，ハンブルクですら今までみたこともない式典」[66]となり，「多くの人々が葬列に加わったこと」は，4月28日付の『Freishütz』紙が表現したように，「かつてモーゼス・メンデルスゾーン（Moses Mendelssohn）がそうだったように，このイスラエルの民は，キリスト教徒の間でも，その信仰を同じくする者の間と同じ数の支持者をえていた」[67]ことのあらわれである。

このような評価は，すでにパウル教会で得られていた印象と一致する。というのは，ロベルト・フォン・モールもまた，その人生の回顧録において，つぎのように述べているからである。すなわち，「ガブリエル・リーサー以外，広い範囲で愛され，そして賞賛を浴びた人は，パウルス教会にはいなかった」と[68]。1963年にハンス・ヨハイム・シェップス（Hans Joachim Schoeps）が記念講演で述べているように，ガブリエル・リーサーがいったこと，そして考えたことの多くは，「まったく異なった世界の状況下において，今日ではもは

---

66) Lehmann, (aaO Fn. 1), S. 49 は，このように記している。
67) Feiner, (aaO Fn. 1), S. 40 f. 所掲。
68) Lebenserinnerungen, Bd. II, 1902, S. 56. さまざまに確証されている Riesser の人格的メルクマールもまた，このような評価を支えるものとなっている。Lehmann, (aaO Fn. 1), S. 50 は，つぎのように述べている。「Riesser の考えるユダヤ人なるものは，けっしてロマンティックなものでも，そしまた禁欲的なものでもなければ，さらには自虐的なものでもなかった。彼にとってそれは，心の問題であり，わけても名誉の問題であった。」と。もちろんこのことで，彼は批判も招いたのであった。

や過去のもの，もはや摩耗してしまったものだ」とするのは，確かにあたってはいる[69]。しかし，「19世紀におけるドイツユダヤ人階層の精神的改革を的確に代表し，そして，ユダヤ人の解放をドイツ自由主義の自由を求める大きなうねりの一部ととらえた」[70]，フランクフルト国民議会の代議士，副議長及びその憲法委員会委員，そしてまた，法律家及び成功を収めた政治家として彼が重要な役割を果たしたことは，消え去ることはないのである。

ガブリエル・リーサーの著作

Über die Stellungder Bekennerdes mosaischen Glaubens in Deutschland. An die Deutschen aller Confessionen, 1930; 2 Aufl. 1831.

Vertheidigungder bürgerlichen Gleichstellung der Juden gegen die Einwürfe des herrn Dr.. E. G. Paulus, 1831.

Börne und Juden, 1932.

Der Jude, Periodische Blätter für Religion und Gewissenfreiheit,1832 und 1833.

Kritische Beleuchtung der in den Jahren 1831 und 1832 in Deutschland vorgekommenen ständischen Verhandlungen über die Emancipation der Juden, 1833（1912年復刻）.

Denkschrift über die bürgerlichen Verhältnisse der hamburgischen Islaeliten zur Unterstützung von denselben an einen Hochedlen und Hochweisen Rath übergebenen Supplik, 1934.

Untersuchung der Frage, ob die kurhessischen Capitalschuldner durch die ihnen in Napoleon's Auftrag ertheilte Quittung von ihrer Schuld befreit worden.

Einige Worte über Lessing's Denkmal an Islaeliten Deutschlands gerichtet,1839.

Jüdische Briefe zur Abwehr und Verständigung, Heft 1, 1840; Heft 2, 1842.

Ein Wort über die Zukunft Deutschlands, 1848.

Rechenschaftsbericht an meiner Wähler zur Deutschen Nationalversammlung, 1849.

ガブリエル・リーサーに関する文献

Feiner, gabriel Riesser. Leben und Wirken, 3. Aufl. 1911.

Fiedler, Gabriel Riesser－a Famous Jewish "Fahter" of the German Constitution 0f 1849, in: Fiedler/Ress（Hrsg.）, Gedächtnisschrift für Wilhelm Karl Geck,1989, S.189ff.

Friedlaender, Das Leben Gabriel Rießers, 1926.

---

69) (AaO Fn. 5), S. 12.
70) *Schoeps,* (aaO Fn.5).

Isler, Gabriel Riessers gesammelte Schriften, 4. Bde., 1867/1868.

Lehmann, Gabriel Rießer, ein Rechtsanwalt, 1881.

Lüth,Gabriel Riesser, 1806-1863.

Schoeps, Gabriel Rießerund der weg des deutschen Judentums, Gedenkworte anläßlich des 100. Todestages, 1963.

Wippermann, Riesser, Allgemeine Deutsche Biographie Bd. 28, 1889, S. 586.

エドゥアルト・フォン・ジムゾン[*]

1848-49年ドイツ国民議会議長，1871年ドイツ帝国議会議長，ライヒ裁判所長官[**]

ゲルト・プファイファー[***]
訳　榊　原　嘉　明

I. はじめに

　最も傑出したユダヤ系出身代議士の1人であり，19世紀の最も重要な裁判官であったエドゥアルト・フォン・ジムゾンの記憶は，国家社会主義者らによってほぼ完全に消し去られていた。

　だが，彼の功績は，1981年に出版されたマインハルト（*Meinhardt*）の著書によって，再び世に知らしめられることになった[1]。

　エドゥアルト・フォン・ジムソン生誕175周年にあたる1985年10月10日には，ドイツのイェニンガー連邦議会議長（Dr. *Philipp Jenninger*）とプファイファー連邦裁判所長官（Prof. Dr. *Gerd Pfeiffer*）の主催により，記念式典が

---

[*] *EDUARD VON SIMSON*（1810年-1899年）

[**] Präsident der Deutschen Nationalversammlung von 1848/49, des Deutschen Reichstages nach 1871 und des Reichsgerichts.

[***] Dr. *Gerd Pfeiffer*: Präsident des Bundesgerichtshofes a. D. Honorarprofessor an der Fernuniversität Hagen（連邦裁判所理事長，ハーゲン大学名誉教授）

1) *Meinhardt, Eduard von Simson*, Der Parlamentspräsident Preußens und die Reichseinigung, 1981.

カールスルーエにおいて開催された。同式典では，ヴァイツェッカー大統領（Dr. *Richard v. Weizsäcker*），イェニンガー連邦議会議長，コール首相（Dr. *Helmut Kohl*），エンゲルハルト連邦司法相（Dr. *Hans A. Engelhard*），そしてプファイファー連邦裁判所長官——いずれも当時——がスピーチを行った[2]。

この式典によって，この非凡なユダヤ系法律家が及ぼした，ドイツ帝国の統一，ドイツ憲法の継続的発展，そして我々の歴史意識における法の統一に対する影響が再び呼び起こされたといえよう。

II. 生い立ち

マルティン・エドゥアルト・ジギスムント・ジムゾン（*Martin Eduard Sigismund Simson*）は，1810年10月10日，ユダヤ系の両替商一家の息子として，プロイセンのケーニヒスベルク（*Königsberg*）に生まれた。

母のマリアンネ（*Marianne*）は旧姓をフリードレンダー（*Friedländer*）という。シュレージエン（*Schlesien*）から東プロイセンに移住したその一族は著名な人物を多く輩出した。たとえば大叔父のダビット・フリードレンダー（*David Friedländer*：1750年–1834年）はベルリン市議であり，フォン・フンボルト（*von Humboldt*）兄弟の友人であり同僚であった。また彼は，1812年にプロイセンで実施されたユダヤ系の解放に関与していたということである[3]。

父のツァハリアス・ヤコブ・ジムゾン（*Zacharias Jakob Simson*）はつましい一家で育ち，読み書きはほとんど独学で身につけなければならなかった。それゆえ，自分の子どもに最善の教育をほどこせるということに格別の喜びを感じていた。

1823年，両親は末息子のジョン（*John*）が生まれたのを契機に，自身らは

---

2) *Kirchner* (Hrsg.), *Eduard von Simson*, Ein großer Parlamentarier und Richter. Reden und Aufsätze zu seinem Gedanken, 1985.

3) *Meinhardt*, (aaO Fn. 1), S.13.

高齢になるまで改宗しなかった一方で,子どものエドゥアルト,アウグスト（August），ゲオルグ（Georg），マリー（Marie）らを福音派に改宗させる決心をした。そのようなことを両親がした背景には,才能ある子どもたちの人生の道を切り開きたいという思いがあったのはあきらかである。というのも,確かに当時においてはすでにユダヤ系の解放が実現していたのであるが,実際は,国家官僚になるためにはキリスト教徒であることが求められていたからである。それゆえ,エドゥアルトは成長期の大事な時期を宗派が混在した家で過ごしたのであった。このことが彼の政治問題における宗教的寛容性及び譲歩的姿勢の精神的成熟に少なからず寄与したのは確かである[4]。

9歳のとき,エドゥアルトはケーニヒスベルクにある王立学校,コレギウム・フリデリチアヌム（Collegium Fridericianum）に入った。15歳のとき,素晴らしい成績で大学入学資格を取得した。

ジムゾンは,法学を研究するためにケーニヒスベルク大学に入学した。彼の勤勉さは相変わらずであったが,何の迷いもなく研究にいそしんでいたというわけでもなかった。自分の特異な青少年期を振り返って,たくさん努力をしたところでそれがいったい何になるのかという疑問をハーゲン（Hagen）教授に投げかけたこともあったのである[5]。18歳のとき,ジムゾンは法学の博士号を取得する。その成績が優秀であったため,教授資格取得認可（venia legendi）が与えられた。と同時に,その200人の中からプロイセン教育省によって2年間分の王立旅行奨学金の奨学生に選ばれた[6]。

1829年初め,ジムゾンは研究旅行を開始し,ベルリン,ヴァイマール,ボン,パリ,そしてハイデルベルクを訪れた。この旅行において彼は当時の偉大な思想家らに出会った。ゲーテ（Geothe）やシュライアマッヒャー（Schleiermacher），ヘーゲル（Hegel），そしてザヴィニー（Savigny），ニー

---

[4] *Meinhardt*, (aaO Fn. 1), S. 14.
[5] *B. v. Simson, Eduard von Simson*, Erinnerungen aus Leben, 1900, S. 15.
[6] *Pfeiffer*, Der lange Weg des Richters Eduard von Simson zum Präsidenten des Reichsgerichts, in Kirchner, (aaO Fn. 2), S. 58.

ブァー (Niebuhr) らと知り合ったのである。ケーニヒスベルク大学に帰還した後の 1831 年秋, ジムゾンは弱冠 20 歳で教授資格論文を執筆した。そして 1833 年, 員外教授に任命された[7]。

III. 大 学 教 授

　研究旅行から帰還した後, ジムゾンは教鞭をとりはじめるが, それは困難な状況の中での船出だった。1831 年 7 月, ケーニヒスベルクにおいてコレラが猛威を振るいはじめ, その過程で, 同月 28 日, ケーニヒスベルクの街中で血なまぐさい騒乱が勃発したのである。その背景には, 最貧困層にある人々に治療を施すかわりに毒をもるよう富裕な市民らが医者らを買収しているのではないかという革命家らの疑念があった。このような喧騒とした状況の中でジムゾンも怪我を負った。この事件に関しては, 人々は"医学のドクターを叩こうとして法律学のドクターを叩いた"のであるという嘲笑的なコメントが残されている[8]。

　1831 年秋から 1832 年にかけて講義は中断となった。それは, ジムゾンが志願兵として 1 年間, 軍務に服するためであった。だがすでに彼は 1831 年の下半期に下士官の訓練に動員されており, それはまったく異例のことであった。軍務を終えると, 若手の学者は 2 学期分だけ大学の非常勤職につくことができた[9]。そこで 1833 年 4 月 10 日, ジムゾンは員外教授に任命された。

　教員としてのキャリアを開始したとき, ジムゾンはすでに婚約をしていた。相手はクララ・ヴァルシャウアー (Clara Warschauer) ——1814 年 3 月 24 日生まれ——であり, ケーニヒスベルクに住む著名な銀行家の長女であった。結婚生活は, 1834 年 2 月 14 日にはじまった。義兄弟のロベルト (Robert) とは

---

7) *Pfeiffer*, (aaO Fn. 6), S. 58.

8) *Pfeiffer*, Biographische Skizzen zu Eduard von Simson, in Kirchner, (aaO Fn. 2), S. 40 mit Hinweisen.

9) *Meinhardt*, (aaO Fn. 1), S. 21.

とりわけ深い親交を有していた。彼はプロイセンの最も著名な金融専門家の1人であったと同時に，ジムゾンがその生涯においてことあるごとにヨーロッパ諸国の金融政策やビスマルクへの不信感について助言を求めた人物である。2人は1847年にイギリスを訪れた。ジムゾンのイギリス陪審制度研究のためである。ここで得た経験は，彼の議員としてのキャリアにやがて生かされることになる。当時は裁判制度の改革が急務であった[10]。

　ジムゾンの講義はほぼまったく自由な形で行われ，受講生らとの質疑応答をひたすらにつづけるというのが常であった。このように対話を用いて学術的な体系を会得させるという授業の進め方は，150年ほど時代を先取りした授業方法であった。週末を使って個人的に受講生向けに補習授業を行ったということも新しい。法学ゼミが設置されるにあたっては，実務に向けた準備をするよう参加者を仕向けた。彼の演習は，登記された裁判所記録の中から気に入った判決を取り出し，演習参加者を報告者と副報告者とに分け，それぞれその主張を戦わせるという方法で行われた。この点においても，ジムゾンはかなり時代を先駆けていた。このような演習方法については，自身が実務活動に携わるにあたって当時の学生と再会するたびに学生らから多くのコメントと感謝の念がよせられ，ジムゾンはそのことに特段の喜びを感じていた[11]。

　若手の教授であった当時のジムゾンが学生に与えた印象について，1841年から1843年までケーニヒスベルクで法学を研究し，――後に――作家及び文学史家になるルドルフ・フォン・ゴットシャール（*Rudolf von Gottschall*）は次にように書き記している。

「教壇に登ったのは，30歳ぐらいと思しき若い教授であった。しっかりした足取り，堂々とした風采。その登場の仕方には，なにやら若手学者に似つかわしくない威厳があった。確かに，この落ち着きようはまったくもって融通のなさと紙一重であった。だが，そのある種の上品さは，廊下です

---

10) *Meinhardt*, (aaO Fn. 1), S. 24.
11) *B. v. Simson*, (aaO Fn. 5), S. 62.

れ違う他の大学講師の中には見出せないほど優雅なものであった。帽子を脱ぐ，上着のボタンをはずす，そのやり方にすべてに彼なりの流儀があるのだが，その姿に，胸から勲章でものぞくのではないかと思わずにいられないのであった。彼は，主神ユーピテルの頭脳を持つゲーテやファルンハーゲンといったかの著名人らと並ぶ頭脳を持っていた。彼ら著名人と異なるのは，この主神ゼウスがまだとても若いという点と，物静かだが興味深い旧約聖書的な影を否定しないという点のみであった。講演のさまは力強く内容十分なものであり，その表現の熟達ぶりには並外れた自信さえ垣間見えた。独特な発言を投げかけられてもけっして当惑することはなかったし，落ち着きを失ったり，あわてふためいたりすることもなかった。長々と口述筆記させるような授業とは遠くかけ離れていたが，それはむしろ生き生きとしていて楽しかった。彼は受講生に返答や反論を求めた。受講生らが持つ洞察力に訴えかけた。どうすれば受講生らがその題材に興味を持つのかということを，そして受講生らが自らで考えれば考えるほどその記憶に刻み込まれるということを彼は知っていたのである」[12]。

早くも学部は，重要な課題をジムゾンに委ねはじめた。偉大な音楽家であるフランツ・リスト（*Franz Liszt*）に哲学部の名誉博士号を授与するときは，儀礼的手続きに苦労しながらも，ジムゾンが彼を招聘する役目を負った。1842年にケーニヒスベルクにあるアルベルトゥス大学（Albertus-Universität）が設立300周年を祝ったときは，ジムゾンは記念委員会の一員となった。

彼の博士論文——De J. Paulli Manualium libris III（1829）——を除けば，彼が記した伝記は，学術的な目的のためにラテン語で書かれたラテン法——Ad Dig. De capite minutis（IV. 5）legem II（ult）exercitatio instituta（1835）——及びプロイセン法——Regimontii Pruss.（1835）——に関する論文と，プロイセン王国裁判所（Tribunal des Königsreichs Preußens）における彼の上司でも

---

[12] *V. Gottschall*, Aus meiner Jugend, 1898, S. 83 ff., *B. v. Simson*,（aaO Fn. 5), S. 62.

あった[13]。フォン・ヴェグネルン（*von Wegnern*）首相の勤続50周年を契機として当局向けに作られた裁判所の歴史に関する記念論文集に寄せた論文だけしかない。

ジムゾンはすでに研究旅行においてウルピアヌス（*Ulpian*）に関する研究業績に取り組んでいたが，これは門外不出のままに終わった。ハイムバッハ（*Heimbach*）が1834年に執筆した論文がジムゾンのそれに先んじたからである。ジムゾンは，彼のとても敬愛する，そして長年にわたってフランクフルト・アン・デア・オーデルの控訴審裁判所（Appelationsgericht）の長官をしていた同僚のシェラー（*Scheller*）に献呈する伝記スケッチにも着手していた。その一部は仕上げられたものの――これが彼の遺作となった――，おそらく1870年に起こったセンセーショナルな出来事により，業績としては未完成のままとされた[14]。

ジムゾンは，折にふれ，自身の執筆活動の不十分さを嘆いていた。仕事がとても早く口達者でもあったジムゾンがほほどちらの執筆活動もはかどらなかったという事実は，教授職と裁判官職の2つを兼ねていたという事実によっても正しく理解できない。その原因は，――彼自身が一度そう認めたように――ジムゾンが「執筆業績というものに――自らの――資質を何も感じられず，それゆえ執筆業績に対する意欲もわずかしかわかなかった」とういう点にあろう[15]。

Ⅳ. 代議士（国会議員）

ジムゾンが当時の統一，自由，そして権利への大いなる精神的政治的なあこがれを具現化したのは，とりわけ代議士としてであった。彼は自らの出自を通じて，人々が法の下に不平等であるということは何を意味するか，権利は人間尊重及び自由の保護にとってどれほどの意味を有しているかを知った。ジムゾ

---

13) *Pfeiffer*, (aaO Fn. 8), S. 41.
14) *B. v. Simson*, (aaO Fn. 5), S. 341.
15) *Pfeifer*, (aaO Fn. 8), S. 41.

ンはかつて,「権利と自由……は……1つの事柄を表した2つの名前であるに過ぎない」と述べた。彼は,自由な立憲国家,自由な法治国家だけが国家と私人による恣意に対する権利の保護を実現することができるということを知っていたのである。政治から裁判を独立させ司法を保護する,それが彼の目標であった[16]。1849年帝国憲法,北ドイツ連邦憲法,そして1871年帝国憲法の作成に彼はそれぞれ参加していたという事実がこのことを物語っている。

ジムゾンは,その——とりわけ議会において発揮された——卓越した能力ゆえに,同時代の人々に影響を与えた。その卓越した能力とは,泰然とした振舞いとバランス感覚,そして頭の回転の早さと機転のよさである。彼が弁士として壇上に立つときに露わとなったのは,法律家としての専門知識をはるかに超えた彼の大博識ぶりであった。その博識ぶりをもってジムゾンは人々に多大な影響を与えることができた。再三にわたって自らの考えの要点を,具体的で分かりやすい,そして多くの場合ウィットにも富んだ格言や言い回しにまとめたからである[17]。

ジムゾンの持つ影響力の大きさについて,偉大な法律家であるルドルフ・フォン・イェーリング (*Rudolf von Ihring*) は,彼の友人であるフォン・ゲルバー (*v. Gerber*) ——1851年から1862年までテュービンゲン (Tübingen) 大学の事務局長及び教授,その後,ザクセン王国の文部大臣——に宛てた1854年10月17日付けの手紙においてつぎのように述べている。

「私には愛すべき友人がいた。とても魅力的な街ケーニヒスベルク出身のジムゾンである。彼は完璧な人間であり,彼がフランクフルトであのような役割を演じたことに私は納得している。彼はどんなところでも完璧な人間であるに違いないからである。他人の長所を素直に認め,そのことを喜べる能力などまだなかった私は,嫉妬の感情を覚えずにいられなかった。彼はスピーチの天才である。少しお世辞を込めていえば,彼は単に言語を

---

16) *Kohl*, in Kirchner, (aaO Fn. 2), S. 14.
17) *Jennenger*, in Kirchner, (aaO Fn. 2), S. 20.

完璧に操るだけでなく，多面的かつ信頼にたる教養を持ち合わせた天才である。これに対して，当時の私は未熟な若者であった。私は自分の自尊心の中で圧倒されないために，彼は法学の著作家として提示したものは何もないのだ——この言葉は当時，彼が私になぜ文献を著することができなかいかについてさりげなく説明しようとするときに口にしていた言葉である——と自らをいさめなければならなかった。しかしいまとなっては，私は彼の新たな友人となったといっても過言ではないであろう」[18]。

1848年の3月31日から4月4日まで，フランクフルト・アム・マインにおいて準備議会（Vorparlament）が開催された。準備議会は，わずかな日程で選挙法を作成，成立させた。この選挙法は，平等，秘密，普通，直接の選挙権を保障し，人口5万人ごとに1人の代議士を割り当てることとする旨を規定していた。

ジムゾンは準備議会に参加しておらず，ケーニヒスベルクの代表者は医者のヨハン・ヤコビ（Dr. *Johann Jacoby*）であった。ヤコビは，1841年に「4の質問に対する東プロイセンの回答（Vier Fragen, beantwortet von einem Ostpreußen）」という題の小冊子を発行した人物であり，プロイセンの自由主義思想の地ならしをした1人である[19]。

ヤコビがドイツ国民議会における議席の獲得を狙っていたということは簡単に理解できることである。彼とは対照的に，ジムゾンは友人の自由主義者らに懇願されて立候補したのであった。1848年5月10日，ジムゾンはヤコビの63票に対し67票で選挙に勝った。これはとても衝撃的な出来事であった。「すべての労働者（alle Arbeiter）」がジムゾンに投票したのではないかと噂され，それが選挙での勝利の決定的な要因であったとされた[20]。ジムゾンはその後の

---

18) V. Biermann, *Rudolf von Ihering*, Briefe und Erinnerungen（1852-1868），1907, S. 38 f.; *Pfeiffer*,（aaO Fn. 8），S. 36.
19) *Meinhardt*,（aaO Fn. 1），S. 30 f.
20) *Pfeinffer*,（aaO Fn. 8），S. 42.

1848年5月18日，フランクフルト・アム・マインにあるパウル教会への代議士入場式に参加し，1848年5月31日に書記（Schrichtführer）の1人に選出された。彼は議長団の中で唯一のプロイセン出身者であり，当然のように母国の人々から注目を浴びることとなった[21]。

書記という役職は，当時，とりわけ重要な意味を持っていた。というのも，議会全体の議院規則，議事録制度，そして国民議会に提出される動議の編纂手続をそれぞれ初めに作成する役目を負ったのが書記だったからである。ジムゾンは議院規則，動議手続，そして委員会運営に初めから携わっていたのであり，それらは今日の議会においてもなお重要な仕事を果たしている[22]。ジムゾンが——審議ならびに議会の仕事全体に視線を向けるときに——一貫して思い知らされたのは，自由と秩序の緊張領域の困難さである。この点を彼は大きな確信をもって強調していた[23]。

ジムゾンは，国民議会の選挙審査委員会においてその委員長として多くの業績を残した。義勇軍の指導者であるフリードリッヒ・ヘッカー（*Friedrich Hecker*）が選挙の承認に疑問を呈したとき，ジムゾンは，法治国家のために敢然とこれに立ち向かった。1848年8月10日にパウル教会において熱弁をふるい，国民議会からヘッカーを除名に至らしめたのがそのいい例である。ヘッカーはマンハイム出身の弁護士であり，共和主義者であり，そして急進的な民主主義者であったが，1848年4月12日，バーデンにおいて武装蜂起を主導した。ヘッカーに扇動され発生した暴動は短いうちに国民大衆の流血という事態をもって終結した。ジムゾンはこの除名の理由についてつぎのように語っている。「我々の国民から統一の実現と彼らの自由の確立とを委託された人々の輪の中に，ヘッカーが加わることできない。なぜなら，彼は変わることのない法秩序という敷地に暴力の旗を植えようとしたからである。法秩序という明かりは，一時的に暗幕を張られることがあっても，その後はその分だけいっそう明

---

21) *Meinhardt*, (aaO Fn. 1), S. 31 f.
22) *Meinhardt*, (aaO Fn. 1), S. 35.
23) *Jenninger*, (aaO Fn. 17), S. 20.

るく灯りつづけるものなのである」[24]。

ジムゾンのこの言葉は，今日においてもなお，重要性と現実性を十分に維持し続けている。

1848 年 12 月 18 日，ジムゾンはドイツ国民議会の議長に選出された。経験豊かな法律家である彼に，各委員会における綿密な進行，そして本会議における安定的な運営が期待された。ゲオルク・ベーゼラー (Georg Beseler) は，ジムゾンの職務執行について「審議がいま迅速かつ平穏な過程をたどっているのは，彼の堂々として安定感のある上品な議会運営によるものだ」と意見を述べている[25]。カール・ビーデルマン (Karl Biedermann) も，長年の議員としてのキャリアを終えるにあたって，「彼ほど議会に居続けた議長はおそらくまれであり，この議会ほど彼を必要とした議会もなかった」と述べた[26]。

最大の論点が解決されて迎えた 1849 年 3 月 28 日，帝国憲法が議会を通過した。ジムゾンがまずそれに署名し，つづいて出席の代議士すべてが署名した。そのとき，フリードリッヒ・ヴィルヘルム 4 世 (Friedrich Wilhelm IV) を皇帝にするかどうかの投票も，賛成 290 票，棄権 248 票で決せられていた。しんと静まり返った中でジムゾンは，つぎのような言葉をもってこの結果を伝えた。

「ドイツの王よ。あなたはドイツなるものにとって暖かい鼓動であり，大切な母なる遺産である。この言葉は忘れられることなく，繰り返し公然と人々の口にされてきた。ああドイツの王よ。いまこそ我々の祖国の統一と自由と偉大さを擁護する者として，その真価を発揮たまわんことを。民族の総意から生まれ，他に類するものはなく，ドイツという土壌の上に開かれた議会は，先頭に立ってあなたを必要としているのだ。そして，1848 年におきた暴動と由緒正しい我々の国民が目指す目標に思い巡らせば，い

---

24) *Pfeiffer*, (aaO Fn. 2), S. 28.
25) *Besler*, Erlebtes und Erstrebtes, 1884, S. 81.
26) *Biedermann*, Das deutsche Parlament, 1849, S. 279; *Meinhardt*, (aaO Fn. 1), S. 59.

まよりほぼちょうど百年前，この古い帝都で生まれた作家（ゲーテ）のあの名言が現実のものとならんことを。
『恐ろしい運動を先導しつづけることも，あちらこちらにぐらつくこともドイツ人に相応しくない。
これは我々のものだ！　それが我々の意見であり主張である！
ドイツとその新皇帝に幸あれ！』」

この訴えに，議会は騒がしいほどの歓声をもって応えた。その歓声は，遠く離れたところで待ちわびる人々にまで，あるいは街の隅々にまでこだました。世界史的な出来事だったといえよう[27]。

国民議会は，ジムゾン議長をトップとする32人の構成員の代表団を通じて，自らの選出を受諾するよう王に要請することを議決した。

ジムゾンは，1849年4月3日，ベルリンにあるヴァイス城の騎士の間においてフリードリッヒ・ヴィルヘルム4世に謁見した。そこでジムゾンが口にした，帝冠をめぐる波乱に揺れたこの言葉は，彼の議会における業績の1つの頂点といえよう。彼は法学的に妥当にこう表現した。

「憲法制定ドイツ帝国議会は，昨年の春に諸侯らと民衆の意思の合致のもとに召集され，ドイツの憲法を成立させるためのものであります。同議会は，1849年3月28日の水曜日，2つの読会において議決されたドイツ帝国憲法の公布を経て，その帝位をプロイセン王陛下にお委ねすることにいたしました。そこにおいて議会は，ドイツの諸侯および民衆は高潔さと愛国心をもって国民議会と合意のうえでこの議決の実現を全力で進めるだろうという確固たる信頼を表明いたしました。そして議会はついに，憲法に基づいて選出した皇帝をその代表団を通じて畏れ多くも招聘するという議決をいたしました。国王陛下の前にライヒ議会議長とその議員32人が畏

---

27) *B. v. Simson*, (aaO Fn. 5), S. 167 f.

れ多くも立っておりますのは，この任務を執行するためです。祖国は，その統一と自由，力を庇護する象徴として陛下を帝国元首に選びました。陛下はそのような祖国の熱狂的な期待をご英断によって実現していただけるものと，我々は確信しております。」[28]

記録によれば，プロイセン王フリードリッヒ・ヴィルヘルム4世は当初から「革命勢力から（aus Rebolution）」贈られた王冠を受け入れる気はなかったようである[29]。だが彼は，王冠の受諾を拒否する理由について，つぎのように代表団に話した。

「……だが諸君，私はその信頼を義ありと認めないであろう，私はドイツ国民の考えに応じないであろう，私はドイツの統一を実現しないであろう，私は神と私の権利が侵害されることをもってかつての表現と儀式が保障されることを望まないであろう，諸君と諸君によって統治されるドイツの諸部族にとって重大な結果を有するに違いない決議がドイツの王たち，諸侯，そして自由都市の自由な同意を獲得することなしには。

したがって，ドイツの国々をいま誰が統治すべきか。それは，憲法が個人と全体に役立つものかどうかをともに吟味することではっきりすることになろう。私にもたらされる権利は，果たして天がそれを私に求めるように強大な力をもって偉大なる祖国たるドイツの歴史を左右し，かつその国民の期待を適える地位を私にもたらすであろうか」[30]。

1849年5月14日，プロイセンは，国民議会が久しく開催されていないとして議員らを呼び戻した。国民議会はその場をシュトゥットゥガルトに移したが，1849年6月18日，力により解散させられた。これは不名誉な終わり方で

---

28) *B. v. Simson*, (aaO Fn. 5), S. 182 f.
29) *Meinharrdt*, (aaO Fn. 1), S. 65 f.
30) *B. v. Simson*, (aaO Fn. 5), S. 183 f.

あった。これにより 1848-49 年革命の民主的運動は終結した。

　この出来事により，ジムゾンは計り知れない失望を味わった。ジムゾンが多大な功績を積み重ねてきた，ドイツを自由憲法の制定によって統一するという試みは失敗に終わった。だが，ジムゾンは，いたるところですべてが元の木阿弥になる状況を目の前にして，その現状を受け入れ，それをさらに発展させるということをまず優先した。反対に，現状を破滅に追い込み，まったくのスタートからはじめるということはけっしてしなかった[31]。

　ジムゾンはひきつづき，——小ドイツ＝プロイセン主義を旨とする——後継的に生まれた議会——1849 年のゴータ会議と 1850 年のエアフルト議会——の議長を務めた。50 年の反動後においても，さらにしばらくの間——1859 年から 1861 年まで——，プロイセン王国下院議会 (Preußische Abgeordnetenhaus) の議長として活動した[32]。

　ジムゾンは，1867 年 3 月 2 日，北ドイツ連邦ライヒ議会の議長に選出された。同年 4 月 29 日，ジムゾンはドイツ関税議会 (Zollparlament) の議長になった。同議会においては，北ドイツ連邦ライヒ議会の全議員とともに，南ドイツ諸国の代表者らも同席していた。1849 年の国民議会の崩壊以降においてドイツ全土の代表が 1 つの場に集まるということは，ドイツ関税議会が初めてのことであった。ジムゾンと他の者の多くにとって，実り多き時代のはじまりである[33]。

　北ドイツ連邦の立憲にあたっても，そして自由主義的な意味におけるドイツ帝国の立憲にあたっても，ジムゾンは中心的な役割を果たした。相応な権力的地位をよりどころにできない場合に立派な言葉を発してもそれは効果がない，それは革命期から得た苦い経験だった。そこから導き出した結論は，地味だが実現可能性の高い領域において活動すること，とりわけ議会と統治といういさかいの起きる場をとりもつことには非常に大きな意味があるということであっ

---

31)　*Kohl*, (aaO Fn. 16), S. 14.
32)　*Jenninger*, (aaO Fn. 17), S. 18.
33)　*Meinhardt*, (aaO Rn. 1), S. 114 ff.

た。かけひきの巧い自由主義者という彼のあり方は，いよいよ——すべてにおいて対照的であった——ビスマルク（Bismarck）にも影響を与えた[34]。19世紀の両巨頭であるジムゾンとビスマルクの間に少なからず軋轢が生じていたということは，その考え方と生まれの違いを見ればあきらかである。だが，一時的に生じた激烈な敵意から生まれたのは互い対する尊敬の念であった。

1871年のドイツ統一を考える場合，アントン・フォン・ヴェルナー（Anton von Werner）が描いたヴェルサイユにおける1871年1月18日の皇帝宣言の絵をイメージするとよい。ヴィルヘルム1世（Wilhelm I）は他より3段高いところに立っている。彼の横でバーデン大公が「新皇帝万歳」を叫んでいる。絵の中央にはビスマルクが立っている。この絵は観賞する者に，1871年のドイツ統一と帝国建立がもっぱらビスマルクの功績であるかのような印象を与えている[35]。

だが，ジムゾンが2度目である今回も，北ドイツ連邦ライヒ議会の議長として1870年12月18日にドイツ帝冠の受諾を通じて統一作業に聖性を与えることを承知してほしいという議会の願いをヴィルヘルム1世に対して伝えたということを歴史は忘れていない[36]。帝国はある1人の侯爵によって単に「上から」基礎づけられたのではなく，普通選挙により選ばれた国民の代表によって「下から」も信念をもってこの重大な結果に力を貸したということを，同じ議長が2度試みてやっと成就するに至ったこの提案は証明している[37]。

1871年3月23日，ジムゾンは帝国議会の議長に選出された。

V. 裁 判 官

ジムゾンが裁判官として果たした役割が十分に評価されていないとすれば，

---

34) *Jenninger*, (aaO Fn. 17), S. 19.
35) *v. Weizsäcker*, in: Kirchner, (aaO Fn. 2), S. 10 f.
36) *B. v. Simson*, (aaO Fn.5), S. 376.
37) *v. Weizsäcker*, (aaO Fn. 35), S. 11.

それは残念なことである。しかし，詳細にみれば，彼がとても重要な法学的業績を果たしたということがわかるであろう。

1834年1月10日（当時23歳），ジムゾンは，ケーニヒスベルクにある裁判所の裁判官補となった。これによって，ジムゾンは，「自分の担当した裁判の費用（年200ライヒスターラーまで）」を受給する可能性を手にした。だが実際は，この報酬可能性がそのまま彼の懐に入るというわけではなかった。というのも，教授としての給料は，その受け取った裁判費用の分だけ縮減されていたからである。通常，大学で働く教授らが裁判官としての職務を果たすのは，その仕事全体の5分の1か6分の1であった。これに対し，ジムゾンが果たしたのはその仕事全体のおよそ半分であった。1846年，彼は判事（Tribunalsrat）に任命された。1835年の夏以降，東プロイセン州法の上告に関する審議に書記官（Protokollführer）として加わることを希望していたというのが彼の特徴だった[38]。

1860年にフランクフルト・アン・デア・オーデル控訴審裁判所の副長官に任命されるまでのおよそ30年間，ジムゾンは法学教員と実務裁判官という2つの顔を持ちつづけた。もっとも，その興味はしだいに裁判官としての活動に移っていった。1836年の文部大臣の報告書においては，ジムゾンの講義は論の進め方も話し方も卓越しており，学部の中でも最も訪れたい講義の部類に属すると確かに指摘されている。しかし同時に，それ以上のトーンで，彼の実務的な活動のせいで学術的な研究がおざなりになっているという嘆きが記されている[39]。

ジムゾンの裁判官としての活動については，当時ケーニヒスベルクの裁判所で試補（Referendar）として訓練を受けていたエルンスト・ヴィヒェルト（*Ernst Wichert*）の記述が残されている。その描写は，他のものと比較した場合に，ジムゾンの功績と思考方法を考えるうえでより具体的かつ特徴的なものである。

---

38) *Pfeiffer*,（aaO Fn. 6），S. 58 ff.
39) *Pfeiffer*,（aaO Fn. 6），S. 61.

「当時の我々の授業方法は，ご存知のとおり裁判所記録に関するものであった。裁判所記録を読み込み，訴訟物を限定したあとで，試補のうちの１人が判事の監督の下に裁判記録から詳細な報告書を作成した。その作成にあたっては，ほとんどの者が多くの緊張を強いられた。この報告書をもとに，朗読会が開催された。……報告者と副報告者はその所見を文書に書きとめ，その大部分を読み上げた。……いまとなってもまだ鮮やかに思い起こされることは，かなり複雑かつ難しい事案において，釈然としない報告書が読み上げられたときのことである。その報告書から我々試補が読み取ったのは，どんな人間であってもその話の筋を捕らえることはできないだろうという印象だけであった。資料が過剰なまでに寄せ集められており，それらは我々を困惑させ，気をそがせるためのものではないかとまで思われた。事実を１つ引用するたび，洗いざらい法的問題が指摘された。目を覆いたくなるような議論に，司会役がイライラ顔で割って入った。……けっきょくのところ何が問題なのか，まわりを見回してもまだ誰もわかっていないようだった。ジムゾンは，その間中ずっと，椅子にもたれかかったまま微動だにしなかった。トーンが最高潮にまで達したとき，ようやく彼はある申し出を口にした。私はおそらく事実関係をまだ完全に把握しきれていない。だが諸君に許されるのであれば，私が理解した範囲ではあるが同じ事案を短くまとめてみたい，と。それはとても穏やかな声だった。そして彼は書類に目をくべることもなくその要点の１つを口述で報告した。いともたやすく十分，明快，明晰な報告をしてみせたのである。そこにいる者すべてが安堵のため息をついた。彼は，法的事案から無駄な覆いをぬぐい，学術的な原則をそれに適用する場合，そのようにまったくシンプルなものとして法的事案を提示することが重要であるということを，そのまさしく明晰な所見の中に表したのである。司会役は賛意の念を込めて軽くおじぎをすると，その数分後に判断についての合意が生まれた。シンプルでない事案を扱うにおいて単にそれを耳にしただけで意見を示さなければならない状況に私自身が置かれたときはいつでも，このような作業

がとても重要であると今日でも思っている。当時，私は，以前は1カ月かけて学んでいたことよりもたくさんのことを1時間で学んでおり，そして，そのほとんどがいまに至る自分のものの考え方の礎となった」[40]。

1869年1月30日，ジムゾンはフランクフルト・アン・デア・オーデル控訴審裁判所の長官になった。1877年4月にライヒ裁判所設立に関する法律が公布された後，そこで実施されることになる法改正の枠組みの中で，フランクフルト・アン・デア・オーデル控訴審裁判所も解散されることになった。それによりジムゾンは，1878年10月，自身の再登用に関する彼の考えを当局に表明するよう依頼された。ジムゾンは，最高裁判所長官の職務を引き受けたいと答えた。ライヒ裁判所高官のポストでも再登用を望むかとの法務省の質問に対しては，ジムゾンはすぐに決断を下すことを拒否した[41]。

このような状況の中で，ビスマルクとジムゾンの会談が持たれた。この面談の過程において，ビスマルクはつぎのようなことをジムゾンに申し伝えた。私がライヒ裁判所長官の候補リストをもって皇帝のもとに駆けつけたとき，皇帝はリストを見てすぐにおっしゃった。「私はもう候補に決めていたのだよ。この候補だ」。私は答えた。「陛下，本当にこの最初のページの者と同じ人物だったのですか？」。2人とも候補として頭にあったのは，ジムゾン，君だったのだよ，と。ジムゾンはビスマルクとの面談後すぐには返事をしなかったが，翌日，これに同意する旨の電報を打った[42]。

ジムゾンは，1879年4月25日付けで，ライヒ裁判所長官に任命する旨の証書を授与された。その証書は，ビスマルクが個人的に編集したものであった。

パウル教会憲法の生みの親の1人として，そしてまたその議会で重要な役割を果たした議長として，ジムゾンは，ライヒ裁判所が設立されるにあたって精神的なよりどころとなった。そしてジムゾンは，エアフルト議会の第一党にた

---

40) *B. v. Simsom*, (aaO Fn. 5), S. 303 f.
41) *B. v. Simsom*, (aaO Fn. 5), S. 391 f.
42) *B. v. Simsom*, (aaO Fn. 5), S. 391 f.

ち，ライヒ裁判所設立法の実現作業に参加することを許された。さらに，四半世紀を経てやっと，再びライヒ裁判所を設立する決定的な立場に立つこともできた。というのも，彼が委員長をしていた上院議会の司法委員会が，司法の統一という課題をその責務としていたからである。したがって，統一的な民法典及び統一的な刑法典の編纂だけでなく，まさしくライヒ裁判所の設立にまで彼は関与した。それゆえ，パウル教会，エアフルト議会，そして司法委員会においてライヒ裁判所の設立作業に参加したドイツの法律家は，ジムゾンただ1人である。このような意味において，ジムゾンは「ライヒ裁判所の父」とも呼ばれている。このような視点から，1879年，ジムゾンはライヒ裁判所の初代長官に任命された[43]。彼の充実した人生の頂点の1つであった。だが，ペータースドルフ（Petersdorff）が書いたジムゾンの伝記によれば，ヴェルサイユでの接見により彼の歴史的使命は「終わりに近づいていた」とされ[44]，そこでは，このジムゾンの仕事と人生にとってまったくもって重要と思われる側面は触れられていない。ジムゾン自身もまったくそう感じていたようであり，その思いが1891年に職を辞する際に書かれた退職の辞に明示的に表現されている。ライヒ裁判所のメンバーに宛てたその手紙は，つぎのような言葉で締められている。「最後に過ごしたこの11年間は私のキャリアの望みどおりの終わり方であり，それができたことを私は誇りに思いつづけるであろう」[45]。ジムゾンの職業人生全体と権利に対する尽力に思い巡らせた場合，この自らによる主観的な申し出にはまったくの賛意が表明されるべきであろう。

　もっとも，ライヒ裁判所長官に任命されたことによってジムゾンに課された責務はけっして軽微なものではなかった。むしろ，ライヒ裁判所は大きな課題をこなさなければならなかった。各地のラント最高裁判所（die obersten Landesgerichte）とライヒ上級裁判所（das Reichsoberhandelsgericht）とがそ

---

43) *Pfeiffer*, (aaO Fn. 8), S. 56.
44) *Petersdorff*, Beitrag Über Simson, in Allgemeine Deutsche Biographie, 54. Bd., 1908, S. 361.
45) *Pfeiffer*, (aaO Fn. 8), S. 56.

の判例の輝かしさゆえに受けていた畏敬の念を引き継ぐことが義務づけられていたのである。そのような位置づけをライヒ裁判所が獲得するためには，忍耐のいる，そして骨の折れる仕事をこなす必要があった。これは長く難しい過程であり，そこでは相反する分権主義的利益と党政策的利益をも幾度となく克服しなければならなかった。

だが，ジムゾンを長官に選出することによって，ビスマルクは，この一大事業を成功させるための基盤を作り出した。ジムゾンをしてほかにその職籍を果たせる者はいなかった。彼は生まれながらの長であった。彼は，ドイツの様々な議会の頂点で活動することを通じて，異質な諸団体を統率する手腕を獲得していた。さらに長年にわたって議長として仕事に携わっていた。彼の強みはその親実務性であり，裁判官としての豊富な経験であった。彼は鋭い洞察力と高い表現能力，そして抜群の法学的知識を具備し，それらは健全かつ確実な判断力と一緒になっていた。スピーチにおける明瞭性，的確性，一貫性は彼の特徴であると同時に，彼の揺るがない非党派性をよく表していた。そのうえ，広範にわたる教養に優れてまでいた。

そのような輝かしい能力があったからこそ，ジムゾンはライヒ裁判所長官としての職務を極めて順調にこなすことができたのである。彼の評判は裁判所のそれとなって跳ね返った。彼の人柄は，裁判所の内部における形式的外見的な秩序を作り出しただけでなく，司法府を一体化させる役割をも果たした。その大きな手腕をもって，彼は，帝国内の様々なラントから来た，そしていまだ互いに異質なものとして対峙することの多かった裁判官らをまとめあげたのであった。

彼は，対立をいさめ，摩擦と嫉妬の芽を取り除くことに成功した。それがゆえに，最高裁判所も下級裁判所もそれが全体として調和的に共同作業できるだけの素地がならされたのであった[46]。

1891年2月1日，ジムゾンは引退を申し出た。1888年3月18日にかなり高

---

46) *Pfeiffer*, (aaO Fn. 2), S. 30.

貴な貴族身分への昇格を意味する黒鷲の勲章をジムゾンに付与した皇帝ヴィルヘルム2世（*Wilhelm* II）は，彼の残した功績に感謝の念を表しつつ，その引退を認めた。

VI. おわりに

　エドゥアルト・フォン・ジムゾン生誕175周年にあたり，リヒャルド・フォン・ヴァイツゼッカーは，この偉大なドイツ人について，つぎのように結んだ[47]）。

　「統一自由ドイツの実現について我が国基本法の前文における言葉は，エドゥアルト・フォン・ジムゾンの遺志と同様に作用する。ケーニヒスベルクのユダヤ系の家に生まれた彼は，19世紀におけるドイツの自由と統一への過程で決定的な役割を果たした。

　当時の人々は，フォン・ジムゾンを，「ドイツ人の指揮者（Chorführer der Deutschen）」と呼んだ。我々がこのことをこの同胞がユダヤ系だったということによって忘れ去ってはけっしてならなかった。重要な時代に，彼は，再三にわたって選ばれた国民議会の議長として民主的正統性原則を体現し，ライヒ裁判所長官として法治国家原則を体現した。

　フォン・ジムゾンは，しばしば軽んじられることがあってもなお息をつくほど興味深いドイツの19世紀が生んだ最も重要な人物と呼ぶにふさわしい。

　我々が今日においてもなお彼のライフワークに多大なる敬意を表明するということには，十分な根拠が存するのである。」

エドゥアルト・フォン・ジムゾンの著作
De J. Paulli Manualium libris III, 1829.
Exercitatio de capite minutis, 1835.
Quaestiones ex iure Prussorum, 1835.

---

47) *v. Weizsäcker*, (aaO Fn. 35), S. 12.

エドゥアルト・フォン・ジムゾンに関する文献

Kirchner, Hildebert, Eduard von Simson, Reden und Aufsätze zu seinem Gedenken, 1985.

Meinhardt, Günter, Eduard von Simson, 1981.

Pfeiffer, Gerd, Biographische Skizzen zu Eduard von Simson, in Festschrift für Kirchner, 1985, S. 289.

Von Simson, B., Eduard von Simson, 1900.

フェルディナント・ラッサール*

社会主義，国家主義革命家**

ティロ・ラム***
訳 金 井 幸 子

I．ドイツ史におけるラッサールの地位

　フェルディナント・ラッサール（1846年までは Lassal）が，19世紀のドイツの歴史に名を残したことは間違いない。彼の晩年までの3年間がまさにそれを物語っている。彼を有名にし，彼の後の評価を決定付けた出来事が，その身に押し寄せたのである。

1．「労働者綱領（Die Arbeiterprogramm）」

　1862年4月12日，ラッサールは，ベルリンにおいて，「現代という歴史的時代と労働者階級の理念との特殊な関係について」（「労働者綱領」）と題した講演を行った。その中で彼は，第4階級すなわち労働者階級は，すべての人類と同価値であるから，その問題は人類全体の問題であり，その自由は人類その

---

　　* *FERDINAND LASSALLE*（1825年-1864年）
　　** Der sozialistische, nationale Revolutionär
　　*** Dr. *Thilo Ramm*：Professor an der Fernuniversität Hagen
　　　（ハーゲン大学教授）

ものの自由であり，その支配はすべての者の支配である，と述べた。「労働者階級の道徳的理念」は，「利害の連帯，発展の共同性及び相互性」であるという。ラッサールは，道徳的な国家目的はもっぱら個人の人格的自由やその所有を保護することのみにある，というブルジョワジーの「夜警国家論」に反対であった。ラッサールは，このことを歴史的に説明する。「歴史とは自然との闘争である。困窮，無知，貧困，無力，そしてそれゆえに歴史の始めに人類が登場した時の我々の状態であった，あらゆる種類の不自由との闘争である。このような無力さを克服していくこと，これこそが歴史の示す自由の発展である。かかる闘争において，もし我々が，各個人が自分のためにたった1人でこの闘争を行ったり，行おうとしたのであれば，我々は一歩も前へは進めなかっただろうし，今後さらに先に進むこともなかったであろう。国家こそが，この自由の発展，人類の自由への発展を実現する任務を持つ。」ヘーゲル学派のラッサールは，国家をつぎのように定義づけた。国家とは，「1つの道徳的総体における個人の統一，その結合の中に含まれるすべての個人の力を百万倍増大させ，個人として彼らが持っているすべての力を百万倍増大する個人の統一である。国家の目的は，その統合により，個人がたった1人では決して到達できない目的や生存の段階に到達する力を与え，自分1人ではまったく手が届かないであろう教養，権威及び自由の総額を獲得することを可能にすることである。……換言すれば，人間の使命すなわち人類がなしうる文化を現実的存在に作り上げることである。それは，自由への人類の教育及び発展である。」

したがって，ラッサールは当然，既存の国家など頭になく，普通，平等，直接選挙の実現によって変えられた国家を考えていた。彼は，別の講演でも，既存の国家についてとりあげている。

2.「憲法の本質（Über Verfassungswesen）」

「労働者綱領」の4日後の1862年4月16日，ラッサールは，ベルリン内地区協会で，「憲法の本質」という講演を行った。この講演は，のちに3つの別の市民協会でも行われた。彼は，この講演で，国王ヴィルヘルム1世がプロイ

セン下院を無視して行った軍の増強に関するプロイセン憲法紛争に触れた。

ラッサールは，成文憲法から離れて，「実際の」憲法すなわち「基本法（Grundgesetz）」に目を向けた。これは，「通常の」法律とは違って，より深いところにあり，それらの根拠となり，効力を及ぼし，そしてまた，「憲法がすべてそうであるように，一定の範囲内で絶対的に不可欠である」というほどの力を持つものである。

このような，決定的な影響力を持つ効力のことを，ラッサールは，「与えられた社会に内在する現実的な力関係」と呼ぶ。彼はつぎのことをあげる。軍を服従させ大砲を意のままに操る王，宮廷や王からの信頼を得た貴族，巨大企業主，銀行経営者がおり，他方で，一般教養を持っていても人格的自由を剥奪された小市民や労働者がおり，それらも極端にいえば1つの憲法である。

ラッサールは，このような現実的な力関係のある「実際の」憲法と，法律上の成文憲法すなわち「紙に書かれた」憲法とを対比させた。「現実的な力関係が紙に書かれ，文字による明確性を持ち，そしていったん制定されたなら，それらはもはや現実的な力関係ではなく，いまや法となり，法的な制度となって，これに違反する者は誰でも処罰される！」

ラッサールは，成文憲法への発展を，現実的な力関係が変化したことやブルジョワジーが経済力を持ったことにともなう現代の特徴であると述べ，ここから1848年のプロイセン革命の解釈に至った。彼は，組織的な力を変えるための国民の非組織的な力がいかに優位に働いたかを示した。それは，軍人の勤務年限を6カ月に短縮すること，少佐までの下級士官の選挙，軍事裁判権の廃止，軍用品の占有，民衆に選ばれた官庁，これらのことによる。これらすべてのことが起きなかったなら，組織的な力を持つ王は革命を鎮圧することができただろう。

ラッサールはつぎのようにまとめた。「憲法問題はそもそも法律問題ではなく，力の問題である。国の実際の憲法は，国内にある実際の現実的な力関係の中にのみ存在するのであって，成文憲法が，実際に社会に内在する力関係を正確に言い表していないのであれば，価値はなく，持続しないのである。」

憲法についての彼の第2の講演「何をなすべきか（Was nun?）」でも，ラッサールは自身の考えを押し通した。彼は，実際のプロイセン憲法と「外見的立憲主義」としての成文憲法との間にある矛盾についての特徴を述べた。憲法状態という単なる見せかけを排除するために，彼はプロイセン下院に「最も強力な政治的手段」を利用すること，すなわち，フィヒテ（*Fichte*）によればナポレオン1世が好んだ手段とされる「何をするかを表明する力」を勧めた。それゆえ，下院が拒否した軍増強のための支出をこれ以上続けないことを政府が認めるまでは，無期限で議会を停止して，単なる「憲法状態という見せかけ」を排除するべきであるとした。

3.「公開答状（Offene Antwortschreiben）」

「労働者綱領」が「無産階級の有産階級への憎悪や軽蔑を公然と煽った」とされて，ラッサールは起訴された。彼は，「学問と労働者（Die Wissenschaft und die Arbeiter）」（1863年1月16日）という演説，その後のベルリン高等裁判所での「間接税と労働者階級（Die indirekte Steuer und die Lage der Klassen）」（1863年1月12日）という演説をもって弁明をした。

1カ月後の1863年2月11日，ライプツィヒ中央委員会の一員が，ドイツ労働者会議にラッサールを招聘し，労働運動について，とりわけ自由主義者シュルツェ・デリッシュ（*Schultze-Delitzsch*）が提唱した資産のない者のための協同組合について，彼の見解を表明することを求めた。ラッサールは，この招聘に「公開答状」（1863年3月）で応じた。その中で，彼は，労働党の政策上の基本方針として，ドイツの立法機関に労働者階級の代表を出すことを主張し，また，普通，平等，直接選挙の要求を繰り返し述べた。社会的な観点からすると，移転の自由及び営業の自由への要求は，50年以上遅れをとっている。貯蓄組合，傷病，救助，疾病基金の創設は，「相対的で，まったく副次的なものであり，この演説ではわずかな利用価値しかないと評価する」しかない。「平均賃金は，常に，生命を維持するため，また，子孫を繁栄させていくために，国民がいつでも必要とする絶対に不可欠な生活費に抑えられ続けてしまう」の

であり，むしろ，労働者階級は生産者となって「賃金鉄則」の支配から解放されるべきであるとする。彼は，国民自らが企業家になって，利潤を与えられるべきだという。国家は，国民が自ら組織し自ら団結する手段と可能性を与える任務を負っている。彼は，工場生産方式による巨大な利益を得るための生産協同組合を組織するべきだと考えた。

　ラッサールはさらに追及した。それが，ライプツィヒ労働者協会に対して行った「労働者問題（Zur Arbeiterfrage）」（1863年4月16日）という演説，及び，シュルツェ・デリッシュとの討論（もっともこれは中止されたが）に招かれたために行った，フランクフルトでの1963年5月17日及び19日の演説すなわち「労働者読本（Arbeiterlesebuch）」であった。

4. 全ドイツ労働者協会の設立

　1863年5月23日，ライプツィヒに「全ドイツ労働者協会（Allgemeine Deutsche Arbeiterverein）」が設立された。ラッサールは，その初代総裁として，実際には全権を委ねられた独裁者として，5年の任期で選出された。これに続いてつぎのような労働者の扇動を行った。ラッサールは，「ベルリンの労働者たちへ（An die Arbeiter Berlins）」（1863年）と題してパンフレットを印刷して配布し，最終的には1864年に『バスティアート・シュルツェ・フォン・デリッシュ氏，すなわち経済学のユリアヌス，または資本と労働（Herr Bastiat- Schlze von Delitzsch. Der ökonomische Julian oder Kapital und Arbeit）』という本を書いた。「ベルリンの労働者たちへの言葉」によって，ラッサールは反逆罪で起訴されたが，彼はうまく自己弁護をして（1864年3月12日），無罪判決を得た。彼は，その最後の演説（「ロンスドルフ演説」）を，「全ドイツ労働者協会」の最初の創設記念日（1864年5月22日）に合わせて行った。

　1864年8月31日，ラッサールは，1人の女性をめぐる決闘で受けた怪我によってジュネーブで死去した。

II. 全 著 作

　ラッサールの評価を政治家に限定して，彼の膨大な著作を見渡してみよう。簡単に並べると以下のように示される。

　哲学に関する論文には次のものがある。ヘーゲル学派の最も優れた歴史哲学論文である『エファソスの暗黒，ヘラクレイトス哲学（Die Philosophi Herakleitos des Dunklen von Ephesos）』（1858年），ラッサールが正統なヘーゲル学派であることをあきらかにした『ヘーゲル及びローゼンクランツ論理学とヘーゲル体系におけるヘーゲルの歴史哲学の基礎（Die Hegelsche und Rosenkranzsche Logik und die Grundlage der Hegelschen Geschichtsphilosophie im Hegelschen System）』（1861年），祝賀演説「フィヒテの哲学とドイツ国民精神（Die Philosophie Fichtes und Deutsche Volksgeist）」（1862年）である。

　政治に関する著書への足がかりとなったのが，『フィヒテの政治的遺言と現代（Fichtes politisches Vermächtnis und die neueste Gegenwart）』という論文であり，この中でラッサールはフィヒテの政治的断編をまとめて解説を加えた。さらにこのグループに属するのは，『イタリア戦争とプロイセンの使命（Der italienische Krieg und die Aufgabe Preußens）』（1859年）であり，ドイツ・イタリアの間の紛争におけるプロイセンの立場を明らかにした。そして，「憲法の本質（Über Verfassungswesen）」という2回の演説がある。

　法律学に含まれるのは，『既得権の体系，実定法と法哲学との融合（Das System der erworbenen Rechte. Eine Versöhnung des positive Rechts und der Rechtsphilosophie）』（1861年）である。

　レッシング（*Lessing*）について書いた論文（1861年）によって，ラッサールは文学の領域にも進み，非常に鋭い論評「文芸史家ユリアン・シュミット氏（Herr Julian Schmidt, der Literaturhistoriker）」（1862年），史劇『フランツ・フォン・ジッキンゲン（Franz von Sickingen）』（1859年）がある。

　晩年のラッサールは，労働者扇動の中で，国民経済の虜になっていた。

III. 人生の一貫性

　ラッサールの業績が1つもないのは，唯一，精神医学の領域だけである。ヘラクレイトスに関する論文の中にさえ，通貨論問題に関する長い評論がある。『既得権の体系』は，所有権の発展に関する付論や史劇ジッキンゲンを含んでいる。イタリア戦争に関する論文あるいは「労働者綱領」は，ラッサールの歴史哲学への深い洞察を知ることのできるものである。それぞれの業績の結び付きは非常に強い。これらすべてに共通するのは，政治的観点である。ヘーゲル及びローゼンクランツ論理学に関する一見純粋な専門的哲学研究においてさえ，歴史哲学に関する例が，君主政治の将来といった高度に政治的な問題に関連している。『史劇ジッキンゲン』において，またこの頃に夢中になっていて，成功はしなかったが，ある女性に書いた求婚の手紙（1860年）すなわち「魂の告白」と呼ばれる，ラッサール自身の願望についてのきわめて個人的で示唆に富んだ見解において，彼は1948年の革命運動の敗北との歴史的な類似性を引き合いに出している。『既得権の体系』において，ラッサールは，——当時問題となっていた貴族の特権の剥奪について概念法学的演繹法のもとに隠すことなく——国民の所有権に対する理論上の武器を取り除き，カール・マルクスよりもはるかに過激に，補償のない国有化という理論を発展させた。『ヘラクレイトス』にだけは政治的傾向がなかったが，ラッサールがマルクスに宛てた手紙の中で，彼は，古典的，理論的，哲学的教養を，他のすべてのことの根本及び根源となる精神的自由であると特徴づけることによって，政治的傾向を見せた。

　ラッサールは，彼の人生の一貫性を「魂の告白」の2つの文章で言い表した。「精神科学と政治とは対立しない」し，深い意味では「互いに独立もしていない」のであり，また，「政治とは，その時々の一時的な効果であり，他のすべてのことは学問からも手に入れることができる」。

　誰もが内面の統一を実質的に確立させようとすると，当然に新しい問題にぶ

つかる。1848年，ラッサールは，マルクス，エンゲルスとともに民主主義の極左派と戦い，1859年には，「政治家フリードリッヒ大王」を支持し，オーストリアに進撃し，ドイツ帝国を宣言しようと考え，1861年のガリバルディー (Garibaldi) との会談において，彼は，ドナウ王国への攻撃をさせ，それによってハンガリー及びウィーンにおいて新たな革命を起こし，ベルリンにもそれを波及させようとした。プロイセン王と下院との間の軍増強に関する憲法紛争において，彼は後者を支持したが，ほぼ同時に，「全ドイツ労働者協会」の基礎となった「労働者綱領」及びその後の「公開答状」によって自由主義のブルジョアジーの分裂を生じさせた。こうして，ブルジョアジーに対する戦いは，ラッサールの扇動によって，主にプロイセン進歩党との戦いになった。さらに，このとき，彼は，ビスマルクとの会談を行い，プロイセンによるシュレスヴィヒ＝ホルシュタインの併合を求めた。

ラッサールの自伝によれば，彼の人生を貫いたものは革命をめぐる戦いであった。

Ⅳ. 革命家と社会主義者

ラッサールは，カール・マルクスへの手紙の中で，1840年以後は革命家，1843年以後は断然たる社会主義者と自称している。48年革命の際には，彼はどちらでもあることを示した。ブランデンブルクで解散されたプロイセン国民議会が，解散の前に，プロイセン国王フリードリッヒ・ヴィルヘルム4世に不当な要求をし，全面的な納税拒否を決定した際に，ラッサールはデュッセルドルフで税金の徴収に反対する武力抗争を企図した。彼は，「王権に反対して市民に武器を取ることを唆した」として1948年12月22日に逮捕起訴された。彼の――傍聴禁止に抗議したことにより行われなかった――デュッセルドルフ陪審裁判に対する弁護演説（1849年5月6日の陪審裁判演説）は，無罪判決という結果をもたらした。しかし，職業裁判官で構成される懲戒警察裁判所は，官憲への暴力的な反抗を扇動したことを理由として彼を有罪とし，彼は

1850年10月1日から1951年4月1日までの6カ月の禁固刑となった。

　ラッサールの革命及び社会主義への決意がうわべだけのものでなかったことは，マルクスへの手紙からわかる。そのきっかけとなったのが，ラッサールの故郷ブレスラウ（現在のポーランド西部の都市ブロツワフ）近郊で起こったシュレジェン織匠一揆であった。裕福な毛織物商人の息子は，搾取される階級の貧困をなくすために革命家になったのではない。彼は，社会主義者の革命家として逆に進んだ。なぜなら，彼は，カール・マルクスと同じように，革命を進展させる担い手は労働者であると考えたのであり，また，自由・平等にもとづく社会が確立された社会主義こそが歴史の結末でなければならないと考えたからである。

　ラッサールにとっての大きな政治的事件は，48年革命であった。その後の憲法の本質に関する演説の基礎となる見解を先取りした1849年の陪審裁判での演説の中で，彼は，次のことにもとづいて弁明をした。王の権力が国の法を破ったということ，すなわち，「最高で神聖な法，国家を根底から覆したり，オーデル川からライン川までのすべての国民の権利にあたかも電気棒で致命傷を負わすようなことをしなければ侵すことのできない普遍的自由という聖域，個人の自由のための市民軍，出版の自由，協同組合に関する法，国民代表の権限及び不可侵に関する法」を破ったということである。実際の力関係の変化，それを法によって受け入れることは，新たな法状態を創造することであるという。ラッサールにとっては，中間段階があるのではなく，常に新しい法状態があった。

　復古後，ラッサールは，ある国の1人の革命家としてその立場が伝えられ，その革命への力は1849年以降余すところなく発揮された。彼の政治的戦略は，新たな革命状況を内部及び外部の両方から引き起こすことを狙うものであった。彼は，諸外国の革命の火蓋が切られることを望んだ。彼が，シュレスヴィヒ＝ホルシュタインのプロイセン併合を支持したとき，このことがプロイセン・オーストリアの対立を激しくした。ラッサールは，オーストリアとプロイセンとの間の戦争を望んだ——しかも，急速に解決する戦争である。すなわ

ち，ドナウ王国かプロイセンの壊滅，あるいは，少なくともホーエンツォレルン家の失脚である。国内政治に関して，彼は政治目的を掲げたが，それは，彼自身が十分に認めており，独裁者がそれを追求することも可能であるが，独裁者にとっては最終的に致命的となりかねないものであった。これに当たるのが，国家扶助による生産協同組合を設立するという彼の要求である。最初は，彼は，自分の提案が受け入れられないことを予想していた。そのため，ハッツフェルト（*Hatzfeldt*）伯爵夫人に「公開答状」に関してつぎのように書いた。「これについてもっともすばらしいのは，この声明がそもそもまったくもって保守的で——その言葉を正しく理性的な意味で捉えると——きわめて保守的であり，多くの称賛や有産階級とのかかわりを得ることにつながったということです。しかし，もちろん同時に，これはかならず革命に影響を与えなければならないことも確かです。なぜなら，有産階級は，いかなる公正，正義，分別をも，とにかく持ち合わせていないので，労働者階級が平和的な方法で有産階級の特権をもぎ取ることをもっとも望まないからです。これが簡単に実行できればできるほど，また，何らの財産を損なうことなく容易にできることを示せば示すほど，彼らを怒らせるでしょう！」ラッサールは革命家とみなされたくなかった。それどころか，むしろ，革命の進展は，権力者の無分別に起因する，法則通りのやむを得ない過程であると理解されるべきだと考える。しかし，国家扶助による生産協同組合を創設するという彼の提案が受け入れられるとすれば，国家が大実験にかかわらなければならなくなり，その結果，途中での方向転換は——それが起こるのが遅くなればなるほどますます——国民を怒らせ，彼は権威を失うだろう。

　ラッサールは，封建社会の特権の廃止によって，「個人が受け継ぐ財産として民衆の意思を築き上げる」という最も大きく最も強固な特権としての主権が，このような特権やこれによる特別な存在を打ち壊していくだろうと理解していたにもかかわらず，大逆罪訴訟（1864年3月12日）において，社会的な国民主権を求めた。

　ラッサールは，常に事態を先鋭化させた。彼は，「賃金鉄則」を主張した

——これによって彼は新たな理論を展開したのでは決してなく，その反対に自由主義的な理論家の意見にもとづいて，自由主義社会には労働者階級の逃げ道はどこにもないのだということを指摘した。このことは，労働者の結社の自由についても当てはまる。ラッサールは，ロンスドルフ演説の中で，労働組合及び争議権の基礎を築くことをやめた——「人間として振る舞おうとすることは，物であり商品である労働力の無駄な努力である」と。団結権は，「あまり見られない例外的事例に対してごくまれに一時的にある種の労働者集団にだけ容易に生じるが，労働者階級の状況を現実的に改善することには決してならない。」

　すべての道は革命へとつながる。ラッサールは，裁判官に対する法廷演説の中だけでは，革命概念の2通りの解釈を用いなかった——それは，根本的で思想的な変革と暴力による変革という2つの解釈である。彼が公の場に登場するすべては，革命のための扇動であった。しかし，彼にとっては，個人を擁護することも既存の秩序を揺さぶることと同じであった。なぜなら，ハインリッヒ・ハイネ（*Heinrich Heine*）が，ラッサールのいとこに，その父が出した金利を引き続き支払ってほしいと要求したしたところ，ラッサールはこれを銀行家との公開論争のために利用しようとした。ハッツフェルト夫人の離婚訴訟は，彼にとって女性の解放のための戦いであった。文芸史家ユリアン・シュミットや出版の自由に対する文書によるキャンペーンは，市民階級の教育を求めることに向けられた。

　権力も革命への道となった。ヘーゲル学派のラッサールは，その見方にも表裏があった。彼は，盟友——有力な政治家や学者，とりわけ，残っている48年革命人——を求めた。彼のいちばん近くにいた社会主義的民主主義者ロードベルトス（*Rodbertus*）がそうであったかどうかはたいしたことではないが，あるいは，保守的社会主義者 V. A. フーバー（*Huber*），民主主義者フランツ・ツィーグラー（*Franz Ziegler*），のちのビスマルクの同僚，ローター・ブッヒャー（*Lothar Bucher*）あるいは唯物論者カール・ビューヒナー（*Karl Büchner*）であった。ビスマルク自身も彼を同盟者と見ていた——もちろん，今後の歴史的方向性を知っていると主張するヘーゲル学派そのものも，より強

力な同盟者であると見ていた。それゆえ，保守派と労働者との間の選挙同盟は可能ではないかというビスマルクの質問に対する彼の回答に関する記録も信用できるだろう。「閣下，当面，労働党と保守派政党との連合は可能でしょう。しかし，我々が共に歩むことができるのはほんのわずかの間だけでしょう。それからまた，我々とより激しく戦うことになります。」これに対してビスマルクは次のように答えたと言われている。「ああ，あなたは，悪魔と付き合っていける者が私たちの中にいるかどうかによるというのか。私たちにはわかる (Nous Verrons)。」

ラッサールが革命を是認する根源にあるのは，ユダヤ民族である。

V. ラッサールとユダヤ民族

革命に対するラッサールの決意は，ユダヤ人であることに劣等感を覚えたことから芽生えた——そしてそれはある文学作品に出合ったことによる。少年時代の日記の中で，15歳のラッサールは，ユダヤ民族について次のように告白している。「私は，儀礼的な規則には従わないが，今いる中で最高のユダヤ人の1人である。」これに続いて，ビューロヴァー・リットン (*Bulwer-Lytton*) の長編小説『ライラ グラナダの包囲 (Leila, oder die Belagerung von Granada)』(1838年) の第一印象について，つぎのような言葉が述べられている。「私は，ビューロヴァーの『ライラ』に登場するユダヤ人と同じように，現在の抑圧された状況からユダヤ人を救うために自らの命をかけるつもりだ。私はユダヤ人を再び尊敬される民族にするためなら，処刑台をも恐れない。」ラッサールは，ユダヤ人の先頭に立って，武器を手に取り，ユダヤ人を独立させることが「大好きな考えだ」と書いた (1840年2月2日)。3カ月後，彼は，ダマスカスの儀式殺人を知り，つぎのように記した。「各地でユダヤ人が蜂起して，あちこちに火をつけ，火薬で吹き飛ばし，彼らを苦しめる者とともに自殺したなら，これ以上に正当といえる革命はあるだろうか？」このとき，彼は，深い失望を露わにした。「卑劣な民族よ。お前は不幸だ！ 踏みつけられ

た虫は身をよじるが、お前は深く身をかがめただけだ！　お前は、死ぬこと、全滅させることを知らない、当然の権利とは何かを知らない、敵とともに消え去ることも、死との戦いの中で苦しむことも知らない！　お前は、生まれついての従僕だ！」(1840年5月21日)

　失望や軽蔑を覚えたラッサールは、だからといってキリスト教に転向することもなく、ユダヤ教の信仰告白から逃れた。「魂の告白」の中で、彼はこのことを次のように表現している。「私たちにとって、ユダヤ人であることはもはや何の意味も持ちません。なぜなら、それは、ドイツ、フランス、イギリスでは信仰にすぎないのであり、国籍（Nationalität）ではないのです。私たちにとってユダヤ人であるということは、プロテスタントであるかカトリックかであるかと同じです。とりわけ、私と同じように、人が魂の叫びや才能を持っている場合には、誰もが平等の権利を持っています。」ラッサールは、たしかに、結婚のためにキリスト教徒になることも表明していた。しかし、彼はこの時、偏見に屈しただけであり、「臆病であったのだ。」ところが、それは偽りでもあった。なぜなら、彼はキリスト教徒にはならなかったからである。当時、彼はこう言った。「私はユダヤ人をまったく愛していません。私はそれが嫌いでなりません。彼らは、偉大な、しかし、はるか以前に完全に廃れてしまった過去の時代の息子でしかないのです。このような人間が、彼らを隷属させた100年のうちに、奴隷の身分を受け入れたのであり、だから私は彼らに好意を持てないのです。私は、彼らとはまったくかかわりがありません。私の友人の間や、私を取り巻く社会の中では、優れたユダヤ人はまったくいませんでした。」その後、ラッサールは、全ドイツ労働者協会の総裁としての彼の後継者ベルンハルト・ベッカー（*Bernhard Becker*）にはっきりとこう言った。「人間には、私が特に好きになれない2つの階級がある。文士とユダヤ人である。残念ながら私はどちらにも属している。」

　ラッサールは、ユダヤ人排斥の攻撃にほとんど晒されなかった。彼に対する嫌悪すべき非常に不快なユダヤ人排斥の発言は、カール・マルクスから発せられた。

VI. ドイツ人の民族問題と世界史的使命

　ラッサールの国民主義的な立場は，革命の肯定に直接つながっている。彼は徹底した連邦主義反対論者であったが，それは連邦がそれまでのドイツの歴史を消してしまうという理由からであった。「35の下位主権を完全に掌握する世襲君主による統一されたドイツ帝国を求め，また，あらゆる美辞麗句，外見的な装い，学生組合時代の考え方でそれに同意する」者は，連邦共和制よりもはるかに高い知識や政治的真実の段階にいるという。それゆえ，彼は，フランクフルト帝国憲法を「反動的ユートピア」と呼んだ。精神的な統一が国内的統一につながると考えた。このとき，ラッサールは，フィヒテとともに，ヘーゲルの民族精神理論を未来へとつなぎ，歴史の正当性やその全体的発展をより大きく特殊な民族のそれとみなすことによって，ドイツ人に世界史的使命を与えた。特別な存在であることにもとづく民族精神の正当性は，独自の方法で発展を遂げ，全体の文化的なプロセスと歩調を合わせた民族精神がそこにはある，ということに結び付く。さもなければ，征服することが正当となってしまうだろう。従来のドイツ人の民族性の喪失や，歴史的に生じた民族の特殊性の欠如から，ラッサールは，「統一のためにすべての文化的理念を統合するという態度」にもとづいたフィヒテにしたがって，「それまでのドイツ人の民族性の欠如が将来的には強さになること」というドイツ人の世界史的使命を導き出した。

VII. 理性による独裁

　ラッサールは民主主義者ではなかった。全ドイツ労働者協会の指導者として，彼は「厳格な統一と紀律」を求めた。個人的に望んだり粗探しをするという病にかかっていない，分別のある独裁者だけが，「非常に困難な社会の過渡的課題を処理することができる」という。このことは，厳しい統制による以上

に，ラッサールが死んだときに全部で4,610人の構成員がいた協会の弱点を克服することを意味した。独裁者は，理論上，歴史的発展を理解し，形成し，そして簡略化させる能力があることが第一であるということを基礎に置くという。なぜなら，ラッサールはブルジョアジーの支配を飛び越えようとしていたからである。

1878年9月7日の彼の有名な帝国議会演説において，ビスマルクは，「極端な形の野心である」と述べ，特徴的なラッサールの信念を悪意をもって論じたが，場合によっては「徹底的な君主制」としてまったく適切であるとして，つぎのように付け加えた。「ドイツ帝政（ラッサールが追求しようとするような）はホーエンツォレルン王朝で終わるのか，それとも，ラッサール王朝で終わるのかは，ひょっとするとはっきりとは言えないかもしれない。」1840年，ラッサールは，フィエスコ上演後，日記につぎのように書いている。「私は今，革命的，民主主義的，共和主義的な考えを持っているのにもかかわらず，それがどのようなものかを知らない。だから，私がラヴァーニャ伯の立場になっても同じように振る舞い，最高の市民がジェノバ市民であることに満足せず，王冠に手を伸ばすだろうと思う。こんなことだから，私が物事をじっくりみるとき，私は単なるエゴイストであるということがよくわかる。私が王子や侯爵として生まれていたら，私は身も心も貴族になっていただろう。だがしかし，私は普通の市民の子にすぎないのだから，彼の時代では民主主義者になっていただろう。」

Ⅷ. ラッサールと法

ラッサールは法律家なのか？　いずれにしても彼自身は，そのようには名乗ってはいなかったし，弁護士とも名乗っていなかった。しかし，彼は，長い間，ハッツフェルト伯爵夫人の離婚訴訟や財産分与訴訟を行っていた。伝記作家ヘルマン・オンケン（*Hermann Oncken*）は，的確にも，彼を最も偉大なドイツの法廷弁士の1人であると呼んだ。しかし，彼の演説すべてが法廷弁士

以上のものであった。彼のすべての演説は，学問の自由をよりどころにして，その学問の自由や非難及び政治的扇動のためなら弁解ができる余地があることを利用して，宣伝文書として彼自身によって配布された。それらは刑法の文言解釈にもとづいており，晩年には自由主義者の自由理論や君主制の国家忠誠という暗がりの中で発展した。演説は，法批判を含んでいなかった。「陪審裁判演説」（1849 年）だけが例外であった。それは陪審裁判所に合わせて作られていたが，その中でラッサールは，反革命時代の職業裁判官と決着をつけた。その裁判官は，その構成員と議長が議員として評決することを理由に，その職を解こうとしたり，あるいは，自身の道徳的強制による退職を強要したりしていた。ここで，彼は，ドイツ国民及びフランス国民が寛大であることと，彼を苦しめるものへの報復を認めず，それを制圧する者たちが形式的な法を尊重したこととを比較した。プロイセンは，資本家階級を有能であるとみなして，民族の敵である政府の共犯者にするという屈辱を我々国民に与えた世界最初の国家である，とラッサールは述べている。

　ラッサールは，真の規範的な憲法理解を行う批評家として，その（最初の）講演「憲法の本質」で，国家理論の歴史に名を残している。これ以降，書かれた法と実際の力関係との対比は，不変の課題として法律家の前に現れた。

　ラッサールは，『既得権の体系』をもって，今日でも注目される法律に関する偉大な業績を残した。この講演の中で，彼は，「政治的社会的闘争の核心的根拠」について次のように詳しく述べた。「既得権の概念には，何度も争いがあり，これらの争いは，今日の世界の心臓部を揺るがし，この 100 年の政治的社会的闘争の奥深くにある原因を形成するものである。」その中心的概念は，つぎのように定められる。「個人がその意思行為を介してのみ定められる法は遡及的な効力を持ってはならない。」それに対して，個人が，「本能的，一般人的，当然のあるいは社会から授けられた属性の中で定められる法，または，社会そのものが組織的な制度の中で変わることによってのみ定められる法」は遡及する。彼は，すべての市民の法意識の表出としての法の概念からその根拠を導き出した。個人の意思のみが法を定める。彼は，既得権の本質を発見しただ

けである。なぜなら，立法者は，個人が実際に認めたものとは別のもの求めることがないようにしなければならないからである。そのような遡及的法は法律ではない。

　ラッサールの関心事は，封建的圧力にとって替わるために裁判官に武器を与えることであった。これについて，彼は，同じことが財産とくに市民の財産にも言えるのだということを明らかにした。華々しい怪物のような論評によって，歴史的な展開により相続権は長く制限されるに至ったことが裏付けられた。このように，法律学の歴史においては，法哲学の中に歴史哲学が入り込んでいることをラッサールは強調した。

　ラッサールは，すべての人間の自由及び平等にもとづく法秩序の形成については，どこでも扱っていない。そのようなはるかかなたにある目標は，過渡期の理論家としての彼の頭にはなかった。このような過渡期にあったために，彼は法律虚無主義であった。権力獲得及び権力維持だけが彼にとっては重要であった。その手段こそ，彼がまさに現実的であると考える革命であった。1853年の手紙の中で，彼は振り返って告白したが，「特に1848年の民主主義ほどくだらなく，不快で，無秩序なものはない」と感じるのはもはや彼のほかにいないだろう。しかし，彼は思い起こした。勝利を収めた革命の「熱風」が，非常に多くの存在の繁栄や非常に多くの人生において好きになったものを破壊した中で，「歴史や人類の進化の崇高な息づかいを見た。…そしてそれは，当然にも，現実世界を単なる肥やしとして，その成長のための大地に投げ込んだのである」。世界史的発展に相反する民族の絶滅にも同じような正当性があるといえる。

　「理性による独裁者」とは，革命の計画と自分の意思の貫徹を同一のものと見ることを意味した。しかし，ハッツフェルト訴訟を提起し，終わらせたこともラッサールが法を軽蔑したことを特徴づけている。ラッサールは既存の法を軽蔑した。彼は，それを道具として利用したのであり，一般的にも，成文法上あるいは自然法上も，何らかの原則に服従することを拒絶した。彼はユダヤ法を重視したのであった。

IX. 評　　価

　ラッサールの特徴を描く場合，長い間，ドイツ社会民主主義をめぐる闘争に依拠してきた。「国家主義の」ラッサールが「国際的な」カール・マルクスの前に立ちはだかっていれば，社会民主主義が国家に組み入れられただろう。ラッサールは，とりわけビスマルクとの会談という手段を用いて自分の意見を表明することによって，その理解を促した。そのため，彼は，「理想を持った策略家」の犠牲となり，また，『史劇ジッキンゲン』で彼が分析した革命の目的を公表されないという巧妙な策略の犠牲ともなったため，彼はこの危険から身を守ろうとした。20年間に残した膨大な量の著作物によって，今はこのような誤解はされなくなった。

　ラッサールは，自己理解によって，革命家となり，国家主義，社会主義革命家となった。彼は，レーニン，スターリン，そしてこれは恐ろしいと思われるかもしれないが，アドルフ・ヒトラーとならぶ理論家としてふさわしい。彼らとは異なるところは，彼がまだ権力を求めて戦い，「理性による独裁者」となっていなかった頃より前から努力をしていたことだけである。彼の活動の歴史はもちろん他にもある。「賃金鉄則」は扇動としての効果があり，ドイツにおいて自由主義が自然法の秩序としては受け入れられないことに役立った。所有の形を変えて生産手段に対して国家が介入していこうという点について，彼に続く者は誰もいなかった。しかし，彼は，鉄道労働法の領域において国家介入をもたらした。「講壇社会主義」は彼なしに考えることはできない。

記　　録

　個々の記録については記載しない。それについては，私の著作『フェルディナント・ラッサール　法哲学と社会哲学 (Ferdinand Lassalle als Rechts- und Sozialphilosoph)』(1953年, 同第2版1955年)，及び，私の『フェルディナント・ラッサール選集 (Ferdinand Lassalle, Ausgewählte Texte)』(1962年) でみることができる。

　ユダヤ民族に対するラッサールの見解について詳しくは，エドムント・ジルベルナー (Edmund Silberner) の緻密な調査『ユダヤ問題に対する社会主義者 (Sozialisten zur

Judenfrage)』を参照。19世紀初めから1914年までの社会主義の歴史についての寄稿は，アーサー・マンデル（Arthur Mandel）の英語からの翻訳（1962年 160頁）がある。そこには，ユダヤ人及びユダヤ民族に関するラッサールのわずかばかりの見解についての別の出典がある。ラッサールは，文芸史家ユリアン・シュミットを非難した。「ああ，あなたはユダヤ人，ユダヤ人なのだ。あなたは銀行家に買収され，文芸史の持つ大きな影響力によって読者をユダヤ化するつもりなのか？」エドゥアルト・ベルンシュタイン（Eduard Bernstein），フランツ・メーリング（Franz Mehring），グスタフ・マイヤー（Gustav Mayer），ヘルマン・オンケン（Hermann Oncken）そして最も激しいユリウス・ファールタイヒ（Julius Vahlteich）といった全ドイツ労働者協会（ADAV）の共同設立者たちの業績には，ユダヤ系のラッサールの影響が強い。最悪のユダヤ人排斥論の表明は，フリードリッヒ・エンゲルス（Friedrich Engels）との往復書簡の中でのカール・マルクス（Karl Marx）のものである。その中では，L. エフライム・クシュハイト（Ephraim Gscheit），ユーデル・ブラウン（Jüdel Braun），ヤコブ・ヴィーゼルティアー（Jakob Wieseltier），ヤコブ・ヴィーゼンリースラー（Jakob Wiesenriesler）を，ポーランド生まれのユダヤ人という意味でユダ公（Itzig）とかユダヤのニガー（Jüdischer Nigger）と呼んだ。「ユダヤ人男爵あるいは男爵のようなユダヤ人」とマルクスが性格を描写したのは，一緒に訴訟をしたハッツフェルト伯爵夫人の影響による。

　マルクスとラッサールの関係については，ティロ・ラム『ラッサールとマルクス（Lassalle und Marx）』マルクス主義研究第3巻（1960年）185頁，ハンス・ケルゼン（Hans Kelsen）『マルクスかラッサールか？（Marx oder Lassalle）』社会主義の歴史と労働運動に関する記録11所収（1925年）261頁。マルクス主義者の視点から，ゲオルク・ルカス（Georg Lukacs）『マルクスとラッサールのジッキンゲン討論（Die Sickingendebatte zwischen Marx und Lassalle）』（1931年），『文学史家としてのカール・マルクスとフリードリッヒ・エンゲルス（Karl Marx und Friedrich Engels als Literarhistoriker）』（1952年），ヘルマン・クレンナー（Hermann Klenner）『ラッサールの憲法論と現実的政治，国家と法に対するマルクス，エンゲルス（Marx und Engels gegen Lassalle's Verfassungstheorie und Realitätspolitik, Staat und Recht）』（1953年）223頁。

　ラッサールに関して精神分析学の見地からは，エルヴィン・コーン（Erwin Kohn）『ラッサール（Lassalle）』指導者の面影第4巻（1926年）。

　法律家としてのラッサールについては，エルンスト・フォン・プレンナー（Ernst von Plenner）『フェルディナント・ラッサール（Ferdinand Lassalle）』全ドイツ伝記17巻740頁以下，1883年を境に，ラッサールは法律家と呼ばれたという誤った主張をするライムント・バイエル（Raimund Beyer）『フェルディナント・ラッサールの法律家的素質（Ferdinand Lassalle's juristische Ader）』NJW1990,1959も参照。誤った主張（弁護士）及び誤った評価（法闘争者）は，ナアマン（Na'aman）の寄稿論文「闘争好きの法律家」

に由来する。他の説もある（Hrsg. Kritische Justiz）1989年。

『既得権の体系』及びそれについての法的論争については，G. ビュックリング（G. Bückling）「法と権力の概念との関係における既得権」を参照。1932年の19世紀の歴史についての論文。

ラッサールのさまざまな評価については，ヘルムット・ヒルシュ（Helmut Hirsch）の選集（1963年）の一覧を参照。もちろん，私のレーニンとヒトラーとの比較もシロモ・ナアマン（「フェルディナント・ラッサール，ドイツ人とユダヤ人（Ferdinand Lassalle, Deutscher und Jude）」1968年105頁）のトロツキーとの比較も含まれる。

出　典

演説及び文献，伝記による基本書を合わせた新たな全データは，Eduard Bernstein, 3Bände, 1892/1893（「ヘラクレイトス」及び講演「ヘーゲル及びローゼンクランツ論理学」を含まず，『既得権の体系』は要約だけである）。

全講演及び文献は，エドゥアルト・ベルンシュタインの発行である。全12巻1919年，1920年，（「扇動演説」，「カセットテープの演説」及びラッサールの刑事訴訟2及び3は含まない）。

イェナーチェク（Jenaczek）によれば，1970年のフェルディナント・ラッサール演説及び著作（初版にさかのぼって）の中で出典Bは信頼できない。

遺された手紙や文書は，グスタフ・マイヤー発行。第6巻1920年-1925年。

グスタフ・マイヤー『ビスマルクとラッサール，彼らの文通及び会話』（1928年）。

フェルディナント・ラッサールの日記は，パウロ・リンダウ（Paul Lindau）によって1892年に，フリードリッヒ・ヘルトネック（Friedrich Hertneck）によって1926年に発行された。

フェルディナント・ラッサールの生涯の恋愛エピソードは，1878年の『日記，往復書簡，信仰（Tagebuch- Briefwechsel- Bekenntnisse）』（フランス語で書かれたいわゆる「魂の告白」の，より良い翻訳。ヒルシュ選集所収。1963年）。

イーナ・ブリチュギ - シンメル『ラッサール最後の日（L's letzte Tage）』（Berlin 1925）。実物の手紙と遺稿の記録にもとづく。

選　集

Stefan Grossmann, 1919; Franz Diederich, 1920; Hans Feigl, 1920; Karl Renner, 1923; Ludwig Maenner, 1926; Thilo Ramm, 1962; Helmut Hirsch, 1963; Friedrich Jenaczyk, 1970.

伝　記

Bert Andreas, Ferdinand Lassalle- Allgemeiner Deutscher Arbeiterverein, Archiv für

Sozialgeschichte 1963 u. 1981 eingel. von Cara Stephan.

伝記の中の叙述

Eduard Bernstein, Ferdinand Lassalle. Eine Würdigung des Lehrers und Kämpfers, 1919.
Hermann Oncken, Lassalle. Eine politische Biographie (unübertroffen) 1904; 4. Aufl. 1923, 5.Aufl. 1966; Shlomo Na'aman, Lassalle 1970.

Kürzere neuere Darstellungen von Eckard Colberg, 1969; Gösta von Uexküll, 1974 und Wolfgang Kessler, 1984.

ドイツ帝国及びワイマール共和国における
ユダヤ出自の法律家*
――エルンスト・ランズベルクへの思いをこめて――

ペーター・ランダウ**
訳 森　　勇

I. はじめに―――市民としての平等，その始まり

　ドイツ帝国（Kaiserreich）及びワイマール共和国の時代は，ドイツの歴史において，ドイツユダヤ人の法的な平等が法秩序中に定着した時期である。1849年のフランクフルト帝国憲法の人権の章には，「宗派により，市民としての権利及び公民としての権利は，左右されあるいは制限されることはない」と定められていた（フランクフルト帝国憲法 146 条）が，その帝国憲法全体と同様，この条項が，ドイツの各邦国（Staat）で施行されることはまったくなかった。しかしその後，1869年7月3日に制定された北ドイツ連邦の「市民関係及び公民関係における宗派の平等に関する法律（Gesetz betreffend die gleichberechtigung der Konfessionen in bürgerlicher und staatsbürgerlicher

---

　　* Juristen jüdischer Herkunft im Kaiserreich und in der Weimarer Republik
　　　Dem Andenken Ernst Landsbergs
　** Dr. *Peter Landau* : Professor an der Universität München（ミュンヘン大学教授）

Beziehung)」は，1866年以降に成立したあらたな連邦につき，キリスト教宗派に帰依する者をこえて，ひろくユダヤ系住民にも公民としての平等をはじめて保証したのであった。1869年のこの法律は，同じ年に施行された北ドイツ連邦の営業令そして1870年の刑法典と同じく，非常に短期間のうちにほとんど忘れ去られてしまった，北ドイツ連邦と1871年のドイツ帝国の間における国家体制がもたらし長く持続した法政策上の成果の1つである。1871年，南ドイツの諸邦が加わったのにともない，先の宗教の平等に関する法律もまた，当初からドイツ帝国法の構成要素となった。要するに，その憲法は何らの基本権を規定せず，そもそもが国家組織法でしかなかった1871年のビスマルク帝国においては，この法律は，そこに書き込まれている平等原則をもってしてみると，実体的には帝国憲法の1つの構成要素だったということができる。

　ナチ独裁のはじめ，授権法制定のわずか2週間後，1933年4月7日の「職業官僚制度の再生のための法律（Gesetz zur Wiederherstellung des Berufsbeamtentum)」をもって，ユダヤ人の平等は撤廃された。これにより，ドイツライヒが，その法秩序において，法治国家そして文化国家に関するヨーロッパの基準に対応していた時代は終わりを告げた。ドイツの法秩序が，ユダヤ人にたいし，公民として，歴史の展開に同等の資格でかかわる機会を与えたのは，約60年という比較的短い期間のみであったし，その際，法的にはチャンスが保証されたとはいっても，社会における機会均等が保証されたわけではけっしてなかった。ユダヤ教の公民も平等とされたにもかかわらず，とりわけユダヤの宗教共同体への帰属性を守っていた者にたいしてはさまざまな事実上の不平等扱いが存していた。しかし，キリスト教に改宗したユダヤ系家庭の一員，そしてまたすべての宗派から離脱したユダヤ出自の人々にたいしても，差別は続いた。

　1871年にオットー・フォン・ビスマルク（*Otto von Bismark*）がドイツ帝国を創設した後すぐに，人種的な理由を根拠としたあらたな反ユダヤ主義が台頭した。1879年，これに対応した語彙が，ドイツ語圏ではじめてアナーキズムを喧伝したジャーナリストの反ユダヤ主義者ヴィルヘルム・マール（*Wilhelm Marr*）の周辺で創造され，そして，1878年頃，ドイツの歴史における最悪の

惨事，つまりはドイツ保守党（Deutschkonsevativen Partei=DKP）が反ユダヤ主義をその党要綱に掲げることとなった元凶，宮廷説教師アドルフ・シュトッカー（*Adolf Stoecker*）主導のもとで，反ユダヤ主義は，政治的動きとなった。ドイツ帝国及びワイマール共和国の60年間，ユダヤ出自のドイツ人は，市民としての平等を意識しつつその生活を送ってきた。しかしまた，ほとんどすべてのユダヤ人は，東ヨーロッパでの迫害のような身の危険は，ドイツでは起こりえないと考えてはいたものの，いかなる時代にも起こりうる社会的差別を意識しつつその生活を送ってきた。ユダヤ系ドイツ人は，彼らがおかれた特別の状況を，ユダヤ出自のドイツの最も偉大な詩人ハインリッヒ・ハイネ（*Heinrich Heine*）の評価が揺れ動いていることから読み取ることができた。ドイツで記念碑を建てることが盛んだった時代，ハイネ生誕の地デュッセルドルフでは，その肖像を建てる話はまったくなかったのであった。

　19世紀前半以降，法律学を学ぶ機会がドイツのユダヤ人にたいして閉ざされることは，もはやほとんどなくなった。しかし，1830年過ぎから1870年少し前の時代には，多くの場合，博士号取得は認められず，また，しばしば司法修習の機会を与えられなかったし，さらに，官僚または裁判官として公職に就くことはできなかった。そしてまた，当時弁護士職＝アドボカテュア（Advokatur）について一般的にとられてきた認可システムのもと，多くの場合，弁護士になる道も閉ざされていた[1]。もっとも，1870年までのユダヤ人にたいする制約は，キリスト教の洗礼を受けたユダヤ出自の法律家には適用はなく，1850年以前においても，昇進の道は開けていた。本書には，その偉大な例である，エドゥアルト・ガンス（*Eduard Gans*），フリードリッヒ・ユリウス・シュタール（*Friedrich Julius Stahl*）そしてエドゥアルト・フォン・ジムゾン（*Eduard von Simson*）の3人の伝記が収録されている。なお，ジムゾンの職業経歴は，1833年から1891年まで，すなわち，ビスマルク帝国の第1期

---

1) これに関する，重要な統計を付してまとめたものとして，*H.-P. Benöhr*, Jüdische Rechtsgelehrte in der deutschen Rechtswissenschaft, in: Judentum im deutschen Sprachraum hrsg. v. *K.E. Grözinger*, 1991, S. 280-308. この点については，S. 281-286.

までにも及んでいた[2]。1867年から1873年まで,まずは北ドイツ連邦の帝国議会(Reichstag)の議長,その後はドイツ帝国議会(Reichstag)の議長をつとめたジムゾンは,1871年に成立した民族国家(Nationalstaat)の創設者の1人であり,1879年から1891年までドイツ大審院(Reichsgericht)初代長官として,その経歴の絶頂期にあった。エドゥアルト・フォン・ジムゾンは,多くのユダヤ系法律家に特徴的にみられたところであるが,職業上の関心を文化遺産にたいする情熱と結びつけた好例である。彼は,1886年にライプチヒに設立されたゲーテ協会の設立者であり,そしてまたその会長であった。

　ユダヤ人が司法官職や弁護士職に就くことにたいしては障害があったにもかかわらず,すでに1848年から1870年までの間にあっても,比較的多くのユダヤ人が法学部で学んでいたことはあきらかである。このことは,一部統計からわかる。ドイツ最大の邦国プロイセンでは,1857年のユダヤ系修習生の数は42人であったが,1872年にはすでに98人,1866年に併合された地域を含めると114人ものユダヤ系修習生がいた。1872年には,プロイセンの修習生の7.6%がユダヤ人であり,これは,ユダヤ人が人口に占める割合を遙かに上回るものだったことを意味している[3]。プロイセンにおけるユダヤ系弁護士の数からもまた,キリスト教の洗礼を受けていないユダヤ人も,徐々に司法職に就けるようになっていったことがわかる。1860年頃は,プロイセンにおいてユダヤ系弁護士(Advokat)は非常に珍しく,統計にはあらわれてこない程度であったが,1872年にはすでに75人のユダヤ人弁護士がいた。これは,プロイセンの弁護士の3%であった[4]。ルドルフ・フォン・グナイスト(*Rudolf von Gneist*)が唱えた「自由な弁護士職(Freie Advokatur)」制度の導入以前の当時でも,ユダヤ人弁護士の割合は,人口割合からみて,この職業に就いていたカトリック教徒及びプロテスタントの2倍以上だったことになる。

　1869年の法律は,ついに,ユダヤ人にたいし裁判官職にも就ける道を開い

---

2) *Simson*については,本書所収のG. Pfifferの論文参照。
3) Vgl. *T. Krach*, Jüdische Rechtsanwälte in Preußen, 1991, S. 414.
4) *Krach*, (aaO Fn. 3), S. 414.

た。ユダヤ教信者のドイツ人ではじめてドイツの上級裁判所で裁判官の地位を得たのは，ドイツユダヤ人階層（Judentum）に属していた著名な弁護士，ガブリエル・リーサー（Gabriel Riesser）であった。彼は，1860年にハンブルクでこの目標を達成した[5]。プロイセンでは，1870年にはじめて3人のユダヤ教信者が裁判官に任官したが，これは，あきらかに1869年の法律の効果である[6]。プロイセンにおけるユダヤ系裁判官の数は，その後の10年間にいちじるしく増加し，1872年には9人であったものが，1879年には99人にのぼっていた[7]。より注目に値するのは，1870年以降のユダヤ系弁護士の増加傾向である。1871年のドイツ帝国にあっては，当初各邦国ごと異なった弁護士の認可システムがいまだに存在していた。とりわけプロイセンでは，弁護士は，自由職業（Freier Beruf）を営むものではなく，フリードリッヒ大王（Friedrich der Grosse）による立法の結果，一種の公務員である司法委員（Justizkommissar）であった。弁護士職（Advokatur）の解放は，1848年以降，一般的な営業自由と同じく，自由主義者の要求するところとなり，1863年，第4回ドイツ法曹大会（deutscher Juristentag）は，かかる改革に賛成する旨の意見を表明した[8]。民事・刑事訴訟法や裁判所構成法などの帝国司法法の審議に際し，1876年には，ドイツ帝国議会もまた自由な弁護士職を求めたが，この目標は，帝国宰相ビスマルクの反対にあって当初は達成できなかった[9]。しかし，1878年，法律上弁護士職への門戸が，ある特別の法，つまりは弁護士法（Rechtsanwaltsordnung）により開放された。この法律は，弁護士については

5) Benöhr, (aaO Fn. 1), S. 288. Riesserに関しては，本書所掲のFiedlerの論文もまた参照。
6) Krach, (aaO Fn. 3), S. 13.
7) Krach, (aaO Fn. 3), S. 415. この7年間で，ユダヤ人裁判官の数は11倍となった。
8) この動きをわかりやすく解説したものとして，A. Weißler, Geschichte der Rechtsanwaltschaft, 1905, S. 572-579, ein historisches Standardwerk aus der Feder eines jüdischen Anwalts. Weißlerについては，Elzeの追悼文（Nachruf）JW 48 (1919), 621 f.
9) Weißler, (aaO Fn. 8), S. 585-587.

一般的に弁護士会制度を導入し,これにより分限上の原則が実現されたのであった[10]。弁護士職に関する根本的な法律の変革は,ユダヤ系弁護士の数をかなり増加させることとなった。1872年から1880年までの間,プロイセンではその数が倍となったが,さらに1880年から1893年の間には,146人から885人,なんと6倍にまで達した。その結果,1872年にユダヤ人が全人口に占める割合は,まだ3％程度であったにもかかわらず,1893年においては,プロイセンの全弁護士の25％をユダヤ人が占めたのであった[11]。ここに,弁護士職の解放が,急速かつ異常なユダヤ系弁護士の増加をもたらしたことを,はっきりと読み取ることができる。

　1880年以降,ドイツのユダヤ人は,常に,法学教育及び法律職をとくに好んだ。ドイツの公職に就いたユダヤ人の数が,いまだに折に触れ低下していたことに照らすと,ユダヤ人が,とくに,その修了により自由職業に早く就くことができる2つの学部,つまりは医学部と法学部で勉学したことは理解できる。ユダヤ系医学者及び医師が持った大きな意味については,法律家と比較してみて,別して論じるに値しよう。ここでは,1908年,ドイツではじめてノーベル医学賞を受賞したパウル・エールリッヒ（*Paul Ehrlich*）は,ユダヤ人だったこと,1933年ドイツ帝国には,全部で8,000人のユダヤ人医師がいたことを指摘するに止めておく[12]。1878年以降,弁護士という職業は,ドイツユダヤ人にとり,医者と同様の職業チャンスとなったのであった[13]。1870年以前,大方の法学部においては,ユダヤ教徒であるユダヤ人による教授資格取得（Habilitation）は認められていなかったし,信仰にかかわらずユダヤ出自の者

---

10) *Weißler*, (aaO Fn. 8), S. 602 参照。
11) *Krach*, (aaO Fn. 3), S. 414 f. 参照。ここにあげた数値は,この論文に依拠している。
12) Philo-Lexikon, 1935, Sp. 46. 1907年当時,ドイツ帝国においては,すべての医師及び歯科医師の6％がユダヤ人であった。vgl. *Benhör*, (aaO Fn. 1), S. 289.
13) *Benöhr*, (aaO Fn. 1), S. 293 によると,1886年から1887年にかけて,ドイツでは,ユダヤ人学生の59％が医学を学び,その16％は,法学を学んでいた。1910年頃には,ドイツの高等教育機関のユダヤ人教員200人中,半数以上が医学系教員であった。

には少なくとも難しかった[14]。1875年以前には，ユダヤ系家庭出身者の法学教授資格のほとんどすべてはハイデルベルクで授与されいていたということは注目に値する[15]。ハイデルベルクでは，すでに1818年，最初のユダヤ系法律家であるジグムント・ヴィルヘルム・ツィンメルン（Sigmund Wilhelm Zimmern）に教授資格が授与されていたのである[16]。宗教教育の伝承のせいで，進歩的なユダヤ人にとって法学の学修が身近だったのかもしれないが，このことと法律学を専攻したこととは，ほとんど関係はなかった。それゆえユダヤ系ドイツ法律家が，ヘブライ法及びドイツにおけるユダヤ人の法の歴史と取り組むようになるのは，かなり後になってからであった[17]。法律家になる専攻を選択したのは，他の場合と同様，こうすればさまざまな職業に就けるという思いからだった。そう考えるべきであろう。法制史学者オットー・グラーデンヴィッツ（Otto Gradenwitz）は，大学入学資格試験（Abitur）の後，彼の数学教師から，「君は何を学びたいか」と質問された。彼は，「法律家なら何にでもなれる。数学者は，天才でなくてはならない。」と答えたとのことである[18]。そしてまた，

---

14) Eduard Gans に関しては，本書所掲の J. Braun の論文，さらに Benöhr, (aaO Fn. 1), 285 f. 参照。

15) 1880年以前にハイデルベルクで教授資格を取得したのは，Heinrich Dernburg, Levin Goldschmidt, Edgar Loening, Richard Loening, Paul Laband, Georg Cohn, Max Conrat (Cohn) である。

16) Zimmern のハイデルベルクにおける教授資格取得とその経歴については，J. Braun, Sigmund Zimmern (1796–1830) – ein deutsch-jüdisches Gelehrtenschicksal, ZRG Germ. Abt. 108 (1991), 210–236 のほか，本書所掲の Krampe の論文参照。

17) ユダヤ系ドイツ法律家サイドにおけるヘブライ法の最初の研究は，おそらくは，J. Weismann, Talion und öffentliche Strafe im Mosaischen Rechte, in: Festschrift Adolf Wach, Bd. I, 1913, S. 1–120 であろう。なお，1933年以前では最も大部のこの記念論集には24の論文が収録されているが，そのうち6つは，ユダヤ人著者（Weismann, Mendelssohn-Bartholdy, Pollak, Stein, Weiß, Heinsheimer）.によるものである。1933年以降，法制史学者 Guido Kisch が，はじめて中世のユダヤ人史をそのライフワークの対象とした。

18) H. Planitz の自伝, Die Rechtswissenschaft der Gegenwart in Selbstdarstellungen, Bd. III, 1929, S. 41–88, hier S.41.

ギド・キッシュ（Guido Kisch）もその自伝において，法学とは何かをまったく知らなかったが，「法律家はさまざまな領域で活躍できる」と考え，法律家になったと述べている[19]。もちろんこのことは，その父親がすでに法律にかかわる職業に従事していたユダヤ系法律家にはあてはまらないが，これは，19世紀になるまでは希有の例外であり[20]，ほとんどのユダヤ系法律家は，商人の家庭出身者であった。

II. あるドイツユダヤ系家族の歴史

ユダヤ系法律家が，ドイツの市民階層と密接につながっていることをわずかな紙幅で十分に説明することはできない。しかし，若干の事例では，ユダヤ出自の法律家が，ドイツの教育者たる市民階層の世界に属していたことをとりわけはっきりと示すことができる。話の口切りとして，レーニング（Loening）一族の歴史をスケッチしてみよう。その歴史は，ユダヤ人がドイツの教育者たる市民階層にとけ込んでいったことを，統計数値よりもよりよく解き明かしてくれる。この一族は，ユダヤ系法律家の歴史において，とくに注目に値するが，それは，1世代で2人の法学を講じる大学教授，エドガー・レーニング（Edgar Loening）とリヒャルト・レーニング（Richard Loening）を輩出していたからである。エドガー・レーニング（1843年–1919年）は，ライプチヒの北北西に位置するハレ（Halle）大学の教授であり，1899年から1900年にかけて学長をつとめた[21]。その弟リヒャルト・レーニング（1848年–1913年）

---

19) *Guido Kisch*, Der Lebensweg eines Rechtshistorikers, 1975, S. 33.
20) このような例外の1つが，ギーセン大学教授であり，後に，ヘッセンの上訴裁判所（Aperappellationsgericht）の裁判官となった *Jakob Heinrich Dernburg* の息子 *Heinrich Dernburg* である。vgl. *W. Süß*, Heinrich Dernburg. Ein Spätpandektist im Kaiserreich, 1991 (= Münchener Universitätsschriften, Abh. z. rechtswiss. Grundlagenforschung Bd. 74), S. 4 f.
21) *Edgar Loening* は，また，Handwörterbuchs der Staatswissenschaften の共著者であり，そして1901年から逝去まで，彼と親戚関係にあった *Heinrich Dernburg*

は，イエナ（Jena）大学の正教授となり，1907年に副学長に選ばれた[22]。この兄弟の父，ツァハリアス・レーヴェンタール（Zacharias Löwenthal）は，フランクフルトで出版業を営むユダヤ人であった。彼は，新生ドイツにとっては自由民主的な傾向の人物であったため，3月革命前の時期にはかなりの迫害を受け，一時パリに避難しなくてはならず，やっとのことでフランクフルトに立ち戻ることができたのであった[23]。彼は，ハインリッヒ・ハイネの友人であり，新生ドイツの詩人らと親交があったが，しかしまた，カール・マルクス（Karl Marx）及びフリードリッヒ・エンゲルス（Friedrich Engels）ともとりわけ親しかった。親を異にするこの双子の兄弟の最初の著作『神聖家族（Heilige Familie oder Kritik der Kritischen Kritik gegen Bruno Bauer und Konsorten）』は，1845年にレーヴェンタールがその出版を引き受けたが，同書のタイトルを，風刺にとんだ『神聖家族』にしようと提案したのは彼であった。もっとも，共著者エンゲルスはこれを受け入れたが，躊躇があった。というのは，工場経営者であるその一族との確執を懸念したからであった[24]。こうして，レーヴェンタールは，マルクス系統の著書を最初に出版し，マルクスの『資本論』の出版権をも手中に収めようと思えば，ほぼできたのである[25]。彼はまた，1848年以前にも，ドイツ文学における最初の批判的童話であるハインリッヒ・ホフマン（Heinrich Hoffmann）著『もじゃもじゃペーター（Struwwelpeter）』を出版している。多くのユダヤ人と同じく，このラディカルな民主主義者は，

と同様，プロイセン上院（Herrenhaus）議員をつとめた。Loening については，Nachruf von *A Werminghoff*, ZRG Kan. Abt. 9 (1919), 373 f. 及び *M. Stolleis*, Geschichte des öffentlichen Rechts in Deutschland, Bd. II; 1800-1914, 1992, S. 401 f. 参照。

22) 1875年に教授資格を取得した R. Loening については，*D. Drüll*, Heidelberger Gelehrtenlexikon 1803-1932, 1986, S. 165 f. ; Nachruf von *U. Stutz*, ZRG Germ. Abt. 34 (1913), 739 参照。

23) Loening の論文 Carl Friedrich, von *C. Schwingenstein*, NDB 50 (1987), 50 f. 参照。

24) すべて *Auguste Cornu* の Karl Marx und Friedrich Engels. Bd. II, 1962, S. 273 及び 348 によった。ここには，1844年11月27日付けの *Löwenthal* が *Marx* にあてた書簡が収められている。

25) Art. 'Loening', NDB, (aaO Fn. 23), S. 51.

プロテスタントに改宗し，1857年，レーニングの姓を名乗ることになった[26]。彼は，現在も続いている出版社「Rütten und Loening」の創設者である。彼の3人の息子のうち，エドガーとリヒャルトは，法律家のキャリアを歩んだが，もう1人の息子，ゴットフリード (*Gottfried*) は，出版にたずさわった。娘のリリ (*Lili*) は，19世紀後半における法律家の中で，ルドルフ・フォン・イェーリング (*Rudolph von Jhering*) とならぶ最も著名な法律家，すなわち，オットー・フォン・ギールケ (*Otto von Gierke*) と結婚した。

この民主主義者である出版業者息子達で法律家になった2人は，ともに民族に切り結んだ自由主義者であったが，そのリベラルな世界観には，父の考え方の諸要素がそのまま引き継がれていた。2人は，その著作によってはさほど注目を引くことはなく，彼らが注目されているのは，むしろ学問的に取り組んだ分野の多様性のゆえである。エドガー・レーニングは，教会法の歴史[27]，憲法及び行政法の歴史[28]，法学の歴史[29]について本を著し，はたまた，体系的な行

---

[26]　Art. ‚Loening', NDB, (aaO Fn. 23). 彼の妻 *Nanette* (旧姓，*Reinach*) は，*Jakob Friedrich Dernburg* の妻の姉妹であった。vgl. *Süß*, (aaO Fn. 20), S. 4.

[27]　*Edgat Loening* の主要著作は，2巻からなる Geschichte des deutschen Kirchenrechts 1878 である。本書は，大部の著書としては，教会法の歴史をドイツ語で論じた最初のものである。この著作の詳細な評価は，L. *Falletti*, Art Loening, Edgar, in : Dictionnaire de Droit cononique, Bd. VI, 1957, Sp. 619-635。ここでは，本書は，encore indispensable とされている。フランスの著名な歴史家 *F. Viollet* は，本書を ‚charme de cet exposé' と評している。*Rudolf v. Gneist* の祝賀として，*Loening* は 1888 年，今日でも一読に値する論文，Die Gemeindeverfassung des Urchristentums を発表した。わけてもこの論文は，一部後世の研究とは異なり，初期キリスト教の教区構成にユダヤ人階層が与えた影響を的確に評価している。最後にとくにあげておくべきは，以下の彼の論文である。Die Entstehung der Konstantinischen Schenkungsurkunde, HZ 65 (1890), 193-239. この論文では，かの有名な改竄の成立は，772年から781年までとされている。結論同旨，H. *Fuhrmann*, Art. ‚Constitutum Constantini', TRE 8 (1981), 196-202. hier S. 199.

[28]　E. *Loening*, Gerichte und Verwaltungsbehörden in Brandenburg- Preußen, 1914; zuerst erschinen in: VerwArch. 2 (1894), 257-289, 437-473, sowie VerwArch. 3 (1895), 94-176, 510-577.

[29]　E. *Loening*, Die philosophischen Ausgangspunkte der rechtshistorischen Schule,

政法を最初に主唱した者の1人だった[30]。彼の国家哲学についての基本的観念は，1899年に彼が学長就任に際して行った講演『19世紀における代議制憲法』からよく読み取ることができる。エドガー・レーニングは，モンテスキュー（Montesquieu）の意味での権力分立をともなう代議制憲法を，18世紀における国法の領域における主要な成果だと考えていたのである[31]。「代議制というシステムは，アメリカ，オーストラリアそして日本までもが採用している。」と述べている。代議制システムとともに，エドガー・レーニングは普通選挙権も肯定しているが，その導入はビスマルクの功績だと評価する[32]。しかしエドガー・レーニングはまた，代議制というシステムの弱点もまた指摘し，国民が比較的高度の精神的・道徳的な教育水準に達している場合のみこれを維持することが

in: Internationale Wochenschrift für Wissenschaft, Kunst und Technik, 4 (1910), Sp. 65-86, 11-122. この論文は，Ernst Landsberg の Geschichte der deutschen Rechtswissenschaft における歴史法学派についての解説に多大な影響を与えた。Loening のスタンスに特徴的なのは，彼はここでは，Hegel の哲学と歴史学派の遺産とのシンテーゼを模索したことである。彼は，法制史を，「自由についての意識における進化の過程」ととらえていた（Sp. 122）。

30) *E. Loening*, Lehrbuch des Deutschen Verwaltungsrechts, 1884. *Lorenz von Stein* 以降で *Otto Mayer* 以前のこの分野における教科書の代表例として，行政法史学者の注目を浴びている。この教科書については，*M. Stolleis*, Verwaltungsrechtswissenschaft und Verwaltungslehre 1866-1914, in: Deutsche Verwaltungsgeschichte, Bd. III, 1984, S. 85-108, S. 96 参照。すでにこの教科書には行政法総論の章がある。興味深いのはまた，Die kontruktive Methode auf dem Gebiete des Verwaltungsrechts, Schmollers Jb. 11 (1887), 11-145 における *Otto Mayer* にたいする *Loening* の批判である。ここで彼は，目的という観点を無視した純粋概念的な構成に異論を唱えている。この点に関しては，*Stolleis*, aaO, S. 97. 参照。歴史学派の観点から *Loening* は公務員の責任についても取り上げている。vgl. *Loening*, Die Haftung des Staats aus rechtswidrigen Handlungen seiner Beamten nach deutschen Privat- und Staatsrecht, 1879 (=Festschrift f. Bluntschli von der Juristenfakultät Dorpat). このモノグラフィーは，公法における歴史学派の方法論に関し興味深い。

31) *E. Loening*, Die Reräsentativverfassung im XIX Jahrhundert, Rektoratsrede Halle vom 12. Juli 1899.

32) *E. Loening*, (aaO Fn. 31), S. 31.

できるとする[33]。ドイツに関しては，国王と帝国議会が協力し合うところ，つまり，彼がエドマント・バーク（*Edmund Burke*）に依拠したところの[34]妥協と調整の法文化に，実りある将来をみいだしている[35]。20世紀について彼は，党派と利害の衝突を予言し，これは，公共の福祉（gemeinwohl）に指向した精神の高貴さと道徳教育をもってのみ克服することができると説いている[36]。このラディカルな民主主義者の息子は，民族との関係に切り結んだバランスのとれた自由主義者であり，信念に支えられた立憲君主制の支持者であり，そしてまたその特徴は，将来の危機を思いやりを込めて警告した点にある。

　その弟，リヒャルト・レーニングも，エドガーと同じように多方面で活躍した。刑法に関する業績とともに[37]ドイツ法制史についての複数の著書[38]がある。彼は，刑事学者として，1882年から1913年までイエナ大学法学部に所属した。1882年のイエナ大学就任記念講演『ドイツ刑法の歴史的・没歴史的考察（Über geschichtliche und ungeschchtliche Behandlung des deutschen Strafrechts）』において，リヒャルト・レーニングは，19世紀においては歴史学派とはほとんど関係のなかった刑法学に，その方法論をもって取り組もうとした。すなわち，刑法学は，刑法を歴史の所産と理解すべきである[39]と説いたのである。カール・ビンディング（*Karl Binding*）とも，そしてまたフランツ・フォン・リスト（*Franz von Liszt*）とも異なったこうしたリヒャルト・レーニングの出発点は，これを貫きとおすことはできなかったが，この試みは，独立の構想として注目に値する[40]。彼の考えでは，法は立法者が恣意的に

---

33)　 *E. Loening*, (aaO Fn. 31), S. 18

34)　 *E. Loening*, (aaO Fn. 31), S. 29

35)　 *E. Loening*, (aaO Fn. 31), S. 29.

36)　 *E. Loening*, (aaO Fn. 31), S. 32.

37)　 *R. Loening*, Über geschichtliche und ungeschichtliche Behandlung des deutschen Strafrechts, ZStW 3（1883）, 219-373.

38)　 *R. Loening*, Der Vertragsbruch im deutschen Reich, 1876; *ders*., Der Reinigungseid bei Ungerichtsklagen im deutschen Mittelalter, 1880.

39)　 *R. Loening*, (aaO Fn. 38), S. 262.

40)　 時機を失して歴史学派を刑法へ移入しようという*Loening*のプログラムとそれに

定めるものではなく，それゆえ彼は，1907年に行った講演『法の根源とその本質について』において，法の諸原則を国家の意思から導き出すことにたいし激しい批判を加えたのであった[41]。

「法は，イェーリングの意味での目的的考慮にもとづくものでもなく，かえって，歴史学派の意味での法共同体の確信にもとづいているのである[42]。」そういうわけで，彼は，法の基本概念は「社会生活の調和」であると結論づけたのであった[43]。レーニング兄弟の法についての考えは，その義兄弟ギールケのそれと相互につながっていた[44]。その表現の仕方はじつにさまざまではあるが，筆者からみて特徴的と思われるのは，ユダヤ系家庭出身のこの2人の法律家が，歴史学派の遺産，すなわち，歴史的伝統の所産としての法文化という理念的な概念を守ろうとしたことであり，そしてまた，彼らが，哲学的な伝統に

たいする同時代の刑法学者の反応については，*M. Frommel*, Präventionsmodelle in der deutschen Strafzweck-Diskussion, 1987（=Schriften z. Strafrecht H. 71），S. 170-173 参照。

41) *R. Loening*, Über Wurzel und Wesen des Rechts, Prorektoratsrede, Jena 15. Juni 1907, S. 15. イエナでは，ザクセン-ワイマールの大公が，領主として，終身名誉職としての最高位である学長をつとめた。大学における本来の最高職位者は，副学長であり，その職は，1907年までは選挙によらず厳格な輪番制となっていた。1876年以降，真に選挙により選出された1年任期の副学長とするよう大学の構成を変えようという動きがはじまった。1907年になってはじめて，大学を支えるチューリンゲン諸邦国の規定により，選挙によった副学長制が導入された。最初の副学長に選ばれたのは，このような改革に向けた大学の闘争の先頭に立った，*Richard Loening* であった。その結果，*Loening* は，この大学における選挙で選ばれた最初の副学長だったのである。この点については，*H. Drechsler*, Geschichte der Universität Jena, Bd. I, 1958, S. 462 f. 参照。

42) *R. Loening*, (aaO Fn. 41), S. 19. Jhering が，利益保護という概念を拒絶したのは，当時揺籃期にあった利益法学にたいする初期の批判の注目すべき例だともいえよう。

43) *R. Loening*, (aaO Fn. 41), S. 21.

44) 共通しているのは，*Gierke* そしてまた *Loening* 兄弟が帰依した歴史学派の自然法的―哲学的な基礎を，特殊ゲルマン的なイデオロギーの伝統（Traditionsstücken）と結びつけて，強調している点である。*Gierke* に関してとくに重要なのは，彼のブレスラウ大学学長就任講演 Naturrecht und deutsches Recht, 1882 である。

立脚して，「力は法なり」というテーゼを拒絶し[45]，法を，一般的な人間社会と結びつけようとしたことである[46]。歴史学派との結びつきは，人間性というドイツの1つの伝統によっていると理解されるが，このことから，今日では奇妙と映る，おそらくはゲルマン的な法理念にその根拠を求めたことの説明がつく。ドイツ帝国の時代に生きたこの2人の大学教授の甥であり，末の妹リリー・レーニングの息子，ユリウス・フォン・ギールケ (*Julius von Gierke*：1876年-1960年) は，後のナチの時代に，自らの祖先の精神的遺産と距離をとることをもってしても迫害からは逃れられないことを経験しなくてはならなかった[47]。このオットー・フォン・ギールケの息子が，その職業上の地位を守るために，いかにうまく体系との調和を取りつつ，1933年以降，ユダヤ系著者はドイツの法学には属さないとしたかを最近の伝記から知ることができるが，それでも，彼の「半分はユダヤ人」という属性のため，その職からの追放を免れることはできなかったのであった[48]。1955年，ゲッティンゲンにおいて

---

45) *R. Loening*, (aaO Fn. 41), S. 17.

46) *R. Loening*, (aaO Fn. 41), S. 35.

47) 1936年10月3日から4日にかけて開かれた *Tagung der* Reichsgruppe Hochschullehrer des N.S.R.B. の大会の席上，イエナの人種法学者 *Falk Ruttke* は，次のように述べていた。「その本来の生き様を否定しそしてユダヤ女と結婚するのは，*Otto von Gierke* のようにドイツ法のために戦うドイツ人たる権利擁護者の悲運ではないのか。」vgl. Das Judentum in der Rechtswissenschaft Bd. I, 1936, S. 26.

48) *H.-M. Müller-Laube*, Julius von Gierke (1875-1960), Fortbildung des Handelsrechts im Geist der germanistischen Tradition, in: Rechtswissenschaft in Göttingen, hrsg. v. *F. Loos*, 1987, S. 471- 485. *Gierke* が，すでにワイマールの時代において，突然あらわれた反ユダヤ主義を無視できなかったことはあきらかである。*Walter Jellinek* を Halle に招請することにたいし否定的な彼の意見書については，*Kisch* の報告 (aaO Fn. 19), S. 90 f. 参照。もっとも，Gierke がその教科書の序で反ユダヤ主義的な侮蔑の言葉をはいているのは，もっぱら自己防衛のためと思われる。というのは，彼は，本文では，たとえばユダヤ人である *Levin Goldschmidt* を，肯定的に取り上げているからである。*J.v. Gierke* については，*W. Sundermann*, Rez.: *H. Göppinger*, Juristen jüdischer Abstammung im „Dritten Reich", 1990, AcP 191 (1991), 1577-162, 160 参照。

は，同時代の人から，1837年のゲッティンゲンの7人の行動と比類される教授達の運動があった。それは，ニーダーザクセン州の文科相が過去にナチスと関係があったことを理由としてその辞任を求めてそれを勝ち取ったものであったが[49]，この運動の先頭に立ったのは，同じ人物，ユリウス・フォン・ギールケ，先のユダヤ人出版業者の孫であった。これは，ドイツ法制史における事実なのであり，その評価は難しいものがある。1914年，エドガー・レーニングがオットー・フォン・ギールケにある本を送った際，「兄弟としての結びつきをこめて」という献呈の辞がそえられていたが[50]，ユリウス・フォン・ギールケがしたこうした「償い」は，この献呈の辞を当惑することなく読むことができるだけの公平さを我々に与えてくれるのであろうか。

ドイツ帝国における明るい時代にもどろう。1896年法学雑誌『Deutsche Juristenzeitung』の第1号が発刊された。編者は，シュトラスブルグ大学教授パウル・ラーバント（*Paul Laband*），ドイツ大審院裁判官シュテングライン（*Stenglein*）そしてベルリンの弁護士ヘルマン・シュタウプ（*Hermann Staub*）であった。この雑誌をもって，はじめてある機関誌が作られることとなった。その機関誌は，読者として，学者あるいは弁護士のみではなく，全法

---

49) Schlüter-Affäre における *Gierke* の役割については，*Müller-Laube*,（aaO Fn. 48），S. 482 参照。彼はこれを契機として，抵抗権に関する論文 Widerstandsrecht und Obrigkeit, Gedanken anlässlich des Falles, Schlüters, 1956, 2. Aufl. 1976 を執筆した。この論文は，今日でもなお，抵抗権に関する文献で取り上げられている。*R. Dreier*, Widerstandsrecht im Rechtsstaat? Bemerkungen zum zivilen Ungehorsam, Festschrift f. H. U. Scupin, 1983 S. 573-599, そしてまた同, Recht-Staat-Vernunft. Studien zur Rechtstheorie 2, 1992, S. 39-72,（ここでの記述は，S. 45-47）参照。*Gierke* のこの論文においては，7月20日という日にもかかわらず，ナチの時代を次の一文のみで取り上げているだけである。すなわち，「国家社会主義をとる国においては，本来の意味での抵抗権は問題外である。ここにあるのは，忠誠のみであった」と（S. 18）。1955年における *Schlüter* をめぐる諸事件について *Gierke* は，「それはドイツの学術をつうじたどよめきであった。我々は，勇気ある教授達に歓迎の意を表する」と述べている（S.24）。

50) この献呈の辞は，Gerichte und Verwaltungsbehörden in Brandenburg- Preußen (aaO Fn. 28) という本につき書かれたものである。

律家をその対象とするものであった。編者のうち，ラーバントとシュタウプはユダヤ出自であり，このことは，ドイツ民法公布の年に，同化が達成されたことのあきらかな証しである。もっとも，ドイツのユダヤ人のどのくらいが法律職にあったのかを個別的に知りたいのであれば，各職業分野ごと，つまり，裁判官，政治家となった法律家，弁護士そして大学の法学教員をわけて取り扱ったほうがよかろう。というのは，そうすれば，各分野独特の展開を示すことができるからである。まずは実務家と政治家からはじめ，最後に学者を取り上げるのが合目的であると思える。なぜなら，実務家は，学問の分野でも広く活躍しており，そして，法実務における経験は，しばしばユダヤ系著作者が収めた成功の基礎をなしていたからである。

III. ユダヤ出自の裁判官，政治家及び弁護士

1. ユダヤ系裁判官

すでに簡略にふれたように，ユダヤ教信者が裁判官に任命されたのは，一般的には1871年になってからのことである。もっとも，ドイツのあらたな歴史である連邦裁判所においては，それ以前の例として，レヴィーン・ゴルトシュミット（Levin Goldschmidt）の例がある。彼は，1870年，ライプチヒに置かれた北ドイツ連邦の連邦上級商事裁判所（Bundesoberhandelssgericht）の裁判官となり，1875年までその地位にあった。なお，彼は学問にとっても大いに貢献していることから，詳しくは後に取り上げる。裁判官についてみると，1870年以降ユダヤ系裁判官の数は最初継続的に増加し，1890年代には全体の4％を上回った[51]。ワイマール期にもその数は増加し，1933年の初頭には，7％に達した[52]。ナチの時代にはいる前のユダヤ出自の裁判官の数に関しては，当然のことながらまったく統計がない。もっとも，ドイツのユダヤ人の歴史と

---

51) *Krach*, (aaO Fn. 3), S. 415. 1893年，プロイセンでは，裁判官の4.5％が，1904年には，その4.2％がユダヤ人だった。

52) *Krach*, (aaO Fn. 3), S. 19.

いう観点のもとで重要なのは、ユダヤ教信徒の裁判官達の職業経歴のみである。ここでまず確定しておくべきは、ドイツ帝国の時代ユダヤ系法律家が就任したのは、ほぼ例外なく、（区裁判所裁判官・地方裁判所裁判官といった）下級の裁判官職のみであり[53]、そのため、非常に優秀なユダヤ系修習生は、司法官職に就こうとはしなかったということである。1890年、洗礼を受けていないユダヤ人としてははじめて、アルベルト・モッセ (Albert Mosse : 1846年-1925年) が、ケーニッヒブルク (Königburg) において上級地方裁判所の裁判官に任ぜられた。もっともモッセは、それに先立つ3年間、日本が法整備を進める際に、日本政府の顧問をつとめており、それゆえ、日本側から強く推薦されたのであった[54]。しかしモッセは、その後昇進することはできず、その結果、1907年、後にベルリンにおいて市理事 (Stadtrat) をつとめるべく、司法官職から去った。バイエルンにおいては、その皇太子統治の時代、昇進をはたしたのは、教授資格を持つ裁判官であったハインリッヒ・ハルブルガー (Heinrich Harburger : 1851年-1916年) のみであった。彼は、1905年にバイエルンの最上級裁判所の裁判官に任ぜられ、1912年、ついにこの裁判所の裁判長の地位を得たのであった[55]。しかし、ハルブルガーの経歴は、まったくのところ特異であり、そしてまた、1896年にミュンヘン大学名誉教授となったことでその経歴に弾みをつけたことは確かである。1918年以前、ライプチヒにおかれていたドイツ大審院の裁判官中で、ユダヤ教信者は1人のみであった。1887年から1900年までその職にあったのは、ゲルマニストであ

---

53) *Krach*, (aaO Fn. 3), S. 19.
54) *Krach*, (aaO Fn. 3), S. 15. 雑誌編集者であった *Rudolf Mosse* の兄弟であったこの *Mosse* については, vgl. *Y. K. Jacoby*, Jüdisches Leben in Königsberg/Pr. im 20. Jahrhundert, 1983, S. 20, Anm. 72 参照。
55) *Benöhr*, (aaO Fn. 1), S. 291. *Harburger* については, *A. Werner*, Jüdische Juristen in München in: *H. Lamm*, Von Juden in München, 1958, S. 258（後にタイトルを改め, *H. Lamm*, Vergangene Tage. Jüdische Kultur in München, 1982, S. 325 に復刻）参照。*Harburger* は, 大学において刑法と刑事訴訟法を担当した。彼についてはまた, *Wininger*, Große jüdische Nationalbiographie, Bd. II, 1927, S. 610 参照。

り商法学者でもあるヤコブ・フリードリッヒ・ベーレント（*Jakob Friedrich Behrend*：1833 年-1907 年）である。彼は，学問の世界でも，1874 年に出版された『Lex Salicia』の編者として著名であったし，それゆえに法制史学者としてとくに名声を博していた[56]。大方の連邦諸邦国においては，少なくとも若干はユダヤ系裁判官がいた。とくに多かったのは都市国家（Stadtstaat）ハンブルクであった。地方裁判所所長ゲオルク・シャプス（*Georg Schaps*：1867 年-1918 年）もまた，ハンブルク出身である。彼は，国際的によく知られた海法学者でもあり[57]，1918 年，ライプチヒのドイツ大審院に 2 人目のユダヤ人として着任したのであった。ワイマール期になると，ユダヤ教信者の上級裁判官の数は若干増えた。信心深いユダヤ人（Glaubens Jude）が，はじめて上級地方裁判所の長官となった。それは，1922 年から 1930 年まで，ブラウンシュヴァイク（*Braunschweig*）上級地方裁判所長官をつとめた，ロイス・レヴィーン（*Louis Levin*：1865 年-1939 年？）である[58]。ワイマール期においては，あと 2 人の上級地方裁判所長官が，ユダヤ出自であった[59]。ケルン上級地方裁判所裁判長であったアルフレート・ヴィロシュコフスキー（*Alfred Wieruszowski*：1857 年-1945 年）もまた，いうまでもなくワイマール期における重要な裁

---

56) *Behrend* については，den Nachruf von *U. Stutz*, ZRG Germ. Abt. 28 (1907), 628 参照。彼はベルリン出身であり，故郷で大学を終え，1863 年にベルリンで教授資格を取得した。ドイツ大審院裁判官として活動する前は，1873 年から 1887 年まで，グライフスバルト（Greifswald）において，ドイツ法の正教授の職にあった。

57) *Benöhr*, (aaO Fn. 1), S. 291. *Schaps* については，den Nachruf von *Mittelstein, Hans* RZ 1 (1918), 663 参照。彼は，*Staub* 著の HGB-Kommentar の補巻として，海法の分野に関する最初の大コンメンタールを書き上げた。これは，まず最初に 1906 年に発行され，何版をも重ねた。最後の版は，1965-77 年に発行された Schaps/Abraham 版である。*Schaps* は，その突然の死去の直前になってはじめてドイツ大審院の裁判官に任命された。

58) *Levin* については，本書の *Wassermann* の論文参照。この他にも同 . *Louis Levin*. Braunschweiger Oberlandesgerichtspräsident 1922-1930, 1988 (= Kleine Schriften des Stadtarchivs und der Stadtbibliothek Braunschweig H. 19) 参照。

59) 本書の *Wassermann* の論文 Fn. 3 参照。

判官に数えられる[60]。彼は，学者としても婚姻法の分野において高い評価を受け，そしてまた，離婚に際しての破綻主義を最初に唱えた1人でもあった。彼は，あらたに設立されたケルン大学の名誉教授として活躍し，わけてもゲーテ研究者としてもその名をなした。彼とその家族に，ドイツの教育界のさまざまな分野とドイツのユダヤ人社会が密接に結びついていることを，はっきりとみて取ることができる。彼の妻は，ケルン東アジア工芸博物館（Kölner Museum für ostasiatische Kunst）の創設者であり，館長をつとめた。その娘ヘレーネ・ヴィロシュコフスキー（Helene Wieruszowski）は，亡命中に過酷な運命の仕打ちを受けた後，ニューヨーク市立大学において中世の歴史家としての高い名声を博した。彼女は，その著書『中世の大学（the Medieval University）』において，ヨーロッパにおける法学学修の歴史をアメリカの学生に知らしめたのであった[61]。

今まで概観したところでは，ユダヤ出自であるキリスト教信者の家族から出た裁判官は取り上げていなかった。彼らのうちで，エドゥアルト・フォン・ジムゾンは，ドイツ帝国成立後まもなくの好個の例であることはいうまでもない。ドイツ大審院の裁判官中，本書では，リヒャルト・マンスフェルト（Richard Mansfeld : 1865年-1943年）を取り上げている。彼は，1907年から1933年までライプチヒで活躍した。1922年，ドイツ大審院は行為基礎に関するパウル・エルトマン（Paul Oertmann）の学説を取り入れた。おそらくのところこれは，その影響が最も大きい20世紀における民事法上の概念形成であるが，ドイツ大審院のこの判断は，第2民事部裁判長であった彼に負うところ大である[62]。ベルリンのカンマーゲリヒト（Kammergericht）では，ヴィ

---

60) 彼に関しては，本書のH.-J. Beckerの論文参照。

61) H. Wieruszowski, The Medieval University, 1966. これに比肩するドイツ語の業績はない。

62) Mansfeldについては，本書のMiosgeの論文参照。Oertmannに関しては，U. Diederichsen, Paul Oertmann（1865-1938）. Von der Pandektenwissenschaft zur modernen Zivilrechtsdogmatik, in: Rechtswissenschaft in Göttingen, hrsg. v. F. Loos, 1987（= Göttinger Universitätsschriften A, Bd. 6）, S. 285-412参照。Diederichsen（S. 405）は，

クトル・リンク（*Victor Ring*：1857年-1934年）が，ユダヤ人として副所長の地位を得ていた。彼の名声は，長きにわたり民事関係の法律誌『Archiv für civilistische Praxis=AcP』共編者としての学問的な活動にも由来している[63]。1931年から1933年まで帝国財政裁判所（Reichsfinanzhof）の長官をつとめたヘルベルト・ドルン（*Herbert Dorn*：1887年-1957年）は，ユダヤ出自の卓越した裁判官であった[64]。1933年以前のドイツ大審院裁判官の中では，ヴィクトル・ヘニガー（*Viktor Hoeniger*：1870年-1953年）をあげることができる。彼は，商法のコンメンタールである『Düringer-Hachenburg』の共著者としても著名であった。オーストリアにおいては，1918年以前，後に取り上げる卓越した民事法学者ヨーゼフ・ウンガー（*Joseph Unger*）のほかにも，もう1人，法政策にも関与したユダヤ出自の重要な裁判官をあげることができる。エミール・シュタインバッハ（*Emil Steinbach*：1846年-1907年）であるが，彼は，法学を修め，国民経済学で教授資格を得た後，まずは，司法省に部長として勤務し，社会政策に関するオーストリアで最初の諸法（たとえば，債権者取消法・健康保険法）の立案責任者であった。彼はその後，1891年から1893年までオーストリアの財務大臣をつとめ，1894年にまずは最高裁判所の裁判長となり，1904年にその長官となったのである。この高い名声を博した法律家は，同時に，ウイーンの法律家協会の会長でもあった[65]。

　　Oertmannが用意した公式をドイツ大審院が用いたことは確実であることを明らかにしている。

63) *Ring H. Göppinger,* Juristen jüdischer Abstammung im „Dritten Reich". Entrechtung und Verfolgung, 2. Aufl. 1990, S. 228 参照。格段に有益であるこのスタンダードな著作は，一次的には，私のこの論文における伝記的な記述の基礎となっている。1933年当時すでに死去していたユダヤ出自の法律家に関しては，これと肩をならべるような著作はないので，とくにドイツ帝国の時代に関しては，私の解説には欠落部分のある可能性がある。*Victor Ring* は，1921年から1933年までAcPの編者の1人であった。

64) *Göppinger,* (aaO Fn. 63), S.275; ferner *E.C. Stiefel/F. Mecklenburg,* Deutsche Juristen im amerikanischen Exil, 1991, S. 1 und 209; *A Fijal,* Die Geschichte der Juristischen Gesellschaft zu Berlin in den Jahren 1859 bis 1933, 1991, S. 159 und *A. Pausch,* Handwörterbuch des Steuerrechts Bd. I, 2. Aufl. 1981, S. 368.

65) *Steinbach. S. Wininger,* Große jüdische Nationalbiographie, Bd. V, 1929, S. 612 及び

もっとも，1933年以前，法学の世界では，ユダヤ出自の弁護士のほうが裁判官よりも圧倒的によく知られている。1933年以前におけるドイツのユダヤ系法律家がその輝かしい名前を連ねたのは，弁護士と教授であった。

2. 政治家及び官僚，とりわけ法政策にたずさわる政治家としてのユダヤ系法律家

　ユダヤ系法律家は，かなり早い時期から議員として活躍していた。というのは，政治活動の制限は，公務員としての採用制限より以前に撤廃されていたからである。1848年にドイツ国民議会（Nationalsammlung）の副議長となったガブリエル・リーサーは，その好個の例である。彼は，1848年9月以降，フランクフルトにおいて憲法起草委員会の委員となり，また国民議会では，自由主義陣営の中間派に属していた[66]。1867年，北ドイツ連邦の帝国議会選挙により，はじめて普通選挙権に基づいたドイツ議会が成立したとき，ユダヤ系議員は，当初は同じく自由主義陣営に属していた。ビスマルク帝国の最初の20年において最も卓越した議員は，すでに1865年からプロイセンの議会議員となっていた民族自由主義者，エドゥアルト・ラスカー（Eduard Lasker : 1829年-1884年）であった[67]。1973年，ラスカーは，ヨハネス・ミキュエル（Johannes Miquel）とともに，帝国の立法権限を民事法の全分野に拡大する憲法改正（Lex Miquel/Lasker）を担った。この憲法改正により，現在のドイツ民法（BGB）の起草が可能となったのであった。民事訴訟法及び裁判所構成法など70年代に制定された帝国司法諸法は，彼に負うところ大であった。これと関連して彼は，帝国議会をライプチヒに移すことに成功した[68]。自由主義的

　　A. Spitzmüller, Neue österreichische Biographie, Bd. II, 1925, S. 48-62 参照。*Steinbach* は，オーストリア一般民法典（ABGB）の改正草案を起草した委員会のメンバーでもあった。

66) Vgl. *H. Scholler*, Die Grundrechtsdiskussion in der Paulskirche, 1973, S. 277.
67) *Lasker* については，わけても *A. Laufs*, Eduard Lasker. Ein leben für den Rechtsstaat, 1984. また，本書の論文，そのほか *K. E. Pollmann*, Art Lasker, NDB 13 (1982), 656-657 参照。
68) この問題については，*Landau*, Die Reichjustitzgesetze und die deutsche Rechtseinheit, in:

な手続法をつうじた法治国家の形成は自由主義の功績であり、ラスカーはこの時代、その先達的存在だったのである。

ビスマルク帝国の時代とワイマール共和国の時代から、いずれかの党に所属して、ラスカーに比類する功績をあげたユダヤ系法律家をもう1人だけあげよといわれると、難しい。議会主義のはじめには、保守派においてフリードリッヒ・ユリウス・シュタール (*Friedlich Julius Stahl*) が指導的役割を担ったものの、ドイツでは、イギリスの首相を2度つとめたユダヤ人ベンジャミン・ディズレーリ (*Benjamin Dislaeli*) のような人物は保守派にはいなかった。1892年に保守党が決議したいわゆるティボリ綱要 (Tivoli Programm) 以降、保守派が反ユダヤ主義的目標を掲げたことで、ユダヤ人がドイツ右派の経歴をつむことは実際上不可能であった。ドイツ帝国及びワイマール共和国において政治家として活躍した優れた民族自由主義者は、ユダヤ人差別撤廃を求めて戦った弁護士ガブリエル・リーサーの孫、ヤコブ・リーサー (*Jakob Riesser*: 1853年-1923年) である[69]。彼は、1909年に、東エルベ大農場主の過大な影響を排除すべく、銀行家、工場経営者及び中産階級をそのメンバーとした政治的利益団体であるハンザ連合 (Hansa-Bund) を結成した。1926年には、この団体のメンバーは、ともかくも14,000名に達した[70]。リーサーは、右派自由主義

Vom Reichsjustizamt zum Bundesministerium der Justiz, Festschrift zum 100jährigen Gründungstag des Reichsjustizamtes, 1977, S. 161-211 参照。

[69] *Jakob Riesser* について今までで最も詳細なのは、*W. E. Mosse*, The German-Jewish Economic Elite 1820-1935, 1989, S. 272-277. 彼は、1880年からフランクフルトで弁護士となり、その後1885年から1905年まで、Darmstädter Bank の理事長 (Direktor) をつとめ、1900年にドイツ銀行業及び銀行家の団体「Zentralverband des deutschen Bank- und Bankiergewerbes」を創設した。*Riesser* については、*W. Kahl*, DJZ 28 (1923), 668-670; *Hachenburg*, JW 61 (1932) 1617 及び *O. Bernstein*, Bank- Arch. 31 (1932), 313-317 参照。*Riesser* はまた、名誉教授としてベルリン大学の教員に列していた。

[70] *Mosse*, (aaO Fn. 69), S.276 による。彼のほかに、*Carl Fürstenberg, Emil Rathenau, Max Warburg, Albert Ballin* そして *Franz v. Mendelssohn* がそのメンバーであった。Vgl. auch *S. Mielke*, Der Hansabund für Gewerbe, Handel und Industrie, 1909-1914, 1976 (=Kritische Studien zur Geschichtswissenschaft Bd.17).

のドイツ国民党（Deutsche Volkspartei）所属の議員として1919年に国民議会の議員となり，後に帝国議会議員，そして1928年までその副議長をつとめた。民族自由主義陣営にあって，彼は左派に属していた。最近アメリカで出版された書籍によると，彼は，ワイマール期においてドイツユダヤ人の中で，乏しいながらも政治的影響力のあったビッグスリーのうちの1人とされている[71]。もっとも，彼の政治的影響力は，非常に限られたものであった。ドイツのユダヤ市民階層は，ヴィルヘルム2世（Wilhelm Ⅱ）のもとでも，そしてまたワイマールにおいても，全体としては政治の推移の端におかれていたのであった。

　1890年以降，ドイツ社会民主党（Sozialdemokratische Partei Deutschland=SPD）所属議員の中には，ユダヤ出自の弁護士がしばしばその名を連ねていた[72]。まずは，アルトォアー・シュタットハーゲン（*Arthur Stadthagen*：1857年-1917年）をあげることができる。彼は，1896年におけるドイツ民法の帝国議会での審議にあたり，ドイツ社会民主党の立場を代表した[73]。20世紀初頭のドイツ社会民主党員の中でユダヤ系のすばらしい政治家は，いうまでもなく，マンハイムの弁護士で1907年から議員をつとめたルートヴィッヒ・フランク（*Ludwig Frank*：1874年-1914年）である。教条主義に凝り固まった党を現実を見据えた政策へと転換させようとした，この社会改良主義

---

71) So *Mosse*, (aaO Fn. 69), S. 281. ほかの2人は，*Heinrich Dernburgs* の甥 *Bernhard Dernburg* と *Walther Rathenau* である。

72) 1893年から1914年までに帝国議会の代議士をつとめたユダヤ人の概要については，J. *Toury*, Die politischen Orientierungen der Juden in Deutschland, 1966 (= Schriftenreihe des Leo-Baeck Instituts 15), S. 229f. 参照。また，1881年から1892年までについては，同書 S. 193 参照。1867年から1916年までのドイツ各邦国議会におけるユダヤ出自の代議士をすべてリストアップしている箇所は，S. 351-154.

73) Vgl. *Th. Vormbaum*, Sozialdemokratie und Zivilrechtskodifikation, 1977 (= Münsterische Beiträge zur Rechts- und Staatswiss. H. 24). *Stadthaben* は，そのポピュラーな著書「Das Arbeitsrecht」を1895年に発表し，これにより，労働法の分野において初期に著作を著した者の1人ともなっている。この点については，J. *Rückert*, Frei und sozial: Arbeitsvertragskonzeption um 1900 zwischen Liberalismen und Sozialismen, ZfA 23 (1992), 225-294, hier S. 259 f. も参照。

(reformisum) を標榜し人望を集めた政治家は，世界大戦が始まってから1週間後，ドイツ志願兵として戦場の露と消えたのであった。社会民主主義は，彼とともに，その指導的政治家の大きな夢をも失ったのであった[74]。1914年以降についてみると，フーゴ・ハッセ (Hugo Haase)，オットー・ランズベルク (Otto Landsberg)，オスカー・コーン (Oacar Cohn)，クルト・ローゼンフェルト (Kurt Rosenfeld)，ルートヴィッヒ・マルーム (Ludwig Marum) そしてパウル・レヴィー (Paul Levi) をあげることができる。これら社会民主党員の法律家は，わけてもワイマールの時代には，一部ではあるが政権の担い手にもなっていた。フーゴ・ハッセ (1863年-1919年)[75] は，ドイツ独立社会民主党 (Die Unabhängige Sozialdemokratische Partei Deutschlands=USPD) の党首であり，そして，11月革命時の政府である人民代表評議会 (Rat der Volksbeauftragten) にあって，フリードリッヒ・エーベルト (Friedrich Ebert) と同格の議長をつとめた。1918年末の政治のキーマンであり，ドイツの歴史における唯一のユダヤ系元首である。理想主義者であるこの政治家は，早くも1919年には殺害されてしまい，政治的成果をあげられなかったのである。とはいえ，第一次世界大戦が勃発した際，そしてまた1914年から1918年までの全期間において，平和政策に勇敢にかかわり続けた彼の道徳的な意義を疑う者はいまい。オットー・ランズベルク (1869年-1957年)[76] も人民代表評議会のメンバーであり，したがって暫定政府の構成員であった。国民議会が構成された後，彼はワイマール共和国のフィリップ・シャイデマン (Philllip Scheidemann) 内閣で初代司法大臣となったが，早くも1919年6月には退任した。1918年，クルト・ローゼンフェルト (1877年-1943年)[77] は，プロイセン司法大臣の職に就いた。もっとも彼は，むしろ，反逆罪の汚名をき

---

74)　Vgl. *E. Matthias*, NDB 5 (1961), 342 f.
75)　*Haase* については，*D. Groh*, NDB 7 (1966), 381 f. 及び die Biographie von *K.R. Calkins*, Hugo Haase. Demokrat und Revolutionär, 1976 参照。
76)　*Landsberg* については，*H. L. Abmeier*, NDB 13 (1982), 514 f. 参照。
77)　*Rosenfeld* については，*Göppinger*, (aaO Fn. 63), S. 311 参照。

せられたジャーナリストでノーベル賞受賞者カール・フォン・オシエツキー (Carl von Ossietzky) にたいする訴訟の刑事弁護人として人の記憶に残っている。オスカー・コーン (1869年-1934年) もまた, フーゴ・ハッセと同じく, 1918年にドイツ独立社会民主党のメンバーとなったが, 後にはドイツ社会民主党に復党した。彼は, ワイマール期において, 人権擁護連盟 (Liga für Menschenrechte) の理事であった[78]。ルートヴィッヒ・マルーム (1882年-1934年) は, カールスルーエのユダヤ系弁護士であり, 1914年から, ルードヴィッヒ・フランクの後継者として, バーデンの州議会議員をつとめた。彼は, 1918年の革命後, バーデンの司法大臣となった。バーデン憲法の文案は, 彼によるところが大きい。1928年以降マルームは, 帝国議会議員となり, クルト・シューマッヒャー (Kurt Schumacher) と同じく, 断固ナチに反対した人物であり, ナチは, とくに彼にたいしては, 激しい反ユダヤ主義の非難を浴びせかけたのであった。マルームは, すでに1934年には, 強制収容所において殺害されていたのであった[79]。

最後に, パウル・レヴィー (1883年-1930年) は, ローザ・ルクセンブルク (Rosa Luxemburg) の信奉者として, ドイツ共産党の創立者の1人であったが, 共産党がロシアに依存していたこと及びその党の構造が権威的であったことから離党した。彼は, ドイツ社会民主党に復党した後, 信念を持った社会民主主義者として活躍し, 1930年に早逝するまで, いくつもの政治的な訴訟で刑事弁護人をつとめた[80]。かのアルベルト・アインシュタイン (Albert

78) *Oscar Cohn* については, *Krach*, (aaO fn. 3), S. 431 及び *W. Tetzlaff,* 2000 Kurzbiographien bedeutender deutscher Juden des 20. Jahrhunderts, 1982, S. 52 参照。彼の希望にそってその遺骨はキブツに埋葬された。

79) *Marum* については, *I. Fischer,* NDB 16 (1990), 317 f. 参照。*Marum* の生涯についてはこのほか *Ludwig Marum,* Briefe aus dem Konzentrationslager Kislau 参照。ここには, *J.W. Storck* の1984年の写真が掲載されている。

80) *Levi* については, *Ch. Beradt,* Paul Levi. Ein demokratischer Sozialist in der Weimarer Republik, 1969; さらに, *S. Quack,* Paul Levi (1883-1930). Politischer Anwalt und sozialistischer Politiker; in: Streitbare Juristen. Eine andere Tradition, hrsg. v. *J Seifert* u.a., 1988, S. 131-140 参照。戦後ベルリン市の偉大な市長となった *Ernst Reuter* は,

Einstein）は，ワイマール期に右派からひどい中傷誹謗を受けたこの政治家を「強い正義感と才知にあふれかつ非常に勇敢な人物」と評したのであった[81]。このほか，社会民主主義者のユダヤ人で議員となった者としてあげておくべきは，エーリヒ・クットナー（Erich Kuttner）とエルンスト・ハイルマン（Ernst Heilmann）である。クットナー（1887年-1942年）[82]は，第1次司法試験合格の後，はじめはジャーナリストになり，ワイマール期における司法の一方的態度にたいし生き生きとした批判を加えつつ，数多くの出版物において司法政策に関する問題を取り上げた[83]。彼は，民主主義を標榜する法律家の雑誌『Die Justiz』に常時寄稿していた。エルンスト・ハイルマン（1881年-1940年）もまた，第1次司法試験合格後ジャーナリズムに転身した[84]。彼は，プロイセン州議会議員となったが，一時期同時に帝国議会議員でもあった。彼は，プロイセンでは，州議会のドイツ社会民主党議員団の長として大きな政治的影響力を持ち，そして，プロイセンの首相であったオットー・ブラウン（Otto Braun）の最大の支援者であった。1932年までプロイセンの民主政府が比較的安定していたのは，とりわけてもこの社会民主主義の政治家に負うところ大である。そしてこの際，毅然とした民主的な官僚達が政治家を支えてい

共産主義から社会民主党（SPD）に復帰した，いわゆる "Leviten" と呼ばれた Levi の支持者の1人であった。

81) Vgl. P. Arnsberg, Die Geschichte der Frankfurter Juden seit der französischen Revolution Bd. III, 1983, S. 269-271.

82) Erich Kuttner については，K. Achenbach, NDB 13 (1982), 351 参照。Kuttner はまた，人種的な反ユダヤ主義（Rassenantisemitismus）に反対を説く本を1930年に発表している。

83) Ernst Heilmann については，K. Malettke, NDB 8 (1969), 260f. さらに, Das Gewissen steht auf, hrsg. v. A. Leber, 1956, 83-85 参照。彼の運命についてはまた, Tetzlaff, (aaO Fn. 78) S. 131 参照。

84) Badt については，C. Misch bei S. Kaznelson, Juden im deutschen Kulturbeireich, 1959, S. 585 参照。さらに，影響力が大きくかつまた重要で，戦闘的な民主主義者であるプロシャ内務省の官僚として Robert Kempner がいた。彼については，本書中に, H. Weber の論文がある。

たのであるが，彼らのうちで，ユダヤ系としては，プロイセン内務省の局長 (Ministerialdirector) であったヘルマン・バット (*Hermann Badt*：1887年-1946年) をあげておくべきであろう。彼は，1922年から1926年まで，まずはドイツ社会民主党の州議会議員であったが，1927年からは局長として帝国参議院 (Reichsrat) においてプロイセン州の代表をつとめた。1932年7月20日，プロイセン政府が帝国政府に牛耳られる結果となったいわゆる「プロイセンのクーデター (Preussenschlag)」を当時のライヒ首相であったフランツ・フォン・パーペン (*Franz von Papen*) が起こしたが，バットはその後に行われたライヒの憲法裁判所 (Staatsgerichtshof) における重要な手続において，プロイセンの代理人をつとめた[85]。ワイマール期においては，社会民主党の力は比較的弱く，社会民主主義者の法律家が法政策の分野で成果を残すチャンスは，ほとんどなかった。それでもやはりとくに記しておくべきは，これら政治家は，自己を民主的な法治国家と完全に一体化し，こうして彼らは，労働者党 (Arbeiterpartei) の精神的伝統をその特徴としていたのであり，この精神こそが，彼らが唯一の政治勢力として1933年の授権法 (Ermächtigungsgesetz) を断固拒否することを可能としたのであった。

　ドイツ社会民主党のほかにも，ワイマール期におけるユダヤ出自の法律家は，とくにドイツ民主党 (Deutsche Demokratische partei=DDP) の党員にもいた。ここではまず最初に，オイゲン・シッファー (*Eugen Schiffer*：1860年-1954年) をあげなくてはなるまい。彼は，1919年から1921年の間，2回にわたりライヒ司法大臣をつとめ，その論攷をもって，法政策上の諸問題を議論の俎上にのせたのであった[86]。その後1920年代の終わりの頃には，司法省においてはもう一度，自由主義的な一部ユダヤ出自の法律家が続く。それは，かつては市長の職にあったことのあるエーリッヒ・コッホ-ヴェーザー (*Erich Koch-Weser*：1875年-1944年) である。彼は，その当時，共和国の司法大臣

---

85) 本書の *J. Ramm* の論文参照。
86) 彼については，*K. Wegener*, NDB 12 (1980), 280 f. 参照。彼は，1913年から1919年まで，カッセルの市長をつとめ，1919年から1921年まで内務大臣をつとめた。

226

中最も成果をあげた人物と評されていた[87]。実際，1928年から1929年まで彼が司法大臣の間についてみると，わけても遅れに遅れていた刑法を改革する立法のチャンスがあったかのようにみえる。コッホ−ヴェーザーは，ライヒ首相ヘルマン・ミュラー (*Hermann Müller*) の下で大連合が成立し，ワイマール共和国が安定していた時代に大臣をつとめた。

　もっとも，司法の分野においては，多くは短期間しかその職になかったユダヤ系の大臣よりもしばしば重要な役割を果たしたのは，事務次官 (Staatssekretär) であった。ドイツ帝国に限らず，ワイマール共和国にあっても，ユダヤ出自の事務次官が，帝国司法庁 (Reichsjustizamt) ないしはライヒ司法省で活躍した。まずは，ハインリッヒ・フォン・フリードベルク (*Heinrich von Friedberg* : 1813年−1895年) である。彼は，1876年から1879年まで，あらたに設立された帝国司法庁で初代事務次官をつとめた。ライヒ公務員の職を辞した後も，1879年から1889年まで，10年間にわたり，彼はプロイセンの司法大臣として活躍した。ワイマール期におけるドイツのライヒ司法行政の中心的人物は，事務次官クルト・ヴァルター・ヨエル (*Curt Walter Joël* : 1865年−1945年) である。彼は，大臣が代わる中，無党派の保守主義者として，1920年から1931年まで次官の職にあり，最後には，ブリューニンク (*Brüning*) が首相をつとめた末期には自らが大臣となった[88]。

　フリードベルクは，事務次官としてライヒ公務員となっていた間は，短期間中断したが，1845年から1889年までプロイセンの司法行政職にあった[89]。彼

---

[87] 1929年4月12日付 die Frankfurter Zeitung にこう記されている。− *H. Hattenhauer*, Vom Reichsjustizamt zum Bundesministerium der Justiz, in: Vom Reichsjustizamt zum Bundesministerium der Justiz, Festschrift zum 100jährigen Gründungstag des Reichsjustizamtes, 1977, S. 9−117, S. 71 の引用による。

[88] *Joël* の詳細については，*K.-D. Godau-Schüttke*, のモノグラフィー Rechtsverwalter des Reiches Staatssekretär Dr. Curt Joël, 1981, (= Rechtshist. Reihe 12) 及び本書中の *Dieners* の論文参照。

[89] *Friedberg* については，*Hattenhauer* (aaO Fn. 87) S. 35 f.; *E. Döhring*, NDB 5 (1961), 444 f. 参照。

は，西プロイセンの商人の家庭出身であるが，1829 年に洗礼を受けた後，司法でのそのキャリアを歩みはじめることができたのであり，早くも 1845 年には，ボルネマン（Bornemann）が大臣をつとめていたプロイセン司法行政省に入省した。プロイセン刑事手続に口頭主義と公開主義を導入したこと，検察の役割を法定したこと，──後のライヒ刑法典となる──1870 年の北ドイツ連邦の刑法典，そしてまた，1877 年の刑事訴訟法は，彼に負うところが大である。ハインリッヒ・フリードベルクは，後に取り上げる教会法学者エミール・フリードベルク（Emil Friedberg）の叔父である。まさしく彼は，ビスマルクの時代における国家に忠誠なプロイセン官僚の模範例としてよい。

ワイマール期におけるその後進クルト・ヨエルには，フリードベルクに比べられるような法政策上の功績はない。彼は，非常に保守的な傾向を持った「法の管理人」としてその職をつとめた。そうはいっても，1925 年の平価切上法（Aufwertungsgesetz）をつうじたインフレ時代の終わりの平価切上立法は，大きく彼に負っている。この法律は，全体的にみるなら，見事な成果をあげたもの，そしてまたワイマール共和国における社会の安定に大きく貢献したものと認めるに値する[90]。ヨエル本人は，自分を非政治的と理解してはいたものの，彼が関与した期間及びその政治的な意義という点からみると，ヨエルは，ワイマール期において最も政治的影響力を有していたユダヤ出自の法律家であった。

オーストリアにおいては，1901 年から 1919 年までの君主制の時代，オーストリア帝国議会（reichsrat）において，自由主義的な方向性の卓越した議員として活動したのが，ユリウス・オフナー（Julius Ofner：1845 年-1924 年）である。彼は，学術的にも多くの論攷を発表したウイーンの弁護士であり，ウイーン中心部のヨーゼフシュタット（Josefstadt）選出にかかるオーストリア帝国議会議員であった。この偉大な法律家でありかつ法政策にかかわった政治家の社会自由主義的なものの見方は，つとに 1885 年に行われ，今日なお活力を維持しているその「労働する権利（Recht auf Arbeit）」に関する講演におい

---

[90] この点については，*Godau-Schüttke*, (aaO Fn. 88), S. 77-83 参照。

てすでに示されていたが[91]，彼は，オーストリアにおいて，労働保護に関する法律及び女性の権利に関する法律に非常に大きな影響をおよぼした。この人物の法政策に関する基本的な考えは，世紀の変わり目における卓越したオーストリアの法律家，フランツ・クライン（Franz Klein）のそれと共通していた[92]。学者としてもそしてまた政治家としても非常に尊敬されたもう1人のユダヤ出自のオーストリアの法律家は，自由主義者ヨーゼフ・レドリッヒ（Josef Redlich：1869年-1936年）である。彼は，1907年から，君主制オーストリアの帝国議会衆議院議員となり，1917年と1936年の2回にわたりオーストラリアの財務大臣をつとめ，さらには，ウイーン工科高等専門学校において，法学の教授として教鞭をとった。レドリッヒは，イギリスの議会主義及びイギリスの地方行政に関する意義深い著書をあらわし，それは英語にも翻訳された。ただ，君主制から第一共和制までの不安定な時期，オーストリアの政治家として成果をあげることはほとんどなかった[93]。

3. ユダヤ系弁護士と法学雑誌

既に述べたように，1870年から1933年までの間，多くのユダヤ系法律家は，その職業上の目標を弁護士たる地位にみいだしていた。ユダヤ系弁護士は，とくには，ベルリン，やフランクフルトといったユダヤ系住民の割合が高い大都

---

91) Vgl. *J Ofner*, Das Recht auf Arbeit, 1885, Vortrag im Wissenschaftlichen Club zu Wien am 24. November 1884.

92) *Ofner* については，Jüdisches Lexikon, Bd. IV, 1930, S. 556 及び *W. Herz*, Neue österreichische Biographie, Bd. XIII, 1959, S. 104-111 参照。

93) *Redlich* については，*W. Brauneder*, Juristen in Österreich 1200-1980, 1987, S. 344 f.; *S. Wininger* Große jüdische Nationalbiographie, Bd. V, 1929, S. 156 f. 参照。チェコスロバキア共和国においては，1918年以降，プラハの民事法教授であった *Bruno Kafka* (1881-1930) がドイツ民主自由党（Deutschdemokratische Freiheitspartei）の代議士をつとめていた。彼については，*S. Wininger*, Große jüdische Nationalbiographie, Bd. III, 1928, S. 363 及び The Universal Jewish Encyclopedia, Bd. VI, 1948, S. 277 参照。*Kafka* は，ドイツとチェコとの間の協力に腐心し，そして，その死去の年，ドイツプラハ大学の学長に選任された。彼は，*Franz Kafka* の父親である。

市で活躍したが，ミュンヘン，ライプチヒ，ケルン及びマンハイムでも，ユダヤ系弁護士が主導的地位を占めていた。

　統計的にみると，プロイセンでは，1890年代以降，常に，弁護士の4分の1強は，ユダヤ出自であった。1933年のはじめ，プロイセンでは3,370人，つまり全体の28.5%を占めていた。ユダヤ系家庭出身の弁護士の大方は，改宗を拒否した。その結果，反ユダヤ立法（Ariergesetzgebung）のもとで把握された弁護士中，洗礼を受けた者及び離教した者は，わずかに200人程度でしかなかった[94]。ユダヤ系弁護士の中には，偉大な学問的功績をあげた者も多いし，一部は，まったくあらたな法分野を開拓した者もいた。これらの人々については，後にドイツの法学におけるユダヤ系法律家の功績を論じる際に取り上げることとしよう。この際，若干なりともふれておくべきは，ハンブルクのユダヤ系弁護士，イザァク・ヴォルフゾン（Isaac Wolffson：1817年-1895年）である[95]。彼は，第二次委員会の委員として，ドイツ民法の草案に関与した。その学術的貢献とは別に，ユダヤ系弁護士はさらに別の3つの分野においても重要な役割を果たした。それは，弁護士協会・公証人協会の代表，法学雑誌の編集者，そして最後に，ユダヤ人諸団体の代表である。

　ユダヤ系法律家は，長い間ドイツ弁護士協会（deutsche Anwaltsverein）の会長及び副会長の地位にあった。ドイツ弁護士協会は，ライプチヒにその主たる事務所をおいていた。会長は，1909年からその没年である1920年まで，ユリウス・ハーバー（Julius Haber：1844年-1920年）がつとめた[96]。その後継

---

94) Krach, (aaO Fn. 3), S. 39.
95) Wolffsonは，1848年以前はハンブルクにおいて弁護士認可を拒絶されていた。彼が認可を得たのは，1849年にユダヤ人がその地で市民権を得た後であった。彼は，30年間ハンブルク議会議員をつとめ，1871年から1881年の間，帝国議会において，国家自由主義党の代議士をつとめた。帝国議会議員として，帝国司法諸法（Reichsjustizgesetze）の制定準備にすでに関わっていた。高齢にもかかわらず，彼は，ドイツ民法第二委員会の作業に積極的に関わったと思われる。彼については，W. Schubert, Materialien zur Entstehungsgeschichte des BGB, 1978, S. 109 f.; さらに E. Lüth, Isaac Wolffson (1817-1895), ein hamburgerischer Wegbereiter des Rechts und der Emanzipation, 1963. 参照。
96) Haberについては，H. Neumann, Julius Habers 70. Geburtstag, JW 43 (1914), 441, Nachruf

は，ライプチヒの弁護士マルティーン・ドルッカー（Martin Drucker：1869年-1947年）であるが，彼もまたユダヤ系家庭出身であった。ドルッカーは，1932年ドイツ弁護士協会が主たる事務所をベルリンに移した際に辞任したが，その後は，弁護士協会の名誉会長となった[97]。おおいに尊敬を集め，司法栄誉称号（Justizrat）を与えられたこの人物は，ナチと戦ったカール・ゲーデラー（Carl Goerdeler）の友人であるが，迫害の時期を生き抜き，1945年以降もライプチヒで弁護士として活躍した。1920年代，弁護士協会の副会長は現在はポーランド領のブレスラウ（Breslau〔現在 Wroclaw〕）の弁護士，アドルフ・ハイルベルク（Adolf Heilberg：1858年-1936年）であった[98]。彼はまた，国際的にもドイツの平和団体の先鋒として活躍した。ハイルベルクは，仲裁裁判所の分野に関するその著書で学術上の評価を受けた。彼の前任をつとめたのが，その友人マックス・ハッヘンブルク（Max Hachenburg）が，「最高の」副会長の1人とたたえた[99]ベルリンの弁護士オイゲン・フックス（Eugen Fuchs：1856年-1923年）である。彼は，わけても第一次世界大戦中，ドイツのユダヤ人階層の代表として際立った存在であった。第一次世界大戦の後，ベルリンでカンマーゲリヒト特別部の裁判官（Geheime Justizrat）エルンスト・ハイニッツ（Ernst Heinitz：1857年-1930年）が弁護士会の会長をつとめ，同時に，長きにわたりドイツ法曹大会（Deutscher Juristentag）の書記でもあった[100]。この

JW 50 (1920), 3 f. 及び M. Hachenburg, Lebenserinnerungen eines Rechtsanwalts und Briefe aus der Emigration, 1978, S. 160 f. 参照。

97) Göppinger, (aaO Fn. 63) S. 332. Zu Drucker については，Nachruf in SJZ 1948, S. 422 及びわかりやすい Hachenburg, (aaO Fn. 96), S. 162 参照。Hachenburg は，ここで彼を一徹かつ皮肉屋と決めつけている。彼は，1934年なっていたにもかかわらず，Julius Magnus 編集の65歳記念論集（1983年復刻）を献呈されているが，この論集は，自費出版本としてしか出すことはできなかった。1983年に出されたこの論集の復刻には，F. Gubel による Drucker の経歴書が付されている。(S.V-XII).

98) Göppinger, (aaO Fn. 63) S. 221. ナチの時代における Heilberg の運命については，Krach, (aaO Fn. 3), S. 173-176 参照。

99) Vgl. Hachenburg, (aaO Fn. 96), S.166.

100) Heinitz については，DJZ 31 (1926), 1627 f. 及び息子 A. Heinitz in JW 60 (1931),

ドイツ法曹大会では、ハッヘンブルクのようなユダヤ系弁護士及びヴィロシュコフスキーのようなユダヤ系裁判官が常にその常議員会メンバーとなっていた[101]。ドイツ公証人協会（Deutsche Notarverein）では、1919年から1930年まで、ユダヤ系公証人ヘルマン・オーバーネック（Hermann Oberneck：1854年-1930年）が、業務執行理事、そしてその機関誌『zeitschrift des deutschen Notarverein』の主幹として活躍した[102]。オーバーネックの後継者としてこの雑誌の主幹をつとめたのは、1933年まで公証人協会の理事でもあった、ベルリンの弁護士兼公証人レオ・シュテルンベルク（Leo Sternberg：1880年-1961年）である[103]。以上のことからして、ワイマール期における公証人という職業グループは、すばらしいユダヤ系の人物をその代表者にもっていたということができる。

　法学雑誌の編集にあたったユダヤ系弁護士の活躍は非常に多様であり、その概略を述べるとしてもなかなか難しいところがある。法律の実務家にとって最も重要な雑誌は、いうまでもなく、1872年以降弁護士協会の週刊誌として出版された『Juristische Wochenschrift=JW』であった[104]。その主幹は、1879年から1901年までは、ユダヤ系弁護士マクシミリアン・ケンプナー（Maximilian Kempner：1854年-1927年）であり[105]、1903年から1915年までは、同じくベ

---

17 f. の Nachruf 参照。
101) *Göppinger*, (aaO Fn. 63) S. 130. Vgl. *Hachenburg*, (aaO Fn. 96), S. 166. *Eugen Fuchs* については、また Nachruf in JW 53 (1924), 2 f. 参照。
102) *Oberneck* については、Nachruf von *Liebmann* in DJZ 35 (1930), 1319 及び *L. Sternberg*, JW 60 (1931) 18 f. 参照。
103) *Sternberg* については、DNotZ 1960, 563 und 1965, 565 参照。
104) Juristischen Wochenschrift については、*F. Ostler*, Die deutschen Rechtsanwälte 1871-1971, 1971, S. 94-97 u. 224 f. 参照。
105) *Maximilian Kempner* については、Nachruf in JW 56 (1927), 1337 f. 参照。*Kempner* または、1918年には、亡くなった帝国議会議長 *kaemp* の後継として帝国議会の議員に選ばれた。ワイマール期においては、ライヒ経済評議会（Reichswirtschaftsrats）のメンバーであった。*Kempner* は、ドイツ工業界の指導的人物であり、1910年からカリ肥料企業合同体の理事長をつとめた。

ルリンのユダヤ系弁護士フーゴ・ノイマン（*Hugo Neumann*：1859 年-1915 年）がその職をつとめた[106]。ノイマンはまた，1904 年に年報『Jahrbuch des deutschen Recht』を創刊した。彼のあとを継いで主幹となったのが，ユリウス・マグヌス（*Julius Magnus*：1867 年-1944 年）であった。彼は，1933 年まで，マンハイムの著名な弁護士マックス・ハッヘンブルクとともにこの地位にあった。2 人は，ドイツ弁護士協会の理事をつとめた。ハッヘンブルクは，2 回にわたり副会長職にあった。彼の，弁護士として，そしてまた学者としての活躍は非常に多岐にわたっていた。マグヌスもまた，多くの学術的出版活動を展開した弁護士であった[107]。2 世代以上にわたり法学雑誌『Juristische Wochenschrift』が高い地位を得ていたのは，主としてはユダヤ系弁護士が編集に関わったことによる。この場では，今日法律家にとってはまったく当たり前のこととなっている判例評釈というジャンルをはじめて導入したのは，ハッヘンブルクであること[108]，こうして，それまでは不明であった実務と学問との架橋がはかられたということだけを指摘しておこう。

1896 年には，法律家のすべての職業分野をカバーする最初の法律雑誌として，『Deutsche Juristen-Zeitung=DJZ』が創刊されたが，これは，すべての法律職の代表的な機関誌でもある。この雑誌は，優れたユダヤ系出版者オットー・リープマン（*Otto Liebmann*：1865 年-1942 年）により発刊された。現在の小型コンメンタール（Kurzkommentar）は，彼のイニシアティブによっている[109]。リープマンは，法学的な内容の記念論集が献呈された最初の出版者で

---

106) *Göppinger*, (aaO Fn. 63), S. 392. 彼については, *Ostler*, (aaO Fn. 104), S. 96 参照。*Neumann* の時代には，JW とドイツ弁護士協会は別物であった。*Neumann* は，この雑誌を独自の弁護士政策のために利用した。

107) *Krach* については，(aaO Fn. 3), S. 434 参照。このほか，彼の一生を描いた本書所収の *Jungfer* の論文参照。

108) この点については, die Autobiographie bei *H. Planitz* Rechtswissenschaft der Gegenwart, Bd. II 1925, S. 109, さらに Lebenserinnerungen, (aaO Fn. 96), S. 139 f. 参照。

109) DJZ の編者としての *Liebmann* の活躍については, *Hachenburg*, (aaO Fn. 96), S. 134 がわかりやすい。

ある[110]。彼の出版事業は，1933年12月15日にミュンヘンの出版社C. H. Beckに譲渡された。今日ドイツで最も優れた法学出版社C. H. Beckが，オットー・リープマンが生涯をかけて取り組んだ仕事の上に成り立っていることは，けっして忘れてはならないはずである。すでにその創刊時，『Deutsche Juristen-Zeitung=DJZ』の編集陣に，偉大なユダヤ系弁護士でありかつ学者でもあったヘルマン・シュタウプ（Hermann Staub）の存在をみることができる1933年までは，常にユダヤ系法律家がこの著名な雑誌の共同編者だったのである。ここでもまた，エルンスト・ハイニッツに加え，とくにマックス・ハッヘンブルクをあげておく必要がある。彼は，1933年まで共同編集者をつとめ，法学の時事問題を取り上げて非常に大きな影響力を持ったコラム『Juristische Rundshau』を担当した[111]。

　その編集にユダヤ系弁護士が少しであれ常にかかわっていた法学雑誌は非常に多く，ここでそれをすべてを取り上げるのは不可能である。ドイツの法学雑誌文献の高い水準は，大きく彼らによっていたのであった。このことは，民事訴訟法関係の雑誌『Zeitschrift für Deutschen Zivilprozeß』[112]，商法・破産関係の雑誌『Zeitschrift für das gesamte Handelsrecht und Konkursrecht』[113]，商標・競争法に関する雑誌『Markenschutz und Wettbewerb』[114]そして公務員法

---

110) Festgabe für *Otto Liebmann*, dem Begründer, Verleger, Schriftleiter und Herausgeber der Deutschen Juristen-Zeitung, 1920. この記念論集に寄稿されている41の論文の執筆者には，たとえば，*Beling, Reinhard Frank, Kahl, Franz Klein* そして*Zitelmann*といった当時の法学界の重鎮がその名を連ねているが，そのうち11人は以下のユダヤ人法律家の論文である。*Hachenburg, Liebmann*（Frankfurt/M.）, *Mendelssohn –Bartholdy, Ring, Mamroth, Heinitz, Heinsheimer, Riesser, H.F. Abraham, Bondi, Levin.* 1933年，当初はおぞましい順応的行動をもたらした*Liebmann*の保守的な立場については，*Rüthers/M Schmidt,* Die juristische Fachpresse nach der Machtergreifung der Nationalsozialisten, JZ 1988, 369-377（ここでの記述は，370）参照。

111) *Göppinger*, (aaO Fn. 63), S. 375.
112) *Göppinger*, (aaO Fn. 63), S. 376.
113) *Göppinger*, (aaO Fn. 63), S. 380.
114) *Göppinger*, (aaO Fn. 63), S. 381.

に関する雑誌『Zeitschtift für deutsches beamtenrecht』[115]にあてはまる。1925年には，共和国のために力を尽くす「共和主義裁判官同盟（Republikanischer Richterbund))」の法政策に志向した雑誌『Die Justiz』が発刊されたが，ここには，本論文で取り上げるユダヤ系法律家の多くが寄稿した[116]。編者でありかつ主幹は，社会民主主義者でユダヤ系の上級行政裁判所裁判官，ヴィルヘルム・クローナー（*Wilhelm Kroner*：1870年-1942年）であった。彼は，1926年に，上級行政裁判所裁判官へと昇進したが，保守派の法律家，わけてもドイツ裁判官同盟からは，政治的な「えこひいき」のたぐいだと激しく批判された[117]。クローナーは，「共和主義裁判官同盟」の会長であったが，ワイマールの雰囲気の中では，この同盟はわずかな裁判官の支持をえたに止まった[118]。好戦的な裁判官クローナーは，1924年に下されたライヒ大統領エーベルトの名誉を損ねたマグデンブルクの裁判所の判決にたいして無意識のうちに反応し，わけても，激しく裁判官を批判したことで，その同僚から疎まれてしまったのであった。第一次世界大戦中のエーベルトの行動を反逆罪の構成要件にあたるとしたこの判決にたいする彼の批判は，内容的にはまったくもって正当なものではあったが，これによって，クローナーそしてまた断固とした共和主義を標榜する法律家が，裁判官の中で疎外されることとなったのであった。先にみた

---

[115] *Göppinger*, (aaO Fn. 63), S. 387. 1929年に創刊されたこの雑誌の編集者は，ベルリンのユダヤ系弁護士 *Jacques Abraham*（1880年-1942年）であった。彼については，*Göppinger*, (aaO Fn. 63), S. 273参照。

[116] Zeitschrift ‚Die Justiz' については，*Th. Rasehorn*, Justizkritik in der Weimarer Republik 参照。この雑誌 Die Justiz の1985年を例にとると，その264頁から293頁に執筆者リストがあり，そこにあげられている249人中，約70人はユダヤ出自である。

[117] *Kroner* については，*Th. Rasenhorn*, Wilhelm Kroner (1870-1942). Der Richter, der ‚Die Justiz' prägte in: Streitbare Juristen (aaO Fn. 80), S. 219-229 参照。

[118] 共和主義裁判官同盟（Republikanische Richterbunds）の規模の小ささについては，*B. Schulz*, Der Republikanische Richterbund (1921-1933), Kieler jur. Diss. 1982 (= Rechtshist. Reihe 21) を参照。ただし，この論文は一方的であり，ここでは，*Kroner* は，ナチが名乗ることを命じた名が用いられている (S. 210)。このことは，1982年にあっては，まったくもって言語道断である。

多大な功績をあげた出版者オットー・リープマンも，反クローナーのキャンペーンに参加したことは，司法制度内においてすさまじいまでに寛容さが欠如していたことの証しであった。

　ユダヤ系弁護士はまた，とりわけワイマール期には，ジャーナリストとして，著名な新聞でも活躍した。この関係では，ベルリンの弁護士エーリヒ・アイク（*Erich Eyck*：1878年-1964年）をあげておかなくてはならない。彼は，ベルリンの新聞『Berliner Zeitung』の別冊『Recht und Leben』を担当したし，また，テオドール・ヴォルフ（*Theodor Wolff*：1868年-1943年）の新聞『Berliner Tagesblatt』にも寄稿した。アイクは，1933年イタリアに，その後イングランドに亡命した。彼は，ロンドンにおいて，ドイツでもよく読まれている3巻からなるビスマルクの伝記を書き上げた[119]。同じくベルリンの新聞『Berliner Tagesblatt』では，優秀な刑事弁護人ルドルフ・オルデン（*Rudolf Olden*：1885年-1940年）が，編集長代理として活躍した。彼は，「半分ユダヤ人」であり，ノーベル平和賞受賞者オシエツキーの弁護人としてナチから嫌われた。彼はまた人権擁護連盟にも関係し，1934年亡命先で，ドイツにおけるユダヤ人迫害に関する初期の出版物である『黒書（Schwarzbuch）』と題した本を出版した[120]。ジャーナリストとして活躍した3番目の法律家としては，ベルリンの刑事弁護人アルフレート・アプフェル（*Alfred Apfel*：1882年-1940年）があげられる。彼は，オシエツキーのほか，画家のゲオルゲ・グロッシュ（*George Grosz*：1893年-1959年）を，神の冒涜を理由とする刑事訴訟で弁護した[121]。アプフェルは，オシエツキーが編集する雑誌『Weltbühne』に関与し

---

119) *Eyck* については，*Krach*（aaO Fn. 3），S. 432; *Göppinger*,（aaO Fn. 63），S. 278 参照。*Eyck* によるビスマルクの伝記は，1941年から1944年にかけ，全3巻の本として出版された。彼はこのほか，1954年から1956年に，ワイマール共和国の歴史全2巻を執筆している。

120) *Olden* については，*I. Müller*, Rudolf Olden (1885-1940), Journalist und Anwalt der Republik, in: Streitbare Juristen (aaO Fn. 80), S. 180 ff. さらに *Krach*,（aaO. Fn. 3), S. 435; *Göppinger*,（aaO Fn. 63), S. 306 f. 参照。

121) *Apfel* については，*Krach*,（aaO Fn. 3), S. 430（本文にもたびたび登場）*Göppinger*,

た。彼は，帝国議会の焼き討ち事件直後に逮捕された弁護士の1人であったが，後にフランスに脱出することができた。彼は亡命中に，その弁護活動の思い出を本にした[122]。

さらにこの場で，ドイツユダヤ人階層の諸組織において，数多くのすばらしいユダヤ系弁護士が果たした重要な役割も指摘しておくべきであろう。この関係でまずもってあげられるのは，ベルリンの弁護士マクシミリアン・ホロヴィッツ（Maximilian Horwitz：1855年-1917年）である[123]。彼は，オイゲン・フックス[124]とともに，ドイツユダヤ人階層最大の信仰・目的共同体である，「ユダヤ教ドイツ公民中央協会（Centralverein deutscher Staatsbürger jüdischen Glauben）」を設立した。この協会の総会員は，1933年には5万人に達していた[125]。ホロヴィッツは，その逝去のときまでこの協会の会長をつとめ，その後1917年から1919年までは，フックスが会長となった。ベルリンでは，優秀な弁護士ヘルマン・ヴァイト・ジモン（Hermann Veit Simon：1856年-1914年）

(aaO Fn. 63), S. 306 f. 参照。

[122] *A. Apfel*, Behind the Scenes of German Justice. Reminiscences of a German Barrister 1882-1933, 1935. 122頁以下には，*George Grosz* にたいする訴訟に関する記述がある。

[123] *Horwitz* については，*Eugen Fuchs*, Um Deutschtum und Judentum, 1919, S. 156-168 参照。

[124] *Eugen Fuchs* は *Max Hachenburg* の親しい友人であった。この，権利とドイツユダヤ人の将来のために戦う戦士と自らをとらえていたこの人物の思想世界を，1894年から1919年までの彼の演説・論攷集 Um Deutschtum und Judentum, 1919 からみてとることができる。彼の選挙演説は，「我々はドイツ人であり，そしてユダヤ人であることを認める」というものであった（S. 246）。*Fuchs* との関連で注目すべきは，彼は，議会の解散の引き金となったのがアフリカでの戦争遂行予算であることから，いわゆる「ホッテントット選挙」と呼ばれる1907年の帝国議会選挙に際し，自由主義者と反ユダヤ主義者の同盟に対抗して，中央党の候補者を推薦したことである。vgl. *Toury*, (aaO Fn. 72), S. 255-257.

[125] Philo-Lexikon, (aaO Fn. 12) Sp. 119. Centralverein については，*A. Paucker*, Zur Problematik einer jüdischen Abwehrstrategie in der deutschen Gesellschaft, in: Juden im Wilhelminischen Deutschland 1890-1914, 1976, S. 479-548 と *Toury*, (aaO Fn. 72), S. 202-212 参照。

が，1914年まで，その会員15万人を数えたドイツ最大のユダヤ教区の名誉会長をつとめた[126]。かの嘆かわしい人物マックス・ノイマン（*Max Neumann*：1875年-1939年）もまた，ベルリンの弁護士であった。彼は，1920年に「民族ドイツユダヤ人連盟（Verband der nationaldeutscher Juden）」を結成し，それが強制的に解散させられる1935年までこれを率いた。ノイマンは，第一次世界大戦において前線で戦った経験から，ナチのイデオロギーに無条件で適応することで，ドイツユダヤ人の将来を確保しようとしたのだった[127]。

最後に，プロイセン最初の女性弁護士もユダヤ人であったということも指摘しておかなくてはならないであろう。その人とは，1925年に弁護士の認可を受けたマルガリータ・ベーレント（*Margarete Berent*：1887年-1965年）である[128]。彼女は1915年すでに，エアランゲン（Erlangen）大学において，夫婦財産法の現代的テーマの1つである「新得財産共同体（Zugewinngemeinschaft）」をもって博士号を取得していたし，「ドイツ女性アカデミカー同盟（Deutscher Akademikerinnenbund）」の創設者の1人でもあった。ドイツにおける女性による法律職の席巻は，彼女の名前をもってはじまったのである。

わけてもマックス・フリードレンダー（*Max Friedlaender*：1873年-1956年）の名前を想起させる弁護士法との学術的な取り組みもまた，ユダヤ系弁護士の偉大な貢献の1つである。フリードレンダーは，1899年からミュンヘンで弁護士をいとなみ，1918年以降，彼もその設立にたずさわったバイエルン弁護士同盟（Bayerischer Anwaltsverband）の会長をつとめた。そして彼は，弁護士法（Rechtsanwaltsordnung）のスタンダードなコンメンタールを執筆

---

126) *Hermann Veit Simon* については，Nachruf in DJZ 19 (1914), 981 f. 参照。彼は *Levin Goldschmidt* の遺言執行者で，1901年に，*Goldschmidt* のさまざまな論攷を，序を付して編集した。

127) *Naumann* とその親族につき，*Göppinger* (aaO Fn. 63), S. 227, *R. Wistrich*, Wer war wer im Dritten Reich?, 1989, S. 249 f., *W. Kienitz*, in: Handbuch Monumenta Judaica, 1963, S. 96 参照。

128) *Göppinger*, (aaO Fn. 63), S. 208; さらに *Stiefel/Mecklenburg*, (aaO Fn. 64), S. 76 f.

した[129]。ジークベルト・フォイヒトヴァンガー（*Sigbert Feuchtwanger*：1886年-1956年）も弁護士法の問題と取り組んだ1人である。彼は，ミュンヘンにおいてユダヤ教区の副会長をつとめ，自由職業としての弁護士の活動に関する社会学的な論文を数多く発表した[130]。弁護士という自由職業に関するフォイヒトヴァンガーの見解は，彼自身によって「文化倫理なもの」だと表現されている。ワイマール共和国が終わりをむかえる頃，彼は，「すばらしいことに職業として存在するのが当然のこととされていたが，もはやそれは，失せてしまおう」[131]と予言した。危機意識が広まっていたし，この階層のプロレタリアート化の危険がはっきりとみえるようになっていたにもかかわらず，弁護士階層を代表するこの人物達は，1933年にいたるまで断固自由な弁護士という原則を維持しつづけた。正当にも彼は，この自由な弁護士ということを，自由主義的な法文化の重要な要素の1つと考えていたのである。1880年から1933年までの間，ドイツの弁護士階層の自己理解を規定していたのは，まずはユダヤ系弁護士だったのである。同じことは，オーストリアにもあてはまる。皇帝フランツ・ヨーゼフ（*Franz Josef*）下のウイーンにおいて指導的な弁護士というなら，イェーリング（*Jehring*）とグラゼル（*Glaser*）の弟子，エドムント・ベネディクト（*Edmund Benedikt*：1851年-1929年）をあげないわけにはいかない[132]。彼は，1903年に，有名な『我々の時代における弁護士職（Die Advokatur unserer Zeit）』を刊行したが，この本は，1912年までに4版を重ねた。ベネディクトは，その法廷での弁論が本になるほどに卓越したオーストリ

---

129) *Friedländer* については，R. Heinrich, 100Jahre Rechtsanwaltskammer München, 1979, S. 160-162. このほか，*Werner* の Jüdische Juristen（aaO Fn. 55），S. 259（ND 1982, S. 326）及び本書所収の E. Haas/E. Ewig の論文参照。

130) *Feuchtwanger* については，R. Heinrich,（aaO Fn. 129），S. 162 f.；そのほか *Werner*, Jüdische Juristen,（aaO Fn.55），S. 259 f.（ND 1982, S. 326 f.）参照。

131) So *S. Feuchtwanger*, Untersuchungen über Wesen und Handlung des Standesrechtes, in: Festschrift Albert Pinner, 1932, S. 108-189,（ここでの記述は，S. 188）.

132) *Benedikt* については，F.W. Feilchenfeld, Neue österreichische Biographie, Bd. VII, 1931, S. 57-83；さらに H. Shima, NDB 2（1955），44 及び Nachruf von A. Badrach, JW 58（1929），393 f. 参照。

アの刑事弁護人であった。彼はその弁護士職に関する著書の中で，弁護士には，権利のための闘争においてとくに重要な役割を果たすことが求められているとして，つぎのように述べている。すなわち，「彼（弁護士＝筆者）は，現下の，したがってほぼ常に陳腐化してはいくが堅固な権利にたいしても，生成しつつある将来の人間としての権利を主張していくことができる。このことが，弁護士の職業を，ほかの点では彼がその足下にある裁判官が達成することのできる以上に最高の瞬間へと高めるのである」と[133]。

20世紀におけるドイツの弁護士の歴史は，ユダヤ系弁護士を強調せずしてはこれを書くことは不可能である。今までに細かくみてきたところを集約するなら，おそらくそういって差し支えない。1933年以前におけるドイツ弁護士階層の高い精神的水準は，そのほとんどがユダヤ人の職業上の同僚の貢献によるものである。この点に関してみると，ドイツの弁護士職の歴史において最も偉大な人物は，おそらく，マンハイムからバークレーまで，ドイツの歴史のほぼ1世紀にもおよぶ生涯（1860年-1951年）をおくった，マックス・ハッヘンブルクであろう[134]。

Ⅳ. 学術部門

1. 概　　観

ユダヤ出自の法律家は，永続的で今日までも続く影響を法学におよぼしてきた。1936年，「法学におけるユダヤ人階層」というテーマで，身の毛のよだ

---

133) E. Benedikt, Die Advokatur unserer Zeit, 1909, S. 7.
134) Hachenburg については，まずは，1924年に書かれた自伝 (in Planitz, (aaO Fn. 108), S. 91-122)。そして Lebenserinnerungen eines Rechtsanwalts und Briefe aus der Emigration, (aaO Fn. 96) がある。後者の著作は，まずは書簡なしに1927年に発表されていたが，あきらかにこれは，1925年の自伝を拡大したものである。おそらく，Gustav Radbruch が，1948年から1949年にかけて，その回想録を1933年以降についても続けるよう Hachenburg にうながそうと試みたようである。vgl. Hachenburg (aaO Fn. 96), S. 228. Hachenburg については，本書所収の Scherner の論文及び同氏の Max Hachenburg – ein Mannheimer Jurist, JuS 1990, 247-252 参照。

つようなドイツ法律家大会（Deutscher Juristentag）が，カール・シュミット（*Carl Schmitt*）主導の下開催されたが，こうしたことは，不正義な政府の支持者達は，間接的につぎのことを認めたものであった。すなわち，19 世紀以降，ドイツ法の学術的解釈とその展開は，そのかなりな部分が，ナチの基準によればドイツ民族には入らないはずの執筆者達によって支えられてきたということである。事実，ユダヤ人の権利剥奪は，すさまじい法学の貧困をもたらした。1933 年以前におけるユダヤ出身の学者達が持っていた意義は，ドイツにおいてその頃刊行された最も大部な法学の記念論文を読んでみればあきらかとなる。それは，1929 年 10 月 1 日にドイツ大審院が創立 50 周年をむかえたのを記念して発刊された，諸法学部編纂になる『ドイツの法生活における大審院の実務（Reichsgerichtspraxis im deutschen Rechtsleben）』と題された祝賀論集である。この記念論集所収の諸論文に接してみると，法治国家が終焉をむかえるほんの数年前なのに，ドイツの法文化は，政治的な変動には影響されずに存続するという後の世の人からすると理解しがたい信頼が存在したということがわかる。序において編者は，ドイツ大審院を「法の神聖さを独立の立場から守る番人」であり，「大審院は，ドイツ法学のわかちがたい友人である」と評していたのである[135]。この記念碑的な記念論集の各巻は，それぞれの法分野に分けて編集されており，ドイツの大学の著名な教授のかなりがこれにたずさわっている。ユダヤ出自という観点から執筆者をみてみると，全体で 71 人中 16 人[136]，割合でいうと 23％が，このカテゴリーにあたる。法学部の法学担当教員に占めるユダヤ家庭出身の法律家の割合もほぼ同程度であった。もっとも，ドイツの大学ごとでみると，その割合は一定ではなかった。1933 年以前において，ユダヤ人の法学教授のいない大学もあったが，平均以上の大学もま

---

135) Vgl. „Die Reichsgerichtspraxis im deutsche Rechtsleben", Bd. I, 1929, S. IV.
136) *Albert Hensel, Karl Strupp, Fritz Stier-Somlo, Erwin Jacobi, Wilhelm Silberschmidt, Fritz Pringsheim, Franz Haymann, Hugo Sinzheimer, August Saenger, Ernst Bruck, Martin Wassermann, Max Grünhut, Hermann Mannheim, Gustav Aschaffenburg, Friedrich Kitzinger* そして *Albrecht Mendelssohn-Bartholdy.* である。

たあった。ユダヤ人法学教授が平均以上の割合でいた後者のカテゴリーに属する大学としてまずあげられるのが，確かに1870年以降，ライプチヒとある程度競争関係に立つことになったものの，フリードリッヒ・カール・フォン・ザヴィニー（*Friedrich Carl von Savigny*）以来大方の分野で主導的な法学部を有していたベルリンのフリードリッヒ・ヴィルヘルム大学（Friedrich-Wilhelm-Universität）である。当時ベルリン大学の法学部では，ユダヤ出自ないしは一部ユダヤ出自である5人の正教授[137]と2人の特任教授（Außerordentlicher Professor）[138]そして3人の名誉教授[139]が教鞭をとっていた。ユダヤ系の割合は，1900年以降はっきりと増加した。19世紀末葉，ベルリン大学では，唯一ハインリッヒ・デルンブルク（*Heinrich Dernburg*）だけが，ユダヤ系家庭出身の正教授だった。もちろん，ベルリンの法学部にユダヤ人教員が多数いたのには，この帝都には多数のユダヤ系市民が住んでいたという背景があることを見過ごしてはならない。モーゼス・メンデルスゾーン（*Moses Mendelssohn*）の時代以降，ベルリンの精神的風土は，ベルリンを含む辺境伯領マルク・ブランデンブルク（Mark Brandenburg）のそれとも異なる形で，「ベルリン風のユダヤ精神」という意味において発展した。そして，この「ベルリン風のユダヤ精神」に，テオドール・フォンターネ（*Theodor Fontane*）は，現代のベルリン市民階層のそもそもの起源をみいだしたのであった[140]。学部では，生粋のベルリン子であるマルティーン・ヴォルフ（*Martin Wolff*）そしてまたすばらしい「ベルリンなまり」を話すジェームス・ゴルドシュミット（*James Goldschmidt*）が，この伝統の代弁者であった。まさにベルリン大学法学部にとって1933年は，そこから立ち直ることがもはや不可能な1つの節目を意味したのである[141]。

---

137) *James Goldschmidt, Fritz Schulz, Martin Wolff, Hans Lewald* そして *Ernst Rabel* である。
138) *Hermann Mannheim*, そして *Arthur Nussbaum* である。
139) *Max Alsberg, Julius Flechtheim* そして *Erich Kaufmann*. である。
140) *Th. Fontane*, Die Märker und die Berliner und wie sich das Berlinertum entwickelte (1907). 本稿では，*Th. Fontane*, Werke und Schriften, Bd. L, 1984, S. 544-557 によった。
141) 1933年までのこの学部の歴史に関して深く立ち入ったものとしては，現在のとこ

そのほかのドイツの法学部に関して目を引かれるのは，1900年以降に設立された大都市の新設大学において，ユダヤ系教授の割合が高かったということである。1933年，このようなタイプの大学がドイツには3つあった。フランクフルト，ハンブルク，そしてケルン大学である[142]。フランクフルト大学は，財団形式の大学として1914年に開設された。第一次大戦後の1919年，ケルン大学とハンブルク大学がそれに続く。すべての場合で，従来からあった各分野別の高等専門学校は新設された大学に統合されたが，そこにはすでに法学の教授が任用されていた。具体的には，フランクフルトでは，商学・社会学アカデミー（Akademie fur Handels-Sozialwissenschaft），ケルンでは，地方行政及び社会行政高等専門学校（Hochschule für communale und soziale Verwaltung）そしてハンブルクでは，植民地研究所（Kolonialinstitut）である。フランクフルトに関していえば，この市には，中世後期及び近代前期の迫害を免れた，ドイツでは2番目に大きくて伝統に富んだユダヤ教教区があった[143]。あらたに設立

ろでは，自らの回想に基づいた，*R. Smend*, Zur Geschichte der Berliner Juristenfakultät im 20. Jahrhundert, in: Studium Berolinense. Gedenkschrift zur 150. Wiederkehr des Gründungsjahres der Friedrich-Wilhelms-Universität zu Berlin, 1960, S. 109-128 参照。

142) 1933年以前に比較的多くのユダヤ人で断固民主主義を信奉していた正教授（*Heinrich Hoeniger, Gerhart Husserl, Hermann Kantorowicz, Otto Opet*）を多く抱えていたのは，キール大学である。もっともこの大学は，1933年，あっという間に，ナチス的な突撃隊学部（Stoßtruppfakultät）へと変わってしまった。*E. Döhring*, Geschichte der juristischen Fakultät der Christian-Albrechts-Universität Kiel, 1665-1965 (= Geschichte der Christian-Albrechts-Universität Kiel 3, 1), S. 203 ff. 及び最近のものとしては *J. Eckert*, Was war die Kieler Schule?, in : Recht und Rechtslehre im Nationalsozialismus, hrsg. v. *F. J. Säcker* 1992 (= Kieler Rechtswiss. Abh. Bd. 1), S. 37-70 参照。テュービンゲン大学法学部では，1933年以前，あきらかに反ユダヤ主義のために，ユダヤ系碩学の招聘をできる限り避けていた。vgl. *U. D. Adam*, Hochschule und Nationalsozialismus, die Universität Tübingen im Dritten Reich, 1977, S. 31 f.

143) フランクフルト大学創設にあたり活躍した人物の1人に，フランクフルトの弁護士 *Ludwig Heilbrunn*（1870年-1951年）がいる。彼は，左派自由主義者としてプロイセン議会議員を1915年から1918年まで，その後憲法を定めたプロイセン州議会（Landesversammlung）議員をつとめた。*Heilbrunn* は，フランクフルト大学の名誉市民（Ehrenbürger）となった。彼はまた，ゲーテ研究者として，そしてまた，

された大学では，既存のアカデミーから，刑法学者ベルトホルト・フロインデンタール (Berthold Freundenthal) が招聘された。法学部には，7つの講座があったが，そのうち2つは，ユダヤ家庭出身の法律家が占めていた。2つ目は，民事訴訟法学者ゲオルク・クットナー (Georg Kuttner: 1877年-1916年)[144]が占めていた。世界に目を開いた自由主義的な市民の町であるフランクフルトは，大学でもまた，ユダヤ的な自由主義の精神をその特徴としており，ナチの早い時期にあっては，ユダヤ系の法学教授をすべて解任して，フランクフルトだけに集めてしまえといった奇妙な案さえ考えられていた。1933年当時，フランクフルト大学法学部では，2人の正教授[145]，1人の特任教授[146]，4人の名誉教授[147] そして2人の私講師 (Privatdozent)[148] が，ユダヤ出自の法律家であった[149]。ユダヤ系の名誉教授の数が多いのは，多くのフランクフルトのユダヤ系弁護士が学術的に高い水準にあり，それらが大学で講義を担当したからである。

同じくケルン大学では，1919年に，すでにあった高等専門学校から，1人のユダヤ系法律家が大学に招聘された。公法学者のフリッツ・スティアー－ゾムロ (Fritz Stier-Somlo) である。1933年当時，ケルン大学法学部では，2人の正教授[150]，1人の特任教授[151]そして1人の名誉教授[152]が，ユダヤ出自であった。

わけても株式法の著作をつうじて世に知られていた。彼については，P. Arnsberg, Die Geschichte der Frankfurter Juden, Bd. III, 1983, S. 181f. 参照。

144) Vgl. B. Diestelkamp, Zur Geschichte der Rechtswissenschaftlichen Fakultät der Johann Wolfgang Goethe-Universität zu Frankfurt am Main, in: Juristen an der Universität Frankfurt hrsg. v. B. Diestelkamp/M. Stolleis 1989, S. 10. Georg Kuttner については，Nachruf von J. Goldschmidt, DJZ 21 (1916), 970 参照。

145) *Hermann Heller, Karl Strupp.*

146) *August Saenger.*

147) *Ernst Cahn, Julius Lehmann, Hugo Sinzheimer, Ludwig Wertheimer.*

148) *Arnold Ehrhardt, Ernst E. Hirsch.*

149) これらの名前は，*Göppinger*, (aaO Fn. 63), S. 208, *Diestelkamp*, (aaO Fn. 144), S. 19 によっている。

150) *Franz Haymann, Hans Kelsen.*

151) *Hans Walter Goldschmidt.*

152) *A. Wieruszowski.* ケルン大学のユダヤ系碩学については，*F. Golczewski,*

最後にハンブルクであるが，1919 年，大学創設の際，植民地研究所から公法学者クルト・ペレルス (*Kurt Perels*) が招聘された[153]。すでに創設時にあって，このほかに 2 人のユダヤ系法律家が招聘されていた。国際法学者アルブレヒト・メンデルスゾーン-バルトルディ (*Albrecht Mendelssohn-Bartholdy*) と刑法学者モリッツ・リープマン (*Moritz Liepmann*) である。1933 年当時，ハンブルクの法学部には，メンデルスゾーン-バルトルディとペレルスのほかに，あと 4 人のユダヤ出自の教授がいた[154]。

これらの都市の大学は，通常比較的若い教員からなっていたことから，多数のユダヤ系教授を任用することができたのである。つまり，当時の若い世代の法学者にあっては，ユダヤ出自の講師が特段に多かったのであった。彼らは，あらたに開拓されたさまざまな分野と最もあたらしい方法論を講じ，そして，何人かの者は，後に亡命先において，学問的最高水準を達成することができた

Jüdische Hochschullehrer an der neuen Universität Köln vor dem Zweiten Weltkrieg, in : Köln und das rheinische Judentum, Festschrift Germania Judaica 1959-1984, Köln 1984, S. 363-396 参照。この論文において *Stier-Somlo* は 367 頁，*Aschaffenburg* は 364 頁，*Flechtheim* は 364 頁，*Wieruszowski* は 367 頁，*Haymann* は 372 頁，*H.W. Goldschmidt* は 373 頁，そして *Kelsen* は 374 f. で取り上げられている。

153) *Perels* については，*Stödter* in JZ 1958 S. 549 参照。1933 年に彼は自殺した。彼の兄弟，*Leopold Perels* は，マンハイム大学の教授の地位を失った。2 人の父親，*Ferdinand Perels* (1836 年-1903 年) は，帝国海軍局局長であった。同じく法律家の従兄弟，*Friedrich Justus Perels* は，ナチスの政策に反対したプロテスタント教会の運動 (Bekennende Kirche) の法律顧問であったが，1945 年に殺害された。彼の父親で著名な歴史家の *Ernst Perels* はブッフェンヴァルト (Buchenwald) の強制収容所に連行され，同じく殺害された。*Friedrich Justus Perels* については，*M. Schreiber*, Friedrich Justus Perels (1910-1945). Rechtsberater der Bekennenden Kirche, in: Streitbare Juristen, (wie Fn. 80), S. 355-366 参照。*Ernst Perels* については，*A. Leber*, (aaO Fn. 83), S. 187-189 及び *F. Weigle*, Deutsches Archiv für Erforschung des Mittelalters 8 (1951) S. 262 f 参照。

154) *Ernst Bruck, Gerhard Lassar, Martin Wassermann, Friedrich Ebrard.* 重要なハンブルクの法律家に関しては，特に，‚Lebensbilder Hamburgischer Rechtslehrer', Hamburg 1969 参照。

のであった。

　ドイツのユダヤ系法律家の著作が，法学を学ぶドイツの学生にどのような影響を与えたかを評価しようとするなら，つぎの点もまた指摘しておかなくてはならない。すなわち，1900年から1933年までの間，法学のほとんどすべての概説書（Grundrißliteratur）は，ベルリンのユダヤ系裁判官エドゥアルト・ハイルフロン（Eduard Heilfron：1860年-1938年）[155]の著作だということである。すでに1900年以前，ベルリンの西にあるナウエン（Nauen）市の若い区裁判所裁判官であった時代から，彼は私塾を開いていたが，そこには，まずは授業を受けるためではあるが，授業の後さらに先生と一緒にそこにいることを楽しむべく，多くの学生そしてまた修習生が集ったのである[156]。1930年に刊行された彼の記念論集において，プロイセンの事務次官は，ハイルフロンについて次のように記している。すなわち，「そして，なんといっても，今日ほぼ60歳くらいまでのすべての法律家及び行政官僚は，彼の弟子だということができる。もっとも，それは2つのグループに分けられる。1つは自分が彼の弟子だということを認めるグループであり，もう1つは，そうではないグループである[157]。」と。

　ハイルフロンの概説書には，今日からすると驚くほど多くの法制史に関する記述がみうけられる。

　注目すべきは，ドイツ帝国の時代とワイマール共和国において，ユダヤ系法律家は，しばしば，当時ではマージナルな学問分野と考えられていたが，そうこうするうちに，法学論争の中心に躍り出た，たとえば労働法や租税法の分野で活躍したことである。

　彼らが特別の分野と熱心に取り組むチャンスを得たのは，教授資格取得後，

---

[155] Heilfronについては，Göppinger, (aaO Fn. 63), S. 222参照。Heilfronは，ベルリン中央区裁判所（Amtsgericht Berlin-Mitte）の裁判官であり，ベルリン商業高等専門学校の名誉教授であった。

[156] Wilhelm Abegg, Eduard Heilfron und unsere juristische Jugend in: Festschrift für Edurard Heilfron zum 70. Geburtstage 1930, S. 13-28（ここでの記述はS. 17）.

[157] Abegg, (aaO Fn. 156), S. 15.

その経歴を重ねるのに時間を要したからであった[158]。このことは，しばしば政治的考え方，だが大方のところはおそらく無意識のうちの反ユダヤ主義的偏見と関係していた。この時期，非常に多くのユダヤ系講師は，招聘がかかるのを長いこと待たなくてはならなかったし，招聘を受けても低給の特任教授にしかなれなかった。世界的に有名なロマニスト，オットー・グラーデンヴィッツは教授になるまでに10年かかった[159]。ヘルマン・ウルリッヒ・カントロヴィッツ（Hermann Ulrich Kantorowicz）にいたっては，はじめて特任教授として招聘されるまで16年を要した[160]。とくにひどい差別は，法制史学者オットー・オペット（Otto Opet：1866年-1941年）の例である。彼は，区裁判所裁判官（Amtgerichtsrat）としてその生活費を得ながら，キール大学において，なんと30年間にわたり無給で講師をつとめたが，それでも生涯にわたり，法制史及び民法の分野，わけても劇場法（Theaterrecht）について，継続的に学術的論攷を発表し続けたのであった。教授に招聘された後，彼が教職にたずさわることができたのは，ほんの数年だけであった[161]。もっと不運な人生を歩んだのは，ユダヤ出自のベルリン子で，卓越した法理学者テオドー

---

158) 同じような特定分野への集中は，ドイツ帝国時代におけるドイツのユダヤ系自然科学者の研究にもみられた。vgl. *S. Volkov*, Soziale Ursachen des Erfolgs in der Wissenschaft. Juden im Kaiserreich, HZ 245 (1987), 315-342（ここでの記述はS. 334）. - nachgedruckt in dies., Jüdisches Leben und Antisemitismus im 19. Und 20. Jahrhundert, 1990, S. 146-165（ここでの記述はS. 158). ユダヤ人は，「創造的な隅のほう」に押し込まれていたのであった。

159) *Planitz*, の自伝（aaO Fn. 18), S. 44 参照。

160) *G. Kleinheyer/J. Schröder*, Deutsche Juristen aus fünf Jahrhunderten, 3. Aufl. 1989, S.146. *Kantorowicz* が遅くなってからキール大学に招聘されたことについては，*Döhring*, (aaO Fn. 142), S. 192 f. 参照。

161) *Opet* の印象的な生涯については，*E.J. Cohn*, Der Fall Opet. Eine Studie zum Leben der deutschen Vorkriegsuniversität, in: Mutlitudo legum. Ius unum. Festschrift W. Wengler, Bd. II, 1973, S. 211-234 参照。*Opet* は，1893年に教授資格を取得し，1900年私講師としてキールにおもむいた。1930年になってはじめて彼はその地で1代限りの正教授となった。彼は，キールの学部で尊敬を集めていたことははっきりしている。というのは，すでに1931年から1932年にかけ，学部長となっていたからである。

ル・シュテルンベルク（*Theodor Sternberg*：1878 年-1950 年）である。彼は，ローザンヌで私講師となったが，法律家グスタフ・クーレンベック（*Gustav Kuhlenbeck*）があおった反ユダヤ的な中傷キャンペーンの後にそこを離れた。その後，1度ベルリンに私立大学を創設しようとし，一時期うまくいった。1913 年，彼は，東京への招聘を受け入れ，時としては重苦しい生活環境の中，その人生の後半を日本で送った。すでに 1933 年以前において，ドイツの大学には，この才気豊かな法律家を受け入れる席はなかったのである[162]。おそらくは 20 世紀におけるドイツの法学部において最も優れた教育の才能の持ち主，マルティーン・ヴォルフですら，教授資格取得から正教授への招聘がかかるまでなんと 14 年も待たなくてはならなかった[163]。彼らの自伝によると，この長い待機の時間は，しばしば，おおいに成果をあげることに寄与した。待っている時間が長かったことは，他方ではドイツ法律学の一連の古典的著書を生みだし，あらたな法分野が学問的に開発されることにつながったのである。以上のような概観を受けて，それでは，各法学諸分野におけるユダヤ出自の法律家の貢献をみていくこととしよう。

2. 法　制　史
2.1　ローマ法

　まずは法制史の諸分野における貢献からはじめることとする。というのは歴史に関する諸分野は，歴史法学の時代以降，19 世紀における学問上の理解ではその中心に位置していたからである。パンデクテン法（Pandektenrecht）は，1870 年頃，そしてまたその後も法学教育の中核をなしていたが，そのかなりの部分は歴史的分野であった。今日では普通の，法制史家と解釈のみに取り組む法律家との区分がはっきりしていたのは，単にその分野の代表的人物の

---

[162]　*Sternberg* の生涯については，同じく *M. Rehbinder*, Einleitung zu. *Th. Sternberg*, Zur Methodenfrage der Rechtswissenschaft und andere Schriften, 1988 (= Schriftenreihe zur Rechtssoziologie und zur Rechtstatsachenforschung Bd. 67), S. 7-15 参照。

[163]　本書に所収されている *D. Medicus* の論文参照。

みであった。しかし，1879年に，まずは民事訴訟法につきあらたな法典が施行され，そして民法典の導入は間近と考えられるようになると，それは，1880年以降，パンデクテン法学に形式にかかわるパラダイムの転換をもたらした。これは，ローマ法大全（Corpus Iuris Civilis）というユスティニアヌス法のもとで古典的なローマ法をとらえ，こうすることで，ローマ法が，その現行法としての地位を新法典に取って代わられることとなっても，ローマ法が歴史に関する専門として，大学のカリキュラムに取り入れられる基盤を確保しようとしたことの所産である。フランツ・ヴィアッカー（Franz Wieacker）によれば，法制史は，1880年代に現行法の地位から解き放たれ，古代法制史における第2期目の新発見の時代がはじまったのであった[164]。この時代，3人の偉大なドイツ人碩学が，最も重要な歴史上の発見をした。その3人とは，オットー・レーネル（Otto Lenel：1849年-1935年），オットー・グラーデンヴィッツ（1860年-1935年）そしてルートヴィッヒ・ミッタイス（Ludwig Mitteis）であるが，レーネルとグラーデンヴィッツは，ユダヤ人である。レーネルは[165]，ローマ法大全に隠れていた執政官布告のテキスト，つまりは古典的なローマの法学の出発点なしているテキストを再構成し，そしてこれを受けて，彼の著書『Palingenesia Iuris Civilis』において，パンデクテン中に四散している古典的な法律家の文書のそもそもの関連を再構成した人物である[166]。彼はその生涯を閉

---

[164] F. Wieacker, Privatrechtsgeschichte der Neuzeit, 2. Aufl. 1967, S. 416-430（ここでの記述はS. 419 f.）．

[165] Lenelについては，Nachruf von L. Wenger, ZRG Rom. Abt. 55 (1935), VII-XI 参照。さらに詳細なのは，H. Sinzheimer, Jüdische Klassiker der deutschen Rechtswissenschaft, 1953, S. 97-110 及び die Autobiographie bei H. Planitz, Die Rechtswissenschaft der Gegenwart in Selbstdarstellungen, Bd. I, 1924, S. 133-152 である。また最近のものとして，O. Behrends, Otto Lenel Positivismus im nationalen Rechtsstaat als Haltung und Methode. Einleitung zu: O. Lenel, Ges. Schriften I (1990), S. XIII-XXXIII 及び E. Bund, NDB 14 (1984), 204 f. がある。

[166] Lenelの著作 Edictum Perpetuum は，1883年刊，Palingenesia iuris civilis は 1889年刊。

じるまで，最も偉大なローマ法専攻の代表的人物として世界中にその名をはせた，研究のパイオニアであった。彼の主要な諸著作は，100年以上もたった現在においてもなお，ローマ法制史学者にとって最も重要かつ欠くことのできない研究の基礎資料である。レーネルは，19世紀の教育界に深く根を下ろしていたが，注目すべきことには，それと同時に，また現代にもその目を向け，高齢になってからもワイマール憲法そしてまたアメリカの統治体制にも取り組んだ[167]。

レーネルの同時代の人物グラーデンヴィッツは，学問的には非常に現代的で，政治的には保守的なロマニストである。おそらく彼を最もよく特徴付けているのは，彼が，偉大な自由民主主義者テオドール・モムゼン (*Theodor Mommsen*) と鉄拳宰相オットー・フォン・ビスマルク (*Otto von Bismarck*) を同時に熱狂的に誉めたたえたことである。ドイツの伝統と非常に強く結びついていたこの碩学が，その若い時代にすでにあらわれていた反ユダヤ主義のもとで非常に苦しめられたことはいうまでもない。1929年に著した自伝において，彼はまったく唐突に，彼が人生に失望した理由として反ユダヤ主義のシンボル，ハーケンクロイツをあげたのであった[168]。グラーデンヴィッツの学術上の功績は，主としてユスティニアヌス法には，何度も修正された昔の法律家のテキストの断片が収録されていることを認めることで，パンデクテンのテキスト評論に際しての改竄の研究という分野を確立した点にある。こうして，グラーデンヴィッツは，歴史的・哲学的な研究の方向を開拓し，ローマ法では，このような方向が，ほぼ100年にわたって支配的地位を占め続けた。彼がいたハイデルベルク大学では，彼の思い出は，ドイツの模範的な教授の原型の思い

---

167) O. *Lenel*, Über die Reichsverfassung. Rede am 25.10. 1919, 1920 (=Freiburger wiss. Gesellschaft H. 7); *ders*., Das amerikanische Regierungssystem. Rede am 1. Oktober 1921, 1922.

168) *Planitz*, (aaO Fn. 18), S. 41-88 (ここでの記述は S. 48). *Gradenwitz* については，Nachruf von P. *Koschaker* ZRG Rom. Abt. 56 (1936), IX-XII, J. *Herrmann*, Otto Gradenwitz (1860-1936), in: Semper apertus. Sechshundert Jahre Ruprecht-Karls-Universität Heidelberg 1386-1986 参照。

出としても，いまなお語り継がれている[169]。

1900年以降，古代ギリシャ法は，かなりの部分があらたに開拓された研究分野であり，そのローマ法との違いが研究されたが，その際，包括的な古代の法制史の基礎を得ようと努力が重ねられた。その資料の理解は予想をはるかに超えて困難であるにもかかわらず，この分野は，英知にあふれた法制史学者にとっては特段魅力的であることに変わりなかった。2人のユダヤ系碩学が熱心にこの研究を行った。この2人は，今日でもなお古代法の特に熱心な研究を続けている数少ないドイツの大学の1つであるフライブルク大学において，レーネルの後に教授となった。第1の法制史学者は，1950年に出版された著名なモノグラフ，「ギリシャ売買法（Greek Law of Sale）」の著者，フリッツ・プリングスハイム（*Fritz Pringsheim*：1882年-1967年）である。彼は，1933年以前に，すでにフライブルク大学の教授となっていた[170]。彼は，ローマ法とはその根本から異なるギリシャ契約法を法学的に把握することに成功した。法制史関係ではエルンスト・ラーベル（*Ernst Rabel*）の唯一の弟子，ハンス・ユリウス・ヴォルフ（*Hans Julius Wolff*：1902年-1983年）の学者としての経歴もまたワイマール期にはじまった。ヴォルフは，信じがたい困難の中，その学術活動をアメリカでも継続し，1952年に帰国後，ギリシャ法研究を法制史の独自の分野として確立したのであった[171]。

プラハの南東にあるブリュン（Brünn〔現在Brno〕）出身で，1919年にプラハ大学教授となり，1938年にはその講座を追われ，そして1945年には，チェコスロバキアからも追放されたロマニスト，エゴン・ヴァイス（*Egon Weiß*：1880年-1953年）もまた，ドイツの法文化の伝統の中にあった。ヴァイスは，1923年に『比較法的基礎にもとづくギリシャ私法（Griechisches Privatrecht auf rechtsvergleichender Grundlage）』という本を出版し，そしてまた，1938

---

[169] D. Seckel, Gradenwitz-Anekdoten, Ruperto-Carola 32 (1980), 29-36 参照

[170] *Pringsheim* については，Nachruf von F. *Wieacker*, ZRG Rom. Abt. 85 (1968), 602-612 及び本書に所収されている *Bund* の論文参照。

[171] Nachruf von G. *Thür*, ZRG Rom. Abt. 100 (1984), 476-491.

年以前はチェコスロバキア共和国のあらたな民法典の準備作業にもたずさわっていた[172]。彼とならび，ユダヤ出自で，ハンガリー・オーストリア帝国でももともとからオーストリアであった地方出身のロマニストとして，現在は北ウクライナにあるレンベルグ（Lemberg〔現在 Liwiw〕）出身のアドルフ・ベルガー（*Adolf Berger*：1882年-1962年）をあげることができる[173]。彼は，グレコ・エジプトパピルス文書にもとづいた法実務の主導的研究者であり，アメリカに亡命中英語のローマ法辞典を作った。この辞典は，今日でも英語圏における研究の重要な補助資料となっている[174]。

1900年以降，ドイツのロマニストは，旧バビロニアのくさび文字で刻まれた法及びギリシャパピルス文書の法を研究した[175]。彼らはまた，ヨーロッパ中世の伝承法（Gelehrtes Recht）への足がかりをつかみ，そしてこの分野で印象深い成果を収めた。中世史の分野においても，何人かのユダヤ系ドイツ法律家が，斯界をリードするスタンダードな著作を書き上げた。まずあげるべきは，マックス・コンラート（*Max Conrat*：1848年-1911年）である。彼は，ザヴィニー以後はじめて，中世前期のローマ法に関して画期的な成果をあげた法制史学者であった。1891年に発表された彼の著書『中世初期におけるローマ法の資料と文献の歴史（Geschchte der Quellen und Literatur des römischen rechts in frühen Mittealter)』に取って代わるような解説は今日まであらわれていない[176]。その特別の研究成果にもかかわらず，彼はアムステルダム大学でしか教

---

172) Nachruf von *S.v.Bolla*, ZRG Rom. Abt. 70 (1953), 518-522 及び Nachruf von *H. Klang*, Jur. Bl. 75 (1953), 148 f.

173) *Berger* は市井の碩学という，ユダヤ系の法律家には珍しくないタイプ——ほかの例として *Liebermann* と *Kahn* があげられる——であった。den Nachruf von *M. Kaser*, ZRG Rom. Abt. 79 (1962), 526-531.

174) A. Berger, Encyclopedic Dictionary of Roman Law, Philadelphia 1953. 彼は，ニューヨーク市立大学で教鞭をとっていた。

175) パピルス古文書法学の分野においては，*Egon Weiß* とならんで，*Andreas Bertalan Schwarz* 及び *Hans Lewald* をあげておかなくてはならない。

176) ドイツ法学の歴史において，最高の碩学の1人であった *Conrat* については，H. U. Kantorowicz が広範な評価を展開した．Max Conrat (Cohn) und die mediävistische

授にはなれなかった。あきらかに，ユダヤ出身であることで差別を受けたのである。国際的に著名な中世史学者として第2番目にあげておくべきは，本書では，もっぱら法社会学者としてのみ取り上げられている，ヘルマン・ウルリッヒ・カントロヴィッツ（1877年-1940年）である[177]。非常に多才なこの碩学は，その奥深い知識で，友人[178]のグスタフ・ラートブルフ（*Gustav Radbruch*）をも驚嘆せしめえたほどであったが，ドイツ人としてはじめて，教育をとおして形成された刑法学の発端についての研究を行い，そしてまたパンデクテンのテキスト評論に関し，今日まで主導的な論攷をまとめ上げた。もっとも，彼の法制史に関する学術的な主要図書『ローマ法注釈学派の研究 (Study in Glossator of Roman Law)』は，法学が復活した時期である12世紀における注釈学派の時期に関する研究の集大成として，1938年，亡命中ケンブリッジで出版されたのであった[179]。この著作は，注釈学派に関しては，今日なお研究のベースであり，確かにドイツでは，これにたいする関心はかなり後退してはいるものの，フランス及びイタリアでは，今日においてもよく取り上げられている[180]。法制史学者であり，法理学者であり，法社会学者であり，そし

Forschung, ZRG Rom. Abt. 33 (1912), 417-438 参照。この論文は，*Kantorowicz* の学問理解を推しはかるについても非常に示唆に富むものでもある。*Conrat* は，世界に知られた哲学者で，中世哲学の創始者である *Ludwig Traube* と非常に親しかった。

177) *Kantorowicz* については，本書所収の *Frommel* の論文のほか，とくに，*K. Muscheler*, Hermann Ulrich Kantorowicz. Eine Biographie, 1984 さらには *J. Schröder* bei *Kleinheyer/ Schröder*, (aaO Fn. 160) S.146-149 参照。

178) *Kantorowicz* は，*Radbruch* 自身の証言によると，40年以上にわたる彼の最も親しい友人であった。*Radbruch* は，*Kantorowicz* を，彼が知る限り最高の碩学と評価していた。vgl. *A. Kaufmann*, Gustav Radbruch, 1987, S. 140.

179) *H.Kantorowicz/W.W. Buckland*, Studies in the Glossators of the Roman Law, zuerst 1938. Reprint mit Ergänzungen von *F. Weimar*, 1969.

180) 中世伝承法の研究は，ウイーン大学私講師 *lexander Gál* (1881-1958) のライフワークの一部でもあった。1926年彼は，Summa legum brevis, levis et utilis des sogenannten Doctor Raymunds von Wiener Neustadt を編集したが，これは，ローマ法継受に関する重要な資料の1つである。すでに1911年にはウイーンで教授資格

てまた，刑法理論家でもあったカントロヴィッツは，20世紀前半におけるユニバーサルな法律家の１人である。

古代から中世への移行期が，もう１人のユダヤ系法制史学者であり，世界的にも著名なエルンスト・レヴィー（*Ernst Levy*：1881年-1968年）のライフ・ワークの中心をなしていた[181]。法のすべての段階を知らなくては，ゲルマン諸部族法（Germanische Stammesrechte）は理解できないにもかかわらず，それまでロマニストの法制史学者からも，そしてまたゲルマニストの法制史学者からも無視されていた西ローマの平民法（Vulgarrecht）の分野を開拓したのが彼である。レヴィーの研究により，それまで知られていなかったつぎのような世界が切り開かれたといっても過言ではない。それは，ローマ時代の巨匠達（Klassiker）の法学的思考の輝きは持っていないが，体系的説明を可能とする独自の生命力と発展の内的なロジックを備えた世界である。法制史学者による伝統的な専門分野の棲み分けを飛び出したこのレヴィーの研究は，ここ20年の間において，若いドイツの法制史学者によりはじめて取り上げられ，その一部についてはさらなる研究がすすめられてきている[182]。

1933年にナチ党員が政権を握ったとき，そもそもナチ党の綱領からしてみると，彼らにとりとくにうさん臭いドイツの大学におけるローマ法は，ユダヤ系の碩学達によって輝かしいまでに支えられていた[183]。この分野の教授だっ

を取得していた *Gal* の場合も，この *Ulrich Stutz* の弟子の経歴を反ユダヤ主義的な予断が妨げたことを推測することができる。彼については，Nachruf von *H. Lentze*, ZRG Germ. Abt. 76 (1959), 550 f. 参照。

181) Nachruf von *W. Kunkel*, ZRG Rom. Abt. 86 (1969), XIII-XXXII，そのほか *D. Simon*, Ernst Levy (1881-1968), in: Juristen an der Universität (aaO Fn. 144), S. 94-101, *K. Misera/R. Backhaus*, Ernst Levy und das Vulgarrecht, in: Semper apertus. Sechshundert Jahre Ruprecht-Karls-Universität Heidelberg 1386-1986, Bd. III, hrsg. v. W. Doerr, 1985, S. 186-214 及び *D. V. Simon*, NDB 14 (1985), 403 f.

182) 彼を受け継いだものとして，わけても，*H. Nehlsen*, Sklavenrecht zwischen Antike und Mittelalter, 1972 (=Göttinger Studien zur Rechtsgeschichte 7) がある。

183) ナチ党の綱領では，ローマ法が拒否されていることにつき，以下の拙稿参照。Römisches Recht und deutsches Gemeinrecht. Zur rechtspolitischen Zielsetzung im

たのは，プリングスハイム，レヴィーそしてカントロヴィッツのほかに，碩学フリッツ・シュルツ（*Fritz Schulz*：1879年-1957年），フランツ・ハイマン（*Franz Haymann*：1874年-1947年），エーベルハルト・フリードリッヒ・ブルック（*Eberhard Friedrich Bruck*：1877年-1960年），アンドレアス・ベルタラーン・シュヴァルツ（*Andreas Bertalan Schwarz*：1886年-1953年），フリードリッヒ・エブラート（*Friedrich Ebrard*：1891年-1975年）である。さらには，エルンスト・ラーベル（1874年-1955年）及びハンス・レーヴァルト（*Hans Lewald*：1883年-1963年）も，ローマ法に関し多大な貢献をした。もっともこの2人については，比較法と関連してより詳しく取り上げることとしよう。シュルツは，主に古典ローマ法に取り組んだ。彼は，1909年に発表した不当利得法に関する民事法のモノグラフィーをもって，侵害型不当利得（Eingriffskondiktion）の法的性質を解明[184]したが，これは，代理及び債権侵害とならぶユダヤ出自のドイツ法律家による理論的発見である[185]。彼が亡命中に書いた『古典ローマ法（Classic Roman Law）』は，現代の改竄研究をふまえて，巨匠達の時代のローマ法の全体像をはじめてあきらかにした[186]。彼は，その『ローマ法学の歴史（Geschichte der römiachen Rechtswissenschaft）』を1961年はじめてドイツ語で出版したが，これは，20世紀に書かれた法制史の最も重要な解説書の1つである[187]。シュルツもまた，英語で書かれたその複数の著書をつうじてアメリカのいくつかの大学で改めてローマ法にたいする関心を引き起こし点で，同じく国際的に活躍した人物である。

---

nationalsozialistischen Parteiprogramm, in : Rechtsgeschichte im Nationalsozialismus, hrsg. von *M. Stolleis/D. Simon*, 1989, S. 11-24.

184)　*F. Schulz*, System der Rechte auf den Eingriffserwerb, AcP 105 (1909), 1-488. この論文は，雑誌AcP1年分の全ページを使い切っている。

185)　Nachruf von *W. Flume*, ZRG Rom. Abt. 75 (1958), 496-507 und *H. J. Wolff*, JZ 1958, 186.

186)　*F. Schulz*, Classical Roman Law, 1951. これは，オックスフォード亡命中（1945年-1949年）に執筆されたものである。

187)　この英語版は，History of Roman Legal Science というタイトルで，1946年に刊行された。

フランツ・ハイマンは，主として債務法に取り組んだロマニストであり，この分野では，ドイツ民法の瑕疵担保法について独自の考えを展開した，創立間もないケルンの法学部の優れた法制史学者かつ民事法学者であった[188]。まったく別のタイプだったのは，エーベルハルト・ブルックである。彼は，ローマ法の把握のために，アウグスティヌス（Augustinus）などの初期キリスト教会の指導的神学者の文献を詳しく分析した。彼は，ローマ法を，古代の文化史の一部と考えていた[189]。アンドレアス・ベルターラン・シュヴァルツは，近世の私法史及びローマ法とイギリス法の比較に取り組んだ最初のロマニストの1人である。たとえば，17世紀から18世紀のUsus Modernus期の著者達が19世紀のパンデクテン学派の体系に影響をあたえたといった，当初はセンセーショナルだった彼のテーゼの多くは，時間のたつうちに研究の際の共有財産となっていったのであった[190]。最後に，ハンブルクのフリードリッヒ・エブラートも，ナチの「人種差別立法（NS-Rassengesetzgebung）」の対象となった1人であった。彼は，改竄研究を熱心に取り上げ，ユスティニアヌス法典の成立史を研究した[191]。ローマ法の分野にあっては，1933年以降に講座から追放されたユダヤ系の碩学が占めた比重は非常に大きく，今日のドイツのロマニストの見解によれば，その後今日にいたるまで調整できない本質的な部分が失われてしまったほどだったのである[192]。

---

188) *Haymann* については，Nachruf von *H.Nolte*, ZRG Rom. Abt. 67 (1950), 615–623 及び *Th. Mayer-Maly* NDB 8 (1969), 153 f. 参照。

189) Nachruf von *W.Flume*, ZRG Rom. Abt. 78 (1961), 550–553 これは，*Brucks* の著作を「おもしろい学問」の例と指摘している。

190) Nachruf von *F. Wieacker*, ZRG Rom Abt. 71 (1954), 591–606. *Schwarz* は，Budapestの教養の高いユダヤ系ドイツ市民の家庭出身である。*Guido Kisch* は，1938年から1953年までの *Schwarz* と交わした書簡を刊行したが，これはドイツの碩学中，誰が1933年以降も追放されたユダヤ人同僚とコンタクトを維持していたかという問題を知る上で示唆に富む。vgl. *G. Kisch*, Erinnerung an Bertalan Schwarz in : Recht im Dienst der Menschenwürde. Festschrift f. Herbert Kraus, 1964, S. 167–189.

191) 彼については，Nachruf von *H. H. Seiler*, ZRG Rom. Abt. 93 (1976), 579–580 参照。

192) *D. Simon*, Die deutsche Wissenschaft vom römischen Recht nach 1933, in: Rechtsgeschichte

2.2　ドイツ法制史

ドイツ法制史の分野においても名をはせたユダヤ系学者がいた。とはいえ，全体的には，輝かしい伝統を誇るローマ法に比類するほどのものではなかった。しかし，19世紀前半にはすでに，主導的なゲルマニストの中にユダヤ系の碩学をみることができる。1842年に刊行された『ゲルマンの刑法（Das Strafrecht der Germanen）』をもってパイオニア的な貢献を果たしたヴィルヘルム・エドゥアルト・ヴィルダ（*Wilhelm Eduard Wilda*：1800年-1856年）である。ヴィルダは，ドイツの法制史学者としてははじめて，北方地域の資料をゲルマンの法制史に取り込み，こうして，後に偉大な法制史学者コンラート・フォン・マウラー（*Konrad von Maurer*）及びカール・フォン・アミーラ（*Karl von Amira*）によりおしすすめられた研究の方向性を打ち立てたのであった[193]。とくにゲルマニスティークの中の法学の分野では，ユダヤ系の碩学はかなりの名声を博した。第1にあげるべきは，人の平均年齢を遙かに超える間，ゲッティンゲン大学の教授をつとめ，都市法の分野の研究で成果をあげたフェルディナンド・フレンスドルフ（*Ferdinand Frensdorff*：1833年-1931年）である[194]。彼は，単に古代に興味をいだく人物に止まらない。彼がイェーリングに献呈した論文『ドイツ公法における一般選挙権の承認（Aufnahme des allgemeinen Wahlrechts in das öffentliche Recht Deutschlands）』は，文化自由主義（Kulturliberal）に立脚した世界観にその基礎をおいた彼の明確な政治的関心をあきらかにしている。主として，中世及び北方地域の法制史を取り上げたのが，キールのユダヤ系法制史学者，マックス・パッペンハイム（*Max Pappenheim*：1860年-1934年）の学術的著作である。彼は，それと同時に，

---

　　im Nationalsozialismus, hrsg. v. *M. Stolleis/D. Simon*, 1989, S. 161-176, S. 165.

193)　*Wilda*については，*H. Sinzheimer*, (aaO Fn. 165) S.11-126参照。

194)　*Frensdorff*については，Nachruf von *K. A. Eckhardt*, ZRG Germ. Abt. 52 (1932), XI-XXXII参照。高齢になるまで精神的活動に励んでいたこの碩学は，1929年におけるリンドバークの大西洋横断に感動していた。*Frensdorff*についてはまた，*E. Heymann*, DJZ 36 (1931), 822及び*K.S. Bader*, NDB 5 (1961), 402参照。

現代の海法のエキスパートでもあった[195]。中世の法源の編纂者の中で最も重要な人物が，画家マックス・リーバーマン（Max Liebermann）の弟，フェリックス・リーバーマン（Felix Liebermann：1851年-1925年）である。彼は，いずれの機関にも属さない市井の碩学であり，すべてを学問に捧げることができた。フェリックス・リーバーマンは，古イングランドの法源を12世紀までさかのぼり模範的な形で編纂し，イングランドで高い評価を受けた。オックスフォード大学とケンブリッジの両大学は，30年以上にもわたった彼の編纂活動にたいして，それぞれ名誉博士号を授与したのであった。マックス・リーバーマンは，その弟フェリックスとの堅い絆を感じ，フェリックスをその有名なポートレートに収めた。世界に心を開いたこの碩学は，自らも関係して，ベルリン劇場（Berliner Theather）の最盛期を見守り，さらには，バーナード・ショー（Bernard Shaw）がジャンヌ・ダルクを描いた小説「聖女ヨハンナ（Die heilige Johanna）」＝「聖女ジョーン（Saint Joan）」に関する論文をも書いたのである[196]。レオポルト・ペレルス（Leopold Perels：1875年-1954年）もまた，ドイツの法源の解明に功績のあった碩学の1人である[197]。ペレルスは，1908年から1933年までマンハイムの商業高等専門学校に所属し，加えて，ハイデルベルク大学でも教鞭をとっていた。彼は，1903年から1940年に追放されるまでと，1945年以降，『ドイツ法辞典（Deutsches Wörterbuch）』にたずさわった。第一次世界大戦中は，バルセローナのドイツ領事館に勤務していた。この

---

[195] Pappenheim については，Döhring, (aaO Fn. 142), S. 172 f. さらに Nachruf von K. A. Eckhardt, ZRG Germ. Abt. 55 (1935), XII-XXIV 参照。スカンディナビア法制史の分野の専門家として，Pappenheim がひけをとらなかったのは，その世代では，Karl v. Amira のみであった。

[196] Liebermann については，A. Erler in HRG II (1978) Sp. 2006-2008. Shaws Bildnis der Jungfrau von Orléans in: HZ 133 (1925), 20-40 さらに Nachruf von E. Heymann, ZRG Germ. Abt. 46 (1926), XXIII-XXXIX 及び R. van Caenegem, NDB 14 (1985) 480 f. 参照。

[197] 彼については，Göppinger, (aaO Fn. 63), S. 308; さらに O. Gönnenwein, ZRG Germ. Abt. 72 (1955), 458 f. 参照。

ときから彼は，商法の歴史にとって重要な意味を持つカタロニア法の熱心な研究をはじめたのであった[198]。パッペンハイム，リーバーマンそしてペレルスのような研究者が，カール・フォン・アミーラとともに，ゲルマンの法制史に，1つの国際的な方向性を与えたのであった。

意識的にユダヤの伝統を取り上げたドイツの法制史学者は，ギド・キッシュ（1889年-1985年）である。彼は，かの有名なライプチヒ大学の訴訟法学者アドルフ・ワッハ（Adolf Wach）の弟子として，1933年までのドイツにおける教育活動中は，中世ザクセン法の研究を熱心に行い，中世後期にライプチヒで素人裁判官が下した裁判を，後の模範となるようなかたちで編纂した[199]。キッシュは，1933年以降，非常に困難状況下において，その法制史の研究をニューヨークで継続し，ここでは研究の重点をユダヤ人の歴史とヒューマニズム法学へと移したのであった[200]。この2つの分野は，それまでドイツの法制史学者が手をつけていなかったところであった。彼はまた，1975年に，『ある法制史学者の軌跡（Lewensweg eines Rechtshistorikers）』と題する本を世に送ったが，この本では，1933年以前のドイツの大学におけるユダヤ系法律家の経験と，そしてまた，亡命中の大方は困難な生活状況が，わかりやすく描写されている。1914年以前に，外国においてのみ正教授の地位についた卓越したユダヤ系法制史学者が，オーデル川中・上流域に広がるシュレージア（Schlesie）地方出身のゲオルク・コーン（Georg Cohn：1845年-1918年）である。彼は，1876年にハイデルベルク大学において教授資格を取得した後，1892年，ついにチューリッヒ大学教授となり，1904年には，ユダヤ人としてははじめて，

---

198) 彼の論文，Die Handelsgerichtsordnung von Barcelona aus dem 15. Jahrhundert, ZHR 85 (1921), 48-92 参照。
199) G. Kisch, Leipziger Schöffenspruchsammlung, 1919 (= Quellen zur Geschichte der Rezeption, Bd. 1). については，Kisch H. Thieme, Zum Gedenken an Guido Kisch (22. 1. 1889-7. 7. 1985), ZRG Germ. Abt. 107 (1990), 1-18 参照。
200) G. Kisch, Forschungen zur Rechts- und Sozialgeschichte der Juden in Deutschland während des Mittelalters, 1955; ders., Humanismus und Jurisprudenz, 1955; ders., Erasmus und die Jurisprudenz seiner Zeit, 1960.

そこでドイツ文化圏にある大学の学長に選ばれた[201]。ゲオルク・コーンは，有価証券法史の分野における卓越したエキスパートであるとともに，その研究をはじめて比較法的に行った法制史学者の1人でもあった。1878年には，比較法の学術専門雑誌『Zeitschrift für vergleichende Rechtswissenschaft』を立ち上げ，その生涯を閉じるまで，ダイナミックに活躍したヨゼフ・コーラー（Josef Kohler）とともに，その編集者を続けた。正真正銘のゲルマニストの彼にとって，最大の関心事は法の民族性であった。そこで彼は，1900年以降，非常に抽象的な内容のドイツ民法典をことわざや詩に置き換えて好評を博した本を刊行したのであった。これは，ナイーブな素直さをそなえた法学的愛国心の例であり，当時法律家の世界において，かなり積極的な反応を得た。

ユダヤ出自の法分野のゲルマニストの中で，最後にあげておくべきは，オイゲン・ローゼンストック-フィシー（Eugen Rosenstock-Huessy：1888年-1973年）である。もっとも彼は，かなり早い時期に，法制史学者から法社会学者・文化哲学者へと転身した。1837年まで，彼はシュレージアにおいて，後にヘルムート・ジェームス・グラーフ・フォン・モルトケ（Helmuth James Graf von Moltke）をリーダーとしてナチに抵抗したグループ（Kreisauer Kreis）にとって，もともとの精神的支えであった。与えられた紙幅の中で，教育的にも貢献のあったこの偉大な人物を的確に描き出すのは無理である。しかし，確かなことは，精神的に普遍性をそなえた人を興奮させるこの人物が，ユダヤ出自のドイツ法律家の1人だったということである。1933年以前，彼は，ブレスラウー大学において，『ドイツ法制史（deutsche Rechtsgeschchte）』を担当していたのであった[202]。

ドイツ法制史におけるユダヤ系碩学が遂げた最大の功績は，おそらく，エル

---

201) Georg Cohn については，Nachruf in DJZ 23（1918），172，さらに D. Drüll, Heidelberger Gelehrtenlexikon, 1986, S. 38 f. 参照。1915年には，感銘深い記念論集が彼に献じられた。

202) Rosenstock-Huessy については，H Thieme, Eugen Rosenstock-Huessy（1888-1973），ZRG Germ. Abt. 106（1989），1-11 参照。

ンスト・ランズベルク（*Ernst Landsberg*：1860年-1927年）の著書『ドイツ法学の歴史（Geschchte der deutschen Rechtswissenschaft）』であろう[203]。全体を解説するものとしては，ヨーロッパ圏全体をみわたしても唯一といってよいこの記念碑的な著書は，バイエルン学術アカデミー（Bayerische Akademie der wissenschaften）の委託を受けたローデリッヒ・フォン・シュティンツィンク（*Roderich von Stintzing*）によりその執筆がはじめられ，彼が早逝したときまでに，ほぼ1700年頃まですすめられていた。ランズベルクは，その師の未完の仕事を引き継ぎ，1700年から1880年までの間を全体的に解説した2巻を，1898年と1910年に刊行したのであった。学術史にたいするある種特別の関心を展開してきた今日のドイツにおける法制史の研究は，あらゆるところでランズベルクが示した結論と対決しなくてはならず，そしてまた，しばしばそれは，地にしっかりと根をおろしたこの著作の上にいまだに成り立っているのである。作家テオドール・フォンターネにも比類すべきスタイルで，著者は，自然法時代を通じた変遷，歴史学派の世界そしてイェーリングの目的論的法学までの19世紀の時代へと，我々をいざなってくれる。彼の本をこのように評価したのは，ランズベックが生きたヴィルヘルム2世の時代における偉人捜しといった所行をまったく知らない，後世の歴史学派の支持者である。これらすべては，ボン大学教授として，ライン地方の寛大な自由主義の伝統を深く刻みこんだ著者が，冷静さと慎み深さという心地よい精神の持ち主であることを証明している。

ランズベルクと同じ世代から，ゲルマニストのユダヤ系法制史学者で，同時に活動的な法政策学者としても活躍したもう1人の人物をあげておこう。バイエルンのユダヤ家庭出身であるエドゥアルト・ローゼンタール（*Eduard Rosentahl*：1853年-1926年）である[204]。ローゼンタールの意義

---

[203] *Landesberg* については，Nachruf von *F. Schulz*, ZRG Rom. Abt. 48 (1928), VII-XXII 及び *G. Dilcher*, NDB 13 (1982), 511 f. 参照。*Landsberg* は，リベラルな大物政治家，*Ludwig Bamberger* の甥である。

[204] *Rosenthal* については，Nachruf von *R.. Hübner*, ZRG Germ. Abt. 47 (1927), IX-

は，まずはその古典的著作『バイエルンの裁判所と行政機関（Gericht und Verwaltungsbehörde in Baiern）』[205]にある。この2巻からなる解説書は，ドイツの諸地域を法制史的に把握にする端緒であり，バイエルンに関しては，今なおその基礎となっている。彼の功績はさらに，行政史及び官庁史の分野の先駆者となり，ドイツにおける現代の官庁制度は，高度に発展したブルグンド候国の行政機構をそのはじまりとしたとの，1つありうるテーゼを立てたことにある[206]。バイエルンの歴史に関するその功績にもかかわらず，ユダヤ人であるローゼンタールは，バイエルンでは講座を持たせてはもらえなかった。しかし彼はイエナ（Jena）大学で教授となり，チューリンゲンの歴史において重要な役割を果たした。彼は，1909年以降，ザクセン-ワイマール（Sachsen-Weimar）州議会の議員をつとめ，議員として，1918年から1920年までの間に，チューリンゲン各州が1つのチューリンゲン州へと統合されていった時期を経験した。あたらしく成立したチューリンゲン州の憲法は，彼が，チューリンゲン国民議会（Volksrat）の委託のもと，1人で作りあげたのであった。非常に尊敬されたこの法律家は，1920年イエナの名誉市民賞を授与された。ローゼンタールは，レンズ工業で知られたツァイスの企業城下町が，工業化にとも

XXI参照。ここでは，*Rosenthal* は，テューリンゲン（Thüringen）州そしてまたその憲法の創設者とされている。ほかに，*Planitz*, (aaO Fn. 18), S. 215-255 収録されている彼の自伝がある。さらに *H Drechsler*, Geschichte der Universität Jena, Bd. I, 1958, S. 490 f. も参照。

205) *E. Rosenthal*, Geschichte des Gerichtswesens und der Verwaltungsorganisation Baierns, Bd. I 1889, Bd. II 1906.

206) *E. Rosenthal*, Die Behördenorganisation Kaiser Ferdinands I. Das Vorbild der Verwaltungsorganisation in den deutschen Ländern, Arch. f. österreich. Gesch. 69 (1887), 51-316. このモノグラフィーは，行政法の歴史の分野における初期の重要な業績である。オーストリアの憲法及び行政法史について，もう1人のユダヤ家庭出身の法制史学者 *Sigmund Adler* (1853-1920) が，貴重な諸論攷を残している。彼は，オーストリア社会民主党の創設者で，オーストリア共和国初代外務大臣であった *Victor Adler* の兄弟である。*Sigmund Adler* については，Nachruf von *H. Voltelini*, ZRG Germ. Abt. 41 (1920), 531 f. 参照。

なってかかえた諸問題と取り組み，加えて，レンズの研究で知られるエルンスト・アッベ（Ernst Abbe）[207]の近しい友人であり，彼のためアッベ財団の定款を起草するなどもしたが，1914年より以前の早い段階で，彼は，労働協約立法の草案を発表していた[208]。ローゼンタールの著作一覧には，ドイツ法制史に関する大著とならんで，法政策上争われている公法及び労働法上の中心的な問題に関する諸論文もあげられている。彼は，国法学は，国家との関係での生活（Staatleben）を変容させる政治的勢力をも考慮しなくてはならないと主張した。彼は，法律実証主義とはおよそ無縁であり，その晩年，法理論は，政治的な実践によってより豊かになるとして，自分が議員になるのが遅かったことを嘆いたのであった[209]。ローゼンタールは，あきらかに，1918年以降のドイツの民主的発展を感覚的にも肯定していた。彼は，単なる理性だけからの共和主義者ではなかったのである。

最後に，1905年から1938年まで，ウイーン大学で活躍したもう1人のユダヤ系ゲルマニストを指摘しておくべきであろう。法学にとっての民俗学の意義をはじめて承認し，たとえば古代法における魔法の意味に関しオリジナルな研究を行ったエミール・ゴルトマン（Emil Goldmann：1872年-1942年）である。法民俗学の創設者というべきこの多才な碩学は，エトルリア学（Etruskologie）研究とも取り組み，国際的な認知を受け，そうして，1939年の亡命時，彼はオスロー大学に招聘されたのであった[210]。

---

[207] 彼の演説，Ernst Abbe und seine Auffassung von Staat und Recht anläßlich der Gedenkfeier der Universität Jena am 6. Februar 1910 参照。

[208] Festgabe für Laband, Bd. II, 1908, S. 135–196 所収。そのタイトルは Die gesetzliche Regelung des Tarifvertrages である。この論文には，立法理由付きの完全な法律の草案が付されている。

[209] Vgl. *Rosenthals* Autobiographie bei *Planitz*，(aaO Fn. 18), S. 215–255（ここでの記述は S.252)。

[210] *Goldmann*, については，*H. Lentze*, ZRG Germ. Abt. 67 (1950), 532–534; *G. Schubart-Fikentscher*, HRG I (1970), 1747 f. 及び主にその履歴につき，*F. Leifer*, Jur. Bl. 70 (1948), 26–39 参照。*Goldmann* は，ミュンヘン時代の *Karl v. Amira*, 弟子であった。*Amira* は，その弟子達（とくに *Lotmar*）を眺めてみると，あきらかに反ユダ

2.3 教 会 法

ドイツでは，歴史学として19世紀にその絶頂期をむかえた教会法もまた，法学部において講じられる法制史の1分野である。この分野の最も有名な代表的人物は，19世紀が3分の2以上すぎた頃，ベルリン大学の教授であったパウル・ヒンシウス（*Paul Hinschius*）である。彼は，1880年頃，テオドール・モムゼンと同じく，非ユダヤ人として，突如発生した反ユダヤ主義にたいし毅然とした態度をとった[211]。驚くべきことには，教会法についてユダヤ出自の法律家がはたした貢献は，自由主義を標榜する同時代の人々すらそれを認めるのを拒む態度に出るまでに非常に大きかった[212]。すでに1870年以前から，ユダヤ家庭出身の教会法学者が存在した。プロイセンにおけるプロテスタント教会法をはじめて解説したケーニッヒベルク大学教授ハインリッヒ・フリードリッヒ・ヤコブソン（*Heinrich Friedrich Jacobson*：1804年-1868年）がその人である[213]。しかし，この分野についてまず想起さるべきは，ライプチヒの法律家，エミール・フリードベルク（1837年-1910年）である。彼は，ハインリッヒ・フリードベルクの甥であるが，トーマス・マン（*Thomas Mann*）の妻カチャ・マン（*Katja Mann*）の叔父として，近代ドイツ文学の最も有名な家庭と親密な親族関係にもあった人物である[214]。1880年頃，この著名なカノン法学者は，

ヤ的な偏見の持ち主ではなかった。

211) *Hinschiusf* は，1881年から82年にかけ，大学裁判権を行使した大学裁判官（Universitätsrichter）として，学生の反ユダヤ主義と厳しく対峙した。vgl. *N. Kampe*, Studenten und Judenfrage im Deutschen Kaiserreich, 1988 (= Krit. Studien zur deutschen Geschichtswissenschaft, Bd. 76), S. 35 und 173.

212) *Adolf Wach* がそうである vgl. *Kisch*, (aaO Fn. 19), S. 153.

213) *Jacobson*, Das evangelische Kirchenrecht des preußischen Staates und seiner Provinzen, 2 Bd. 1864-1866. *Jacobson* については *J. F. v. Schulte*, Die Geschichte der Quellen und der Literatur des canonischen Rechts, Bd. III/2, 1880, S. 208-210 参照。

214) Vgl. *Katja Mann*, Meine ungeschriebenen Memoiren, 1976, S. 72 f. *Friedberg* は，「ベニスに死す（Tod in Venedig）」についてつぎのように述べたとされている。「ほら，歴史とはそんなもの！ そう，結婚した男，最後には，お父さんというわけ！（Na, so eine Geschichte! Und ein verheirateter Mann! Schließlich ist er Familienvater)」。「ベニスに死す」は，*Friedberg* の死後，1912年に発表されたのであるから，この世上流

カノン法大全（Corpus Iuris Canonici）の現代の標準版を編纂したが，これは，モムゼンとパウル・クリューガー（Paul Krüger）の編纂になるローマ法大全の対極をなすものである。このフリードベルク版は，多くの瑕疵があるものの，今日までカノン法研究の基礎とされている。さらに，カノン法の著作が多い法律家は，ブレスラウの国法学者ジークフリート・ブリー（Siegfried Brie：1838年-1931年）である。彼は，1899年に，「慣習法」という中心的概念の歴史について，今日でもなおその意義を失っていないモノグラフィーを発表した[215]。彼は，ユダヤ出自のプロテスタントであり，ブレスラウ大学法学部の長老として長寿をまっとうした[216]。オーストリアでは，ハインリッヒ・ジンガー（Heinrich Singer：1855年-1934年）が歴史的研究をすすめるカノン法学者として活躍した。彼は，1887年，現在は西ウクライナに位置するクセルノビッツ（Czernowitz〔現在Tscherniwzi〕）において学長になり[217]，その後1925年まで，30年間にわたりプラハ大学で教鞭をとった。ジンガーが行ったカノン法に関する中世の法源の研究は，今日にいたるまで，基礎的なものとして通用している[218]。ユダヤ家庭出身のもう1人の優秀な教会法の代表的人物は，先に

布している発言は，おそらくのところ，裕福なユダヤ人の双子の兄弟の近親相姦を取り上げて，Wagnerのヴァルキューレの騎行を風刺した小説「Wälsungenblut」に関するものと考えてよかろう。Emil Friedbergの生涯に関しては，本書所収のC. Link論文も参照。

215) S. Brie, Die Lehre vom Gewohnheitsrecht. Eine historisch-dogmatische Untersuchung. Teil I: Geschichtliche Grundlage, 1899.

216) ブレスラウ大学法学部において人々は次の格言を心に刻んだ。「鉄人Brieは，けっして死なない。」1933年以前ブレスラウの法学部で助手をつとめていたStefan Riesenfeldからの聞き取り。Brieについては，DJZ 16 (1911), 1544 f. 参照。Brieにはまた，Fortschritte des Völkerrechtsと題する著書がある。そのほかのものとして，D. Drüll, Heidelberger Gelehrtenlexikon, 1986, S. 30 参照。教授資格を取得する前，彼は，新聞Berliner Allgemeinen Zeitungのハイデルベルクにおける編集長であった。

217) 彼の学長就任講演，‚Zur Erinnerung an Gustav Hugo', Grünhuts Z. 16 (1889), 273-319 参照。

218) Stingerについては，Nachruf ZRG Kan. Abt. 24 (1935), 435, 及び N. Graß, Österreichische Kanonistenschule aus drei Jahrhunderten, ZRG Kan. Abt. 41 (1955), 290-411（ここ

あげたエドガー・レーニング及びワイマール期におけるヨーゼフ・ユンカー (*Josef Juncker*：1889 年-1938 年)である[219]。12 世紀の早期カノン法学に関する研究において先駆的な功績をあげたのはユンカーである[220]。カノン法の分野における国際的な法制史研究は，1933 年以降となると，ドイツから亡命した後に，アメリカ合衆国においてこのような方向に向けた研究を定着させたステファン・クットナー (*Stephan Kuttner*)[221]の名前を想起させるが，ユンカーは，そのあらたな全盛期のはじまりに立っていた。1933 年という年は，ドイツにおける歴史的カノン法学を根こそぎ刈り取ってしまった。その結果，1945年以降，19 世紀に生みだされた偉大な伝統と再びの結びつくまでに，膨大な努力を払わなくてはならなかったのである。

3. 法哲学，法社会学及び法学方法論

法学における基礎分野として，法哲学は，実証主義がかなりはびこっていた時代においても，多くのドイツの大学において，大方は法律家であるが，ときには哲学専門家により研究されていた。後者にあたるユダヤ系で，その著作によって法律家にも影響をおよぼした学者として，つぎの 3 人があげられる。エミール・ラスク (*Emil Lask*：1875 年-1915 年)[222]，アドルフ・ライナッハ

での記述は S. 366-370) 参照。

219)　Greifswald 大学教授。1938 年逝去。*S. Kuttner* からの聞き取り。

220)　根本に立ち入っているのは，とくに彼の論文 Summen und Glossen. Beiträge zur Literaturgeschichte des kanonischen Rechts im 12. Jahrhundert, ZRG Kan. Abt. 14 (1925), 384-474 である。ゲッティンゲンの犯罪学者 *Richard Honig* (1890-1981) もまた，とくにギリシャ・ローマ古典古代後期における教会と国家の関係に関する教会法の諸論攷を書いている。Vgl. *R. Honig*, Beiträge zur Entwicklung des Kirchenrechts, 1954 (= Göttinger rechtswiss. Stud. H. 12).

221)　彼は，先にあげた *Georg Kuttner* の息子であり，かつまた中世カノン法研究所 (Institute of Medieval Canon Law) の創設者でその所長を長年つとめた。

222)　*Lask* については，*F. Holz*, NDB 13 (1982), 648 f.: さらに *K. Hobe*, Emil Lasks Rechtsphilosophie, ARSP 59 (1973), 221-235 参照。ユダヤ出自である新カント派の哲学者として，*Lask* とともにあげておくべきは，フランクフルトの *Max Salomon* である。彼は，*Hermann Cohen* の弟子であり，1919 年の著書 Grundlegung zur

(Adolf Reinach：1883年-1917年）そして，レオナルト・ネルソン（Leonard Nelson：1882年-1927年）[223]である。ラスクは，新カント主義の西南ドイツ学派に属する最も卓越した哲学者であり，1900年以降ドイツの大学における哲学に多大な影響をおよぼした。第一次世界大戦で戦死したこの人物は，クーノ・フィッシャー（Kuno Fischer）の後継者として，当時のドイツにおいて最も活発だった大学で活躍した。ユダヤ系哲学者アドルフ・ライナッハは，その師であるエドムント・フッサール（Edmund Husserl）の現象学の方法論をはめて法哲学に導入した。第一次世界大戦で戦死したこの人物のフッサール学派内での影響は，ごく最近になってはじめて評価された[224]。ゲッティンゲンのレオナルト・ネルソンは，倫理的社会主義の代表的人物であり，多くの若い法律家，たとえばフリッツ・フォン・ヒッペル（Fritz von Hippel：1897年-1991年）にも影響を与えた。ネルソンの思想は，その弟子ヴィリー・アイヒラー（Willi Eichler）をつうじて，社会民主党（SPD）が，マルクス主義的な綱領から決別する（1959年のゴーデスベルガー綱領（Godesberger Programm））に際しても，その影響をおよぼした。

法律家については，まずは，法学方法論に関するユダヤ系学者の貢献を取り上げるべきである。よく知られているように，自由法論は，1900年を少しす

Rechtsphilosophie において，法学を，確定した解決のない問題の分析として基礎づけようと試みた。今日では誰も読む者のないこの著書で，著者は，批判的合理主義の立場を一部先取りしていた。*Salomon* は，後に，1937年に発表した本 Der Begriff der Gerechtigkeit bei Aristoteles により，法哲学の歴史に関しても大いに貢献した。

223) *Nelson* については，die Einleitung von H.-J. Heydorn zu: L Nelson, Ausgewählte Schriften, 1974, S. 7-40 参照。*Nelson* からはまた，ユダヤ系社会学者 *Julius Kraft* (1898-1960) が育った。彼は，法学と哲学を修めた後，まずは，法理論に関する諸論文でその名をはせた。*Kraft* は，「批判的合理主義」の創設者の1人である。彼については，D. Käsler, NDB 12 (1980), 653 及び *Göppinger*, (aaO Fn. 63), S. 345 参照。

224) *Reinach* の主要著作は，Die apriorischen Grundlagen des bürgerlichen Rechts である。彼については，K. Schuhmann/B. Schmidt, Vorwort zu *Reinach*, Sämtliche Werke Bd. I, S. XIV-XVIII 参照。

ぎた頃，19世紀における学術上の理解を飛び出したその異端の思想がとりわけ論争の的となっていた[225]。自由法の創案者の１人に数えられるのが，激しい論陣を張ったエルンスト・フックス (Ernst Fuchs : 1859年-1929年) である[226]。彼は，マンハイムのユダヤ系弁護士であるが，法感覚にもとづく正義の学 (Gereichtigkeitswissenschaft) の倦むことを知らない擁護者であった。彼を擁護したのは，かなり中庸を行ったヘルマン・カントロヴィッツである。カントロヴィッツについては，法制史家としてすでに取り上げたところであるが，彼はまた，法律家の中での，法社会学の初期の代表的人物の１人でもある。もっとも，そもそもの法社会学の創始者は誰かといえば，それは，オイゲン・エールリッヒ (Eugen Ehrlich : 1862年-1922年) である[227]。彼は，ハプスブルク家のドナウ帝国 (Donaumonarchie) の時代，現在はウクライナとなっている辺境のチェルノビッツにおいてローマ法の教授をつとめ，不利な環境のもと，法律上の法 (Gesetzesrecht) と対比しつつ「生ける法」を経験的に研究しようとした。なんといっても，エールリッヒの知見は，ドイツ語によるものとしては，マックス・ウェーバー (Max Weber) の概念形成とならび，独立の分野としての法社会学の確立に最も大きく貢献した。さらにまた，弁護士でありベルリン工科高等専門学校教授のヘルマン・イザイ (Hermann Isay : 1873年-1938年) も，方法論について重要な論考を著した[228]。彼は，現在妥

---

225) 自由法学派一般に関しては，*K. Riebschläger*, Die Freirechtsbewegung, 1968 及び *L. Lombardi Vallauri*, geschichte des Freirechts, 1971.

226) *Fuchs* については，*A.S. Foulkes* と *A. Kaufmann* の編集になる彼の論文集 Gerechtigkeitswissenschaft 1965 参照。本論文集には，彼の息子 *A.S. Foulkes* が書いたその生涯 Ernst Fuchs und die Freirechtsschule (S.225-259) も収録されている。さらに *J. Schröder* bei *Kleinheyer/Schröder*, (aaO Fn. 160), 93-95.

227) *Ehrlich* については，*M. Rehbinder*, Die Begründung der Rechtssoziologie durch Eugen Ehrlich 2. Aufl. 1986, さらに *J. Schröder* bei *Kleinheyer/Schröder*, (aaO Fn. 160), S. 71-74; *Sinzheimer*, (aaO Fn. 165) 1953, S. 187-206 及び本書所収の *A. Heldrich* の論文参照。

228) *Isay* の法理論に関する諸見解については，*G. Roßmanith*, Rechtsgefühl und Entscheidungsfindung. Hermann Isay (1873-1938), 1975 (= Schriften z. Rechtsgeschichte

当している法の本来的源を裁判の総体に求めることで，法律家の間において支配的であった実証主義的規範主義（Positivistisches Normattivism）を克服しようとした。フックスと同じく，イザイにあっても，彼らに裁判官法としての法秩序像を伝えたのは，要するにその弁護士の経験である。判例は，公式的には自由法論を拒否したが，その根っこのところでは，自由法論の影響を受けていたことは確かである。先にあげたテオドール・シュテルンベルクは，不当にも今日では忘れ去られてしまった学者であるが，彼は自由法学派と関係すると同時に，それを批判した最初の人物である。この学者は，すでに1913年以前にドイツを離れ，亡くなるまで日本の大学で教鞭をとったが，彼の考え方を引き継ぐ者は皆無だった。シュテルンベルクは，多くの点で，歴史学派の思想を独創的にさらに発展させたと思われる。この多彩な法律家は，今まで，法学方法論のスペシャリストからさえも顧みられることはなかったのである[229]。経験への転換は，1900年以降における多くのユダヤ系学者，わけてもまた，アルトゥール・ヌスバウム（Arthur Nußbaum：1877年-1964年）の著作を特徴づけるものである。彼は，ベルリンで弁護士と教授職をつとめた後，ニューヨークのコロンビア大学で研究を続けることができた[230]。ヌスバウムは，法事実研究の創設者である。彼を追放したことは，確実に，各法学部における研究の遂行にとって非常に重大な損失であった。法事実研究は，法の解釈学にかかわるものではなく，それを補うものというのが彼の理解であった。それゆえ，あきらかに彼は，自由法学派の法社会学的な諸テーゼから距離をおいていた[231]。この優秀な学者の多才さは，彼がその亡命中に『国際法の歴史（Geschchte des

---

H. 10) 参照。

229) *Sternberg* については，den Auswahlband aus seinen Schriften: *Th. Sternberg*, Zur Methodenfrage der Rechtswissenschaft und andere juristische Schriften, (aaO Fn. 162) 参照。

230) *Nußbaum* については，JZ 1965, 225 f.; さらに，*C. Stiefel/Mecklenburg*, (aaO Fn. 64), S. 62-64 参照。

231) Vgl. *A. Nußbaum*, Ziele der Rechtstatsachenforschung, LZ 14 (1920), 873-878., Die Rechtstatsachenforschung, 1986, S. 48-56 においても同様。

Völkerrecht)』[232]を著したことにもまたあらわれている。

1900年以降,法哲学を本来の分野としたユダヤ出自の学者としては,つぎの5人をあげることができる。フリッツ・ベロルツハイマー (*Fritz Berolzheimer*),マックス・エルンスト・マイヤー (*Max Ernst Mayer*),フリードリッヒ・ダルムシュテッター (*Friedrich Darmstaedter*),ゲルハルト・フッサール (*Gerhart Husserl*),そしてハンス・ケルゼン (*Hans Kelsen*) である。フリッツ・ベロルツハイマー (1869年-1920年) は,ベルリンの弁護士であり,後に私的に学問に取り組んだ市井の碩学である。この,ヨゼフ・コーラーと緊密な関係を持った法律家は,法哲学にあって,新ヘーゲル派に信奉し,『法哲学及経済哲学体系 (System der Rechts-Wirtschaftsphilosophie)』[233]と題する実に大部の著書を出版した。法哲学における彼の不断の功績の多くは,おそらくその組織力にある。というのは,彼はコーラーとともに,「国際法哲学・経済哲学協会 (Internationale Vereinigung für Rechts-Wirtschaftsphilosophie)」を創設し,そしてまた,今日まで主導的な法哲学・経済哲学の専門誌,『Archiv für Rechts-Wirtschaftsphilosophie』を創刊した[234]。マックス・エルンスト・マイヤー (1875年-1923年) は,1919年から,1923年における悲劇的なその早逝まで,創立間もないフランクフルト大学において教授をつとめた[235]。刑法学者として,彼は,常に法哲学の諸問

---

[232]　*A. Nußbaum*, Geschichte des Völkerrechts in gedrängter Darstellung (1960). 英語では,A Concise History of the Law of Nations, 1950.

[233]　*F. Berolzheimer*, System der Rechts- und Wirtschaftsphilosophie, 5. Bd., 1904-1907.

[234]　この雑誌の現在の名称は,Archiv für Rechts und Sozialphilosophie (ARSP) である。*Berolzheimer* については,Nachruf von *G. Lasson*, ARWF 14 (1920/21), 238-250; *E. Mezger*, NDB 2 (1955), 146 参照。さらに,法哲学における新ヘーゲリズムの初期の代表的人物として,ベルリンの高等学校長 (Gymnasialdirektor) *Adolf Lasson* (1832-1917) をあげることができる。彼は,その著書 System der Rechtsphilosophie (1882) において,軍国主義にたいし,法治国家の理想主義を唱えた。彼については,*F. Holz*, NDB 13 (1982) 678 f. 参照。

[235]　*Mayer* については,*W. Hassemer*, Max Ernst Mayer (1875-1932), in Juristen an der Universität (aaO Fn. 144) S. 84-93 参照。

題と密接に関連させつつ研究し，刑罰の根拠という永遠の問題について独自の考えを展開した。法哲学者としては，法規範と文化規範の概念的区別をはっきりとさせたが，おそらくこれは，現代の法哲学の知見の中で存続し続けるものの1つである[236]。グスタフ・ラートブルフと多くで共通するマイヤーの考えは，法哲学における現代の議論においては，実に不当なことではあるが，ほぼ過去のものとなってしまっている。同じく忘れ去られてしまったユダヤ出自の法律家は，マンハイムのフリードリッヒ・ダルムシュテッター（1883年-1957年）である。彼は，1930年からハイデルベルクで私講師となり，1933年にイタリアへ，その後イングランドに亡命した。彼は，1925年から1933年にかけて多くの本を出版したが，その中で彼は，果敢かつある意味まさに予言者のように，権力国家の支持者を相手に，民主的法治国家の思想を擁護した。1930年，彼はつぎのように記述した。すなわち，「国家の力を限定すべしとの自由主義の要請は，我々にとっては，民主主義の諸原則を補完するに不可欠である」[237]と。偉大な哲学者，エドムント・フッサールの息子であるゲルハルト・フッサール（1893年-1973年）は，ライナッハの後に，その父の現象学的哲学を法哲学の問題提起に移入した[238]。フッサールのページ数的には小さい著書は，珍しいことに，法哲学と法制史ならびに比較法の三者を結びつけたことをその特徴としている。比較法の分野においては，エルンスト・ラーベルの弟子として大いに才覚を磨いた。法哲学者としては，独立独歩の人であり，そのオリジナルな研究はほとんど顧みられることはなかった。

---

236) *M. E. Mayer*, Rechtsphilosophie (= Enzyklopädie der Rechts und Staatswissenschaft, hrsg. v. *Kohlrausch/Kaskel/Spiethoff*), Bd. I, 1922 S. 37 f.

237) So *F. Darmstaedter*, Die Grenzen der Wirksamkeit des Rechtsstaates, 1930, S. 155; ferner *ders.*, Rechtsstaat oder Machtstaat? Eine Frage nach der Geltung der Weimarer Verfassung, 1932. *Darmstaedter* については，*Göppinger*, (aaO Fn. 63), S. 332 及び Nachruf in ARSP 43 (1957), 303 参照。

238) *Husserl* の法哲学に関する論文を集めた論集は，最初 1929 年に Recht und Welt というタイトルで出版された。この法哲学者の中心的な著作 Rechtskraft und Rechtsgeltung は 1925 年に発表された。彼については，Nachruf von *A. Hollerbach*, JZ 1974, 36 f. さらに *Stiefel/Mecklenburg*, (aaO Fn. 64), S. 48 参照。

この節の締めくくりとして，ハンス・ケルゼン（1881年-1973年）をあげておかなくてはならない。彼は，法理論と公法の解釈学を結びつけた点において，画期的なまでに独創的であった[239]。彼の『純粋法学（Reine Rechtslehre）』は，思惟的に完結した体系を発展させたが，これは，20世紀における精神科学の最も印象深い貢献の1つである。今日，法理論の分野では世界的に主導的地位にあるアングロ・アメリカの法学は，そのかなりが，ケルゼンの卓抜した体系との広範にわたる取り組むことで成り立ったのである[240]。彼がユダヤ出自であったことは，つぎの結果をもたらした。すなわち，彼は，ドイツライヒの大学には，ケルンにおいて1930年から1933年までのわずかな期間しかつとめることができず，その結果，ドイツの法学は，彼の思考の種々の出発点にかかわる議論に長い間取り組むことができなかったのであった。彼の法理論は，法哲学を一般国家学（Allgemeine Staatslehre）と結びつけた。そういうことで，彼にちなみ，公法におけるユダヤ系学者の功績を問うていくこととしよう。

4. 国家学，公法，国際法及び租税法

独自の法学部門としての国法及び行政法は，19世紀の後半大きく飛躍した。1850年にプロイセンが立憲国家に移行した以降ドイツでは支配的となった立憲君主制の憲法秩序においては，国法学による国家制度の法的な把握という，まったくあらたな問題が持ち上がった。もっとも，行政法は，独立した行政裁判所の創立後，法治国家の法秩序の一部として把握されざるをえず，結果，伝統的な警察学（Polizeiwissenschaft）は解消されることになった。公法の各分

---

[239] *Kelsen* について立ち入ったものとしては，*H. Dreier*, Rechtslehre, Staatstheorie und Demokratietheorie bei Hans Kelsen, 1986; I, 本書所収の *H. Dreier* の論文，さらに *R. Walter*, Hans Kelsen, bei *Brauneder*, (aaO. Fn. 93), S. 290-296, S. 323-325 参照。

[240] ウイーンのユダヤ系法哲学者 *Felix Kaufmann*（1895-1949）は，*Kelsen* の弟子の1人である。彼の業績は，今日広く行き渡っている法理論に関する方法論のはじまりに位置している。彼はこれを，「形式的権利要件論（formale „Rechtsvoraussetzungslehre)」として展開した。*Kaufmann* は，1922年に教授資格を取得し，後にニューヨークで教授をつとめた。彼については，*Göppinger*, (aaO Fn. 63) S. 293。

野が学術的に進展を遂げたのは，ドイツ帝国時代にあっては，主として2人のユダヤ出自の法律家，つまり，パウル・ラーバントとゲオルク・イエリネク (Georg Jellinek) の功績である。

パウル・ラーバント (1838年-1918年) は，ドイツ帝国時代における国法学の最も著名な人物であり[241]，あらたに設立されかつ模範的に整備されたシュトラスブルク (Straßburg) 大学で活躍した。1876年から1914年までの間5版を重ねたその大部な国法学の教科書は，ビスマルク帝国における国法学の記念碑的な解説書として，これに比肩するものはなく，またその純粋に法的な方法論により，そのスタイルは後の模範となった[242]。彼にたいする批判にあたり，その主業績にみられる保守的な傾向がしばしば取り上げられているが，だからといって忘れてならないのは，彼の精緻な法的限界付けが，公法においても法治国家の諸原則を認める基礎となったことであり，この点は，彼の最大の敵ギールケまでもが認めるところである[243]。ラーバントの理論にたいしては，何十年にもわたり，純粋に形式的な概念法学だという批判がなされてきたが，これもまた，最近の研究によるなら修正されなくてはならない。あきらかにラー

---

241) Laband の概要に関しては，H. Hof bei Kleinheyer/Schröder, (aaO Fn. 160), S. 158-161 参照。さらに，Gierke に影響を受けた Sinzheimer, (aaO Fn. 165), S. 145-160 の賞賛の辞—Sinzheimer は，「Laband の実証主義の基礎は，ビスマルクの政策を肯定したところにある。」と記している。S. 158—さらに本書所収の Pauly の論文参照。帝国憲法とプロイセン憲法のコンメンタールで知られている Königsberg の教授 Adolf Arndt (1849-1926) もまた，ドイツ帝国時代における保守的傾向のユダヤ系国法学者の1人である。彼は，社会民主主義に立った優れた法政策家 Adolf Arndt (1904-1974) の祖父である。Adolf Arndt については，Nachruf in DJZ 31 (1926), 660 参照。

242) Laband の方法論及び Gerber の影響については，W. Wilhelm, Zur juristischen Methodenlehre im 19. Jahrhundert. Die Herkunft der Methode Paul Labands aus der Privatrechtswissenschaft 参照。

243) Otto Gierke, Labands Staatsrecht und die deutsche Rechtswissenschaft in: Schmollers Jahrbuch N.F. 7 (1883), 1097-1195 (ND 1961). Laband にたいするその根本にかかわる批判において，Gierke (S. 6 im ND) は，Laband が国法が法的な性格のものであることを従前にまして強く認めさせたことは，1つの進歩であるとしている。

バントは，ある種原理法学（Prinzipienjurisprudenz）を提唱したが，これは，現代の分析的な法理論との共通性を持つものである[244]。もっともラーバントは，その偉大な前任者であるカール・フリードリッヒ・フォン・ゲルバー（*Carl Friedrich von Gerber*）と同様，その学問的経歴をドイツ私法の代表的人物としてはじめた。そのため，民事法そして法制史にも貢献した。1866年，彼は，19世紀における法学的発見の1つである委任と代理の区別をはじめてあきらかにした人物である[245]。1869年，彼は，中世におけるザクセンの法源にもとづき，財産権上の訴えに関する基本となるような著作を発表した[246]。ローマ法の継受前におけるドイツ法的な手続法を理解するための解説としては，今もなおこれを凌駕するものがあらわれていない。ラーバントの国法学の教科書では法制史が省略されているが，このことが，ラーバント自身卓越した法史学者でもあったことを忘れさせるはずはあるまい。もっともラーバントは，その法学方法論において，解釈論上の研究では，すべての遺伝的・歴史的結びつきを避けようとしていた。このラーバントの論理の一面的な点については，同時代の人々から異論がなかったわけではない。ラーバントと同じくユダヤ出自であり，バルト海に面したハンザ都市グライフスバルド（Greifswald）大学の公法担当教授フェリックス・シュテルク（*Felix Stoerk*：1851年-1908年）[247]は，『公法

---

[244] この点については，分析的に精密な *M. Herberger,* Logik und Dogmatik bei Paul Laband 参照。いわゆる法学方法論の実践については，Staatsrecht des Deutschen Reiches in: Wissenschaft und Recht der Verwaltung seit dem Ancien Régime, hrsg. v. *E.V. Heyen,* 1984 (=Jus Commune Sonderhefte 21), S. 91-104 参照。

[245] *P. Laband,* Die Stellvertretung bei dem Abschluß von Rechtsgeschäften nach dem allgemeinen Deutschen Handelsgesetzbuch, ZHR 10 (1866), 183-241.

[246] *P. Laband,* Die vermögensrechtlichen Klagen nach den sächsischen Rechtsquellen des Mittelalters, 1869 (ND 1970). *Laband* 自身はこの著書を，その国法学教科書（Staatsrechtslehrbuch）とならぶ主要著作であるとしていた。*Laband,* Lebenserinnerungen, 1918, (Lebenserinnerungen, Abhandlung, Beiträge und Rezensionen (1980), (= Opuscula Juridica Bd. 1, S. 1-112 に再録) S. 61 参照。

[247] *Stoerk* については，Nachruf von *K. Sartorius,* AÖR 23 (1908), I-IV 及び *M. Stolleis,* (aaO Fn. 21) S. 346 参照。

の方法について（zur Methodik des öffentlichen Rechts）』という基本となるような研究において，公法の方法論にとって一次的なのは，「法の発現形態（Rechtserscheinung）の哲学的・歴史的な分析」のはずであると主張し，ラーバントは，法というものと法的思考の形式論理を混同していると非難した[248]。シュテルクは，ギールケと同じく，歴史学派を支持した者の中では後期に属する1人であり，そしてまた，ラーバントとともに，1886年に創刊された最も重要な公法の専門雑誌『Archiv für öffentliches Recht』の創刊者そしてまた編者として，公法という分野の飛躍に大いに貢献したのであった[249]。

ゲオルク・イエリネク（1851年-1911年）は，ユダヤ教のラビ（伝道師）の息子であるが，その祖国オーストリアで学術的な経歴を踏むにあたっては困難に直面した後，1890年，ハイデルベルク大学に招聘され，その逝去まで，このドイツ最古の大学の絶頂期にかかわった[250]。彼の基本となるようなモノグラフィー，そしてまた，今日までドイツ語によるこの出版分野の基準となっている著書『一般国家学』[251]は，イエリネクを，ドイツにおける公法の歴史に

---

248) *F. Stoerk*, zur Methodik des öffentlichen Rechts, Grünhuts Z. 12 (1885), 80-204 (ここでの記述は113及び117)。

249) *Stoerk* は，この雑誌の創設者であり，1896年から1908年まで共編者であった。vgl. auch *Laband*, Lebenserinnerungen, S.81 und *E. V. Heyen*, Die Anfangsjahre des „Archivs für öffentliches Recht". Programmatischer Anspruch und redaktioneller Alltag im Wettbewerb, in; Wissenschaft und Recht der Verwaltung seit dem Ancien Régime (= Jus Commune. Sonderhefte 21, 1984), 347-373. その注目に値する論文 Völkerrecht und Völkercourtoisie : in Festgabe für Paul Laband Bd. I, 1908, S. 127-170 において，*Stoerk* は，「国際法の法源は，交流に関する慣習である」とする見解を主張した。この論文は，歴史学派の法源論を国際法に取り込んだものである。*Stoerk* は，ブタペスト出身であり，ウイーンで教育を受けた。

250) *Jellinek* に関する概略に関しては，*H. Hof* bei *Kleinheyer-Schröder*, (aaO Fn. 160) S. 141-145, さらに *Sinzheimer*, (aaO Fn. 165), S. 161-185 及び本書所収の *Sattler* の論文ならびに *M. Stolleis*, (aaO Fn. 21), S. 450-455 参照。*Sinzheimer* は，*Jellinek* を，実証主義を乗り越えた者だが，しかし形而上学の迷路に迷い込むことのないあらたな道をみいだしたと記している。

251) *G. Jellinek*, Allgemeine Staatslehre, zuerst 1900, 3. Aufl. 1914.

おける最も輝かしい人物，おそらくはこの分野の最も偉大な代表的人物に位置づけるものである。イエリネクは，今日まで国家学が用いている多くの概念，例えば国家の三要素の区別を生みだした[252]。ある程度ラーバントに対抗するかたちで，彼は，社会学的な認識方法と法学的なそれとを結びつけたが，それが当時ドイツで生まれた社会学に近かったのは，おそらくは彼が，マックス・ウェーバーと親交があったことによっている。彼の国家学は，高度に独自性をもった法理論と密接に結びついており，例えば「倫理的最低限としての法」といったその表現[253]とか，あるいは，「事実の規範的力（Normative Kraft des Faktischen）」[254]という言い回しは，まさに，ドイツ語においてスローガン的な性格を得たのであった。イエリネクは，国家哲学の歴史についてもすばらしい研究を行った。ここではそのうち，『人権‐市民権宣言（Erklärung der Menschen-und Bürgerrechte）』[255]と『国家学におけるアダム（Adam in der Staatslehre）』[256]の２つのみをあげておく。

イエリネクの同時代の人物に，ワルシャワの南約200キロに位置するクラカウ（Krakau）のユダヤ系商人家庭出身のオーストラリアの国法学者，ルートヴィッヒ・グンプロヴィッチ（*Ludwig Gumplowicz*：1838年‐1909年）がいる[257]。グンプロヴィッチは，北オーストリアのグラーツ（Granz）大学で，

---

[252] *Jellinek,* (aaO Fn. 251), S. 394‐434.

[253] *Ders.,* Die sozialethische Bedeutung von Recht, Unrecht und Strafe, 1878, 7. Aufl. 1908.

[254] *Ders.,* Staatslehre, S. 337‐344. しばしば忘れ去られているが，*Jellinek* は，法と事実は，法の形成において相互補完の関係にあるとしており（S. 344‐353），「法の観念が事実に転換するということ」も知っていた。

[255] *Ders.,* Die Erklärung der Menschen- und Bürgerrechte, 1895.

[256] In *G. Jellinek,* Ausgewählte Schriften und Reden, Bd. II, 1911, S. 23‐44.

[257] *Gumplowicz* の伝記に関しては，*H. Reimann,* NDb 7 (1966), 307 f. 及び *N. Schwärzler* bei *W. Brauneder,* (aaO Fn. 93), S. 201‐205 参照。その著作については，*J. Hohmeier,* Zur Soziologie Ludwig Gumplowicz, Kölner Z. f. Soziologie u. Sozialpsychologie 22 (1970), 24‐38; *G. Mozetic,* Ein unzeitgemäßer Soziologe: Ludwig Gumplowicz, Kölner Z. f. Soziologie u. Sozialpsychologie 37 (1985), 621‐647 及び *M. Stolleis,* (aaO Fn. 21), S. 444 参照。

1875年からその逝去まで教鞭をとり，その書籍をつうじて，早い時期に，独立の分野としての社会学の発展に貢献した。1885年に出版されたその『社会学の基礎（Grundriß der Soziologie）』は，最初にドイツ語で書かれたこのタイトルの教科書である[258]。彼は，国家は，少数の多数にたいする権力の単なる道具にすぎないとする純粋に社会学的な国家概念を展開した[259]。グンプロヴィチは，支配という概念を社会学の学術用語に取り込み，そしてまた凶運をはらんだ「人種闘争（Rassenkampf）」という用語を創案した。もっともこの際，人種という概念は，生物学的な意味で理解されていたわけではなかった[260]。この自然主義的な社会学（naturalistische Soziologie）の代表的人物は，民族問題の社会学的分析にも取り組んだ点で，今日においても時事的な関心を持たれてよかろう。

　ドイツ帝国時代における公法のもう1人の代表的人物は，フライブルクのハインリッヒ・ロジーン（Heinrich Rosin：1855年-1927年）である[261]。彼は，開花期にあった行政法学，わけても，最も重要な彼のモノグラフィーのテーマであった公法人の理論に大きな貢献をした[262]。彼のアカデミックな活動は，フライブルク大学で展開された。その法学・国家学部は，1870年以降，昔から有名だったハイデルベルクのそれと徐々に肩をならべるまでになっていった。ロジーンは，ユダヤ教信者共同体に止まり続けたが，1904年，ユダヤ教信者としてはじめてドイツ国の高等教育機関の学長となった[263]。彼の学問研究は，最後には社会保障法にもおよんだが，ここで彼は，社会保障と私的な保険とを

---

258) *Gumplowicz*, Grundriß der Soziologie, 1885（1926年 *F. Oppenheimer* の序を付した新版刊）.

259) *Gumplowicz*, Die soziologische Staatsidee, zuerst 1892, 2. Aufl. 1902.

260) *Gumplowicz*, Der Rassenkampf, 1883, Neuauflage 1926.

261) *Rosin* については，*M. Tambert*, Heinrich Rosin und die Anfänge des Sozialversicherungsrechts, jur. Diss. Freiburg/Br. 1977，本書所収の *Hollerbach* の論文及び *M. Stolleis*, (aaO Fn. 21), S. 364 参照。

262) *H. Rosin*, Das Recht der öffentlichen Genossenschaft, 1886.

263) *Benöhr*, (aaO Fn. 1), S. 299.

はじめて理論的に区別したのであった。ロジーンは，現代社会法の父と称してよい。1908年の有名な彼の論文は，社会国家が法学に浸透していく口火を切ったのであった[264]。

　国際法においても，1914年以前のドイツにおけるユダヤ出自の優秀な学者達をあげることができる。まずは，フェルディナンド・ペレルス（*Ferdinand Perels*：1836年-1903年）である。彼の勤務先は,帝国海軍庁（Reichsmarineamt）であり，クルト・ペレルスとレオポルド・ペレルス兄弟の父である[265]。特別の人生をたどったのは，国際的に高く評価されたものの，はじめはドイツ国外で成果をあげた国際法学者ラッサ・フランシス・ラウレンス・オッペンハイム（*Lassa Francisl Lawrence Oppenheim*：1858年-1919年）である。彼は，1886年，フライブルクで教授資格を取得し1889年にバーゼルで教授の職を得たが，1895年に，そこからロンドンのエコノミックスクールの講師に転出した[266]。ここから，フランクフルト出身のこの国際法学者の英国での驚くべき経歴がはじまり，1908年，ついにはケンブリッジ大学国際法教室の教授となった。何巻かにわたるスタンダードな著作「国際法（International Law）」[267]を書き上げたオッペンハイムは，1914年まではドイツの国際法学においても存在感を示していた。というのは，彼は，ヨゼフ・コーラーとともに国際法・連邦

---

264) H. Rosin, Die Rechtsnatur der Abeiterversicherung, 1908, in: Festgabe für P. Laband, Bd. II, 1908, S. 41-134. ワイマール期においては，もう1人のユダヤ系学者が社会保険法の分野で活躍していた。フランクフルト大学の名誉教授 *Ernst Cahn* (1875-1953) であり，彼は，1926年，全体をとりまとめたかたちの Recht der deutschen Sozialversicherung を発表している。彼については, *Göppinger*, (aaO Fn. 63), S. 331.

265) 彼の主要著作は，1882年の Das internationale öffentliche Seerecht der Gegenwart である。これは，国際法のこの重要な分野におけるドイツでは最初のモノグラフィーである。

266) *Oppenheim* については, Jüdisches Lexikon, Bd. IV, 1930, S. 586; *S. Wininger*, Große jüdische Nationalbiographie Bd. IV, S. 571 及び *K. Strupp*, Z. f. VölkR 11 (1920), 645 f. 参照。

267) L. *Oppenheim*, International Law, 1905, in 2 Bd., 1912. この著作は，彼の死後も1955年の第8版まで改訂が重ねられた。

国法関係の雑誌『Zeitschrift für Völkerrecht und Bundesstaatsrecht』の編者であり，加えて，1912年には，なお，ビンディング（Binding）の記念論集に，『国際法の将来（Zukunft des Völkerrechts)』と題する法理論的にも関心を引く論文[268]をもって登場していたからである。彼はこの論文において，わけても常設の国際裁判所の設立を求めていた。イギリス人女性と結婚したオッペンハイムは，第一次世界大戦中は，ドイツの法学専門ジャーナリズムにおいて，憎悪に満ちた攻撃にさらされた。というのは，彼がタイムスの記事の中で，ドイツによるベルギーへの攻撃を「ナポレオン1世以来最大の国際的な悪行」と決めつけたからであった[269]。

　ドイツ帝国からワイマール共和国の間にあった卓越した人物に，フーゴ・プロイス（Hugo Preuß：1860年-1925年）がいる。彼は，その左派自由主義的な傾向のため，ベルリン大学では私講師から先に行くことができなかった。しかしこれに代わり，ベルリン商業高等専門学校で教授となり，1918年にはその学長となった[270]。この自由主義的な民主主義者は，短期間，政治の領域でも活躍した。というのは，彼は，1919年に，ライヒ内務大臣としてシャイデマン（Scheidemann）内閣に加わり，またそれ以前から人民代表評議会の下において，内務事務次官をしていたからである。プロイスは，次官としてかの有名なワイマール・ライヒ憲法の草案を起草したが，その核心部分は，成立した憲法の条文に取り込まれた。プロイスは，ドイツ国の構造を，連邦制の要素を抑制した議会制民主主義と構想し，国民によるライヒ大統領の選挙を求めたが，この2つはワイマール憲法に取り入れられた。プロイスの学術的な研究テーマは，その1889年の教授資格論文以来，ゲノッセンシャフトと自治の理念に関するものであった。彼は，ドイツの近代史においては，これが，まずはシュタイン（Stein）流の都市条例（Städteordnung）に実現されていると考えたので

---

[268] *Oppenheim*, Festschrift f. K. Binding 1911, S. 141-201.

[269] *O. Liebmann* DJZ 20 (1915), 690 f.

[270] *Preuß* の概要に関しては，*H. Hof* bei *Kleinheyer/Schröder*, (aaO Fn. 160), S. 212-214, 本書所収の *Schefold* の論文及び *M. Stolleis*, (aaO Fn. 21), S. 363 f. 参照。

あった。彼の国法に関する基本的な見方は，オットー・フォン・ギールケによってはいるが，彼はこの巨匠の考えをさらに独自に発展させたのであり，したがって，彼を20世紀におけるドイツ最初の民主主義の理論家と呼ぶことができる。

ワイマール期，ドイツの大学においては，ドイツ帝国の時代に比べると，ユダヤ系である公法の代表的人物があきらかに多くなった。その年齢と学問的功績という点から第1にあげられるべきは，当時はオーストリア・ハンガリー帝国の領土であったブコビア（Bukowia）出身で，1909年以降ゲッティンゲン大学教授をつとめたユリウス・ハッチェック（*Julius Hatschek*：1872年－1926年）である[271]。ハッチェックは，公法すべての分野において論攷を発表しているが，最近の伝記家によると，彼には，内容という点で大きな統一性のあることが確認されている[272]。彼が重要としたのは，とくにイングランドに目を向けて行った国法の比較法的な考察であった。彼は，1900年から1910年までの間に，2巻からなる『英国国法（Englisches Staatsrecht）』[273]を書き上げ，これによって，彼は，1915年に刊行された，基礎を築くようなモノグラフィー[274]のテーマとしたドイツ議会法の理解をはかったのであった。ワイマール共和国の時代，ハッチェックは，ワイマール憲法をもとにして，国法に関する唯一の大規模な教科書を作ったが，そこでは，基本権が「譲ることができない自由権」とされていたのであった[275]。行政法に関しても，彼はエポックメーキングな

---

271) Hatschek について詳細なのは，*A. Sattler*, Julius Hatschek (1872-1926). Staatsrecht am Anfang der Weimarer Republik, in: Rechtswissenschaft in Göttingen, 1987, hrsg. von *F. Loos*, S. 365-384, さらに *O. L. Brintzinger* NDB 8 (1969), 57 f.

272) *Sattler*, (aaO Fn. 271), S. 368.

273) *J. Hatschek*, Englisches Staatsrecht mit Berücksichtigung der für Schottland und Irland geltenden Sonderheiten, 2. Bd., 1905/06. 驚くべきことに，彼は，1910年，つとにオーストラリア及びニュージーラントの国法及び行政法についての著作 Staats- und Verwaltungsrecht von Australien und Neuseeland を著していた。

274) *J. Hatschek*, Das Parlamentsrecht des Deutschen Reichs, Teil I, 1915.

275) *J. Hatschek*, Deutsches und preußisches Staatsrecht, 2. Bd., 1922-23.

活躍をした。というのは，彼は1919年に刊行されたその教科書[276]において，オットー・マイヤー（*Otto Mayer*）の方法論をその特徴とする行政法学の創設以来はじめて，行政法の一般理論とともに，その各論を取り上げたからである[277]。公法の法理論家としてハッチェックは，おそらく，ワイマール期におけるドイツ法律家の頂点に位置している。

　もっとも，ドイツ最初の共和国期における公法の発展には，ほかにも多くのユダヤ系法律家がかかわった。最も多才な人物の1人が，ケルン大学教授フリッツ・スティアー−ゾムロ（1873年-1932年）であった[278]。彼の名は，彼

---

[276] J. *Hatschek*, Lehrbuch des deutschen und preußischen Verwaltungsrechts, 1919. この教科書は，1931年まで何回も版を重ねた。

[277] 行政法学者としての *Hatschek* に関しては，V. *Götz*, Verwaltungsrechtswissenschaft in Göttingen, hrsg. von F. *Loos*, 1987, S. 336-364（ここでの記述はS. 344-346）参照。*Hatschek* と同世代で，行政法の分野において業績をつんだユダヤ系法律家に，プラハ大学教授 *Ludwig Spiegel*（1864-1926）がいる。彼は，大著 Die Verwaltungsrechtswissenschaft を執筆し，また1913年には法源論に関する本 Gesetz und Recht を刊行した。*Spiegel* は，チェコスロバキアの創建にあたり，チェコ国民会議（Nationalversammlung）の議員をつとめた。すでに反ユダヤ主義的傾向がプラハにまで広がっていたにもかかわらず，その逝去の前，彼はプラハのドイツ大学の学長に選ばれた。*Spiegel* については，*Kisch*, (aaO Fn. 19), S. 41 mit Bildseite VI 及び H. *Slapnicka*, Ludwig Spiegel, in: Lebensbilder zur Geschichte der böhmischen Länder, Bd. IV, 1981, 243-263 参照。最後に，オーストリアにおける卓抜したユダヤ出自の行政法学者に，ウイーンの教授，*Friedrich Tezner*（1856-1925）がいる。彼は，行政法にとり基本をなす自由裁量という概念に関し，すでに1881年に Das freie Ermessen der Verwaltungsbehörden als Grund bei Unzuständigkeit der Verwaltungsgerichte と題したモノグラフィを著し，そして1925年には，著書 Die rechtsbildende Funktion der österreichischen verwaltungsgerichtlichen Rechtssprechung においてオーストリア行政最高裁判所（Verwaltungsgerichtshof）の判例を広い範囲にわたり解説している。*Tezner* は *Hans Kelsen* の友人であり，*Tezner* は，1921年，*Kelsen* に自分の諸著作を謹呈している *Tezner* については，N. *Schwärzler* bei *Brauneder*, (aaO Fn. 93), S 242-247 und 361 f. 参照。

[278] *Stier-Somlo* については，わけても H. J. *Becker*, 600 Jahre Rechtswissenschaft in Köln, Festschrift der Rechtswissenschaftl. Fakultät zur 600-Jahr-Feier, S. 3-30（ここでの記述はS. 12 f. と S. 16). さらに W. *Ekkert*, Monumenta Judaica. Handbuch,

が2巻からなるハンドブックで論じた[279]。行政法の独立分野である地方自治法の発展ととりわけ結びついている。スティアー-ゾムロは，7巻からなる法学辞典の編集をつうじて法学全般に寄与した[280]。この企画は，1918年における革命的な法の変革に照らすと，実に意義深いものであった。スティアー-ゾムロは，確固たる信念の民主主義者であり，そしてまた，女性にたいして高等教育の門戸を開くよう熱心に戦った人物でもあった[281]。この多大な貢献をした人物はまた，20年代に6版を重ねた「政治 (Politik)」と題するポケット版の本を出版することで，法律家の範囲を超えた政治教育の普及にも寄与した[282]。一見するとたいしたものとは思われないこの小さな本は，著者のヒューマニズムにあふれた世界観の多くを伝えてくれている。彼は，その目標を，ゲーテのファウストの言葉を借りて，「現実の精神的な把握 (Geistige Erfassung der Wirklichkeit)」と定義したのである[283]。

ワイマール共和国の時代における行政法の発展には，ハッチェックのほかにもう1人のユダヤ家庭出身の学者が大きく寄与した。偉大なゲオルク・イエリネクの息子であり，いうまでもなく公法専門家の代表的人物であるヴァルター・イエリネク (Walter Jellinek : 1885年-1955年) である[284]。彼は，すでに1912年には，ライプチヒのオットー・マイヤーのもと，行政法

1963, S. 564 参照。

279) *F. Stier-Somlo*, Handbuch des kommunalen Staats- und Verwaltungsrechts, 2 Bd. 1916-1922, 2. Aufl. 1928.

280) *Stier-Somlo/Elster*, Handwörterbuch der Rechtswissenschaft, 7. Bd., 1926-1931.

281) *Becker*, (aaO Fn. 278), S. 12.

282) *Stier-Somlo*, Politik, 6. Aufl. 1928 (= Wissenschaft und Bildung 4).

283) *Stier-Somlo*, (aaO Fn. 279), S. 11. 特徴的なのは，この本の末にみられるつぎのような一節である。「学問と芸術における偉大さ，経済的な可能性の豊富，そしておそらくはまた倫理的・物質的な進歩にとんでいること，そうなれば，ついには我々もまた賢明な民族となるはずである。」

284) 彼についてはとくに，Nachruf von *O. Bachof*, JZ 1955, 429 f. 及び *J. Ziekow*, Die Einhelligkeit der Rechtsentscheidung. Zu Leben und Werk Walter Jellineks, AÖR 111 (1986), 219-230 参照。

に関するモノグラフィーで教授資格を取得し[285]，1919年にキール大学教授となり，1929年に，ハイデルベルク大学の父の講座を継いだ。1935年には解雇されその地位を失ったが，1945年に再度復帰したのであった[286]。ヴァルター・イエリネクの功績は，まず第1に，1927年から1931年まで3版を重ね，そしてまた，1945年以降もまずは主導的な行政法の教科書とされた『行政法（Verwaltungsrecht）』と題するスタンダードな著書である。彼の学問的な人格は，1928年に彼がキールで行った，『創造的な法学（Schöpferische Rechtswissenschaft）』[287]と題するその学長就任講演にこれをはっきりとうかがうことができる。ここで彼は，「現在に志向した法律家」と「未来志向の法律家」という2つのタイプを区別し，そして，2つとも，敬意をもって接すべき「等しく有意義」なタイプであることをはっきりと認めた[288]。彼は，あきらかに自分自身を，一次的には現在に志向した法律家，「慎み深い公衆の奉仕者」と理解し，そして，かかる奉仕者として彼は，ナチズムの倒錯が去った後，齢を重ねてもなお国法学の復興に大いなる功績をあげたのであった。

　行政法の分野におけるユダヤ系法律家の功績を評価する場合，1910年から1930年までの間に，4巻からなる著作『国際行政法（Das internationale Verwaltungsrecht）』を刊行した，カール・ノイマイヤー（Karl Neumeyer：1869年–1941年）の，他に類をみないパイオニア的な功績を指摘しておかなくてはならない[289]。今日でも彼の解説にまさるものはない。国際法の専門雑誌である『Niemeyers Zeitschrift für internationales Recht』の共編者として，彼は，他の4人のユダヤ出自の公法の教授と接点をもった。マックス・フライ

---

285)　*W. Jellinek*, Gesetz, Gesetzmäßigkeit und Zweckmäßigkeitserwägung, 1912.
286)　この点については *Göppinger*, (aaO Fn. 63), S. 392 参照。
287)　*W. Jellinek*, Schöpferische Rechtswissenschaft. Rektoratsrede vom 5. März 1928, 1928.
288)　*Ders.*, (aaO Fn. 287), S. 20 f.
289)　*K. Neumeyer*, Internationales Verwaltungsrecht, 4. Bd. (1910–36). 彼については，*Göppinger*, (aaO Fn. 63), S. 235 f. 参照。*Neumeyer* 生涯，ミュンヘンでの活動そして1941年における彼の悲劇的な自殺については，本書所収の K. Vogel の論文がつまびらかにしてくれる。

シュマン（Max Fleischmann），エーリッヒ・カウフマン（Erich Kaufmann），アルブレヒト・メンデルスゾーン－バルトルディ，そしてクルト・ペレルスである。この4人の碩学は，その生涯の仕事の一部を国際法に割いたが，その他のところでは，その研究分野は，まったく異なっていた。マックス・フライシュマン（1872年-1943年）は，ワイマール期においては，最も尊敬されたドイツの国際法学者の1人であった。彼は先にあげた国際法の専門雑誌のほか，同じく国際法の専門雑誌である，『Zeitschrift für Völkerecht』にも共編者としてかかわった[290]。1925年，彼は，フランツ・フォン・リストが著した優れた国際法の教科書の12版をあらたにした[291]。ドイツライヒは，世に認められたこの専門家を，国際法法典化のためのハーグ会議の構成メンバーとして送りこんだのであった。フライシュマンは，ケーニヒスベルクとハレにおいて教鞭をとり，多大な成果をあげ，1925年ハレでは学長に選ばれた[292]。この法律家は，ドイツの法制史の分野でも，17世紀から18世紀に活躍したドイツの法律家クリスティアン・トマジウス（Christian Thomasius）に関する大部のモノグラフィーを発表して，すばらしい貢献をした。ドイツの自然法に関する文献は現在まで相当数に上っているが，彼の著書は，今日にいたるまで，トマジウス研究の基礎という地位を維持し続けている[293]。フライシュマンは，その講座を追われた後，ドイツのレジスタンスと接触を持ち，彼らのために，新しいドイツの憲法草案を書き上げた。1943年，人種抹殺収容所への移送を免れる彼に残されたすべは，自殺しかなかった[294]。

エーリッヒ・カウフマン（1880年-1972年），の多彩な人格は，本書で彼の

---

290) 彼については，*Göppinger*, (aaO Fn. 63), S. 231 と 388 及び *J. Schubart-Fikentscher*, NDB 5 (1961), 236.

291) *M. Fleischmann*, Das Völkerrecht, systematisch dargestellt von *Franz v. Liszt*, 12. Aufl. 1925.

292) *Kisch*, (aaO Fn. 19), S. 71 f. と 88 f. にみられる，おそらくのところ主観に彩られた記述は，一部興味深い。

293) *Max Fleischmann*, Christian Thomasius, 1931.

294) この点については，*Fabian v. Schlabrendorff*, Offiziere gegen Hitler, 1946, S. 18-23.

生涯だけを取り上げるところで評価されることとなっている[295]。彼の学問的・政治的な貢献は，ドイツ帝国の時期からボンにおいて外務省の法律顧問をつとめ，さらには，フリードリッヒ大王がはじめた学術・芸術等の功績にたいする「Pour le Merite」勲章の授与判定会議理事長をつとめた現在の連邦共和国の初期にまでおよんでいる。おそらく，ユダヤ出自の法律家の中で，フリードリッヒ・ユリウス・シュタールの後を受け，法治国家を奉じる保守主義者のタイプを最も鮮明にしていたのがカウフマンである。彼は単に優秀な国際法学者だというだけに止まらず，そのよく読まれた本『新カント派の法哲学批判（Kritik der neukantischen Rechtsphilosophie）』をつうじて，ワイマール期の法哲学の発展にも強い影響を与えた。この本は，自然法思想への回帰に向けた 20 世紀におけるさまざまな試みの先駆である[296]。

　アルベルト・メンデルスゾーン−バルトルディー（1874 年−1936 年）は，その活躍のほんの一部を公法との取り組みに割いた人物であった。というのは，彼は，比較法と民事訴訟法学にも熱心に取り組んでいたからである。偉大な作曲家，フェリックス・メンデルスゾーン−バルトルディー（*Felix Mendelssohn-Bartholdy*）の甥でありかつ 18 世紀にユダヤ人の啓蒙の先達となったモーゼス・メンデルスゾーンの子孫ということで，彼はドイツユダヤ人階層の有名な家庭出身であった[297]。彼はハンブルク大学で 1933 年まで対外政策講座を率いた。法政策の問題，とくに 20 年代に議論が沸騰した民事訴訟法の改革問題[298]は，彼の論攷において重要な役割を占めている。そしてこの民

---

295) *Erich Kaufmann* については，*Kleinheyer-Schröder*, (aaO Fn. 160), S. 346, *E. Castrucci*, Tra organicismo e „Rechtsidee". Il pensiero giuridico di Erich Kaufmann, 1984; *M Friedrich*, Erich Kaufmann, Der Staat 26 (1987), 231−249 及び本書所収の *M Friedrich* の論文参照。

296) *Erich Kaufmann*, Kritik der neukantischen Rechtsphilosophie, Eine Betrachtung der Beziehungen zwischen Philosophie und Rechtswissenschaft, 1921.

297) 彼については，*Göppinger*, (aaO Fn. 63), S. 303 及び *F. Morstein* in Lebensbilder (aaO Fn. 154), S. 53−59.

298) 彼の論文 Beiläufige Bemerkungen zur Zivilprozeßreform, in: Dem XXIV. Deutschen Anwaltstag, 1929, S. 433−438 参照。*Mendelssohn-Bartholdy* は，なんといっても，イギリスの訴訟法に関するモノグラフィー Das Imperium des Richters, 1908 を執筆

事訴訟法の改革についてみると，彼には社会的民事訴訟というアイデアが，わき上がっていたのであった。メンデルスゾーン-バルトルディーの活発な民主主義へのかかわりは，彼が 1919 年に刊行した『国民の意思（Der Volkswille）』と題する小冊子にこれを見て取ることができる[299]。この中で彼は，議会制民主主義は，ドイツでは，「公共において偏見がない（Offenheit im Öffentlichen）」という環境の下においてしか成功しないということを強調した。その基本的考えは，民主主義の代表的な要素と国民投票的な要素との結合を推奨するものであり，1919 年頃の人々にとって異質なものだというわけではなかった。

メンデルスゾーン-バルトルディーと同様，クルト・ペレルス（1878 年-1933 年）もハンブルク大学教授であった。そこで彼は，大学教員としてずば抜けた活躍をした[300]。クルト・ペレルスは，まず法制史学者として出発し[301]，しばらくすると国際法，とくに植民地法に目を向けたが，これとともに彼は，議会法の専門家でもあった。その弟子達と学術的な一門を築き上げたこのとくにセンシブルな人物は，早くも 1933 年，その出身を理由に大学教員の職を奪われることとなったとき，自らその命を絶ったのであった[302]。

最後に，ワイマール期における優れた国際法学者に，カール・シュトルプ（Karl Strupp : 1886 年-1940 年）がいる。彼は，フランクフルトの裕福なユダヤ人家庭出身で，1920 年以降，フランクフルト大学法学部で国際法を講じていた。シュトルプは，1932 年に正教授となったものの，わずか 1 年後にはその地位を失ったが，彼は，国際法を教育に反映させることにとりわけ腐心

したはじめてのドイツ法律家である。この興味を引くモノグラフィーは，あきらかに，1900 年以降司法改革をめぐりドイツにおいて活発に繰り広げられた議論との関係で執筆されたものである。

299) *A. Mendelssohn-Bartholdy*, Der Volkswille. Grundzüge einer Verfassung, 1919.
300) Perels については，*Göppinger*, (aaO Fn. 63), S. 236 のほか *R. Stödter*, JZ 1958, 349f. 及び *H. P. Ipsen* in Lebensbilder (aaO Fn. 154), S. 69-74, 同, AÖR 83 (1958), 376-379 参照.
301) 1900 年の，Die allgemeinen Appellationsprivilegien für Brandenburg-Preußen と題する論文がこれを示している。
302) Hierzu *Stödter*, (aaO Fn. 300), S. 350.

し，3巻からなる『国際法辞典（Wörterbuch des Völkerrechts)』[303]を著した。その学術研究の中心的関心事は戦争回避のルールであった。この趣旨を拝して彼は，1934年に，オランダのデン・ハーグにある「国際法アカデミー」における講演で，国際紛争の平和的解決を唱えたのであった。1933年以降，シュトルプは亡命を決意し，加えてコロンビア大学からの招聘を受けた。しかし，1940年アメリカへの移住前，パリで客死した[304]。

20世紀において，速いテンポで独立の分野となっていった公法の特別分野の1つは，なんといっても，1919年以降法典，つまりはエノ・ベッカー（*Enno Becker*）により作られたライヒ税法（Reichsabgabeordnung）に依拠して構築することができた租税法である。この時期，まずは租税法学が発展したことは，ワイマール共和国における法治国家の成果である。その代表的人物が，1929年にケーニヒスベルク大学教授となったアルベルト・ヘンゼル（*Albert Hensel*：1895年-1933年）である。彼は1924年に，最初の租税法の教科書を刊行したが[305]，それは，この新しい法分野を厳格に体系化したものであった[306]。ヘンゼルに先立ち，すでに1920年には，クルト・バル（*Kurt Ball*：

---

[303] K. *Strupp*, Wörterbuch des Völkerrechts und der Diplomatie, 3. Bd., 1924-1929. この辞典は1960年から1962年に第2版が，あらたにH. J. *Schlochauer*によって刊行されている。

[304] *Strupp*に関するすべての記述は，M. *Bothe*, Karl Strupp (1886-1940), in: *Diestelkamp/Stolleis*, (aaO Fn. 144) S. 161-170と*Göppinger*, (aaO Fn. 63), S. 320 f. によっている。

[305] A. *Hensel*, Steuerrecht, 1924, 3. Aufl. 1933 (= Enzyklopädie der Rechts- und Staatswissenschaft 28).

[306] *Göppinger*, (aaO Fn. 63), S. 133と本書所収の*Kirchhof*の論文参照。税法の分野では，さらに，ミュンヘンのユダヤ系弁護士，Heinrich *Rheinstorm* (1884-1960) が多大な貢献をした。*Rheinstorm*は，1933年以前，ミュンヘン高等工業専門学校の名誉教授として学術理論においてもこの分野を代表する人物であった。彼については，*Göppinger*, (aaO Fn. 63), S. 311及びR. *Heinrich*, (aaO Fn. 129), S. 158参照。さらに，ユダヤ出自であるもう1人の重要な執筆活動を展開した人物は，Rolf *Grabower* (1883-1963) である。ライヒ財務省の参事官（Ministerialrat）であり，売上税法の生成に大きく関与した。彼は，Theresienstadtの強制収容所でナチの時代を生き抜き，1945年以降は，ニュールンベルクの上級財務局長

1891年-1976年）が，体系的に整理された『税法入門（Einführung in das Steuerrecht）』を刊行し，これは，1933年までに4版を重ねた[307]。1919年に時の財務大臣マティアス・エルツベルガー（*Matthias Erzberger*）の財政改革により創設されたライヒ財政行政庁（Reichsfinanzverwaltung）の官僚であった1921年，バルは，今日でもなお時事的な『立法のあらたな方法について（Von neuen Weg der Gesetzgebung）』と題する著書を刊行したが，その中で彼は，立法政策と切り離した学術的な立法学の必要性を説いた。「立法学とは，所与の法政策的目標にもとづいて，よき立法のための道筋を練り上げるもの」だと説いたのである。バルの論攷は，あきらかに，第一次世界大戦時における技術的に欠陥のある立法に触発されたものであった。彼は，特別の官庁として「ライヒ立法本部（Reichsstab der Gesetzgebung）」の設立を求めたのであった。

ヘンゼルは，いくつかの重要な税法専門雑誌，中でも，1927年にマックス・リオン（*Max Lion*：1883年-1951年）が立ち上げた税法・財政法の季刊誌『Vierteljahresschrift für Steuer-und Finanzrecht）』の共編者であった。リオンは，ベルリンの弁護士兼公証人であり，同時にまた，商業高等専門学校で講師として教鞭をとっていたが[308]，1922年，基本となるような著書『事業所得税（Bilanzsteuerrecht）』を発表した[309]。その伝記を書いたパウシュ（*Pausch*）の判定によれば，彼は，この分野の「アインシュタイン」だとされている。ヘンゼル，バルそしてリオンは，ユダヤ出自であった。彼らと肩をならべるこの分

(Oberfinanzpräsident) をつとめた。*Grabower* については，*Göppinger*，(aaO Fn. 63), S. 337 f.；*A. Pausch*, Die Schriften Rolf Grabowers, UStR 1963, S. 70 f. 参照。

307) *Ball* については，*Göppinger*, (aaO Fn. 63), S. 267, *A. Pausch*, Im memoriam Kurt Ball, DStZ (A) 64 (1976), 365 f. 及び同, Handwörterbuch des Steuerrechts, Bd. 1, 2. Aufl. 1981, S. 167 参照。*Ball* は，1926年以降ベルリン商業高等専門学校の私講師をつとめ，最初に税法を担当科目とした高等教育機関の教員の1人であった。

308) *Göppinger*, (aaO Fn. 63), S. 299, *A. Pausch*, Handelswörterbuch des Steuerrechts, Bd. 2 2. Aufl. 1981, S. 969．また詳細は，*Pausch*, Max Lion, Pionier des Bilanzsteuerrechts. Aufstieg und Verfolgung eines deutschen Stuerwissenschaftlers jüdischer Abstammung, StuW 56 (1979), 149-171 参照。

309) *M. Lion*, Das Bilanzsteuerrecht. Eine Grundlegende Darstellung, 2. Aufl. 1923.

野のもう1人の学者として，ゲルハルト・ラサー（Gerhard Lassar：1888年-1936年）をあげておかなくてはならない。彼は，1925年以降，教授としてハンブルク大学で活躍した。そしてまた，大学でのほかにも，ライヒ財政行政庁でも活躍し，1926年にはハンブルクに行政アカデミーを創設した。左派自由主義の民主主義者であったラサーは，しばしばロンドンに滞在した際に，ファビアン協会（Fabian Society）の思想にも親しみ，すでに1931年には，ある講演においてナチを激しく弾劾し，ヒトラーの支持者を公務員として採用することに反対したのであった。彼の時代，法学部学生の多数は，けっして民主主義者ではなかったにもかかわらず，1933年の7月，この学生に愛されていた講師が追放の危機にさらされたとき，学生の抗議声明がなされたのであった[310]。学者としてラサーは，行政法のさまざまな分野において論攷を発表した[311]。

国籍法もまた，ユダヤ人が関心をいだかざるをえなかった公法の分野である。というのは，右派過激派から，ユダヤ人には外国人法を適用すべしとの要求がだされていたからである。この分野の主導的な専門家は，ミュンスター出身の私講師でかつプロイセン上級行政裁判所の裁判官であり，ヘルマン・イザイとルドルフ・イザイ（Rudolf Isay）の従兄弟であるエルンスト・イザイ（Ernst Isay：1880年-1943年）であった。彼は1923年に，「ドイツ外国人法」に関する本を著し，1929年には，ライヒ及び邦国の国籍法に関するコンメンタールを出版した[312]。イザイは，1933年以前に「ドイツ国法学協会（Vereinigung der deutschen Staatsrechtslehrer）」のユダヤ系会員16人のうちの1人であっ

---

310) Lassar に関するすべての記述は，G. Wacke, Gedächtnis an Gerhard Lassar, JZ 1958, 761f., H.P. Ipsen in: Lebensbilder (wie in Fn. 154), S. 39-42 及び F. Schack, AöR 83 (1958), 379-382 によった。

311) Lassar のメインワークは，M. v. Brauchitsch 編 Verwaltungsgesetze für Preußen を新編集したスタンダードとなるような全8巻の著作だといってよかろう。彼はこれをプロイセン上級行政裁判所の長官 Bill Drews とともに1930年に完成させた。Lassar 自身もまた，この大部の著作の第2巻で，一般警察法（Allgemeine Polizeirecht）を執筆している。

312) Ernst Isay については，Göppinger, (aaO Fn. 63), S. 289 参照。

た[313]。

　公法分野におけるユダヤ系法律家の学術的活動を描き出そうとするなら，一般国法学及び憲法学に関する基本となるような著作に占めるその割合が高いことも指摘しておかなければ，それは不完全なものとなろう。ゲオルク・イエリネクの古典的な著作の後，ワイマール期とその後においてこの基幹分野は，6人のユダヤ出自の学者により取り上げられた。ハンス・ケルゼン，ルートヴィッヒ・ヴァルデッカー（Ludwig Waldecker），ヘルマン・ヘラー（Hermann Heller），ハンス・ナビアスキー（Hans Nawiasky），カール・レーベンシュタイン（Karl Loewenstein）そしてゲルハルト・ライプホルツ（Gerhard Leibholz）の6人である[314]。

　ハンス・ケルゼンのすばらしさは，先にもふれた。今日まったく忘れ去られてしまったのが，ルートヴィッヒ・ヴァルデッカー（1881年-1946年）である。彼は，1921年からケーニヒスベルクで教授となり，その後ブレスラウに移籍したものの，1934年に強制的にケルンに移籍させられ，1935年，ついには解雇されたが，共和主義を標榜した法律家の1人であり，そして法学専門雑誌『Die Justiz』の協力者でもあった。学問にあっては，税法を研究していたが，1927年には，自らライフワークの集大成ととらえた大部の著書，『一般国家学（Allgemeine Staatslehre）』[315]を発表した。ヴァルデッカーは，その国家学においては社会を出発点としており，社会学的志向性を持った著作を期待させたものの，この著者のメインテーマは，道徳的な人格教育であり，著者は，シラーやゲーテをしばしば引用し，そして国家学を個人的告白というスタイルで講じたのであった。個々の点においては，ヴァルデッカーの概念構成には，オットー・フォン・ギールケの影響が深く刻まれている。ヴァルデッカーの本

---

313) *Göppinger*, (aaO Fn. 63), S. 133. この協会のメンバーは，1931年には総計96人であり，その結果，ユダヤ出自のメンバーが占める割合は約17％であった。

314) *H. Kelsen*, Allgemeine Staatslehre, 1925.

315) *L. Waldecker*, Allgemeine Staatslehre, 1927, S. VIII. *Waldecker* については，*Göppinger*, (aaO Fn. 63), S. 364 f. 参照。

が，もはや今日の学術理解にまったく対応していないとしても，この本は，20年代の社会自由主義者の世界観を示すドキュメントであり，したがって，興味深い精神史の資料の1つである。

ヴァルデッカーとは異なり，ヘルマン・ヘラー（1891年-1933年）は，ここ数十年，その国家理論に関する著作によって，その注目を増している。政治にかかわったこのユダヤ系社会民主主義者は，すでに1920年には，グスタフ・ラートブルフとともに，キールにおいて，その年の3月13日ヴォルフガング・カップ（Wolfgang Kapp）らによる右翼クーデターの参加者から民主主義を守ったのであり，後世の人は，彼を，孤高で卓抜した人物，政治的に慧眼でかつ将来を指し示す人物とみたのである。ヘラーは，1932年，フランクフルトにおいてはじめて正教授となったが，彼のメインの著作『国家学（Staatslehre）』は，1934年，遺作として外国においてはじめて刊行することができたのであった。ワイマール期には，その時流に乗らなかった人物は，まったく理解を得られなかった。同じことが，社会民主主義者の中での彼の位置づけについてもあてはまる[316]。戦後連邦共和国になってからの最初の10年間もまた，国法学理論へのヘラーの影響は，彼と同時代の人物でその対極に位置したカール・シュミットと比べると，当初はマージナルに止まっていた。20世紀におけるこの主導的なドイツの国家理論学者の精神的遺産との熱心な取り組みがはじまったのは，1960年代になってからであった[317]。

卓越したミュンヘンの国法学者，ハンス・ナビアスキー（1880年-1961年）は，オーストリア系のユダヤ出自であり，ワイマール期においては，とくに1923年に出版された「バイエルン憲法（Bayerische Verfassungsrecht）」という大部の体系的な解説書で知られている。第二次大戦後，彼は，1946年から

---

316) Heller についてはとくに，*W. Schluchter*, Entscheidung für den sozialen Rechtsstaat-Hermann Heller und die staatstheoretische Diskussion in der Weimarer Republik, 1968, 2. Aufl. 1983 参照。同じく，*G. Robbers*, Hermann Heller: Staat und Kultur, 1983, 及び本書所収の *C. Müller* の論文参照。

317) Heller の考え方が与えた影響の歴史については，*Robbers*, (aaO Fn. 316), S. 106-126 参照。

1958年にかけて，5巻からなる『一般国家学（Allgemeine Staatslehre）』をそのライフワークの集大成として著した。ナヴィアスキーの名前が，今日バイエルン州でよく知られているのは，亡命先のスイスから1度帰国した後，1945年以降にあっては最も精神的独自性が高い州憲法である1946年のバイエルン憲法の主たる起草者だったからである。ナヴィアスキーのアイデアにもとづいたバイエルン憲法の独自性の1つは，わけても，バイエルンの議会主義に実に独特のアクセントをつけている，第二院としてのバイエルン上院の制度である[318]。

　国法学の分野におけるユダヤ系学者（著者）の中で取り上げておくべきは，やはり，カール・レーベンシュタイン（1891年-1973年）である。彼は，1931年にミュンヘンで教授資格を得たが[319]，その学問的主要業績は，アメリカ合衆国へ亡命した後に書かれた。ワイマールにおける国家学の代表的人物のほとんどにまずはみうけられたドイツ理想主義の伝統に反して，レーベンシュタインは，マックス・ウェーバーを出発点として，その「憲法学」の中心に権力のコントロールという問題をすえたのであった[320]。彼はまた，その「憲法学」に多元主義の理論を組み込むことにはじめて成功した。同時に，ワイマール共和国のこの若い国法学者は，なんといっても非常に現代的であった。レーベンシュタインが，ドイツの国法学からアメリカの亡命先に持っていった精神的な遺産は，わけても，幅広い歴史的知見からなっており，そのため，彼の憲法学は，歴史的な法比較と，そしてまた，マックス・ウェーバーの意味におけ

---

318) *Nawiasky* については，ちなみに，Nachruf von *W. Geiger*, JZ 1962, 324 f. 及び本書所収の *Zacher* の論文参照。

319) *Loewenstein* については，*R. Zippelius* JZ 1971, 700f. *P. Schneider*, NDB 15 (1987), 103f. 及び *K. v. Beyme*, AöR 98 (1973), 617-619 参照。このほか，詳細なものとして，*Stiefel/Mecklenburg*, (aaO Fn. 64), 1991, S. 101-104. *Loewenstein* は，1945年以降，政治学をドイツにおける大学の独立した科目として定着させることに大いに貢献した。

320) 最初は英語で Political Power and the Governmental Process というタイトルのもと1957年に発表され，1958年に Verfassungslehre というタイトルでドイツ語版が発表された（1975年に3版）。

る類型化にもとづくことができたのであった。今日のドイツにあっては，憲法改革に関する基本諸問題があらためて熱心に議論されているが，この偉大な憲法学者のライフワークは，以前にも増して大いなる注目をあびてしかるべきである。

ワイマール期の最も若い世代に属する人物として，やはりあげておくべきは，ゲオハルト・ライプホルツ（1901年-1982年）である。彼は，1929年からハンザ都市グライフスバルドで，後にはゲッティンゲン大学で教授をつとめた[321]。ユダヤ系工業家の家庭出身のライプホルツは，すでに1925年には，その『法律のもとの平等（Gleichheit vor der gesetz）』と題した博士論文により高い評価を得ていた。1929年に発表された彼の教授資格論文『民主主義における代表（Repräsentation in der Demokratie）』は，ワイマールにおける国法学が慣れ親しんだ地平線のはるか彼方を指し示し，ボン基本法のもとドイツにおいて憲法上実現された民主的な政党国家を，はじめて国家理論的にとらえたのであった。ライプホルツは，ワイマール共和国から現在の連邦共和国へと続く民主的な国家についての考え方の連続性を，とりわけ象徴する人物である。というのは，彼は，1951年から1971年にかけ，連邦憲法裁判所の裁判官としてボン基本法の解釈に驚くべき影響を与えることができたからである。

5. 刑法及び犯罪学

その伝記が本書に収められているのは，刑法の代表的人物のほんのわずかに止まっている。すなわち，はっきりこの分野だと数え上げられるのは，有名な刑事弁護人マックス・アルスベルク（*Max Alsberg*），リヒャルト・マルティーン・ホーニッヒ（*Richard Martin Honig*），そして部分的ではあるが，ジェームス・ゴルトシュミットとカントロヴィッツのみである。だからといっ

---

[321] *Leibholz* については，*H. H. Klein*, Gerbhard Leibholz (1901-1982). Theoretiker der Parteiendemokratie und politischer Denker – ein Leben zwischen den Zeiten, in : Rechtswissenschaft in Göttingen, hrsg. *v. F. Loos*, 1987, S. 528-547 及び *C. Link* NDB 14 (1984), 117-119; 同 Zum Tode von Gerhard Leibholz, AÖR 108 (1983), 153-160 参照。

て，1871年から1933年までの間，ドイツにはユダヤ出自の卓越した刑法学者及び犯罪学者が他にもいたことを忘れてはならない。マックス・アルスベルク（1877年-1933年）[322]及びリヒャルト・マルティーン・ホーニッヒ（Richard Martin Honig），そしてまた，すでに法哲学のところで取り上げたが，刑法においても多くの論文があるマックス・エルンスト・マイヤー[323]のほかにも，ユダヤ出自の刑法学者及び犯罪者を少なくとも6人はあげておかなくてはならない。ベルトホルト・フロイデンタール，モリッツ・リープマン，フリードリッヒ・キッツィンガー（Friedrich Kitzinger），マックス・グリュンフート（Max Grünhut），グスタフ・アシャッフェンブルク（Gustav Aschaffenburg）そしてヘルマン・マンハイム（Hermann Mannheim）である。

ベルトホルト・フロイデンタール（1872年-1929年）は，ブレスラウ出身で，ハレ大学時代のフランツ・フォン・リストの弟子である[324]。彼は，すでに1901年には，フランクフルトの「社会学及び商学アカデミー（Akademie für Sozial-und Handelswissenschaft）」の講師となり，そこで，1909年から1911年まで学長をつとめた。彼は，フランクフルト大学の創設に大きく貢献した。彼は，この大学に当初から自由主義的な精神を伝えた，高等教育機関の教員の1人であった。彼の刑法における特別のテーマは，主として刑事政策におかれており，この分野において彼は，将来を指し示すようなあらたなテーゼを提唱した。ここでは，まずは，収監者の国法上の地位に関する1909年の学長就任講演を取り上げなくてはならない。ここで彼は，刑の執行における収監者と国と

---

[322] Max Alsberg は最も有名な刑事弁護人で，おそらく，1930年頃にはドイツで最もよく知られていた弁護士であった。彼については，本書所収の Krach の論文のほか，G. Jungfer, Max Alsberg (1877–1933). Verteidigung als ethische Mission, in: Streitbare Juristen (aaO Fn. 80), S. 141–152 及び Krach, (aaO Fn. 3), S. 98–116 参照。

[323] 彼は，わけても刑法の教科書 Der Allgemeine teil des deutschen Strafrechts 1915 (2. Aufl. 1923) を著している。

[324] Freudenthal についての記述は，F. Geerds, Berthold Freudenthal (1872–1929) in: Diestelkamp/ Stolleis (aaO Fn. 144), S. 44–56 による。Nachruf von J. Goldschmidt, DJZ 34 (1929), 1039 f. もまた参照。

の関係を，はじめて法律関係ととらえたのであった。刑の執行に関する法がフロイデンタールの理念の意味で規律されるようになったのは，1976年になってからのことであった。刑の執行への関心と関連して，フロイデンタールは，少年裁判権を手がけることとなり，彼はこの分野の主導的な専門家となった。最後に，1927年におけるイングランドとアメリカ合衆国への研究のための渡航をも思い立たせたフロイデンタールの比較法的関心は，注目に値する。彼の時代の刑法学者にあってはまったく支配的であった見解，そしてまた，フランツ・フォン・リストの見解とは反対に，フロイデンタールは，断固，「人は，犯罪者を更生させることができる」というテーゼを提唱したのであった。彼はまた，釈放された者のケアの問題とも取り組み，このように，あらゆるところで，彼の非常に強力な人道主義のインパルスを感じ取ることができる。この犯罪学者の関心の多くを引き寄せたのは，現実の人間にかかわる刑法上の諸問題だったのである。

キールからハンブルクに移った刑法学者，モリッツ・リープマン（1869年-1928年）[325]は，フロイデンタールにもましてワイマール共和国の法政策上の議論に関与した。彼は，ラートブルフと同様，先にもあげた法律専門誌『Die Justiz』にかかわった人々と強く結ばれていると感じていたのであった。リープマンは，1898年，ハレにおいてルソーに関する法哲学の論文を執筆したが，そこでは，ルソーを出発点として既存の法を批判し，そしてその改善に向けた提案をするという法律家の使命に帰依することを表明したのであった[326]。彼は，この目標を，その学問的生涯をつうじて常に追い求めたが，この際彼の批判は，伝統的な刑法の支えとなっていた死刑に向けられていたである。ドイツ刑法学の歴史上，リープマンは，すでに第一次世界大戦前の1912年，ドイツ

---

325) Liepmann については，*M. Frommel*, NDB 14 (1985), 534-535, *R. Hüser-Goldberg*, Das kriminalpolitische Programm von Moritz Liepmann, jur. Diss. Hamburg 1977; *E. Döhring*, Geschichte der juristischen Fakultät, (aaO Fn. 142), S. 169 f. und 197 参照。

326) *M. Liepmann*, die Rechtsphilosophie des Jean Jacques Rousseau. Ein Beitrag zur Geschichte der Staatstheorie, 1898.

法曹大会に提出された意見書において，最も首尾一貫しかつ一切の留保を付すことなく，死刑廃止のために戦った犯罪学者であった[327]。1926年，彼は，刑法改革にあたり，死刑の廃止を求めるドイツ帝国議会への請願に向けた署名運動を開始した[328]。リープマンは，刑の執行の改革にも尽力し，現代的な刑の執行のパイオニアとされている。彼はまた，共産主義者を標的とした訴訟を取り上げた著書において，ドイツ人としてはじめて政治的な刑法の問題を分析している[329]。

フリードリッヒ・キッツィンガー（1872年-1943年）は，1926年から1933年まで，ハレ大学で刑法の教授をつとめた[330]。先の2人と異なり，彼はフリッツ・フォン・リストの刑事政策学派の出ではなく，ミュンヘン大学教授カール・ビルクマイヤー（Karl Birkmeyer）の古典的な法解釈学派の出である。その刑事政策に関する見解では，彼は，応報を刑の根拠とすることを原則としては否定はしない中間的な方向をとった。キッツィンガーは，おそらく断固たる改革主義者ではなかったが，時事的な法政策上の議論に明晰かつまた寛容な態度で参加した。そうした人物だということを，彼は，1923年に発表したあきらかに同時代の神学者ベルハルト・リヒテンベルク（Berhard Lichtenberg）を志向した小冊子『法の格言（Juristiscjen Aphorismen）』において示している。彼は中庸を行く人物であったが，法学専門雑誌『Die Justiz』にも寄稿していた[331]。1938年，彼は一時ミュンヘン近くのダッハウ（Dachau）にあった強制収容所に拘束されたが，最終的にはパレスティナに亡命することができた。彼はその地で，未刊の書『正義の本質（Das Wesen der Gerechtigkeit）』を書き上げたのである。

1928年からボン大学の教授をつとめたマックス・グリュンフート（1893

---

327) *M. Liepmann*, Die Todesstrafe, 1912.
328) Vgl. Justiz 2 (1926), 624-626.
329) *M. Liepmann*, Kommunistenprozesse, 1928.
330) 彼については，*Göppinger*, (aaO Fn. 63), S. 295.
331) Vgl. *Th. Rasehorn*, Justitzkritik in der Weimarer Republik, 1985, S. 277.

年-1964年)は,モリッツ・リープマンの弟子の1人である[332]。彼は,1927年,刑の執行の改革に関する大著を著し,オックスフォードに亡命後,犯罪学へと転向した。1933年以前から,ドイツの刑法学界がグリュンフートを評価していたことは,彼が,最も重要な刑法専門誌『Zeitschrift für die gesamte Strafwissenschaft』の3人の主幹のうちの1人であったことからわかる。

リヒャルト・マルティーン・ホーニッヒ(1890年-1981年)もまた,そのライフワークをワイマール期からはじめたユダヤ出自のドイツ刑法学者の1人である。学術的には,ローマ法及び教会法に関する著作も彼にはある[333]。ホーニッヒは,1920年代に,刑法の解釈論に関するモノグラフィーでその頭角をあらわした。1933年以降,まずはイスタンブールに,その後はアメリカ合衆国に亡命し,その地で活躍した。1945年ドイツに帰国した後における,ホーニッヒの偉大な功績は,ハンス-ハインリッヒ・イェシェック(Hans-Heinrich Jescheck)の言によれば,「アメリカ刑法をドイツの法律家のために整理」したことであった[334]。

ワイマール期,犯罪学というあらたな科学もまた,いくつかの法学部で取り上げられるようになった。この専門分野の第1番目の代表的人物は,ケルン大学にいたが,彼は法律家ではなく,医学者すなわち,心理学者のグスタフ・アシャッフェンブルク(1866年-1944年)である。彼は,法学部においても講義をし,そして1928年には,法律家の間にあって,犯罪学研究所の所長と

---

332) *Grünhut*の生涯に関しては,*E. Friesenhahn*, in: Erinnerungsgabe für Max Grünhut, o. J., S. 5-14. 本書ではまた,*H. v. Weber*が Grünhutの著作について書いている。S. 15-22.

333) ローマ法に関しては,徹底して資料に関する知見にもとづいて書かれた本 Humanitas und Rhetorik in spätrömischen Kaisergesetzen', 1960 (= Göttinger rechtswiss. Abh. Bd. 30) がある。

334) *Honig*の生涯とそのライフワークに関しては,熱意のこもった Nachruf von *H. H. Jescheck*, Richard Honig zum Gedächtnis, ZstW 93 (1981), 827-830, 及び,本書所収の*Huber*の論文参照。*Honig*は,その著作集第4巻所収の論文 Das ausländische Strafrecht der Gegenwart (1962)で,アメリカ刑法の解説をしている。*Honig*は,*Eduard Heilfron*の娘婿である。

なった[335]。アシャッフェンブルクの主要著作は，1928年の『精神医学と刑法 (Psychiatrie und Strafrecht)』である。こういったいわば部外者を進んで受け入れたことは，当時のケルン大学法学部の視野の広さを物語る。アシャッフェンブルクもまた，ナチの時代その講座を追われた。彼は，ワシントンにあらたな仕事場をみいだしたのであった。

　卓越した犯罪学者，ヘルマン・マンハイム（1889年-1974年）もまた，ユダヤ出自であった。もっとも，1933年以前においては，その学術的論攷は，主に刑法及び刑事訴訟法のものであった。1933年以前，彼はベルリン大学法学部の特任教授であり，加えてカンマーゲリヒトの裁判官でもあった[336]。1934年にイギリスに亡命した後，彼はここで，国際的にも主導的地位に立つ犯罪学者となった。そのスタンダードな著作『比較犯罪学 (Cpmparative criminology)』は，社会学的な考察方法と法学的な考察方法を結合したものである。マンハイムは，おそらく，最も多くの国々にその弟子がいるドイツの刑法学者であろう[337]。

　ワイマール共和国の時代に，刑法における法政策的な議論に重要な貢献を果たしたのは，ベルリンの弁護士，ヨハネス・ヴェルトハウアー (*Johannes Werthauer*：1866年-1936年あるいは1937年) である。彼は，1929年，刑法改革議論に，ドイツ人権同盟の委託を受けて起草した『刑法典草案』を提示した。ヴェルトハウアーは，将来の刑法では，一連の道徳犯とすべての偽証罪が廃止されることを望んでいた。刑法は，一般的に，教護法 (Erziehungsrecht) に取って代わられなくてはならないというのが彼の考えである。政治的な訴訟において刑事弁護人として活躍したことから，ヴェルトハウアーは，ナチス系

---

335)　彼については，*V. Seifert*, Gustav Aschaffenburg als Kriminologe, jur. Diss. Freiburg/Br. 1981 とほかに *F. Golczewski*, *Kölner* Universitätslehrer und der Nationalsozialismus, 1988 (= Studien zur Geschichte der Universität zu Köln 8), S. 47 f. und 169-172 後者には写真ものっている (Abb. 16)。

336)　Vgl. *Göppinger*, (aaO Fn. 63), S. 301 und *ders.*, NDB 16 (1990), 66 f.

337)　2 Bd. 1965.

の新聞・雑誌で，激しく攻撃されそして中傷されることとなった[338]。

　先にあげたユダヤ系刑法学者の性格に共通していると思われるところを確定しようとするなら，おそらくのところそれは，あらたに設定されたテーマを取り上げることにとりわけて積極的だったという点であろう。グリュンフート及びマンハイムのように，多くは，かなりの年齢になっても，なおもまったくあらたな分野の研究をしていた。さらに注目すべきは，法政策上の問題に大きな関心を抱いていた点である。ところが，リヒャルド・ホーニッヒとマックス・エルンスト・マイヤーを除くと，先にあげた刑法学者の中には，主として解釈論の研究に集中した者はおらず，そしてまた，大部の教科書を書いたのは，マイヤーのみだった。このことが，法治国家の観点からみたユダヤ系犯罪学者の偉大な貢献についての記憶をやや薄らいだものとしてしまっていると思われる。ここで取り上げた人物のうち，少なくともモリッツ・リープマンは，フォイエルバッハ（*Feuerbach*）以来のドイツ刑法の歴史におけるビッグネームの1人である。

　刑法におけるユダヤ系法律家を考察するにあたり，ドイツ帝国成立の年である1871年を少しさかのぼってみると，オーストリアについて，フーゴ・ジンツハイマー（*Hugo Sinzheimer*）がその著書『ドイツの法学におけるユダヤ系巨匠達（*Jüdische Klassiker der deutschen Rechtswissenschaft*）』において，彼が巨匠のカテゴリーにはいる19世紀後半では唯一の刑法学者であるとしたもう1人の人物をあげておかなくてはならない。それは，ユリウス・グラゼル（*Julius Glaser*：1831年-1885年）である[339]。グラゼルは，1871年から1879年

---

338) *Werthauer* については，*Krach*,（aaO Fn. 3），S. 133-135 参照。ブレスラウの弁護士 *Julius Mamroth*（1858-?）もまた，執筆活動に熱心だったユダヤ系刑事弁護人に数えられる。彼は，刑事訴訟法のコンメンタールを著し，また，1914年から1922年にかけて刊行されていた刑法関係の雑誌 Deutschen Strafrechtszeitung の共編者であった。彼については，*Pinn bei Kaznelson*,（aaO Fn. 84），S. 670 参照。

339) 彼についてはとくに *Sinzheimer*,（aaO Fn. 165），S. 127-144 及び *W. Schild*, Julius Glaser, in: *W. Brauneder*,（aaO Fn. 93），S. 184-189 参照。Nachruf von *H. Lammasch*, Grünhuts Z 14 (1887), 675-703 及び，*E. Kamorzynski*, Neue österreichische Biographie

までオーストリアの司法大臣をつとめたが，学問と法政策のいずれにおいても等しく卓越な人物であった。ビスマルク時代のドイツとオーストリアとの間の学術的な一体性は，彼が1876年にドイツ法曹大会の名誉会長に選ばれるくらいであるから，当時にあってもすでに自明であった。グラゼルは，19世紀におけるこの分野では最も重要な立法である，1873年のオーストリア刑事訴訟法の創案者であった。彼は，断固たる陪審裁判所の支持者であった。そして，また，ドイツの法律家の間では多大の疑問が提起されていたにもかかわらず，19世紀において，こうしたかたちの裁判所構成が，とにもかくにも採用されたことに大いに寄与したのであった。最後になるが，彼はその『刑事訴訟法ハンドブック（Handbuch des Strafprozessrecht）』において，自由主義の精神にのっとった基本となるような刑事訴訟法の解説を行っている。グラゼルはまた，ドイツの文学とも緊密な関係を持っていた。というのは，彼は19世紀におけるドイツ最大の悲劇作家といわれるフリードリッヒ・ヘッベルス（*Friedrich Hebbels*）の友人の1人だったからである。彼は，1866年の普墺戦争敗戦の後，一部は現在まで維持されている現代オーストリアの基礎を作った偉大な人物の1人である。

6. パンデクテン法学と民事法学

ドイツの民事法学は，1900年まで，パンデクテン法学の圧倒的な支配下にあった。ドイツ私法に関する学が，それとならんで民事法の中核部分に影響を与えるなどということはありえなかった。1870年から1900年までの間で，パンデクテン法学の偉大な学者の中で傑出していたのが，ハインリッヒ・デルンブルク（1829年-1907年）である[340]。彼は，1872年からドイツで主導的であったベルリン大学法学部で活躍し，そして，3巻からなる大部のパンデクテンの教科書を1884年から1887年にかけて出版した。ヴィントシャイド

X, 1956, 96-106 も豊富な情報を提供してくれる。
340) 彼について詳しい最近の論文として，*Süß*, (aaO Fn. 20) 及び本書所収の *Luig* の論文参照。

(Windschied）と肩をならべる2番目の代表的な解説書である。この流れるように書かれた著作は，ヴィントシャイドの百科事典のような書き方の解説より，教科書としてはむしろよくできていた。この教科書は，1912年までに8版を重ねた。デルンブルクの2つめの功績は，その大部の著作，『プロイセン私法（Preußischen Privatrecht)』である。彼は同じくこれを全3巻として，1871年から1880年の間に発表した[341]。これは，民法典が施行される1900年まで，パンデクテン法とともに，あるいはそれに代わって適用されていた数多くのドイツの地方法（Partikularrecht）に関する多数の教科書の中で，最も重要なものであった。彼はマインツのユダヤ系家庭の出身であり，先に取り上げたレーベンタール-レーニング（Löwenthal-Loening）家とは，親戚関係にあった[342]。

　卓越した人物デルンブルクとならべてみると，やはり見劣りする多くの後期パンデクテン学者の中で，よく読まれた「パンデクテン」に関する教科書の著者としてやはりあげておくべきは，当初はベルン大学で後にボン大学に移ったパンデクテン法学者ユリウス・バローン（Julius Baron：1834年-1898年）である。彼は，デルンブルクと同じくユダヤ出自であり，そうして社会政策上の問題に異常なまでの取り組みをしたことで注目に値する。バローンは講壇社会主義者であった。彼は，パンデクテン学が国家経済的な視点を考慮することを強く求めた。同時代のオットー・フォン・ギールケとは異なり，私法独自の社会的責務をまったく認めず，私法秩序は社会の諸要求によりその限界が画されると考えていた。共同体経済と公共財が，私的経済とならび立たなくてはならないというのが彼の説くところである[343]。私法秩序は，けっして公益に優先し

---

[341] Dernburgの教科書 Lehrbuch des preußischen Privatrechts は，1897年まで5版を重ね，こうして，19世紀におけるドイツパンデクテン法に関する最も成功を収めた教科書であった。

[342] Vgl. *Süß*, (aaO Fn. 20), S. 4 f.

[343] Baronについては，Nachruf in DJZ 3 (1898), 281 f. 及び基本的なものとして，P. Caroni, Kathedersozialismus an der juristischen Fakultät (1870-1910), in: Hochschulgeschichte Berns 1528-1984 (1984), 201-238（ここでの記述は S. 212-

てはならないというのがバローンの基本的な考え方であることは，はっきりしている。19世紀の民事法学がどの程度自由主義的ないしはカント的な端緒を持っていたかについて法制史学者が議論するにあたっては，バローンの明確な法政策的見解に注目すべきであろう[344]。

19世紀最後の3分の1時期におけるその他のユダヤ出自のこの分野の代表的人物としてあげるべきは，キール大学教授であったジグムント・シュロスマン（*Sigmund Schloßmann*：1844年‐1909年）である。彼は，代理法の解釈論に関して功績をあげ，そして，今日でもなお重要な人格の概念に関する法制史学的な論攷を書いた[345]。ここで彼は，法制史上の諸問題解決のため，西暦500年からほぼ1500年の間の教父神学時代（Patristisch-theleologisch）の資料を偉大な学識をもって分析したのであった[346]。

民法が施行された1900年以降は，主としては現行の民事法と取り組みつつも，パンデクテン法との結びつきを捨てなかったパンデクテン法学者のうち，ユダヤ出自の学者をあと2人あげておくべきであろう。ブレスラウ大学教授ルドルフ・レオンハルト（*Rudolf Leonhard*：1851年‐1921年）[347]とケーニヒ

219）。同書注112）には *Baron* の網領宣言的な論文中重要なものがあげられている。

344) この議論に関しては，最近における断固たる意見表明として K. W. *Nörr*, Eher Hegel als Kant. Zum Privatrechtsverständnis im 19. Jahrhundert, 1991（= Rechts- und staatswissenschaftliche Veröffentlichungen der Görresgesellschaft. H. 58）参照。

345) S. *Schloßmann*, Der Besitzerwerb durch Dritte, 1881.

346) S. *Schloßmann*, Persona und Prosopon im Recht und christlichem Dogma, 1906,（ND 1968）. *Schloßmann* については，また，E. *Döhring*,（aaO Fn. 142），とくにその S. 168頁，さらに Nachruf in ZRG, Rom. Abt. 30（1909），XXI f. 参照。

347) *Leonhard* については，Nachruf von A. *Manigk*, DJB III（1921），180‐183及び Nachruf von J. *Hedemann*, DJZ 1921, 120 f. 参照。この法律家は，その世代のドイツの教授からみるととてつもない世界的広がりを持っていた。というのは，彼は，*Saleilles* 及び *Oliver Wendell Holmes* の著作をドイツ語に翻訳したからである。彼は，いわゆる Kaiser-Wilhelm 教授と呼ばれた名誉教授として，1907年から1908年にかけニューヨークのコロンビア大学ロー・スクールで教鞭をとり，そこでまた名誉博士号を授与された。こうして彼は，合衆国で名誉教授職をつとめたはじめてのドイツ法律家といってよかろう。1912年，彼はつぎのように書き記している。「こ

スブルク大学のフリッツ・ユリウス・リッテン（Fritz Julius Litten：1873年－1939年）である。2人は，民法典の法制度をパンデクテンの解釈論と結びつけて研究した。ドイツの民事法学者は，1900年以降主として民法典の狭隘な文言解釈だけに専念したとする，今日でも珍しくない先入観があるが，けっしてそうでなかったことはこの際強調しておくべきである。あらたな民事法にとってパンデクテンの伝統が持つ重要性は，これを，1900年の少し後に講座に職を得た世代に広くみることができる。この関連であげておくべきは，たとえば今日でも一読の価値があるフリッツ・リッテンが1907年に行った講演である[348]。ケーニヒスベルク大学法学部において，長きにわたり主導的地位にあったフリッツ・リッテン[349]は，1933年以前ベルリンにおいて，刑事弁護人として果敢にナチズムと戦い，ダッハウの強制収容所で命を落とした弁護士，ハンス・アヒム・リッテン（Hans Achim Litten：1903年－1938年）[350]の父親である。

1900年1月1日におけるドイツ民法典の施行は，民事法の代表的な人物にとって，まったく新しい状況をもたらした。市民法の法秩序が，はじめて教科書以外コンメンタールの形式で表現されることとなったのであった。1900年以降に書かれた教科書の中で，債務法，物権法，そして家族法に関するものの1つは，ユダヤ系著者の手になるものであった。

の偉大なヨーロッパは，共通の法学に関する伝承の宝を持っている。それは，個々の国家に特別の法があると同じく事実であって，国境を越える学術的営みは，何百年にもわたりそれに依拠してきたのである。」と。*Leonhard* は，アメリカをもまた，ヨーロッパ文化の承継者として，この偉大なヨーロッパに属するとしている。vgl. *Leonhard*., Schiffe als Prozeßparteien, in: Festgabe für Siegfried Brie 1912, S. 39.

348) *Fritz Litten*, Römisches Recht und Pandektenrecht in Forschung und Unterricht, 1907. 彼の論文 Studienreform in JW 1912, 57-61 も参照。

349) Königsberg における *Fritz Litten* については，*Jacoby*, (aaO Fn. 54), 1983, S. 19 und 89; *Kisch*, (aaO Fn. 19), S. 72.

350) *Hans Litten* については，*Göppinger*, (aaO Fn. 63), S. 234; *H. Düx*, Hans Litten (1903-1938) Anwalt gegen den Naziterror, in: I. Seifert, (aaO Fn. 80), S. 193-203 及び，その母親 *I. Litten* の感動的な追憶の記，Eine Mutter kämpft gegen Hitler, 1947, ND. 1984 参照。

フランツ・レオンハルト (*Franz Leonhard*：1870年-1950年) は，数十年にもわたりマールブルク大学において教授として活躍した[351]。その学問的名声は，1912年の相続法コンメンタールのほか，1929年から1931年にかけて出版された2巻からなる債務法の教科書によっている。この教科書は，フィリップ・ヘック (*Philipp Heck*) の著作とともに，ワイマール期における債務法の最も重要な解説書である。この教科書は，ほぼ同時期に出版されたヘックの著書にもまして，パンデクテンの伝統の上に成り立っていた。ワイマールの末期における民事法学の状況を知る上で，あらためて注目に値する。レオンハルトは，ユダヤ系家庭の出身であるが，ドイツにおいて生き残り，1945年以降もマールブルクで教鞭をとった。1933年以前における民事法の教科書の分野で，卓抜した功績をあげたのは，いうまでもなくマルティーン・ヴォルフ (1872年-1953年) の手になる物権法の解説である。彼は，20世紀前半におけるドイツの最も卓越した民事法学者だといえる[352]。ヴォルフの物権法は，1910年から1932年までの間全部で9版を重ねた。彼の偉大な解釈論上の功績を評価するためには，つぎの点を考慮しなくてはならない。すなわち，ドイツ民法典の物権法，とくにその不動産物権法は，ローマ法の基礎によって立っておらず，パンデクテン法学においては，それが全体として取り扱われたことはなかったということである。それゆえ，マルティーン・ヴォルフは，あらたに組み入れられた法分野を体系的に解説しなくてはならなかった。このような出発点における状況は，特別の法学的オリジナリティーをもってしてしか克服できないものであった。20世紀においては，民事法の1つの中核的分野において，ヴォルフに比肩する功績をあげた者は皆無である。最近の教科書もまた，多くの点で今なおヴォルフの古典的な教科書にもとづいて構成されている。ヴォル

---

351) Nachruf von *F. v. Hippel* in DRZ 4 (1950), 489-491. *Leonhard* は，1899年から逝去するまで，ナチの時代中断はあったが，マールブルク大学の教授をつとめた。彼は，*Rudolf Leonhard* の弟である。

352) *Wolff* については，本書所収の *Medicus* の論文のほか，*L. Raiser*, Martin Wolff, AcP 172 (1972), 289-497 参照。

フは，最も評判のよかったベルリン大学の同僚テオドール・キップ（*Theodor Kipp*）とともに，家族法の代表的な教科書も執筆した。この本は，1912 年から 1931 年までの間 7 版を重ねたが，1945 年以降，この分野においては広範にわたるあらたな規律が立法者によりなされたことから，ヴォルフの物権法とは異なり，今日ではわずかに法制史学者の関心を引くに止まっている。1933 年になる少し前，民事法の中核分野の中心的な諸問題が，いくつかの貴重な論文[353]において，若いブレスラウ大学教授エルンスト・コーン（*Ernst Cohn*：1904 年-1976 年）により論じられた[354]。コーンの教授資格論文のテーマは，関係人にとっての法律行為という問題であった[355]。すでに 1932 年以前，ナチは，彼の教授就任にたいし忌まわしい反ユダヤ主義的なアジによるキャンペーンをはったのであった[356]。コーンは，1933 年以降，ロンドンの弁護士として，そしてまた卓越した比較法学者としてのその第 2 の職業経歴において，高い評価を得たのであった。

1900 年以降，民事法の分野における現代風の大コンメンタールが，法律関係書籍の中心的な地位を席巻した[357]。その出版から今日まで，最も重要な大コンメンタールとしての地位を維持し続けてきたのが，今日までに 12 版を重ねたシュタウディンガー（*Staudinger*）のコンメンタールである。このコンメンタールは，ドイツ民法典施行前の 1899 年に出版された初版から 1928 年の第

---

353) *E. Cohn*, Der Grundsatz der gleichmäßigen Behandlung aller Mitglieder im Verbandsrecht, AcP 132 (1930), 129-174, und *ders*., Zur Lehre vom Wesen der abstrakten Geschäfte, AcP 135 (1932), 67-88.
354) *Cohn* については，*Göppinger*, (aaO Fn. 63), S. 273, さらに *H. Thieme*, JZ 1974, 518 und JZ 1976, 373 参照。
355) *E. Cohn*, Das rechtsgeschäftliche Handeln für denjenigen, den es angeht, 1931.
356) Vgl. *Göppinger*, (aaO Fn. 63), S. 191f.; *E. Fraenkel*, Justiz 8 (1933), 192 f.
357) ベルリンのユダヤ人弁護士 *Eduard Goldmann* と *Leo Lilienthal* (1857-1927) が，1907 年から 1921 年にかけ，3 巻にわけた初期の小型のコンメンタールを発表している。*Lilienthal* は，ベルリンのユダヤ教区の団体内弁護士（Syndikus）であり，かつまた，ユダヤ人問題に関するプロイセン文科省の鑑定人をつとめた。彼については，*W. Tetzlaff*, Kurzbiographien bedeutender deutscher Juden, 1982, S. 210 f. 参照。

9版までは，そのほとんどの部分をユダヤ系法律家が執筆していた。1912年まで，本書のドイツ民法典の総則は，卓越した弁護士でミュンヘン大学の名誉教授でもあったテオドール・レーヴェンフェルト（Theodor Loewenfeld：1848年-1918年）が担当していた[358]。家族法と債務法の数カ所は，テオドール・エンゲルマン（Theodor Engelmann：生年不詳-1925年）[359]が，他方，相続法は，ミュンヘンの弁護士フェリックス・ヘルツフェルダー（Felix Herzfelder：1863年-1944年）[360]が，1899年から1928年まで担当していた。最後に1925年から1930年の間に出版された第9版では，ミュンヘンの若い弁護士，アルフレート・ヴェルナー（Alfred Werner：1891年-1965年）が，債務法総則を執筆していた。つまり，最も伝統のあるこのドイツ民法典の大コンメンタールは，1933年以前にあっては，主としてユダヤ出自の弁護士により書かれていたのであった。彼らのうちで，アルフレート・ヴェルナーは，学問に励んだ弁護士達の中で最も若く，ナチの独裁が終わった後も再度シュタウディンガーのコンメンタールを引き受けた[361]。

　ドイツ法曹大会に象徴されているところであるが，1933年以前は，ドイツ法律学はドイツとオーストリア両帝国の国境を越えて一体をなしていた。このことに鑑みると，ユダヤ系法律家によるドイツ民事法にたいする功績を網羅

---

358) 彼については，*J. Rückert* in NDB 15 (1987), 91 f. のほか，*Heinrich*, (aaO Fn. 129), S. 255 f., 及び*A. Werner*, in: *H. Lamm*, (aaO Fn. 55), S. 258 f. ならびに Nachruf von *Bachmann*, JW 48 (1919), 64 f. 参照。*Loewenfeld* は Staudinger コンメンタールでは，1912年の第8版まで序章と BGB の1条から89条までを担当した。この序章は，精神的に独自かつ法理論的に最高水準の業績である。

359) *Engelmann* については，*A. Werner*, (aaO Fn. 55), S. 258 参照。彼は，Staudinger コンメンタールを1版から9版まで担当し，その裁判官としてのキャリアをバイエルン最高裁判所判事まで昇りつめた。*Werner* は，彼を偉大な法律家にして偉大な音楽家だとする。

360) *Herzfelderv* については，*A. Werner*, (aaO. Fn. 55), S. 258, 及び *Göppinger*, (aaO Fn. 63), S. 288 参照。

361) *Werner* については，*Göppinger*, (aaO Fn. 63), S. 367, さらには Nachruf von *Th. Kreidel*, NJW 1965, 2288 参照。

しようとするのであれば，オーストリアにもまた目を向けるべきである。19世紀についてみると，ここではまず，卓抜した私法学者ヨーゼフ・ウンガー（1828年-1913年）をあげなくてはならない。彼は1856年からウイーン大学教授をつとめ，1881年から逝去まで，憲法裁判所の機能をつかさどったオーストリア帝国裁判所の長官の職にあった[362]。ウンガーは，19世紀の前半においては比較的地方色が濃かったオーストリアの法学を，パンデクテン法学と歴史学派の理念の世界にいざなったのであった。彼は，オーストリアの民法典（Allgemeines bürgerliches Gesetzbuch=ABGB）を単に解釈するだけというやり方を克服した。彼によりドイツ法の継受がなされ，そしてその影響は，今日のオーストリア民事法にまでおよんでいるのである。彼は，現代における民事法の卓抜した解釈学者での1人である。ドイツ民法典が取り入れた第三者のためにする契約という法制度は主には彼に負っている[363]。自己の危険のもとでの行為も，これを最初に法解釈論的に整理をしたのは，ウンガーである[364]。ウンガーは，その統治の時代とウンガーの職業上の功績が完全に重なっている皇帝フランツ・ヨーゼフ（Franz Josehp）の時代における最も偉大なオーストリアの法律家といって間違いない。

　オーストリア民法典というかたちのその民事法は，1900年以降，一連の

---

362) 彼については，die Gedenkrede von *E. Strohal* vom 18. Dezember 1913 (1914); *J. Schröder* in: *Kleinhyer/Schröder*, (aaO Fn. 160), S. 308-310; *W. Ogris*, Der Entwicklungsgang der österreichischen Privatrechtswissenschaft im 19. Jahrhundert, 1968 (= Schriftenreihe Jur. Ges. Berlin H. 32); *Sinzheimer*, (aaO Fn. 165), S. 83-95; *Brauneder*, (aaO Fn. 93), S. 177-189 及び 364-366 参照。とくに迫力があるのは，*H. Lentze*, Josef Unger – Leben und Werk, 1963, (=Kirche und Recht, Bd. 4), S. 219-232。Lentze は，*Unger* が，若い頃に，*Hegel*，そしてとくに *Eduard Gans* から影響を受けたことを指摘している。1871年から1879年まで大臣をつとめ，オーストリアにおいて行政裁判権を導入した。このオーストリアの自由主義者の精神史に関して，彼がキリスト教社会党と社会民主党との間の決戦投票にあたり，社会民主党に投票したことは，興味を引く。vgl. *Lentze*, aaO, S. 232.

363) *J. Unger*, Die Verträge zu Gunsten Dritter, in: Jher.Jb. 10 (1871), 1-109.

364) *J. Unger*, Handeln auf eigene Gefahr, in Jher. Jb. 30 (1891), 363-421.

「部分的改正法」により改正されたが，そのうち最も重要かつ最後のものは1916年に施行された。古き畏敬の念を起こさせる自然法にもとづいた法典のこうした近代化は，ユダヤ出自のウイーン大学の民事法の教授であり，貴族院（Herrenhaus）終身議員として立法機関に属していた，ヨーゼフ・シェイ・フォン・コロームラ（Josef Schey von Koromla：1853年-1938年）の諸草案に大きく依拠していた[365]。シェイは，ヨーゼフ・ウンガーの義理の兄弟である。

20世紀において，なお3人のユダヤ系法律家が，かなりの影響をオーストリア民事法に与えた。裁判官でありウイーン大学教授でもあったハインリッヒ・クランク（Heinrich Klang：1875年-1954年），グラーツ大学教授であったアルミン・エーレンツヴァイク（Armin Ehrenzweig：1864年-1935年），そして，当初はインスブルック大学教授で後にウイーン大学教授となったカール・ヴォルフ（Karl Wolff：1890年-1963年）である。クランクは，編集者として，ドイツを範に取り1927年から1933年にかけて分冊で出版されたオーストリア民法典の最初の大コンメンタールの編集者としてその責任を引き受けた。彼自身も，そのうちの物権法を執筆している。彼はヒトラーの時代を生き延び，1945年以降，オーストリア上級商事裁判所の部総括として活躍した。オーストリアの民事法学の継続性にとり，彼の生涯をつうじた研究は，大きな意義を持ったのであった[366]。

ブダペスト出身で，1896年にウイーンで，オーストリア私法に関する論文

---

365) 彼については，*S. Winninger*, Große jüdische Nationalbiographie, Bd. V., 1929, S. 412-414 及び *H. Benedikt*, Neue österreichische Biographie 1815-1918, XVII, 1968, S. 130-138 参照。*Schey* がこの一部改革にどの程度関与したかについては，*B. Dölemeyer*, Die Revision des ABGB durch die drei Teilnovellen von 1914, 1915 und 1916, Ius commune 6（1977），274-300 の解説参照。*Schey* はとくに，草案理由書を起草し一般契約法の諸規定の起草を担当した。

366) Vgl. *N. Grass*, JZ 1954, 767 und die Gedenkrede von *L. Adamovich*, Jur. Bl. 76（1954），133f.; ferner *F. Gschnitzer*, Heinrich Klang – seine Bedeutung für das österreichische Privatrecht, Jur. Bl. 76（1954），157-159 und *W. Herz*, Neue österreichische Biographie XIV, 1960, 178-185.

をもって教授資格をえたアルミン・エーレンツヴァイクは，1913年になってはじめてグラーツにおいて正教授となった。彼は，1899年以来，オーストリア私法の主導的な教科書の著者であった。というのは，彼が，クラインツとパァフ（*Krainz/Pfaff*）の共著になる『オーストリア一般民事法体系（System des österreichischen allgemeinen Privatrecht）』を，その第3版から引き受けたからである。エーレンツヴァイクは，受けついだものを，20世紀におけるオーストリア私法の古典的教科書へと発展させた。1983年以来，彼の著作の新版が発刊されている[367]。カール・ヴォルフは，民事法学者であるとともに法哲学の学者でもあった。彼は，法学の問題に数式を応用した初期のパイオニアである。1945年以降，彼はオーストリアにおいて憲法裁判所のメンバーとしても活躍した[368]。

7. 商法，保険法，無体財産法及び交通法

ドイツ法の歴史においてユダヤ人学者が果たした最も重要な貢献の1つに数えあげられるのが，民事法の特別の分野の形成に果たしたその主導的役割である。19世紀におけるダイナミックな経済的発展は，現代的な商法の成立をもたらし，それはすでに，ドイツ連邦の時代において，オーストリアを含む全ドイツに施行された法典，すなわち「一般ドイツ商法典（Allgemeines Deutsches Hendelsgesetzbuch=AHGB）」により規律されていた。このような法状態は，

---

367) *Armin Ehrenzweig* については，*G. Oberkofler*, Armin Ehrenzweig, 1864-1935, bei: *Brauneder*, (aaO Fn. 93), S. 261-263, 315-316, 同じく同氏の Studien zur Geschichte der österreichischen Rechtswissenschaft, 1984, S. 413-426 及び *H. Demelius*, NDB 4 (1959), 355 f. 参照。プラハのユダヤ人民事法学者 *Horaz Krasnopolski* (1842-1908) もまた，オーストリア私法の領域における優れた教科書執筆者である。彼は，1881以降，プラハのドイツ大学において教授をつとめたが，彼の遺作 System des österreichischen Privatrechts は1910年から1914年にかけて発表された。彼については，*S. Wininger*, Große jüdische Nationalbiographie, Bd. III, 1928, S. 524 f. 参照。

368) *Karl Wolff* については，*H. Klang*, Jur. Bl. 72 (1950), 58 f.; *W. Kralik*, Jur. Bl. 86 (1964), 82 f. 及び *Göppinger* (aaO Fn. 63), S. 368 参照。

別箇独立した商法学の発展をすぐにも必要なものとしたのであった。というのは，あらたな諸制度は，パンデクテン法学ないしは通常の世界に目を向けていたドイツの私法のカテゴリーをもってしては，絶対にこれを把握することができなかったからである。ほぼ1840年頃から，商法の学問としての独立がはじまり[369]，じきにユダヤ人学者が主導的なかたちで関与することとなった。そもそものところ，ゲッティンゲン大学のハインリッヒ・トール (Heinrich Thöl) の後を受けたドイツ商法学における第2番目の卓越した学者が，レヴィーン・ゴルトシュミット (1829年-1897年) である[370]。ゴルトシュミットは，洗礼という社会的譲歩を拒否したにもかかわらず，ドイツにおいて成功裏に学問の分野での経歴を積むことができたはじめてのユダヤ系法律家であった。この抜群の法律家は，おそらく，この分野の歴史において最も優れたな商法学者であり，彼は，1875年以降，ベルリン大学に設けられたドイツにおけるはじめての商法の特別講座を担った。

ゴルトシュミットは，商法解釈学者であるとともにその歴史の研究者でもあった。彼の『商法の普遍的歴史 (Universalgeschchte des Handelsrechts)』は，19世紀における最も偉大な法制史学上の功績の1つである[371]。彼の出発点は，歴史学派であり，ザヴィニーに志向していた。この偉大な法律家が，どの程度歴史学派の描いたプログラムを押し進めたかを知るには，改めて法制史的な研究をする必要がある。ライヒ上級商事裁判所の裁判官をつとめたゴルトシュ

---

369) 19世紀における商法の独立に関しては，*P. Raisch*, Geschichtliche Voraussetzungen, dogmatische Grundlagen und Sinnwandlung des Handelsrechts, 1965 参照。

370) 彼については，*Sinzheimer*, (aaO Fn. 165), S. 51-72，さらに *G. Landwehr*, Die Handelsrechtswissenschaft an der Universität Heidelberg im 19. Jahrhundert, in: Semper apertus. Sechshundert Jahre Ruprecht-Karls-Universität Heidelberg 1386-1986 hrsg. v. *W. Doerr*, Bd. II, 1985, S. 61-83（ここでの記述は，S. 73-81），そしてまた，本書所収の *K. Schmidt* の論文参照。

371) Die Universalgeschichte des Handelsrechts は，彼の著書 Handbuchs des Handelsrechts の第1巻目である。それが最初に刊行されたのは，1864年であり，3版は1891年刊行。

ミットは，同じく，最上級裁判所の裁判官となったはじめてのユダヤ人でもあった。最後に強調しておくべきは，彼の名前はまた，ドイツ民法典の制定史ともおおいに結びついているということである。というのは，彼は，1874年に準備委員会（Vorkommission）の委員となり，ここで，あらたな法典は既存のドイツの諸法典にもとづいては起草しないという，従前の法典からの離脱の方向が断固決せられたのであった。この決断が，ドイツ民法典においては，パンデクテン法学の解釈論を完全に継受し，こうして，ドイツ法律学の最も重大な時期の諸成果の大方を，20世紀へと引き継ぐことが可能となったのであった。

もう1人のユダヤ系法律家，カール・ザムエル・グリュンフゥート（*Carl Samuel Grünhut*：1844年-1929年）は，オーストリアにおける商法の発展にとって，ほぼゴルトシュミットと肩をならべるまでに重要な意味を有した[372]。彼は，1869年から1913年まで，ウイーン大学において商法と手形法を講じた。グリュンフゥートは，わけても手形法の分野でその学問的功績をあげた。彼はそれを，カール・ビンディング（*Karl Binding*）の編になる『ドイツ法学ハンドブック（Handbuch der deutschen Rechtswissenschaft）』において，包括的に解説した[373]。オーストリア貴族院の議員として彼は，20世紀へと移行する時期におけるオーストリア商法の立法にも影響を与えることができた。最後に，彼の名前は，1874年から1916年まで続いたはじめての一般的法律雑誌，『Grunhüts Zeitschrift für das Privat-und öffentliche Recht der Gegenwart』の創刊者かつ編者として語り継がれている。

すでに1861年の一般ドイツ商法典が施行されているときから，この全ドイツに適用されるはじめての大規模な法典の内容をコンメンタールによってあきらかにしようという試みがなされてきた。今日の法学関係の書籍の中で商法関係の書籍群は突出しているが，その初期の代表作のいくつかがこの時期刊行された。一般ドイツ商法典の最初の大規模なコンメンタールは，ベルリンのユダ

---

[372] *Grünhut* については，H. Demelius in NDB 7 (1966), 199, ferner DJZ 19 (1914), 982 参照。

[373] *C. S. Grünhut*, Wechselrecht 2 Bd. (1893-97), in: Systematisches Handbuch der Deutschen Rechtswissenschaft, hrsg. von *K Binding*, III/II/1.

ヤ系弁護士，ヘルマン・マコヴァー (*Hermann Makower* : 1830年-1897年) により執筆された[374]。その初版は，法典が施行されて間もない1863年に出版され，1893年までに11版を重ねた。1900年，ドイツ民法典とともに商法を民法典の規律に適応させたドイツのあたらしい商法典が施行された。このあたらしいドイツの商法典の注釈は，当初から，おそらくドイツの法制史の中で最も学問的に卓越した弁護士である偉大な法学の学者から，決定的な影響を受けていた。その人物とは，ヘルマン・シュタウプ (1856年-1904年) である[375]。彼は，主導的な商法のコンメンタール，つまり，商法典コンメンタール，旧手形法 (Wechselordnung) コンメンタールそして有限会社法コンメンタールを執筆した[376]。シュタウプは，行為基礎論とならぶ，その影響が非常に大きい民事法に関する解釈論上の概念を発見したことで，今日でも多くのドイツ法律家にその名を知られている。すなわちそれは，彼が1902年の論文で発表した「積極的債権侵害」である[377]。それ以来これは，民事法上の履行障害に関する法において，絶対に不可欠な制度としての地位を維持し続けている。シュタ

---

[374] Nachruf von *Meyer* in DJZ 2 (1897), 162. *Makower* は，試用判事として8年間活動した後に，1864年にはじめてベルリンで弁護士の認可を受けた。彼は非常に尊敬を集め，長年にわたりドイツ法曹大会 (Deutscher Juristentag) の会計監査をつとめた。その青年期の思い出を含め，*Makower* については，*M. Richarz*, Jüdisches Leben in Deutschland, Selbstzeugnisse zur Sozialgeschichte 1780-1871, 1976, S. 442-451 参照。

[375] *Staub* については，Gedenkblatt von *O. Liebmann* in: DJZ 9 (1904) 825-834 及び，本書所収の *H. Heinrich* の論文参照。*Staub* は，寄せ集めではなく体系的に構成されたコンメンタールをはじめて書き，そして *Liebmann* の賞賛の辞によると，コンメンタール的な文献を大学講義で用いることに道を開いた。

[376] *H. Staub*, Kommentar zum Allgemeinen Deutschen Handelsgesetzbuch, 1893年初版。1900年の6版からは，商法典 (Handelsgesetzbuch =HGB) のコンメンタールとされた。このコンメンタールは，1933年の14版まで続いた。このほかにも，*H. Staub*, Kommentar zur Allgemeinen Deutschen Wechselordnung, 1895初版。その後に，Staub/Stranz und H. Staub, Kommentar zum Gesetz betreffend die Gesellschaften mit beschränkter Haftung (1903) がある。

[377] *H. Staub*, Die positiven Vertragsverletzungen und ihre Rechtsfolgen, in: Festschrift für den XXVI. Deutschen Juristentag, 1902, S. 29-56.

ウプのコンメンタールは，彼が若くして逝去したのちに改訂されたが，大方のところは，ユダヤ系弁護士がそれを担った。このことはまず，商法典のコンメンタールにあてはまる。後にこの著作にかかわった執筆者のうち，フェリックス・ボンディー（*Felix Bondi*：1960年-1934年）[378]とアルベルト・ピナー（*Albert Pinner*：1857年-1933年）[379]はユダヤ系弁護士である。シュタウプの手形法コンメンタールから，ドイツ手形法のスタンダードな著作であり，1934年までに13版を重ねた『Staub/Stranz, Kommentar zur allgemeinen deutschen Wechselordnung』が生まれた。この重要なコンメンタールは，ベルリンの弁護士ヨーゼフ・シュトランツ（*Josef Stranz*：1855年-1910年）[380]，その弟モーリッツ・シュトランツ（*Moritz Stranz*：1867年-1932年）[381]そしてヨーゼフ・シュトランツの息子であるマルティーン・シュトランツ（*Martin Stranz*：1890年-1976年）[382]による一族の営みとなった。ユダヤ系のベルリンの弁護士一族シュトランツ家は，旧手形法から新手形法（Wechselgesetz）への手形法の展開を，30年以上にもわたり学問的に追い続けた。最後に，シュタウプの有限会社法コンメンタールは，学術的な活動を展開したドイツの弁護士，マックス・ハッヘンブルクにより改訂され，1933年までに5版を重ねた[383]。マックス・ハッヘンブルクもまた，商法に関する最も意義深い学術的な著作，すなわち，1899年にその1巻目が刊行された商法典の大コンメンタール[384]に深く

---

[378] *Bondi* については，DJZ 39 (1934), S. 203，そしてまた，つとに *Hachenburg*, DJZ 35 (1930), 1319 が取り上げている。

[379] *Pinner* については，*Hachenburg* DJZ 38 (1933), 165 及び *Dittenberger*, JW 62 (1933), 81 また Krach, (aaO Fn. 3), S. 435 参照。*Pinner* には，1932年にその75歳の誕生日を祝して，ドイツ弁護士協会から記念論集が献呈されている。この論集には，優秀な弁護士20人が寄稿しているが，19人はユダヤ出自である。

[380] Vgl. DJZ 15 (1910), 686, JW 39 (1910), 600.

[381] Vgl. AnwBl 1933, 10.

[382] Vgl. *Göppinger*, (aaO Fn. 63), 320; NJW 1976, 1388.

[383] *M. Hachenburg*, Kommentar zum Gesetz betreffend die Gesellschaften mit beschränkter Haftung, 2. Bd. 1926/27.

[384] *A. Düringer/M. Hachenburg*, Das Handelsgesetzbuch, 3. Bd. 1899-1905.

関与した。多くの優秀なユダヤ系法律家が，このコンメンタールの執筆者に名を連ねていた。アルフレート・ヴェルナー，ジェームズ・ブライト（*James Breit*），ヴィクトル・ヘニガー（*Viktor Hoeninger*），ユリウス・フレヒトハイム（*Julius Flechtheim*），ユリウス・レーマン（*Julius Lehmann*）そしてフリッツ・ビンク（*Fritz Bing*）である。

アルフレート・ヴェルナーは，シュタウディンガーのコンメンタール執筆者としてすでにあげた。ジェームズ・ブライト（1878年-1936年）は，ドレスデン工業高等専門学校の教授であり，商法の分野における執筆者としては最も知られた人物の1人である[385]。ヴィクトル・ヘニガー（1870年-1953年）は，1935年までドイツ大審院の裁判官であった。弁護士であったユリウス・フレヒトハイム（1876年-1940年）は，フランクフルトに本店をおく当時世界最大のインキ企業「IG Farben」の法務部を率い，1924年からは有名なベルリン大学法学部の名誉教授となっていた[386]。彼については，後にカルテル法との関連でも取り上げることになる。ユリウス・レーマン（1884年-1951年）はフランクフルトの弁護士である。彼もまた，フランクフルト大学法学部の名誉教授の地位を得ていた[387]。フリッツ・ビンク（1882年-1942年？）はマンハイムで弁護士として活躍した[388]。Düring/M. Hachenburgのコンメンタールは，弁護士，教授そして裁判官により執筆されており，したがって，実務と結びついた，商法学の最も代表的な成果であったといってよい[389]。

1933年以前にあっては，商法は，ユダヤ系法律家が特に支配力を誇ったところであった。というのは，この分野の最も重要な教科書もまた，ユダヤ家庭

---

385) *Breit* については，*Göppinger*, (aaO Fn. 63), S. 219 参照。
386) *Flechtheim* については，*Göppinger*, (aaO Fn. 63), S. 279 参照。
387) *Lehmann* については，*Göppinger*, (aaO Fn. 63), S. 298 参照。
388) *Bing* については，*Göppinger*, (aaO Fn. 63), S. 238 及び *Hachenburg*, (aaO Fn. 96), S. 11-13 参照。*Bing* は *Hachenburg* の娘婿である。
389) Düringer/Hachenburg のコンメンタールは，1930年の3版から，全5巻として出版されている。*Max Hachenburg* の執筆にかかる株式合資会社（Kommanditgesellschaft auf Aktien）の部分は，1935年になってもなお出版することができた。

出身の学者により執筆されていたからである。その著者は，ヴィクトル・エーレンベルク（Victor Ehrenberg：1851年-1929年），ルドルフ・フォン・イェーリングの娘婿である。エーレンベルクは，20世紀初頭の数十年間における最も多面性を備えた教授の1人である。彼は，ドイツ法制史からはじめたが，かなり早い時期に，まったく現代的な保険法の分野に転身した。彼は最初，ゲッティンゲン大学で教授として教鞭をとったが，後の1911年からは，有名なライプチヒ大学法学部で教鞭をとった。ライプチヒ時代に，『全商法ハンドブック（Handbuch des gesamten Handelsrecht）』を編集した[390]。エーレンベルクは，ゴルトシュミット亡き後にあっては，ドイツ諸大学において最も尊敬された商法の代表的人物だということができる[391]。

　もっとも，エーレンベルクのその死後の名声は，主として他の貢献，つまり，「保険法学の父」としての役割によったものである。保険法を独立分野として確立したのは彼である。それは，自身の説明によると，偶然，ビンディングの『ドイツ法学ハンドブック』のために，保険法の執筆を引き受けたのがきっかけであった[392]。エーレンベルクは，はじめて定額保険と再保険の概念を解釈論的に確定し，こうして，法学的な分析の口火を切ったのであった[393]。彼は，1895年に，ゲッティンゲン大学において，はじめて保険学のゼミナールを開いた[394]。エーレンベルクに続いて，多くのユダヤ系法律家が保険学に集中した。その中に，フランクフルトの弁護士兼公証人であり，1921年からは，フランクフルト大学において商法・保険法の特任教授をつとめたアウグスト・ゼンガー（August Saenger：1884年-1950年）[395]と，ベルリン大学教授アルフ

---

[390] V. Ehrenberg (Hrsg.), Handbuch des gesamten Handelsrechts, 8 Bd., 1913-1923.

[391] Ehrenbergについては，seine Autobiographie in Planitz (Hrsg.), (aaO Fn. 165), S. 56-85, さらに U. Blaurock, Victor Ehrenberg (1851-1929). Vater der Versicherungswissenschaft, in: F. Loos (Hrsg.), Rechtswissenschaft in Göttingen, 1987, S. 316-335 及び H. Krause, NDB 4 (1959), 351 f. 参照。

[392] Vgl. seine Autobiographie S. 74.

[393] Vgl. Blaurock, (aaO Fn. 391), S. 332-335.

[394] Vgl. Blaurock, (aaO Fn. 391), S. 322 f.

[395] Sangerについては，Göppinger, (aaO Fn. 63), S. 315 f. さらに，E. C. Stiefel, die

レート・マネス（Alfred Manes：1877年-1963年）がいた。マネスは，1933年以前は，ベルリン大学とベルリン商業高等専門学校においてこの科目を担当し，この分野に関する一連のスタンダードな著作を発表していた[396]。ワイマール期が終焉をむかえる頃，意義深い解説書，つまり，ハンブルクのユダヤ系教授エルンスト・ブルック（Ernst Bruck：1876年-1942年）の『私的保険法（Privatversicherungsrecht）』が刊行された。彼はこのほかに，保険契約法の主導的なコンメンタールも著した[397]。クヌート・ノル（Knut Nörr）の評価によれば，ブルックの著作は，保険法が，高度の学問的水準において，すべての面でその独立性を獲得することに寄与した[398]。ユダヤ系オーストリア人，アルベルト・エーレンツヴァイク（Albert Ehrenzweig：1875年-1955年）もまた，ドイツの保険法学に数えなくてはならない[399]。彼は，1917年，本省の官僚として，模範的なオーストリアの保険契約に関する法律の成立をはかり，1921年以降は，ウイーン大学で活躍した。彼は，20世紀における最も卓越したオーストリアの保険法学者であり，亡命から帰国した後，1952年に出版されたスタンダードな著作『ドイツ（オーストリア）保険法及保険契約法（Deutsches (östereichisches) Versicherungs-Vertragsrecht）』を書き上げた。

　保険法とならんで，私法の他の特別の分野もまた，おもにはユダヤ人の学者によってその研究が行われた。

　ここでは，すでに言及したユダヤ系法制史学者マックス・パッペンハイムの後を受けて，ハンブルク出身で後にドイツ大審院の裁判官となったゲオルク・

---

deutsche juristische Emigration in den U.S.A., JZ 1988, 421-426（ここでの記述は422）参照。

396) Manes については，Göppinger, (aaO Fn. 63), S. 300 及び T. Koch, NDB 16 (1990), 22 f. 参照。彼の著書 Versicherungswesen は，1930年までに5版を重ねた。

397) Göppinger, (aaO Fn. 63), S. 219. 彼についてはまた，H. Möller in: Lebensbilder Hamburgischer Rechtslehre, 1969, S. 21-26 参照。Bruck は Paul Laband の甥である。

398) K.W. Nörr, Zwischen den Mühlsteinen. Eine Privatrechtsgeschichte der Weimarer Republik, 1988, S. 143. ワイマール共和国期の商法，労働法そして経済法に関しては，ここでの説明はこの Nörr のこの著作によっている。

399) Göppinger, (aaO Fn. 63), S. 333.

シャプスによりその特徴付けがなされた海法をまずは取り上げるべきである。ワイマール期においては、ユダヤ系でケーニヒスベルクの弁護士兼公証人であったユリウス・ゼバ（Julius Sebba：1882年-1959年）は、最も卓越したドイツの海法学者であった。彼は、シャプスの手になるハンドブックを改訂し、そしてまた、ケーニヒスベルクの商業高等専門学校において講師をつとめた。ゼバは、中東ハイファ（Heifa）に亡命の後、自分が専門とする特別の学術領域と結びつけて、航海博物館を設立した[400]。

1876年以降さまざまな特別法により規律されていた無体財産法もまた、かなりの程度、多くは弁護士からスタートしたユダヤ系法律家によってその研究が行われていた。1933年以前にあっては、非ユダヤ系では、カール・ガーライス（Karl Gareis）やヨゼフ・コーラーなど、そのボリュームが大きい法制史や解釈論の分野における若干の代表的人物が、各種無体財産法に取り組んでいたにすぎなかった。著作権法及び劇場法においては、ベルリンの弁護士、ヴェンツェル・ゴールトバウム（Wenzel Goldbaum：1881-1960年）は、格別の専門家であり、著作権関係の諸雑誌に熱心に寄稿した[401]。主導的な著作権関係の専門雑誌『Archiv fürUrheber-,Film-und Theaterrecht=Ufita』が1928年に創刊され、先にあげたブルック、メンデルスゾーン－バルトルディそしてオペットといった教授陣とともに、ユリウス・マグヌスが編集者として名を連ねた[402]。ベルリンの弁護士ブルーノ・マルヴィッツ（Bruno Marwitz：1870年-1940年）は、著作権法のコンメンタールを執筆した[403]。フランクフルトの弁護士、ルートヴィッヒ・コヴァルスキー（Ludwig Kowalski：1882年-1956年）もまた、定評ある著作権法の専門家の1人であった[403]。彼は、その法学的資質を音楽的資質を結びつけ、歌曲の作曲家としてもすばらしい功績を残した。彼は、作曲家アルノルト・シェーンベルク（Arnord Schönberg）の友人で

---

400) Vgl. *Göppinger*, (aaO Fn. 63), S.316 f.
401) *Göppinger*, (aaO Fn. 63), S. 282; さらに *Stiefel*, JZ 1988, 422.
402) *Göppinger*, (aaO Fn. 63), S. 382.
403) *Göppinger*, (aaO Fn. 63), S. 226.

もあった[404]。

　特許法,商標法そして競争法は,ユダヤ系法律家がとくに熱心に取り組んだ分野である。ここでもまた,多才なユリウス・マグヌスを『商標法（Das Warenzeichenrecht）』の著者としてあげておかなくてはならない[405]。すでに1892年に初版が出され,1932年まで版が重ねられた,特許法に関するはじめての学術的なコンメンタールは,ベルリンの弁護士兼公証人であった,アルノルト・ゼリクゾーン（*Arnold Seligsohn* : 1854年-1939年）が執筆したものである[406]。彼はまた,商標法のコンメンタールを世に送った[407]。さらに,法理論家であるヘルマン・イザイも,工業所有権保護の分野における主導的な学者の1人であった。彼は,1903年に,1931年まで版を重ねた特許法に関するコンメンタールを世に送った。ケルンの弁護士ルドルフ・カルマン（*Rudolf Callman* : 1892年-1976年）は,1929年,不正競争防止法に関するコンメンタールの初版を執筆した[408]。ベルリンの弁護士アルフレート・ローゼンタール（*Alfred Rosenthal* : 1875年―没年不詳）も,1909年に不正競争防止法に関するコンメンタールを出版したが,このコンメンタールは頻繁に版を重ね,1930年までに8版を数えた[409]。1900年以来,競争法及び特許法の分野における主導的な雑誌は,『Markenschutz und Wettbewerb』であるが,これは,ハンブルクの弁護士で,1923年には新生ハンブルク大学法学部教授となったマルティーン・ヴァッサーマン（*Martin Wassermann* : 1871年-1953年）がその編集に

---

404) Vgl. *P. Arnsberg*, Die Geschichte der Frankfurter Juden, Bd. III., S. 250-254.
405) *J. Magnus/F. Jüngel*, Das Warenzeichenrecht, 2 Teile (1924/33).
406) *Göppinger*, (aaO Fn. 63), S. 228.
407) *A. Seligsohn*, Gesetz zum Schutz der Warenbezeichnungen, 3. Aufl. 1925; *ders.*, Patentgesetz und Gesetz betreffend den Schutz von Gebrauchsmustern, 7. Aufl. 1932.
408) *Göppinger*, (aaO Fn. 63), S. 272. さらには *Stiefel/Mecklenburg*, (aaO Fn. 64), S. 126 f. 及び *Eckert*, (aaO Fn. 278), S. 556.
409) *Göppinger*, (aaO Fn. 63), S. 312f. さらに *Utescher*, GRUR 1955, 109 及び *M. Pinn bei Kaznelson*, (aaO Fn. 84), S. 643-645. *Rosenthal* は,法理論家としても,一部 *Herrmann Isay* にたいする論争においてオリジナルな見解を主張した。

あたった。最後に，ユダヤ系の執筆者の手になる無体財産権の各分野における一連のコンメンタールに数えあげておくべきなのが，フランクフルトの弁護士であり，そしてフランクフルト大学教授であったルートヴィッヒ・ヴェルトハイマー（*Ludwig Wertheimer*：1873年-1939年）の手になり，1913年に出版された実用新案法に関する著作である[410]。

まさに特許法及び競争法の分野におけるユダヤ人の名前の多さには驚くばかりではあるが，このことは，卓越したユダヤ系弁護士の多くは，たとえば刑事弁護の分野より，むしろ商業及び工業経済の分野において活躍していたことを物語っている。現代の交通法（Verkehrrecht）もまた，ユダヤ人法律家がパイオニア的な貢献をした民事法の特別分野である。これは，まずは鉄道制度をつうじて発展し，そして1871年のライヒ賠償責任法（Reichshaftpflichtsgesetz）には，一部危険責任の原則にもとづく規律が盛り込まれたのであった。鉄道法の分野においては，ユダヤ系の官僚，ゲオルク・エガー（*Georg Eger*：1848年-1914年）が数十年間にわたり一番の権威であった。彼は，すでに1876年には，ライヒ賠償責任法のコンメンタールを出版し，そしてまた，1889年と1896年に，『プロイセン鉄道法ハンドブック（Handbuch des Preußischen Eisenbahnrechts）』全2巻を発表し，このハンドブックは，1914年までに3版を重ねたのであった。エガーは，プロイセンの鉄道行政からスタートして，ベルリンの商業高等専門学校においても，「鉄道法及び郵便法」を講義していた。交通法の問題に関して，彼は，鑑定人そしてまた仲裁人となることをよく求められた。エガーの業績にはまた，自動車法（Kraftfahrzeuggesetz）に関するコンメンタールがある[411]。

---

410) Vgl. *Göppinger*, (aaO Fn. 63), S. 229; ferner *P. Arnsberg*, Die Geschichte der Frankfurter Juden, Bd. III, S. 521–522.

411) *Eger*については，*S. Wininger*, Große jüdische Nationalbiographie, Bd. II, 1927, S. 99 f. 参照。交通法に関するコンメンタール Der Kommentar zum Reichsgesetz über den Verkehr mit Kraftfahrzeugen vom 3. Mai 1909 は1911年刊。

8. 労働法と経済法

　ドイツ法律学の発展にあたり，ユダヤ系法律家の最も大きな栄誉の１つが，独立の学問分野としての労働法を確立したことである。２人のユダヤ人の碩学，フィリップ・ロートマー（Philipp Lotmar）とフーゴ・ジンツハイマーが，この分野の父である。この分野は，ほかの分野とはまったく異なり，一部は立法者によっているものの，20世紀において，わけても判例によって継続形成されてきたのである。

　フィリップ・ロートマー（1850年-1922年）は，労働契約に関する特殊労働法的な立法がはじまる以前，いまだドイツ帝国であった時代において労働法学を確立した[412]。社会民主主義者のこのベルン大学教授は，2巻からなり，1902年と1908年に発刊された記念碑的な著作，『ドイツ帝国私法下における労働契約（Der Arbeitsvertrag nach dem Privatrecht des deutschen Reich）』を書いた。ロートマーは，労働法に関し，きわだって私法的な論理を展開したが，これは一部，オットー・フォン・ギールケの影響下にあったフーゴ・ジンツハイマー（1875年-1945年）の対極をなしていた[413]。ワイマール前の国民議会のメンバーとして，ワイマール憲法をともに制定することができたジンツハイマーは，オットー・フォン・ギールケにおうその社会法的出発点をもってロートマーを凌駕し，ワイマール共和国の時代におけるこのあたらしい法分野の理解を決定づけた[414]。個人主義的な社会民主主義者であり，20世紀におけ

---

[412] Lotmarについては，本書所収のRückertの論文のほか，Sinzheimer, (aaO Fn. 165), S. 207-224も参照。Rückertは，正当にもつぎのことを指摘している。すなわち，Sinzheimerは，1937に執筆した著書Jüdische Klassikerにおいてはじめて，労働法では多くの点で，Sinzheimerに比べるとより個人主義的な立場に立っていたLotmarを正しく評価するにいたったと。

[413] Sinzheimerについては，O. Kahn-Freund, Einleitung zu: H. Sinzheimer, Arbeitsrecht und Rehtssoziologie, Bd. I, 1976, S. 1-31; H.-P. Benöhr, Hugo Sinzheimer (1875-1945) in: Diestelkamp/Stolleis, (aaO Fn. 144), S. 67-83のほか，本書所収のBenöhrの論文，さらに，F. Mestitz bei Th. Rasenhorn, Der Untergang der linksbürgerlichen Kultur, 1988, 60-69及び，P. Arnsberg, Die Geschichte der Frankfurter Juden, Bd. III, 1983, S. 430-432参照。

[414] この点に関する最近のものとしてRückert, (aaO Fn. 73), S. 274 f. 及び S. 293 f. 参照。

る最も卓越した法政策学者の1人であるこの非常に多面性を備えた人物を、適正に評価することはさほど簡単ではない。もっとも、卓越したユダヤ系法律家をここで概観したことは、ロートマーとジンツハイマーとならべて、1919年から1933年までの間におけるそのほかの主導的なユダヤ系労働法学者をもさらに取り上げるきっかけとしてよかろう。ここでは、1919年に刊行された労働法のはじめての教科書の著者であるヴァルター・カスケル（*Walter Kaskel*：1882年-1928年）が、まずは想起さるべきである[415]。カスケルは、ベルリン市の労働局の局長をつとめた地方官僚であり、この地位をつうじて豊富な実務経験を有していた。1920年、彼は、ベルリン大学において、労働法担当の特任教授第1号となった。彼は、ジンツハイマーと比較すると、冷静な法実証主義者であったが、しかし、当時の法政策的議論にも加わった。というわけで彼は、1921年のドイツ法曹大会において、労働者の財産形成の方法として労働者運動を呼びかけた[416]。労働法の将来にとってとくに重要な、労働法と経済法の区別をはじめて定立したのもカスケルである[417]。さらに、企業家と雇用者の概念を法学的に区別したのも彼である。

ワイマール共和国の時代にあって、1932年までに4版を重ねたカスケルの教科書に続いて、多くのほかの教科書が出版された。そのうち、ライプチヒ大学教授エルヴィン・ヤコビ（*Erwin Jacobi*：1884年-1965年）の教科書は、カスケルの教科書以外でユダヤ出自の著者により書かれたものである[418]。ヤコビは、公法からはじめて、労働法に取り組んだが、ライプチヒに労働法に関

---

415) *Kaskel* に関しては、Nachruf in JW 57 (1928), 2889 f. 及び *F. Tennstedt*, NDB 11 (1977), 318 f. 参照。彼はまた、地方政治においても、1913年から1920年まで、Schöneberg の市理事として活躍した。成立しなかった *Kaskel* の労働庁に関する法律草案（Entwurf eines Gesetzes über die Organisation von Arbeitsbehörden）については、*Th. Bohle*, Einheitliches Arbeitsrecht in der Weimarer Republik, 1990, S. 114-121 参照。

416) *Nörr*, (aaO Fn. 398), S. 114 f.

417) *Nörr*, (aaO Fn. 398), S. 168 f.

418) *Jacobi* については、die Würdigung von *W. Jellinek*, JZ 1954, 60, *H. Thieme*, JZ 1964, 72, *Göppinger*, (aaO Fn. 63), S. 342 及び *M. Baring*, AöR 89 (1964), 109-112 参照。

する大学内研究所を設立した。彼は，1927年に出版した『労働法の基礎理論（Grundlehren des Arbeitsrechts）』において，多くの点で独自の解釈論的な道を歩んでいった。事業所という中心概念をはじめて明確に定義したのは彼である[419]。この正義感あふれる碩学は，ドイツにあってナチの迫害を生き抜き，ドイツ民主共和国＝旧東独の困難な条件のもと，最後の1人として，古きライプチヒ大学法学部の誉れ高い法学的伝統を1965年に逝去するまで貫きとおしたのであった。1933年以前，フライブルクとキールにおいて民事法学者そしてまた労働法学者として活躍したのは，ドイツ大審院裁判官ヴィクトル・ヘニガーの弟，ハインリッヒ・ヘニガー（Heinrich Hoeniger：1879年-1961年）である[420]。ハインリッヒ・ヘニガーは，1919年以降労働法関係の年報『Jahrbuch für Arbeitsrecht)』の編集にあたり，そして，シュタムラー（Stammler）の『法学百科（Enzyklopadie der Rechtswissenschaft）』中の，このあらたな分野の解説を担当した[421]。ライヒ労働省に設けられた労働法委員会のメンバーとして，労働関係の立法，わけても特別の労働裁判権（所）の創設にあたりかなりの影響を与えたのが，ベルリンのユダヤ系弁護士，ゲオルク・バウム（Georg Baum：1874年-1933年）である。彼は，多くの労働法及び社会保険法に関する著書を著し，そしてまた，労働裁判所と題する雑誌『Das Arbeitsgericht』を編集した[422]。

労働法分野について，最後にやはり指摘しておかなくてはならないのが，プロイセンの省審議官のゲオルク・フラトーフ（Georg Flatow：1889年-アウシュビッツで1944年没）である[423]。彼は，事業所委員会法（Betriebsrätergesetz）

---

419) *Nörr*, (aaO Fn. 398), S. 207.
420) *Göppinger*, (aaO Fn. 63), S. 340, さらに *H. G. Isele*, JZ 1961, 333 f. 参照。
421) *H. Hoeniger*, Arbeitsrecht, 1930. 1926年と1929年に出版された全2巻のDas deutsch Arbeitsrecht もまた，ミュンヘン大学の名誉教授で上級地方裁判所判事をつとめたユダヤ人，*Wilhelm Silberschmidt* の著作である。
422) *Baum* については，Nachruf in JW62 (1933), 201 f. 参照。労働法委員会の構成については，*Bohle*, (aaO Fn. 415), S. 7-12 参照。
423) Vgl. *Göppinger*, (aaO Fn. 63), S. 242 f.

のコンメンタールと労働裁判所のコンメンタールを著した[424]。またミュンヘン大学では，ユダヤ系の上級地方裁判所裁判官，ヴィルヘルム・ジルバーシュミット（*Wilhelm Silberschmidt*：1862年-1939年）が名誉教授として労働法を講じていた[425]。ワイマールの末期には，労働法は，大規模な法学部における教育の中で，すでにはっきりとその存在感を示していたのである。

経済法にあっては，19世紀から20世紀への移行期，カルテル法とコンツェルン法が議論の中心となっていた。1902年の第26回及び1904年の第27回のドイツ法曹大会においては，カルテル法の制定の必要性という問題が討議の対象とされた[426]。第一次世界大戦前すでに，カルテル法に関するはじめての法律学のモノグラフィーも発表されていた。その先達的な著者は，ベルリンの弁護士ユリウス・フレヒトハイムである[427]。彼は，1912年に，「ドイツカルテル法」に関するはじめての本，『カルテルの組織（Die Organization der Kartelle）』を発表した。フレヒトハイムは，1924年にベルリン大学の名誉教授となり，ワイマール共和国の時代，商法と経済法の分野において非常に多くの論攷を発表した。彼は，常時マックス・ハッヘンブルク，フーゴ・ジンツハイマーそしてアルフレート・ヴィロシェコフスキーとならぶドイツ法曹大会の代表的人物であった[428]。これに加え彼は，ドイツ工業ライヒ同盟の理事であった。カルテル法の分野におけるもう1人の重要なユダヤ人学者は，ベルリンの弁護士ハインリッヒ・ヴィンプハイマー（*Heinrich Wimpfheimer*：1877年-没年不詳）で

---

424) *G. Flatow/R. Joachim*, Arbeitsgerichtsgesetz vom 23. Dezember 1926, 1928. *G. Flatow*, Betriebsrätegesetz vom 4. Februar 1920, 1922. 後者の著作の13版は，1931年に *G. Flatow/O. Kahn-Freund*, Kommentar zum Betriebsrätegesetz として刊行。

425) Vgl. *Göppinger*, (aaO Fn. 63), S. 228 f. このほか *A. Werner*, Jüdische Juristen in München, in: *H. Lamm* (aaO Fn. 129), 258 f.

426) Vgl. *R. Schröder*, Die Entwicklung des Kartellrechts und des kollektiven Arbeitsrechts durch die Rechtsprechung des Reichsgerichts vor 1914, 1988 (= Abhandlungen zur rechtswissenschaftlichen Grundlagenforschung, Bd. 69), S. 175-177.

427) 彼については，*Göppinger*, (aaO Fn. 63), S. 279, さらに *Eckert*, (aaO Fn. 278), 557 f. 参照。

428) *Göppinger*, (aaO Fn. 63), S. 130.

ある。彼は，独占に関する一般的な契約強制の理論（Theorie des allgemeinen Kontrahierungszwang für Monopol）を提唱した[429]。カルテル法学者として最後にあげておくべきは，ヘルマン・イザイの弟で一緒に弁護士実務を行っていたベルリンの弁護士兼公証人であったルドルフ・イザイ（Rudolf Isay : 1886年－1956年）である[430]。彼は，1923年に公布されたカルテル法（Kartellverordnung）のコンメンタールを著し，そして，1922年，カルテルの法形態とその契約テクニックを研究した『私的カルテル法と公的なカルテル法研究（Studien in Privaten und öffentlichen Kartelrecht）』を執筆した[431]。イザイは，カルテル問題についてドイツ工業ライヒ同盟にたいし助言を与えるとともに，1928年にザルツブルクで開かれたドイツ法曹大会において，カルテル法に関する報告者をつとめた[432]。

　コンツェルン法の分野でも，すでに1918年には多くの法学文献が発表されていた。ここではまずはじめに，ユダヤ系弁護士，フリッツ・ハウスマン（Fritz Haußmann）をあげておかなくてはならない。彼は，1925年に発表したその画期的な研究，『企業統合法の基礎（Grundlage des Rechts der Unternehmenszusammenfassung）』において，コンツェルンの特徴に関する「形態学」を提唱した[433]。これに続けて彼は，1932年，『企業統合法の実務

---

429) Nörr, (aaO Fn. 398), S. 151, Fn. 42. Wimpfheimer については, J. Walk, Kurzbiographien zur Geschichte der Juden 1918-1945, 1988, S. 388 参照。彼もまた，ベルリン高等商業専門学校の教授であった。

430) Vgl. Göppinger, (aaO Fn. 63), S. 341 f., Ballerstedt, JZ 1962, 103 und G. Boldt, NDB 10 (1974), 186 f. Isay はまた，鉱山法の分野の斯界をリードするスペシャリストであった。Rudolf Isay については，その興味深い自伝, R. Isay, Aus meinem Leben, 1960 参照。この自伝では，その兄弟 Hermann Isay について，貴重な伝記的解説もなされている。多くの人と同じく Rudolf Isay は自分を生まれながらにしての法律家だとは思っておらず，むしろ経済的理由から法学を学んだのであり，その性向は自然科学に向いていたのだと（S. 18）。

431) Vgl. Nörr, (aaO Fn. 398), S. 146 f.

432) Nörr, (aaO Fn. 398), S. 152.

433) この点に関しては，Nörr, (aaO Fn. 398), S. 123 参照。Haußmann は亡命後，ニューヨークの New School for Social Research で活躍した。vgl. Stiefel/Mecklenburg, (aaO

(Praxis des Rechts der Unternehmenszusammenfassung)』という著書において法事実的な資料の分析を行った[434]。彼は，1923年のカルテル法の下では不可欠であったコンツェルンとカルテルを区別するための法的な枠組みを展開したのであった[435]。

コンツェルン法の先駆的な学者の2番手は，ユダヤ系のベルリンの弁護士，ハインリッヒ・フリードレンダー（*Heinrich Friedländer*：1885年-1959年）である[436]。彼は，1927年，戦後の1954年にその第2版を重ねたコンツェルン法の解説書を出版した。フリードレンダーは，ハウスマンのように，「基礎的なこと」では満足せず，はじめて，コンツェルンの形成の詳細にまで踏み込んだ[437]。彼はさらに，1932年，コンツェルンの関係を考慮した小型の『株式会社法コンメンタール（Handkommentar zum Aktienrecht）』を執筆した。

総括すると，ドイツにおいて，カルテル法及びコンツェルン法の問題領域は，ほぼすべてユダヤ系法律家により掘り起こされ，そして法解釈論的に組み立てられた，そういうことができる。この分野では，ユダヤ系法律家が確立した基礎が，ヒトラーの時代が過ぎた後の学問をも規定し続けたのである。

9. 民事訴訟法

ドイツでは，19世紀中葉に，訴訟法と実体法が専門分野として完全に分離されたが[438]，これによって，概念的な構成をその特徴とした民事訴訟法学

Fn. 64), S. 19. *Haußmann* の生涯については，彼の著作，Frederick Haussmann, Der Antitrustgedanke im Wirtschaftssystem, 1950, S. 4 も参照。*Haußmann* は，1950年以降ジュネーブに暮らし，チューリッヒで刊行されている雑誌，Wirtschaft und Recht に 1957 年まで頻繁に寄稿していた（vgl. das Verzeichnis im Titelblatt）。彼の名前が1958年の10巻目以降出てこないことからすると，おそらく彼は1957年に逝去したと考えてよい。

434) *Nörr*, (aaO Fn. 398), S. 124.
435) *Nörr*, (aaO Fn. 398), S. 127.
436) Vgl. *Göppinger*, (aaO Fn. 63), S. 336.
437) *Nörr*, (aaO Fn. 398), S. 124.
438) Vgl. *W. Simshäuser*, Zur Entwicklung des Verhältnisses von materiellem Recht

の輝かしい時期がはじまった。オスカー・フォン・ビュロー（Oskar von Bülow）とアドルフ・ワッハが，その代表的人物である[439]。自由主義の思潮にのっとったライヒ民事訴訟法（Reichs-Civilprozeßoredonung=CPO）が1877年に公布された後，しばらくしてこの法典のコンメンタールも登場した。ユダヤ系の司法審議官（Justizrat）マイヤー・レヴィー（Meyer Levy：1833年-1896年）はその共著者であり，このコンメンタールは，1895年までに7版を重ねた[440]。この民事訴訟法学の黄金期における卓越した民事訴訟法のユダヤ学者は，ワッハの弟子のヤコブ・ヴァイスマン（Jakob Weismann：1854年-1913年）である。彼は，1879年に確認の訴えに関するモノグラフィーを執筆し，そしてその後すぐ，1903年と1905年に2巻からなるドイツ民事訴訟法の教科書を刊行した。ヴァイスマンは，支配的であった訴訟の公法的な理解に

---

und Prozeßrecht seit Savigny, 1965（= Schriften z. deutschen und europäischen Zivil-, Handels- und Prozeßrecht, Bd. 32）．

[439] Wach は，Felix Mendelssohn-Bartholdy の娘婿である。反ユダヤ主義のパンフレットに類する書物において，この偉大でリベラルな訴訟法学者は，「ドイツの訴訟手続を，意識的に真実発見という原則に基づいて構成しなかった」点に責任があると糾弾された。まさに言葉どおりこう述べているのが，W. Meister, Judas Schuldbuch. Eine deutsche Abrechnung（1919年刊。全部で4版を重ねて20,000部！にもおよんだ），S. 64. ドイツの訴訟法を人種的に解釈するというやり方は，この本では，つぎのような文言のところでその頂点に達している。すなわちそれは，「ライプチヒの教授，Adolf Wach は，ドイツ訴訟法のマイスターであるが，ユダヤ系であり，ユダヤ系銀行家家庭 Mendelssohne と親戚となっている」と述べられているところである。人格的に印象深い人物としての Wach に関しては，G. Kisch, Der Lebensweg,（aaO Fn. 19）, S. 51-53 参照。

[440] M. Levy については，Nachruf von Staub, DJZ 1（1896）, 417 及び Weißler,（aaO Fn. 8）, S. 555 参照。彼はベルリンの弁護士協会における指導的地位にあり，1896年，自宅でおそわれ殺害された。ユダヤ家庭出身で，手続法に関する著作を著した同時代のもう1人の人物が，ベルリンの弁護士，Theodor Heidenfeld（1834-1884）である。彼は，フリードリッヒ大王時代の訴訟法を自由主義の諸原則に適応させることに関して活発に繰り広げられた，プロイセンの法律家達の議論に加わった。彼については，H. Fuhrmann, Kreuzburgs Geschichtsschreiber Heidenfeld, in; Ex ipsis Rerum Documentis. Festschr. f. H. Zimmermann, 1991, S. 203-210 参照。

たいして，たとえば，執行請求権をも私法的に理解するといった，私法的な理論を提唱した[441]。ワッハにはなお見受けられた，実体法と訴訟法の間の架け橋は，ユダヤ出自である第2の偉大な訴訟法学者，フリードリッヒ・シュタイン (*Friedrich Stein*：1859年-1923年) により取り除かれた。彼は，1908年から，まずはハレ大学で，その後ライプチヒ大学で民事訴訟法を担当した[442]。シュタインは，1893年に出版した『裁判官の私知 (Das private Wissen des Richters)』と題する基本となるような研究書において，民事訴訟において弁論主義が妥当する限界を定めた。彼は，1913年に出版した『強制執行の基本諸問題 (Grundfragen der Zwangsvollstreckung)』と題する意義深い著作において，強制執行法にその解釈論的基礎を与えた。それは，強制執行法を公法と位置づけるものであり，それ以降，民事訴訟法771条の第三者異議の訴えは，その根をもっぱら訴訟法に下ろしたのであった[443]。シュタインは，ルートヴィッヒ・ガウプ (*Ludwig Gaupp*) が創刊したコンメンタールを，1901年の第4版から引き継ぎ，それを，一般に『シュタイン／ヨナス (Stein/Jonas)』と呼ばれ，今日でもなお，ドイツ民事訴訟法学の基礎をなしている大コンメンタールへと発展させたのであった。

　ワイマール期におけるドイツ民事訴訟法学の主導的な代表的人物は，ユダヤ系碩学，ジェームス・パウル・ゴルトシュミット (*James Paul Goldschmidt*：1874年-1940年) である[444]。1925年に発表した，思索に富む著書『法状態と

---

441) 訴訟法学者としての *Weismann* に関しては，O. *Vossius*, Zu den dogmengeschichtlichen Grundlagen der Rechtsschutzlehre, 1985 (Abh. Z. rechtsw. Grundlagenforschung 62), S. 178, 196f., 203f., 伝記的なものとして *Kisch*, (aaO Fn. 19), S. 53 も参照。

442) *Stein* に関しては，*E. Doehring*, Geschichte der deutschen Rechtspflege seit 1500, 1953, S. 447, さらに Nachruf von *E. Heymann*, DJZ 28 (1923), 481f. 及び Nachruf von *G. Petschek*, ZZP 49 (1925), III-XII 参照。

443) この分野における *Stein* の影響について詳しくは，*E. Picker*, Die Drittwiderspruchsklage in ihrer geschichtlichen Entwicklung als Beispiel für das Zusammenwirken von materiellem Recht und Prozeßrecht, 1981, passim 参照。

444) 彼については，*Göppinger*, (aaO Fn. 63), S. 238; *Kleinheyer/Schröder*, (aaO Fn. 160), S. 341; *R. Bruns*, ZZP 88 (1975), 121-125 及び，本書所収の *W. Sellert* の論文

しての訴訟（Prozess als rechtslage）』は，おそらく，20世紀における訴訟法学説にとって最も意義深いドイツのモノグラフィーである。ゴルトシュミットはまた，刑法及び刑事訴訟法の改革努力にも，主導的に関わった。

この偉大なベルリンの訴訟法学者に比肩するとしてよいのが，同じくユダヤ系家庭出身で，はじめはギーセン大学，1932年以降はライプチヒ大学で教鞭をとったレオ・ローゼンベルク（*Leo Rosenberg*：1879年-1963年）である[445]。ローゼンベルクの学問的なライフワークは，ほとんど民事訴訟に費やされた。彼は，基本となるような1900年の「証明責任」に関する博士論文以来，60年以上にわたり民事訴訟に学問的に取り組んだのであった。1927年に初版が出たその『民事訴訟法教科書（Lehrbuch des Zivilprozeßrecht）』は，20世紀におけるこの分野の最も成功をおさめた教科書となり，今日にいたるまで繰返し改訂が加えられ，版を重ねている。

最後に，一連の偉大なユダヤ系訴訟法学者にあって，忘れてならないのは，ベルリンの弁護士兼公証人，リヒャルト・カン（*Richard Kann*：1874年-1942年）である[446]。彼は，1913年から1926年にかけて，フェルスター（*Förster*）のドイツ民事訴訟法コンメンタール第3版を，全3巻の本としてあらたに編集した。これに加え彼は，1924年から，レオ・ローゼンベルクもまた編者に名を連ねる，最も高い評価を得ていた民事訴訟法の専門紙『Zeitschrift für deutschen Zivilprozeß』の主幹をつとめた[447]。カンはさらに，ベルリン弁護士会の理事をつとめていたが，ほかのすべてのユダヤ系弁護士と同じく，1933

参照。*Goldschmidt*の時代にはまた，早逝したフランクフルトのユダヤ系訴訟法学者，*Georg Kuttner*がいる。Vgl. oben S. 158.

445) *Rosenberg*については，数多くの追悼文及び賞賛の辞をリストアップした*Göppinger*, (aaO Fn. 63), S. 358及び，本書所収の*K. H. Schwab*の論文参照。1949年に，70歳の誕生日を祝う記念論集（Festgabe）が出版された。*E. Boetticher*が Gießener Gelehrte in der ersten Hälfte des 20. Jahrhunderts, hrsg. von *Gundel/Moraw/Press* 1982 (= Lebensbilder aus Hessen Bd. 2 = Veröffentl. d. Hist. Kommission f. Hessen Bd. 35), S. 778-788 にその生涯を書いているが，これも印象的である。

446) *Göppinger*, (aaO Fn. 63), S. 233, さらに *G. Simson*, ZZP 64 (1951), 3-5.

447) *Göppinger*, (aaO Fn. 63), S. 376.

年後は過酷な迫害にさらされた。1942年，彼はベルリンに迫った強制収容所への移送を免れるため，妻とともに自殺したのであった。フリードリッヒ・シュタインの門下であるゲオルク・ペッチェック（Georg Petschek：1872年-1947年）は，オーストリアの卓抜したユダヤ系民事訴訟法学者である。クセルノビッツ大学の教授職を1919年に追われた後，2回目のアメリカ亡命を余儀なくされてハーバード大学であらたな活躍の場をみいだす1938年まで，ウイーン大学において活躍したペッチェックは，おそらく，フランツ・クライン亡き後，20世紀前半における最も卓越したオーストリアの民事訴訟法学者であった[448]。

ローゼンベルクの教科書のタイトル，そしてまた，今なお主導的な大コンメンタールのタイトルは，民事訴訟法学にとって，ユダヤ系法律家が非常に大きな意味を持っていることを今日我々に思い起こさせてくれる。ユダヤ系ではないが，ユダヤ系家庭の文化世界と緊密な関係を持っていたライプチヒ大学教授のアドルフ・ワッハからレオ・ローゼンベルクまでの間の時代は，1945年以降にあっては，おそらくはその水準に達したことのない訴訟法学の黄金期であった。今日の訴訟法学者もまた，この偉大な伝統への憧憬を，眼前のものとして維持していかなくてはなるまい[449]。

10. 比較法及び国際私法

本稿で最後に取り上げるべき法分野は，比較法と国際私法であろう。これらは，すでに1933年以前からユダヤ系法学者が持っていた国際的な傾向を，際だってはっきりと示している。

19世紀における民族国家の発展，そしてまたドイツ民法典という一国による法典化をもってローマ法大全に代えたことで，中世から続いてきたヨーロッ

---

[448] 彼については，*Schima* in: Jur. Bl. 70 (1948), 314-316 及び，*Göppinger*, (aaO Fn. 63), S. 308 参照。

[449] たとえば，*P. Schlosser*, Die lange deutsche Reise in die prozessuale Moderne, JZ 1991, 599-608 参照。

パの法共同体（Jus Kommune）は，もはや復活しがたいまでに破壊されたように思われたが，20世紀になるとすぐに，失われたものを比較法をつうじてふたたび手に入れようという努力がはじまった。この分野の道を開いたのが，マンハイムのユダヤ系法律家家庭出身であるカール・ハインスハイマー（*Karl Heinsheimer*：1869年-1929年）である[450]。彼は，1903年に教授資格を得た後，ハイデルベルクで教鞭をとり，そして，1928年には，ドイツで最も古いこの大学の学長に選任された。ハインスハイマーは，バーデン・ラント私法に関する研究のほかに，商法の概説書をも出版している[451]。しかし，彼の最も大きな功績は，何巻にもわたる著作である『現代民事諸法（Die Zivilgesetze der Gegenwart）』を編集したことにある[452]。ハインスハイマーの法制史に関する基本観は，そのハイデルベルク大学学長就任講演「現下の法（Lebendiges Recht）」から読み取ることができる。彼はそこで，判例の形式による裁判官法の問題を，「知的作用による法源（Kognitive Rechtsquelle）」として持ち出したのであった[453]。1933年以前の時期におけるほかの多くのドキュメントと同様，この講演もまた，当時の大学における法学に，狭隘な法実証主義の姿をイメージするのは，まったくのところ正鵠を得ていないことを示している。

---

450) 彼については，*Hachenburg*, (aaO Fn. 96), S. 101 さらに，Nachruf von *Titze*, DJZ 34（1929），901 f., *J. Magnus* in JW 58（1929），1833 f. 及び，*E. Wahl*, NDB 8（1969），440 f. 参照。とくに詳細なのは，*M. Gutzwiller*, Karl Heinsheimers Leben und Werk, als Einleitung zu: *K. Heinsheimer*, Von der Unabhängigkeit der Gerichte und dem kategorischen Imperativ des Richteramtes, 1929（= Heidelberger Rechtswissenschaftliche Abh. 7）. *Heinsheimer* の写真と文献目録が付されている。

451) *K. Heinsheimer*, Handels- und Wechselrecht 1924-3. Auflage., hrsg. von *K. Geiler*, 1930（= Enzyklopädie der Rechts- und Staatswissenschaft, Bd. 12）.

452) ドイツ語訳を付した諸法典のこうした法令集のプランを *Heinsheimer* は1924年に立てた（*Gutzwiller*, aaO Fn. 450, S. 16）。彼の生存中，1927年から3巻が出版され，そのうち2巻，ブラジル民法（Codigo Civil）とフランス民法（Code Civil）は自身で手がけた。

453) *K. Heinsheimer*, Lebendiges Recht, 1929（= Heidelberger rechtswissenschaftliche Abhandlungen 1）ここでの記述は S. 25。

1920年代のドイツの法律家の一部は，比較法にたいする関心を強くかき立てていた。この際，大陸における法典化というやり方とは無関係な法秩序として，イギリスのコモン・ローがすでに大きな注目を浴びていた。イギリス法にたいする関心を示したのは，たとえば，非ユダヤ系のベルリンのゲルマニスト，エルンスト・ハイマン（*Ernst Heymann*）であった。しかし，ユダヤ系碩学達もまた，とりわけアクディブにこの方向にあった。ここでは，ジェームス・ゴルトシュミットの弟で，ケルン大学教授，ハンス・ヴァルター・ゴルトシュミット（*Hans Walter Goldschmidt*：1881年-1940年）をあげておかなくてはならない[454]。彼は，ケルンの商法及び工業法セミナーの中にイギリス法部門を作り，そして，イギリス法に関する叢書『Kölner Arbeiten zum englischen Recht』[455]の編集にたずさわった。

　1849年の，ザヴィニーの古典的な解説によって，この法分野があらたな基礎の上に立つこととなった後，1871年から1933年までの期間，ユダヤ系法律家は，国際私法の基礎を確立することに貢献をした。ドイツ帝国の時代においては，エルンスト・ツィーテルマン（*Ernst Zitelmann*）とならび，主導的な学者として，フランツ・カーン（*Franz Kahn*：1861年-1904年）がいた[456]。彼は，国際私法にとって中心的な概念である性質決定をみいだした人物である[457]。すでにあげたミュンヘン大学教授のカール・ノイマイヤーは，国際私

---

[454] *Göppinger,*（aaO Fn. 63），S. 283 さらに，*Eckert,*（aaO Fn. 278），S. 558 及び，*F. Golczewsky,* Kölner Universitätslehrer und der Nationalsozialismus, 1988（= Studien zur Geschichte der Universität zu Köln 8），S. 109, Fn. 17 参照。*Goldschmidt* は，1940年，イギリスからカナダに渡る途中，船が魚雷攻撃を受けて死亡した。

[455] Vgl. *H. J. Becker,* 600 Jahre Rechtswissenschaft in Köln,（aaO Fn. 278），S. 17.

[456] Nachruf von *E. Zitelmann* in Niemeyers Zeitschrift für internationales Privat- und Öffentliches Recht 15（1905），1-10. *Rabel* は，*Kahn* を，「性質決定の問題を深く掘り下げた最初の研究者」であるとしている。vgl. *E. Rabel,* Das Problem der Qualifikation, Rabels Z 5（1931），241-288（ここでの記述は S. 243）（= *ders.,* Ges. Aufsätze II, 1965, S. 189-241, hier S. 191）。*Kahn* は，健康上の理由により差し障りがあったため，教授職につくことはなく，ハイデルベルクにおいて市井の碩学としてその生涯を送った。

[457] *Kahn* の論文の大方は，1891年から1901年にかけて，年報である Jherings Jahrbuch

法の歴史について執筆したが，これは，伝承法に関する法制史の分野での偉大な貢献の１つである[458]。1926年に，ベルリンのユダヤ系弁護士，エルンスト・フランケンシュタイン（*Ernst Frankenstein*：1881年-1959年）の手になる『国際私法（Das internationale Privatrecht）』の第１巻が刊行された[459]。この著作は，1935年の第４巻の発刊をもって完結したが，1974年，スタンダードな著作だとして復刻された。ワイマール共和国の終わり頃，ドイツの法学は，注目すべき国際私法の高揚期をむかえた。ほぼ同時期，評価の高い学者により一連の教科書が発刊されたのである。この一連の教科書の第１号は，ハンス・レーヴァルト（1883年-1963年）より執筆された[460]。彼は，ライプチヒ大学の偉大なロマニストでありパピルス研究者であったルートヴィッヒ・ミッタイスの弟子として，若い頃から，あらたに確立された法パピルス学の分野において高い評価を得ていた。レーヴァルトは，1920年代においては，フランクフルト大学及びケルン大学において教鞭をとり，1932年，ドイツで最も高い意義を誇ったベルリン大学法学部に招聘された。彼は自分の国際私法に関する著作に，『判例に基づいた国際私法（Das internationale Privatrecht auf der Grundlage der Rechtsprechung）』というタイトルをつけたが，抵触法に関して判例を広範に取り上げたのは彼が最初であった。1935年，「半分ユダヤ人」だということで，レーヴァルトはベルリン大学を追われたが，その後，数十年にわたり，スイスのベルンにおいて，教授としてその研究をつづけることができた。

　1930年から1933年までの間，レーヴァルトの著作の他に，あと３つの教科

　　に発表された。それらは，*F. Kahn*, Abhandlungen zum internationalen Privatrecht, hrsg. von *O. Lenel/W. Lewald*, 2 Bd. 1928 に収録されている。

458)　*K. Neumeyer*, Die gemeinrechtliche Entwicklung des internationalen Privat- und Strafrechts bis Bartolus, Bd. I 1901, Bd. II 1916.

459)　Vgl. *Göppinger*, (aaO Fn. 63), S. 280. Zu *Frankensteins* Werk auch *Nörr*, (aaO Fn. 398), S. 104.

460)　彼については，*Göppinger*, (aaO Fn. 63), S. 298. *H. Peter*, JZ 1964, 138f.; *A. Fleßner*, Hans Lewald, in: *Diestelkamp/Stolleis*, (aaO Fn. 144), S. 128-135 及び, *K. H. Below*, NDB 14 (1985), 411 f. 参照。

書が出版されたが，そのうちの2つは，ユダヤ系の著者の手になるものであった。法社会学者アルトゥール・ヌスバウム[461]と，偉大なベルリンの民事法学者，マルティーン・ヴォルフ[462]である。あらたに呼び起こされた抵触法にたいする関心は，この間に比較法が，研究機関において取り組まれる1個の独立した分野に成長を遂げたこととあきらかに関連している。この成長は，ユダヤ系のロマニスト，エルンスト・ラーベル（1874年-1955年）の名前と結びついている。彼は，国際的な基準からすると，おそらくは20世紀における最も卓越したドイツの法律家だとしてよかろう[463]。ローマ法に関するラーベルの功績は，まずもってはその，『ローマ法の基礎（Grundzüge desrömischem Rechts)』にみいだされるはずである。これは，「根本に深く立ち入ったその凝縮性とオリジナリティーに比肩することは不可能な著作」[464]である。ミュンヘン大学教授としてラーベルは，1915年に比較法に関する大学内研究所を設立した。しかしこのことは，1926年からのベルリンにおいてラーベルがなした偉大な成果の序曲にしかすぎなかった。彼はベルリンで，外国法及び国際私法に関する皇帝ヴィルヘルムの名を冠した国立研究所（Kaiser-Wilhelm-Institut für ausländisches und internationales Privat rechts）を設立した。今日の法学系のマックス・プランク研究所（Max-Plank-Institut）の中で2番目に古い国立の研究所である。1927年，今日では『Rabels Zeitschrift』と題されている，比較法・国際私法の専門誌『Zeitschrift für ausländisches und internationales Privatrecht』が刊行されたが，これは彼の創刊にかかる。おそらくは，法制史関係の『Savigny's Zeitschrift』とならぶ最も有名なドイツの法学雑誌であ

---

461) *A. Nußbaum*, Deutsches internationatels Privatrecht, unter besonderer Berücksichtigung des österreichischen und schweizerischen Rechts, 1933.
462) *M. Wolff*, Internationales Privatrecht, 1933.
463) Rabelについては，本書所収のその生涯をつづった G. Kegel の論文のほか，とくに，*E. Gamillscheg*, Ernst Rabel (1874-1955). Rechtsgeschichte und Rechtsvergleichung, in: Rechtswissenschaft in Göttingen, hrsg. von *F. Loos*, 1987, S. 456-470 参照。
464) そう述べるのは，*W. Kunkel*, Ernst Rabel als Rechtshistoriker, in: Festschrift f. E. Rabel, Bd. II 1954 1-6（ここでの記述は S. 4)。

る。もう1つ指摘しておかなくてはならないのは，20世紀のドイツ及びアメリカにおける多くの卓越した法律家が，ラーベルの門下生だということである。ここでは，エルンスト・フォン・ケメラー (*Ernst von Caemmerer*)，コンラート・ドゥーデン (*Konrad Duden*)，ヴァルター・ホルスタイン (*Walter Hollstein*)，ルートヴィッヒ・ライザー (*Ludwig Raiser*)，フリードリッヒ・ケスラー (*Friedrich Keßler*) そしてマックス・ラインシュタイン (*Max Rheinstein*) のみをあげておくに止めよう。19世紀においては，ドイツ法律学の世界的名声はフリードリッヒ・カール・フォン・ザヴィニーにおいていた。20世紀のドイツ法律学をみまわしても，ザヴィニーと比肩すべき人物をあげることはできない。しかしながら，つぎのようにいうことはできる。すなわち，20世紀の最初の3分の1にあっては，ドイツの法学は世界に広く開けていたが，これは，ユダヤ出自の偉大なドイツ法律家の研究・仕事なしには達成することができなかった，と。この精神的遺産を取り戻すことは1945年以降ドイツの法学に課せられた課題であり，この課題は，精神の情熱なくしては，けっしてこれを果たすことはできない。若い世代の人々が，ユダヤ出自のドイツ法律家の貢献を確認してくれることは，ザヴィニーがいった「共通の精神的中心点」[465]をみいだすことに役立つはずである。そしてこの精神的中心点はまた，20世紀の終わりにあって，ドイツの法律家を，そのユダヤ系の先達と結びつけるものでもある。

V. 結　語

ここでの概観を締めくくるにあたり，たとえば，ドイツにおけるユダヤ系法律家の世界観にかかわるそのバックグラウンドを改めてスケッチしようと試み

---

465) *F. C. v. Savigny* は，Vom Beruf unserer Zeit für Gesetzgebung und Rechtswissenschaft, 1814, S. 160 で，次のように述べている。「そうなると思惟は，耳を傾ける個々人の種類そして教育がさまざまであることを乗り越えて，共通の精神的な中心点において彼らをとらえる。」と。

たとしても，その精神的志向性が非常に多岐に分かれていることから，これを一般的にいうことは無理だと思われる。このことをまずは強調しておかなくてはならない。ユダヤ系なのに反ユダヤ主義者となった者，マックス・ノイマンのようなナチの同調者，そして左派過激派との間には，共通性はまったくないようにみえる。しかしながら，ユダヤ系法律家の間にもいた，これらの極端なポジションをとった者らを無視するなら，やはりユダヤ系法律家の多くには，ユダヤ出自であることにより規定され，そしてまた，多くがこれに鮮明なドイツ国民としての誇りを結びつけた世界観の共通性を確認することができる。この際，おそらくユダヤ出自だという認識が，国民としての自覚を世界市民という理念と結びつけ，それが，ドイツ古典文学とドイツの理想主義哲学の精神世界への近親観を生むことになったと思われる[466]。ヘルマン・コーヘン（*Hermann Cohen*：1842-1918年）やフランツ・ローゼンツヴァイク（*Franz Rosenzweig*：1886年-1929年）といった哲学者が展開した，ユダヤ社会にその起源をもつ正義の考え方は，ユダヤ出自の法律家にはまったくみられない。その法哲学的・国家哲学的な基本理解は，たとえばケルン大学のロマニスト，フランツ・ハイマンが1924年において述べたように[467]，「世界市民と愛国心」

---

[466] こうした評価はまた，最近の研究で主張されているポジションとも対応している。例えば印象深いものとして，P. Gay, In Deutschland zu Hause. Die Juden der Weimarer Zeit, in: Die Juden im nationalsozialistischen Deutschland, hrsg. v. *A. Paucker*, 1986, S. 31-43。また，それ以前のものである *Toury* (aaO Fn. 72), S. 273 もユダヤ系ドイツ文化人についても同様。精神的に指導的な地位を占めたドイツの法律家の自己理解に関して示唆に富む，ミュンヘンの弁護士 *Sigbert Feuchtwagner* の論文，Die wissenschaftliche und politische Judenfrage (Zeitschrift f. Politik 9 [1916], S. 471-544) においても，ユダヤ人が持つ世界観の感覚は，つぎの点にみいだされている。すなわちそれは，「ユダヤ人は，私自身，私の民族そして文化的な人類にとり神聖であるすべての創造物をともに生み出した」という感覚である (S. 543)。シオニズム，正統信仰そして単なる同化主義とは一線を画そうとした *Feuchtwanger* の立場は，ヒューマニティーという世界観にいきつくものである。

[467] F. Haymann, Weltbürgertum und Vaterlandsliebe in der Staatslehre Rousseaus und Fichters, 1924.

という2つのもののシンテーゼの上に依って立っていた。ハイマンは、この点について、ルソー（Rousseau），カント（Kant），フィヒテ（Fichte）そしてシラー（Schiller）の著作にその決定的な諸範例をみいだすことができるとしたのであった[468]。注目すべきは、多くの学者が積極的にルソーを引用している点である。1933年以前のドイツにおけるルソー研究は、主としてモリッツ・リープマン[469]やフランツ・ハイマンなどのユダヤ系法学者、さらにはまた卓越したユダヤ系哲学者、エルンスト・カッシラー（Ernst Cassirer：1874年－1945年）[470]らの決定的な影響下にあった。これらの人々が展開したルソー像というものが、歴史的に果たして正しいかについては、今日からみると疑問がないわけではない。しかし、ルソーの魅力は、おそらくは、ユダヤ系ドイツ人が、その出身の違いは何らの意味を持たない「社会契約」に基づく社会を創設した人物を、彼の中にみいだした点にある。フランツ・ハイマンは、カントとフィヒテが、ルソーの社会倫理的な理由付けを掘り下げたと考え、そして、歴史哲学者でナチズムの精神的草分け、オズヴァルト・シュペングラー（Oswald Spengler）にたいして、フィヒテによる民族の理解にみられる、世界市民的でかつまた自由を追い求める理念を持ち出して反論したのであった。民族国家により、かつての世界市民のイデオロギーは克服された。20世紀の最初の3分の1においては、ドイツの大方の人は、歴史の流れをそう解釈していたが、ドイツのユダヤ系法律家は、世界市民社会と民族国家の対立を止揚するシンテーゼの可能性を信じていた。法哲学者、マックス・エルンスト・マイヤーは、公

---

[468] 正統信仰から距離をおいたユダヤ家庭にとって、早くも19世紀において Schiller がどういった意味を持ったかについては、H. Makower, Jugenderinnerungen, bei: Richarz, (wie Fn. 374), 444 f. 参照。Makower はユダヤ系商人であった彼の父について次のように記している。「とくに思い出深いのは、彼は、Mendelssohn と Lessing そして百科事典派を読んでいたことである。彼の大好きな詩人は Schiller であり、その擬音を用いた技法に感嘆していた。」と。

[469] Liepmann, (aaO Fn. 326).

[470] E. Cassirer, Das Problem Jean Jacques Rousseaus, Archiv f. Geschichte d. Philosophie 41 (1932), 177–213, 479–513 (ND 1970).

民社会と世界市民社会の矛盾を解決するための統合的な原理を,「ヒューマニティーの理論（Theorie der Humanität)」にみいだそうと試みた。彼は，完全な宥和は,「まずは現実の彼岸」,「法の理念」にあるとしたのであった[471]。1933年のドイツに関してみると，おそらくこれは大いなる幻想でしかなかった。しかし，今日の歴史家は，幻想という陳腐な表現をここで用いることをやはり逡巡すべきである。1898年，モリッツ・リープマンは，そのルソーに関する著書において，『エミール』の有名な一節,「それが何かを正しく判断するためには，それが何であらねばならぬのかを知らねばならない」を引用した[472]。多くのユダヤ系法律家が，相対的なイデオロギーの世界においてヒューマニティーの法文化を主張したことに，おそらく我々は感謝しなくてはならないはずである。トーマス・マンの言葉をかりるなら，彼らにとってシラーは,「自らの眼前にある，淳風美俗，内なる自由，芸術，愛，平和，そしてまた，手をさしのべるような畏敬の念にむけた人の意志そのもの」を意味していたのであった[473]。

---

471) こうした考えは, *M. E. Mayer*, Rechtsphilosophie, 1922 (= Enzyklopädie der Rechts und Staatswissenschaft, Bd. I), S. 93 にみうけられる。
472) *Liepmann*, (aaO Fn. 326), S. 68. Anm. 3〔原文はフランス語の引用となっているが *Liepmann* の訳によった〕。
473) *Thomas Mann*, Versuch über Schiller, 1955, S. 104.

レヴィーン・ゴルトシュミット *

現代商法学の創始者 **

クラウス・ルーイク ***
訳 藤 嶋　　 肇

I. この寄稿について

　おそらく一般に認められている最も偉大なドイツの商法学者の人生と業績を完全に描き出すことは，この書に前もって与えられている枠の中では不可能である。大量の資料より一層多くの事象からなされるべき分析，したがって，専門的研究が前提となると思われるからである[1]。他方，レヴィーン・ゴルトシュミットをただ回想するというのもあまりに芸がない。というのは，彼の死後おおよそ100年，彼を忘れられたものに属させるようなきっかけは存在しなかったからである[2]。とりわけゲッツ・ラントヴェアー（*Götz Landwehr*）[3] 及び

---

* *LEVIN GOLDSCHMIDT*（1829年-1897年）

** Der Begründer der modernen Handelsrechtswissenschaft

*** Dr. *Klaus Luig*：Professor an der Universität Köln（ケルン大学教授）

1) ラントヴェアー・ゲッツ氏の指導のもと，博士号請求論文がハンブルクで目下準備されている。筆者は未だ閲読していないが，博士課程 *Lothar Weyhe* 氏に，このテキストの校閲の感謝を申し上げる。資料の整理に当たっては，共同研究者として *Birgit Silvia Lindemann* 女史の助力を被った。

2) 経歴に関しては，*Sinzheimr*, Jüdische Klassiker der deutschen Rechtswissenschaft, 1953, S. 51 ff. 及び *Kronstein*, Handwörterbuch zur deutschen Rechtsgeschichte, Band I 1971, Sp. 1750 f. も参照。

ペーター・ライシュ（*Peter Raish*）[4] によって行われたゴルトシュミットの業績の内容的な分析とならんで，『総合商法及び経済法のための雑誌（Zeitschrift für das gesamte Handelsrecht und Wirtschaftsrecht）』がこの偉大な商法学者の名を保ち続けている[5]。この雑誌は 1858 年にゴルトシュミットによって，『総合商法のための雑誌（Zeitschrift für gesamte Handelsrecht）』として創刊され，ちょうど 156 巻に到達した。そのような中では，この寄稿は妥協の産物とみえるとしても，必然にか偶然にか，『ゴルトシュミット雑誌（Goldschmidts Zeitschrift）』及びその創設者と結び付けられていたことに気づく著者の感謝のしるしなのである[6]。

II. 一人のユダヤ人学者の人生行路

1. 経歴の概略

ゴルトシュミットの人生行路について記したものは多いが[7]，中でもそれを最も鋭く描き出しているのは，ゴルトシュミットの弟子であるマックス・パッペンハイム（*Max Pappenheim*）の追悼の辞である[8]。レヴィーン・ゴルトシュミットは 1829 年，ダンツィヒで商人のダビット・ゴルトシュミット（*David Goldschmidt*）と彼の妻ヘンリエッテ（*Henriette*：旧姓ラザー：*Laser*）の息子として生まれた。彼は，──いまだ 18 歳になっていなかった──アビトゥー

---

3) Die Handelsrechtswissenschaft an der Universität Heidelberg im 19. Jahrhundert, in: Semper Apertus, Sechshundert Jahre Ruprecht-Karls-Universität Heidelberg, 1386–1986, Bd. II 1985 S. 61 ff., 73 ff. を参照。

4) Geschichtliche Voraussetzungen, dogmatische Grundlagen und Sinnwandlung des Handelsrechts, 1965, S. 56 ff.

5) 詳細は，*Landwehr*, Die ZHR als Organ der Handelsrechtswissenschaft, ZHR 150 (1986), 39 ff.

6) 編集部の所在地及び歴史については，das gemeinsame Vorwort von *Ernst Steindorff, Peter Ulmer und Karsten Schmidt*, in: ZHR 150 (1986), 1 ff. 参照。

7) Fn. 2 も参照。

8) *Levin Goldschmidt*, ZHR 47 (1898), 1 ff.

アの後,さしあたってベルリンの医学部に入学し,法律がユダヤ人市民に法曹への門戸を開いたこともあって,法学部へと替わった。ゴルトシュミットは,法学をベルリン,ボン,ハイデルベルク,そして再びベルリンで学び,1851年にハレで論文「De societate en commandite specimem I」をもって博士号を取得し,プロイセン王国での彼のユダヤ教信仰の前にそびえ立つ職業的困難を考慮して,1855年にハイデルベルクで論文「Untersuchungen zur l.122 §1 D. de V.O. [Dig. 45, 1, 122, 1]」をもって大学教授資格を取得した。それから1856年にアデーレ・ヘアマン (Adele Herrmann) と結婚し,1860年に員外教授,1866年に教授に任命される。ハイデルベルク大学でのゴルトシュミットのめざましい働きを,ラントヴェアーは Ruprecht-Karls-Universität 600周年記念論文集の中で,ハイデルベルク大学史の今に残る証拠と呼んだ[9]。1870年にライヒ裁判所の前身として,ドイツ司法の歴史及び実用的な法統一の確立のために意義深いライヒ(後に連邦)上級商事裁判所が設立された時[10],ゴルトシュミットは直ちに一流の権威としてこの裁判所に招聘され[11],ドイツで初めての純粋な商法講座の担当としてベルリン大学に招かれるまでここに所属した。彼は1876年から1897年の死去までベルリンで活躍した。死後に出版された書簡集[12]には,ハイデルベルクからライプツィヒ,ライプツィヒからベルリンへ移ることについての,きっぱりとした,そしてまたつらい決断が表れている[13]。

2. 交友範囲

彼の友人には,今日とりわけ有名な者のみに言及するとして,ベーゼラー

---

9) Fn. 3 も参照。
10) Gesez, betreffend die Errichtungeines obersten Gerichtshafes für Handelssachen, BGBl. Nr. 22(1869年7月12日), S. 201 = ZHR 14 (1870), 65 ff.
11) 帝国上級商事裁判所で活動するために必要な大学教員資格について,ゴルトシュミットを獲得するために,北ドイツ連邦の領域における,という条件が断念された。*Pappenheim*, ZHR 47 (1898), 10 参照。
12) *Levin Goldschmidt*, Ein Lebensbild in Briefen, 1898.
13) (AaO Fn. 12), S. 326 (Minister Jolly 宛て), S. 340 (同前), S. 383 (ライヒ議会における演説).

(Beseler），ビンディング（Binding），クルティウス（Curtius），グスタフ・フライターク（Gustav Freytag），ヘルムホルツ（Helmholtz），ヘアマン（Herrmann），モムゼン（Mommsen），ストッベ（Stobbe），ヴィントシャイト（Windscheid），また出版業者のヒルツェル（Hirzel）とヘルテル（Härtel）がいる。1881年まではハインリッヒ・フォン・トライチュケ（Heinrich von Treitschke）もこれに加えることができる。トライチケのケースは，本書で格別に言及するに値する。トライチケについては，1868年にゴルトシュミットは，妻に宛てた手紙の中で，その"流れるような雄弁とあふれでる深くかつ緻密な思考"を強調して"まったく申し分のない人物"と賛嘆しており[14]，彼もゴルトシュミットの好意に心から応えていた。しかし1880年にトライチケは自ら，ユダヤ人問題に関して闘争文書の公表を始めた[15]。そしてフーゴ・ジンツハイマーも，"ドイツ法学界のユダヤ人第一人者"についての彼の著作の中で全文を掲載した，1通の手紙で，ゴルトシュミットは長年の高名な友人との関係を断つのである[16]。

"私は歴史家ではないが，本質的なものと偶然的なものを区別して理解し，複雑な発展過程の原因を予断を持たず冷静に完全な証拠の支配のもとで探求すべく歴史を研究するなら，あなたの有しているそれとは完全に異なった結論に至るはずであると信じています。

私の見たところ，今を切り抜けるにはただ2つの方法しかないらしい。つまり，不完全であるがゆえの不幸の原因をあろうことかユダヤ人の宗教観の誤りに見出し，彼らがひどい信仰団体の構成員であり改善不可能なのだと断定するか，あるいは，その原因を人種，つまり太古以来の国籍にみるかのどちらかです。

---

14) (AaO Fn. 12), S. 313.
15) *Treitschke*, PreußJb. 45 (1880), 85 ff., 224 f.; 46 (1880), 661 ff. (*Mommsen* の反論に対する返答) 参照。
16) Lebensbild (aaO Fn. 12), S. 432, 433 f. = *Sinzheimer* (aaO Fn. 2), S. 69, 70 ff.

あなたは基本的に第2の見解を擁護しているように見えます，多少なりとも多くの例外を許容してはいるようですが……。

あなたの考えにのっとれば，明らかに甚だしく咎められるべきことは，成熟した国家感情と愛国心の不足です。しかし一部では，特定の流儀の不足は支配的な商人気質と関連しており，一部ではそれは根源的に法の保護を受けていないことと，差別とから十分に説明されるものです。オランダ，フランス，イタリアのユダヤ人たちは，言うまでもなくその国家へのより古くからの強い愛に満たされています。なぜならば，それらの国家は彼らに数世代以来，人間らしい生活と完全な発展の自由を保障しているからです。外には自由があるのに，内には隷属もしくは冷遇しか見出せないのであれば，ドイツで愛国心が弱くしか育たず，世界主義的な風潮が優勢を占めることは当然です。それでもなお，ユダヤ人の国民的権利が認められた短い間には，その祖国愛は強力に発達したのです，ただし後退する流れによって，それも弱められるでしょうけれど。

完全に無条件の同権，ちなみに私たちは，それを決して，あなたが思うように贈り物や恵みとしては受けとらず，道徳的で法にかなうものとして要求するのですが，その同権を通じてのみ，1つの高貴な人種の数千年来の困窮と恥辱を刻印された損害は賠償されうるでしょう。あなたはいまだかつてふさがれたことのない溝を著しく広げるような方向に動くことによって，また法的な同権に言及することなく，その事実上の実施を困難にし，法的な同化を妨げることによって，あなたはひどい非難を受けることになると私は信じます。あなたは自らの望むことを妨げている，立派な，愛国的な市民の発展を……。"

3. ユダヤ人愛国者

ゴルトシュミットが"立派な，愛国的な市民"をどう思っていたかは彼自身の生活が示している。彼にはそれは——友人トライチケとの劇的な絶交が示すように——単純なものではなかった。いまだ18歳にもならないうちに，この

アビトゥーア合格者は，勉強先のベルリンから両親に宛てて以下のように書いている[17]。"しかし，私は何を始めればいいのでしょう？ ユダヤ法のせいで，私がこれまで抱いていた幻想は破壊されてしまいました。おかげで法律家にも，歴史研究者にも，哲学者にも私はなることができないのです……。"この障害は，1年後——1848年の革命の年！——に取り除かれた。しかし，頑なな現実がプロイセン大学で私講師として教授資格を申請するという彼の希望の前に新たに立ちはだかった。したがって——後になってみれば有益なことではあったが——ハイデルベルクでこの資格を得たことは，彼のドイツの多くの州を通り抜けた長い放浪の旅の帰結だったのである[18]。

　この手の打撃が，ゴルトシュミットの民主的─愛国的態度を動揺させたことは知られる限り1度もない。その若年期から高齢期に至るまで，彼は積極的に政治的活動に参加した。1848年，18歳の彼は姉のサラに大仰な手紙を書いている[19]。"暴徒の蛮行は民主主義を冒涜するものです。だが，彼らには自由の原理をぶち壊すことは今もこの先も決してできない。そして私は，その信念があまりに弱いので，反乱者やギロチンを前にすればその原理がぐらつかざるを得ないような者のほうになびくのです"。そして両親に宛てては[20]"国民はその古く永遠の権利を望み，領主らがそれらを与えました。33年の嘆きが到達し得なかったことを，危機の瞬間が到達させたのです。" 政治的活動とともにゴルトシュミットの手紙の内容も変わってゆく。1870年に彼は高等商事裁判所へ移籍するに際して，彼は親しい大臣のジョリーに以下のように書いている[21]。"私は最高級に気が滅入っている。大事なことのためには何もできない，たとえば戦争を避けることなどは。しかし，どうしようもないのだ。神が私たち神聖なドイツ国民にすばらしき勝利を与えてくれますように。" ゴルトシュ

---

17) Lebensbild (aaO Fn. 12), S. 8.
18) それについては *Sinzheimer* (aaO Fn. 2), s. 64 f.
19) Lebensbild (aaO Fn. 12), S. 14.
20) Lebensbild (aaO Fn. 12), S. 16.
21) Lebensbild (aaO Fn. 12), S. 340.

ミットは時代の申し子として，成立しつつある帝国に一貫して同意していたし，プロイセン及び国家主義者トライチケと決定的に断絶が刻まれてから3年後の1891年にもなお，彼はユダヤ人学生支援団体の祝賀集会で次のような言葉を述べている[22]。"偉大なるドイツ民族国家に私たちドイツユダヤ人は自由意志で，かつ心から所属している。私たちは多くの国籍に分岐した1つの信仰共同体の構成員だが……，しかしそれでもまず第一に国家の市民なのだ……。"今日の若い世代にそのような愛国心の純粋さを伝えることは困難かもしれない。そこに端を発する，この統合への志向の中でユダヤ人として育てられるという悲劇[23]は，しかしながら明らかである。

4. 光　と　影

　悲劇はまた，ゴルトシュミットの法学者としてのライフワークにもついてまわった。彼の業績は，彼の死後にまとめられた305タイトル[24]及び7タイトル——以前に公にされていたものでは数に入れられていなかった——から成り，それに死後に出版された"諸論集"が付け加えられる[25]。また，国外で生活していた時期についても，ドイツ語圏の境界をはるかに乗り越えた大きな名声をほしいままにしている。公の栄誉は予期された通りやってきた[26]。ユトレヒト，ミラノ，パレルモ及びローマの法律家協会の名誉構成員，エジンバラ及びボローニャの名誉博士号，イタリア王室の士官十字章，ロシアの聖アンナ勲章のコムトゥア十字章及びノルウェーの聖オラフ勲章，そしてついにはプロイセン王からの二等宝冠章の授与である。

　この一生涯の業績の基盤は，無条件な真面目さを心がけた，功名心に駆り立てられるというよりはむしろ無私の心である。彼がイェーリング (*Ihering*)

---

22) *Pappenheim*, ZHR 47 (1898), 40. より引用。
23) それにつき，とくに Treitschke に関しては，Thomas Nipperdey, Deutsche Geschichte 1866-1918, Bd, I 1990, S. 408 参照。
24) *Goldschmidt*, Vermischte Schriften, Bd. I 1901, S. 3 ff.
25) *Goldschmidt*, Vermischte Schriften, 2 Bände, 1901.
26) *Pappenheim*, ZHR 47 (1898), 48 参照。

に見たような才知をひけらかす言動とは，彼は"ビスマルク流の遠慮のないディレッタンティズムのまねごと"として距離をとり続けた[27]。ローレンツ・フォン・シュタイン（Lorenz von Stein）らの政治——国家学的手法を，彼は歴史哲学的には"浅学"で"中途半端な思考"しか持たない者たちの"幻想耽溺"だと呼んだ[28]。しかし，ゴルトシュミットが自身及び他者にする要求は，その価値のあるものだった。彼の職業人生は常に肉体的に過大な要求の連続であり，それには絶え間ない自分自身に対する疑いが伴うものであった[29]。ハイデルベルクでの彼の講義を，彼は約9カ月延期した[30]。なぜならば"私がどんなに時間をかき集めても，このテーマはあまりに大きすぎる——だから外面的に輝かしく，内面的には未完成で自立していないもので，私がなにがしかのものを与えるべき聞き手を惑わせるよりは，私が半年教壇に立つことを遅らせるほうがよいと思った"からである。しばしば引用され，ジンツハイマーが書いたゴルトシュミットの肖像で前置きされているのは，次の文である[31]。"私をしばしば深刻でほとんど気分が滅入るようにさせるのは，私の困難な仕事について，そして私がいつの日かその仕事を果たすのにふさわしくなることができるかどうかを考えることだけである。"憂鬱[32]，分裂[33]，そして知的な分散の傾向[34]については繰り返し手紙の中で話題となっているが，おそらく彼が若い員外教授として任務に身を捧げたときにはまだ持っていた満たされない野心のこともあったろう。それは彼に"この新しい生活の中で最も悲しい些細なことをほんのわずかにでも超えて，その先へ出よう"[35]と思わせた。この自らへの不

---

27) Stobbe への手紙, Lebensbild (aaO Fn. 12), S. 431.
28) ZHR 23 (1878), 277, 288.
29) *Pappenheim*, ZHR 47 (1898), 48 f. での言明を参照。
30) Lebensbild (aaO Fn. 12), S. 136.
31) Lebensbild (aaO Fn. 12), S. 181. = *Sinzheimer* 前掲注2), p. 51.
32) Lebensbild (aaO Fn. 12), S. 88, 295.
33) Lebensbild (aaO Fn. 12), S. 160.
34) Lebensbild (aaO Fn. 12), S. 109, 150.
35) Lebensbild (aaO Fn. 12), S. 154.

満に対する絶望に満ちた視点は，成果に満足することを許さず年月の経過とともに状況は悪化した。1892 年に卒中の発作が彼を見舞い，その結末には彼の努力も功を奏さなかった。公開されている最後の手紙は 1893 年及び 1894 年に書かれたもので，役所と彼の友人レーゲンスベルガー（*Regensberger*）博士に宛てられたものである[36]。第 1 の手紙にでは "まず第 1 に商事法に理解のある教師" に代行をしてほしいという希望が述べられており，第 2 の手紙は，以下の言葉で締めくくられている。"……意志力と思考力が麻痺しているので，私は何も変えることができません。" 3 年後，我々の今日の商法典が成立した年，1897 年 7 月 16 日がゴルトシュミットの命日である。

III. 業績の概観

1. 人生と業績

ゴルトシュミットの学究人生においてくっきりと浮かび上がる悲劇的な傾向は，この偉大な商法学者の業績にもまた現れている。遺言執行者——弁護士のヘルマン・ファイト・ジーモン（*Herman Veit Simon*）博士——は遺品の中に，未完の作品が挟まった 106 のファイルを見つけた[37]。これらは 2 人の著名な商法学者——ポッペンハイムとゲッペルト——の積極的な助力にもかかわらず，そのうちの 7 つしか公表する段階には至っておらず，既発表作品とともに "諸論集" として公表されることになる。このようなことは，勤勉な執筆者の場合にはそれほど不思議ではない。しかし，ゴルトシュミットの場合は 10 年以上前の主要業績がその中に存在したのである。それは印刷稿で 326 ページになる 1884 年の "Grundlagen der Besitzlehre" に関する著作だが，そのイェーリングに反対する核心テーゼ——単なる "事実関係" としての財産概念——はグナイスト（*Gneist*）のための記念論文の中ですでに著されている[38]。ゴルトシュミッ

---

[36] Lebensbild (aaO Fn. 12), S. 470 f.
[37] Vermischte Schriften, Bd. I (aaO Fn. 24), S. III.
[38] Studien zum Besitzrecht, in: Festgabe für Rudolf von Gneist, 1888, S. 61 ff.

トはこの個別論文を，部分的にはすでにまとまってから，編集上の推敲がうまくゆかないという理由で撤回してしまった[39]。とにかくも"諸論集"で完全な公表がなされたことは，学問上の遺産を担う者たちにとって幸運であった[40]。多くが未公刊にとどまっていたのは，"そのコレクションの中に眠る……宝を掘り出すことができる唯一の者が死去してしまった"ためである[41]。また，確かにゴルトシュミットの主要な業績である，大成功をおさめた"商法体系"[42]とは異なり，壮大に構想されたハンドブックもまた，完成を恐れる仕事の仕方がたどる運命をはっきりと示していた。1864年と1868年の初版では第1巻の第2部まで[43]，1875年と1883年の第2版では第2巻の第1分冊まで[44]，1891年の第3版では"商法の世界史"を含む第1巻第1部の第1分冊[45]までしか進まなかった。手紙には，この困難な進捗については実際不満であるということ[46]，そしてとりわけ健康上の問題について書かれている[47]。しかし，誤解してはならないのは，それらの困難はその出版物が依拠する法の姿（法体系のイメージ）だけでなく，ゴルトシュミットの人格にも原因を有していたということである。このようなゴルトシュミットの手法に沿い，地理的にも実質的にも

---

39) これについては das Vorwort von *Göppert*, in: Vermischte Schriften, Bd. I (aaO Fn. 24), S. 29. を参照。

40) Vermischte Schriften, Bd. I (aaO Fn. 24), S. 23-349.

41) *Simon*, in: Vermischte Schriften, Bd. I (aaO Fn. 24), S. III.

42) 1. Aufl. 1887, 2. Aufl. 1889, 3. Aufl. 1891, 4. Aufl. 1892.

43) Handbuch des Handelsrechts, Erster Band, erste Abtheilung, 1864; Erster Band, zweite Abtheilung, 1868.

44) Handbuch des Handelsrechts, Erster Band (enthaltend: die geschichtlich-literarische Einleitung und die Grundlehren), 2. Aufl. 1875; Zweiter Band, Erste Lieferung, 2. Aufl. 1883.

45) Handbuch des Handelsrechts, Erster Band (Geschichtlich-literarische Einleitung und die Grundlehren), Erste Abtheilung (Universalgeschichte des Handelsrechts), Erste Lieferung, 3. Aufl. 1891.

46) たとえば Lebensbild (aaO Fn. 12), S. 296.

47) (AaO Fn. 12), S. 468.

普遍的なものを得ようと努め，同時に同等の綿密さをもってこの普遍性のすべてのモザイクを考察しつくそうと試みる者は，人間の限界という壁に突き当たらざるを得ないであろう。

2. 手　　法

　ゴルトシュミットは，"現代ローマ法"の自明性に仕えるのみならず——学説集成の一部分を扱った海上貸付（Seedahlen）についての大学教授資格取得論文はこれに対する多くの証拠の1つである——，その時代の法思想が，実際的なものを含むあらゆる法を，広範囲に及ぶ法の文化史の中にはめ込むことの自明性からもまた生じるような1つの時代に生きた。とりわけゲッツ・ランズベルクが最近，法学史的内容の有意義な研究を指摘した[48]。商法に関しては，ゴルトシュミットはその"遺伝学的手法"または"発生学的手法"について語っている。それは，ここで単純化して述べるとするなら，ローマ法の発展する能力に信頼を置く考え方であり（彼がその世紀の偉大なローマ法学者の体系的な積み重ねに同意する限りにおいて），そのインストロメンタリズムを導入するために現代の取引生活（とりわけ商慣習）の個々の事例へと目を向けるものである。それゆえに体系的かつ帰納的な手法が話題になるのだろう。ゴルトシュミットはこの手法をもって，とりわけトール（Thöl）の（これまた決まり文句風だが）統計的かつ実用主義的な法実証主義に対して独創的に反旗を翻したのだった。商法のこのダイナミックスのただ中に，ゴルトシュミットによって創設された商法学の，異例の，決して満たされ得ない要求は存するのである。その意図しだいでこの学問は普遍性のほうにも，閉鎖性のほうにも向かう。具体的なものや暫定的なものはこれにはなじまない。しかし歴史的な問題と現在の法政策的問題の統合が決して完全には終結することがない以上，現代の読者はゴルトシュミットの著作を2つの構成要素に分かれたものとしてとらえることになる。つまり19世紀の作業環境のもとで限りのない綿密さを伴っ

---

48) *Landwehr* (aaO Fn. 3), S. 78.

て開拓された商法学の世界史という側面と，実用的で法政策的で，今日まで妥当するが，その代わりにそのコンセプトの普遍的な有効性の主張に必ずしも応じるとは限らない作業プログラムという側面である。

3. 商法と民法

よく知られた商法と民法の間の関係にゴルトシュミットが与えた影響は，——周知のごとく今日まで議論の余地のある[49]——両法領域相互の関係が，1861年のADHGBの混合的な規範定立[50]を考慮すれば，まったく別の面を有し得たということを認識してはじめて理解される。今日妥当する法は，両領域の"相対的な"関係を反映しているが，ゴルトシュミットはそれを次のように説明する[51]。"商法は決して商事を規制しているすべてのものを包括しているのではなく，それ本来の法規と法制度とを，適宜に含むものである。……商法は商事においては当然民法より優先される。……商事には民法は補充的に用いられるのである。……"商取り引きにふさわしい法原理として，ゴルトシュミットが示したのは[52]"取引の可能な限りの自由と合法的な不要式性，誠実性及び信頼性の広範な保護，信用の厳格な保障，それもとりわけ債務者や責任財産が容易に認識できることを通じての，簡潔で迅速で確実な訴訟手続"である。ゴルトシュミットの試みは，とりわけライシュによって批判的に評価された[53]。それが，単に実証法的判断にとどまらずその手法に該当すると判断すれば，この批判は，ゴルトシュミット学派の"歴史的—経験的"に特徴づけられ

---

49) それにつき *Karsten Schmidt*, Das HGB und die Gegenwartsaufgaben des Handelsrechts, 1983, S. 7 f., 24 ff., 28 ff.; *Bydlinski*, Handels- oder Unternehmensrecht als Sonderprivatrecht, 1990, S. 7, 9 ff.; *Raisch*, ZHR 154 (1990), 567 ff. の論拠を参照。

50) それにつき *Raisch*, Die Abgrenzung des Handelsrechts vom Bürgerlichen Recht als Kodifikationsproblem im 19.Jahrhundert, 1962, S. 131 f.

51) Handbuch, Erster Band, 2. Aufl. (aaO Fn. 44), S. 370 f.

52) (AaO Fn. 44), S. 365 f. Fn. 2).

53) *Raisch*, Dis Abgrenzung des Handelsrechts vom Bürgerlichen Recht (aaO Fn. 50), S. 15 ff.

た思考方法には，その学問的な反対者の"よりドグマティック，もしくは体系的なものを志向する試み"への理解が欠けているという結論へと至ることになる[54]。しかしゴルトシュミットの民事関連の研究は，この異議の正当性に疑念を起こさせる。その緻密で法のドグマにのっとった各論文――博士論文[55]とならんでたとえば"未成年者の義務について"[56]，"債務者の責任について"[57]，及び占有理論[58]に関する諸論文をあげることができよう――は，いずれにせよ非ローマ法研究者たちにそれが非常に真剣に取り組まれた民事法理論であることの証拠となるものであるからだ。つまり，方法論上の意見の相違はまさに，ゴルトシュミットが――単なる思弁的基盤ではなくもちろん経験的基盤にのっとって――，彼には極めて矛盾していると思われたかのイェーリングが"ローマ法によってローマ法を超える"[59]という言葉で表現した，そのプログラムを実行しようとしたことからきている。ゴルトシュミットはその手法の有用性を，全体として完全には立証できなかったわけであるが，その理由はおそらく，ランズベルクの見解と重なるが，大ハンドブックが，版を重ねるごとにますます練り上げられたその基盤から先に決定的に進むことがなかったこと，また法制史と法のドグマの結合が，それを実地に検証し得たはずの個々の論文においてもまた，かなり一般的な形でしか現れていないこと[60]にみることができよう。しかし，たとえその実現が不完全なままであり，理解もしくはその実用的な利用価値の点で，それにもとづいて生じる期待をそれが明白には実現し得ないということを認めたとしても，その構想の巨大さに対する賛嘆が傷つけられることはない。

---

54) *Raisch*, Geschichtliche Voraussetzungen, dogmatische Grundlagen... (aaO Fn. 4), S. 64 f.
55) De societate en commandite specimen I., 1851.
56) AcP 39 (1856), 417 ff.
57) ZHR 16 (1871), 287 ff.
58) (AaO Fn. 40).
59) *Jhering*, JherJb. 1 (1857), 52.
60) *Landweh* (aaO Fn. 3), S. 78.

4. 法政策学者

ゴルトシュミットの法政策の業績は，——のちの法政策的な転機を顧慮すればまったく少しも当たり前のことではないのだが——今日に至るまで，彼の死後の名声を裏付けてきた。すでに1857年，やっと教授資格を取得したころに，彼はプロイセンの商法典草案を批判することで，我々の商法典の前史に介入している[61]。続いて1860年には，ZHRに付録としてバーデン大公の法務省に提出されたドイツ一般商法典（ADHGB）草案に関する意見書[62]がある。彼の異議のうち多くのものが，その生涯が終わった後に省みられた，というのも今日まで妥当するドイツ帝国商法典において。これは1897年，つまりゴルトシュミットの没年に採択されることになるからである。しかしながら，ゴルトシュミットは彼の時代のもっぱら実務に携わった商法の専門家たちとは違って，今日でも本物の商法学者とみなされているが，その思想は深く民事法学に根ざしていたのであり，彼は，1874年に連邦参議院の決議で招集された"ドイツ民法典の草案作成に際してとられるべき計画及び手法に関して，鑑定人として提案をなすための"第5委員会の委員でもあった[63]。その後第1民法典（BGB）委員会には，ゴルトシュミットの名前は驚いたことにもはや見られないが，ゴルトシュミットは民法典（BGB）の発展過程に学問的貢献という点で引き続きかかわりをもっている[64]。

---

61) Kritik des Entwurfs eines Handelsgesetzbuchs für die Preußischen Staaten, Separatabdruck aus der Kritischen Zeitschrift für die gesammte Rechtswissenschaft Band IV (1857), S. 105-192, 289-363.

62) Gutachten über den Entwurf eines Deutschen Handelsgesetzbuchs nach den Beschlüssen zweiter Lesung, Beilageheft zur Zeitschrift für das gesammte Handelsrecht Band III (1860).

63) これと，これ以下の事柄については *Pappenheim*, ZHR 47 (1898), 34.

64) "Die Codification des Deutschen bürgerlichen und Handelsrechts", in: Neueste Handelsrechts-Quellen, Beilageheft zur Zeitschrift für das gesammte Handelsrecht Band 23, 1878, S. 1-20 参照。

5. 法曹養成教育

今日，再びアクチュアルなテーマとなっている法曹養成教育[65]について，ゴルトシュミットはその全教授人生にわたって心を砕いてきた。最初は手紙[66]，1859年以降は[67]くりかえし出版物の形で[68]。我々には，ゴルトシュミットが熱心な，法学の将来と法学教育の質とを等しく気遣う法教育者であったと想像する理由がある。しかし，それらは彼にとってはいずれにせよ，同時に政治的関心事でもあった。特にプロイセンの状況と関連する彼の試みの主要テーマは，大学の主専攻分野としての商法学の地位を獲得すること及び，"最重要の政治的文化的問題"に答えることであった。その問題をゴルトシュミットはこう述べる[69]。"将来の裁判官，行政官及び弁護士の専門家養成教育の重点は大学に置かれるべきか，それともいわゆる試補見習期間に置かれるべきか？"当時プロイセンで採用されていた年数配分——3年間，兵役期間を考慮に入れればたった2年間の大学での勉学とそれに続く4年間の試補見習い期間[70]——こそが，彼にしてみれば，"ほとんど何も知らず，それにもかかわらず……苦労して試験に受かって，「流し込まれて」くる……学生の割合が増大した"[71]ことの原因であった。それゆえ，ゴルトシュミットは"大学での勉学の最後に，専門的知識をもった試験官による厳しい試験"[72]を要求したのだが，しかしまた"……どれほど優秀なプロイセンの裁判官，弁護士，行政官とはい

---

65) *Schlosshauer-Selbach*, JuS 1991, 169ff.; *Kröpil*, JuS 1991, 260ff. における実証を参照。
66) Lebensbild (aaO Fn. 12), S. 442.
67) Das preußsche Recht und das Rechtsstudium, insbesondere an den preußischen Universitäten, PreußJb. 3 (1859), 29 ff.
68) 例として：Das dreijährige Studium der Rechts- und Staatswissenschaften, 1878; Rechtsstudium und Prüfungsordnung, 1887; Noch einmal Rechtsstudium und Prüfungsordnung mit besonderer Rücksicht auf den praktischen Vorbereitungsdienst, 1888, in: Vermischte Schriften, Bd. I (aaO Fn. 24), S. 575 ff.
69) (AaO Fn. 24), S. 581.
70) (AaO Fn. 24), S. 581, 592.
71) (AaO Fn. 24), S. 601.
72) (AaO Fn. 24), S. 614.

え，ごくまれな例外を除いては，学術的でかつ丹念な試験を行うにはまだ水準以下であり，これは，優秀な者たちのあらゆる賞賛に値する努力にもかかわらず，そうでしかあり得ないのだ"[73]とも考えていた。国家試験について，また学問的及び実務的専門教育の関係をめぐる確執[74]は，今日の我々にとっても，当時とは異なった見解の下での関心事である。その根拠を，大学での勉学がそうこうするうちに，ゴルトシュミットには決して予測不可能だったほどに，——今日の観察者たちの多くの目には無論まだ不十分であると映っているのだが——実務に即したものとなり，そしてひょっとすると学問的な深みが失われているのではないかというところに求めるように，重心は変化した。当時，それが専門家養成教育の時間の配分をめぐって2つの相互にほとんど関連のない段階において争われた一方で，今日では，それをどのように，どの程度関連させるかということが問題になっている。また当時は，強さを増してきた国家に対する大学の防衛意思が問題であったのに対して，今日では第1に，実効性の基準が討議の対象になっている。ゴルトシュミットはまさに専門教育の議論においては，明らかにその時代の寵児であったのであり，たとえ今日の読者が，ゴルトシュミットの説明は受け入れがたいということを自ら確認したとしても，そのことは変わらない。ゴルトシュミットの，法律専門家養成教育を法律文化に対する貢献と評価する際の熱意，つまり彼の，実務的専門教育が優先される中で，いわば論理的な前提能力をもつよりよい教育者となるための法律専門職を守ろうとする決然とした態度は，私たちの現在の議論の背景にしても，一致して一考に値する。

6. "ゴルトシュミット誌"の中のゴルトシュミット

彼が"ゴルトシュミット誌"の創刊者であることは，——ちなみにこの雑誌は，生前からしばしばそう呼ばれてきたにもかかわらず，決してその名を

---

73) (AaO Fn. 24), S. 615 f.
74) それにつきとくに *Hassemer/Kübler* und *Hensen/Kramer*, in: Verhandlungen des 58. Deutschen Juristentages, Bd. I 1990, Gutachten E und F.

冠していたわけではない——，すでに上述Ⅰで言及した。ゴルトシュミットはこの雑誌の現役の編集者を34年間つとめ，この間，そこに報告，追悼文，書評とならんで28の大きな論文[75]を発表した。それらは，その学者人生のテーマ及び成果を映すものと理解できる。ほんのわずかしかあげることができないが，"試験売買，見本売買"[76]に関する，パンデクテンに依拠した法ドグマ上の記念碑的論文のすぐ後に，貨物運送[77]における鉄道会社の責任に関する，きわめて実務に即した論文が続き，それにいくつかのドイツ一般商法典（ADHGB）の導入に関する論文が続いて[78]，その後に商法における信頼できる権利獲得に関する基盤研究が来るといった具合である[79]。ハンドブックでは，金銭概念及び金銭債務に関する，包括的な機能上私法上の規範を提示したゴルトシュミットは[80]，"貨幣の法理論"に関する論文では，後の"貨幣の国家理論"の基盤となるハルトマン（*Hartmann*）[81]の業績を批判し[82]，彼自身がより新しい理論を提示することによって，それが先見性の点で劣ることを率直に明らかにした。"貨幣理論は経済的なだけでなく，法律的でもなくてはならない……，原則として，貴金属だけが，しかも金属の価値と額面価値の一致するときにのみ，それは真の（理想的な）貨幣であるという，自然に即し，かつ秩序ある事実関係はそこから始まるのだ，というのである。それに対して，通常の事態ではなく，規定どおりの重量を有しない金属貨幣，信用貨幣，紙幣といったものを……法的に支払い手段として認めるような例外的な事態に貨幣の概念をもとづかせようとする試みはつまり，確かに可能ではあるが異例というべき

---

75) それにつき *Landwehr*, ZHR 150 (1986), 42 ff.; ここではとくに注8.の実証を見よ。
76) ZHR 1 (1858), 66 ff., 262 ff., 386 ff., 554 ff.
77) ZHR 4 (1861), 569 ff.
78) ZHR 5 (1862), 204 ff., 515 ff., ZHR 6 (1863), 41 ff.
79) ZHR 8 (1865), 225 ff.; ZHR 9 (1866), 1 ff.
80) Handbuch, Erster Band, zweite Abtheilung (aaO Fn. 43), S. 1066 ff.; これについてはまた *Karsten Schmidt*, Geldrecht, 1983, Vorbem. zu §244 Rdnrn. A 5 ff.
81) Über den rechtlichen Begriff des Geldes und den Inhalt von Geldschulden, 1868.
82) ZHR 13 (1869), 368 ff.

貨幣の特質の拡散をその概念の1つの基本要素へと持ち上げる態度であり，それは許されないことに，貨幣の法理論においても客観的経済的基盤を放棄することになる"[83]。もしゴルトシュミットがここで彼が掲げた経験上の手掛かりを自覚していたならば，彼は使い古され，現実から取り残された概念にとらわれる代わりに，その貨幣理論はきっと永続的な重要性を獲得していたはずである。

さらに，補助者の責任に関するゴルトシュミットの論文では，ローマ法からドイツ一般商法典（ADHGB）に至るまで橋が架けられたが[84]，その一方で1884年——その年の徹底的な株式法改正の直前[85]——に行われた講演に由来する"株式会社法の改正"に関する論考は，再び彼が法政策学者であることを認識させる[86]。またゴルトシュミットは，19世紀に激しく戦わされた，有価証券の学説にまつわる議論に集中的に介入し[87]，とりわけ民法典（BGB）立法者に対して，その794条第1項に見られる，今日に至るまで具体的な議論を妨げ続けている，作成説の弱点を警告している[88]。その創作力がまだ頂点にあった1889年，ゴルトシュミットは"30年の後に"というタイトルの下にZHRの創立史を記念し[89]，満足をもって以下のように断言した[90]。"この雑誌が生まれた時，ドイツにはいくつかの点で——決してすべてにおいてではない——外国に比べて質の悪い，不十分な商法文献しかなかったが——今日では，この法部門は育成に関して，他の法部門の学問的専門家養成教育に劣ることは決してない……。したがって，この重要な専門分野において，成熟した法思想の内部的な力を通じて次第に実現される法分野の均衡には好ましい展望が用意されている

---

83) （AaO Fn. 82），S. 375.
84) Fn. 57 参照。
85) それにつき *Schubert/Hommelhoff*, Einhundert Jahre modernes Aktienrecht, 1985.
86) ZHR 30 (1885), 69 ff.
87) ZHR 28 (1883), 63 ff.; 29 (1884), 18 ff.
88) ZHR 36 (1889), 124 ff.
89) ZHR 35 (1889), 1 ff.
90) （AaO Fn. 89），S. 9.

のであり，また，より高く評価されていいと思われるのは，すべての文明国のひたむきな力の学問的に実り多い共同作業である。……この雑誌が創刊されたのは，なお古いドイツ領邦の統治の下ではあったが，しかしそこにはすでに輝かしい未来の夜明けの光もさしていた。非常にきっぱりと断言できるのは，ドイツ国家のいまやほとんど完成しつつある法の統一にとって，あらゆる法分野の中で，商法学が最も強力な先駆者であったということだ。"

ZHR の編集部は，新しい問題提起はもっているとはいえ，現在まで意識的に明確に，レヴィーン・ゴルトシュミットの要求の高い計画を引き継いでいるのであり[91]，それに際してはもちろん，"ドイツ商法学を学問的に扱うことと，この雑誌の意味[92]をめぐる"より具体的な準備作業が根底にある。それは 1986 年に第 150 巻で改めて巻頭で掲げられたものであり，この仕事の繁栄はとりわけ——今日では経済法をめぐって拡大された——"商法全体"の問題のために尽くす，高い質の執筆者たちをそろえることにかかっているのだという今日でもなお有効な確信もまた，結局はそこに行きつくのである。

Ⅳ. 今日のゴルトシュミット研究

レヴィーン・ゴルトシュミットは——彼の商法学者としてのライバルであるトール[93]とは異なり——当時まだ歴史の浅かった商法の研究テーマを学術的な努力を費やして促進し，それを通じて——彼の努力の短期的な成果は断念して——それらに学術的な質の高さを与えた。ゴルトシュミットの働き（研究活動）への反響は全世界に広がり，——何といってもとりわけ経済学と弟子マックス・ウェーバー（*Max Weber*）に与えた影響を通じて——複数の専

---

91) Fn. 57 参照。
92) ZHR 1 (1858), 1 ff. = ZHR 150 (1986), 15 ff.
93) Thöl についてはたとえば Kleinheyer/Schröder, Deutsche Juristen aus fünf Jahrhunderten, 3. Aufl. 1989, Anhang Nr. 108a, mit Hinweis auf die Monographie von *F. Gercke*, Heinrich Thöl, 1931 を参照。

門領域にまたがっている[94]。ドイツの法学者で同様な栄誉をもつ人は多くはない。12 年間の国民社会主義の統制も——ジンツハイマーはたとえばハイマン（*Haymann*）の意見の急変を例にあげる[95]——偉大な商法学者の名を自覚的な学問から排除することはできなかった。ZHR の表紙で，ゴルトシュミットの名前が見られないのは，今日までの 155 巻のうちの 8 巻に過ぎない。すなわち，第 103 巻（1936 年）から第 110 巻（1944 年）までの間である。商法学にとって，1945 年以降，途切れた筋を再びつなぐことは困難ではなかった。両ドイツにおいてレヴィーン・ゴルトシュミットの記憶は違うふうによびおこされたが，新しいイデオロギーの下では，ドイツ帝国，ひいては 19 世紀の法文化を継受することは拒絶され，時代に即した商法は，労働者階級とその協力者の利益を実現するという目的に沿って，社会状況に計画的に作用するためのメカニズムとして把握された[96]。アカデミックな法文化が被ったこのような損害は，一時的で，除去可能な類のものであってほしい。今日，ゴルトシュミットの影響はまったく別の——政治的には地味だがしかしそれゆえに強調すべきせられる——側面から脅かされている。すなわち，法体系及び法学と人文科学一般，特に歴史学との結び付きが失われているということによってである。ゴルトシュミットの死後の名声を気遣いつつも，この展開を阻止することのできないなら，法学の方法論に希望を見出さざるを得ないだろう。いずれにせよ，その際にはゴルトシュミットの法思想の有用性を法学の意識の中に保持できなくてはならない。たとえば——きわめておかしなことに第 1 編に置かれている[97]——代理商に関する商法典（HGB）の規範に，今日の流通機構の状況に照らして，販売商組織，仲立人組織，フランチャイズ組織にも適用できるような垂直的販売関係に関する一般的規範としての法原則を求めようとするとしたら[98]，そ

---

94) それにつき *Kronstein* (aaO Fn. 2), Sp.1751.

95) (AaO Fn. 2), S. 51.

96) *Kreutzer* u.a. (Autorenkollektiv), Handelsrecht, 1981, S. 13 ff.

97) *Karsten Schmidt*, Handelsrecht, 3. Aufl. 1987, S. 456 f. 参照。

98) (AaO Fn. 97), S. 669 ff. 参照。

の方法をゴルトシュミットだったら,きっと"遺伝的"もしくは"帰納的"と呼んだことだろう。すべての現代を超えて志されるあらゆる思考体系と同様,まさしくゴルトシュミットの方法もまた,その創設者の認識可能だった地平を超えてさらに先に進み続けることが可能なのであり,それには現代商法学の未来のプログラムとして,この寄稿に沿うように言いかえられたイェーリングの言葉[99]がふさわしい。"ゴルトシュミットでゴルトシュミットを超えろ!"[100]であるこれこそは,自らもまた歴史家であるにもかかわらず,本物の歴史になることはきっと欲していなかった,ひとりの学者にふさわしい感謝の言葉であろう。

レヴィーン・ゴルトシュミットの著作 (抜粋)

De societate en commandite specimem I., 1851.

Untersuchungen zur l.122 §1 D. de V.O.(45, 1), 1855.

Kritik des Entwurfs eines Handelsgesetzbuchs für die Preußischen Staaten, Kritische Zeitschrift für die gesammte Rechtswissenschaft 4 (1857), 105-192, 289-363.

Ueber die wissenschaftliche Behandlung des deutschen Handelsrechts und den Zweck dieser Zeitschrift, ZHR 1 (1858), 1-24 = (Neuabdruck) ZHR 150 (1986), 15 ff.

Der Lucca-Pistoja-Actien-Streit, 1859.

Gutachten über den Entwurf eines Deutschen Handelsgesetzbuchs nach den Beschl?ssen zweiter Lesung, Beilageheft zu ZHR3 (1860).

Der Abschluss und die Einführung des allgemeinen Deutschen Handelsgesetzbuchs, ZHR 5 (1862), 204-227; ZHR 5 (1862), 515-584; ZHR 6 (1863), 41-64.

Handbuch des Handelsrechts. Erster Band, erste Abtheilung, 1864; erster Band, zweite Abtheilung, 1868. Zweite Auflage, erster Band, enthaltend die geschichtlich-literarische Einleitung und die Grundlehren, 1875; zweiter Band, erste Lieferung, 1883. Dritte Auflage, erster Band, Geschichtlich-literarische Einleitung und die Grundlehren, erste Abtheilung: Universalgeschichte des Handelsrechts, erste Lieferung, 1891.

Ueber den Erwerb dinglicher Rechte von dem Nichteigentümer und die Beschränkung der dinglichen Rechtsverfolgung, insbesondere nach handelsrechtlichen Grundsätzen, ZHR 8 (1865), 225-343; ZHR 9 (1866), 1-74.

Zur Rechtstheorie des Geldes, ZHR 13 (1869), 367-390.

---

99) (AaO Fn. 59) 参照。
100) Handelsrechtsbild des Verf. JuS 1985, 249 ff.; 対立概念として *Zöllner*, ZGR 1983, 82 ff. 参照。

Die Codification des Deutschen bürgerlichen und Handels-Rechts, ZHR 20 (1875), 134–171.

Das dreijährige Studium der Rechts- und Staatswissenschaften, 1878.

System des Handelsrechts mit Einschluss des Wechsel-, See- und Versicherungsrechts im Grundriss. Erste Auflage 1887; zweite Auflage 1889; dritte Auflage 1891; vierte Auflage 1892.

Studium zum Besitzrecht, in: Festgabe für Rudolf von Gneist, 1888, S. 61–97.

Vermischte Schriften, 2 Bde., 1901.

レヴィーン・ゴルトシュミットに関する文献 (抜粋)

Sinzheimer, Levin Goldschmidt, in: Jüdische Klassiker der deutschen Rechtswissenschaft, 1953, S. 51 ff.

Kronstein, Levin Goldschmidt, in: Handwörterbuch zur deutschen Rechtsgeschichte, Band I 1971, Sp. 1750 f.

Pappenheim, Levin Goldschmidt, ZHR 47 (1898), 1 ff.

ハインリッヒ・デルンブルク*

後期パンデクティスティク及び
プロイセン私法の「侯爵」**

クラウス・ルーイック***
訳　坂　本　恵　三

I．生涯及び学問的経歴

　デルンブルクは，19世紀中葉から大学教員となったユダヤ系の初期の十数名に属する法律家の1人である。これらの法律家のうち，民法に従事したのは，ほんのわずかな者に限られる。デルンブルクは，その中で最も有名な1人となった。たとえ彼が，一般的な評価による当時の最も著名な法律家の一群に属するには至らなかったとしても，彼は，「法律学の侯爵」という称号に満足したことであろう[1]。

　ハインリッヒ・デルンブルクは，1829年3月3日マインツで誕生した。当時彼の父，ヤコブ・ハインリッヒ・デルンブルク（Jakob Heinrich Dernburg：1795年-1878年）は，マインツの弁護士であった。のちに彼は，宮廷裁判所

---

  * HEINRICH DERNBURG（1829年-1907年）
 ** Ein „Fürst" der Spätpandektistik und des preußischen Privatrechts
*** Dr. *Klaus Luig*：Professor an der Universität Köln（ケルン大学教授）
 1) *H.-P. Benöhr,* Jüdische Rechtsgelehrte in der deutschen Rechtswissenschaft, in: K. E. *Grözinger* (Hrsg.), Judentum im deutschen Sprachraum, 1991, S. 280, 294; nach E. *Seckel,* Gedächtnisrede auf H. D., 1908, S. 15.

の弁護士と上級裁判所訴訟代理人となり，その後1845年から1849年にかけてギーセン大学で，ローマ法とフランス法，民事訴訟法の教授となった。彼の経歴は，ダルムシュタットの上級控訴破毀院の顧問官で終わっている。母，ロザリエ・ライナッハ（Rosalie Reinach：1811年-1886年）を通じて，デルンブルクは，レーニンク家及びギールケ家と姻戚関係にあった。デルンブルクの両親はいずれも，ユダヤ系家族の出身であるが，1841年に2人の息子すなわちハインリッヒとフリードリッヒ（1832年-1911年）[2]とともに，プロテスタントに改宗した。その後まもなく彼の父は，上級裁判所訴訟代理人に任命されたのである。

デルンブルク家の繁栄は，のちにハルトヴィッヒ・デルンブルク（Hartwig Dernburg）と呼ばれたデルンブルクの祖父，ツェビ・ヒルシュ（Zebi Hirsch：1758年-1836年）によってすでに始まっていた。ハルトヴィッヒ・デルンブルクは，キャバレーの経営者や古物商，宿屋の主人であったが，のちにマインツのユダヤ人街で商人となった。彼は，タルムード（ユダヤ法典の解説）の精通者と認められており，ヘブライ語の作家としてもひとかどの名をなした[3]。いずれにせよハルトヴィッヒ・デルンブルクは，彼の子供達を大学で勉強させたのである。息子の1人，ヨーゼフ・ナフタリーエ・デルンブルク（Josef Naftalie Dernburg）は，東洋学を勉強し，のちにフランスへ移住した。ハインリッヒの父，ヤコブ・ハインリッヒ・デルンブルクは，法律学の勉強のためにボンとギーセンへ送られた。

生まれてすぐの何年間かをハインリッヒ・デルンブルクは，マインツにあるきちんとした中産階級の両親の家で過ごした。両親の家は，才能に恵まれた若い男に十分なスタートの機会を提供できたのである。1832年には，そこで弟のフリードリッヒ（1832年-1911年）も生まれた。父が，ギーセン大学の教

---

[2] Zu Leben und Werk insgesamt ausführlich: *Werner Süss*, Heinrich Dernburg – Ein Spätpandektist im Kaiserreich. Leben und Werk, 1991; *H. Sinzheimer*, Jüdische Klassiker, S. 73.

[3] *Süss*, (aaO Fn. 2), S. 3.

授になったのち，家族はギーセンへ引っ越した。ギーセンでデルンブルクは，高等学校卒業試験に合格し，引き続き同地で法律学を勉強し1849年に学部卒業試験に合格した。法律家の使命についてのイメージに決定的な示唆をデルンブルクが得たのは，おそらく彼の父からであったのだろう。彼の父は，フランス法及び陪審裁判所に関する問題の研究によって，偏見のない近代的な法律家として有名になっていた[4]。

　1848年デルンブルクは，ギーセン大学の学生組合トイトニアに加入した。彼は，政治的な集団には加わらなかった。しかしのちに彼の弟が記述しているところによれば，デルンブルクは，彼が属した学生組合トイトニアにおいてもおそらく尊重されていたような聖パウルス教会の運動のリベラルで国民的な理念に傾倒しており，しばしば集会に講演者として出席した[5]。マルメの停戦ののち，デルンブルクは，ギーセン市民の比較的大規模な集会に，武器を手にして聖パウルス教会の議会を急いで救援するように促した。この呼びかけに応じた聴衆のわずかな者達は，フランクフルトに向かう途中で逮捕された。しかし当初は内乱罪かと思われたこの事件は，幸運にも分別のない若気の愚行として無罪で終わった。彼の弟フリードリッヒの意見によれば[6]，この事件が，「赤い労働者党」のみたところでは，デルンブルクを「ギーセンの最も貴重な構成員」としたのである。この失敗が，デルンブルクの気持ちを萎えさせることはなかった。1849年5月デルンブルクは，聖パウルス教会の目的を最後の瞬間まで達成するために，自らの手でバーデン革命を支援しようとしたが，彼の弟によって連れ戻された。さらに1849年8月，デルンブルクは，学部卒業試験に合格し大学での勉強を終え，引き続き「財産の買入」に関する学位論文の執筆に着手した。この学位論文にもとづいて，デルンブルクは，1850年4月4日ギーセン大学で「最高の成績で」学位を取得した[7]。だが，デルンブルク

---

[4] *Süss*, (aaO Fn. 2), S. 11; *Seckel*, (aaO Fn. 1), S. 18.
[5] *Süss*, (aaO Fn. 2), S. 13.
[6] *Süss*, (aaO Fn. 2), S. 15.
[7] Über die Emptio bonorum, 1850.

の指導教授であったかは，わからない。彼の父は，当時すでにダルムシュタットの裁判官であった。

　学位を取得したのちデルンブルクは，ベルリン大学で半年間研究を続けた。ベルリン大学で彼は，フリードリッヒ・ルートヴィッヒ・ケラー（*Friedrich Ludwig Keller*）の影響を受けた。かつてチューリッヒの急進的なリベラル集団の指導者であったケラーは，スイスを離れたのち1843年ベルリンにおいて最終的に，君主によって指名される貴族院議員の一員となった。ズース（*Süss*）によれば，理論と実務の架橋を意図したケラーの学問的な基本方針は，デルンブルクに影響を与えずにはいなかった[8]。ザヴィニー（*Savigny*）との出会いは，どちらかといえばなかったであろう。

　デルンブルクは，ベルリンからハイデルベルクに移り，1852年ハイデルベルク大学においてカール・アドルフ・フォン・ヴァンゲロフ（*Karl Adolf von Vangerow*）のもとで，「相続財産返還請求訴訟と個別訴訟の関係について」という教授資格申請論文を提出し，教授資格を得た[9]。ヴァンゲロフは，当時最も有名なパンデクテン法学者の1人であったが，彼の厳格な原典純正主義と実証主義によってすでに彼の同時代の研究者の意見でも，「今日の法意識」及び実務の要求に対してはまったく無関心であった[10]。デルンブルクは，3年間ハイデルベルク大学で私講師として教鞭を執った。その間，彼は，相殺に関する評価の高い論文[11]を完成させ，ブリンクマン（*Brinckmann*），クラインシュロート（*Kleinschrod*），マールクヴァールドセン（*Marquardsen*），パーゲンシュテッヒャー（*Pagenstecher*）という他の4人の私講師とともに，「法律学全体に関する批判的雑誌」を創刊した[12]。1854年デルンブルクは，急進的リベ

---

8) *Süss*, (aaO Fn. 2), S. 19.
9) Publiziert: Heidelberg 1852.
10) *Süss*, (aaO Fn. 2), S. 22.
11) Die Compensation nach dem römischen Recht dargestellt, 1854, 2. umgearbeitete Auflage, 1868.
12) 5 Bände, 1853–1859; unter Vereinigung mit der „Kritischen Ueberschau" fortgeführt ab 1859 von *Pözl, Arndts, Dernburg, Bluntschli, Hillebrand, Marquardsen* und

ラルな旧友ケラーの仲介により Th. モムゼン (*Th. Mommsen*) の後継者としてチューリッヒ大学に招聘された。のちに 1883 年デルンブルクは,「ローマ法の法律上の占有の展開と概念」という著書[13]の前書きにおいて, そのチューリッヒ時代が彼にとって大変重要であったと記している。すなわち,「法理論は, 単に法理論自体のために存在するのではない……という確信を, チューリッヒにおいて強めたのである[14]。私は, 実践的な民族のように, ドイツにおいては 1 度も制定法として把握されたことがなく, 書かれた理性として自由にかつ巧みに利用することができたローマ法に気づいたのである」。それにもかかわらずデルンブルクは, ずっとチューリッヒに留まるつもりはなかった。彼の支援者であるイェーリング (*Jhering*) に知らせたように, 担保権に関する多岐にわたる問題を扱った論文[15]によって, デルンブルクは,「積極的かつ活発にドイツの学問を構築することに」寄与することを試みたのである。同じ手紙の中でデルンブルクは, 彼クラスの学者に「ドイツでポストを提供しようとしないで, 価値のない者を優遇する……」ことは,「屈辱的である」と記している[16]。イェーリングは, デルンブルクの「若い猟犬的な性格」をやんわりとからかいながらも, デルンブルクのために仲介の労を執り, イェーリングの仲介によってその後 1862 年デルンブルクはついに待ち焦がれた招聘, しかもハレ大学への招聘を受けたのである。その時はデルンブルクもイェーリングには, たいそう感謝した。しかしまもなく手紙が届き, デルンブルクは当然のことながらハレ大学のランクを非常に高く評価しているわけではないことがあきらかになった。デルンブルクが, すでに 1865 年からハレ大学の選挙によって選ばれた代表者としてプロイセンの貴族院に招集されてからは, デルンブルクはわずかな

Stintzing als „Kritische Vierteljahresschrift für Gesetzgebung und Rechtswissenschaft"

13) Publiziert: Halle 1883.
14) *Süss*, (aaO Fn. 2), S. 27. Vgl. auch U. *Falk*, Ein Gelehrter wie Windscheid, 1989, S. 72
15) Das Pfandrecht nach den Grundsätzen des heutigen römischen Rechts dargestellt, Band I, 1860, Band II, 1864.
16) *Süss*, (aaO Fn. 2), S. 28. Zu *Jherings* Äußerungen über *Dernburg* s. M. *Losano*, Der Briefwechsel zwischen Jhering und Gerber, Teil 1, 1984, S. 331, S. 464 und öfter.

間ボン大学でポストを狙ったが，ボン大学は彼を望まなかったためこれが実現しなかったのち1872年，ついにハレ大学からベルリン大学法学部へという願ってもなくまた当時まったく尋常ではない昇進を果たしたのである。

　チュービンゲン大学への招聘が，1871年デルンブルクにベルリン大学教授の候補者として自らを文部省に届け出る機会となった。その際デルンブルクは，パンデクテンの講座の候補者のうち彼以外，プロイセン法の講義を担当できる者はいないということを，自分のために論拠として示した。それどころかデルンブルクは，おそらく貴族院で彼に注目していたと思われるビスマルク（*Bismarck*）を自分のために動かすことに成功した。しかしこの試みは，功を奏さなかった。チュービンゲン大学の招聘を断ったのち1872年デルンブルクは，教授の欠員が充足されなければならないベルリン大学への第2回目の試みを企て，ファルク（*Falk*）大臣に教授招聘について自らを推薦した。再びビスマルクも介入した。しかしベルリン大学法学部は，文部省にイェーリングとヴィントシャイト（*Windscheid*）の名前を記したリストだけを提示した。なぜデルンブルクの名前がリストにあがっていないのかという文部省からの問い合わせに対して，ベルリン大学法学部は，きわめて明確に，デルンブルクが，ヴィントシャイトとイェーリングと競合する可能性がないこと，それどころか「副次的にデルンブルクを，民事法の他の教員と同等に顧慮することができるかが，疑わしい」ということを，回答した。ヴィントシャイドとイェーリングが，招聘を断ったのち，ベルリン大学法学部は，現実にこの問題を検討しなければならなかった。検討の対象とされたのは，デルンブルクの他，E. I. ベッカー（*E. I. Bekker*）とアドルフ・シュミット（*Adolf Schmidt*），A. ブリンツ（*A. Brinz*），レヴィーン・ゴルトシュミット（*Levin Goldschmidt*）であった。最終的には，ゴルトシュミットとベッカー，デルンブルクの名前を記載した名簿が，作成された。デルンブルクが第3順位であることは，学部の提案において冷ややかかつそっけなく理由づけられた。とりわけデルンブルクのプロイセン私法については，独自性と独創性が欠けると評された。それにもかかわらず文部大臣は，ゴルトシュミットとベッカーを無視して，第3順位のデルンブル

クを招聘したのである。あきらかに文部大臣は，ビスマルクの希望に従ったのである。おそらくビスマルクは，「終生格別に絶大な信頼をよせた」デルンブルクを，国王が，ただちに貴族院に招集することも配慮したと思われる。貴族院においてデルンブルクは，「新会派」の指導的構成員の1人として，司法案件委員会や他の特別な使命をともなう委員会において終生膨大な仕事を行った[17]。

招聘の際の事情にもかかわらず，デルンブルクのベルリンでの活動は，学生及び同僚によってきわめて高く評価された。学位取得50年のお祝いにベルリン大学の同僚が，デルンブルクに祝賀論集を献呈したが，そこでは以下のように記されている。すなわち「……デルンブルクに固有の実務的な洞察力は，ローマの法律家からみて，この洞察力がこれまでほとんど機能しないことがないほど卓越したものにまで研ぎ澄まされた。感謝と尊敬の気持ちを持って，私達は，デルンブルクによってはじめて，プロイセン私法という本来の学問が，どのようにして創設されたのかということを体験したのである」。これは，当初「独創性に乏しい」と評価された著書に関するものである。さらにつぎのように記されている。すなわち「デルンブルクが，私達にとってどのような存在であったか，つまり，義務追行の手本であり，常に助力と助言を提供する者であり，対立が生じた場面では熱心で上手に取りなすことができる仲介者であり，学部と大学の利益と独立が問題となる場面では忠実な友（忠義者エッカルト）であった……ということに対して，私達はデルンブルクにとくに衷心からの感謝を表明する[18]。これらすべてのことが本当にそう思われていたということを，1907年12月7日 E. ゼッケル（*E. Seckel*）が，「ベルリン大学の学生達の自発的な運動によって」挙行されたデルンブルクの追悼式において，温かくほとんど友人に語りかけるような口調で行った追悼講演が，裏づけている。

この追悼講演においてゼッケルは，当時の原理上の論争へのデルンブルクの位置づけを行っている。ゼッケルは，1848年を転機と考えている。「歴史的な

---

17) *Süss*, (aaO Fn. 2), S. 113.
18) *Süss*, (aaO Fn. 2), S. 43.

細目それ自体のために歴史的な細目に没頭すること,つまりいわゆる革新者の誤り,すなわち現代的慣用の貴重な成果を洗い流すことによる,あの決定的な普通ローマ法のローマ化への回帰——19世紀前半の歴史学派のこれらすべての特異性は,より活動的でかつ一層現実的な実務の見解に敗れ去ったのである」[19]。その先駆者は,イェーリングであった。しかしゼッケルが言うように,「法教義学者」たるデルンブルクが,あらたな使命の追行に際して,イェーリング本人よりも大きな成果を上げたということについて,ゼッケルには疑いの余地がなかった。デルンブルクは,「臆病な」ヴィントシャイトとは異なって,あらたな方向に同調したが,「原理的問題については冷静に折衷的な立場」をとった[20]。ゼッケルにとってデルンブルクは,実務上不可欠のセンスを持った偉大な教義学者であった。ゼッケルは,デルンブルクを「法律学における侯爵,偉大な法律家」と呼んでいるが,同時にまた学問をあらたな軌道に強いて導いた「王」とは呼んでいない[21]。それゆえゼッケルは,デルンブルクが,歳とともに法史学とのつながりを失い,80年代にローマ法修正のあらたな研究を拒絶したことを遺憾に思わざるを得ないのである[22]。しかし他方でゼッケルは,相殺と担保権に関するデルンブルクの多数の歴史的論文が,当時一般的であったのと比較してより多数の中世の法律文献及び現代的慣用に由来する資料を含んでいることを,強調している[23]。ゼッケルは,この点に,彼が古典的ローマ法体系と並んで是が非でも必要であると考えた普通法の歴史の萌芽があると考えている[24]。それゆえデルンブルクは,正しい理解による「歴史法学派」すなわち法の歴史的変遷を法のさらなる変遷可能性を認識して研究した歴史法

---

19) *Seckel*, (aaO Fn. 1), S. 6, 7.
20) *Seckel*, (aaO Fn. 1), S. 7, 20.
21) *Seckel*, (aaO Fn. 1), S. 15.
22) *Seckel*, (aaO Fn. 1), S. 16.
23) *Seckel*, (aaO Fn. 1), S. 9, 13.
24) Dieser Ansatz ist dann aber erst in der Generation nach *Seckel* durch *Genzmer* fortgeführt worden; vgl. dazu *Coing*, Erich Genzmer (1893–1970), in: Juristen an der Universität Frankfurt am Main, Hrsg. *B. Diestelkamp* und *M. Stolleis*, 1989, S. 200.

学派に属したままであった。そのおかげで，デルンブルクは，節度を守ることができた。デルンブルクは，その死の1年前に自由法学派に対して明確な拒絶を提示したのである[25]。

II. 研 究 業 績

1. モノグラフ

デルンブルクの研究業績は，2つの分野に重点を置いている。デルンブルクは，ローマ私法の個々の制度についての一連の論文で研究を開始したが，最終的にはプロイセン法やパンデクテン法，1896年にドイツ民法典に編纂されたドイツ帝国民法の膨大な教科書に彼の全精力を注いだ。

研究論文の出発点となったのは，「財産の買入」をテーマとした1850年の学位論文であった。この論文で示された解釈の試みは，今日なおローマ法研究文献において取り上げられる価値のあるものである[26]。占有に関する試論も，古代の法に限定したものである[27]。

相続財産返還請求訴訟と質権，「相殺」に関するデルンブルクの歴史的，教義学的研究は，重要な意義を得た[28]。これらの業績においてデルンブルクは，時代の様式に従って関連するすべてのローマ法資料文献の包括的な議論及び注釈学派の時代以降におけるこれら資料文献の解釈の歴史の記述にもとづいて，私法教義学の基本問題を解明することを試みた。歴史法学派のプログラムの意味においてデルンブルクは，相殺に関する論文の中で，「……歴史的発展の産物すなわちローマ相殺法も，教義学的にこれを形成するように叙述しなければならなかった」と述べている[29]。

---

[25] Vorwort zur 3. Auflage des Lehrbuchs des Bürgerlichen Rechts, Band I, 1906.
[26] (AaO Fn. 7); *Süss*, (aaO Fn. 2), S. 17.
[27] Berlin 1883; dazu *Süss*, (aaO Fn. 2), S. 60.
[28] Dazu oben Fn. 9, 11, 15.
[29] *Süss*, (aaO Fn. 2), S. 61.

デルンブルクの研究論文は，まさに基本文献となった。相続財産の訴えは，物としての遺産に関するものであって主観的な意味における相続権に関するものではないというデルンブルクの主張は，ヴィントシャイドの賛同を得た[30]。デルンブルクの質権は，ヴィントシャイドのパンデクテンの中では，ゼッケル[31]の賛同を得て，このテーマに関する最新で最良の文献と位置づけられている[32]。ブリンツとアイゼーレ (*Eisele*) のような著名な研究者が取り組んだテーマである「相殺」の評価は，あまり明確ではない[33]。しかしゼッケルは，この論文においてデルンブルクが，「ローマ法の誠意訴訟に発展過程の経過における正当な位置づけをはじめて行った」として，この論文を賞賛した[34]。

2．教 科 書

デルンブルクの本当のライフワークは，プロイセン私法（3巻，1871年から）とパンデクテン法（1884年から，同じく3巻），そして最後にドイツ帝国及びプロイセンの民法（1898年から，5巻）という3つの大教科書である。これらの教科書はすべて，度々版を重ね，教科書として成功を収めたが，裁判実務とりわけライヒ裁判所の裁判実務にとっての手引き書としても比類のない成功を収めた。

1871年にデルンブルクが，プロイセン私法の仕上げに取りかかったとき，実務家によって書かれ，実務のためのものとして予定された若干の文献以外には，ボルネマン (*Bornemann*：1833年) とコッホ (*Koch*：1845年)，フェルスター (*Förster*：1865年，1880年の第4版からはエクツィウス (*Eccius*) が執筆) の著作という3冊のプロイセン法の教科書があっただけである。それゆえデルンブルクは，今こそプロイセン一般ラント法典を「学問的認識に引き入れる」時

---

[30] Pandekten III § 611.
[31] *Seckel*, (aaO Fn. 1), S. 8.
[32] *Windscheid*, Pandekten I § 224. Positiv dazu auch *Jhering* bei *Losano*, (aaO Fn. 16), S. 356.
[33] Dazu *Windscheid*, Pandekten II § 348.
[34] *Seckel*, (aaO Fn. 1), S. 7.

であると信じたのである[35]。この教科書の叙述にあたってデルンブルクにとって重要であったのは、エクツィウスによって要求された法実証主義とは明確に対照的な立場をあきらかにして、デルンブルクの教科書が、「経済的なそして社会的、倫理的な必要性」に貢献することができるということであった[36]。

デルンブルクは、同様の傾向をパンデクテンの教科書についても堅持した。デルンブルクは、この教科書を——とりわけヴィントシャイドとは対照的に——まず第1に学生のために書こうとした。それゆえデルンブルクは、ヴィントシャイドの教科書を除いて、プフタ (*Puchta*) やヴァンゲロフ、ブリンツ、アルンツ (*Arndts*) の手によるよく普及した教科書と競合することになったが、まもなくこれら教科書と比べて遜色のない地位を得ることができた。

ドイツ民法典が完成し公布されたのち——ドイツ民法典に対してデルンブルクは当初大変批判的な立場をとっていたが——、デルンブルクは、「ドイツ帝国及びプロイセンの民法」という書名の教科書の執筆を始めた。予定されていた6巻のうち、1898年に最初の巻として第3巻が出版された。

3. プロイセン私法

プロイセン州立ハレ大学にデルンブルクは、パンデクテンの教員として招聘された。しかし最初からデルンブルクは、パンデクテンの講義が法学部学生の将来の職業活動と縁が切れてはならず、したがってパンデクテンの講義がプロイセンラント法とのつながりに導くように講義を構成しなければならないと考えていた。しかし最終的にデルンブルクは、プロイセンラント法についての特別の講義が必要であると考えた。それゆえデルンブルクは、プロイセン法自体が、学問的な認識の対象となり、もはや「それを援用することが、私法学とはローマ法学のみであるとする法律家の経験的知識にゆだねられた法律の条文と判例の集積」とはみなされない状態を達成しようとしたのである[37]。それ

---

35) Preuß. Privatrecht, S. 53.
36) *Süss*, (aaO Fn. 2), S. 56; *Seckel*, (aaO Fn. 1), S. 10. Dazu *Falk*, (aaO Fn. 14), passim.
37) Vorwort Preuß. Privatrecht I, 1870.

どころかデルンブルクにとってプロイセン私法は，たとえどんなにローマ法に依存していようとも，「ドイツ民族精神の最も重要な文明的創造物」なのであった[38]。プロイセン私法が，「人間の福祉についての温かな感情」と「生活関係についてのいきいきとして実践的な物の見方」を有していたことを理由として，デルンブルクは，プロイセン私法を内容的に非常に高く評価した[39]。それにもかかわらず，プロイセン私法が，伝統的な法原理論の概念においてはローマ法に依拠する「ドイツ国民」の普通法に対しては，「一地方の法」であるという事情に変わりはなかった。しかし一地方の法としてプロイセン私法は，他の地方の法と比べて重要な意義を有する。なぜならば，プロイセン私法においては，古代ローマ法と近代ゲルマン法の相違がとりわけ明白となるからである[40]。デルンブルクの見解によれば，ローマ法からはローマ法が取り入れられたにすぎないが，プロイセン一般ラント法の中には，この法が成立した当時「理性及び自然法」と同一視された「国民の物の見方」に合致するすべての事柄が，取り入れられたのである[41]。「国民の物の見方」という言葉によってデルンブルクが考えていたのは，ゲルマンの法思考に由来するギールケ（Gierke）以降のいわゆる「私法の社会的役割」についての感覚であり，私法の社会的役割は，1848年以降ゲルマニステンによってますますローマ法の個人主義に反対する論拠として用いられたのである[42]。デルンブルクは強調する

---

38) Vorwort Preuß. Privatrecht I, vgl. *Sinzheimer*, (aaO Fn. 2), S. 76.

39) *Süss*, (aaO Fn. 2), S. 50.

40) Preuß. Privatrecht I, Einleitung § 1, S. 2.

41) Preuß. Privatrecht I, § 7, S. 12.

42) Dazu die im Prinzip positive Rezension von *Dernburg* zu *Carl Adolph Schmidt*, Der principielle Unterschied zwischen dem römischen und germanischen Recht, Band I (mehr nicht erschienen), 1853. Die Rezension erschien in Band I von *Dernburgs* Kritischer Zeitschrift (dazu aaO Fn. 12), 1853, S. 270. Zu *Schmidt* und der Entgegensetzung von römisch = individualistisch und germanisch = sozial: *K. Kroeschell*, Zur Lehre vom Germanischen Eigentumsbegriff, Festschrift für *H. Thieme*, 1977, S. 34; *K. Luig*, Die sozialethischen Werte, Festschrift für *K. Kroeschell* 1987, S. 281.

のであるが,しかしこの点を度外視すれば,プロイセン一般ラント法においてはじめて,「外国法に由来する資料ならびに自国法に由来する資料全体が,有機的に結合され一体となって融合された」のであり[43],——プロイセン一般ラント法と同様に,将来のドイツ帝国民法典も,そのようになされなければならない[44]。それゆえ将来のドイツ法統一という観点では1874年デルンブルクにとっては,プロイセン法が,完全に「国民全体」の「精神的財産」だったのである。

4. パンデクテン

「パンデクテン」と呼ばれた民法の教科書は,特別の理由づけを必要としなかった。なぜならばまったく争いなく,分別の問題だからである。すなわち「基本概念の叙述は,大部分普通法に基づいて行われうるだけである」[45]。パンデクテンは,「歴史的な枠組み」を提供,すなわち「何世代にもわたる頭脳労働」を伝達するものであるが,それにもかかわらずデルンブルクが強調するように,少なくともパンデクテンが「私法の一般的な理論」を形成する限りにおいては[46],「現行私法体系」なのである[47]。しかし結局は普通法の比重が大きいのである。普通法は,プロイセンにおいてプロイセン一般ラント法によって形式的には効力を失ったラントにおいても,学問的意味において補完性を維持したのである。「なぜならば今日の法典編纂は,普通法を基礎としており,今日の法典編纂は,主として普通法によって説明され,補充されうるからである」[48]。1884年デルンブルクは,将来民法典がドイツ全土に適用されてもなお,

---

43) So auch Bürgerliches Recht I § 15 a. E., § 7, S. 12.
44) Zu dem Problem der Einheit: *J. Rückert*, A. L. Reyschers Leben und Rechtstheorie, S. 45, 107, 113 und öfter; *B. R. Kern*, Georg Beseler, S. 84 und öfter; *K. Luig*, Die Theorie der Gestaltung eines nationalen Privatrechtssystems, in: Wissenschaft und Kodifikation I, S. 217.
45) Pandekten 1884, Vorwort.
46) Pandekten I § 1.
47) Vorwort zu den Pandekten.
48) Pandekten I § 1 S. 3.

事情は変わらないと考えていた。そして事実,ローマ法は,ドイツ民法典施行後もなお「法律学の基本要素の1つであり,人類の文化の1つなのである」[49]。

「パンデクテン」という名のもとで行われた普通法の講義は,デルンブルクによればローマ法とカノン法,ドイツ固有の「慣習と法律」をその内容としていた。最も重要な部分を構成していたのは,ビザンツにおいて東ローマ帝国皇帝ユスティニアヌス(527年-565年)の市民法大全の中で記録されたローマ法,すなわちユスティニアヌスを帝国の祖先とする神聖ローマ帝国皇帝の「皇帝法」であり,これは中世に継受されたものであった[50]。この法の適用方法については,特別な説明が必要である。すなわちこの法は,帝国の領土及び都市の地方法規範が欠落している場合に,補充的に適用されるにすぎなかった。いずれにしてもそのような場合,法源についての通説によれば,関連するローマ法の法則が,「有益,有用であり,ドイツの風習に適ったものである限り」,適用可能であった。すでにツァジウス(Zasius)によってなされたこのような制限をともなうが[51],ローマ法は,「総体的に」継受されたものとみなされ,したがってデルンブルクの時代においても,基本的に裁判官はなお,ローマ法大全の中にあらたな準則をみいだすことができた。デルンブルクは,この学説には従わなかった。デルンブルクはむしろ,慣習にもとづくローマ法の継受を認めることから,18世紀にシュトゥリューク(Stryk)とトーマジウス(Thomasius)によって行われた論争に関連づけて,適用によって実際に「ドイツの慣習に転化した」,すなわち「実践されるもの」となったローマ法大全の規範だけが,現行法なのであるという結論を導いた。この原則は,デルンブルクにとって好ましくないローマ法の準則を顧慮しない自由をデルンブルクに与えたが,厳格に解釈すれば本来関連するものではないローマ法の準則が,すでにドイツの裁判所によって何度も適用された事例について,このローマ法準則の適用を肯定することもデルンブルクに許容したのである。そのように考察

---

49) Pandekten I 7. Aufl. Vorwort S. VI.
50) Pandekten I § 3.
51) Zitiert von *Dernburg* in: Pandekten § 3 S. 8 Note 3.

すれば，デルンブルクにとっては家屋の売却の際の賃借人についての解約期間を認めることは，——ズースが推測するように——「純粋に公平性の論証」では決してなく，既存の理論を遵守することなのである[52]。結論における違いは，大きくはない。なぜならば実務においては，ローマ法の適用可能な準則についても適用不能な準則についても明確であったからである[53]。

5. 1896年のドイツ民法典の教科書

1900年1月1日にドイツ民法典が施行されたことによって，状況は変わった。施行法55条によりラント法の私法の規定はドイツ民法典の施行とともに失効した。プロイセン一般ラント法についても同様であった。ドイツ民法典が，普通法の準則やプロイセン法やフランス法を直接引き継いだ限りにおいては，「法であったものが法であるとされた」[54]。ローマ法の特別な地位ということは，もはや問題とされなかった。反対にデルンブルクは，あらたな法律を自由に解釈することを決心し，短期間であってもこのあらたな法律を注釈学派流に厳格に文言解釈することを拒んだ[55]。1902年に出版された第1巻の前書きの中で，デルンブルクは，法典編纂の施行後直ちに学問と司法は，創造的な活動を展開したということを熱心に説いた。すなわち「このようにして学問と法律実務を通じてドイツ民法典と並んで，法律それ自体よりも完全でより自由なあらたなドイツ民法が，生まれるのである。このあらたなドイツ民法の指針は，単に法律の文言ではなく，生活の必要性がどうにもできない力で影

---

52) *Süss*, (aaO Fn. 2), S. 233. Zu der von *Dernburg* verwendeten Digestenstelle D. 43. 16. 12. *K. Genius*, Der Bestandsschutz des Mietverhältnisse, 1972, S. 23 und öfter; vgl. auch *Sinzheimer*, (aaO Fn. 2), S. 75.

53) Ein informatives Beispiel bietet Pandekten I § 215, zum Zusammenhang von Kaufpreiszahlung und Eigentumsübergang.

54) Bürgerliches Recht I § 6 p. 16.

55) Bürgerliches Recht I, 1902, Vorwort und § 6 p. 13, 14; vgl. auch den Hinweis auf Frankreich in: Die Reform der juristischen Studienordnung, 1886, S. 33; dazu *Sinzheimer*, (aaO Fn. 2), S. 75.

響を与えるのである」[56]。しかしすでに 1906 年の版の前書きにおいてデルンブルクは，この強い言葉を「法律に単に同等に対峙するのではなく優位に対峙する」「自由法学」を不当に助長する自由法を告白したものであると解釈されたことに対して，言葉に表さない言い回しでオイゲン・エールリッヒ（*Eugen Ehrlich*）に抗議しなければならなかった。これについてデルンブルクは，法治国家においては立法者に優越する権力は存在しないということを強調したオスカー・フォン・ビュロー（*Oskar v. Bülow*）とヨーゼフ・ウンガー（*Josef Unger*）の警告を利用して抗議の意を表したのである。

III．デルンブルクの法律学説の基本原理

　ことごとく法律家の職責領域に属する倫理と国家，社会，経済についてのデルンブルクの基本的な確信は，彼の 3 つの大教科書の中であきらかにされている。

　1794 年の法典編纂にもとづくプロイセン法の教科書においては，歴史法学派の見解とは対照的に実証的な法は「国家の意思において」根拠づけられている[57]ことが確かに明白であるが，私法は，私人の権利と理解すれば前国家的な実在を有するものである。デルンブルクの教えによれば，私法とは，個人自体に個人の人格によって直接に権利が帰属するという考えに根づいたものである。それゆえ国家は，私法を規律するが，国家が私法を発見するのではないし，国家は私法を保護するが，国家が私法をはじめて創造したわけでもない[58]。しかしながら国家が規律しなければならないことは，少なくはない。デルンブルクは続けてつぎのように述べている。すなわち「したがって法という有機体は，いわば個人主義と社会主義という 2 つの極にもとづくものである。

---

56) Vorwort Bürgerliches Recht, Band I, 1902; *Süss*, (aaO Fn. 2), S. 57, 58.
57) Preuß. Privatrecht I § 15, S. 26.
58) Preuß. Privatrecht I § 32, S. 55.

対立する方向性の調整は，全体の福祉と調和する以上に個人の権利に活動の余地が認められず，逆に公法は，一般の利益が受忍できる限度で私法上の自治を尊重するという点に求められるべきである。しかし法自体のこの二重構造は，一方で自己の利益の推進をめざし，他方で公共の奉仕をめざす各個人の二重の社会的地位に対応したものである」[59]。しかしその際，私法は，結局のところ国家に依存し，国家においてのみ把握しうるものなのである。デルンブルクの語るところによれば[60]，私有財産を国家権力により強固なものとし，保障する点に私有財産を見いだす長所は，いわば私有財産の公法への依存性によってあがなわれるのである。この依存性は，立法において，税法において，そして必要とあらば公用徴収法において現れる。それゆえ結局は，「私的な権利」はいずれも，立法に依存するのである。

　パンデクテンにおいては，私的な権利の比較可能な概念規定が欠落している。この点についてデルンブルクは，ヘーゲル（*Hegel*）の形式的概念規定（客観的意味における法は，公共の意思である）とケルスス（*Celsus*）の実体的内容を基準とする権利とは「善および衡平の術」であるという表現を組み合わせることによって，権利の概念を定義づけている。その結論は，すなわち，「権利とは，公共の意思によって維持された生活関係の秩序である」[61]。さらにイェーリングに依拠して「法的に保護された利益」としての権利が，加味されている。すなわち「法は，人間の利益衝突において法的安定を提供するものである」。この客観的な法によって配列されるのが，法秩序に従って個人に帰属する生活財産についての持分，つまり主観的な意味においての権利なのである。したがってデルンブルクは，イェーリングに与して権利とは「意思の表明とそれに対する許可である」とするヴィントシャイトの主観的権利概念に反対の立場をとっている。すなわち「意思の表明とそれに対する許可ではなく，法

---

59) Preuß. Privatrecht I § 32, S. 55.
60) （AaO Fn. 59), S. 56. *W. Wilhem*, Private Freiheit und gesellschaftliche Grenzen des Eigentums, in: Wissenschaft und Kodifikation, Bd. IV, 1979, S. 19.
61) Pandekten I (1884) § 19 S. 42–43.

的に所有していることが，決定的な点なのである」[62]。

　帝国民法の教科書では，客観的な意味における法は，パンデクテンをモデルとして「公共の意思によって保障された生活関係の秩序」[63]と定義されている。この法秩序は，「一方の権力と威力によって，他方の救済の必要性によって，宗教観と倫理観の影響を受けた利益衝突の循環によって」確立される[64]。実質的な原則の叙述は，人格を認めることが，人間の最も重要な利益を形成するということを確認することから始まっている[65]。それゆえデルンブルクは，損害賠償請求権によって強化された一般的な人格権を認めることに尽力した[66]。主観的な権利とは，「公共の意思が個人に帰属するものとして承認し個人に保障した生活財産についての持分」である[67]。「プロイセン私法」とのつながりで，今では「主観的な意味における権利は，個人の人格に根ざすものである」といわれている。「国家は，権利を承認し，権利を保護し，権利を詳細に定める。国家が，権利を創造するのではない。」このことをデルンブルクは，「古くからのゲルマンの見解」として説明している[68]。デルンブルクが，このゲルマンの見解に対置したのは，ヴィントシャイドが唱えたようなギリシャ哲学に基礎を置く見解である。すなわちその見解とは，権利とは，法秩序によって付与された意思の力であるという見解である。デルンブルクの気に入らなかったのは，「法秩序によって付与された」という属性である。権利が法秩序によって付与されただけのものであるとすれば，プロイセン憲法第9条が所有権の不可侵性を宣言し，その結果，所有権は公共の福祉だけを理由としかつ補償と引換えにこれを剥奪することができるにすぎないとしたことが，無意味であるとデルンブルクは考えた。なぜならば，法律によってはじめて生み出されたものは，法

---

62) Pandekten I § 39, S. 87.
63) § 16 von Pandekten I.
64) (AaO Fn. 55), S. 47.
65) Bürgerliches Recht I § 18 S. 51.
66) (AaO Fn. 65), S. 51.
67) (AaO Fn. 65), § 41, S. 112.
68) Anders zum Teil oben bei Fn. 42.

律によってそれを制限することも可能だからである。しかし人格の前国家的領域に根づく主観的権利を行使する際には，社会生活によって条件づけられた限界が存在する。とはいえデルンブルクは，社会生活によって条件づけられた限界ということから社会主義者によってまた部分的にはイェーリングによって導かれた過度の結論を導こうとはしなかった[69]。これについての1つの例は，ライヒ議会委員会によってはじめてドイツ民法典に取り入れられた226条の権利濫用の禁止である[70]。これによってデルンブルクにとっては，個人の権利と全体の福祉の調整[71]が，法の主要な役割なのである。

　1884年10月，学長の職に就任する際にデルンブルクは，「近代国家にとっての法律学の意義」というテーマで講演をした[72]。この講演の中でデルンブルクは，「学問としての法律学の無価値」というキルヒマン（*Kirchmann*）の言葉に対して，学問は「生産的」でなければならない，すなわち学問は法源である[73]というヴィントシャイドの言葉を引用して，対抗した。これは，法実証主義に対する宣戦布告であった。デルンブルクの考えでは，法律とは，実務家と国会議員，公務員の生産物であり，それゆえ常に「不完全な」要素が内在する。原理，調和，ことの本質そして法制度の理念を維持する学問がなければ，法律はその役割をまったく果たすことができないのである。学問に言及したことで，デルンブルクは，自然法を示唆したわけではない。このことは，デルンブルクがハレ大学学長に就任する際あきらかとなっていた。当時デルンブルクが，「トマジウスとハレ大学の創立」[74]というテーマで行った講演によれば，トマジウスが自然法を用いてまったく抽象的に試みたこと，すなわち法制

---

69)　Zitiert bei *Süss*, (aaO Fn. 2), S. 240. *W. Wilhelm*, (aaO Fn. 60), S. 26.
70)　Andere dogmatische Konsequenzen zeigen sich beim „Recht zur Sache". Dazu Lehrbuch des bürgerlichen Rechts III § 63; I § 44 S. 119 n. 6, Preuß. Privatrecht I § 37; Pandekten I § 42.
71)　Preuß. Privatrecht I § 32.
72)　Berlin 1884.
73)　Die Bedeutung, (aaO Fn. 72), S. 5.
74)　Halle 1865, S. 25.

度の体系的整理と原則上の根拠づけを,「我々は, 実証的な法を構築する際に自ら実行することを学んだのである」。これはデルンブルクにとっては, 歴史的に所与の法についての方法論的, 哲学的な研究である。したがってデルンブルクは, 自然法に反対の立場をとっただけでなく, もっぱら「法感情」を基礎とする「民衆法」に従ったポピュリズムの要求にも反対の立場をとったのである。簡素で自然な民衆法と「純粋な民衆裁判所」への憧れを, デルンブルクは, ローマ法継受前の時代におけるうわべは理想的にみえる中世の状況への憧れであると考えた。デルンブルクは,「健全な法感情」には何ら反対することはないが,「広大な国家についての統一的で論理的に構成された確固たる法の必要性」を強調した[75]。学問的な法についての信条において法が民族を結びつける力を有することが, きわめて明確であるために, デルンブルクは, 本人代理説[76]のトリックを用いてこの法を民衆法と主張することにも反対した。最後にデルンブルクは,「民族固有の法曹法」にふれて講演を終えた。

1894年にウィーン法律家協会において「法の幻想」[77]というテーマで行われた講演の中でもデルンブルクは, すべての方法論的な学派の見解と政治的な基本傾向の有益な思想をすべて顧慮し摂取することに努めた。なんといっても優先順位が明確にされた。「幻想」という概念は, 法源としての学問の創造力を認めることに有益である。主たる敵であったのは, 法実証主義と「教条主義」, すなわち体系化し構成することであった。優先する実体的価値の選択も, あきらかにされた。すなわち, 平等な権利と等しい力を有する者の間での交換における誠実さ, 弱者に対する社会的保護である[78]。つまり常に問題となるのは,「意思の強い人格に最大の活動の余地」を認めるが,「息もつかせぬ利潤と富の追求」を「抑制する規範」を対置し,「保護する方式」を開発し[79], 一定の「結

---

75) Die Bedeutung, (aaO Fn. 72), S. 9; vgl. *Sinzheimer*, (aaO Fn. 2), S. 80.
76) Dazu *J. Schröder*, Savignys Spezialistendogma, in: Rechtstheorie 7 (1976), S. 23.
77) Gedruckt: 1894; dazu *Sinzheimer*, (aaO Fn. 2), S. 78.
78) Phantasie, (aaO zu Fn. 77), S. 18.
79) Phantasie, (aaO zu Fn. 77), S. 18.

合」を確立し，速やかに「社会正義」[80]を実現することである。デルンブルク によれば，ドイツ民法典の第1草案においては，これらすべてのことが，あま り配慮されていないのである[81]。その理由となっているのは，法の「旧国家的」 価値が，今でもドイツ民法典第1草案において確固たる地位を占めるローマ法 の継受によって，取り去られてしまったことである。「ドイツ民族精神の最も 重要な文明的創造物である」プロイセン一般ラント法典は，ドイツ民法典の制 定作業の際に残念ながら顧慮されなかったのである[82]。そこでは，法律を国民 性に合致させることに役立たない[83]「議会制の立法制度」に対する敵意もあき らかとなる。基本的にデルンブルクは，法の個人主義的な考え方は，ローマ法 に由来するのに対して，私法領域においても個人を社会的に義務づけるという 観念は，純粋にゲルマンの法思想の産物であるという19世紀後半に多数の法 律家によって支持された見解に賛成の立場をとっている[84]。

　デルンブルクの基本的立場には，個人と全体，自由と権威，取引の必要性と 道徳といった，彼の書いたものすべてにおいて繰り返し現れる対になった対立 概念及び標語が，まつわりついている。当然のことながら常に「常識と中庸」 が維持されなければならない[85] 積極的な価値は，幻想や，理念，ものの見方， 実務，目的，構想力，歴史的意義，国民性，生活関係，直接的な感情，思いや りのある感情，弱者保護，社会的正義といった概念によって形成される。あき らかに消極的に用いられているのは，常に以下の概念である。すなわち，教条 主義や原理主義，構成，体系化，商業的利益，概念に依拠すること，形式主 義，硬直した原理，抽象的概念，理性といった概念である。これら概念につい ては，多くのものが，2つの相反する内容を含んだままである。デルンブルク も，法の代わりに「思いやりのある感情」を望んだわけではない。そしてなぜ

---

80) Phantasie, (aaO Fn. 77), S. 36; vgl. *Süss*, (aaO Fn. 2), S. 240.
81) Phantasie, (aaO Fn. 77), S. 19.
82) Preuß. Privatrecht I Vorwort.
83) Phantasie, (aaO Fn. 77), S. 23.
84) Dazu oben bei Fn. 42.
85) *Süss*, (aaO Fn. 2), S. 210; in diesem Sinne auch *Sinzheimer*, (aaO Fn. 2), S. 73 ff.

完璧な構成が，本当の必要性に役立つことがないとされるのか。たとえば，デルンブルクが，ある鑑定案件で事実上対立したイェーリングが，デルンブルクは，「学者」ではなく「弁護士」のように論証する，として彼を非難したことは，不思議ではない。しかし語彙の背後では，2つのことがきわめてあきらかとなる。デルンブルクは，中庸の人として姿を現したのである。情け容赦なく「商業的利益」を追求することは，「社会民主主義」の「理想郷」と同様に批判される[86]。そしてさらにあきらかとなるのは，デルンブルクが，私法を手段としてでも弱者保護を著しく強化することが必要でありかつ可能であると考えていたということである。

これらすべてのことは，「人間の福祉についての思いやりのある感情」[87]が，「迅速な事務的な解決」に対して最終的には貫徹されなければならない具体的な準則を示すことができなければ，もちろん生彩を欠いたままである。これがあてはまるのは，つぎのような領域についてである。すなわち，成人年齢を正しく設定することによる未成年者の保護，夫が破産した場合の妻の優先権，婚外子の相続権，共同抵当の放棄による強制競売における超過担保に対する債務者の保護，教会の定める方式に従った婚姻と市民婚の同権，後見人と後見裁判所の有意義な権限分担といった領域である。さらにデルンブルクが尽力したのは，典型的には立場の弱い占有者のために占有概念を拡張すること，請負契約における請負人の履行遅滞の場合に注文者の無制限の解除権に反対すること，債権的遺贈，土地登記簿によらない地役権の取得，過剰な使用貸借人の質権に反対すること，弱い権限しか持たない土地占有者のために証券抵当に有利なように抵当権における方式の多様性を除去すること，妻による夫の代理権，悪意の二重譲渡の買受人に対して対抗できる，すでに売買契約締結によって発生す

---

86) Belege bei *Süss*, (aaO Fn. 2), S. 134, 135, 240. Zur Kontroverse in der Gutachtensache s. *Losano*（aaO Fn. 16), S. 491, 495, 496, 503. Unfein äußert sich *Gerber* in seinem Brief vom 1. Nov. 1862 an *Jhering* über *Dernburg*, der als „getaufter Jude" wohl einen „guten Puff" vertragen könne.

87) *Süss*, (aaO Fn. 2), S. 50.

る買主の「物に対する権利」[88]，利息制限法，名誉及び人格権についての私法上の保護，民法826条による既判力の除去，遺言の解釈において抽象的な意思に替えて実体的正義を認めること，賃借人の占有保護，錯誤法における正当な調整などである。

これらすべての問題をデルンブルクは，理性と常識，中庸の精神，優れた言語能力を用いて検討したのである。1866年に利息の上限撤廃が問題となったとき，デルンブルクが，貴族院においていかに堂々と語ったかを容易に忘れることはない[89]。すなわち，「利息制限法は，時代遅れな国民経済学的な物の見方の産物に他ならないという見解に，私は与しない。侮蔑的に利息制限法を見下す啓蒙が面白おかしく受け容れられることを，私は是認しない」。そしてデルンブルクが，ライヒ裁判所に対して，電気も窃盗の対象となりうるまさしく物である[90]ことを証明した優れた法律的な散文のすばらしい例も，短文である。すべての特色を総括する表現は，容易に見いだせない。しかし言葉としては大胆であるが明快で直接的なランズベルク（Landsberg）の造語である「社会実践的な」という語が，デルンブルクを最も正当に評価する表現である[91]。

ハインリッヒ・デルンブルクの著作（抜粋）

Über die Emptio bonorum, Diss. iur. Heidelberg 1850.

Die Compensation nach dem römischen Rechte dargestellt, Heidelberg 1854, 2. Aufl. Heidelberg 1868.

Das Pfandrecht nach den Grundsätzen des heutigen römischen Rechts dargestellt, 1. Band Leipzig 1860, 2. Band Leipzig 1864.

Thomasius und die Stiftung der Universität Halle, Rede gehalten beim Antritt des Rectorats an der Universität Halle-Wittenberg am 12. Juli 1865, Wittenberg 1865.

Lehrbuch des Preußischen Privatrechts (später mit dem Zusatz „ . . . und der privatrechtsnormen des Reichs"), 1. Band: Allgemeine Lehren und Sachenrecht, 3 Abteilungen Halle 1871, 1872, 1875; 2. Band: Obligationenrecht, 2 Abteilungen Halle

---

[88] Oben bei Fn. 70.
[89] *Süss*, (aaO Fn. 2), S. 221.
[90] DJZ 1 (1896) 473, 2 (1987) 76.
[91] *Landsberg*, Geschichte III 2, S. 932.

1877, 1878; 3. Band: Familienrecht und Erbrecht, Halle 1880; 2. Aufl. 1.-3. Band, Halle 1879-1881; 3. Aufl. 1.-3. Band, 1881, 1882, 1884; 4. Aufl. 1.-3. Band, Halle 1884, 1889, 1896; 5. Aufl. 1. Band Halle 1894, 2. Band Halle 1897.

Das Vormundschaftsrecht der preußischen Monarchie nach der Vormundschaftsordnung vom 5. Juli 1875, Berlin 1875, 2. Aufl. Berlin 1876, 3. Aufl. Bearb. von M. Schultzenstein, Berlin 1886.

Entwicklung und Begriff des juristischen Besitzes des römischen Rechts, Halle 1883.

Das preußische Hypothekenrecht, 1. Abtheilung: Die allgemeinen Lehren des Grundbuchrechts, von H. Dernburg und F. Hinrichs, Berlin 1877; 2. Abtheilung: Das preußische Hypothekenrecht, von H. Dernburg, Berlin 1891.

Die Bedeutung der Rechtswissenschaft für den modernen Staat, Berliner Rectoratsrede vom 15. 10. 1884, Berlin 1884.

Pandekten, 1.-3. Band, Berlin 1884, 1886, 1887; 2. Aufl. Berlin 1888, 1889; 3. Aufl. Berlin 1892; 4. Aufl. Berlin 1894; (Dernburg, Bibliographie, 2).

5. Aufl. Berlin 1896-1897; 6. Aufl. Berlin 1900-1901; 7. Aufl. Berlin 1902-1903; 8. Aufl. Als „System des römischen Rechts, der Pandekten 8. umgearbeitete Auflage", bearb. von P. Sokolowski, 1. und 2. Teil, Berlin 1911-1912.

Die Reform der juristischen Studienordnung, Berlin 1886.

Die Phantasie im Recht, ein Vortrag vor der juristischen Gesellschaft zu Wien, Berlin 1894.

Das Bürgerliche Recht des Deutschen Reiches und Preußens, 3. Band Sachenrecht, Halle 1898, 1. Band Allg. Lehren, Halle 1898, 2. Band Die Schuldverhältnisse, 2 Abtheilungen, Halle 1899, 1901, 4. Band Familienrecht, Halle 1903, 5. Band Erbrecht, Halle 1905; 2. Aufl. 1. Band Halle 1902, 2. Band 2 Abtheilungen Halle 1899, 1901, 3. Band Halle 1901; 3. Aufl. 1. Band Halle 1906, 2. Band Halle 1906, 3. Band Halle 1904 (weitere Auflagen nach dem Tode Dernburgs).

ハインリッヒ・デルンブルクに関する文献

Biermann, Johannes, Heinrich Dernburg, in: Das Recht 11 (1907) Sp. 1519.

Dernburg, Friedrich, Heinrich Dernburg – Ein Lebensabriß, in: H. Dernburg, Das Bürgerliche Recht des Deutschen Reiches und Preußens, 6. Band Urheber-, Patent-, und Zeichenrecht, hrsg. von. J. Kohler, Halle 1910, S. V ff.

Fuchs, Konrad, Heinrich Dernburg (1829-1907), in: Jahrbuch der Vereinigung der Freunde der Universität Mainz, hrsg. von Helmut Mathy, 23/24 (1974/1975), S. 83 ff.

Gierke, Otto, Hienrich Dernburg, in DJZ 12 (1907) Sp. 1337 ff.

Hitzig, Hermann Ferdinand; Heinrich Dernburg, in: Schweizerische Juristenzeitung 4 (1907/1908) 165 f.

Kipp, Theodor, Heinrich Dernburg, 1908.

„Heinrich Dernburg", in Kleinheyer/Schröder: Deutsche Juristen aus fünf Jahrhunderten, 3. Aufl. Heidelberg 1989 (Dernburg, Bibliographie, 3).

Landsberg, Ernst, Geschichte der Deutschen Rechtswissenschaft, 3. Abtheilung, 2. Halbband, München und Berlin 1910, S. 931-934.

Seckel, Emil, Gedächtnisrede auf Heinrich Dernburg, Berlin 1908.

Sinzheimer, Hugo, Jüdische Klassiker der deutschen Rechtswissenschaft, Frankfurt/Main 1953, S. 73.

Süss, Werner, Heinrich Dernburg – Ein Spätpandektist im Kaiserreich, Ebelsbach 1991.

Teichmann, A., Heinrich Dernburg, in: Biographisches Jahrbuch Bd. 12 (1907), S. 238 ff.

Wesenberg, Gerhard, Heinrich Dernburg, in: NDB Bd. 3, S. 608.

エドゥアルト・ラスカー*

法治国家のための生涯**

アドルフ・ラウフス***
訳 村 山 淳 子

I. はじめに

　ユダヤ系ドイツ人エドゥアルト・ラスカーは，法律家であり記者であって，彼の経歴は1865年に自由党の職業議員としてプロイセン議会に登院したことで始まり，1879年までそこに所属していた。ラスカーは1867年から1883年まで，初めから——まずは北ドイツ連邦，それからドイツ帝国の——議会の一員として活動している。彼は，新しく落ち着かない帝国内部の有力な立役者の1人であった。1884年にビスマルク（*Bismarck*）は，「そう，ラスカーの印が押されなければ政府案が採択されない憲法，つまり司法制度の全体についての審議を」[1] 回想している。ラスカー自身はその4年前に，彼の選挙民に対し，回顧的に次のように伝えていた。「帝国とプロイセンにおいて，北ドイツ連邦とドイツ帝国の建設，司法法（Justizgesetze），貨幣改革，銀行制度について

---

* *EDUARD LASKER*（1829年-1884年）
** Ein Leben für den Rechtsstaat
*** Dr. h.c. *Adolf Laufs* : Professor an der Universität Heidelberg
　　（ハイデルベルク大学教授）
1) *Bismarck* in der 4. Sitzung des Deutschen Reichstags vom 13. März 1884, S. 31.

の統一的な規則，結婚制度と営業活動に関する法律，兵役と軍制についての法律上の規則，市民婚と市民戸籍簿，及びその他1日の活動や我々の生涯をはるかに超えた大きな成果が，簡単な道のりではなく，党員同士や政府との活発な討論のもとで成立したことは，議会の威厳と自分の党にとって決して害とはならなかった」[2]。その議員（ラスカー）は長年，政治の舞台で最もよく知られた人物の1人——友には評価され，政敵には尊敬された——であった。彼の名は，「帝国の建設」と「法治国家の成熟」の象徴だったのである。

II. 修行時代

　イツホック（Jizchok）もしくはアイゼク（Eisek）・ラスカー（Lasker）は，1829年10月14日に小さな田舎町ヤロトシン（Jarotschin：ヤロシン：Jarocin）[3]に，子だくさんのユダヤ人一家の後裔として誕生した。アイゼクは，タルムード〔訳注：ユダヤ教の教典〕学者の進路を拒否して，彼の教育者を失望させた。彼はむしろもっと自由な教育を求め，だからその若者は——厳格な正統信仰の父親と衝突して——ブレスラウ（Breslau）〔訳注：ポーランドの都市。元ドイツ領〕に引き寄せられたのである。ブレスラウにたくさんいるユダヤ人住民には，ポーランドの奥地から，因襲から解放されてドイツの時代精神との接触を求めた知力活発な者が持続的に流入していた。14歳のラスカーは，ブレスラウですぐにエドゥアルトという名前を名乗り，ポーランドから移り住んだ勉強熱心なタルムードの若者達に上級の学校の最終クラスに向けた準備をさせる，イスラエル人のためのギムナジウム予備校に入学し

---

2) 彼の選挙民への手紙より（*Paul Wentzcke*, Deutscher Liberalismusim Zeitalter Bismarcks Eine politische Briefsammlung, 1926, Bd. II : Im Neuen Reich 1871–1890. Politische Briefe aus dem Nachlaß liberaler Parteiführer, S. 310)。

3) その町の歴史について，*Kazimierz Matuszewski*, Zpreszłoś miasta Jarocina, 1937 Posen, zit. nach der Anzeige in : Deutsche Wissenschaftliche Zeitschrift für Polen, 1937, 292.

ている。2年間のコースの後，エドゥアルトはエリザベート・ギムナジウム（Elisabeth-Gymnasium）の初級に移り，1847年2月に大学入学資格試験に合格してそこを去った。彼はその年の夏期セミナーのために，ブレスラウ王立大学（Königliche Universität Breslau）に哲学部の若き学生として入学した。彼は高校卒業証書で優れているとされた数学を専攻している。学籍名簿には，彼は1848-49年の冬期セミナーまでは哲学部の学生として，1849年の夏期セミナーでは法学生として新たな箇所に記録されている。

学問分野を変更した理由は，感じやすい若者の心を完全にひきつけた，革命時代の出来事にあった。ラスカー学生は，彼が1848年に創刊した日刊新聞『社会主義者（Der Socialist）』の論説委員として，熱心に意見を述べている。それは短い期間しか発行されなかった新聞であったが，そのわずかな部数がブレスラウを超えて広く販売された。自由の闘士の敗北は，学生達にショックを与えたのである：それは彼をヤロトシンへ帰らせ，その後，ブレスラウとベルリンにて法律学に向かわせた。王立フリードリヒ・ヴィルヘルム大学（Königlichen Friedrich-Wilhelms-Universität）の学籍簿には，1850年から51年までの冬期セミナーに彼が記録されている。1851年の春にラスカーは司法官試補（Auskultator）の第1次法律試験に合格した。1853年に第2次法律試験に最終合格した。試補見習（Referendar）としての独立性のない仕事も，試補としての秘書業務も，彼を満足させるものではなかった。1866年の議会でラスカー議員は，司法予算の審議の中で，プロイセンの法曹養成の不備を批判して議会を空転させ，そこで自分の体験を表明している[4]。彼はユダヤ人司法官試補として，それから何になるべきかという，あらたに切迫した問題に直面したのである。

1853年夏に彼は——友人に力づけられて——ロンドンに事務所を定めていた兄弟のマックス・ダニール（Max Daniel）の助言に従いイギリスに移るこ

---

[4] Preußisches Abgeordnetenhaus, 34 .Sitzung vom 30. November 1866, S. 785 f. 法政策上の彼のプランについての基本的な発言がS. 783 f. にある。

とを決心した。彼はロンドンのクローン（Krohn）兄弟商会に勤め口を見い出した。ロンドン時代は不運に過ぎて行った。ラスカーは自分が実業生活に向いてないことを認識した。彼がベルリンの司法局（Justiz）に帰ろうかと考えたとき，ベルリンの司法局は彼に，クリスチャンの宣誓をさせることが肝要である官職には彼はつくことができない旨を回答した——プロイセン憲法の12条が1850年から変更を予定していたにもかかわらずである。ドイツの実業家のための法律相談を開こうとした彼の計画は，挫折した。ロンドン時代に，ラスカーは改めて改宗を考慮した。しかし，洗礼は彼の哲学にとっては克服しがたい障害のように思われた。受け入れ国（イギリス）の国家情勢は，彼に実に感銘を与えた。彼は後に国会討論で，いかに多くの他の自由主義者にイギリスの模範を指摘したであろう[5]。ラスカーは，ドイツにおける公の法律家のキャリアに戻る路を探す意図で，イギリスの情勢に対する認識を強めたのかもしれない。1855年11月に彼は司法局業務の再許可を申し入れた。1856年春に彼は，それにもとづきベルリン首都地方裁判所（Stadtgericht）の彼の業務に就き，翌年に判事補試験を受けるために，ベルリンに帰った。しかし，王立裁判所の判事補は，割に合う職を持たないユダヤ人として，司法局業務以外で収入と未来を探すことを頼みにして続けていた[6]。ラスカーは，1865年3月14日に第4ベルリン選挙区の補欠選挙で，議会の舞台に登った。

---

5) たとえば議員の権利を制限する法案についての討論で詳細に（Verhandlungen des Deutschen Reichstags, 14. Sitzung vom 4. März 1879, S. 264 f.

6) これについて詳細は，*Tillmann Krach*, Jüdische Rechtsanwälte in Preußen, 1991, S. 414 の「1857年-1872年にプロイセンの司法局業務にあったユダヤ人」に関する表1を参照されたい。1861年にはまだユダヤ人の裁判官は1人も存在せず，1870年2月に最初の裁判官が任命された（S. 13）。

III. 現実主義的政策

　彼の最初の議会論文においてすでに，憲法的な思想と法的考量[7]は，ときにそれ以外の歴史的知識に支えられていた反対の論拠を圧倒した。彼はかつて，上院の先行議決を防ぐ意図で，「憲法を解釈し説明しようとするときには，その歴史に遡らなければならない」とコメントしている[8]。憲法についての問題は，彼がプロイセンの領事裁判権を求める闘争の中で表明したように，単に形式的なものではないという。憲法は，プロイセンの国家の実体的な負荷として存在するのではなく，むしろあらゆる制度，あらゆる国家組織，そしてあらゆる人的関係に浸透するものであるという。「我々の制定する法律で憲法に違反するものは無効であり，我々はかかる無効な行為を行ってはならない」[9]。

　1866年のオーストリアに対する勝利の後，ビスマルクのドイツ政策の目に見える成功に感銘を受け，数多くの議員が政府と内政面での和解を結ぶ意思を表明した。その際，ラスカーは重要な役割を演じている。1866年9月はじめの議会の（政府措置に対する）事後承認審議の際に，対立意見が互いに激しくぶつかり合った。法律の採択を支持する保守党員及び旧自由党員達とは異なる論拠で，ラスカーはその法案を推すにあたり，以下のように論じている。政府はその法案をもって欠如論を放棄した。というのは，その維持にあたり政府は事後承認を必要としてはいなかったのだから。事後承認法は和解締結ではな

---

7) マルクス理論は，「法律家の世界観」について，完全に正確に明言するものであった (*Karl Mollnau* と *Friedrich Engels* を援用して, Gustav Seeber, Eduard Lasker. Rechtsstaatstheorie und Klassenkompromiß, in : ders. [Hrsg.], Gestalten der Bismarckzeit, 2. Aufl. 1987, Berlin (Ost), S. 158)。もちろんこれについては，Lasker（本稿XII参照）と国民自由党の同僚の世界観における，知識階級的理想主義の基盤から目を逸らしてはならない。

8) Verhandlungen des Preußischen Abgeordnetenhauses, 69. Sitzung vom 14. 6. 1865, S. 2153.

9) Verhandlungen des Preußischen Abgeordnetenhauses, 53. Sitzung vom 19. 5. 1865, S. 1573 f.

く，一種の恩赦であり，憲法に違反し予算のない統治によって首相自らが負った罪の免責である。責任の法的効果を廃止する法律は，責任の否定ではなく，償いを意味している。償いは，刑罰，恩赦，及び法律によってなされうる。事後承認は，償いの第3の形態，つまり「責任の効果の法律による廃止」であることはあきらかである。恩赦が犯罪を無罪にするように，事後承認法を通じて憲法違反は「追認もしくは何らかのやり方で承認される」，と[10]。

事後承認法（Indemnitätsgesetz）は，統治者と市民との間の同盟を定めるものである。両サイドは，屈服することなく互いに譲歩した。その譲歩をもって，ラスカーと自由党の党友は，ジャーナリストのアウグスト・ルードビッヒ・フォン・ロハウ（August Ludwig von Rochau）が一般的な言葉とし，国民連盟（Nationalverein）がわがものとしたところの，完全に現実的政策を鼓舞する言葉の意味での，新北ドイツ連邦をともに建設する可能性を開いたのである。

Ⅳ. 職業議員（Parlamentarier von Metier）[11]

ラスカー議員は，1867年以降にベルリンで，何人かの彼の同僚と同様，異なる選挙法にもとづく2つの議席，つまりプロイセン議会の議席とライヒ議会の議席を持っていた。彼は，北ドイツ全体のためのただ1つの議会を設立することに関し，多くの自由党員達と同じ見解を持っていたが[12]，しかし自らは急

---

10) Verhandlungen des Preußischen Abgeordnetenhauses, 12. Sitzung vom 3. September 1866, S. 181-184. それについては，*Ernst Rudolf Huber*, Deutsche Verfassungsgeschichte seit 1789, Bd. Ⅲ : Bismarck und das Reich, 3. Aufl. 1988, S. 357.

11) その表現は，*Karl Braun* によるものである（Randglossen zu den politischen Wandelungen der letzten Jahre. Aus den Papieren eines Deutschen Abgeordneten, 1878, S. 160)。

12) 1867年の *Karl Ludwig Michelet* から *Lasker* への手紙から読み取れる（*Julius Heyderhoff*, Deutscher Liberalismus im Zeitalter Bismarcks. Eine politische Briefsammlung, Bd. Ⅰ : Die Sturmjahre der preußish-deutschen Einigung 1859-1870, 1925, S. 371)。

いで，デーンホフ広場（Dönhoffplatz）とライプツィヒ通り（Leipziger Straße）の両方の活動場所に住居を持っていたのである。ラスカーはすぐに，自由党と彼の派閥において指導的な首脳部の1人となった。2つの議席を持つことは彼の影響力を高め，国民自由党の政策綱領に有利に働いた。彼は4年以上もの間，彼の人生と日々の仕事の主要な内容として，それを行使した。「議会は彼をすっかり熱中させた」と，ナッサウ（Nassau）〔訳注：1866年まで公国であったが，その後ドイツの一都市となった〕の自由主義者で派閥の仲間であったカール・ブラウン（*Karl Braun*）は彼の1878年のコメントの中で書いている。「彼は夜は議会の印刷物を勉強し，朝は委員会に，午後は議会の総会に，そして夜は派閥の会議に出席して，それらの場で彼は「狐」を議会流に仕込んでいる。派閥は日中は彼の思想であり，夜は彼の夢である。それは彼のフィアンセである。……その際，彼はいかなる干渉も受けなかった。彼は，彼の倫理意識の城を失わず，彼はそれをラント法の角石（Landrechts—Quadern）にもとづく恐ろしい塁壁をもって固めていた」。「疲れを知らない討論者（unermüdlichen Debatter）」[13] に関する同時代の仲間によるこの種の証言は，後を絶たない。シュヴァーベン（Schwaben）〔訳注：以前は公国であったが，現在はドイツの一行政区画〕のメルクリウス（Merkur商売の神）を持つ者，第2ヴュルテンベルク（Württemberg）〔訳注：ドイツの一地方。現在ではBadenと統合されてBaden-Württemberg州〕連盟の構成員，そして1871年から1876年まで帝国議会でラスカーの派閥の仲間であった，オットー・エルベン（*Otto Elben*）は彼の回想録の中で，ラスカーの性格と知識を称賛しており，その回想録は彼の話の法論理的な熟練，感性と情熱までも示し得ている。「彼は卓越した実務家であった。つまり，他の者が長い間に初めて考えるときに，ラスカーはすでにあらゆることを勉強していて，彼の党はそれを採用した」[14]。ラスカーの親切心と私心のなさ，そして蔵書と大好きな夏のアルプス徒

---

13) すべて，*Karl Braun*, Randglossen zu den politischen Wandelungen der letzten Jahre. Aus den Papieren eines Deutschen Abgeordneten, 1878, S. 161 からの引用。

14) *Otto Elben*, Lebenserinnerungen 1823-1899 (Darstellungen aus der württembergischen

歩旅行をするだけの，つつましい独身男性の清廉潔白さは，多くの観察者の注意を引いた[15]。

　主義上の厳格さと説教的なスタイルは，時に教条主義者として，ほとんどの人に好意的には受け取られ得ず，ラスカーは政治家として価値を認められる途上にとどまった。ラスカーは，必要な譲歩へのあらゆる準備に際し，政治家の義務と，政党・派閥のリーダーであるルドルフ・フォン・ベニグゼン（Rudolf von Bennigsen）の鷹揚さを備えてはいなかったのである。また，彼は大臣職を求めたことも1度もなかった。かつての反骨時代から，彼は批判的な本性を持っていたのである。4年以上もの間ラスカーは議会の主たる立役者の1人であり，非常に頻繁に発言した。その議員（ラスカー）は印象的な体格も朗々たる声も備えていなかった。アウグスト・ベーベル（August Bebel）はその自叙伝の中で，「しばしばあったことであるが，彼が演壇に急いだときの，いたちのように短い脚で走る小柄なラスカー」を回想している[16]。それにもかかわらず，ラスカーはその話の内容によって，演説をした国会をほとんど常にひきつけた。彼の演説の控えめなアイロニーは，しばしば聴衆の笑いを引き起こしたのである。

　ラスカーは政治のために生き，そして政治によって生きた。プロイセン議

　　Geschichte Bd. 22), 1931, S. 178.

15)　*Hermann Robolsky*, Der Deutsche Reichstag. Geschichte seines fünfundzwanzigjährigen Bestehs 1867–1892, 1893, S. 224.

16)　我々の議会生活のすべては，ナンセンス，「みせかけの立憲主義のもっとも生々しい形」と「裸の独裁君主主義」以上のなにものでもないと，以前に誇っていた（もちろん，彼はSachsen〔訳注：ドイツの州の1つ〕における実際の投票率が全住民の4-5％しかないことを指摘できたから，まったく根拠のないことではない）*Bebel* に対する，*Lasker* の鋭い返答においてもそうであった。議長は *Bebel* の発言を打ち切り，*Lasker* は常ならぬ激しいことばで返答し，そのために後でより静かな調子で他の者に速記をつくらせている。そこには，*Lasker* は「我々が真の立憲主義の中にすでに生きているかのごとき幻想を抱いて」はいなかったが，しかしたゆまぬ進歩を見ている，と書かれている（Deutscher Reichstag, 17. Sitzung vom 8. November 1871, S. 183–186）。*Lasker* の発言の様子については，*Dill*, S. 150.

会の構成員は，その独立性のために，旅費と手当を支給されており，かれらはそれを放棄することはできなかった。すなわち，プロイセン憲法起草者の注目すべき認識によると，それは，自由独立の議席を保障するものであった。これと反対に，ラスカーと彼の政友の要求に反して，ライヒ憲法は議員手当の禁止を含んでおり，それは1906年まで適用された。議会活動は生業に発展しないものだったのである。ビスマルクは「職業的議会主義 (gewerblichen Parlamentarismus)」を軽蔑し，時代遅れの名士会議のモデルにますます固執した。しかし，政治によって生きる，つまり経費を政治上の副収入から賄っている議員は増えていった。ラスカーも，プロイセンの議員手当と並んで，ジャーナリストの仕事からの報酬とベルリン担保証券局 (Pfandbrief-Amt) の法律顧問としての収入を得ていた。ラスカーが物質的につつましかったことについて，すべての情報提供者の意見は一致している。現存する証拠は，その限られた収入により，あきらかに彼がいつも相談相手や慈善家であったことを指し示している。彼の卓越した法律知識と優れた経済知識を考えてみよ，国家公務員職以外に高給の職を獲得し，一財産つくることができたはずである。しかし彼は，自ら課した禁欲と議員の義務の遂行という，求めるところの多い選り抜きの道にとどまったのである。

　ラスカーのように自分の議席に完全に専心していた議員にとって，議員の権利はきわめて重要であったはずである。ラスカーは早くから常にそれに尽力した。プロイセンの議員特権を求める闘争において，彼は自分に追従する友トゥヴェステン (Twesten) の側で，称賛に値する役割を果たしている[17]。1865-

---

17) これがきっかけとなって，皇太子 Friedrich Wilhelm，後の皇帝 Friedrich 3世は，Bismarck に険しい調子で手紙を書いた。「国内において，つまり Twesten と Lasker のような人々の追及が寄与しているところの，あなたの同僚の Eulenburg と Lippe の処分に対する不満が増大している。帝国議会の会期中において両人が負うべきことをあなたは私と同じくらい精確に知っており，その種の者を処分し傷つけることが何の役に立つのか私には理解できない」(Brief Nr. 243 vom 1.August 1867, in : Anhang zu den Grdanken und Erinnerungen von Otto Fürst von Bismarck, Bd. II : Aus Bismarcks Briefwechsel, 1901, S. 411)。

66年にすでに，進歩的なベルリン地方裁判所顧問官と『単刀直入に（ohne Umschweife）』[18]の勇敢な著者との間で，議員特権をめぐるきびしい衝突が起こった後，1867年，つまり事後承認による和平成立の後に，今度は本省までも掌握するための闘争が再燃した。きわめて保守的な法務大臣グラーフ・ツゥア・リッペ（*Graf zur Lippe*）の失脚，つまりプロイセンにおいて1850年憲法のもと議会によって強制された初めての大臣交替をもって，それは終わった。活発な討論の後，ラスカーは保守党員と進歩党員に対して，議論のある憲法の議員特権条項についての法律上の宣言を含む法案を認めさせた。その宣言は，この84条を，議員の無条件の発言の自由を保障するものであると説明するものであった[19]。もちろん，上院はこの議決を否決している。

V. 北ドイツ連邦のための任務で

1867年2月にプロイセン王によって開催された，北ドイツ連邦を建設するライヒ議会は，労働法などの専門知識に優れた本会議で憲法の全体審議を行い，政府案の本質的な点を変更した。いくつかの重要問題において，ライヒ議会は政府連合の決定的な抵抗にあった。結局1867年4月に，両サイドの譲歩により譲歩憲法が成立し，ラスカーは5月に憲法審議を行ったプロイセン議会でもそれを支持した。はじめてのベルリン選挙区議員は，数多くの演説，提案，そして修正によってはじめてのライヒ議会の課題に参加し，その際，ときおりプロイセン及びイギリスの歴史についての認識を援用した。ラスカーは，譲歩の準備があることを表明し実証した。彼の意見によれば，憲法は完成した国家を示し得ていなかった；彼が9月に北ドイツの帝国会議の前にコメントしていたように，それはむしろ「いくつかの発展の萌芽を内に」孕んでいたので

---

18) *Carl Twesten*（1820-1870），我々がまだ読むことができるのは，Ein Word ohne Umschweife, 6. Aufl. 1861, 88 S.

19) Preußisches Abgeordnetenhauses, 7. Sitzung vom 27. 11. 1867, S. 108 f. Laskerの演説はS. 100-104.

ある。「我々が憲法の書かれた言葉によって，完結した，あらゆる点で完成した国家をつくり出すことは，ほとんど不可能であった。なぜなら，国家はとはそもそもそれになるものであって，決定（decretiert）されるものではないからである——……6か月後の今日，このような完成した国家の全体像を与えることはほとんど不可能であり，それについて我々はそう自ら，それがまだ未完成品であること，つまり完全な国家になるためには南部の国家の参加が欠けているということを白状する」[20]。ウィットのある気性の激しい話し手，ブラウン（Braun）議員は——パウル教会の経験を肝に銘じて——つぎのような詩句を引用することで，国民自由党員に広まった感情を的確に表現した「家の中にいよう／まずは安全にかくまわれて／住み心地のよい部屋のことを／再びまた心配せよ」。

　ラスカーは建設される連邦を，しっかり区分された完全な国家，プロイセンを象徴とする大国であると認識し，肯定した。強固な連邦を結ぶことが，肝要であった。「当面に限り，マイン（Main）河で止めたのである。ドイツ民族は，事実上，統一に向かってまっしぐらに進んでいる。」その議員（ラスカー）は，ビスマルク伯の外交指揮に対して大きな信頼を認めていた。「あらゆる憲法の基盤として，責任ある政府が不可欠である。大臣の訴追可能性以上のものが，それには属している。むしろ，行政のあらゆる処分は，法律と区別することなく審査されうるのでなければならない。すなわち，拘束を受けない行政は，法律の効力を帳消しにする」。ベニゲンの側で，類似の修正案をもって，ラスカーは近代立憲主義の基本原理のために闘った。ラスカーは，パウル教会（Paulskirche）についての討論で自ら次のようなことを認めた「1848年を引き起こし，この年の後を継ぐ精神が，常に私の生活の中心にあることを，私は自ら告白する」。それにもかかわらず，彼はその友とともに，基本権の要求においては必要不可欠なものにとどめていた「集会及び結社の権利は，立ち去ったりとどまったりする権利以上の何ものでもない。ある程度のプレスの自由は，

---

20) Verhandlungen des Reichstags des Norddeutschen Bundes, 10. Sitzung vom 28. September 1867, S. 134.

同時にたくさんの人に話す権利以上の何ものでもない。我々はただ，安全に居住し，それを個々の国の狭量な立法によって退歩させられないといったような人権のことを言っていただけだ」。法の統一性の見地からも，ラスカーは節度を保っていた。後に彼が法の統一性の拡充のために共闘した，彼の派閥の同僚ヨハネス・ミキュエル (Johannes Miquel) とは違って，彼は 1867 年には私法全般に関する連邦の立法上の権限を主張しておらず，1859 年に 10 のドイツ連邦政府によって招聘されたドレスデン委員会がすでに準備をしていた債務法で満足していた。ラスカーは，ドイツ法曹大会 (deutsches Juristentag) の構成員として，1860 年のその設立以来，ドイツ法の不統一の問題をゆだねられている。

彼は議会の権限，主として憲法変更権限と，軍事予算に関する容認を当然にともなう完全な予算権を，強く主張した[21]。原則として軍事財政にも関わる予算執行権は，ラスカーが明確に批判する点であり，憲法作業全体に関する彼の意見はそれに依拠していた[22]。ラスカーは広範な議員特権[23]と並んで，ライヒ議会の公式の会議に関するありのままの報告を自由にできることを勝ち取った。彼は結局，3 年の被選期間（議会の任期）を擁している。彼は議員手当問題におけるように挫折も経験したが，全体として，彼の控えめな方針を主張し貫いた。すでに帝国設立議会において，彼は指導的な首脳部の 1 人として認められ，北ドイツ政策に対して有力な影響力を獲得していたのである。

ラスカーは 1870 年に，基本的には執行部メンバーとしての彼が作成した国

---

21) Verhandlungen des Reichstags des Norddeutschen Bundes, 23. Sitzung vom 18. Oktober 1867, S. 478 f.

22) それについて彼は基本的には，6. Sitzung des Deutschen Reichstags vom 16 Februar 1874, S. 86-90 で意見表明した。

23) Gesetz, betreffend die Nichtverfolgbarkeit der Mitglieder der Landtage und Kammern は，4 月 18 日の *Lasker* の雄弁でウィットある支持演説によって採択された (S. 137) (Verhandlungen des Reichstags des Norddeutschen Bundes, 7. Sitzung vom 3. April 1868, S. 86-89)。Lasker は，16. Sitzung vom 8. März 1870, S. 226-228 において，この規定を刑法 11 条に取り入れることを成し遂げた。

民自由党の報告の中で，ライヒ議会，関税同盟議会，そしてプロイセン議会の満了した3年の任期に関して，自分及び自分の党派のための詳細な弁明をしている[24]。彼の選挙民のための事柄に即した報告は論争を自制し，自由党の帝国議会多数派と連邦政府との建設的な協働，及び125議席から382議席とはるかに増員した党派の強力な有効性を反映するものであった。最初の主要テーマを成したのは，「経済的解放 (Wirtschaftliche Befreiung)」であった。それには，自由と連邦統一の精神における「人々の動き (Bewegung der Personen)」が属していた。ラスカーは，大統領の権力による指導的な政策によっても促進されたこの部門の立法を，最も完全なものとしてあげていた。つまり，移転の自由，二重課税の禁止，旅券制度，婚姻の締結，援助居住地，公民権，そして連邦への帰属に関する諸法律である。ラスカーは次いで，大衆的にいわゆる「緊急営業法 (Notgewerbegesetz)」と営業法 (Gewerbeordnung) の栄えある見出しにより，「営業能力の解放 (die Entfesselung der Erwerbsfähigkeit)」[25] を経済的解放の1つにあげた。それは，認許主義を廃止し[26]，雇用者と労働者に団結の自由を認め，そして若年者のことを考えた労働保護法に着手するものであった。プロイセン国会が利息制限と債務拘留の廃止を頑固に拒絶した時，ラスカーは彼の提案による連邦法をもって国会の抵抗に打ち勝った。つまりライヒの立法者は，消費貸借の利息の高さを契約上の取り決めにゆだね，民法上の債務における執行としての拘留を禁止した。それをもって彼は，自由党のプランにしたがい，改革の必要がある対象を「プロイセンの司法立法の死の手」[27] から守ったのである。

---

24) それは，Annalen des Deutschen Reiches (vormals des Norddeutschen Bundes und des Deutschen Zollvereins) für Gesetzgebung, Verwaltung und Statistik, Bnd III (1870) Sp. 563-618 で活字化されて発行された。

25) Ibid., Sp. 566-568.

26) Verhandlungen des Reichstags des Norddeutschen Bundes, 15. Sitzung vom 9. April 1869, S. 275 f., 278 f.

27) Verhandlungen des Reichstags des Norddeutschen Bundes, 17. Sitzung vom 10. Oktober 1867, S. 346.

年報における報告は，刑法典を，連邦の立法上の主要な成果であったと，根拠をもって特に強調している。それは，「その内容の豊かさと考慮された問題の重大さによって最終会議の大きな時間を充たし，ムードを圧倒的に支配した」[28] 法律であったのである。ラスカーの強度の関与，つまり彼の数多くの提案と演説の内容は，その議員の道徳上の基本的信念及び法思想をとくにはっきりと際立たせるものであった。ライヒ議会の討論は，死刑をめぐる議論で始まった。その際，連邦参議院の代表者は死刑の維持に刑法典の受け入れをかけていたのに対し，多数派は真っ先にその廃止に賛成を表明した。ラスカーは死刑と決然と闘った。「プロイセンの法務大臣が，国民の信念が立法者にとって決定的であると考えた時，1870年2月に彼の基本的な意見表明を公にしたことは正当なことである。しかし立法者は，代表者としての性格を失うつもりでなければ，国民の投票の言いなりではいけない。立法者は常に「実際の国民意識」と結びつきを保っているべきであるが[29]，しかしだれもがそれを知っている場合には，遅れをとることなく立法をすべきである。債務拘留の廃止と同様に，死刑の廃止によっても，「まじりけのない国民意識（das geläuterte Volksbewußtsein）」が出現し，賛意を表すであろう。ラスカーは，根本的に，死刑は未発達の法文化と考えていた。彼は「ユダヤ民族（jüdische Nation）」を引き合いに出したが，その（ユダヤ教）律法学者ならば，旧約聖書の厳しい戒律を実際においては制限して，死刑を事実上は廃止することを，理解したで

---

[28] Annalen des Deutschen Reiches (vormals des Norddeutschen Bundes und des Deutschen Zollvereins) für Gesetzgebung, Verwaltung und Statistik, Bd. III (1870) Sp. 580.

[29] 後にその議員をその要求に導いたものである。すなわち，「……国民意識において刑罰に値するということがどういうことなのかを探究せねばならず，そうして初めて，刑罰で威嚇することにつき我々は正当化される」(35. Sitzung des Deutschen Reichstags vom 22. Januar 1876, S. 841)。しかしその際彼は現実的であり続けた。「人が国民意識と名付けるもの，つまりあなた方諸氏が時代精神と名付けるものは，根本的には固有の精神であるあなた方のそれである。人はしばしば，その人自身が知っていると信ずることで国民は知らぬことを，国民意識と名付けている」(36. Sitzung des Deutschen Reichstags vom 24. Januar 1876, S. 870)。

あろう[30]。しかし,最終審議において,政府は虐殺（Mord）と反逆,つまり連邦元首か領邦君主に対する虐殺の企てのケースについて死刑を固持した。ライヒ議会のかろうじての多数で,刑法典の成立を死刑によって頓挫させるべきでないという見解が,ラスカーに対して優位を占めた[31]。その際,刑法典の再提出が次の会議に持ち込まれるのか,もしそうであるならば,今より不利かもしれない選挙結果にもとづき自由主義的な進歩が主張されうるのかが不明であったことが,1つの役割を演じている。というのは,自由主義政党の意味するところの進歩とは,プロイセン優位の計画,中クラス国家の望み,そして帝国議会の意図の間における歩み寄りを意味する——皇帝時代における全体的な法典化のように——ものではあるが,国家の数だけ法律があることを含むのであるから。

　北ドイツ連邦の憲法文書はライヒのそれと同様,基本権のカタログを含んでいない。古典的な基本権は,ドイツの個別の国家に留保されていると考えられる国家権力の侵襲に対し,個人的及び社会的な生活を保護するものとして役立つべきものであった[32]。それゆえ,基本権の保護も,領邦憲法の特別な課題であると考えられたのである。この見地からは,個別の国家の侵襲権を制限することを目的とした基本権保護は,領邦憲法の自律性を侵害するものであったのだろう[33]。しかし,発展はこれを通り過ぎた。連邦国家は固有の侵襲権を持った。統合をめざす連邦国家においては,連邦の高権と領邦の高権,連邦の政策と領邦の政策,ライヒ法と領邦法とが,どんどん強く一体化していった。ライ

---

30) Verhandlungen des Reichstags des Norddeutschen Bundes, 11. Sitzung vom 28. 2. 1870, S. 113.

31) 死刑に関しては,127人の議員が賛成し（そのうち大部分は貴族）,反対は119人 (Verhandlungen des Reichstags des Norddeutschen Bundes, 52. Sitzung vom 23. Mai 1870, S. 1140)。

32) Ernst Rudolf Huber, Grundrechte im Bismarckschen Reichssystem, in : FS Ulrich Scheuner zum 70. Geburtstag, 1973, S. 163-181.

33) Ernst Rudolf Huber, Deutsche Verfassungsgeschichte seit 1789, Bd. III : Bismarck und das Reich, 3. Aufl. 1988, S. 665.

ヒに固有の基本権カタログがないことは、たくさんの動機が原因であったが、法治国家原理に負うところのライヒではいずれにせよすぐに、憲法政策の欠缺であることがあきらかになった。それゆえ、自由党員、とりわけラスカーが、連邦及びライヒの単純な個別法において基本権を規定しようと骨折り、その適用を監視したのである[34]。

　1867年10月にライヒ議会で郵便法（Postgesetz）が審議を待っていたとき、ラスカーは信書の秘密の保護を保障する修正をあくまで主張した。連邦の委員は、その修正は法律の成立を危うくさせるものであると述べた。それに対して、その議員（ラスカー）は、議会のさかんに持続する拍手の中で、「議会は自由な審議を行い、連邦参議院の脅しを受けずに決議しようとしている」[35]と異議を唱えた。本件において彼は、郵便法は原則として信書の秘密を保障しなければならないという見解を主張し、それは議会で成功をおさめた[36]。1868年4月に彼は、（議会の政府に対する）質問によって、プロイセン旅券法（Paßgesetz）と移転の自由法（Freizügigkeitsgesetz）に対し、行政当局が敬意を欠いていることを非難している。両法の内容は、「真に、我々がとにかく憲法で書いたところの、最も高次の基本権に匹敵」する。将来的に官僚にその規範を指図するためには、連邦法の公布だけではまだ不十分である。上司たる官庁の指導によ

---

[34] このことに関するLaskerのパラダイム的な発言、「法律はすべて私にとって同じ価値がある。つまり、その目的が達成されているならば、獲得された権利が憲法にあろうが他の法律にあろうが、私にとって同じことである」(32. Sitzung des Deutschen Reichstags vom 16. 12. 1874, S. 746)。

[35] Verhandlungen des Reichstags des Norddeutschen Bundes, 24. Sitzung vom 19. Oktober 1867, S. 519.

[36] Laskerのつぎの発言が、彼の法政策上の基本的立場を示している。「我々は今日、信書の秘密とその例外に関する完全な特別法を完成させる立場にないのだから、信書の秘密が原則として保障され、例外は修正案が一般的に表示する義務に関してのみにとどまる旨の規定を、少なくとも郵便法に取り入れるという、我々の良心と立法者の義務を満足させたと私は思う」(Verhandlungen des Reichstags des Norddeutschen Bundes, 24. Sitzung vom 19. 10. 1867, S. 520)。修正案は、135対94の投票で採択された（反対は貴族の保守党員）(ibid. S. 523)。

り，法律に効果を持たせるべきである，と。

　ラスカーはライヒ議会で，主義の振り回しを繰り返し警告した。「単に原理を打ち立てることが必要とされ，そしてどんな折にも今その原理は実現されねばならないといえるのであれば，政策を押し進め公の事柄を守ること，そして若干の規定をもってしてすべてをきちんと整えることが，非常にたやすいだろう」。そうではなくて，彼は実現可能な政策を支持した。「自分の原理が実現されるまで待ち，それまではより悪い状態を受け入れると，だれが言うであろうか！　それはよろしくない」[37]。彼はひやかした。「私が思うに，議会の演壇は，非現実的な制度を発展させる，非常に悪い場所である」[38]。しかしその男（ラスカー）はときに自ら，人差し指を立てて，説教臭い原理的厳格さに陥った。例えば1867年にライヒ議会で，（公認）賭博場を新たに獲得されたプロイセンの州で引き継ぐことが，さかんな拍手で反論の余地なく不法で罪なことであるとされたときがそうである。「国家もまた一般的なルールには従わなければならない。有害な事柄に関して契約が締結された場合には，それは私法上の有効性を持たない。それゆえ，人が賭博場——つまり重大な打撃でなくても，道徳上の権利に対する突然の打撃とはすぐに手を切り，その民法上の帰結に静かにゆだねるとしたら，それは今もってなお最も単純明快なことであろう」[39]。

Ⅵ. 帝国誕生の助け手

　プロイセンの指導者がたびたびの書簡交流から読み取っているように，エドゥアルト・ラスカーと彼の自由党の党友は，帝国，つまり北ドイツ連邦の権利を承継する国の建設にあたって重要な関与をしていた。エドゥアルト・ラス

---

37)　Verhandlungen des Reichstags des Norddeutschen Bundes, 11. Sitzung vom 30. 9. 1867, S. 165（塩税がテーマとなった）.

38)　Verhandlungen des Reichstags des Norddeutschen Bundes, 19. Sitzung vom 14. Oktober 1867, S. 394.

39)　2 Verhandlungen des Reichstags des Norddeutschen Bundes, 21.Sitzung vom 16. Oktober 1867, S. 439.

カーの遺品にもとづく1870年と1871年の彼の書簡交流[40]が,『現存する民族的遺産に関するドイツ展望 (Deutsche Revue über das gesamte nationale Leben der Gegenwart)』で1892年に大連載されている。南ドイツ部隊も完全に実績をあげた戦争の最初の数カ月の武功, フランス帝国の崩壊, そしてパリの包囲は, ドイツの統一, つまり南ドイツ諸国と北ドイツ連邦の結合のために道を切り開いた。今日我々が認識しているように, ビスマルクの政治家としての才能だけではなく, それと同時に, 効果的に現れたドイツの統一意志が帝国を成立させたのである。問題の政治家 (ビスマルク) は, 抵抗する勢力及びまだ躊躇している政府に対して, 一般公衆と両院の強力な支持を利用した。彼がこの助けを得られたのは, 政党及び国民の集会において報道と議会を通じてかけ引きの大きな役割に加わり影響を与えた, 精力的に運動し扇動する小ドイツ主義の自由党員達のおかげである。戦争の月の間, ラスカー議員はいつものように, きわめて活動的に姿を見せた。9月にラスカーは, とくにバイエルン (Bayern) とヴュルテンベルク (Württemberg) で起こった抵抗を克服する手助けをするために, ルドルフ・ベニグゼンとともに南ドイツに旅をした。ミュンヘン (München) で, 彼は政府構成員とも交渉した。

連邦国家の理念は濁りがなく, 中央権力の力は弛緩せず, プロイセンの勢力は弱まることがなかった。「帝国設立議会が新たにそれを始めるのではなく, 連邦の拡大はむしろ憲法に規定された方法でなしとげられるであろう」[41]。デルブリュック (Delbrück) 首相あての書簡の中で, 彼は1870年10月末の彼の基本的な考えをつぎのようにまとめて述べている[42]。南ドイツ諸国または南部全

---

[40] Bd. 2, S. 46-64, 166-186, 296-317. Bd. 3, S. 59-82, 157-177, 283-301. Bd. 4, S. 60-76, 190-203, 352-366.

[41] Deutsche Revue 17, 1892, Bd. 2, S. 181. — 1990年のドイツ統一とは比較しようがない！それに関してすでにLaskerによって引き合いに出された, 「連邦それ自体が確保され憲法上確認される前でなければ, 希望の水門は開かれるであろう」という警告が, 注目に値する。別の箇所で彼は, 「立憲国家の危うさと遠さ」について話している (S. 297)。

[42] Deutsche Revue 17, 1892, Bd. 3, S. 72-75.

体の加盟によって，北ドイツ連邦憲法の完全な変更が求められているわけではない。限られた領域では，連邦憲法の本質的な要素が規定されていない。それに対しては，各々の加入により若干の修正が不可欠となる。「最も重要なことは，連邦が最終的にドイツの両方の部分に及ぶということである。この歴史的大事件が同時の改革に左右されてはならないが，しかし，正当な努力というものは未来を現在の利益の犠牲とするように誘惑してもならない」，と。その愛国的議員（ラスカー）は「達成されたことの幸運を本当に」感じていた：「我々は結局1つの国家であり，それが最も重要なことである！……我々は我々を王と同列におく。そしてドイツの王冠は王だけでなく王とドイツ国民によって共同で生み出されたのである」[43]。それにひきかえ，ビスマルクも犠牲なくして克服することのできなかったバイエルンの抵抗に対する譲歩は，彼を傷つけた。しかし彼は——実証された根拠をもって——統一を構想する連邦国家の独自の動力に再び賭けたのである。

ベルサイユで締結された諸政府の11月条約は，権限あるドイツの憲法組織，つまり北ドイツ連邦の連邦参議院とライヒ議会，及び南ドイツの部会による批准を必要としていた。1870年秋のライヒ議会の最後の特別議会においても，ラスカーは際立っていた。その条約は議論が白熱し，安全多数を見込むことができなかった。連邦法と帝制の発展の望みが，国民自由党の一致した賛成をもたらしたのである。

第2マイニンゲン（Meiningen）地区におけるラスカーの再選挙の運動をしたのは，彼の友人でゾーネベルク（Sonneberg）の委員会の長である工場主ベルンハルト・ディーツ（Bernhard Diez）であった。ディーツは有権者に声明を出し，地区の選挙戦を戦わない候補者，及び対抗候補がおらず議論なしで議席を獲得する候補者とも，手紙で意思を疎通させた。ラスカーの手段は，啓蒙的な論拠，つまり教育的な言葉であった。彼は政党を組織的に率いることなく，綱領に則して思想によって導いた。彼の文学的であると同様に精神的な要求と

---

43) Deutsche Revue 17, 1892, Bd. 3, S. 65–67.

傾向は，感じやすい人々を引き込んだ。独身男性の身であることは，彼が利益に控え目であることを強調した。まったく，法律知識のあるその議員は，もっぱら議員職のために生きていたにもかかわらず，現代の職業的な政党政治家よりも名誉職の典型に近づいていた。

Ⅶ. 成功の絶頂で

ラスカーは，北ドイツ連邦の時代を振り返って，近代ドイツ憲法史上最も模範的かつ幸福な歴史を，「田園の島（idyllisches Eiland）」と名付け，そこではたゆまぬ仕事と喜ばしい努力が豊かな成果を現し，大規模な国家制度を例外なく平和的かつ抜本的に近代的な代議制度と取引制度の考えに沿って変革したのである[44]。この最も希望に満ちた時代は，同時に，彼にとって個人的に最もすばらしい時代であったようである。彼の活動範囲がもうひとまわり拡大された後，彼の政治的運勢はさらに上昇した。ライヒ議会において，国民自由党（Nationalliberale Partei, NLP）は最大党派として382議席中125議席を手中にした。帝国建設政策を無条件に支えた政党，つまり国民自由党，自由保守党（Freikonservative Partei, FKP），及び自由党（Liberale Partei）は，合わせて192議席，まさに多数派を占めたのである。

1871年から1873年の新帝国議会の最初の立法期に，ラスカーはドイツの法発展に根本的な関与をした。彼がヨハネス・ミキュエルとともに必要な帝国の譲歩を勝ち得ることで，憲法上の前提を生み出した，民法典の成立[45]とともに彼の名は残っている。両人は，北ドイツのライヒ議会においてすでに，すべて

---

44) *Wilhelm Cahn* (Hrsg.), Aus Eduard Lasker's Nachlaß, 1. Teil : Fünfzehen Jahre parlamentarischer Geschichte (1866–1880), 1902, S. 64 f.

45) 基礎的であり，かつほとんどの旧業績を凌駕した，*Michael John* の研究，Politics and the Law in Late Nineteenth-Century Germany. この本に先立つ彼の論文，The Peculiarities of the German State : Bourgeois Law and Society in the Imperial Era, in : Past and Present No. 119, May 1988, 105–131. また *Horst Heinrich Jakobss*, Wissenschaft und Gesetzgebung im bürgerlichen Recht nach der Rechtsquellenlehre des 19. Jahrhunderts, 1983 も重要。

の民法，刑法，そして裁判所組織を含む裁判手続の共通立法を連邦にゆだねるという，憲法改正案を出していた。1871年の第2期帝国議会において，ラスカーとミキュエルは，他の政党の議員達といっしょに，すでに議会で信用を得ていた彼らの動議を再び提出した[46]。ラスカーが提案者として，とくにヴィンドホルスト (Windthorst) の分権主義からの懸念に反論する演説で討論をしめくくった後，提案者達ははたして再び堂々たる多数を獲得したのである。議員達は，異なる地域の「文化事情」，さらに進んで地域特別立法に直面する，とくに不動産法，親族法，そして相続法を，歴史的・保守的な立脚点から留保しようとし，とくに義務的市民婚の見通しがあることに中央党はショックを受けた。しかし，多数派は，法の統一による国防及び取引の統一を，補強材料に考えようとしていた。法の分裂はドイツ国民の法的生活に対する感受性を弱め，「我々が遺憾に思うのは，国民が今日つくられたような法曹法及び公務員法によって，残念ながら自然で活発な本能，つまり法創造に対する有効で自覚的な参加に不可欠であるところの，教育された法感情をもはや持たないということである」[47]という，1871年11月のラスカーの最終演説における論拠は注目に値する。統一的な裁判所と共通の手続法も十分ではなかった。というのは，裁判官が平気で今日はこの法，明日はあの法に依拠して形式論的に判決するのであれば，かれらは「法創造の良き源であること」をやめてしまっているからである。その際，ラスカーは，訴訟がどの法区画で始まったのかしだいで，さまざまな法に従って判決を下していた，連邦上級商事裁判所 (Bundesoberhandelsgericht) のモデルを念頭においていたのであろう。

　次の1872年の会議で帝国議会は新たな議案に取り組み，要するに「裁判所組織を含む」の箇所をめぐってその回は議論となった。その短い文言は，本質的な内容を捨て去ることなく，連邦主義的な考慮と折り合うものであった。と

---

46) In der 21. Sitzung des Deutschen Reichstags vom 15.November 1871, S. 276, 284-288 : der Antrag im Aktenstück Nr. 29 (S. 71 f.).

47) 21. Sitzung des Deutschen Reichstags vom 15. November 1871, S. 287 ; das folgende Zitat S. 288.

いうのは，訴訟法に関する権限は，裁判所組織の基本的特徴を含むものであったからである。ラスカーは，注目すべき詳細な演説を再び行い，それは歴史学校で形づくられた彼の法思想をあきらかにするものであった。彼は民法領域における特別立法を2倍高く評価した。演者（ラスカー）が説明したように，そこから包括的な法典化のための精神と能力が育つにちがいないからである。「私は，大法典を仕上げる何人かの理論家を処方する方法を，信奉するものでは全くない。」そして彼は，「我々の法典に民衆法がほとんど浸透していないこと」の責任は，この方法にあるとしている。特別立法があらかじめ手本を示し，そこにドイツの精神が含まれており，「そして我々が共同作業の中で，ドイツのやり方に則った言葉と精神で我々の民法典を形づくることを学んだときが，法典編纂の正しい時期である」。望まれるべきは，民衆法に支えられた，法律家の杓子定規でない法律である，と[48]。

しかし，連邦参議院では別の考え方が主張された。とくにバイエルンとヴュルテンベルクの首相は，特別法ではなく専門家の手による法典編纂，つまり「政治の牙が折られる」法律家の仕事を主張した。1873年4月の帝国議会が4度目の憲法改正案を——今や保守党の賛成も得て——採択した後，連邦参議院は結局同年11月にほとんど全員一致で二重の決議をもってこれに賛同した。つまり連邦参議院は，民法全体に関する広範な立法権限に賛同すると同時に，ドイツ民法典の草案の起草委員会の設置に関して「できるだけ早い提案」をするように司法制度委員会に要請した。これをもって，個別法に反対し大規模な法典に賛成する決定と同時に，法典の性格に関する決定も下したのである。ラスカーは，彼が長年力を投入してきた目標に立脚していた。もっとも，勝ち取られた帝国権限[49]の土壌のうえでは，彼が派閥の同僚ゲオルク・ベーゼラー（Georg Beseler）教授のいう意味で表現したところの民衆法は育たず，法律の専門家からなる委員会の十年間の作業の中で法典は誕生した。その法典は，法

---

48) 32. Sitzung des Deutschen Reichstags vom 31. Mai 1872, S. 620-628. hier S. 623.
49) RGBl. Nr. 34 vom 24. Dezember 1873, S. 379（Gesetz vom 20. Dezember 1873）.

律学的な優れた性質のおかげでドイツ史のあらゆる変革を乗り越えて維持されたが[50]，公衆はそれを理解することができなかった。それは大衆的な法律ではない，つまりむしろ共通法のパンデクテン思想の深く刻み込まれた体系的な，法律家の利用のために高度に抽象化された業績であったのである。この世紀の法典は，国民から非常に疎遠な法であって，中世末期にローマ法の継受と法曹職の養成を始めた流れを進めるものであった。たしかに，相異なる取引関係は専門家の合理性を必要としていた。しかし，オットー・フォン・ギールケ (*Otto von Gierke*) の批判や，スイスの民法典が示しているように，立法者が一貫して大衆にわかりやすい方法をとることができたならよかったのだが。

　これに対してラスカーは，別の分野，つまり経済政策において，1873年の設立詐欺に対する彼の演説によって，最高の大衆性[51]を獲得した。株式熱と設立者の誇示がその極に達し，近づく経済危機の最初の兆候がすでに現れたとき，ラスカーは1873年2月初めのプロイセン議会の鉄道行政予算をめぐる予算審議で，事実の徹底調査によって準備した設立詐欺に対する演説[52]を行い，それは議会，報道，そして公衆に多大な影響を与えた。事実に即し客観的に切り込むその演説は，新たな鉄道路線の敷設にあたっての最悪の不都合をあきらかにした。その不都合とはつまり，外観上の引受株の申込，わら人形，口頭の付帯的取り決め等々，しばしば貴族や名望ある人物の名前を騙って行われる，見抜くことが難しい欺罔工作であって，善意の大小の投資家に損害を与えるものであった。ラスカーは，混乱したすべての個別的な事情について，保証人を通じて，また書類と商業登記簿の添付文書の閲覧を通じて知識を入手した。その演説は，上級登記官でハインリッヒ・ヴァーゲナー (*Heinrich Wagener*) の

---

50) 簡単な評価として，*Adolf Laufs*, Beständigkeit und Wandel ― Achtzig Jahre deutsches Bürgerliches Gesetzbuch, JuS 1980, 853-860.

51) たとえば，以前は批判的な論調であった *Hans Blum* は熱狂的に称賛した (Deutsche Staatsmänner und Abgeordnete ― Eduard Lasker, in : Grenzboten, Jg. 32, I. Semesyer, I. Bd., 1873, 441-448. *Gottfried Waldstedt* の15頁の小冊子 Eduard Lasker. Biographische Skizze, 1873 も追従する。

52) Preußisches Abgeordnetenhauses, 7. Sitzung vom 27. 11. 1867, S. 108 f.

実際の秘密を証明し，帝国議会の保守党議員達とプロイセン首相アルブレヒト・フォン・ローン（Albrecht von Roon）の第一官僚達が詐欺師であることを証明したのである[53]。高級貴族に属する者も，この事件に巻き込まれていることが判明した。それから演者（ラスカー）は，無一文から起業して非力な商業大臣イッツェンプリッツ（Itzenplitz）のお気に入りとなった，鉄道建設業者シュトロウスベルク（Strousberg）の手の込んだ詐欺的策謀の方に向かった。ラスカーは威厳ある老首相，多くの官僚，そして公衆にそれまで知られずにいた，株式詐欺のテクニックをあきらかにした。イッセンプリッツは辞任するしかなかった。その演説は新聞全紙だけでなく，ドゥンカー（Duncker）のより発行部数の多い別刷りでも公表された。数えきれないほどの人々がそのユダヤ人議員を真のドイツの有徳者とみなした。多くの人が彼の中に，ビスマルクとモルトケ（Moltke）と並ぶ帝国の第三の支柱を見たのである。

　根本的に，ラスカーは法治国家，つまり法律の権威の核心であった。国家において責任ある者が，規定の有効性を監視することを怠ったとき，つまり大規模なすり抜けを許したとき，法律の権威は損なわれる。法律の権威は断絶し，また欠けることもある。ラスカーはこれを認め，立法者の可能性を高く評価していたゆえに，実務に基礎づけられたやり方で株式改正法を改正することを迫ったのである。設立詐欺に関するラスカーの演説は，たしかに効果を発揮した。しかし，その正当な批判が彼（ラスカー），その自由党の党友，及びユダヤ人に対して悪意と敵意をもたらすことは危険であり，重大な結果を招くものだった。ルサンチマンが再び活発化し，誤解が広まった。悪の根源は自由党による法律の自由放任主義になかったのか？　ユダヤ人が金融業と証券取引所スタイルに決定権を持っていたのではないのか？　数年来，不相当に多く自由主義的な「セム語族とモーゼ信仰の同胞」が議会，報道，そして財界首脳部の内部で指導的な地位にあったのではなかったか？　まさに「ラスカー――バンベ

---

53) すでに 25. Sitzung des Preußisches Abgeordnetenhauses vom 14. Januar 1873, S. 538 (S. 536-539) において

ルガー（Bamberger）——オッペンハイム（Oppenheim）」議会時代に，ブライヒローダー（Bleichröder）のような銀行家が利益を得たのではないか？ ラスカーは結局，彼のユダヤの一族及び政党の仲間の偽善的な代弁者以上の何者でもなかったのではないか？[54]

ラスカーの名は，道しるべであるプロイセンの行政改革への寄与によって，グナイスト（Gneist）のそれと並んで，さらなる栄光を獲得した。ラスカーは，達成された進歩とそれに対する彼独自の関与を，根拠なく高く評価することはしていない。1872年11月末にヘルマン・ベルヴァルド（Hermann Bärwald）に宛てた書簡の中で「大きな最終結果（großen Abschlß）」について書いているが，それは個人としての私の心にも触れるようなものである。「私が言っているのは，郡の秩序であり，そこからもたらされる我々の法制度と行政の強力な変革であり，さらにはそこから生み出された政治状況と変化した議会の地位である。それはつまり，私が有利な後援なく政治生活に入って以来，自分に課した公然たる課題である」。自分は政府に有力な覚書を提出した。そして司法行政はほとんど自分1人によって進められ，また大部分自分によって起案されたものである，と。もちろんラスカーは彼の職務を——たいていの場合と同様——グループで，その際とくに創造的頭脳を持つ者のサイドで行っている。司法行政では，自由主義者好みの思想，つまり素人の参与が主張された。つまりラスカーは，郡議会選挙法の際には，階級的な考えに対して，自由主義の一定の譲歩を続けなければならなかったが，大部分素人で構成された裁判所には心から賛成した。ラスカーは，政治家歴の初めに，警察の恣意と法の保護の欠如に，プロイセン国家の致命的な欠陥を認めている。「あらゆる警察の処分に関して，区別なく，裁判官の聴聞を求めることができる」という，今や達成された法的状況を，「将来におけるプロイセン国民のマグナ・カルタ」であるとしたのである[55]。

---

54) 46. Sitzung des Deutschen Reichstags vom 5. Februzr 1876, S. 1194 で，彼はその種の讒言に反論した。

55) Preußisches Abgeordnetenhauses, 4. Sitzung vom 20. November 1872, S. 34.

VIII. 試金石—文化闘争法（Kulturkampfgesetz）と社会主義者法（Sozialistengesetz）

ビスマルクははじめから，帝国建設作業が，教権主義者の活動と国際社会主義の反帝国的な意図によって危殆化するのを見ていた。何よりもまず，国家とカトリック教会の文化闘争が，公の生活を動揺させていた。ラスカーも，教権主義の中央党（Zentrumspartei）をはじめから批判的に判断していた。1871年4月初めの帝国議会において，ラスカーは演壇からも，政治目的のための教壇の濫用と「教権主義者の前代未聞の策動」に反対し，さかんな拍手を得ている。「……何人かの議員が議会中央のベンチを選び，つまりは我々がカトリック宗教の代表者であると言っていること」に対して，彼は抗議した。もっとも彼は，自分と自由党の党友は教会の独立性に対する攻撃を許すことは決してないであろうことを，強調している。どのような事情のもとで結婚が教会によって許されたり許されなかったりするのかという問題にも，人は介入しないであろう。しかしながら，所与のラント法が神の言葉の前に有効なのか否かを審査することを，大部分の国民が留保するならば，秩序ある国家状態は成立しない。公民権は，教会のしきたりや規則に一方的に左右されてはならないだろう，と。「もしあなたがたが」と，彼は中央に向きを変えて，「同時に民法上の権利でもある婚姻締結権を，もっぱら教会にとどめおこうとするならば，我々がこの権利の濫用に対して保証を求めたときに，苦情をいうことはできない」。彼は「公民関係と宗教関係の合流」を一貫して認めていたが，しかし同様にそれらの分離が不可欠であることを分かっていた[56]。「信仰の利益とヒエラルキーの権力欲の利益の間に，つまり宗教の神聖化された内容と世界の統治の世俗的な領域の間に，正しい境界線を見い出すこと」[57]が妥当である，と。

---

56) 前述引用部分すべては，12. Sitzung des Deutschen Reichstags vom 5. April 1871, S. 173-175 から。

57) *Wilhelm Cahn* (Hrsg.), Aus Eduard Lasker's Nachlaß, 1. Teil : Fünfzehn Jahre parlamentarischer Geschichte (1866-1880), 1902, S. 74.

文化闘争時代における国教法は，措置の性格を帯びていた。その法律は，闘争の手段として，つまり権力の道具として用いられたのである。だから，そこに法治国家原理への違背があるのかどうかが，問われたのである。しかし，必要と認められる防衛措置を，たとえば緊急命令という形で執行機関だけが講ずるのではなく，立法機関が法律の形式で得策を議決するならば，危機と衝突の中で危うくなった法治国家原理は，かなりの程度守られるように思われた。措置法は，議会の共同決定権と共同責任を拡張し，危機の時代に憲法上の権力均衡が粉砕されるのを回避したのである。授権法の濫用の可能性を，想像できる当事者はおそらく1人もいなかったのである。

　「帝国における教権主義に対する闘いは，国法の要請にもとづいてではなく，攻撃の形をとって始められた」[58]。この文章でラスカーは，1871年11月の帝国初の文化闘争法（Kulturkampfgesetz），いわゆる教壇条項（Kanzelparagraphen）を的確に評価している。刑法典130条の改正法は，聖職者や宗教者が，その職業の遂行において，群衆の前または教会その他宗教上の集会のために定められた場所で公に，公安を危殆化させるやり方で，国家的事項をお告げや討議の対象としたときには，2年以下の軽懲役または城塞禁固に処する，と規定していた。没後に公刊されたラスカーの議会史は，多くの自由主義者がこの法律に直面して抱いた疑いを追感させるものである。暫定立法という姑息な手段，そして政治の日常的必要のために法律の武器をつくること，とりわけ行政官吏の職権濫用によって，たとえば違法な選挙干渉が不処罰のままにされていることに対して，消極的な姿勢が存在していたのである。ラスカーは教壇条項をめぐる帝国議会の討論には参加していない。最終投票の際に，彼は唯一の国民自由党員として，その法律に反対票を投じている。

　帝国議会における少数派の代弁者として，ラスカーは長期にわたり発布されていた例外法（Ausnahmegesetz），弾圧的な1872年イエズス会法

---

58)　*Wilhelm Cahn* (Hrsg.), Aus Eduard Lasker's Nachlaß, 1. Teil : Fünfzehn Jahre parlamentarischer Geschichte (1866-1880), 1902, S. 80.

(Jesuitengesetz)を非難した。同法は，イエズス会教団及び同会系の修道会を帝国の領土から排除し，もってドイツにおけるその存在と有効性を拒否するものであった。その禁じられた教団に属する外国人を，帝国領土から追放することができた。自国の構成員については，特定の区域もしくは場所に滞在することを，官庁は拒絶もしくは命ずることができた――特に厳格な法律である。多くの反イエズス会の陳情の刷り込みのもと，文化闘争を先鋭化させる推進力となった帝国議会において，ラスカーは「今回は道をともにしないこと」にせざるを得ないと思う，と表明している。居住地限定規定(Konfinierungsvorschriften)は，その濫用により追われた者に対する保証の付与なしに，市民の権利に深く干渉するものである。予防警察の措置にあたっても存在すべき，法的コントロールが欠けている。国家は，教会の領域での反抗に対する「正当な闘い」において，高度な要求としての法的な道筋を守ることを無視してはならない。国家が全体の福祉のために個々人の権利を無視してよいのは，「厳格に規定された法的な保証のコース」においてのみ，つまり裁判所の監視のもとにおいてのみであろう，とした[59]。ラスカーの懸念に賛同したわずかな議員のみである。前年にはまだ教壇条項に賛成していた，国民自由党でライプツィヒ大学教授のカール・ビーデルマン(Karl Biedermann)がそうであった。「しかし，このかつての48歳のように，もし人が例外法のようにとんでもない結論についての問題を，異なる取扱いもしくはより軽い取扱いをしようとするとしたら，それは確信への忠誠なのであろう。なぜなら，それはまさにイエズス会員に反対するのであって，自由主義者または国家主義者に反対するのではないからである」。

　文化闘争時代の例外法と同様，1878年10月の公安を害する社会民主主義運動に対する法律も，困難な法及び良心の問題を投げかけ，ラスカーはそれを議会及び公衆に勇敢に提起した。1878年5月の，皇帝に対する最初の，いわゆるヘーデルシェーン(Hödelschen)暗殺計画の後，同じ月にもう，プロイセ

---

59) 48. Sitzung des Deutschen Reichstags vom 19. Juni 1872, S. 1123-1126.

ンの内務省がためらいながら決議し，連邦参議院が支持した法律が，帝国議会に提出されるに至った。その草案は社会民主主義の直接的な禁止を含むものではなかった。それはむしろ，社会民主主義の団体，集会，または出版物を禁止する権限を，一部は連邦参議院に，一部は地区警察庁にと制限して認めるものであった。しかし帝国議会では，政府は57票対251票で，予想通りの敗北を喫し，それにはラスカーの重要な演説が寄与していたのである[60]。

ラスカーが詳しく述べたように，その提案の主な間違いは社会民主主義と闘おうとすることにある，という。しかし，外部的な行為をすること，争いや騒ぎの種をまくこと，法律を遵守しないことに関しては妥当である。手段だけを追及し，しかし目的は追及するな，そうすれば，社会民主主義の目的以外を追求した場合でも同一の行為は処罰されうるのであるから，その法律は社会民主主義それ自体につきつけられたとはいえないだろう。「我々に例外ルールを提示する前に，その法律の全体の効力が問題とされ」[61] ねばならない，と。

1878年6月の皇帝に対する第2の，ノビリング (Nobiling) の暗殺計画後に，ドイツの公衆の多くは，テロ行為の知的な責任を一般的に社会主義に負わせ，社会主義者法の第一草案を拒否した政党を非難することを，長くは躊躇わなかった。すでに9月に，新たに選ばれた帝国議会は，厳格化された社会主義者法の第二草案に取り組むべきであると考えた。ラスカーを中心とするグループも譲歩した。10月に，221票対149票で，帝国議会の議決が成立した。ラスカーの最終演説は，確信に忠実な自由主義の議員にとって賛成することがいかに困難であるかを，開示するものであった。いったい法治国家はどこに存続しているのかという，ヴィンドホルストの質問に対して，彼は次のように答えている。「法治国家は，あらゆる場合に関して，刑罰，取り調べ，もしくは裁判

---

60) *Eduard Lasker*, Gegen das Sozialistengesetz 1878（=Vorkämpfer deutscher Freiheit, Dokumente liberaler Vergangenheit, Heft 12）, 1910, 38 S.（社会政策学者で教授の *Ludwig Heyde* の巻頭言による）

61) Verhandlungen des Deutschen Reichstags, 55.Sitzung vom 24. Mai 1878, S. 1536-1542, Zitate S. 1536 f.

に至る厳格な形式に尽きるのではない。法治国家が活気に満ちた世界であるべきであって，単にすべての実務的な人々に退けられる理論であるべきではないならば，危険な状況においては，完全な安全を与える能力がなければならない。また，法治国家の擁護者は，政治的必要性に屈服しなければならず，事情によっては，法発展をまっすぐに追求するのではない道をとらねばならない」[62]。「公に認められた危険に対して国家はその弱点を公言するのか，政府は限定された期間注意深く衡量された限界内で特殊な，あるいはあなたが意図するように，異例の権限を授けられるべきなのかという，この両方の決断の間で，良心的な衡量によって，つまり衡量の重さのバランスがほとんどとれたところで，私に運命づけられたところの，第一の悪がより大きいであろうから回避されねばならないということが据えられたのである」[63]。

　つまり，自由主義者達は，法律の形式に覆われた，体制保護の措置に賛成したのである。例外法はその内容によれば，社会民主主義をその革命的性格を理由に体制の敵と宣言している。1878年の社会主義運動が革命的なものであった場合には，国家の防衛措置は必要で許容されたものとみなされ得た。しかし，その問題は常に決着のつかないままであった。ためらいながら賛成したラスカーは，2年経つか経たぬうちに，正直に元に戻った。つまり，彼はすでに以前に——そしてここでは成功して——社会主義者追及の方向の中で議会の権利を短縮しようとする政府の企てを阻止した後[64]，社会主義者法の延長に反対する少数派に賛同したのである[65]。

IX. ライヒ司法法（Reichsjustizgesetze）

「法と裁判所は表裏一体である。法治国家にとって——ドイツの法治国家

---

62) Verhandlungen des Deutschen Reichstags, 15. Sitzung vom 18. Oktober 1878, S. 355.
63) Verhandlungen des Deutschen Reichstags, 15. Sitzung vom 18. Oktober 1878, S. 358.
64) Verhandlungen des Deutschen Reichstags, 14. Sitzung vom 6. März 1880, S. 306 f.
65) Verhandlungen des Deutschen Reichstags, 14. Sitzung vom 4. März 1879, S. 264 f.

がそうであるべきように——裁判は要石である」。テオドール・モムゼン (Theodor Mommsen) のこの言葉は，ラスカーにとってもそうであり，彼の実行力と妥協性が司法法を根本的に促進した。多年にわたる準備作業と，1879年発効のための1877年の厄介な政治的審議の後，司法法は発布された。ラスカーが思うに[66]，それはドイツの統一の3分の1であった。その核心をなすのは，裁判所構成法 (Gerichtsverfassungsgesetz) である。

　法的手続，及びそもそも法的生活の良好さは，裁判官の人格的資質にかかっている，と1874年11月にラスカーは述べている。それは歴史の各々のページに書かれていることである，と。彼は，法曹養成と裁判官の任命について，統一的な基準を要求した。彼は，2度目の試験の合格者を直接裁判官として任用する，プロイセンの実務をほとんど評価していなかった。その代わりに彼は，裁判官と弁護士の癒着を危惧し，「弁護士事務所で，またはそれ以外の方法で有能，つまり性格がしっかりしているだけでなく，職務を解決できると評価された者だけが，裁判官になることができる」ことを求めた。この提案と，同様に要求した弁護士職の自由は，養成規則及び厳格な懲戒規定を盛り込んだドイツ弁護士規則を強く要求することを，彼に指し示していた。そのほか，ラスカーは，「裁判官の人員の大削減と，それに関連する裁判官の俸給の大幅アップ」を支持した。ラスカーの計画によれば，司法の独立性は，「裁判官がそれを前提に法を司らねばならない裁判籍の完全な明確性，裁判官の上司からの完全な独立性[67]，裁判に召喚されている同僚との確固たる区分」を必要としてい

---

66) 彼の友 *Julius Rodenberg* による報告，Briefe von Eduard Lasker. Nebst persönlichenErinnerungen, in : Deutsche Rundschau 10, 1884, S. 449. — Reichsjustizgesetze に関して，*Wolfgang Sellert*, JuS 1977, S. 781-789; さらに *Werner Schubert*, Die deuesche Gerichtsverfassung (1869-1877). Entstehung und Quellen, 1981.

67) すでに以前に彼は，党の同僚である *Twesten* の刑事免責をめぐる争いの中で，下級裁判所の権威と権限を，これが守り表現する「州の公衆の法的確信」を引き合いに出して，プロイセンの上級裁判所に対して擁護している (Preußisches Abgeordnetenhauses, 7. Sitzung vom 27. November 1867, S. 101 f. (rechte Spalte unten)。彼は「個別の裁判官の大いなる崇拝者」として，「上位の裁判官と下位の裁判官のヒエラルキー概念が定着して」しまっていることを深く嘆いた (16.

た。「法的生活の保証」においては，素人参加と並んで，「公開の原則」が高い位置を占めた。「私にとって公開は，判決を裁判官の絶対的な権力［sic！（原文のまま！）］におくことをそもそも可能ならしめる，唯一の確実にして有効なコントロールである……各裁判官は，自分が犯したあらゆるミスは，公安に対して加えられた打撃と同様，国家によって迎えられることを知らねばならない」[68]。

　1876年11月半ばには，最終的な妥協に至った。国民自由党のリーダーであるベニグゼン，ラスカー，及びミキュエルと，プロイセンの法務大臣レオンハルト（*Leonhardt*）が，3日間で妥協に至った。全体としては上記国民自由党員が法治国家の要請を押し通したが，プレスの自由の保護をめぐる政治的に論議を呼ぶ争いでは彼らは帆をおろした（降参した）。ラスカーは，それに引続いて行われた司法法の第三読会で，その歴史的な妥協を擁護した。法律の成就をもって，ドイツ帝国は法的な統一を獲得できる力があることを証明する。法的生活は，国家の統一にとって，言語とほとんど同じくらい重要である，と[69]。しかし，裁判所構成法の妥協的な性格は明白であった。その法律には，統一的な陪審または参審裁判所構成の代わりに，両方のシステムが，それに加えてさらに素人の陪席裁判官を持たない刑事部があった。だから，その法律には統一的な指針がなかった。その内部的な欠陥や帝国議会の少数派による反対と並んで，その法律の専門的な法技術と法律用語，そして参照条文の多さはラスカーが訴えていた大衆性と対立するものであった。裁判所構成法は，ライン・

　　Sitzung des Deutschen Reichstags vom 24. November 1874, S. 286, 285）。— *Ludwig Bamberger* が批判的に述べたように，彼の正義心は裁判官の理想化と過大評価に彼を導くことがめずらしくなく（Gesammelte Schriften Bd. II : Charakteristiken, 1894, S. 100 f.），それは彼を上訴制度の不適切な拒否へと導いた（16. Sitzung des Deutschen Reichstags vom 24. November 1874, S. 286 f., 22. Sitzung vom 1. Dezember 1876, S. 536-540）。

68）　引用箇所はすべて，16. Sitzung des Deutschen Reichstags vom 24.November 1874, S. 281-289 から。

69）　33. Sitzung des Deutschen Reichstags vom 18. Dezember 1876, S. 865.

フランスの司法体制，または1848年の後に発布されたより短く印象的なドイツの多数の州法の大衆性を獲得できなかった。もっとも，裁判所構成法が帝国憲法後の最も重要な法律であるとするのは，正当である。自由主義の精神がそれを通過させ，将来とりわけプロイセンの司法に優れた影響をもたらしている。多くの文言が，ドイツの州の憲法とフランクフルトのライヒ憲法に由来していた。司法権は，法律のみに服する独立の裁判所が行使すべきであり，例外法は許されるべきではない。何人もその法律上の裁判官から引き離されてはならない。その法律はあらゆる裁判権を国家から導き，非国家的な裁判権（世襲領及び大学裁判）を廃止した。つまり，裁判所構成法は広く内容的に憲法を含んでいた。陪審または参審裁判所における司法に素人を参加させることで，それは旧自由党の要請[70]を帝国のために呼び起こしたのである。各州は司法権を保持していた。しかし，帝国は――再びラスカーの助けを借りて――上級商事裁判所に起源を発し上級審としてドイツの法的統一に根本的に奉仕した，ライプツィヒのライヒ裁判所を通じた広範な独自の司法権を獲得したのである。

X. 敗北　国民自由党のディレンマ

国民自由党にとって，重大な試練は第三帝国議会ですでに始まっていた。基本的に国民自由党から発せられていた，1876年までの第一立法期における創造のエネルギーは，ドイツの司法法の大事業をもってその頂点を越えた。ラスカーの影響力も，次第にきざした内政の変化の兆候の中で減少し始めた。1879年にプロイセン議会選挙で，ラスカーは最終選挙人票の3分の1あるかないか

---

70) Lasker は前出会議 (S.869) で「……我々にとって最も好ましくまた価値あると思われるもの，つまり参審裁判への素人の参加」と述べている。10. Sitzung des Deutschen Reichstags am 17. November 1876, S. 151-153 とそれ以前の 18. Sitzung des Deutschen Reichstags vom 26. November 1874, S. 324 で，彼は，それについての自己の見解を詳しく主張した。「私個人としては，可能な限りあらゆる審理に素人の要素を持ち込もうと努めるであろうことを，私は決して隠さない」。

しかとれず，彼が1873年に進歩党から勝ち取り，3年後にその助けを借りて守り通したところの，フランクフルトの彼の議席を失っている。すでに1874年の帝国議会選挙において，ラスカーは困難なフランクフルトの地盤で，民主主義者で新聞『Franlfurter Zeitung』のオーナーであるレオポルト・ゾーネマン（Leopold Sonnemann）に対し，苦い敗北を受け入れねばならなかった。ブレスラウとマクデブルク（Magdeburg）の補欠選挙でも，彼はもはや活躍できなかった。しかし，ザクセン（Sachsen）－マイニンゲンの有権者は，先に行われた1878年選挙のみならず，彼が国民自由党を離党した後の3年後の選挙の際にも，引続き彼を信頼している。「国民自由党は，無傷の結果では終わらないであろう，大きな危機に瀕していた」と，後のヴュルテンデルクの内務大臣ユリウス・ヘルダー（Julius Hölder）は，1879年5月初めに彼の日記に書いている。

　数日後，議会の大討論とその後に，危機ははじめの頂点に達した。ラスカーは大演説をもってビスマルクの関税提案に反対し，その際ベニグゼンとの対立も露わにさせた。彼は自分が多数派に反対していることを知っていた。しかし，彼がコメントしたように，「多数派に寄り添うことが常に政治家の任務であるわけではなく，政治家はしばしば少数派に甘んじることも心得ていなければならない」[71]。政府綱領は「持つ者の持たざる者に対する経済政策」[72]を含むものであった。彼は，直接税を広く間接税で代える計画，つまり「最下層の国民に相対的に常に最も強度の負担を課す」[73]にちがいない綱領を，きっぱりと退けている。彼がしたいと言ったのは，「間接税と並行させて直接税を徴収することである。それによってのみ，持つ者と持たざる者のとの間における割引が導かれうるからである」[74]。

　怒った帝国宰相は，それ以前はラスカーについて悪く言うことを差し控えて

---

71) 40. Sitzung des Deutschen Reichstags vom 8. Mai 1879, S. 1053.
72) 40. Sitzung des Deutschen Reichstags vom 8. Mai 1879, S. 1052.
73) 40. Sitzung des Deutschen Reichstags vom 8. Mai 1879, S. 1053.
74) 40. Sitzung des Deutschen Reichstags vom 8. Mai 1879, S. 1054.

いたのだが[75]，激しく次のように答弁した。「はい，私は負けぬくらいよく，ラスカー議員殿に，あなたは財産のない者の経済政策を促している，と言うことができる。彼は，我々の法律を作るときに法律制定のすべての段階で多数派をなす諸氏に属しており，かれらについて聖書はこう言っている。彼らは種をまかない，彼らは収穫しない，彼らは織らない，彼らは紡がない，そして，しかし彼らは服を着ている――どのようにとは言わないが，しかしとにかく彼らは服を着ている。議員の方々は，我々の太陽で暖まらず，たまたま傘なしで外出した時には我々の雨に濡れず，我々の大多数を立法で陶冶し，さまざまな方向性で国民を代表することに1年中専心する以外は，産業にも農業にも商業にも従事せず，次のような大臣の利益に対するまなざしと共感を容易く失う。つまり大臣は，財産を持つ者，つまりmisera contribuens plebs（哀れな納税平民）に属してもいて，かつ統治を受ける者であって，法律がその擁護するものを憚らず公言するとき統治される者にいかに作用するかを感じてもおり，しかしだから，持つ者の経済政策をもしかしたら自身の利益のためにここで促しているというあてこすりから，守られるべきなのである」[76]。

ラスカーの宰相に対する，ときおり言明した留保と内政上の潜在的な不信

---

75) たとえば，53. Sitzung des Deutschen Reichstags am 16. Juni 1873, S. 1178-1184 における激しい応酬。そこでは*Bismarck*が――一貫して挑発に応ぜず――*Lasker*をつぎのように攻撃した。「……我々はすべて国民であって，伝統的自由主義と呼ばれる，いつも自由主義的であるとは限らない一定の諸要求を主張する支配者ではない。国民の名を独占し，そこから私を排除することは，慎んでもらいたい……先の演者殿は，相手を傷つけるときに，声をあげ，叫び，またそのほか激しい振る舞いをする作法の持ち主ではない。しかし，矢をたいへんに鋭くさせる習慣と大きな運命を持っているため，その矢は―言わないことにする。贈り物，しかし腐ったジュースを持って行く……それは破壊的な傾向である……それは私を……傷つけるのだが。なぜなら，私はこのような国民からの排除の陶片追放―演者殿の言葉にほのめかされているように―に服することができないので」。Otto von Bismarcks Werken in Auswahl (Hrsg. *Alfred Milatz*), Bd. 5, 1. Teil, 1973, S. 363 f. でも―*Lasker*は，彼の公職の威厳に対する静かな意識への攻撃を退けている。「我々は完全な平等の基盤の上にここにいる」(S.1183)。

76) 40.Sitzung des Deutschen Reichstags vom 8. Mai 1879.

に，彼及びその特別に弁の立つ左派の友人達フロッケンベック(Forckenbeck)，シュタウフェンベルク(Stauffenberg)，バンベルガー(Bamberger)，そしてブラウン(Braun)と，ダンツィヒの議員リッヒェルト・ハインリヒ(Heinrich Richert)が持ったところの，ラスカーの分岐点の根本的な契機があった。ビスマルクはこの打ち解けない態度を正しく解釈した。もっともこれには，立憲法治国家の存立と拡充，そして国民に選ばれた議会の権利に対する懸念に，深い原因があった。プロイセンの野党時代の深く刻み込まれた経験が，北ドイツ連邦の建設時代と成功に満ちたデルブリュック時代を超えて，作用を及ぼし続けていた。もちろん，これらの良き時代においても，首相との緊張関係はなかったわけではない。ところで，ラスカーはビスマルクに対して何ら個人的なルサンチマン〔訳注：無自覚的な恨み・妬み・反感等の総称〕を抱いておらず，ビスマルクの歴史的な業績を常に認めていた。証言にも，首相に関する多くの批判的な言葉はあるが，悪感情の言葉はない。1877年3月にラスカーが各省を要求したとき，彼は「ドイツ帝国のような強力な国家機構の統治が，ある一個人の真の責任のもとで導かれるという物理的な不可能性」を指摘している。その際，彼はビスマルクについて次のような意見を述べている。「宰相は過去の非常に偉大な功績がある方というだけでなく，複雑な外交事項の経過において別の者が介入し，自分に代わるべく任ぜられたら，と真剣には考えない方である」[77]。議会で意見を求められた者は，ラスカーは「彼の側ではたいへん仕事能力のある働き手であり，そのことは，彼が10年来ときおり私の職務執行を手こずらせたこと，また私がときおりたいへん有効な支援を彼から受けたことにおいても，認められる」[78]と答えている。そして1年後，宰相の代理に関する法律の2回目の審議において，ビスマルクはラスカーとの言い争いの際に，次のように言明した。すなわち，まさにラスカーの全権的な活動こそが，「この議会の他のどの構成員の活動よりも」，自分の任務を難しいものにしていることは否めないが，しかしラスカーを政敵とみなしたことはない，

---

77) 8. Sitzung des Deutschen Reichstags vom 13. März 1877, S. 130.
78) 8. Sitzung des Deutschen Reichstags vom 13. März 1877, S. 132.

と[79]。

　2人の男の間において、年とともに成長し高まっていった緊張関係は、1879年夏の崩壊を、部分的にしか解明していない。重大な、これまでほとんど注意を払われていない[80]原因が、個人的な事情に存在するのであろう。つまり、ビスマルクの息子で最も緊密な政治的腹心ヘルベルト（Herbert）は、以前にマイニンゲン帝国議会選挙区でラスカーの対立候補として、すでに選挙の準備段階で壊滅的な打撃を受け、個人的に傷つけられた父親はその自由党議員をそのことで決して許さなかったのである。懸案事項の問題でも、道が分かれた。ラスカーは経済関係に関して、多数の陳情と、いつも熱心に勉強していた他の情報源から知識を得ていたが、この分野での特別な成長可能性、またそれ以前に非常にしばしば実証された妥協性を示すことはなく、むしろ関税同盟議会で彼が従った方針にとらわれているところを見せた。ラスカーの先見の明とすぐれた腕前は、とりわけ憲法政策と法政策にあり、――いかに知識があるといえ――経済問題ではずっと劣っていることが、判明したのである。

　しかし、ラスカーの存在は常に庶民の窮乏にとって意味を持ち続けていた。

---

79) 17. Sitzung des Deutschen Reichstags vom 9. März 1878, S. 416；また Otto von Bismarcks Werken in Auswahl (Hrsg. *Alfred Milatz*), Bd. 6, Teil 2, 1976, S. 166。この言明は、必要な批判的距離をもって評価されるべきである。適切にそれに反対するものとして、たとえば、*Willhelm Cahn* (Hrsg.), Aus Eduard Lasker's Nachlaß, 1. Teil : Fünfzehn Jahre parlamentarischer Geschichte (1866-1880), 1902, S. 103「つまり、*Bismarck* の活発で個人的に興奮する性質では、問題となっている両方の見解の主張者間の個人的な衝突について、あらゆる事実上の反論が形づくられた……その結果、まさに議会における相当数の最も私情をまじえない調子の人々が、個人的な反対者としての彼の考えに反映した。議会の決定に対するその介入と影響が、まさに議会の審議を台無しにしたのである」。同様に S. 105「*Lasker* が観察したように、細かいことから引き出される諸反論は、彼が観察したように、単なるシカーネ（Chikanen）（悪意）として議員達から出てくるものであった……」。

80) *Veit Valentin* は、*Bismarck* と *Lasker* の関係の分析を最も優れた部分とする、彼の論文においてそれを指摘している（Bismarck und Lasker, S. 96）。*James Harris* の本は、本文11頁の前に、これに関連する1878年7月14日崩壊の風刺画32号を解説付きで掲載している（しかし本文には使われていない）。

彼の社会的な感情は，晩年になってより鋭い表現をとった。すなわち，新しい経済政策のシステムは，中流以上の階級に利するものである。それはとくに間接税にいえることである。「私は国民の中で生きてきたとも信じており，10年間働いても現金で100マルクを超える蓄えを手にすることができない100万人とその家族がいることを知っている」[81]，と。1882年5月の営業法の改正法についての討議の際，彼は行商制限の計画に反対した。すなわち，行商人は，「少ない資金で生計をたてるために」，非常に困難な労働と苦労を費やす。彼は生き延びるために有能でなければならず，その役に立つ活動は困難，つまり警察の意思のもと圧迫を受ける覚えはまったくない，と[82]。1883年4月のもっと長い彼の最終演説で[83]，ラスカーは，彼が時間のかかる委員会作業でその成立に関与した，労働者の疾病保険に関する法律を支持した。自由党はその強制を組織的に退けるものではない，とラスカーは表明した。すなわち，国家に強制される多くの関係は，まったく反論の余地がないものである。だから，国家は個人に対し，「十分な頻度で発生し，蓋然性の考慮に入れられる生活事件に関して，彼の1日分の給料から保険に加入し，そうして具合が悪い時期に対する備えを講ずること」を強制する権利も持っている，と。

XI．エピローグ

バンベルガーが彼の日記の中で書きとめたように，疾病保険演説を行ったのは，弱々しい声で語勢のないすでに力の弱った男であった。「議会は緊張とある種の胸苦しさを持って聞く。彼は1度非常に長く中断し，たいへんにばつがわるく——それからしかし躊躇せずに終える」[84]。ラスカーがそこから帰ったば

---

81) 23.Sitzung des Deutschen Reichstags vom 28. März 1881, S. 556.
82) 3. Sitzung des Deutschen Reichstags vom 5. Mai 1882, S. 16-24 における長い演説の中で（Zitate auf S. 19 f.）。
83) 69. Sitzung des Deutschen Reichstags vom 21. April 1883, S. 2026-2030.
84) Hrsg. *Ernst Feder*, Bismarcks großes Spiel. Die geheimen Tagebücher Ludwig Bambergers, 1932, S. 272.

かりだった．ニースへの保養旅行は，彼の健康を回復させてはいなかった。かなり前から，彼の友人達は，頭髪と総髭が早くに白くなったその老いた議員に，疲弊の兆候を認めていた。そこで彼は，1883年6月に彼の健康のことを考えて議会に休暇を取り，北アメリカへの旅行により力を回復させることを決心した。1883年7月に，ラスカーはニューヨークに到着した。彼は合衆国を旅してまわり，彼の弟でテキサス州ガルベストンにいる成功した実業家モリス (Morris, モリッツ Moritz) のところでしばらく生活した。彼は賓客として，北大西洋鉄道のサンフランシスコ行きの開通運転に参加した。ユダヤ人協会からも友好の招待を受け，好意的なアメリカ人とゲオルク・フォン・ジーメンス (Georg von Siemens) のようなドイツ人との数多くの交流があり，これらが彼に元気を与えた。その年の終わり頃，ラスカーは，帝国議会の開会のため帰途につく準備をするために，ニューヨークに戻った。しかし，その間の1884年1月5日のまだ暗い朝，死が訪れたのである。

ニューヨークは，イマニュエル寺院で盛大な式典を行ってその死に哀悼の意を表し，その際，元ベルリン駐在合衆国公使アンドリュー・D.ホワイト (Andrew D. White) が追悼演説を行っている。エドゥアルト・ラスカーの墓はベルリンのシュエーンハオス並木道 (Schönhause Allee) のユダヤ人墓地にあり，1899年以降は友人で共闘者のルードビッヒ・バンベルガーと共にある[85]。多くの市民，議員，学者，作家，実業家，そして市町村長がラスカーの棺に従ったが，プロイセンや帝国の政府代表者は故人の葬儀に参列しなかった。とにかく2つの名望ある大学が名誉博士号を授与し，多くの法学者以上にドイツの法発展につくした者の葬儀への招待状を，ベルリン大学学長は「使いようがない」と葬儀委員会に文書で知らせたのである[86]。

週刊誌『Die Gegenwart』の好意的にバランスのとれた[87]多くの追悼文[88]と

---

85) *Marie-Lise* Weber, Ludwig Bamberger. Ideologie statt Realpolitik, 1987, S. 63.
86) Die Nation, 1884, Nr. 18, 252.
87) たとえば，*Arthur Wolff*, Zur Erinnerung an Eduard Lasker, 2. Aufl., 1884, 61S.; *Ludwig Bamberger*, Eduard Lasker. Rede, gehalten in der Berliner Singakademie am Abend

並んで,『ドイツ展望（Deutschen Rundschau）』, 日刊誌, 及びユダヤ人プレス[89]において,『プロイセン年鑑（Preußische Jahrbücher）』のように, 批判的な意見も出た[90]。新聞『Frankfurter Zeitung』は旧敵を自由に振舞わせた[91]。ラスカーの死から数日後にアメリカ議会が彼に敬意を表して行った決議は, 嘆かわしい結果となった。そのメッセージは, 国民の社会的, 政治的, そして学問的生活を啓発した自由主義思想の代表者を, 簡潔な言葉で評価していた。それは帝国議会に届けられた。ベルリン駐在アメリカ公使サージェント（Sargent）は, その決議を帝国宰相官房に伝えた。しかしビスマルクは, 自分の信念と相容れないラスカーの政治活動に関する判断をそれは含んでいると言い添えて, それを冷淡に返したのである。3月に議会に余波が続いた。リカルト（Rickert）とリヒター（Richter）が帝国議会でその事を話題にした後, ビスマルクは総会でラスカーに関する屈辱的な死後裁判を行ったのである。すなわち, 自分は（アメリカ議会の）決議を帝国議会に取りつがなかった。それが「亡くなった者やドイツに対する一般的な哀悼の表現に限られず, 故人の政治活動がドイツにとって有益だったという信念を言明していた」からである, と。ビスマルクは,「ラスカー議員が, ……私及び私に代表される帝政に対する共通の反感のみ……を存在の基礎とする……憎しみの共同体（Une haine commune）……が唯一の積極的な結合剤であるところの, 党派の構成員であること」に注意を喚起した。党仲間は友の墓前での態度をプレスで過度に利用し,「暴利を貪った」。ビスマルクは, 合衆国でのラスカーの反体制的な会見を非難し, 彼の長年にわたる議員の仕事を否定した。「彼は, 政府及び宰相たる私がこの党派から期待しうるあらゆる支援を, 可能な限り弱め, 希釈し, いわばスープを塩辛くした

---

　　　seines Begränistages,in:ders.,Gesammelte Schriften Bd. II : Charakteristiken, 1894, S. 87–116.

88)　*Karl Theodor Reinhold*, in : Die Gegenwart, 1884, Nr. 3, 33–35.
89)　Allgemeine Zeitung des Judentums, Leipzig, 48, 1884, 52–54 の追悼文。
90)　Preußische Jahrbücher, 1884, 198–204 の匿名の追悼文。同様に批判的なものとして, *Otto Bähr*（Grenzboten, 43, 1884, 1. Quartal, 585–59）。
91)　Frankfurter Zeitung, 7. Januar 1884（Abendblatt）, S. 1.

——物事を，彼がそれを支援したときには，より無益で，受け入れられなくする，反対側に転がした」。宰相は，「私がドイツのためにできたわずかなことにおいて，私の生活を他の誰よりも辛いものとさせた」，亡き人の凱旋の馬車に繋がれはしない，と[92]。

その議員の墓の前で，ラビ〔訳注：ユダヤ教の律法学者，聖職者〕は（旧約聖書の）45番目の詩を考えた。それは，誠実，諸州の征服された者達に味方する率直な判断を下す謙遜，そして正義の事を詩っている。エドゥアルト・ラスカーはこの課題に奉仕したのである。

XII. ユダヤ系ドイツ人としてのエドゥアルト・ラスカー

（ドイツ系ユダヤ人の代わりに）ユダヤ系ドイツ人の呼称が勧められたのは，ショアー（Shoah），すなわち百万倍の大虐殺の恐怖の後ばかりではなかった。それは，若い頃から第1にプロイセン人でドイツ人のつもりであり，愛国者で市民ではあったが，比較的容易な同化と迅速な出世のために——非常に多くの彼の同教者のように——キリスト教の洗礼を受ける誘惑には負けなかった，エドゥアルト・ラスカーの自己理解にも相応するものであった。この毅然たるところ——とにかく彼の法律家官吏任用への道を阻害した——は，その根本においてたやすく心を解くことはなかった。ラスカーはユダヤの信徒生活からは全く離れていて，ユダヤの新聞を引き合いには出さず，そして礼拝にも参加しなかった[93]。弟のモーリスへの思いやりだけが，かつて1度，彼を宗教上の儀式に出席する気にさせたことがある。同僚議員の多くの同教者達が，大祭または最大祭の日には議会の会議を避けていたのに対し，彼は仕事に参加していた[94]。それにもかかわらず，彼は自分の出自，つまり彼の正統信仰の社会を否

---

[92] 4. Sitzung des Deutschen Reichstags vom 13. März 1884, S. 28-31, 33-34におけるBismarck.

[93] 同時代のユダヤ人批判をまとめた, *Harris*, The Jew as a National German Politician, S. 164がそうである。

[94] Preußisches Abgeordnetenhauses vom 19. 9. 1866, S. 407.

定してはいなかった。手頃であれば，彼は折に触れて雄弁に，自分自身の経験と同様，ユダヤの歴史の例を用いて，自分の立論を補強する術を心得ていた。また彼は，彼のユダヤ人有権者との交流にもいそしんでいたのである。

多くの彼の同教者達と同様に，彼に特徴的だったのは，自立したドイツ人としてのユダヤ人——その宗派的な独自性を維持するにあたり，シュテットル（Schtedtl）〔訳注：ユダヤ人コミュニティ〕に閉じこもることを課せられた——のためにドイツの国民国家の議会の再構築を求めた姿勢であった。その愛国的なプロイセンの議員は，ユダヤ人の分離には反対で，プロイセン社会への統合に賛成していた。反対する正教者が警告したところの，文化及びアイデンティティの喪失の危険性を，あきらかに彼は重視していなかった。だから彼は，市民権と公民権の行使に関する信教の平等が問題になり，特にメクレンブルク（Mecklenburg）のユダヤ人地主を不利に扱うことを目的とした，1868年6月の討議において，ユダヤ人も自由に公職に就けるようにすることに反対し，国家におけるキリスト教の支配の維持を要求した官吏バッセヴィッツ（*Bassewitz*）伯爵の発言に対する答弁の中で，「ユダヤ人のものの考え方に関してしばしば言われている，つまりあたかもユダヤ人がその固有の内的本質により一般的な権利と社会的な慣習，権利，及び義務への参加からの排除を好むかのような意味で言い広められている」[95]，吹き込みを激しく退けた。ラスカーは，ユダヤ人学校を恩恵とは考えていなかった。彼はむしろ，市町村の（宗教の授業だけ別々に行う）宗派混合学校を好んでいた。すなわち，シナゴーグ法（Synagogengesetz）がユダヤ人学校を廃止するならば，他方で，「政治上の市町村の学校が新たに活気づくこと」の検討が必要である。一般的な小学校へのユダヤ人の出資は「恩恵である……ユダヤ人にとっても，クリスチャンにとっても」，と[96]。意識的に世俗的で市民的な国家理解にもとづき，彼は宗教差別的な特別法を特権と同様に拒否したのである。

---

95) このことは，前演者も全く主張していなかった（Verhandlungen des Reichstags des Norddeutschen Bundes, 24. Sitzung vom 16. Juni 1868, S. 496 f.）。

96) Preußisches Abgeordnetenhauses, 64. Sitzung vom 26. Mai.1876, S. 1728.

ユダヤ人のシナゴーグ教会からの脱会を規律した1876年の法律に関するプロイセン議会の討議でも，ラスカーがユダヤ人であることと彼の国家キリスト教的な考え方に光が当てられた。それはすべてのユダヤ人に，ユダヤの宗教的な共同体，つまりユダヤ人であることから離れることなしに，宗教上の考えを理由に，法律，慣習法，または行政規定にもとづき属しているシナゴーグ教会から脱会することを許すものであった。市民としての効果をともなう脱会は，その決心が宗教上の考えにもとづいていることを，裁判官の前で証文をもって宣言することを要した。脱会宣言により，会員としての権利は終了し，一定の時間的な基準のもとで脱会者の義務も終了した。シナゴーグ教会の墓所の共同利用権については，脱会者は一時的応急的にこれを保持するというものであった。

　ユダヤ人市民からの多くの陳情書が議会宛てに届いた後[97]，ラスカーは議会で，彼の国民自由党の同僚であり州議会のマクデブルク（Magdeburg）選挙区の後継者であった歴史家ハインリッヒ・フォン・ジーベル（*Heinrich von Sybel*）に対し，その法案を擁護した。自分は正統信仰には属さず，あらゆる国家的生活と宗教的生活の進歩を喜ぶことを，彼は公言している。しかし，彼の歴史的な見解と望み，改革の覚悟は彼を導きはしなかったのだろう。彼はそうではなくて党派的な立法を進めたのだから[98]。すなわち，ユダヤ人はクリスチャンと同様に，特別な宗派を選び，宗派的な理由から共同体を放棄する自由を持つべきである[99]。誰かが良心上の理由によりある宗派から解放される場合，昔の共同体においてその正当化根拠を有するだけである義務からも免れなければならない。脱会を許す慎重なやり方に関しても，自分は法律に賛成である。良心のためらいが一貫して前面に置かれ，それは脱会宣言で表現され，そ

---

[97] Anlagen zu den Verhandlungen des Abgeordnetenhauses, III. Bd. 1876, Aktenstück Nr. 287, S. 1654 f.

[98] Verhandlungen des Preußisches Abgeordnetenhauses, 64. Sitzung vom 26. Mai. 1876, S. 1728.

[99] Verhandlungen des Preußisches Abgeordnetenhauses, 61. Sitzung vom 22. Mai. 1876, S. 1605.

の脱会宣言はためらいを顕在化させもって教会との関係における意味で効果を持つのである。脱会者は原則として，脱会した教会の墓地の墓所に対する権利も失うことになる。この喪失により，良心への労りにもとづく脱会は，法に則した困難という確かな実証を伴う，非常に重大な決心となる，というのである。

　ラスカーは次のように言っている。すなわち，自分の支持者からの情報によれば，その法律は大きな教会にとっては解体よりもむしろ純化に作用し，埋葬を拒絶される恐怖は小さな教会の存続を保護するであろう。ユダヤの宗教共同体の存続を危うくさせることを危惧せねばならない法律に，自分は決して賛成などしない。「また，ユダヤ人たることの本質的な内容は，唯一神への信仰にあるのであり，ゆえに私は，このような崇高な宗教理念をもって最初に世界史に登場し，非常に長きにわたり，ともかくも宗教共同体として存在し続けている共同体の，この生きた確信の力は常に十分なものであろう，との考えでいっぱいなのである」[100]と。ラスカーは，法律の支持者も反対者も，ユダヤ人であるということに示してくれたのであろう共感に対し，議会に礼を言った。それは，他の宗派と同じくらい良き公民を育成し，他の宗派のレベルに劣らず道徳的である，と。

　一方で，彼の穏健で世俗的なものの見方は，イエズス会法のような差別的な文化闘争法に彼を立ちはだからせた。他方で，厳格な中央党の路線は，彼には理解できなかった。個人的な宗教性と国家的な遵法の要求——内面性と実直な仕事に還元される——の間の衝突を看取することができなかったからである。彼には，宗派的な拘束の代わりに，社会及び個人の段階的な成熟という，一般的な市民的理想主義のエトス——ときおりパトスも—があった。進歩，つまり「文明の発展」に対する彼の信頼は，破られることはなかった。さまざまな反動のもとで真実はそれでも漸進的に姿を現すであろうし，文明は常に発展しているのだという，この哲学的確信をラスカーは泰然と信頼し，もってしばしば

---

[100]　Preußisches Abgeordnetenhauses, 61. Sitzung vom 22. Mai. 1876, S. 1607.

論難されることのあった彼の職務を果たしたのである。その限りで，一般に通用するまでに希釈化され，還元された宗教が，彼の思考と行動に完全になじんでいた。宗派性ではなく，寛容と人間性が彼の立脚点を特徴づけた。彼はアウエルバッハ (*Auerbach*) の追悼演説で次のように言明している。すなわち，真実の信念は，「永遠なるものの意識とそれに対する畏敬がはたらいている」あらゆる形式を認める。すべての信念は神意にかなっているのだ，と。ニューヨークのシナイ山病院で彼の死の数時間前に話された，伝えられている最後の短い談話も，それに対応したものであり，慈悲の考えと行動的な兄弟愛という「ユダヤ人本来の性格」を称賛するものであった[101]。「私は，愛と慈悲の行いに対するこの活発な関心の中に，ユダヤ人の最も美しく崇高なものの考え方をみる」。1千年余にわたり，少数派の国民を束ねてきた，ユダヤ人の力強い宗教的な実質は，ここにおいて，普遍的な人間愛と慈悲に還元されているように思える。それは，ある種共感的な，しかしほとんど宗教的でない，定説と異なる談話であった。

ペーター・シューマン (*Peter Schumann*) が示したように[102]，まさにラスカーは宗教的に「典型的」ではなく，信心深い正統信仰のユダヤ人ではなかったゆえに，もって彼は多くの同時代の人々を代表しているのである。まさにこの非常にドイツ的な感情を持つ，人物的には実に非の打ちどころのない男が，その晩年の10年間，自分が次第に反ユダヤ的な攻撃に——たいてい節度が保たれている帝国議会の討議ではなく，プレスで——晒されるのを見たことは，悲劇でなくはない。商取引，銀行，プレスと著作物，そして議会においてユダヤ人が相当に強い影響力を持っていることが，反ユダヤ主義者達の気に入らなかったのである。彼らによる，反自由主義と反解放主義の感情のプロパガンダ

---

101) Eduard Lasker, Seine Biographie und letzte öentliche Rede. Ferner drei Gedenkblätter von Heinrich Rickert, Albert Hänel, Rudolf Gneist und Karl Baumbach. 1884（シナイ山病院での談話は S. 11–13 にある）.

102) Jüdische Deutsche im Kaiserreich und in der Weimarer Republik, in : Geschichte in Wissenschaft und Unterricht 43, 1992, 32–40.

は，支持された[103]。経済的な危機の時代への嫌気が，政治的なカトリック主義，社会的な労働運動，及び民族的な少数派だけでなく，とりわけユダヤ人に対して向けられた攻撃をも呼びさましたのである。

エドゥアルト・ラスカーの著作（抜粋）

Über die Todesstrafe (Reichstagsrede), 1870.

(Anonym:) Erlebnisse einer Mannes-Seele. Hrsg. von Berthold Auerbach, 1873.

Über die Mißbräuche bei modernen Gründungen (Reichstagsrede), 1873.

Zur Verfassungsgeschichte Preußens, 1874.

Wege und Ziele der Culturentwickelung. Essays, 1881.

Berthold Auerbach. Eine Gedenkrede, 1882.

Die Zukunft des deutschen Reiches, 5. Aufl. 1884

Briefe von Eduard Lasker, nebst persönlichen Erinnerungen, hrsg. von Julius Rodenberg, in: Deutsche Rundschau 1884, 443–459.

Aus Eduard Laskers Nachlaß. Sein Briefwechsel aus den Jahren 1870/71, in : Deutsche Revue über das gesamte nationale Leben der Gegenwart, Jg. 17, Bd. 2, 1892, 46–64, 166–186, 296–317; Bd. 3, 59–82, 157–177, 283–301 ; Bd. 4, 1892, 60–76, 190–203, 352–366.

Aus Eduard Lasker's Nachlaß. Fünfzehn Jahre parlamentarischer Geschichte (1866–1880), hrsg. von Wilhelm Cahn, 1902.

エドゥアルト・ラスカーに関する文献（抜粋）

Albert Schwab : Eduard Lasker, ein liberaler deutscher Politiker, 1923 Diss. phil (MS) Tübingen.

Hellmut Köster : Eduard Laskers politische Frühzeit, 1924 Diss. phil. (MS) Leipzig.

Richard W. Dill : Der Parlamentarier Eduard Lasker und die parlamentarische Stilentwicklung der Jahre 1867–1884. Ein Beitrag zur Geistesgeschichte des politischen Stils in Deutschland, 1956 Diss. phil. Erlangen, 209 S. （優れた，非常に読みやすい論文）

Veit Valentin : Bismarck und Lasker, in : Von Bismarck zur Weimarer Republik. Sieben Beiträge zur deutschen Politik. hrsg. von Hans-Ulrich Wehler, 1979, S. 85–101, Fnn. S. 141f. (zuerst erschienen als: Bismarck and Lasker, in: Journal of Central European Affairs 3, 1943 / 44, 400–415).

Adolf Laufs : Eduard Lasker und der Rechtsstaat, in : Der Staat 1974, 365–382.

Gustav Seeber : Eduard Lasker. Rechtsstaatstheorie und Klassenkompromiß, in: ders. (Hrsg.): Gestalten der Bismarckzeit, 2. Aufl. 1987, Berlin (Ost), S. 153–175.

---

103) *James Harris*, The Jew as a National German Politician, S. 166.

ラスカーの遺品がある。ポツダム（Potsdam）の国立文書館（Staatsarchiv），現在の連邦公文書館（Bundesarchiv）の公文書集（Archivmaterial）の資料にも依拠している。この論文は政治的色彩が強く（しかし，読者は脚注49にも注意を払った！），この先入観ゆえに，たとえば1867年の刑事免責の提案や，あるいは繰り返された皇帝に対する暗殺計画の影響のもと1877年の社会主義者法にラスカーが一時的に与えた賛成のような，議会における多くの決定の意味を見誤っている。しかし，ラスカーの観念の世界と彼の活動の本質的特徴を，正当かつ冷静に分析し描写することは成し遂げている。

Adolf Laufs : Eduard Lasker. Ein Leben für den Rechtsstaat, 1984, 151S.

1984年に公表されエッセイ風に構想されたこの研究は，本稿の基礎として役立ったが，著作集という性格に対応して密度が濃く要約されており，脚注と付加資料を備え，そして部分的に改作されていた。それには，学者で協働者のアレクサンダー・アイヘナー（*Alexander Eichener*）が，賞賛に値する批判的で思いやりのあるやり方で，力を貸している。

現代におけるおそらく最も著名で資料に精通したラスカー研究者は，アメリカ人ジェームズ・F. ハリス（*James F. Harris*）であろう。彼の博士号請求論文と，部分的観点を執筆した準備論文の後で最後に，有効ではあるがまだまだ語り尽くされていない伝記が出版されている。つまり，

James F. Harris : A Study in the Theory and Practice of German Liberalism. Eduard Lasker, 1829-1884, 1984 Lanham : University Press of America, 174 S.

ハリスの著作は，法制史の知識を欠き，ラスカー的な思想及び行動の本質的な原動力と精神的な資質が，不明瞭なままである。それはとくに，Kapitel IV The Role of the Law（S.45-60），また Vorwort S. XIII（「立法界における顕著な問題に対し，ラスカーの持続的な勝利はほとんどなく，大多数は忘れ去られた」と言明）でもすでに，明らかである。

本稿は，彼が十分に裏付けを試みている見解の逆を，まさに主張するものである。先行する論文として，

James F. Harris : Eduard Lasker and Compromise Liberalism,in:The Journal of Mode
James F. Harris : Eduard Laskerrn History, 42, 1970, 342-360, und
James F. Harris : Eduard Lasker:The Jew as a National German Politician,in:Publications of the Leo Baeck Institute, Year Book 20, 1975, 151-177.

―ポツダムにある上記の核心的文献（遺品）のほか，ブランデイス大学（Brandeis University）図書館のラスカー関係文献集成，大衆誌，ニューヨークのレオ・バエック研究所（Leo Baeck Institute）のもっと小さなコレクション，そしてフランクフルト公文書館（Stadtarchiv）のさらに小さなもの（そこには，ファイト・ファレンティン（*Veit Valentin*）著のラスカー伝の，公表されていない英語の原稿（568頁）もある）。

エミール・フリードベルク*

歴史法学派の教会法学者,「国家カノン法学者」そして「文化闘争」における共闘者**

クリストフ・リンク***
訳　森　　　勇

　エミール・フリードベルクは，その弟子エミール・ゼーリンク（*Emil Sehling*）が記述しているとおり[1]，「今や，もう仕事ができない」という言葉を残して自らの仕事机に崩れ落ちた。そして，実際にも，この脳卒中によって，並外れて多くの仕事をしそして成果をあげた碩学は，その生涯を閉じたのであった。彼の学術的な教育活動のテーマは幅広かったにもかかわらず，彼のライフワークは——若干の例外を除くと——ある1つの専門，すなわち，教会法に集中していた。しかしこの分野では，彼はまさしく巨匠となり，その名声は，すぐにヨーロッパに広く鳴り響き，そしてその弟子達は，具体的にはイタリアすべての教会法及びカノン法の講座，そしてまた，ドイツ，オーストリア

---

* *EMIL FRIEDBERG*（1837年-1910年）

** Kirchenrechtler der historischen Rechtsschule, „Staatskanonist" und Mitsreiter im „Kulturkampf"

*** Dr. *Christoph Link* : Professor an der Universität Erlangen-Nürnberg
（エアランゲン・ニュルンベルク大学教授）

1) Art. „Friedberg", in Realencyklopädie f. protestant. Theologie und Kirche, 3. Aufl. (RE), Bd. 23 (1913), S. 489 ff. (491); vgl. auch dens., Deutsche Zeitschrift. f. Kirchenrecht (DZKR) 20 (1911), S. III ff. (VII); dens., Art. „Friedberg", in: Biographisches Jahrbuch u. Deutscher Nekrolog 14 (1914), S. 313 ff. (317).

ならびにギリシャの教会法・カノン法の講座の大方を席巻した。同時に彼の名はまた教会政策との取り組みとも結びついている。この取り組みは，後に大きな影響をおよぼした国家とカトリック教会間の対立，すなわち，19世紀最後の3分の1におけるいわゆる「文化闘争（Kulturkamp）」においてその立場を旗幟鮮明とすることを彼に迫った。この熾烈な戦いにおいて，彼は，情熱を傾けて国家の法的地位を代弁し，その結果，専門を同じくする同僚からの批判を浴びたのであった。

I. その伝記

エミール（エミリウス）[2]・アルベルト・フリードベルク（*Emil (Aemilius) Albert Friedberg*）は，1837年11月20日，西プロイセンのコニッツ（*Konitz*）において生まれた[3]。彼はユダヤ系の旧家の出である。祖父イスラエル・アブ

---

2) Friedberg は，ドイツ語で書いた一連の論文でも，このラテン語表記の名を用いている。

3) Friedberg については, *Sehling* (aaO Fn.1); *R. Sohm*, Deutsche Juristen-Zeitung (DJZ) 1910, Sp. 1016 ff.; *E. Landsberg*, in: *R. Stintzing – E. Landsberg,* Geschichte der deutschen Rechtswissenschaft 3. Abt. 2. Halbbd., 1910 (2. Neudr. 1978), Text S. 583 f.; Noten S. 257 f. 413; *J. F. v. Schulte*, Die Geschichte der Quellen und Literatur des Canonischen Rechts Bd. 3, 2. Und 3. Theil, 1880 (Neudr. 1956), S. 238 f.; Sächs. Schriftsteller-Lexicon, hrsg. *v. W. Haan*, 1875, S. 83 f.; *A. Hinrichsen*, Das literarische Deutschland, 2. Aufl. 1891, Sp. 394; Das litterarische Leipzig 1897 (Portrait); Kürschners Deutscher Literatur-Kalender, hrsg. *v. H. Klenz*, 1905, S. 380; Deutsches Zeitgenossenlexikon, 1905, S. 391; Histor. Vierteljahresschrift 13 (1910), S. 595 (m. weiteren Ang.); Kirchl. Jahrbuch 38 (1911), S. 657 f.; *H. M. Gietl*, Histor. Jahrbuch d. Görres-Gesellsch. 31 (1910), S. 945 f.; *R. Brecht*, in: Die Religion in Geschichte und Gegenwart, 2. Aufl., Bd. 2 (1928), Sp. 784; *H. Liermann*, ebda, 3. Aufl., Bd. 2 (1958), Sp. 1133; *Z. San Mauro*, in: Enciclopedia Cattolica Bd. 5 (1950), Sp. 1175 f.; *A. Bertola*, in: Dictionaire de Droit Canonique, Bd. 5 (1953), Sp. 909 ff.; *J. Weier*, in Lexikon f. Theologie und Kirche, 2. Aufl., Bd. 4 (1960), Sp. 366; *A. Erler*, in: NDB Bd. 5 (1961), S. 443 f.; *H. J. Becker*, in: Handwörterb. z. Deutschen Reichsgeschichte, Bd. 1 (1971), Sp. 1274; Biograph.-Bibliograph. Kirchenlexikon, Bd. 2 (1990), Sp. 126 (m. weitern

ラハム(後に,「アウグスト(August)」と改める)・フリードベルク(Israel Abraham (August) Friedberg)は,最初は,西プロイセンのマルキッシュ-フリードランド(Markisch-Friedland)の商人かつ銀行家であったが,のちに近くの農場スペッヒドルフ(Spechdorf)を取得した。祖母エマ(Emma)は,旧姓をダン(Dann)といい,同じくユダヤ人である。母方の祖父で,マルキッシュ-フリードラントの商人のヨシュア・シュタルガルト(Josua Stargardt)もまたユダヤ教信者であった。彼の父,アドルフ・アウグスト・フリードベルク(Adolf August Friedberg)は,ベルリンの地方・都市裁判所の裁判官であったが,1824年にプロテスタントに改宗した。また,母,フィリッピネ・エマ(Philippine Emma)は,1837年になって,彼が生まれる直前に改宗した。彼の叔父で,1888年からは貴族の称号「フォン(von)」を名乗ったハインリッヒ・フリードベルク(Heinrich Friedberg)は,プロイセン司法省における最も若い法律家として,司法改革諸法の制定準備をつうじて頭角をあらわし,1876年にはライヒ司法局(Reichsjustizamt)の事務次官となり,1879年から1889年までは,アドルフ・レオンハルト(Adolf Leonhardt)の後継者としてプロイセン司法大臣をつとめた。従兄弟2人は,地方裁判所所長とプロシャ陸軍少将である。

このように,エミール・フリードベルクには,市民としての輝かしい経歴があらかじめ予定されていたのであった。そして,彼にたいする後世の批判には,知りうる限り,彼がユダヤ出身であることに絡めたものは一切なかったことは,注目に値する。彼は,ベルリンのグラウエン修道院(Grauen Kloster)におかれていた名門のギムナジウムに進み,1856年,ベルリンとハイデルベルクで法学を学びはじめた。1861年,彼は,その献辞で「Studiorum suorum patronus」とたたえたエミリウス・ルードビッヒ・リヒター(Aemilius Ludwig Richter:1808年-1864年)[4]のもと,ベルリンで博士号を取得した。

　　Ang.).最後のものは総覧的な伝記であるが,その文献目録は不完全かつまた一部は実に不正確である。
　4) Richterについては,E. Landsberg (aaO Fn. 3), III/2 (Text) S. 570 ff., (Noten) S. 251 ff.

リヒターは，19世紀における最も偉大な教会法の教育者の1人であり，フリードベルクが一生をつうじてそこに自分はいると感じ，そして，彼のほかにも，ヨハン・フリードリッヒ・フォン・シュルテ (Johann Friedrich von Schulte)，オットー・マイアー (Otto Mejer)，パウル・ヒンシウス (Paul Hinschius)，リヒャルト・ドーヴェ (Richard Dove)，さらにはベルンハルト・フューブラー (Bernhart Hübler) といったこの分野における指導的な碩学すべてを輩出し一世を風靡した学派は，リヒターの創設にかかる。ゲッティンゲンのヨハン・フリードリッヒ・アイヒホルン (Johann Friedrich Eichhorn) が教会法に関しても創設した歴史法学派は，リヒターとともにその第一次の絶頂期を迎えたのである。フリードベルクは，リヒターから，現行法の基礎としての歴史的資料の研究に関する厳格な規律を学んだ。そして，ほかの者の場合と同じく，フリードベルクも，歴史的知見をアクチュアルな教会政策上の諸要請を検討するにあたって用いたが，まさしくこの教会政策上の諸要請に関しては，しばらくののち，彼は恩師とは袂をわかつことになったのである。

100年後に復刻されたラテン語の博士論文のタイトルは，そのライフワークの主題をすでにプログラムしているかのようである。その主題とはすなわち，国家と教会の境界を定める法とは何かである[5]。博士論文では，フリードベルクは，いまだ中世の資料の評価にその対象を限定していたが，1872年に発表されたその大部の著書『国家と教会の諸境界及びその侵害に対する保障 (Gränzen zwischen Staat und Kirche und Garantie gegen deren Verletzung)』[6]における研究では，地域的には全ヨーロッパを，時期的にはその当時までを網羅した。この点については，後にもう1度取り上げることとする。彼は1862年にベルリンで教授資格を取得し，1865年にハレ大学特任教授，1868年にフラ

---

5) De finium inter ecclesiam et civitatem regundorum iudicio quid medii aevi doctores et leges statuerint, 1864; Neudr. 1965.
6) Neudruck 1962. この2つの復刻に関する ZRG Kann. Abt. 52 (1966), S. 495 ff. 所掲の著書の書評参照。

イブルク大学特任教授になり，その1年後，当時ベルリン大学とならび最も重要な法学部であったライプチヒ大学法学部から名誉あふれる招聘を受けた。1909年当時，ライプチヒ大学の正教授のリストには，法学界の「きらめく星」がならんでいた[7]。彼はそこでこの世を去るまで活躍した。何回も学部長をつとめ，晩年は，学部のシニアーとなり，学長職につき，また，ザクセン枢密顧問官（Geheimrat）及びライプチヒ名誉市民に称せられ，そして，亡くなるまで司法試験委員会の委員長をつとめ[8]，1907年にはまた，ライプチヒ大学神学部及びボローニア大学法学部から，名誉博士号を授与された。

彼が，教会法学者には珍しく公的な認知を受けたことは，彼が位階の高い，あるいは最高位の叙勲を受けたことにあらわれている。そのうち1つは，1874年に授与されたヴェルテンブルク王国国王勲章第1等（Königlich Württenbergischen Kronenorden 1. Klass）があり，これは，1代限りの貴族の身分をともなうものであった[9]。もちろん，彼はこの特権を1度たりとも使わなかった。彼の学術的なスペクトルは非常に広かった。彼は，教会法，国法，国際法，ドイツ私法，ドイツ法制史そして手形法・海法を含む商法の講義を担当した[10]。その形式において巧みで，生き生きとし，ウィットを感じさ

---

7) *Friedberg* とともに教授陣を占めたのは，Karl Binding, Adolf Wach, Rudolph Sohm, Emil Strohal, Ludwig Mitteis, Otto Mayer, そして Ernst Jäger である。

8) *Friedberg* 自身も，自ら書いた学部史（Fakultätgeschchte, Festschrift z. Feier des 500 jährigen Bestehens der Univ. Leipzig. hg. Von Rektor und Senat, 2. Band: *E. Friedberg*, Die Leipziger Juristenfakultät, ihre Doktoren und ihr Heim, 1902, S. 103) においてこの点を指摘している。

9) Vgl. Sächs. Schriftsteller-Lexicon (aaO Fn. 3). もっとも，この叙勲があったことをあげているのは，*Erler* (aaO Fn. 3) のみである。これに加えて，*Friedberg* は，以下の勲位を与えられていた。Der kgl. Bayrische Verdienstorden von Hl. Michael 1. Kl., Der großherzogl. Badische Orden von Zähringer Löwen 1. Kl., Komtur 2. Kl. des kgl. sächsischen Verdienstordens, Komtur 1. Kl. des herzogl. anhalt. Hausordens, Kommandeur 2. Kl. des herzogl. sächsisch-ernestinischen Hausordens, Komtur. des k. k. österreichischen Ordens der rumänischen Krone (Sächs. Schriftsteller-Lexicon und Das litterarische Leipzig (aaO Fn. 3))。

10) *Sohm*, DJZ 1910, Sp. 1061 f.

せ，そしてしばしば辛辣な彼の講義は，賞賛され，受講者にとって特別印象深く，その結果，受講者は講堂には入りきらないほどの多さであった。最初の学術的な貢献は，ベルリンにおける彼のローマ法の指導者，フリードリッヒ・ルードヴィッヒ・ケラー（Friedrich Ludwig Keller）の『パンデクテン講義（Pandektenvorlesung）』[11] を，ケラーの死後に編集したことである。しかし，ローマ法との熱心な取り組みは，エピソードでしかない。ほかの分野においても，彼の研究は単発的でしかなかった。たとえば，商法とか[12]，具体名でいうと，『ライプチヒ大学及び法学部の歴史（Leipziger Universitäts-und Fakultätsgeschichte）』[13] といったところである。しかし，教会法と相続法には情熱を傾けた。この分野では驚くに値するほど幅広いライフワークを後世に残したが，ここには，まさに彼独特の流儀で，後の時代までその意味を持続したものと，その時代に制約されたものが混在している。1864 年のその第 4 巻から，彼は，リヒャルド・ドーヴェが創刊した教会法の雑誌『Zeitschrift für Kirschenrecht（ZKR）』の編集にドーヴェとともにあたり[14]，1892 年からは，自分の弟子であるエミール・ゼーリンクとともに，同じく教会法の雑誌である『Deutsche Zeitschrift für KirschenRecht（DZKR）』[15] の編集にあたった。この 2 つの雑誌に，彼は数多くの，一部は大部の論文を発表している。そして，彼が定期的に書いた文献報告は際立っており，加えてまた，そこでの批評も正確で

---

11) Pandektenvorlesung, aus dem Nachlasse herausgegeben von *Emil Friedberg*, 1861 (eine 2. Aufl., besorgt von *W. Lewis*, erschien 1867). Über Keller vgl. *E. Landsberg* (aaO Fn. 3), III/2 (Text), S. 465 ff. *Landsberg* は，本書を，なるほど卓越した専門家の手になるスケールの大きい著作と評価してはいるが，「これと同様の……当時は同じ程度の物が多く提供されていたのであるから，掲記に値しない」と手厳しい (S. 471)。

12) とくにあげるべきは，Formelbuch des Handels-, Wechsel- und Seerechts, 1890, 2. Aufl. 1901.

13) 注 8) にあげた論文の他，Das Collegium Juridicum, 1882; Hundert Jahre aus dem Doktorbuche des Leipziger Juristenfakultät, 1887; Die Universität Leipzig, 1898 がある。

14) この雑誌は，1889 年までに，22 巻と 3 巻の遺補が発行された。

15) フリードベルクの死後 Sehling が単独で第一次世界大戦までその発行を続けた。

ある。この2つの雑誌は，しばらくするとその水準の点で，少しだけ先発の同種の雑誌『Archiv für Kirchenrecht』を凌駕し，いずれもが教会法に関する主導的な定期刊行物となった。

　彼の存在はしかし，研究と教育に限られなかった。彼は，1909年，尊大ぶることなくつぎのように記した。すなわち，イタリアには，ベルリンあるいはライプチヒ出身ではない教会法の教育者は，1人もいない[16]。ライプチヒ出身者ということは，自分フリードベルクの弟子ということであると。同じことは，ヨーロッパの大学におかれている多くの教会法の講座にもあてはまる。ルドルフ・ゾーム（Rudolf Sohm）は，つぎのようにたたえている。すなわち，「現在イタリアで全盛期を迎えているカノン法の学派は，彼，フリードベルクの成果である」と[17]。ドイツにおいても，たとえば，パウル・シェーン（Paul Schoen），エミール・ゼーリンクそしてカール・リーカー（Karl Rieker）といったこの分野を代表する著名な人物は彼の弟子である。フリードベルクが70歳を迎えたとき，彼の弟子一同は，祝賀論集[18]を彼に献呈したが，当時，祝賀論集の献呈は，数が多くてそこそこのものでしかない今と比べ，格段の栄誉であった。そこに論文を寄せた13人のうち，イタリアの大学教員だけでも6人[19]，2人がギリシャ人[20]そして1人がオーストリア人[21]であった。彼の人格に備わった学派形成の力は，ドイツ国境の彼方でも，そのライフワークが長きにわたり輝き続けることを保証したのであった。

　1910年9月7日，フリードベルクは，その創作活動のさなか，脳卒中のた

---

16) Festschrift (aaO Fn. 8), S. 110.
17) DJZ 1910, Sp. 1063. Bertola (aaO Fn. 3), Sp. 910 は，そこまではいっていない。
18) Beiträge zum Kirchenrecht, Festschr. f. Emil Friedberg zum 70. Geburtstag, 1908.
19) Domenico Schiappoli/Pavia, Mattia Moresco/Genua, Silvio Pivano/Camerio, Francesco Ruffini/Turin, Francesco Brandileone/Bologna, Francesco Scaduto/Neapel.
20) Konstantin Rhallis / Demetrios Petrakakos. 2人ともアテネ大学。
21) Andrea Galante, Innsbruck. ドイツサイドの寄稿者は，Emil Sehling, Karl Rieker（2人ともErlangen大学），Arthur B. Schmidt（Gießen大学）及びHeinrich Geffcken（Köln大学）である。

め，享年 72 歳にしてライプチヒで亡くなったのである。

II．いわゆる「国家教会法学者」

　フリードベルクとその共闘者達が，カトリック教会に対する国家の権利に熱心に取り組んだ理由は，19 世紀における文化政策の最前線に立ち返らなくてはまったく理解できない。若干ほかの内政上のコンフリクトと同じく，この問題は，当初は民族国家的な統合という問題，そして後には，先鋭化する社会問題と結びついてもたらされた社会民主主義の高まりよりも少しく増して，民族自由主義的な市民をいきり立たせた。このことは，教会法学者が今日ではほとんど目を向けることがなくなったフリードベルクの檄文から読み取れる。

　19 世紀の初頭における教会財産の国有化（1803 年の帝国議会主要決議（Reichsdeputationshauptschluptschluß））をつうじて，その世俗の権力基盤が失われたこと，加えてまた，フランス革命が賞賛されたことは，カトリック教会の中にあって，ヨーロッパのロマン主義にも一部支持された宗教上の改革をもたらした。このことと結びついて，ローマへの強い指向性が同時に生まれたが，これは，国家教会の立場に立ったすべての努力から，そのよって立つ基盤を奪うこととなった。この複雑に絡みあった過程は，つぎのことをもたらした。すなわち，カトリック信仰は，もはや聖職者たるライヒ諸侯によりいわば中和させられることはなくなり，むしろ，教会は，ローマに集中する精神的に普遍な権力として国家と対峙し，そしてまた，教会が，国家とならび，かつ国家に従属することなしに，独自の権利にもとづいて，その関心事を自ら規律することを要求するという結果をもたらしたのであった。しかしながら，現代の憲法国家的な発想からすれば当然だと思われるこのような要求は，19 世紀の政治秩序においてはかなり激しい抵抗に遭遇する運命にあった。国家と教会は，そもそものところ分離されていなかった。双方が，それぞれ自分のものだと主張する生活領域は，重要な部分で重なり合っていた。それは，婚姻であり，学校でありそして裁判権のある部分である。無信仰はほぼ考えられなかった。いくつかの連

邦諸邦国では，19世紀の中葉まで，選挙権はキリスト教の洗礼を受けない者には与えられていなかった。しかし，この対立の根はもっと深くまでおよんでいった。それは，自らの自己理解をつうじて，互いに妨げられていると感じ，そしてまたそれぞれが，相手がそうあることを望んでいるものとは違ったものを押しつけ合っている２つの権力のほぼ避けがたい激突であった。すなわち，ヘーゲル（*Hegel*）の意味における国家は，「道徳的理念の現実」としてあり，――文化国家としても，そしてまたそれゆえに[22]――教育権力を求め，そしてまた，「すべての生活目的の促進のための仕組みの統一体」（ロベルト・フォン・モール（*Robert von Mohl*））としての法治国家の原則に組み込まれている。これにたいし教会は，世俗のものととらえられて，それを理由に国家が支配する文化領域に分類されることから身を守らなくてはならず，そして，自らを道徳・宗教上の秩序の番人であり，かつまた自らのうちに静止した完璧な団体（societas perfecta）と観念し，こうして，国家教会の重苦しい枷をぬぐい取ろうとしたのであった。この限りでは，ヨハネス・ヘッケル（*Johannes Heckel*）のいうように，両者の対立は，国家の力がおよぶ限界をめぐる闘争であった。他方で教会は，伝統的なカトリック色に彩られた社会秩序の維持とその確保が問題となるところでは，古くからの国家と教会の共生すべてについてこれを解消することには頑迷に抵抗した。ここでは教会は，まずは同じテンポで拡大されてきた信教の自由の保障にたいする対決姿勢を強め，後には，工業化社会の脱教会傾向との対決を深めていった[23]。この前線での相異なる姿勢が取られたことで，この闘いの光の部分と影の部分とが，すべて一方に押しつけられることがなかったのであるが，それに止まらず，この相異なる姿勢はまた，なぜ文化闘争の多くの結果が，自由精神に立脚した国家教会法（国家と教会の関係を

---

22) この点につき，*E. R. Huber,* Zur Problematik des Kulturstaats, 1958; 同., Deutsche Verfassungsgeschichte seit 1789, Bd. 4, 1969, S. 637 ff.

23) *M. Heckel*, Säkularisierung- staatskirchenrechtliche Aspekte einer umstrittenen Kategorie, jetzt in: *ders*., Gesammelte Schriften, hg. v. K. Schlaich, 1989, Bd. 2, S. 773 ff.（818 ff.）が詳しい。

定めた公法）の永久の財産となっていることをも説明してくれているのである。

　1837年における「ケルン騒動（Kölner Wirren）」と呼ばれる，異教徒間の婚姻問題をめぐってのプロイセン国家との最初の衝突は，ケルンの司教が逮捕されるまでに先鋭化したが，むしろこれでカトリック信仰は力を得た。前哨戦は，西南ドイツ及びバイエルンでも起こった[24]。ここでの直接のきっかけは，政教協約，司教区の構成そして学校問題をめぐる争いであった。ピウス9世（Pius IX）が，時代の政治的潮流にのり，それをもってして一気に信教の自由，学問の自由，国家の教育公権，そしてそもそものところ国家を教会の上におくことを原則否定した1864年の「誤謬表（Syllabus errorum）」は戦線を熾烈化させた。その政治的影響をとてつもなく過大評価された，1870年の第1回バチカン公会議の教皇不可謬性のドグマは，その政治的意味合いが無節操なまでに過大評価され，ついには，プロテスタント系の政府に限らず，大まじめで，つぎのような危惧を抱かせることになった。すなわち，教皇は，その「あらたに手に入れた大いなる権力」を，紛争となったときは皇帝を廃し，あるいは，その臣下が負う臣民としての忠実義務を解くために用いるのではないかというのがその危惧である。1871年のライヒ創設以降は，プロテスタント系・プロイセン系が牛耳るライヒに対抗するカトリック系の反対勢力に対するビスマルク（Bismark）の危惧が，これに加わった。これらすべてがほぼ15年近くも続き，ルドルフ・フォン・フィルヒョー（Rudolf von Virchow）が，帝国議会において「文化闘争」という印象深い名を与えた闘争をひき起こしたのであった。

　リヒターの学派から出た，多くはプロテスタント系である教会法の教員世代が，ほとんどが国家の側について，この闘争に関与したことは，けっして偶然ではない。彼らは，道徳的な尊厳と精神的普遍性というヘーゲル流の国家思想の影響を強く受けていた。すなわち，ヘーゲルのいう国家とは，その守備範囲の広い，道徳的・文化的領域をも取り込んだ，公共の福祉の客観的な番人とし

---

[24] この点及びそれに続けて記述したところの（資料を含む）詳細については，Link, Die Entwicklung des Verhältnisses von Staat und Kirche, in: Jeserich- Pohl-v. Unruh (Hrsg.), Deutsche Verwaltungsgeschichte Bd. 3, 1984, S. 527 ff. (542 ff.).

ての国家あり，これにたいしては，社会的なグループの利益という主観論は，何らその独自の権利をもって対抗することはできないものである。これに加え，——そしてこれが彼らの思想の第2の前提なのであるが——リヒターとその後継者達は，自分達が，歴史法学派の流れをくんでいることを否定はできないであろう。ティボー（Thibaut）から「敬虔主義」とからかわれた，歴史的に生成してきたものにたいする彼らの畏敬は，彼らをして印象深くかつまた一方的な法制史的実証主義におちいらせた。そしてこの実証主義は，他の現象から抜きん出て，ドイツ教会法学の有り様を第一次世界大戦まで特徴付けていたものであった。「正しい」教会法とは何か，国家と教会の「正しい」関係とは何かという問いかけは歴史にその舞台を移し，歴史から解き明かそうと試みられた。まさにこのプログラムは，確かに資料研究をそれまでなかった学問的絶頂期に導いたが，他方では，諸対立を歴史的なカテゴリーにおいてのみとらえ，これを，過去の諸道具立てをもって解決しようとしたのであった。それゆえ，フリードベルクの法制史に関する研究は，——彼とともに戦った多くの者達と同じく——その重要な部分は，アクチュアルな論争にとり有用であり，そしてそれは，文化政策的前線を強固なものとし，国家のポジションを正当化するはずのものであった。

このことは，とくに彼の博士論文にあてはまる。後の著作と同じく，この論文では，文化闘争は歴史の中に投影され，中世における教会の権力と世俗の権力間の闘争が19世紀の尺度により検証され，またその尺度をもって描かれている。彼は，あきらかに諦観をもってつぎのように記している。すなわち，中世の学者達「qui contra ecclesiam scripserunt」[25]もまた，国家には「倫理的な使命」[26]はないとしており，彼らは，確かに反教皇庁かのごとき論を張ってはいるが，「国家の」責任に属するのは，世俗の外的な事柄（corporalia）のみであり，精神的な事柄（spiritualia）は，教会の責務に属するとしており[27]，そう

---

25) De finium (aaO Fn. 5), p. 245.
26) ZKR 8 (1869), S. 89.
27) De finium (aaO Fn. 5), p. 61.

して，彼らは，教皇が諸侯にはめた「封建的な枷」をゆるめようとしただけであった，と[28]。このフリードベルクが主張した問題点は，用いられた資料の信憑性をまったく無視したとしても[29]，歴史的に問題をとらえることが，その出発点において誤っていることをはっきりと示している。

そうなると，「国家と教会の限界」に横たわるラインは，ますます鮮明となった。あきらかに宣戦布告状ともいうべき彼の博士論文の性格は，教会政策学者フリードベルクが，法制史家をここでいかに多く利用したかを示している。ここでは，教会のあり方等を規定したプロイセン1873年の5月法（Maigesetz）という道具立てが考案された。確かに，フリードベルクを「5月法の父」と呼ぶのは間違っている[30]。彼は，直接にはその成立にまったく関与してはいなかった。しかしながら，ベルリンにおけるその準備会議には参加していたのである[31]。重要なのは，彼がこの本で，国家側の闘争のための諸措置を学問的に基礎付け[32]，そのためのプログラムを起案したことである。そし

---

28) （AaO Fn. 5), p. 62.

29) カトリックサイドからの異議（Joh. Friedrich Böhmer, Vering）にもとづき，*Friedberg* は，当初は真正だとしていた資料から距離をおくこととなったが，その原則的な立場を変えることはなかった（ZRK 8, 1869, S. 69 Anm. 1)。

30) これにたいしては，すでに *Sehling*, Biogr. Jb. 14 (aaO Fn. 1), S. 314 が違うと指摘していた。

31) *v. Schulte*, Geschichte (aaO Fn. 3), S. 238.

32) プロイセンの5月諸法は，文化闘争の第一の山場をもたらした。これらの法律は，聖職者の教育を規定し，地位についたことを（国家に異議権を認めたうえで）通知すべしとし，そして，学術的教育を受けたこと，つまり，いわゆる文化試験（Klturexamen）の証明を要求した。教会の分限処分権力は，そのもちいうる罰を制限され（市民婚に関わったことを理由とする「大破門（grosser Bann）」の禁止，国家の命令にしたがったこと，あるいは，ある選挙又は投票行動にでたことを理由とする——その警告を含む——教会罰の禁止)，これに加えて，厳格な手続規定にしばられ，そしてまた，その処分にたいしては，一般的に，あらたに設けられる国家裁判所に不服申立が認められることとなった。さらには，聖職者を，国家法規範違反を理由に，判決をもって解任することができた。教会解任法（Das Kirchenaustrittsgesetz）は，今日でもなお妥当しているかたちでの 解任の可能性を創設したのであった（abgedr. sämtl. bei *E. R. Huber-*

て彼は，この諸措置を，1000 年も前の教会権力と世俗の権力の間の偉人闘争（TitanenKampf）の伝統に押し込んだのであった。すでに当時の書評は，あきらかにフリードベルクは，数百年にわたる双方の間の「正しい」境界を一貫して文化闘争という定規をもって引き，すべての権限闘争を「教会によるその職務上の権力の濫用」と解釈しようとしているようだと批判していた[33]。

一般的にいって，フリードベルクは，大まかな思考パターンで研究していた。カトリック教会を，第1回公会議において，「Visirs の削除」[34] によりその仮面をはがされた「システマチックにことを運ぶ敵」[35] とのみとらえ，また，聖職者を，「狂信的，国家に敵対的そして無知」[36] の輩と非難している。彼にとって，教会に妥協的な支配者や政府は，「偽善者」，とんでもない山師[37]，あるいは，単にイエスズ会の操り人形でしかなかった[38]。たとえば彼は，異端の諸侯がその領地を失ったことを宣言した 1559 年の教皇の大勅書（Bulle）が，――遡及的に教義とされて――今度はドイツ皇帝にたいしても適用されることを実に真剣に懸念したが[39]，それによって彼が示したのは，彼は現代のカトリック信仰を理解できる能力を欠いていたということだけだった。一世代，つまりは約30年後，彼は，1918 年の教会法典『Codex Juris Canonici』の準備作業を集彙（Syllabus）の条文化と評価し，哀れな結末を予言した[40]。「時代のシグナルをわかっていない」[41] フリードベルクのこの「どうしようもない懐疑心」が，彼をして，国家とカトリック教会との間の，互譲により問題を解決する旨

W. *Huber*, Staat und Kirche im 19. Und 20. Jh., Dokumente zur Geschichte des deutschen Staatskirchenrechts. Bd. 2, 1976, s. 594 ff.）.

33) J.F. *v. Schulte*, Theologe. Lit.blatt 8 (1873), Sp. 73 ff. (74)
34) Gränzen, (aaO Fn. 6), S. 761.
35) (AaO Fn. 6), S. 775.
36) (AaO Fn. 6), S. 335 (für Preußen).
37) (AaO Fn. 6), S. 130, 218, 238, 478, 532, 659 u.ö.
38) (AaO Fn. 6), S. 582.
39) (AaO Fn. 6), S. 776.
40) DZKR 18 (1908), S. 1 ff.
41) U. *Stutz*, Der Geist des Codex Juris Canonici, Kirchenrechtl. Abh. 92/93, 1918, s. 17.

の精神的に自由な了解の可能性を，全面的に疑わせたのであった。ドイツでも自由主義的な国教会法の模範とされた 1831 年のベルギー憲法は，「自由主義的な教条主義 (Liberalistisches Doctrinarismus)」[42] とされ，彼の底知れぬ不信に遭遇した。この憲法に定められていた国家と教会の分離は，彼の目には「組織化された非組織化」であり，国家における教会の自由は，山師の原則が勝利したことであり[43]，それは，「不可欠な国家の諸権限の投げ売り」[44] だと映ったのである。

彼の念頭にあったのは，オーストリアのヨーゼフ二世流の，その性格上憲法により緩和された国教である。彼にとって教会は，単に「その創設者が純粋に精神上考えた共同体」[45] にすぎず，創設者の「そもそもの考えによれば，観念的な存在」[46] にすぎない。それゆえ，教会を，「国家的な共同体」と法的に構成し，その機関を国家から独立したものとすることは，そもそも傲慢さと退化現象をすでにはらんでいることになる。ということで，彼にとっては，すべての「外的」な生活は，国家の統治権力が作用する領域にあり，観念的にみてもすでに世俗の法によるいかなる規律もうけることのない，「内的」すなわち精神的な生活のみが，教会による規律の対象たりうるのみということになる。

フリードベルクの時代，こうした考えをとったのは，けっして彼 1 人ではなかった。フリードベルクに心温まる弔辞を捧げたライプチヒの偉大な法律家，ハドルフ・ゾームは，しばらくの後，こうした考えに法哲学的，宗教学的そしてまた歴史的に掘り下げた説明を加えたのであった。しかし，先のような広範にわたる結論をそこから導き出し，そしてこれを，このようにポレミックな険

---

42) Gränzen, (aaO Fn. 6), S. 629.
43) (AaO Fn. 6), S. 630.
44) (AaO Fn. 6), S. 642. それゆえ *Friedberg* は「政教条約をむすぶ国家は，教会は市民的だという忌まわしい原則を前提とすることになる」ことを理由に，政教条約もまた，国家法的にみてそもそも認められないとして，否定した（aaO S. 815 Anm. 1, s. a. S. 780 f.)。
45) (AaO Fn. 6), S. 760.
46) (AaO Fn. 6), S. 767.

しさをもって主張した者は、ほんのわずかしかいなかった。したがって、フリードベルクは、文化闘争を熾烈なものとした共同責任を免れえない。この文化闘争は、カトリック信者の国民層が、ドイツ第2帝国 (Kaiserreich) に対し、はっきりと冷淡な態度をとるという結果をもたらし、こうしてワイマール期をもなお苦しめたのである。この限りでは、フリードベルクの著作は、現代的な基本権を保障する立憲国家とともにその終焉をむかえた[47]、過去の権威的な国家思想の時代に属するものであり、こうした傾向は、今日ではただ歴史的な関心事たりうるのみである。

しかし、多くの、引用された資料、出版された資料、そして未刊の資料は、その価値を今に残している。彼の熱心な資料研究は、今日でもなお、研究をつうじてその根本にまで立ち至った検討が加えられることを待ち望んでいる複数の宝物を掘り起こした。このことは、その著書『国家と教会の諸境界及びその侵害に対する保障』に先だって行われ、あるいは文化闘争が進行する中引き続き行われていた、個々の問題をつうじてその原理的な立場を説明しこれを法制史的に深めようとした多数の研究にも妥当する。膨大な雑誌寄稿論文[48]、辞典中の解説[49]とならび、この場でその名前をあげておくべきは[50]、彼のバーデン

---

47) このことは、Friedberg が、プロイセン憲法に——その後は自由主義的立憲国家における国家教会法の鋼の構成要素であるとされている——教会の自由の保障を取り入れることに反対し、「カトリック系省審議官」の影響にその理由を求めたことにもあらわれている。Gränzen (aaO Fn. 6, S. 350). 文化闘争におけるその修正とその後の廃止を彼は明確に歓迎し、このようにして、ドイツ国民は、「偉大な政治的成熟」をとげたとしたのであった。

48) U.a.: Die mittelalterlichen Lehren über das Verhältnis von Staat und Kirche - Augustinus Triumphus – Marsilius von Padua, ZKR 8 (1869), S. 69 ff.; Der Mißbrauch der geistlichen Amtsgewalt und der Recurs an den Staat, ebda 3 (1863), S. 68 ff.; 6 (1866), S. 184 ff.; 8 (1869), S. 280 ff., 393 ff.; 9 (1870), S. 95 ff., 397 ff.; Vorschläge für die Reform der katholischen Kirche, ebda 14 (1879), S. 1 ff.

49) 彼の、一部広範にわたる RE (aaO Fn. 1) への寄稿の目録は、その Bd. 20, 1909, S. XIII.

50) このほかにあげておくべきは、以下のものがある。Die Grundlagen der preußischen Kirchenpolitik unter König Friedrich Wilhelm IV, 1882; Die evangelische und katholische Kirche der neu einverleibten Länder in ihren Beziehungen zur Preußischen Landeskirche

における教会紛争のドキュメンテーション[51]、その5月法の先駆的な条解[52]、第1回公会議との対決[53]、及び、彼が宗派を同じくする大方の学部の同僚とともに、大きな、もちろんそうこうするうちに裏切られてしまうこととなる期待をかけた、ユトレヒトにおける復古カトリックの動向に関する文庫[54]である。

しかしながら、彼が特段取り組んだのは、ライン川上流の教会地域における紛争を引き起こしただけではなく[55]、昨今でもふたたび活性化している対立中のひとつの問題、すなわち、司教の任命に際しての国家の関与という問題である。フリードベルクは、1869年の準備的な研究[56]に続いて、1874年、彼の大部の著書『ドイツにおける国家と司教の選任（Staat und Bischofswahl in Deutschland）』[57]を発表した。ここでもまた、文化闘争に取り組む際の熱気は、これを見落とせない。すなわちそこには、「危ない敵の手を、穴掘り作業に使えるよう自由にするのは、いまだ敵を武器で制止して制圧することができる状態にある場合に限られないか？」[58]と記されているところである。この美文を気取った質問は、国家に向けられており、その「危険な敵」とは、やはり敵の

---

und zum Staate, 1867; Das Deutsches Reich und die katholische Kirche, 1872; Jhoan Baptista Baltzer, 1873; Das kirchliche Bestattungsrecht und die Reichsgewerbeordnung, 1887; Ein neues Gesetzbuch für die katholische Kirche, 1907; Das canonische und das Kirchenrecht, DZKR 8 (1898), S. 1 ff. (Rede zum Rektoratsantritt).

51) Der Staat und die katholische Kirche im Großherzogthum Baden seit dem Jahre 1860, 1871 (2. Aufl. 1873).
52) Die preußischen Gesetzentwürfe über die Stellung der Kirche zum Staate, 1873.
53) Der Staat und das allgemeine Concil, 1873; Sammlung der Aktenstücke zum ersten vaticanischen Concil, 1872.
54) Actenstücke, die altkatholische Bewegung betreffend, 1876.
55) Nachw. bei *Link*, (aaO Fn. 24), S. 544 ff.
56) Das Veto der Regierungen bei Bischofswahlen in Preußen und der oberrheinischen Kirchenprovinz und das Recht der Domkapitel, 1869.
57) これには、Ein Beitrag zur Geschichte der katholischen Kirche und ihres Verhältnisses zum Staate mit Aktenstücken-Das neunzehnte Jahrhundert との副題が付されている。Bespr. des Neudrucks 1965 von *S. Grundmann* in: ZRG Kann. Abt. 52 (1966), S. 505 ff.
58) Bischofswahlen, S. 428.

姿としてしか目に映らなかったカトリック教会である。もちろんフリードベルクにとっての関心事は，教会を殲滅することではなく，彼の念頭にあったのは，国家に適応した共同体であり，「良い聖職者」，「民族の精神医」の中から，聖職衣とともにその民族性を脱ぎ去ることのない，……ローマからのいかなる風にもなびくこともこれに屈服することもない，……国家にとり「最も素晴らしい司教」を選ぶことを望んだのである[59]。彼からみると，これを取りはからうことが国家の責務なのである。彼は，ドイツのほとんどの邦国では，司教の席をどう埋めるかにつき，政府が用いることのできる関与の手段はまったくもって充分だととらえてはいたが，しかし彼は，政府が「相手のいいなりになる腰が引けた姿勢」にあると非難し[60]，政府に対し，これらの手段を「ローマが国家の法の権威に屈服するまで」の厳しさをもって利用していないと，叱咤したのであった[61]。しかしここでも，フリードベルクの本を今日でも価値あるものとしているのは，この甲高い雄叫びではない。それは，帝国議会主要決議以降における司教の選任に関する法と歴史についての諸文書[62]を，広範にわたり分析・整理したことによっているのであり，この分析・整理が，いまだなおこの本をスタンダードな著作たらしめているのである[63]。

Ⅲ．婚約と結婚式

フリードベルクが行った研究の第2の中心をなしたのは，婚姻法の歴史であった。もちろんこれも，アクチュアルな法政策のために用いられたが，結果的にはほとんどその役には立たなかったことは明らかであった。フリードベ

---

59) (AaO Fn. 58), S. 426.
60) (AaO Fn. 58), S. 433.
61) (AaO Fn. 58), S. 433.
62) 最も重要なものは，107個の文書を取り上げた付録にドキュメントされている。
63) *U. Stutz*, Der neuste Stand des deutschen Bischofswahlrechts, Kirchenrechtl. Abh. 58 (1909)，のよく考え抜かれた解説とならび，*Friedberg* の著作が高い学術的位置付けを得るゆえんである。

ルクが自分はそのためにやるのだと宣言した目標は，1875年のライヒ戸籍法（Reichspersonenstandgesetz）により導入された必要的な民事婚（Zivilehe），つまり世俗の権力による婚姻が，少なくとも複数の信仰が混在している文化国家では唯一適切な婚姻締結方式だということを歴史的にも基礎づけることであった[64]。しかしこの歴史的な研究は，フリードベルクの場合，独特の原動力を得た。この研究は，彼をして教会政策の表面的な研究を飛び越えさせ，そして，彼を，その学部の同僚ゾームとの19世紀における古典的な碩学対決に巻き込んだのであった。

フリードベルクは，以前からこのテーマに取り組んでいた[65]。そういうわけで，1865年には，ここであげておくべき第3の大部の著作『婚姻締結権の歴史的発展（Das Recht der Eheschließung in seiner geschchtlichen Entwicklung）』[66]が刊行されていた。10年後，ゾームはこれに，『婚姻締結権は，カノン法とドイツ法から発展した。教会婚と民事婚の関係という問題にたいする1つの答え（Das Recht der Eheschließung aus dem canonischen und deutschen Recht entwicklt. eine Antwort auf die Frage nach dem Verhaltnis der kirchlichen Trauung zur Zivilehe）』と題する本をもってこたえた。1876年，フリードベルクは，『婚約と結婚式　ゾーム著『婚姻締結権』の批評をかねて（Verlobung und Trauung, zugleich Kritik von Sohm : Das Recht der Eheschließung）』と題する論文をもってこの書物の書評をした。ゾームはすぐに，『結婚式と婚約（Trauung und Verlobung）』をもってこれに応えた。これは，フリードベルクの先の書評，

---

64) Das Recht der Eheschließung in seiner geschichtlichen Entwicklung, 1865 (Neudruck1965), S. 761 ff.

65) Zur Geschichte der Eheschließung, ZKR 1 (1861), S. 362 ff.; Ehe und Eheschließung im deutschen Mittelalter, 1864; Aus der protestantischen Eherechtspflege des sechszehnten Jahrhunderts, ebda 4 (1864), S. 304 ff.; Beiträge zur Geschichte des Brandenburg-Preußischen Eherechts, Mitteilungen a. d. Kgl. Geheimen Staatsarchiv zu Berlin, ebda 6 (1866), S. 72 ff. und 7 (1867), S. 56 ff.; Art. „Gemischte Ehen", in: Rotteck-Welcker, Saatslexikon, 3. Aufl. Bd. 6, 1862, S. 299 ff.

66) Bespr. d. Neudrucks 1965 v. E. Tröger, ZRG Kann. Abt. 52 (1966), S. 507 ff.

『婚約と結婚式』に対する反論である[67]。

　論争の核心は，フリードベルクが，「彼の論ずるところすべてが誤ちに彩どられている」と評した[68]ゾームのつぎのようなテーゼであった。すなわち，「ドイツ法上の婚約は，法的な意味ではすでに婚姻（Ehe）であった。これにたいし結婚式は，単に，婚姻共同体としてのすべての法的効果を発生させるだけの単なる執行行為にすぎない」というものであった。フリードベルクと同じく，ゾームは，婚姻締結権の歴史をつうじて，一貫してこの考えをとっていた。

　この際フリードベルクを憤慨させたのは，わけても，ゾームが，後に力づくで婚姻締結権を手に入れた教会法においても，このような見解が採用されていたととらえていたことであった。この争いに熱がこもった理由は，フリードベルクの思考過程を追ってみないとわからない。すなわち，「当初教会は，婚約と夫への花嫁の引渡し（Traditio）としての結婚式との間には根本的違いがあるとするドイツ法上の見方を取り入れた。花嫁の引渡しを司祭の祝福と結びつけることは，もともとは単に教会の『願望』にすぎなかったが，教会は，トリエント公会議の結果，これを貫徹することができた。初期プロテスタントは，カトリック教義上のスポンサー理論と，教会での婚姻締結は，新郎・新婦が同意する旨を宣言することで成立する婚姻の単なる祝福でしかないという民衆に根付いていた見方の間で揺れ動いていたのであるが，同意した旨の宣言の婚姻成立効のみが，同じく国家の立法の基準とされたことは，『自然法の満足のいく影響』とみるべきである」と述べている。以上のことから，何が彼をいきり立

---

67) 同じく，1876年刊。Sohm は，1880年にもこのテーマについて書いている。Sohm, Die obligatorische Civilehe und ihre Aufhebung. Friedberg のものとしては以下がある。Die Geschichte der Civilehe, 1870（2. Aufl. 1877, ital. Übersetzung 1874）; Gutachten über Civilehe und über das Connubium zwischen Christen und Nichtchristen, ZKR 9（1870）, S. 272 ff.（Rudolf Gneist と共同で第8回ドイツ法曹大学に提出したもの）; Die neueste Gesetzgebung über das Eherecht, DZKR 1（1892）, S. 71 ff.; Das persönliche Eherecht des I. und II. Entwurfs eines Bürgerl. Gesetzbuchs für das Deutsche Reich, ebda 5（1895）, S. 359 ff.

68) Verlobung und Trauung, S. 16.

たせたのかがわかる。教会での結婚式にあたり，国家により承認されている同意する旨の宣言がなされていれば何も問題はない。「そして，それ（教会での結婚式をさす）は，今のまま維持されてよい。しかしそれは，何ら婚姻締結行為ではない。それは単に，婚姻がなされたとの事実をたぐり寄せる聖職者の行為でしかない。そして，民衆はこのことを理解すべきである。……ゾームは，信じられているとは考えたくないとしているが，こうして民衆はたぶらかされ，民事結婚式は何ら婚姻を成立させるものではない，そして，教会はこれを認めないのだと信じ込まされてしまう。なぜなら教会は，いまだ何らの法的効果も発生していないかのごとくに再度同意の交換を求め，そしてまた，夫と妻はすでに婚姻する旨の唱和を終えているのに，教会は夫と妻双方にキリスト教徒として語りかけるからである……。」つまり，フリードベルクにとっての関心事は，民事婚が唯一の婚姻締結形式として——社会的にも——承認されることであった。そして彼は，（フリードベルクによれば，「頭のてっぺんから足の先まで間違いだらけの」）ゾームの見解によって，民事婚を唯一の婚姻締結形式と承認することが危険にさらされるとみたのである。

そうなると，教会での結婚式にはどのような意味があるのかははっきりしないままである。国家と教会の分離に対し断固反対する者として，彼が，基本権を保障する立憲国家が今日ではかかる紛争のためにあらかじめ用意している解決に思いをめぐらすこともなかった。すなわち，それは，国家による結婚式のみが，市民法上の効果を伴う婚姻を成立させる。しかし，世俗の国家は，すでに信教の自由からして，教会が，教会での結婚式によりはじめて（宗教上の理解に立った）婚姻が成立するとする独自の理解を採用することを禁止するものではないという解決である。いうまでもないが，フリードベルクの時代，教会での結婚式の意味が深刻な問題だったことは，当時にあっても，国家と教会がいまだなおあきらかにかなり接近していたことの証左でもある。

フリードベルクの教会政策に関するその意図を評価してみると，ここでもまた，彼が用いた大量の歴史的資料は，彼の仕事を今日でもなお欠くことのできないものとしている。そして，実際のところ，現代の法制史研究は，どちらか

といえば，ゾームよりもフリードベルクのほうに軍配を上げている[69]。

IV. プロテスタントの教会法

1880年から1909年までの間に，そのページ数を常に増やしながら第6版を重ねた[70]カトリックとプロテスタントの教会法に関するフリードベルクの教科書[71]は，すぐに主導的な教科書となり，そうして，これは，彼の師リヒターの著作[72]に取って代わった。1918年のカトリック教会のあらたな法典が，そうこうするうちに彼の教科書のカトリックに関する部分を追い越し，そしてまた，第一次世界大戦後の国家の大変革が，国教会法だけではなくプロテスタントの教会基本法の大幅な変更をもたらしたが，だとしても，この著作は，プロテスタントの分野については，その後も何十年にわたり，その地位を維持した。多くの個別問題に関しては，今日でもなおこの本は得るところがある。

もっとも，ここでも，先に述べたフリードベルク流の公理が，わずかではあるがその光を放っている。もちろん，彼にとっては，プロテスタント教会との関係では，国家権力との摩擦という問題はない。彼はつぎのように述べる。すなわち，すでに宗教改革が，「国家には，崇高な道徳上の任務などない。」という理論を一掃した。ここから発した教会は，——すでに論文『国家と境界の境界』で述べられているところであるが——教会制度の独特なところすべては影も形もなくなり[73]，そして国教会法上の組織内の緊張は，国内の権限紛争という性格を受け入れたと思われるほど緊密に，国家と結びついたのであった，

---

69) この点については，*P. Mikat*, Art. „Ehe", in: Handwörterb. z. dt. Rechtsgesch. Bd. 1 (1971), Sp. 809 ff. (813, 819 ff.) 参照。

70) 最後は656頁になった。

71) Italien. Übers. 1893; Neudr. der 6. Aufl. 1965- vgl. die Bespr. von *G. Tröger*, ZRG Kan. Abt. 52 (1966), S. 510 ff.

72) 最初は1842年刊6版と7版は *R. Dove* が引きつぎ，1886年 *W. Kahl.* による8版をもって完。

73) Gränzen, (aaO Fn. 6), S. 100.

と[74]。確かにフリードベルクは,「一部不合理なこのような結びつき」が,徐々に解消されていくことを,それをよしとしつつ認識してはいたが,これを根本的な問題とすることはなかった。「プロテスタント教会の理論的基本原則によれば,国家と教会が衝突することはありえない。」カトリック信仰のように,「神の国を世俗の国家の上に」おこうとする「党の指針」がとおるチャンスは,ここにはない[75]。彼と同時代の人の多くと同様,国家の黙示録的側面に目を向けることのない彼の念頭には,逆の状況はなかったのである。

この背後には,宗教改革における教会の概念とは,ほんのわずかのかかわりしかない教会概念がある。フリードベルクにとって教会とは,確かに「洗礼により,キリスト教の信仰に帰依した」者達の共同体であるとともに,「キリスト教の信仰を維持・広宣するために存在する施設」であった。しかし後者のみは,「それ自体として,法の領域に属している。」としたのであった。こうして,教会秩序からは宗教的な根は刈り取られ,教会の概念は2分され,そして教会法は,その神学上の正当化根拠を奪われることとなる。残るのは,多かれ少なかれ合目的性の観点から着想されたいつもどおりの細工物であり,それは,国家あるいはカトリックにより規格化されたものを簡単に剽窃できるだけではなく,信仰にとってはほとんどどうでもよいものである[76]。こうして信仰の領域と法的領域を分離したことは,フリードベルクだけのことではないが,後に,宿命的ともいえるかたちで,プロテスタント教会が,全体主義的なイデオロギーにその門を開くことに寄与したのであった。しかしながら,まずは,制定された法を批判的に熟考することを一切しない教会法的な実証主義が,徹底

---

74) (AaO Fn. 6), S. 822.

75) (AaO Fn. 6), S. 823 f.; この点につき,慎重ながら批判的なのは,弟子の *Karl Rieker* である。Der Ursprung von Staat und Kirche, In; Friedberg-Festschrift (aaO Fn. 18) S. 39 ff.

76) 彼の弟子 *Sehling* は,「教会法の学術を厳格に法的なものとし,それからあらゆるロマンチズムと神秘の衣をはぎ取り,すべての異質な物を取り除き,そして理性的で法的な思想内容に磨き上げていくこと」が,*Friedberg* の「大きな目標」だったと指摘する。(DZKR 20 [1911], S. VI). この,*Friedberg* をたたえようとの意図のもとなされた評価は,同時にまたこうした出発点がかかえるすべての問題点の裏返しでもある。

もっとも，フリードベルクは，この枠組みの中では，プロテスタントの教会法に大いに寄与した。このことは，彼の教科書における体系的な論述にのみ妥当するわけではない。ここではまた，彼の教会法的な実証主義がその方法のすべての利点を示している。すなわちそれは，最高の学問的水準で資料を法学的に洞察したこと，個々の制度を法解釈論的に明快に把握したこと，そして，印象的な一体性を持った全体的な体系にそれを組み込んだことである。この頑丈に組み立てられた構造物は，——フードベルクにはこれ以上期待できないまでに——深く掘り下げられた歴史的基礎の上に立っている。すべての法的な制度は，詳細な資料を使って歴史的に導き出されており，こうして，その現代的な有り様を理解できるようになっている。そしてまた，この際フリードベルクは，すでに地域的にも見通しがきかないまでにバラバラになっていたこの法分野における特別の展開すべてまでをも丹念にドキュメントしている。

 この限りにおいて，今日でもなおこの著作は，プロテスタント教会法に取り組む者にとってなお欠くことができない。しかしまた，聖プロテスタント教法 (Jus ecclesiasticum Protestantium) の歴史に関する数多くの個別研究も，この分野の研究を常に実りのあるものとしてきた[77]。

 とくに大きな功績は，ドイツのみならずオーストリア及び現ルーマニア領のトランスバニア (Siebenbürgen=Transvania) におけるプロテスタント地区教会 (Landeskirche) の構成に関する当時適用をみていた法を，その完全性を考えて集められた彼の文庫である[78]。ここには，膨大で，当時それに接することは

---

77) 注65) であげたプロテスタントの婚姻法史に関する論文等及び広範な事典における解説のほか，Agenda, wie es in des Churfürsten zu Sachsen Landen in den Kirchen gehalten wirdt – Ein Beitrag zu Geschichte des Interim, 1869; Die schlesische Zehntverfassung und das Gesetz vom 10. April 1865, ZKR 6 (1866), S. 367 ff. がある。

78) Die geltenden Verfassungs – Gesetze der evangelischen deutschen Landeskirchen, 1885 (mit Separatausgaben für einzelne größere Landeskirchen); dazu 4 Ergänzungsbände 1888, 1890, 1892, 1904 (Bd. 4 は DZKR の Ergänzungsband でもある).

非常に難しくそして四散していた法資料がはじめて[79]集められ，学問そして実務の用に供された。こうしてフリードベルクは，プロテスタント教会法の統一ばかりではなくその学術化にも，同時に大きく貢献したのであった。この際フリードベルクは，ここでも単なる編集に止まらず，すべての教会について，その構成の発展の歴史的素描を付した。これは，法制史に関する逸品であり，まさに小規模な領域に関しては，いまなお宝庫である。

3年の後，この膨大な収集資料から，法資料の体系的な研究，すなわち，プロテスタント教会法のはじめての現代的なハンドブックが生まれた[80]。当時適用されていた法の法状態に大幅に限定していたために，この著作は，フリードベルクの歴史的な研究に比べると，当然ではあるが早く過去のものとなってしまった。多くの評価と構成は，時代に規定されたものであり，今日ではもはや凌駕されたと我々には思える[81]。とはいえこの本は，あらたなプロテスタント教会法学の展開における一里塚であり，無比の信頼性をもって立憲国家における教会構成法の理論的・現実的状況を伝えてくれる。この際フリードベルクは，――領主による教会支配に対する反対のおもりとして――長老により構成されるスタイルならびに教会会議によって構成されるスタイルをよしとすることを隠そうとはしなかった。そして，この点，つまりは彼のザクセンの教会会議への関与は，大学の固有の領域を超える唯一の公的な彼の活動でもあったのである[82]。

---

[79] 先に *Dove* が 1865 年に収集した小規模のもの（Ergänzungsband zur ZKR）は，実に不完全であり，したがって，あまり使い物にはならなかった。

[80] Das geltende Verfassungsrecht der evangelischen Landeskirchen in Deutschland und Österreich, 1888.

[81] たとえば，慣行的なものであれ，「共通に」つまりはすべてのラント教会を拘束するプロテスタントの教会法を断固否定している点がこれである。彼がこれを否定したのは，ラント教会が連携なしに併存していると考えたからである（Verfassungsrecht S. 3 f.）。

[82] *Sehling*, DZKR 20 (1911), S. III.

V. Das "Herculeum opus"

　もっとも，フリードベルクの法制史における偉大な功績は，カノン法大全 (Cprpus juris Canonici) を，あらたに批判的に編纂したことである。カノン法大全は，その成立に450年近く（1140年-1582年）を要した，中世教会，そして後のカトリック教会の法典であり，13世紀の法資料を保存し，そしてこれを体系化しようとしたものである[83]。フリードベルクがその研究を完了したとき[84]，カノン法大全はいまだ現行法であった。1918年に，カノン法大全はカノン法典 (Codex juris Canonici) に取って代わられるが，この著作『Herculeum opus』[85] が，学問的価値を奪われることはなかった。この新版は，フリードベルクをその末期における代表者の1人とする歴史法学派のカノン法部門があげた完熟の成果である。いくつか欠陥はあるものの[86]，これは今日でもなお，皇帝法であるローマ法大全とともに（教会のそれに止まらず）ヨーロッパの法生活を数百年にわたってとぎれることなく規定してきたカノン法大全の標準版である[87]。

　なるほどこの本のタイトルは，少し遠慮がちに，ライプチヒ版第2版（Editio

---

83) この点については，*H. E. Feine*, Kirchliche Rechtsgeschichte – die katholische Kirche, 5. Aufl. 1972, S. 276 ff. Friedbergschen Ausgabe については，同 S. 293 f.

84) これは，1879年から1881年にかけて，2冊の大部な大型版の本として出版された（Neudr. 1955）。

85) ハレの偉大な法の碩学であり Thomasius の弟子，*Just Henning Boehmer* は，Prolegomena zur ersten neuzeitlich-kritischen Edition (1747) においてその計画をこのように表現していた。フリードベルクは，正当にもこの表現を自分の著作で用いた。Eine neue kritische Ausgabe des Corpus iuris canonici, ZKR 14゛(1879), S. 1 ff./33 ff.. *Sehling* はその追悼の辞（DZKR 20 [1911], S. V）でこれを取り上げている。

86) この点については，*St. Kuttner*, De Gratiani opere noviter edendo, Apollinaris 21 (1948), p. 118 ss.

87) 1952以降計画されたあらたな kritische Edition des 1. Teils des CorpJC, des Decretum Gratiani は，いまだに完成していない。

Lipsiensis secunda) と表記があり，こうして，リヒター版 (1837年-1839年)[88] と関係づけられている。しかし，本当のところは，2つの出版物に「共通なのは，出版社のみ」である[89]。12世紀頃の教会法の父グラティアン (Gratian) の手になる最も大部なカノン法大全第1部の『Decretum Gratiani』に関していえば，リヒターの場合，主として，教皇の許可を受けた1582年の公式ローマ版を再生することだけがその関心事であったのにたいし，フリードベルクは，グラティアンのオリジナルを再構成しようと試みたのであった[90]。このようなすさまじい計画は，全ヨーロッパに散らばっている数多くの手書きの文書の閲覧・照合が必要となるが，これは，フリードベルクが自ら認めているように，個々人の力量を超える仕事である。しかし，彼が行った取捨選択もまた，厖大な資料のふるいわけを必要とした。フリードベルクは，彼の時代に使うことのできた手段を用いるとともにその時代の研究状況をふまえて，この真にヘラクレスの作品とよんでよいカノン法大全との取り組みを，見事にしかも彼独特の正確さをもって成し遂げたのである。彼は，この際における自分の限界を自ら素直に認めて，後の批判の多くを先取りしていたのである。

　彼はここで重大なジレンマに直面した。カノン法大全は，彼の時代いまだ法

---

88) ひるがえって，Richter の版は，von *Boehmer* の版（aaO Fn. 85）を基礎としたものである。各編者のプログラムの違いについては，*Friedberg* による以下の著作のラテン語の序文参照。Decretum Gratiani (Bd.1 p. XCIss.), Dekretalensammlungen (Bd. 2 p XLIss.), Programmartikel ZKR 14 (aaO Fn. 85), S. 12 ff., 及び Über meine neue Ausgabe der Decretalen-Sammlungen und der Quinque Compilationes Antiquae, ZKR 18 (1883), S. 118 ff. (126 ff.).

89) Friedberg, ZKR 18 (aaO Fn. 88), S. 118.

90) ローマ版が元々のテクストとは異なっているのは，手書きの伝承テキストが種々あること，あるいはこれと取り組んだ碩学委員会（Correctores Romani）の文献学的な方法論が——その時代的制約下で——不充分だったことだけがその理由ではない。この委員会にたいする法王からの次のような依頼にもその原因があった。すなわちそれは，「Decretum を *Gratian* 自身から由来するかたちであきらかにすることではなく，そもそものところ *Gratian* が書くべきであったところをあきらかにすることが目的である。」というものであった (Friedberg, ZKR 14 (aaO Fn. 85), S. 8)。

的な通用力をもっていたので，テキストに干渉しても，法実務に使えるかという根本的な問題を引き起こした。もちろん『Decretum Gratiani』は，それ自体として，1度たりとも公的な法律としての力を得たことはなく，法律類似との評価をうけていただけであった。この点に関してみると，フリードベルクは，自分が法制史学者としてする批判的な再検討は，正当化されると考えたのであった。もちろんカノン法大全の残りの部分（彼の版の第2巻）については，話は別である。それらは，直接拘束力のある法諸原則を含んでおり，教皇の法律として（一部は，コレクションとして，一部はそれ自体が個々の教皇布告（Dekretal）として）適用をみていた。そのためフリードベルクは，テキストの変更をあきらめ，そちらのほうが正しいと彼には思えるところでも，公的なローマ版と違う異文を，単に括弧書きで書き込むに止めた[91]。こうしたことで読みづらくはなったが，その実用性は損なわれなかったのである。

　ここでもまた，この版には，重要で，今日でもなお基準となる資料集[92]と一連の論文リストが付されている[93]が，これらは同時に，この著作全体には計り知れない労力がかけられたことを伝えてくれる。

　フリードベルクのライフワークをトータルとしてみると，その範囲が広範におよんでいることは，その極限までの全力投入の姿勢，つまりは，碩学の日々の創作に向けた強固な戒律に従う姿勢をもってしてしかこれを説明できない。教会の法制史というあらたな分野を実際に創設したのはリヒターの弟子達であ

---

91)　この点については，Friedberg, ZKR 18 (aaO Fn. 88), S. 129 ff.

92)　ZKR 掲載の多くの小論のほか，わけても以下のものがある。Quinque compilationes antiquae (1882, Neudr. 1956 – これに関しては，der Programmartikel ZKR 18 (aaO Fn. 88), S. 162 ff.)，これは Decretum Gratiani (1187–1226) 後の法王の Dekretale を 5 巻に集めたもので，いわゆる Liber Extra von 1234 の CarpJC の第 2 編の基礎となったものである。これに関しては，*Feine* aaO Fn. 83, S. 283 ff. 参照。もう 1 つは Die Canones-Sammlungen zwischen Gratian und Bernhard von Pavia, 1897 (Neudr. 1958) である。

93)　Fn. 85 と Fn. 88 にあげた論文及び事典の記事のほか，つぎのものがある。Erörterungen über die Entstehung des Decretum Gratiani, ZKR 17 (1882), S. 397 ff.; Die älteste Ordnung der christlichen Kirche, ZKR 19 (1884), S. 408 ff.

るが，その中でフリードベルクは，パウル・ヒンシウスとならび，傑出している。彼の研究は，わけても，教会政策学者としてのフリードベルクが，法制史学者としての彼の邪魔をしなかったところでは，たゆまない学問的発展を遂げた。邪魔をしたところでは，彼の諸論攷は，まずもっては，すでに遠い過去のものとなった，国家と教会の間の闘争が感情的であったことを示す証左である。にもかかわらず，ことを厳格に法的にとらえる彼の姿勢は，それを純粋の権力闘争とみることを許さなかった。この対立は，法律の軌道に移し替えられるべしというわけである。もちろんその法律とは，彼とその同時代の人達が理解したように，文化国家が握る鋭く研がれた武器だった。文化政策的な諸要求が過度に高まる中，結果的にみると，彼はその情熱をこめて立ちむかった国家と教会の分離を，どちらかといえば促進し，こうして，公的な生活の世俗化を推し進めた。今日彼の大いなる宣戦布告状を読むと，彼がそこで取り上げた資料は，近時の研究によってもいまだにほとんど未発掘の価値があるものではあるが，分裂しているとの印象を受ける。とはいえ，その国家の理解に起因して彼にたいしひかれた限界線の限りでは，ここでもまた後世に残る仕事をした。ただ，フリードベルクが，ドイツの法文化におけるユダヤ系の古典的な学者の1人にかぞえあげられるのは，わけても，アクチュアルな政治的目的とは関係のない法制史に関する意義深い業績をあげたことによっているのである。

エミール・フリードベルクの著作（抜粋）

De finium inter Ecclesiam et civitatem regundorum iudicio quid medii aevi doctores et leges statuerint, 1861 (Aalen 社により 1965 年復刻)

Ehe und Eheschließung im deutschen Mittelalter, 1864.

Das Recht der Eheschließung in seiner geschichtlichen Entwicklung, 1865 (1965 年復刻)

Die evangelische und katholische Kirche der neu einverleibten Länder in ihren Beziehungen zur preußischenLandeskirche und zum Staate, 1867.

Der Staat und die katholische Kirche in Großherzogstum Baden seit dem Jahre 1860, 1871, 2. Aufl. 1873.

Die Geschichte der Civilehe, 1870, 2. Aufl. 1877 (Cuzzeri により，イタリア語に翻訳されている).

Die Gränzen zwischen Staat und Kirche und die Grantien gegen deren Verletzung, 1872（1962 年復刻）．

Sammlung der Aktenstückezum ersten vatikanischen Concil mit einem Grundrisse der Geschichte desselben, 1872（=Erganzungsband zur Zeitschrift für Kirchenrecht）．

Der Staat und Bischofswahlen in Deutschland,Das 19.Jahrhundert,1874（1965 年復刻）．

Verlobung und Trauung,1876．

Corpus Iuris Canonici ,Par Prior;Decretum magistri Gratiani,Par secunda:Decretalium collectiones, 1879-1881（1922 年，1928 年及び 1955 年に復刻）．

Lehrbuch des katholischen und evangilischen Kirchenrecht,1879, 6.Aufl.1909（1965 年に復刻）．

Die geltenden Verfassungs-Gesetze der evangilischen deutschen Landeskirchen, 1885, 4 ergänzungsbände 1888, 1890, 1892, 1904（4 巻は，Deutsche Zeitschrift für Kirchenrecht の第 4 遺補である）．

Das geltende Verfassungsrecht der evangilischen Landeskirche in Deutschland und Österreich, 1888．

Corpus Iuris Canonici, Pars prior: DecretummagistriGratiani, Parssecunda

エミール・フリードベルクに関する文献

Beiträge zum Kirchenrecht, Festschrift für Emil Friedberg zum sibzigsten geburtstag, gewidmet von seinen Schüler, Leipzig 1908.

このほかは，注 3 所掲の文献を参照されたい．

パウル・ラーバント[*]

学問としての国法学[**]

ヴァルター・パウリー[***]

訳　土　屋　　　武

　同時代人や後世の人々にとって，ラーバントと格闘することは常に国法学の基本問題に取り組むことでもあった。ラーバントに同意しまた反対するなかで，新たな立場が輪郭をなしてきたのであり，また今日もなお，法律家や国法学者は，ラーバントに対して示す関心や批判の程度によって特徴づけられるのである。したがって，著名な同僚たちが彼をすでに存命中から「ドイツ国法の巨匠」[1]とたたえ，またアンシュッツ（Anschütz）のように[2]，ビスマルク（Bismarck）に

---

[*] *PAUL LABAND*（1838 年 –1918 年）
[**] Staatsrechtslehre als Wissenschaft
[***] Dr. *Walter Pauly* : Privatdozent an der Universität Frankfurt am Main
　　（フランクフルト大学講師）

1)　*P. Zorn*, Die Entwicklung der Staatsrechts-Wisssenschaft seit 1866, JöR Bd. 1 (1907), S. 65. 彼を「大家」と呼ぶのは，*G. Anschütz*, Paul Laband, DJZ 1918, Sp. 269.
2)　*G. Anschütz,* Paul Laband, Juristisches Literaturblatt 1908, S. 74 そして賛同する形で取り上げるのは，*O. Liebmann*, Paul Laband, DJZ 1918, Sp. 503. ラーバントは，『回顧録（Lebenserinnerungen）』(1918) 86 頁の中でつぎのように語っている。ビスマルクは，ラーバントの『ドイツ帝国国法（Staatsrechts des Deutschen Reiches）』の第 1 巻に大きな関心を示した。しかしヘルベルト・ビスマルク（*Herbert Bismarck*）が—おそらくこのような関心とラーバントの立場に基づいて—父親に対し，1890 年 2 月 24 日，つまりその失脚の直前に，ある重要な問題で，自筆のアンダーラインを引いた第 1 巻を差し出したとき，「このことはビスマルクには何らの印象を与えなかった。問題が学問において非常に議論となっているという文章において，彼は『学問』

なぞらえたのは，驚くには当たらない。付言すれば，ビスマルクは，この帝国憲法のもっとも重要な解釈者と知己の間柄であった。皇帝ヴィルヘルム2世（*Wilhelm* II）も同様であって，彼についてラーバント[3]がその回顧録の中で語るところでは，ヴィルヘルム2世はその正餐でラーバントに対し，彼の講義を聴くことができないことを悔やんだという。これはお世辞，社交辞令に過ぎないかもしれないが，社会，政治体制の代表者のものである。ここには，ヴィルヘルム期の社会においてラーバントに与えられた地位と，彼が帝国の政策において果たした役割が示されている。ラーバントがこのような地位に就くことができたのは，ただ彼が学問において支配的であって，反論の余地がないとはいえないにしても，凌駕されることのないものだったからである。トリーペル（*Triepel*）[4]は後に，学者，とくに彼のような若い学者はラーバント学派に「魅了」されていたと述べる。魅了されていたというのは，当初よりラーバントの方法や体系，個別の問題に対する立場に関して決定的な批判が存在しただけに，一層驚きである[5]。ラーバントは，1918年の帝国崩壊後にいわば悪夢

という言葉にアンダーラインを引き，それにつぎのように書き加えた『しかし，憲法においてはそうではない』。ラーバントを援用して彼はつぎのように述べている：「真正の解釈など存在しない」；参照，*E. Zechlin*, Staatsstreichpläne Bismarcks und Wilhelm II., 1929, S. 40.

3) 参照，(aaO Fn. 2), S. 107。そこではまたヴィルヘルム2世の開宴の辞を繰り返している：「貴殿は言うまでもなくもっとも名高い人物の一人である。全世界が貴殿を引き合いに出している。過日は余の義兄弟すらもそのように主張していた。余は貴殿の建白書を読み，それに基づいて処分を行ったところである」。

4) *H. Triepel*, Staatsrecht und Politik, 1927, S. 9.

5) 世紀の転換期までについてはとりわけ，*A. v. Kirchenheim*, Das Staatsrecht in Zivil, Allg. Conservative Monatsschrift 1884, S. 272 ff.; *O. v. Gierke*, Labands Staatsrecht und die deutsche Rechtswissenschaft, Jahrbuch für Gesetzgebung, Verwaltung und Volkswirtschaft im Deutschen Reich, Jg. 7 (1883), S. 1097 ff.; *F. Stoerk*, Zur Methodik des öffentlichen Rechts, 1885; *E. Loening*, Die konstruktive Methode auf dem Gebiete des Verwaltungsrechts, Jahrbuch für Gesetzgebung und Volkswirtschaft im Deutschen Reich, Jg. 11 (1887), S. 541 ff.; *K. Rieker*, Über Begriff und Methode des allgemeinen Staatsrechts, Vierteljahresschrift für Staats- und Volkswirtschaft, Bd. 4 (1896), S. 250 ff. sowie *H. Preuß*, Zur Methode juristischer Begriffskonstruktion, Jahrbuch für Gesetzgebung, Verwaltung und Volkswirtschaft im Deutschen Reich, Jg. 24 (1900), S. 359 ff.

から覚めるまで、学問を静寂の中で行い、また反論のないままリードするものでは決してなかった。反対に、ゲルバーとラーバントによる国法実証主義がその地位に就くには数十年を要した。学派には絶えず敵対者がおり、動揺と浸食は、1918年以前にすでにはっきりと現れていた[6]。国法学はドイツの後期立憲主義の時代において、同質性をもつものとはまったくいえなかった。そしてまさにそこから、つまり「ラー・バ・ン・ト・主・義・（Labandismus）」[7]と概念法学への攻撃、そして方法、実体問題に関する絶えることのない論争からこそ、相当の感受性と反省が生じ、そこから問題とその処理の水準が得られたのであった。

相応の反省がなされると、ラーバントの独自の方法的立場が見いだされ、そして彼のテクストを熟考すると、ワイマール期や連邦共和国初期の二次文献による読解にあって生じたナイーブな概念法学との印象は否定される。ラーバントの忌避とともにしばしば生じるラーバントの方法論や国法理論の単純化は、国法実証主義[8]に社会的、政治的機能が確かに存在していたことに鑑みても、本来はまったく許されないし、あるいは少なくとも長期的には許されるものではない。膨大な著作、多様なテーマや関心をざっと見渡しただけでも、ラーバントがナイーブで概念を盲信する実証主義者ではないことがわかる。同様に、

---

6) 参照、これについて現在では、*S. Korioth*, Erschütterungen des staatsrechtlichen Positivismus im ausgehenden Kaiserreich, AöR Bd. 117 (1992), S. 212 ff., そして実証主義のその後の影響については、*W. Heun*, Der staatsrechtliche Positivismus in der Weimarer Republik, Der Staat Bd. 28 (1989), S. 377 ff.

7) この言葉は、*H. Heller*, Die Krisis der Staatslehre, Archiv für Sozialwissenschaften und Sozialpolitik, Bd. 55 (1926), S. 300 の創案による。

8) 国法実証主義の政治的背景に対する洞察をすでに示していたのが、*G. Jellinek*, Der Kampf des alten mit dem neuen Recht, 1907, S. 49 ff.; 参照、また、*ders.*, Allgemeine Staatslehre, 3. Aufl., 5. Neudr. 1928, S. 64. したがって、1953年にタイプ原稿として公表されたスメント学派の P. v. オェルツェンの研究 *P. v. Oertzen*, Die soziale Funktion des staatsrechtlichen Positivismus, 1974 は、単に国法の新たな傾向の社会政治的、権力政治的意義を示すものではない。むしろ史的唯物論にもとづく知識社会学的考察の枠内において、国法実証主義を全体社会の発展の断面であると説明しようとしている。

ベルンハルト・シュリンク（Bernhard Schlink）の「政治家としてのラーバント」[9]に関する考察もあり，また「批評家としてのラーバント」という考察もありうるが，これらはより一層信頼できる新たな法律家としてのラーバント像のさまざまな側面を提供する。

　なぜラーバントは後世に作られたイメージの中で矮小化され，単純化され，そして不正確に描かれたのか。この問題に答えるのは容易ではない。たしかに，彼は度胸と自意識，その純粋主義的方法に含まれている規則と要求，そしてドグマティッシュな綿密さと完全性により，同僚や後世の者に圧倒的な影響を与えた。しかしこのことは，学説が彼の死後何年も，国法上の条件が完全に変わっている中でも彼に対して反感を示していたことを説明するのに十分ではない。むしろ，ラーバントは国法学から，多くの者にとって専門領域の輝きを形づくるものを奪い，脱魔術化という方途によって，人を魅了する神秘主義的なものを取り去ったように見える。そのような神秘主義的なものは，国家の研究に従事する者が深く感じる欲求に対応している。ルドルフ・スメント（Rudolf Smend）はこのような非難をきわめてはっきりと定式化し，ラーバントが学問と国家生活に同程度与えた「深刻な不法」[10]を非難せざるを得なかった。ラーバントは「ドイツ国民の憲政上の精神・生活問題に対して真剣さに欠く」[11]とされた。なぜなら，彼にとって「国法は正しい政治的秩序の試みではない」[12]からであった。本来の問題を，ラーバントはうわべばかりの純粋な方法——実際には形式主義的な「官僚のための思考技術」[13]——によってごまかして隠し，そしてそのようにして国家を「生活それ自体と何ら関係のない，権限・権力の領域に関して意味を空疎にされた体系という奇妙な像」[14]へと押し

---

9) *B. Schlink*, Laband als Politiker, Der Staat, Bd. 31 (1992), demnächst 〔S. 553〕.

10) *R. Smend*, Der Einfluß der deutschen Staats- und Verwaltungslehre des 19. Jahrhunderts auf das Leben in Verfassung und Verwaltung, 1939, in: ders., Staatsrechtliche Abhandlungen, 2. Aufl. 1968, S. 336.

11) *R. Smend*, (aaO Fn. 10).

12) *R. Smend*, (aaO Fn. 10), S. 333.

13) *R. Smend*, Politisches Erlebnis und Staatsdenken seit dem 18. Jahrhundert, 1943, S. 356.

込んだ。スメントにあっては, ラーバントは「ブルジョワ」の典型,「資本主義の時代の合理的利己主義者」[15]に類するものとなる。このような者には「多様な音色」[16]を聞き取り, 再現することができず, いわば平板な商法上のカテゴリーによって国家を捉えようとしている。しかし, スメントは, わずかに示唆するにとどまるけれども, ラーバントになおさらなる「音色」を見いだしているが, それはスメントのような学者にとっても驚くべきことであった。スメントは,「過去の遺産をより強く維持し, ラーバントが引き裂いたドイツ国法全体の統一性をある程度生み出し, そして彼とは別の意味で政治的教育者であることに成功した」論者からラーバントを区別し, つぎのように続ける:「このような区別のより深い理由について, ここでは論じる必要はない」[17]——1939年にこのように書かれ,『国法論集 (Staatrechtliche Abhandlungen)』第2版 (1968) まで変更されていない。そしてごく近時ではミヒャエル・シュトライス (Michael Stolleis) によって,「ラーバントのユダヤ出自を, その体面を傷つける形でほのめかしているもの」と評された[18]。このような説明——そしてスメントが当該テクストの箇所を意識的に漠然とした形に作り上げたこと

---

14) R. Smend, Der Einfluß der deutschen Staats- und Verwaltungslehre des 19. Jahrhunderts auf das Leben in Verfassung und Verwaltung, 1939, S. 333.

15) R. Smend, Bürger und Bourgeois im deutschen Staatsrecht, 1933, S. 311.

16) R. Smend, Der Einfluß der deutschen Staats- und Verwaltungslehre des 19. Jahrhunderts auf das Leben in Verfassung und Verwaltung, 1939, S. 338.

17) R. Smend, ebd.

18) 参照, M. Stolleis, Geschichte des öffentlichen Rechts, Bd. 2., 1992, S. 348; このようなほのめかしは隠蔽されているが, きわめて明白である。考慮されうる他の「より深い理由」は除外される。なぜならそれについてスメントはあらかじめ明示的に語っているからである。この区別のより深い根拠を強調することは, スメントにとっては「当時の世代及びその作用に関する正しい判断全体のための第一の前提条件」である (同頁)。提示された説明の結論において, ヴィルヘルム期におけるユダヤ人の影響を研究するというスメントの要求を見いだすことができる。ここでスメントにあっては同時代のルサンチマンで言葉上はかくされた形で示唆されたことが, 他の論者, たとえば E. R. フーバーにあっては (E. R. Huber, Heer und Staat, 1. Aufl. 1938, S. 223, Fn. 3), 明確に述べられているのが見られる。フーバーは, ラーバントを批判しているところであからさまに「ユダヤ人国法学者」と呼んでいる。

に鑑みればなお1つの説明であるにとどまるが——を支持する事情として，スメントがラーバントに帰したネガティブな特性は，とりわけ19世紀後半に生じたように，反ユダヤ主義的なルサンチマンと合致する点が挙げられる。形式主義の非難には価値破壊的思考の非難が，そして伝統忘却の非難には近代主義の非難がそれぞれ対応する[19]。

「ユダヤ出自のドイツ人法律家」というテーマに関する論考がそのようなルサンチマンを単純に無視することはできないことは当然である。しかし，そのテーマ自体が場違いであり正しくないと繰り返し主張することに終始することもできない。本稿はそれを超えてさらに，ラーバントが要請し実践した方法は決して不適切に形式的で，非歴史的あるいは認識論的に無反省なものであったわけではないことを証明しようとすることによって，提起されたさまざまな非難に対抗する。それによって同時に，ラーバントがドイツ国法学において目指した「学問というプロジェクト (Projekt Wissenschaft)」に至る軌跡が描かれる。

ラーバントのユダヤ人性がその人生と業績にとって実際に決定的な意義を展開したかどうかはなお明らかとされないだろう。もっとも，ラーバントが『回顧録』において自身のユダヤ出自について19歳の学生時に行った改宗と同じく沈黙している点は目を引く。このような事情からは，ラーバントがユダヤ人性一般そして特に自らのユダヤ人性についてどのような視点をもっていたのかという問いが生じる。そこには同時に，彼の生涯を考察するパースペクティブのための規準が存するのである。

I. 生涯と業績史

ラーバントの人生に接近するには，現在も『回顧録』によるよりほかない。

---

[19] ユダヤ人が伝統を破壊し，価値秩序を崩壊させたとの先入観，ならびに反ユダヤ主義と反近代主義の結びつきについては，参照，*T. Nipperdey*, Deutsche Geschichte 1866-1918, Bd. I, 1990 S. 404, Bd. II, 1992, S. 292 ff.; *F. Stern*, Kulturpessimismus als politische Gefahr, 1986, S. 177 u. passim.

ラーバントの伝記は存在しない。1838年にポーランド西部ブレスラウ〔ヴロツワフ〕で生まれ育ったユダヤ人医師の息子がその『回顧録』において——すでに述べた彼がユダヤ人であることや改宗したことのような——基本的な伝記的詳細について沈黙しているというだけでも，そのような伝記が切に望まれる。19歳の法学生が1857年に洗礼を受けた理由は必ずしも宗教的性格であるとは限らない。大学の世界ではユダヤ人一般，そしてとくに洗礼により確立した団体への「エントリーシート」（ハインリッヒ・ハイネ（Heinrich Heine））を手に入れられない者は，将来の職への展望が一層暗い。このことに鑑みれば，そのような手段をとったことについてはキャリア上の理由も考えられる。ピーター・ゲイ（Peter Gay）によれば，ユダヤ人がキリスト教に改宗するのはたいてい，「その職業上の昇進を妨げる汚点を消そうとするからであり，……そしてドイツにおけるユダヤ人アカデミカーの約半分は改宗者であった」[20]。ラーバントがキリスト教に改宗したことについては，できる限り完全に同化すること以外の動機がきわめて重要であったとすれば，『回顧録』において洗礼，あるいは他の宗教的なコンタクトや関与について言及するほうが，納得がいくであろう。若きラーバントがなおたしかに感じていたユダヤ出自の問題は，年を重ねる中で思考と感覚の奥底へと後退し，おそらくは完全に解決されていたこと，そして〔回顧録を〕執筆した年齢が〔若い頃から〕隔たっていたことからそのような問題を単にもはや価値のないものと考えたとするのには，十分な理由がある。回想録を執筆し，数十年で出世し，皇帝と帝国から勲章を授けられ，敬意を示されることによってそれに染まったラーバントは，転向ユダヤ人である彼が立っている「薄氷」[21]を，出世したときにはもはや恐れておらず，

---

[20] P. Gay, Begegnung mit der Moderne. Die deutschen Juden in Wilhelminischen Kultur, in: ders., Freud, Juden und andere Deutsche, dt. 1989, S. 118. ユダヤ人法律家の将来の職の展望については，H.-P. Benöhr, Jüdische Rechtsgelehrte in der deutschen Rechtswissenschaft, in: K. E. Grözinger (Hrsg.), Judentum im deutschen Sprachraum, 1991, S. 280 ff., そして大学という進路をとるチャンスについてはとくに，F. K. Ringer, Die Gelehrten, dt. 1987, S. 127 u. passim.

[21] 参照, B. Schlink, Laband als Politiker, Der Staat Bd. 31 (1992), S. 553。彼は，ラーバ

そのうちもはや薄氷であることを感じ取らなくなったのかもしれない。このような見方の理由に，転向から13年後に，ケーニヒスベルク大学の正教授としてユダヤの債務法に関する単行本を書評したラーバントの超然性，そしてその書評で「ユダヤ人民のオリジナリティー，精神的才能，そして高い文化史的意義」[22]について語る客観的な態度と冷静さが挙げられる。ここにも，ラーバントがどれだけしっかりとかつ確かな形で帝国創設の時代に成立しつつある秩序の基礎に，そしてこれを支える社会の内側に立っていたかの徴候を見いだすことができる。

　法の世界では，ラーバントは1855年4月にブレスラウ大学に入学するが，はじめ——テオドール・モムゼン（*Theodor Mommsen*）の講義であったにもかかわらず——そこでは真の満足は得られなかった。ラーバントがハイデルベルクの後期に聴講したヴァンゲロフ（*Vangerow*）のパンデクテンに関する「傑出した講演」ではじめて社会的に積極的な学生，さらには学友会の学生に「いかなる権利をもって法律学は学問であるのか」[23]を示した。ロベルト・フォン・モール（*Robert v. Mohl*）が国法について行った講義では，それに匹敵する感激を受けなかった。1年後ベルリンでは，フリードリッヒ・ユリウス・シュタール（*Friedrich Julius Stahl*）の講義に強い印象を受けたが，彼にはなお講師が「その超反動的傾向と狂信ぶりからきわめて共感の持てない」[24]ものにとどまっていた。私法への歩みは，1858年3月に審査を通過した博士論文がローマ法に由来するものであることから見てとれる。続いてラーバントは試補になるが，上級試補試験の受験前に，学問の道を進みたいとして試補を辞し

　　　ントにあっては同化が「きわめて徹底的で成功した」ものであったので，そのことを忘れてしまったのか，それとも「ユダヤ人である彼がドイツ人，学者，帝国の忠実な僕そしてドイツ国法の偉大なる父として行動する場所が薄氷であることに注意しようとしなかった」のかどうかについて解答を与えていない。

22)　*P. Laband*, Literatur. Leopold Auerbach. Das jüdische Obligationenrecht..., Zeitschrift für das gesamte Handelsrecht Bd. 16 (1870), S. 674.
23)　*P. Laband*, Lebenserinnerungen, 1918, S. 27.
24)　*P. Laband*, (aaO Fn. 23), S. 35.

た。彼が関心を抱いたのはまたも私法と法史であった。1861 年にハイデルベルク大学で論文「シュヴァーベンシュピーゲル論（Beiträge zur Kunde des Schwabenspiegels)」により教授資格を獲得した。1863 年には『14 世紀中葉以降のマグデベルグ–ブレスラウ体系参審人法（Das Magdeburg-Breslauer systematische Schöffenrecht aus der Mitte des 14. Jahrhunderts)』，1869 年には『中世のザクセンの法源に基づく財産法上の主張（Die vermögensrechtlichen Klagen nach den sächsischen Rechtsquelle des Mittelalters)』を著した。また同年，『マグデベルグの法源　学問的利用について（Die Magdeburger Rechtsquellen. Zum akademischen Gebrauch)』を編集した。1864 年，ラーバントはケーニヒスベルク大学で員外教授に就任し，1866 年には正教授に任ぜられた。レヴィーン・ゴルトシュミット（Levin Goldschmidt）は彼に「全商法雑誌（Zeitschrift für gesamte Handelsrecht)」の共同編集を申し出て，ラーバントは 1865 年から 1898 年まで務めた。同誌でのラーバント自身の論考の中で注目されるのは，「アマルフィの海法（Das Seerecht von Amalfi)」（1864 年），「一般ドイツ商法典に基づく法律行為の締結の際の代理（Die Stellvertretung bei dem Abschluß von Rechtsgeschäften nach dem Allgemeinen Deutschen Handelsgesetzbuch)」（1866 年)[25]，そして「会社のドグマーティク（Beiträge zur Dogmatik der Handelsgesellschaften)」（1885 年）である。この最後の論文は，法人と社団論に関して連邦国法への影響力をもつ基礎的な論考であるが，連邦国法について基準となる『国法』第 1 巻のはるか後に公表された。ケーニヒスベルク期の学問的生産をラーバント自身がそう呼ぶ当時の「娯楽のカレンダー」の横に置くと，彼が「同時代にどれだけ多くのことに取り組み，そして成功を収めることができた」[26]かに，いまなお驚かされる。彼の当時に関する追想には，ある同僚の夫人への不幸な愛情を品よく謙った形で育んだこと，よく公の場に登場し

---

25)　同論文でラーバントが案出した Vollmacht と Grundgeschäft の区別を，H. デレは「法学的発見」の 1 つであると同名の論稿の中で評価している。H. Dölle, Verh. 42 DJT, Bd. II, 1959, S. B. 5 ff.

26)　P. Laband, (aaO Fn. 23), S. 56.

たがその際にはいつも極度に緊張したこと,「子供の遊びに見られるゲルマン法の遺産（Germanische Rechtsaltertümer in unseren Kinderspielen）」に関する講演についてのものがあるが,これらはラーバントという人物について好意的なイメージを抱かせるにふさわしいものである。

ケーニヒスベルク大学において国法が空席であったため,ラーバントは1866年の冬学期にこの科目での講演を引き受けなければならなかったが,──ここで彼の言葉通りに受けとめるとすれば──それにふさわしい学問的関心を呼び起こすことはなかった[27]。それでも,彼はすでに1863年には,クロイツ新聞（Kreuz-Zeitung）の論説で「議会の予算修正権（Das Recht des Abgeordnetenhauses zu Budget-Aenderungen）」[28]について論じている。そこでは,彼が1871年に著した『予算権論（Das Budgetrecht）』においてはじめて詳細に展開し,根拠づけることになる立場とまったく同じ立場に立っていた。いずれにせよ,北ドイツ連邦の創設とそれに引き続く憲法制定によって,ラーバントに国法への深い関心が生じた。彼は講義ノートをあらたに作り,その際「これまで通常であった歴史的＝政治的考察の代わりに厳密に法学的な論究」[29]を行った。この方法を実際に彼は1871年にも,彼の本来の国法に関するデビュー作である予算論[30]の基礎に置いた。この論文は予想通りの反響を呼

---

27) P. Laband, (aaO Fn. 23), S. 62.
28) 新プロイセン新聞（Neue Preußische Zeitung）（クロイツ新聞）1863年2月21日。見出しには括弧で「非プロイセンの一法学者」と書かれている。ラーバントは回顧録において,その論考を1862年12月12日付とし,「南ドイツの一法学者」名義として挙示している（aaO Fn. 23）, S. 51。しかし,ラーバントが挙示している日にはそれに対応する論考は見られず,その日の周辺では先の論考しかあげられない。それが真正なものであることについては,スタイルと内容からして疑いない。ラーバントは回顧において日付を少し変え,名義を記憶だけを頼りに再現したというのが妥当であろう。
29) P. Laband, Lebenserinnerungen, S. 62.
30) P. Laband, Das Budgetrecht nach den Bestimmungen der Preussischen Verfassungs-Urkunde unter Berücksichtigung der Verfassung des Norddeutschen Bundes, 1871. 初出は, Zeitschrift für Gesetzgebung und Rechtspflege in Preußen, Bd. 4 (1870), S. 625 ff.

び，そして振り返って自ら認めるところでは，「この論文から，国法は私の本来の活動領域となった」[31]。同論文の序論において，ラーバントは，ただ学問にのみ仕えようとしていると公言し，そしてこのことは彼にとって，現行のそしてこの意味で実定的な法のみを基礎に置き，これに対して政治的理想を視界の外に置き，改善の可能性を立法に委ねるということであった。それにもかかわらず，彼の研究は，ハインリッヒ・アルベルト・ツァハリエ (*Heinrich Albert Zachariä*) の批判[32]に聞かれるように，一面的に「文法的，論理的な解釈－要素」によって行われるわけではない。冒頭においてすでに「『法律』という文言」が歴史的に解釈されており[33]，そして成立史的な検討結果が直接にかつ不問のまま実定法に関する言明へと転換されるわけではないとしても，論文には成立史的要素の参照に欠くところはなかった[34]。したがって，「その内容が法規，すなわち法関係の規律ないし決定に関する規範であるような国家意思の表明」[35]であるというラーバントが提起した法律の定義は，完全に歴史に基づいている。この法律概念をラーバントは，法律の内容に方向づけられた定義であるがゆえに「実質的」概念と呼び，これにすぐに形式的概念を付け加えた。形式的概念は，立法手続，まさに「形式的メルクマール，つまり国王と邦議会の一致」[36]に着目する。このような準備作業を経て，今度はラーバントは予算争議[37]に関与した規範，プロイセン憲法典62条と99条を考察する。62条は

---

31) *P. Laband*, (aaO Fn. 30), S. 63.

32) *H. A. Zachariä*, Laband, Das Preussische Budgetrecht, Göttingische gelehrte Anzeigen, 1871, 1. Bd., S. 367.

33) 参照, *P. Laband*, (aaO Fn. 30), S. 3.

34) 参照, *P. Laband*, (aaO Fn. 30), S. 76.

35) *P. Laband*, (aaO Fn. 30), S. 3.

36) *P. Laband*, (aaO Fn. 30), S. 5. ラーバントの法律概念については，参照, *E. -W. Böckenförde*, Gesetz und Gesetzgebende Gewalt, 2. Aufl. 1981, S. 226 ff.

37) これについては包括的に，参照, *E. R. Huber*, Deutsche Verfassungsgeschichte seit 1789, Bd. III, 3. Aufl. 1988, S. 275 ff. 及び近時の文献から，*H. - C. Kraus*, Ursprung und Genese der „Lückentheorie" im preussischen Verfassungskonflikt, Der Staat Bd. 29 (1990), S. 209 ff.

「立法権は……国王と両院により共同して行使」されると規定しているが，「当然……ここでは立法は実質的意味においてのみ理解されうる，すなわち法秩序の変更及び継続形成はすべて国民代表の共同作用の下で行われなければならない」[38]。憲法ではもちろん規範化されておらず，法律学と実務によって規定された実質的な立法概念を基礎にした場合にのみ，62条は「意味」を獲得するのである。そしてこれは，論文においてラーバントが目的論的に論じる唯一の場所ではなかった[39]。彼は予算を，それが規律ではなく「将来予想される歳入と歳出に関する……計算」[40]，つまり「見積もり」において行われる「事実」に関する計算であるがゆえに法規とは捉えないため，予算法律は62条の適用領域には含まれないとした。しかし99条もまた，ラーバントによれば，古典的な予算争議において決定規範を与えることができない。たしかに，同規範は予算が「毎年法律によって定められる」ことを要求しているが，国王と国民代表が1つの法律上の母体となることで一致することができない場合について何の解決策も提示していない。したがって「欠缺の存在を認めることにいかに反対しようとも，欠缺が存在することに疑いはない」[41]。しかしラーバントにとって，憲法典における欠缺はなお憲法における欠缺を意味するものではなかった。「法律には欠缺がありうるが，法秩序それ自体には，自然の秩序と同じく，欠缺なるものはほとんど存在し得ない」[42]。もっとも，62条も99条も——これまでの研究結果と同じく——予算なき統治を禁じていない。国家の存続を意識的に[43]国家主義的に考慮して，ラーバントは「法律または国家の福祉によって

---

38) P. Laband, (aaO Fn. 30), S. 10.
39) 参照，さらに，P. Laband, (aaO Fn. 30), S. 76. そこでラーバントはある解釈提案が持つ「不条理な帰結」を指摘し，また77頁以下では，「憲法は国家の自殺を意味するような法規を含み得ない」との認識を示している。
40) P. Laband, (aaO Fn. 30), S. 13.
41) P. Laband, (aaO Fn. 30), S. 75.
42) P. Laband, (aaO Fn. 30).
43) 参照，P. Laband, (aaO Fn. 30), S. 77 f. u. 83; 79頁でラーバントは，そうでなければ「最高度に完璧な議会主義」すなわち妥協を許さない議会が確立されることにな

必要」[44)]とされるような支出を認める。このような結論は，彼による予算法律の性格規定と合致する。というのも，予算法律は，形式的法律として「『歳入の徴収と同じく歳出の履行について』法律上の根拠を」与えることができないからである。しかし法律上の歳出義務が存在する限りで，とにかく予算立法者は「現行法と法律上存在する国家の制度」を資金の拠出を拒絶することにより侵害してはならない[45)]。たしかに，このような結論は政府を益するところが多かったが，古典的な欠缺理論ができたように益するところばかりであったというわけではない。そういったわけで，ラーバントは欠缺を指摘していたことを顧慮したとしても，「予算法律が不成立の場合には……かつての無制約の国王権力が予算の確定に関して復活し，妨害を受けることなく主張されうるとする絶対主義理論」[46)]へと単純に還元されるものではない。このようにツァハリエは書評でも強調したのであった。ツァハリエ自身が選択した解決方法は，法理論上，アンシュッツの有名な主張と同様に問題のあるものである。アンシュッツの主張では，法における欠缺が認められ，「国法はここで終わる」[47)]との結論に達する。ツァハリエもかなり国家主義的であって，「国家機械は止まってはならない」と主張した。しかし同時に，彼は予算なき歳出続行の要請を「違憲状態」と見ていた。「……そこから，違憲状態の意識を持たなければならないまさにそれゆえに，2つの部分，等しく重要な利益」とそして同時に義務は「抜け出なければならない」[48)]。

ると強調する。

44) *P. Laband*, (aaO Fn. 30), S. 81.

45) *P. Laband*, (aaO Fn. 30), S. 35.

46) *H. A. Zachariä*, Laband, Das Preussische Budgetrecht, Göttingische gelehrte Anzeigen, 1871, 1. Bd., S. 375.

47) *G. Meyer/G. Anschütz*, Lehrbuch des Deutschen Staatsrecht, 7. Aufl. 1919, S. 906. また同様にすでに，*G. Anschütz*, Lücken in den Verfassungs- und Verwaltungsgesetzen, VerwArch 14 (1906), S. 336.

48) *H. A. Zachariä*, (aaO Fn. 46), S. 380；違憲状態は「憲法の基本原理に合致した除去」を要求する (aaO., S. 382)。著者〔ラーバント〕と評者〔ツァハリエ〕の法理論及び国家理論上の観念に関する違いについては，参照，*P. v. Oertzen*, Die Bedeutung

追放されてしまった国法教授は，1872年にストラスブルク大学に招聘された。彼は「国法」の執筆を計画したが，当初は，計画に必要な時間と作品の最終的な範囲を適切にイメージしていなかった。ラーバントはとりわけ，「予測していなかった」「完成に向けた多くの理論上の問題」によって進行が阻まれた。このような事情からしても，ラーバントが高い要求と際立った学問的エートスを持っていたことが証明される。『ドイツ帝国国法（Staatsrecht des Deutschen Reiches）』第1巻は基本的に連邦国法の説明であるが，これは1876年に出版され，特に立法と行政を検討する第2巻は1878年に出版された。1880年に出版された第3巻第1分冊では軍事法が，1882年の第2分冊では財政法がそれぞれ論じられた。第2版及び第3版では同書は大判の2巻本で公刊され，第4版及び第5版では再び4巻本となった。そこでは第4巻に軍事法と財政法がまとめられているが，第3巻には帝国の外交・国内問題と裁判権に関する章が含まれていた。ラーバントの『国法』は，同時代人にとっては帝国における公法のほぼすべての問題に関する基本文献であった。行政法各論の中心的なテーマについてすらも同書で詳細に論じられている。今日この著作を手にする者もまたすぐに，ラーバントが当時名声を博していたことを理解するのである。

大部の国法のほか，ラーバントは1894年に要約した1巻本『ドイツ帝国国法綱要（Deutsches Reichsstaatsrecht）』を著した。これは1912年に第6版が，ラーバントの死後1918年にはオットー・マイヤー（*Otto Mayer*）が改訂した第7版が出版された。ラーバントが著述家として多産であることは，今なお驚かされる。とくに『ローマ法受容のドイツ国法への意義（Die Bedeutung

---

C. F. von Gerbers für die deutsche Staatsrechtslehre, FS R. Smend, 1962, S. 202. これによれば，「国法秩序の内的連関は…ツァハリエにあっては国法秩序に内在するものではなく」，むしろ「理性的・倫理的共同社会としての国家の実際の連関に」基づいている。フォン・オェルツェンがツァハリエの国家理論上の観念にシンパシーを感じていることには違和感を覚えざるを得ない。それは法理論上の観点からは，彼がツァハリエも「厳格に法学的に」議論していると断言している（Die soziale Funktion des staatsrechtlichen Positivismus, 1974, S. 161）ことと同様である。

der Rezeption des Römischen Rechts für das deutsche Staatsrecht)』(1880)，『ドイツ帝国憲法の変遷 (Die Wandelungen der deutschen Reichsverfassung)』(1895)，『ドイツ帝政論 (Das deutsche Kaiserthum)』(1896) についての演説を行い[49]，また数多くの論文の中でも「帝国創設以来の帝国憲法の歴史的発展 (Die geschichtliche Entwicklung der Reichsverfassung seit der Reichsgründung)」は際立ったものである[50]。その間，ラーバントは3つの重要な雑誌を編集している。「公法年報 (Jahrbuch des öffentlichen Rechts der Gegenwart)」，「公法雑誌 (Archiv für öffentliches Recht)」，「ドイツ法律家雑誌 (Deutsche Juristen-Zeitung)」がそれである[51]。とくに後者2つの雑誌では無数の書評論文を公表しており，ラーバントの関心領域の広さを示している。それは『スエズ運河史文書 (Urkunden zur Geschichte des Suezkanals)』から『国際民事訴訟法の諸問題 (Streitfragen aus dem internationalen Civilprozeßrechte)』，『ハンガリー商法典草案 (Entwurf des ungarischen Handelsgesetzbuchs)』，『国際法と憲法 (Diritto internazionale e Diritto Costituzionale)』『主権及び連邦国家に関する研究 (Édute sur la Souveraineté et l'état fédératif)』『ゲッティンゲンにおける国法研究の初期数十年 (Die ersten Jahrzehnte des staatsrechtlichen Studiums in Göttingen)』，そして『フライヘア・フォン・シュタイン (Der *Freiherr vom Stein an Fritz Schlosser*)』にまで及ぶ。最後に，ラーバントは生涯において多くの時間を鑑定意見に費やした。それは百をはるかに超えるが，中でもとくに有名なのが，リッペ王位継承闘争である。少なくともその多さは，ラーバントは回顧してつぎのように述べているほどである。「鑑定意見の公表を原則と

---

49) これらの演説は *P. Laband*, Abhandlungen, Beiträge, Reden und Rezensionen, Teil 1, Leipzig に再録されている。

50) JöR Bd. 1 (1907), S. 1 ff.

51) 公法雑誌は P. ラーバントと F. シュテルク (*F. Stoerk*) が 1886 年に創刊し，公法年報は G. イェリネク (*G. Jellinek*)，P. ラーバント，R. ピロティ (*R. Piloty*) が 1907 年に創刊している。1896 年から公刊されているドイツ法律家雑誌は，全職種，全法領域の法律家を対象としており，ラーバントに加え，M. シュテングライン (*M. Stenglein*) と H. シュタウプ (*H. Staub*) が共編者であった。

してそして一貫して拒否していたとすればよかったのかもしれない」が，「最終的にはこの活動は非常に金銭的利益となった。…そしてこれは資本主義の時代には拒むことができなかったのだ」[52]。

法実務上の問題に精通したラーバントには，大学への名誉ある招聘が届いたばかりではなく，帝国裁判所，プロイセン司法省，最後にはプロイセン上級行政裁判所でも彼を獲得しようとした。ラーバントはストラスブルクにとどまり[53]，そこで1880年からエルザス・ロートリンゲンの枢密院のメンバーとなり，枢密院の解体後，1911年には同地の上院のメンバーとなった[54]。1918年3月23日，ストラスブルクで死去した。

II．学問としての国法学

国法学が学問として，そして法律学の分野として理解されたのは，ドイツ後期立憲主義が初めてのことではない。演繹的に形づくられた法律学の学問理解は，すでにカール・フリードリッヒ・フォン・ゲルバー（*Karl Friedrich v. Gerber*）とパウル・ラーバント以前に，19世紀前半，たとえばすでにあげたハインリヒ・アルベルト・ツァハリエにみられた。もっとも，ツァハリエにとって，「国法の真正の学問的取扱い」は「実践的方法を歴史的方法及び哲学的方法と結合させること」から生じる[55]——したがって，歴史，哲学そして実

---

52) *P. Laband*, Lebenserinnerungen, 1918, S. 80.
53) 19世紀の終わりから20世紀はじめまで，この大学の所在地の学問的雰囲気がきわめて恵まれたものであったことについては，参照，*P. Schiera*, Laboratorium der bürgerlichen Welt, dt. 1992, S. 121 f.
54) 政治家としてのラーバントについては，参照，B. シュリンクの同名論文（*B. Schlink*, Der Staat, Bd. 31 (1992), S. 553）。シュリンクは政治的なラーバントが法律家としてのラーバントにより形づくられ，また規整されていることを示している。
55) *H. A. Zachariä*, Deutsches Staats- und Bundesrecht, 1. Abt., 1. Aufl. 1841, S. 26. もっとも，ツァハリエにあっては国法の体系への志向は見逃すことはできず，同書27頁では，国法の「総論」についてさえ語っている。

践から自律的に構成されるような法学に固有の領域はツァハリエには認められない。歴史，哲学，実践は彼にとっては法学的要素と並存し結び付けられないものでは決してなく，むしろ彼の法概念の統合的な構成部分である。歴史的方法，哲学的方法そして実践的方法は，彼にとっては何ら非法学的なものではなく，その総合において法学的方法が生じるのである[56]。

これに対して，ラーバントの法学的学問理解はまったく異なったものである。ここで観察される変化は，数十年をかけて予告され，準備されてきたものであるが，しかしこの変化は「実証主義」というスローガンに単純にはまとめられない。実証主義的作業技術を，国法学はすでにツァハリエ以前から知っていた。それは国法学が法典化に敬意を払い，その文言を部分的にはきわめて重視することによる。ロメオ・マウレンブレッヒャー (Romeo Maurenbrecher) に見られる実証主義は，素朴とはもはやいえずすでにナイーブとすら呼ぶことができる。彼は，『現代ドイツ国法の諸原理 (Grundsätze des heutigen deutschen Staatsrechts)』に対する著名な書評[57]において，ヴィルヘルム・エドゥアルト・アルブレヒト (Wilhelm Eduard Albrecht) が国家は法人に任ぜられるとしたことに反論して，諸憲法は，君主を「元首」，「最高権力者」と呼んでおり，それゆえ君主はすでに文言上，法学上の国家人格の機関や奉仕者

---

56) 法史学的研究では，——過去の問題と解決を今日の言語と理論背景へと再定式化し再構成することがヘルメノイティク的に見て不可欠であるにもかかわらず——そのつどの歴史的な学問上の概念やモデルを現代の学問理論上の基準から出発して批判し，評価を行うことが重要ではあり得ない；むしろ，そのような研究は，どのような具体的条件の下で一定の形態の学問が作り出され，主張されてきたかを理解するために，含意とコンテクストを解き明かそうとする（「コンテクストの中の学問 (science in context)」）。19世紀初期の国法方法論における歴史的要素の位置価が高い根拠については，参照，*M. Stolleis*, Die historische Rechtsschule und das öffentliche Recht, FS S. Gagnér, 1991, S. 495 ff. 及び *ders*., Gibt es eine Historische Schule im öffentlichen Recht? Quaderni camerti di studi romanistici 19 (1991), S. 121 ff.

57) *W. E. Albrecht*, Rezension über Maurenbrechers Grundsätze des heutigen deutschen Staatsrechts, Göttingische gelehrte Anzeigen 1837, S. 1489-1504, 1508-1515, Neudruck 1962.

ではあり得ないとした[58]。アルブレヒトにとって，国家の法人格は1つの「理論」[59]であって，現行法の命題ではなかった。たとえ「新たな法」によって適切性が示され，そのような新たな法と完全に一致するものであるとしても，そうであった。もっとも，ドグマティッシュな理論の諸前提が法テクストの解釈を形づくる。そうして，たとえば「最高権力者」という語の解釈は，アルブレヒトの理論的コンテクストにおいてはマウレンブレッヒャーの場合とはまったく異なったものとなる；理論に定位して理解すれば，「最高権力者」は他の機関や臣民の上位に位置づけられる最上級機関以上のものを意味しないとされた。そしてテクストから帰結せず，またテクストによって破綻することもないドグマティッシュな理論により法テクストが強力に形成され，そして占領される，これこそが，ラーバントの法学的作業を刻印づけるものである。

　ラーバントは自身の国法の理論に関して，カール・フリードリッヒ・フォン・ゲルバーの学説を受け継いでいる。ゲルバーは自らの学説を2つのステップで展開した。いずれも現行の法テクストからは独立になされたもので，『公権論（Ueber öffentliche Rechte）』（1852年）と1865年に公刊された『ドイツ国法体系綱要（Grundzüge eines Systems des deutschen Staatsrechts）』がそれである。とくに後者の作品において，ゲルバーは国法上の基本概念を展開した。その基本概念は，法一般及びとくに国法の構造への根本的な洞察を当然に含んでおり，真摯な国法学であれば見過ごすことができないものであった。そのきわめて深い根本的な洞察は法の本質にも当てはまる。ゲルバーは『ドイツ私法体系（System des Deutschen Privatrechts）』においてすでに，個人意思を援用してそれを規定していた。そこでゲルバーは，真に法学的に妥当するのは，「法の体系のみであり，これは一切の法的素材を個人意思の採りうる表現としてのみ見るものである」とした[60]。個人の意思はゲルバーにとって私法の

---

58) *R. Maurenbrecher,* Die deutschen regierenden Fürsten und die Souveränität, 1839, S. 133.
59) *W. E. Albrecht,* (aaO Fn. 57), S. 21 u. 23.
60) *C. F. Gerber,* System des Deutschen Privatrechts, 14. Aufl. 1882, Vorrede zur 2.

普遍的コードであり，それを手がかりとすることによってあらゆる私法体系を構成し，または再構成することができるのである。それに対応する中心的位置づけを，ゲルバーは公法において意思に認める。ゲルバーは『公権論』では国家を未だ法人と捉えていないため，そこでは国民集会のメンバーとしての個人の意思表明[61]のみが，公法を作る素材を形成する。これに対して『綱要』では，今度は認められた国家という法的人格の意思表明やその考えうるさまざまな形態のものが重要となる。「国家の意思力，国家権力が国家の法である。国法はそれゆえ国家権力の理論であり，『国家はそれ自体として何を意思しうるか？』との問いに答えるものである」[62]。意思がここでも法システムのコードであり，構成上の基本原理である。「支配」から君主権あるいは連邦国家関係の構成に至る法学上の中心的概念はすべて，意思の要素を手がかりにして解読することができる。ゲルバーはこのようにして国法を，実定法に立ち戻ることなく——思うように——コード化し，また解読したが，このような操作はそのつどの実定法の解釈，法学的構成と体系構想に決定的な影響を与えた。ゲルバーはたしかに法律実証主義的な態度をとったわけではないが，彼の学問上の実証主義の成果は法律実証主義的な論文において利用されうるものであった。ゲルバー後の法律実証主義，とりわけラーバントのそれはゲルバー前のものとは異なるものであり，より熟達したものであった。したがって，ラーバントにあってはゲルバーの法律学上の実証主義とは反対に皮相な法律実証主義しか見いだされないとする評価[63]は説得的ではない。ラーバントの法律実証主義においては，ゲルバーの学問上の実証主義が広範にわたって受容されている。

Aufl. 1850, S. XIX.

61) *C. F. Gerber*, Ueber öffentliche Rechte (1852), Ndr. 1913, S. 29.

62) *C. F. Gerber*, Grundzüge eines Systems des deitschen Staatsrechts, 1. Aufl. 1865, S. 3.

63) *M. Friedrich*, Paul Laband und die Staatsrechtswissenschaft seiner Zeit, AöR Bd. 111 (1986), S. 206. これに対して *R. v. Stintzing/E. Landsberg*, Geschichte der deutschen Rechtswissenschaft, Abd. 3, Halbbd. 2, Text, 1910, S. 883 で用いられた「樫の木」と「どんぐり」，そして「精神的遺言執行者」という比喩は適切である。その点に同意する形での書評として，*O. v. Gierke*, Literatur, ZRG (GA) XXXII (1911), S. 359.

ラーバントにとっても，法を表現するコードは確定しているために，存在するのは完結した法形象群であって，これは組み合わせて形式論理的な操作をすることによってのみ拡張することができる。「ドイツ憲法ならびにあらゆる具体的な法形成に特有なのはただ，さまざまな一般的な法概念の具体的な使用と結合のみである。これに対して，より高次の一般的な法概念の下にそもそも位置づけることのできないような新たな法制度の創設は，新たな論理的カテゴリーの発見や新たな自然力の発生と全く同じく不可能である」[64]。立法者は，実定法を創出する際，法的可能性を利用することに関する内容上の要求を立てることができ，また法制度を創出しあるいは避けることができるが，法のコード化と基本形象を変更することはできない。私法における法のコードは国法と同一のものであるがゆえに，ゲルバーとラーバントにとって法形象をこれらの法領域間で転用することにも何ら問題はない。ラーバントはそれゆえに，私法においてとくに広く展開された一般的な法の諸概念を，「ただし特殊私法的なメルクマールからそれらを純化」した後で，公法においても使用しようとする。そしてこのようにして彼は誤った「国法の『民事的』扱い」[65]を避けられると考える。

---

[64] P. Laband, Das Staatsrecht des Deutschen Reiches, Bd. 1, 5. Aufl. 1911, Aus dem Vorwort zur ersten Auflage, 1876, S. VI. 同様のことはすでに初期のR. v. イェーリングに見られる。R. v. Jhering, Unsere Aufgabe, Jahrbücher für die Dogmatik des heutigen römischen und deutschen Privatrechts, 1857, S. 16:「類概念が把握され，適切に形成されるとすれば，これによって単に現在すでに存在するすべての種についてのみならず，一切の将来に現れる種についてもすでに準備のある法的素材が獲得される。……というのも，いかに異常で逸脱した形態においても取引は行われうるのであるから，我々に何か絶対的に新しいものをもたらしうるとの不安が，……今日の動物学の学問体系においては絶対的に収容場所が見いだされないような動物が今日なお発見できると信じようとする場合と同じく，根拠がない。数千年来行われている法律学が，法世界の基本形態ないし基本類型を発見してきた」。ラーバントは，アルブレヒトやゲルバーと同様にイェーリングと友好的なコンタクトをとっており，以上の引用部を読んでいたであろう。

[65] P. Laband, (aaO Fn. 64), S. VII.

ゲルバーとラーバントとでは，国法学の基礎については一致が見られたが，そこからあらゆるドグマーティク上の問題において両者が一致すると帰結されてはならない[66]。共通の前提を土台にして，ラーバントはゲルバーよりも個々の法形象に対してよりはっきりとした輪郭を与えることが多かった。一部は，単に両者の違いが，たとえば連邦国家の構成や法律概念において確認される。さらに両者の違いは，ラーバントがゲルバーとは異なり，自らのドグマーティクを具体的な憲法，まずは1871年の帝国憲法との関連で展開してきたのであり，その際，憲法テクストによって触発され要求された，ということにもとづきうる。すでに述べた予算争議では，法律概念の理論の発見プロセスも，たしかにプロイセン憲法典62条及び99条の具体的な解釈問題に影響を受けていた。99条が法律による予算の確定を定めているにもかかわらず，予算法律を立法に関する規範である62条の適用領域からはずすために，ラーバントは2つの法律概念を設けざるを得なかった。ところが，2つの法律概念は憲法からの解釈によって得られたものではなかった。この区別はカテゴリカルなものであった。というのも，一方は国家意思の内容に着目し，他方はその実現に着目したものだからである。ラーバントの議論戦略は，事物論理的に区別される基本形象として説得的なこれら2つの概念に，先にあげた憲法規範を割り振ることにもとづいている[67]。このようにして彼の論証に強烈な説得力が生じるのであり，これに対しては，まずは法的には何も異論が述べられないものである。

理論構造の多層性は，ゲルバーとラーバントの間の個々の違いを説明するも

---

[66] 筆者が目下のところ行っている，1871年1月に始まり1887年11月を最後とするラーバントのゲルバーへの9通の書簡の評価と公表により，いっそう明確にされることになる。その際，これまで知られていないラーバントによるゲルバーの『綱要』の書評（1866），注目されていないゲルバーによるラーバントの『予算論集』の書評（1871）ならびにこれまで未発見のゲルバーによるラーバントの『国法』の各巻の書評（1876-1883？）が『Literarischen Centralblatt』に組み込まれる。

[67] それゆえラーバントは，この2つの法律概念を帝国立法の説明の冒頭に導入している（Das Staatsrecht des Deutschen Reiches, Bd. 2, 5. Aufl. 1911, S. 1）。それが読者をただちにその説得力のとりこにする。

のであるが，ラーバント批判にも多大な効果がある。首尾一貫性に欠き，また誤りがあると証明すること[68]によっても，ラーバント国法学が拠って立つ基礎はなお破壊されない。ラーバントがたとえば——今日の観点からすれば不当なものであるが——行政の内部領域を，国家人格の統一性の思想を強度に優越的に捉えることにより，ほぼ完全に法が入り込まない領域として形成したとき[69]，それはドグマティッシュな構成の1つであって，この構成は基本前提の〔論理的〕帰結ではなく，その理論構造に限定的に手を入れることで修正可能なものである。しかしながら，上述のような複雑性は，ラーバント国法の政治的機能の判断にとっても重要である。個別の問題における保守的指摘や一連の保守的指摘すら[70]，ゲルバーとラーバントが国法を基礎づけたような方法で作られた国法が，自動的に保守的なものになるということを意味するものではない。これに対して，まったく別の問題として，理論上の基礎づけ，とりわけ意思理論上の基礎——これは「支配」などの概念をもたらし，さまざまな形式によって作用する——はどれだけ，国法に権威主義的構造を植えつけるのか，そして国法学のこのような基礎づけに対する学問上の他の選択肢は存在するのかどうか，という問題があるが，この問題には本稿では答えられない。

---

[68] 〔ラーバント理論の〕編成の試論として，O. Fröhling, Labands Staatsbegriff, Diss. iur. Marburg, 1967, S. 10 ff.

[69] P. Laband, Das Staatsrecht des Deutschen Reiches, Bd. 1, 5. Aufl. 1911, S. 366 f. u. Bd. 2, 5. Aufl. 1911, S. 181.

[70] いずれにせよ，P. v. オェルツェンの観察は適切なものである（Die soziale Funktion des staatsrechtlichen Positivismus, 1974, S. 322）。それによれば，ラーバントの国法学はその形式に基づき，保守的内容と同じく自由主義的内容も保守している。ゲルバーの国法もしくはラーバント国法の政治的機能を奇妙な形で基礎づけるのが，W. Wilhelm, Zur juristischen Methodenlehre im 19. Jahrhundert, 1958, S. 145：「したがって，国法上の制度を非政治的に考察するとの決定はそれ自体，政治的決定を意味していた」。したがってヴィルヘルムの出発点は，ラーバントが自身の方法によって，国法における現行の法状態を正しいと表現することに成功したというものである。それによれば，法学的方法は国法の対象領域において主張される他の一切の方法とまったく同じく政治的であった。なぜなら，現行の国法への言明はすべて政治的コンテクストの中で行われ，政治的効果を有するからである。

ラーバントにあっては法発見のプロセスも，一般に考えられているよりも複雑な形をとる。概念法学は無反省に概念からの推論の可能性に依拠していると繰り返し非難されているが[71]，このような非難は，ラーバントが信じられないほどナイーブであると仮定している。批判へのさりげないコメントは，概念論，定義論の基礎への彼の洞察を証明するものであるが，はたして記憶されず，そしてあたかも彼が自ら書き記していたことを知らないかのように扱われた。「けだし，概念から展開されるのは，あらかじめ〔当の概念の〕中に含まれていたものだけである」[72]。加えて，ラーバントの方法プログラムが実際に空虚な概念の詮索を目指すものであったとすれば，プログラムとその実施の間には際立った差異が存在したであろう。すでに予算論において診断された歴史的，発生的，目的論的考慮を，ラーバントはドクマーティクのいずれの領域においても放棄しておらず，連邦国法でも，またたとえば軍人職務法においても放棄しなかった[73]。最後に，ラーバントがルドルフ・スメントの博士論文の書

---

71) 参照，*W. Wilhelm*, (aaO Fn. 70), S. 12 f. m.w. Nachw.; これに対し，*M. Herberger*, Logik und Dogmatik bei Paul Laband, in: E. V. Heyen（Hrsg.）, Wissenschaft und Recht der Verwaltung seit dem Ancien Régime, 1984, S. 91 ff. は適切である；参照，また，*W. Henke*, Recht und Staat, 1988, S. 594 ff.

72) *P. Laband*, Das Staatsrechts des Deutschen Reiches, Bd. 2, 5. Aufl. 1911, S. 279, Fn. 5. 参照，さらに，「文言」と「概念」の区別について述べている（ebd., S. 283, Fn. 2）。また，*ders.*, Das deutsche Kaiserthum, 1896, S. 6：「それゆえ，あらゆる適用事例に適合する帝国概念を立てるというのは無益で無駄な努力である。というのも，一切の個々の現象形態は同時に特別な種を形成しており，共通して妥当する帝国の定義を定式化すること自体には成功したとしても，それは無色，包括的でかつ無内容なものであって，その定義と特定の観念が結び付けられるようなものではないであろう。呼称以外に共通性のないものは，相互に比較されえない。それは，現在のドイツ帝国の先史をわれわれの眼で回顧的に通覧させる…のに有益…でありうるかもしれない」。

73) 参照，*P. Laband*, Das Staatsrecht des Deutschen Reiches, Bd. 1, 5. Aufl. 1911, S. 4 ff., ここでは直接に歴史的概略を用いている。あるいは ebd., Bd. 4, 5. Aufl. 1914, S. 191 ff. は過去にさかのぼり，実りの多いものとなっている。その連邦国法については，参照，*W. Pauly*, Anfechtbarkeit und Verbindlichkeit von Weisungen in der Bundesauftragsverwaltung, 1989, S. 140 ff., そして彼の軍人職務法については，参照，*P. Dieners*, Das Duel und die Sonderrolle des Militärs, 1992, S. 231 ff.

評において，きわめてはっきりとつぎのように述べた。「憲法……の正しい判断が要求すること……それは，一切を，その全体性において，その個々の命令の相互作用において，そしてその歴史的根拠を顧慮して捉えることである」[74]。ラーバントのような首尾一貫した思想家の場合，このような要請は，たしかに目に触れない場所で立てられていたとしても，自身の方法プログラムの中に位置づけられないということは考えがたい。

　実際，『国法』第2版の序言で提示したラーバントの有名な方法プログラムは，従来のラーバント像の描写において紹介されているよりもはるかに精緻である。ラーバントが思考を言語において行われる過程として捉えていたことからしても，たしかに彼にとっては概念にもとづく法律学が問題であった。にもかかわらず，ラーバントにとって，概念は確定した本質ではなく作用素であって，学問的観点にもとづき作業プロセスの中で修正され，特徴づけられ，規定され，必要があれば変更されるものであった。このような意味で，ラーバントにとって「ドグマーティクの学問的課題は……法制度の構成，個々の法規のより一般的な概念への還元，そして他方ではこれらの概念から生じる帰結の導出に」存するのである[75]。このような法的作業の段階では，彼にとっては「論理以外の手段」[76] は存在しない。この場所では，歴史的，哲学的，政治的あるいは目的論的考察は彼にとっては無価値なものであった。しかしこのことは，ラーバントにとってドグマーティクではこれらのファクターが法獲得のプロセスへと受け入れられるような場が存在しないことを意味するものではない。と

---

74) *P. Laband*, Rud. Smend, Die Preußische Verfassungsurkunde im Vergleich mit der Belgischen, Göttingen 1904, AöR Bd. 19 (1905), S. 426. ラーバントは幾度も，歴史的展開による法の創出，したがって「憲法状態と憲法典の間の対立」，それゆえ憲法慣習法を認めてきた；参照, *ders.*, Die Wandelungen der deutschen Reichsverfassung, Jahrbuch der Gehe-Stiftung zu Dresden 1895, Bd. 1, S. 150 f. u. *ders.*, Die geschichtliche Entwicklung der Reichsverfassung seit der Reichsgründung, JöR Bd. 1 (1907), S. 1 f.

75) *P. Laband*, Das Staatsrecht des Deutschen Reiches, Bd. 1, 5. Aufl. 1911, Vorrede zur 2. Aufl. 1887, S. IX.

76) *P. Laband*, (aaO Fn. 75).

いうのも，ラーバントにあっては，ドグマーティクは2つの任務を有していたからである。「実定法の素材を綿密かつ完全に確定すること，そしてそれを概念によって論理的に統御すること」がそれである[77]。

たとえば法史学は，ラーバントにとってまずは固有の学問領域であるが，加えてその認識は，実定法の素材の理解と解釈に寄与することによって，ドグマーティクに役立ちうる。しかしこのことは，歴史と歴史的考察が法学的作業方法を支配するということではなく，歴史と歴史的考察は，これらのものにさかのぼるがこれらの考慮には尽きないようなプロセスにおける入力データにとどまる。まったく同様に，法的素材の把握のために結果の考慮は不可欠であるが，法的素材は概念化され，その際，「法制度が奉仕する目的は……その概念の彼岸」[78]にある。こうしてラーバントは，すでに見たように，プロイセン憲法62条の意味と目的の問題をたて，そしてとりわけ目的の考察に導かれて，この規範においては実質的法律概念を定めたものと見ると決定した。ところがしかし，実質的法律概念それ自体には62条の意味と目的が含まれているわけではなく，この法律概念はゲルバー／ラーバント学派にとって基本的な法のコード化，形式的構造とカテゴリーに基づいている。「法学的形式は法の形態であり，法律学において重要なのはこの法の形態なのであって，その実質的目的ではない」[79]。

そして後にハンス・ケルゼン (*Hans Kelsen*)[80] が行ったように，ラーバントは——人目に触れない場所で——「社会学的方法と法学的方法の対置」を学問理論上評価した[81]。「現実の再生産にその本質が存するような『真理』が存在

---

77) *P. Laband*, (aaO Fn. 75).

78) *P. Laband*, (aaO Fn. 75), S. 67.

79) *P. Laband*, Otto Mayer, Theorie des französischen Verwaltungsrechts, 1886, AöR Bd. 2 (1887), S. 161; また参照，ebd., S. 151:「法学的要素を国家活動の全体像から引き離し分離すること，法制度と法概念を行政が示す多数の関係から際立たせること，無限で多様な生活の諸現象をその法的内容が現れる典型的な形式に還元すること，これこそが，行政法学の任務である」。

80) *H. Kelsen*, Über Grenzen zwischen juristischer und soziologischer Methode, 1911.

81) *P. Laband*, Alfredo Bartolomei, Diritto pubblico e teoria della conoscenza. 1903,

する，そして精神は現実が忠実に再現される世界の鏡であるというのは古い幻想」[82]であるとのラーバントの訴えには，驚嘆するほど現代的な響きがある。ラーバントは法を「形式」と呼び，「複雑かつ多様な社会の諸関係の外被」と呼ぶ。これは「物理学との関係における数学」と同じく，可変的な内容に対して不変のものである[83]。これと並んで，彼には他の現実把握の形式が存在する。「事態の学問的認識は常に，事態の個々の特性ないし関係に関して，学問的概念が形成されるような区別や抽象によってのみ可能である。あらゆる学問の進歩は分業化，分離と抽象の進展に基づく」[84]。そして続く部分は，現代概念論からのものと同じように読むことができる。「あらゆる概念は常に抽象と分離の産物である；それはただ，特定の観点から，そして特定の学問が追求する目的に応じてのみ獲得することができる……抽象なき学問は幼稚なナイーブさをもった夢であり，概念法学に対する社会学者の反感は，概念それ自体に対する宣戦布告である」[85]。このような文章と洞察によって，数十年来描かれてきたラーバント像は崩壊する。

AöR Bd. 19 (1905), S. 615.

82) *P. Laband*, (aaO Fn. 81), S. 616.

83) *P. Laband*, (aaO Fn. 81).

84) *P. Laband*, (aaO Fn. 81). また参照，*P. Laband*, Brief an J. C. Bluntschli v. 12. Februar 1876, 引用は，*E. V. Heyen*, Positive Staatsrechtslehre und politische Philosophie, Quaderni Fiorentini 8 (1979), S. 277 による：「……私の信ずるところでは，われわれの見解の間には貴殿が考えているように思えるほどに大きな違いは存在しておりません。また私が確信するところでは，国家の形式的法学的見解は一面的かつ不十分なものであって，私もまた，議員が郡裁判官の立場以外のものを見いだすことができないとすれば，誤っていると考えます。しかし，私は，国法と政治の混同は双方の学問に益するところがないこと，そして政治的考慮を国法と称し，法学的命題を政治と称するとすれば，国家制度の本質の認識が促進されないことを確信しております。したがって，私は，自らをただ法学的分析と構成のみに限定することが命じられていると思っております。それによってドイツ帝国の一側面しか照らし出すことができないことも存じております……」。

85) *P. Laband*, Alfredo Bartolomei, Diritto pubblico e teoria della conoscenza. 1903, AöR Bd. 19 (1905), S. 617.

パウル・ラーバントの著作（抜粋）

Das Magdeburg-Breslauer systematische Schöffenrecht aus der Mitte des 14. Jahrhunderts, 1863.

Die vermögensrechtlichen Klagen nach den sächsischen Rechtsquellen des Mittelalters, 1869.

Das Budgetrecht nach den Bestimmungen der Preussischen Verfassungs-Urkunde unter Berücksichtigung der Verfassung des Norddeutschen Bundes, 1871.

Das Staatsrecht des Deutschen Reiches, 4 Bde, 5. Aufl., 1911/14.

Deutsches Reichsstaatsrecht, 7. Aufl. 1919, bearb. v. Otto Mayer.

Abhandlungen, Beiträge, Reden und Rezensionen, 4 Bde, 1980.

パウル・ラーバントに関する文献

Anschütz, G. Paul Laband, Jurist. Literaturbl. v. 15. 4. 1908, S. 73.

ders., Paul Laband, DJZ 1918, Sp. 265.

Bärsch, C.-E., Der Gerber-Laband'sche Positivismus, in: M. J. Sattler (Hrsg.), Staat und Recht, 1972, S. 43.

Friedrich, M., Paul Laband und die Staatsrechtswissenschaft seiner Zeit, AöR Bd. 111 (1986), S. 197.

ders., Laband, Paul, NDB, Bd. 13, 1982, S. 362.

Fröhling, O., Labands Staatsbegriff. Diss. iur. Marburg 1967.

Herberger, M., Logik und Dogmatik bei Paul Laband, in: E. V. Heyen (Hrsg.), Wissenschaft und Recht der Verwaltung seit dem Ancien Régime, 1984, S. 91.

ders., Laband, Paul, HRG, Bd. 2, 1978, Sp. 1328.

Hof, H., Paul Laband, in: G. Kleinheyer/J. Schröder (Hrsg.), Deutsche Juristen aus fünf Jahrhunderten, 2. Aufl. 1983, S. 155.

Liebmann, O., Paul Laband, DJZ 1908, Sp. 497.

Oertzen, P. v., Die soziale Funktion des staatsrechtlichen Positivismus, 1974.

Schlink, B., Laband als Politiker, Der Staat, Bd. 31 (1992), S. 553.

Sinzheimer, H., Jüdische Klassiker der deutschen Rechtswissenschaft, 1953.

Stolleis, M., Geschichte des öffentlichen Rechts im Deutschland, Bd. 2, 1992.

Wilhelm, W., Zur juristischen Methodenlehre im 19. Jahrhundert, 1958.

ビクトル・ハイマン*

ブラウンシュヴァイク公国の弁護士そして地方政治家**

ディーター・ミオスゲ***
訳　森　　勇

I．プロローグ

　ブラウンシュヴァイク上級地方裁判所所長の自宅には，1955年から1968年まで，アドルフ・フォン・メンツェル（Adolf von Menzel）とマックス・ズレーヴォークト（Max Slevogt）に師事した画家が描いた非常に芸術性の高い2つの絵画がかけられていた。右の絵は，グランドピアノに向かい，楽譜を注視して背筋をぴんと伸ばし，そして，確かにピアノを弾くことはできるが，気の向いたときしか弾かない人の風情でその指をピアノの扉においた，小柄のたくましい男性が描かれている。彼の横顔は，少し斜めから描かれており，短くカットされた豊かな頭髪が，よく手入れされた髭と顎鬚へとダイナミックに連なっている。その姿は，同時に，内にある物静かさと精神的な活力を伝えている〔訳注：原書には2つの絵が掲載されていたが，事情により収論できなかった〕。1920年に娘のベルタ（Bertha）が彼を描いたとき，彼，上級地方裁判所に認

---

　　* VICTOR HEYMANN（1842年-1926年）
　 ** Anwalt und Kommunalpolitiker im Herzogtum Braunschweig
　*** Dieter Miosge : Vorsitzender Richter am Oberlandesgericht Naumburg
　　　（ナウムブルク上級地方裁判所裁判長）

可された弁護士ビクトル・ハイマンは78歳であった。それは，彼が，その職業経歴50年を機に，上級司法栄誉賞の称号を得てから3年の後であり，いまだ弁護士として活躍してはいたが，兼職していたブラウンシュヴァイク市の仕事を辞めてから1年後であった。彼はそれまで44年間にわたり市役所のメンバーとして，地方政策業務にたずさわっていたのである。

左の絵は，その夫の方を向いた，ハイマンの2番目の妻，アデーレ（*Adele*）（旧姓ヨナス（*Jonas*））を描いている。60代半ばの美しいユダヤ婦人であり，何か手仕事をしている。

ユダヤ人ではなかったハイマンの1番目の妻，パウリーネ（*Pauline*）は，1874年，長男ルドルフ（*Rudolf*）を産んだ翌日に亡くなった。キリスト教の洗礼を受けた息子は，父を継いで法律職についたが，ブラウンシュヴァイク公国の公務員となった。ルドルフは2回とも最高の評価である「秀（Sehr gut）」というすばらしい成績で国家試験に合格したのち，ドイツ帝国時代は地方裁判所判事，そしてワイマール共和国にあっては，上級地方裁判所裁判官となった。彼は，専門的にも人間的にも高い評価を得ていたにもかかわらず，ブラウンシュヴァイクの地方裁判所所長にはなれなかった。第一次世界大戦の4年間，彼は，高位の勲章を得た中隊長及び大隊長として前線に立ち，1918年，ベルギー・フランドル地方のイーペン（*Ypern*）において，砲撃でその左腕を失った。帝国銀行総裁ハジャルマール・シャハト（*Hjalmar Schacht*）の鶴の一声で，彼は，兼職していたブラウンシュヴァイクの帝国銀行法律担当官（Justitiar）の職には止まることができたものの，それ以外では，ナチスから過酷な差別扱いを受けて，非常に苦しんだ。1933年，彼の娘イルゼ（*Ilse*）が，以前長い間検事総長をつとめた人物の息子で試用判事であったフリードリッヒ-ヴィルヘルム・ホラント（*Friedrich-Wilhelm Holland*）と婚約した際，ホラントは，婚約を破棄するか公務員を辞めるかの選択を迫られたのである。ホラントは，イルゼ・ハイマンと結婚することをためらわず，弁護士になったのであった[1]。

---

1) 第二次世界大戦後，*Holland* は，法治国家にかなった司法の再興にかかわった。彼は，すぐに地方裁判所（Landsgericht）の所長となり，1955年からは，ブラウン

戦争中，ハイマンの家族をおそいかかる苦難は増していった。ルドルフ・ハイマンの継母，2つの絵の左に描かれた美しいユダヤ婦人は，90歳になりほとんど目が見えなくなっていたが，ユダヤ人の抹殺が続く中，1943年3月，トラックに詰め込まれ，同年，現在はチェコ北部にあるテレージエンシュタット（Theresienstadt）の強制収容所で亡くなった。腹違いの妹ベルタは，2つの絵を描いた画家であったが，すでにその1年前に強制収容所で殺されていた。戦争が終わった後，ルドルフ・ハイマンは，ブラウンシュヴァイクにおける一般的非ナチ化委員会の委員長をつとめた。1947年5月，彼は肺疾患で亡くなった。

レッシンク（Lessing）の友人であるモーゼス・メンデルスゾーン（Moses Mendelssohn）が指導した，ドイツにおけるユダヤ人の解放と統合が，こうした人為的な悲劇に終わってしまう運命にあったことを，ビクトル・ハイマンはもちろん知らなかったし，予想だにしなかった。彼が亡くなる1年前の1925年，彼は，生涯にわたり所属していたブラウンシュヴァイクのユダヤ教区報告書[2]につぎのように書いている。「この地に暮らすユダヤ人とそのほかの自由民との関係は，常に，まったくもって友好的であり，反ユダヤ主義が高まった時期においてさえ，それが著しく害されることはなかった。キリスト教徒とユダヤ教徒との間のこのよろしきを得た関係が，将来においても，なにものにも損なわれることなく続いていってほしい！」と。

II．ブラウンシュヴァイクでのはじまり

まずはおぞましい時代を先にみた後は，ブラウンシュヴァイクにおけるハイマンの由来に筆を戻そう。

彼の祖父は，同じくビクトル・ハイマンといったが，この祖父自身が記した

シュヴァイク上級地方裁判所（Oberlandesgericht）の長官をつとめ，1960年からは，同時にニーダーザクセン州の憲法裁判所（Staatsgerichtshof）の長官をつとめた。

2) Brunsvicensia Judaica, Gedenkbuch für jüdischen Mitbürger der Stadt Braunschweig, Braunschweig 1966, S. 43 ff. 所収。

ところでは，3番目の妻がボン（Bonn）で亡くなった後に6カ月を費やして作成したとされている1828年10月23日付けのその遺言書が保存されている。それによると，祖父は4回も結婚し，早逝したものも含め，総計22人の子供を残した。彼は，ブラウンシュヴァイクがウェストファーレン王国（königreich Westfalen）に帰属し，行政区オカー県（Department Oker）の県庁所在地であった1807年から1813年までのフランス占領時代，ボン，ブラウンシュヴァイク，ボルフェンビュッテル（Wolfenbüttel），ハノーファー（Hannover）及びエアフルト（Erfurt）において，フランス軍，とくに全第2師団の御用達として財をなした。彼の2番目の妻サラ・アブラハム（*Sara Abraham*）は，彼がブラウンシュヴァイクに滞在している間，ボンでの仕事を続けていたが，彼女が亡くなったのち，祖父は家族を連れてブラウンシュヴァイクに転居しなくてはならなかったし，ナポレオンの没落後，その財産すべてを失い，香辛料の商いをやってみることとなった。しばらくすると，祖父の顧客であったフランス軍は，ライン沿いの兵舎及び野戦病院への物資調達のために，ふたたび彼を呼び戻した。その地で彼はまた，ボン大学大学病院の内装品の調達をしたが，調度の賃貸では利益を得られなかった。彼の長男ダニエル（*Daniel* : 1800年-1885年）は，家族がボンに移り，ブラウンシュヴァイクのボールヴェーグ（Bohlweg）通り（後にいわゆる「旧省庁舎通り（Altes Ministerium）」と呼ばれた）にあったブラウンシュヴァイクの家を泣く泣く売却した後もその地に止まり，銀行学を学んだ。彼は，1863年まで，かつての父親の家で，イツィク・ユーデル（*Itzig Jüdel*）とともに，ハイマン・ユェーデル銀行（Bankhaus Heymann und Jüdel）を営んでいた。ビクトル・ハイマンは1842年4月27日このダニエルの1人っ子として誕生した。

Ⅲ．その人生の歩み

ビクトル・ハイマンの生涯は一直線であり，手短に語られている。孫のために1924年5月に書き上げたその回顧録（タイプ印字84頁）の冒頭において，

「私の一生は，全体的にみれば，穏やかな軌道のなかで展開した。」と書き記している。ボルフェンブュッテル所在の国立公文書館に保存されている彼に関する法曹人事記録（Juristische Personalkarte:Herzogliche geheime Kanzelei E II b; 12 Neu Fb 6 Nr. 422）によれば，彼の法律家としての経歴は以下のとおりである。

第1次国家試験（IIa）	1862年12月
司法研修生（Auditor）	1862年12月10日
第2次国家試験（IIa）	1866年11月29日
代言人（Advokat）	1867年9月9日
事務弁護士（Advokat-Anwalt）	1870年10月8日
上級地方裁判所弁護士	1876年12月6日
司法栄誉賞（Justizrat）	1892年5月8日
公証人	1907年10月26日
上級司法栄誉賞	1917年3月9日
弁護士活動終了	1923年12月

学校時代の最良の友人で，後にプロテスタントの牧師となり，すばらしい説教師であったヴィルヘルム・デゲリンク（Wilhelm Degering）とともに，弱冠17歳で大学進学資格試験（Abitur）に合格する。このデゲリンクが，息子のルドルフに洗礼を受けさせるよう助言し，ハイマンはこれに従ったのであった。同じ年の1859年，彼は法学を学修するために，ベルリン大学に入学した。彼は，演劇を楽しんだことを自慢しており，その記憶によれば，毎冬44回は劇場，とりわけ王室オペラハウス，演劇場そしてクロール・オペラ劇場を訪れていたとのことであった。好んでみたのは，シェークスピアの演目であった。彼は，裕福な親戚の家で，多くの名優と個人的に知り合いになった。ベルリンでの後，彼は，ハイデルベルクで3セメスターを過ごした。その後再びベルリンに戻る。1861年10月25日，フリードリッヒ・カール・フォン・ザヴィニー

(Friedrich Carl von Savigny) がベルリンで死去する。そのとき，ハイマンの身に，その知人達の印象に大きく残る事件が起きる。ハイマンがその回顧録35頁以下に記したその話を聞いてみよう。

「著名な法学者にしてプロイセン王冠の管理者であるザヴィニーが逝去した。そこで，わけても，ザヴィニーが感動したイギリス憲法に関するその綿密な見識をもってしてこの大学の誇りの一翼を担うグナイスト (Gneist) 教授は，法学部学生を集めてつぎのようなかたちで埋葬に加わることを提案した。それは，12人の学生が王冠の象徴であるシュロの葉を掲げて葬列に加わることである。この提案は受け入れられ，志願者が名乗りを上げたが，私も真っ先に手をあげ，その1人に選ばれた。ヴィルヘルム通りにある逝去の家，すなわち王冠管理局では，まずはじめに，ザヴィニーが亡くなった部屋での礼拝が行われた。そこには，官職にある聖職者のほかは，国王ヴィルヘルム1世 (Wilhelm I) と彼の副官及び我々12人の学生のみが立ち会った。亡くなった方のご家族は，部屋が小さかったため，誰もそこにはいなかった。後に老齢になってからドイツ皇帝となる国王は，現在のカリニングラード，ケーニヒスベルクにおいて戴冠式を終えたばかりであり，本来なら，それを祝って，ベルリンに祝賀の入城を行う予定となっていた。そして，この入城に際しては，我々学生には，最も見学に適した場所，つまり，（いわゆる「旧」）王宮の交差点の一角が与えられていたのであった。家での祈祷が終わった後，葬列が動き出し，棺を乗せた馬車の両側には，シュロの葉をたずさえた学生各6人が付き添った。私は左側の列の先頭にいた。葬列が進む中，ヴィルヘルム通りにはゴミを積んだ荷馬車があり，その荷馬は私のシュロの葉に食欲を感じ，おいしく食べようとそれにぱくりと食らいついた。私はシュロの葉をこの馬に食べさせまいとし，ついにはシュロが途中で折れ荷馬が半分で満足しなくてはならなくなるまで，両者の間で引っ張り合いとなった。馬との戦いの間，私は立ち止まっていなくてはならなかったので，私に続く人たちも，前に進めな

くなった。そして，棺を乗せた馬車とそれに付き添う学生達は，先に進んだので，葬列全体が混乱することとなり，落ち着くのに時間がかかった。この事件は，デゲリンクとその他の知人が，壮大な埋葬行事を参観すべく立っていた，まさにその場所で起きたのであった。」

1862年の聖ミカエルの日，つまり9月19日に，ハイマンは学業を終え，同年12月11日，ボルフェンブュッテルで，上から2番目である「優（gut）」の成績で第1回国家試験に合格する。そのためには，年齢制限の特別免除を受ける必要があった。というのは，彼はこのとき，まだ21歳にしかなっていなかったからである。

その後，ブラウンシュヴァイク公国において，3年間の司法研修生（Auditor）時代にはいる。ブラウンシュヴァイクでは，司法修習生（Referendar）という呼び方が用いられたのは，1879年4月1日からのことであり，それまでは，司法研修生と呼ばれていたのである。

彼の教育担当者の部局における仕事をすべてこなした6ヶ月間の検察研修，そして，1年間の地域局（Kreisdirektion）研修のいずれも，彼はボルフェンブュッテルで行った。この時期においても，彼はブラウンシュヴァイクの父親の家に住んでいた。ハイマンが不満を述べていたのは，鉄道は時間がかかることだけであった。外での会合から戻った後，しばしば，ボルフェンブュッテルの駅で，つぎのブラウンシュヴァイク行きの列車を何時間も待たなくてはならなかった（回顧録41頁）。自動車を使えば，ボルフェンブュッテルに住んでいる多くのブラウンシュヴァイクの裁判官や弁護士にとっては，今日では15分の距離である。

独善的であったが，誠実かつ高潔な性格の持ち主であった当時のボルフェンブュッテル地域の長官クレーヴェ（Cleve）に対し，ハイマンは，時として対立的な意見を主張したが，それは，クレーヴェをして彼の価値を知らしめ，そして彼を行政職につかせようとしたくなるまでに，じつに説得的であった。「私がクレーヴェの提案に従わず，かえって弁護士としてのキャリアを歩むこ

とに固執したことを後悔する必要は一切ない。ユダヤ人としては, 邦国の官僚となっても, おそらく何も特別の喜びを手に入れることはなかったであろう。上位の地位への昇進は, おそらくはなかったであろう。」彼はその回顧録でこう述べている。ユダヤ人というのは, 人種概念が政治化する以前の時代, 洗礼を受けていないユダヤ教徒を意味しており, ブラウンシュヴァイクにおいても, 通常彼らは国家公務員にはなれなかったのである[3]。

　ブラウンシュヴァイク公国において最も有名なかの司法研修生は, ハイマンと同時期の研修生ではなかった。というのは, かの者は3歳若く, そのため, 1867年になるまで司法修習をはじめられなかったし, しかも, 早くも2年後には, 美術史に転向すべく, 休職してしまったからである。その人物とは, 美術に非常に造詣が深く, そしてベルリン美術館 (Berliner Museen) の総監督をつとめ, 後に貴族に叙せられるヴィルヘルム・ボーデ (*Wilhelm Bode*: 1845年-1929年) のことである。ベルリン美術館は, 1900年の前後各10年間, 世界中の重要な美術館と競いあって, 全ヨーロッパにおいて絵画を買い集めた。これらの絵は, その後, ベルリンのカイザー・フリードリッヒ美術館で, そして現在ではベルリンのダーレム (Dahlem) にあるベルリン国立美術館でみることができる。しかし, ハイマンが職業上関係を持ったのは, その父親で同名のヴィルヘルム・ボーデ (1812年-1883年) である。ゲッティンゲン大学の学生時代, ビスマルクと決闘におよんだこの人物は, ブラウンシュヴァイクにおいて, 商事裁判所の裁判所長かつ上級地方裁判所判事をつとめ, また後には, 邦国議会議員及び帝国議会議員となった。その父は, 優秀なブラウンシュヴァイクの市局長, これまた同名のウィルヘルム・ボーデ (1779年-1854年) である。彼は断固大公カール2世 (*Karl* II) に敵対し, 1830年に大公が追放された後, 彼は, 都市の自治をかなりな範囲拡大した。裁判官の方のウィルヘルム・ボーデは, ——モーゼス・メンデルスゾーンとフェリックス・メンデルスゾーン-バルトルディー (*Felix Mendelssohn -Bartholdy*) との関係でみた銀行

---

[3] *Miosge*, Die Verdienste, Die Diskriminierung und die verfolgung jüdischer Juristen in Braunschweig, Deutsche Richterzeitung 1989, 49 ff.

家，アブラハム・メンデルスゾーン-バルトルディー (*Abraham Mendelssohn-Bartholdy*) と同様に——私は有名な父の息子であり，そして有名な息子の父であると自らいってさしつかえなかった。彼は，過激なジョークとともに，「すさまじくぶしつけな言葉遣いをためらいなく使うことが許される」までに，あらゆる人々から好まれていた。彼は，ハイマンを非常に気に入って，ハイマンを，会社契約の起案といった大きな仕事に向いた弁護士だと推薦していた。1879 年，ライヒの法律によって司法制度が衣替えをした後，彼は，あらたな上級地方裁判所の判事として，和解提案を考え，そして公開の期日において，ハイマンを含む関係した弁護士に，つぎのように述べてこれを伝えたのであった。「さあ，こっちに来い。おまえら豚どもめ。俺が書き取って来たところを聞け，そして，それが，大きすぎる羊の糞かどうかいってみろ。」と。時の上級地方裁判所長官シュミット (*Schmid*) は，学生同盟の構成員として，1835 年にアイゼナッハ (Eisenach) において，反逆罪を理由に禁固を言渡された人物であるが，にもかかわらず，こうした裁判官の尊厳に反する行いは，彼をも驚愕させたのであった（回顧録 46 頁）。

　1875 年，ハイマンはブラウンシュヴァイク市議会の議員に選ばれた。その市議会は，納税額に応じ 3 つの階層から，任期 6 年で選任される議員 27 名をもって構成されていた。彼の選出については何ら法的な障害はなかった。かつては，ユダヤ人が政治的活動をするにはキリスト教を信仰しなくてはならなかったが，1834 年 6 月 4 日のブラウンシュヴァイク公国の一般都市規則では，かかる制約は削除された。ハイマンは，後に息子のルドルフもまたそうであったが，「民族自由主義連合（Nationalliberal Verein）」，その設立後は，「ドイツ国民党（Deutsche Volkspartei）」に属することになった。彼の最初の頃の活動分野は，財務委員会と規程委員会であった。議員となった最初の年，1 度彼はその軽率さを釈明しなくてはならなかった。彼は，1876 年 9 月 3 日に開かれた会議で，道路が野菜市場まで通じた後に行われた，近隣及び交通障害をもたらすレーマン・オッペンハイマー (Lehman Oppenheimer) 社の建設工事を，「これに関してレーマン・オッペンハイマー社は，何の説明も議会にはしてい

ない」と糾弾した。このとき,彼は,自分がレーマン社の相手方を弁護士として代理しており,疑問は残るが,この公開の席での批判に踏み切ったことをあきらかにすべきであったのに,しなかった。そのつぎの会議で彼は,「この,単純に粗忽さから思わず出てしまった発言は,レーマン社の名誉を害しようとするものではない」という自らの釈明書を読み上げてもらう羽目となったのであった。

彼は市議会において多くの報告や演説を行ったが,その中でも,ハインリッヒ獅子王（*Heinrich der Löwe*）の時代に建てられたダンクヴァルデローデ城（Burg Dankwarderode）の維持と修復を擁護したのは,市の歴史上重要である。何世紀もの間に幾度となく修復され,1808年以降兵舎として利用されてきたドームに接する建物は,1873年,その大方が火災にあった。その5年後,市は,市内の東部と西部との間の交通改善のためにこれを取り壊すべく,軍会計（Militärfiskus）から買い取った。ブラウンシュヴァイクの人口は,1880年から1886年までの間に,75,038人から88,000人へと増加していた。このことから,近いうちに10万人の大台にのると予想されていた。ハインリッヒ獅子王及び神聖ローマ皇帝オットー4世（*Otto* IV）が,ロマネスク風の邸宅を宮殿として用いた時代における建築の貴重な名残がそこにみつかったため,市の建築局長（Stadtbaurat）で,ロマネスク及びゴチック美術に造詣の深いルードヴィッヒ・ヴィンター（*Ludwig Winter*：1843年-1930年）が,困難な諸条件のもと徹底的な調査を行い,1882年,その歴史的・建築的な観点からの調査結果報告を,この建築物が保存されることを願って『ブラウンシュヴァイクのダンクヴァルデローデ城（Die Burg Dankwaderode zu Braunschweig）』と題するその著書に発表した。その後数年間,市議会では,このテーマに関して激しい議論と多数派工作が繰り広げられた。現実的な勢力は,市がそれを購入したのはつまるところそのためなのであるからとして,城の取り壊しに固執した。しかし,ハイマンなどの人々は——1960年,不名誉なブラウンシュヴァイク宮殿（Braunschweiger Schloss）のケースに際しての後世の人々とは異なって——壊すという精神的指向性に反対し,成功を収めた。1883年から1886年にかけ,

ハイマンは，市議会において，規程・財務委員会の名前で何度も城の保存を働きかける報告をした。最終的には，1886年2月1日，ハイマンが提出した理事会申立て（Magistratsantrag）が採択された。その内容は，「市は，現在の形状のまま，そこで市アーカイブ及び市図書館を運営するべく，政府に認可された建築計画に従い，最高180,000マルクの建築費用を使って城を修復し，そして，修復した建物を維持していく用意のあることを公国の省に対し宣言する。ただし，このために，邦国の予算から200,000マルクが市に提供されることが条件である。」つまり，邦国議会がこれに応じた決議をすることが条件だとするものである。

しかし，邦国議会はすぐに，資金提供の同意を退けた。そこで，皇帝ヴィルヘルム1世の甥で1885年以来ブラウンシュヴァイク公国の君主となっていた，アルベルト・フォン・プロイセン（Albert von Preußen）王子が，この計画を取り上げたのであった。彼は，市建築局長ヴィンターが指揮する宮殿の修復資金を出した。上棟式は，1889年7月6日に行われた。かなり多くが保存されたブルク広場方向に向かって東側のファサードとは異なり，西側のファサードは，ヴィンターにより，自由な発想の歴史化がはかられた。この作品は，賞賛を得ると同時に非難も浴びた。しかし，それには，いつの時代にも通用する歴史的な洗練性が備わっている。

1889年5月2日，ハイマンは，その市会議員3期目に，33票中19票を獲得して，無給の市理事（Stadtrat）に選任された。第1回目は，死去により席を外れたメンバーに代わるもので，当該年度のみの任期であった。同年に，27票中22票を得て再選され，その地位を1919年までほぼ30年にわたってつとめた。当時，市理事会（Stadtmagistrat）は，上席市長，市長及び7人の市理事から構成され，そのうち2人は有給であった。長い間ハイマンは，最年長者であった。彼の市理事としての活動については，市庁舎にも市のアーカイブにも記録はない。ハイマンの地方政治活動に関する説明は，ブラウンシュヴァイク市議会議事録（Stadtarchiv Braunschweig A II 228）をもとにしているが，この議事録に記されているのは，ハイマンが市理事会に出席していたというこ

とのみである。1919年まで第一次世界大戦中，彼は市議会の会議にはもはや出席していなかった。11月革命の結果，1919年8月2日の邦国の法律は，市のトップ及び今までの市理事会の全メンバーの任期を1919年9月30日と定めたのであった。ハイマンは78歳となっていた。

その副業としての弁護士活動について，彼は，その回顧録62頁に，次のように記している。

「あらたに司法制度が構成される以前は，私はボルフェンブュッテルの代言人会（Advokatenkammer）のメンバーであった。弁護士会理事会がそれに取って代わって以来，最初は書記兼会計担当者，それから副会長をつとめた。その後，誠に残念なことに，前任者であったヴィルヘルム・ゼムラー（Wilhelm Semler）が，大いに間違ったことではあるが，年をとりすぎたとして自ら理事を退いた後は会長となった。

長い間，私は，ドイツ弁護士のための支援金庫のいわゆる受託者をつとめ，その頃はかなり多くのことをしなくてはならなかった。私の弁護士としての職業に関連した同じような仕事も複数こなしていた。たとえば私は，ドイツ弁護士協会（Deutsche Anwaltverein）の代議員会や先にあげた支援金庫の管理委員会のメンバーであった。さらにまた，ドイツ弁護士会理事会連合において，当地の弁護士会の代表を長年にわたりつとめた。これらの地位にあったことで，ベルリン，ライプチヒ，アイゼナッハ等へ旅行することになったし，そしてまた，非常に多くのほかの土地の弁護士達と知り合いになったが，その中には，非常に優秀な弁護士がいた。

さらに私は，長年にわたり，当地のユダヤ福祉活動組織，『生活の木（Ez-chajim）』のメンバーであり，最初は書記を，後に会長をつとめた。」と記している。

これに加え，彼は，ブラウンシュヴァイクにある多くの企業の監査役をつとめた。たとえば，彼の従兄弟でブラウンシュヴァイク市の偉大な慈善家であっ

た，マックス・ユェーデル（Max Jüdel）が設立し，世界的に知られるまでに成長させた鉄道用信号製造企業がそれである。この企業は，後にシーメンスに受け継がれた。

　そういうわけで，ハイマンは，ブラウンシュヴァイク市の指導的市民の1人であり，尊敬を受けた弁護士であり，そしてまた，公共的な団体のためにさまざまに活動した人物であった。これにたいし，彼は，65歳になっていた1907年10月になってはじめて公証人，つまりは，邦国の職務を司る地位（Amtperson）についたのであった。1848年5月23日の邦国法により，教会に関するものをのぞき，「信仰を理由とする法的な不平等は，公法及び私法のいずれにおいてもすべて廃止されていた」にもかかわらず，その理由は，彼がユダヤ教信者だったからである。ハイマン，そして彼とともに名乗りをあげたユダヤ人のオットー・マグヌス（Otto Magnus）の2人は，1884年，1888年そして1890年に，それまで公証人をつとめていた者が亡くなったことでできるようになった申請をしたが，いずれも当時よく用いられた理由で受け入れられなかった。その理由とは，ユダヤ人が，キリスト教徒から宣誓を受けることは許されないというものであった。ハイマンは，これを単なる言い逃れとみていた。というのは，こうした状況に公証人がおかれるのは，外国法が問題となる場合のみに限られ，希有ないしはまったくないことだからである。

　この，邦国政府当局の拒絶姿勢は，ブラウンシュヴァイク公国外においても，弁護士達の怒りをよび起こした。オットー・マグヌスはさらに，君主はライヒ憲法に違反しているとして，ドイツ皇帝に異議を申し立てたのであった。この異議は，邦国の君主は自由裁量権をもち，いかなる者に対しても，これについて釈明することを要しないという理由をもって退けられた。2人目の君主，ヨハン・アルブレヒト・フォン・メクレンブルク（Johann Albrecht von Mecklenburg）公爵のもと，1907年になってはじめて，ハイマンの申請は認められた。しかし，その後の何年間かは，ユダヤ人弁護士で公証人となったのは，リヒャルト・アロンハイム（Richard Aronheim）だけであった[4]。

---

4) *Heymann*（AaO Fn. 2）.

同じく公証人の申請をした司法栄誉賞受賞者，スパーニア－ヘルホルト (*Spanjer-Herford*) 博士は，国務大臣にたいして，この点につきつぎのように書き送っている。すなわち，「同じユダヤ教徒であるが自分より若いアロンハイムを優先することは，私の感情を害し，加えて，かなりの程度かつまた長期にわたり興奮させた。私の同僚そして一般の人からさげすむように無視されるきっかけとなった理由は何か。私の名誉心が，それを知るよう求めている。」と。拒絶理由の通知をしないのは，邦領の君主の自由裁量だというのがこれにたいする返事だった（ブラウンシュヴァイク上級地方裁判所にあるスパーニア－ヘルホルトの人事記録＝ Personalakte Spanjer-Herford in OLG Braunschweig）。レーテ政権（Räteregierung）が支配した数ヶ月が終わる頃の1919年5月8日，当時のブラウンシュヴァイクの人民代表評議会は，29人の弁護士を公証人に任じた。そのうち5人はユダヤ人であったが，スパーニア－ヘルホルトは，その1人として，11月革命の後になって初めて公証人となったのである。

IV. 結　語

その母親が亡くなる2年前の1846年，ハイマンが4歳のとき，父親は，市から約1キロほど離れたところに位置するボルフェンブュッテル通りにある，園亭付きの広さ2モーゲン（50-68アール相当）の土地を購入した。ハイマンの父親が，この家を500タールの費用をかけて改築させようとしたとき，ブラウンシュヴァイクの人々は，つぎのようにいった。「ハイマン氏は，気が狂ったに違いない。何でこのような改築だけに500タールを使うのか。」と。父がその銀行業を営んでいる間，つまり1863年までは，その家は夏の別荘として使われていただけであった。ビクトル・ハイマンは，ユーデル姓のいとこ達と，ここで幸せな幼少期を過ごした。

ハンブルクの銀行家の娘と再婚し，4人の娘をもうけたが，その再婚から10

年の後，つまり1885年，ハイマンは，この土地に立派な邸宅を建てた。この家を設計したのは，まさしく，かの建築局長ヴィンターであった。第二次世界大戦中は，ナチス突撃隊に強制的に占拠されていたが，いまなおハイマン家が所有している。ハイマンは，ほかの人とすぐに知己をよくする社交的な人物であった。彼は，自分の父，親戚，同学年生達，先生，大学の同期生や教授達，そして司法研修生やその教育担当者について簡明かつ的確に説明し，そしてまた，オランダ，バルト海のリューゲン島（Rügen）やアルプスへの船や駅馬車そして鉄道を使った旅行，スイスのサメダン（Samadan）近くにあるブェーバース（Bevers）出身の著名な山岳ガイド，クレットリィ（*Krättli*）にともなわれて何回も行ったスイスのエンガディーン（Engadin）の山岳ツアー，かつまた，ブラウンシュヴァイクの弁護士や裁判官，劇場での日々を，簡明かつ的確に描き出している。加えてまた，冷たい食事とビールでしかもてなすことが許されていなかったので，そこでは，健康という点では「あらかじめきっちりと決められた節度」がしっかりと守られていた，仲のよい夫婦達との家族サークルについても，彼は簡明・的確に書き綴っている。さらには，ヴィルヘルム公爵の弱点についての哀愁をおびた説明，彼が謁見やレセプションで知ることとなった君主アルベルト・フォン・プロイセン（1885年-1906年）とヨハン・アルブレヒト・フォン・メクレンブルク（1907年-1913年）に関する節度ある好意的な説明，そして，1830年に追放された卑しいダイヤモンド公爵カール2世について父親が話してくれたことが書き記されている。これらの回想は，その著者の知性とユーモアを示すだけに止まらず，さらには，著者の心根の良さをも示すものとなっている。そしてこれを読むと，人は，ハイマンが生涯使っていたかなりのブラウンシュヴァイクなまりを聞いているように思ってしまう。

　ハイマンは，1870年から，リヒャルト・ツベルクマイヤー（*Richard Zwilgmeyer*）と，彼が1897年に52歳で亡くなるまで，一緒に弁護士の業務を行っていた。彼の死がもたらしたハイマンの悲しみは非常に大きく，ハイマンがふたたび弁護士の業務に喜びを感じるまでに長い歳月を要したほどであった。ハイマンが理想的だったとしている，ツベルクマイヤーとの共同事務所の

経営は，つぎのような経緯ではじまった。すなわち，ツベルクマイヤーは，死去した市理事の娘と恋仲であった。彼女の母は，結婚に反対していた。というのは，ツベルクマイヤーは，ちょうど裁判官試験に合格したところで，お金がないままで公務員となることを望んでいたからであった。彼は，友人ハイマンに，その悩みを打ち明けたところ，ハイマンは，事務所のパートナーになることを提案したのである。そのとおりとなり，こうして，彼女の母の抵抗を克服したのであった。

「彼の事務所は，いつも半人前のやつからなっている。」そう，ハイマンは同僚からからかわれていた。「それは確かに大げさではある。しかし，まったく誤っているというわけでもない。長年の私の事務所の事務長であるゼーガー（*Säger*）は，背中に大きなこぶがあった。そのほかの事務員のうち，肢体満足な者は，ほんの少ししかいなかった。ある者は足が麻痺していたし，ある者は腕に障害をかかえていたし，さらに，義手の者もいた。私の最後の事務長マルタ・クレーン（*Martha Kröhn*）は，2本の松葉杖がないと動けなかった。」友人の冷やかしについて，彼はこう記していた。

1926年11月22日に，彼は亡くなったが，このとき，後の人々に降りかかったように，その死が黙殺されるということはなかった。ブラウンシュヴァイクの諸新聞は，その長い職業生活で多くの恩恵もたらした彼の活動と，あらゆるところから彼に寄せられた高い評価を賞賛したのであった。

フィリップ・ロートマール[*]

自由の精神と社会主義におけるローマ法，法哲学及び労働法[**]

ヨーアヒム・リュッケルト[***]
訳　金　井　幸　子

I. 概　　要

　100年も前の1888年，フィリップ・ロートマールという男が，スイスのベルン大学でローマ法の教授に任命された。それまでの12年間またその後も，彼は，ドイツ帝国では，教授になることは決してなかった。彼は，偏見を持たない専門家から，彼が学んだ専門についての大家としてのみならず，まったく新しい学問を獲得した開拓者として評価されていた。彼は，洞察力が鋭く，理論に精通し，法律・倫理・政策上の価値を明らかにし，哲学を意識し，しかし謙虚であるというように豊富な知識をもって教え，また，分析にこだわり，建設的で力強く，彼の職業となる法律学を形作った。
　また，彼は新時代の息子であり，あらゆる者に対するより多くの自由，平等，

---

[*] *PHILIPP LOTMAR*（1850年-1922年）
[**] Römisches Recht, Rechtsphilosophie und Arbeitsrecht im Geiste von Freiheit und Sozialismus
[***] Dr. *Joachim Rückert* : Professor an der Universität Hannover（ハノーバー大学教授）

福祉そして正義を以前から求めていた。専門の学問，大学という世界，社会，政治，時代の非常に多くの明と暗の側面が明確に現れることはほとんどない。それは，厳密なローマ法学者の後期パンデクテン法学や，すぐそばのバイエルンの環境といった小規模なものでも同じであるし，1848年と1918年との間すなわち革命と革命との間のすべての期間の法実務，法律学，哲学及び政治のような大規模なものでも同じである。しかし，ロートマールが亡くなった1922年は，その時代の自由主義という要素及びヴィルヘルム2世という要素が衰退したのみならず，実際にはそれがともに忘れ去られたということを示している。

彼は祖国という考えをもたず，民族に関する記憶がほとんどない。ロートマールの歴史的，実際的な地位を適切に評価しようとするとき，もっとも簡単にいえば「労働法学者」として知られている，とするのではあまりに不十分であり，ついでに述べるということは誤りである。実際には，彼は，今日でも多くの模範や励みとなりうる博識，学問，法律学のまっすぐでたくさんの途を示した。つまり，ロートマールと一体として存在する潜在的な反論のシグナルは，死後の名声を退け傷つけられる中で，再び受け入れられることなく，忘れ去られていく中で，そして原典のオデュッセイアそれ自体の中で，いまでも光っている[1]。

そもそもこの国では，彼をベルン大学の教授であるとはっきりと見ていたが，スイスではドイツの教授と見ていた。しかし，彼にはそのような祖国がないということを考えると，我々独自の見解を基準として彼を見ることはほとんどできないのである[2]。

---

1) それらは，とくにミュンヘン，ベルン，キルヒベルク，九州（西村重雄によって開設された非常に役に立つ専門図書館），ニューヨークにある。以下で参照するかっこ書きの補足は，バイエルン州図書館のAmirianaの中のアミーラ（Amira）への手紙を引用した資料による。本文では，ロートマールの以下の著作や文献からの引用は，これを示す際には略称し，一部についてはかっこ書きで示す。孫へのインタビュー，好意により入手できた手稿（「Arbeitsvertrag」はなかったが）及び多くの助けてくれた人や施設がもっている散らばってしまった文献を利用している。

2) この意味では，学説のほかに，以下の若干の労働法に関する回顧（*Isele* 1965, *Eichholzer* 1954 u. ö., *Wiethölter* 1968, *Söllner* 1910, *Ramm* 1978 u. ö., *Simitis* 1984, *Bohle* 1990）や一般的な法制史に関する文献の覚書き（*Landsberg* 1910, *Döhring*

ここに入り込むことは容易ではない。実際には通常のことであるように、いつも何かと悩まされるロートマールの約 2,000 ページに及ぶ労働契約論、あるいは、他にも同じように悩ませる彼の法哲学に関する「思い込みの基本概念の破壊」のたった約 100 ページの文献に当たることを人々が経験しなければならない場合がここである。ドイツのユダヤ人、ローマ法学者と民事法学者、個人主義者と社会主義者、法哲学者、労働法学者、人々から求められる専門家、頑固な気力に満ちた識者、非常にまじめな正義の開拓者、まっすぐで誠実な友人、家父としてのロートマールの一生の中でのみ、彼のすべての活動についての主な状況を十分に理解することができる。

ロートマールは、約 1900 にも及ぶ現代ドイツ労働法の学問的創始者ではないとしても、現在も当然に重要な人物であるとされる。労働法が一面的にまたアンビバレントに「社会的な」特別法であるとかろうじて理解され始める前、そして、いまや邪魔にされているロートマールの構想が変えられ、忘れられる前、彼は、基本的に私法上、個人の自由及び平等を中心として労働法を基礎づけた。しかし、実際には、彼のライフワークは、同じように強い作用を与えるエネルギーをもって、古代ローマ法、彼の時代の私法理論、つい最近発生した現代の労働関係及び正義にも価値を置いている。そのため、ここでは、意識的に何かの点で価値が変えられたであろう。このようなライフワークは、経験し十分考えられた法哲学理論の研究に基づいている。彼にとっては、法哲学、法倫理、法政策を多少なりとも認識すれば満足であるとは考えられないことであ

1953, Wieacker 1967, Nörr 1989) を含めても、彼はいまでは評価されていない。スイスでの評価は、アイヒホルツァー (*Eichholzer*) のほかにはまったくなく、否定的なものとしてたとえば、歴史・伝記辞典 (1921-34 年)、歴史・伝記辞典 (1921-29 年)、偉大なるスイス人 (1942 年)、偉大なるスイス人研究者 (1941 年)、スイス人辞典 (1945-48 年)、前世期のスイス人法律家 (1945 年) の中にあり、エルゼナー (*Elsener*)、スイスの法律学校 (1969-75 年)、19 世紀中ごろまでだけであるが最近では Rehbinder や詳しくはとくにロートマールの労働法及び私法の構想に関して、業績一覧や出版社による紹介、手稿や、J. リュッケルト、フィリップ・ロートマール、労働法、民法及び法哲学に関する著作 Frankfurt/M., Keip, 1992. によっても行われている。

ろう。ロートマールは，このような注目すべき歴史，理論，法哲学の3つを組み合わせた活動に，あまりによく知られている体系的，社会的な開放によって，特別な評価を加えた。押し寄せる社会政策上の正義の問題に対する彼の感受性や真実の深淵に対する彼の法的な公正明大さは，古代の法の歴史であろうと現代の労働関係であろうと，より多くの同時代の者をはるかに超えている。彼が愛した友人でアミーラと親交のあったテオドール・レーヴェンフェルト (*Theodor Loewenfeld*) すなわちカトー (*Cato*)[3] の場合と同じように，このような立場は，ヴィルヘルム2世の帝国において，ロートマールが生きたローマ法学者の民事法学，教授としての経歴，ユダヤ民族，自由社会主義の結び付きの行く手を阻む特別な状況によるものであった。

II. 人生の根源

ロートマールは，フランクフルトで商業及び貸金業を営む裕福な家庭の出身である。彼は，フランクフルトで1869年3月までの5年間ギムナジウムに通い，その後，ハイデルベルク大学，ゲッティンゲン大学などにおいてルドルフ・フォン・イェーリング (*Rudolf von Jhering*) のもとで学んだ。1871年以降，彼は，自由主義者ミュンヒェン[4] に方向転換し，特に，イェーリング

---

[3] レーヴェンフェルトはその書簡にしばしば「Cato」と署名し，彼は他人からはしばしば両方を呼ばれ，それは息子のフィリップ・レーヴェンフェルト (1887年–1963年) の回想 (Typoskriot, New York Leo-Baeck-Institut) S.13. によって古代の厳しい法律上の慣習を参考にしたものと認められている。そのため，「ミュンヘンの弁護士カトー博士」の謎は，それ自体称賛に値するがより早く出されたスイスのロートマールに関する文献 (*Rehbinder* 1991, S. 9) に関する手引きにおいて解き明かされた。1987年に私が書いた家族の記録によれば，Fn. 2で触れた「偏り」を，私は見つけられなかった。多くの者が補足や私から多くを引く継ぐことを歓迎するだろうが。直接の証拠となる書籍に対して，Fn. 8における信仰に無関係であることの主張は，説得力がない。したがって，同じように，ユダヤ民族においては，引用の問題とはならない。どちらについても Fn. 29 以下。

[4] これについて情報を与え，バイエルン–プロイセンの比較をするものとして，*E.*

（1818年-92年），ヴィントシャイト（Windscheid：1817年-92年）とならんでパンデクテン・ローマ法学の3人の先鋒に数えられ，人間的にも，学問的にも称賛された「法学者であり政治学者である」アロイス（フォン）ブリンツ（Alois (von) Brinz：1820年-87年）[5]のもとで学んだ。ロートマールは，「尊敬の気持ちがいっぱいで，心から感謝している」として，彼に学位論文をささげた。1873年4月，ベルリンでの第一次国家試験の後，彼は，1875年3月にブリンツのいるミュンヒェン大学で学位を取得した。そこで彼は，1876年7月にもローマ法で教授資格を取得した。ブリンツは，彼を人間的にも学問的にも導いた。

当時，テオドール・レーヴェンフェルトやカール・フォン・アミーラとの一生涯続く強い友情があった。ブリンツ，ショイフェルト（Seuffert），ペーツル（Pözl），ロート（Roth），ゲーヤー（Geyer），K.マウラー（K. Maurer），プランク（Planck）といったミュンヒェン学派は，当時，才能があり活躍しているユダヤ人学者に，注目すべき公開の方法で住居を提供した。ロートマールやレーヴェンフェルトとともに，F.ヘルマン（F. Hellmann）[6]やグリューベル（Grueber）がそこに入った。哲学者フリードリッヒ・ヨドル（Friedrich Jodl：1849年-1914年）や経済学者カール・ブュヒャー（Karl Bücher：1847年-1930年）のようなとくに優れた者たちを加えて私講師のクラブが14日間にわたって活発に行われた。その講師たちの市民的な自由主義の立場と結びついて現実主義的，客観的な「自由思想家」（1886年9月14日アミーラへ）の雰囲気がその場を支配したが[7]，彼らは確実に倫理的・社会的に勉強を続けていた。

Hamburger, Juden im öffentlichen Leben Deutschlands 1848-1918, 1968, hier 1 ff., 39, 48 f., 65 g., 331 f.

5) 1903年のロートマールの特徴のある見出し語，241，248，1888年の温かい追悼文が（アウグスブルクの）一般紙17号以下の場合に似ている。ブリンツに関する詳しい研究には，*J. Rascher* 1975があるが，十分ではない。私のSZRomの書評1976，497を参照。

6) フリードリッヒ・ヘルマン（1850年-1916年）はとくに，ローマ法，民法，訴訟法，破産法を研究した。

7) これについては，ブリンツに関する *Lotmar* 1903 S. 248が得るところが大きい。

1876年から12年という長い間，ミュンヒェン大学の私講師として，ロートマールは，通常は，ローマ法及び訴訟法，さらには，商法，手形法，ローマ法制史も教えていた。それはまさに，後に教授に残るための競争のようなものであった。このような経済的，経歴的，社会的に過酷な年月が，たしかに彼を，ときどき「反感と無感覚」（1885年1月9日アミーラへ）に陥らせたが，それにもかかわらず，ロートマールは，このような年月の中で彼の生涯の仕事として次の3つを力強く築き上げた。(1)法哲学・法倫理上の義務であり，これは，必ず誰にでも理解できることを第一に求めた1880年，81年以降の講演におけるもので，1893年以降初めて出版されて公になった。(2)彼が1883年から追い求め，1922年には完成した「錯誤に関するローマ法」についてのローマ法・古典法の記念企画，そして，(3)雇用関係及び労働関係に関する理論的・経験的研究である。これは，1895年に公表され，彼の基礎となる1902年及び1908年の大きな業績につながった。社会主義者鎮圧法（Sozialistengesetzes）の公布後，1878年，79年に彼がただちに社会主義者政党に登録されたというほどの反抗的な結論[8]は，これらの人生計画が実際に非常に重要性をもっていたことを裏づける。

融通の利かない個性の強さゆえに，ドイツ帝国における偉大なブリンツ（*Brinz*）の「お気に入りの模範的な弟子」（ランズベルク（*Landsberg*））[9]という評判を得られなかったことは驚くに足らない。キール大学は非常に寛容であったが，大学理事には小さな学部に3人目のユダヤ人教授を招聘することはできなかったため，ロートマールを迎え入れようとする試みは1885年に失敗した[10]。1921年に改めて書かれたものの中ではじめて，それがあまり有益

---

8) 1920年1月6日のジンツハイマーへのロートマールの手紙は信頼できる。「私が40年以上所属してきた」政党（F. メスティツ／フランクフルト及びG. マインザー／ニューヨークにより私は非常に都合よく使うことができた），Loewenfeld (aaO Fn. 3), S. 122 ff.; SPDでのロートマール，SPDの変わらぬ有権者にすぎない父レーヴェンフェルト，アミーラは「政治的に自由主義であり，何ら政党には属さず，彼がどのように選ばれたかは知らされていない。」

9) Geschichte der dt. Rechtswissenschaft, III 2, 1910, S. 844.

10) *E. Döhring*, Geschichte der Juristischen Fakultät (= Gesch. d. Univ. Kiel III, 1), 1965,

でなかったことがわかる。たとえば、再建されたケルン大学の名誉博士としてレーマン (Lehmann)[11] は、「不変の価値から新たな効果をもたらす考え方を告げる者であり、……何よりも労働契約に関する彼の業績が新たな法分野を認識させる光明を見出した……」と伝える。「公民的なより良い発展を遂げる」スイス[12] から、1888年10月にローマ法学者の後継者としてロートマールと、いわゆる講壇社会主義者ユリウス・バロン (Jurius Baron: 1834-98年) がベルン大学のローマ法講座に招聘された。ベルン大学は、ロートマールが亡くなるまで彼を見捨てなかった。彼が1889-90年、1899-1900年、1905-06年及び1912-13年に学部長であったこと、また、1897-98年に学長であったこと、1920年の祝賀論集、追悼文、手紙が印象的であるように、彼は、高い専門的評価と人間的評価を得ていた。彼には、グレテナー (Gretener)、ヒルティ (Hilty)、ケーニッヒ (König)、ツェーレダー (Zeerleder)、ロッセル (Rossel)、マルクセン (Marcusen)、1892年以降はとくに E. フーバー (E. Huber)、その後はとりわけマックス・グミュア (Max Gmür)[13]、トルマン (Thormann) 及びブルックハルト (W. Burckhardt) という同僚がおり、同じように、実績のある教師、洞察力の鋭い博識のローマ法学者、優れた労働法学者、断固たる法学政治学者として高く評価され、たとえば、1902年から

S. 162, dritter neben *Lenel* und *Schloßmann*.

11) 1921年3月7日の学部長レーマンによる賛辞からの引用文。現在では、レービンダー (aaO Fn. 3), S. 10 も、著名な企業家カール・デュースベルク及び同じく著名な中央帝国労働省 (1920-28年) ハインリッヒ・ブラウンズの宣伝を指摘する。ケルン大学の資料は、残念ながらあまり詳しいものではなく、レーマンの回想 (hg. von *G. Kegel*, Heinrich Lehmann, 1976) も詳しくない。レーマンは、『労働法 (Arbeitsrecht)』を読み、1913年に、ツィテルマン祝賀論集の3-46頁に「産業法」についての見解を発展させ、ロートマールのアプローチを受け入れ (これについては、Rückert 1992, Fn. 248)、1992年には、新しい「社会的」でいわば連帯の傾向が見られる「新たな労働法の基本的な考え方」という学長就任記念講演を行った。

12) *Lotmar* 1912, Sp. 146 連邦労働裁判所批判 (1985年) 39頁でも、彼はスイスでは、「階級闘争はほとんど進まず、意見表明の自由はほとんど制限されない」述べている。

13) ロートマールに関する文献の中の重要な追悼文を参照。また、これに関しては Fn. 18 も参照。

1911年のスイス民法典草案の準備の際には，非常に正義感のある同僚であり情熱的なヒューマニストであったとして評価が高い。彼は，5月1日になると，たった1人の教授としてデモ行進に参加し，ある種，地方の名士にもなった。しかし，同時に，ロートマールは，一生の間，変わらぬ誠実さをもって，ドイツの出身であることにこだわり，第一次世界大戦において，彼は，戦時公債のために自身の資産を捧げた[14]。

彼は1876年にその愛する妻パウリーネ（Pauline：1855年生まれ）と結婚し，2人の健康な息子に恵まれ，すぐに安定した幸福な家庭生活を手に入れたように見えた。しかし，手紙の中で大きな苦悩を述べているように，1915年には息子を亡くし，それまでに何度も病にかかった。ロートマールが突然の心臓病によって亡くなる前に，彼は，その人生の中で，非常にかたくなに，自由主義的，社会的，人間的，国家的要素をしっかり調和させた考え方を生み出した。それは，全体としてみれば重大なものと受け取られるべきものである。しかし，追悼文では，そのようには考えられておらず，根本から批判されて読まれているといえる。それを修正する手掛かりを得ようとするなら，その「人生像」が有益である。

Ⅲ. 人 生 像

人間，学者及び時事問題は，彼がその時代に生きた者であることの証しをもっともよく示している。

彼の学問や人格についての意見や推薦状から，学者の部分が見えてくる。1876年のミュンヒェン大学の教員によるもの，1883年のブリンツによるもの，そのほか1888年のもの，さらに追悼文は，彼の明敏さ，完璧なまでの博識を繰り返し強調する。1876年，報告書を作成した学部長のゲーヤー（Geyer）は，つぎのように強調した。ロートマールについては，「彼の出版物は，処女作の

---

[14] 賃金継続支払に関する息子たちの申請書（1922年）の中でも非常に具体的に述べられている（StA Bern）。

平均的な程度より優れているが，それは非常に機転が利いて賢明であることを示しているのか」という論争がある，というのである[15]。1883 年，ブリンツはザイデル（Seydel）にロートマールの強力な推薦状を書いた。「何事においても好奇心旺盛，徹底的で，さまざまな高踏的な教養，十分な知識や努力により，誠実な教師・人間であり，たくさんの聴講生がいます」[16]。1888 年には，K. ブッヒャー（Bücher）やミュンヘン大学のブリンツの後任ベヒマン（Bechmann）は，これを再び送った[17]。リベラルなスイスの新聞 "Der Bund" の中のお祝いとお悔やみ[18]では，1922 年にグミュアによりこれが繰り返し述べられ，とくに，彼の倫理的なエネルギーや人間性を忘れさせなかった。このようなスイス人の文章は，「民主主義や社会主義の弊害に対する批判……〔すなわち，〕個人や家族の領域への国家権力の大きな介入」，そして彼の「市民法に向けられた，本物の自由主義的な考えを持った」立場，つまり，ロートマールの人間的な社会主義における不可欠な限定的要素を的確に感じ取って強調したものである[19]。実際には，自由で社会的な傾向であった。

　ドイツでは，すぐに，まったく異なったイメージが生まれた。たしかに，「キリスト教の労働組合の中央紙」は，偉大な助言者・学者がいなくなったことに関心を示したが，たとえば，ドイツの法律雑誌は沈黙したままであった[20]。ジンツハイマーは，一方で「左派」のロートマールについては温かく書いたが，

---

15) Votum v. 29. Juli 1876, UA München.
16) 現在 StA Bern で公開されている 1888 年に送られた書簡。ロートマールに関する記録。「我々の雑誌」という引用は，受取人がザイデルであることを示す。
17) Briefe im StA Bern.
18) Nr. 382 v. 8. September 1920, S. 3, gez. Bl.：講演の「奥深さや優れた体系」(Rehbinder (aaO. Fn. 3), S. 15 参照)。Nr. 229 v. 1. Juni 1922, S. 3：すばらしい人柄，強い自由への欲求，人間性。
19) Der Bund 1922 (aaO. Fn. 18); Gmür 1922, 267; vgl. Kurz Thormann in Zs. f. schweiz. Recht 63 (1922), 250a. 1920 年の記念論集を明らかには賞賛しない。これについては，Rehbinder (aaO. Fn. 3), S. 3) S. 17. も参照。
20) Nr. 17 v. 22. August 1922. 社会的な改革機関「工業・商業裁判所」もとにかく短いものであった。27 (1922), 233 am 1. August 1922.

「私法の」ロートマールにはまさに別れを告げる追悼文を書いた。そして，彼は，後に自分でそれをとり上げたり，変更したりすることはなかった[21]。レーヴェンフェルト（子）は，すでに1921年には，誕生日の論賛について，何かを厳しく抗議しており，それは炯眼や予言ともいえるものであったが，当たりはしなかった[22]。彼は，ドイツ法の歴史におけるロートマール像やロートマールの影響について批判的観点を示しており，注目に値する。「ドイツの新聞や専門家が〔70歳の誕生日の〕出来事を無視したような性質が，構造を示している。……同じように，〔社会主義者及びユダヤ人として〕帝国から追い出された公共の精神が，今日〔1921年〕，我々の国では再び強大である。……労働法の広い領域が，たった1人の識者によって，いかなる方法論的な離れ業もなしに〔たとえば，ジンツハイマーの危険な「社会学的」法律学のように〕法学及び法実務について，〔しかも〕緻密な民法研究としてまさに解明されていることを誰も覚えていないだろう。〔1918年以降の労働法が登場し広がっていったことについて〕，たとえば，現在は法律が制定されている労働協約の既得権がロートマールの法的思考の成功であるということ……，ロートマールの議論はその原則を実施したことによるということに言及しなければならないと思う者は1人もいない。彼の業績の意義，彼の知的関心の範囲，彼の表現方法の自由さや内面性，彼の批判が高尚であり有益であることに関して紹介することは，彼のローマ法及び法哲学の著書をもより詳しく知っているということにすぎない。……」

我々はこのことを額面通りには読まず，今日では，それ以前のジンツハイマーやその後のティッツェ（*Titze*）の評価をあげる場合であっても，まさに本質的な点ではそこから離れ，特別な手段を持つ自由な私法に代わって，特別

---

21) Arbeitsrecht 1922, Sp. 587-600, 1937年-1953年の変更については終わりのほうにある。

22) Soz. Monatshefte 1921 I, S. 49 f., (aaO Fn. 3) の回想112頁を参照。Soz. Monatshefte 1923 I, S. 315におけるエルンスト・カントロヴィッツ（Ernst Kantorowicz）の追悼文に似ている。

法及び保護法としての労働法のための方法で別の観点から見続けている。非常に啓発的なのは，1929年にティッツェが，ロートマールを，我々が忠実な後継者となる「現代労働法の父」ではなく，確実に進歩していく「出発点」と呼ぶことである。このように非常に敬意をこめて別の観点から見ることは，偶然でも謀られたものでもなく，時代精神を厭う自由主義の要素の1つである。得難い後継者を持ち続けたかったドイツの追悼文の声は，特徴がなく，嫌々ながらのものには複雑な感情があることが見て取れる。そのため，それは，ロートマールの人生と著作との特別な調和への道をふさいでしまった――今日まで。

ロートマールという人間の生き方を示すのは，とりわけ，1878-79年の弾圧を受けた「当事者」になったことによる非常に特徴的な倫理的な頑固さ，1876年から1888年というそれほど長くない間に，使命としての学問及び真実を強固に守り続けたこと，奉仕のために学問を義務としたことである。彼は，1897-98年に，学者という職業についての感動的な告白を公表した。学長就任記念講演の中で，「職業選択の自由」に関してつぎのように述べた[23]。「女神ムーサの仕事が秘密の仕事ではないのなら，彼女がその研究の際に専門家仲間だけに注目するのではないのであれば，それが本当に文化の維持や向上をともなっていて，何らかの利己心を彼女がその職業と結びつけないのであれば，彼女は，書物や顕微鏡あるいは蒸留器の上に身をかがめ，縛られたプロメテウスの悲嘆の声を聴いたことがあるのだろう――それは，何千という彼女の仲間の抑圧された本質である。そしてこのとき，彼女は仲間たちを稼得のための闘争から引き離し，知識を身につけるための職業訓練により多くの民衆に呼び掛けた職業選択の自由を手に入れることや，それによって彼女自身は根拠づけられなかった優遇という利益を得るのだということを思いついたのだろう。このような，外部的な拘束を緩めることは自分自身としても気持ちが楽になるという考え方が不安であるとか負担であると感じる者や，従属の関係を増やすことなく学問の促進のための時間や力を使うという展開は，自ら学問に身を捧げたこととし

---

23) S.38,すなわち，最後の一節である。強調は著者による。

て歓迎されるべきであろう。」

　当然，この告白は，すでにフィリップ・レーヴェンフェルトによって指摘されていた[24]。それは，すっかり定着している。ロートマールは，1878年にはすでに，学術的な関係において，つぎのような驚くべきことを書き記している。「知識そのものは目的にはなり得ないし，なってはならない。何とかして，どこかで先を見通して，少なくとも，人間の精神的・肉体的な豊さを間接的に高めることによって，あらゆる人間労働の価値が決まる。」[25]

　率直に批判をすること，アミーラに対して300を超える誠実な手紙を出すほどの交友関係，定期的なミュンヒェン滞在[26]，至るところで言及される芸術，自然，文化に対する心の広さ，そして，義務への変わらない厳しさ[27]もロートマールという人間の一部である。彼が1891年に病気を知らせた時，レーヴェンフェルトは，「ロートマールが床に就いていると，彼の性格からしてひどく気分がふさぐのではないか」と非常に心配した（1891年8月19日アミーラへ）。彼の息子フリッツ（Fritz）の学友であるパウル・クリー（Paul Klee）は，彼が1911年に，「抽象化と感情移入」に関するヴォリンガー（Worringer）の重要な著作を明確に引用したこと，また，それ以前に，1905年のロシア革命に激情的に味方をしたことから，強い感銘を受けた[28]。

　ロートマールは，「取り囲まれた城塞から我々は逃げない」として，レーヴェンフェルトと同じようにユダヤ人気質を守った[29]。このことは，彼がそれを大事にしていることを示す。友人のK. ブュヒャーは，この難しい点につい

---

24)　*Ph. Loewenfeld* (aaO Fn. 3), S. 109.
25)　1878年の Contravindication の導入となる章において（32頁）。
26)　*Loewenfeld* (aaO Fn. 3), S. 111 によれば，「毎年，何度も」である。
27)　ロートマールのこれに関する強調すべき点は，独特なプリンツの追悼文（1903年）及びティッツェの1929年の素晴らしい評価についても参考になる。
28)　クリーの日記の記録によるものであり，ベルックマイスター（*Werckmeister*）のお世話になったことに感謝する。一部は，Paul Klee, Leben und Werk, Kunstmuseum Bern 1987, S. 32. による。
29)　*Ph. Lowenfeld* (aaO Fn. 3), S. 36. そのように父について述べている。

て，1888年にベルンでロートマールを推薦し，次のように書いた。「この点に
ついて発言することは，もしかすると良いことかもしれない。だから，私は，
以前，彼がユダヤ人であることを知らずに，ロートマールと語り合ったことが
あるということにも触れたい。現在，私は，彼の家族関係がどうなっているか
をより詳しく知っており，彼がただキリスト教に改宗しなかっただけではない
こと，この場所にいる彼の親戚のすべてがどのように行動したのかを知ってい
る。というのは，彼は，この方法で，大学での出世を容易にしようとしたとは
見せなかったのであり，そもそも，ユダヤ人であるロートマールは，キリスト
教徒になることよりも好んだからである。」[30]

しかし，このような紹介をされても，理解するのは難しかったようである。
ユダヤ人としてこのような困難を乗り越えることのできる原動力は，この法律
家の人生を描く際にも常に念頭に置かれてきた。年長者の意見は，我々にはも
はや当然とは言えない文脈にのみ大きく言及し，若者たちは，年長者の考えが
浅はかであることを見過ごしている。このような原動力は，自由で社会的，厳
しい法律の進歩と激しい人間性，厳格な法律上の権利と社会に関わる政策，厳
格な成文法上，原則的な市民法上そして社会的に義務づけられ具体的に形成さ
れた労働法から離れて，人生設計の中に直接的に示されることはない。ロート
マールの中のこの独特の一貫性は，非常に理解できるものである。

解放の原動力は，未発表の作品ではばかることなく述べられている。あら
ゆる法律において平等化され（1869年以降），学問的に認められ，懸命な社会
的努力がなされてきたにもかかわらず，我々は，「社会的ユダヤ人排斥論」[31]を
常に繰り返し体験しなければならなかった。大学講師クラブの仲間ヨドルは，

---

30) 1888年10月8日の書簡。StA Bern.
31) これに関して具体的なものは，「自由思想によるユダヤ人排斥論」について述べた
Ph. Loewenfeld（aaO Fn. 3），S. 3 f. 以下。「十分な教育を受け敏感なユダヤ人の大学
教員は，普通は，『永久に無給大学講師』にとどまった。彼らが正規の教授になりた
いというのなら，一般に，洗礼を行っておらず，神父の名刺がないという場合には，
自由主義国家へ移住するという目的を達成するしかなかった。」19頁以下：実家が典
型的なドイツのユダヤ人市民である。33頁以下：たとえば，36のダンスのレッスン。

1882年，つぎのように怒り，訴えた。「人間は，精神的利益の温度計がゼロを示しているパイアケス人の都市にいる。社会的水準は，より深く沈み続けている。教養のある人間がほんの少し励ましたり励まされたりできる唯一の家族はユダヤ人である。」(1882年3月17日アミーラへ)。

ミュンヒェン大学の正教授ポストにすら手が届かないままであった。ブリンツによれば，学部は，ロートマールを「ローマ法の第3教授の地位に受け入れられない状態でなかったら，ずっと以前に我々のところの教授の地位に昇進していた」はずであるという[32]。

その理由は，ローマ法学者が明らかに過剰であるということではなかった。ブュヒャーが1888年にベルン大学に宛てて書いたものよれば，バイエルン政府は，ブリンツには気の毒であるが，「宗派を理由に，ロートマールを教授に任命しないことと決定した」とあった[33]。そのため，1883年，正直なブリンツは，「ロートマールほど長く耐えていない別の教授を第1教授にすること」を「残念に思う」と述べている[34]。十分な才能をもっていたであろうレーヴェンフェルトですら，1896年にやっとミュンヒェン大学の客員教授を得ていた——少なくとも友人のアミーラは非常に広く認められていた。レーヴェンフェルトの人生の基礎は，「苦難を経験すること」であり続けた（1891年1月2日ロートマールからアミーラへの手紙）。

確かに，人々は，長い解放の時代の中の自由主義的な帝国設立段階から生きてきたが，1878年以降は，まったく逆の傾向が生じた。ユダヤ人排斥論という言葉は，1879年に作りだされ，たとえば，1879年の悪名高いシュトッカー（Stoecker）の演説，1880年の請願書，1879年以降のトレイチュケ（Treitschke）の論文，1892年の保守的なチボリ計画のユダヤ人排斥論の一節，1893年[35]の

---

32) *Brinz* (aaO Fn. 16).
33) *Bücher* (aaO Fn. 17), 1888年10月8日 (StA Bern), 当時のバーゼル大学の教授。
34) *Brinz* (aaO Fn. 16).
35) これについては，背景の資料になるものとして，J. Toury, Die Dynamik der Beziehungen zwischen Juden und Arbeiterwegung, Jb. d. Inst. für dt. Geschichte, 2 (Tel Aviv 1977) S. 47-62, 具体的なものは，M. Richarz, Jüdisches Leben in Deutschland,

帝国議会におけるユダヤ人排斥主義政党あるいは1901年の司法におけるユダヤ人に対するバイエルン州議会の制限条項の採決といったものが現れた[36]。いずれにせよ，そのような状況によって，厳しい目で見られるようになった。

このような活力，特徴，時代背景は，かなり前に思い描いていた肖像とは何か別の人生像をうかがわせる。それらは，ロートマール研究にとっての非常に決定的な基礎を形成する。

Ⅳ. 学　　問

1. 出発点そしてローマ法

彼の学問的な仕事の始まりは，ブリンツの「本来の原典研究（naturwüchsigem Quellenstudium）」の影響を受けて，「どんなローマ法の教育も衰えることはなかった……この古代の部分に対する深い敬意の念をもって」ローマ法に関して厳密な原典を探る研究であった[37]。時代の傾向に対して，ロートマールは，ペルニース（*Pernice*）の「加筆をして原典を補うこと」を拒み，うわべは経験があるように装って推論することの危険を認識していた（1892年5月22日，1891年7月17日アミーラへ）。

1875年の処女作『ローマ法における原因について（Über causa im römischen

Band 2: Im Kaiserreich, 1979（zu *Loewenfeld* 310-24), das Heft 1983 III der Zs. Geschichte und Gesellschaft, hgg. von *R. Rürup*, Juden in Deutschland zwischen Assimilation und Verfolgung, und die unverzichtbaren Originaltön inder Textsammlung, hgg. von *H. -G. Oomen/ H. -D. Schmid*, Vorurteile gegen Minderheiten. Antisemitismus, 1978, hier S. 19 zum Wort und überhaupt die nütsliche Einführung zu Texten und Autoren, S. 6-49.

36)　ミュンヘンについては，*Y. Gleibs*, Juden im kulturellen und wissenschaftlichen Leben Münchens in der zweiten Hälfte des 19. Jhs., 1981, 212ff. kurz zur Rechtswissenschaft, freilich mit nur einem Beispiel, 216 zum n. c., dazu und nderem aber besser *Hamburger*, (aaO Fn. 4), S.49f. ; eine anregende Impressionensammlung bei H. Lamm (Hg.), Jüdische Kultur in München, 1982, dort *A. Werner*, S. 325-28 kurz zu Loewenfeld.

37)　*Lotmar* 1903, S. 243　ブリンツに関して。

Recht)』は,「尊敬の意をこめ,心から感謝して」アロイス・ブリンツに献呈された。この論文は,当時としては,もっとも厳密な原典を用いた古典的なローマ法の最新の中心的な学説であり,当時の学術論文としては異常なほどの出費をともなっていた。もちろん,彼は,何かしら求められる方法で,「古典的なローマ法の領域における原因（Causa）を包括する広い範囲」から,彼が呼んでいるような「真の理論的考察のもとで」（Ⅴを参照）一部分のみを取り出す。彼は,「法律基礎としての法的事実に基づいて」,「法的な意思表明,とりわけ法律行為」（Ⅵを参照）を,目的に至るのに容易で多元的なものであるとして選び出した。彼は,このような対立を,「行為を考慮した上での目的」に基づいて発生させた。「第3章は手段と目的という目的関係の双方の側面について論じ」（Ⅵを参照),第4章は多くの者の協同の可能性について,最後に第5章は,「そこまでに述べたことの基礎が根拠のあるものといえるか」の調査である（Ⅶを参照）。

　この引用文は,この論文が,一定の法すなわちここでは,たとえば,時間を超越した法学の「カテゴリー」ではなくローマ法を基礎として一般的な法学の考え方を発展させており,それをどのように発展させているかということを示唆している。アミーラの義務概念に対して,彼は,このことを一般的なものであると裏付けた（1885年9月25日）。ロートマールにとっては,言語がもっとも正確であることや明敏な識別能力が,このような分析方法には欠かせない。M. グミュアが発信したものは,原典や言語資料がきわめて豊富であり,ロートマールは,ローマ法大全を半年ですべて読んでおり[38],信頼できると思われる。原典を読んでいるだけでなく,根本的に深く考えていると思われる。分類をすることの苦労は,いまでは,以前より誇張されている。しかし,それは,意識的に整理をして自分の物にする力となる。アイゼーレ（*Eisele*）は,これに関して,彼の理論基準にしたがって,「物事の本質」に対して「もっぱら形式主義的に型に当てはめること」を認めている[39]。エック（*Eck*）は,「新

---

38) *Gmür* (1922), S. 264.

39) KritVjs20 (1878) 1-8, 3（アイゼーレは,友人アミーラのフライブルク大学の同

しい方法」に抵抗し,「哲学と先験主義の統合によって,法的根拠,法律行為,動機,目的などの法律概念」を構成し,そして,原典から結果を裏づける[40]。どちらの批判もそれほど単純に当たっているとはいえないが,とりわけローマ法の理論に対する基準問題を示唆している。このことは,ここでは予測できなかった。それに対して,この業績に対する点には十分なコンセンサスがある。ロートマールは,自分の保存用の本の最初に,批判めいた詩を書いた。「完成したこの本は,私が長く頭や心の中に抱いてきた作品の構想にうわべだけはよく似ているものだ。私は,この作品のせいで運命を嘆くべきなのか,それとも,あきらかに何かを得たことを喜ぶべきなのか？」

『神聖賭金による対物法律訴訟（Zur legis action sacramento in rem）』という彼の教授資格論文は,友人や義兄弟であるアルベルト・バッヒャー（*Albert Bacher*）に称賛された。この論文は,最初の別の研究やローマ市民法がローマ民事訴訟法なしには理解できないという「思慮深い決まり文句」から生まれた（Ⅴを参照）。それは,神聖訴訟における被告の弁護は常に個人の所有権を主張することではない,ということにしたがった訴訟形態,判決形式の新しい理解を基礎とした。これがどのように受け入れられたかというと,フライブルク大学のローマ法学者であるアイゼーレの場合は,ブリンツの場合と同様に温かみのある批判をしたが,ベカーの場合はあきらかに批判的であった[41]。他方で,この業績そのものに対する敬意,たとえば,「我々に反対する者が弁証法を熟知していることに対する」敬意という点で（ベカー）,意見が一致している。

1878年,ロートマールは,『反証問題における批判的研究』において,彼の教授資格論文に対して,具体的な解釈論争においては行えない自己弁護を後からした。しかし,それには,彼の学問方法に対する「基本」に関する特徴的な

僚であり,そこでも,時事的なテーマで別の論文の引用がある）；*Titze*, S. 173 の判断を受け入れただけである。

40) Jen. Lit. Ztg. 3 (1876) 258–261.
41) *Eisele*, KritVjs 19 (1877) 512–518 (übernommen von *Titze* 1929), zu Brinz Lotmar 1903, 252, *Bekker*, Jen. Li. Ztg. 1876, Nr. 52, 804 f.

序章が 58 ページもあった。それは，その少しあとに初めて「法の歴史の発見」（ヴィアッカー〔Wieacker〕）が到達したものであった。真の歴史理解の出発点としてのサヴィニーのものや完全に理論から離れた歴史にしたがってアミーラが 1876 年に主張したもの[42]は，そこでは拒否された。ローマの法律家について見てみると，1816 年にフォイエルバッハが述べているように，彼らは単なる歴史上の法律家であったのはなく，何よりもまず法律家であった，「だから現在の法に忠実になるのである」(30 頁)。1876 年のローレンツ・フォン・シュタイン（Lorenz von Stein）の論評[43]は，これと変わらなかった（29 頁）。すなわち，理論と歴史とがあらゆる点で関連があるとすれば，歴史と理論との間は，「原典や資料の質に頼らざるを得ず，常にどちらも必要であり同じように広い範囲に及ぶという関係が成り立っている」(31 頁)。法制史を研究するということは，一般的には，現行法をよく理解するという必要性から根拠づけられるものではない。これは，ローマ法の資料をいつでもすぐに理解できるような，理論に基づく歴史のあきらかな根拠づけを目指している。しかし，この広範に及ぶ根拠づけは，新しくなり，あるいは何度も新しくなっている。それは，目的をもたない歴史学と理論の理想それ自体において基礎になるのではなく，「知識そのものが知ることの目的にはなりえないし，なってはならないのであり，何らかの方法・場所で，人間の精神的・肉体的福祉を予見的少なくとも間接的に促進させることが，あらゆる人間の労働の価値を決定する」という重要な確認に立ち返る（32 頁）。そのほか，この考察は，1847 年の法学の無価値に関するキルシュマン（Kirchmann）のものとも一致する。

　この時代の法律家の役割は，「福祉」の範囲内での基本的な使命，つまり，政策上の使命及び憲法政策上の文脈へと移った。それについて理解するためには，ロートマールについてだけ理解するのではなく，ヴィントシャイトからツィテルマン（Zitelmann）及びレーマン（Lehmann）までの時代のすべて

---

42) *Amira*, Zweck und Mittel der germanischen Rechtsgeschichte, 1876, 友人以外からはほとんど批判が述べられている。

43) Gegenwart und Zukunft der Staats- und Rechtwissenschaft, 1876.

の法律学の傾向を知らなければならない——私法の概略を述べるために。より詳しくは，ロートマールによれば，次のことを意味する。

歴史学者の立場は，歴史法学者そのものであり，彼らは何かが実際の法になっているかどうかをあきらかにする（34頁）。このような問題は，ドグマティカーからはまったくかけ離れたところにあり，これを肯定したあとにはじめてドグマティカーの仕事は行われる。両方を兼ねることが多いはといっても，根本的な相違がそこにはある（35頁）。歴史家でありながら，ドグマティカーでいることはできる（37頁）。このような使命の相違から，原典との関係の相違や様々な利用方法が明らかになる。「ドグマティカーにとって原典は法律であるのに対して，歴史家にとっては歴史的起源である」(39頁)。ドグマティカー自身は，たとえば，法律の中に矛盾があるということを言い，歴史家自身は，たとえば，パウルスはユリアヌスと対立しており，意見が合わないと言う（43頁）。

方法についての長い章は，1878年までは伝記や文脈から出てきたような，基本的な立場や区別について概要を述べたものであった。当時考えられていた一般的な倫理的・社会的不安について論じた[44]。倫理，経済，政治に関する法学の限界をめぐる幅広く激しい議論は，法学の大きな進歩を認める中でそれを超える傾向に明確に反対するブリンツの議論に優っていた[45]。この議論は，すぐに重要なものとなり，とりわけ，1883年，84年にはギールケが活気ある法律家の法理念の現れとラーバント国法学を比較し，法律家自身によるヴィントシャイトの冷静に見える原則と争った議論の中心とされた[46]。同時に，ロートマールが歴史家とドグマティカーの役割を厳しく分離し，一方で発展と変遷によって理解し，他方で非常に重要なものとしての法によって理解する，と分類

---

[44] Oben bei Fn. 35.
[45] KritVjs 19 (1877), 401 バロン (*Baron*) についての書評での注釈として。ここでは，相応のロートマールについての引用（1903, 246）による。
[46] 1871年以降及びさらにさかのぼった背景について，そして，今日の誤解に対しては，*Rückert* 1988, S. 87ff. ブリンツに関しては74も。ヴィントシャイトについては，JuS 1992 H. 11.1。

したとすれば，このことは，きわめて規範的な，今日では憲法政策にもとづく意味を持つ。この場合，このような方法論的な役割分担においては，方法論的観点によれば，生成過程の法も，生成された法律からは離れ続けている。方法決定は，目的物の決定に完全に合致する。法ではないものと成文法とは，結果に対する発生，変遷，発展，重要性及び不変性がそうであるように，あきらかに別々に進んでいる。つまり，すべては，一方で現行法の確実さに委ねられ，他方で生成過程の法の流動性に委ねられており，もはや先験的あるいは思弁的に導き出されるものではない。したがって，ロートマールは，完全な強さの中で，確かな保護の法及びあきらかな修正の可能性についての利益を法律上の概念とした。自由主義的・法治国家の保障の考え方は，社会的平等という革命思考と結びついた。法学は，自由及び公共の福祉に正確に結びつけられている。

　ロートマールの大きな業績は，1878年には，これらを尊重するための適切な方法試論を発見していたことにある。それは，非理想主義的，反自然的であり，つまり，個人を保護する実定法へ入り込まないようにするために，自由，国家，民族，社会的人間性など法的な基盤となる内容なしで，うまくやっていくものである。しかし，それは，革命の混沌の中でかき消されるかのように実定法の背後に隠れないようにするために，修正ができるものでもある。そして，それは，法の横暴，恣意的な改革の中で消されることのないように，大事にしながらロートマール学派のように「自由かつ社会的に」操作される。そのため，ロートマールの実際の人生とはかけ離れたように見える成文法の存否に関する歴史及び方法に関する教義（Dogmatischen）の制限は，当時，非常に進歩的な性格を有していた。それは，生成されたあるいは存在する法と同様に事実と結びつくことによって法律の恣意を抑制する。それは，法律による政治行為すなわち議会つまり帝国議会及び政党をもっぱら意識的に自由な状態にする。そのため，1912年に，レーヴェンフェルトは，あらたな自然法や憲法の代用としての現代のいわゆる自由権と法律上の社会主義とのアンビバレンツな危険に対して，この構想を一貫して的確に守っている[47]。

---

47)　詳しくは，Rückert 1988, 72。

ジンツハイマーやティッツェとの深い親交を断ったこのロートマールの一派は，1922年そして1929年には終わった。2人は，法及び政治に対する法律学の限界が，国会を通過しても法律家あるいは関係者自身による善意から出た改革のために繰り返し流動化するという実質的で単純ではない倫理的な人間性及び社会的評価の面について何度も繰り返して反対しているように，この考え方に反対であった[48]。このような法の限界は，ある時にある場所で，アプリオリに確定するということはない。このことを批判することはできない。しかし，ロートマールやレーヴェンフェルトは，「縛られたプロメテウスのうめき声」(ロートマール，1897年)をしっかり耳に残していた。彼らは，流動化の危険を解決し，戦い抜き，法律家として理解された。彼らは，それを制度上処理し，「真の法律上の進歩」(レーヴェンフェルト)[49]のもとで，その時代の保障される「福祉」の最善のものを提供しようという法律の使命の制限へと変えた。これを主なきっかけとして，福祉の状態や改革の可能性を明らかにするために，経済社会的関係の非常に現実的でありのままの分析も，常に，重要な法律家の第2の使命となった。「労働契約」の場合だけでなくすでに歴史のある「錯誤」においても法哲学の講義の中でもこの領域でのロートマールの道筋には一貫性があった。社会主義は，ここにはまったくなかった。

　反証の実質的な問題をめぐる論争が優れていると思われる一方で，方法論的な論評は学問の歴史においても法の歴史においても重要な段階を示している。ローマ法研究が広範でも十分でもなかったとしても，より広く徹底的に基本にこだわった研究，とりわけ錯誤ついての研究(1883/84年)の長い論評とわずかな研究を作り上げた点について，我々はこの3つの偉大なものの跡を継いでいる[50]。

　ここから，錯誤に関するローマ法についてのローマ法学の主要な業績が生まれた。ロートマールは，1883年以前からこれに着手していたが，労働法研究

---

48) 詳しくは，*Rückert* 1992, Zur Lage um 1992。
49) これは，彼の父，レーヴェンフェルトのモットーである。(aaO Fn. 3), S.169.
50) これ関して，一部について，*Titze* (1929) 論文がある。

のために長い間中断し、その後1908年から再び始めた。1922年にようやく完成した作品は、財政の特徴や実際的な問題について再び人々の意見が分かれているため、いまなお出版されている。ローマ法学の新しい解釈は、非常に「歴史的」であると思われる。この原稿は、意味のある連続性を実証する[51]。ロートマールは、その導入部分で、端緒を示すために、「錯誤」に関するサヴィニーの一節と結びつけた。「この語は、今日のローマ法学者にいかにアプリオリな印象を与えるだろうか。『錯誤に関する法律上の理論は、（一部は古い法源においても）諸事例を本来はその領域の外にあるのと同様のものに混入することによって、少しも曖昧にされてはいない。』[52] 錯誤の領域は、その限界を超えて法律上の理論を曖昧にしたと非難される限りにおいて、以前から定められており、ローマ人によって定められたわけではない。一部は無意識であったように見えるが、サヴィニーが認めなかったもの、すなわち理論的・心理学的な前進の前提が」、我々が知っているように、「40年後のツィテルマンの場合には『錯誤と法律行為　心理学的・法律的研究』（1879年）において、専門的にまったくの哲学的な武器をもってその時代に表れた。なぜなら、彼のみたところ、ローマ法の錯誤論はいまだにその基礎が定まっていないために、混乱や不完全さが入り混じっていることから、彼は、『行為過程の心理学的分析』を考察した。」(Bl. 1 f. des Ms)

　再び、方向は、先験主義とは反対に向かっていった。そのため、ロートマールにとっては、「錯誤に関するローマ法の発見地が、限定的意味におけるローマ法のすべての法源であり、他方で、世俗的な文学的遺産は、選択することによってのみ、また、ほとんどが専門用語の問題において使われる。」「その使命には歴史的重要性がある」ことを理由に、原典の範囲を別の点から制限すること、「とりわけ、現代的な観点から行われるようなもの」はなされない（Bl.5）。

---

[51]　本稿は、スイス国民基金に代わって、*J. Hostetter*/Lausanne-Bern からの援助を受け、好意的な協力により、これに関する1980年の情報を提供するのための講演原稿のような理解を私にもたらした。

[52]　Vgl. *F. C. von Savigny*, System des heutigen Röm. Rechts, Ⅲ S. 40.

彼は，その使命を「真の歴史調査の中に見出した。」ベッカー[53]（Bekker）によれば，「別の意図もなく真のローマ法を客観的に示し，すべての資料を完全に客観的に調査した。」実際にあったローマ法の存在を確認するために完全に原典を使用することがそれほど彼には重要であったのだとすれば，このことは，1878年に決められた歴史的な存否確認という使命にふさわしいものであり，そこから生じるものである。それゆえ，錯誤の事例を確定することは，原則的には，「錯誤の存在を知らせるための本来的な手段」として「錯誤や誤るという語」の由来から明らかになる（Bl. 7 a. E.）。原典の範囲は，純粋に法的なものに厳しく限られているのではなく，補助的に，文学やすべての古典も含む。この意味で，ブリンツが言うような「もっとも純粋な叙述が最大の進歩であるということ」が彼にとってローマ法においては重要であったといえる[54]。それは，真実のみを追求するだけでよく，合目的性を追求する必要はない（Einleitungskonzept Bl. 3）。現在の合目的性は，何ら役割を果たしていない。所与の法は，ここでは，法制史家の活動領域を限定する存在として扱われる。このような非常に「現実的に」歴史的性格を明らかにすることは，1878年以降は法律家に制約を加えることや一般的で広く認められている法創造を自由に行うことという点で同様の憲法政策上の意味をもって，ロートマールの方法論的な基本的決定を裏づけた[55]。法律家及び歴史家の現在の使命についての基本的決定は，法制史上の使命へと移っている。両者は，今日までにそれ相応の抵抗にぶつかり，とくに，我々は「歴史的に」常に，意識的なあるいは無意識の哲学であろうと理論であろうと，大きな違いを理解しようとしてきた。先験主義と歴史主義の対比は，ロートマールがそれをサヴィニーとベッカーとの間で行ったのと同じように，ある程度時代に拘束される場合には，「克服」で

---

53) KritVjs22 (1880) 48ff.「E. I Bekker の場合のドグマティークと法制史」に関して，実質的には *M. Kriechbaum* 1984, S. 216 ff. *Bekker* の場合は，ここでも「真に歴史的である」と感じることができ，同時に立法者の解放を意味する立法者の利益のために独断的使命から解放することを確認する Fn. 47 参照）。

54) Konzeptheft Einleitung, Bl. 3 , mit *Brinz*, Rez. Arndts, KritVjs 21 (1879), 7.

55) Fn. 47 参照。

きない。しかし，存否確認と程度確認をできる限り分けるという標準的な考え方は，彼の価値前提によれば，依然として価値のあるものであり，もちろん改良された転換方法や方法決定も同様である。

2. 法哲学上の基礎

ロートマールのような非常に明確で断固たる見解は，法学及び哲学の基礎との密接な関係からのみ生じる。それは，ロートマールが遅くとも1877年の初め以降に得たものである。彼は，1877年3月28日にアミーラにつぎのように書いた。「私自身，大学講師の職は非常に喜ばしいものであったが，すべての時間を［講義という仕事のために］使い果たした。何かを始めるときにはそうであることが多いように，膨大な時間のかかる著述は，長い間滞っている。というのは，あちこちで，法学や哲学の中に非常に多くの要素を埋め込まなければならないからである。」

その直後，ミュンヒェン大学での1878年以降の年月の騒動[56]は，何人かを激昂させた。なぜなら，ロートマールが，1880年及び1881年に行った，急進主義的な内容であったために注目された商業団体のための法哲学の講演について報告をしたからである（1885年12月23日，1886年3月24日，1886年7月13日）。1891年，彼はベルン大学で長い間取り組んでいた仕事の成果を発表した。それは，その後1893年に，講演『我々とともに生まれた権利に関して（Vom Rechte das mit uns geboren ist)』，『正義（Die Gerechtigkeit)』として出版され，その少し後の1897年，98年には『職業選択の自由（Die Freiheit der Berufswahl)』が出版された。1893年の講演は約10の論評[57]においてとくに慎重にとり上げられたが，従来の理想主義者あるいは新理想主義者である

---

56) Fn. 35 参照。
57) とりわけ，*Bernhöft*, Lit. Centralbl. 44 (1893), 950 f., *J. Kohler*, Jur. Lit. bl. 1893, 67 und 1895, 198, *E. Bernstein*, Neue Zeit 12 (1893-94), 396-402, *Barth*, Socialpol. Centalbl. 2 (1892-93), 423, Allg. Österr. Gerichtsztg. 44 (1893), 15 f., *Loewenfeld*, kritVjs 36 (1894), 312-37.

コーラー（*Kohler*），ベルンヘフト（*Bernhöft*），ノイカンプ（*Neukamp*）はそれに反対であり，新カント主義者シュタムラー（*Stammler*），「修正主義者」ベルンシュタイン（*Bernstein*），社会主義者バース（*P. Barth*），ウィーンの論調[58]及び友人レーヴェンフェルトは，どちらかといえばこれに近いものであった。この研究を行う根本的な動機は，ロートマールがすべての法学に内在していると見ている倫理的政治的問題にある。カトー・レーヴェンフェルトにとっては，法律に関わる職業は実入りの良い地位ではなく，使命に似ていた。彼は，「有名な成文法の大家であった」にもかかわらず，「生涯を通して，法的なものよりも法規範の倫理的内容に」興味をもった[59]。同時に人は厳密な法を相当程度求めるが，両者を１つにすることはできないため，ロートマールは，現実の法と理想の法との間を分けることにより厳格な境界を定めることを行った。彼は，1878年に選び取られた歴史と理論についての役割決定を拡大した。彼は，『権利について（Vom Rechte）』の中で，「生得的権利」や権利として想定されただけの「自然法」といったあらゆることに徹底的に答え，改革論者の観点における倫理的，道徳的及び政治的価値のあるものとして，それを最大限まで受け入れることができるとする。法哲学は，とりわけ批判的に，「法の幻想」として想像上のものであり続ける法の基礎概念を一貫して破壊することになろう（*L. Knapp*, 1857年による）[60]。一貫して，永遠の法概念としての正義の概念は中味のないものであるが，歴史的・具体的な批判へと導くものとして再びもっとも重大な事柄になるはずである——『正義』の中でそのように述べられている。彼は，『職業選択の自由』によって，主要な憲法政策上のテーマ，すなわち，今日の憲法上定められた「政治的，社会的自由の部分」を徹底的に検討した。ここで，彼はまず，職業の自由がどのようなものであるのか，どれほど身分によるものあったのかについて基本的・経験的にあきらかにし，現状調査を示し，そして同時に，状況の価値関係を分析する。つまり，彼は，ありのまま

---

[58] 音声著者保存本「*Schreiner*」。

[59] Ph. *Loewenfeld*, (aaO Fn. 3), S. 16. による。

[60] これについてより詳細なものとして，*Rückert* 1988, S. 75。

の状況についてや，たとえば同権に関する価値実現及びあるべき機会についても偏見を持たずにあきらかにした。彼は，法律上の職業の自由を認めたが，「法の力と同じほど強い制限」，とりわけ，経済的な「無産」や「社会的な」制限も調査し，そして，「それは，その自由を持っている国民のわずかな一部のみにある」ことを確認した。これは，すべての者がその制限の対象とならないために正当ではないとする。そして，彼は，職業を分けることなく，「共同生活のための負担金を能力の程度にしたがって均等に」配分するという課題を設定した。それは，理想ではなく，「経験や歴史に基づいてのみ」決定されるという。たとえば，現代の労働者保護はこれに含まれ，「経済的な連帯のもとに置かれること」という側面からも「国家への相当の影響」が必要であるとされる。この告白めいたプロメテウスの有名な言葉[61]により，新たな方向性を示しつつ講演を結んだ。

テニィエズ（*Tönnies*）やハウスホーファー（*Haushofer*）には認められたが，至るところで不確かな批判をされる[62]ことから，今日ではこれを包括的な政治学と呼ぶことができる。ただし，その表現がそれほど論争に不利ではなく，「経験によって」修正されるのであれば，である。法律学は，ロートマールにとってはそうではないが，人間としての法律家にも法学者だけではない者にも課される重大な独自の意味をもつ補完的な物の中にある。それは，彼によればいわゆる正義批判である。

そのため，ロートマールは，現行法とより良い法と目的にかなった方法論的役割との間で，きわめて意識的な基本的区別を行った。しかし，この区別は，それぞれを分離するのではなく，分業としてのみ用いられればよいということが明らかである。我々が尊重してきたものを無視し，その要素を分離する一方で，あまりに容易に他のものを優先して尊重する場合にだけ，当時からすでに論争になっていたような法実証主義や形式主義などはそこには明らかに存在し

---

61) すでに Fn. 23 で使用した。
62) *Tönnies*, Arch. f. soz. Ges. 12 (1898), 584-88, *M. Haushofer*, Zs. f. Soc. wiss. 2 (1899), 550-52.

ない。ロートマールは、このような考えをもって、その当時の憲法政策上の現実や可能性に非常に正確に対応した。彼は、自由社会的な議会主義への途上に「帝国」を認め、1893年にSPD（ドイツ社会民主党）が選挙で大勝したことを意識的に述べ、いわゆる改良主義への貢献を果たした。ここでは、ベルンシュタイン、カウッスキー（*Kautsky*）、フォルマー（*Vollmar*）、ジンツハイマーなどとの親しい関係は失われてはいなかった[63]。この考え方は、右派と同様に左派からも今日まで理解しがたい誤解を受けていた。それは、自由、民主、社会主義的であると特徴づけられる。このようなそれほど混乱のない組み合わせは、一方ですでによく知られている集産主義的な底辺民主主義的、国家社会主義的な見解、他方で形式的自由主義的（単なる「法的な自由」）な見解からの抵抗にあったことによりその意義を得た。それは、社会的な、より厳密にいえばできる限り多くのことに対する個人の平等を目指す自由のモデルを得ようとする。媒介という方法は「真の法的進歩」であり、先験的に何らかの効果をもつものではない。このようなロートマールのような見解の論理は、非常によく考えられ、意味深く冷静な文章の中で述べられている。ロートマールのようにかなり広範囲に及ぶ研究を行った思想家の場合、政治学的な立法批判家や正義批判家そして歴史家「自身」と同じように、「法律家自身」にとっての方法論的役割決定にもしたがう。ここでは、これを1つ1つ追い求めることはしない。しかし、この文献を読むことには、いつになっても方法論的、倫理的に大きな魅力がある。

　ロートマールの考え方は、ローマ法に関して、また、その時代の客観的な法哲学において、強固になった。

3. 労働関係の法

　それにもかかわらず、ロートマールが、既存の法をその存否の面で研究し、その方法としての所与性の面で理論的な決定をするために、法律上の手段に重

---

[63] 何通かの書簡から推定した。

点を置くことによって，法的，社会的，政治的に雇用関係や労働関係といわれるような領域に目を向けたことには非常に納得がいくように思える。

最初の一歩は，実際に基準となる法を体系的に確定することにあり，そして，このことは進歩を意味し，労働契約における権利・義務を確定し実行することになる。これが，あらゆる不完全さを解決することはできないし，するべきでもない。ロートマールは，1902年に新たな確実に法に縛られないという期待の現れの中でも述べているように，彼は，「法律学の効力」そのものに厳しい限界を定めているように見え，それは，その限度を超えるところにおいて，法の確定によって認められる救済的効果を利用できるようにするべきであるとする。これについて，基礎となる導入部分で次のように述べられている。「それは，単にその方法を利用するために不可欠な準備ではなく，法律家にとって労働交渉の過程にかかわるであり，それを利用することの利益を呼び起こすことやその利用可能性の信用を強めることは適切であるとはいえない。彼は，この場合，私法上の規則の重要性が経済的な事実の重大さにはかなわないと思われる領域に達したいのだろう。このことによって，彼は学問的な使命を放棄するつもりはない。むしろ，彼は，さらなる監督を政治家に任せるところまで進んだ。法律家には，法が保護する手段とは異なる申し立てをすることを要求されない。労働契約の適用領域の中に，『法的に処理できず，行政による措置も取ることができない』『根源悪』(Drucks. Der Kommission für Arb. Statistic. Verhdlg. Nr. 9 (1896) S. 3) がある場合には，『法律学の効力』に引かれた限界を我々は肝に銘じなければならない。」(I S. 26)

別の評価をする評論家たちの一致した適切な判断によれば，ロートマールは，これに厳格に基づいていた[64]。しかし，それにもかかわらず，現在の私法上の規則は，ほとんどが効力を認められるべきであり，「かなりの数の不当なものは，表面化して生き残ることはできない。」(I S. 27)

---

64) 約15人の著名な評論家によるものを参照。とくに，*Boethke*, GruchotsBeiträge 48 (1904), 432 ff., *Ders.* (1909) 456; auch *Sinzheimer*, Arc. f. Bürg. Recht 34 (1910), hier 296 Fn. 4, *M. Weber*, Ardc. F. soz. Gesetzgebung 17 (1902) 723 ff., *Titze* 178.

ロートマールは，実際の雇用関係や広範に及ぶ労働関係の現状調査を行い，至るところで称賛された。そしてそれは，法は原則として事実に基づいているという法的な社会主義としてではなく，法と比べることができるか，あるいは正当な当事者意思を説明することができるかという実務上の法概念の準備，厳しい判断，確認として行われる。

　ジンツハイマーとティッツェ，そして，すべてを創設したワイマールの労働法学者たちが去った時にこそ，ロートマールの核心が表われている。もっとも本質的なことを挙げるとすれば，これに含まれるのは，書かれた憲法規範に守られた適切な法律上の方法，社会主義や自由法・判例法に対する法律問題の独自性の主張，個人的・私法的で自由で明確な特別法上の保護アプローチ，いわゆる従属労働を超えた広い労働契約概念，請負契約の全般的な明確な理解，自主的な労働協約の構築，そして，具体的に立証可能な社会的道徳にしたがい，また，法律上・判例上決定された規律を単純に示すだけでない公序良俗違反判決の適用である。今日まで広範に理解された労働契約概念が「体系的に」誤っているとして退けられ，すべての雇用法に対して原則的に私法のアプローチをしないということについても考えることなく，従属労働の定義に悩まされた。ロートマールは，この問題を，収入の上限によって私法上簡単に解こうとした。

　ロートマールは，多くの重要で確かな影響をドイツよりもスイスにおいて与えた[65]。スイスで彼は，特別な貢献をし，専門家としての意見を述べ，1902年以降，1911年のスイス民法典（ZGB）の労働法の部分の準備に加わった。

　ロートマールは，すでに1895年にはその領域での方向性を見出し，1896年には，彼がドイツ民法典草案における雇用契約法を正当に評価したときのような評価をしなかった。このとき彼は，ドグマ批判と政治的批判とを正確に区別した。2つの方向から，彼は，いくつかの法について厳しい意見を述べた。と

---

65) 追悼文の差については Fn. 19 を参照。1902年，1905年，1912年の業績についての変わった論文である。*Rehbinder*（aaO Fn. 3）についてのわかりやすい関連するすべてのものは，情報を与える導入部分（18頁以下）による。88頁も収入の上限に関するものである。

りわけ，彼は，「等しい」自由のための多くの強行法規やより良い事実認識にもとづく多くの法の確実性やより実質的に「誰にもわかること」求めた（69 ff.）。

その後，彼は，1900 年に，決定的な法律学上の認識への一歩を得て，さらなる進歩を果たした。それは，彼が，ますます広がり，いまや労働組合に受け入れられている労働協約を分析したことによる。彼は，私法上の代表に関する構造や公序良俗違反によって，労働協約の自由かつ主体的であるという要素を維持した。しかし，同時に，彼は，それを合意によっても変更できないものとし，それにより，統一的な交渉委任及び離脱の排除により実際の経済的効果を保障した。彼は，これを，一般に認められている道義的義務違反（公序違反）の禁止に対する賠償請求によって法的に根拠づけた。ロートマールが，後のすべてのものに反して，別の方法で正当化され，当事者に対しても組み入れることができる規範としてではなく，純粋な契約として労働協約を理解したことには，非常に根本的な価値的意義がある。そのため，彼は，集団的参加の正当化そのものを避け，特別な現実的市場条件のもとで個人の自由を保障する手段としてのみ労働協約を根拠づけた。

彼は，1896 年に，反道徳的契約に関する一般には理解されない大論文において，経験的・社会的に定着させるべき法の道徳関係性という根本的に重大な考え方を築いた。その考え方は，相変わらず納得のいく試論を含んでいた。それは，法律職にとってのあいまいな白紙委任状としてではなく，一般に認められている現実的な道徳を確認するための指示として理解するために，当時ドイツ民法典（BGB）138 条に根拠があったような，公序違反に関する法を採り入れることであった。もちろん，単なる世論調査ではなく，現実的な道徳の確認，つまり，実践的な規範性の確認にかかわるものであった。誰が道徳について決定するのかという手続上の問題については誓約をすることとなる。ロートマールによれば，これは，事実上の問題，つまり当事者にとっての証明の問題であり，法的手段によっては修正できないが，支配的な見解によれば，法律上の問題，つまり裁判官の責務である。我々は，この単なる法律家のモラルとしての公序違反を理解するための純粋な二者択一を，今日までそれほど正当に受

け入れておらず，論争の上で大部分は世論調査の慣例の一種と取り違えている[66]。しかし，ロートマールの考え方には根拠があり重大であった。彼のアプローチは，当事者の機会を，権利主体そのものの機会の中でより厚く保障し，強行法規がない限りは，法の確実性にとって不利になることなく保障するため，ここでも原則として個人的，自由的である。慣習法説の場合と同じような論争問題とのつながりは火種となった。どちらの場合も，可能な限りの権利主体の自律や法律の枠組みにおいて有効に働かせるための構造が問題となる。当時のそして現在の法律的国家主義及び判例法の影響下では，これについてどこにも可能性は残っておらず，私法の中にもない。慣習法に関して，1850年までは十分に意識し，100年前は当然のことであった法教育の可能性は排除された。初期新時代や中世の法領域は，法そのものを，それを適用しなければならない裁判官に示した。ロートマールは，集団的自治ではなく，法的に行動する個人の社会的法教育を，議会や判例法による法教育の非常にもっともらしい補完として見ていた。

V. 最後の姿

最後にもう1度，ロートマール像の中で認めるべきではないものを考えてみると，細かく多方面に影響を及ぼすところで，社会主義の中で強調された自由の要素や法律決定及び方法決定という憲法政策に似た意味を誤解していることがわかる。「遅れてきた」ドイツの国民あるいは少なくともここではっきりした法律家の立場は，20年来，反自由主義を意識的または無意識的に持ち続けていたのであり，自由主義者を単純な形式主義者であるとし，改良民主主義的社会主義者を単なる社会主義者であるとしたほどである。ワイマールの労働法学者であるフランツ・ノイマン（*Franz Neumann*：1900年–1954年）の評価

---

[66] Vgl. statt vieler nur *Titze* 1929, S. 175. Generell ablehnend auch die Rez. von *Oertmann*, Arch. f. burg. R. 13 (1897), 115 f., und *F. Eudemann*, KritVjs 41 (1899), 517–26, 522 f.

は，啓発的にこれに似せている。「自由」及び「社会的」とは，ほとんど存在せず自らを押し殺した「単なる法律家」を求めるものではない。ロートマールは，その時代において，ひょっとするとブリンツやレーヴェンフェルトのように明確で決定的に，イェーリング，ヴィントシャイト，シュタムラーなどよりも非常に明らかにその立場を生き，記録したにもかかわらず，このことが行われたのである。

肖像画の下にある彼の実際の人生の姿は，ほかでもないフーゴ・ジンツハイマー (1875 年-1945 年) による賞賛を見れば，おそらくもっとも容易に理解できる。その描き方はまるで悲劇であり，ひどかったと思われる圧制によってなされたといえる。1904 年，ジンツハイマーは，ロートマールの労働契約に関する書籍に非常に感激し，1910 年には，わずかな疑念をもちつつも歓迎した[67]。1922 年，彼は，あいまいなギールケの見解よりもロートマールの明確なものを好み，不明確であった「新社会主義」及び「人間主義」を基礎として用いた[68]。1953 年に出版されものであるが，1937 年に，彼は，従来の自分の見解を引用せずに，ロートマールの主な業績を「改めて間隔をおいた現代のもの」であると認めた (S. 217)。彼は，実用的な権利について経験的な興味をもったことにより労働交渉の現実的な権利を最初に発見したという業績を認めた。彼は，その際，ロートマールが経済的・政治的使命に対する法律の使命を認め，あいまいにしなかったということを積極的にはっきりと賞賛した。1922 年，彼は，「自由な法の発見」を支持した。そして，彼は，ロートマールが従属労働の特殊性を社会法上は定義せず法律上の原則としつつも，それを認めたことを評価した。彼は，ローマ私法の理論に対して，もはやドイツ法による評価やギールケとは争わず，多かれ少なかれあいまいな社会学的方法を超えて，法律学の結論を導くことはもはやしなかった。1922 年のジンツハイマーによ

---

67) In Jur. Lit. Blatt 26 (1904) 1-6 und Arch. f. Bürg. Recht 34 (1910), 291-322, kritisch zwifelnd 315 f. zum privatrechtlichen Ansatz. Vgl. Zu Sinzheimer den Beitrag in diesem Band S. 615.

68) これに関して詳しくは，*Rückert* 1992, 274 f.

る賞賛の深淵は，すでにフィリップ・レーヴェンフェルトがかなりはっきり見ている[69]。ジンツハイマーらの修正は認められなかった。

　いまなお，我々は，彼がいかにして，その特徴的な問題関心のために1922年には忘却の人となってしまったのかを強調しなければならない。これに対して，フィリップ・レーヴェンフェルトの抗議は，もっともであるが，効果はなかった。それは，ロートマール等の自由主義的で社会主義的な法律学の多くの次元を再発見することという使命を残した[70]。あきらかにここに含まれるのは，準備をしておくことが役に立つのと同じように，実定法学や法律学の安定性であり，学者としても，ムーサの仕事を秘密の活動であると解するのではなく，「書物や顕微鏡あるいは蒸留器の上に身をかがめ，縛られたプロメテウスの悲嘆の声を1度は受け入れなければならない——それは，何千という彼女の仲間の抑圧された本質である。」現代への倫理的関与及び法的関与は，これが憲法政策上，著書を身分の後ろへ隠すという誤った方針であったので，あいまいな法律家の力に至ることなく義務づけられ，補充される。誠実にしたがえ，率直に批判せよ（ベンサム）そして勇敢に助けよ（ロートマール）——このような観点を怠ってはならない。なぜなら，そうしないと，単なる法律であれ，単なる批判であれ，単なる関与であれ，一部はあまりに容易に倒錯してしまうからである。ロートマールが大事にしたものや学問は，時代遅れということは決してない。人々が20年間，彼を「実証主義者」とか「社会主義者」として無視しようとしたことに，もはやしたがうべきではない。

フィリップ・ロートマールの著作（抜粋）

1875: Über causa im römischen Recht. Beitrag zur Lehre von denRechtsgeschäften, Diss. iur. München, VIII u.179 S. ;
1876: Zur legis action sacramento in rem. Habilitationsschrift. München, VI u. 145 S. ;
1878: Kritische Studien in Sachen der Contravindication, IV u. 181 S.;
1889-94: Herausgabe und Ergänzung von A. Brinz, Lehrbuch der Pandekten, Band 3und 4,

---

69) Fn. 22を見よ。
70) 先行業績として，*Rückert* 1988及びZfA 1992は，詳細な最近のものである。

2. Aufl.1889, 1892, 1894;

1893: Vom Rechte, das mit uns geboren ist. Die Gerechtigkeit. Zwei Vorträge (gehalten in Bern 1891), Bern, 95 S. ;

1895: Der Dienstvertrag des Zweiten Entwurfs eines bürgerlichen Gesetzbuchs für das Deutsche Reich, in: Arch. f. soz. Gesetzgebung u. Statistik 8, S. 1-74;

1896: Der unmöralische Vertrag, insbesondere nach Gemeinem Recht, Leipzig, X u. 198 S.;

1898: Die Freiheit der Berufswahl. Rektoratsrede (gehalten am 4. 12. 1897), Leipzig, 47 S.;

1900: Die Tarifverträge zwischen Arbeitgebern und Arbeitnehmern, in: Arch. f. soz. Gesetzgebung u. Statistik 15, S. 1-122;

1902-1908: Der Arbeitsvertrag nach dem Privatrecht des Deutschen Reiches, Leipzig, Band 1, 1902, XX II u. 827 S . , Bd. 2, 1908, XV III u. 1049 S. ;

1903: Brinz, Alois (v.), in: ADB 47 (1903), S. 241-259;

1912/13: Die Idee eines einheitlichen Arbeitsrechts, in: Gewerbe- u. Kfm. Gericht 18, Sp. 277-84.

フィリップ・ロートマールに関する文献

M. Gmür, in: Zs. d. Bernischen Juristenvereins 58 (1922), 263-268;

Ph. Loewenfeld, Lotmar, in: Soz. Monatshefte 1921 I, 49 f. ;

H. Sinzheimer, Philipp Lotmar und die deutsche Arbeitsrechtswissenschaft, in: Arbeitsrecht 9 (1922), 587-600;

H. Titze, Phlilpp Lotmar, in: Dt. Biographisches Jb. 4 (1929), 174-180;

H. Sinzheimer, Jüdische Klassiker der deutschen Rechtswissenschaft (geschrieben 1937), 1953, S. 207-224;

Rückert, Philipp Lotmar, in: Neue dt. Biographie 15 (1987), 241 f. (weitere Lit.);

Rückert, Autonomie des Rechts in rechtshistorischer Perspektive, 1988, S. 71 ff. ;

M. Rehbinde (Hg.) Philipp Lotmar. Schweizerisches Arbeitsvertragsrecht. Forderungen an den Gesetzgeber. Gesammelte Schriften, 1991;

Rückert, ‚Frei' und ‚sozial' – Arbeitsvertragskonzeptionen um 1900 zwischen Liberalismen und Sozialismen, Zs. für Areitsrecht 1992, 225-294 (dort ach weitere arbeitsr. Lit.) ;

Philipp Lotmar. Schriften zu Arbeitsrecht, Zivilrecht und Rechtsphilosophie, hgg. und eingeleitet von J. Rückert, Frankfurt/ M. 1992 (mit Werkverzeichnis und Edition ungedruckter Materialien).

ゲオルク・イェリネク[*]

公法のための生涯[**]

マルティン・J. ザトラー[***]
訳 工 藤 達 朗

　ゲオルク・イェリネクの業績は，3つに分類できる。まず，歴史的な影響力からみて最も重要なのが，近代公法の構成要素としての主観的公権の体系と，人権および市民権の基礎づけである（Ⅰ）。第2に，「ラーバント＝ゲルバー流の国家思想」を変形させたことがあげられる（Ⅱ）。第3に，イェリネクは，公法の法学的方法を，その時代の社会科学的な認識論上の議論の水準に，すなわち，理念型を定式化する経験的な現実科学に基づく，価値自由な目的合理主義の水準に引き上げた（Ⅲ）。これら3つの章の後で，伝記（Ⅳ）を描くことにする。なぜなら，啓蒙主義者のユダヤ教説教師の息子から，ハイデルベルク大学の国民自由主義的な副学長へという経歴は，その生涯を彼の転向と他の人々が行ったことの反映としてより精密に描き出そうと試みる場合には，ドイツ文化の領域におけるユダヤ人解放の限界と可能性の典型を示しているからである。

Ⅰ. 主観的公権，人権および市民権

　ゲオルク・イェリネクが第二次世界大戦後のドイツにおける基本権思想に与

---

　　[*] *GEORG JELLINEK*（1851年-1911年）
　[**] Ein Leben für das öffentliche Recht
[***] Dr. *Martin Sattler* : Professor an der Universität Heidelberg（ハイデルベルク大学教授）

えた影響，そして，ドイツ行政法の基礎になっている，主観的公権，客観的公法および反射的権利への公法の体系化は，2つの著作，すなわち，1892年の『主観的公権の体系』と1895年の『人権宣言論』に遡る。

　法人格の意味における人格（たとえば，人間の人格，法人の人格，あるいはまた国家の人格）は，イェリネクにとって，状態であり，地位である。この地位に権利が結びつく。「権利を有するのは人であり，人格とは人である。権利はもつこと（Haben）を内容とし，人格は存在（Sein）を内容とする」[1]。自然法によれば，人間は「自然に（physei）」〔生まれながらに〕権利を有しており，契約を擬制することによって，その権利を国家または共同体に譲り渡すのであるが，イェリネクはこの自然法的な説明をあまりに抽象的であるとして拒否する。イェリネクは「経験的に」ある社会的状態，地位から出発する。その地位は権利として与えられなければならないものではなく，すべての法秩序によって獲得されたものなのである。イェリネクは個人のこの法的状態を自由主義的伝統において国家権力の制限であると説明するのであるが，イェリネクの独自性は，個人と国家の両者は法治国家関係においては制限されたものとして現れるのであり，したがって国家も個人も優越性またはより高次の法的基礎づけを示すものではない，という点にある。「（個人が）国家に服従することはすべての国家活動の基礎であるが，これによって個人は，その個人的義務の範囲内において，受動的地位，服従の状態（status subjectionis）にある。……個人がいかなる点でも国家意思への原理的服従を義務づけられず，完全な人格を有するとの観念は，国家の本質と一致しない。この観念は，神秘的で前国家的な人格という自然法的思弁においてのみ見いだされる。それゆえ，すべての人格は相対的で制限されている。しかも，国家の人格でさえそうなのである。国家は，一定の目的を実現する任務を負い，国家構成員の人格を承認することが国家には倫理的に必要だとされることによって，その行為能力を同じく制限されるのである。国家は，その法秩序によって自ら法的に義務づけられるのである」[2]。

---

1) System der subjektiven öffentlichen Rechte, S. 83.
2) (AaO Fn. 1), S. 86.

イェリネクはこのような定式化において，ラーバント＝ゲルバーに由来する権力国家思想（ヘルマン・ヘラー）を乗り越えた。この権力国家思想では，人格としての国家は始源的な統治権（誰からも与えられず，自分自身による以外コントロールできない）を有するが，市民は，国家から付与された派生的な権利を有するだけであった。このような王朝君主制的で反議会制的な分裂をイェリネクは拒否したのである。

　市民の服従の状態は，自由の状態（status libertatis），市民の状態（status civitatis）および能動的市民の状態（status der aktiven Zivität）に分けられる。市民のこれら3つの状態には，集団の状態（status corporationis）が相関概念として対立するはずであるが，イェリネクは国家をその地位理論の対象とはしなかった。イェリネクが有名な国家「二側面説」を展開した一般国家学において，彼は一面では市民の価値関係とその「統一的な目的の契機」を（社会学的に）探求する展望を開いたが，これが社会学的国家概念である。しかしまた，法学的国家概念はまたもや行動する国家人格という国家形而上学を含んでいる。この国家人格によって，公的秩序を行動する人間の意識現象として分析する通路がふさがれてしまい，また王朝の疑う余地のない権威が公的秩序の正当化であることが法概念の中に透けて見えるのである。

　個々の自由権が結びついている自由の状態は，まだ一般的自由権と個別的自由権に分けられていない。しかし，自由権を制限する必要性からイェリネクが導き出した結論は〔次のようなものであるが，それは〕今日の制限解釈論が克服してしまったものである。「しかし，これらの自由はすべて法律の範囲内においてのみ認められているのであり，これらの法律について一般原理を樹立することはできないから，論理必然的に次のような包括的定式に帰着せざるをえない。すなわち，個人は国家から法律に反する給付を強制されてはならず，したがって，その自由の承認に基づき，官庁がこの規範を逸脱した命令を行わないこと，その命令を廃止することを求める請求権を有するのである。すべての自由は法律に違反した強制からの自由に他ならない」[3]。ここでは，不可侵の

---

3) (AaO Fn. 1), S. 103.

(「不可譲の」）本質内容の確定，自由権の間の価値衡量，そして自由権の保護領域の解釈学的確定は，まだ知られていない。立法者は自由権を無制限に形成できるのである。

　市民の状態または積極的地位から生じるのは，イェリネクによれば，団体に対する市民の直接的給付請求権ではなく，国家機関の活動であって，このことはまず権利保護の用意により，続いて国家の行政活動による市民の「個人的利益の利益充足」により，そして最後に市民の個人的利益の尊重を求める請求権により行われるのである。イェリネクによれば，この請求権の実現はきわめて不確定であって，平等条項についていえば，国家の活動を求める請求権から個人に生じるのは，法の反射であるにすぎず，公法上の主観的請求権ではない[4]。この点において，イェリネクは，基本権から具体化された請求権を引き出すレベルにははるかに遠く，彼の考察は，市民の要求権によって国家が麻痺させられてしまうと考える人々にとっては，慰めなのである[5]。

　能動的市民の状態，能動的地位は，機関への個別化された請求権，すなわち公務就任権と選挙権の資格にかかわる。ラーバントとは異なって，イェリネクは選挙を権利の1つに数えた。これに対して，ラーバントは，選挙の中に，いつでも撤回可能な単なる「承認（Gewähr）」をみようとしていたのであった。配分請求権を地位として，すなわち，立法者によって形成されなければならないが，立法者による形成がなくてもすでに存在し，認識可能であり，そして行われていないときは法律による整備を必要とする状態として特徴づけることは，この法領域における革新である。当時多くの人々が，公法を，国家の行為能力のための，すなわち政府のための援助措置としてのみ理解していたにもかかわらず，イェリネクは，このような，自然法的でもなければ契約論的でもないが，前法的な承認によって，基本権を法学の議論に持ち込んだのである。1895年の『人権宣言論』という著作は，北アメリカ革命の自由権が信教の自由から発展したことを学説史的に叙述するとともに，アメリカ最高裁判所のき

---

[4]　(AaO Fn. 1), S.135.

[5]　Allgemeine Staatslehre, S. 794.

わめて重要な諸判決を受容することで、この法領域の明示的な承認を含んでいるのである。これによってイェリネクは、決疑論と、(ヨーロッパで普通の、1つの「体系」の外で) ケース・バイ・ケースで発展する解釈学を真剣に受け取り、ドイツ憲法の歴史的発展に取り入れた最初の人々のうちの1人なのである。

II. 一般国家学, 主要業績

その国家思想、それゆえ公的秩序の編成の理論化は、イェリネクがヴィルヘルム2世治下の帝国の時代に達成していたように、1900年に公刊された一般国家学に見いだされる。同書は800頁を超える彼の主著であり、イェリネクは10年以上それに取り組んだ。同書の第3版は5回増刷され、1960年に復刻されており、この種の著作の中で最も成功したものの一冊である。最後の節は「権力服従者がその個人的権利を追求するための法的救済」という表題で、ほんの1頁の長さしかない。この書物における他のすべては、ヴィルヘルム2世の時代に広がった公的秩序現象に対する思想を提示している。それが自由主義的なのは萌芽的にだけであって、共和主義的ではまったくないが、学問史的にはきわめて重要である。なぜなら、社会の無秩序現象に関して、視点を市民から権力中枢に移動させたからである。公共性を形成する市民の意識状態は、確かに言及はされるが、しかし結局、法は国家と市民の間を調停するものにとどまっており、権力に有利な〔権力のための〕基準なのである。これによってイェリネクは、憲法および公法全体としての公共秩序の領域において批判的な秩序機能を引き受ける可能性を法律学に開いたのであるが、自分ではこの批判的機能を受容することはせず、既存の諸状況の単なる承認を意味する法実証主義にとどまり続けたのである。

「国家の、さしあたってはまったく純粋に事実上の権力が法的な権力に転換することは、常に、この事実的なものが規範的な性質を有しており、それがあるようにあるべきであるという観念が付け加わることによって生じるのであ

る」[6]。この考察がワイマール時代に他の憲法学者をクーデター思想に誘惑したこと，これをイェリネクの責任だとすべきであろうか。ある法状態が権力状態から展開するのであれば，「憲法の敵が法の仮面をつけて」共和国を一つ一つ引き受けるときに，心配せずにいられるだろうか。問題なのは，権力国家に対する法治国家の強さについての懐疑的・現実主義的な評価なのか，それとも，イェリネクがすべての権力状態を法状態として承認するよう勧めたことなのか。「……それゆえ，国家生活の基礎における変化は，確かに法を否定することができるが，法には危機の時代における国家生活の歩みを決定する力は内在していないのである」[7]。確かに，危機の時代はいまだ例外状態ではないが，「危機の時代において」国家が法を統制することは，イェリネクには不可避的なものとみなすべきように思われた。

「二側面説」では国家の定義も2つになる。第一は社会学的国家概念であり，「国家とは，始源的な支配権力を備えた，定住する人間の団体統一体である」[8]。この国家概念からは，今日に至るまで，国民，領土および国家権力という国家のメルクマールが導き出される。これらのメルクマールは，確かに法と権力の緊張をとらえ損なっているが，しかし公的秩序をその実効性において把握するものである。ここでのテーマは意思の一致によって成立する団体統一体なのだから，イェリネクがヴィルヘルム2世治下の国家で体験した分裂が問われなければならない。プロイセンにおける「憲法争議」（1862年）については，政府に有利なように，政府は法律に基づかなくとも財政を継続的に実施することができなければならないことが推奨されている[9]。「文化闘争」と「社会主義者鎮圧法」については，問題の意義（社会問題と宗教的連帯）を誤認した措置に対する批判が見られる。文化闘争において「ドイツ人とユダヤ人の運命共同体（Weggemeinschaft）」が打ち砕かれたにもかかわらず[10]，そしてイェリネクは

---

6) (AaO Fn. 5), S. 342.
7) (AaO Fn. 5), S. 349.
8) (AaO Fn. 5), S. 173.
9) Gesetz und Verordnung, S. 304.
10) *Schneider, Karlheinz*, Juden als Paradigma für Demokratie in Deutschland, in:

この理念の最も重要な支持者の1人であるにもかかわらず,彼が文化闘争でその立場を明らかにすることはなかった。解放か同化かというキーワードも存在しない。同じく,市民の統一を分裂させる結果になった社会主義者鎮圧法も,言及されていない。イェリネクは,「マルクス＝エンゲルスの歴史哲学」について,きわめて深くかつ有用な学説史的分析を行っているが[11],対立状態にある「意思関係」,たとえば国民自由党と社会民主党の意思関係,そして団体統一体の基礎としての妥協と和解の可能性については,まったく触れられていない。彼が,「それゆえ,国家の最後の客観的な構成要素であることが明らかになるのは,支配する者と支配される者との意思関係である。これら両者は,時間的に,通常は（当該国家領域で）空間的にも,連続している」と書いているにもかかわらず,そうなのである[12]。しかしながら,不連続性,緊張,このような緊張を解消する手法は,――意思関係へのこのような具体的関心にもかかわらず――「社会的国家学」の対象にならなかったから,憲法の側から社会的発展に対して異議が申し立てられることはない。「政治学としての国家学」は確かに萌芽的にはありえたが,しかし後の国家論者（たとえば,ヘルマン・ヘラー）[13]によってはじめて開始されたのである。

　法学的国家概念は,ほとんどそっくりであるが,「したがって,法概念としての国家は,始源的な支配権力を備えた定住する人民の社団または領土社団である」[14]。この定義には法の基準が欠けているため,どんな不法国家もこの概念規定を充足する。「簒奪者による国家権力の行使は,ただちに新しい法状態をつくりだす。なぜなら,簒奪の事実を法的に元に戻すことができる機関はそこには存在しないからである」[15]。これは,ヨーロッパ大陸の「ボナパルティ

Antisemitismus und Deutsche Geschchte, *Schneider, K.*, und *Simon, N.*, 11. Bd. Schriften Deutsch-Israelischer Arbeitskreis für den Frieden im Nahen Osten e. V. S. 90.

11)　Allgemeine Staatslehre, S. 109.
12)　(AaO Fn. 11), S.168.
13)　*Heller, H.*, So der Titel seiner „Staatslehre" im 3. Bd. Der Gesammelten Schriften, Hrsg. *Drath, M.*, u. a., 1971.
14)　Allgemeine Staatslehre, S.183.
15)　(AaO Fn. 11), S.340.

ズム」における「法の支配」に対する懐疑なのか？　この定式は,「赤い危険」から国を護る簒奪者への事前の賛美を含むものではない。王朝に指導された執行府に順応することが,「皇帝ユダヤ人（Kaiserjuden）」に残された, すでに壊れかけたユダヤ人解放を守る唯一の可能性であると見えたのか, このことはなお守られるべきなのか？　もし「一般国家学」の学識全体から, イェリネクにとっては権力が法なのだ, という結論を引き出すとすれば[16], それはおそらくあまりに性急であり, かつ後知恵の視点からだと判断されるだろう。しかし, このような読み方も可能であり, イェリネクの国法学の学識についていえば,「危機の時代」にこの読み方が先鋭化されたのである。レオナルド・ネルソン（Leonard Nelson）は,「一般国家学」を通じて法哲学的なイェリネク批判の着想を得たのであるが, 彼はその批判を「法のない法学」という有名な表題の著書によって世に問うたのである[17]。

III. 法学方法論への寄与

　イェリネクの理論的革新の1つとして, まず第1は類型理論であり, これは, 抽象化した概念形成を論理準則にしたがって法的思考に受容することに他ならない。この点に偉大な業績がある。なぜなら, 実務法曹を立法者とその文言に拘束すること, ならびに, 法発見の際に理路整然とした解釈学とその概念構成に拘束することは, しばしば, 論証を支える解釈学的または法律にかなった正確さをその都度証明すべき概念によって, 法律家はまったく不可避的にその文章にあまりに多くのものを負わせるという事態に陥ってしまうからである。その言葉は, 抽象的な概念によってではなく, 動詞によって生きる。理想類型は確かに抽象的概念である。イェリネクは抽象的思考の危険性を自覚していた。「生の豊かさを狭い型紙の中に圧縮することは決してできない。しかし,

---

16) *Herwig, H. J.*, Georg Jellinek in: Staat und Recht, Hrsg. *Sattler Martin J.*, 1972, S. 85ff.

17) *Nelson, L.*, Die Rechtswissenschaft ohne Recht, 2. Auflage 1949.

この型紙を広げれば，それはいうまでもなくかつ自明なので，学問的な価値をもたないものであるか，それとも，あまりにも不正確なので，表面的な批判でさえただちにそれを否定することができるかのいずれかである」[18]。

イェリネクの「理想類型」[19]は，社会学において今日注目されることのきわめて多い，マックス・ウェーバー (*Max Weber*) の類似の概念〔理念型〕と，若干異なる方法的意義を有している。その理由は法学の認識目標にある。法学は，社会的価値関係の理解を超えて，規律のために，立法によってであれ，行政やあるいは判決によってであれ，抽象的な概念形成にとって有用なことを行わなければならない。その認識目標は，「意思関係」の普遍的・具体的な概念規定である。意思関係は，確かに，「外面的出来事と内面的出来事」の世界における現実の事象に基づいている。法律家がそれを整序するのは，自然科学の原理によるのでもなければ，美学の原理によるのでもない。なぜなら，法律家は「法律家の世界」で行為するのだからである。「それは行為（単なる理解ではなく）の世界であり，実際の生活の世界であって，われわれにとっての物の世界なのであって，物自体の世界なのではない」[20]。イェリネクは，純粋に思弁的な理想類型（プラトン (*Platon*)，モア (*Morus*)，マンデヴィル (*Mandeville*) その他の「国家ロマン主義者たち」）と，歴史的に現存した国家や制度から獲得され，類似の事実関係に基準として適用することができる理想類型を区別する。法律家が獲得する理想類型は，「経験的」なものであって，イェリネクにとってはその時々の制度における行為経過の考察から，それゆえ相応したメルクマールにしたがった性格づけによって獲得されるのである。現代社会科学の経験知 (*Empirie*) は，行為経過を「系統的関連」というプロテクルスのベッドに無理矢理寝かせることによって行為経過を把握することを考えているが，これは，イェリネクの観点からは，むしろ詩的な行為であり，それによって行為経過の現実性は失われてしまう。「これ（理想型）と一致する

---

18) Allgemeine Staatslehre, S. 31.
19) (AaO Fn. 18), S. 34 ff.
20) System der subjektiven öffentlichen Rechte, S. 17.

ものは良いものであり,そして,自己を実現し,そうある権利を有する。それと一致しないものは,退けられ,克服されるべきである」[21]。リッケルトにしたがって,イェリネクは自然科学的な概念形成を拒否する。「しかし,社会的事象は,きわめて限定的な程度においてのみ同一性を提示するのであって,研究に対して類似性を提示するにすぎないことが圧倒的である」[22]。「いかなる社会的出来事も,ある類の代表であるだけでなく(体系構成に適合的である限りにおいて),同時にただ1度だけ存在するものであり,厳密に同一の形式ではもはや2度と再び生起しないのである。なぜなら,そもそも無限に存在する人間個人の中で,同一の個人が再びあらわれることは決してないからである」[23]。最後に,イェリネクは,発展類型と存在類型についても語っている。(起源にかかわる)系統発生と(存在秩序におけるランクにかかわる)個体発生によって特徴づけられる諸要素は,それらの抽象性において受け入れられる。すべての類型は発見的原理であり,それゆえ,まずは複雑な現象を解読するのに役立つのである。しかし,それらは社会的諸事象に基づくのだから,それらの類型から,歴史的,社会的および法学的に規律する考察様式が獲得される。法律と命令,行政行為と事実行為,国家連合と連邦国家はそのような類型である。帰納的に獲得される類型がその形式において必要な場合には,具体的事例について演繹的に判定されるのである。

「事実的なものの規範力」は,イェリネクのおそらく最も有名な定理である。精密に読み直せば,これは最も誤解された定理でもある。イェリネクがこの言葉によっていおうとしたのは,法実務における判決の基準を,判定されるべき事実から任意に取り出すことができるということではない。法の源泉が,「健全な民衆感情」,「総統」,または,高権的に行為するが恣意的に(法律に基づかずに)振る舞うすべての「公務員(Amtsperson)」でありうるとすれば,それは法実証主義の「ミュンヒハウゼンのパラドックス」であろう。むしろイェ

---

21) Allgemeine Staatslehre, S.35.
22) (AaO Fn. 21), S. 30.
23) (AaO Fn. 21), S. 31.

リネクがいおうとしたのは，理想類型にしたがって研究する学者には，社会制度と国家制度の中に何らかの基準となるものの存在がすぐに明らかになる，ということなのである。その経験知（その経過）において，判定基準は事実として確認される。そして，人間がその共通の行為においてすでに価値関係をつくりだし，そうすることで存在すべきもの（Seinsollen）への構図をつくりだしていることを認識するために，何のイデオロギーも，先入観も，あるいは思弁も必要としないのである。人間のすべての制度における規範力の事実的所与は，したがって（反対に），その思想のまさに正確な再現であろう[24]。この文章は，事実を賛美する極端な法実証主義であるとの悪評を獲得したのであるが，イェリネクは，あらゆる人間行為の中に法的に強化された形式における倫理性が見いだされるという事実を語ろうとしたのである。ここにオプティミズムがあるのは自明である。このオプティミズムは，悪意のある人々によって，法律家の仕事をそこに見る人々によって，不法国家の権力を促進するために濫用されうるものである。しかし，イェリネクは，基準の遵守（Maßstäblichkeit）一般を，このオプティミズムにおいて，学者として失うことはなかった。むしろ，彼はいう。「そもそも，同じような条件のもとでは同じようなことが繰り返されるからこそ，歴史は師となりうるのである。そもそも，国家生活は変化の中になお変わらぬものを示すからこそ，学問的意味での政治，国家的なものの理性的形成の学問が可能になるのである」[25]。

IV. 生　　涯

　ゲオルク・イェリネクは，1851年7月16日，ライプチヒに生まれ，1911年1月12日，ハイデルベクで没した。それゆえ，彼の生涯は60年に満たない。その時代は，ドイツ［という国］は統一し，大きくなったが，ドイツ人は，議会を通して国家に参加するという意味では小さいままであった（グ

---

24) （AaO Fn. 21), S. 30 ff.
25) （AaO Fn. 21), S. 40.

ラッドストーン），そういう時代である。ビスマルクの時代である。イェリネクは，ウィーン市民革命の殉教者であった伯父ヘルマンによって，1848年の革命の思想的遺産ときわめて密接に結びついている。彼は「1848年の理念の春の力（Frühlingsgewalt）」について語る。彼の父アドルフは，「ユダヤ人学者（Wissenschaft des Judentums）」のいわゆる穏健進歩派の政党を代表していた[26]。この政党は，ヘルマン・コーエン（Hermann Cohen），フランツ・ローゼンツヴァイク（Franz Rosenzweing），マルチン・ブーバー（Martin Buber），そしてゲルショム・ショーレム（Gerschom Scholem）という，啓蒙的なユダヤ人学者たちのすばらしい発展にも直接つながっている。その息子は，違う道を進んだ。適応（同化），しかも19世紀後半のドイツの大学という世界への適応を超えた解放の道である。大学は結局，彼にとって，ハイデルベルクにおいて，大学における職務上最高の地位を獲得したことにより，まったく特別の素材であった。彼は，ユダヤ出身の学者が成功した経歴の中でも，最も有名な事例である。イェリネクは，個々の政治的措置に対する鋭い批判にもかかわらず，プロイセン好きな「皇帝ユダヤ人」，国民自由主義的信条のそれであった。90年代におけるドイツ社会の近代化による政治的解放の試みが失敗に終わったにもかかわらず，イェリネクはこの線上にとどまった。彼は，1848年の自由主義の希望をこの崩壊の後も持ち続けたため，ますます失望させられることになった。彼は，成功した教師であり，その講義にはいつも多くの学生が聴講に訪れた。彼は，その出版物によって，世界的に有名な著者であった。その著作の影響史は，まさに第二次世界大戦後のドイツの憲法史的発展によって，新しい次元を獲得した[27]。それにもかかわらず，ライヒとバーデ

---

26) Meyers-Konversationslexikon, 1887 では，彼はまだすべての著作に言及されているが，後の版ではもう触れられていない。*Rosenblüth Pinchas*, Die geistigen und religiösen Strömungen in der deutschen Judenheit, in: Juden im wilhelminischen Deutschland 1890-1914, 33. Bd., Hrsg. *Mosse, W. E.* u. *Paucker A.*, 1976.

27) *Maunz-Zippelius*, Deutsches Staatsrecht 24. Auflage 1982 では一般国家学についてこう述べられている。「古い時代に由来するが，市民的法治国思想の法学的な基本線がはっきりと示されるがゆえに，繰り返し基礎づけられる。」

ン大公への情熱的な「万歳」—われわれはそれを彼の副学長就任演説にみる—には，何か目がくらんだものが付着している。強いプロイセン，議会を通じての市民参加は少なく，君主大権，ヨーロッパと世界へのプロイセン・ドイツの経済的・軍事的拡張という，まったくビスマルク的な構想が「ヨーロッパの自殺」というカタストロフに，すなわち第一次世界大戦につながったということを，イェリネクは体験も（彼の友人ルドルフ・グナイスト（*Rudolf Gneist*）とは異なって）予感もしていない。「事実的なものの規範力」という彼の経験的・実証主義的な言葉は，国家社会主義の法イデオローグたちによって濫用され，そこから「健全な民族感情」が法の根拠として導き出されたり，あるいは，理屈抜きに強者の権利（カール・シュミットの「総統は法を護る」）が導き出されたということは，1つの悲劇であるが，しかし，このことは後になってから，彼の国家学の軽やかな抽象性を明らかにしたのである。

「政治がわれわれの運命」であること（オルテガ・イ・ガセット（*Ortega y Gasset*）），しかもまさに憲法や国家一般とかかわらなければならない政治がそうであること，これは20世紀の苦い認識の1つであるが，この認識はイェリネクにはまだ閉ざされたままであった。彼は同時代のいかなる人よりも政治には禁欲的であった。

他方では，彼の綱領的，いや宣言的な文書である1895年の『人権宣言論』自体，1つの政治的行為であった。もちろん，その成果は，50年後にはじめて，第二次世界大戦後の基本権思想の中に結実したのである。

彼の解放は社会的上昇を必要としなかった。彼の実家は，最初ライプチヒに，続いてウィーンにあったが，尊敬され，かつ，啓蒙的なユダヤ人たちの精神的中心であった。そこではすでに，反ユダヤ主義がドイツ帝国以上に明瞭にあらわれていたにもかかわらず。彼の解放は，ドイツの大学という団体への成功裡の受け入れである。ウィーンでは，文部省に影響力を有する聖職者・反ユダヤ主義政党のために，この試みは挫折した。ライプチヒとベルリンでは，ウィーンの員外教授をセンセーショナルに辞職した後，同僚や友人たちははっきりと歓迎したにもかかわらず，彼がすぐに招聘されることはなかった。バー

ゼル大学は，結局，その一義的な基本方針において，優れた著書のすでに有名な著者を招聘するほど十分に開かれていた。最終的に，ハイデルベルクへの招聘によって生涯の夢が叶った。1870年，彼はこの地で学生としてトレルチ (Treitschke) の影響を受け，プロイセンのために独仏戦争に赴こうとしたのである。ハイデルベルクにおける副学長職 (1907-1908年) は，この大学における解放の掉尾である。彼はユダヤ人として大学の最高職に就いた。このことは，第一次世界大戦以前の大学という世界におけるバーデンの開放性を証明するものである。

　イェリネクの名声の特徴は何か？　彼は，法律家がよくやるような難しい概念を用いることなく，ハイネのようなドイツ語を書いた。彼の文章は動詞で生きている。それに加えて，彼は方法論上の革新を成し遂げた。それは，事例に向けられておらず，問題解決に役立つこともまれであるため，たいていの実務法曹からは面倒だと感じられるものであった。今日まで成し遂げられなかったことを彼は成し遂げた。法律学，すなわち事例に向けられた特殊技能は，彼の思考において，新しく構成された社会科学の一部であるという光栄を手に入れたのである。彼の業績に含まれるのは，人権と市民権が法治国家の不可欠の構成要素であることを基礎づけたこと，ラーバント＝ゲルバーの国家学を変形し，ヴィルヘルム2世治下の権力国家思想（ヘルマン・ヘラー）を萌芽的に超えたこと，その類型理論によって，歴史主義，自然科学ならびにすべてのイデオロギーとの対決において，社会的および法的諸関係を分類するための抽象的概念構成を提示したことである。ゲオルク・メンガー (Georg Menger)，ヴィルヘルム・ヴィンデルバント (Wilhelm Windelband)，ハインリッヒ・リッケルト (Heinrich Rikert) およびマックス・ウェーバーは，それによってイェリネクが法学方法論を提唱した別の思想家たちである。この「方法論上のイェリネク」は，繰り返し新しく発見されうるのであり，西南ドイツの社会科学的思考への理論的組み入れに関する現在の議論[28]は，イェリネクの方法論的端緒

---

28) なによりもまず, Hennis, Wilhelm, Max Webers Fragestellung 1987〔雀部幸隆＝嘉目克彦＝勝又正直訳『マックス・ウェーバーの問題設定』(恒星社厚生閣, 1991

についての新しい解釈可能性をも開くのである。彼が，純粋の精神科学から距離を置いて，精神科学が物自体を説明しようとするのに対して，法律家にとって重要なのは「われわれにとっての物」であると定式化するとき[29]，イェリネクは，社会的行為の状況依存性（Situativität）——アルフレート・シュッツ（*Alfred Schütz*）——を先取りしている。このような定式化の際に，彼が父親について知っていたようなユダヤ的学識の伝統がどの程度強く働いているのか？　この精神的関連性は，むしろ無神論的・不可知論的な彼の妻によっていかに解消され，または濃縮されたのか？

彼の親友ヴィルヘルム・ヴィンデルバント——リッケルトの先生である——が，一般国家学の執筆に至るまで年長の導師（メンター）の役割を果たしたことは確実である。これに反して，一般国家学においては，イェリネクの理論的思想家としてのプロフィールは，それ以前の著書と比較すると，豊富な素材によって幾分不明瞭である。人権宣言論において，彼は，ドイツの法学に対して，西欧民主主義の人権の伝統に留保なしに再び加わることを説得的に基礎づけた。この伝統は，1848年ドイツ市民革命の跳躍地点だったのである。

成長の過程を簡単になぞると，6歳の時，イェリネクの家族はライプチヒからウィーンに引っ越した（1857年）。そこで，ゲオルク・イェリネクの父アドルフのウィーン大教区における説教師かつユダヤ神学研究者〔律法者〕としてのすばらしい経歴は，名誉ある基盤を手に入れた。大学には，職業のための養成所として入学したのではなく，きわめてさまざまな種類の知識を受け取ることのできる領域として入学した。1867年から1870年はまずウィーンで，次に2ゼメスターをハイデルベルクで，1871年から戦争への参加なしに再びウィーンで，最後に，1871年と72年，ヴィンデルバントと知己になった場所であるライプチヒで。法学の講義と並んで彼が聴講したのは，「数学と物理学の幾何学」，「ダーウィニズムとその結果」，「唯物論と自然主義の歴史と批判」，「ギリシア哲学史」，（トレルチの）「ドイツ史」である。ライプチヒでは，

年）〕を参照。

[29] System der subjektiven öffentlichen Rechte, S. 17.

1872年，哲学の仕事（ライプニッツとショーペンハウエルの世界観）によって学位を取得し，教授と学生のクライスのメンバーとなった。そのクライスには，ヴィルヘルム・ヴィンデルバント，ゲオルク・フリードリッヒ・クナップ（*Georg Friedrich Knapp*），ビクトア・エーレンベルク（*Viktor Ehrenberg*），エルンスト・ツィーテルマン（*Ernst Zitelmann*）およびルフレート・ドーヴェ（*Alfred Dove*）が所属していた。1874年から1876年，オーストリア・ハンガリー帝国のニーダーエスターライヒ州庁（Stadthalterei），財政監視庁における書記研修官（Konzeptpraktikant）の職に就いた。1878年には，『法・不法および刑罰の社会倫理的意義』の著作によって法哲学の大学教授資格（venia legendi）の付与を申請したが，ウィーン法・国家学部は，彼がユダヤ人であるためにそれを拒否した。しかし，その1年後，教授資格請求論文『不法の分類』によって，彼は大学教授資格を獲得し，それから10年，彼が37歳になり，そこを辞職するまで，この学部の構成員であった。1880年，国際法に関する最初の論文（国家結合の理論）が公刊され，これによってイェリネクは国際的に知られるようになった。その後，大学教授資格は国際法にも広がった。ウィーン大学で聴講者料以上の給与をイェリネクが最初に受け取ったのは，1883年，彼が32歳で員外教授（Extraordinarius）になったときであった。彼はカミラ・ヴェルトハイム（*Camilla Wertheim*）と結婚した。彼女は，著名なユダヤ人医師の娘であったが，ユダヤ人社会とは疎遠だった。ウィーンでの実り多い教師としての活動の時代が始まった。この時代は1889年まで続く。もっとも，経済的には実両親や義理の両親に引き続き頼らざるをえなかったこと，そして，員外教授として教授のすべての義務を負うが，学部や会議における権利は有しないという格下扱いによって曇らされていたのであるが。長男は生後間もなく死亡した。このため，イェリネクは鬱病の危機に陥った。聖職者的・反ユダヤ主義の政党が正教授ポストへの彼の任用を妨げることができたため，彼は員外教授を辞職することを願った（1889年）。この危機において，彼はウィーン以外でもすでに有名であったため，ベルリンかライプチヒへの招聘が可能であるように思われた。多くの同僚がイェリネクのために尽力した（ベ

ルリンでは，フォン・グナイスト，ライプチヒでは，ヴィンデルバント）。それにもかかわらず，彼が期待していたほどすぐには，招聘には至らなかった。なぜなら，ウィーンの状況（「ウィーンのならず者」，イェリネク）は，ドイツの学部によっても尊重されていたからである。1890年，バーゼルへの国法学正教授としての招聘は，イェリネクを地位の問題から解放し，スイスの法関係や社会関係を体験する可能性を彼に開いた。彼がバーゼルにいたのは2ゼメスターだけで，1891年にはブルンチュリ（*Bluntschli*）の後任として，ハイデルベルクにおける国法学，国際法および政治学の正教授となったにもかかわらず，スイスの体験は彼の思考を強く刻印している。

その生涯を終えるまでの20年間，多くの成果を出版した。主観的公権の体系（1892年），人権宣言論（1895年），一般国家学（1900年），そして特殊国法学（国法学各論）の開始（1902年頃）ならびに無数の小論，評論および講演である。これに編者としての仕事が加わる。それには，1895年からゲオルク・マイヤー（*Georg Meyer*）とともに行った『国法および国際法叢書（Staats und völkerrechtlichen Abhandlungen）』，1902年から『公法ハンドブック（Handbuch des öffentlichen Rechts）』および『現代公法（Öffentliches Recht der Gegenwart）』，1908年からはさらに『公法雑誌（Archiv für öffentliches Recht）』がある。

彼の学者の友人や交際は，エルヴィン・ローデ（*Erwin Rohde*），ゲオルク・マイヤー，テオドール・モムゼン（*Theodor Mommsen*），パウル・ヘンゼル（*Paul Hensel*）に及び，そしてアドルフ・ダイスマン（*Adolf Deissmann*）がハイデルベルクで創設した「エラノス・クライス」において，彼は，マックス・ウェーバー，アルフレート・ウェーバー（*Alfred Weber*），エルンスト・トレルチと出会い，ヴィンデルバントと再会した。彼は，とくに好んでいたイタリアのほか，ノルウェーに旅行した。アメリカ合衆国を含む，多くの国々からの招待を，彼は断らなければならなかった。

1907年，ハイデルベルク大学の副学長として，大学における経歴の大成功を収めた。その間，彼の講演は常に大講堂で行われるほどの人気であった。

1909年，彼は脳卒中の発作を起こし，それから完全に回復することはなかった。ゲオルク・イェリネクは，ハイデルベルクの丘の上の墓地に，しかもユダヤ人区域ではないところに，埋葬された。1907年のボンへの招聘の可能性は，妻カミラによって「宗教上の理由で」見込みがなかったとされている[30]。1910年，イェリネクはニースで洗礼を受け，プロテスタントになった。彼の墓には，ユダヤ教のシンボルもキリスト教のシンボルも付いていない。

彼の著名な息子，ワルター・イェリネク（*Walter Jellinek*）は，ナチス時代に強制的に退職させられていたのであるが，ハイデルベルクの別の墓地に眠っている。そして，その墓標には十字架が備えられている。

ゲオルク・イェリネクの著作

Die Lehre von den Staatenverbindungen, Neudruck der Ausgabe Wien 1882, Aalen 1969.

System der subjektiven öffentlichen Rechte, Neudruck der 2. Auflage Tübingen 1919, Aalen 1964.

Gesetz und Verordnung, Neudruck der Ausgabe Freiburug 1887, Aalen 1964.

Die Erklärung der Menschen und Bürgerrechte, 2. Auflage, Leipzig 1904〔初宿正典訳「人権宣言論」同訳編『イェリネク対ブトミー人権宣言論争』（みすず書房，1995年）〕.

Allgemeine Staatslehre 2. Auflage, Berlin 1905〔芦部信喜ほか訳『一般国家学』（学陽書房，1974年）〕.

ゲオルク・イェリネクに関する文献

Bärsch, C. E., Der Staatsbegriff in der neueren deutschen Staatslehre und seine theoretischen Implikationen, 1972.

Badura, P., Die Methoden der neueren allgemeinen Staatslehre, 1959.

Blühdorn, J. u. Ritter, J. (Hrsg.), Philosophie und Rechtswissenschaft. Zum Problem ihrer Beziehungen im 19. Jahrhundert, 1969.

Böckenförde, E. W., Gesetz und gesetzgebende Gewalt. Von den Anfängen der deutschen Staatsrechtslehre bis zur Höhe des staatsrechtlichen Positivismus, 1958.

Drath, M., Zur Soziallehre und Rechtslehre vom Staat. Ihre Gebiete und Methoden, in: Rechtsprobleme in Staat und Kirche, Festgabe R. Smend, S. 41ff., 1952.

---

[30] *Jellinek, Camila*, Georg Jellinek, Ein Lebensbild, entworfen von seiner Witwe *Camila Jellinek*, in: *Jellinek*, Ausgewählte Schriften und Reden, Bd. I, S. 13 ff.

Häfelin, U., Die Rechtspersönlichkeit des Staatea. 1. Teil: Dogmengeschichtliche Darstellung, 1959.

Hippel, E. V., Allgemeine Staatslehre, 2. Auflage 1967.

Holubek, R., Allgemeine Staatslehre als empirische Wissenschaft. Eine Untersuchung am Beispiel von Georg Jellinek, in: Schriften zur Rechtslehre und Politik, Bd. 35, 1961.

Katz, J., Zur Assimilation und Emanzipation der Juden, 1982.

Kaznelson, S. (Hrsg.), Juden im deutschen Kulturbereich, 1962.

Kelsen, H., Der soziologische und der juristische Staatsbegriff, Neudruck der 2. Auflage von 1928, 1962.

Lukas, J., Georg Jellinek – sein Leben, sein Werk, in: Neue österreichische Biographie, 1. Abtl., Bd. 7, S. 136ff., Wien 1931.

Mosse, W. E. Und Paucker, A. (Hrsg.), Juden im wilhelmischen Deutschland 1890–1914, 33 Bd. Schriftenreihe wissenschaftlicher Abhandlungen des Leo Baeck Instituts, 1976.

Nelson, L., Die Rechtswissenschaft ohne Recht, 2. Auflage 1949.

Sinzheimer, H., Jüdische Klassiker der deutschen Rechtswissenschaft, S. 161ff., 1953.

Toury, J., Die politische Orientierung der Juden in Deutschland, 15. Bd. Der Schriftenreihe Wissenschaftlicher Abhandlungen des Leo Beack Instituts, 1966.

Sattler, M. J. (Hrsg.), Staat und Recht. Die deutsche Staatslehre im 19. Und 20. Jahrhundert, 1972.

Schneider, K., Simon, K., Antisemitismus und Deutsche Geschichte, Deutsch-israelischer Arbeitskreis für Frieden im Nahen Osten e. V. 11. Bd., 1985.

Staff, I., Lehre von Staate, 1981.

Voegelin, E., Reine Rechtslehre und Staatslehre, in: Zeitschrift für öffentliches Recht Bd. IV, 1925.

ハインリッヒ・ロジーン *

一般行政法及び社会保険法のパイオニア**

アレクサンダー・ホレルバッハ***
訳 森　勇

　1960年10月17日，フーゴ・ジンツハイマー（*Hugo Sinzheimer*）は，その著書『ドイツ法学におけるユダヤ系の巨匠達（Judische Klassiker der deutschen Rechtswissenschaft）』の序文で「ここで選りすぐった人々と同列におかれるべき多くの人々が欠落している」と述べ，そして，彼はその1人として，とくに，「ドイツ労働保険法の最初の偉大な体系家」ハインリッヒ・ロジーンをあげた[1]。実際，ロジーンを，科学に軌跡をのこしたユダヤ系の法律学の碩学にかぞえてよい。この点において，フライブルク大学（Albert-Ludwigs-Universität Freiburg i. Br.）は，その法学部と一緒に，彼の思い出を維持する特別の契機を得た。しかし，これだけではない。ロジーンはまた，彼がその存続に

---

* *HEINRICH ROSIN*（1855年-1927年）
** Pionier des allgemeinen Verwaltungs- und des Sozialversicherungsrechts
*** Dr. *Alexander Hollerbach*：Professor an der Universität Freiburg
　（フライブルク大学教授）
1) *Hugo Sinzheimer*, Jüdischer Klassiker der deutschen Rechtswissenschaft, 1953, S. 5/6. 正当にもロジーンは，価値の高い，今日欠くことのできない *Hans-Peter Benöhr*, の著作, Jüdische Rechtsgelehrte in der deutschen Rechtswissenschaft, in Judentum im deutschen Sprachraum. Hrsg. von *Karl E. Grözinger*, 1991, S. 280-308（294, 299）においても注目されている。さらに，*Max Pinn*, Rechtswissenschaft, in: Juden im deutschen Kulturbereich, hrsg. v. *Siegmund Kaznelson*, 3. Aufl., 1962, S. 590-672の解説（ロジーンについては，その616頁）も参照。

深くかかわったユダヤ人の信仰共同体のことでも功績をあげていた。まさしく学問上の功績と信仰との取り組みを結びつけたことこそ，おそらくは，本書に収録されているほかの人々との対比において，ロジーンの特徴をなしている[2]。

I. その 生 涯

ハインリッヒ・ロジーンは，現在はポーランド領となっているオーデル川中・上流域のシュレージア（Schlesien）出身である[3]。彼は，ユダヤ系商人イザァク・ロジーン（Isaak Rosin）とその妻アーデルハイト（Adelheid：旧姓ミーロ（Miro））の息子として，1855年9月14日に，ブレスラウ（Breslau〔現在：Wroclaw〕）で生まれた。もっとも，彼の父親は，この時点ですでに亡くなっていた。その3カ月前に，突然の早逝であった。彼の母親は，市井の碩学（Privatgelehrt），ベルンハルト・ムンク（Bernhard Munck）と再婚したが，ム

---

[2] ロジーンの生涯と著作を総覧したものは，今までのところない。しかし，*Martina Tambert, Heinrich Rosin* und die Anfänge des Sozialversicherungsrechts, Diss. iur. Freiburg i. Br. 1977, mit Bibliographie *Rosins*, S. 169-172 は，資料に富む。*Alexander Hollerbach*, Die Entwicklung des Verwaltungsrechts als akademische Disziplin und Prüfungsfach an der Universität Freiburg i. Br. , in: Wissenschaft und Recht der Verwaltung seit dem Ancien Régime, hrsg. v. *Erk Volkmar Heyen*, 1984, S. 290-293 も参照されたい。大学ないしは学部史との関係では，*Rosin* への追悼の辞である Nachruf auf *Rosin* von Heinrich Hoeniger, in: Akademische Mitteilungen, 4. Folge, 5. Semester, Nr. 4 vom 25. Mai 1927, S. 53/54 が重要である。この追悼の辞は，Monatsschrift für Arbeiter- und Angestellten-Versicherung 15 (1927) Sp. 313-316 にも掲載されている。ここでは，この追悼の辞に加え，その Sp. 316-320 まで，*Walter Kaskel* の追悼の辞が掲載されている（これについては，注42）も参照）。*Rosin* は，——現在では訂正が必要な記述もあるが——つぎのような事典に収録されている。*S. Winninger*, Große Jüdische Nationalbiographie, Bd. V (1931), S. 256 f.; Jüdisches Lexikon, Bd. IV/1 (1927) S. 1503 ; *Walter Tetzlaff*, 2000 Kurzbiographien zur Geschichte der Juden 1918-1945, 1988, S. 317.
[3] 以下の伝記的のスケッチは，*Tambert*（aaO Fn. 2）の論文の当該箇所（S. 1-7）によっている。

ンクは，ロジーンにとってはよい継父となった。心服と感謝を示す心地よい印がある。しかし，ロジーンは，若いうちに，母の死を嘆かなければならなかった。彼女は，1874年に亡くなった。

　ブレスラウのエリザベート・ギムナジウムを卒業した後ロジーンは弱冠16歳で大学入学資格を取得し，そのまま故郷の大学で法律学の勉強に打ち込んだ。このとき彼は，――なんといっても，オットー・フォン・ギールケ (Otto Von Gierke) の影響のもと，――ゲルマン・ドイツ法の歴史のまったくの虜となった。18歳のとき，『De iuribus praecipuis secundum leges populorum Germanicorum antiquissimas in successione hereditaria legitima sexui virili concessis』と題する論文で学部賞を受賞した。20歳のとき学業を終え，第1次国家試験は，最上位の「秀」で，第2次国家試験には，1879年に2番目の「優」で合格した。しかし，かなり早い時期から，学問への道を進むことを決めていた。第2次国家試験が終了するとすぐに，『Commentatio ad titulum legis Salicae LIX, De Alodis』と題する論文をもって博士号を取得した。1877年にはブレスラウにおいて学部賞受賞論文のテーマを推し進め，オットー・フォン・ギールケとともに，論集『感謝と賛辞 (Dankbarkeit und Ehreung)』に，論文『ドイツ中世における法律書及び利用された資料にみられる剣腹（男系親族関係にある男子）の概念と関連する資料 (Der Begriff der Schwertmagen in den Rechtsbüchern und verwandten Quellen des deutschen Mitetelalter)』を発表している。その後，1880年に発表した論文『ランゴバルト族法のもとにおける女性による売買取引に関する方式規定 (Formvorschriften für die Veräußerungsgeschäft der Frauen nach langobardischen Recht)』により，教授資格を取得したが，この論文は，オットー・フォン・ギールケが編集する叢書『Untersuchung zur deutschen Staats-und Rechtsgeschchte』第8巻となっている。彼が講義担当権限 (venia legendi) を認められた科目は，「国法及びドイツ法」と改められた。これらの科目担当としてフライブルク大学から招聘され，1883年7月16日にその地で特任教授 (Extraordinarius) に就任するまで，彼は，ブレスラウにおいてこれら科目担当の私講師をつとめた。フライブルク

において彼は，1884年からは，その報酬が予算として計上される（Etatmässig）特任教授となったが，その担当科目は，よく知られているように，国法学及びゲルマン法であった。1888年3月28日，彼は正教授に任じられる。ロジーンが得た，この予算に計上されるポジションは，新設のポストであった。とはいっても，担当授業の輪郭という点では，彼はある意味フリードリッヒ・リーヴェ（Friedrich Live）の後継者であった。このリーヴェは病気がちで，すでに1880年代の初めにはその義務をもはや果たすことができず，ほかの点でも何もしなかった人物であった[4]。ロジーンを得てはじめて，国法と行政法が，フライブルク大学法学部の学修プログラム及び研究活動において，確固で実際に機能するものとなったのであった。最後になるが，1893年以降になると，ロジーンは国際法の代講をもこなしたのである。

ロジーンのフライブルクへの招聘は，そう当たり前のことではなかった。しかし，これは，注目すべきある種の兆しであった。ユダヤ教の信仰共同体に積極的に参加している者が，バーデンの大学においてはじめて，国法をその担当とする正教授の職に任じられたのである。そもそも，ドイツ全土をみても，彼が，国法学の正教授となったはじめてのユダヤ人だったと思われる[5]。

---

[4] *Friedrich Live*（2. April 1831-5. April 1907）は，1868年にフライブルクに招聘されたが，彼もブレスラウから引き抜かれた1人である。彼はその著作 Geschichte der deutschen Vormundschaft で有名となった。

[5] *Adolf Lewin*, Geschichte der badischen Juden seit der Regierung Karl Friedrichs (1738-1909), 1909, S. 352 には，つぎのように記されている。「ドイツではじめて，バーデン州立大学において，ユダヤ人（*Rosin* が 1888 年フライブルクで，*Jellinek* が 1890 年ハイデルベルクで）が，国法の正講座を占めた。」*Ernest Hamburger*, Juden im öffentlichen Leben Deutschlands. Regierungsmitglieder, Beamte und Parlamentarier in der monarchischen Zeit 1848-1918, 1968 は，つぎのように記している（S. 56）。ユダヤ人国法担当教授というのは，1回限りのものであった。もっともロジーンと同様に，講座を占めるといったことがその後に起きたのは，*Eduard Rosenthal* が，イエナ（Jena）において，公法の授業担当を任されたとき，たったその1回限りだけであった。」と。これに加え，*Hamburger* はまた，*Rosin* がはじめてのドイツ大学におけるユダヤ人学長だったことを指摘している。

ロジーンが，フライブルク大学とそしてまたその法学部にとけ込むことに，何らの問題もなかった。このことはあきらかである。ロジーンは，すぐに学部の中心人物の1人となった。1890年から1891年にかけ，彼は学部長をつとめ，その後も，1894年から1895年，そして1904年から1905年にかけてと，さらには，1917年から1918年にかけて，同じく学部長をつとめた。1894年における法学・国家学学部の創設後，1897年から1898年にかけて，この学部から出たはじめての学長代行[6]をつとめたが，こうして彼は，ドイツの高等教育機関においてかかる職を占めたはじめてのユダヤ人となった。彼は，大学の基本規定と大学行政の歴史をあきらかにするのに非常に有益な，いわゆるロジーンの法令集，つまり，『フライブルク大学の基本構成とその行政に関するもっとも重要な諸規定（Die wichtigsten Bestimmungen über die Verfassung und Verwaltung der Universität Freiburg）』と題する規定集を自分の大学に残したが，これは，ある意味，かかるかたちでの彼の活躍の成果である。

　第一次世界大戦が終了し，あらたな国法学の時代がはじまった頃，ロジーンには，健康上障害のあることが，ますますはっきりとしてきた。もはやあらたな要請に対応できないという認識とあいまって，この健康問題は，彼をして引退することを決意させた。退職は，1920年4月1日付けであった。しかし，彼は，当時ではよくあったことだが，社会保険法の授業をゆだねられた正名誉教授の地位にあって活躍を続け，完全にその講義をやめたのは，1923年であった。1927年3月31日，彼はその生涯を72歳をもって終えたのであった。

　ロジーンの家庭，とくにその運命にも，思いをはせておくことがよかろう。それは，当然のことながら，20世紀前半におけるユダヤ系ドイツ人の生活共同体の運命を——人はそういおうとするであろうように——ほぼ完全に映し出している。ハインリッヒ・ロジーンは，1884年の夏，ハンブルクの商人の娘であるレナ・ボナ・ミヒャエル（Lea Bona Michael）と結婚した。1896年5月17日，第1子，ベルンハルト・ロジーン（Bernhard Rosin）が誕生したが，

6）　現実には，副学長が学長の業務を行っていた。というのは，学長の称号は，副学長選挙結果を承認すべき大公に留保されていたからである。

早くも10カ月後の1897年3月20日に亡くなった。1888年4月15日に誕生した第2子フランツ・ロジーン（*Franz Rosin*）は，非常に優秀な法律家となり，1911年におけるフライブルク大学での博士論文『バーデン邦国法のもとにおける法律と政令。自由条項と財産条項の歴史についての一考察（Gesetz und Verordnung nach badischem Staatsrecht. Zugleich ein Beitrag zur Geschchte der Freiheits-Eigentumsformel)』で名をはせた。彼は，1917年6月3日にフランスで戦死した。息子を失った悲しみが，父の健康状態の悪化を招く決定的な要因となったことは否めない。2人の娘，アーデルハイト・ロジーン（*Adelheid Rosin*：1889年3月28日生）と医学博士であるアンナ・ベルタ・ロジーン（*Anna Bertha Rosin*：1893年1月21日生）の軌跡は失われている[7]。亡命して，ホロコーストから逃れたものと推測される。確かなのは，彼の息子で工学博士のパウル・オットー・ロジーン（*Paul Otto Rosin*：1890年7月24日生）についてである。彼は，1928年に，フライブルクの鉱山アカデミー教授となり，1832年から1935年までは，ベルリン・シャロッテンブルクの高等工業専門学校の教授をつとめたが，1936年イングランドに移住した。彼はその地で暖房工業会社につとめ，1967年ロンドンで死去した[8]。

ロジーンは，学派を作らなかった。しかし，彼がフライブルクで活躍している間，彼の指導・推薦のもと，2人の学者が教授資格を取得した。その1人は，ギーセンとキールで教授をつとめ，後にフライブルクにもどり，学部の同僚となったヴィルヘルム・ファン・カルケル（*Wilhelm Van Carker*）である[9]。もう1人は，ワイマール期における国法学の重要人物，リヒャルト・トーマ（*Richard Thoma*）である[10]。ちなみに，2人ともその教授資格論文のテー

---

7) 詳細は，*Tambert* (aaO Fn. 2), S. 3 f. (Anm. 12) 参照。
8) *Joseph Walk*, Kurzbiographien zur Geschichte der Juden 1918-1945, 1988, S. 318 にこのように記されている。
9) *Hollerbach*, (aaO Fn. 2), S. 292 f. に簡略に記述されている。
10) この点についても，注9 (S. 293f.) のほか，さらに，*Hans-Dieter Rath* の Positivismus und Demokratie. *Richard Thoma* 1874-1957, 1981 を指摘することができる。*Gertrud Rapp* のすばらしい著作，Die Stellung der Juden in der nationalsozialistischen Staatsrechtslehre.

マは，邦国憲法ないしは行政法であった[11]。1920年に，ロジーンの講座を引き継いだのは，フリッツ・フライヘル・マーシャル・ビーベルシュタイン（*Fritz Freiherr Marschall von Bieberstein*）[12]であった。

II. 宗教にかかわる取り組み

ロジーンは，当初から，フライブルクのユダヤ教教区に活動的な構成員としてかかわった。このことはすべての兆候が物語っている[13]。これは，ロジーンがまた，地区・地域を超えて「ユダヤ人であること」にかかわる問題に取り組むこととなった基盤であったし，そしてまた，その基盤であり続けたのである。たとえば，バーデン大公国ユダヤ人間における手工業及び技術的職業の促進のための協会（Verein zur Förderung des Handwerks und der technischen Berufarten unter Israeliten des Großherzogtums Baden）に，主導的に関与したことは，このことと関連したものである[14]。しかし，とくに注目すべきは，正教授への昇進を果たすとすぐに，1809年1月13日のユダヤ人の関係に関する領邦国家国王布告（Landesherrliches Edikt）にもとづき，ユダヤ人信仰共同

1990, S. 151 は，正当にも，*Thoma* の *Rosin* に対する関係が強調されている。

11) von *Calker*, Das badische Budgetrecht in seinen Grundlagen. Erster Teil: Geschichtliche Entwicklung, 1901; *Thoma*, Der Polizeibefehl im badischen Recht. Dargestellt auf rechtsvergleichender Grundlage Erster Teil, 1906.

12) 彼については，*Hollerbach*，(aaO Fn. 2), S. 295 参照。

13) フライブルクのユダヤ人社会一般については，*Franz Hundsnurscher*, Die jüdische Gemeinde Freiburg im Breisgau, in: Juden in Baden 1809-1984. 175 Jahre Oberrat des Israeliten Badens, 1984, S. 243-246 参照。

14) *Rosin* は，バーデン大公国ユダヤ人間における手工業及び技術的職業の促進のための連合会，フライブルク分会の会長であった。関係一般については，*Marie Salaba*, Aspekte der sozialen Lage der Juden in Baden im 18. und 19. Jahrhundert unter besonderer Berücksichtigung der wohltätigen Stiftungen, in: Juden in Baden 1809-1984, (aaO Fn. 13), S. 143-164 参照。

体を方向付ける指導的委員会であった[15]，在バーデンユダヤ人上級9人評議会（Neun-köpfiger Oberrat）のメンバーに勅任されたことである。この上級評議会の地位は，ユダヤ人の市民的平等に関する1862年10月4日付けの法律により改善・強化されていた。これに加え，1894年の教会会議基本規定（Synodal-Verfassung）[16]の導入は，リベラルなバーデンにおいては，そのほかの点でも，原則的には好意的な扱いを享受することが許されていたユダヤ人信仰共同体の組織に，あらたな重要な要素をもたらした。ハインリッヒ・ロジーンは，ほぼ20年にわたり，ユダヤ人解放と平等及び彼の信仰共同体の強化に主導的に関与した。この際彼は，当然のことながら，一部実に激しい様相を呈した，リベラルな勢力と保守的な正統派勢力との間におけるユダヤ内部の論争に巻き込まれることを避けられなかった。バーデンでは，これはとくに，あらたな祈祷書の導入をめぐる争いというかたちで表面化した[17]。上級評議会は，10年を費やして，ロジーンもその1人であったリベラルな多数をもって，あ

---

[15] 法的状況に関する最高の情報は，*Rosin* が激励しそして面倒をみたフライブルクの博士論文 *Siegfried Wolff*, Das Recht der israelitischen Religionsgemeinschaft des Großherzogtums Baden, 1913（Freiburger Abhandlungen aus dem öffentlichen Recht, 22）参照。バーデンにおけるユダヤ人解放の展開に関してみると，ほかのドイツの邦国とくらべ時間的にある程度進んでいたといってよい。詳細は，*Reinhard Rürup*, Die Judenemanzipation in Baden, in: Zeitschrift für die Geschichte des Oberrheins 114 (1966) S. 241-300。*Rapp*, (aaO Fn. 10), S. 9-28 もまた，教示に富む。くわえて，ほかの箇所と同じく，*Lewin* の著作（aaO Fn. 5）及び *Berthold Rosenthal*, Heimatgeschichte der badischen Juden seit ihrem geschichtlichen Auftreten bis zur Gegenwart, 1927 を参照すべきである。

[16] その公的なテキスト，Synodal-Ordnung für die israelitische Religionsgemeinschaft des Großherzogtums Baden nebst Wahlordnung, Mannheim 1895 には，その3頁から10頁に，Das Großherzogtum Baden, hrsg. v. *Edmund Rebmann, Eberhard Gothein, Eugen v. Jagemann*, 2. Aufl., 1. Bd., 1912, S. 1076 よると，ロジーンのものと思われる序が付いている。

[17] *Lewin* (s. aaO Fn. 5) と同じく，*Tambert*, (aaO Fn. 2), S. 10-12 も，濃縮したかたちで説明している。この問題については，*Pnina Navé Levinson*, Aus dem religiösen Leben: Orthodoxie und Liberalismus, in: Juden in Baden 1809-1984 (s. aaO Fn. 13), S. 91-108 (bes. S. 97-100) 参照。

らたな祈祷書の草案を提示した。しかし，これが激しい争いを引き起こした。リベラル派は，正統派及びシオニストの側から，激しく非難されたと感じた。最終的に，上級評議会は，ユダヤ人共同体の統一を危険にさらすのを避けるべく，草案を撤回したのであった。1908年6月19日，彼は，大公から，評議会委員の役を解かれた。公式的には，彼は，アカデミックな活動と学問的な活動に，今後はすべてを集中するということをその退任希望理由としていた。とはいえ，彼は，その不機嫌さと不快感を隠すことはできず，彼をその職に止めようとする上級評議会及び所管省の試みすべてを蹴ったのであった。

バーデンでの経験は，確かにロジーンにとっては，学ぶところが多かったし，実に印象的であった。にもかかわらず，彼は，その視線をバーデン大公国における諸関係にのみ向けていたわけではなかった。このことは，たとえば彼が，1906年，ドイツ・ユダヤ人教区連合の依頼を受けて，プロイセンのユダヤ信仰共同体のための基本規定草案を作成した点に示されている。この草案は，激しい議論を呼び起こしはしたものの，とりわけ，そこでは個々の共同体の独立性を制限することが予定されていたことから，まったく賛成を得ることはできなかった[18]。

III．その著作の歴史

ロジーンの学術著作を，人間の歴史というスタイルで追ってみると，まずもっては，彼がゲルマン学にその出発点をおいていることを再度想起してしかるべきである[19]。しかし，このような方向性は，もちろんかなり早い時期にみられなくなった。といっても，ロジーンは，それをもってして，彼が

---

[18] Entwurf eines Gesetzes über die Organisation der israelitischen Religionsgemeinschaft in Preußen, nebst Einleitung, Begründung und Schluß. Im Auftrage des Ausschusses des Deutsch-Israelitischen Gemeindebundes. Berlin o. J. (1906). これについては，*Siegfried Wolff* (aaO Fn. 15) in: Jüdisches Lexikon, Bd. IV/1, 1927, S. 1503 参照。

[19] Siehe oben im biographischen Teil.

授業においてドイツ私法[20]，ドイツ法制史そしてその他の私法の各分野を取り扱うことができるための基礎としたのである[21]。後期になってからの著作の中でも，『譲渡・分割禁止世襲財産及び上級貴族家産にかかわる回復の訴えに関する法についての考察 (Beiträge zum Recht der revokatorischen Klage bei Familienfideikommissen und hochadligen Hausgüter)』[22] 及び『ドイツ法，オーストリア法，ユダヤ法及びカノン法のもとでの親族秩序及び親等計算に関する理論の考察 (Beiträge zu der Lehre von Parentelenordnung und Verwandtschaftsberechnung nach deutschem, österreichischem jüdischem und kanonischem Recht)』[23] は，このゲルマン学に関連した分野のテーマを取り上げたものである。しかし，すでにライプチヒ〔訳注：本論文及びほかの文献でもライプチヒでの私講師経験は出てこないので「ブレスラウ」の誤認とも思われる〕での私講師の時代，学問的な取り組みが求められる中，その研究の重点をわけても行政法へと移したのであった。この法分野は，当時，研究においてもそしてまた理論においても揺籃期にあり，とりわけ大学の授業としては，いまだ完全には定着していなかった[24]。こうした状況下で，ロジー

---

20) フライブルク大学アーカイブは，Das Freiburger Universitätsarchiv には，Georg Benkard が書き取った 1899-1900 年冬ゼメスター (Wintersemester 1899/1900 (S. 115)) に行われたロジーンの授業 "Grundzüge des deutschen Privatrechts" が保管されている。
21) 彼はいつも，ゲルマン学に分類される「商法・海法 (Handels- und Schiffahrtsrecht)」及び「手形・小切手法 (Wechsel- und Scheckrecht)」の講義も行っていた。ちなみに，ドイツ民法典 (BGB) の導入とそれにともなう講義プログラムと教育プログラムの改編により，Rosin が「民法」担当でもあることが，公的にも確認された。Schreiben des Ministeriums vom 19.6.1897 (Personalakte).
22) In: Jhering's Jahrbücher für die Dogmatik des heutigen römischen und deutschen Privatrechts 32 (1893) S. 323-469.
23) In: Grünhut's Zeitschrift für das Privat- und Öffentliche Recht der Gegenwart 28 (1901) S. 341-404.
24) この点に関して基本的かつ要約的に解説しているものとして，Michael Stolleis, Verwaltungsrechtswissenschaft und Verwaltungslehre 1866-1914, in: Deutsche Verwaltungsgeschichte, hrsg. v. Kurt G. A. Jeserich, Hans Pohl, Georg Christoph v.

ンが, すぐに大きな注目を集めることになった.『プロイセン警察令法（Das Polizeiverordnungsrecht in Preußen）』に関するモノグラフィー[25]をもって, この分野の一員として仲間入りしたことは, シグナルをうちならす効果を持った. 彼はその序文Ⅲ頁からⅣ頁にかけ, 執筆の計画を提示するかたちでつぎのように記している. すなわち, 「この論文は, 全体としては, 行政法的, わけても学術的であることを予定している. 著者の第1の目標は, すでにある材料を法学的に渉猟し, そして, 著者の力の限りではあるが, こうすることで, あたらしい法学の一分野, つまりは行政法が, 法律学全体の中で重要な一部分であることを浮き彫りにするのに寄与することである. これとは反対に, この研究は, けっして政治的なものであることはない. それは, 二重の意味でそうである. 著者は, 一方では, 何らかの政治的立場に立って, 既存のものにたいする批判をすることは慎んだ. 他方では, 法の問題を, 警察的な合目的性の問題, つまりはこの意味での国内政治の問題から, 厳格な選別をつうじて, できるだけ正確に切り分けることにつとめた.」と. さらにロジーンは, 「この論文に, できるだけ原則に立ち返った研究という性格を与えようという」自らの努力を強調し, 最後には, ドイツ内における法比較の必要性と実務を考慮した点を特記している. ロジーンは, このようなコンセプトを終始維持した. 1895年にはこのモノグラフィーの第2版が, かなりボリュームを増して発刊されたという事実は[26], その質の高さと, 有用性を物語っている. 警察概念の歴史にとって, このモノグラフィーは, 今日でもなお欠くことができない[27]. 加えてこのモノグラフィーは, 福祉国家的な広い警察概念に賛成する論を含んでおり, まさにこうした基礎に立って, 注目に値するまでに明快な, あきらかに法治国家の傾向を胚胎した法的スキーム（Juristische Instrumentsrium）を展開し

Unruh, Bd. 3, 1984, S. 85-108 参照.

25) Breslau 1882, VIII, S. 202. その副題として,「行政法的に詳説・解説する（Verwaltungsrechtlich entwickelt und dargestellt）」と, はっきり書かれている.

26) Berlin 1895. X, 320 S.

27) *Ernst Forsthoff*, Lehrbuch des Verwaltungsrechts, Bd. I, 10. Aufl. 1973, S. 42 にあげられているのは, このあらわれである.

ている。

　警察法とならぶ彼の第2番目の著作の柱となったのは，国内の国家構造の基本問題に関する諸論文である。ロジーンはこれをもって，中心的な諸現象の適切な法概念的把握をめぐって展開された議論に加わったのであった。これに属する論文が，『主権，国家，ゲマインデ（地方自治体の最小単位）そして自治（Souveränetät, Staat, Gemeinde, Selbstverwaltung）』[28]及び『一般ラント法及び今日のプロイセン法のもとにおける団体と社団，とりわけ許可されている私的社団に関する理論について（Zur Lehre von der Korporation und Gesellschaft, isnbesondere der erlaubten Privatgesellschaft, nach ALR und heutigem preußischen Recht)』[29]そして，1冊の本として発表され，はっきりと，「行政法のモノグラフィー」と表示されていた論文『公的協同組合の法（Das Recht der öffentlichen Genossenschaft)』[30]である。これら諸論文が，彼がゲルマン学の出だということと関係していることは容易にわかる。ギールケの弟子であることは隠しようもない。

　最後にあげた論文は，同時に，それ以降ロジーンが特別の関心を払うことになるテーマ，つまりは社会保険法へと向かっていくことを示すものとなっている。彼はいう。「私が本書を執筆する第1の契機となったのは，社会政策に関する帝国の法律の研究であった。この研究をつうじ，その法的内容の完全な理解は，各法律により我々の国家生活にあらたに取り込まれた広範にわたる諸義務の担い手として登場する諸組織の本質を認識してはじめて可能となるという

---

[28] In: Annalen des Deutschen Reichs für Gesetzgebung, Verwaltung und Statistik, 1883, S. 265-322. その副題は，彼らしく「批判的概念研究（Kritische Begriffsstudien）」，となっている。

[29] In: Gruchtos Beiträge zu Erläuterung des deutschen Rechts 27 (1883) S. 108-146.

[30] Freiburg 1886. XII, 210 S. 第2の副題は，「団体の一般理論に関する一考察をかねて（Zugleich ein Beitrag zur allgemeinen Lehre von Körperschaft）」である。この本は，Otto Mayer から，つぎのような高い評価をえた。「本書は，すばらしく明晰な筆致により，特別に魅力的である。この点で，現在行政法に関する論文等の執筆者で彼に並ぶ者は皆無である！（Archiv des öffentlichen Rechts 1, 1886, 719)

ことが，私にはあきらかになった。そこで，事故保険のための職業協同組合及び健康保険のための基金協会といった個別的現象を超えて，公的な協同組合を包括する上位概念を定立することを試みた。」と。

このように社会保険法に目を向けてはいたものの，――詳細は後にまた解説するが――ロジーンは，公法における彼のほかの活動分野について，さらに筆を重ねることを忘れたわけではなかった。1892年に発表された『少数者代表と比例選挙（Minoritätenvertretung und Proportionalwahlen）』[31]は，憲法体制が理性的に発展していくことに対して強い関心を持っていたことを示している。しかしまた，彼は，バーデンの邦国法についても貢献している。すでに1887年には，いたって簡明な序文を付した『バーデン憲法（Verfassungsgesetz）』[32]を発表する。1896年には，バーデン憲法の歴史に，興味深い一編をささげている[33]。1918年，その憲法がすでにその終末をむかえようとしている時期，ある意見書をもとにして，『バーデンの第一院に関する荘園領主の選挙権（Das Wahlrecht der Grundherrn zur I Kammer in Baden）』と題する論文[34]を発表している。落ちがないようにするためではあるが，法曹教育の問題に関した諸論攷[35]があることも，指摘しておくべきであろう。彼が教員としてもかかわりを

---

31) つぎの副題がつけられている。Ein Überblick über deren Systeme, Verbreitung, Begründung, 1892, 54 S.

32) Badische Verfassungsgesetze mit Einleitung, Anmerkungen und Register, 1887 (Handbibliothek Badischer Gesetze, I).

33) Badisches Staatsrecht um die Geburtszeit Großherzog Friedrichs, in: Festprogramm Seiner Königlichen Hoheit Großherzog Friedrich zur Feier des siebzigsten Geburtstags dargebracht von der Albrecht-Ludwigs-Universität zu Freiburg, 1896, S. 69-90. 大公 *Friedrich* は，1826年に生まれた。*Rosin* の論文は，1820年代後半から30年代初頭までの，憲法という観点からみて重要な一連の政治上の出来事と取り組んだものである。

34) In: Annalen des Deutschen Reichs für Gesetzgebung, Verwaltung und Volkswirtschaft 1918, S. 1-83. この論文は，同時に，バーデン憲法100年（1918年8月22日）祝賀への寄稿でもあった。

35) Das Zwischenzeugnis nach dem neuen preußischen Gesetzentwurf über die Vorbereitung zum höheren Justizdienste, in: Deutsche Juristenzeitung 1902, S. 81-

もったことの証しである[36]。

Ⅳ. 社会保険法の体系

ビスマルクの社会立法[37]は，ロジーンの感覚そしてまた国家の社会的義務に関する彼の考え方と非常によく合致しており，そのため，ロジーンは，自分が当時生成しつつあったこの法的な材料を学問的に研究し，そしてそれを学問的に追証しなくては絶対ならないと考えていた，そうとしか思えない。先にも述べたとおり，公的組合に関する論文がそのはじまりである。1888年以降になると，その長短は別として，社会保険の法的問題についてその見解を述べる論文を，最低でも1年に1本は発表した[38]。しかも，それは，個別研究や具体的問題に絞った取り組みに止まらなかった。むしろロジーンは，2巻からなる総説において，1つの体系を作り上げたのであった。第1巻は，すでに1893年に出版された[39]。この本は，そもそものところこの種のものとしてははじめて

84; Sind für die Ausbildung von Juristen Zwischenprüfungen zweckmäßig?, in: Verhandlungen des 26. Deutschen Juristentages Bd. II, Berlin 1902, S. 148-204; Der Assessorenparagraph in Baden, in: Deutsche Juristenzeitung 1907, Sp. 842-848.

36) *Tambert*, (aaO Fn. 2), S. 17 及び 171 には，論文 Der Trakehner-Prozeß. Ein Stück Leidensgeschichte der Volksschule aus den Ende des 19. Jahrhunderts. Ausführlicher Bericht über die Gerichtsverhandlungen vom 17.-24. 10. 1902 及び Über den parlamentarische Vorgeschichte, Berlin1903 を *Rosin* が書いたものとしている。しかしこれは誤解である。この報告書の著者は，プロイセンの学校教師 *Hermann Rosin* なる人物である。

37) 憲法史の観点からこれをみた論説は，*Ernst Rudolf Huber*, Deutsche Verfassungsgeschichte seit 1789, Bd. IV, 1969, S. 1191ff。行政法史の観点について基準となるのは，今日では，*Hans joachim Henning*, Aufbau der Sozialverwaltung, in: Deutsche Verwaltungsgeschichte (aaO Fn. 24), Bd. 3, 1984, S. 275-310 である。その標準的なテキストは，*Michael Stolleis*, Quellen zur Geschichte des Sozialrechts, 1976, S. 105 f., 116-145.

38) この場で，個々のタイトルをあげることは，割愛する。この点は，*Tambert*, (aaO Fn. 2), S. 169-172 の文献目録を参照されたい。

39) Das Recht der Arbeiterversicherung. Für Theorie und Praxis systematisch dargestellt. Erster Band: Die reichsrechtlichen Grundlagen der Arbeiterversicherung, 1893. XIV, S. 837.

の著作であった。そのために，すぐに権威的地位を得ることになった。第2巻の出版は[40]予定より時間を要した。しかしそれは，計り知れないライフワークの栄冠を得るものとなった。著者ロジーンは，この書をもって「未開の地を切り開き」[41]，そしてまた，彼は，社会保険を一般行政法と結びつけることで，それを，解釈論的に完結した法分野へと押し上げたのである。

ロジーンの死後，社会保障法と労働法のもう1人のパイオニアであるヴァルター・カスケル（Walter Kaskel）[42]は，つぎのようにつづっている。すなわち，「彼の労働保険法に関する全体的な解説が発表されてからほぼ40年たち，その間にすべての条文が改正された今日でもなお，これは社会保険の基礎的な著作の地位を維持し続けており，保険法の問題を学問的に研究する際には，すべてここに立ち返らなくてはならず，そしてまた，社会保険の法解釈的な理解は，今日においてもなお，まさにこれをその出発点としているのである。」[43]と。

この場で1つ1つ個別的に取り上げられないことは，はっきりしている。ただ，意義深いのは，ロジーンがその出発点とした基本コンセプトである。フーゴ・ジンツハイマーが，これをつぎのように的確に述べている。すなわち，「ロジーンは，彼の著作において，つぎのような基本的な理解に道を開いた。それは，労働保険にもとづき労働者に認められる請求権は，私的保険法をなぞった見方から導き出すことはできず，むしろこの請求権は，労働者のあらたな公法上の権利にその根拠があり，これをつうじて労働者は，法的な諸資格を得ることになるが，その諸資格は，労働者の社会的存在にもとづくものだ，という理解がこれである。ロジーンのこの基本的な理解は単に理論的な意義を有するに止まらず，社会保険により求められる国家の社会福祉を，労働者の保険

---

40) Das Recht der Invaliden- und Altersversicherung, 1905. XIV, 1151 S.

41) Bd. II, (aaO Fn. 40) S. VI. の序。

42) 同じくユダヤ人である Walter Kaskel (1882-1928) は，フライブルクでも学び，ここで，早い時期にロジーンとの知己を得ていた。Kaskel については，Florian Tennstedt, Neue Deutsche Biographie 11 (1977) S. 318 f.

43) Monatsschrift für Arbeiter- und Angestelltenversicherung 1927, Sp. 318 (s. auch aaO Fn. 2).

料納付にかからせないとするもので，実際にもかなり重大な結果をもたらすものであったが，それは，経済界からの激しい反対があったにもかかわらず，判例の採用するところとなったのであった」[44]と。実際にもロジーンは，保険理論を否定する福祉理論の断固たる擁護者だったのである。

　このような彼の立場の背後には，特別のモチベーションないしは道徳的・政治的な願望といったものがあったのであろうか[45]。彼は，ビスマルクの社会立法に無条件で賛成していたが，彼が社会的調整と社会的平和のケアをその責務とする社会的王政に賛成していたことを，ここにはっきりとみてとることができる。彼は社会的王制において，「実践的キリスト教（Praktisches Christentum）」の諸要請が充されていると考えた。彼にとって決定的だったのは，「信仰上の思考の所産という意味での，国によるケアが持っている積極的な作用である」[46]。したがって，これをもって彼が自らの信仰を否定したというわけではない。むしろ彼は，あきらかに，キリスト教とユダヤ教は，「生活と仕事」の領域では共生できるし，そしてまた協力できるということを確信していたのであった。

　ロジーンが社会保険法の学問的な開花にはらった多大な努力は制度にもあらわれた[47]。学際間の協力の場として，彼は，1906年にフライブルクで「保険学セミナール」を設立した。このセミナールは，主としては，私的保険法，社会保険法，国民経済に志向した保険学，保険医学及び保険数理の分野に関する

---

44)　(AaO Fn. 1), S. 210 f.

45)　*Tambert*, (aaO Fn. 2), S. 29-35 における評価の試みが，このような問題を提起するきっかけとなっている。

46)　*So Tambert*, (aaO Fn. 2), S. 33.

47)　*Alexander Hollerbach*, 100 Jahre Juristisches Seminar, in: Freiburger Universitätsblätter, Heft 108（Juni 1990）S. 49 f. Siehe auch *Tambert,*（aaO Fn. 2), S. 6 も参照。Eine Art Dokumentation darüber in Akademischer Mitteilungen, 4. Folge, 7 Semester, Nr. 4 v. 22. 5. 1928, S. 77 f.: Anbringung der Plakette *Heinrich Rosins* im Seminar für Versicherungswissenschaft und Arbeitsrecht.

授業のためのプラットホームの役割をになった[48]。1923年には，またロジーンが音頭をとるかたちで，このセミナールは，「保険学及び労働法セミナール」へと拡張され，ハインリッヒ・ヘニガー（*Heinrich Hoeniger*）[49]がこれに加わった。保険学と労働法という2つの分野の親密な関係からすれば当然の展開である。ハンス・グロスマン－ドルト（*Hans Großmann-Doerth*）[50]のもとで，このセミナールは，まずは，「経済秩序法，保険学及び労働法セミナール」へと拡張されたが，1938年以降，後2者はセミナールの名前から姿を消した。しかし，第二次世界大戦後，1956年にグスタフ・アドルフ・ブラ（*Gustav Adolf Bulla*）[51]を招聘した際，労働法，社会保険及び社会政策研究所が設立され，いずれにせよ理念的には，ふたたび後2者との関係を復活することができたので

---

48) 1909-10年の冬学期につき，講義要綱における法・国家学部の科目一覧中に「法学科目」及び「国民経済学科目」とならんで，「保険学科目」という項目がはじめて登場し，この分類の仕方は，30年代の初頭まで続いていた。最初の数年間は，国民経済学者 *Paul Mombert*（1876-1938），後に名声を博した心理学者 *Oswald Bumke*（1877-1950）及び数学者 *Alfred Loewy*（1873-1935）により学際的な協働が営まれていた。*Paul Mombert* については *Walter Waffenschmidt*, in: Handwörterbuch der Sozialwissenschaften VII, 1961, S. 418-420 を，*Oswald Bumke* については *Max Mikorey*, in: Neue Deutsche Biographie 3, 1957, S. 15 f. を，そして *Alfred Loewy* については，*Helmuth Gericke*, in: Neue Deutsche Biographie 15, 1987, S. 114 を参照。なお，*Alfred Loewy* はまた，フライブルクのユダヤ教会に所属し，そして，「世上認められた正当派信仰」の人物として（*so Lewin*, (aaO Fn. 5), S. 492），ユダヤ人上級評議会におけるロジーンの後継に任じられた。

49) 彼については，*Manfred Löwisch*, in: Badische Biographien, Neue Folge, Bd. I (1982) S. 177 f.

50) 彼については以下を参照。*Alexander Hollerbach*, Juristische Lehre und Forschung in der Zeit des Nationalsozialismus, in: Die Freiburger Universität in der Zeit des Nationalsozialismus, hrsg. v. *Eckhard John, Bernd Martin, Marc Mück* und *Hugo Otto*, 1991, S. 105 ff.

51) Ordinarius für Arbeitsrecht, Sozialversicherungsrecht, Sozialpolitik, Bürgerliches Recht und Wirtschaftsrecht. *Bulla*, geb. 4. April 1903, starb am 7. Juni 1966. Vgl. die Nachrufe in: Recht der Arbeit 1966, S. 258, u. Arbeit und Recht 1966, S. 240, ferner in: Freiburger Universitätsblätter Heft 13 (August 1966) S. 9.

あった。本書がなった時点においては，経済法，労働法及び社会保険法研究所が存在しているが，その第2部は，全部が，マンフレート・レーヴィッシュ (Manfred Löwisch) の指揮のもと，後者の労働法と保険法と取り組んでいる。

V. 国法学的な考察

ロジーンにとって特徴的な2つの論文は，ふたたびその大いなる相互関連に目を向けさせる。すなわち，その2つとは，1897年に出版された『ビスマルク侯爵の政治的演説及び論文に基づく一般国家学の基礎 (Grundzüge einer allgemeinen Staatslehre nach den politischen Reden und Schriftrn des Fürsten Bismark)』[52] と，1911年に，『ビスマルクとスピノザ。その国家観の平行性 (Bismark und Spinoza.Parallelen ihrer Staatsanschauung)』[53] である。この2つの論文は，ビスマルクにたいする個人としての最大級の関心と彼に対する賛辞の表れであり，そしてまた，ドイツ帝国の中でヘゲモニーを握る邦国としてのプロイセンにたいする基本的な共感を示すものでもある。この際，いつものことながら，ロジーンからみると模範的な社会立法もまたこれに寄与している。しかし，さらにこの2つの論文は，ロジーンの著作の中にあって，その原理的な考察方法，正確にいうとその国家学・憲法学的な考察方法をはっきりと示すところとなっている。この際，ロジーンが，ビスマルクないしはスピノザを，すべての面で正確に理解して解釈したかどうかは2次的なことである。ここでより重要なのは，ロジーン自身についてこのことから何を帰納できるかだと思われる。

こうみると，我々は，『一般国法学の基礎』の中で，注目すべきものとしては，以下をあげることができよう。それは，ロジーンは，国家行為の補

---

[52] In: Programm der Universität Freiburg zum Geburtstag Großherzog Friedrichs, 1897, VIII, S. 100. Annalen des Deutschen Reichs für Gesetzgebung, Verwaltung und Statistik 1898, S. 81–126 に再録。これを批判的に取り上げるのは，*Heinz Kober*, Studien zur Rechtsanschauung Bismarcks, 1961, S. 38.

[53] In: Festschrift für *Otto Gierke* zum siebzigsten Geburtstag, 1911, S. 383–420.

充性という考えに与している点[54]，国家の安全と市民の自由が相互に依存関係にあることを強調している点[55]，立憲国家は法治国家の縛りを受けることを明確に肯定している点[56]，労働する権利へのシンパシー示している点[57]，納税額に応じて選挙人を3階層にわけて各階層同数の2次選挙人を選出し，それら2次選挙人が代議士を選ぶかたちを取るプロイセンの間接選挙権（Dreiklassenwahlrecht）に対するビスマルクの批判に与している点[58]，ゲマインデの真の自治という考えに賛成している点[59]，そして最後に，中央集権にたいして警告を発している点である[60]。ただし，以上は，若干のテーマをあげたに止まる。

もっとも，つぎの2つの基本的な点には，特別の関心をはらってしかるべきである。まず第1に，ロジーンによれば，国家と宗教の関係は，宗教もまた国家を支える基礎となるように構成されなくてはならないとされる[61]。この際彼は，ドイツの伝統にかなった具体的なかたちとして，全面的にキリスト教国家の形式を受け入れている。しかし，彼は，こうすることで，かかる原理がユダヤ人の完全な解放に逆行するような結論が導きだされるときは，控えめながらも，批判を展開している。同時に彼は，ビスマルクが「実践的キリスト教」をより所としている点をつぎのように解釈している。すなわち，ほかの宗教に属する者に，「隣人愛の掟，そして慈善の掟が，同じく彼らの信仰においてもやはりその中心を占めているのであれば，」実践的キリスト教をより所としたとしても，ほかの宗教が排除されることはないと[62]。こうして，教義上の意味で

---

54) (AaO Fn. 52), S. 19.
55) (AaO Fn. 52), S. 25.
56) (AaO Fn. 52), S. 44.
57) (AaO Fn. 52), S. 51.
58) (AaO Fn. 52), S. 68 f.
59) (AaO Fn. 52), S. 89 ff.
60) (AaO Fn. 52), S. 99.
61) (AaO Fn. 52), S. 13–16.
62) (AaO Fn. 52), S. 16.

も信教上の意味でも決してキリスト教的ではなく，かえって，その宗教的基礎が福祉を推し進める実践にあることを示す国家においては，ユダヤ教信者もまた，その身のおき所をみいだすこととなるというわけである。先に解説したところ[63]と合わせみれば，このようにいって差し支えあるまい。

　同じく大きな関心を引くのは，法律の権威に関するロジーンの解説である[64]。もっとも，彼は，ビスマルクにあってはとくに誇張された形式原理としての「法律は法律だ」を強調することで満足していたわけではない。むしろ彼は，法が実効的であるためには，内心における同意という意味での受容を必要とするということを十分に承知した上で，「少なくとも実質をともなう立法の制約」[65]を示し，そして，信仰上の基礎に留意しつつ，「国家の立法を，国民の確信に支えられた倫理と正義の軌道に導こう」[66]と努力したのであった。

　『ビスマルクとスピノザ。その国家観の平行性』と題した論文で，ロジーンは，十分な資料と文献を渉猟した上で，『一般国家学の基礎』の路線をさらに推し進めた。彼はこの際，彼の「英雄」であるビスマルクが，確かにスピノザを研究していたことをふまえて論じることができた。他方，ユダヤ人であるロジーンが，ユダヤ人であるスピノザに興味を抱いたことは，まったく当然のことでしかなかった[67]。ロジーンは，ビスマルクとスピノザの見解が，肝胆相照らし合っていることを一応証明することに成功し，こうして，彼の後ろ盾ともいうべきビスマルクとスピノザに問いかけた，国家学上の基本問題と国法学上の基本問題が織りなす万華鏡が，ふたたび作り出されたのである。この際，

---

63) Oben bei Fn. 42.
64) (AaO Fn. 52), S. 45-49.
65) (AaO Fn. 52), S. 48.
66) (AaO Fn. 52), S. 49.
67) 今日の視点からみた，このような基本的な指向性については，以下の文献を参照。*Lothar Gall*, Art. *Bismarck*, in: Staatslekikon, 7. Aufl., Bd. I (1985) Sp. 816-821; *Wilhelm. G. Jacobs*, Art.. Spinoza, in: Staatslekikon, 7. Aufl., Bd. V (1989) Sp. 114-116.

国家と宗教のと関係が，確かに現下の問題であったにもかかわらず[68]，独自のテーマとされなかったことは，注目を引くところである。これにたいして，特記しておくべきと思われるのは，法と法律の拘束力という問題に，再度，とくに重きがおかれていたことである[69]。ということで，彼は，スピノザにあっては，国家の立法権に法的な制約を加える方向性があることを強調し[70]，他方で，すでに『一般国家学の基礎』で展開した彼のビスマルクについての解釈を確固かつ精緻なものとしている。ビスマルクにとっては，「宗教上の戒律と正義は，消極的であれ，立法を実質的に制約するもの」ととらえられていたはずだ，というわけである[71]。

ここで取り上げた2つの論文は，おそらくは，一般国家学の礎石となりえたものであった。果たしてこの2つの論文が，ロジーンの生涯計画ないしは著作計画にあったものなのかは定かではない。しかし，いずれにしてもこの2つの論文は，彼が，そこでは法と国家という基本問題が——政治全体のコンテクストの中で——持ち上がってくる諸展開を繊細に解釈し，そしてまた注意深く観察した人物であることを示している。

Ⅵ. 友人の評価・「ロジーンは，ユダヤ系ドイツ人である」

優れた文化史家であり国民経済学者であった，エーベルハルト・ゴートハイン (*Eberhard Gothein*) は，ロジーンの生涯をつうじた友人であった[72]。彼らは，ブレスラウの幼少期・学校時代からの知り合いであり[73]，また，よく

---

68) Vgl. bes. S. 387, 416 ff.
69) Abschnitt Ⅶ, S. 412-418. しかしまた，Abschnitt Ⅲ, S. 393-398 おける契約の拘束力と履行可能性に関する解説も参照。
70) (AaO Fn. 53), S. 414.
71) (AaO Fn. 53), S. 418.
72) *Gothein* (1853-1923) については，*Arnold Bergsträßer*, in: Neue Deutsche Biographie 6 (1964) S. 654-656 参照。
73) Vgl. dazu: *Eberhard Gothein*. Ein Lebensbild. Seinen Briefen nacherzählt von

会っていた。そして，ついには，一方はハイデルベルクから，他方はフライブルクから，とくに「国家学の継続教育のための南ドイツ協会（Suddeutsche Gesellschaft für staatswissenschaftliche Fortbildung）」の幹部として一緒に仕事をした[74]。ちなみにロジーンは，ここで成人教育全般に取り組み，こうして後に成人学校（Volksschule）運動を引き起こすこととなる意義深い準備活動を指導したのであった。フライブルクでは，労働組合及び労働者教育諸連盟と協力して，「一般人向けの講義コース」を組織したことが思い起こされる[75]。

友人であるゴートハインとロジーンは，1909 年に行った研究旅行の間，ずっと一緒にいたが，その際に，ゴートハインが彼の妻に宛てた一通の手紙には，ロジーンの人となりが綴られている。それは，これ以上は不可能なまでに的確かつ深く考えぬかれたものであった。この手紙の文面を——同時に本稿の締めくくりとして——若干簡略化して引用しておこう[76]。「……彼は常に実直な男であり，かつまた明晰な頭脳の持ち主であった。注目に値するのは，彼は，熱狂的なドイツ人であるとともに確信に満ちたユダヤ人という両面を備えていることである。彼は，断固ビスマルクを賞賛する人物であり，彼の政治家ビスマルクに関する著書は，ビスマルクを，その思想及び行動の点から体系的に取り扱おうとする試みとしては最高を極めている。ユダヤ人として，彼は一切空騒ぎすることはないし，そして，彼がバーデンの教会会議の議長として，かつての不条理な復讐の戒律を，理解と心の温かさにおき換えようと努力したが，むなしい努力に終わったことはある種悲劇である。もちろん会議のメンバーは彼を罷免した。しかし彼は，これにたいしても非常に冷静に応じている。このように彼は，一切の疑いをいれる余地もないその不動心をもって，ユダヤ人であることの核心部分を堅持したのであった。神よ，この民族の最高のものは，旧

Marie Luise Gothein, 1931, S. 8.

74) （AaO Fn. 73），S. 158 ff.
75) *Hoeniger*（aaO Fn. 2），S. 54 にこのように指摘されている。
76) （AaO Fn. 73），S. 191 f. *Gothein* は，別の所（S. 237）でもまた，*Rosin* をほかの人物と比べるかたちで，*Rosin* にとりエホバ（Jehova）は，「人格であり，そしてまた人格的な経験」であり，単なる「形而上の変成」ではないと述べている。

約聖書以来この点ではまったく変わることがなく，そして自らもそうだと感じているとしても，しかしそれは偉大な歴史的そして心理的な問いの1つである。その正義の点で寛大となり，そして人をその内面のみで褒めそして罰するのは年老いたエホバ（ヤハウェ）だけである。そして，神の戒律を守る何千もの信者に祝福を約束するのがこの昔の神である。すべての高まり，あらゆる美徳は，神を敬うことに収斂していくが，これはセンチメンタルでもなければ，偽善的なキリスト教徒に非常によくみられるように，わざとらしいものでもない。また，幸運にも卑しいものでも決してなく，加えて，偽善的なキリスト教徒の親密で子供じみた関係でも決してない。彼は，ユダヤ人は神以外のドグマを一切持たないことを誇りにしている。……1つだけ驚くことがある。それは，その前で人が逍遥する統一神の全知であり，彼にはみえないものが何もない。もちろん，こうしたエホバと親密な関係にあるわけではない。むしろそれは，考えていた以上の心温かさである。私が，心動かされて，ハンブルクからさらに旅を続けたとき，彼が私に，何ら気色ばることなく，ユダヤ民族の太祖が昔したように，心の中から次のようにいった言葉は，私を感動させた。『エーベルト，神は，すべての道すがら君を守り給う』と。この宗教的な品性には，なんといっても若干の内気な面と謙虚さがみられるが，しかしまた，すこしく傑出した統一性がある。……同じく私にとって注目に値するのは，昔のヘブライのものの見方が，ヒューマニズム化はしたものの残っていることである。そのものの見方とは，すなわち，ユダヤ人達はもはや民族ではないはずだが，しかし，あらゆる圧力とそしてまた迫害のもと，この世が終焉をむかえるまで，唯一の正しい神のために，証しを立てることが彼らの世界史上の任務である限りは，彼らは選ばれた民なのである。……なるほどキリスト教は，当初から無条件の隣人愛のみを取り込んだが，これもまた，つまるところユダヤ教に由来するものなのである。」と。

ハインリッヒ・ロジーンの著作（抜粋）

Das Polizeiverordnungen in Preußen, Breslau 1882; 2. Aufl., Berlin 1895.
Das Recht der öffentlichen Genossenschaft. Eine verwaltungsrechtliche Monographie,

Freiburg 1886.

Das Recht der Arbeiterversicherung

-Bd.I:Die reichsrechtlichen Grundlagen der Arbeiterversicherung, Berlin 1893.

Bd.II:Das Recht der Invaliden-und Altersversicherung, Berlin 1905.

Grundzüge einer allgemeinen Staatslehre nach den politischen Reden und Schriftendes FrüstenBismark, in Programm der Universität Freiburg zum Geburtstag Großherzog Friedrichs, Freiburg 1897; Annalen des Deutschen Reichs für Gesetzgebung,Verwaltung und Statistik 1898, S 81-126 に再録。

Die Rechtsnatur der Arbeiterversicherung,in:Staatsrechtliche Abhandlungen,Festgabe für Paul Laband zum fünfzigsten Jahrestage der Doktor-Promotion, 2. Band, Tübingen 1908, S. 41-134.

Bismark und Spiniza,Parallelen ihrer Staatsanschauungen, in:Festschrift für Otto von Gierke zum 70. Geburtstag, Weimar 1911, S. 383-420.

ハインリッヒ・ロジーンに関する文献

Heinrich Hoeninger, Geheimer Rat Professor Dr. Heinrich Rosin+, in: Monatschrift für Arbeiter-und Angestelltenversicherung 15（1927）Sp 313-316.

Walter Kaskel, Geheimer Rat Professor Dr. Heinrich Rosin+, in: Monatschrift für Arbeiter-und Angestelltenversicherung 15（1927）Sp 316-320.

Martina Tambert, Heinrich Rosin und die Anfänge des Sozialversicherungsrecht, Diss. iur. Freiburg i. Br. 1977（ロジーンの著作目録付き）.

ヘルマン・シュタウプ*

商法の注釈者，積極的契約侵害（positive Vertragsverletzung）の発見者**

ヘルムート・ハインリッヒ***
訳 村 山 淳 子

I. はじめに

　ヘルマン・シュタウプは，我々の世紀〔訳注：20世紀〕初頭において，最も有名で評判の高い弁護士の1人であった。彼は，つましい社会的境遇から出て，商法と経済法に重点をおいた名高い法律事務所をベルリン（Berlin）に開設した。彼は，そのほとんど際限のない労働能力ゆえに，弁護士としての活動とならんで，法律学の著者としても，見事な業績をあげることができた。商法（Handelsgesetzbuch），手形法（Wechselordnung），そして有限会社法（GmbH-Gesetz）についての彼のコンメンタールは，その生涯で最も成功したこれらの法律の注釈書である。1901年にシュタウプは，新たな法典編纂に従事した際，給付障害法に法の欠缺を確認し，積極的契約侵害（positive

---

　* *HERMANN STAUB*（1856年-1904年）
　** Kommentator des Handelsrechts und Entdecker der positiven Vertragsverletzung
　*** Dr. h.c. *Helmut Heinrich* : Präsident des Oberlandesgerichts Bremen a. D. Honorarprofessor an der Universität Bremen（ブレーメン大学教授）

Vertragsverletzung)の学説[1]を発展させた。この理論は，ドーレ（Dölle）によって，法律学上の発見の列に正当に加えられ[2]，多くの賛同とならび，しばしば批判を受けた[3]。しかしシュタウプが，法のさらなる発展に正しい道筋を示したことは，確かである。今日では，想定可能で実際に発生しうるすべての給付障害を把握するためには，（履行）不能と（履行）遅滞のカテゴリーでは不十分であるとの一致した見解が存在する。統一売買法（Einheitlichen Kaufrechte）と，1992年に提出された債務法委員会の提案は，不履行または義務違反を給付障害の基本的な構成要素とみるものであり，積極的契約侵害の学説の伝統に従っている[4]。シュタウプが48歳で没したとき，ハッヘンブルク（Hachenburg）とリープマン（Liebmann）は，彼をドイツナンバーワン弁護士と称し，リープマンは，弁護士界でのシュタウプの地位を政治家の世界におけるビスマルクのそれと比較した[5]。この評価は，ひょっとしたら，まさに没したばかりの者に対する追悼の辞として許されてきたような，愛すべき誇張を含んでいるかもしれない。しかし，シュタウプの時代に彼がドイツ帝国で最も重要な法律家であったことは疑いなきことである。おそらくハッヘンブルクを除いては，彼ほど法律学の著者として独創的であり，かつ成功した弁護士はいなかったのである。

II. 生　　　涯

ザミュエル・ヘルマン・シュタウプ（Samuel Hermann Staub）（職業生活に入ってからは，第2ネームであるヘルマンだけを使っていた）は，1856年3月21日に，ニコライ（Nikolai）（オーバーシュレージエン（Oberschlesien）

---

1) これについては，後出V参照。
2) Verhandlungen des 42. DJT, 1957, Band II B S. 1 ff., 15, 1959.
3) これについても，後出V参照。
4) より詳しくは，後出V参照。
5) *Hachenburg*, Monatsschrift für Handelsrecht und Bankwesen, 1904, S. 237 ff.; *Liebmann*, DJZ 1904, Sp. 826 ff.

〔訳注：旧ドイツ領で現在はポーランド領であるシュレージエン（Schlesien）の南東部を指す〕）で，商人ミヒャエル・シュタウプ（Michael Staub）とその妻エルネスティネ（Ernestine）（旧姓オルグラー（Orgler））の息子として誕生した[6]。シュタウプの故郷の町は，1922年のオーバーシュレージエン分割の際にポーランド領となり，現在はミコロウ（Mikolow）という名前であるが，19世紀半ばには，プロイセンのプレス（Kreis Pleß）の小都市であり，人口3,000人前後のうち約10％がユダヤ人で，カトリック教会と福音教会とシナゴーグがあった。シュタウプの両親，その出自，そしてシュタウプの幼少期に関しては，情報が残されていない。彼の父は行商人として小さな商売を営んでいたのかもしれない。シュタウプは後に，「私はゆりかごのかわりに，粗雑に組み立てられた荷箱の中で寝ていた」と述べている[7]。貧しい家庭環境にもかかわらず，両親は天分ある息子が高等の学校に通えるようした。もっと近くにあったケーニヒスフッテ（Königshütte）のギムナジウムとグライビッツ（Gleiwitz）の上級実業学校よりも，ボイセン（Beuthen）のギムナジウムの方が優先されたのは，おそらく，そこならザミュエル・ヘルマンがその叔父母，つまり後に義理の両親となったシンドラー（Schindler）夫妻のところに住むことができたからである。

---

6) Staub の生涯に関しては，信頼できる情報が僅かしか存在していない。弁護士会，ベルリン地方裁判所，そしてプロイセン法務省の人事記録は保存されていない。以下の記述は，Berlin-Weißensee のユダヤ人墓地と Leipzig 大学の資料，*Liebmann*（aaO Fn. 5），*Hachenburg*（aaO Fn. 5），及び 1904 年 9 月 2 日付の Vossischen Zeitung 夕刊（ベルリンの Landesarchiv で閲覧できる）の追悼文，さらに Bettelheims Biographisches Jahrbuch, Band 9 (1904) への *Teichmann* の寄稿と，ベルリンの Staatsarchiv に秘密に保存されている Staub の公証人任命に関する書類にもとづいている。その他の法律家の新聞とベルリンの日刊紙の追悼文には，利用できるような追加情報は残っておらず，Großen Jüdischen National-Biographie, 1979 と全 4 巻からなる Jüdischen Lexikon Bd. IV/2, 1930 にも，Staub に関する記事はない。地理上の記述は *Pierer* の Konversations-Lexikon 2. Aufl. 1841 ff. と 7. Aufl. 1888 ff. から借用したが，人口数は改訂した。

7) *Liebmann*, DJZ 1904, Sp. 826.

シュタウプは，大学入学資格試験（Matura）の後，ブレスラウ（Breslau）大学とライプツィヒ（Leipzig）大学で法学を学び，重要部分についての補習授業を自ら提供することで学資を得ていた。彼は，ヴィントシャイト（*Windscheid*），ヴェヒター（*Wächter*），ビンディング（*Binding*），及びワッハ（*Wach*）を，そして彼の後の主たる研究分野である商法について熱心に勉強したが，決して講義を聴くことはなかった。ライヒ司法法（Reichsjustizgesetze）がすでに公示されたが未発効であった1877年11月17日に，彼はプロイセンの試補見習（Referendar）〔訳注：第1次国家試験と第2次国家試験の間の見習期間中の上級公務員採用候補者〕となり，ラティボー（Ratibor）の控訴審裁判所で実務専門教育を開始した。彼は1880年に，もはや残されていない「確定物の価格（Pretium Certum）」に関する博士号請求論文（Dissertation）により，ライプツィヒ大学で法学博士号を請求し，1882年6月19日に試補試験（Assessorexamen）〔訳注：上記第2次国家試験。これに合格すると試補（Assessor）となる〕に「良（gut）」で合格した。1882年10月にベルリン第一地方裁判所で弁護士リストに登録され，弁護士として事務所の開設に着手した。1884年にシュタウプは，ボイセンのギムナジウム生時代からすでに知っていた，22歳の従妹ラウラ・シンドラー（*Laura Schindler*）と結婚した。2人の子供—1885年にオットー・ミヒァエル（*Otto Michael*），1889年にマルガレーテ・ドラ・エルナ（*Margarete Dora Erna*）が生まれた[8]

先達のユダヤ信仰を固く持ち続けていたシュタウプにとって，家庭は人生の安らぎの中心であり，そこで彼は新たな力を蓄え，仕事の負担が重くなったときでも家族のための時間は作っていた。親密な家族関係は，彼の妻の兄弟であるアルトゥル（*Arthur*）とマックス（*Max*）との間にもあきらかにあった。アルトゥル・シンドラー（*Arthur Schindler*）は，彼の義兄弟で従兄弟（シュタウプ）と同様に弁護士であったが，シュタウプのいくつかのコンメン

---

[8] *Otto Michael Staub* は1927年にベルリンで死亡。彼の妹の運命についてはあきらかでない。

タールのために索引を作成している。そして，マックス・シンドラー（Max Schindler）はベルリンの商人であったが，シュタウプ一家にとって信頼できる友人であり助け手であったのである[9]。

シュタウプがベルリンで弁護士として活動を始めたとき，弁護士の開業の自由の原則が3年前から通用していた。プロイセンでは，弁護士職におけるユダヤ人の割合が約7％に上昇し，後に貴族の位を授与されたハインリッヒ・フリードベルク（Heinrich Friedberg）によって，ユダヤ出身の法律家が初めてプロイセンの法務大臣となった[10]。（企業）設立時代，そしてその時代が企業の一斉破綻と経済的ならびに法的対立によって動乱の中で危機を孕んで終焉したのは，まだそう過去のことではなかった。ベルリンでは，ユダヤ人住民が100万人を超え，全人口の5％の割合にまで増加し，そこでは弁護士業務に対する強い需要が存在していたものの，弁護士自由開業制の導入以来弁護士数も急激に増加していたのである。

外貌の条件，モーゼを信仰するオーバーシュレージエンの貧しい一族の出身であるということ，同じ境遇の出身である妻と結婚したこと，そしてコネクションと庇護が欠如していることは，シュタウプが弁護士として成功に満ちたキャリアを積むためにうってつけとはいえなかった。しかしそれでも，シュタウプはそれを築き上げたのである。つまり彼は，最初のベルリン時代の困難と窮屈を克服し，弁護士活動を始めて10年後には首尾よく，商法と経済法を専門とする盛況の事務所を有する相談最多のベルリン弁護士の1人となった。シュタウプは，かつて弁護士の仕事についてこう述べている。「弁護士の司法への寄与は，事務所と法廷での静かな働きの中で成し遂げられる。彼の訴答は書類の中に埋もれ，彼の弁論の言葉は消え去ってゆく」[11]と。弁護士の成功，不成功が何によるのかは，しばしばはっきりしない。しかし，シュタウプ

---

9) Staubの死後，そして後に彼の未亡人の死後，Berlin-Weißenseeのユダヤ人墓地での諸手続は，Max Schindlerによって処理された。

10) Krach, Jüdische Rechtsanwälte in Preußen, 1991, Tabelle S. 415.

11) JW 1901, Beilage Nr. 85 und 86, S. 57.

の場合には疑いはない。つまり，彼の法律家としての卓越した天分，彼の非凡な労働力，ユーモア・ウィット・当意即妙と組み合わされた彼の雄弁，彼の人懐こさ，そして彼の自覚が，彼の成功を助けたのである。彼の友人で出版者のオットー・リープマン（Otto Liebmann）も同じ見方をしている[12]。すなわち，「シュタウプは弁護士の模範であった。それは，弁護士活動の初期に小さな家賃訴訟を取り扱うときでも，後に管財人や最終・最高鑑定人として何百万も対象とする際に活動するときでも，同じであった。すなわちシュタウプは，個々の案件のそれぞれについて，わがことのように，温かく世話をし，励まし，真にそのために戦ったのである。彼にとって弁護士活動は，決して単なる事務処理案件ではなく，望みがないまたは名誉でないと思う依頼は決して引き受けなかった。しかし，案件を引き受けたならば，彼の信頼に足る人格の全霊，彼の深い知識，彼の豊富な経験，彼のたゆまぬ勤勉，そして彼の独特の行動力をもって，その案件に身を捧げている。シュタウプほど，誠実かつ義務に厚い献身ゆえに依頼人から敬慕された弁護士は，ほとんどいなかったであろう。彼はいかに頻繁に，有名な彼の仕事熱を止めるように懇願されていたことだろうか。しかしシュタウプは，その懇願を決して容れようとはしなかった。彼は，1度引き受けた案件は，最後まで自分自身で遂行することをやめなかった。同時にシュタウプは，弁護士として彼の同僚達の模範でもあった。もしも，このように高い地位を勝ち得た者が，他の年下の者に対して近寄りがたかったとしたら，それはすばらしいことだろうか？　しかしシュタウプは，最も年若い弁護士達をも，それこそ特に助ける態勢をとっていた。同僚達はあれやこれやの質問をして彼の意見と助言を求め，いたるところで彼の実際的で意味のある言葉に従った。そして，悩み多き働き者達には，たとえまったく知らない人であっても，彼は1度も答えることを拒まなかったのである」。

　若い弁護士時代からすでに，ヘルマン・シュタウプは，法律学の著作そのものによって注目されていた。彼の初めての論文は，1883年に『Gruchot』に

---

[12] *Liebmann*, DJZ 1904, Sp. 827.

登場したが，それは物権法的な民事訴訟のテーマである「質権訴訟の判決主文（Tenor im Pfandrechtsprozesse）」[13]に取り組むものであった。その後の著作でも，商法への後の傾倒はまだ認められず，特許法に至るまでさまざまな法領域のテーマを扱っている[14]。民事訴訟の100年以上のロングランである，訴訟物のテーマにもシュタウプは取り組んでいた[15]。1887-90年に刊行された『BGBについての弁護士からの所見（Gutachten aus dem Anwaltsstande zum BGB）』にも，彼は「所有者抵当と所有者土地債務（Eigentümerhypothek und Eigentümergrundschuld）」[16]を寄稿して参加している。これら最初の仕事で大きなヒットはなかった。それらは永続的な意義を持つには至らなかったが，その後まもなく法律学の著者としてのシュタウプの名声を築いた要素である特徴の若干を，すでに示すものであった。それはつまり，的確かつしばしば比喩に富んだ言葉と結びついた，叙述と立論の明白性と遼然性である。

　1893年にシュタウプは，ドイツ普通商法典（Allgemeinen deutschen Handelsgesetzbuch）のコンメンタール（本稿の後の章で，シュタウプのつぎの2つの商法コンメンタールとともに，より詳細に評価する）[17]の出版により，一般の法律家を驚かせた。ドイツ普通商法典コンメンタールは，それまでのドイツ語圏の法律の解説書には例がないほどの成功を博した。それは7年間で7つの版が出版され，すぐに商法典のスタンダード・コンメンタールとなった。シュタウプの手になる最後の版は，1990年1月1日に民法典とともに発効した商法典を解説したもので，さらに前進した新注釈であったが，これは発行部数13,000部，したがって現代の商法典コンメンタールでも滅多にないくらいの普及を達成したのである。『シュタウプ』〔訳注：塵，埃。転じて，大きな反

---

13) Gruchot, Bd. 27 (1883), S. 707.
14) Ptentrechtliche Erörterungen, 1888. Die juristischen Konstruktion der dinglichen Rechte, Archiv für bürgerliches Recht, Bd. V (1891), S. 12 ff.
15) Gruchot, Bd. 32 (1888), S. 554 ff.
16) そこのS. 407 ff.（該当巻は1887-1890に出版）。
17) 後出Ⅲ参照。

響やセンセーションを巻き起こすことを意味する〕は，すぐに本に命名された
その名のとおり，広範な市場から他の商法典コンメンタールを生み出し，1899
年に初刷が出版されたデューリンガー (*Düringer*) ＝ハッヘンブルクのコンメ
ンタールが，まずは事実上のライバルとなった。彼らのコンメンタールによっ
て，シュタウプはドイツ語圏全体ではかろうじて第 2 の法律家だというくらい
の知名度にとどまったのである。商法典コンメンタールに続き，1895 年に手
形法コンメンタールが，1903 年には有限会社法コンメンタールが出版された。

　弁護士であり注釈者であるシュタウプが処理せねばならなかった仕事の負担
は膨大であったが，それにもかかわらず彼は多数の他の活動のための時間を持
ち続けていた。彼は法律家や弁護士の会議に欠席することはなく，弁護士職に
ついての政策でも弁護士自由開業制の擁護者として全力を尽くしている。すで
に早期から，彼はベルリン弁護士連盟 (Berliner Anwaltsverein) 及びベルリン
上級地方裁判所地区の弁護士会の理事になっている。1896 年，彼はリープマ
ン，ラーバント (Laband)，そしてシュテングライン (*Stenglein*) とともに，
『ドイツ法律家新聞 (Deutche Juristenzeitung)』を創刊し，それは 30 年以上
もの間，おそらく最も名望ある重要なドイツの法学雑誌である[18]。シュタウプ
は創刊後最初の 8 年は共同編集者として，そしてレギュラー・コーナー「法
律家展望 (Juristische Rundschau)」と多数の論文の執筆者としても，雑誌の
成功に決定的な役割を果たした。彼の 1 つの論文は，旧法の債務関係におい
て 1900 年 1 月 1 日の後に発生した履行遅滞のケースでは利息について決定す
るのは旧法か新法かという，一時的効力の法律相互の関係の問題に取り組むも
のである[19]。旧法の適用に関して，シュタウプがライヒ裁判所と見解を異にし，
「論争 (Polemik)」という副題を付されたこの論文は，今日でもなお読むに値
するものであり，旧ドイツ民主共和国 (DDR) の領域に民法が再導入されて
からは，再び現代的な意味を持っている。

---

18)　後出Ⅳ参照。
19)　Die Verzugszinsen in der Übergangszeit.Eine Polemik, DJZ 1901, Sp. 126 ff.

シュタウプが続いて興味を持った領域は，取引所法である。ここでは，とりわけ『取引所期限取引の概念（Der Begriff der Börsentermingeschäfte）』[20]と「取引改革の核心点（Der Kernpunkt der Börsenreform）」[21]という論文によって，彼は際立っていた。シュタウプが問題にしたのは，投機取引の危険からの保護と「強い取引（starken Börse）」に対する「一般的利益（allgemeinen Interesse）」との間に正しいバランス地点を見い出すことであり，その際彼は後者の視点も非常に重要視している。彼は取引所法の専門家として，プロイセン商務大臣によって，取引所法改正委員会に招聘されたが，これはシュタウプが国家側から与えられた，数少ない評価の1つである。もっとも，委員会がその仕事を完了したのは，彼の死後になってからのことであったのだが。シュタウプは，ドイツ弁護士大会（Deutschen Anwaltstag）に，報告者として2回応じている。彼は，1896年のベルリンの弁護士大会のために，先駆的な商法典の注釈者として，まったく特別にセッティングされた報告を引き受けた。彼は，ドイツ普通商法典の改正によってではなく，新法典を公布することによって，差し迫った商法の民法への適合化を行う演説をした。シュタウプはその報告に「商法典の起草に関する批判的考察（Kritische Betrachtungen zum Entwurf eines Handelsgesetzbuchs）」[22]というタイトルを選んではいたが，主としてライヒ司法局の提案に賛同するものであった。また彼は，農業及び林業に関する規定である商法3条と，商人間の営業の線引きが曖昧であることを理由に彼が認められないとする商法4条を，とりわけ強く批判している。5年後にダンツィヒ（Danzig）で開催された第15回ドイツ弁護士大会で，「1900年1月1日以来の理論と実務（Theorie und Praxis seit dem 1. Januar 1990）」について講演したとき[23]，彼は最も大きな公の成功を経験したといえるだろう。その講演は，シュタウプが法学的創造の絶頂にあることを示すものであ

---

20) 1899 im Verlag *Otto Liebmann* publiziert.
21) DJZ 1901, Sp. 441.
22) JW 1896, Beilage 65 / 65.
23) JW 1901, Beilage 85 / 86.

る。彼は1900年1月1日以降に出版されたすべてのコンメンタールと民法の教科書について完全に報告し，新商法典，非訟事件法（FGG），土地登記法（Grundbuchordnung），手形法（Wechselordnung），及び各州の詳細な法律についての文献までも取り込み，新法に関するライヒ裁判所と宮廷裁判所の判例について述べている。その報告の内容は，あらたな文献と判例の見解についての信じられないほどの精通と確信を示している。たとえば，「あるケースが3審で3回誤った判決を下された」と彼が断言するときは，異なる理由づけによってもまた，報告者〔訳注：シュタウプ〕は自信があるのである。また，その講演のやり方も印象深い。議事録には，32回の「笑」，「大きな笑」，または「再度の笑」が記録されている。報告を視聴した証人であるハッヘンブルクは，この効果についてつぎのように報告している[24]。

「1901年9月7日にダンツィヒでドイツ弁護士大会が開催されたとき，シュタウプは，「1900年1月1日以来の理論と実務」に関する報告を行った。彼はこの分野に対する弁護士職の賞賛すべき関与について語り，彼が名乗ったときには，「シュタウプ，シュタウプ」という一般聴衆の歓呼の声で遮られた。これは単なる儀礼上の行為や，感動を引き起こす講演の結果だけではなかった―聴衆及び同僚の内心の信念の噴出であり，それは彼にドイツナンバーワン弁護士の座を妬むことなく喜んで約束するものであった」。

ドイツ弁護士大会は，後のフィアハオス（Vierhaus）の上級地方裁判所裁判長の動議にもとづき，シュタウプに敬意を捧げている。偉大な注釈者の珠玉の講演について語られる中で，今日まで法律家のもとに残っているジョークがはじめて発せられた。「いつかシュタウプの墓石には，「生き急いだ注釈者シュタウプ，ここに永眠する」と書かれるだろう」[25]。年齢相応の力に満ち深刻な病

---

24) *Hachenburg*, (aaO Fn. 5), S. 237.
25) Vossische Zeitung vom 2. September 1904, Abendausgabe.

気1つしたことがなかったシュタウプは，そのジョークをよく考えて少し沈痛に受け入れるべきだったのである[26]。ようやく45歳になったばかりのシュタウプは，自分があと3年しか生きられないとは予測できなかったのであるが……。

シュタウプがダンツィヒで報告をしたとき，重要な別の原稿がすでにほとんど完成していた。第26回ドイツ法曹大会（Deutschen Juristentag）の記念雑誌へ寄稿された，「積極的契約侵害とその法的効果（Die positiven Vertragsverletzungen und ihre Rechtsfolgen）」[27]についての論文である。第2の法律学の著作は，この仕事のように論争と広範な反響を呼び起こすことはほとんどなかった（その評価は本稿の後出の章にゆずる）。シュタウプの同時代の人々にとって，彼の3つの広範なコンメンタールは，積極的契約侵害についての狭いモノグラフィーよりもずっと重要であったということも，また確かなことである。後世の法律家の世代になってようやく，シュタウプは大注釈者から，第一義的に，あるいはもっぱら，積極的契約侵害の「発見者」となったのである。

法律学の著者としての広範かつ労働を集中した活動と並んで，シュタウプは弁護士事務所も続けてそれをさらに拡充した。彼はドイツのよく知られた法律家の1人として，とくにその当意即妙とウィットに関し，伝えられた逸話の対象ともなった。2つの逸話が今日まで残っている。相手方弁護士が最終弁論でシュタウプのコンメンタールの立場を自らの法的見解の論拠とすると，しかしシュタウプは，ここでの自分のコンメンタールには誤りが含まれていて，まもなく出版されるつぎの版で自分はそれを訂正することは，少し前からはっきりしていると，落ち着き払って答えた。第2の逸話を理解するために重要なのは，1940年まで適用された版の刑法によれば，虐殺（Mord）は熟慮をもって死に至らしめること（Tötung）と，熟慮なしに殺害すること（Totschlag）であったということである。宮廷裁判所の裁判官がシュタウプに，「当法廷は

---

26) Vossische Zeitung, (aaO Fn. 25).
27) これについては，後出V参照。

たったいま合議においてシュタウプの法的見解を虐殺（gemordet habe）した」と述べたが，シュタウプは当意即妙にこう応酬した。「それが（熟慮なしの）殺害（Totschlag）でなかったことを望みます」。

シュタウプは国家の側に認められることを欲しなかったし，またそれを経験もすることもなかった。たった1度だけ，法律家・注釈者としての抜きんでた業績ゆえに，引き立てられたことがある。1898年に彼は，正規の時期より2年早く，法律顧問官に任命された。公証人の許可にあたっては，プロイセン法務大臣の職にあるフォン・フリードベルク（von Friedberg）の後継，シリング（Schilling）とシェーンシュテット（Schönstedt）のもとで実務修習を積み，キリスト教徒なら8年，しかしユダヤ教徒の場合には18年でようやく，公証人に任命されていた[28]。このあきらかに違法な取扱いは，シュタウプに対しても行われた。法務省の顧問達は，彼の「執筆の功績」ゆえに，18年の期間の短縮を認めることを約束はしたが，彼は1900年にようやく公証人となることを許可されたのである。公証人任命に関する経緯は，記録されてベルリンの国家文書館に機密文書扱いで存在しているが[29]，シュタウプに関しては，偉大な法律家にはふさわしからぬ，標準的な言い回しで記されている。ベルリン地方新聞（Berliner Lokalanzeiger）は，1904年9月2日付夕刊のシュタウプ追悼文[30]で次のように報じている。「シュタウプは，「帝国政府」側からライヒ裁判所顧問官の職を申し出られていたが，この申し出を断っていた」。この説の信憑性は低い。リープマンとハッヘンブルクの追悼文はそのような申し出に関して何も言っていないが，仮に帝国法務局が実際にそうしていたとしても，（追悼文は）きっと言及しなかったであろう。

政治的には，シュタウプはリベラリストであった。もっとも，彼は政治にはほとんど興味をもっていなかったのであるが。彼は「ほとんど専ら法現象と法学に」集中しており，時折政治問題に取り組むときでも，およそ法学の観点か

---

28) Vgl. *Krach*, (aaO Fn. 9), S. 25.
29) 分類記号 I HA Rep. 84a Nr. 20213.
30) この号は，ベルリンの Landesarchiv で閲覧できる。

らに限られていた。シュタウプは，あらゆることを法律家の眼鏡を通じて見，彼の分野に熱中し，それを愛し崇拝していたのである」[31]。

1903年11月に，ベルリンの法律家協会（Juristischen Gesellschaft）の，コッホ（Dr. Koch）会長夫人のための食事会で，シュタウプは祝賀講演を行った。それが彼の公の場への最後の登場であった。がっしりした体格でそれまで壮健であった47歳になったばかりのシュタウプは，重篤な病に罹ったのである。彼の苦しみの原因であった脊髄の癌は，手遅れになってから発見された。1904年9月2日に彼は死亡した。彼の生命を救うか，少なくとも永らえさせるべくして行われた手術は，成功しなかったのである。彼は最期まで法律学の著作の仕事をしていた。1904年4月3日付の前書が付された積極的契約侵害の第2版と，彼の最後の仕事となった株主総会の招集についての株式会社の監督官庁の権利と義務に関する第27回ドイツ法曹大会に関する意見書[32]が，病床で執筆された。1904年9月5日，ヘルマン・シュタウプは，ベルリン・ヴァイセンゼー（Berlin-Weißensee）のユダヤ人墓地に埋葬された。

III. 商法の注釈者

1861年のドイツ普通商法典（ADHGB）は，ドイツ連邦の個別の国家によってパラレルに立法されるやり方で発布され，頻繁に注釈がなされた法典であった。キール（Kiel）大学の法律学ゼミナールの，おそらくは完全なコレクションに，1890年より前の時代の12のタイトルが所蔵されている。執筆者は圧倒的に実務家であったが，2, 3の専門学校教員もいた。ほとんどの作品が第1版しか出されず，後まで残る成功を収めたのは3つにすぎなかった。それは1863年から1893年まで11版を重ねた，ベルリン弁護士のマコヴァー（Makower）のコンメンタール[33]，1894年までに第4版まで出版された，イェー

---

31) *Liebmann*, DJZ 1904, Sp. 832.
32) Verhandlungen des 27. DJT Bd. 1 S. 80 ff.
33) 第8版（1880年）を引用。

ナ (Jena) 大学の教授で後のライヒ上級取引裁判所顧問官のフォン・ハーン (*von Hahn*) のコンメンタール[34]，そして1872年から1893年までに4版が出版された，ライヒ裁判所顧問官プッヒェルト (*Puchelt*) のコンメンタール[35]である。今日これらの作品を手にとったとき，それらが——書評では多くの賞賛を与えられているが——見通しのきかない不出来なもので，商法の事案処理の助けにはほとんど使えないという結論に，一目ですぐに到達する。よく調べてみれば，これらコンメンタールの弱さは，執筆者の個人的な至らなさではなく，第一義的には，当時一般的に行われていた注釈スタイルに帰せられることがわかる。つまり，個々の規定について資料，特に立法史，判決，文献上の学説，及び私見が一緒くたに入れられており，これに対して素材の体系的な一貫性と解説部分の明瞭性にはほとんど価値が置かれていなかったのである。

80年代末，まだ35歳にもなっておらず，弁護士としてもそれほど出世していなかったシュタウプは，ドイツ普通商法典のコンメンタールの仕事に着手した。この本を出版することになるヘイネ出版社 (Heyne-Verlag) とのつては，年上の親しい弁護士，レヴィ博士 (Dr. *Levy*) によってつくられたものである[36]。シュタウプは，注釈者の仕事に前任者達とは違ったやり方で取り組んだ。彼は解説を体系的に構築している。すなわち彼は，導入部分で規定の意義と目的をはっきり示し，それから規範の個別的な要件と法的効果を見通しのきくように分解して扱った。これによって彼は，「まさに目前に迫った」[37] あらたな注釈スタイルへの移行を成し遂げたのである。しかし，その作品の成功は新たなスタイルのみに負うものではなかった。本質的に寄与しているのは，シュタウプの高い天分，つまり商法の判例と文献に卓越して精通していること，商取引の実務を広範に知悉していること，あらたに発生する法的問題に対し説得力ある解決案を生み出す能力があること，そしてとくにわかりやすく的確である

---

34) 第2版（1871年／1875年）を引用。
35) 第3版（1885年）を引用。
36) Vgl. *Staub*, DJZ 1896, Sp. 417.
37) Vgl. *Liebmann*, DJZ 1904, Sp. 828.

と同時にきっぱりした言葉である。1893年に当時998頁の分厚いコンメンタール第1版が出版された時、シュタウプはその巻頭言でこう書いている。「このコンメンタールを提供するための私の努力は、学問的であると同時に実務的であり、簡潔であると同時に完全なものである。私がこの目的を十分に達したかどうかは、親愛なる読者の寛容なる判断にゆだねたい」。彼はそれを成し遂げたのである！ 7年間のうちに7版を出版し、最終的に発行部数13,000部に達したその本の連続した成功については、シュタウプの生涯を叙述する際にすでに述べたとおりである[38]。

商法のコンメンタール文献ではおそらく1度限りのこのような成功の理由について、1900年からデューリンガー（*Düringer*）とともに、シュタウプと作風を同じくする商法典コンメンタールを生み出したハッヘンブルクは、以下のように書いている[39]。「シュタウプは学問になった実務、コンメンタールの達しうる最高のものである」と。この基本的特質は、外部的な形式に流れ出た。彼の解説方法は誰もが知っている。シュタウプのコンメンタールを使うおそらくすべての人が、探していることがすぐにみつかるとの称賛を繰り返し言うだろう。これは、見通しのきく整理から流れ出る固有の表現の明快さのせいだけではない。それに劣らず、実利的な観点に則って働く叙述方式から帰結されるものである。基本的な文章は、見出し語とともに先頭に置かれている。下の区分で、さらに詳しい内容の資料が、基本的な要素を印刷上でも常に強調して与えられている。解説の先頭で、条文の直接下に、一般的なメモ書きをよく置いている。それは、その箇所の射程と目的について指し示すものである。そこから、数多くの道筋が、あちこちで道標がつけられ、あちこちで目的に導きながら、右へ左へと発生している。シュタウプ商法典のこの点の意義は、それが「多くの模倣者を作り出した」ことに、最も明白に認めることができる。シュタウプは、1899年の新版の発行にあたり、根拠のある誇りを持ってそれを言うことができた。シュタウプ商法典の方式はほとんどのコンメンタールの方式

---

[38] 前出Ⅱ（原文S. 389）参照。
[39] Vgl. *Hachenburg*, (aaO Fn. 5), S. 238.

となったのである。しかし，シュタウプが行ったような注釈は，ひとが学ぶことのできるテクニックではない。それは芸術家の追求する芸術である。外観が見やすいため，シュタウプ商法典の方法にならって仕事をすることがおそらく好まれるだろう。しかしそれは根本において，芸術作品と同様に，彼の作品とともにある。あなたに映る芸術家の存在そのものが，あなたに生きる力を与える。「マイスター自身だけがマイスター作品を創れるのであって，他の者は彼の弟子である」。

シュタウプは，実務のための参考書を創ろうとし，どれか1つの自分の意見の叙述を押し進めようとはせず，判例を入れるときには，彼の後のほとんどの注釈者と同様のやり方をとった。つまり，彼のコンメンタールは，判例の結論を疑いをもって受け取るものではあったが，しかしそれはその疑いが彼の確信と一致しているときだけだった。そのことについて彼自身はつぎのように書いている[40]。「可能であるなら，私は常にライヒ裁判所に従う。しかし法律の明白な言葉，及び立法者のまぎれもない意思がこれを許さないときには，私は裁判所に従うことを拒まねばならない。その際，最高裁判所への崇拝は，私が自己の立脚点を根拠づけることを要求するのである」と。シュタウプの商法典コンメンタールは，彼の存命中において，最も熱心に利用され，最も頻繁に引用されたものであった。このシュタウプのコンメンタールは，商法の文献がライヒ裁判所の判決に加えた多くの法的見解を引き継いでいる。何年もの後，シュタウプは実務家が稀にしか与えられない栄誉を受けた。シュタウプの外観上の商人の理論は，テュービンゲン（Tübingen）大学の博士号請求論文のテーマとなり，その論文はシュタウプの解決案をすべての異なる見解に対して強く擁護するものである[41]。驚くべきことに，「非アーリア人種〔訳注：ナチス時代に言われた言葉で，とくにユダヤ人を指している〕の」執筆者の法的見解に賛同することを強く公言するこの博士号請求論文が，国家社会主義による権力掌握か

---

40) *Staub* の著書，Der Begriff der Börsentermingeschäfte, 1899 の巻頭言参照。
41) *Heinrich Bilger*, Zur Staubschen Lehre vom Scheinkaufmann, 1934.

ら18カ月後の1934年7月に，法学部で受理され，出版が許されたのである。

商法典コンメンタールに，2つの商法のコンメンタールが続いた。つまり，1901年までに全部で4版が出版された手形法コンメンタール（1895年）と，最終的な拡大版として466頁ある有限会社法コンメンタール（1903年）である。それらは，商法典コンメンタールの注釈スタイルを受け継ぎ，その成果を進展させている。同時代の人の書評では次のように書かれている[42]。「シュタウプは，彼が商法典と手形法のコンメンタールで導入したのと同じ方法に則って，有限会社法を解説している。つまり，新しい本の実務上の有用性については，ほとんど言を俟たない。シンドラー（*Schindler*）弁護士によって加えられた，すぐれた索引に支えられて，自分に生じた問題について，この本に回答を見い出さない実務家はいないであろう。実務家にとってこの本の価値は，素材が厳格に学問的に考究されている点に依っている。真に学問的な仕事のみが，有用な実務上の結果を導けるのである。シュタウプの本はこのことを証明している」。

シュタウプの早すぎる死の後，あらたな改訂者により彼のコンメンタールは継続された。当初はケーニゲ（*Könige*），シュトランツ（*Stranz*），そしてピナー（*Pinner*）によって引き継がれた彼の商法典コンメンタールは，1932年に第14版が出版されている。そのつぎの版は，1940-43年に，シュタウプの名前と版表示をカットして，『ライヒ裁判所構成員編集　商法典コンメンタール（Kommentar zum Handelsgesetzbuch, herausgegeben von Mitgliedern des Reichsgerichts）』として発行された。両コンメンタールのつぎの版（1950-1963, 1967-1982）では，『大コンメンタール（Großkommentar）』という名称が用いられ，その1983年の出版から新しく数えて第4版において，『シュタウプ大コンメンタール（Staub-Großkommentar）』という組み合わせで，はじめて作品の原著者名が再浮上したのである。その間に，シュタウプのハンディな中規模コンメンタールから，広範かつ多数の巻にのぼる作品になったが，シュ

---

[42] *Rausnitz*, ZHR Bd. 55 (1904), S. 345.

タウプならきっとそのことに賛同するであろう。

シュタウプの他の2つのコンメンタールの歩みはもっと単純明快であった。有限会社法コンメンタールはハッヘンブルクによって引き継がれ，今日ではもうその名前が付けられている[43]。手形法コンメンタールは，ベルリン弁護士のヨーゼフ（*Josef*），モーリッツ（*Moritz*），そしてマルティーン・シュトランツ（*Martin Stranz*）の親族企業によって引き継がれた[44]。

Ⅳ. 法律一般紙『DJZ（Deutsche Juristenzeitung）』の共同創刊者

コンメンタールのスタイルの変更と並んで，19世紀の最後10年，法律家達にはさらなる革新が迫っていた。新しい法律家の雑誌の創刊である。たしかにドイツ帝国では，数多くの法律家の雑誌が存在し，一部は注目すべきレベルと評判を有していた。しかし，それはもっぱら，特定の法領域にいそしむか，または特定の法曹職の利益に照準を合わせた専門雑誌であったのである。すべての法領域と法曹職に及ぶ，一般的な雑誌は欠如していたのである。『JW（Juristische Wochenschrift）』は，その箇所を充足するものではなかった。マグヌス（*Magnus*）とハッヘンブルクのはるか前の当時，それは論説部分が不十分で求めるところの低い，弁護士のための情報紙だったのである[45]。

1896年1月1日から，存在する空白部分に『DJZ（Deutsche Juristenzeitung）』が入った。創刊者は3人の編者，つまりパウル・ラーバント（*Paul Laband*）・ライヒ裁判所顧問官シュテングライン（*Stenglein*）・ヘルマン・シュタウプと，30歳になったばかりの出版者オットー・リープマンであった。14日にわたって発行される雑誌のプログラムを表したのはラーバントである。それは，

---

43) 第8版（1990年）以降。
44) 第13版は1934年にStaub-Stranzとして，第14版は1952年にStranzとして出版された。
45) *Magnus*によるJuristischen Wochenschriftの拡大と変革について，本書*Jungfer*の寄稿を参照されたい。

「DJZ」第1号の巻頭論文として公表された[46]。その雑誌が取り扱うことを予定する主たるテーマとして, ラーバントが指定しているのは, 「ドイツの法学を包む一般的傾向」, 一般的利益に資する基本的な判決, 重要な立法計画, 及び「それが枯死すべきでないならば, 世話と擁護を必要としているところの, 法曹職の共同利益」である。

予告されたように, プログラムは差し替えられることもあった。主要業務は, ともにベルリン出版所に出勤していたリープマンとシュタウプに割り当てられていた。初期においてすでに, たとえばビンディング (Binding), クローメ (Crome), デルンブルク (Dernburg), エネセルス (Enneccerus), ギールケ (Gierke), イエリネック (Jellinek), レーネル (Lenel), オットー・マイヤー (Otto Mayer), エルトマン (Oertmann), プランク (Planck), フォン・シュタウディンガー (von Staudinger), フォン・トゥール (von Tuhr), ワッハ (Wach), ツィーテルマン (Zitelmann) のような, 有名で今日なお知られている法律家達を執筆者として獲得していた。「DJZ」は, ——ワイマール時代における「JW」にもほぼ比肩し, 狭く限定された「型どおりの法律家の機関誌をはるかに超えた効力」[47]を持つ——おそらく最も名望ある一般的な法学雑誌となったのである[48]。シュタウプは, 共同編集者としてのみならず, 論文の執筆者として, 「DJZ」のために働いた。彼は8年間にわたって, その雑誌の各号のために, 法律家の重要なニュースを概観する「法律家展望 (Juristische Rundschau)」欄も執筆している。彼は人事異動, 国会における討論, 立法の計画, 法学の新刊書, 重要判決その他多数のことを報告した。それは, その日に関して執筆された法律家のジャーナリズムであり, ヘルマン・シュタウプがリベラル派の人間であることを示すものである。彼は保守的なことや志求的なことはほとんど悪く論評し, たとえば商業使用人や弁護士事務員の社会的な要求に対してはどちらかと言えば控えめな態度をとり, 弁護士職の

---

46) *Laband*, Unsere Ziele, DJT 1896, Sp. 1 ff.
47) *Liebmann*, DJZ 1933, Sp. 453.
48) これは *Rüther* の評価でもある (vgl. JZ 1988, S. 369, 370)。

自由開業制と利益には決然と味方をし，そして裁判所の判決については賞賛と批判を行ったが，その批判は文字どおりいつも穏やかなものに終わった。

　もはや目覚めることのない手術の半時間前，シュタウプは「DJZ」の最新号に目を通している[49]。友人のリープマンと違って，彼は雑誌のさらなる大成功を経験することはなかったが，しかし1933年の後にまずは連邦国家社会主義のドイツ人法律家大学教員帝国科目部門の機関誌に仕立て上げられ，そして1937年1月1日に雑誌『Zeitschrift der Akademie für Deutsches Recht』と統合された[50]。雑誌のひどい終焉も経験することはなかった。

V. 積極的契約侵害（positive Vertragsverletzung）の発見者

　民法の給付障害法が法典編纂の弱い部分であるということに，大きな疑いはない。民法は給付障害の2つの一般的なカテゴリー，つまり（履行）不能と（履行）遅滞を規定し，売買，賃貸借，及び請負契約のために，一般的な給付障害法にはあまり調和しない保証法を含んでいる。この規律が不完全なものであることは，今日ではあきらかなことである[51]。不能と遅滞の一般的なカテゴリーにも，保証法の規定にも含まれない，多くの契約違反が存在している。1902年に第26回ドイツ法曹大会のための祝賀論文「積極的契約侵害とその法的効果に関して（Über die positiven Vertragsverletzungen und ihre Rechtsfolgen）」でこの法の欠缺を確認し，それによってドーレのいう意味での法発見に成功した実務法律家が，シュタウプであった[52]。民法の給付障害法

49）　Vgl. *Liebmann*, DJZ 1904, Sp. 831.
50）　Vgl. dazu *Rüthers / Schmidt*, JZ 1988, S. 369, 370 ff.
51）　Vgl. statt aller *Wiedemann* in Soergel, 11. Aufl., 1986, Rn. 200 ff. vor § 275BGB, insbesondere Rn. 208. 1990年の第12版で，*Wiedemann* は，積極的契約侵害の制度の発展に関する部分を短縮化した（vgl. Rn. 351vor § 275BGB）。彼は，たとえ法の欠缺のテーゼに反対する者であっても，既存の積極的契約侵害の制度を廃止しようとする者はいないと，正当に指摘している。
52）　Vgl. *Dölle*, (aaO Fn. 2), S. 15.

で把握されないケースを，シュタウプは導入部分でつぎのように言い表している[53]。「ここで取り扱うケースは非常に重要である。それは，法律生活において日常的に発生する。いたるところで，我々はそれに遭遇する。自分に売られたランプをフランスへ転売しないことは，誰しも義務づけられていることであるが，しかしそれは行われている。売主が，自分が製造した爆発性成分をもつ発光物質を，そのことについての買主への注意喚起なしに，他人に引き渡し，その発光物質が買主の店で大損害を引き起こすこともある。事情によっては悪質な義務違反とみなされうることであるが，怠慢により自分の得た顧客の支払能力に関して不正確な報告をする仲介人もいれば，継続的にライバル店のために働く仲介人もいる。過失により仕入れ値を大幅に下回る値段で売却する定員もいる；営業主がその営業補助者に不正確な証明書を交付することもある。」

さらにつぎのような多数の具体的な例がある。買主に「虫の食った毛皮製品，湿った皮製品，水びたしのタール，酸っぱいワイン」を引き渡す売主，また誤って確定期日経過前に決算を行いそれにより会社及び共同経営者の収支に損害を引き起こす会社経営者もそうである。シュタウプは，民法286条の類推から，つぎのような法原則を導き出す。すなわち，「積極的な行為によって有責に（契約の）拘束力を侵害した者は，もう一方の当事者に対し，そこから生じた損害を賠償しなければならない」という法原則である。シュタウプは，すべてのケースにおける法的効果としては，損害賠償義務だけでは不十分であるということまで認識している。彼は，契約違反が契約の実現を危殆化させるときには，とくに継続的債権関係と継続的供給契約の場合には，民法326条の類推により，被害者に契約全部の不履行を理由に解約または損害賠償の権利を与えるとしている。

シュタウプの仕事の重点は，彼によって主張された法定のプログラムの不完全性が実際に存在することの実証にあった。その際彼は，規範の欠缺を否定

---

53) Vgl. S. 93 f. *Staub* の記述は，ここ及び以下で，復刻版 *Rudolf von Jhering*, Culpa incontrahendo. *Hermann Staub*, Die positive Vertragsverletzungen. (1969) に則って引用されている。

する見解と慎重に論争し，第 2 版でこの部分を拡充している。一部の文献とライヒ裁判所によって最近まで主張されていた見解は，民法 276 条は責任命令（Haftungsanordnung）を含んでいる，つまり損害賠償を基礎づけるというものであったが，シュタウプはこれを「感情論」と名付けている。彼は第 1 版で，それに対してつぎのように反駁している[54]。「民法 276 条は，私法上の責任（Schuld）を定義する以上のものではない。故意または過失により行為する者は私法上有責である，つまり「責任を負わねばならない」。立法者はこの定義を，債権法の総則に持ってきている。それは，この概念を多数の箇所で使っているためである。そこには，損害賠償義務が全く問題にならない箇所（338 条，351 条，460 条，543 条，586 条，645 条）が少なからず含まれている。立法者は，民法 276 条でつぎのような原則を表明する以上のことは念頭に置いていなかったのである。「行為または不行為の責任を負うということは，行為または不行為から生ずる損害を賠償しなければならないということである」。そう，だとすれば，たとえば民法 286 条は完全に余計だろう。」

彼は第 2 版において，「感情論という立場からは，民法 286 条と並んで，民法 280 条もなくてよいだろう」[55]と指摘することで，この立論を他の箇所に拡大している。

シュタウプは，彼があげた積極的契約侵害のケースを，本当は一部不能のケースであるという見解に対しても，立ち入った論争を行っている。当時，特にゴルドマン（Goldmann）とリリエンタール（Lilienthal）が主張したこの理論を，彼は以下のように紹介する[56]。「それで，給付の不能は債務者の義務の各々の構成要素，つまり給付の目的，給付の時，及び給付の場所に関係しうるのだという。債務関係の内容からしてそれを持っていなければならなかった者が債務の目的物の所有権を持っていない，つまり債務の本旨にしたがった行為

---

54) 復刻版（Fn. 53）S. 95 参照。Staub は，第 1 版の文章を変えずに第 2 版で引き継いだが，これに 4 つの章（III–VI）を加えた。
55) 復刻版（Fn. 53）S. 113 参照。
56) 復刻版（Fn. 53）S. 96 参照。

がなされていない場合，物または給付が債務関係の内容に相応しない限りにおいて，給付は不能であるという。たとえば，売主によって引き渡された物に欠陥がある場合，契約に適合した給付は不能であるという。会社経営者が間違った決算をした場合，正しい決算をすることは不能であるという。ここで問題となるのは，ほとんど時間的な不能だけである。正しい決算をすることは可能でありつづけている。しかし，たとえ後でそれがなされても，それをしなければならなかった過去の時点に関しては，依然として不能なままであるというのである。」

それにより，積極的契約侵害の後の今日の批判論者，つまりヒンメルシャイン (*Himmelschein*)[57] とヴェストヘレ (*Westhelle*)[58] が加わってゆく立場が，すでに1900年にも主張されていたことが，明白になる。シュタウプは，一部不能論に対しては，「それは，欺罔や技巧の感を起こさせ，自然な概念及び考え方と矛盾する」と反駁する。しかしおそらく，シュタウプにとってより重要なことは，体系的な論拠である。仮に一部不能論が正しいとするならば，民法286条は余計だろう。「その場合には，遅滞はむしろ時間的な不能であろうからである。」……「ここにも，人，つまり前述した民法起草者がしてはならない，法技術の最も簡単なルールに対するひどい違反が存在することになるのである。」[59]

シュタウプが自分の理論の成果を経験することはなかった。連邦通常裁判所は，1953年にシュタウプの理論に従い，以来確立した判例においてこれを踏襲したのである[60]。文献においても，シュタウプ説は通説となった。積極的契約侵害は給付障害の基礎的要件とみなされ，そのための基準となる原則に慣習法の適用が認められている[61]。シュタウプに対する批判は，今日でも時には支

---

57) *Himmelschein* AcO 135（1932），S. 255 ff. und AcP 158（1959/1960），S. 273 ff.
58) *Westhelle*, Nichterfüllung und positive Vertragsverletzung, 1978.
59) 復刻版（Fn. 53）S. 115 参照。
60) BGHZ 11, 80, 84 と，Palandt-Heinrichs, 51. Aufl., 1992, § 276 Rn. 105 ff. の紹介を参照。
61) *Löwisch* in Staudinger, 12. Aufl., 1978 ff., 21 vor § 275, Palandt-Heinrichs,（aaO Fn. 60），Rn. 105.

持者がいる[62]。しかしそれは，本質的に新しい論拠を持ち出すものではない。もっとも，編纂委員会で今日の民法276条となった第一草案224条が，責任命令を含んでいたというのは正しい[63]。また，たしかに，シュタウプによって報告されたモムゼン（Mommsen）に由来する広範な不能概念が，民法起草者達によく知られていたというのも，その通りである。しかしそのことは，シュタウプによって述べられた体系的な立論に対して，重要な意味を持つものではない。民法276条は責任命令をともなわないもっぱらの定義規定として発布されたのであって，不能規定は民法の体系によれば給付を「したか，しなかったか（Ob）」のみにかかわり，給付の種類及び態様，つまり「どのように（Wie）」にはかかわっていないのである[64]。

もっとも，シュタウプによって選ばれた「積極的契約侵害（positive Vertragsverletzung）」という名称は，あまりうまいものではない。というのは，契約義務のみならず，法定債権関係から発生する義務も問題となるからである。そのうえ，「積極的な（positive）」債権侵害は，たとえば危険に関する説明をしないといった不作為によってもなされうるのである。

それを予見することなく，シュタウプは給付障害法に基本的な変更手続を用意することに寄与している。実際上はほとんど現われない不能を，給付障害法の基本要件とする民法起草者の決定は，共通法のドグマに対応したものであったが，誤った決定であった。債権関係の実現において現れうる，給付障害の多様な可能性は，包括的で中心的なカテゴリーを必要としている。現代の給付障害法では，事実上正しい上位概念は，義務違反の概念である。債務法改正委員会の提案によれば，それは給付障害法の中心的要素となるべきものである[65]。統一売買法は実際上これと一致している[66]。統一売買法の別の用語は事実上差

---

62) Vgl. *Emmerich*, Das Recht der Leistungsstörungen, 2. Aufl. 1986, S. 10 ff.
63) Mot. Bd. II S. 27, Bd. I S. 303 f., 319 f.
64) Vgl. statt aller *Wiedemann*, (aao Fn.51), Rn. 208.
65) Vgl. § 280BGB-KE im Abschlußbericht der Kommission zur Überarbeitung des Schuldrechts, 1992, S. 128 und *Medicus*, NJW 1992, 2384.
66) Vgl. Huber in v. Caemmerer / Schlechtriem, CISG, 1990, Art. 45 Rn. 1 ff.

のないものである。多様な亜種をともなう拡散した不能から，契約違反または義務違反という中心的なカテゴリーへ進む道は，すでにシュタウプが歩んだ道であった。

Ⅵ. おわりに

　ヘルマン・シュタウプの法律家の仕事は生き続けているが，彼の家族の運命は知られていない。生存する子孫の存在はもはやあきらかでない。1927年に死亡した彼の妻と共にしている，ベルリン・ヴァイセンゼーにあるユダヤ人墓地の名誉墓列にある墓は，彼の子孫でも，ベルリン弁護士でもなく，ずっと昔からユダヤ教会が世話をしている。シュタウプにとってユダヤ信仰がどのくらい重要であったかということは，伝えられていない。彼が「DJZ」に14日にわたり掲載した「法律家日記（juristische Tagesgeschehen）」を概観すると，むしろ世俗主義的な行動を物語れる。シュタウプは，クリスチャンの同僚よりも10年長く，彼にとってあまり重要ではない公証人職の許可を待たねばならなかった。これを除いて，彼はユダヤ人として公然たる直接の職業上の不利益を受けていない。彼が反ユダヤの敵視にどの程度さらされたのかということは，伝えられていない。しかし彼は順応しなければならぬと信じていた。おそらくそれならばこそ，彼がファーストネームのザミュエル（Samuel）を取り去って，第2ネームのヘルマンだけを使ったことが，説明できるのである。

　シュタウプの墓石にあるのは，ダンツィヒの弁護士会議で冗談めかして持ち出された文言ではなく，以下のような言葉である。

　　崇高な啓蒙の精神の
　　真実を求める努力を讃えよ
　　精神の貴族の，
　　快活明朗な心も考えよ！
　　見事な皮の中の黄金の実

人類の福祉
ああ！　この心がいかに偉大か，
神々のみが完全に知っている

ヘルマン・シュタウプの著作（抜粋）

Der Begriff des Klaggrundes, Gruchot Bd. 32 (1888) S. 554 ff.

Eigentümerhypothek und Eigentümergrundschuld in Gutachten aus dem Anwaltsstande zum BGB, 1887/1890, S. 407 ff.

Patentrechtliche Erörterungen, 1888.

Kommentar zum Allgemeinen Deutschen Handelsgesetzbuch, ab 6. und 7. Auflage Kommentar zum Handelsgesetzbuch

1. Auflage 1893
2. Auflage 1894
3. Und 4. Auflage 1896
5. Auflage 1897
6. und 7. Auflage 1900.

Kommentar zur Allgemeinen Deutschen Wechselordnung, ab 4. Auflage Kommentar zur Wechselordnung

1. Auflage 1895
2. Auflage 1896
3. Auflage 1899
4. Auflage 1901.

Kritische Betrachtungen zum Entaurf eines HGB, 1896.

Der Begriff der Börsentermingeschäfte, 1899.

Theorie und Praxis seit dem 1. 1. 1900, JW 1901, Beilage 84/85.

Die Verzugszinsen in der Übergangszeit. Eine Polemik DJZ 1901, Sp. 126.

Die positive Vertragsverletzungen und ihre Rechtsfolgen, in Festschrift für den XXVI. Deutschen Juristentag, 1902; 2. Auflage 1904. Nachgedruckt 1969 in „Rudolf von Jhering, Culpa in contrahendo. Hermann Staub, Die positive Vertragsverletzungen" mit einem Nachwort von Eike Schmidt.

Kommentar zum Gesetz betreffend die Gsellschaft mit beschränkter Haftung, 1. Auflage 1903.

ヘルマン・シュタウプについての文献（抜粋）

Hachenburg, Hermann Staub †, Monatsschrift für Handelsrecht und Bankwesen, 1904, S. 237.

Liebmann, Hermann Staub †, DJZ 1904, Sp. 826.
Teichmann, Staub, Hermann, Bettelheims Biographisches Jahrbuch Band 9 (1904).
Unbekannter Autor, Hermann Staub, Vossische Zeitung vom 2. 9. 1904, Abendausgabe.

アルフレート・ルードヴィッヒ・ヴィロシュコフスキー*

裁判官，高等教育機関教師そしてゲーテ研究家**

ハンス−ユルゲン・ベッカー***
訳　森　　　勇

　ケルン大学法学部長である教授，ハンス・ケルゼン博士（Dr. *Hans Kelsen*）は，1932 年 12 月 5 日付けの書簡をもって，上級地方裁判所裁判長をつとめ，長年にわたり名誉教授の職にある，法学博士にして名誉博士号を有するアルフレート・ルードヴィッヒ・ヴィロシュコフスキーがその 75 歳の誕生日をむかえたことを祝賀して，つぎのように書き送った。「かかる日をお祝いする滅多にない好機を得たばかりではなく，よろしきを得た天運は，その精神的な力が頂点にありそしてまたまったくの健康でこの日をむかえるという，これもまた滅多にない幸福をあなたにもたらしてくれました。……今日この日は，あなたとあなたのご家族にとってのみの祝賀の日ではありません。今日のこの日は，あなたが所属し，加えて，倦むことを知らずそしてまた成功を収めたあなたの学問的活動にその継続的な向上を負っている研究者集団にとってもまた，祝賀の日であります。」と[1]。実際，この時期，この碩学はまったく健康であった

---

　* *ALFRED LUDWIG WIERUSZOWSKI*（1857 年 – 1945 年）

　** Richter, Hochschullehrer, Goethe-Forscher

　*** Dr. *Hans-Jürgen Becker*：Professor an der Universität Regensburg
　　（レーゲンスブルク大学教授）

　1）Universitatarchiv Koln Zug. 17/6285. まずは，エルサレム在の *Wieruszowski* の娘である，*Ruth Pincus-Wieruszowski* 婦人にたいし，加えてまた，*Horst Göppinger*

が、わずか4カ月後に彼は、学部長にたいしつぎのように伝えたのであった。すなわち、「自分の年齢、そしてまた最近あらわれてきた『倦怠感をもたらすある種の事情』に鑑み、1933年の夏セメスターに関して予告した講義と演習をやめざるを得ないこととなった」と[2]。彼の娘ルース（Ruth）の回想録から知りうるところであるが、ヴィロシュコフスキーは、この手紙を——肉体的にはまったく健康ではあったが——ケルン大学の建物につぎのような文言のポスターを目にしたその日に書いた。すなわちその文言とは、「ユダヤ人がドイツ語を話すときは、嘘をついている」[3] というものであった。

I. プロローグ

19世紀の中葉になってはじめて、ユダヤ人にたいし、司法にたずさわる道が開かれた[4]。実際には、——1869年に立法によって信仰の平等あつかいが規定されたにもかかわらず、洗礼を受けないユダヤ人法律家にたいする強い反発が継続していた。それだからこそ、ヴィロシュコフスキーが裁判官としてのキャリアを歩んだことには、大きな意義がある。彼は、すでに1885年から裁判官をつとめ、1921年には、ケルンの上級地方裁判所の裁判長に任じられた

(Beuren) 教授及び *Armin Hauschild* (Köln) 教授にも、資料を提供していただきかつまた貴重な示唆を与えてくださったことにお礼申し上げる。

2) Schreiben an Prof. H. C. *Nipperdey* vom 27. April 1933（aaO Fn. 1）.

3) *Ruth Pincus-Wieruszowski*, Errinerungen an *Alfred Wieruszowski*. これは、1987年から1988年の年末年始に書かれたものである。この原稿は当初出版される予定であった。ここに引用したのは、「ドイツ学生連盟の12の定理（Zwölf Sätze der Deutschen Studentenschaft）」の第5テーゼによったものである。これは、1933年4月14日付けのナチスの日刊新聞「Völkischer Beobachter」に焚書活動の準備のため発表されたものである。その文言は、以下のとおり。「ユダヤ人は、ユダヤ的にしか考えられない。ユダヤ人がドイツ語を書くときは、嘘をついているのである。」Vgl. *F Golczewski*, Kölner Universitätlehrer und der Nationalsozialismus, 1988, S. 76-87, Insbes. S. 81.

4) *M. Richarz*, Der Eintritt der Juden in die akademischen Berufe, 1974, S. 181 f.

のであった。

　アルフレート・ヴィロシュコフスキーは，1857年11月6日，現在のポーランドとの国境付近に位置するゲルリッツ／ナイゼ（Gorlitz/Neise）で生まれた。彼の両親は，父が，商人でかつまたユダヤ教区のオルガン奏者兼合唱隊指揮者（カントル）であったモリッツ・ヴィロシュコフスキー（*Moritz Wieruszowski*），母が旧姓ヘンシェル（*Henschel*）のヘレーネ（*Helene*）である[5]。ユダヤ教の幼稚舎(Cheder)，小学校そしてギムナジウムにかよった後，1876年に大学入学資格試験に合格した[6]。彼はまずライプチヒで法学の勉学をはじめ，1877年にゲッティンゲンに学籍を移した。彼が大学で教えを受けたのは，わけても，ビンディング（*Binding*），イェーリング（*Ihring*）そしてヴィントシャイト（*Windscheid*）などであった。1879年6月7日，彼はベルリンで第1次国家試験に合格する。彼に与えられた試験の課題は，「ドイツ刑法のもと，教唆した行為が実行されなかった場合でも教唆者が罰せられる場合を論じなさい。」というものであった。受験者であるヴィロシュコフスキーは，111頁にわたる手書きの答案を仕上げて提出したのであった。この答案は，今日でも保存されている。その後すぐに司法修習をはじめ，生まれ故郷のゲルリッツとハム（Hamm）でそれを終えた。1984年6月7日，第2次国家試験に合格したが，その成績は，上から2番目の「優（gut）」であった。

　1984年7月1日，試用判事（Assessor）に任命されて，裁判官としての活動をはじめた。もっとも，ノルドライン・ウエストファーレン州の中央あたりに位置するアルテナ（Altena）の区裁判所での勤務は，当初は無給であった。1855年5月1日，現在ドルトムント市の一部に組み込まれているヘルデ（Hörde）の補助裁判官（Hilfsrichter）に任じられ，そして，1886年1月4日には，同じ官位で，ケルンの西にあるジーゲン（Siegen）に配転となったが，

---

[5] その生涯に関する重要なデータは，*H. Göppinger* Juristen jüdischer Abstammung im "Dritten Reich", 2.Aufl. 1990, S. 229 f.

[6] この証明書の原本及び数多くの原本は，Hauptstadtarchiv（HStA）Düsseldorf, Gerichte Rep. 168, Nr. 574-577 にある彼の個人記録（Personalakt）に残されている。

財政事情の好転がもたらされることはなかった。その後1888年11月1日，やっと区裁判所判事に任命された。こうして，ヴィロシュコフスキーは，家族を持つことを考えられるようになった。1890年6月3日，彼は，彼と同じくユダヤ家庭出身[7]のジェニー・ランズベルク（Jenny Landsberg）と結婚した。彼女との間には4人の娘を授かった。マリー（Marie：1891年），ヘレーネ（Helene：1893年），リリー（Lilli：1899年）そしてルース（Ruth：1910年）である。司法官職で昇進をしていくことにともない，家族はさらに西に移動しなくてはならなかった。1893年7月1日，ヴィロシュコフスキーは，現在ではヴッパータール（Wuppertahl）に統合されているエルバーフェルト（Elberfeld）の地方裁判所に，1899年10月1日にはケルン地方裁判所に配転となり，そして，1921年4月1日，63歳にしてケルン上級地方裁判所裁判長に任じられたのであった。

彼の70歳の誕生日にあたり，ケルンの法律家達からの祝辞は，彼の司法との取り組みをつぎのように誉めたたえている。すなわち，「司法のすべての部署において，彼は広く認められることになった。彼が人間の生活のすべての面について理解していること，そして，彼の大いなる寛大さにより，彼は正しい判断を下すことができたのである。」[8]と。その業務に対する評価は，こうした証言に対応するものとなっている。1906年，彼が上級地方裁判所判事に任命される少し前，上級地方裁判所長官は，「そのすばらしい才能，豊かな見識，学術的な研究，強い関心そして非常に豊かな仕事をこなす能力に相応した」格段にすばらしい成果をヴィロシュコフスキーがあげていることを証している[9]。すばらしい才能の持ち主であることは認められていたにもかかわらず，彼がユダヤ出身だということがその昇進の道のりを険しくしていた可能性があることは，「彼がユダヤ人だということが差し障りないのであれば，ヴィロ

---

7) 工場経営者 *Elias Landsberg* とその妻 *Clara*（旧姓 *Bamberger*）の娘である。叔父，*Louis Bamberger* は，*Ferdinand Lassalle* の共闘者であった。

8) Histor.Archiv der Stadt Köln, Bayer-Zeitungsausschnittssammlung Bd. 8, 254.

9) HStA Düsseldorf, Gerichte Rep. 168, Nr. 574, Bl. 204.

シュコフスキーは，上級地方裁判所判事としての適性を格段に備えていると私は表明するものである。」とのべられているその証明書の締めくくりの文言からうかがうことができる。ただこの時期，ライン地方の司法にあって，人種的理由にもとづく重大な差別はなかったという点は確認しておくべきである。後の彼に関する勤務評定は，彼がすべての面でとくに資質の高い法律家であることを証している。「まれにみる明晰な頭の持ち主」として，彼にはまた，ライヒ裁判所判事の資格もあるとされていた[10]。1923 年 1 月 19 日に，ライヒ分限部（ReichsdisziplinarKammer）の裁判長に任命されたことも，彼の裁判官としての活動の価値評価が高いことの証左とみることができる。

しかしながら，その職業を全身全霊をもって果たしたこの裁判官は，まさにワイマール共和国が成立した当初数年間，司法を脅かした諸危険に気づいていた。そういうわけで彼は，『何がドイツの裁判官に困難をもたらしているのか（Was dem deutschen Richter not tut）』と題する論文で，これらの諸問題についてその意見を表明してた。ここで彼は，「加えて，いずれにせよ，最高の責任を負う義務と，そしてまた，政治的・社会的予断が影響をあたえるという特別の危険をそのうちに秘めた刑事裁判官の地位には，確実に信頼に値する裁判官の人格と憲法にたいする忠誠心を持ってのみこれに就くべきである。裁判官の職と司法が独立かつ公平であることへの信頼もまた，国民すべてがそれに自らをゆだねている憲法に根ざすものだからである。」と[11]。ケルンで開かれた第 34 回ドイツ法曹大会（Deutsche Juristentag）におけるその報告で，彼は，ワイマール共和国における司法に対する信頼の危機に関して自身が重要と考えた会長ヴィルヘルム・カール（Wilhelm Kahl）の歓迎の辞をひいて，つぎのようにレポートしている。すなわち，「彼はあまりある説得力をもって，それが右翼からくるものであれ左翼からくるものであれ，裁判が政治化することすべてにたいして警告を発した。そして，彼は，奥深くかつまた我々すべてを震撼させるような真剣さをもって，事に即した批判が全面的に許される状況下にお

---

10) HStA Düsseldorf, Gerichte Rep. 168, Nr. 574, Bl. 225.
11) DRZ 20 (1928), 10 f.

いて，かかる信頼を葬り去ってしまわないようにする神聖な義務を忘れてはならないと警告したのである。」と[12]。

Ⅱ．学者としての業績

ヴィロシュコフスキーは，短期間の学修と司法職に就くまでの間，博士論文を書く時間がなかった。にもかかわらず，彼は，ほぼ20世紀への変わり目から，熱心に学術に目を向けるようになった。彼が取り組んだ主たる領域は，一方では，商法・経済法，他方では婚姻法であった。一般民事法の領域でとくに指摘しておくべきは，つぎの2つの論文，『1900年1月1日に成立していた婚姻における妻の行為能力（Geschäftfähigkeit der Frau in den am 1. 1. 1900 bestehenden Ehen）』[13]と『人格権理論の今日の状況（Der heutige Stand von der Lehre vom Persönlichkeit）』[14]である。

ひとつ彼の名をなさしめたのが，1900年に出版された『婚姻締結・離婚法の廃止を伴う民法婚姻法ハンドブック（Handbuch Eherechts mit Auschluß des Eheschließungs-und Ehescheidungsrecht）』[15]である。この年，ドイツ民法（BGB）が，4年の周知期間を経て発効したが，それは学術に対する1つの挑戦であった。彼の目標は何であったか，著者は序においてつぎのように述べている。すなわち，「いわゆる『入門』を目標とする時代は終わった。いまや，轍をより深く刻み込み，あらたな立法の地を，裁判にとって実り豊かなものとしなくてはならないときである。」と。ヴィロシュコフスキーの学術業績すべてに典型的なのが，理論と実務を架橋しようというこの努力である。豊富な法廷での経験にもとづいて彼は，諸問題と体系的に取り組み，そして学術的な厳格さを持ってあらたな解決を示そうとしたのであった。こうした取り組みは認

---

12) DJZ 31 (1926), 1445.
13) Beitr.z. Erläuterung d.dt.Rechts 44 (1900), 305-324.
14) DRZ 19 (1927), 225-232.
15) Bd.1, 1900; Bd. 2. 1, 1903; Bd. 2. 2, 1904.

められた。1919年8月3日，ボン大学法学部は，大学創設100周年記念式典と時をあわせて，彼に名誉博士号を授与したのであった。

かかる顕彰は，この実務家にとって，さらなる学術的活動を鼓舞するものとなった。ヴィロシュコフスキーは，婚姻法とならんで，商法・経済法と熱心に取り組んだ。第一次世界大戦中彼は，銀行取引への戦時国際法の影響を研究した[16]。1924年，『破産回避のための取引監査 (Geschäftsaufsicht zur Abwendung des Konkurses)』と題するモノグラフィーに続けて，『和議法』に関する論文を発表している。経済実務に向けたものとしては，1927年の『商法・手形法及び工業所有権法解説 (Darstellung des Handels-und Wechselrecht, sowie des Rechts des gewerblichen Rechtsschutzes)』，及び，1930年における，アントン・エルデル (Anton Erdel) 著の教科書『商法 (Das Handelsrecht)』の改訂がある。

経済の世界へと歩んでいったにもかかわらず，彼の学術活動の真の重点は，婚姻法にあり続けていた。ここで彼が特別の関心を向けたのは，『離婚法の改革』[17]であった。彼は熱心に，破綻主義の導入をとなえ，さらにはまた，子のいない婚姻については，官庁の監督のもとでの協議による婚姻解消を許すべきだと主張したのであった。妻の権利平等ということもまた彼にとっての関心事であり，彼は，くりかえし，立法そして司法にたいしその実現を求めたのであった[18]。婚姻法の分野における彼の最後の偉大な業績は，1932年の比較法に関するハンドブックへの寄稿[19]である。

1909年以降，ヴィロシュコフスキーは，教育の場でも活躍した。1909年か

---

16) Vergeltungsrecht der deutschen Kriegswirtschaft mit besonderer Berücksichtigung des Bankenverkehrs, 1918.

17) Ehescheidungsreform (Schrifen der österreichischen Liga für Menschenrechte II), 1928.

18) Artikel 119. Ehe, Familie, Mutterschaft, in: *H. C. Nipperdey* (Hg.) „Die Grundrechte und Grundpflichten der Reichsverfassung. Bd. 2, 1930. S. 72-94.

19) Eherecht im Deutschen Reich unter besonderer Berücksichtigung des internationalen Privatrechts, in *Leske/Loewenfeld*, Rechtsverflogung im internationalen Verkehr Bd. 4: Das Eherecht der europäschen Staaten und ihrer Kolonien, 1932.

ら1010年にかけての冬セメスター以降，彼はケルンの商業高等専門学校において民法と商法の講義と演習を持った。彼について特記すべきは，彼は，ルーチンのもののほかに特別なものを用意したことである。たとえば，彼の最初の授業のテーマは，「法における女性（Frau im Recht)」であった。1917年から1918年にかけての冬セメスターでは，彼は，「トルコにおける法生活とドイツ・トルコ間の諸新条約」をテーマに取り上げた。彼は，1915年，「社会的な職業に向けたあらたな女性高等教育学修（Frauenhochschulstudium）の制度化」をはかるべく設けられた委員会の委員に任命されたが[20]，このことは驚くべきことではなかったのである。4人の娘の父親として，そしてまた，女性学修促進団体（Frauenstudium e.V., 旧称 "Mächengymnasiume. V."）のメンバーとして，彼は，女性にたいして職業生活への道を開くに際しての諸問題を熟知していたのであった。

　1919年に，ケルン大学が再建された後，1920年4月8日，ヴィロシュコフスキーは名誉教授に任じられた。彼は，すでに20セメスターにわたり商業高等専門学校において民法と商法の講義を担当していた。こうして彼は，さらに28セメスターにわたり，民法と商法の講義を大学で担当したのである。彼の行った特別の講義中とくに注目に値するのは，1926年から1927年にかけての冬セメスターにおいて行われた「歴史的な展開における婦人の法的地位（Die Rechtsstellung der Frau in geschchtlicher Entwicklung）」と，1928年の夏セメスターに行われた「商法上の文書の評釈をつうじた商法実務への誘い（Anleitung zur handelsrechtlichen Praxis durch Besprechung handelsrechtlicher Urkunden）」である。

　ドイツ法曹大会の年次大会に協力することをつうじて，ヴィロシュコフスキーは，実務と学術を結びつけるという彼の目標にとって理想的なプラットホームを得た。1924年以降は，この組織の「常任代表団（Ständige Deputation）」

---

[20] *B. Heimbüchel/W. Pabst*, Kölner Universitätsgeschchte, Bd. 3: Das 19. und 20. Jahrhundert, 1988, S. 178.

のメンバーとなった[21]。1924年のハイデルベルクにおける第33回ドイツ法曹大会において，彼は，「将来における夫婦財産制のあり方に関する要綱や如何 (Welche Richtlinie sind für die zukünftige Gestaltungdes ehelichen Güterrechts aufzustellen?)」というテーマに関して報告を行った[22]。彼はまた，1926年にケルンで開催されたドイツ法曹大会第34回大会を組織するにあたり，大きな役割を果たした[23]。しかしこれに止まらず，共同報告者の1人として彼は，『仲裁裁判所制度をあらたに規律するにつき，どのような主要基本原則が提唱されるべきか (Welche Hauptgrundsätze sind für die Neuregelung des Schiedsgerichtwesens zu empfholen?)』というテーマについて報告をしている[24]。ここでも彼は，実務における経験を生かすことができた。彼は，たとえば，「Underberg」，「4711」及び「Johann Maria Farina」といったよく知られた企業間の紛争などで，しばしば仲裁裁判手続に協力することが求められていたのであった。ヴィロシュコフスキーの活躍は，常設代表団が自主解散することを求めたナチスの理不尽な要求に抵抗し，その代わりに，無期限休会とすることを決めた[25] 1933年4月29日，ついにその終焉を迎えたのであった。

III. ドイツ語とその文学との取り組み

人文系ギムナジウムに入学以来，ヴィロシュコフスキーは，その父のユダヤ的に枠取られた世界からますます離れていった。彼は，ドイツ啓蒙主義及び古典にその目を向けていた。彼の娘ルースは，「父は，その心の奥底で，ギリ

---

21) *J. Sachtleben/C. Wulff*, Gesamtregister der Verhandlungen des Deutschen Juristentagea 1860–1957, Bd. 1. 1958.

22) Verhandlungen des 33. Deutschen Juristentages, 1925, S. 331–339 及び S. 357–369.

23) これに関する資料は，HStA Düsseldorf, Gerichte Rep. 168, Nr. 673 の手控え参照。Vgl. auch *H.-J. Becker*, Zur Geschchte des Kölner Anwaltsverein 1887–1987, in : 100Jahre Kölner Anwaltsverein, Festschrift hg. *v. O. Bussenius* u. a., 1987, S. 77 f.

24) Verhandlungen des 34. Deutschen Juristentages, Bd. 2, 1927, S. 532–552.

25) Vgl. *H. Göppinger*, (aaO Fn. 5), S. 131 f.

シャ，ローマそしてわけてもドイツ古典の世界から語りかけられていると感じていた。」と，その思い出を書きつづっている。彼は，ゲーテとその作品及びその時代との取り組みを生涯の学修としたが，それは単なる趣味の世界を遙かに超えていた。彼は，啓蒙主義が生み出した思想上の富の中で生活していたのであった。彼はここで，自分には自由への道が開かれている，そう感じたのであった[26]。

　ドイツ古典派の人々，そしてまた偉大なフランス人やシェークスピアにたいする彼の愛着は，彼自身が文学的な活動をするよう突き動かした。すでに試用判事のとき，ジーゲン貧困者支援協会（Siegener Armen-Unterstützungs-Verein）の慈善公演のため，1887年，戯曲『三百年から（Aus drei Jahrhunderten-Ein Festspiel mit lebenden Bildern zur Feier des 90. Gebürtstages Sr.Majestät des Kaisers Wilhelm）』を書き上げた。この作品の詩的な観点からする質には問題があるやも知れないが，この作品からは祖国ドイツにたいする燃えたぎるような感動が伝わってくることには，疑問の余地がない。愛国的に君主制を肯定するこの劇は，フリードリッヒ・バルバロッサ（*Friedrich Barbarossa*）が神聖ローマ帝国の創建の後，何百年にもわたるキフハウス城（Reichsburg Kyffhaus）での眠りから覚め，そして自らの皇帝の剣を無敵のホーエンツォレルン山の支配者に渡すところでその最高潮をむかえる。詩人ヴィロシュコフスキー は，最後のシーンを，侯爵達が皇帝と彼の鉄拳宰相の周りに集まり，つぎのように述べるかたちに構成した。

「あなた方は，このときを，崇高な叙階の式と感じられています。
あなた方は，考えを同じくする絆に包まれています。
古き忠誠の誓いは，天空に立ち昇る。
【神ともに，皇帝のために，そして祖国のために！】」[27]

---

26) Fn. 3.
27) Vgl. *F. Golczewki*, Jüdische Hochschullehrer an der neuen Universität Köln vor dem Zweiten Weltkrieg, in: Köln und das rheinische Judentum, Festschrift Germanica

このほかにもヴィロシュコフスキーは、ケルンの司法が社交的な催しを開いたのをきっかけとして、1905年に、2つの戯曲を書き下ろしたが、これらは、愛国的というよりむしろユーモアに富むものであった。1つの戯曲は、『ワインゴールド（Weingold）』であり、これは、区裁判官協会が毎年伝統的に行っているジーベン山地（Siebengebirge）への遠足を機会に書かれたものである。ライン沿いで区裁判官をつとめるシュミットなる人物が、グラスの中を若干深くのぞき込んでみた夢の世界は、作者ヴィロシュコフスキーの同僚の共感を得てしかるべきものではあった。もう1つの戯曲は、『もし女性が裁いたとしたなら（Wenn Frauen Richten）』であるが、これは、——当時としてはかなり時期尚早ではあったが——司法職につく女性をテーマにしたものであった。1922年7月11日になってはじめて、激しい議論の後に、女性が官職及び法的紛争処理機構の職業に就くことを認める法律（Gesetz über die Zulassung von Frauen zur Amtern und Berufen der Rechtspflege）が成立したことを[28]人は思い起こすに違いない。1905年1月14日に上演されたこの笑劇は、輝かしいライン川流域の法律家の目を未来の1953年に向けさせるものであった。物語は、ケルンの近郊にあるカルショイレン（Kalscheuren）区裁判所が女性達の手に落ち、彼女達は、男の世界を震え上がらせたといったものであった。

ドイツ語に関するヴィロシュコフスキーの尽力は真剣なものであった。彼は、全ドイツ言語協会（Allgemeines Deutsches Sprachverein）の地区協会会長を長年にわたりつとめた。ここで彼は、母国語の育成につとめ、そしてまた、外来語を回避すべく、その過度のドイツ主義的仰々しさの点で今日では若干違和感のあるやり方をもって戦ったのであった。彼は、法律系の著作の書評や判例評釈を数多く書いているが、その中で彼は、常に裁判官の用語法にも注意を払っていた。たとえば、ドイツ大審院裁判所の判例集（Reichsgerichtsentscheidungen）90巻の評釈において、彼はつぎのように述べている。すなわち、「いまだなお、一文のすさまじい長さがみられる。たとえ

Judaica 1959–1984, S. 363 ff., Insbes. S. 370.
28) RGBl. 1922. I 573.

ば，まず132頁では一文66単語がならび，第2に191頁では一文約100の単語を数えることができ，第3に339頁ではなんと一文140単語が使われている。加えてまた，いまだ多くの外来語は用いないですますことが容易にできた。搭載番号101番は，その言語表現が明瞭，躍動的そしてまた的確であり，真にこれを味わうことができる裁判である。」と[29]。

　ヴィロシュコフスキーに最も強い影響を与えたのは，いうまでもなくゲーテであった。彼はその著作を一生をつうじ学んだ。彼は，高価なソフィア版全集を持っていることが自慢であったし，そしてまた，このワイマール人ゲーテが，友人であるワイン卸売り業者のヴォイグト（Voigt）に宛てた手紙のオリジナルを妻からプレゼントされたときは，幸せであった。彼は，1909年に発表した『弁護士としてのゲーテ（Goethe als Rechtsanwalt）』により，ゲーテ研究者としてその名を知られるようになった。ゲーテの死後100年をへた1932年，彼は，『ゲーテと死刑（Goethe und Todesstrafe）』というテーマで論文を発表した。この論文は，子殺しにたいする科刑という問題に関する法制史的な諸要素についての彼の驚くばかりの見識を証明するとともに，この問題にたいするゲーテの対応は分裂していたとする，今でもなお説得力のある解釈を説いたものであった[30]。

IV. 侮辱，権利剥奪，迫害そして死

　本稿のはじめで述べたように，ヴィロシュコフスキーは，1933年4月27日に，間近にせまった夏セメスターに予定していた授業と演習を行わないと決めた。この際もはや何も残らなかった。同時に彼は，長年にわたってつとめてきた正教授ではない教員の代表という地位をも失ったのである。1934年10月1日，彼は，自分の名前が，大学の名簿から抹消される予定であることを告げら

---

29) DJZ 23 (1918), 526-529, 527.
30) JW 61 (1932), 842-845.

れた[31]。彼にたいする辱めはその度を増し，1936年2月14日付けの省布告にもとづき，彼が自分の資格を名乗るときは，たとえば「"元"ケルン大学法学部名誉教授」[32] といったように，彼がもはや高等教育機関の教員ではないことを示す付加文言を付してのみこれを行うよう命じられたのであった。これに，すべてのユダヤ人に適用された差別が追い打ちをかけた。ゲルリッツ（Görlitz）区裁判所は，1939年2月6日，彼にたいし，ファーストネームに，「イスラエル（Israel）」を加えるよう通知したのであった[33]。このような烙印を押されることで，同時に，劇場あるいはコンサート，そして博物館とかレストランを訪れることが禁止されたのであった。ユダヤ人の切り分けはますます厳格を極めていった。1941年9月以降，彼はユダヤの星をつけて歩かなくてはならなかった。彼はその財産のほとんどを失った。というのは，彼は，高額なユダヤ人財産税（Judenvermögensabgabe）及び社会調整税（Sozialausgleichabgabe）を支払わなくてはならなかったからである。

彼の妻もまた，苦境に陥った。彼の最初の妻が亡くなった後，1921年9月27日，ヴィロシュコフスキーは，未亡人（婚姻姓フィッシャー（Fischer））となっていたフリーダ（Frieda：旧姓バルトドルフ（Bartdorff））と再婚した。彼女は，その亡き夫アドルフ・フィッシャー（Adolf Fischer）とともに，膨大な東アジアの収集品をケルン市に寄付し，それが理由で，あらたに開設された市立東アジア美術館（Museum für Ostasiatische Kunst）の館長に任命されていた。1937年，ベルリンのライヒ文化会議所（Reichskulturkammer）は，ヴィロシュコフスキー婦人を，ユダヤ人の妻としてその職から解くこと，そして，彼女と彼女の亡くなった夫がその基礎を作った美術館に，彼女は2度と足を踏み入れてはならないと決議したのであった。

老齢のこの法律家は，諦観していた。「私にとって最悪なのは，ドイツ法が

---

31) Universitätrchiv Köln, Zug. 27/69.
32) Universitätrchiv Köln, Zug. 17/6285.
33) Aktenzeichen 2b. Gen. XI. 7. 1938年8月17日付けの命令（RGBl. I S. 1044）にもとづくとされている。

全面崩壊してしまうことだ。」，当時彼はそう述べていた。彼の娘ルースは，これについてつぎのように記している[34]。すなわち，「このことは，当然のことながら彼にとってとくに気がかりなことであった。しかし，70年以上にもわたり確固たるものとなっていき，そして，よろしきを得たこの人物の妥当な昇進と職業上の成功が正しいことを証明してくれているその確信が，そう簡単に揺らぐことはなかった。そういうわけで，個々人の法の前における宗教的・人種的平等は，地にしっかりと根を下ろしたドイツ法の成果である。波が岩壁にあたると同じく，民族主義的な憎しみの波もこの前に潰走するはずだ。というのが，ユダヤ人であることとドイツ人であることとは矛盾しないと考え，あるいはそう考えようとした，ある男の信念だったのであった。……」と。

この夫婦の孤立化は，ヴィロシュコフスキーの4人の子供すべてが亡命しなくてはならなくなったことにより，さらにその度を増した。マリーは，イングランドに，ヘレーネは，スペインとイタリアを経由してアメリカ合衆国に，リリーはスイスに，そしてルースはイギリスを経てイスラエルへとそれぞれ亡命したのであった。とはいえ，わずかながらではあるが，この村八分にされた人物との交流を断ち切らなかった友人達がいた。ここでは，わけても，ボンの教会史を専門とするカトリック系教授ノイス (*W. Neuß*)，バード・ゴーデスベルク (Bad Godesberg) のプロテスタント教区監督 (Superintendent) シラー (*Schiller*) そしてベンスベルク (Bensberg) の工場長ヨハン・シェラー (*Johann Scherer*) をあげておこう。フォン・アメルン (*von Ameln*) 夫妻もしばしば彼を訪ねていた。ケルンの弁護士であったフォン・アメルン婦人は，つぎのように回想している[35]。すなわち，「そして，我々が，今何が起きているのかを語らい，また我々の窮乏状態を互いにいいつのっていると，この年老いた上級地方裁判所裁判長をつとめたゲーテ研究者は1冊のゲーテの本を取り出し，そしてそれを朗読して，つらい現状を忘れ去ったのであった。」と。

1942年には，それまで年老いた夫婦2人の面倒をみていた家政婦が，国家

---

[34] Vgl. oben Fn. 3.
[35] *E. von Ameln*, Köln-Appellhofplatz, 1985, S. 94.

秘密警察（ゲシュタポ）の命令により家を出なくてはならなくなった。豊富な蔵書をかかえた書庫が差し押さえられ，こうして，愛好のソフィア版ゲーテ全集が差し押さえられてしまい，レコードプレーヤも同様であったが，それどころか，年老いた上級地方裁判所裁判長の毛皮裏地のマントすらも差し押さえられたのであった[36]。1941年10月以降，ユダヤ人達の東方への追放がはじまったが，1942以降はこれが強化された。ミュンゲルスドルフ（Müngersdorf）の砦（Front V）にユダヤ人を集合させる場所が設けられた。ここでは，先ずはテレージエンシュタット（Teresienstadt）に移送し，その後アウシュビッツに送り込むグループが組み分けられた。ヴィロシュコフスキーは，日を追うにつれ，自分が追放を命じられることを覚悟しなくてはならなかった。1944年10月，ついに，いわゆる混合婚（Mischehe）は解消するという最悪の命令が下された。これは，ユダヤ人配偶者は「追放」し，アーリア系の配偶者も同じくケルンを去り，カッセル付近からブレーマーハーフェンにいたるウェーザー（Weser）川とエルベ（Elbe）川の間の地域に移動することが命じられたのであった。期限の最終日である1944年10月25日，ヴィロシュコフスキー夫妻はケルンを離れ，4日をかけた旅の末にドレスデンにたどり着き，そこでは，驚くべきことに，かつての家政婦が果敢にもヴィロシュコフスキー夫妻を受け入れてくれたのであった。しかし，1945年1月4日，夫妻はドレスデンから追われることとなった。ヴィロシュコフスキー夫妻のつらい旅路は，ベルリンでその終焉をむかえる。ヴィロシュコフスキーは，ベルリンで，イラン通り（Iranische Straße）2番にあるユダヤ人病院に運ばれ，1945年2月9日，この病院で死去したのであった。彼の遺骨が納められた壺は，1945年3月7日，ベルリン－ヴァイセンゼー（Berlin-Weißensee）ユダヤ人墓地に埋葬された。彼の墓碑銘は，つぎのように刻まれている。

---

36) 1942年8月3日，ケルンでは，毛皮コート等の引き渡しを命じるAnordnung der Ablieferung von Pelzeu, pelzgefütterten und pelzbesetzten Kleidungsstücken が発令された。Vgl. Jüdische Schicksale in Köln 1918-1945, Ausstellungskatalog des Historischen Archivs der Stadt Köln, 1989, S. 294.

アルフレート・ルードヴィッヒ・ヴィロシュコフスキー

「アルフレート・ヴィロシュコフスキー
1857年-1945年
彼の娘達から
マリー・オッペンハイム　　　　　ロンドン
ヘレーネ・ヴィロシュコフスキー　ニューヨーク
リリー・ヴィロシュコフスキー　　バーゼル
ルース・ピンクス　　　　　　　　エルサレム」

　ヴィロシュコフスキーが強制収容所で殺害されずにユダヤ人病院で死去したという事情は，慈悲深い運命のめぐり合わせだという向きもあろう。しかし，長年にわたり侮辱を受け，苦難を負わされ，権利を剥奪され，そして追放の憂き目にあって，彼がこれらに苦しまなくてはならなかったことに鑑みるならば，このような言葉をそう簡単に口に出すことはできない。いかに彼が人間として偉大だったか，いかに彼の人間愛が深かったか，だから彼は，苦しみに沈むことはなかったのだ！　すでにケルンからの追放が命じられ，命の危険が間近に迫っているそうした逃げ道のない状況下においてすら，彼にとっては，友情と感謝は当然のことであった。1944年10月22日付けのヨハン・シェラーに宛てた惜別の手紙の中で，彼はつぎのように記している。「我々がどうなるのか，それは，天の慈悲に委ねることとします。……あなたの友情に感謝します。それは，困難の時期，我々にとってとても重いものでした。すごく励ましてくれたことに，そしてまた，なんとすばらしいその心映えに，私たちは感謝しなくてはいけません。あなたは，最もつらい日々，私たちにとって真の慰めでした。あなたが我が家に足を踏み入れたときは，時代の暗闇の中の一点の光でした。友情ある思い出にも，我々を止めておいてください。」と。

アルフレート・ヴィロシュコフスキーの著作

Die Geschäftsfähigkeit der Frau in den am 1. Januar 1900 bestehenden Ehen, in Beiträge
　　zur Erläuterung des Deutschen Rechts（1900）S. 305 ff.
Handbuch des Eherechts mit Ausschluß des Eheschließungs-und Ehescheidungsrechts,

Bd.1: Die allgemeinen Wirken der Ehe, Düsseldorf 1900,

Bd.2: Das eheliche Güterrecht (in 2 Abteilungen), Düsseldorf 1904.

Die Anfechtung der Eheverträge, in : Rheinisches Archiv für das Zivil-und Strafrecht der Rheinprovinz 103 (1907) S. 323 ff.

Goethe als Rechtsanwalt, 1909.

Geschäftsaufsicht zur Abwendung des Konkurses, 1924.

Welche Richtlinie sind für die zukünftige Destaltung des ehelichen Güterrechts aufzustellen?, in: Verhandlung des 33/Deutschen Juristentages, 1925, S. 331 ff. und S. 357 ff.

Die vergleichsordnung, 1927.

Welche Hauptgrundsätze sind für die Neuregelungen des Schiedsgerichtsverfahrens zu empfehlen? in: Verhandlungen des 34 Deutschen Juristentages Bd. 2, 1927, S. 532 ff.

Der heutige Stand der Lehre vom Persönlichkeit, in : Deutsche Richterzeitung 1927. S. 225 ff.

Artikel 119. Ehe, Familie, Mutterschaft, in: Die Grundrechte und Grundpflichten der Reichsverfassung. Kommentar zum zweiten Teil der Reichsverfassung, hg. v. Hans Carl Nipperdey, Bd. 2, 1930. S. 72 ff.

Goethe und die Todesstrafe, Juristische Wochenschrift 1932, S. 842 ff.

Das Eherecht im Deutschen Reich unter besonderer Berücksichtigung des intwenationalen Privatrechts (Leske-Loewenfeld, Rechtsverflogung im internationalen Verkehr:Das Eherecht der europäschen Staaten und ihrer Kolonien, Bd. 4), 1932.

マックス・ハッヘンブルク*

分類された経済生活としての取引法**

カール・オットー・シャナー***
訳　梶　浦　桂　司

　マックス・ハッヘンブルクは，1860年10月1日にマンハイムでユダヤ人商人とラビの娘の息子として生まれた[1]。彼は，人々が産業社会の法としての近代法の創始者に属するにもかかわらず，我々の法の発展に対する貢献が，これまで正当に評価されてこなかった者たちの年代に属している。それは，職業の選択を標準的に共同して決定する法的革命の時代であり，若いハッヘンブルクの時代もそうであった。すなわち，当時は法律の勉強が，はやりの勉強であった。ハッヘンブルクのクラスでは，17人中9人の合格者がそのような動機で決定していた[2]。当時は名声が，とりわけ高かっただけではなく，極めて貢献可能性も約束されていた弁護士の仕事は，とりわけ人気があった。ドイツの弁護士職（身分）の歴史の中で常に過剰在庫があったとしても，バーデンにおいてはさまざまな理由から弁護士の数は，48年の革命以降に戻り，そしてまた弁護士の職に関して自由に門戸が開放された以降も60年代の司法改正の範囲

---

* *MAX HACHENBURG*（1860年-1951年）
** Recht des Handels als geordnetes Leben der Wirtschaft
*** Dr. *Karl Otto Scherner*: Professor an der Universität Mannheim（マンハイム大学教授）
1) Zum Biographischen *Duden*, NDB Bd. 7, S. 405 f. m. weit. Nachw.
2) *Hachenburg*, Lebenserinnerungen eines Rechtanwalts o. J., 1927. Die Zitate beziehen sich auf erweiterte Neuausgabe: Lebenserinnerungen eines Rechtsanwalts und Briefe aus der Emigration, hrsg. u. bearb. v. *Schadt*, o. J., 1978.

で，さしあたりその数は，ほとんど増えていななかった[3]。

　ハッヘンブルクも，バーデンの司法機関において短い勤務を経て弁護士になることを決めた。父が死に，自分の母の世話のことを考えて，彼は，自分の生まれ故郷で1885年に開業した。そこで彼は，当初また自分の能力を完全に出し切れないにもかかわらず，彼が後に「回想録」の中で伝えたように，彼は，書面を作成する際に当時の古い同僚を手伝ったことによって，思いもよらなかった法の分野に出会ったのであった[4]。

Ⅰ. 初めての手柄　新しい民法

　ハッヘンブルクは，司法修習生として，ライヒ裁判所とドイツ高等裁判所のバーデンのラント法判決の参考書 (Handexemplar) の中に，判決理由のわずかな説明をもとにし，そしてドイツ・フランス人著者の作品を指摘して，ライン・フランスの法領域を素材として書き入れた。それゆえ，本来その準備された本は，裁判所試補試験準備のための参考書としてのみ用いられるべきだった。この「注釈」が，彼の友人の中で大きな共感を得られたので，彼は，それを出版することをマンハイムのベンシャイマー社に提案した。その本は，1887年に『ドイツ裁判所の判決に従い注釈されたライン法を考慮に入れたバーデンのラント法』というタイトルで出版された。その当時ハッヘンブルクは，まだ27歳だった。

　振り返ると，ハッヘンブルクは，あまりに少ない判決を批判したため，その本が，学問的な仕事として呼ばれうることを非常に謙虚に受け止めた[5]。しかし，彼をせきたてたのは，後のハイデルベルクの法律教官カール・ハインスハイマー (Karl Heinsheimer) が，新版を発刊することであり，その後結果的に，

---

3) Vgl. *Gönner*, Zur Geschichte der Badischen Rechtsanwaltschaft im 19. Jahrhundert, JW 1930, Ⅲ, S. 2893, 2897.
4) (AaO Fn. 2), S. 99.
5) (AaO Fn. 2), S. 101.

1896年にハッヘンブルクとハインスハイマー2人の共著が刊行された。学問的であることは，常に定義の問題である。しかし，ドイツの裁判所を通じてバーデンのラント法とその背後にある民法典の実務的な適用を知ることは明らかに必要であった。ハッヘンブルクの第2の仕事は，外からの刺激によって実現した。区裁判所の裁判官が，動物の瑕疵担保責任について，バーデン法に関する有用な注釈に欠けていることに対して残念がった。そのあとでハッヘンブルクは，『動物取引に際しての担保の法』という本を書いた[6]。最初に小さな注釈として，特別法に関して考えたことは，すべてのテーマに関する研究書にまで展開した[7]。

物の根源を極めるためのそのような作業能力と意欲にかんがみて，ハッヘンブルクが，すぐに新しい法に向かったことは，不思議なことではなかった。1888年春にBGBの最初の草案が，理由とともに出されたときに，彼は，その最初の草案の一部に取り組んだ。彼は当時すでによく知られており，ドイツ弁護士協会の理事会編纂の「BGBの草案に関する弁護士の地位にもとづく鑑定意見」[8]に彼の意見が加えられていた。債務者遅滞の際に債権者の権利についての草案の批判は，債務関係の一般法にもとづくさまざまな問題にハッヘンブルクが取り組むという重点を形成した。ハッヘンブルクは，BGBの規制が相応した商法的規定に対応すべきであるということを主張した。商法の規制は，一般的な法律とは対照的に確定期間経過後の不履行に関して，解除や損害賠償を規定した。一般的な法によれば，この規制は，債権者の利益喪失の場合のみ可能であった。そのハッヘンブルクの見解は，価値が認められ，その成果が，今日の326条である[9]。

ここで注目すべきは，特別法の条文によって一般法の条文が補完され，また

---

6) Erschienen in Mannheim 1888.
7) （AaO Fn. 2), S. 102..
8) Gutachten über den zweiten Abschnitt des Rechts des Schuldverhältnisse: Schuldverhältnisse aus Rechtsgeschäft unter Lebenden, in: Gutachten aus dem Anwaltsstand über die 1. Lesung eines Erwurfs zum BGB, 1890, Heft 2, S. 110 f.
9) Zur Herkunft des § 326 *Scherner*, Rücktrittsrecht wegen Nichterfüllung, 1965, S. 201 ff.

は別の言い方をすれば，特別な分野の法が一般化されるということだけではなく，むしろ，仕事をして3年たらずの若い弁護士が，こうしたことを行ったということである。その論拠は，非常に説得力があり，押し通された。しかし，当初は，こうした著作でのみ行われた。短期間にハッヘンブルクの構想に関する見解の多くが，矢継ぎ早に出版されたハッヘンブルクの一連の見解が短期間に草案になって表れた。「民法の総則（Der allgemeine Theil des Bürgerlichen Gesetzbuchs）」[10]において，ハッヘンブルクは，いかに彼の晩年の著作が増えようとも，経済的考慮なく理解できる法律はないという認識を強調した。そう，彼はさらに以下のように続けた。すなわち，私法の目的は，経済取引の秩序であると。

2つ目の委員会の審議の進捗において，ハッヘンブルクは，『抵当権と土地債務に関する論集』[11]として1895年に出版された一連の論文を執筆した。それは，BGBの草案における相応する規制に関する批判的な論評も含み，そして，連邦参議院内の審議の際，バーデンの規制の使用に関して本来は執筆されていた。さらにその論文は，「非嫡出子の権利」[12]ならびに後位相続人の法的地位に関して言及される[13]。新しいBGBに関するこれらの仕事の最後を飾るものは，1896年と1897年のマンハイムの法律家を前にして行われたBGBに関するハッヘンブルクの講演であり，これは，最初1898年に印刷され，1900年にはすでに新版が発刊された[14]。

---

10) Mannheim 1892; vgl. dazu auch (aaO Fn. 2), S. 105.
11) Beträge zum Hypotheken- und Grundschuldrecht des Entwurfs eines bürgerlichen Gesetzbuches für das deutsche Reich (Zweite Lesung), 1895.
12) Die Rechtsstellung des unehelichen Kindes im Entwurf eines bürgerlichen Gesetzbuches für deutsche Reich (Zweite Lesung), 1895.
13) Studien zum Erbrecht des Entwurfs eines bärgerlichen Gesetzbuchs für deutsche Reich (Zweite Lesung), Heft 1, Die Einsetzung eines Nacherben, 1895.
14) Das Bürgerlich Gesetzbuch für das Deutsche Reich, 1898, 2. Aufl. 1900. Im folgenden wird nach der 1. Auflage zitiert.

II. 経済弁護士

　新しい法の発展にマックス・ハッヘンブルクが与えた大きな影響力は，マンハイムのような商業と産業の都市における弁護士の役割と密接な関係を持っている。その影響力は，商法と会社法の分野に及んだ。BGB と一緒の今日での現行商法典は，旧一般ドイツ商法典の継承として 1990 年 1 月 1 日に発行した。すでにそれ以前，1884 年 7 月 18 日に公布された「株式合資会社と株式会社に関する法律」[15]，ならびに，1892 年 4 月 20 日に公布された「有限責任を伴う会社に関する法律」[16] があった。マンハイムのような商業の中心におけるそのような法律が，とりわけ徹底的な効果を与え，すでにそれらが成立したことが注目されたことは，明白であった。

　当時，弁護士の新しいタイプとして経済弁護士が生まれ，中心的役割となっていたのは，法的助言であって，訴訟における依頼人の代理はより少なかった。それゆえ，当時は共同弁護士（Konsiliaranwalt）が話題にされた。法的助言は，新しい取引関係の構築の際，契約締結の全段階において，そして，企業の設立と経営の際には不可欠であり，そして，これは，いよいよもって素早く変化する法の背景に対して不可欠であった。法務部が置かれずに，場合によっては訴訟においても依頼人を務められ，信頼できる弁護士を同時に探しだした。経済弁護士は，よい法律家でなければならないのみならず，経済的関係と実務的影響に対する感性をも備えていなければならない[17]。これは，マックス・ハッヘンブルクのレベルの法律家たちにとって，挑戦しなければならなかったことであった。彼は，すでに司法修習生として自分の修習において，そのテーマについてより密接に関係した。彼は，恒常的な依頼者全体，後のベンツと BBC に付いているライン川上流全域において需要の多い顧問 Dr. イゾド

---

15) Reichs-Gesetzblatt 1884, Nr. 22, S. 123–170.
16) BGBl. 1892, Nr. 24, S. 477–499.
17) Köhler, in: Mannheimer Hefte, 1967, Heft 2, S. 29 ff., 30 f.

ル・ローゼンフェルト（Isidor Rosenfeld：1850 年-1928 年）の所で，彼の弁護士の段階を果たした。ハッヘンブルクは，ローゼンフェルトが，彼自身最初の著書『バーデンのラント法』を自分に献呈したことに非常に感銘を受けた[18]。

「経済的」考え方は，当初のハッヘンブルクの法の考え方において中心的役割を果たした。彼は，新しい民法に関する彼のマンハイム講演の意図を「法律の文言の背後にある力」を「引き出すこと」と心得ていた。彼の中では，当時常に「経済的法の考え方が，より強く」固まっていったとされる。法律行為の広い分野にとって，その判断は，「取引慣行のことを考えて」導かれた。「融通のきかない規定による論理に基づく法発見に代わる考え方のように，自由な裁判官の信念が，従来のそして適切な権利にもとづいて出た」かどうかを証明することが，彼にとっては重要であったとされる[19]。

ハッヘンブルクは，彼の「回想録」によると，弁護士の顧問活動に全ての資本を費やした。我々は，ここに今日においてもなお妥当しなければならなかった共同弁護士の倫理を見てとれる。すなわち，「鑑定意見が，共同活動の出発点になっており，確かに，いずれの弁護士もそれを示すことができ，それどころかそうしなければならないが，しかし，職業上の責任が，いずれにせよ過小評価されない，すなわち，利害関係者の完全な解決策に示されている。鑑定者は，自分の意思表示が，照会された際に有利にまたは不利に述べているかどうかを裁判官のように斟酌なく判定しなければならない」。

ハッヘンブルクは，照会の意味で試みや鑑定意見を起草するための，そのような活動を好んだ。彼は，名前を用いず事例を説明させることによって，客観性を維持した方法であり，それに加えて，当事者を A, B, そして C を用いてのみ表示することが，法律家を住まわせる方法であるとここでも示した。確かに彼は，いずれの弁護士もそのような活動に向いていないと信じていた。彼は，自分の信念に合致しないものは自分で一行たりとも書かなかった。常に彼

---

18) （AaO Fn. 2), S. 53, 79.
19) （AaO Fn. 2), S. 107 ff., 108.

は，最も有利な局面と同じように最も不利な局面を強調した[20]。実務上の成果にとっての当然の前提は，イギリス国内とは異なり，いずれにしてもドイツ国内にとってのまったく学問的な起草であるとされる。

III. デュウーリンガーとハッヘンブルク

ハッヘンブルクの最も著名で不朽の業績に関しては，1899年に新しい商法典に関して出版されたコンメンタールであり，そのタイトルは，『民法典に基づく1897年3月10日の商法典（海法を除く）』[21]であった。これは，彼が当時のマンハイムの裁判官であったDr. アーデルベルト・デュウーリンガー（Adelbert Düringer）[22]との共著であり，彼の代表作と言われていた[23]。同書がすでに以前から一般的に呼ばれていたように，「デュウーリンガー゠ハッヘンブルク」は，ベルリンの弁護士のヘルマン・シュタウプ（Hermann Staub）のほぼ同時に出版された商法典のコンメンタールと並んで10年間この法分野に基本的な注釈を付けてきた。同書は，量からだけではなく，ヴィントシャイト（Windscheid）とデルンブルク（Dernburg）の全集，オットー・フォン・ギールケ（Otto von Gierke）の全部で数巻のドイツ私法，またはBGBに関するプランク（Planck）のコンメンタールのようにその当時に著名な著作と肩を並べる。

初めからその著作が，それぞれの寄稿が一つ一つ識別しやすくされていない共同作品として考えられていたということは，2人の著者の業績に，損害を与えるものではなかった。万が一の場合には，今日でも文体分析を通してその時々の著者の分担を確かめられるのである。ハッヘンブルクは，両者がむしろ

---

20) （AaO Fn. 2), S. 115 ff.

21) Mannheim, Band 1, 1898-1899, Band 2, 1900-1901, Band 3, 1903-1905.

22) Zu Düringer vgl. (aaO Fn. 2), S. 90 f. Zu *Düringer* jetzt die Freiburger juristische Dissertation von Wirth, Adelbert Düringer – Jurist zweischen Kaiserreich und Republik (Südwestdeutsche Schriften, Bd. VI), 1989.

23) （AaO Fn. 1), S. 406, ähnlich Wolff, JZ 1952, 57.

自分たちの文体を互いに統一しようとしていたということを伝えている。彼自身は，後からよく言われたように，非常に短い文章で「簡潔で力強い文体」を好んだ[24]。その自発性は，ハッヘンブルクと親しくなったデュウーリンガーに由来した。彼は，マンハイム出身であるため，1892年以来，商事部の部長を，そして1895年の春には，「新しい商法典の草案の鑑定に関する委員会」にベルリンまで招へいされ[25]，さらに1897年には，カールスルーエ高等裁判所の判事に，そして，1902年から1918年までは，バーデンの法務大臣に，1919年には，政権国民議会の構成員に，そして，1920年には，帝国議会の構成員となった[26]。デュウーリンガーの考え方は，民法を特別考慮に入れて商法を注釈することでもあった。すぐに熱中したハッヘンブルクは，後に自分の「回想録」においてそのような振る舞い方が通常ではなかったことを記した。法律の構成から自由になされる教科書の執筆は，注釈が，弁護士と裁判官によって作成されていた間は，常に教授の業務であるとされた。法制史をこれまでより身近で無視してきたという正しい観察である。デュウーリンガーと彼のコンメンタールは，まさに一部が教科書であり，一部が注釈であった[27]。

著者にとって，新しい商法規定のドグマ的システム的な基礎が，問題であるのみならず，ハッヘンブルクが彼の著作の中で初めから基準を作ったように，新しい商法規定が，生活の需要から導きだされる必要がある[28]。その場合，商法の特色と自発性は，法律自身を通して十分に保障されてないような目的を引き続き保たれなければならないとされる。

それに加えて，書評者は，以下のように書いた。すなわち，「課題が，統一的な要約ではっきりさせるために，それだけ一層はっきりと際立たせた。それは，どのような法的状態が，民法上の取引のために作られたBGBを通して，

---

24) (AaO Fn. 2), S. 110 f.
25) Wirth, (aaO Fn. 22), S. 4.
26) (AaO Fn. 22), S. 5 ff.
27) (AaO Fn. 2), S. 109 f.
28) (AaO Fn. 2), S. 110.

普遍妥当の根拠に商取引を今や現実に支持されてきたかということであった。」そして，このことが，ドグマ的要求であり，しかし同時に，「区別された法典編纂の法の内部構造の統一」が，意図されていた[29]。このことは，それぞれの本やそれぞれの章において，明らかに前述した一般的手引きになる。それゆえ，たとえば，コンメンタールの第1巻の第5章「業務代理権と商事代理権」の序論（An. 1-80）は，BGBに従って代理権を完全に取り扱っている。この教科書のような検討に引き続いて，個々の法律の規定の解説が行われ，その解説中では，法規範の実務上の適用，そして学説と判例における支配的見解が，示されている。デュウーリンガー＝ハッヘンブルクにおいて，「商事の法は……，経済の秩序ある生活に基づいている。法律の規定は，確実な骨組みを作り出す。しかし，実際の学説の形成は，何が現実の法としてみなされそして作用するかをはっきりさせる」[30]。

ハッヘンブルクがすでにマンハイムの講演において試みたことを説明することが，ここに再び示された。すなわち，法の新式の考察である。何が，当時審議された事例の共通の趣旨とされ，何が法の精神とされたかという[31]，その問いへの答えは，当時以下のような内容になっていたという。それは，BGBが，個人的権利に基づいているのではなく，社会法にもとづいているというものであった。なぜなら，それは，彼の理解から判断すると，個々の人間を他人とのそれぞれの結びつきから切り離したと解釈せず，新しい法の内容に関する基準が，その解釈の決定に決定的に加わったとされているからである[32]。ハッヘンブルクがここで社会法を用いで考えたことは，説明が必要であった。公法の一部として社会法の現代的概念，部分的に労働法の現代的概念はまた，社会保険が問題とされている限り，確かに考えなかった。当時，その理解が「社会法」の概念に結びつけられ19世紀後半において，経済の個人主義の変化が，複数

---

29) *Endemann*, Der Düringer-Hachenburg, JW 1930, S. 2892 f., 2892.
30) （AaO Fn. 29），S. 2892.
31) *Hachenburg*, (aaO Fn. 14), S. 19.
32) （AaO Fn. 14），S. 21.

主義に対してはっきりし，その中において，経済的利益闘争が，個々の経済主体によってではなく，むしろ共同の利益代表によって先導され，そしてそれゆえ，和解が試みられたのである[33]。オットー・フォン・ギールケは，ここでも先駆的に活動していた[34]。もちろん，ハッヘンブルクが，この方法で社会法を理解したかどうかは，疑わしい。確かに彼は，個人的権利つまり個々人の権利をそれと対比した。そして，この命題が本来は念頭に置いているBGBには，多少異なるとしてもまったく当てはまらなかったがしかし，彼は，ここでもイエーリング (Jhering) の利益法学の意味で，法によって解決されるべき利益相反をここでもひっくるめて考えたといってよいであろう。この考え方は，同時に解釈の基準としてとらえられ，加えて，「法典の中で少なければ少ないほど，いっそう裁判外の生活の中で振り返るような」体系的な原理を包含した。デュウーリンガーもまた示したように，自由法学の影響が認識できる場合に，その影響をかつて自分で「社会学的法発見の方法」と呼んだことがある[35]。ハッヘンブルクの後の仕事仲間であるカール・ガイラー (Karl Geiler) は，今世紀の20年代における「経済法」の新しい概念の1つを強化した[36]。

　これまで不慣れな範囲をまったく問題にしてこなかった結果が，この形式における商法と会社法の分野にこれまでに存在しない体系的なコンメンタールであった。これまで本質的には，裁判所の判決上の短い注や参照で十分とされてきた[37]。ベルリンの弁護士ヘルマン・シュタウプ[38]の新しい商法典のコンメン

---

33) *Wieacker*, Privatrechtegeschichte der Neuzeit, 2. Aufl. 1967, S. 546.

34) v. Gierke, Das dt. GenossenschaftsR. IV, ND, 1954, Vorwort, S. XI; vgl. dazu auch *Stolleis*, s. v. Sozialrecht, HRG, Bd. 4, Sp. 1739 ff.

35) (AaO Fn. 2), S. 108; zu der im Text erwähnten Einstellung *Düringers* vgl. *Wirth* (aaO Fn 22), S. 33 ff., 37 ff.

36) Vgl. hierzu *Nörr*, Zwischen den Mühlsteinen, 1987, S. 169.

37) So zutreffend *Wolff*, (aaO Fn. 23), S. 57; Duden, (aaO Fn. 1), S. 406. Als Beispiel sei v. Hahn, Commentar zum Allgemeinen deutschen Handelsgesetzbuch, 1. Bd., 3. Aufl., 1877, angefürt.

38) Hier benutzt: *Staub*, Kommentar zum Handelsgesetzbuch, Bd. 1, 1900, 6. u. 7. Aufl. Vgl. dazu Heineichs in diesem Sammelband S. 685.

タールは，それでもすでにテーマを体系的に分けていたが，そこでは，民法との一貫した密接な関連が欠けていた。「デュウーリンガー゠ハッヘンブルク」の特別な現代性は，弁護士と裁判官の法律事実の視点から報告され，評価されるために，その点で体系的な業績，そして教育的業績とも並んで位置づけられた。

　仕事仲間からの新しい著作に対する反響は，オーバーなものであり，とりわけ編纂の方法を強調していた。すぐれた学問上の意味が，それには付与されていた[39]。デュウーリンガーが主として書いた最終版は，1905年に出版された。即座に第2版が求められた。それゆえ，デュウーリンガーがまた「もはや必要な時間と休息を確保できなかった」ように[40]，ハッヘンブルクは，新しい仕事仲間を探した。そして，これら及びその他の人々は若いマンハイムの弁護士カール・ガイラーに出会った。ハッヘンブルクは当時すでに彼の才能を見抜き，ワイマール時代の偉大な法律家の1人だった。その上，デュウーリンガーの仲介によって，後のライヒ裁判所のフィクター・ホーニガー（*Viktor Höniger*），ドレスデンの弁護士ジェームス・ブライト（*James Breit*）が新しい仕事仲間と同様に参加した[41]。

　シュタウプの死後，新しい編纂者が有限会社法のコンメンタールのために求められたとき，ハッヘンブルクはまた，なおこの任務を引き受け，そして同様の方法でそれを編纂した。ここでも彼は，後版のために協力者を求めた[42]。

IV. 政治的人間：身分政治と法学者

　ハッヘンブルクは，政党にはまったく傾聴しなかったが，彼は，政治に無関

---

[39] Laband, DJZ 1906, Sp. 98f.; *Wiesenfeld*, Juristisches Kulturblatt, 1898, S. 231; 1901, S. 54, 1902, S. 30.
[40] （AaO Fn. 2), S. 111.
[41] （AaO Fn. 2), S. 111 f.
[42] 2. Aufl. 1906, 5. Aufl. 1926/27（2Bde.).

心ではなかった。それに関して，彼は人間の弱みをよく知っていて，そして，他方で一生涯他人に対して義理を感じていた。それゆえ，彼は，政党政治上の異議を再び書いたとき，別の任務の指名を非常に自覚していた。実務に携わる青年民主党員でないにもかかわらず，彼は，若年期においてユダヤ人の共同社会への参加を申し出た。とりわけそこでは，彼の法律家としての知識が役立った。彼は，イスラエル人の上級委員会の構成員のみならず，1895年と1898年のプロテスタント教会の会議制の憲法上の委員会の主任裁判官，及び1901年の教会会議の議長でもあった[43]。確かに，グロースコンメンタールの出版によってとくに加速した彼の大きくなった職業上の名声は，経済弁護士として極めて多忙になるだけではなく，ドイツ弁護士界の中でも影響力を発揮した。とりわけ彼は，弁護士法自体及び弁護士たちにとって非常に重要な訴訟法と裁判所更生法の発展にも寄与した。1907年ドイツ弁護士大会がマンハイムで行われた時，区裁判所の弁護士とその他の弁護士の中で，弁護士界の分裂が差し迫っていた。なぜなら，区裁判所の弁護士は上級裁判所では認められず，法によって差別されていると感じていたからである。その問題は，民事訴訟が，その他の民事裁判所の場合とは異なり，区裁判所の場で異なった方法で提示されるべきかどうかということに少なからず結びついていた。その主な報告を委任されたハッヘンブルクは，統一的な民事訴訟といわゆる弁護士の重畳的登録，つまり地方裁判所にも所属するすべての弁護士の認可のために尽力した[44]。

その報告は，非常に大きな成果であり，すでに以前からカールスルーエの弁護士会と名誉裁判所の理事会の構成員であるハッヘンブルクが，マンハイムの弁護士大会直後にドイツ弁護士協会の理事に選ばれた。1920年以降，彼はその代理人としてライヒの経済会議に所属した[45]。その中で，彼は怠ることので

---

[43]　Zu seiner Einstellung zur Politik, Politilern und Wählen vgl. (aaO Fn. 2), S. 184 ff.; zu seiner Tätigkeit in der jüdischen Gemeinde vgl. Wartzinger, Geschichte der Juden in Mannheim 1650–1945, 1984, S. 96, und *Schadt*, (aaO Fn. 2), S. 11 (Vorwort).

[44]　Ein Bericht in JW 1907, S. 569 ff.; s. auch JW 1907, S. 600 ff.

[45]　*Lindeck*, JZ 1950, 811 ff.; (aaO Fn. 2), S. 160, 184 ff. Zum Reichswirtschaftsrat vgl. unten V.

きない義務に気付いた。第一次世界大戦中の厳しい年に，彼は，マンハイムの弁護士協会の会長をも引き受けた。そのような立場として，しかし弁護士界の構成員として，とりわけ彼は，弁護士の受け入れのために尽力し，大戦後大きな抵抗に打ち勝つために，アルザス・ロレーヌを離れた[46]。

ハッヘンブルクの自由で伝統にとらわれないやり方は，弁護士と裁判官職に対して助成を許容することを戦わせた問題に関する彼の立場をとりわけはっきりさせた。すでにマンハイムの弁護士大会の際，彼はこの問題を公の議題とし，部分的には笑いを引き起こした[47]。その時に，法のもとではすべてのドイツ人が平等であり，男女が国民として基本的に同一の権利と義務を有するというワイマール帝国憲法の109条，及びすべての国民が，法律に照らして差別を受けることなく自己の能力と業績に応じて公職につけなければならないとする128条が，その問題をはっきりさせた時，ハッヘンブルクは，弁護士界が過剰であることから，単に懸念だけを述べた。しかし，そのとき彼は，新しい展開を歓迎した最初の問題に必要だった[48]。

法律学はまた，ある意味で公的な活動である。確実に法律学は，ハッヘンブルクの場合，そうであり，そしてまったく異なる方法であった。彼自身を引きつけた異なるものを説明するための彼の欲求と才能は，比較的若年期において，彼にマンハイムの講演を行わせていた。彼は，1つの方法として，教科書に「デュウーリンガー゠ハッヘンブルク」の特徴をはっきりとわかるように指摘した[49]。ハッヘンブルクは，多くの法律雑誌において「大会に指定された多数の法律論文」[50]の著作者として，別の意味で法の教員であった。1915年以来，ドイツ弁護士協会の理事会構成員として，法律の週刊誌，ドイツ弁護士協会の機関誌の共同編集は，彼自身に委任された。ハッヘンブルクは，この仕

---

46) (AaO Fn. 2), S. 152; ders., DJZ 1919, Sp. 986 f., 990.
47) JW 1907, S. 592 ff.; 600 ff.
48) DJZ 1919, Sp. 399 f., 404 f.; 1927, Sp. 669.
49) (AaO Fn. 2), S. 110.
50) *Lewald*, NJW 1950, 721 f.

事,すなわち場合によっては単に一時的で重要な,それどころかつかのまの法の問題,つまり,実務家が,まず直面させられる問題に文章による意見交換を「法律ジャーナリズム」と称し[51],これを軽視されずに考えること,とりわけ本来的に学問的な仕事とはっきりと対比した[52]。両者は,法律文化において必要不可欠である。

しかし,ハッヘンブルクは,厳密にいえば,法の教員でもあった。1907年に設立されたマンハイム商科大学で彼は,2・3年教育を行った。1919年バーデンにおいて,弁護士が,第2次国家試験最終合格者試験の試験官に指名された時,すぐにハッヘンブルクは,参加するために準備した。すなわち,その仕事は,彼が伝えたように彼を喜ばせたのである[53]。とはいえ,彼は,法学部での正規の大学教授の職に対する2つの招へいを断り,同様に大審院での弁護士としての3回の任用を断った。

V. 企業の構造と株式法の改正

第一次世界大戦の終結は,会社のみならず,法にも新たな挑戦を突き付けた。それは,戦争で失われた全経済的結果のみならず,企業危機をもたらした後の世界経済危機でもあった。これは,企業法のすでに避けられない危機によって悪化した。世紀の終わり目の前の私法上の立法は,進行した工業化を無視したものだった。とりわけ,それは,戦争前すでに規定と現実とのかい離が認められていた株式法に当てはまった。そして,それは,インフレを伴い劇的な形態を受け入れた。第一次世界大戦後の正式な政治的議論が,第3の要因だった。個人経済に敵意を抱いていた大きな力が,当時もあった。そして,会社,とりわけ株式会社法が,私法の領域から引き出されようと,権力の集中

---

51) (AaO Fn. 2), S. 132 ff.
52) (AaO Fn. 2), S. 99 ff.
53) (AaO Fn. 2), S. 175.

に導いた苦境によってなおも支持された[54]。ここでは，学問が決して要求されないのみならず，実務と立法も要求されなかった。

さしあたり，試されたことは，それらが再び生き抜き，または成功することができたということを，企業を組織したことが，危険にさらした。それは，とりわけかつて構造変革，すなわち当時の企業の「構造」にとって大きな意味を与えた経済弁護士の任務であった[55]。しかし，さらに個々の企業が，それ自身のみならず，経済全体との関係でもとらえられた。その考え方は，以下のような背景の中にある。すなわち，「経済全体が安定すること，そしてその範囲内でそれぞれ個々の工業化され商業上の企業の位置が確保されるような，完全に安定し，計画された経済がありうるという考え方であった」[56]。その成果は，新しいコンツェルンとカルテルを達成することであった。ハッヘンブルクの下で，マンハイムの弁護士もまた，ドイツ経済のこの再建の構造に必要であった。それゆえ，このことは，IG-Farben〔訳注：1925年に設立され，第二次世界大戦後に解体されたドイツ最大の化学工業コンツェルン〕の設立に寄与したとされる。ハッヘンブルクは，ジェネラルモーターを通じてオペルの承継も処理した[57]。

多く再分化した問題の継続した解決策は，最も必要な会社形態，すなわち株式会社の改正のみで克服することができた。そこで，章の多くは，一方では，議決権と株式の分離によって，企業の運命に影響を与えず，他方では，監査役会が，しばしば単なる監督機関から執行機関に発展させた。20年代半ばに開始された株式法の改正は，ハッヘンブルクなくして考えられなかった。1926年の法曹大会が，株式法の必要不可欠な改正の問題を研究するべく委員会を導入したとき，彼は，その委員長になった[58]。彼は，その1年後に文章で，そし

---

54) Hierzu jetzt *Nörr*, (aaO Fn. 36), S. 107 f., 121 f., 166 f.
55) (AaO Fn. 36), S. 122, *Kronstein*, Briefe an einen jungen Deutschen, 2. Aufl. 1968, S.112.
56) *Kronstein*, (aaO Fn. 55), S. 112.
57) *Kronstein*, (aaO Fn. 55), S. 114.
58) *Schilling*, in: Schubert/Hommelhoff (Hrgs.); Die Aktienrechtsreform am Ende der Weimarer Republik, 1987, S. 1f. Zur Entwicklung des Aktienrechts in der Weimarer

て1928年の第35回ドイツ法曹大会での興味深く，すばらしい講演で報告した[59]。「ドイツ経済の生産と販売条件の調査に関する委員会」いわゆる調査委員会が，同様に1926年以来株式法改正の問題を委託され，鑑定書を提出したとき，ハッヘンブルクと彼のマンハイムの弁護士の同僚であるガイラーの鑑定書もその中にあった。ハッヘンブルクは，同じテーマに関する鑑定を行ったドイツ弁護士協会の委員会の委員長を務めた。ライヒ司法省によって1930年に立案された「株式会社と株式合資会社についての法律草案」は，この鑑定書に十分依拠していた[60]。

その上に，後の建設的な株式法の改正法は，審議に関して一時的なライヒ経済委員会に提出された。ライヒ経済委員会は，ワイマール帝国憲法により異なる会社上のそして経済上のグループ化において主張された委員会であり，立法計画を，経済と社会政策の範囲に対して提出することができ，または提出された立場を明らかにしなければならなかった[61]。ここでハッヘンブルクは，株式会社と株式合資会社についての法律案の審議に関する特別委員会の委員長でもあった。彼には，当時逆の立場を調整させたという利得が与えられ，とりわけ，彼が，重要な審議段階事態において改正論議を充実させ，促進させたということによっても与えられた[62]。ハッヘンブルクは，前述の1931年草案に関するドイツ弁護士協会の態度決定の重要な当事者であった。ナチズムの台頭は，こうした期待できる発展を一時的に終わらせた。

ハッヘンブルクは，このような活動にもかかわらず，70歳代半ば以来，試験に関与したように個人的な義務から身を引いた。彼は，現在，彼の子供のころからの興奮した記憶を描くための時間があった。すでに1927年に『弁護士

Republik vgl. *Nörr*, (aaO Fn. 36), S. 107 ff.
59) DJZ 1927, Sp. 1372; 1928, Sp. 1365.
60) *Schubert*, in: *Schubert/Hommelhoff*, (aaO Fn 58), S. 29 f.
61) Vgl. hirzu *Schubert*, in: *Schubert/Hommelhoff*, (aaO Fn. 58), S. 9 f.; *Hachenburg*, DJZ 1925, Sp. 1693 ff.
62) *Hommelhoff*, in: *Schubert/Hommelhoff*, (aaO Fn. 58), S. 71 f., 97.

の回想録』が出版されている[63]。その本は，弁護士史に対してのみならず，加えてドイツ法制史に対しての幸運なケースである。それは，多くの時代のドキュメントと記録，とりわけ20年代に関するものであった。それはとりわけ著者の人柄から思慮を示していた。

VI. 追求と亡命

ナチズムの台頭が，ユダヤ人にとって意味した結末を，ハッヘンブルクは，他の人たちより以前からわかっていた。1930年の5月に，彼は，ドイツ弁護士協会の副会長を懇願した。しかし，すべては，ユダヤ人の同僚がドイツ弁護士協会の会長に再選されることを防ぐためにしたことであった。彼は，自分の心配を言葉にして表現した。すなわち，公衆の目にさらされた位置においてユダヤ教信仰の信者に恒常的に広まることが，彼によって認められ，ユダヤ人一般に対する反応へと導かれるということであった。彼は，そうしたことが，数年でこうした広がりを止めることで，ヨーロッパ内で先導されたすべての迫害に対して薄れさせる迫害に至るということを予測した。当時，彼は信じられていなかった[64]。

当初ナチス党員は，ハッヘンブルクに危害を加えず，彼に1938年の彼の75歳の誕生日のお祝いを公式に言った。しかし，弁護士としての彼の免許は，1938年に終了した。水晶の夜〔訳注：1938年の11月9日から10日の夜にかけて，ナチスがユダヤ人の商店・住宅・教会堂を破壊し，大虐殺を行ったという，夜のこと〕において，ナチス親衛隊の集団（SS-Horden）が，彼の家とマンハイムの事務所を破壊した[65]。彼は，スイスの同僚の助けで，1939年6月に

---

63) Vgl. (aaO Fn. 2).
64) *Oppenhoff*, Erfahrung eines Kölner Anwalts, in: 100Jahre Kölner Anwaltverein, Festschrift, hrsg. von *Bussenius/Hüttemann/Schwend*, o. J., 1987, S. 187 f.
65) *Schadt*, in: *Hachenburg*, (aaO Fn. 2), S. 12; *Fliedner*, Die Judenverfolgung in Mannheim, 1971, Bd. 1, S. 180.

スイスへ亡命した。第二次世界大戦が勃発したとき，彼は，イギリスにいて，1946年にカリフォルニアのバークレーへ行った。彼は，ナチス党員によって2人の娘，1人の義理の息子，そして1人の孫を失った。彼は，決して帰らなかったが，自分のかつての生まれ故郷での出来事を受け入れ，彼は，その事実を自分が死ぬまでひどいものとして考え，感情を呼び起こさせていた。亡命[66]から彼の仕事は，年老いた男が，遠い過去から新たな始まりに励まされるように関心を抱いたとしても，単に現代史の貴重な証拠であるということだけではなく，証明することでもあった。彼の仕事から，失われた悲しみだけが語られるのではなく，再建が阻止されるべきではないという楽観論も語られた。すなわち，「人は，工場を減らすことができ，許された生産量を制限することができ……，しかし，人は，精神が目覚めることを抑えることはできない」ということである[67]。そして，1950年10月のガイラーに対する手紙の中で，次のように書かれている。すなわち「手紙を見れば，彼が庭で明るい太陽の下，手紙を書いていたのがわかる。彼はあなたに多少の温かさを届けたかったということだ。旧友であるあなたのマックス・ハッヘンブルクより」と書かれていた[68]。さらに90代の人として求償権に関する本を出版した[69]マックス・ハッヘンブルクは，1951年11月23日に亡くなった。

---

66) Hrgs. und bearb. von *Schadt* in der 2. Aufl. von Hachenburgs Lebenserinnerungen, (aaO Fn. 2), S. 209 f.
67) (AaO Fn. 66), S. 211.
68) (AaO Fn. 66), S. 238.
69) Probleme des Rückerstattungsrechts, 1950.

フーゴ・プロイス[*]

都市法制（Stadtverfassung）から
ヴァイマル共和国憲法（Staatsverfassung）へ[**]

ディアン・シェーフォルト[***]
訳　武　市　周　作

I．矛盾と問題

　フーゴ・プロイスは，ドイツ国法学の発展とその系譜に当然に組み込まれるわけではない。地方自治と地方政策の弁護人は，ベルリンの発展と密接であるかと思わせると，突如ヴァイマル・ライヒ憲法の創案者になり，そこでは包括的な領域改革の賛同者に対する共同体の自立性の弁護人になった。ベルリンでオットー・フォン・ギールケ（*Otto von Gierke*）の指導のもと，一篇の重要な論文を書き上げ華々しく大学教授資格を得て，数多くの著書を公刊し，その後，今日に至るまで重要であり続ける自治法と近代立憲国家の根本問題に関する業績を発表したが，最後まで国立大学教授の地位は得られず，17年もの間私講師を続けた後，当時それほど知られていなかったベルリン商科大学の教授となったのである。プロイセン三級選挙法の第一選挙区有権者であった富裕子息たるプロイスは，ほかならぬこの三級選挙法と闘い，国民国家やヴァイマル

---

　[*] *HUGO PREUSS*（1860年-1925年）
　[**] Von der Stadtverfassung zyr Staatsverfassung der Weimarer Republik
　[***] Dr. *Dian Schefold*: Professor an der Universität Bremen（ブレーメン大学教授）

初期の急進的民主制を支持し，さらに，当初は批判的であったものの社会民主党の地位を欲することになる。地方同胞組織の斡旋者であり，自身も長い間ベルリン市当局の名誉会員であったプロイスは，ヴァイマル憲法で大統領制度を実現させ，それによってプロイスの民主主義概念に反対する立場がぶつかったが，結局，当面は——そしてプロイスの生きている間には——ヴァイマル憲法のどの問題についてもはっきりとしないままであった。国法学上の実証主義と強く対立し，その限りで師のギールケに忠実であった学説を政治学的に展開した国法学者プロイスは，早くから政党の影響力に関心を持ち，現実の政治から憲法体制を論じようとし，ヴァイマル憲法において1つの統治体系を作り上げるが，これは後に当時の政治学的知見を誤認したものだと烙印を押されて批判されることになる。はたして1919年に制定された憲法が，最初に独裁的に，その後全体主義的に変容していったことについてプロイスに責任があるといえるだろうか。

　この問題は，数多の学問的論争の対象であり，1つの答えが導かれるものではない。しかし，答えの断片であれば，フーゴ・プロイスの出自や人生から導くことができよう。彼は，裕福で，社会に同化し，ドイツの文化発展と密接に結びついた——彼の著作で文学の引用をしないものはまずない——ユダヤ人であり，やはり拒絶を経験せざるを得なかった。このような実存的経験がいくつかの結論を理解する鍵になるだろう。その限りでプロイスの人生は，ドイツの精神生活，とりわけ法的生活に完全に統合しながらも，「見えない壁」や運命や艱難の中を生き，そして，それらにもがき進んでいくことの典型例といえるだろう。

II. 道 の り

　クルシュナーの初版には「ベルリン－グルーネヴァルト，ケーニヒス通り (Berlin-Grunewald, Königsallee) 37（同書 28/10.60）」と記されている[1]。誕生

---

1) *Kürschner*, Deutscher Gelehrten-Kalender, 1925, Sp. 792. 1926年の第2版でも触

から1925年10月9日の死去まで，プロイスはベルリンにとどまり，より正確には，富裕層の住むベルリン西地区に住み続けた[2]。そしてほとんどをベルリン－ティアガルテン（Tiergarden）のマタイキルヒ通り（Matthäikirchstraße）沿いの家で暮らした[3]。裕福なユダヤ商人の子であり，豊かな叔父の義理の子でもあるプロイスは，1879年以降ベルリンとハイデルベルクで法学を学んだ。1883年5月に王立プロイセン帝室裁判所の下で司法試験第一次試験を受験し，同年ゲッティンゲンで私法に関する博士論文を書いた[4]。

しかし，すぐに別の興味が勝り，プロイスは法律家実習を辞退した。最初に興味を持ったのは政治学であるが，これによって家族の伝統の影響もあって左派自由主義政党に参加することになる。フリードリッヒ3世（*Friedrich* III）による帝政への期待が，初期の構想を駆り立てたのであろう。すなわち，1867年・1871年ライヒ憲法による諸侯同盟を真正な立憲主義として継続させ，とくに帝国議会が，「平等な普通選挙権という最も広い民主主義的根拠」にもとづいて，監督機関として「役立たず」にならないようにするという構想である[5]。このような調子で，プロイスは1885年以降，1883年に刊行したテオドール・バート（*Theodor Barth*）編集の週刊誌「国民（*Die Nation*）」[6]などの雑

れられていないし，死者銘板においても示されていないことが注意を引く。

2) 伝記として，とりわけ，*E. Feder*, Hugo Preuß, Ein Lebensbild, 1926; *G. Gillessen*, Hugo Preuß. Studien zur Ideen- und Verfassungsgeschichte der Weimarer Republik, Diss. Freiburg (masch.) 1955; *S. Grassmann*, Hugo Preuß und die deutsche Selbstverwaltung, 1965, S. 6ff.; *J. Mauersberg*, Ideen und Konzeption Hugo Preuß' für die Verfassung der deutschen Republik 1919 und ihre Durchsetzung im Verfassungswerk von Weimar, 1991, S. 12 ff.

3) Vgl. *Gillessen* (aaO Fn. 2), S. 11 ff. とそれ以降。

4) [博士論文である]『買主の占有に基づく追奪償還請求』は，プロイス自身「ほとんど有用性のない」とし，伝記において「時代遅れ」とされ，文献目録には挙げられていない。

5) *Preuß*, Die Organisation der Reichsregierung und die Parteien (1890). 復刻として，*ders.*, Staat, Recht und Freiheit, 1926 (Neudruck 1965), S. 172 (177).

6) その位置付けと意義については，Vgl. *E.R.Huber*, Deutsche Verfassungsgeschichte seit 1789, Bd.4, 2.Aufl. 1982, S. 80 f.

誌で卓越した憲法・憲法政治の考察を書いた。

　他方で，このような活動は国法学の体系的研究に繋がっていった。最初のきっかけは自治に関する議論にあり，これについてプロイスにとって生涯決定的だったのは，プロイセン改革とりわけシュタイン（*Friedrich Freiherr von Stein*）の諸都市条令であった。また，さらに近代に入ってから，ルドルフ・グナイスト（*Rudolf Gneist*）自身とグナイストによって影響を受けた 70 ～ 80 年代の行政改革もきっかけとなっている[7]。しかし，とりわけオットー・フォン・ギールケによる，法史学と私法の基本問題のみならず憲法にとっても有意義なゲノッセンシャフト（Genossenschaft）理論は[8]，プロイス固有の概念の基礎付けとなった。プロイスが 1889 年にフリードリッヒ・ヴィルヘルム大学において教授資格（venia legendi）を申請した教授資格論文は，副題に「ゲノッセンシャフト理論に基づいたドイツ国家体制の考察」と付けられ，「ドイツにおけるゲノッセンシャフト理論の先駆者」としてギールケに献げられている[9]。他の憲法に関する論文がこれに先行し[10]，まずはいくつかの論文で，次に複数の書籍を続けて公刊し，これまでの知見からとりわけ国法に関する結論をさらに発展させた。

　こうしてみると学問上のキャリアは順調そうである。プロイスは，化学教授の娘で，画家のマックス・リーバーマン（*Max Liebermann*）の親戚筋の娘エルゼ・リーバーマン（*Else Liebermann*）と結婚し，3 人の息子の父親となり，典型的なベルリンの知識人になる[11]。しかし，彼は，生涯国立大学に招聘されることはなく，フリードリッヒ・ヴィルヘルム大学の員外教授の地位を得ようという試みも，1896 年には学部においてすでに，さらに 1902 年と 1910 年に

---

[7] *Preuß*, Rudolf von Gneist (1895), in: Staat, Recht und Freiheit（注 5）, S. 503 ff.

[8] Vgl. nur *Otto von Gierke*, Labands Staatsrecht und die deutsche Rechtswissenschaft, Schmollers Jahrb. 7 (1883), S. 1097 ff. (Neudruck 1961).

[9] *Preuß*, Gemeinde, Staat und Reich als Gebietskörperschaften, 1889 (Neudruck 1964).

[10] *Preuß*, Friedenspräsenz und Reichsverfassung. Eine staatsrechtliche Studie, 1887.

[11] *Gillessen* (aaO Fn. 2), S. 13.

都市法制（Stadtverfassung）からヴァイマル共和国憲法（Staatsverfassung）へ　653

は大学部局（Ministerium）においても失敗している。これにより，学問に内在し，政治的に保守的で，反ユダヤ的な特定の動機をともなった国法学的実証主義の「支配的見解」の散在を解消しようという試みは断念せざるを得なかった[12]。いずれにしても，プロイスがつかみ取ってきた学問的地位こそが彼自身を孤立させることになったのである。

　資産があったためプロイスが経済的に破綻することはなく，このおかげでプロイスは自治事務の実務に活動の場を求めることができた。プロイスは，1895年，課税第一等級に属するため，テオドール・バートもいたベルリン市議会（Stadtverordnetenversammlung）に何の支障もなく選出された。そこでプロイスは「社会進歩主義」会派に参加したが，そこで目を引くのが，当時の議会の状況である。当時，三級選挙法にもかかわらずすでに当時から相当数あった社会民主主義の現勢力と並び，さらに基本権的なところでは競合する3つの自由主義的会派から成り立っており[13]，プロイセン下院とは明らかに距離を置き，平等な選挙権によって選出された帝国議会をも凌いでいた。このようにしてプロイスは，世紀の変わり目の大都市地方行政の具体的な状況を把握し，その処理に参画する機会を得た。1910年には収入により市参事会（Magistrat）の名誉（無給の）会員に選ばれたが，1912年の帝国議会の立候補はうまくいかなかった。

　他方でその間，地方でのプロイスの活動が学問的に認められるようになった。行政実務にとっても重要な地方公職法（kommunaler Beamtenrecht）及び学校法（Schulrecht）[14]に関する浩瀚な重要文献と，大構想の市史資料[15]を公表

---

12) *Gillessen* (aaO Fn. 2), S. 68, S. 70 f. において，一部露骨な差別の具体例があげられている。また，Vgl. IV.

13) *Gillessen* (aaO Fn. 2), S.10 mit Fn. 13 における数値によると，140から150の市会議員のうち社会民主派は，1900年で19，1914年で44を数える。

14) *Preuß*, Das städtische Amtsrecht in Preußen, 1902（501頁の大著である）; ders., Das Recht der städtischen Schulverwaltung in Preußen, 1905.

15) *Preuß*, Die Entwicklung des deutschen Städtewesens, Bd. 1: Entwicklungsgeschichte der deutschen Städteverfassung, 1906（これ以降の巻は出版されていない。）.

した後，数多くの論文を書いて，プロイスはつつましくも 1906 年に商人（商工会議所）の手による新規のベルリン商科大学教授を受けた[16]。これによって幅広い学問的活動の場を得ることとなる。地方政治と教職と研究が補い合い，一部は実践的な考察，一部は国法学上の諸論文から発展させた行政改革の考察を通じて，これまで手がけた分野の諸論文を[17]増やし，プロイスは，邦の行政改革とそれにともなう間接的な邦制度改革に関して，自らの能力を発揮できる自治法の専門家となった。さらに，プロイスは，それ以降も，教授資格論文で得た知見を発展させた。とりわけ重要なのは 1908 年のシュタイン諸都市条令 100 周年記念である。そこでプロイスは非常に幅広く論じ，かつてのプロイセン改革の実績を正当に評価するだけでなく，自治の現実的問題と理論的考察を関連させる機会を得たのである[18]。

　戦争が火蓋を切り——地方の問題が現実的に先鋭化するのと並んで——，愛国主義者の硬直化を目のあたりにして，なぜ戦争が不可避であるかを自覚し，同時にドイツは「平和の攪乱者」[19]ではなく，そうであってはならないと問いかける使命が生じる。初期の著作で言及し批判した「官憲国家」から，いまや現実的となった立憲主義的「国民国家」への転換という要請は，1915 年出版の大著で，ドイツの未来と平和的秩序のための重要問題であると強調された。このようにプロイスはいまだ戦況が分からないときから，ウィルソンの 14 か条提案のおよそ 3 年前，勝利の期待と戦争の企図が沸き立った状況の下で，敗

---

16) この法的位置付けと問題点については，*Huber* (aaO Fn. 6), S. 937 f., 947 f。ベルリン商科大学が，プロイスの死後の 1926 年になってようやくドクター学位授与権を得た。

17) *Preuß*, Zur preußischen Verwaltungsreform. Denkschrift, verfaßt im Auftrag der Ältesten der Kaufmannschaft von Berlin, 1910. これに加えて多くの論文が公刊される。

18) *Preuß*, Selbstverwaltung, Gemeinde, Staat, Souveränität, in: Festgabe Paul Laband, 1908, S. 199ff.; ders., Ein Jahrhundert städtischer Verfassungsentwicklung (1908), in: Staat, Recht und Freiheit (aaO Fn. 5), S. 25 ff.

19) *Preuß*, Die Legende vom Störenfried (1916), in: Staat, Recht und Freiheit (aaO Fn. 5), S. 252 ff.; とりわけ vgl. Preuß, Das deutsche Volk und die Politik, 1915. これについては，本文のすぐ後参照。

都市法制 (Stadtverfassung) からヴァイマル共和国憲法 (Staatsverfassung) へ　655

戦が迫ってくるとどういう反響があるかを見通していた。当然彼はそれによって国家主義陣営から辛辣な批判を受けることになったし，いまやこのような批判はあからさまに反ユダヤ的に説かれることとなった。ほかでもないグスタフ・シュモラー (*Gustav Schmoller*) は，プロイスを，実際よりもおよそうわべだけの耳障りの良い言葉 (captatio benevolentiae) にすぎないと評している。

「プロイスは最も有能な新進の国法学者の1人である。確かにギールケの弟子であるが，ドイツの政治生活におけるこの学問の保守的な見解への移行には与せず，反対に，ゲノッセンシャフト理論を発展的に解釈した。プロイスは，ユダヤ人の富裕な社会的基盤にもとづいており，首都ベルリンを席巻した地方主義的自由主義思想の指導者の1人である。そして，常に思い起こされるのは，このようなグループでは，これら指導者は有能であり尊敬すべきであるが，その政治的な視野と判断は常に1つの考えに満たされていたことである。すなわち，知性，素質と能力が優秀であるのだから，ベルリンの市政と同じように，大学，軍隊，高級官僚をいまだ絶対的には支配できていないのは国家と社会にとって正しくないという考えである。多くの場合，そしてプロイスにおいてはまさに，無自覚に，このような風潮がこのグループの政治的な考えに影響を及ぼしているのである。私が言いたいのは，プロイスに対する尊敬はどれも，先の風潮が根本的にプロイスの判断の核心であるという推論をぬぐい去ることはできないということである。……

　しかし，だからこそ，洗礼を受けていないユダヤの志願者には受けられない官庁があるという理由で，また，若干の隊が将校全員に与えられる自由な選挙権をユダヤ排除のために行使しているという理由で，さらに，大学において，数多くのユダヤ私講師は誰もが，個人的に思い込んだほどに才能に応じた早さで教授にはなっていないからという理由で，私たちが憲法上の法的平等を酷く侵害しているなどということはまったく正しくな

い。……

　ユダヤ人の私講師や教授がいかに急激に増えていることか！　いかに急激にいくつかの大学病院でユダヤ人の助手だけを雇うようになったか！いくつもの学部で，ユダヤ人正教授を1度採用すると数年のうちに他のユダヤ人を5人，いやそれ以上採用するという予想がどれだけ真実となっているか！　プロイセン国家におけるユダヤ人に対する冷遇は，今日，もはや消えてなくなるほどであり，正反対のことが占めているのである。」[20]

　学者の論争という見せかけの上品さを通して，後のヴァイマル期とドイツ文化へのユダヤ人の貢献を消し去ろうとする煽動が目論まれ，先鋭化しているのが見え隠れする。

　しかし勝利の平和は期待通りにはもたらされず，プロイスの立ち位置が頼みとなることははっきりとする。プロイスが戦争終結直前にベルリン商科大学学長に選ばれ，国際的共同体を望んだときも，これまでの主張に一貫してもとづいていた[21]。1917年にはすでに，復活祭の福音の後，帝国議会憲法委員会の協議[22]と並行して，プロイスは，最高軍事指導部側近から，検討課題であるライヒ憲法とプロイセン憲法の民主化のために必要な変革を成し遂げるべく委されていた[23]。ここで出された提案は，パウル教会での自由主義的憲法構想と，君主制を維持させるという現実的な現状維持的提案と，やがて重要となる今後の

---

20) *Schmoller*, Obrigkeitsstaat und Volksstaat, ein mißverständlicher Gegensatz, in: Schmollers Jahrb. 40/2 (1916), S. 423 (424–426), wieder abgedruckt in: *ders.*, Walter Rathenau und Hugo Preuß, 1922. Vgl. Th. *Heuss*, Hugo Preuß, in: Preuß, Staat, Recht und Freiheit (aaO Fn. 5), S. 1 (15).

21) *Preuß*, Nationaler Gegensatz und internationale Gemeinschaft, Rektoratsrede vom 19. Oktober 1918, in: Staat, Recht und Freiheit (aaO Fn. 5), S. 345 ff.

22) これについては，*Huber*, Deutsche Verfassungsgeschichte, Bd. 5, 1978, S. 143 ff. しかし，本文で言及したプロイスへの委嘱には触れていない。

23) Staat, Recht und Freiheit (aaO Fn. 5), S. 290 ff に所収。それまでの展開については，*Gillessen* (aaO Fn. 2), S. 108, 217; *Mauersberg*, (aaO Fn. 2), S. 43 ff.

構想との架け橋を作った。

　敗戦を迎えたとき，プロイスには準備が整っていた。即席の議会制が 1918 年 10 月 28 日の憲法改正をとりあえず採用したとしても，プロイスはその「議会制の即席性[24]」をなおも批判し，官憲国家の瓦解を歓迎した 11 月 14 日の論説で 11 月革命を受けて，あらたな権力者に対して明確に伝えた。

「諸君は，敗北したドイツ国民に精神的高揚をもたらしたり，混乱したドイツ諸邦にあらたな命をもたらしたりすることは市民階級の特権を剥奪することや，また，階級闘争の兆しのもとでは，とてもできないだろう。……数多くの市民的存在が，原理的には相容れない官憲の専横の下で，公的職務をこなすという今日の状況は，目下のところ応急措置としてやむをえない。しかし，それはごく短期間のことであり，すぐに様々な点で耐えられないものと分かるだろう。そのときがくるまでに，あらゆる国民同胞の平等にもとづいた民主的政治機関において解決策を見つけ出せないとしたら，法によらない権力と経済生活の完全な崩壊を伴った打開策しか残っていないことになる。」[25]

　この論説はドイツの憲法発展を決定付けるように書かれており，この翌日に，人民代表委員会議はプロイスをライヒ内務国務次官に命じた[26]。ようやくこれで議会民主的共和国，すなわちプロイス流の国民国家のためのレールが敷かれた。こうしてプロイスがヴァイマル憲法の父となって草案を作成し，どの段階の協議でも代表となる[27]。彼がいかにこの任務にかかわっているかは，

---

24) 1918 年 10 月 26 日の新聞記事については，Staat, Recht und Freiheit (aaO Fn. 5), S. 361 ff.

25) *Preuß*, Volksstaat oder verkehrter Obrigkeitsstaat? in: Staat, Recht und Freiheit (aaO Fn. 5), S. 365 (366).

26) 具体的な経過については，*Grassmann* (aaO Fn. 2), S. 92; *Mauersberg* (aaO Fn. 2), S. 57 m. Nachw.

27) 具体的には V。

ヴァイマル共和国最初の政権危機のときにあきらかになる。ヴェルサイユ条約に対する姿勢が分裂したことでシャイデマン（Phillip Scheidemann）内閣が総辞職し，当時プロイスが所属していたドイツ民主党（DDP）が政権から離れる決議をした際に，プロイスはこの流れとは異なり，人民代表委員会議の憲法代表のために，とりわけ第二・第三読会の間は政府委員を担当していたのである。

　もちろんこれによってプロイスは，ドイツ民主党内では不利な立場に置かれることになる。最初の帝国議会選挙において議員推薦を得られず，ドイツ民主党が1919年10月に政権に返り咲いたときも，エーリッヒ・コッホ－ヴェーザー（Erich Koch-Weser）が内務大臣となり，プロイスには何の地位も用意されなかったのである。皮肉なことに，その代わりにプロイスはプロイセンの憲法制定ラント会議及びラント会議で選出され，ここでも憲法政策に携わり，自治法に関する立法審議に参加する機会が与えられた[28]。さらに晩年はもっぱらジャーナリズムと学問の両方をこなしていた。数多くの著書の中でプロイスは，「ヴァイマルライヒ憲法に関する」[29] 状況と，プロイセンの憲法問題[30] についても立場をあきらかにした。1925年10月9日，プロイスは65歳を目前にしてこの世を去った[31]。

　プロイスの著書の多くは断片で終わっている。しかしそれがいかに重要であるかは，遺稿から最初に公刊された3つの著書であきらかである。まず，最重要な小論文を束ね，今日までプロイスに意義があることを示した論文集「国家，権利及び自由」[32] である。当時ドイツ民主党の帝国議会議員であり，ある意味プロイスの先行者たるドイツ政治大学講師テオドール・ホイス（Theodor Heuss）が序論を書いたことは，第二次世界大戦後の共和国創設へ

---

28) これについては *Grassmann*（aaO Fn. 2），S. 111 ff.
29) これは1924年に発表された新聞投稿集のタイトルである。
30) 報告は DJZ 1020, Sp. 793ff.; JÖR 10（1921），S. 222 f.
31) *Feder*（aaO Fn. 2）S. 27 f.; *Gillessen*（aaO Fn. 2），S. 187 f. において死去のときの描写がある。
32) Fn. 5 を参照。

都市法制 (Stadtverfassung) からヴァイマル共和国憲法 (Staatsverfassung) へ　659

の架け橋となったかもしれない[33]。さらに，共同執筆者のヘドヴィック・ヒンツェ (*Hedwig Hintze*) は，遺稿から大著であるドイツ共和国法学教科書の歴史に関する断片を編集した[34]。また，ヴァイマル憲法のコンメンタールからも，プロイスがそこから1つだけを公表した断片が発見された[35]。友人であるゲルハルト・アンシュッツ (*Gerhard Anschütz*) は，今日においてもなお重要である連邦制の解釈に関する著作を公刊した[36]。当初，この著作の射程が理解されるのには時間がかかった。ヴァイマル期の追悼と称賛[37]から，連邦共和国初期段階の徹底的見直し[38]を経て，近時の受け入れの試み[39]まで，プロイスの著作を辿るという課題はいまだに残されている。

33) 東ドイツにおいてもこれらの架け橋がみられたことは，カール・ポラークの著作からも分かる。*Karl Polak*, Die Weimarer Verfassung - ihre Errungenschaften und Mängel, 3. Aufl. Berlin-Ost 1952. また，プロイスについて詳細にまた積極的に評価する *ders.*, Reden und Aufsätze, Berlin-Ost 1968, S. 175 ff. も。

34) *Preuß*, Verfassungspolitische Entwicklungen in Deutschland und Westeuropa, 1927.

35) *Preuß*, Artikel 18 der Reichsverfassung, seine Entstehung und Bedeutung, 1922.

36) *Preuß*, Reich und Länder. Bruchstücke eines Kommentars zur Verfassung des Deutschen Reiches, 1928.

37) *Feder* (aaO Fn. 2), *Heuss* (aaO Fn. 20) によってあげられた著作の他にとりわけ，*H. Hintze*, Hugo Preuß, Die Justiz 2 (1927), S. 223 ff.; *C. Schmitt*, Hugo Preuß. Sein Staatsbegriff und seine Stellung in der deutschen Staatslehre, 1930; *W. Simons*, Hugo Preuß, 1930.

38) Fn. 2 で引用した *Gillessen* (Kurzfassung auch in Staatslexikon, hrsg. von der Görres-Gesellschaft, Bd. 6, 6. Aufl. 1961, Sp. 472 ff.) と *Grassmann* の著作を参照。

39) 上述の *Mauersberg* (aaO Fn. 2) の著作の他にとりわけ，vgl. *Hof*, Hugo Preuß, in: *Kleinheyer/ Schröder*, Deutsche Juristen aus fünf Jahrhunderten, 1976, S. 203 ff.; *Hueber*, in: Handwörterbuch zur deutschen Rechtsgeschichte Bd. 3, 1984, Sp. 1924 ff.; *Lehnert*, Hugo Preuß als moderner Klassiker einer kritischen Theorie der „verfaßten" Politik, PVS 33 (1992), S. 33 ff.; *G. Schmidt*, Hugo Preuß, in: *H.U. Wehler* (Hrsg.), Moderne deutsche Historiker Bd 7 1980, S. 55 ff.

III. 基本問題：領域団体としてのゲマインデ，邦及びライヒ

　プロイスの著作を体系的に理解しようとするには，1889 年に受理され，同年に公表された教授資格論文から始めるのが最適である。確かに，その論文はまず第 4 四半世紀の理論史について書かれており，そのため興味深い手法ではあるものの，古めかしく感じさせるところがあるかもしれない。しかし，その方法と内容は，国法学が今日まで取り組んでいる憲法史を先取っている。プロイスは，ギールケをそのままなぞっているわけではなく，それを押し進めて，その当時支配していた 3 つの点に取り組んだ。まずは，権利主体に関して絶対視された個人の概念にもとづいたローマ法研究による見解についてである[40]。プロイスはこの点ではギールケに沿った上で，この見解に対して，人的結合の生成にもとづいた「社会法的」ゲノッセンシャフト理論と，公法上の団体（Körperschaft）理論とそしてまた機関理論を対置した[41]。つぎは，ローマ法研究から導かれてきた推論についてである。なかでも別格で比類なき存在として，またあらゆる法の淵源として考えられる国家の法人格性に関して，実証主義的国法学におけるローマ法研究の受容により導かれてきた推論を扱った。これに対して，ギールケと同様にプロイスを象徴するのが，法治国家の原型である国家と法の生成の弁証法と相関関係である[42]。最後は，なかんずく主権理論である。ギールケの体系化に対して，弟子のプロイスは一貫して対立し，ゲノッセンシャフトとして捉えられる政治的結合（Verbände）の概念と主権概念とは両立しないことを強調した[43]。

　そこでプロイスは，自著公刊以前の学説の系譜において議論の中心となってきた問題で，およそ解決不能とされる連邦国家論争への主権理論の適用を出発

---

40) *Windscheid* に対して Gemeinde, Staat und Reich (aaO Fn. 9), S. 109 f.
41) (AaO Fn. 40), S. 133 ff.
42) (AaO Fn. 40), S. 199 ff.
43) (AaO Fn. 40), S. 130 ff. S. 175 を参照。ギールケとの関係については，*Grassmann* (aaO Fn. 2), S. 23 ff.

点とした。ライヒとライヒ構成邦を諸国家（Staaten）と捉え，同時に主権を最高決定権力として定義づけ，国家概念のメルクマールとして捉えようとしても，満足な解決策は得られなかった。ラーバントが支持する「団体統治」の主権は，民主国家的要素を無視するだけでなく，技巧的で，結果としてライヒにとって耐えうるものではなかった[44]。それゆえプロイスは「まったく不当な結論」とか，「連邦国家概念の破産宣告」と断言する[45]。政治的諸団体の多様性を正当とするためには，連邦の構成国家について別の概念にもとづくほかない。ゲノッセンシャフト組織は社会の構成物である法人格になりうるが，一領邦の構成物である法人格にはとどまらない。支配は，国家に固有のものではなく，「構成人格に対するすべての全体人格の社会法的関係にとって共通の性質たる根本的特質」[46]である。

このような主権理論の脱構築から出発し，プロイスは，ゲノッセンシャフトと団体に関するギールケの学説を発展させ，一領域の統治主体たる領域団体（Gebietskörperschft）の概念を展開した。1つの地域で複数の領域団体が統治を行使することができる。もっとも領域団体の間にも支配関係は形成される。一領域団体が，他の領域団体を統治の手段にすることができる。それによって，その領域団体は，統治される側の領域団体の中に，機関的（anstaltlich）要素を生みだし，その限りで団体的（körperschaftlich）ではない要素を生じさせる。このような補強によって，領域団体は自らの統治を強化するのである[47]。さらに，領域団体の統治は，自らの決定によるほか，統治する側の領域団体の決定によっても形を変え，解消され，他の領域団体と統合されうることにまで至る。そして，その領域団体は領域高権が欠けるが，もう一方の領域団体は領域高権が特質をなすことになる[48]。

---

44) *Preuß* (aaO Fn. 9), S. 41 ff. Huber, Deutsche Verfassungsgeschichte, Bd. 3, 3. Aufl. 1988, S. 791 ff. も，同様の結論に達し，現代でも議論となっている。
45) (AaO Fn. 9), S. 83.
46) (AaO Fn. 9), S. 189.
47) (AaO Fn. 9), S. 253 ff.
48) (AaO Fn. 9), S. 396 ff.

法学と法実務に関する推論は，その大部分が教授資格論文においてすでに展開されているか，少なくとも示唆されているが，その他の業績と活動を特徴付けている。まず法理論的にみて，主権概念の否定を踏まえて，法的方法論のために国家と法の関係が新しく規定されなければならない。国家による法制定独占の概念が抜け落ちているのは，もちろん前実定法的な自然法に基づいた法的根拠のためではない[49]。そうではなく，人間の共存は，同時的な法形成によってのみ可能であり，すなわち「個人と家族，そしてまた法と国家が原型においては同時的に存在したのである」[50]。法治国家は国家が法の形式で構成されることにあり，ここから国家はどれも法治国家とみなされるという批判がなされる[51]。

　しかしプロイスは，この想定される批判に対して，法治国家理念が法制定について一定の形式を前提とすることを指摘し，これに関連して，自治と並び「立憲国家形態，国民代表による国家」に触れている[52]。この段階ではこれが定式化されるのにはまだ消極的であるが，とりわけ同時期の論文と関連させてみると，すでに政治的立場の選択はあきらかとなっている。さらに，先に触れた国家と社会の区別に関する領域高権の基準を重視する。プロイスは，ゲマインデは，ライヒや諸邦とは異なって，自らの法によって自らの領域を意のままにできるわけではないということを示したのである[53]。

　加えて，この法的方法論の選択が「『起草された』政治の批判的理論」を基礎付け，デットレフ・レーネルト（*Detlef Lehnert*）は近時プロイスをその立役者と評している[54]。事実指摘できるのは，近代の多様性理論をギールケに還元

---

[49]　(AaO Fn. 9), S. 199 ff.
[50]　(AaO Fn. 9), S. 205.
[51]　(AaO Fn. 9), S. 214 参照。すでにここでケルゼンの法と国家の同一視との類似性が見て取れる。
[52]　(AaO Fn. 9), S. 216, 218.
[53]　(AaO Fn. 9), S. 393 ff. (406).
[54]　*Lehnert*, PVS 33 (1992), S. 33 (39 f.).

しようとする者は[55]、多様性の民主的機能についてプロイスをよりはっきりと主唱者と呼ぶことができるということである。ギールケではなくプロイスこそが、国家主権のドグマとの繋がりを絶っているのである。プロイスは、まず共同体（Gemeinschaft）の意思形成は、最初に小さい領域団体の機関を通じた部分的集まりの意思からなされ、そのつぎに全体的な決定機構という大きな領域団体からなされることを描いている。そこでは、プロイスはギールケと同様、人民全体の主権というフィクションに反対して[56]、広狭の共同体での共同参加をより重要視する。

それと共に内容上最も重要な結論と著作での議論の目的について論じられている。ゲマインデと邦とライヒを包括する領域団体の概念を発展させ、主権という基準を拒否することによって、プロイスは団体ごとの本質的な違いを否定し、どの団体も独自の意思形成、すなわち自治[57]を行う政治社会的権力の多層性を指摘する。この政治社会的権力が、協働することで社会秩序に応じた各人の欲求を満たすのである。領域高権についてゲマインデに対してライヒと邦を際立たせたとしても、邦とゲマインデ、ライヒと邦の構造的対立は消え去り、すべては市民によるゲノッセンシャフトの自治組織となる。グナイストの自治理論が、国家との質的な親近性、とくに国家の決定構造の中に組み込むことを促進するとすれば[58]、邦とゲマインデの本質的な類似性を疑問視することにな

---

55) そのようなものとして例えば、*Eisfeld*, in: *Holtmann* (Hrsg.), Politik-Lexikon, 1991, S. 445; *E. Fraenkel*, Der Pluralismus als Strukturelement der freiheitlich-rechtsstaatlichen Demokratie (1964), in: *ders*., Deutschland und die westlichen Demokratien, Ausgabe stw 1991, S. 297 (303).

56) 例えば、vgl. *Preuß*, Die Sozialdemokratie und der Parlamentarismus (1891), in: Staat, Recht und Freiheit (aaO Fn. 5), S. 144 ff. (148). さらに、*Lehnert* (aaO Fn. 39), S. 40. プロイスによるルソー観の問題について、vgl. *Fetscher*, Rousseaus politische Philosophie, Ausgabe stw 1975, S. 102 ff; *Schefold*, Rousseaus doppelte Staatslehre, in: Gedenkschrift M. Imboden, 1972, S. 333 ff.

57) *Preuß* (aaO Fn. 9), S. 218 ff; vgl. *N. Hlepas*, Unterschiedliche rechtliche Behandlung von Großgemeinden und Kleingemeinden, 1990, S. 70 ff.

58) この「官憲国家の自治」の概念に批判的なものとして、*Heffter*, Die deutsche

るから，その限りでプロイスはグナイストに従っているといえる[59]。しかし実際にはプロイスはグナイストに反対しており，決定の中心となる地方共同体の独立性と，それと共に地方の共和制の原理にこだわっている。1815年にプロイセンにおいて解放を契機として交わされた国家代表の同盟は，政治的にだけでなく，法解釈学上も要求され，つぎのように説いた。「議会主義的憲法のない都市の自治は，屋根のない建物と同様に，保護もなくあらゆる厳しさにさらされ，上から雨が入り込んできて，茸が巣くうことになる」[60]。確かに，教授資格論文では，政治的に挑戦するような道筋はまだほとんどみられない。議論は学問上，解釈上のものにとどまっており，政治的には慎重である。しかし，政治的選択はすでにうかがうことができ，「プロイセン都市職務法」及び「ドイツの都市組織の発達[61]」に関する大論文は，単に原則としてこれまでの立場を発展させたものとして出版されたにすぎない。ゲノッセンシャフトの観念は，都市ゲマインデにおいて発達し，どの段階でも構成の範型になる。自治と連邦国家はただ，1つの原理の発展として現れるのである。

さらに，最終的には，この原理は邦とライヒを超える。プロイスは，主権概念を放棄することで，国内法と同格の法を制定する共同体秩序である国家間関係も容易に認めうると考えていた[62]。確かにプロイスは，ライヒにおいて国際法を実現するための機関的要素を有する国際共同体の可能性を評価している。「純粋にゲノッセンシャフト的団体」としての国際法的共同体は，国家的団体を加え，その組織の機関的要素を活用する。プロイスは将来に向けて，これら

  Selbstverwaltung im 19. Jahrhundert, 2. Aufl. 1969, S. 729 ff., 739 f.
59) それゆえグナイストへの称賛は，Staat, Recht und Freiheit（aaO Fn. 7），S. 503 ff. この限りで，*Heffter*（aaO Fn. 58）によって基礎付けられ，*Gillessen*（aaO Fn. 2），S. 40 ff, *Grassmann*（aaO Fn. 2）S. 15 によって受け継がれた命題は，グナイストとプロイスの距離によって相対化されうる。ただし，本文の直後を参照。
60) *Preuß*, Ein Jahrhundert städtischer Verfassungsentwicklung（1908），in: Staat, Recht und Freiheit（aaO Fn. 7），S. 25（39）．
61) （AaO Fn. 60），Fn. 14, 15.
62) （AaO Fn. 9），S. 119 ff.

の要素を強めることを予め考えていた[63]。このように考えることで，近代における超国家的統合過程の意義が有益になることはあきらかである。まさに国法上のドグマーティクによる主権概念が絶対視されている時期に，プロイスが，これはせいぜいドイツにおける考え方の「一つ」にすぎないとするのは説得力があるし，フランスが第一次世界大戦でドイツの国法上及び国際法上の地位を批判するのに直面して，プロイスは27歳のときから支持してきた立場を援用できるのである[64]。さらに，まさに主権問題について，プロイスとプロイスの方法論と対照的なケルゼン (Hans Kelsen) の対話が目を引く[65]。ゲノッセンシャフト理論と法理論，ゲマインシャフト形成の説明と純粋理論についてはことごとく対立しているものの，2人は，国家と法の密接な連帯の強調，伝統的な主権理論の拒絶，領域高権と国際法への親和性の強調といった点で接近している。第一次世界大戦の後にドイツ，オーストリアそれぞれの憲法の父がした対話の基礎，役割，実践的影響は詳細な考察に値する[66]。

IV. 地方政策，自治法及び行政改革

このように教授資格論文における考察と関連する著作からみて，ゲマインデと自治の範囲は完全に視野に入っている。しかし，この方向性は決して必然的なものではない。プロイスはあきらかに「行政法の特殊な性質」[67]について考察することを逡巡し，その限りで自治法との距離を保っている。

このことは教授としてのキャリアに対する障害と市議会選挙を目前にして変

---

[63] (AaO Fn. 9), S. 255 f.
[64] シュテーレンフリード (1916) の伝説については, in: Staat, Recht und Freiheit (aaO Fn. 5) S. 252 (261), Das deutsche Volk und die Politik, 1915, insb. S. 41 ff; weitere Nachweise *Gillessen*, S. 64 ff.
[65] ケルゼンについては，この巻の *Dreier*, S. 705 の論稿を参照。
[66] さしあたっては，*Lehnert*, PVS 33 (1992), S. 33 (48 f.) の考察を参照。
[67] Gemeinde, Staat und Reich (aaO Fn. 9), S. 218 Fn. 35—補論として意識して書かれたことが明らかであり，さしあたりは連続していない。

わっていく。これらと明白な関連性を持つ地方自治法上の問題に関する小論と並んで、地方自治の根本問題にかかわり[68]、また、1902年の「プロイセン都市公職法」に関する重要な考察にも繋がるテーマも明確になってくる。このテーマは、最初は——とりわけ1899年7月30日のプロイセン地方公務員法公布直後に——純粋に技術的に公表されたといえるかもしれない。事実、とくに第3巻は、公務員の任命、罷免、財産法上の請求権とその手続的実現、職責と懲罰法といった具体的で実践的な問題も扱っている。さらに著作全体は、とくにこれらの解説がオットー・マイヤー（Otto Mayer）自身[69]と、オットー・マイヤーが公務員法の規律から発展させた行政行為理論によって特徴付けられたように公務員関係の、契約的あるいは高権的、私法的あるいは公法的性質と要素に関する19世紀後半の解釈上の解説に沿っている。しかし、プロイスは、この議論を、一方で、教授資格論文と同様に、国と地方のレベルでの公的組織の多様性を否定し、国の組織権限における——公的な——地方自治の発展と関連させ、他方で、地方とゲノッセンシャフトの領域団体において政治的共同体の原型とされた機関理論、公務員理論と関連させた。公務員は機関である。これによって、都市公職法は、領邦君主の廷臣制の遺物から脱却している[70]。

プロイスは、この段階では国の組織と地方組織の対比を教授資格論文以上に強調している。確かに、実定法が国の任務を実現するためにゲマインデの機関を用い、それによって、委任や機関派遣（Organleihe）の概念が基礎付けられることを認めた上で、とりわけ1808年（"評判の悪い第166条"）と1831年の諸

---

68) 邦による許可権については、まずAÖR 15 (1990), S. 202 ff., そして、Preuß. Jahrb. 107 (1902) H. 2（本質的なところは Das Städtische Amtsrecht in Preußen (aaO Fn. 14) において受け継がれている); 論文 „West-östliches Preußen" (1899), in: Staat, Recht und Freiheit' (aaO Fn. 5), S. 200 ff. もこれに加えられる。

69) 基本的には、Mayer, Zur Lehre vom öffentlich-rechtlichen Vertrage, AÖR 3 (1887), S. 1 ff.; 後の地位については、ders., Deutsches Verwaltungsrecht, Bd. 2, 3. Aufl. 1924 (Neudr. 1969), S. 145 ff.; Wolff/Bachof/Stober, Verwaltungsrecht, Bd.2, 4. Aufl. 1987, §106, S. 460 ff. を参照。

70) Preuß, Das städtische Amtsrecht (aaO Fn. 14), S. 113.

都市法制における地方警察組織について，そのような解決の由来について述べている。しかし，プロイスは，絶対主義的思考への逆行と，「原則と異なる監視と服従の混成」[71]が生じていることを示そうとする。このような2つの概念の対立，今日でいえば，自治と他治の対立がこれらの著作の特徴となっている。

すでに教授資格論文においてもそうであったように，ギールケの影響を受けた歴史的考察方法が目を引く。プロイスは，都市公職法を，とりわけシュタイン諸都市条令のようなプロイセンの改革期の成果として，絶対主義の遺物と対置し，新たな法的発展を絶対主義の遺物の克服とゲノッセンシャフト的自治体構造の貫徹であると捉え，かつ前提にしようとした。ここから，これまでの流れが2つの方向に進んでいく。プロイスはとりわけ学校法に関する諸論文[72]や，その後のプロイセン行政改革に関する研究[73]において，時代に応じて，解釈学的に自治と邦の行政との違いを強調し，後者の不法を純粋に法的に監督することに限定しようとした。このことはたとえば支配的な見解によって邦の任務とされた邦内の教育高権や[74]，邦の郡長（Landrat）を疑問視しており，パウル教会憲法第184条b項と同じように，地方警察を地方の権限にすることを改めて求めている[75]。

歴史的にみれば，これまでの研究で描かれてきた歴史像を体系的に展開することが求められる。この役割を果たしたのが，1906年に刊行された――唯一の，それ自体完結した――第1巻の「ドイツの都市制度の発展（Entwicklung des deutsches Städtewesens）」である[76]。この著作が重厚で根本的な史料編纂で

---

71) (AaO Fn. 14), S. 141, 142.
72) *Preuß*, Das Recht der städtischen Schulverwaltung in Preußen (aaO Fn. 14) ; *ders.*, Die Maßregelung jüdischer Lehrerinnen in Berliner Gemeindeschulen, 1898（これについては S. 443 f.)．
73) (AaO Fn. 72) Fn. 17.
74) *Grassmann* (aaO Fn. 2) S. 59 ff.
75) *Grassmann* (aaO Fn. 2) S. 54 ff.; ここでは事実グナイストとの距離は明らかである。(aaO Fn. 58) 以下を参照。
76) (AaO Fn. 75) Fn. 15.

あることは、たとえ専門家が黙殺したとしても、準備作業の後に、また編纂を前にして、異論が出されることはなかった[77]。しかし、この本の意義はプロイスの回顧のためではまったくない。現下の自治概念を正当とすることを課題とし、中世都市文化の生成と崩壊、そして、絶対主義における都市文化に対する抑圧とプロイセン改革以降の巻き返しを、都市化の発展と同時に問題として描き出すことを課題としている。というのも、プロイスはこの発展を完全なものとはみておらず、人口統計学的、経済的、社会的傾向によってさらに伸展すると考えている。そして、最後に、都市化現象と社会的緊張を指摘し、これに対しては再三選挙権を区分することでこれに対応し、大都市集中による新しい領域秩序が断念されることを指摘する[78]。これが解決策になりえないということは、プロイスには分かりきったことである。当時グナイストと同様に、プロイスはイギリスの例をあげ、いまや師であるギールケとは距離を置いて、もはや貴族制的自治ではなく、「都市の改革によって国民を形成する」[79]ために、ドイツにとっても不可欠とされる「地域的社会主義」を指摘する。

　ここで都市の範囲を超えた憲法政策上のプログラムが想起される。そこにとくに現れているのは、プロイスが具体的な見解を持つことのきっかけとなったベルリンの地方政策での具体的経験である。プロイスは、市議会議員及び名誉市参事会構成員として、ベルリン都市行政の様々な部局に参加したが、とりわけ急成長する大都市集中の平衡障害を目のあたりにする。1895年2月21日の市議会議員会議での最初の演説においてすでに、そしてその後も再三プロイスは、確かに裕福な西側だけでなく郊外も含めたベルリン全体の合併に尽力し、さらに対をなして、大ベルリンの行政内部を分権化することを要求してい

---

77) *Hueber*, HRG Bd. 3, Sp. 1924 (1926, aaO Fn. 39) は、法制史に関する論文はプロイスによる公表が論評されることがなく、プロイスに追悼文も献げなかったことを正当にも指摘する。いずれにしても、*v. Below*, HZ 102 (1909), S. 524 ff. の非常に詳細な批評を参照。さらに、これについては *Schmidt* (aaO Fn. 39), S. 55 ff.

78) *Preuß* (aaO Fn. 15), S. 371 ff.

79) (AaO Fn. 15), S. 377, 379.

る[80]。これらの考え方はようやく徐々に形をなし説得力を得られるようになったが，1920年に公布された西側の大ベルリン法がプロイスの考えに由来することが認められる[81]。

　他方で，すでに触れた教育政策と地方政策への取り組みは，極めて具体的な行政実務の経験に基づいていた。この経験については，とりわけギレッセン (*Günther Gillssen*)[82] が，プロイスに発展をもたらしまた発展を制限した対決姿勢の要素であると述べている。プロイセン文部大臣が1898年に人民学校のユダヤ人女性教師の活動に対して，行政命令によってユダヤ教の宗教授業の許可を制限しようとしたとき，プロイスは，この制限が国民学校の宗派混合的性質に反し，教育の自由，とりわけ地方の教育公権を侵害すると考え，痛烈に異議を唱えた[83]。これをきっかけにプロイスに対抗する反ユダヤ的報道がなされるにとどまらず，最初は限定的な問題だったが特に地方政策の観点からプロイスが関心をもった種々の問題について，キリスト教とユダヤ教の局面を深刻化することになった。さらに皇帝の宮内大臣が文部大臣と大学総長に対して，皇帝機密書簡において，不満と「このようなユダヤ人洗礼者が我らの青年ユダヤ人の教師になる危険を回避する」希望を表明した。この事態が明るみに出て，皇帝による干渉の合法性問題を生じさせた。にもかかわらず，この書簡は，1902年の，そしておそらく1910年においてもなお，助教授採用の拒否に影響したようである[84]。

　最後に触れておくべきは，都市における社会政策的活動と同様に，公共企業

---

80) *Gillessen* (aaO Fn. 2), S. 75 f.; *Grassmann* (aaO Fn. 2), S. 34 ff.

81) *Grassmann* (aaO Fn. 2), S. 38 m Nachw.

82) (AaO Fn. 2), S. 68 ff.

83) 注72に引用した演説 Die Nation 16 (1898/99), S. 396 ff. を参照。プロイスは告発で「閣下から賜り，閣下が受け取られ，閣下の御名が讃えられる」と書いている。Gillessen (aaO Fn. 2) から引用。

84) プロイスは自らに引き起こされた差別の感覚を，ユダヤ人自治組織と共には遭遇しなかったとされる重要な証拠を挙げた *Gillessen* (aaO Fn. 2), S. 69-73; vgl. auch *Heuss*, in: Staat, Recht und Freiheit, (aaO Fn. 5), S. 15.

の引き継ぎ、とりわけ市街電車と電気公共事業にプロイスが関わったことである[85]。このような具体的な自治体政策の解決は、国家論的及び憲法的出発点に関係している。プロイスにとっては、例えば宅地開発や社会的緊張などの大都市の社会問題を目のあたりにして、都市ゲノッセンシャフトの統一性を保障することや、公共的任務の自律的実現に対する国による干渉から防禦すること、さらには、そこから公務員の特別な地位がなくなっていくという地方行政組織の同質性が問題となる[86]。例えば都市の宅地の公営化を拒否し、居住政策の細分化を支持するといった[87]いくつかの結論について、たとえプロイスが躊躇したとしても、実際の諸任務の印象から、また地方の法的地位の展開から推論しても、都市社会主義（Munizipalsozialismus）への移行は一見して明白である[88]。

V. ライヒ内務省長官、ライヒ内務大臣、そしてヴァイマル憲法

以上でみてきた道のり、すなわち、ゲマインデ、ライヒ構成邦、領邦諸国家それぞれのレベルでゲノッセンシャフトの自治と国民国家の範型を理論的に完成したり、学問的にも実務的にも地方でこういった自治モデルを実践的に活動したのを踏まえると、上でみた1918年11月14日のプロイスの意見表明は、翌日にプロイスを長官に任命したエーベルト（*Friedrich Ebert*）の決定と同じように説明することができる[89]。もっともプロイスの展開をこのように理解

---

[85] これについては *Grassmann* (aaO Fn. 2), S. 67 ff.; *Gillessen* (aaO Fn. 2), S. 77 ff.; 最近のものとして、とりわけ論文 Sozialpolitik im Berliner Verkehr, 1911 を指摘した *W. Hofmann*, in: Deutsche Verwaltungsgeschichte, Bd. 3, 1984, S. 595 Fn. 69.

[86] Das städtische Amtsrecht (aaO Fn. 14), S. 429 ff. ここでは、*Hermann Heller*, Rechtsstaat oder Diktatur? 1929 (これについては *Chr. Müller*, in diesem Band S. 767 の論稿) における社会的法治国家概念との類似性が際立つ。

[87] *Grassmann* (aaO Fn. 2), S. 71 f.

[88] 明白なものとして *Preuß*, Die Entwicklung des deutschen Städtewesens (aaO Fn. 15), S. 377 f.

[89] 上述 II S. 435 と (aaO Fn. 25) 以下。

都市法制（Stadtverfassung）からヴァイマル共和国憲法（Staatsverfassung）へ　　671

するとさらに第三の道を想定することができる。仮にこのような左派的——ドイツ自由思想的，社会発展的——方向性に分類されるとしても，プロイスはやはり自由主義者であった。プロイスの政治的展開をみると，最初はまったくの反社会主義的立場であることが分かる。若き私講師として1891年に，社会民主主義が持つ議会主義の問題を仮借なく指摘した一連の論説を公にし[90]，その中で，議会主義が社会的平等の要請に反し，階級闘争の克服を前提とする避けがたい格差を含んでいることや，——プロレタリアートのマルクス主義独裁の意味で——現実的平等を目指した政治的支配がなされ，その結果，この支配が少数派の権力支配に繋がることを指摘した。社会民主主義は，社会的平等の要請を諦めて格差を承認することになるか，民主主義的議会主義の敵にもなるとしている。

　12年後，アントン・メンガー（Anton Menger）との議論の中で[91]，プロイスは国家の議会主義的民主制の根拠要件にこだわり，一般的な政治運営とは異なる経済管理に反対している。すでにみたように，この転向は地方の経済法に関するプロイスの立場に合致する。とはいえ，ベルンシュタイン（Eduard Bernstein）の修正主義の影響のもと，選挙権は社会民主主義の権力獲得の手段であり，同時に社会改革の手段になりうるのはあきらかである。プロイスはこれを受け入れるが，ベルリン市議会議員としての活動を踏まえてのことであろう。しかし，このことと，社会的区分はどのような関係にあるのだろうか。この問題にはここでは答えがでない。プロイス自身，他の著作でも明確には答えていない。

---

90)　Die Sozialdemokratie und der Parlamentarismus (1891), in: Staat, Recht und Freiheit (aaO Fn. 5), S. 144 ff; これについて *Hintze*, Einleitung zu: Preuß, Verfassungspolitische Entwicklungen (aaO Fn. 34), S. XVf.- プロイス自身社会民主主義に完全に寛容であることを認識していることは，彼の素晴らしい論文が示している。Ein Besuch in Hottingen-Zürich (1888), in: Staat, Recht und Freiheit (aaO Fn. 5), S. 554 ff.

91)　*Menger*, Neue Staatslehre, 1903; これについて *Preuß*, Ein Zukunftsstaatsrecht, AÖR 18 (1903), S. 373 ff.; Sozialismus und Konstitutionalismus (1903), in: Staat, Recht und Freiheit (aaO Fn. 5), S. 230 ff.

しかし，間接的に確認することはできる。1917年のライヒ憲法改正に関する講演で[92]，プロイスは，プロイセンの選挙権がまったく不十分であることと，他方で，これまでのライヒ選挙法による選挙区割りが優遇的であることをきっかけに，機械的配分による比例代表選挙法を明確に支持している。ここでもプロイスは平等原則にもとづいて論証し，選挙区の「恣意的区割り」を批判している。そしてこれまで強いられてきた代表による社会的区分を放棄する。これは1891年のときの立場とは明らかに矛盾する。

1917年に公表された提案は，1890年という早い時期に出された「ライヒ政府と政党の組織（Die Organisation der Reichsregierung und die Parteien）」[93]に関する研究とも関連するものだが，これによってプロイスは，自らが民族単位での「民族国家的」憲法の草案作成について示したことを証明することになった。（オーストリアとは異なり）ドイツでは当時，社会民主主義的国家理論は存在しなかった[94]。これまでみてきたように，プロイスのような研究者が進んでいくことがいかに困難であったかが分かる。そして現実にプロイスは，市民的自由主義や公法学の架け橋となった。ヴァイマル憲法草案作成の功績について触れられることは多いが[95]，ここでは簡潔にまとめるにとどめ，プロイスの著作集において整理することとする。

その際，憲法草案の作成は，もちろんとりわけ巨大な人的組織や多くの任務を負ったライヒ最高行政庁長官一個人の功績ではありえない。しかし，プロイスは，自分の気質と学問的特徴を踏まえて，憲法制定を自らが個人的に全力を

---

92) (AaO Fn. 91), 特に S. 316 ff.

93) (AaO Fn. 5)

94) *W. Jellinek*, Entstehung und Ausbau der Weimarer Reichsverfassung, Handbuch des Deutschen Staatsrechts Bd. 1, 1930, S. 127; vgl. auch *Apelt,* Geschichte der Weimarer Verfassung 1946, 2. Aufl. 1964, S. 56 f.

95) *Jellinek* と *Apelt* (aaO Fn. 94) の他に比較的古い文献として *Heuss,* Hugo Preuß, in: Staat, Recht und Freiheit (aaO Fn. 5), S. 19 ff.; *Hintze,* Einleitung zu Preuß, Verfassungspolitische Entwicklungen (aaO Fn. 34), S. XVI ff.; さらに *Gillessen* (aaO Fn. 2), S. 115 ff.; *Grassmann* (aaO Fn. 2), S. 92 ff.; Huber, Deutsche Verfassungsgeschichte Bd. 5 (aaO Fn. 22), S. 1178 ff.; 最近の詳細なものとして *Mauersberg* (aaO Fn. 2), S. 56 ff.

注ぎ込んだライヒ行政庁の主要任務だと考えていた。人民代表委員会議選挙の準備が終わった後——プロイスはそこではドイツ独立社会民主党（USPD）と一貫して対立するが，とくにこの選挙を強く押し進めた——憲法草案が重要な位置を占めることになる。人民代表委員会議は1918年12月3日，プロイスの報告と提案にもとづいて，草案作成の基礎として，専門家も加わったライヒ行政官（Reichsämter）の第1回予備協議を実施する旨決定した。この予備協議は，プロイス議長のもと，12月9日から12日までライヒ内務省で開かれ，そこには関係するライヒ行政官の最高幹部に加えて，マックス・クワルク（*Max Quarck*）（SDP）やヨーゼフ・ヘルツフェルト（*Josef Herzfeld*）（USPD）といった政治的に選出された陪席者（Beigeordenete），また，オーストリア公使館事務官であるアルフレート・フォン・ヴェルドロス（*Alfred von Verdroß*）[96]，なかんずくマックス・ウェーバー（*Max Weber*）が専門家として参加した。この協議にもとづいて，内務省は，プロイス主導で1919年1月3日までに第Ⅰ草案[97]を作成した。プロイスは——たとえ予備協議の結果や，そこで出された意見，個々の参加者や他の専門家によって追加された見解の影響を受けたとしても[98]——事務次官が書いた内容を広く表に示し，それが翌日以降作成した報告書の土台にもなった[99]。その間，人民代表委員会議は1919年1月14日に草案を審議したが，そこで意見が一致した構造にはほとんど変更が加えられていない。この形で，1919年1月20日，ライヒ官報にプロイスの報告書と共に草案が発表された（「第Ⅱ草案」）。

しかし，それまでのプロイスが強く特徴付けた成果も，数多くの他の影響

---

96) 彼の参加は，期待されたオーストリアとの結びつきだけでなく，フェルドロスの学問的役割及びオーストリア憲法の創案者たるケルゼンとの関係からも，重要である。

97) *Huber*（aaO Fn. 5）によっても受け継がれた *Triepel*, Quellensammlung zum Deutschen Reichsstaatsrecht, 3. Aufl. 1922, 5. Aufl. 1931, S. 7 ff., Nr. 7 による草案の調査。第Ⅰ草案は，*Mauersberg*（aaO Fn. 2），S. 87 ff. においても関連して書かれている。

98) これについて *Mauersberg*（aaO Fn. 2），S. 78 ff.

99) プロイスが署名した1919年1月20日帝国官報に公表された。Staat, Recht und Freiheit,（aaO Fn. 5），S. 368 ff. に複製が掲載されている。

を受けざるをえなかった。まず諸邦が参加を申し出て，1月25日に召集された邦会議，そして会議によって任命されたラント委員会，暫定ライヒ権限法第2条による諸委員会[100]など，いくつもの会議で草案に影響を及ぼしている。プロイスはライヒ内務大臣に着任した後，その後に再編されて2月17日に内閣によって承諾された第Ⅲ草案[101]を諸邦委員会に提案した。再度の協議を経て，この草案は，2月21日，ライヒ政府によって受け入れられた変更と3つの争点について人民代表委員会議で検討された。この「第Ⅳ草案」について，プロイスは，2月24日の人民代表委員会議の前に口頭で説明した[102]。2月28日から3月4日までの第一読会を伴った議会における綿密な協議では，プロイスもそこで改めて発言の機会を得て，その後3月4日から6月18日までの第二読会での委員会答申が続き，この日に第Ⅴ草案[103]が全体会議に提出されることとなった。第二・第三読会[104]では，プロイスが再び関わることになり[105]，とりわけ政治的な問題を孕んだ改正がいくつかなされた。7月31日に最終調整が行われ，1919年8月11日ライヒ憲法の認証が行われた[106]。

さてライヒ憲法に対してプロイスが与えた影響はいかに具体的に指摘することができようか。全体的にみると[107]，3つの核となる分野に分けることができる。

---

[100] 1919年2月10日（RGBl. S. 169）による。

[101] *Triepel*（aaO Fn. 97），Nr. 13において。

[102] *Triepel*（aaO Fn. 97），Nr. 14における草案のテキスト，*Preuß*, Staat Recht und Freiheit（aaO Fn. 5），S. 394 ff. における理由づけ。

[103] *Triepel*（aaO Fn. 97），Nr.22.

[104] 第Ⅵ草案の成果を伴った7月2日から22日の第二読解，7月29日から31日までの第三読解。

[105] Verhandlungen der Nationalversammlung Bd. 328, S. 2080. *Mauersberg*（aaO Fn. 2），S. 187 ff. において重要部分について触れられている。

[106] RGBl. S. 1383.

[107] 個別の局面に応じて詳細に分けて考察することはここでは不可能であり，これについては（aaO Fn. 95）であげた著者を指摘できる。比較的新しい整理については *Willoweit*, Deutsche Verfassungsgeschichte, 2. Aufl. 1992, §37 III, S. 289 を参照。

都市法制 (Stadtverfassung) からヴァイマル共和国憲法 (Staatsverfassung) へ　675

　プロイスにとって重要だったのは，主権の要求を強調しないゲマインデ・高次の領域団体・国際法秩序における連合国家という各レベルでの国民国家の自治概念である。これは，まず理論的には教授資格論文以降，そして，憲法政治の実践においてはプロイセンの行政改革に関する議論以降発展してきたものである[108]。1918年11月までは，これが目指すものと，諸邦王朝と領邦国家とりわけプロイセンは対立した。したがって，ラントだけでなくゲマインデも含めて，その地位をライヒ憲法上確立させることや国際法の承認は別にして，特に自治団体が機能する形で成り立つ程度までにライヒの権限を強化するライヒを区分することが重要であった。基本的にこれを目指したのが第Ⅰ草案（及び第Ⅱ草案）であるが[109]，どちらも歴史的な背景のもと中央集権的に現われるかもしれず，それゆえプロイスはこれに反対してまた自らの学問的発展に応じて，自治の原理を相当強調したのである。

　この考えは，ヴァイマル憲法の所々でみられた。たとえば，とりわけ国際法の承認（ヴァイマル憲法第4条）や，——たとえ個別的にはいくつかの協議において大きく修正されたとしても——ライヒ権限の拡張とさらにラントと市町村の同質性（ヴァイマル憲法第127条に結びついた第17条）などである。しかし，これらに関連する明文化，とりわけプロイスが常に主張してきた地域警察の分権化[110] はなされず，今日までリベラルな立場からの要求事項になっている（べきなのだが）。それに対して，ラントを「最も高められた自治」[111] の主体として新たに組織し，合理的に作られた領域組織（Territorialorganisation）に組み込み，議会の第二部会を通じてパウル教会憲法に依拠した諸邦院に立法権限を付与するというプロイスの考えは暗礁に乗り上げた。翌年早くに現われた共和主義的ラントは，自らの独立性を主張し，一旦憲法制定手続において統

---

108)　憲法制定におけるこの概念の条文化については，1919年1月3日の報告書である Staat, Recht und Freiheit (aaO Fn. 5), S. 368 ff. を参照。

109)　とりわけ第Ⅰ草案の (Mauersberg (aaO Fn. 2), S. 87 ff.) §§21, Ⅲ, 8, 11, 12 25-29 を参照。

110)　第Ⅰ草案 §12 Nr. 5.

111)　Staat, Recht und Freiheit (aaO Fn. 5), S. 379 における報告書。

合された後，人民代表委員会議の形式的な排他的権限にかかわらず，憲法運用の現実的役割を果たすことになる。そして，憲法レベルへの新たな組み込みは頓挫し，ヴァイマル憲法18条の再編成権限の幻想は打ち砕かれ[112]，連邦参議院の原理は最終的に克服不可能なことがあきらかとなった。熱望されてきた諸邦院の役割に近づいたライヒ議会は，旧ライヒ憲法で連邦参議院と比べ弱い地位に置かれたことや，プロイセン地方（Provinz）（ヴァイマル憲法第63条Ⅰ項2文）に有利な特別の決定がなされたにもかかわらず，諸邦の代表としてのライヒの機関であり，第二院ではなかったのである[113]。それゆえ，その核心部分について，プロイスは部分的な成功を収めつつも大幅な後退に妥協せざるを得ず，これが現在までドイツの憲法状況を特徴付けることになる。もっとも，これはプロイセンの終焉を通じて，またヴァイマル期と比べて荒っぽい1945年以降の再編成によって緩和されることにはなるのだが。

　第2に，ヴァイマル憲法をプロイス草案と比較すると，草案では当初細かく規律されていた第二部・基本権の意味が注意を引く[114]。1917年の提案ですでに「悪評高い『基本権』」を断念することになったのと同様，基本権は「今日でもなお適切でない」と評価され[115]，プロイス草案においても基本権についてはほとんど重視されなかった。特にフリードリヒ・ノイマン（*Friedrich Neumann*）の諸提案[116]によって議論の収拾が付かなくなりそうになったと

---

112)　*Huber*（aaO Fn. 22）Bd. 5, S. 1196 f. における称賛を参照；*Gillessen*（aaO Fn. 2），S. 163 ff. また，とりわけ *Preuß*, Artikel 18 der Reichsverfassung, 1922, さらに *ders.*, Reich und Länder, 1928, S. 154 ff. も。ヴァイマル期の新たな再編成の試みが基本的にはうまくいかなかったのと同様に，とりわけプロイセン問題は未解決のままである。

113)　ヴァイマル憲法60条。Vgl. *Schefold*, Der Bundesrat als konkordanzpolitisches Stabilisierungsinstrument, in: *Stuby*（Hrsg.）, Föderalismus und Demokratie, 1992, S. 101 ff.

114)　第Ⅰ草案（aaO Fn. 97）18条から23条までは，部分的には完成しないままであった。第Ⅱ草案（*Triepel*（aaO Fn. 97），Nr. 10）においてすでに，独立の章をもち18条から29条までに拡張している。

115)　ライヒ憲法の修正提案については，Staat, Recht und Freiheit（aaO Fn. 5），S. 290 (300).

116)　今日では *E. R. Huber*, Dokumente zur deutschen Verfassungsgeschichte, Bd. 4, 3.

き，これによって憲法制定を遅らせないようにすることがプロイスの主たる目標となった[117]。プロイスにとっては，1848年に基本権に関する議論が長引いたために致命的に遅延したことを繰り返さないようにすることがともかく重要であった。それゆえ，ヴァイマル憲法第二部の重要性と，それに伴う今日の基本権解釈の発展は，プロイスとはそれほど関係がないのは確かである。しかし，彼は，人民代表委員会議が基本権論争に迷い込んでしまわないようにするのに成功した。その点でも，プロイスが可決された条文に反対しているとはいえない。ただ，彼は，領邦君主による公用徴収に関する議論について，国民国家体制に対する反論として基本権を援用できないことを重視していた[118]。

第3に，プロイスは，諸邦院問題が一旦中断されたとき，最高国家機関とその諸権限との関係に関する規律について第Ⅰ草案でほぼ全面的に自らの見解を通した。確かに，次のような点で第Ⅰ草案と異なっている。すなわち，第Ⅰ草案で予定されていた帝国議会及び帝国大統領の被選期間（第Ⅰ草案第31条，第62条）が短縮され，憲法レファレンダム（第45条2項2文）が削除され，その代償として，より広い人民立法の形式が予定され[119]，帝国議会による緊急命令の追加的許可を失効させる権利へと緩和されることになる。しかし，最高ライヒ機関の基本構造はそのままであるだけでなく，比例代表選挙によって選出された帝国議会，国民によって直接選出されるライヒ大統領[120]と，大統領とは異なり内閣原理と管轄原理をともなった議会の信任から独立したライヒ内閣が維持された。個別の規律においても，たとえば，選挙の審査，国事裁判

Aufl. 1992, Nr. 89, S. 91.

117) *Mauersberg* (aaO Fn. 2), S. 173.

118) プロイスの公表されていない1923年6月23日意見書については，*Jung*, Volksgesetzgebung Bd.1, Hamburg 1990, S. 548, 587から引用。

119) 第Ⅰ草案55条Ⅲ項と比較して，ヴァイマル憲法73条，74条を参照。ただし国民立法の拒否について，学説では広く説かれていたが，プロイスはほとんど触れていない。

120) その際，被選挙権者は10年間ドイツ人でなければならないという要件は除かれた。誰が1919年にこの意義を予見できたであろうか。

所,議会の調査委員会については,プロイスの草案ではそれほど大きく改正されていない。

ここで注目すべきは,人民投票による強大なライヒ大統領を選択したことである。ライヒ大統領は,プロイスが主張する自治概念には適合せず,とりわけ都市公職法上の合議体たる市参議会制には適合しない。しかし,これとは反対に,プロイスの憲法政策に関する著作は君主国家に向けられており,プロイスはこれについても米仏を意識していた。1890年の提案[121]から,1917年1月27日の皇帝生誕祭講演[122]を経て,1917年9月のライヒ憲法とプロイセン憲法の修正[123]についての諸提案に至るまで,単独の国家指導者の受け入れと,プロイセン統治の合議制に対する批判は決定的な要素であり続けた。プロイスが革命後もこのような考え方から離れることはなかったのはあきらかである。

この件に,諸ラントの主権要求の懸念が加わる。すなわち,統一されたライヒの権威をラントに対置することが重要であった[124]。それゆえ,直接人民が選出する単独のライヒ大統領を選ぶことはプロイスの思考過程からすでに理解することができる。少なくとも,12月の協議においてすでに,ロベルト・レッズローブ(Robert Redslob)と,そこに参加していたマックス・ウェーバーが主張した「真正の」議会主義と総統選定の着想の影響は非常に重要であったといえよう[125]。その後,議会に対して責任を持つ政府と並んで,そこから独立し,特別に正統化された,すなわち国民国家において国民によって直接選ばれた国

---

121) *Preuß*, Die Organisation der Reichsregierung und die Parteien, in: Staat, Recht und Freiheit (aaO Fn. 5) S. 172 ff. (186).

122) *Preuß*, Die Wandlungen des deutschen Kaisergedankens (aaO Fn. 5), S. 273 ff.

123) (AaO Fn. 5) S. 290 ff.

124) 1919年1月3日の意見書については,Staat, Recht und Freiheit (aaO Fn. 5), S. 368 (387 ff.);草案の根拠づけについては,(aaO Fn. 5), S. 394 (416 ff.).

125) これとの明確な関連は意見書 (aaO Fn. 5), S. 387; vgl. *Redslob*, Die parlamentarische Regierung in ihren wahren und in ihrer unechten Form, 1918. *Max Weber,* Parlament und Regierung im neugeordneten Deutschland, 1917, in: *ders.*, Gesammelte Politische Schriften, 1921, S. 126 ff.; vgl. *Apelt* (aaO Fn. 94), S. 57; *Gillessen* (aaO Fn. 2), S. 125 f; *Mauersberg* (aaO Fn. 2), S. 78.

家元首が必要であった。プロイスはそれに掛かり合うことになった。

Ⅵ. 批判，限界，意義

　このような決定に対する批判は，1919年の人民代表委員会議においてはまだ弱く，せいぜいドイツ独立社会民主党が表明したくらいだが，緊急命令が実際に出されたのを目の当たりにして，とりわけ1945年以降の議論で強くなった。そこでの広範な議論を本稿で個別に取り上げることはできないが[126]，ヴァイマル共和国[127]が挫折したことについて，とりわけ外交政策や経済といった他の根本的な理由をあげるまでもなく確かだったことは，1919年体制が厳しい審査に合格しなかったという事実である。そして，プロイスが主張した，比例代表選挙と，政府の議会に対する責任の構築，議会の解散と緊急命令につきほぼ無制限の権限を有し国民が直接選出するライヒ大統領との強い地位の結びつきも，その一部に寄与していることをとくにフレンケル（*Ernst Fraenkel*）は指摘している[128]。その限りで，プロイス自身が時代の先行性を作り，プロイス自身がそれに特徴付けられているのである。国民国家や，選挙権での少数派保護，大臣責任制度，国家指導者の民主的正統性といった数十年かかって達成した諸制度は，これらの要素がもつ効果についてまで十分に考えられることなく，その犠牲を払わされた。その後，ヴァイマル期に決定された体制に対して，1919年当時からすでにあった英米とフランスからの批判が黙殺されたことが確認されている。

　さらにまた，プロイスの憲法制定について書かれた本で，彼が繰り返し指摘

---

126) 議論の全体の代わりに *K.D. Bracher,* Die Auflösung der Weimarer Republik, 5. Aufl. 1971, S. 644 ff. を参照。また，とりわけ *E. Fraenkel,* Die repräsentative und die plebiszitäre Komponente im demokratischen Verfassungsstaat, 1958, in: *ders.*, Deutschland und die westlichen Demokratien (aaO Fn. 55), S. 153（194 ff.）．

127) これについては *Apelt*（aaO Fn. 94），S. 369 ff.; *Huber,* Deutsche Verfassungsgeschichte, Bd. 7, 1984, S. 1266 ff.

128) (AaO Fn. 55), S. 194 ff. と以下についても。

してきた[129)]にもかかわらず，19世紀後半に予告され，ヴァイマル人民代表委員会議においてはすでにあった政党国家のリアリティにまで実際にプロイスが思い至っていたことを指摘するものはまずない。採択されたヴァイマル憲法と同様に，プロイス草案も政党については沈黙している。それゆえプロイスがもし国家の理論的根拠について，現代の多元論の創始者と捉えられ，そしてそれにともなう大いなる尊敬と評判を期待するとしても[130)]，政党国家のリアリティに対する理解や，そこから導かれる憲法上の結論についてはそれほど当てはまらない。これらの問題は，プロイスの没後すぐ，とりわけハインリッヒ・トリーペル (Heinrich Triepel) やゲルハルト・ライプホルツ (Gerhard Leibholz) によって新たに定式化されたのである[131)]。そして，プロイスは実際に批判をする者よりも強くドイツ的に考えたために[132)]，西ヨーロッパの模範例がみえていなかったし，みようとしなかったのである。

　ヴァイマル憲法は，このようにみてくると，プロイスが展開してきた様々な理論と同様，初期の差別と弾圧に対する反作用として現われ，そしてそれゆえに，おそらくどうみても，当時大衆民主主義が有する致命的でほぼ解決不能な諸問題に対する継続的に耐えうる答えにはなりえなかった。しかし，ヴァイマル憲法は——プロイス自身と，また，プロイスの国家理論や法理論に関する著作のおかげで——，ドイツの自由主義的国家制度の最良の伝統を確認した[133)]。後に別の方向性に展開していったという点で，憲法史の要素としてヴァイマル憲法は考慮に入れられなければならない。さらに，フーゴ・プロイスがとても輝かしくも大いに苦しみながら展開した理念と論拠と経験には，われわれの憲

---

129)　とりわけ，社会民主主義と議会主義に関する諸論文及び，ライヒ政府の組織と政党に関する Staat, Recht und Freiheit (aaO Fn. 5), S. 144 ff., 172 ff. において。

130)　それと合致するものとして *Lehnert*, PVS 33 (1992), S. 33 (39, 51 f.).

131)　*Triepel*, Die Staatsverfassung und die politischen Parteien, 1928; Leibholz, Das Wesen der Repräsentation, 1929.

132)　*Preuß*, Die „undeutsche" Reichsverfassung (1924), in: Staat, Recht und Freiheit (aaO Fn. 5), S. 473 ff.

133)　Vgl. *Apelt* (aaO Fn. 94), S. 423 f.

都市法制 (Stadtverfassung) からヴァイマル共和国憲法 (Staatsverfassung) へ　　681

法的思惟の基本となり，堅固な基礎に欠かせない多くのものが詰まっているのである。

フーゴ・プロイスの著作（抜粋）

Gemeinde, Staat und Reich als Gebietskörperschaften, Berlin 1889 (Neudruck Aalen 1964)

Das städtische Amtsrecht in Preußen, Berlin 1902

Über Organpersönlichkeit. Eine begriffskritische Studie, Schmollers Jahrbuch 26 (1902), 103

Das Recht der städtischen Schulverwaltung in Preußen, Berlin 1905

Die Entwicklung des deutschen Städtewesens. Erster Band: Entwicklungsgeschichte der deutschen Städteverfassung, Leipzig 1906

Selbstverwaltung, Gemeinde, Staat, Souveränität, Festgabe Paul Laband, Tübingen 1908, Bd. 2, S. 199

Zur preußischen Verwaltungsreform. Denkschrift verfaßt im Auftrage der Ältesten der Kaufmannschaft von Berlin, Leipzig/Berlin 1910

Die Lehre Gierkes und das Problem der preußischen Verwaltungsreform, Festgabe Otto von Gierke, Breslau 1910, Bd. 1, S. 245

Das deutsche Volk und die Politik, Jena 1915, 2. Aufl. 1916

Deutschlands Republikanische Reichsverfassung, Berlin 1921, 2. Aufl. 1923

Artikel 18 der Reichsverfassung, seine Entstehung und Bedeutung, Berlin 1922

Um die Reichsverfassung von Weimar, Berlin 1924

Staat, Recht und Freiheit. Aus 40 Jahren deutscher Politik und Geschichte. Mit einem Geleitwort von Theodor Heuss, Tübingen 1926 (Neudruck Hildesheim 1965)

Verfassungs politische Entwicklungen in Deutschland und Westeuropa. Historische Grundlegung zu einem Staatsrecht der Deutschen Republik. Aus dem Nachlaß. Herausgegeben und eingeleitet von Hedwig Hintze, Berlin 1927

Reich und Länder. Bruchstücke eines Kommentars zur Verfassung des Deutschen Reiches. Aus dem Nachlaß des Verfassers herausgegeben von Gerhard Anschütz, Berlin 1928

フーゴ・プロイスに関する文献（抜粋）

Ernst Feder, Hugo Preuß, Berlin 1926.

Theodor Heuss, Hugo Preuß, in: Hugo Preuß, Staat, Recht und Freiheit, Tübingen 1926, S. 1 (Neudruck Hildesheim 1965).

Carl Schmitt, Hugo Preuß. Sein Staatsbegriff und seine Stellung in der deutschen Staatslehre, Tübingen 1930.

Günther Gillessen, Hugo Preuß. Studien zur Ideen- und Verfassungsgeschichte der Weimarer Republik, Diss. Freiburg 1955 (Masch.).

Siegfried Grassmann, Hugo Preuß und die deutsche Selbstverwaltung, Lübeck/Hamburg 1965.

A. Hueber, Hugo Preuß, Handwörterbuch zur deutschen Rechtsgeschichte, Bd. 3, Berlin 1984, Sp.1924.

Jaspar Mauersberg, Ideen und Konzeption Hugo Preuß' rur die Verfassung der deutschen Republik 1919 und ihre Durchsetzung im Verfassungswerk von Weimar, Frankfurt a. M., 1991.

Detlef Lehnert, Hugo Preuß als moderner Klassiker einer kritischen Theorie der "verfaßten" Politik. Vom Souverärutätsproblem zum demokratischen Pluralismus, PVS 33 (1992), 33.

〔訳注〕 翻訳するにあたって参考にした邦語文献としてとりわけ，若尾祐司「フーゴー・プロイス政治思想の一考察—19世紀プロイセン・ドイツの立憲制と地方自治について」琉大法学16巻25頁（1975年），初宿正典「フーゴー・プロイスとヴァイマル憲法構想」宮田光雄編『ヴァイマル共和国の政治思想』（創文社，1988年）139頁，鳥居喜代和「フーゴー・プロイスの憲法構想—ワイマル憲法制定期における法思想の一側面」立命館法学149号（1980年）84頁，同「フーゴー・プロイスの主権概念否認論とワイマール憲法（1）—ワイマール憲法制定期における法思想の一側面」札幌学院法学1巻1号（1983年），同「フーゴー・プロイスの基本的理解に寄せて—法治国家から憲法裁判までの道程」札幌商科大学論集34号（1938年）93頁（以上，鳥居論文は同『憲法的価値の創造—生存権を中心として』（日本評論社，2009年）所収），野村耕一「フーゴー・プロイスとプロイセン＝ドイツの行政改革」史林74巻1号（1991年）1頁，平山令二「カール・シュミットとフーゴー・プロイス」中央大学人文研紀要56巻（2006年）1頁をあげておく。

オイゲン・シッファー*

司法改革の開拓者**

ヨアヒム・ラム***
訳　山　﨑　　勉

　シッファーのライフワークは，ドイツ司法史に1つの時代を画したことである[1]。そのことは，彼がライヒ政府の閣僚を3度，そのうち2回は司法大臣を務めたワイマール共和国時代にとくにあてはまる。だが，シッファーは，すでに帝国時代の間に，たとえ不成功に終わったにせよ，その司法改革のための諸提案で頭角を現していた。彼の主著『ドイツの司法（Die Deutsche Justiz）』は，1928年に出版され，その後1949年に「全面的に改訂された」第2版が出版されたが，その「徹底的な改革の概要」という副題に彼の関心事が言い表されている。「第三帝国」の間，彼は，ユダヤ人であることを理由に公職活動を禁止されたが，その後1945年になってソビエト占領地区（SBZ）の司法行政

---

　* *EUGEN SCHIFFER*（1860年-1954年）

　** Wegbereiter der Justizreform

　*** Dr. *Joachim Ramm*：Rechtsanwalt in Darmstadt（弁護士）

　1）　シッファーのライフワークを叙述するものとして，*Webersinn, Eugen Schiffer*, in Schlesischer Lebensbilder, Bd. 5, hrsg. von *Helmut Neuebach* und *Ludwig Betry*, 1968, 148頁以下．*Kuhn*, Deutsche Justizminister, 1877-1977, 1977, 19頁．*Hamburger*, Juden im öffentlichen Leben Deutschlands 1848-1918, 1968, 88頁, 355頁以下並びに *Ramm, Joachim*, Eugen Schiffer und die Reform der deutschen Justiz, 1987. また，シッファーの自伝，Ein Leben für den Liberalismus, 1951（以下 Liberalismus という。）参照。

機関の長となった。シッファーが94歳で亡くなる1年前の1953年に、彼は、なおも、「ドイツ司法のための即時プログラム（Ein Sorfortprogramm für die deutsche Justiz）」と題する論文を発表した。

I. 青春期[2)]

シッファーは、1860年2月14日、富裕なユダヤ系商人ベルンハルト・シッファー（*Bernhard Schiffe*r）とその妻マティルデ（*Mathilde*：旧姓カッセル（*Kassel*））の息子としてブレスラウ（Breslau）で生まれた。彼は、自由なしきたりの親元で成長した。1877年、彼は、ブレスラウのエリザベートギムナジウムで卒業試験に合格した後、続いて一年志願兵の任務に就いた。しかし、わずか数か月後に、彼は、「銃剣試合の際にあまりにも激しく打ちのめされた」ことによって受けた傷害で継続的な兵役に耐えられなくなった。

彼は、その生まれ故郷の町であるブレスラウで法学及び国民経済学の勉学を始めた。ライプツィヒ（*Leipziš*）とテュービンゲン（*Tübingen*）でさらに数学期の勉学を終えた後、シッファーは、ブレスラウで第一次法曹国家試験に合格した。1880年6月8日、彼は、司法修習生として採用され、判事任用試験を「良」の成績で合格後、1885年予備判事（Gerichtsassessor）に任命された。3年間、シッファーは、ホイヤースヴェルダ（Hoyerswerda）で無給の予備判事として勤務した。

II. 裁判官

その時代、ユダヤ人は、士官、行政官及び検察官になることはできなかった。ユダヤ人が弁護士の職業に就くことは自由であったが、シッファーは、弁護士の職業に就くことに正直魅力を感じなかった。彼は、当事者に依存することができるような人ではなかったからである。ユダヤ人は、厳格な選抜によっ

---

2) これについては、*Seier,* Jb. d. Schles., 1986, 186頁以下参照。

て裁判官職に就くことが許された。かくして，シッファーもまた，上部シュレージエン（Oberschlesien）のザブルツェ（Zabrze）（後のヒンデンブルク（Hindenburg））において区裁判所判事にしかなれなかった。そのザブルツェにおける在職期間に，シッファーは結婚し，4人の子をもうけた。

　シッファーは，繰り返し勤務地から異動できるよう上申するなど苦心したが，10年の長きにわたりザブルツェの区裁判所判事に留め置かれた。彼は，洗礼を受けた後ようやく，1899年にマクデブルク（Magdeburg）に異動し，その1年後にその地方裁判所判事に昇進した。シッファー自身は，自分がユダヤ人であるとそれほど意識したことはなかったが，むしろ，ドイツ人としてひとかどの人物になろうとした。彼が初めて公刊した論文は，司法政策的及び国民自由主義的なテーマに関するものであった[3]。

III. 代議士とライヒ財務大臣

　マクデブルクにおいて，シッファーは，国民自由党に入党した。彼は，無名であったものの，その雄弁家の素質により，ラント（邦）議会議員選挙の第2順位の立候補者となったが，第1順位の立候補者が辞退したため，第1順位の立候補者の地位を得た。シッファーを「リベラルと同じくらい保守的である」と性格付け，獲得できるかもしれないラント議会議員の議席は「声望高き政府の出先機関になるための通過的ポスト」にすぎないと評価する，社会民主主義政党系の地方新聞紙上における痛烈な攻撃は，同時にまた，彼の名を知らしめるのに貢献した。シッファーは，1903年プロイセンラント議会議員に選出された。

　プロイセン下院において，シッファーがとくにかかわったのは，学制政策，司法及び行政の問題であった。彼は，国家の学校への関与を強めようとした。彼の改革のための政策は綱領的であり，宗派的学校が必要とされるところでのみその存続を認めようとするものであった。その際，彼は，右派と中央党の抵

　3）　シッファーの関係書目については，*Ramm*（aaO Fn. 1），223頁以下参照。

抗に遭遇した。1909年，シッファーは，プロイセン下院における院内行政の改革のための直属の委員会の委員になり，そのような者になったことでその裁判官としての職務遂行から一時的に解放された。そこで，彼は，官吏制度の解体を強く支持した。その手段を，彼は，いくつかの別の方策を通じて補充しようとした。すなわち，その方策とは，官庁の組織及び構成の簡素化，上級官吏から中級官吏や官房事務官への事務の移譲，かなりの数の官吏の地位を私法上の契約によって割り当てること，いくつかの地位の者に重要案件の処理に関与させることの制限，法定審級制及び法的訴追の制限，実体法の簡素化と明確化並びに時代遅れで不必要な刑罰規定の廃止である。これらの提案は，シッファー流の司法改革の構想の出発点となった。

　シッファーの政治活動の新時代が開始したのは，彼がライヒ議会議員に選出された1912年である。シッファーは，ラント議会でうんざりするくらい目一杯仕事をしていると感じていたので，ライヒ議会議員に立候補するにあたっては，当初かなりの時間をかけた説得を受けることになった。彼がノイハルデンスレーベン－ヴォルミアステッド選挙区から立候補するについては，ドイツ製造業者中央連合会から資金的援助を受けた。ラント議会議員とライヒ議会議員の2つの議席による二重の負担は過酷であり，それは，しばしば日中何度もライヒ議会からラント議会へ移動することを意味した。そして，いずれの議会の会派も，このような二重議席による共働的な議会活動を軽減することに理解を示さなかった。シッファーはプロイセン下院において左派とみなされていたが，一方，ライヒ議会においては「プロイセン人気質（かたぎ）（Preußentum）の典型であった。……このプロイセン人気質は，より南ドイツ的及び民主主義的な観念に好意を寄せ，うさん臭く，意地の悪い多数のライヒ議会会派の構成員にみられた。」[4]。

　第一次世界大戦において，シッファーの地位はより確固としたものになった。彼の2人の息子は，志願兵に志願し，そのうちの1人は1915年5月に戦

---

4) Liberalismus (aaO Fn. 1), 22 ff.

死した。やがてすぐに高揚が冷静さに譲歩した。シッファーは，国民自由党において，別の10人のメンバーとともに無制限なUボート戦に反対した。

国会議員によって求められた講和決議の協議から作られた「会派間委員会」にシッファーは所属していた[5]。同様に，彼は，憲法改正案を作成することに寄与した[6]。

1916年秋，シッファーは，ヴィルヘルム・グレーナー（*Wilhelm Groener*）陸軍中将のもとでプロイセン陸軍省戦時補給局の法務局長になった。シッファーの主要な任務は，勤労者を「祖国の補助勤務」に動員するための法律を議会で通過させることであった。そのために従前の法律上の基礎であった1914年8月4日の連邦議会の授権に関する法律は，シッファーが指摘しているように十分なものではなかった[7]。シッファーの特色を示すものは，法律には4か条しか置かず，その4か条がより具体的な規範形成への授権を含むようにしたことである。これらに，準則が付加されていたが，それは連邦参議院が施行規則において定めるものとされていた。もちろん，シッファーは，このような構想で，ライヒ議会が準則の大部分をあらたに法律に編入することに貢献することができなかった[8]。そうだとしても，この点に関し，シッファー流の構想に特徴的な政治的原理の決定と施行規則との分離はあきらかである。

シッファーは，ライヒ宰相としてのベートマン－ホルヴェーク（*Bethmann-Hollweg*）の失脚により1917年10月21日に導入された政府の議会化により次官グラフ・レーデルン（*Graf Rödern*）のもとでライヒ財務庁副次官となった。もともと，シッファーは組閣に際し大臣級とまではいかなくとも，司法次官となることを期待していた[9]。シッファーの副次官としての任務は，ライヒ財政をあらたに整理し，とくに徴税収入をライヒと諸ラントとの間であらたに

---

5) *Huber*, Verfassungsgeschichte, Bd. 5, S. 279 ff.
6) これについては，*Schiffer,* Der Verfassungsschuß und seine Arbeit, 1917 参照。
7) *Schiffer,* DJZ 1915, Sp. 1158 ff.
8) これについては，*Schiffer/Junck*, Kommentar Zum Vaterländischen Hilfdienstgesetz, 1916 参照。
9) *Liberalismus*（aaO Fn. 1), S. 91.

分配することであった[10]。官職の引継ぎにより，シッファーは，プロイセン下院と同じくライヒ議会からも離脱したが，彼は，1918年1月5日の再選挙でプロイセン下院の議席を取り戻した。再選出の可能性を留保しているプロイセン憲法78条3項とは反対に，ライヒ憲法9条2項により，連邦参議院の構成員たる次官はライヒ議会に所属することはできないとされていた。

シッファーは，ヴィルヘルム2世（*Wilhelm* II）の退位がそれと結び付く限りで，11月革命を歓迎した。シッファーは，その状況について，「不正直と虚偽の甘い香り，大胆な見せかけとこびるような卑屈との混合が，皇帝が呼吸する空気の中にあった。それはベルリンに流れているビザンツの空気であった。」と述べている[11]。シッファーは，11月革命後も公職に留まった。それどころか，彼はライヒ財務省の次官に昇進した。だが，彼は，革命について壊滅的なものであると判断した。革命の間，彼は傍観者として，「私がベルリンで見たものは，真の革命の感激とはほど遠いものであった。そこには，熱狂させるもの，印象に残るもの，感動を与えるものは何もなかった。」と記述している[12]。

シッファーは，1918年11月9日後のその週に庶民的次官の中で極めて優れた人物であることを証明した。国民議会の選挙後ドイツ民主党（DDP）は中央党とドイツ社会民主党（SPD）との間で「ワイマール連合」を結成した。オイゲン・シッファーは，ドイツ民主党のためにシャイデマン（*Scheidemann*）内閣の財務大臣，それと同時に「全閣僚の副総裁」となった。副宰相という名称は，フーゴー・プロイス（*Hugo Preuß*）がライヒ宰相という肩書は地位の名称として適切でないことを理由に一時止めてしまったから，存在しなくなった。シッファーの国家財政強化のプログラムでまず第1に言われているのは，倹約である。長引くインフレに対して，彼は，財務大臣として態度を決めなかった。賠償問題において，彼ははっきりした国民的立場を代弁した。すなわち，ドイツは，賠償義務を国内及び中立諸国に対して優先的に履行すべきであ

---

10) これについては，*Schiffer*, Unsere Finanzen nach dem Krieg, 1917 参照。
11) Liberalismus (aaO Fn. 1), S. 106.
12) Liberalismus (aaO Fn. 1), S. 149, 210.

り，かくして実際，もはや支払能力のないことが連合国にあきらかになるはずであると。1919年4月10日，シッファーは，まったく思いもよらないことのために政府の公職を辞任した。原因は，ヴェルサイユ条約についての審議ではなく，もちろん内閣の雰囲気ですらなく，重篤で治癒の見込みのない妻の病気であった。内閣は，一致して，シッファーに対し免職の申請を撤回するよう要請したけれども，彼は辞職した。

シッファーの功績は，本来エルツベルガー（Erzberger）の名前と結び付いている財政改革を準備したことであった[13]。シッファーは，ヴェルサイユ条約の審議に際し，大論争をした。彼は，ヴェルサイユ条約の審議をその党派とともに断固拒否し，それは「国民1人ごとに対して犯される重大な犯罪」であるとみなした[14]。シッファーは，ドイツ人でありリベラルな改革者であると十分自覚していた。すなわち，それ以外の立場，ましてやユダヤ人の立場というものは彼には存在しなかった。1919年のナウマン（Naumann）の死後，シッファーは，なお，その後継者であると論議されたが，彼に対するライヒ議会会派における抵抗は大きかった。すなわち，「彼の計り知れない才能は尊敬の念を起こさせるが，しかし，信頼の念は起こさない。」と[15]。

Ⅳ. ライヒ司法大臣

すでに1919年10月には，ドイツ民主党はあらたに中央政府に参入していた。バウアー内閣の改造に際し，シッファーは司法大臣と副宰相になった。彼の在職期間に経営協議会法（Betriebsrätegesetz）が可決された。それに加えて，シッファーは，「ドイツ官吏の教育継続のための大学」が参加した最初の行政アカデミーをベルリンに設立することを指導した。1920年，彼は，その学長になった。

---

13) *Popitz*, DJZ 1930, Sp. 253 ff.
14) *Stephan*, Aufstieg und Verfall des Linksliberalismus 1918–1933, S. 85 f.
15) *Stephan* (aaO Fn. 14), S. 128.

シッファーは，カップ一揆の鎮圧に際し中心的な役割を演じた。確かに，シッファーによる叙述の信憑性は種々疑われている[16]。彼の勧めで，中央政府と大統領がドレスデン（Dresden），その後シュツットガルト（Stuttgart）に移動した間，彼は，エーアハルト海兵旅団によるベルリン占領に際し首都に留まった。公務員のカップ（Kapp）への服従拒絶，そしてそれに続くゼネストが一揆者を絶望的な状態に陥れた。それゆえ，マックス・バウアー（Max Bauer）陸軍大佐のもとにあった一揆者の一部は，すでに3月16日に降伏しようとしたけれども，無条件の恩赦の保証を要求した。シッファーは，困難な状況に陥った。なぜなら，公的に交渉することは許されなかったからである。それゆえ，彼は，「議論の基礎」としてのみ個別の条件について言及し，そして自身の発言をただの個人的な見解であるとみなした。確かに，彼は，――そのようにシッファーは述べるのであるが[17]――恩赦の保証を承諾することはなかったが，それにもかかわらず，一揆者が断念した後に，恩赦のために尽力しようともくろんだ。このような経緯で，シッファーは，即刻，一揆者との交渉を断固拒絶する立場を変えない彼の政党との間で困難な軋轢を引き起こした。1920年3月27日の内閣改造で，ヘルマン・ミュラー（Hermann Müller）がライヒ宰相となった。彼は，確かにシッファーを引き留めて離さなかったが，コッホ-ヴェーザー（Koch-Weser）下のその会派は，シッファーを見殺しにした。シッファーは，ケーニヒスベルク大学の名誉博士号の授与も断られた。シッファーは，再び平の代議士に戻ったが，「ドイツ民主党の隠れた党首」とみなされた。

1921年2月20日のプロイセンラント議会選挙に際し，シッファーは，ライヒ議会会派の求めに応じ，デュッセルドルフ（Düsseldorf）のラント議会選挙区の代表を引き受け，そしてそれにより再びドイツ民主党の二重議席を持つこととなった。そのとき彼は，プロイセン財務省，第2に，内務省の大臣職の申

---

16) すべてに代え，Eger, Der *Kapp-Lüttwitz* Pusch, 1967, 275頁参照。

17) *Schiffer*, Der *Kapp*-Putsch nach persönlichen Erinnerungen, 遺稿 Nr. 6（連邦公文書館）参照。

し出を受けた。だが，彼は，国務省を希望していたので，これらの申し出を断った。シッファーは，常に現実主義的な考えを持っていた。すなわち，1921年5月5日の連合国のロンドン経済最後通牒をめぐってフェーレンバッハ (Fehrenbach) 内閣が失脚し，ヨーゼフ・ヴィルト (Josef Wirth) のもとで新たな「ワイマール連合」の内閣が樹立されたときに，シッファーは，再度司法大臣の公職に就任するよう申し付けられた。このことは，1920年3月のシッファーの解雇に対する補償行為であるばかりでなく，彼の司法行政的な仕事に対する認知でもあった。彼は，裁判に「民衆が素人や参審員の形で参加すること」を拡大する旨通告した。その際，女性の素人裁判官も許されるとした。彼は，民衆による裁判官の選挙に反対し，職業裁判官制度には賛成した。内閣において，シッファーは，特別の労働裁判制度の新設を拒否し，それを民事裁判制度に組み込もうとした。だが，彼は，このような考えで貫き通すことはできなかった。2度にわたる司法大臣としての在職期間において，シッファーは重要なものを何も実現しなかった。

　ヴィルト内閣は，上部シュレージエン問題のために苦境に陥った。ヴェルサイユ条約により実施された住民投票で過半数がライヒに留まることに賛成する投票をした。武力で上部シュレージエンのポーランドへの帰属を強行しようとするポーランド軍の企てが失敗に帰した後に，連合国は，国際連盟に対し，住民投票でドイツ帰属が多数を占めた区域とポーランド帰属が多数を占めた区域との間に境界線を引くことについて専門家の意見を出すよう依頼した。シッファーは，多種多様な関係を取り付けるとともに，上部シュレージエンの統一のために激しいまでに尽力した。シッファーがこれで目的を達成することができなかったとき，彼はヴィルト内閣の辞職を強いた。だが，それは効果のないデモンストレーションにとどまった。なぜなら，ヴィルトは，あらたに組閣を委託され，従前の外務大臣とほとんど自身の役割を終えていたシッファーを除き，再び同じ内閣を組閣したからである。シッファーは，上部シュレージエン問題についての後続交渉のために，スイス人カロンダー (Calonder) のもとで組織されたドイツ－ポーランド委員会の委員になった。エーリヒ・アイク

(*Erich Eyck*) はシッファーが「優秀な法律家で熟練した討論者及び交渉人である」ことを優れた著作で証明している[18]。このことは，当時の一般的な感想でもあった。すべての政党の代表者は，それが現在の諸事情のもとで最良の結果であると評価した。シッファーは，上部シュレージエンについての条約締結後，ハーグの国際仲裁裁判所での交渉人に指名された。シッファーの仕事はベルリンの不在を多くし，そのため彼の議会活動がますます疎遠になった。ドイツ民主党内部で今後の方針についての不一致が存在した。ナウマンの古い信奉者は，労働者を国家に関心を向けさせるという彼のもくろみに固執していた。このグループ及び保守派と対照的なのが，一日の任務をよどみなく果たすことで満足し，政党政治上明確には分類できない実用主義者である。シッファーはこれに属し，常に党紀よりも先に現実の問題を提起し，そのため政党政治上「予測できる者」とはみなされていなかった。ドイツ民主党は拒否したが，ドイツ人民党（DVP）がドイツ国家人民党と連合しようとしたときに，公然の危機となった。こうした状況において，7人のライヒ議会議員がドイツ民主党から脱退した。その中にオイゲン・シッファーもいた。ドイツ民主共和国（DDR）の元ライヒ事務長であるヴェルナー・シュファン（*Werner Stephan*）は，つぎのように述べている。「彼の欠点は，常に政治家でありたいという欲求にある。1917年以来，彼は，目まぐるしく変化する状況下にあって，種々の策略をもって，絶えず大きな地位を得ようと努力し，そしてこれを勝ち取った。それが今度はあだとなった。能力を持ち過ぎると，どこにも味方がいなくなるのである。こうして，突然，彼は，政党に影響を及ぼす可能性がなくなった。」と[19]。それがシッファーの議会活動の終わりであった。

　その後の何年間かに，より親密になった大工業家ジーメンス（*Siemens*）とともに，シッファーは，1924年10月，「自由主義協会」を設立した。それは，ドイツ民主党とドイツ国民党とを1つの新たな自由主義政党として統一するた

---

18) *Eyck,* Geschichte der Weimarer Republik, Bd. I, 1956, S. 21.
19) *Stephan,* S. 276.

めの礎としようとするものであった。自由主義協会の政治的合意は，強力な政治的中道に右派政党と対抗させることであった。だが，それに対する反響はなかった。シッファーは，「我々は，あくまで兵士なき将校であった。」と確認している[20]。

V.「ドイツの司法」

1928年初頭，シッファーは，『ドイツの司法 徹底的な改革の概要』という本を出版した。この著作において，彼は，司法改革のための以前の自身及び他人の提案をまとめ，それを補足し基礎づけた。彼は，「一生の仕事の総まとめ」と表現している[21]。本書及び条項で書かれた「ドイツ法律制度をあらたに規定するための法律草案（Entwurf eines Gesetzes zur Nevordnug des deutschen Rechtswesens)」は立法者に行動を強制し，あるいは立法者を少なくとも勇気づけようとするものであった。それは実用主義的に構成されたが，およそ法哲学的ないし法制史的なものではなかった。シッファーの構想は，種々の法益の衡量に従った司法の縮小による司法改革と理解することができる。シッファーは，「法の専制主義は，他のあらゆる専制主義と同様協調性のないものである。法は，今や，その要求が他のすべてのものよりも無条件に優先することを求めることさえできない。法は，他のすべての物質的及び観念的な利益を犠牲にして自己を貫徹することを要求することはできない。」と述べている[22]。

シッファーは，現行法の収集と選別を執り行い，無効な法を削除する権限をライヒ政府に与えることによって，法律の氾濫を克服すべきであると細部にわたって提案している。さらに，総額10ライヒマルクを超えない金銭ないし金銭的価値を対象とする財産法上の請求権は，その裁判に公共ないし原則にかかわる利益が存しなければ，本訴によっても反訴によっても行使できないものと

---

20) Liberalismus (aaO Fn. 1), S. 235.
21) *Schiffer*, Die Deutsche Justiz, 1928, V. (Vorwort), 以下 DJ I という。
22) DJ I (aaO Fn. 21), S. 223.

した。私訴は縮小され，仲裁は拡張されるべきであるとした。できる限り，裁判官の仕事を中間官吏に移譲すべきであるとした（いわゆる小さな司法改革）。裁判権は地区裁判所，上級裁判所及びライヒスゲリヒトの3段階で構成されるべきであるとした。このような構成は，従来の区裁判所，地方裁判所，上級地方裁判所及びライヒスゲリヒトに代わるものである。シッファーは，この点に関し，とりわけアディケス（Adickes）とミューゲル（Mügel）の意見に依拠している[23]。中心的な意味を持つのは，シッファーの場合，裁判官である。裁判官の数を減少させることは，彼にとって，主に，裁判官の質に対する要求を高くし，彼が抱く裁判官の理想像を実現することができるための手段であった。満35歳に達し，そして他の法曹職で有能であることを示した者のみが裁判官として採用されるべきであるとした。ここで手本となっていたのは，英米の法曹養成である。

『ドイツの司法』は，1929年，シッファーに対し，ハレ大学の法学の名誉博士号をもたらした。個々の提案は，もちろん種々の評価を受けたが，一致して承認された提案はなかったが，一致して拒否された提案もなかった。カップ一揆の際のシッファーの元政党内部の反対者であったコッホ゠ヴェーザーは，1928年，ライヒ司法大臣となり，シッファーの理念を取り上げた。司法省で委員会が組織されたが，シッファーはそれに招聘されなかった。その後の時代にも原則的な改造はなく，ただ個別の法律においてのみ，シッファーの描いた道を取り始めた。こうして，1930年11月1日，経済及び財政を保護するためのライヒ大統領の大規模な緊急命令が発令された。それは，第9編第7節において司法の領域での簡素化と節約を定めており，その際，シッファーの考え方を指針としている。

ワイマール共和国最後の数年の間，シッファーは，憲法の抜本的改正に取り組み，自身の考察を，1931年のクリスマスに出版された『ドイツの激動（Sturm über Deutschland）』という本にまとめている。彼は，それに続いて——再度

---

23) これについて詳しくは，*Ramm*（aaO Fn. 1）36頁以下。

条文化した——1932年の『新ドイツ帝国憲法』を公表した。シッファーは，大統領の国家権力を，その在職期間を4年に短縮するものの，基本的には拡張しようとした。政府は，常にそして絶えず大統領の内閣である。だが，1933年1月30日のナチスの「権力掌握」以後，政治的光景は一変した。

VI.「第 三 帝 国」

シッファーは，広範囲にわたりナチスのユダヤ人迫害を免れていた。彼の友人ポピッツ (Popitz) は，彼のためにヒムラー (Himmler) にとりなし，それにより彼を強制収容所から守った。1943年までシッファーは，その娘マリー (Marie) とともに彼のベルリンの住居に留まることができたが，その後，2人はユダヤ人街に移住しなければならなくなった。シッファーは，ユダヤ人のしるしの星を着けたくないために，もはや家を出ることはなかった。彼は，いろいろな施設に滞在し，終戦の際にはベルリンのユダヤ人病院にいた。12年の歳月は，政治活動及び著述活動における完全な禁欲を意味した。彼の遺稿にはその時代についての記録が欠けている。けれども，彼は，無為に過ごしていたわけではない。彼は，彼の以前の日々の記録を推敲し，自伝『自由主義のための生涯 (Ein Leben für den Liberalismus)』にまとめた。けれどもそれは，ようやく1951年になって出版された。さらに，彼は，ユダヤ人問題に熱心に取り組んだ。彼は，2つの解決策を見つけた。すなわち，1つの解決策は，言語，習俗，信仰及びその他の伝承的な特質において民族的な特徴を有しているだけではなく，それを保持し，その点で「主の民族」と異なっているユダヤ人のための少数民族保護である。ユダヤ人の別のグループは，ユダヤ人のために，特殊な地位を持つものではなく，主の民族の一部になり，そしてそれに融合しようとするグループである。それは，——彼自身のように——まず第1にキリスト教に改宗したユダヤ血統の人である。シッファーは，自分がユダヤ人ではなく，ドイツ人であると自覚していた。シッファーは，1951年に，国家社会主義もまた，「どうせ中間の出来事にすぎない」と世界史的に見ている。すなわ

ち,「国家社会主義は,その終末を迎えた後に再び政治に戻って来るための準備を整えている。」と [24]。

Ⅶ. ソビエト占領地区のドイツ司法行政機関長

ドイツにおけるソビエト軍事行政庁（SMAD）が1945年にソビエト占領地区のための新たな中央行政官庁の1つとして司法行政機関（DJV）を設置したときに,シッファーは,――その間に85歳になっていたが――その長としての仕事を引き受けた。彼は,その仕事の方をこの間彼に申し出のあった最上級裁判所の所長の仕事よりも優先させた。それは,とにかく,彼にとって彼の徹底した司法改革のライフワークを成し遂げるための可能性を開くものに思えた。まず,シッファーは,党議長になった娘婿のヴァルデマール・コッホ（*Waldemar Koch*）とヴィルヘルム・キュルツ（*Wilhelm Külz*）とともにソビエト占領地区で4番目に認可された政党である「ドイツ自由民主党（LDPD）」を設立した。シッファーの構想は,ドイツの司法組織を「えり抜きの法律家の強力な指導のもとでの民衆司法」に改組することであった。こうして,関連した研修が実施された。法令により督促手続が司法補助官に委ねられた。それに加え,司法補助官は,土地登記簿事件を含む非訟事件の事例や刑の執行事件において独立して裁判するものとされた。中央司法行政機関の立場は,ソビエト占領地区においてラントが組織されると弱くなった。ソビエト軍事行政庁とあらたに設立されたドイツ社会主義統一党（SED）とは,協力関係を次第に強めていった。1948年6月ころ,シッファーの司法政策は,成功の見込みがなかったことがあきらかになった。彼は,辞任を申し出,そして1948年8月,年金の付与と引き換えに退官させられた。

シッファーは,主にソビエト占領地区におけるドイツの司法行政機関の監督を担当したことで非難された。マリー－エリザベート・リューデルス（*Marie-*

---

[24] Liberalismus (aaO Fn. 1), S. 249, シッファーの遺稿 Nr. 42, Bl89.

Elisabeth Lüders) は,「シッファーのような賢い法律家で経験豊富な政治家は, 彼が仕えている政体について1分たりとも疑うことができなかった。」と述べている。その際, 彼女は, ゲスラー (*Gessler*) を引用し, 彼が, 抑え難い社会的評価への欲求があり, それがシッファーを誤らせたと述べていることは, おそらく正しいであろうとしている[25]。このような評価は, シッファーにとって司法改革がいかなる重要性を有していたのかを誤認している。無駄に生きたことにはしたくない願望がソビエト占領地区のドイツ司法行政機関長としてのシッファーの仕事中, 彼を文字通り動かした。ソビエト占領地区のドイツ司法行政機関の副長官であるメルスハイマー (*Melsheimer*) は, シッファーの引退に際して彼を讃える形で, そのことを確証している。

「彼は, 常に, 半世紀もの間ずっと司法改革についての理念として頭に浮かんだものすべてを実現しようとし, しかも速やかに実現しようとした。彼が一刻も無駄にできないと本当に考えていたので, 私は, かつて, 彼に思い止まらせようとしてドイツの立法において根本的な改革を必要とする時代は, まだ到来していないと言ったことがある。」[26]。

Ⅷ.「ドイツ司法のための即時プログラム」

1947年秋, シッファーは,『ドイツの司法』の第2版において彼の司法行政の基本的立場を修正しようと決意した。彼は, 1949年3月にこれを終えたので, 本の改訂作業に入った時期は, まだ基本法の可決や人民委員会憲法がドイツ民主共和国の憲法として引き継がれる前であった。シッファーは, 彼がワイマール共和国の終わりに自己の司法政策的立場に架橋したのと同様に, そのドイツ司法行政機関のチーフとしての経験を役立てた。しかし, 全体的にみれ

---

25) *Lüders*, Fürchte Dich nicht. Persönliches und Politisches aus mehr als 80 Jahren, 1963, S. 175.

26) *Melsheimer*, NJ 1948, 141 f.

ば，シッファーは，その基本的立場を変えなかった。

シッファーは，彼の本で連邦共和国における司法政策に影響を与えるようにと期待した。だが，西側における政治的及び法的発展は，シッファーを見過ごしてしまった。

シッファーは，その『ドイツ司法のための即時プログラム』という論文で連邦共和国における司法政策的な論議に決定的な影響を与えた[27]。彼は，新たな主要な要求を出した。まず，司法補助官法をめぐる議論，つまり，「小さな司法改革」に関連するものである。第2に，裁判所をあらたに改組し，そして，三審制を導入すべきであるとの要求である。地方裁判所は廃止されるべきであるとした。原則として，区裁判所裁判官は，単独裁判官として裁判をすべきであるとしている。シッファーは，もはや素人の参加を受け入れていない。第3の要求が，「上訴の制限」である。「それに楽しみを持ち，そしてそれをやることのできるすべての者に対して」，上級審の「無分別な提供」は止めるべきであるとしている。第4に，シッファーは，「人証の制限」を導入している。裁判官の見解により，あきらかに理由がないとか，不適法であるとか，あるいは勝訴の見込みがないような訴えは，ただちに却下されるべきであるとしている。軽微な訴訟も排除されるべきであるとした。また，私的な仲裁裁判所手続を拡大するというシッファーの第5の要求は目新しいものではなかった。同様に，シッファーは，督促手続を弁護士に委ねるというその根源的な理念を再度取り上げている。シッファーは，再び既存の法的資料の収集と選別によって「法律条項の削減」を達成しようとした。

法律専門紙『Juristenzeitung』の編集部はそれについての多くの論評の掲載により論文が没にならないよう配慮したのに，シッファーの「即時プログラム」の反響は少なかった。

シッファーは，1954年9月5日にベルリンで死亡した。その追悼文において，カール・S. バーダー（*Karl S. Bader*）は，シッファーの死はほとんど知

---

[27] JZ 1953, 1 ff.

られていなかったと述べている[28]。だが,「ほぼ3世代にわたるほどずっとドイツの司法を気遣ってきた者は,彼の他にいないこと」は,否定し難い事実である。

　このようなイメージが正しいとしても,それを越えて,あたかもシッファーの冥界への受容が,そのような評価を正当化するものではない[29]。彼と明白な関係がないとしても,連邦共和国における司法立法は彼の提案との強い一致を示している。述べるだけの価値があるのは,「小さな司法改革」の思想を継承している1957年の司法補助官法（Rechtspflegergesetz）である。すなわち,司法補助官は司法機関として認められ,彼の仕事は書記官の仕事とは一線を画し,彼に任された任務の範囲は本質的に拡大している。連邦法は,1958年より連邦官報第3部に集録されている。1961年のドイツ裁判官法（Richtergesetz）により裁判官の法的地位は詳細に規定された。1968年の連邦最上級審裁判所の判例の統一の確保に関する法律（Das Gesetz zur Wahrung der Einheitlichkeit der Rechtsprechung der obersten Gerichtshöfe des Bundes von 1968）は,法統一を増進するという関心事を捉えた。シッファーの広範な基本思想は,1976年12月3日の簡素化法の中に含まれている。それにもかかわらず,改革論議において,シッファーの名は,わずかな役割しか果たさなかった。裁判官大会及びドイツ弁護士大会の終了後の1983年,フロメ（Fromme）は,つぎのように述べている。「過ぎ去った会議に関し浮かんで来るのは,司法の危機という言葉である。それは,繰り返し目新しいと言われるが,しかし,もともと古いものである。その言葉は,すでに1928年に出版されたオイゲン・シッファーの著書に載っている。そこでは,司法の存続の危機や信頼の危機についてさえ論じられている。」[30]と。

---

28)　JZ 1954, 767.
29)　詳しくは,Ramm (aaO Fn. 1), 202頁以下参照。
30)　Frankfurter Allgemeine Zeitung, Titelseite, vom 21. Mai 1983.

オイゲン・シッファーの著作

Der Vaterländische Hilfsdienst, erläuterungen und Materialien zum Gesetz über den Vaterländischen Hilfsdienst, 1916.

Der Verfassungsausschuß und seine Arbeit, 1917.

Unsere Finanzen nach dem Krieg, 1917.

Die Deutsche Justiz-Grundzüge einer durchgreifenden Reform, 1928.

Rudolf von Gneist-Ein Lebensbild, 1929.

Sturm über Deutschland, 1932.

Die Deutsche Justiz-Grundzüge einer durchgreifenden Reform, 2. Aufl. 1949.

Ein Leben für den Liberalismus, 1951.

Ein Sorfortprogramm für die deutsche Justiz, JZ 1953, 1 ff.

オイゲン・エールリッヒ[*]

法社会学の創始者[**]

アンドレアス・ヘルドリッヒ[***]
訳　野　沢　紀　雅

I. その生涯

　ソビエト世界帝国の崩壊は，鉄のカーテンの向こうに永久に失われてしまったように思われた歴史的な地理景観を我々の視野に引き戻した。ブコヴィナ（Bukowina）もそこに含まれる。カルパチア山脈北部とドニエプル川の間に位置する約1万平方キロメートルの地域であり，19世紀中頃には50万人近くの住民がいた[1]。住民の最大のグループはルーマニア人とウクライナ人であった。それにかなりの差がついて，とくにドイツ人，ユダヤ人，ポーランド人及びハンガリー人がいた。1849年以降，ブコヴィナはオーストリア＝ハンガリー帝国の独立の王室領地であった。その文化の中心は，プルート川上流域のカルパチア山脈麓に位置する首都チェルノヴィッツ（Czernowitz）であった。現在この町は，ウクライナ共和国のルーマニア国境からさほど遠くないところにある。

---

[*] *EUGEN EHRLICH*（1862年-1922年）

[**] Begründer der Rechtssoziologie

[***] Dr. *Andreas Heldrich* : Professor an der Universität München（ミュンヘン大学教授）

[1] József Buszko, Zum Wandel der Gesellschaftsstruktur in Galizien und in der Bukowina, Österreichische Akademie der Wissenschaften, Philosophisch-Historische Klasse, Sitzungsberichte, 343. Band, 1978, S. 31 参照。

20世紀初頭，この町には6万7千人の住民がおり，その3分の1近くはユダヤ人であった[2]。彼らのほとんどはドイツ国籍であったようである[3]。その周辺地域は農業地帯であった。全人口の約4分の3は農業に従事していた。独立した工業は未発達であった。蒸気製粉，ビール醸造，製油，製材といった事業は農業と密接に結びついていた[4]。町の内部では，材木と家畜の取引が盛んであった。この町には，ギムナジウム，地方裁判所，「監獄（Strafhaus）」，そして——1875年以降——神学部，法学・国家学部及び哲学部を擁する大学の所在地でもあった。路面電車も走っていた[5]。

オイゲン・エールリッヒは，1862年9月14日に，ユダヤ人弁護士の息子としてチェルノヴィッツに生まれた[6]。彼は，リヴィウ大学〔現ウクライナ〕とウィーン大学で法学を学んだ。彼が教えを受けた教員には，とくに，有名な「講壇社会主義者」アントン・メンガー（Anton Menger）がいる。エールリッヒは，1886年にウィーンで「両法博士（Doctor der Rechte）」の学位を取得する。1894年には，その前年に出版された著書『黙示の意思表示（Stillschweigende Willenserklärung）』により，ウィーン大学のローマ法担当の私講師に任じられていた。それと併行して，ウィーン近郊のシュヴェヒャート（Schwechat）で弁護士の仕事もしていた。彼はアントン・メンガーの交友サークルに属していたが，その学問的マルクス主義からは距離を保っていた。1896年に，自身の故郷であるチェルノヴィッツのフランツ・ヨーゼフ皇帝＝王－大学（k. und k.-Franz-Josef-Universität）のローマ法担当員外教授に任じられた。1899

---

2) *Meyers* Großes Konversationslexikon, 6. Aufl., 4. Band, 1904, „Czernowitz"; *Buszko*, (aaO Fn. 1), S. 36 f.

3) *Buszko*, (aaO Fn. 1), S. 32. ただし世紀の変わり目以後はシオニズムの影響が顕著になったようである。このことについては *M. Rehbinder*, Die Begründung der Rechtssoziologie durch *Eugen Ehrlich*, 2. Aufl., 1986, S. 26 f., Fn. 76 参照。

4) *Buszko*, (aaO Fn. 1), S. 32 und S. 35.

5) *Meyers* Großes Konversationslexikon, (aaO Fn. 2).

6) 以下の伝記の記述は主として *M. Rehbinder*, (aaO Fn. 3), S. 14 ff. によった。さらに，*T. Raiser*, Rechtssoziologie, 1987, S. 58 ff.; *Röhl*, Rechtssoziologie, 1987, S. 27 ff. も参照。

年に出版されたモノグラフィー『ドイツ帝国民法典における強行法と非強行法 (Das zwingende und nichtzwingende Recht im Bürgerlichen Gesetzbuch für das Deutsche Reich)』により，1900 年には正教授に昇進した。1906 年－1907 年には学長を務めている。その就任講演『慣習法の事実 (Tatsachen des Gewohnheitsrechts)』は 1907 年に公刊された。

エールリッヒは結婚することなく，旅行が多かった。不鮮明ではあるが彼の晩年の写真は，縁なし眼鏡をかけ，額からはげ上がった痩身の男であったことを示している。そのポーズと微笑みは，親しみの持てる尊大さを窺わせる。彼は，自分はヨーロッパのほとんどすべての言語を習得したと自ら報告している[7]。彼の著作では，英語，フランス語，スペイン語，イタリア語，デンマーク語，ノルウェー語，ロシア語，セルビア語，クロアチア語，ポーランド語，そしてハンガリー語の原典が使いこなされている[8]。彼の修辞的な才能は，その著作においても発揮されている。明晰さ，活力，そして反語が際立っているのである。かくして文明世界のはずれの小さな田舎大学のロマニスト[9]は，専門分野で有名な男となった。第 31 回ドイツ法曹大会は，1912 年のウィーン大会のために，「（大学卒業の前後の）専門家養成において，心理学，経済学及び社会学的問題に対する法曹の理解をより深めるために何をなしうるか？」についての意見書[10]を彼に依頼したのである。彼はその論述を，まさにこの問いが自分の研究生活の当初から頭の中にあった，という言葉で書き始めている。

実際，黙示の意思表示に関する彼の教授資格論文がすでに主として事実の問題 (Faktizität) を扱っていた。意思表示の明示的表出のない法律行為という解釈学的な構成は彼の興味を引かなかった。むしろ彼の頭にあったのは，意思

---

7) *Ehrlich*, Gesetz und lebendes Recht. Vermischte kleinere Schriften herausgegeben von *M. Rehbinder*, 1986, S. 192.

8) *M. Rehbinder*, (aaO Fn. 3), S. 19.

9) *M. Rehbinder*, (aaO Fn. 3), S. 20.

10) *Ehrlich*, Recht und Leben, Gesammelte Schriften zur Rechtstatsachenforschung und zur Freirechtslehre. Augewählt und eingeleitet von *M. Rehbinder*, 1967, S. 61 ff. に収録。

表示の擬制が法実務で用いられる，その目的であった。彼の鋭い現実感覚は，推測的〔意思〕表示の法制度は「その存在を獲得しようとしている新たな法規範の全体系」のための受け皿なのであり，均質な問題ではなく，諸問題の複合体」であるとの認識に導いた[11]。別言すれば，彼にとって重要なのは，現実の法生活における概念の機能であった。

エールリッヒは，法についての解釈学的な言辞をいわば真に受けることを，生涯拒絶した。彼にとって法学の思考の構造物は外面にすぎないのであり，その背後にある法生活の固有の事実が発見されなければならないものであった。こうした法と現実の乖離が，彼の学問的ライフワークの基本テーマであった。

チェルノヴィッツという研究拠点の周辺地域は，そのための理想的な沃地を提供した。ブコヴィナでは，オーストリア＝ハンガリー帝国のドーム屋根の下，単一国家の中でさまざまな民族が入り交じって一緒に暮らしていたのである。それらすべての人々に，つまり，ルーマニア人，ウクライナ人，ドイツ人，ユダヤ人，アルメニア人，ロシア人，ポーランド人，スロバキア人，ハンガリー人そしてジプシーに，1811年6月1日のオーストリア一般民法典が形式上等しく適用されていたのである。しかし現実には，——エールリッヒがすぐに気づいたように——彼らは固有の法文化を保持していたのであり，それがオーストリア一般民法典と対立することは珍しくなかった。「それゆえ，実際には，法における属人主義という太古の原則が生き続けているのであり，属地主義の原則に取って代わられたのはせいぜい紙の上だけのことに過ぎない」[12]。

それゆえにエールリッヒは，「ブコヴィナの9つの民族集団における生ける法」を体系的に収集することを決意したのである。その際彼は歴史法学派の伝統に立った。サヴィニー (*Savigny*) によれば，「実定法を生み出すものは，すべての個人の中に共通に生きており作用している民族精神である」。法は「民族の共通の意識の中に」抽象的規則としてではなく，「法的諸制度を有機的に

---

11) *Ehrlich*, Stillschweigende Willenserklärung, 1893, S. 291.
12) Das Lebende Recht der Völker der Bukowina, 1912, in : Ehrlich, Recht und Leben (aaO Fn. 10), S. 43.

関連付ける生きた考え方」として息づいている[13]。このように見れば，法は「それ自体のための存在ではなく，その本質は，むしろ人々の生活そのものであり，それを特別の面から捉えたものである」[14]。これを背景とすれば，ヤコブ（Jacob）とヴィルヘルム（Wilhelm）のグリム（Grimm）兄弟の『子供と家庭の童話（Kinder- und Hausmärchen）』，『ドイツ伝説集（Deutsche Sagen）』及び『ドイツ語辞典（Deutsches Wörterbuch）』などを範として，民族生活の法において展開する部分を収集し，記録することはよく分かる。しかし，歴史法学派自身はこのような方向にはおよそ進まなかった。歴史法学派にとって重要であったのは，法学への国家の介入を防ぐことであった。そこで民族の考え方を持ち出すのは口先だけの信仰告白でしかない[15]。まさにこうした〔理論的〕要請と現実の乖離を，エールリッヒはその研究意図の説明においてつぎのように批判的に書き留めている。「法は民族の法意識から発出するはずだという偉大な真実を100年来常に口にしてきた歴史法学派の学徒がようやくにしてそれを実行に移す，いまがまさにその時ではないだろうか。いまようやく民族の法意識を研究することにより，それがすべての法の唯一の淵源なのだと主張し続けるのである」[16]。

　エールリッヒは，その経験的研究をブコヴィナのさまざまな地域における農地用益貸借契約の収集から始めた。さらに，彼は，オーストリア一般民法典の法的現実についての質問調査を実施し，法典全体のほぼ3分の1は「何らの痕跡もなく生活を素通りしている」との結論に到達した[17]。1909-10年の冬学期

---

13) *Savigny*, System des heutigen Römischen Rechts, Erster Band, 1840, S.14 und S. 16.
14) *Savigny*, Vom Beruf unser Zeit für Gesetzgebung und Rechtswissenschaft, 1814, S. 30.
15) このことは，サヴィニー（aaO Fn. 14）S. 12に明らかである。それによれば，より高度の発展段階における法は法曹の意識に帰するのであり，「そうなれば，民族はこうした機能を通じて彼らによって代表されることになる」。このことについては，*Wieacker*, Privatrechtsgeschichte der Neuzeit, 2. Aufl., 1967, S. 392 f. も参照。
16) *Ehrlich*, (aaO Fn. 12), S.18.
17) *Ehrlich*, Grundlegung der Soziologie des Rechts, 3. Aufl., 1967, S. 297. ちなみに彼の先例に刺激を受けて，マルティーン・ヴォルフ（*Martin Wolf*）は「民法典とドイツ人の生活慣習」に関する調査を行った（JW 1906, 697 ff. 参照）。また

に，彼は，チェルノヴィッツ大学に「生ける法ゼミナール」を開講し，そのゼミナールのためにウィーンの教育省は 1911 年の会計年度に 400 クローネの単年度助成金を承認した[18]。彼は，このつつましい資金を用いて，たとえば，用益貸借契約締結や共同牧地の運営にかかわる慣習についての小規模な調査を，第一次世界大戦の勃発まで学生と一緒に町の周辺で行った。彼は演習の新しい形式，いわゆる法律学的調査記録を開発したのである。それは 1 つの経営体を構成するすべての法律関係の一種の書き取り，つまり農場であれば，これまでの所有者のつながり，抹消済み及び現存の物的担保，売買，用益貸借，消費貸借及び雇用契約といった経営に関連するさまざまな契約，農業者の家族法上の関係，とりわけその夫婦財産契約等々をまとめるのである[19]。このようにして，多種多様な法的関係が有機的な経済的結び付きにおいて，そして，持続的発展の現時点での通過段階として示されるのであるという。エールリッヒは，とりわけ若い法曹にとって大切と思われること，つまり現実感覚を喚起することを約束している。学問的に役立たない作業でさえも，「高い教育的価値〔がある〕：学生は，観察すること，死んだ条文や書類の束ではなく生きた人間と関わり合うことを学んだのである」[20]。

　エールリッヒは，それどころか最終的に，ブコヴィナにおける個別民族集団の法の全体像を把握する試みを企画した。彼は，それ用の質問用紙を作製し[21]，ゼミナール参加者に調査実施についての指図を与えている。その構想は，かつてのドイツ植民地の役人や宣教師に送った質問票を用いて未開民族の法を調べようとした，ドイツ法人類学の旧学派（ポスト (Post)，コーラー

　　　これについては，*M. Rehbinder*, (aaO Fn. 3), S. 20, *Heldrich*, Die Bedeutung der Rechtssoziologie für das Zivilrecht, AcP 186 (1986), 74 f. 参照。

18)　このことについては，*Ehrlich*, Recht und Leben, (aaO Fn. 10), S. 11 ff. の研究計画書及び同書 28 ff. の報告書，ならびに *M. Rehbinder*, (aaO Fn. 3), S. 31 参照。

19)　このことについては，*Ehrlich*, Recht und Leben, (aaO Fn. 10), S. 74 参照。

20)　*Ehrlich*, Recht und Leben, (aaO Fn. 10), S. 74.

21)　*Ehrlich*, Recht und Leben, (aaO Fn. 10), S. 49 ff.

(Kohler))を想起させるものである[22]。こうした努力の成果は，いずれも非常に乏しいものであった。エールリッヒは，その理由は学生たちにとって慣れない課題であったことと，彼らに動機付けが欠けていたことにあるとしている。「私が求めたのは読書の成果でも，原資料や文献についての研究でもなく，自らに起きたことないしは自らの体験についての報告であった」[23]。たしかにそれは法曹にとっては前代未聞の要求であった。このことは今日に至るまでほとんど変わっていない。博士課程の学生に法事実調査をさせようとした者なら，誰しもこのことを認めるであろう。

しかしエールリッヒは，自身の学問研究において，そのような失敗に惑わされることはなかった。1913年には有名な主著『法社会学の基礎理論 (Grundlegung der Soziologie des Rechts)』が出版された。この本の核心を著者は，よく引用される序文で次のように記している。「書物というものはその意図がただ1つの文章に要約できるようなものでなければならないとよく言われる。もし本書がそのような審査を受けなければならないとしたら，その文章は次のようなものとなるであろう。法発展の重心は，現代においても，すべての時代と同じく，立法でも法律学でも，また裁判でもなく，社会それ自体の中にある」。

エールリッヒは，いまや，専門分野におけるその名声の頂点に立った。法社会学の論文のほか，方法論批判の論文もそのことに寄与した。1903年にウィーン法曹協会で行った講演『自由な法発見と自由法学 (Freie Rechtsfindung und freie Rechtswissenschaft)』[24]により，彼は，いわゆる自由法学派の指導的論客としての栄誉の基礎を固めたのである。彼は，概念法学をその法秩序無欠缺のドグマを含めて拒絶するが，その論調と内容は全くもって穏健で節度あるものであった。「自分の法的確信を常に法律文言にもとづいて理由付ける義務を裁

---

22) このことについては，*Hoebel*, Das Recht der Naturvölker, 1968, S. 43 ff. 及び同所掲の文献参照。
23) *Ehrlich*, Recht und Leben, (aaO Fn. 10), S. 73.
24) *Ehrlich*, Recht und Leben, (aaO Fn. 10), S. 170 ff. に収録。

判官に負わせようとすることは，国家に雇われている公務員たる裁判官に対する古典自由主義的な不信という」良質の「部分」に由来するというのである[25]。彼にとって，自由な法発見が考えられるのは，法体系における真の欠缺，すなわち「ある法規が当然に必要であるはずの所にそれが欠けている」[26]という比較的まれな場合だけであった。その場合，裁判官は，自ら行った評価を解釈の技巧によって飾り立てたり，欺瞞的な推論によって擁護すべきではないというのである。むしろエールリッヒは，裁判官に自分の決定について全面的な責任を負うよう督励する。彼の見解は，オイゲン・フーバー（Eugen Huber）がスイス民法典第1条に置いた有名な規則〔「(1項) この法律は，文言もしくは解釈により規定に含まれるすべての法律問題に適用される。(2項) この法律から規定を取り出すことができないときは，裁判所は慣習法に従って，慣習法もないときは，自身が立法者であったなら立てるであろう規則に従って裁判すべきである。(3項) その場合には，確立した学説及び習慣に従う。」〕と相当範囲で一致している。彼ならびにフランソワ・ジェニー（François Gény）と一緒に，エールリッヒはオランダのグローニンゲン大学から1914年7月に名誉博士号を授与されている。彼の著作はアメリカ合衆国や日本でもかなり注目された。彼の最も重要な著作のいくつかは，この両国で翻訳出版されている。1914年の12月にはアメリカへの講演旅行が約束されていたが，1914年8月の戦争勃発によりその計画は水泡に帰した。

　そのようなことがなくとも，彼は，かくも輝かしく始まった学界でのキャリアを突然休止した。チェルノヴィッツは，すでに戦争の初期にロシア軍によって侵略され，その後何度も占領国が代わった[27]。エールリッヒはウィーンで研究を続け，それもうまく行きかけていた。中部ヨーロッパ諸国の敗北がはっきりとしてきたことから，彼は，ドイツ主導の下でのオーストリア＝ハンガリー帝国の維持を支持して政治的にかかわった。歴史はそれを無視して進行した。

---

25) AaO (Fn. 10), S. 196.
26) M. Rehbinder, (aaO Fn. 3), S. 94 により引用。
27) 以下の記述については，M. Rehbinder, (aaO Fn. 3), S. 25 ff. を参照。

ドナウ帝国の崩壊により，ブコヴィナは1918年11月にルーマニアの手に落ちたのである。エールリッヒは，チェルノヴィッツにおいてドイツの公然たる代弁者とみなされるようになった。1907年12月に行われた学長退任講演の中で，すでに彼はつぎのように自認していたのである。「私自身はもう1つの人種に属しています。その人種にとっては，ユダヤ人のドイツへの完全な融合以外にユダヤ人問題の解決は存在しません。そのことはドイツに住むユダヤ人だけでなく，この東方，スラブ民族の真ん中に居を定めているユダヤ人にも当てはまるのです」[28]。運命は，それが恐ろしい誤解であったことを彼が知らないで済むようにした。

ルーマニアのチェルノヴィッツ大学は，彼のような男にふさわしい場ではなかった。〔スイスの〕ベルン大学に逃れる試みは失敗した。そのためエールリッヒは，多少ためらった後1921年にその古巣の大学の教授としての再任用を受け入れた。彼は，ルーマニア語での講義を準備するために1年間の休暇を取った。しかし，教育活動の再開より先に死が訪れた。1922年5月2日に，59歳の彼は糖尿病によりウィーンで死亡したのである。

II．学問的ライフワーク

エールリッヒは，浩瀚な学問的ライフワークを遺している。法史学，民法及び方法論の論文のほかに，とりわけ彼の死後の名声を基礎付けた法社会学の著作がある。その中でも主たる業績として傑出しているのが，1913年に出版された『法社会学の基礎理論』である。この本は，具象性，写実性及び鮮明さによって魅了する。そこで述べられたことの多くは，その妥当性を失っていない。けれども，どちらかといえば非体系的な本であり，残念ながら全体を貫く1本の糸がない。その本質的内容を数行にまとめることはまず無理である。その理由は本書の対象自体にある。法社会学は，法を言語や宗教といった社会的共同生活の多くの構成要素の1つと考える。したがって，法社会学は法秩序の

---

28) *M. Rehbinder*, (aaO Fn. 3), S. 27 により引用。

全領域だけでなく，あらゆる多様性を示す社会とかかわり合うのである。したがって，各分野の境界はどうしても流動的となる。法解釈学などと区別される法社会学の特徴的な性格は，その考察の仕方にある。法社会学は，経験的に把握されうる社会的事実の一部分としての法を取り扱うのである。この経験科学的なアプローチが法秩序のすべての任意の局面に適用される。したがって，そのようなアプローチ自体すでに体系化になじまないのである。加えて，エールリッヒは，他の論者の先行研究に依拠することがほとんどできなかった。彼の法社会学は，学問的未墾地に足を踏み入れるパイオニア的研究である。そのような中で著者は，考え抜かれた計画をもってというよりも，むしろ荒々しく仕事に取りかかったのである。

1. 彼は，その基礎理論を痛烈な伝統的法学に対する批判で書き始めている。すなわち，それまでの法学は，自己をもっぱら国家法の正しい適用の理論であると理解しており，本来的に「法律を周知させる特別に圧迫的な形態にすぎない」というのである[29]。そして，まず1番に裁判官の方を向いており，弁護士や公証人の仕事を無視している。彼らは，自身が必要とするものを「本当に職人のように実地で学ばなければならないのであり，有益この上ない職業的経験はたいていその持ち主と共に絶えてしまう」[30]。我々の法曹養成のこのような欠陥はその後もほとんど変わっていない。

　裁判官の仕事だけを念頭に置いているため，法学が扱うのは法律事件裁判のための規則（Regel）である。それらの規則がそのまま，人間が実際にその行為の拠り所としている規則と同一視される。しかし，それらは明らかに全く別のものである。「なぜなら，人間が自分たちの紛争の裁判に適用されるのと同じ規則に従って常に行為しているなどということはまずないからである」[31]。このような同一視の内在的矛盾は，法律の錯誤が顧慮されないことにとくにはっきりと表れている。法を市民にとっての行為規則として理解する法学が，「法

---

29) *Ehrlich*, Grundlegung, (aaO Fn. 17), S. 14.
30) *Ehrlich*, Grundlegung, (aaO Fn. 17), S. 5.
31) *Ehrlich*, Grundlegung, (aaO Fn. 17), S. 6.

は人間がそれを全く知らなくとも人間を拘束する」という原則を立てることは不可能である。「知らない規則に従って行為することはできないからである」[32]。この批判がすでに示している彼の法規範に対する向き合い方は，事実として遵守されている行為規則という意味であった。

 2. こうした社会の現実の法は，家族，自治体，国家，国際法上の国家共同体，教会，政党，企業，職業団体等々のような社会的組織の内部秩序である。法にとって個々人は，常に，実生活によってその中に位置づけを与えられた無数の組織の一構成員としてのみ存在する。すべての法は社会法（Sozialrecht）である[33]。伝統的法律学が普通に行ってきた，個々の法主体間の個別的法律関係の〔組織から〕切り離した考察は，非科学的である。〔個々人が置かれた〕諸組織をバラバラに引き裂くからである。

 少なくとも現在の見方からすれば，この批判は行き過ぎのように思われる。この批判は，農業社会における見通し可能な諸関係においては正当なものであったかもしれない。現在の匿名化された大衆社会では，この批判は時代遅れである。

 3. もちろん，組織における人間の共同生活を規定している法規範（Rechtsnorm）は，法曹の思考において法秩序にまとめ上げられる元となる法規（Rechtssatz）と同じではない。エールリッヒの考える法規範が現実の行為規則であるのに対し，法規は「法典ないしは法書においてある法規定が偶然に与えられた一般的拘束力ある表現形式」である。したがって，あらゆる社会には，「法規よりもはるかに多くの法規範」が存在する。「なぜなら，すべての同種の関係のための法よりも個別の関係のための法が常にはるかに多く存在しており，また，法を言葉で表現しようとする同時代の法曹の意識に上ったものより多くの法が存在するからである」[34]。

 このように，エールリッヒが用いる法の概念は並外れて広いものである。彼

---

32) *Ehrlich*, Grundlegung, (aaO Fn. 17), S. 8.
33) *Ehrlich*, Grundlegung, (aaO Fn. 17), S. 34.
34) *Ehrlich*, Grundlegung, (aaO Fn. 17), S. 29 f.

にとって決定的なのは，ある規則が実際の社会的行為において少なくとも一般的に遵守されているかどうかである。「実生活に登場するものだけが生きた規範となるのであり，それ以外は単なる学説，裁判規範，ドグマあるいは理論でしかない」[35]。もちろん，現実に妥当しているという判別基準は，他の社会規範，例えば礼儀とか作法あるいは——現代的な概念を用いるなら——環境意識といった社会規範との区別を許容するものでは決してない。エールリッヒによれば，法の外にある行為規則の方が，組織の現実において法規範よりもはるかに重要な意味を持っている。個々人は，法の要請にまず合わせるのではなく，祖国，故郷，教会，家族，友人仲間，職業的及び社会的関係，顧客関係といった，社会的共同体の内部における自分の立場に合わせるのである。自分の生活圏で後ろ盾を必要とする者は，そのことから発生してくる尺度に適応するのがよいのである。法の外にある規範の圧力が法のそれよりも強いことは珍しくない。「だから多くの者は，仕立屋への借りはそのままにして賭博の借金を支払い，刑法の禁止をあざ笑いながら，社会的強制に盲目的に従って決闘に臨むのである」[36]。それどころか，法に合わせることが社会的組織の崩壊の兆候となることさえある[37]。実際に，夫婦が法的立場を主張するようになると，離婚の日は遠くないし，また，子が親に扶養を求めるときには，家族はすでに破綻している。法は——おそらくはこのように言うことができるであろう——なによりもまず社会関係の病理的展開を規律するのに対し，法の外にある規則は心理学的に普通の状態に妥当するのである。

したがって，エールリッヒによれば，法規範の行為規定的な直接的作用は相対的に弱い。規範逸脱的行為に対して法規範から加えられるサンクションは，普通の生活ではほとんど役割を演じないのである。「人間が他人の所有物に手を付けないのは刑法を恐れているからであるとか，債務を返済するのはさもないと執行官が威嚇するからだという，かくも蔓延した考え方ほど非心理学的な

---

[35] *Ehrlich*, Grundlegung, (aaO Fn. 17), S. 33.
[36] *Ehrlich*, Grundlegung, (aaO Fn. 17), S. 16 f.
[37] *Ehrlich*, Grundlegung, (aaO Fn. 17), S. 45.

ものはないといってよい」[38]。人間が規範に則して行為するのは，そうしないと「身内との仲がまずくなる，自分の地位を失う，顧客関係を損なう，不正直でけんか腰の軽薄な人間との評判が立つ」[39]などといった不利益を被るからである。法のサンクションは，社会的圧力が効かない場合，すなわち，とくにアウトサイダーの場合にはじめて意味を持ってくる。刑事裁判所が扱っている大多数の事件をみれば，つぎのことが分かる。すなわち「刑法が適用された対象は，ほとんどもっぱら，その素性，経済的急迫，養育放棄あるいは道徳的放任のために人間の共同体から排除された者たちなのである。それゆえ，このような排除された者たちの場合にだけ，彼らをもまだ包摂している最も広い最後の組織すなわち国家が，その刑罰権をもって登場するのである。この場面で国家は，社会の機関として社会の外部に立つ者たちから社会を守るのである。その成果の程は数千年の経験が示している。犯罪に本気で対処する唯一の手段は，犯罪者をできる限り人間社会に再び受け入れ，社会的圧力に改めて服させることであるという確信が段々と強くなってきたのである」[40]。

　強制執行についても事情はよく似ている。「したがって，信用能力は強制執行の成功可能性の表現などではない。それはむしろ，債権者が信用供与にあたって信頼した社会的諸関係の経済的表現なのである。……それゆえ，刑罰と同じように，強制執行もまた零落者や社会から排除された者のためにのみ存在する。すなわち，軽率に借金ばかりする者や詐欺師，破産者に対処するために，そして最後には不運により支払い無能力となった者に対処するためにある」[41]。現在の見方からすれば，この見解はいささか素朴であり誇張の感がある。豊かな社会に特有の犯罪や交通犯罪は，社会的グループへの完全な統合も，刑罰の対象となることから個々人を守れないことを我々に教えてきたのである。また，信用供与の場合には，債務者の社会的地位よりも提供された担保

---

38) *Ehrlich*, Grundlegung, (aaO Fn. 17), S. 50.
39) *Ehrlich*, Grundlegung, (aaO Fn. 17), S. 16.
40) *Ehrlich*, Grundlegung, (aaO Fn. 17), S. 54 f.
41) *Ehrlich*, Grundlegung, (aaO Fn. 17), S. 56 f.

を信頼することが多いであろう。しかし、当時にあっては、エールリッヒの見解は疑いもなく新鮮でモダンであった。その見解が、彼の住む小さな町と農村という周囲の社会的諸関係にまさに適合的であったとしても〔そのように言えるの〕である。

4. もっとも、彼の見解は、大胆にも法規範を法の外にある共同生活の規則から区別するという難しい企てを行っている。たしかに人間は、「なによりもまず社会的つながりがそれを要求するから法に従って」行為する[42]。しかし、そうだとすれば、法規範の特性はどこにあるのだろうか。エールリッヒはこの問いに対して納得の行く答えを見出さなかった。法規範と他の社会規範の違いは、彼にとっては「社会心理学」の問題である。「感情の調子の違いが規範の種類の違いとなって表れるのであり、我々は規範の違反に対し、その規範の種類に応じて違った感覚でもって反応するのである。法律違反の結果生ずる憤激の感情を、風俗的命令の違反に対する憤慨、無礼を働かれたときの不快感、無神経に対する拒否、作法を間違えたときの冷笑、そして最後に、流行の最先端にいると気取る者が自分のレベルに届かない者に向ける批判的拒絶と比較してみればよい。法規範は本来的に感情なのであり、そのことについてすでに普通法学者は不可避的評価（opinio necesstiatis）という特徴的な名称を見出している。それによって法規範が識別されなければならないのである」[43]。

この「感情説」の欠点ははっきりしている。ケルゼン（*Kelsen*）は、本書に対する書評で、「法の本質を見定めようとする試みが少なくない中で、これが珍奇の極みにあることは確かである」[44]と論評している。法の規律領域がまさにかくも多様であるために、法の侵害に対する市民の反応が一様だとは言えないのである。たいていの法規範は、平均的人間の感情の「衝動域」よりもかなり下に位置している。「憤激」をもって社会が反応するのは、重大な犯罪に対してだけである。それに対して万引きは、非難されるがしばしば大目に見ても

---

42) *Ehrlich*, Grundlegung, (aaO Fn. 17), S. 51.
43) *Ehrlich*, Grundlegung, (aaO Fn. 17), S. 132.
44) *M. Rehbinder*, (aaO Fn. 3), S. 123 により引用。

らえる。交通規則の違反は，国民的スポーツと普通にみなされている。さらに加えて，個別の法規範に対する社会構成員の態度はかなり異なっている。ある者にとって酒酔い運転は些細な罪であるが，他の者にとっては公共を危険にさらす行為と考えられるのである。こうしたことを背景に，法の社会心理学的な定義はその失敗を宣告されているのである。

5. もちろん，こうした批判を加えるときには，エールリッヒが法規範の概念を法律学の専門書とは違った意味で用いていることに注意しなければならない。彼にとって，法は人間の観念（Vorstellung）の中においてのみ生きている。その観念は，観察可能な一定の事実に結晶しており，その事実がいわば法の工場を成しているのである。そのような事実としてエールリッヒがあげるのは，慣行，支配，占有及び意思表示とくに契約と終意処分である。慣行と占有はこの種の最古の「法事実（Rechtstatsache）」である。「今日においてもなお占有は，ゆるい社会的つながりしか持たない人間が互いに平和裏にやっていくための関係を規定している。列車での……座席の確保とか，カフェでの新聞の独占を考えてみればよい。窓口や待合室での順番も占有の規則に似ている。契約はもっと密接な関係を前提としている……」[45]。たしかに，これら４つの基本的要素から展開される規則の性格は決して一様ではない。あらゆる組織は，自己に適した秩序を自ら作り出すのである。それゆえに，統一的な家族法があるにもかかわらず，同じ家族が２つ存在することはない，国の定めた地方自治法があるにもかかわらず，同じ自治体が２つ存在することもない，等々。けれども，すべての新たな組織は，すでに展開されている既存の規範に結びつく。「すべての新しい家族は，基本的に，既存の家族秩序を反映する」。真価を示したものが「社会的な規範の宝庫に蓄積され，その後の組織の指針として役立てられる。それは，新たな必要や事情へ永遠の適応の過程なのであり，その過程の中に人間社会とその規範世界の発展が同時に表れてくるのである」[46]。

6. エールリッヒの用語法における法規範とは，組織における共同生活の実

---

45) *Ehrlich*, Grundlegung, (aaO Fn. 17), S. 94.

46) *Ehrlich*, Grundlegung, (aaO Fn. 17), S. 95.

際に遵守されている規則である。裁判官によって適用される裁判規範はそれと区別されなければならない。それも行為の規則ではあるが，しかし「実社会で活動している人間」のためのものではなく，「裁判所でその人間の上に座る人間」[47]のためのものである。裁判規範は通常の法規範とは別の目的に資する。その適用は，「紛争関係が……もはや平和的関係ではない」[48]ことを前提としているのである。それゆえに，当該組織における制御力を失ってしまった実生活の古い規則を持ち出すことは無意味となっている。さらに加えて，訴訟は，組織の内部秩序では満たされない特有の需要を生み出す。「それ〔内部秩序〕は戦いの秩序ではなく平和の秩序」だからである[49]。組織の自然な生活秩序から引き出すことのできないその種の規則として，エールリッヒは，取消権，不当利得法，損害賠償法などをあげている。

　裁判規範からの抽象化と一般化によって法規が成立する。それが，諸組織の社会的法に重なり，場合によってはそれに影響を及ぼし変更を加える，第2の法秩序を形成する。法規は，正義（Gerechtigkeit）に従って裁判する法曹の作業の中で成立する。エールリッヒは，正義の本質は心情に働きかける非合理的な力であり，「ゴシック教会やベートーベンの交響曲の美しさと同じく」，その力を科学的に把握することはできないと考えている。正義は，それゆえ「感情の働き（Gefühlsleben）の問題」なのである[50]。それは，1人の人間が迫られることのある課題の中でも，最も重大かつ最も困難で，責任の最も重いものなのである[51]。正義は，時代の特徴を読み，将来の必要を予感することに長けた天才のなすべきことである。「なぜなら，正義はたしかに社会の潮流に由来するが，それに効果を持たせるためには個人の人格的営為が必要だからである。その点において，正義は芸術と一番よく比較できる。芸術家も自分の内面から

---

47) *Ehrlich*, Grundlegung, (aaO Fn. 17), S. 98.
48) *Ehrlich*, Grundlegung, (aaO Fn. 17), S. 99.
49) *Ehrlich*, Grundlegung, (aaO Fn. 17), S. 101.
50) *Ehrlich*, Grundlegung, (aaO Fn. 17), S. 163.
51) *Ehrlich*, Grundlegung, (aaO Fn. 17), S. 167.

……作品を作るのではない。芸術家は社会から求められるものだけを形作るのである。しかし,芸術作品が——社会的諸力の結果であるとはいえ——芸術家によって初めて形を与えられなければならないのと同じように,正義もそれを告げる予言者を必要とする。そしてまた社会的素材によって造形される芸術作品に芸術家の全人格が刻印されているのと同じく,正義が社会に負っているのはその生の内容だけであり,その個別の姿はそれを作り出した正義の芸術家に負っているのである。我々は,唯一の正義,唯一の美というものはもっていないけれども,すべての本当の芸術作品から人間性についての美が語りかけるように,すべての正義の作品には正義が存在するのである」[52]。

後の文献では,正義に関するこの美学的な説明が好んで引用される。この説明は,自分たちの仕事が天才的芸術家の作品と同等とは扱われないのが普通である法曹の自意識をくすぐるのである。しかし詳しくみるなら,エールリッヒの定義は正義の概念の具体化にほとんど貢献していない。法秩序の正義の内容は,原則と例外を段々と精密化していくことに帰する,粘り強く入念な接近プロセスの結果なのである。正義は,問題解決の正しい道を模索する多くの法曹の,苦労の多い,そして徒労に終わることの少なくない努力によって成立するのである。それは,個人の創造的行為というよりは,むしろ論争的議論の果実なのである。

7. もちろん,エールリッヒはこの観点を決して忘れていた訳ではない。彼にとって,法規の発展の決定的な力は法曹の仕事である。国家の立法はその背後に退いている。生ける法の上に重なる「第2の法秩序」についての彼の説明において,法典編纂は言及されていない。その意味でエールリッヒは歴史法学派の呪縛の中にある。それゆえ国家は,法発展において遅れて登場する者 (Spätankömmling) なのである。国家の法典編纂は,その本質において,「法制化された法曹法」すなわち社会においてすでに前からに正しいとされてきた事柄の記録と具体化から成り立っているのである[53]。当然,法曹法のこの「形式

---

52) *Ehrlich*, Grundlegung, (aaO Fn. 17), S. 168.
53) *Ehrlich*, Grundlegung, (aaO Fn. 17), S. 340.

変換」は法の状態に何らの影響も及ぼさない[54]。立法者が手を出すまでは，法律学が，変化する社会的事情に基づいて法規を自由に形成し継続的に発展させることができる。これに対して法典編纂の目的は，既存の法状態を書き記し，法律学を法律規定に繋ぎ止めることである。しかし，このことは長期的には成功しない。法典の公布後程なく，立法者の机上の理論的知識に解決が用意されていない新たな問題が出てくるのである。「そしてその瞬間に法律学は，法を社会生活の必要に役立つようにするという永遠の任務に再び直面する。そして，昔からその任務を果たしてきたのと同じ手段で，その任務を果たすのである」[55]。かくして新たな法曹法が蔓のように法典に巻き付き，そして，少し経つと「元々の内容があちこちで判別できなくなるほどに」分厚い外皮で覆ってしまうのである[56]。この見立ては今日に至るもなおその正しさを失っていない。

　国家による法定立の本来的な固有の貢献は，エールリッヒの見解によれば，現実の政治的問題を契機とする本当の新造物であるところの，比較的少ない裁判規範である。とくに，国家の官庁に特定の任務を委譲する，いわゆる侵害規範がこれに属する。この国家法の成功の見通しについてのエールリッヒの判断は非常に懐疑的である。「何といっても，教会，経済活動，芸術，学問，世論，家族及び人的な組織は，国家に対して，完全にもしくは相当部分において自身の自律性を維持してきた。国家の立法，司法及び行政は，常時，社会おける様々な勢力の展開に照らして自らを検証しなければならないが，その展開の焦点にはこれだけの数のものがあるのである」[57]。国家の権力的手段は，社会の抵抗を長い間押さえ込むことはできない。歴史は，国家機構が長期的に社会における「安定的な基本的勢力」に成長したことはないということを教えている。国家が使える諸力，すなわち軍隊，警察及び官僚は，それ自体社会的影響に強くさらされているために，どんなことでも国家権力に従うということには

---

54) *Ehrlich*, Grundlegung, (aaO Fn. 17), S. 343.
55) *Ehrlich*, Grundlegung, (aaO Fn. 17), S. 350.
56) *Ehrlich*, Grundlegung, (aaO Fn. 17), S. 348.
57) *Ehrlich*, Grundlegung, (aaO Fn. 17), S. 300 f.

ならない。フランス人は，国家は自己の法を長期的に権力に依拠させることはできないという考え方に，つぎのような的確な言葉をまとわせている。「すべてのことを銃剣でなし遂げることができても，そこに居座ることだけはできない」[58]。とりわけ，国家は自身の存立の経済的前提を荒廃させることはできない。「もちろん国家は国民経済に過度の負荷をかけることはできるし，現在でもかなり手ひどくそれを行っている。なぜなら，その時々の権力者は何十年，何百年か後にやってくるであろう荒廃を気にかける必要はないからである。しかし，国家は国民経済を破壊することはできない。どうしたところで国家は国民経済の余剰で生きていかなければならないからである」[59]。

　最近の中欧・東欧における大変革の後，このことを疑う者はいないであろう。まさに国家の干渉に対する彼の批判的姿勢において，エールリッヒは，自身の説得力もってその政治信条を示した，確信的自由主義者であることを証明している。

　8. 彼の主著の最後の2つの節を，エールリッヒは方法論の問題にあてている。彼は法社会学を観察科学として[60]，すなわち経験的な分野として理解している。観察の対象は，とりわけ生ける法である。生ける法は法律だけから取り出されるのではない。「1つの時代ないしは1つの国民の法の全体を法典の条文に閉じ込めようとすることは，そもそも，大河を池に流し込もうとする場合とおおよそ同程度の分別である。そこに入ってくるのはもはや生きた大河ではなく，死せる水であり，そしてそもそも多くのものはそこには入ってこないのである」[61]。

　生ける法を知る淵源は，まずは法文書，とくに裁判所の判決の基礎となった事実である[62]。ただしそこで考えておかなければならないのは，裁判所にまで

---

58) *Ehrlich*, Grundlegung, (aaO Fn. 17), S. 301.
59) *Ehrlich*, Grundlegung, (aaO Fn. 17), S. 301.
60) *Ehrlich*, Grundlegung, (aaO Fn. 17), S. 382.
61) *Ehrlich*, Grundlegung, (aaO Fn. 17), S. 394.
62) *Ehrlich*, Grundlegung, (aaO Fn. 17), S. 400-402.

やって来るのは社会生活の細切れの断片でしかないのであり，しかも争いを通じて歪められた形になっているということである。その意味では，公証人作成の文書の方がより適している。しかしそれらの文書については，文書作成者がとくに熟考することなしに様式を複写しただけの死せる法が多く含まれていることが予想される。結局，唯一信頼できる方法として残るのは生活そのものの直接的観察であり，聞き取り調査とそこで得られた情報の記録によるのが最良の方法である。「もちろん，法律家に対して自分の感覚的体験からも学ぶよう心がけてもらいたいと求めるとすれば，それは難しい要求である……」[63]。「しかし，学問の使命は簡単で気持ちのいい課題を探すことではなく，大きな実り多い課題を追求することにある」[64]。

　エールリッヒはこの要請に応えたのである。

オイゲン・エールリッヒの著作（抜粋）

Über Lücken im Rechte, Juristische Blätter 1888, 447 ff.

Die stillschweigende Willenserklärung, 1893.

Das zwingende und nichtzwingende Recht im Bürgerlichen Gesetzbuch für das Deutsche Reich, 1899.

Freie Rechtsfindung und freie Rechtswissenschaft, 1903.

Die Tatsachen des Gewohnheitsrechts, 1907.

Die Rechtsfähigkeit, 1909.

〔川島武宜＝三藤正訳『権利能力論』（岩波書店，1975年）〕

Ein Institut für lebendes Recht, Juristische Blätter, 1911, 229 ff.

Gutachten über die Frage: Was kann geschehen, um bei der Ausbildung（vor oder nach Abschluß des Universitätsstudiums）das Verständnis des Juristen für psychologische, wirschaftliche und soziologische Fragen in erhöhtem Maße fördern?, Verhandlungen des 31. Deutschen Jurisntentages II (1912) S. 200 ff.

Grundlegung der Soziologie des Rechts, 1913.

〔河上倫逸＝M. フーブリヒト訳『法社会学の基礎理論』（みすず書房，1984年）〕

Die juristische Logik, AcP 115 (1917) S. 125 ff.

〔河上倫逸＝M. フーブリヒト訳『法律的論理』（みすず書房，1987年）〕

---

63) *Ehrlich*, Grundlegung, (aaO Fn. 17), S. 403.

64) *Ehrlich*, Grundlegung, (aaO Fn. 17), S. 408.

翻　刻

Recht und Leben. Gesammelte Schriften zur Rechtstatsachenforschung und zur Freirechtslehre, Ausgewählt und eingeleitet von *M. Rehbinder*, 1967.

Gesetz und lebendes Recht. Vermischte kleinere Schriften herausgegeben von *M. Rehbinder*, 1986.

クルト・ヨエル*

ライヒ司法の行政官**

ペーター・ディエナース***
訳 本 間 　 学

I. 序

　ワイマール共和国のライヒ司法の業務と人事に，クルト・ヴァルター・ヨエル[1]ほど影響を与えた者はいない。1919年からヨエルはライヒ司法省上層部の重要な指導者であった。すなわち事務次官補を皮切りに，事務次官，最終的には第2次ブリューニンク（Brüning）内閣で司法大臣となった。1921年10月から1922年11月，1923年8月から11月までは自らもライヒ司法大臣であっ

---

* CURT JOËL（1865年-1945年）

** Administrator der Reichsjustiz

*** Dr. *Peter Dieners*：Rechtsanwalt in Frankfurt am Main（弁護士）

1) *K.-D. Goday-Schüttke*, Rechtsverwalter des Reiches Staatssekretär Dr. Curt Joël, 1981; ders., Curt Joël - „Graue Eminenz" und Zentralfigur der Weimar Justiz, KJ 1992, S. 82 ff.; *Th. Rasehorn*, Eine deutsche Justiztragödie, Staatssekretär Dr. Curt Joël（1865-1945), Recht und Politik 1982, S. 16 ff.; W. Kohl, Joël Curt, in: W. Benz/ H. Graml（Hrsg.), Biographisches Lexikon zur Weimarer Republik, 1988, S.161 f.; *I. Müller*, Furchtbare Juristen. Die unbewältigte Vergangenheit unserer Justiz, 1987, S. 212 ff.; *W. Strauß*, Vorwort, in: *C. Joël*, Die Rechtsprechung des Staatsgerichtshofs für das Deutschen Reich, ÄöR 1951/52, S. 129 ff.

た[2]グスタフ・ラートブルフ（Gustav Radbruch）は，ヨエルには司法大臣の「資質」が「あった」[3]と語っている。実際，大臣が次から次へと交代する事態に直面したにもかかわらず[4]——大臣のうち官庁に独自色を与えることができたのは，オイゲン・シッファー（Eugen Schiffer）とグスタフ・ラートブルフだけであった——，ライヒ司法行政の継続性を維持し，省務を決済したのは，ヨエルであった。当時の人のイメージでもまた今日の研究でも，彼は「影の実力者」であり，「ワイマール司法の中心人物」である[5]。他方で，当時もまた今日でも，ワイマール共和国における彼の役割に関する政治的評価は一致をみていない。社会民主主義者であるグスタフ・ラートブルフからすれば，ヨエルは「尊敬に値する人物で，気骨のある，信頼できる思慮深い人物」であり，ヨエルの「揺るぎない法律主義（Rechtsgesinngung）」をラートブルフは賞賛した。この法律主義により，1920年のカップ（Kapp）暴動の場合が代表的かつ決定的であるが，ライヒ中央官僚の重大な決断を支持して，ヨエルはカップに対する消極的抵抗を行った。他方で，ヨエルの「重大な結果を招く，不公平かつ不寛容な人事政策」[6]，保守的で「ドイツ民族主義的な基本態度[7]やビスマルク（Bismarck）信奉」，さらには1933年[8]以降，国民社会主義陣営に共感を表

---

2) ラートブルフについては，以下の文献を見よ。H. de With, Gustav Radbruch. Reichsminister der Justiz, 1979; H. –P. Schneider, Gustav Radbruch (1878–1949), in Dtreitbare Juristen, hrsg. v. Th. Blacke u. a., 1988, S. 295 ff.

3) G. Radbruch, Des Reichsjustizministeriums Ruhm und Ende, SJZ 1948, S. 58 ff./58.

4) 1920年1月1日事務次官に昇任してから1931年10月10日にブリューニング内閣に入閣するまでに，ヨエルは実に15の内閣で11人の大臣に仕えたのである！

5) K.-D. Goday-Schüttke, Curt Joël - „Graue Eminenz" und Zentralfigur der Weimar Justiz, KJ 1992, S. 82 ff.

6) たとえばつぎの文献を参照せよ。Th. Rasehorn, Eine deutsche Justiztragödie, Staatssekretär Dr. Curt Joël (1865–1945), Recht und Politik 1982, S. 16 ff./17.

7) I. Müller, Furchtbare Juristen. Die unbewältigte Vergangenheit unserer Justiz, 1987, S. 212.

8) ヨエルのライヒスタークへの登場に関する1932年5月12日付フェルキシャー・ベオバハター紙の記事を参照せよ。：「きわめて理知的な法律家のトップ。疑いなく誠実な人柄。彼は政府提案を曲がりなりにも擁護したが，あきらかにうわの空

明する者がいたともいわれる。中には，1919年に司法大臣が自らの執務室に皇帝の胸像はもはやふさわしくないと考えたため，ヨエルはそれを自らの執務室を運び込ませたというようなゴシップもあった。

　ヨエルの政治的評価について大きな違いが存在することは脇に置くとしても，ライヒ司法省が「非政治的で，共和主義的精神に依拠しない性格を維持しつづけ，その結果——すくなくとも国民社会主義者に期待をして——1933年に即座に利用可能な，攻撃力のある道具を差し出したような外観を呈し」，よりにもよってそれが「逆説的ではあるがユダヤ人」[9]によるものであったのは悲劇的である。もちろん，自らのユダヤの出自を「犯罪者のしるし」[10]と常に感じていたヨエルが，「数年前から予測していた，彼が心から愛した国の崩壊が目前に迫っていることに心を痛ませつつ」[11]，1945年4月15日に心衰弱でこの世を去るまで，「ヒムラー（*Himmler*）の＜保護ユダヤ人＞」[12]としてしか「第三帝国」を生きながらえることができなかったこともまた悲劇である。

II. 青少年期

　ヨエルは1865年1月18日に弁護士兼公証人の息子として，シュレージエン地方のグライフェンベルク（Greifenberg）で生まれた。先祖は商人であった。王国法律顧問官であった父ヘルマン・ヨエル（*Hermann Joël*）は，ダンツィ

であった。彼にとって政府閣僚のひな壇に座ることは愉快なことではなく，彼は本来ならばこの中には入っていないのだと人々は考えただろう。」引用は以下による。*K.-D. Goday-Schüttke*, Curt Joël - „Graue Eminenz" und Zentralfigur der Weimar Justiz, KJ 1992, S. 82 ff. /83.

9) *L. Gruchmann*, Justiz im Dritten Reich 1933-1940, S. 241.

10) *K.-D. Goday-Schüttke*, Rechtsverwalter des Reiches Staatssekretär Dr. Curt Joël, 1981, S. 221.

11) *Vallz Joël* in einem Schreiben vom 29. 4. 1948 an Gustav Radbruch, zit. nach *K.-D. Goday-Schüttke*, Rechtsverwalter des Reiches Staatssekretär Dr. Curt Joël, 1981, S. 227.

12) *Th. Rasehorn*, Eine deutsche Justiztragödie, Staatssekretär Dr. Curt Joël (1865-1945), Recht und Politik 1982, S. 16 ff./18.

ヒ（Danzig）の貿易商人ザァウル・ヨーアイム・ヨエル（Saul Joachim Joël）の家系に属した。母はケーニッヒスベルク（Königsberg）の大商人，サロモン・ポラック（Salomon Pollak）の娘であった。ヴィルヘルム期ドイツのヨエルの青少年時代からは，中産階級の模範的栄達の様子をみてとれる。シュレージエンのヒルシュベルク（Hirschberg）にあるギムナジウムで学んだ後，――早逝した父の仕事を継ぎ――イエナ（Jena），フライブルク（Freiburg），ベルリン（Berlin）の各大学で法律学を学び，ベルリン大学では第1回司法国家試験を受けた。続いて1888年にブレスラウ（Breslau）の上級ラント裁判所で修習に入ったが，これは1年志願兵としての兵役により中断している。ヨエルは士官候補生で退役した。その後，予備役軍人として中尉に，第一次世界大戦で大尉に昇進することとなる。兵役の後，1894年にヨエルは大国家試験に合格し，プロイセン司法界に加わった。ここでも，決定的な「入界資格」は福音教会信徒であると証明された。ヨエルがユダヤの血を引くことは障害とはならなかった[13]。ヨエルの当初の目標は，キャリア意識のある法律家から好まれる，「法律家の貴族」とされていた検察官であった[14]。ラティボア（Ratibor），グライヴィッツ（Gleiwitz），ブレスラウといったシュレージエン地方の各都市の検事局で補助官（Hilfsarbeiter）に就いた後，1898年に検察官に任命された。ブレスラウからまずハノーヴァー（Hannover）ラント裁判所検事局へ，ここからベルリン第1ラント裁判所検事局へ異動し，1903年にはベルリン上級ラント裁判所検事局の補助官となり，1906年に帝国裁判所検事局の補助官となった。彼は1907年の検事局参事官（Staatanwaltschaftsrat）への任命で，検察官としてのキャリアを終えた。

---

13) *K.-D. Goday-Schüttke*, Curt Joël - „Graue Eminenz" und Zentralfigur der Weimar Justiz, KJ 1992, S. 82 ff./83.

14) *K.-D. Goday-Schüttke*, Rechtsverwalter des Reiches Staatssekretär Dr. Curt Joël, 1981, S. 16 f.

Ⅲ. 帝国司法庁と第一次大戦

　帝国裁判所検事に近いうちに任命されることは,「年功順を考えれば」[15]絶望的であることがあきらかとなったため, ヨエルのキャリア意識は「当時の帝国司法庁事務次官ニーベルディンク (Nieberding) の提案で, 帝国司法庁に補助官として入庁すること」へと向かった。枢密参事官 (Geheimer Regierungsrat, 1908) から枢密上級参事官 (Geheimer Oberregierungsrat, 1911), 帝国司法庁局長 (1917), そしてついに事務次官補, 事務次官, すなわち1920年にライヒ司法省と名称変更した帝国司法庁の長へとうなぎのぼりで上り詰めたのは, まずもって刑法改正のさまざまな委員会でともに仕事をした委員のおかげであった[16]。1871年に施行され, 1851年のプロイセン法を前身とする帝国刑法典 (Reichsstrafgesetzbuch) を改正するために, 事務次官補であったニーベルディンクが1902年に設置した刑法改正委員会に, 彼は1908年には参画していた。5人の実務家から構成されるこの委員会の仕事には, 独立した学術委員会が協力した。フォン・リスト (V. Listz), ビルクマイヤー (Birkmeyer), フランク (Frank), ファン・カルカー (van Calcker) といった高名な刑事法学者の監督のもと, ほぼすべてのドイツの刑事法学者の協力により, 学術委員会は1909年までに, 改正の基礎として, 著名な『ドイツ及び外国刑事法比較解説 (Vergleichende Darstellung des deutschen und ausländischen Strafrechts)』の第16版を公表した。同年に改正委員会は, 117回の会合の後, 2巻からなる「ドイツ刑法予備草案」を公表した。1912年からヨエルは, 1911年に設置された「刑法委員会」に所属し, 1913年には「刑法委員会草案」を提出した[17]。

---

15) *K.-D. Goday-Schüttke*, Curt Joël - „Graue Eminenz" und Zentralfigur der Weimar Justiz, KJ 1992, S. 82 ff. /83.

16) この点についてはつぎの文献を参照せよ。*K.-D. Goday-Schüttke*, Rechtsverwalter des Reiches Staatssekretär Dr. Curt Joël, 1981, S.21 ff.

17) AaO (Fn.16), S. 26 ff.

最終的にヨエルは，1918年に四頭委員会の構成員となった。この委員会には後にヨエルによってライヒ裁判所長官に選ばれたエルヴィン・ブムケ（*Erwin Bumke*）も加わっていた。同委員会は「1919年草案」を起草した。この委員会の作業は，その後に続く改正の試みと同様に成果はわずかであった。ライヒスタークの短い会期と——1930年以降は——国民社会主義者の拒否行動のために，この法案は廃案となるのであった[18]。

　1914年11月，3年の戦争への動員が帝国司法庁でのヨエルの仕事を妨げた。ベルリンの軍副参謀幕僚に召集され，防諜活動及び対防諜活動を所管する参謀幕僚第3部に配属され，1915年1月にヨエルはブリュッセルに異動した。この地で彼はベルギー軍政区の課長として，またブリュッセル中央警察機関の長として職務を遂行した。秘密機関の長であり，ルーデンドルフ（*Ludendorff*）の信頼の厚い腹心であるニコライ（*Nicolai*）三佐とのきわめて良好な協力関係から，ヨエルの帝国司法庁のトップに結びつく昇進は専門能力のみによるものではないと，今日に至るまで憶測がなされてきた。それどころかニコライとの良好な関係によって，保守的な軍人層から任命を決定付ける信頼を勝ち得たともいわれる。しかし，ドイツ民主党右派とされるライヒ司法大臣シッファーがヨエルの事務次官への任命を提案した点[19]，軍の直接の影響を知る証拠がないことからすれば，このような指摘は説得力に乏しい。他方，ワイマール共和国期までつづいたニコライとその副官であるグンプ（*Gumpp*）との関係は，ヨエルの「第三帝国」での生存を根拠付けるだろう[20]。この2人は国民社会主義勢力と良好な関係を有していた。

---

18)　AaO (Fn.16), S. 29 ff.

19)　*K.-D. Goday-Schüttke*, Curt Joël - „Graue Eminenz" und Zentralfigur der Weimar Justiz, KJ 1992, S. 82 ff. /84.

20)　AaO (Fn.16).

Ⅳ. ライヒ司法省の事務次官

　ヨエルの仕事は，幅広く多岐にわたるものであった。ワイマール期の司法政策上の重要問題で彼の影響を受けていないものはない。第1次マルクス（Marx）内閣の司法大臣であったエミンガー（Emminger）による司法改革も価格増額法（Aufwertungsgesetz）立法や憲法保護法（Verfassungsschutzgesetz）〔いわゆる共和国保護法（Gesetz zum Schutz der Republik）を指すものと思われる〕立法，1921年の国事裁判所に関するライヒ法（Gesetz über den Staatsgerichtshof）の起草，あるいはドイツ・ポーランド清算条約（Deutsch-polnischen Liguidationsabkommen）の準備もそうである。その際ヨエルは，理論的な理想家として，あるいは政治的な改革家として名を馳せたわけではない。むしろ彼はどこまでもライヒ司法の行政官であり，堅実な専門知識と実行能力で実現可能性を判断した。――これは，ワイマール共和国の政治的，イデオロギー的不安定に鑑みれば，とりわけ重視される特性であった。グスタフ・ラートブルフもこの点をつぎのように評価している。：「〔ヨエル〕に体現された，ライヒ司法省全体にとって指導的な理念を，彼は「客観性」という言葉で表している。客観的な仕事について彼は考察し，政治的な判断は大臣に委ね，政治的な目的を実現する専門業務の遂行を部下に職務として与えた。このような職務こそが議会主義体制のメカニズムによって正当な力を認められたものである。」[21]――ヨエルの在職期間20年に関する――ラートブルフ1948年論文で，ヨエルの「客観的な仕事」が強調されている点は，ヨエルが実際には政治的実権を握っていた点を見誤らせる。しかし，ワイマール共和国の司法政策に関する彼の地位のこのような政治的性質を，ヨエル自身は十分に自覚していた。：「ライヒ大臣の事務次官に代表されるライヒ公務員は，国家の変革とこれに伴う政治的，経済的再編によって，きわめて困難な課題の前に立たされている。……その際，政治指導者がしばしば交代することが当然である，あらたな

---

21) D. Radbruch, SJZ 1948, Sp. 57 ff./57 f.

ライヒ憲法の議会システムは，行政の継続性と省庁における客観的な仕事を確保するために，事務次官に特別の職務を課した。」[22] このことは同時に，行政の非民主化と結びつく。なぜなら，行政の継続性と事務次官体制のための「客観的な仕事」の保障は，議会による拘束がなくとも実現されるからである。したがって，ヨエルによって指導されたライヒ司法行政もジレンマの中にあった。司法行政が政治的変化の絶えない時代に身を任せたならば，機能性を失うことになっただろう。他方で司法行政が，あらゆる政治的なものを（見かけの上だけでも）取り去った自律性と「客観性」をあてにしたならば，結局は自らが自らの民主的正当化を行う立場に就くことになり，議会の意思形成から解き放たれることとなる。ワイマール共和国の司法行政は，周知のように第2の道へと舵を切った。それゆえ，ラートブルフによって示されたライヒ司法像は，条件付でのみ歴史的事実と符合する。

　司法大臣が省内の業務に与えた影響が実際にどれほど少なかったかは，1930年3月から12月まで第1次ブリューニンク内閣で司法大臣であったブレッド（Bredt）の回想が裏付けている。：「翌朝，……司法省に赴き，執務室に入った。……執務室は最上階に位置し，応接室とつながっていた。……部屋の配置にはある種象徴的な意味合いがあった。1階には会議室と事務室があった。2階には，表側に事務次官室と局長室があり，その裏に中庭を囲んで事務局員室があった。その上の非常に広い3階に，……大臣が1人で部屋を構えていた。大臣は自分の周りのしくみを知ることなく，呪われた城の中で生活しているようであった。あきらかに容易に想像できることを，身をもって知らされることとなった。……事務次官が赤く「M」と印をつけたもののみが私のテーブルに置かれ，これが多いのか少ないのかは私には判断できなかった。他の部下からも私は遮断されていた。彼らが私のところに来るのは，事務次官が同行させたときだけであった。彼ら個々人と直接会おうとする試みが失敗に終わると，私

---

[22] 大統領選後にヒンデンブルクによるライヒ大臣事務次官への委嘱を受諾した際の，1925年4月26日になされたヨエルの発言。引用は以下による。K.-D. Goday-Schüttke, Rechtsverwalter des Reiches Staatssekretär Dr. Curt Joël, 1981, S. 65.

の部屋を訪ねた者を事務次官に即座に知らせるよう命じられた。私の私信を未開封で受け取ることすらひと騒動であり，友人たちには省にではなく，ライヒスタークに手紙を送るよう頼まねばならなかった。」[23]

　政党政治による権力変動にまったく影響されることなくワイマール共和国の最後まで作用した，ヨエルの決定的な影響は，世論において幾度も論争を巻き起こした。その契機は，とりわけ1926年の第3次マルクス内閣におけるヨエルの役割にあった。ヨエルの司法大臣への委嘱が，連立政策上の考慮から見送られたため，マルクスは自らその任にあたっていた。しかしこの時，司法省にライヒ首相が入ることはなかった。大臣の業務を彼はヨエルに委ねた。ワイマール共和国のリベラル左派系新聞である，フォス新聞（Die Vossische Zeitung）とその編集長であるゲオルグ・ベルンハルト（Georg Bernhard）は，このことを激しい批判の根拠とした。1926年5月30日付の「事務次官」という見出しで公表されたベルンハルトの社説は，ヨエルの罷免を要求している。司法行政に対する議会の影響の縮小を，ベルンハルトはとりわけ官吏と政治的指導とが同期しない点にみている。それゆえ大臣はどの程度抵抗が正当化されるか，またこのような抵抗の理由がどの程度政治的理由によるものかを考えることができる「補助者」を必要とする。:「このような補助者が事務次官である。大臣の命令が立往生するかもしれない死角がどこであるかを，事務次官は知っている。……それゆえ議会主義国家においては，つぎのことが絶対的な条件である。:すなわち，大臣とその事務次官の政治的同調である。これは必要不可欠である。なぜなら，大臣と官吏の一部との間には，政治的対立が存在するだろうからである。議会によって統治されるいかなる国家においても，このような認識から大臣とともに事務次官が交代するのが通例である。……それに

---

23) *J. V. Bredt*, Erinnerungen und Cokumente 1914–1933, bearbeitet v. *M. Schumache*, in: Quellen zur Geschichte des Parlamentarismus und der politischen Parteien, Dritte Reihe, Die Weimarer Republik, hg. v. *K. D. Bracher* u. A., Bd. 1, S. 224 f. 引用は以下による。*K.-D. Goday-Schüttke*, Curt Joël - „Graue Eminenz" und Zentralfigur der Weimar Justiz, KJ 1992, S. 82 ff./86.

もかかわらずドイツでは，奇妙なしきたりが生まれている。つまりわずかな例外を除けば，内閣が政治的にいかように構成されようとも，事務次官は職に留まるのである。」ヨエルの実際の能力とは無関係に重要であるのは，「この共和国がどのように構成されるか，ドイツ国民の大多数が民主社会的な共和国で暮らしたいと考えているか，あるいは専制的で金権的な共和国で暮らしたいと考えているかである。このような将来問題の点で，事務次官であるヨエルという人物はライヒ司法省において特別の意味を有する。……かりに浮上したあらゆる問題を単に法的な演習問題（Seminarfrage）とみなし，政党の動向に影響されることなく判断を行う事務次官が，現在はそのような立場にあるのだとしても，それで満足することはできないだろう。ところで，事務次官がそのような法律家装置であるというのは……誤りである。そしてとりわけ，事務次官ヨエル博士の柔軟な精神には機械的性質はまったくない。彼はあまりに人間的であるため，結局のところ最終決定は彼の国家政策的理解にしたがったものではない。また，このような国家政策的理解は，……現今の路線に適合するものでもない。」

もっともこのような批判は成功しなかった。1928年に改革に好意的なドイツ民主党党首であるエーリッヒ・コッホ－ヴェザー（Erich Koch-Weser）がヘルマン・ミュラー（Hermann Müller, 社会民主党）内閣で司法大臣として入閣したときに，ヨエルが罷免されることもなかった。ヨエルを解職するという，コッホ－ヴェザーのもともとの考えは，彼には「変革の時代に必要なしなやかさ」がなかったため，実現しなかった[24]。ヨエルの指名した後継者である，プロイセン内務省の局長であったブレヒト（Brecht）は，コッホ－ヴェザーに「優秀な事務次官を続投させるように」[25]忠告した。ワイマール期中央官僚機構の仲間意識が保守的な官吏に限られるわけではけっしてないことを，このよ

---

24) この点についてはつぎの文献を参照。K.-D. Goday-Schüttke, Rechtsverwalter des Reiches Staatssekretär Dr. Curt Joël, 1981, S. 94 ff.

25) K.-D. Goday-Schüttke, Curt Joël - „Graue Eminenz" und Zentralfigur der Weimar Justiz, KJ 1992, S. 88 より引用。.

うな反動は示している。

　ヨエルの影響力は，政治主導の弱さを前にして，ライヒ司法の人事政策にも及んだ。その際，キャリアの出発点はしばしばライヒ司法省であった。ライヒ司法省でのヨエルの忠実な部下のかなりは，ワイマール共和国の中で，ライヒ裁判所の構成員あるいはライヒ裁判所検事に任命された。最も重要な人事決定は，帝政時代の刑法委員会でともに仕事をして以来懇意であったブムケをライヒ裁判所長官に，ヴェルナー（Werner）をライヒ検事総長に，そしてシュレーゲルベルガー（Schlegelberger）をライヒ司法省の事務次官に任命したことである。その際，被任命者の実際の能力に関するヨエルの見立てに議論の余地はなかったが，彼らは「ワイマールのための有能な共和主義者や闘士」（ケンプナー（Kempner））ではなかった。

V．ライヒ司法大臣

　1931年10月10日にヨエルがライヒ司法大臣に任命されたのは，第1にはブリューニンクの政治的苦境によるものであった。保守系政治家に司法大臣職を委嘱する試みが頓挫したため，ヨエルは首相の強い求めに応じ，渋々ながら司法部門を引き受けた。任命の数日後，ヨエルはライヒ裁判所長官であるブムケへの手紙に次のように書き記している。「私があらたな高位や重責を軽々しく引き受けたわけではないこと，そしてどのようにしてこれに『打ち負か』されたのかを折をみてまたお会いしてお話したい。私はまさに非常時に塹壕に放り込まれ，目下これを死守しなければならないのです〔…〕。」[26]　ヨエルの司法大臣への任命をライヒ司法界はおおむね歓迎した。しかし同時にライヒ検事総長であるヴェルナーは，この点に「大きな不安要素」を見出した。というのも大臣としてのヨエルは，「現れては消えていく大臣の交代の中でも平静を保ち周囲から頼られる人物，そしてこのような平静さで周囲を宥める人物というこ

---

26) K.-D. Goday-Schüttke, Rechtsverwalter des Reiches Staatssekretär Dr. Curt Joël, 1981, S. 110 より引用。

れまでの立場を捨てなければ」[27]ならなかったからである。わずか8ヶ月というライヒ司法大臣としてのヨエルの在任期間は，とりわけナチス突撃隊（SA）及びナチス親衛隊（SS）禁止を巡る議論と，ブリューニンクの緊急命令で特徴付けられる。その際，ヨエルのナチスに対する態度は，政治戦術と法的思考をよすがとする優柔不断な市民政党の態度と同じであった。ブリューニンクとヒンデンブルク（*Hindenburg*）の緊急命令政策をヨエルはすでに事務次官時代から熱烈に支持していた。大臣として彼はこの路線を引き継いだ。「幾人かの大臣が」ブリューニンクはそう述べているのだが，「疲労困憊し，私がそういうことが許されるならば，大胆不敵な行動にさらされた高級官僚の誰かが，緊急命令に躊躇いを示した場合，これを克服するには，〔ヨエルが〕熟慮の上で批判や激励の言葉を述べ，文言をそのまま維持することで十分であった。私にとっては，法律上の文言に気を配る必要のないことが大きかった。ライヒ裁判所あるいは国事裁判所の構成員が〔ヨエルの〕権威を疑うようなことはなかったと思う。私にとって彼は，フリードリッヒ大王（*Friedrich des Großen*），シャルンホルスト（*Scharnhorst*），フンボルト（*Humboldt*）兄弟の意味での最後のプロシア人であった。」[28]

1932年5月30日にブリューニンク内閣が退陣し，ヨエルが当初抱いていた希望が潰えた後，パーペン（*Papen*）内閣にも入閣し，ヨエルは76歳で職を退いた。後任はバイエルンの司法大臣であったギュルトナー（*Gürtner*）であった。

VI. 「第三帝国」での生活と死

国民社会主義の人種差別政策によれば「完全ユダヤ人（Volljude）」であるヨエルは，とくにかつての部下や出征者のおかげで生き延びた。司法省での彼の

---

27) AaO（Fn.26），S.111 より引用。
28) 1955年12月10日のブリューニンクのヨエルに関する記述。*K.-D. Goday-Schüttke*, Curt Joël - „Graue Eminenz" und Zentralfigur der Weimar Justiz, KJ 1992, S. 91 より引用。

後継者であるギュルトナーは，ヒトラー（Hitler）内閣への入閣に際して，ヨエルにはけっして危害を加えないことをヒムラーから固く約束されていたということである。彼の部下であるドナニー（Dohnanyi），シュレーゲルベルガー，クリッツィンガー（Kritzinger），シュメルダー（Schmölder）のとりなしや彼の息子であるギュンター・ヨエル（Günther Joël）の出征によって，ますます先鋭化する国民社会主義的人種差別政策による幾度の迫害を免れた。しかしヨエルも辱めを免れることはなかった。彼は身分証明書の携帯を義務付けられ，その名にイスラエルを添えなければならず，ベルリンの一部地域への立ち入りが禁じられ，公的施設の利用も禁じられた。このような背景事情からヨエルは，1939年12月にスイスへの移住を決意したが，ヒムラーはこれを拒否した。彼は1945年4月15日に80歳で逝去するまで，シュレージエンの故郷とベルリンで戦争を生きながらえた。

クルト・ヨエルに関する文献

Goday-Schüttke, K.-D.: Rechtsverwalter des Reiches Staatssekretär Dr. Curt Joël, 1981.

ders.:Curt Joël - „Graue Eminenz" und Zentralfigur der Weimar Justiz, KJ 1992, S. 82 ff.

Kohl, W.: Joël, Curt, in: W. Benz / H. Graml (Hrsg.), Biographisches Lexikon zur Weimarer Republik, 1988, S. 161 f.

Rasehorn, Th.:Eine deutsche Justiztragödie, Staatssekretär Dr. Curt Joël (1865-1945), Recht und Politik 1982, S. 16 ff.

Strauß, W.:Vorwort, in: C. Joël, Die Rechtsprechung des Staatsgerichtshofs für das Deutschen Reich, ÄöR 1951/52, S. 129 ff.

ルーイ・レヴィーン*

「実務の指導者」**

ルドルフ・ヴァッサーマン***
訳 山﨑　勉

I．足跡の探索

　ナチス時代におけるドイツの司法に関する官製雑誌である『Deutsche Justiz』は，1939年，ライヒ司法省の区裁判所判事であるジーベルト・ローレンツェン（Sievert Lorenzen）の筆になる寄稿を公表した。その『1933年以前のユダヤ人の司法への侵入（Das Eindringen der Juden in die Justiz vor 1933）』[1]との表題で述べられているのは，要するに，「ユダヤ人の数を公的に調査した資料にもとづくと，司法の領域におけるユダヤ人の構成分子は，1919年から1932年までの間に絶えず増大したことを示している。」ということである[2]。この公

---

　* *LOUIS LEVIN*（1865年-1939年）

　** Ein „Führer der Praxis"

　*** Dr. h. c. *Rudolf Wassermann*：Präsident des Oberlandesgerichts Braunschweig a. D.（法廷弁護士）

1) Deutsche Justiz 1939, 731頁以下, 768頁以下, 856頁以下, ここでは963頁から966頁参照。また, *Lorenzen*, Die Juden und Justiz. Bearbeitet im Auftrage des Reichsministers der Justiz, 2. Aufl. 1943 も参照せよ。

2) この論文（前掲注1）で印刷された表によると，1932年当時，合計769人のユダヤ人の裁判官と検察官がドイツの司法の分野で活動しているとされている。ユダヤ人の弁護士の総数は，もっと多く，1933年4月7日時点でプロイセンだけでも3,370

表論文に掲載された表では，ナチスの綱領に従い，ユダヤ人を「人種上のユダヤ人」と「信教上のユダヤ人」とに類別しているが，その際，後者のユダヤ人とは，ユダヤ教を信仰しているユダヤ系市民であるとしている。その時代の間，上級地方裁判所長には，3人の「人種上のユダヤ人」[3]，それとただ1人の「信教上のユダヤ人」がいた。その「信教上のユダヤ人」に関係しているのが，ブラウンシュヴァイク上級地方裁判所長であるルーイ・レヴィーンである[4]。

レヴィーンは，ワイマール共和国における最も声望のある法律家のうちの1人であった。彼が65歳の誕生日を迎えたときに，ライヒ司法大臣は，彼を研究者で，法のさらなる発展における「実務の指導者」であると評した[5]。それだけになおさら彼の名が1970年代の半ばまで忘れられていたことは，奇異の念を起こさざるを得ない。彼が8年間上級地方裁判所の所長をしていたブラウンシュヴァイク（Braunschweig）においてさえ，彼について知る者はいなかった。

私は，たまたま，1971年1月にブラウンシュヴァイク上級地方裁判所において私の前任者の肖像を観賞したときに，レヴィーンの肖像を探したが無駄であった。彼の肖像はなくなっており，照会して分かったことであるが，そのことで気を悪くする者は，これまで誰もいなかった。ナチスにとって，ユダヤ人であるルーイ・レヴィーンは人にあらざる者（Unperson）であった。彼は，連邦共和国における民主主義的な司法のためにも，そのような者であり続けなければならないのであろうか？

私が行った足跡の探索は，骨が折れ，時間のかかる仕事であることが分かっ

  人であった。この数値は，ライヒ司法省が1936年3月29日付の通達により上級地方裁判所長及び検事長に提出を求めた報告にもとづくものである。*Gruchmann*, Justiz im Dritten Reich 1933-1940, 1988, 166頁参照。

3) ここで関係しているのは，ブラウンシュヴァイク，カールスルーエ（Karlsruhe）及びオルデンブルク（Oldenburg）の各上級地方裁判所の所長である。

4) ライヒ司法省の人事資料は，ブラウンシュヴァイクの届出登録簿の記載事項よりも優っている。その登録簿には，レヴィーンの宗教として，「l」（ルター派）と記載されている。Stadtarchiv Braunschweig Signatur D I 12Nr. 434a 参照。

5) Braunschweigische Landeszeitung vom 25. März 1930 参照。

た。レヴィーンの履歴書類がもう残っていなかったからである。ともかくブラウンシュヴァイクの上級地方裁判所の一般記録書類並びに報告資料，雑誌及び新聞からデータを探り出した。また，レヴィーンを思い出すことのできた年長の法律家は，レヴィーンの印象について，地元出身の裁判官がとくに招かざる客とか部外者とみなしていた当時の時代としては現代的な法律家として傑出していたと話してくれた。それゆえ，足跡の探索は，だいたいにおいて成功した。ここでは，その結果を報告するにとどめる[6]。

Ⅱ．レヴィーンの経歴

　ルーイ・レヴィーンは，1865年3月23日，シュレージエン（Schlesien）のトスト（Tost）で教師の息子として生まれた。彼は，13歳からケムニッツ（Chemnitz）のギムナジウムに，1881年の復活祭からクロイツナハ（Kreuznach）のギムナジウムに通った。彼は，1884年の復活祭にそこで卒業試験に合格した後，続いてブレスラウ（Bleslau）とベルリン（Berlin）の大学で合計6学期法律学を学んだ。法律学の勉強と並行して，彼は国民経済学の講義を聴講した。彼は，1887年5月13日，ベルリンのカンマーゲリヒト（Kammergericht）で第一次法曹国家試験に合格した。1887年8月4日，彼は，商法の学位論文によりベルリン大学法学部で法学博士の学位を取得した。1891年から我々はカンマーゲリヒト管区の修習生となった彼を見つけ出すことができる。1899年4月13日に彼は，カンマーゲリヒトで第二次法曹国家試験に合格した。外交，軍事及び行政の仕事についてユダヤ人は敬遠されたままであった一方，ユダヤ市民は司法界で働くことができた。レヴィーンは，客観性を得るための努力を惜しまない思考の持ち主であったから，裁判官の職業に強い魅力を感じた。プロイセンの司法官に採用された後，彼は，—恒例のように—いろいろ

---

[6]　以下であげていない典拠については，Wassermann, Louis Levin, Braunschweiger Oberlandesgerichtspräsident 1922-1930, 1988（Kleine Schriften des Stadtarchivs und der Stadtbibliothek Braunschweig Heft 19）を参照．

なプロイセンの裁判所で（身分上の独立を欠いた補助裁判官である）予備判事（Gerichtsassessor）として使われた。1899年9月20日から1906年12月5日まで，彼は，ゾラウ（Sorau），つまり故郷のシュレージエンで区裁判所裁判官として働いた。けれども，レヴィーンは，ベルリンに戻された。そこの自由な雰囲気の中で彼はくつろいだ気分になるとともに，そこからさらなる精神的刺激や活気が生まれることを期待した。1906年12月6日，彼は，ベルリンとシェーネベルク（Schöneberg）の区裁判所で裁判官としての正規の地位を得，そして，君主政体が終わりワイマール共和国が建設されるまで，そこに留まった。

　この時期，レヴィーンは多くの著作を発表した。1913年，ベルリンの名声高い法学関係の出版社であるオットー・リープマン（Otto Liebmann）から彼の裁判官の訴訟指揮と法廷警察に関するモノグラフィーが出版された。本書は，長きにわたりこの領域での基準書であった。法律専門誌『Juristische Wochenschrift』の編集者である法律顧問官フーゴ・ノイマン（Hugo Neumann）博士は，本書についてつぎのように論評している[7]。「すべての裁判官及びすべての弁護士に読まれ，肝に銘ずべきところの，功労のある，優れた，重要な著作である！　著者は，学問的なセンスと歴史的発展の驚嘆すべき知識をもって，今日民事司法に関与するすべての法律家を動揺させている問題に取り組んだ。彼は，裁判官と弁護士が互いに投げかけ合っている非難は，べつに目新しいものではなく，昔からのものであることを証明した。幸いにも，彼は，ただ浅薄で訴訟法の発展の知識も持たずに我々の訴訟関係を判断する多くの批評家とは反対に，その深く考え抜かれた詳述において，我々の民事訴訟法の改革を要求するのではなく，裁判官と弁護士が差し当たり一度は現行民事訴訟法を正しく理解し，そして適用することを習得するよう要求した。その含蓄のある著作の最後に，彼は，一連の指導原理を付け加えている。それらは，裁判官と弁護士は，共同作業で法のために奉仕することを天職としており，また，裁判官の訴訟指揮とは，訴訟手続の進行を期待して待つのではなく，訴訟手続を合法

---

7)　JW 1930, 753 f.

的かつ合目的に実施する目的のために，自主的にかつ目的を意識して訴訟手続を前に進ませることを目指してなされるものであるとの，まったく正しい基本思想に支配されたものである。」と。

　レヴィーンは，多くの雑誌論文[8]も執筆しているが，これらの論文は，彼が民事訴訟の第一級の有識者であることを証明している。彼は，現代的な見解を擁護したが，しかし，法律の改正よりも法律の実務的な司掌の進歩が示されることを支持した。これは，彼がその裁判官，法政策家及び法学の著述家としての全体の活動において堅持している見解である。1913年にデュッセルドルフ（Düsseldorf）で開催されたドイツ法曹大会で，彼は，「債権者取消権を，わけても夫婦間の契約，あるいはある夫婦の一方が他方のために第三者との間で締結した契約に照らし，変更を受けることは，推奨されるか否か」という問題についての鑑定意見を報告した。戦争の間も，彼の筆が休むことはなかった。彼は，ベルリンの弁護士と親密な接触を続けた。戦争の半ばに彼の第2のモノグラフィーが完成した。それは，1916年にベルリンの出版社ファーレン（Vahlen）から，『弁護士強制の法的及び経済的意義（Die rechtliche und wirtschaftliche Bedeutung des Anwaltszwangs）』という表題で出版された。きっかけとなったのは，ベルリン弁護士会が，弁護士強制制度に疑問が提起されていたことから募集した懸賞論文である。レヴィーンの上記著作が受賞論文となった。書評において，この著作が，再び全面的に受賞に値する優れた内容のものであるとされたばかりでなく，従来のほとんどの実務家にみられる一面性を「完全に克服し」，「弁護士の職業に対する生きた理解」であり，「国家の法的保護手続への弁護士の貢献を正当に評価」したものであるとされた[9]。

　こうして，戦争が終結したときには，レヴィーンの名は法律の専門家の間で広く知れ渡っていた。彼は，民事訴訟法の最も優れた有識者の1人，しかも，とりわけ将来のために多くを期待できる指導的な実務家であると評価されてい

---

8) ルーイ・レヴィーンの関係書目については，*Wassermann*（aaO Fn. 6）41頁から47頁参照。簡略な関係書目については，本稿の末尾参照。

9) *Mendelssohn-Bartholdy*, ZZP Bd. 48 (1920), 124頁以下参照。

た。もとより，それは，レヴィーンによって企図された実務の仕事と学問の仕事との共生であり，時代が彼に託した理論と実務に実り豊かな対話をもたらすことを願うものであった。法規を論理的体系として把握し，「概念による計算」をするような概念法学の支配は，過去のことであった。けれども，レヴィーンは，自由法学の信奉者ではなく，もちろん保守的立場からではなく，進歩的でリベラルな立場から，法的思考の合理性をその解体の傾向に抗して擁護する人であった。

専門的観点からすれば，そこに，レヴィーンのより高位の裁判官職への昇進に対するすべての前提条件が揃っていた。けれども，とっくに来ていなければならなかった彼のカンマーゲリヒト判事への昇進は，政治的崩壊後の1919年7月1日に初めて実現した。

レヴィーンの政治的立場は，彼が1918年の革命による国家関係の新秩序を無条件に肯定したことによって特徴が示されている。彼は，こうして，圧倒的に多数の彼の同僚——とは言ってもだいたいにおいて，民主共和国を拒否するか，さもなければそれに内心あまり関係を持とうとしない裁判官と検察官であるが——とははっきりと対照的であった。せいぜい，彼らは，ワイマール共和国でしばしば用いられた言葉に従い，「理性的な共和主義者」であった。

レヴィーンは，同僚が，精神と感性を，新たな発展のために開放するよう心を配った。当時は，共和国の存続が右翼だけではなく，極左からも極めて高い危険にさらされていた激動の時代であった。レヴィーンが目にしたのは，その独立性に固執する裁判官の「君主的立場」と，不信をもって司法と対峙している一般の民衆との間に存在するギャップであった。彼の同僚にとって，このような人々は，そそのかされ，迷わされたりする者であった。レヴィーンは，それとは逆に，正当かつ，そしてどうにもできない力をもってその経済的及び法的に正当な評価を要求するエネルギーが彼らにあるとみた。彼が追い求めたのは，和解や調停という針路であった。彼は，司法による根元的な大衆運動の思い上がった拒否や否認，そして民衆と法律家との間の増大しつつある疎遠を断固として排撃した。この点に関し，彼は，民衆と法律家との関係を馬と騎手と

の関係になぞらえることに躊躇しなかった。他方で，彼は，しかしまたドイツの法律家の優秀さと業績を強調し，そして，彼が，当時，何年か前と同じく，司法の独立のための戦いにおいて最前線に立っていると言うことができたのであった。

レヴィーンは，その形ができ上がりつつあった労働法と社会法に特別の愛着を示している。バンベルク（Banberg）で開催された第32回ドイツ法曹大会において，彼は，1921年，「労働裁判所や同様の裁決をする機関は通常の裁判所に編入されるべきか？」というテーマについての報告を行った。彼の『プロイセン司法試験委員会と司法（Preußische Justizprüfungskommision und die Rechtspflege)』と題する論文も大きく注目された。1915年から1921年まで，彼は，ドイツ法年鑑の共同研究者の1人であった。彼は，そこで，ドイツ民法総則及び民事訴訟法の分野を扱った。

レヴィーンは，自分に委ねられた特別の任務は司法をあらたに構築することにあるとみた。彼にとって，憲法とは，まずもって，実質，つまり民主主義的な国家信条に満たされねばならない形式のものであった。彼は，その際，教育の課題は，二重の意味で将来の課題であると強調した。すなわち，1つは，法律家を偏見にとらわれず，社会的信念が身に付くように育成することであり，この際，彼は，裁判所の手続の多くの問題は純粋に技術的なものを超えた社会的意義があるということから出発した。もう1つは，国民を法的信念や法的平和の信念が身に付くように育成することである。

レヴィーンは，政治的には，その時代，多くの民主的な法律家がその構成員ないし同調者に属しているドイツ民主党の構成員であった。

それ以外に，彼は，共和主義裁判官同盟（Republikanische Richterbund）にも所属していた。この超党派の法律家団体は，ワイマール共和国を信奉していることを表明し，そして司法を民主的及び社会的精神において革新することを旗印とする法律家の集まりであった。共和主義裁判官同盟は1925年に雑誌『Justiz』を機関誌として発刊するようになったが[10]，レヴィーンは，そこに多

---

10) *Theo Rasehorn*, Justizkritik in der Weimarer Republik.Das Beispiel der Zeitschrift

くの論稿を発表した。最初の論稿はすぐの 1925 年の最初の号に，そして，最後の論稿は退官した 1932 年である。

Ⅲ．ブラウンシュヴァイクへの招聘

　レヴィーンのブラウンシュヴァイク上級地方裁判所長への招聘は，晴天の霹靂ではない。革命後の新政府と司法との間に存続していた緊張関係は，ある紛争を誘発した。以前の上級地方裁判所長であったハンス・ヴォルフ（Hans Wolf）博士が引退することで，その紛争は終結に至ったが，ラント（邦）政府が信頼を置くことのできるような適任の後任者はブラウンシュヴァイクで見つけることができなかった。

　こうした苛立ちの背景には，革命以来のブラウンシュヴァイクにおける政治的発展があった。このような動乱の時代において，ブラウンシュヴァイクの司法は，他のすべての司法がどこか他の場所でも抑制するように，自らを抑制した。例外なく，司法は，市民階級，たいていは上位の階層から人材が補充される[11]。司法は，社会的にも政治的にも，そのものの見方に与していたのであった。人種差別は，当時，ブラウンシュヴァイクの司法においては無縁であった。たとえば，ブラウンシュヴァイク上級地方裁判所の次の所長は，ユダヤ系の人物であったが，しかし，新教の信仰告白を済ませていた[12]。ユダヤ人の宗教社会からキリスト教に改宗するというような，洗礼を施された者は，もはやユダヤ人ではなく，キリスト教徒であった。裁判官の社会的な閉鎖性は，とりわけ世襲が頻繁に発生することによって増大した。父親が裁判官として働いていたとすると，その息子ないし娘婿が再び裁判官となった。その結果，まぎれ

　　„Die Justiz" 1985, 280 頁参照。
11)　*Kade*, Der deutschen Richter, 1909, 143 頁以下にある *Witten* の報告参照。
12)　これについては，*Miosge*, Die Braunschweiger Juristenfamilie *Mansfeld*, *Wassermann* (Hrsg), Justiz im Wandel der Zeit, Festschrift des OLG Braunschweig, 1989, 328 頁以下参照。同じく，*Wilhelm Mansfeld sen.*, その全集の 328 頁以下参照。

もない「司法一家（Justizfamilien）」が存在した。このような背景を持たない他のラント出身の法律家は，稀にのみその仲間入りができた。

　上級地方裁判所の長官であるハンス・ヴォルフは，1850年生まれで，当時70歳を超えていた。ラント政府は，ヴォルフがその固定観念から自らを解放することができると信じなかったので，彼に年金を付けて退職させることができるようにするために，裁判官に対する定年を68歳までと定める法案を上程した。そのうえ，ラント政府は，あらかじめ長官から意見を聴取することなく，2人の司法省参事官を上級地方裁判所判事に昇進させた。長官は，そこにみられる官職と人との軽視は「えらいことになるぞ」と宣告した。政府は，この通告をストの威嚇と捉えた。政府は，いまや，他所からの法律家を新たな長官にすると決意し，そして，プロイセン司法省との接触のもとレヴィーンを選んだ。彼は，1922年4月1日にその職に就いた。

　レヴィーンが招聘された事情は，ブラウンシュヴァイクを越えてはるかかなたに波紋を投げかけた。声望高いアーデルベルト・デューリンガー（*Adelbert Düringer*）は，自身カールスルーエの上級地方裁判所長であり，後にバーデンの大臣になったが，リープマン発行の法律専門紙『Deutsche Juristen-Zeitung』において「司法の政治化」に対して論駁した[13]。レヴィーンは，事実に即して，また堂々とこれに応酬した。彼は，一方で，裁判官の配置は，客観的理由ではなく，政党政治的及び政党扇動的な理由から処理されるという主張を退けた。他方で，彼は，裁判官を指導する地位に就けるにあたり，裁判官の政治的な基本見解を顧慮することは，どの程度まで許され，また禁止されるのかについて説明した。レヴィーンは，つぎのように述べている。すなわち，指導監督する裁判官の地位のために，誠実で，民主主義的あるいは共和主義的な信条の人々を獲得しようという努力は，非客観的で憲法に違反する政党政策を攻撃するものであるが，こうした問題において本質的な点を誤認している。民衆法と法曹法との間の正しい関係を発見することは，教育上の課題であり，

---

[13]　DJZ Sp. 521 ff.

それを解決するためには，技術的及び専門的な能力を超えて，新たな国家秩序が存在することへの内面的な信念をも持った人が必要である。だから，国政に責任のある指導者達をただとがめるのではなく，彼らがそのような人々が来ないかと心待ちにみているのならば，彼らは，責任となっている義務の1つを履行しているのであると[14]。

Ⅳ. ブラウンシュヴァイクでのレヴィーンの活動

　新上級地方裁判所長は，その就任にあたり，ただちに，あたかも雄牛の角を掴むように敢然と事に当たった。彼は，その長い挨拶の中で，自身の招聘の事情に触れた[15]。すなわち，「ブラウンシュヴァイクラントの法的課題に寄与するために私は招聘されたが，それは私の仕事仲間のすべてが承認したからではない。そう言われても，私は，その点について一言述べたい。私は，その言葉が，多くのブラウンシュヴァイクの人にとっては，すべてのドイツ人からなるライヒ市民階層の憲法上の諸原理と良きドイツの信条に概ね一致すべきことよりも，聞きなれたことを話すよそ者としてこちらに来たわけではない。私は，この国において，これまで容易ならざる紛争，とくに新たな時代の法的問題の解決に宥和的そして調整的に寄与したいとの真摯な意思を有するドイツの裁判官としてここに来たのである。一般司法に奉仕すべく，こうした信条のもとで，つとに協力してきた者は，ラントの法的存在に対する侵害の嫌疑を受けてはならない。」。

　それから，彼は将来に目を向けた。彼は，ブラウンシュヴァイクの法生活を，ライヒにおける一般的な発展との関連で見る必要性を強調するとともに，司法に対し，より広い民衆層が疑い深い態度を取っていることを指摘し，そして，こうした態度を誤って解釈することを警告した。

　引き続いてレヴィーンがその計画の輪郭を描いてみせた，以下の談話は，今

---

[14]　DJZ Sp. 581 ff.
[15]　Braunschweigische Landeszeitung vom 1. April 1922 参照。

現在話されているかのごとく非常に今日的にひびく。

「信頼は，1つの財産である。それは，いずれにあっても既得権だからと要求できるものではないのであり，かえって，裁判官が真摯に獲得しなければならないものでもある。しかし，また，裁判と一般的な民衆の感覚との間に大きな内面的関係が存するところでは，たやすく獲得されるものでもある。私は，我々の法曹階層の負担や優遇を削減しようとする人がいるならば，その最後の人である。私は，長年，位の高い，独立した裁判官層のために戦うことを第1順位とし，そして，私の生涯の学問的研究の一部は，私が一員であることを誇るドイツの法曹階層の実務的な訓練のために捧げるものである。しかし，それは，もとより何十万の国民同胞と裁判所との間にギャップが開いていることを否定するものではないし，そうしてまた，この点において，負うべき責任の大部分は，多くの法律家にみられる，民衆の中に眠っているつぎのようなエネルギーを完全に見落としているところにあり，そのエネルギーとは，どうにもできない力でその経済的及び法的に正当な評価を要求するものであることを否定するものでもない。こうしたエネルギーは判断力がなく，迷わされた民衆の努力なのであるから，人が置かれている発展の流れに対抗しなければならないと信じる場合には，はなはだ過小評価され，また，まったく軽視されているようである。……司法は，……目に眼帯をしたテミスではなく，両目が見えるテミスのみが制することができることに大いなる理解を示すべきであるが，しかし，ぐらついた土台も支えなければならず，それが欠けると国家的及び経済的生活の復興が不可能となる。こうしたとてつもない課題に際し，民衆は非常に高度の寄与を要望する。司法の機関，つまり裁判官，検察官，弁護士及び司法官僚は，真の国民性に根ざした司法を達成するための指導者や道案内人となるべきであるとするならば，それらの者は，絶えず，新たな国家生活及び経済生活の要求に精通していなければならない。重要なのは，古い偏見は，憲法に照らして外面的に除去されるだけではな

く，社会的につぎのようなことを思考することで，内面的にも克服されるべきものであるということである。すなわち，特権が認められるのは，精神的あるいは肉体的に働いている者や働くことが義務づけられた人が努力して手に入れなければならないものであり，それ以外の何物でもないということである。我々は，清廉で義務に忠実な司法の古くかつ評価できないくらいの財産を新たな国民国家のために役立たせることができるようにすべきであるし，するつもりである。しかし，我々は，そのために必要な労働力と労働の喜びを，つぎのような認識によって，やっと手に入れることができたにすぎないし，これを保持することができるのである。すなわち，その認識とは，我々は，その過酷な進路を皆で手を携えて行かねばならないし，また，我々すべては，大きな国民全体の中で共鳴し合う一部であり，さらに，こうした国民全体を健康な者と病んでいる者に分けたり，役に立つ者と価値のない者に分けたりすることは，思い上がりと同時に愚かなことである，というものである。」[16]。

　その8年間の在職期間において，レヴィーンは，このプログラム的な談話を実現するよう努力した。彼は，司法に対する理解を呼び起こすことも，これを民主主義，新たな国民国家と宥和させることも試みた。彼が後者を成就したと主張することはできない。なぜなら，多くの者が，当時，そしてまた後にも自分の立場を捨てることができなかったからである。この点を事細かに調べ，そしてその理由を具体的にあきらかにすることは，司法史研究の任務であろう。そうではあるが，それは，この小論で追求する目標をはるかに超えるものである。

　レヴィーンは，とりわけ法曹養成の分野において法政策的な活動をした。その際，彼は，労働法と社会保障法を考査対象とすること及び公法を多く顧慮することを支持した。彼は，その信条をつぎのような言葉で言い表している。

---

[16]　(AaO Fn. 15).

「法において生成したものや生成しているものを見ることができない者は，ことによると，腕のいい法手工業者にならなれるのかもしれない。しかし，法文化に内在する価値を完全に汲み尽くしたり，法的関係を大所高所より見通すことは決してできない。」[17]と。「法手工業者」を「法技術者」に置き換えると，法律家の養成をめぐる今日的な議論との類似以上のものを見出すであろう。

レヴィーンが上級地方裁判所長としての在職期間中に深くかかわった第2の大きな改革のテーマは，司法改革であった。レヴィーンは，改革によりすでにベルリンで頭角を現していたが，それをここでも継続した。彼は，司法という概念を，すでにその就任演説で述べているように，弁護士もそれに含まれるものと理解した。中心になったのは，民事訴訟法である。すでに1920年，彼は，民事訴訟法の改革のためのライヒ司法省における委員会（Die Kommision im Reichsjustizministerium zur Reform der Zivilprozeßordnung）のメンバーになり，そして，ブラウンシュヴァイクから委員会の作業に対し多くの刺激を与えた。1931年の法律大改正草案[18]は，政治的な思惑により法律にならなかったが，学問並びに裁判官及び弁護士の代表により組織された，この委員会の作業にもとづくものである。民事訴訟の社会的理解のために民事訴訟のリベラルな理解とは袂を分かつレヴィーンの見解を，この改正草案における語句の言い回しにみてとることができる。

レヴィーンの60歳の誕生日を讃えて，レヴィーンがその永続する名を確保した民訴法委員会の作業への貢献がとくに強調された。「実務を根本から知り，時代と歩調を合わせる人として」，彼は，司法改革のための共同闘争者としてとくに尽力した。その際，彼は，常に裁判官層の正当な要求が貫徹されることを支持したと[19]。

付言すると，レヴィーンは，改革の実現への展望についての幻想を持たな

---

17) JW 1928, 27.
18) Entwurf einer Zivilprozeßordnung, veröffentlicht durch das Reichsjustizministerium, 1931.
19) JW 1924, 1018.

かった。彼が，1930年，オイゲン・シッファー（*Eugen Schiffer*）[20]の大著『ドイツの司法　徹底的な改革の概要（Die Deutsche Justiz, Grundzüge einer durchgreifenden Reform）』を論評したときに，彼は，法制度の新秩序に関する自身の懐疑をあからさまに述べなかった。彼は，信頼できるものを保持しようとの配慮を，国家的及び法政策的にみて原則的に正当なものであるとみなしていた。しかし，彼は，そこに，「それが首尾一貫した思考と行動のための勇気をなえさせる場合には，それがあらゆる進歩の敵となる危険」をみてとった。案の定，1931年の民訴法草案は，実際のところ公表されただけであった。

さらに強調すべきは，レヴィーンが弁護士のために維持している良好な関係に貢献したことである。ここまで弁護士と親密な関係にあった上級地方裁判所長は，レヴィーンの前にも後にもいない。彼が受賞した『弁護士強制の法的及び経済的意義』と題する論文については，すでに指摘した。ドイツ弁護士会が1920年代の終わりに新たな懸賞論文の募集をしたときに，今度は，弁護士の過剰を予防するには，いかなる方策が採られるべきかという問題で，レヴィーンは，再び1等賞を手に入れた。

その受賞論文[21]において，レヴィーンは，弁護士の窮乏を除去するための方法として，立法上の方策と行政上の方策を推奨した。それは，彼が「弁護士を保護するためのライヒ法律草案（Entwurf eines Reichsgesetzes zum Schutze der Rechtsanwaltschaft）」――いわゆるレヴィーン法（Lex Levin）――にまとめている。『Juristische Wochenschrift』の批評者が当時，受賞論文の著者を評価した形容辞[22]は，レヴィーンが手に入れた声望と地位の特色を示している。すなわち，「ドイツの弁護士は，あらゆる点からして，弁護士の保護をす

---

20) シッファーについては本書所収のラムの論稿を参照。
21) *Levin*, Schutz der freien Anwaltschaft in Untersuchungen, Folgerungen und Forderungen auf der Grundlage ihrer gerichtsverfassungsmäßigen Stellung, 1930 (Nr. 24 der Denkschriften des Deutschen Anwaltvereins) 参照。
22) *Holzinger*, JW 1930, 3528, 3531 参照。

べての司法改革の基本的要素として要求するルドルフ・フォン・グナイスト (*Rudolf von Gneist*) のような人に感謝する理由がある。そして，単なる予算削減により司法政策を行うことができると信じている人に対しては，立派な裁判官が成功したその人生行路の終わりに宣告した勇気ある言葉を投げつけたくなろう。つまり，真実は，それがすでに語られたからといって，真実であり続けるわけではない。真実が浸透するまで，絶え間なくそれを復唱しなければならない。真実を告白する義務があり，多くの者にとっては，ことによると，まったくもって，あきらめたくなるような義務かもしれないが，しかし，それも1つの義務である。」。

レヴィーンは当時，その創造力の絶頂にあった。ライヒにおけるその名声が大きくなればなるほど，その反面で，彼のブラウンシュヴァイクの司法行政のトップである省庁との関係がますます悪くなった。政党政治的な影響を受けない人事政策を考慮して，レヴィーンは，それがどのような政治的状況のものであっても，大臣のパトロン政治には反対の態度を取った。これに対し，社会民主主義左派のジーベルス (*Sievers*) が司法大臣に任じていた政府が，裁判官に対する定年を改め，今度は65歳とする法案を提出することで反撃した。レヴィーンの招聘へと導いた1922年の企ては，同じように繰り返され，そして，今度はレヴィーンに敵対した。

V. 官職の辞任，退官そして死亡

1930年3月23日のレヴィーンの65歳の誕生日は，レヴィーンが受けている高い尊敬の気持ちを表す契機となった。幾つかの祝賀メッセージをあげよう。ライヒ司法大臣は，レヴィーンに対し，彼がドイツ法のさらなる発展のために研究者及び実務の指導者として貢献したことについて感謝の気持ちを言明した（それについてはすでにこの小論の冒頭の段落において指摘した）。ベルリン弁護士会の理事会は，彼を「たいへん功労のある司法の推進者であり，弁護士会の信頼の置ける友人」であると褒め讃え，共和主義裁判官同盟の理事会

は，彼を「裁判官としての良心，知性及び精神的自由の模範」であると評価した。

レヴィーンの「最後の作品」ともいうべきものは，ベルリンの有力紙が報じているように，1930年4月5日にレヴィーンがベルリンの裁判官及び弁護士を前にして行った講演である。この講演において，レヴィーンは，どのような形で，判決は創造的な裁判官の個性が発露するのかという議論に取り組んだ。彼はつぎのように述べた[23]。すなわち，誰一人，裁判は，真空で実施されるとか，裁判官の世界観や国家観は，多くの場合彼の裁判に影響を与えるものではないなどとまじめに主張する者はいない。けれども，彼は，裁判官の裁判は，古臭い権力国家のためという国政的な見地や共和主義的——民主主義的な原理に対する内心的な反感によって容易に決められるであろうという見解を断固否定した。この点について，レヴィーンは，参考のため，つぎのような，長年にわたり彼自身がした経験と観察を披露した。「私は，反動的とのレッテルを貼られた多くの裁判官と知り合いになった。彼らは，驚くほど繊細な感情を持ち，個人の自由と尊厳を守る必要性を理解するとともに，法制度の団体的な把握や社会的要求に対する理解も持ち合わせていた。そうだとしても，また共和主義的——民主主義的な国家形態を信奉していることを外部に表明する人のすべてが，その本質を理解しているわけではないということに異論を差し挟むことはほとんどできない。」と。最後に，彼はつぎのように述べている。「私の告白は，法律学の素養のある裁判官及び検察官は，公的に結束し，かつ法律学の素養のある弁護士に支えられつつも我々のドイツ司法の屋台骨であり，そして，法発見の問題はその責任を強く自覚した人格に根づいたものであるとの確信にもとづくものである。その際，道徳的なものは常に自明のことであり，それゆえにまた，すべての国民同胞に対する，本当の兄弟のような，階級や人種についての偏見のない心情も自明である。」と。多くの者と同様，レヴィーンもまた，道徳的なものがもはやまったく自明ではなくなり，そして，人種に対

---

[23] DRiZ 1930, 525頁以下参照。

する偏見が，法や司法の領域においても，ひどい荒廃をもたらす時代がやってくるなどとは想像だにしなかった。

　レヴィーンは，退官後，ベルリンに戻った。彼は，文筆活動を退官後も続けた。彼の最後の論文は，1933年初頭に『Deutsche Juristen-Zeitung』に発表された。その後，レヴィーンに照らされていた光は消えた。

　レヴィーンのそれ以降の運命については，彼が1934年にベルリン—シェーネベルクのインスブルッカー通り（Innsbrucker Straße）29に転居したことだけ突き止めることができた。彼は，1936年までブラウンシュヴァイクの中央司法銀行から退職年金を受け取り，その後，その記録文書はベルリンの中央司法銀行に引き渡された。ベルリン—シェーネベルクの戸籍局（Standesamt）で，レヴィーンの死亡は番号2764/1939で登録されているけれども，死亡日[1]や死亡原因は記載されていない。

　ブラウンシュヴァイクの上級地方裁判所は，1938年11月8日のユダヤ人迫害50周年を機とした記念行事において，レヴィーンのことを追憶させた[24]。当時取り付けられた記念額[2]は，1985年に設置された記念碑[25]とともにヘルムシュテット（Helmstedt）の区裁判所の前で見ることができる。その記念碑には，なんと，まさにレヴィーンがその民主化に努力した，その司法がレヴィーンの退職後わずかな歳月でテロ・選択的刑法[26]の執行人となってしまった，と記されている。

　西ドイツで，この刑法は，1945年に廃止されたが，東ドイツでは，名称が別のものになったり体裁が変えられたにせよ，1989年まで存続した。

---

24) die Dokumentation der Gedenkveranstaltung am 7. November 1988: Erinnern und nicht verdrängen!. Zum Gedenken an die verdienste, an die Diskriminierung und an die Verfolgung jüdischer Juristen, 1989 参照。

25) *Wassermann*, NJW 1986, 32頁参照。

26) 国家社会主義的な刑法解釈のテロ・選択的性格については，早期にラートブルフにより認識されていた。アルトゥール・カウフマン編集のグスタフ・ラートブルフ全集9巻，ヴァッサーマン改訂に係る刑法の改革所収の彼の論文・刑法の改革と国家社会主義1992. 670頁から677頁参照。

ルーイ・レヴィーンの著作（抜粋）

Richterliche Prozeßleitung und Sitzungspolizei im Theorie und Praxis, 1913.

Empfiehlt es sich, das Recht der Gläubigeranfechtung, insbesondere auch mit Rücksicht auf die Verträge unter Ehegatten oder eines Ehegatten mit einem Dritten zugunsten des anderen Ehegatten einer Änderung zu unterziehen? Verhandlungen des 32. Deutschen Juristentages, 1914. Bd. 1, S. 35-131.

Die rechtliche und wirtschaftliche Bedeutung des Anwaltszwangs, 1916.

Erziehung zu rechtlicher Gesinnung und zur Rechtsfriedensgesinnung, DJZ 1921, Sp. 689-90.

Politisierung oder Demokratisierung der Justiz. DJZ, 1922, Sp. 581-84.

Über volkstümliche Zivilrechtspflege. JW, 1922, S. 418-21.

Sind die Arbeitsgerichte und ähnliche Spruchbehörden den ordentlichen Gerichten anzugliedern? Verhandlungen des 32. Deutschen Juristentages, 1922. Bd. 2 Sitzungsberichte, S. 99-133.

Über die erzieherische Bedeutung des Sozialrechts. JW, 1924, S. 1017-19.

Über die Grundfragen des Zivilprozesses. DJZ, 1924, S. 670-77.

Der Berufsrichter und seine Aufgaben in unserer Zeit. Die Justiz, 1925/26, S. 16-22.

Über die Erziehung zum Juristen. Die Justiz, 1928/29, S. 5-53.

Gutachten zur Frage der wohlerworbenen Beamtenrechte nach Reichsrecht und braunsweigischem Landesrecht, 1930.

〔1〕 前掲（注6）のヴァッサーマンの著書32頁では、レヴィーンは、1939年9月23日にベルリン―シェーネベルクで逝去したと述べられている。

〔2〕 当時ブラウンシュヴァイクの地方裁判所庁舎内に取り付けられた、この記念額には、「ユダヤ出自の法律家の功労、差別及び迫害の追憶のために（Zum Erinnerung an die Verdienste, die Diskriminierung und die Verfolgung jüdischer Juristen）」と記されている。前掲（注12）の *Wassermann* (Hrsg), Justiz im Wandel der Zeit, Festschrift des OLG Braunschweig, 1989, 437頁に掲載された写真による。

リヒャルト・マンスフェルト[*]

ドイツ大審院部長判事[**]

ディーター・ミオスゲ[***]
訳 田 代 雅 彦

ブラウンシュヴァイク公国からライプチヒのドイツ大審院判事に任命された4人の裁判官の中で，リヒャルト・マンスフェルトは41歳6カ月と最年少にして任命され，なおかつ唯一部長になった裁判官である。

ドイツ大審院の創設から1929年までの50年間を通じ，マンスフェルトは，任命されたすべての裁判官の中で，チューリンゲンのマックス・ポルツィヒ (*Max Porzig*) 博士に次いで2番目に若くして任命された裁判官であった。ポルツィヒはマンスフェルトとほぼ同じ年齢であったが，彼よりも3カ月早く任命され，1910年に，まだ45歳になる前に亡くなっている[1]。1933年から1945年までの間にドイツ大審院で職にあった裁判官のリスト――ただし，完全なものではない――を含めても全体で，彼らよりもさらに若くして任命された大審院判事は1人しかいない。このリストというのは，ドイツ連邦共和国の市民が，ドイツ民主共和国の時代にはアクセスすることのできなかった，ポツダ

---

[*] RICHARD MANSFELD（1865年–1843年）
[**] Richter und Senatspräsident am Reichsgericht
[***] *Dieter Miosge* : Vorsitzender Richter am Oberlandesgericht Naumburg
（ナウムブルグ高裁部総括判事）
1) S. die Auflistung in : *Lobe*, 50 Jahre Reichsgericht, 1929, Anlage I, S. 338 ff.

ムのドイツ中央公文書館にあった書類をもとにして作成されたものである[2]。その大審院判事というのは，帝国司法省の総括参事官にして，ギュルトナー（Gürtner）帝国司法大臣の私的な顧問（Referent）でもあったヨハン・フォン・ドナニー（Johann von Dohnanyi）博士のことであるが，彼は1938年9月16日，36歳でドイツ大審院判事に任命されている[3]。

I. 家　　　族

父親の家系からみるとマンスフェルトは，著名なユダヤ人の法律家の一族の出身である。「第3帝国」の純血主義的な用語にしたがえば，彼は「半ユダヤ人」〔訳注：両親の一方がユダヤ人であることをいう。〕であった。祖父の代からマンスフェルトの家族は福音主義・ルター派を信仰している。ヴォルフェンビュッテル（Wolfenbüttel）〔訳注：ドイツ北部ニーダーザクセン州東部にある人口53,460人（2009年12月31日時点）の都市〕出身で，上級裁判所事務弁護士（Obergerichtsadvokat）のフィリップ・マンスフェルト（Philipp Mansfeld）博士は，市民社会に根付くため，1826年に洗礼を受け（ちなみに彼の妻は11年後に洗礼を受けた。），社会への「入場券（Entrée-billet）」（ハインリッヒ・ハイネの言葉）を入手した。これによって，フィリップが公証人に任命されることには1827年には何らの障害もなかった。

その息子であり，後の大審院判事（すなわちリヒャルトのこと）の父であるヴィルヘルム（1831年-1899年）は，法律家としてブラウンシュヴァイクの公務に登場し，ドイツ帝国の司法制度の組織の再編の過程で設けられたブラウンシュヴァイク地方裁判所の初代所長となった。ヴィルヘルムは，その前の2年半にわたって激しく働き，功績をあげた後，帝国司法の立法化によって必要となった，ブラウンシュヴァイク州法の改正と調整を担当することとなった。

---

2) *Kaul*, Geschichte des Reichsgerichts 1933-1945, 1971, S. 261 ff.
3) この点につき，*Göppinger*, Juristen jüdischer Abstammung im „Dritten Reich", 2. Aufl. 1990, S. 78.

ヴィルヘルムは，1892年から1898年までブラウンシュヴァイク高等裁判所長官であった。その前任者は伝説的なアルベルト・シュミット（*Albert Schmid*）である。アルベルト・シュミットは，その死の直前まで80歳に至ってその職にあり，ブラウンシュヴァイク高等裁判所の記念集（1989年）における評価の表現を用いれば，国家反逆者から高等裁判所長官にまで登り詰めた人物であった。

ヴィルヘルム・マンスフェルトの息子達，すなわち1865年生まれのリヒャルトと1875年生まれのヴィルヘルムは，2人とも父親と同様に裁判官になった。リヒャルトが25年以上もライプチヒのドイツ大審院において勤務し，その民事事件の裁判に決定的に（maßgebend）かかわったのに対し，弟の職業人としての経歴は貧相なものであった。彼は1933年の後もいわゆる旧公務員（1933年4月7日の職業官吏制度の修復のための法律3条2項）としてブラウンシュヴァイク高等裁判所の裁判官の地位にあったが，1937年に国家社会主義者（ナチ）の高等裁判所長官によって，いわゆる「品行の良いユダヤ人」と評価され，後に連邦通常裁判所の長官となったブルーノ・ホイジンガー（*Bruno Heusinger*）が部長を務める民事部に庇護された。外からの敵視と要求があまりに強くなると，彼は1939年11月に定年よりも前に退官した。ヴィルヘルムの偉大な時期は第2次世界大戦の後に来る。1945年4月の終わりにイギリス人は70歳となっていたヴィルヘルムを退官の身分から戻し，高等裁判所長官に任命した。ヴィルヘルムは1948年7月までその職においてブラウンシュヴァイクの司法の再建に努めた[4]。

II．発展の過程

リヒャルト・マンスフェルトは1865年11月29日，ヴォルフェンビュッテ

---

4) 「ブラウンシュヴァイクの法律家一族，マンスフェルト家」に関する著述の詳しい記載については，*Wasserman* (Hg.), Festschrift des OLG Braunschweig, Justiz im Wandel der Zeit, 1989, S. 328 ff.

ルに生まれた。父親が地方裁判所長に任命された結果，ブラウンシュヴァイクに転居することになった後，マンスフェルトは1884年3月，秀才としてアビトゥーアに合格した。当時の言語については卓越した成績で，古代の言語については良好な成績であった。才能にしたがって，マンスフェルトは哲学と古代の言語を学ぼうとした。ストラスブール（1884年夏学期）において，彼は新カント学派のヴィンデルバント（*Windelband*）〔訳注：Wilhelm Windelband (1848年-1915年)，ドイツの哲学者。ハイデルベルク大学教授で，新カント派の代表。〕の講義を聴講した。ベルリン（1884/1885年の冬学期）においては，オリンピアの発掘家，クルティウス（*Curtius*）〔訳注：Ernst Curtius (1814年-1896年)，ドイツの有名な考古学者・歴史家〕の「造形芸術の歴史」やフォン・シュタイン（*von Stein*）教授の「レッシングの美的な風景」を聴講した。フォン・シュタインのもとでは，若い，早世の詩人であり哲学者でもあったハインリッヒ・フォン・シュタイン（*Heinrich von Stein*：1857年-1887年）が取り上げられたかもしれない[5]。ハインリッヒ・フォン・シュタインはリヒャルト・ワーグナーの家に住み，シルス・マリア〔訳注：スイス東部，グラウビュンデン州，上エンガディン地方の村。イン川に沿ったエンガディン谷の上流部，シルス湖に面している。〕のニーチェの家を訪問した後，ニーチェと書簡を交換した。1884年にハレ〔訳注：ハレ・アン・デア・ザーレ（Halle an der Saale）。ドイツのザクセン＝アンハルト州にある人口232,323人（2009年12月31日現在）の都市。〕からベルリンにやってくると，マンスフェルトは精神の歴史性の哲学者と言われるヴィルヘルム・ディルタイ（*Wilhelm Dilthey*）〔訳注：1833年-1911年。ドイツの哲学者，心理学者，教育学者〕の指導を受けた[6]。しかしながら，マンスフェルトはまもなく，この研究では職業の機会が彼の能力に相応しくないものになってしまうだろうと考

---

[5] ブラウンシュバイク高等裁判所におけるリヒャルト・マンスフェルトの国家試験受験者（Rechtskanditat）及び司法官試補（Rechtsreferendar）の個人記録による。

[6] *Glockner*, Heinrich von Stein, in: *ders.*, Gesammelte Schriften, Bd. 4, 1968, S. 330. 352 ff.

えた[7]。そこで，彼はベルリンにおいて，専攻を法律学に変更し，ライプチヒにおいて 1887/88 の冬学期まで研究し，1888 年にゲッティンゲン大学で博士号を取得した。博士号取得論文は，「遺産目録（Investar）の［作成によって生ずる］法的利益（Rechtswohltat）と相続財産債権者の地位，とりわけ多数相続人に対する相続債権者の地位」というものであった。マンスフェルトは同じ年に「優」（gut）の成績で第 1 次国家試験（法科）に合格した後，ブラウンシュヴァイク公国における 3 年の実務研修（Vorbereitungsdienst）期間の間に，1 年間，軍務に就いた。1891 年 12 月に同じく「優」の成績で第 2 次国家試験に合格した後，マンスフェルトはブラウンシュヴァイク公国の法律実務に就き，1885 年（ママ 1895 年が正しい）1 月 1 日に区裁判所裁判官となり，1 年後に地方裁判所裁判官となり，1906 年 1 月 1 日に高等裁判所裁判官となった[8]。マンスフェルトは 1895 年に「ブラウンシュヴァイク公国におけるジャーナリズムの反論請求権（Der publizistische Reactionsanspruch）とその権利保護」の著作論文（モノグラフ）を刊行した。これは公法と私法との間の境界の領域の研究であり，ブラウンシュヴァイクの法律を超えた意味を持つものであった。ブラウンシュヴァイクにおける裁判官としての日々において，マンスフェルトはまったくもって波乱に富んだ，かつ，あかるい独身生活を送った。マンスフェルトはギリシャ語やラテン語が好きであったため，公国のギリシャ語やラテン語教師のポストの補充が問題になるときには，専門的知識を持った非公式の助言者となった。

　マンスフェルトが 1907 年夏にドイツ大審院裁判官となり，ライプチヒに向けて旅立つに当たり，司法大臣に別れの挨拶を告げた際，大臣は控えめな表現で好意的な助言をした。マンスフェルトは，ライプチヒにおいて「いつかいい葉巻をたしなむことができるようになるだろう。」

---

[7] これらの，そしてさらに後に掲げるマンスフェルトの個人的な書簡と言葉については，彼の甥である医学博士 H. マンスフェルトによるものである。

[8] PersAkte *Mansfeld*, Bundesarchiv Abt. Potsdam, RG Personalia Nr. 569.

Ⅲ. ライプチヒにて

　ライプチヒにおいてリヒャルト・マンスフェルトは，第1民事部の構成員となった。その部の部長は著名なプランク（Planck）博士であった。マンスフェルトは1912年11月，第2民事部に配置換えとなった。1922年10月1日，マンスフェルトは部長に指名され，最初に第4民事部の部長となり，1924年4月1日以降，第2民事部の部長となった。第2民事部の専門領域は，会社法，企業法，商標法，不正競争防止法，手形・小切手法であった。帝国司法大臣グスタフ・ラートブルフ（Gustav Radburuch）〔訳注：1878年–1949年。ドイツの法哲学者。日本では刑法学の分野での教育刑論で知られている。〕が1922年9月15日，帝国大統領に以下のように報告した。「マンスフェルト博士は，現在の地位における長年の活動を通じ，部長の職務のために必要な能力を卓越した水準で備えていることを証明した。」これは，当時，このような昇進の推薦において通常用いられる形式以上の表現であった[9]。

　文献上は，マンスフェルトはわずかに出てくるのみである。1908年，ドイツ大審院判事レーバイン（Rehbein）の死から1年後，マンスフェルトは1879年に初版の刊行された，手形訴訟についての記述も含む手形法のコンメンタールの第8版を編集した。その後，この本は知る限り，再刊されていない。

　マンスフェルトは民法についてのドイツ大審院裁判官のコンメンタールの中において，小切手法，不当利得法，所有権から発生する請求権について，第3版から第5版（1923年）までの間改訂を行った。

　1922年の初めにはブラウンシュヴァイクにおいて，72歳の高等裁判所長官ハンス・ヴォルフ（Hans Wolf）閣下と社会主義的・共産主義的政府との間に明らかな対立があった。その対立から，裁判官の定年を68歳に引き下げる公国の法律によって，ヴォルフが退官を余儀なくされる[10]と，洗礼を受けたユダ

---

9) Besetzung der Senatspräsidentenstellen des RG, Bundesarchiv Abt. Potsdam, 30.01 RJM 125.
10) この本の著作の495頁のヴァッサーマンによるレヴィーンについての記述を参照。

ヤ人であり，ドイツ民主党（Deutche Demokratische Partei）の構成員であった，ベルリンの宮廷裁判所裁判官ロイス・レヴィーン（*Louis Levin*）〔訳注：1865年-1939年。1922年にブラウンシュヴァイク高等裁判所長官に就任。本書においてもルドルフ・ヴァッサーマンがルイ・レヴィーンについて記述している。〕が高等裁判所長官に任命されることになった。1922年4月1日，保守的なブラウンシュヴァイクの新聞は，マンスフェルトの筆による記事を発表した。ここにその記事を伝えておくべきと考える。というのもその記事は，マンスフェルトが書いた数少ない個人的な評価書に属するからである。

「本年の3月31日，長年にわたりブラウンシュヴァイク高等裁判所長官の職にあったヴォルフ博士閣下は，退官となった。新しい時代が始まった。我々の国家と経済の体制の基礎の変革は，現行の法律を適用する領域において現れてきており，司法においても考慮されることが求められている。政府は，ここにおいて克服しなければならない課題を，比較的新しい力に委ねたのである。それが正しいか誤っているかの判断をする権限は私にはない。しかし，ヴォルフ博士がその職にあった時代にその時代の要求を満たしたことほどのことは誰もなしえなかったとするならば，今日退官する，公国の最高位の裁判官であるヴォルフ博士は，その最も外形的な（äußerste）目的は達成したといえる。私自身もブラウンシュヴァイクの人間で法律家であり，ドイツ大審院においてほとんどすでに15年間，職にあったものであるが，ヴォルフが当時の公国の民事司法に対し，至るところでその発展を促し，活性化させるような影響を与えたと証言することができる。彼が長官（Vorsitz）であったもとでの仕事は，私の最も素晴らしい職務の上の思い出となっている。

　法律の明晰な解釈者として，ヴォルフは何よりも個々の事案における特質を生かして権利の実現をはかることを自分の義務と見なした。その際，彼は解釈を大胆に行うことで際だっており，些末の事柄に惑わされることがなかった。こうして，公国が小さかったことから，司法が堕落したり退

化したりするという危険が決して遠いものではなかったにもかかわらず，ヴォルフはその危険を回避することに本質的に貢献した。高い功績のあるヴォルフ博士が退官後もさらに多くの輝かしい年月を重ねられますことを祈念いたします。」

Ⅳ. マンスフェルトとエルトマン

ここではマンスフェルトが指導した第2民事部の裁判の分析を行うものではない。マンスフェルトが部長であった時代に公的な裁判例集に登載された部の裁判のみでも，105巻から142巻に及ぶ。

マンスフェルトが，世界大戦後の体制転換，インフレ，経済危機及び国民の政治的＝イデオロギー的な分裂の時代において，最上級審の裁判において求められる高度の要求を満たしたということは確実であろう。

ここでは1つのケースを取り上げるにとどめたい。パウル・エルトマン（*Paul Oertmann*）〔訳注：Paul Ernst Wilhelm Oertmann（1865年-1938年），ドイツの有名な民法学者で，後記の事情変更の原則に関する論文で著名である。〕の論文集「行為の基礎（Geschäftsagrundlage）」が1921年に刊行されると，ドイツ大審院は判例において，すべての契約は「その契約が締結された時の事情がそのまま存続する限りにおいてのみ効力を有する」という約款（clausus rebus sic stantibus）〔訳注：訳語については我妻栄・民法Ⅴ1契約総論［29］を参考にした。事情変更の原則を導く理論〕を具体化したエルトマンの判断基準を直ちに採用したということは強調に値する。1921年11月29日の第2民事部判決（RGZ103巻177頁以下）において，ドイツ大審院は，10tの鉄線の荷物を送ったのに届かなかったとして，注文者が4500マルクの損害賠償を求めた事案につき，双務契約の本質からさまざまに検討した上で，債務の履行が債務者に破滅をもたらすか否かに着目した。差し迫った経済的破滅によって初めて契約条項（Clausula）が侵害されるということが常にではなくてもである〔訳注：ただし，五十嵐清「ドイツ法における行為基礎論の発展（一）」北大法

学会論集 11 巻 4 号 419 頁によれば，RGZ103 巻 177 頁は，双務契約においては，一方の当事者に破滅がもたらされることが重要なのではなく，給付と反対給付との関係が推移して，その結果，信義則上，物の給付が債務者に正当視されない場合に，債務者の免責が認められると判示していると整理している。〕。この裁判は，ドイツ大審院が価格の上昇を理由に，原審判決を破棄したような印象を与えた。しかしながら，印刷されていない判決理由によると，履行遅滞の発生の点については不明であったために，原審判決を破棄したことが明らかになっている。

すでにその 2 カ月後の 1922 年 2 月 3 日の RGZ103 巻 328 頁以下においては，同じ第 2 民事部は，固まった前提をもとに議論を展開した。「エルトマンの行為基礎論（1921）の言葉を使うなら，一般的には行為の基礎が，行為締結の際に表された，ある決定的な事態に関する当事者の表象の意味において消失したかどうかが，常に重要である。給付と反対給付の等価性の継続が契約締結の際に前提とされた場合には，それは単なる為替相場の推移の効果それ自体としても可能である。」〔訳注：パウル・エルトマンの行為基礎論については，五十嵐・前掲論文（北大法学会論集 11 巻 4 号 403 頁）のほか，五十嵐清「ドイツ行為基礎論小史（2）」札幌法学 16 巻 1 号，中村肇「ドイツ行為基礎論における期待不可能性概念の機能について」一橋研究 24 巻 2 号 1 頁も参照。〕

興味深いことに，例外を認めた両方の判決において，第 2 民事部は，同じ裁判官によって構成されていた。ちなみにその当時（1924 年 2 月まで）第 2 民事部には，ほかに 6 人の陪席裁判官が所属していた。2 番目の判決は，今でもすべての法律コンメンタールと教科書において指導的意味を持つ判例として説明されているが，マンスフェルトはこちらの判決にのみ関与した[11]。マンスフェルトは，同世代のパウル・エルトマンとは，おそらくはベルリンにおける学生時代から生涯にわたって交流があった[12]。民事法学者のエルトマン（1865 年 -1938 年）は，1901 年からエアランゲン大学の，1917 年からはゲッティン

---

11) 著者の所持するドイツ大審院の判決集の写真コピーによる。
12) 医学博士 H. マンスフェルトの示唆による（aaO Fn. 7）。

ゲン大学の正教授であったが，舅のヴィントシャイト（Windscheid）〔訳注：Bernhard Windscheid（1817年-1892年），ドイツの法学者（民法，ローマ法）。『パンデクテン』の著作が有名であり，民事訴訟法の分野ではローマ法上の訴権（アクチオ）論で知られる。事情変更の原則に関連して，前記のエルトマンの行為基礎論に先立ち，前提論（Vorraussetzungslehre）を唱えた。〕の法典主義（Pandektismus）から出発して，経済学的な関心を持っており，経済学的な観点も取り入れた。創造的な，法律実務から転向した法律学者として，エルトマンは概念法学と利益法学との間の論争においても，自由法学の運動においても，その中心にいた[13]。マンスフェルトとエルトマンは，絶えず精神的な交流を持っていたことが推測される。エルトマンの「行為基礎論」が，判例（その判例は，RGZ103号328頁以下において示された基準によって，今日なおも機能している判例である。）に直ちに採用され，彼らの友好関係によって促進されたところもあろう〔訳注：この点は五十嵐清「ドイツ行為基礎論小史（2）」札幌法学16巻1号がBrodhunによるエルトマンの伝記を引用する形で，本文の記載を引用している。〕。

マンスフェルトは，1907年以来結婚していたが子はなく，最も長い時間をライプチヒに住んだ。マンスフェルトは，20年間，ドイツ大審院の近くにあるフロス広場33番地（Flossplatz 33）の4階に，借家の階段を登ることが困難になる1931年まで居住した。その年には弟のヴィルヘルムがブラウンシュヴァイクから何度も訪問し，数日間滞在して，リヒャルトの規則正しい散歩を助けた。リヒャルトは部の同僚とともに散歩をし，その際には，部の同僚と法律の諸原則の問題について討論をしていた。

V. マンスフェルトの性格

リヒャルト・マンスフェルトは感じのいい友好的な雰囲気を漂わせていた。

---

[13] *Diederichsen, Paul Oertmann*, in: Loos（Hg.）, Rechtswissenschaft in Göttingen, 1987, S. 385 ff.

彼は深刻な状況でも冗談を通じて場を和ませたり，他人を勇気づけた。あるときドイツ大審院判事に応募した者について，信仰に関する疑義がもたれたことがあった。最終的にマンスフェルトは鶴の一声を発した。「もし彼が拝火教信者であったとしても，ここで重要なのは，彼が株式会社法について知識があるということだ。」第2民事部の審理に際して，取締役の権能についての弁護士からの和解の提案について，つぎのようなルールが規定されていた。「AとBが共に相談するが，見解に相違のある時はBが単独で決める。」マンスフェルト裁判長は笑って拳で法壇の机を叩き，間延びしたブラウンシュヴァイク方言で述べた。「これはいい。我が家と同じだ。妻と自分も何事も共に相談するが，意見が食い違うときは，妻が単独で決める。」

　マンスフェルト夫妻とエルトマンは共に休暇旅行をし，また，ゲッティンゲンのエルトマンの家を訪問した。マンスフェルト夫妻とパウル・エルトマンがコルティナ・ダンペッツォ（Cortina D'Ampezzo）〔訳注：イタリア共和国の北東部にあるヴェネト州ベッルーノ県の観光都市。アドリア海に面し，オーストリアと北東の国境を接する。〕で1937年6月に撮影した写真がある。しかしながら，マンスフェルトは特別に旅行が好きなわけではなく，とりわけ後年はそうであった。彼にとっては風景が美しいということはどうでもいいことであった。彼は，至る所がブラウンシュヴァイクとヴォルフェンビュッテルとの間におけるのと同様に見えると冗談を述べたことがある。マンスフェルトはクラシック音楽を愛し，バッハの音楽の中心地としてライプチヒを楽しんだ。金曜日には，バッハのモテットのためにトーマス教会に出かけた。その上彼は，モーツァルト，ハイドン，ベートーベンなどのウィーンのクラシック音楽を好んだ。マンスフェルトは若いときにはピアノを演奏した。マンスフェルトの母が1906年11月にブラウンシュヴァイクで糖尿病で亡くなった際には，マンスフェルトはピアノをひいて死に際の母を見送った。その後マンスフェルトは数十年間ピアノを演奏せず，ライプチヒにおいて年金生活に入ってから再びピアノ演奏を始め，なおも若干の練習のレッスンを受けた。

　マンスフェルトには，本を送る相手，とくに彼の弟に本に献呈の辞を書くと

いう上品な習慣があった。マンスフェルトは s/l（seinem lieben 親愛なる）といった略語を使った。それゆえ彼はディルタイの「経験と詩」（ところで，この本を通じて 1907 年までは殆ど知られていなかった「経験」という言葉がドイツ語の日常用語として使われるようになった。）においても「R. s/. W 1921」（リヒャルトより　親愛なるウィルヘルムへ　1921 年）と書いているし，ホイジンガー（Huizinga）の「中世の秋」の中でも「Richard s/l Willi 22.10.40」（リヒャルトより　親愛なるヴィリ〔訳注：ウィルヘルムのこと〕へ　1940 年 10 月 22 日）と書いた。

VI. 記　念　日

マンスフェルトは 1932 年 6 月 1 日，ドイツ大審院に勤務して 25 年となった。ブムケ（Bumke）大審院長はマンスフェルトの祝辞の文書の中で，「ドイツの司法に高い貢献」をし，「その職務の高度の技能を備えていると実証された者」と表現した[14]。マンスフェルトの部における先輩であり，その直前に退官して年金生活に入っていたドイツ大審院判事のグンケル（Gunkel）博士は，午前 8 時 30 分に，マンスフェルトが「とくに好んだ（bevorzugte）早朝の時間」に，かつての，そして現在の第 2 民事部の仲間の集まりにおいて，以下のように述べた[15]。

「ドイツ大審院とその裁判についての功績及びその性格によって，マンスフェルトは単に第 2 民事部の部長となるだけではなく，真実の意味で指導者にして道案内人となったが，前記のようなマンスフェルトの功績や性格は今日，他の部署からも評価されている。
　私は今日，完全に別のことを指摘したい。そして，そのことについては，部があなたに感謝の意を表明しなければならないのは当然である。私

---

14)　マンスフェルトの個人記録（aaO Fn. 8）。
15)　著者の所持する原稿の一部による。

の20年にも及ぶドイツ大審院における勤務の中の最も幸せな年月が，第2民事部に所属した8年間であったとすると，それは調和と同僚のよしみによる，素晴らしい精神によるところのものである。そして，その精神は最初の日から感じたところであった。部を支配する精神につき，第1次的には重要なのはまずもって部長である。心からの結びつきというこの素晴らしい精神は，常に彼の好意的な生まれつきの性格から由来するものと私は感謝している。

　そして，この部の構成員の強い結びつきは，我々にとって，その職業の義務を遂行するのに，どれだけ役だったことか。若い同僚が，比較的年齢の高い壮年期にある，習熟した法律家として，ひどく緊張し，期待をもって，我々の集団に入ると，学習の高等技術はようやく始まったところであるということにすぐに気づき，最初に自分は非常に未熟であるとしばしば感じる。そこで，裁判や文献と同程度に信用に値する，習熟した人間や卓越した精神によって，親切と好意にあふれた方法で導かれるという幸運を得られれば，自分自身を新たに信用するようになり，最初の当然すぎる当惑は取り除かれ，円熟した年齢になると陥りがちな硬直思考——これは共同作業が成功することの妨げとなる——に陥らないようにすることができる。ドイツ大審院における25年間のあなたの活動の中で，時代の流れと共に多くのことが変わり，衰退してきました。我々は非常に難しい時代におります。そして不安が我々を満たしております。我々は何をなすべきでしょうか。あなたの仕事から大いなる収穫が出ました。ドイツ大審院判例集の各巻が，あなたの思考には，有益な示唆を与える力があるということを改めて知らしめています。」

Ⅶ. ユダヤ人問題

　1906年エルザス゠ロートリンゲンの政府は，コルマー（Colmar）〔訳注：アルザスの都市でオー゠ラン県の県庁所在地。当時は普仏戦争の結果，ドイツ領

に編入されていた。〕の高等裁判所判事レヴィ (Levi) をドイツ大審院判事に任命しようと提案したが，失敗した。レヴィは特に愛国的で反フランス的なバイエルンの国会議員の息子であった。レヴィは最終的にコルマー高等裁判所の部長に任命されたが，彼は「このポストに任命された最初のユダヤ人」となった。フォシッシェ新聞 (Vossische Zeitung)〔訳注：この時代のベルリンの地方新聞〕はそのことを何度も，とりわけ 1910 年 8 月 4 日と 12 月 14 日に報じている。この事件によれば，ドイツ大審院の創立以来，たった 1 人のユダヤ人，つまり商法の教授ベーレント (Behrend) が大審院の裁判官であったということである。また，当時の時点においては，既に何年もの間，大審院にユダヤの信仰を持った裁判官はいなかったとのことである[16]。プロイセンのヤコブ・フリードリッヒ・ベーレント (Jakob Friedrich Behrend) 博士（1833 年 - 1907 年）は 1873 年から正教授であり，1887 年から 1900 年までドイツ大審院判事であった。

1918 年から 1932 年までの間に任命されたドイツ大審院の裁判官のうち，5 人はユダヤの (israelitisch) 又は（自由な）モーセの (mosaisch)〔訳注：つまりユダヤ教の〕信仰を持つ者であったが，これらの者は 1933 年と 1935 年の浄化運動の犠牲となった[17]。マンスフェルトは 1914 年 8 月 1 日以前に任命された旧公務員として 1933 年は迫害を受けなかった。彼が「半ユダヤ人」であることは，1933 年 4 月 2 日のドイツ大審院における，シュレーゲルベルガー (Schlegelberger) 事務次官とドイツ大審院長との間の協議 (Besprechung) の場では 1 度も話題に登らなかった[18]。

しかし，マンスフェルトが退官によって年金生活に入る直前になって，自身に人種問題が問われる機会が発生した。宮廷裁判所 (Kammergericht) 長官は，1933 年 10 月末，国家公務員採用候補者試験 (Assesorexamen) を間近に控え

---

16) 帝国首相の要請に基づく，1910 年 8 月 5 日の帝国司法省の書簡：Reichsjustizamt, Personalangelegenheiten des RG, Beamte II 1d 109, Bundesarchiv, Abt. Potsdam.
17) 前掲注 1 と注 2 であげたリストに出ているとおりである。
18) *Göppinger*, (aaO Fn. 3), S. 86.

た，マンスフェルトの弟の息子である法学博士ヴァルター・マンスフェルト (Walter Mansfeld) に対し，よりあたらしい判定によれば，彼は非アーリア人とみなされると告げた。しかし，それは疑問であった。なぜなら曾祖父母は洗礼を受けていたし，祖父のヴィルヘルム・マンスフェルトはユダヤ教の団体に1度も所属したことはなかったからである。マンスフェルトはそれゆえ帝国司法大臣に手紙をもって問い合わせ，1933年11月9日付けの以下の手紙を受領した[19]。

「親愛なる部長判事様

あなたの甥にあたるヴァルター氏が，今年4月7日の法律によるアーリア人決定によって影響を受けるか否かについて，再調査をしました。4分の1の非アーリア人の血をひく公務員は，非アーリア人とみなされると表現されています。すなわち，祖父母群 (Großelternteil) が1人でもユダヤ人の父又はユダヤ人の母を持つ場合には，祖父母群の宗教上の属性を考慮することなく，非アーリア人の血統となるのです。

これによれば，あなたの父方の血統を確定すること，とりわけその母（父方の祖母）がアーリア人の血統なのか非アーリア人の血統なのかを調査することが重要です。祖父母群の父及び母又はその一方が混血の場合に，当該祖父母群を非アーリア人とみなすかどうかという問題については，私の知る限り，まだ答えが決まっておりません。このような事案では，この種の問題のために帝国内務省によって選任された，人種問題のための専門家である，ゲールケ (Gercke) 参事官 (Regierungsrat) が鑑定意見を提出しなければならなくなるでしょう。

この説明によって，いくばくかでもあなたの何らかのお役に立てましたことを，そしてあなたの甥にとりまして血統の問題が満足のいくように解明されますことを望んでおります

---

[19] 著者の所持する手紙の原本による。

謹白（最も丁寧なあいさつと心服の気持ちを込めて）

博士ギュルトナー」

　ヴァルター・マンスフェルト博士は，国家公務員採用候補者試験を許可されて，司法官試補試験（Referendarexamen 第2次国家試験）と同様にその試験を「優」で合格した。しかしながら，国家機関（Staatsdienst）は，いわゆる「4分の1ユダヤ人」としてヴァルターに門戸を閉ざした。マンスフェルトは痛烈に嘲笑をしながら，自分自身のことを理解した。「今日，アーリア人のことがとても多く話題になっている。私はブロックハウスの辞典〔訳注：ドイツの有名な百科事典出版社ブロックハウス Brockhaus から出版された辞書。1808年初めて6冊本を刊行したと言われる。〕でも調べた。アーリア人とはコーカサスの地域から出た人間じゃないか。自分はそれに属さない。自分はヴォルフェンビュッテルで生まれた。」

Ⅷ. 終　　章

　マンスフェルトは，勤務の最後の数年をドイツ大審院の院長代理（副院長）として務めた。大審院の副院長の職は 1936 年以降になってから存在していた。この任務はマンスフェルトにとってはやっかいなものになったと思われ[20]，そのことが彼と大審院長ブムケとの間の関係が損なわれた状態になったことの原因となったのかもしれない。

　マンスフェルトは退官して年金生活に入った後も，かつてのように仲裁手続に関与していたようである。ミュンスターのクルックマン（Krückmann）教授の照会によれば，リッペ〔訳注：ドイツ北西部にあったかつての州。現在，その地域はノルトライン・ヴェストファーレン州に編入されている。〕侯爵と国家との間の和解手続にも関与していたようである。

---

20)　そのことはマンスフェルトのブムケに宛てた手書きの手紙の中に暗に示されている。その手紙は個人記録の中にある。

マンスフェルトの個人記録の最後の頁の中の1つには，1940年10月25日付けのメモがあるが，そこには退官した部長判事マンスフェルト氏がまもなく75歳の誕生日を迎えるとのメモがある。「70歳の誕生日の祝辞の書簡（個人記録の38丁表）は送られなかった。」75歳の誕生日には1つの祝辞の書簡さえも書かれなかった。マンスフェルトは1943年12月5日に死亡したが，もはや公の追悼文もなかった。

　マンスフェルトの弟は弔詞を書いた[21]。

　「私は多くのものを失った。私の兄は78歳であった。最後の1年か2年は身体を患っていたし，それよりずっと以前からこの時代に苦しめられていた。私たちは50年以上もの間，最も緊密な精神の共同体において生きてきた。兄が1907年にドイツ大審院判事に任命してから空間的には別離したが，そのことは何ら私たちの精神共同体を損なうものではなかった。兄が卒中の発作に倒れた1943年11月半ばまで，我々は手紙を交換し，また可能な限り直接に集まって精神的な相互交流を保った。その際には，私が主として兄から学び取る立場であった。なぜなら私の兄は精神的にも性格的にも特別に非凡な人間であったからである。私は今，冷静に次のように述べることができる。「彼はその時代の最も法律家の1人であり，彼の死後，そのことが大学の教授やドイツ大審院の構成員によって認められるのを身届けることが，私にとっての救いである。」彼はまた芸術家的な性分でもあった。芸術家的な直感なしではよき裁判官とはなり得ない。その上，私の兄はそれ以外にも音楽や詩，とりわけギリシャの詩とも深く結びついていた。もっとも他方で私の兄は，造形芸術に対するセンスを発揮することはなかった。彼が心から親切であったこと，誰からも拘束されなかったこと，そして何の虚栄心のなかったことについては言うまでもない。」

21）　著者の所持する写真コピーによる。

ドイツ大審院の個人記録は，その記録に付された1945年9月13日（!）のマンスフェルト未亡人の訪問カードで終わっている。その訪問カードには「ライプチヒ22番　リンデンタール通り9番地Ⅱで爆撃の被害を受けた。」と記載されている。マンスフェルトの家族はそこに1941年から住んでいたのであった。

ユリウス・マグヌス*

自由な弁護士の指導者であり警告者**

ゲルハルト・ユンクファー***
訳　坂　本　恵　三

I. 始　ま　り

　ユリウス・マグヌスは，1867年9月6日ベルリンで生まれた。マグヌスは，ユダヤ教を信仰するベルリンの旧家の出身である[1]。1898年の初め，30歳でマグヌスは，ベルリンで弁護士となり，ドイツ弁護士協会（Deutsche Anwaltsverein=DAV）の会員となった[2]。マグヌスは，法律家として全生涯にわ

---

* *JULIUS MAGNUS*（1867年–1944年）
** Mentor und Mahner der freien Advokatur
*** *Gerhard Jungfer*: Rechtsanwalt in Berlin（弁護士）
1) Die Familie war seit 1699 in Berlin ansässig, *Magnus* im Fragebogen zur Durchführung des Gesetzes zur Wiederherstellung des Berufsbeamtentums vom 7. April 1933, Bundesarchiv Merseburg, Akten zum Berufsbeamtengesetz hinsichtlich der Professoren und Privatdozenten an der juristischen Fakultät der Universität Berlin, Bd. 1, 1933/1934, Bl. 19. Ich danke Rechtsanwalt *Dr. Gregor Gysi* für die Übermittlung dieser Unterlagen mit Brief vom 16. November 1989 an den Deutschen Anwaltsverein (DAV). Dem DAV danke ich für die Überlassung dieses und weiteren Materials, siehe aaO Fn. 17, ferner Rechtsanwalt Dr. Tillmann Krach.
2) Justiz-Ministerial-Blatt für die Preußische Gesetzgebung und Rechtspflege 1898, 32; Handbuch des Berliner Anwalt-Vereins, Berlin, 1921.

たって従事することとなるある法領域すなわち営業上の保護法の領域で，ほとんどすぐに頭角を現した。弁護士としての許可を得たほぼ1年後にはすでに，マグヌスは，1899年10月21日ベルリン法律家協会で「営業上の保護法領域における改革の努力」[3] というテーマで講演を行っている。この講演は，ベルリン弁護士協会でその後まもなく，もう1度行われた[4]。1903年2月14日ベルリン法律家協会では，「写真作品についての著作権に関するライヒ法草案」[5] というテーマで，つぎの講演が行われた。すでに1906年には，まだ若い弁護士であったマグヌスは，第28回ドイツ法曹会議において「閉店大売り出し制度に鑑みて不正競争防止についてのライヒ法を補充することが勧められるか」という問題について鑑定意見を述べている[6]。1909年には，フロインド (*Freund*) と共著で商標保護法のコンメンタールが出版されている。1910年マグヌスは，「商標保護と競争」という雑誌の協力者となった。ついで1911年マグヌスは，「特許事件における特許局の審決及び裁判所の判例」の刊行物を受け継いだ。1914年マグヌスは，法律顧問官の称号を取得した[7]。マグヌスの弁護士会における人望は大変厚かったので，法律週刊誌 (JW Juristische Wochenschrift) の編集者であったフーゴ・ノイマン (*Hugo Neumann*) が亡くなったとき，マグヌスは，1915年4月2日からノイマンの後継者の1人となった[8]。

---

3) *Neumann*, Zur Geschichte der Juristischen Gesellschaft zu Berlin (1859-1903), 1984, S. 32.

4) S. das Titelblatt der Veröffentlichung des Vortrages, Berlin, 1900.

5) *Neumann*, (aaO Fn. 3); weitere Vorträge dort 1905, 1928, 1932, s. *Fijal*, Die Geschichte der Juristischen Gesellschaft zu Berlin in den Jahren 1859-1933, 1991, S. 177, 197, 200.

6) Verhandlungen des 28. Deutschen Juristentages, 2. Bd., 1906, S. 352.

7) *Krach*, Jüdische Rechtsanwälte in Preußen, 1991, S. 434.

8) JW 1915, 297.

II．法律週刊誌の編集者

　ドイツ弁護士協会は，1871年7月19日バンベルクで設立された。すでに当時，雑誌を刊行することについて合意が成立していた[9]。第1号は，1872年2月3日に発行された。最初は，困難であった。内容的にも，やっと少しずつ発展していった[10]。法律週刊誌において掲載されていたドイツ弁護士協会の会報は，1914年から「ドイツ弁護士協会会員へのお知らせ」へと分離され，これが，後の弁護士会雑誌のもとになった[11]。すでに20世紀初頭には，当時の編集長クーレンベック（*Kulenbeck*）は，裁判官や検察官，法律学教師にも協力を呼びかけた[12]。その後1903年から1915年にかけてノイマンが，編集長を務めた。この雑誌は，内容も充実し，質も高まった[13]。1915年2月ノイマンが，突然この世を去った。1915年3月14日理事会は，マグヌスを新たな編集長に選出した。マグヌスは，この雑誌をディッテンベルガー（*Dittenberger*）（ノイマンと並ぶ業務執行者）や，オイゲン・フックス（*Eugen Fuchs*），エルンスト・ハッヘンブルク（*Ernst Hachenburg*）と一緒に編集するはずであった[14]。ところで何が起こったかということについては，偉大なマックス・ハッヘンブルク（*Max Hachenburg*）による，敬意と感嘆をともなう心のこもったとくに信ずべき記述がある[15]。すなわち「事態は，根本的に変化した……。私達最後の2人は，理事会の構成員として，これに協力するために招集されたのである。

---

9) *Ostler,* Die Deutschen Rechtsanwälte 1871-1971, 2. Aufl. 1982, S. 94.
10) Vgl. *Ostler,* (aaO Fn. 9), S. 95.
11) Ab 1926 (erster Jahrgang des Anwaltsblattes).
12) *Ostler,* (aaO Fn. 9), S. 96.
13) *Ostler,* (aaO Fn. 9), S. 96.
14) JW 1915, 297.
15) Lebenserinnerungen eines Rechtsanwaltes, 1927, Neuaufl. 1978, dort S. 137 ff.: zu Hachenburg siehe Scherner S. 415 dieses Buches; *Brangsch* berichtete dem Verfasser am 27. Dezember 1990, *Dittenberger* habe ihm erzählt, mit Stolz auf *Magnus:* „Gegen den Mann konnte man einfach nicht aufkommen."

おそらくは，一種の編集委員会が考えられていたのだろう。まもなく明らかとなったのは，マグヌスが，しかもマグヌスだけが，雑誌の運営を掌握していたということである。ディッテンベルガーは，すでにまず第1に軍隊に招集されたことによって，そしてその後彼の本業の負担がきわめて過重になったことによって，編集作業にさらに関与することができなくなった。フックスと私も，編集作業にはほとんど関与することはできなかった……。マグヌスの他にもう1人などといっている余裕はなかった。マグヌスは，雑誌運営の分野における天才である。短期間に法律週刊誌が，どのような変貌を遂げたかをみれば，驚かされる。マグヌスは，法律週刊誌を運営して戦争とインフレの時代を乗り切ったのである。法律週刊誌には，まさにマグヌスの人柄が現れている……。うまずたゆまずマグヌスは，法律週刊誌を彼のお気に入りの子として育て上げたのである」。

その他ハッヘンブルクは，ドイツ弁護士協会の理事会とともに分量が増大したことを理由として生じた困難についても記述している。すなわち「輝かしい業績は喜ばしいが，それだけに週刊誌の分量の増加に不安な目が向けられるのである」。しかし「……どんな嵐も再びおさまったということを考えれば，この関連が，堅く結びつけられたものであることが理解できるかもしれない。……天才的な芸術家を通常の尺度ではかることは許されないのである」。

法律週刊誌の発行部数は，1924年の15,500部から1931年2月には25,500部に増加した[16]。法律週刊誌は，最終的に1927年からは毎年3巻で出版された。この雑誌は，緑色のカバーの上に，「ドイツ弁護士協会機関誌」と付記されており，内表紙には，「ドイツ弁護士協会発行」と付記されていた。しかしこの雑誌は，とうの昔に単なる弁護士協会の機関誌という位置づけを離れ，もっぱらワイマール共和国の法学専門雑誌を意味するようになっていた。これは，ひとえにマグヌスの無類の功績，すなわち彼の着想の豊かさ，彼の創造力，彼のたゆまない活動の功績である。

---

16) *Ostler*, (aaO Fn. 9), S. 464 (Anm. 23).

ドイツ弁護士協会の公文書集の中に，当時の理事会構成員の弁護士であり，ハンブルク大学の教授であったヴァルター・フィッシャー（*Walter Fischer*）博士の遺稿に含まれていた通信ファイルが，存在する。このファイルは，マグヌスの活動と作業方法を直接裏づけるものではなく，マグヌスがフィッシャー教授と書簡のやりとりをした限りにおいてこれを反映するにすぎないものであるが，このファイルにざっと目を通すだけでマグヌスが，法律週刊誌の仕事のためにどのような範囲において書簡のやりとりをしたかということが，すでにあきらかとなるのである[17]。1931年2月3日付のフィッシャーへの書簡の中でマグヌスは，ある同僚との会話について記述している。この会話は，以下の理由でマグヌスにとって非常に興味深いものであった。「多数の弁護士達は，実際，法律週刊誌と弁護士会を同一のものと考え，ドイツ弁護士協会の会費は法律週刊誌の定期購読料金であると信じているという事実を私は常に知っており，理事会の同僚達にそのように言っても，理事会の同僚達はそれを信じようとしなかったのですが，この会話によって，私は再びこの事実についての確信を強めたからです。法律週刊誌が，実際には不定期の購読者によって維持されていたにすぎないことを，だれも知りませんでした。この事実については，だれもが，非常に驚きます。年度末決算書における不定期の購読者数は，10,552人でした。個々の公務員が，経済的な困難のために法律週刊誌の購読をやめたにもかかわらず，購読者数は，さらに増加しました。いずれにせよ私は，代表者集会で25,000部以上の発行総数を報告できるとを見込んでいます。これは，アメリカの最大の雑誌は約18,000部であるが20,000部を超えることはなく，ドイツ以外のヨーロッパの雑誌は，はるかに遠くそれに及ばず，ドイツの雑誌も，法律週刊誌の不定期の購読者に限った数と比較してもこれほど多数の購読者総数を有するものは存在しないという私がアメリカで確かめた事実と結びつけてみれば，これ以上になにかを付言する必要はありません。私は，元来，弁護士雑誌（Anwaltsblatt）の中で，法律週刊誌のいくつかの数値，たとえば掲載を

---

17) Archiv des DAV, „JW Allgemein" (Akte Fischer), 11. März 1931–14. Dezember 1932.

求めて持ち込まれた論説の数や（1930年には前年よりも173件多い），掲載を断られた数，受領郵便物の数などを純粋に統計的に報告するつもりでした。私は，これまでそれを断念しています。なぜならば，そうすることが私には余りにも傲慢に思われるからです」[18]。

　大量の手紙を送付する際にマグヌスがいかに細やかな感情を持っていたか，いかにマグヌスが繊細であったかを裏付ける例として，1931年4月2日の彼の書簡をあげることができるだろう。この書簡では以下のように記されている。すなわち「高等裁判所顧問官……様にあてた本日付の私の書簡の写しを同封してお送りします。数え切れないほど多数の同種の書簡と同様にこの書簡が，私にとっていかに気の重いものであるかをお考え下さい。私は，折をみて……様と相談することの判断を謹んで委ねます。この非常に貴重な投稿者の感情を害することのないことを本当に気にかけております」[19]。

　同封された書簡は，同時にマグヌス流の考えと仕事についてよく認識させる詳細な記述を示している。すなわち「私は，喜んでハンブルク裁判官協会についておよび民事訴訟法改正についてというあなたの2つの寄稿を掲載したいのですが，まさに現時点においては，それをすることができません。法律週刊誌が時事的な内容を伴う資料の掲載で手一杯であるために，――私自身の意思には極めて反するのですが――立法論上の論稿を掲載することはできないという原則を以前にも増して厳格に適用することを余儀なくされています。これまで私は，刑法改正と公文書法改正に関してだけは例外を設けましたが，例外はこの2つに限定しなければならないでしょう。まもなく改正民事訴訟法草案が公表されたときに，私が例外を設けるか否かについては，まだ見通しが立ちません。万一私が例外を設けることができれば，もちろんあなたのありがたい論説を……掲載することになりましょう。――上述の理由により私は，「協会及び協会で催された講演の報告」という項目を廃止する決心をしなければなりませんでした。……やむを得ぬお断りで気を悪くなされませんこと及びこのような

---

18)　AaO Fn. 17, S. 2, 3.
19)　AaO Fn. 17.

お断りにもかかわらず法律週刊誌にご高配を賜りますことをお願い申し上げます。敬具……」[20]。

III. 執筆者及び自由な弁護士の警告者

しかしユリウス・マグヌスは，単に法律週刊誌の編集者であっただけではない。マグヌスは，自らも法律週刊誌や多数の単行書における執筆者でもあった[21]。マグヌスの活動の中心となっていたのは，弁護士法及び弁護士法上の問題の検討であった。マグヌスは，1916年から毎年，法律週刊誌のその年の第1号において「新年にあたって」という巻頭論文を発表した。この巻頭論文の中でマグヌスは，弁護士にかかわる問題の概要を提示した。すでにこれら巻頭論文の最初の論説において，「弁護士の苦境」，「弁護士のあらたな職域」という警句がみいだされる[22]。

これらの巻頭論文は，戦中戦後の時代において弁護士が直面した深刻な憂慮，すなわち弁護士の経済的状態についての嘆きによって特徴づけられている。もちろんマグヌスは，事実をあからさまに記述することを弁護士の重要性と意義についての常に明確に表現され自負心のある信条に結びつけている。たとえば1917年にマグヌスは，一方では以下のように記述している。すなわち，「すでに以前私達仲間の中から脱落した者達の地位には，あらたな者がついている。弁護士の存在が多数であることが必然的にもたらす経済的闘争は，一層激しくなった」。しかしマグヌスはすぐにつぎのように付け加えている。「しかし残念ながら，――この個所でそれを表明することを正義が要求するのだが――ドイツの弁護士が，学問ならびに実務における法の絶えざる発展に関する仕事にもとづき，社会生活における弁護士の全体の地位にもとづいて……期待す

---

20) AaO Fn. 17.

21) Die Raumenge macht eine vollständige Literaturliste unmöglich; allein die Veröffentlichungen in der JW sind äußerst zahlreich.

22) JW 1916, 2.

ることができた，強固で安定した弁護士の身分の重要性に関する理解は，すべての個所で示されていたわけではない」[23]。

マグヌスは，法律週刊誌におけるこの種の序文をそのままにしておいたのではなく，ドイツ弁護士協会の出版物において「弁護士の苦境」というタイトルで出版した[24]。後にマグヌスが，「『弁護士の苦境』を法曹全体の苦境と別個に考察することはできない」という認識を表明して，1932年の第3版では「ドイツの法曹の苦境」[25]というタイトルを付けた書物である。マグヌスは，問題の核心を，「どのようにして苦境にある弁護士を助けることができるかではなく，どのようにして弁護士が苦境に陥るのを防ぐことができるかである」と指摘している。「分母が大きすぎるが配当が小さすぎるということを我々は，我々の不幸の原因であると認識した」[26]。

弁護士の登録許可制限をめぐる議論が再燃した時代である。第一次世界大戦前の弁護士大会は，登録許可者数の増加に鑑みてこの問題を議論し，1894年のプロイセン法務省の勧告に反対して登録許可者数制限を明確に否定した[27]。第一次世界大戦後，ドイツ弁護士協会で後に会長となったディックス (Dix) は，「登録許可制限に有利な雰囲気の転換」を1927年の弁護士大会でもたらした男を得た[28]。もちろんユリウス・マグヌスである[29]。「分母が大きすぎる——登録許可制限を，とあなた達は，私に声を大にして呼びかける。登録許可制限というこの問題が，——まさに現在，やむをえない経済的事情で……——ただ

---

23) JW 1917, 2.
24) Nr. 30, 1930.
25) Druckschriften des Deutschen Anwaltvereins Nr. 37.
26) (aaO Fn. 25) S. 31; Der Divisor: die Zahl der Anwälte. Der Dividendus: die Bevölkerung und die Zahl der Prozesse: Das Maß der Tätigkeit der Anwaltschaft, ihr Gesamteinkommen sinkt, die Zahl der Anwälte steigt, aaO, S. 26 f.
27) *Ostler*, (aaO Fn. 9), S. 62.
28) *Ostler*, (aaO Fn. 9), S. 214; ausf. *Krach*, (aaO Fn. 13), S. 40 ff.; zur Bedeutung der Frage für die spätere „Gleichschaltung" durch die Nationalsozialisten *Hartstang*, Der deutsche Rechtsanwalt, 1986, S. 30, 32; s. auch *Krach*, AnwBl 1991, 73 ff.
29) AaO Fn. 25, S. 31 f., 23.

いつものように大変活発であるので，登録許可制限が，我々に推奨される万能薬であるといわれていることを，私は知っている」。そしてマグヌスは，フォイヒトヴァンガー（Feuchtwanger）を引用している。フォイヒトヴァンガーは，「『自由な職業』に関する彼の古典的著作の中でつぎのように述べている。すなわち，「今日ドイツの弁護士の半数以上の者は，個々の登録区域について登録弁護士数の上限を設けるという意味での許可制限に賛成であるということをはっきりと受け容れることができる」。……1つだけ言っておきたいのは，理念的，文化政策的及び一般政策的，倫理的及び身分法的な理由によって登録許可者数の制限に反対して主張された疑義のすべてをたとえ問題にしないとしても，たとえフォイヒトヴァンガーの言ったことを承認しないとしても，『この方法は，——弁護士となっている弁護士にとっては，有効であるということ，すなわち全体としての身分つまり国家における弁護士の地位にとって，身分にともなう精神，理念的な衰退と没落にとって有効であるということである』。議論を進める前にある疑念にまず反論しておかなければならない。すなわちある問いにまず答えておかなければならない。すなわちその疑念，問いとは，すでに法曹となっている法曹の立場はどうなるのか。登録許可制限によって弁護士となることができなかった法曹はどうなるのであろうか……というものである。フォイヒトヴァンガーが，簡潔に『登録許可制限は，問題の解決ではなく先送りにすぎない』と表現したしばしば耳にする論拠にどのように反論できるだろうか。仮に登録許可制限を設けないとすれば，職業としての弁護士が一部プロレタリアート化する代わりに，弁護士候補者というプロレタリアートが存在することになるのである」。

　さて，確かにマグヌスは，大学での勉強に対する警告が存在しなければならない，すなわち「大学で法律学を専攻することに内在する危険」をあきらかにしなければならないということに賛成の立場をとっている。しかしマグヌスは，訴訟が減少し，したがってまた訴訟という活動領域が枯渇する一方で，少なくとも等価値の別の使命すなわち国際的な使命が増加しているということも，もちろん強調している。

これに関連して，マグヌスが婦人問題についてどのような立場をとっていたのかを論じておくのが適切である。1922 年 1 月ドイツ弁護士協会の代表者会議が，「婦人は，弁護士や裁判官には適さない。それゆえ婦人の弁護士登録を許可すれば，それは司法の侵害をもたらすことになり，この理由から婦人の弁護士登録の許可は，否定されなければならない」という決議をした[30]のち，ほどなく 1922 年 7 月 1 日，立法者は，司法の官職及び職業への婦人の許可に関する法律によって，ドイツ弁護士協会よりもはるかに先進的な形で，問題を解決したのである。マグヌスは以下のように記している。すなわち，「当時私も抵抗したが無駄であった代表会議の決議は……，宿命的なものと私には思われたということを，私は隠さない。立法は，代表会議の決議を無視した。私達は，弁護士仲間の女性同僚として婦人を喜んで歓迎するし，女性弁護士が成功することを喜ばしく思う」[31]。女性の弁護士登録許可によって，「弁護士過剰の新たな要因」が生まれたという事実に直面しても，マグヌスは，このことを明言したのである。

　1929 年「弁護士」というタイトルのマグヌスの本が，出版された。マグヌスは，この本を，「ドイツの弁護士及びたゆまず活動するドイツの弁護士の統率者であるドイツ弁護士協会に，ドイツライヒにおける自由な弁護士の存続 50 周年を記念して」献呈した。この本の主題となっていたのは，弁護士の組織が 50 年存続した後に，「過去におけるまた他の諸国における弁護士の身分の状況を回顧的にかつ現状を展望的に考察する」ことを余儀なくする自省が必要であるということであった[32]。マグヌスは，この本の中で，55 カ国の国別報告，すなわち弁護士の歴史についての報告と弁護士の発展についての論稿を掲載した。55 件の国別報告の内訳は，ヨーロッパ諸国が 29 件，アフリカ諸国が 4 件，アメリカ諸国が 8 件，アジア諸国が 6 件であった。ドイツライヒに関する国別報告は，マグヌスが担当した。マグヌスの報告においては，以下のすばらしい

---

30)　*Ostler*, (aaO Fn. 9), S. 173.
31)　AaO Fn. 25, S. 22 f.
32)　Vorwort; das Buch ist erstmals 1925 in den Druckschriften des DAV, Nr. 5, erschienen.

文が，みいだされる。すなわち「それゆえ弁護士の歴史は，人類の文化の歴史である」[33]。

マグヌスは，フィッシャーへの書簡の中で，この本においても他の双書においてと同様の処理をするのに用いた原則的な方法論を，示している。「今私は，個別の国々の大部分を揃えました。すなわち，個々の国々の部分について執筆者を得たのです……。私がこの機会にもう1度企画することを試みた体系的方法が，普及するはずです。すなわち資料を収集し，古い文書をくまなく探す等の仕事をする働き蜂，つまり学生や司法修習生，若い弁護士と全体をセンスよく，つまり必ずしも大衆文学的というわけでもなく，だからといって全く無味乾燥な法理論的であるというわけでもないように……処理する指導的な頭脳です。示唆を与えてくれた執筆者達が予想した以上に，作業中にこの素材は，私の中で膨張しました。寄稿された論稿の数や質，分量等次第ですが，特別号を発行させるか，拙著『弁護士』の第2版に挿入するかを私は，留保しようと思います。この第2版を私は非常に楽しみにしています。この第2版において私は，あなたにも非常に関心を持って頂けるいくつかの章を設けています。とりわけ，『あらゆる諸国の著名な弁護士の物語』という部分です。これは，文化の伝導であり，望むらくは『言葉の最も高貴な意味における』『弁護士という身分の宣伝』です」[34]。

弁護士であることに誇りを持っていたマグヌス[35]。彼は，弁護士の強固な独立した組織の必要性をまさに確信し，ドイツ弁護士協会への愛着と忠誠心を持ち，国際性を熱望し，弁護士の職域が拡張されなければならないという確信を持っていたのである。マグヌスは，今日我々にとっても大きな関心事である事柄を，明らかに別なふうに考えていた。フレッド・グルーベル (*Fred Grubel*)

---

33) S. 1.
34) AaO Fn. 17, Brief v. 3. Februar 1931, S. 3 f.
35) Er gibt auch eine Schrift von 63 engbedruckten Seiten heraus: Anwaltschaft und Notariat, Neueres Schrifttum, 1932, eine Literaturliste auch mit internationalem Bezug, bei der auch eine französische Ausgabe und jährliche Erscheinungsweise (1932!) geplant war, „um so . . . das gegenseitige Verständnis der Advokatur . . . zu fördern"

は，つぎのように述べている。「マグヌスが，自由な弁護士について，将来の会社顧問弁護士とは対照的に……，私達自由な弁護士は19世紀の帆船のようにロマンチックにみえるが，没落すべきものなのであると語っていたということを耳にすることは，あなたにとって興味深く，あなたを楽しませるかもしれない」[36]。

同じく1929年に「世界の最上級裁判所，1929年」というマグヌスの本が出版された。この本には，「ライヒ（Reichsgericht）裁判所の設立50周年にあたってドイツ弁護士協会からライヒ裁判所へ」というマグヌスの献呈の言葉が含まれている。マグヌスは，この本でヨーロッパやアフリカ，アメリカ，アジア，オーストラリアの最上級裁判所ならびに国際裁判所について58件の報告書を収集した。この本においても，マグヌスの考えに特徴的な国境を越えた視点があらわれており，このような本を出版することが，まさに弁護士の役割であることが強調されているのである。マグヌスは，以下のように語っている。ドイツの弁護士は，ライヒ裁判所の50周年のお祝いの品として詳細な学術書を献呈することはできなかった。「弁護士会の特質を有する著作とならなければならなかった。弁護士とは，国境を越えた法の開拓者であるということ，すなわち，法を語る者と権利を求める者との間の仲介者であることが，弁護士の使命であるが，国家間の法的紛争における仲介者であることも弁護士の使命であるという事実を自覚して，私達は，自国の司法の頂点にいる文明社会の人々に，ドイツの最上級裁判所のために一緒に祝賀論集を献呈することを呼びかけるという任務が我々に与えられるべきであると考えたのである」[37]。

その後まもなくドイツ弁護士協会の会長となったルドルフ・ディックスは，1930年にこの本について以下のように述べている。「マグヌスの最大の長所は，連携作業であり，これは学問的領域においてもあてはまる。この本についてのマグヌスの意図及び協力してくれた人々によっても担保されたすばらしい方法で彼の意図を実現する才能は，学問的価値が高いばかりでなく，文化的及び政

---

36) Brief Leo Baeck Institute, Fred Grubel, an den Verfasser vom 6. August 1990.
37) Vorwort.

治的偉業でもある……。世界各国のおよそ50人の最上級裁判所裁判官が，この本の礎石を収集したのである……。単にこの事実だけからしても，マグヌスが，この本の序文をより誇らしく思うのは，もっともなことである」[38]。

そしてマグヌスは，彼がそう名付けたこの「全集」の第3巻を計画した。すなわち「法学者」である。1930年1月17日マグヌスは，まず第1にハイデルベルク大学の名誉学位に関連させてつぎのような手紙をラートブルフ (Radbruch) に書いている。「私は，これまでハイデルベルク大学に出かけ，教授の皆様に名誉学位のお礼を述べ，古いしきたりに従って皆様を学位取得のお祝いのささやかなパーティーにご招待できないでおりますことを大変心苦しく思っております。私は，繰り返し計画を立てたのですが，弁護士の仕事と研究があまりにも忙しく，ハイデルベルクに出かけることが全くできませんでした……。その他に，私のつぎの計画すなわち私の全集の第3巻である『法学者』についてあなたと打ち合わせをさせて頂きたいという私のわがままな希望も，私を駆り立てております。私が，その他の仕事，つまりそのうち必要となる2巻の本の改訂作業や，この2巻の本の翻訳作業に没頭していたため，第3巻の出版という考えを見失うということは確かになかったのですが，この考えを詳細に詰めるということは実際にはできておりません。——加えて，いずれにせよずいぶんためらった結果ですが，現在ベルリン大学で営業上の権利保護の非常勤講師を引き受けたこともその理由の1つです。しかし私は，私がこの仕事を引き受ける義務があると信じております。今月末にパリで弁護士の国際連合の会議が開催されるということが，とりわけあなたの関心を引くのではないかと思います。この会議には——しかも，まずは私のもとに私的に届いたその他の国々の間接的な提案にもとづいて——今回はドイツとオーストリアも参加するのです。私は，民族の垣根を越えてまず個々の階級が握手の手をさしのべることが，民族を内面的に保護する大作業にとっての基礎工事であると考えております。この意味において私の全集は書かれているのであり，この意味

---

[38] Berliner Anwaltsblatt 1930, 55.

において私は，まずは世界の弁護士が，一堂に会することを歓迎するのです。我々に続いて飲む諸君万歳（vivant sequentes ＝学生の酒宴でのかけ声）」[39]。

しかしマグヌスは，この計画をもはや実現することはできなかった。

これに関連して，マグヌスが，1926年から1931年にかけて編集者であった，国際法（民事訴訟法，国籍法，著作権法，手形法）の一覧表をあげておかなければならない。そしてその他の例としては，1925年の法律週刊誌1433頁から1459頁において13件の論文による勾留をテーマにした特集が公表されている。国際的な要求を満たした比較可能な書物は，今日存在しないし——，この特集は，是が非でも必要とされるであろう。

マグヌスは，多くの役職を歴任した。すなわち，1915年にベルリン弁護士会の理事に選出され[40]，1919年から1922年にかけては，ベルリン弁護士会の会長であり[41]，その後名誉会員となり[42]，外国法委員会の委員長及び公法委員会委員を歴任した[43]。1915年からは職務上，法律週刊誌の編集者となり，ドイツ弁護士協会の理事会の投票権を持った[44]。1920年，公証人に任命[45]。1921年，フランクフルト大学から名誉学位を贈呈[46]。1925年，ドイツ弁護士協会の

---

39) Universität Heidelberg, Handschriftenabteilung, Heid. Hs. 3716 III F, Wiedergabe mit frdl. Erlaubnis von Prof. *Dr. Arthur Kaufmann* und in Kenntnis von Prof. *Dr. Günter Spendel.*

40) JW 1916, 34.

41) JW 1919, 170; Jüdisches Lexikon Band III, 1927 (*Heinrich Stern*), S. 1292; zur Tätigkeit von *Magnus* in diesem Amt: *Alterthum*, Fünf Jahre Berliner Rechtsanwaltschaft, Festschr. f. Albert Pinner zu seinem 75. Geburtstag 1932, S. 55 ff., 67 ff., 76, 78. *Magnus'* Vorstandsamt endet infolge interner Streitigkeiten u. a. um die Neuorganisation der Terminsdienste. Dreimal wird ein Vorstandsantrag abgelehnt. „Enttäuscht zieht *Magnus* sich zurück", aaO, S. 104–107.

42) Jüdisches Lexikon, (aaO Fn. 41).

43) Handbuch, (aaO Fn. 2), S. 4, 5.

44) S. DAV, Geschäftsbericht 1927/1928, o. J. S. 7 (Archiv des DAV).

45) Handbuch, (aaO Fn. 2).

46) Auskunft Universität Frankfurt a. M. v. 17. April 1990 an der Verf.

理事に任命[47]。1929年，ハイデルベルク大学から名誉学位を贈呈[48]。1930年，特許法と意匠保護，不正競争と商標法についてベルリン大学で非常勤講師[49]。この間マグヌスは，ドイツ国際法学会理事会理事[50]，国際弁護士連盟の理事会理事[51]，ベルリンのユダヤ人協会理事会の構成員であり，ブナイ-ブリス (Bne-Briss) というユダヤ人協会の支部及びイェルサレム大学助成のためのドイツ協会で活動し[52]，民主クラブに属していた[53]。

IV. 迫害と権利剥奪

1933年，ユリウス・マグヌスにとってもすべてが変わった。既に1933年5月には，ハッヘンブルクの名前と同様にマグヌスの名前は，法律週刊誌の表紙から消えた[54]。ドイツ法律家新聞の1933年679頁に「ベルリンの法律顧問官マグヌス博士は，18年にわたって務めてきた法律週刊誌の編集長としての活動を停止した。この雑誌は今後，ディッテンベルガー博士とフォス (Voß) 博士の2人の弁護士によって編集される。」という唯一の簡単な記述が見いだされるだけである。

法律週刊誌には一言の説明もなかった。その頃プロイセン法務省官報には，1933年4月7日の職業官吏制度の再建のための法律に該当した者の膨大なリ

---

47) *Alterthum*, (aaO Fn. 41), S. 66 Fn. 8; Wiederwahl 1932, AnwBl 1932, 115.
48) Vgl. aaO Fn. 39.
49) Berufungsunterlagen der Friedrich-Wilhelm-Universität, ich danke Prof. Dr. E*ckbert Klüsener* für die Vermittlung von Kopien der Akte; s. auch (aaO Fn. 1) (Bundesarchiv Merseburg).
50) Reichshandbuch der Deutschen Gesellschaft II, 1931, S. 1179.
51) Wiedergewählt 1932, s. *Wolff*, 1932, 2932 (2933).
52) AaO Fn. 41.
53) *Feder*, Heute sprach ich mit . . . 1971, S. 299 (allerdings ohne Nennung eines Vornamens).
54) Heft 17 v. 29. April 1933, S. 1049: Nennung, Heft 18/19 v. 6. Und 13. Mai 1933, S. 1097: nicht mehr.

ストが，記されている。7月7日付の官報では，本法にもとづいてその職を解かれたのは，公証人某……法律顧問官法学博士法学博士ユリウス・マグヌスと報道されている。マグヌスがつながりを持っていた他の多くの者も，マグヌスとともに職を解かれた[55]。

　さらに1933年8月5日，法律週刊誌のあらたな「編集方針」が，あきらかにされた。そこでは，「法律週刊誌は，国家社会主義ドイツ法律家同盟におけるドイツ人弁護士の雑誌として，アーリア人（北欧民族で非ユダヤ人）である者の寄稿だけを掲載することができる」とされていた[56]。

　同じく1933年8月マグヌスは，著作権法及び映画法，劇場法に関する論叢の共同編集者として言及されているが，彼について言及されたのは，それが最後であった[57]。その後まもなく9月には，ベルリン大学が，マグヌスに対して講師委嘱を取り消した[58]。

　手元にある資料の中には，「職業官吏制度再建のための法律の施行についての」アンケート用紙が含まれている。マグヌスは，ユダヤ教を信仰し，「その家族が1699年からベルリンに定住している」ことを届け出ている[59]。

　マルティーン・ドゥルッカー（Martin Drucker）に大変恩義を感じていたマグヌスは，その後1934年にドゥルッカーのために65歳の祝賀論集を編集した。この祝賀論集は，もはや書店に並べられることはなかった[60]。マルティーン・ドゥルッカーのもとで司法修習生を務めたフレッド・グルーベルは，つぎのように記している。「……法律週刊誌の卓越した編集者であったユリウス・マグヌスの監修のもとで，沈み去ったワイマール共和国及び昔日の輝かし

---

55) PrJMBl (Deutsche Justiz) 1933, 208 r. Sp.

56) Im Text sind die kursiv gedruckten Worte gesperrt gedruckt, JW 1933, 1689, dazu auch *Klinge*, AnwBl 1990, 501.

57) 6. Bd. 3. Heft einerseits (3. August 1933), 6. Bd. 4. Heft andererseits (6. Dezember 1933).

58) AaO Fn. 49.

59) AaO Fn. 1.

60) Faksimiledruck mit Vorwort von *Grubel*, 1983.

い帝国の指導的なドイツ人弁護士達が，ドイツ弁護士協会の名誉会長であり，ヒットラー政権にとって好ましからざる人物であるマルティーン・ドゥルッカーに，敬意と尊敬，感謝の気持ちをこの祝賀論集によって表すために，力を合わせたのである。我々の周囲では暴政の夜の闇とあらたな権力者の裁量によってまさに曲げられた不正な司法が，ドイツ全土を覆い始めていたが，絶対的正義の原則にもとづくドイツにおける司法の最後の輝きが，このドゥルッカーの祝賀論集から放たれた……ということを，我々すべての者が感じたのである」[61]。

1937 年に第 2 版が出版された「ユダヤ系著者による法学文献一覧」の中で，ユリウス・マグヌスが，記載されている[62]。この本のはじめにの部分では，次のように記されている。「ユダヤ人が，ドイツ法の名において登場する可能性は，……今後一切なくなった。ドイツの法律学は，ドイツ人男性であるという条件を付された。ここで『ドイツ』という語は，第 3 帝国の人種立法の意味においてもっぱら解釈されなければならない……。ユダヤ人の著者によって書かれた法律文献の改訂版については，もはや全く必要がない。公的なまたは研究目的に用いられる書物全体から，ユダヤ人著者の文献は，何らかの方法で可能である限り，……除去されなければならないのである。しかしドイツの学説が，今後，ユダヤ人研究者によって唱えられた学説を何らかの方法で基礎にして構築されるということも，不可能である」。

1938 年マグヌスは，とうとう弁護士登録の許可も失った[63]。1939 年 8 月 25 日ユリウス・マグヌスは，アムステルダムへ亡命した。

1941 年 11 月 25 日のライヒ市民法に対する第 11 命令の第 2 条によって，マグヌスは，ドイツ国籍を失った。同法第 8 条 1 項によって，財産没収の要件の確認が，命じられた。まだベルリンに存在した財産は，差し押さえられ，ベルリンの税務署長の管理下におかれた。ベルリンの税務署長は，秘密国家警察

---

61) Im Vorwort, (aaO Fn. 60), S. V.
62) *Erwin* Albert, (Autor), S. 37.
63) Deutsche Justiz 1939, 98.

の面前で,「財産没収がベルリン税務署長によって迅速に実施できるように」,「緊急にこの確認」を申し立てたのである[64]。この申立てに関しては国籍を剥奪された者の名前が,ユリウス・イスラエル・マグヌスと表示され,ファニー・サラ・マグヌス (Fany Sara Magnus) と表示された遺産記録を参照することが示されている書類が,添付されている。この書類の中に,筆者の知るマグヌスの最後の生存のしるしが見いだされるのである。1943年7月6日オランダの税務署が,188943グルデンの額の税金を,ユリウス・マグヌスがベルリンにおいてベルリンの自己の財産価値から給付した支払いとして通知した。この支払いは,とりわけマグヌスが1941年まで彼の弁護士事務所の職員にベルリンの彼の財産から受け取らせていた給与の支払いであったり,遺贈の履行及びベルリンにおけるマグヌスの財産関係を委されていたコンサルタントに対する報酬であった。これらの支払いについて,課税 (Sperrmarksteuer) されたのである。「上記の者は,この金額を他の方法で決算することができないので,この金額を上記命令の規定に従ってドイツ帝国に帰属する債務者の財産から支払って頂ければ,幸いです……。添付書類,J. マグヌス博士の署名のある必要とされる陳述書」[65]。

　マグヌスは,この陳述書をベルリン・ブランデンブルク税務署長宛に「ユリウス・イスラエル・マグヌス」と署名することを強要された[66]。書類の処理はずっと続き,マグヌスの死亡を証明する記録は存在しないが,彼の死後も続いた。1944年6月22日,秘密国家警察は,ベルリン・ブランデンブルク税務署長に,財産没収の確認は,治安警察及びナチスの秘密情報組織の長に申し立てられたという報告をした[67]。1945年1月17日の指令が存在する。すなわち「書類を綴じさせて下さい。」1945年2月20日,再提出[68]。そして以下の点が注意

---

64) Landesarchiv Berlin, Akten des Oberfinanzpräsidenten Berlin, Akte Magnus, Bl. 13, Formularbrief v. 13. März 1943.
65) (AaO Fn. 64), Bl. 15.
66) (AaO Fn. 64), Bl. 14.
67) (AaO Fn. 64), Bl. 34.
68) (AaO Fn. 64), Bl. 50.

を引く。すなわち，ベルリン税務署長の（受理されたままであった）書類が，全く明らかに変化させられているということである。標題につけられていた「イスラエル」と「サラ」の文言は，抹消されているのである。

亡命後の実際の生活。マグヌスは，再び学問的活動に取り組んだ。マグヌスは，14カ国語の法律用語辞典と法格言の収集に携わった。マグヌスの本来の活動は，ヒルシュ-バリン（*Hirsh-Ballin*）が述べているように，「ここ国外においても，そしてまさにここにおいて苦しんでいる同僚の幸福に向けられていた。苦しんでいる同僚のためにマグヌスは，講演を行い，これらの講演の中で彼は，自己の豊かな知識と豊富な経験を伝えたのである。これらの講演が，常に到るところに存在する不安と絶え間なく続く生命に対する危険の差し迫った憂慮から，迫害されている人々の気分転換をさせるという広範囲にわたる目的を持っていたことは，言わずもがなである。法におけるマグヌスの確信が，マグヌス自身にも安全であることの幻想を与えたかもしれないし，マグヌス自身にとっても持続的で差し迫った危険を，時にはマグヌスに過小評価させ，この危険を内面的に克服させたかもしれない[69]。

すべての努力が水泡に帰し，迫害者の手がマグヌスに及び，彼からすべてを奪い去った。1943年夏，マグヌスは，ヴェスターボルク（Weslerbork）の強制収容所に連行された。1943年の末にマグヌスは，ヴェスターボルクの強制収容所からベルゲン・ベルゼン（Bergen-Belsen）の強制収容所を経由した身の毛もよだつ彷徨の末，テレージエンシュタットの強制収容所に連行され，そこで1944年5月15日，餓死したのである[70]。

「マグヌスの遺産は，孤児となった。——だれが，その相続人となるのだろう」[71]。

---

69) GRUR 1948, 169.

70) GRUR 1948, 169; das Todesdatum aus: Gedenkbuch, Opfer der Verfolgung der Juden unter der nationalsozialistischen Gewaltherrschaft in Deutschland 1933-1945, 1986, S. 953.

71) *Hirsch-Ballin*, GRUR 1948, 169.

ユリウス・マグヌスについての記憶が，法曹界において完全に失われることが決してないことは，間違いない。マグヌスの弁護士としての人格と彼の著書の光度が余りにも強かったので，制限のない独裁者の時代が，その時代に命を落とさなければならなかった男の肖像を消し去ることはできなかったのである。新法律週刊誌（NJW=Neue Juristische Wochenschrift）[72]の第1号の序文は，マグヌスが編集長をしていた当時の伝統に基づくものである[73]。それはとりわけ常につぎのようなことである。すなわち，多くの思い出の島の中である思い出の島が存在するようにユリウス・マグヌスと法律週刊誌が，それにあたるのである。マグヌスという弁護士の偉大な指導者であり警鐘者を，偉大な弁護士であり偉大な法律家として記憶にとどめておくことが，「法曹界全体に課せられた感謝の義務」という意味において重要なのである[74]。

ユリウス・マグヌスの著作（抜粋）

Reformbestrebungen auf dem Gebiet der gewerblichen Schutzrechte, 1900.

Gesetz zum Schutze der Warenbezeichnung, Kommentar（mit Freund）5., völlig neu bearbeitete Auflage, 1909.

Empfiehlt es sich, das Reichsgesetz zur Bekämpfung des unlauteren Wettbewerbs in Ansehung des Ausverkaufswesens zu ergänzen? Gutachten für den 28. Deutschen Juristentag, Verhandlungen des 28. Deutschen Juristentages, 2. Band 1909, S. 352.

Die patentamtlichen und gerichtlichen Entscheidungen in Patent-, Muster - und Markenschutzsachen, 1991 ff.

Die Rechtsanwaltschaft, 1925, neue Ausgabe 1929.

Tabellen zum Internationalen Recht（Zivilprozeßrecht, Staatsangehörigkeitsrecht, Urheberrecht, Wechselrecht）, 1926 ff.

Die Höchsten Gerichte der Welt, 1929.

Notlage der Anwaltschaft, 1930（2. Auflage）; Ab der 3. Auflage 1932 : Die Noflage der deutschen Juristen.

Der Zivilprozeß in den europäischen Staaten und ihren Kolonien Mitherausgeber mit E.

---

72) NJW 1947, 1.

73) Allerdings ist die NJW auch rechtlich kein Nachfolger der JW, vgl. *Flemming*, NJW 1987, 2653.

74) AaO Fn. 71.

Löwenfeld, W. Löwenfeld, Steuber und Kann 1930.

Anwaltschaft und Notariat, Neueres Schrifttum 1932.

Das Deutsche Warenzeichenrecht, 6. Auflage 1933 (Freund – Magnus – Jüngel).

Festschrift Martin Drucker zum 65. Geburtstage (Herausgeber) 1934, Wiederauflage 1983.

Schriftleiter der Juristischen Wochenschrift, viele Beiträge dort Mitwirkender an der Zeitschrift Markenschutz und Wettbewerb, Mitherausgeber des Archivs für Urheber–, Film– und Theaterrecht (Ufita)

ユリウス・マグヌスに関する文献

Hirsch– Ballin, GRUR 1948, 169.

Hachenburg, NJW 1949, 402, siehe auch Max Hachenburg, Lebenserinnerungen, 1927, Neuauflage 1978, S. 137 ff.

カール・ノイマイヤー[*]

ライフワーク「国際行政法」[**]

クラウス・フォーゲル[***]
訳　森　　　勇

　「その生涯と業績の一体性。」ある学者の生涯を，人がこのようにいうことができるのであるなら，それはまさしくカール・ノイマイヤーのことである。彼ほどに，碩学というものの古典的なタイプを完全に胚胎していた者は，ほとんどいない。カール・ノイマイヤーは，その学問業績に切り結んでその生涯をおくり，その一生は学問業績そのものであり，そしてその業績の中で彼は生き続けている。彼の業績は，2つの大きなテーマから成り立っている。1つは，アルプスとアペニン山脈に囲まれた上部イタリアにおける国際私法の初期の発展の研究であり，そしてもう1つは，――こちらのほうが主たるものであるが――牴触法として把握される「国際行政法（Internationales Verwaltungsrecht）」の確立である。カール・ノイマイヤーが執筆したそのほかのものは，この2つのテーマに付随するものであり，それらを補完するものであった。35年以上にわたり，カール・ノイマイヤーは，学問的に実りあふれるその生涯を，「国際行政法」にささげた。彼がこれをなしとげ，つぎに歴史研究を完成させようと着手したとき，すでに彼は，不正義なナチス政権の圧

---

　[*] *KARL NEUMEYER*（1869年－1941年）
　[**] Ein Lebenswerk : des „Internationale Verwaltungsrecht"
　[***] Dr. *Klaus Vogel* : Professor an der Universität München（ミュンヘン大学教授）

力を加えられていた。ナチス政権の迫害と嫌がらせをうけ，さらには彼の生活領域がますます狭められていったが，カール・ノイマイヤーは，何年にもわたり従容としてこれに耐えた。もはや尊厳をたもって生きる道はないと考えたとき，ついにカール・ノイマイヤーは，最後の逃れる方策として死を選んだのであった。

以下では，彼の人格，彼の生涯そして彼の学問的業績について手短に述べることとするが，これは，彼の思い出が消え去らずに後世にも伝えられることの一助となるであろう。

I. 若い頃と学者に向けた教育

カール・ノイマイヤーの父レオポルト・ノイマイヤー（*Leopold Neumeyer*）は商人であった。彼は，現在バイエルン州となっているノルドリンガー・リース（Nordlingener Ries）地方に何百年にもわたって住んでいた一族の出身であるが，経営者として手工業製品の取引を独立して行い，その店をミュンヘンに構えていた。この地で，1867年に長男アルフレート（*Alfred*）が，そして1869年9月19日，次男のカールが誕生した。

アルフレート・ノイマイヤーは，高齢になってから亡命先で――残念ながら未刊行の――回顧録を書いていた。この回顧録は，カール・ノイマイヤーの家族と2人の兄弟がどんな世界で育つことができたのかについて，我々に生き生きとした印象を伝えてくれる。彼は，居住空間と（付属の倉庫部分を含めた）商売用の空間が密着していた親の家について，わかりやすく書いている。彼はまた，子供達の遊び，たとえば祖父エマニュエル・ミュラー（*Emanuel Müller*）のところで週1回開かれたユダヤ教安息日の食事会といったその家庭生活や，そのほか多くのことを書き記している。祖父ミュラーが，孫達にたいして，ユダヤ教の伝統を最初に伝授した。兄アルフレートの記によれば，カールは，「昔からの様式」に従ってはいたが，しかし，「基本的には宗教には関心がなかった。彼の学問にかける神聖な愛情には，まさに宗教的な要素があった

のである。」と[1]。

　兄弟2人は，小学校ののちに，人道主義をかかげるミュンヘンのマクシミリアンギムナジウムで学んだ。アルフレート・ノイマイヤーによれば，兄弟はいつも学年で1番の成績であった。しかしカールは，些細な事件[2]のせいで，最後の学年に学校を換えなくてはならなかった。カールがそのギムナジウムでの教育をパッソー (Passau) で終えなくてはならなかったのは，そのためである。もっともそこでの成績もトップだった。1年間の志願兵役は，健康上の理由でこれを免れた。職業選択にあたり，この2人の兄弟は一致していた。それは，当時父親の事業は，「南ドイツにおいて一番知られた商会までになっていた」のではあるが[3]，父親の仕事には就かず，法律学を学ぶということであった。カールは，1887年から1891年まで，ミュンヘン，ベルリン，ジュネーブそしてふたたびミュンヘンという順で学んだ。最終試験を受験する以前に，彼はミュンヘン大学法学部が実施した懸賞論文に応募した。その課題は，「破産犯罪の歴史的・解釈論的解説 (Historische und dogmatische Darstellung des strafrechtlichen Bankerotts)」であった。彼は9人の応募者の中から，1位に選ばれ，この賞を受けた論文は，博士論文として受理されたのである。

　この成功は，カール・ノイマイヤーが，大学でのキャリアを積むという決断を下す——あるいはすでになされていたこの決断をより確固なものとする——契機となった。第二次国家試験後，1894年に，法制史に関するテーマ，つまりは，古い時代における国際私法の発展を取り上げる教授資格論文に着手した。当時，「国際私法の父」とされていたのは，1314年に生まれ1357年に没し，そしてパヴィア (Pavia) とペルージャ (Perugia) で教鞭をとったバルトルス・デェ・サソフェラトー (*Bartolus de Sassoferrato*) であった。カール・ノイマイヤーは，それより以前のサソフェラトーに先行する12世紀以降の発

---

1) *Alfred Neumeye;*, Erinnerungen (s. Bibliographie), Bl. 16.
2) 両親の許可を得て *Karl* の同級生がコンパのためにノイマイヤー家に集まったが，その際に同級生らが，その信条とか所属を示す衣類ないしは装飾品を身につけていた。
3) *Alfred Neumeyer*, Erinnerungen, Bl. 18.

展を研究しようとした。しかしながら，研究を続けるうちに，国際私法が独自に発展をする以前で——ランゴバルド法，ローマ法，ノルマン法そしてフランケン法といった——さまざまな部族法が適用されていた時代までさらにさかのぼらなくてはならないことに気づいた。彼は，この古い時代のイタリアにおける諸部族法の関係を記述する法制史的な研究を計画していたのではあったが，そういうわけで，教授資格論文では，その最初の部分のみが取り上げられるに止まった。ちなみに，この計画はのちに続行された[4]。この研究及びその終了後に討論が行われるテスト授業にもとづいて，カール・ノイマイヤーは，1901年5月4日，ミュンヘン大学法学部から「国際私法，国際刑法，国際訴訟法そして国際行政法」につき教授資格を付与され，私講師（Privatdozent）として学部に受け入れられたのであった。

II. 碩　　　学

教授資格取得の1年前，1900年4月1日，カール・ノイマイヤーは結婚する。彼の妻アンナ（Anna），旧姓ヒルシュホルン（Hirschhorn）は，マンハイムの家庭出身である[5]。夫妻は，2人の子供をもうけた。1人は，1901年に生まれたアルフレート（Alfred）もう1人は1905年に生まれたフリッツ（Fritz）である。フリッツは，のちにフレデリック（Frederick）に改名している。息子アルフレートは，のちに高名な美術史家になるが，『光と陰（Lichter und Schatten）』というタイトルで，同じく回顧録を書いている。この回顧録において彼は，自分達の親の家のことをつぎのように書き記している。すなわち，「平凡な裕福さと礼儀正しさ」，「ヒューマニズムにのっとった教育をうけ，道徳にかなって行動しそして財政的には安定したバイエルン風の官僚職」の家庭

---

4) S. Bibliographie.
5) *Anna Neumeyers* に関する非常に個人的な人物描写については，*Weber*, Lebenserinnerungen, 1948, S. 409 ff. がある。

である[6]。居間は，当時流行したユーゲントスティル様式の上品な作りであった。そこからは，造形美術，音楽そして文学に詳しいことがはっきりとうかがえた。アルフレート・ノイマイヤーは，特記すべき父の特徴は，「心からの丁重さと愛のこもった心の広さ」だとして，つぎのように書き残している。父は，「親身になって人の話に耳を傾けることができたし，(たとえば，ボート遊びや山登りに際しては)自然や環境に心底から関心を払っていた。」[7]いうまでもないが，同時に父はまた，常に他の者から距離をおき，たとえば自分の子供達にさえ，抱いたりお休みのキスをすることをはばかった[8]。父は，身なりに関しては，「1度たりとも，またどんな場合でも怠ることを知らなかった。」[9]そして，その話しぶりは，常に「おおよそ当を得ていたし，客観的かつ全体を引きつける力」を持っていた。「この点は，額にしわを寄せながら鼻眼鏡を外し，そうして心の中の見方や考えをいわば可視化することでより強められたのであった。」[10]と。ノイマイヤー家は，インフレがはじまるまではお金の苦労を知らなかったので[11]，ノイマイヤーは，学術研究に没頭することができた。息子アルフレートはこの点についてもつぎのように書き記している。

「革張りの2重ドアの後ろにある，2つの大きなスペースの間にあって，三方を書籍に囲まれた机に向かっての父の仕事は，来る日も来る日も，そしてまた何年，何十年にわたり，午前9時にはじまり休憩をはさみつつ午後8時に終わった。……同じ大きさの幾分黄色がかった何百枚もの用紙が，ユーゲントスティル様式の弓形の大きな机の上に用意されており，その用紙1枚1枚に，ガーベルスベルガー(Gabelsberger)式速記による秘密の記号が書き込まれていった。……そしてこの速記原稿は，ガーベルス

---

6) *Alfred Neumeyer*, Lichter und Schatten (s. Bibliographie), S. 8 ff.
7) *Alfred Neumeyer*, Rede (s. Bibliographie), S. 4.
8) *Alfred Neumeyer*, Lichter und Schatten S. 172 f.
9) *Alfred Neumeyer*, Rede, S. 3.
10) (AaO Fn. 9), S. 2.
11) *Alfred Neumeyer*, Lichter und Schatten, S. 172.

ベルガー速記学校の生徒によって清書され，それは，インフレでこのような支援を受けられなくなるまで続いた。」と[12]。

このような禁欲的な研究生活が中断されたのは滅多にないことではあったが，それはわけても授業のせいであった。もっとも，カール・ノイマイヤーの授業への取り組みは，そうたいしたものではなかった。ともかくも，彼の友人マックス・グーツヴィラー（Max Gutzwiller）は，つぎのように記している。すなわち，ノイマイヤーは，その学生に対し，「その研究結果を生のままで与えている。」「これに加え，彼はまた，その研究結果そのものを，受講生の理解力などお構いなしにそのまま示すことで，研究結果の説明としたのであり，こうして受講生から，ガラスの壁で仕切られたのと同じようなかたちで隔絶してしまったのであった。」と[13]。

1902 年，カール・ノイマイヤーの講義権限は，その論文『国際刑法における禁止行為（Die verbotene Handulung im internationalen Strafrecht）』[14]にもとづき，刑法に拡大された。1908 年 1 月 1 日，彼に，特任教授（Außerordentlicher Professor）のタイトルと職位が与えられ，1909 年には，予算にもとづいたそれに相応する地位が彼に与えられた。1910 年，彼の『国際行政法（Internationales verwaltungsrecht）』の第 1 巻が刊行された。これについてはのちに別して取り上げる。1916 年，カール・ノイマイヤーは，国際私法の前史に関するその研究の第 2 部を発表した[15]。それ以前の 1913 年にはすでに，チューリッヒ大学から，国際法及び国際公法の正教授として招聘を受けていた。彼の兄弟アルフレートはつぎのように記している。すなわち，カール・ノイマイヤーを獲得するために，チューリッヒから何人かの教授と市の官僚達がミュンヘンを訪れ

---

12) *Alfred Neumeyer*, Rede, S. 3.
13) *Gutzwiller*, Karl Neumeyer (s. Bibliographie), S. 406. 兄の評価はこうではない。s. *Alfred Neumeyer*, Erinnerungen, Bl. 129.
14) ZgStrW 23 (1902), S. 436 ff.
15) S. Bibiographie.

た。彼らは，ノイマイヤーの授業を聞き，その後個人的に招請を伝えた。しかしこの教授の地位は，スイスにあるさまざまな国際研究所に協力する義務をともなうものであった。この点は，カール・ノイマイヤーにとってはまったく不都合であった。彼は，もっぱらその学術研究とその教職に没頭し，そしてわけても，その偉大な『国際行政法』を静謐の中で続けたかったのであった。それとまた，彼は高齢の父親をおいたままでいきたくはなかったので，チューリッヒの招請を断ったのであった。彼の同僚は，彼を悪くとったと考えられる。というのは，招聘は名誉なことであり，そしてまた，これを断ったことは，大学の慣行に反するものだったからである[16]。

　カール・ノイマイヤーは，ミュンヘンサイドからのこれに呼応するかたちの反対提案がない中でチューリッヒからの招聘を断ったため，それから16年間，特任教授の地位に甘んじた。もっともこの間，彼は数多くの学術上の栄誉にあずかった。1918年，カール・ノイマイヤーは，ドイツ国際公法学会の第2回大会において，法人の国籍に関する講演を行った[17]。1923年，ヘーグ国際法アカデミー開設の年，国際法研究所（Institut de Droit International）は，第1回目の講演者の1人として彼を招いた[18]。この年に，国際法研究所の会員らは，彼を研究所のパートナーに選任し，1926年には，正会員となった。同じく1926年，ノイマイヤーは，ミュンヘン法学部から一代限りの正教授に任命され，比較法研究所の仮所長の権限を与えられた。1928年，彼がその国際私法部会を取り仕切っていたドイツ国際公法学会の理事に選任された。さらに同年，国際私法に関する第6回会議の派遣メンバーに任じられ，そこでは，派遣団を代表して発言をした。さらに国際売買法のための常設委員会においては，ドイツを代表し，加えてまた，国際私法のための国レベルでの次回会議を準備する専門家委員会のメンバーとなったのであった。そして最後には，1928年の年末，上級司法栄誉賞（Geheimer Justizrat）の称号が授与された。1929年，

---

16) *Alfred Neumeyer*, Erinnerungen, Bl. 88.
17) S. Bibliographie.
18) Les unions internationales, s. Bibliographie.

ついに，つまりは60歳にしてはじめて，ミュンヘン大学法学部の定員上の正教授に任命されたのであった。2年後学部長に選任された。この時期，彼は国の内外で大いに名声を博していたのである。

III．「国際行政法」

ノイマイヤーの学問的な研究は，これらの時期すべてをつうじ，ある1つの目標にそのほとんどが切り結ばれていた。それは，「国際行政法」の確立である。彼が書き記したところによれば，すでに1893年には，彼は，いまだ実習生の時代に，この法分野のコンセプトに関する最初のアイデアをスケッチする文書を書いていた。彼が1901年の教授資格論文を契機として定立することとなった諸テーゼの中でも，すでにつぎのような定理が立てられていた。それは，「国際行政法は，あらたに確立された国際私法の一分野である。」と，そうノイマイヤーは記している[19]。その後の数年間に発表された刑法に関するいくつかの論文においても，このような考えが，同じような表現で繰り返され，そして，国際行政法の内容にかかわるこの第1の問題が，付加的ではあるがすでに論じられていた[20]。ノイマイヤーは，1907年と1908年に，『国際行政法研究 (Studien aus dem internationalen Verwaltungsrecht)』という共通の大題名を付した4本の論文を発表した。そして，1910年，560頁におよぶ彼本来のライフワーク，つまりはその『国際行政法』の雄大な体系的解説書の第1巻が出版された。

この「国際行政法」という言葉は，もちろんあらたに生み出されたものではない。カール・ノイマイヤー以前にあっても，ほかの執筆者達も「国際行政法」について書いていた[21]。しかし彼らは，この言葉を，国際的な人的交流及

---

19) *Karl Neumeyer*, Internationales Verwaltungsrecht (s. Bibliographie), Bd. 4 S. III.
20) S. Bibliographie. この点及びこれ以下にでてくる事柄についてのさらなる資料等は，*Klaus Vogel*, Räumlicher Anwendungsbereich (s. Bibliographie), S. 176 ff. 参照。
21) わけても，*Lorenz von Stein*, Einige Bemerkungen über das internationale Verwaltungsrecht,

び国際的な経済交流という問題における行政庁の活動にかかわる実体諸規定を指すものと理解していた。これにたいし，カール・ノイマイヤーは，国際私法に比肩する行政法的な牴触法の体系をあらたに作ろう，——より正確にいえば，止めどもなく膨大な行政法規定から，この体系を抽出しようとしたのであった。

このような学術上のもくろみを解説しようと試みるとしたら，国際私法になぞらえてみる必要がある。国際私法においては，外国法の適用（ないし不適用）が問題とされる。私人間の紛争について裁判にあたる裁判官は，その際，すべての場合において自国の法律を適用するわけではない。そうではなく，裁判官は，一定の場合には，他国の法に従って判断を下す。たとえば，紛争当事者が他国民であるとか，紛争にとり重要な事象が当該外国で起きていたとか，係争物が当該外国にあるといった場合である。裁判官にむけて，いかなる場合に自国の法を適用すべきで，いかなる場合に他国の法を適用すべきかを示している法規範の総体が国際私法である。この段階では，具体的紛争につきどのような裁判を下すべきかということはいまだ問題とはなってはおらず，かえってここでの問題は，適用すべき法は何かを定めることにつきる。そういうことであるから，国際私法の規範（専門的には，それをうけて，「牴触規範」といわれるもの）は，もっぱら具体的な紛争に決着をつけるための規範（そしてそれは，国際私法の規範によりその適用があらかじめ決められており，いわゆる「実体法」あるいは「実質法」と呼ばれるもの）と比べると，その抽象度が高い。このことが国際私法の理解をとくに難しいものとしているのであり，それはまた，知的困難を好む者にとっては，当然のことながらことさら魅力的なのである。

ノイマイヤーのアイデアは，市民と行政官庁の間の関係を規律する行政法に関しても，私人間における法的関係に関するもの，つまりは国際私法と比類するような規律の体系を作り上げることであった。彼は，国際私法が私法に分類

Schmollers Jahrbücher NF Bd. 6 (1882) S. 395 ff. がある。この点に関するそのほかの資料等については，*Klaus Vogel*, (aaO Fn. 20), S. 154 ff. 参照。

されるのと同様，当該実体法規定の適用範囲を定める規範の一群は，それぞれそのほかの法分野に分類される，そう彼は確信していた。彼は，社会の取り決めにあっても，ことは同じであるとする。彼は，その例として，決闘を，侮辱した者による「コメント」の後にはじめるか，それとも侮辱された者の「コメント」の後にはじめるかという問題をあげているが，この例は，今日の我々には，どちらかといえば奇異に映ろう。彼はつぎのように説いている。すなわち，もっとも私法と行政法の間には，つぎの点で大きな本質的な違いがある。それは，行政は，民事裁判官とは異なり，場合により外国法により判断を下す（たとえば，外国人に対しその母国法によって徴税する）ことはないということである。したがって，国際行政法は，国際私法のように，それにもとづいて，場合によっては，外国法が適用されることになる「牴触諸規範」からなっているわけではない。それは，果たして一国の行政法がある場合に適用されるか否かを定める「限界諸規範（Grenznormen）」からなっているのである。例外的に，実体行政法が外国の規律によるよう定めている場合，あるいはそれが，外国で認められた行政法上の地位（たとえば，運転免許）を承認している場合，ほんのわずかに「国境を越える効力（Überwirkung）」が認められる，と。

　このような「限界規範」の体系を，既存の一般諸原則から演繹的に展開するということは，カール・ノイマイヤーの学問上の基本的確信からするとありえなかった。彼は，明確な法規定から抽象化していくというやり方によった帰納的な研究方法のみが正しいと考えていた。1914年に彼は，つぎのように書いている。「今後国際行政法全領域が十分に研究し尽くされた暁には，個々の結論をのちに総括することもできるであろう。今はまだ，この研究それ自体をすることが求められているのである。」と[22]。カール・ノイマイヤーは，その「国際行政法」の最初の3巻及びこれを補うかたちの数多くの論文で，彼が不可欠と考えたこのような先行的な研究を成し遂げた。こうした研究は，第3巻第2分冊が出版された1930年まで続いた。これに引き続くかたちで，彼ははじめ

---

22) *Karl Neumeyer*, Internationales Finanzrecht (s. Bibliographie), S. 190.

て，この偉大な著作をその第4巻としてしめくくる「総論」と取り組んだのであった。この第4巻の序文は，「ついに！」という叫び声ではじまっている。

Ⅳ. その影響と評価

この重要な著作は，多くからその価値を認められそしてまた敬意を浴びた。もっとも，この著作を引用したのは，国際私法に関する論文等よりもむしろ行政法に関する論文等のほうが多かった。そしてまた，これを引用する者も，カール・ノイマイヤーの命題や概念に従う者はわずかに止まった[23]。ナチズムの勃興ならびにそのプロパガンダは，このこととは関係していない[24]。ここではむしろ，以下に述べる別の3つの事情が，複合的に作用したのであった。

1つには，ノイマイヤーが取り上げたテーマは，彼の時代における行政法の実務及びこの実務に指向した行政法学にとり，いまださして重要なものではなかったことである。確かに，ノイマイヤーにとっての問題は，まさにこれら実務上の諸問題をあきらかにすることにあり，そしてまた，これを相当なところまでやり遂げた。しかし，全体的にみるとこれらの諸問題は，どちらかといえばマージナルなものであった。これら諸問題は，行政法学がその関心の前面においていた，法治国家の観点からする国家権力の抑制及び限界づけということとは無縁だったのである。内国行政法にとり国境を越える諸現象の重要性が大きくなったのは最近になってからのことであり，そしてまたこの重要性というものは，諸行政裁判所の裁判例に照らしてみると，今でもなおそう大きなものではない。

第2には，行政法の特別領域と国際私法の特別領域間の境界を乗り越えるこ

---

23) その影響力の変遷については，*Klaus Vogel*（aaO Fn. 20），S. 187 ff. 参照。
24) 反対に，*Karl Neumeyer* にかなり追従したわずかな者の中には，相当にナチ的傾向を持った著者もみうけられた。*Fritz Reu*, Die staatliche Zuständigkeit im internationalen Privatrecht, 1938; 同, Anwendung fremden Rechts, 1938. *Reu* はまた，これはユダヤ人著者についてはタブーであったのに，堂々としかも頻繁に *Neumeyer* を引用している。Staatliche Zuständigkeit, S. 43 Fn. 255. 等。

とは，双方のサイドからみると，あきらかにそう簡単ではない。ノイマイヤー自身も，その当時の行政法の文献に精通していたとは思われない。オットー・マイヤー（Otto Mayer）[25]からワイマール共和国の終焉までにおいて行政法学の文献がみせた躍動的ともいえる展開は，ノイマイヤーの著作には反映されてはいない。国際私法に関する近時の著作にあっては，「国際行政法」は，おおかたのところ——主としては，あるいは単に——つぎのような規律だと理解されている。すなわちそれは，国境を越える私法上の法律関係に対して行政法がその効力を及ぼすことを定めている規律である[26]。このような用語使いは，もちろん可能である。というのは，用語使いは約束事であり，そしてまたいずれにせよ合目的性の問題だからである。しかしこの際の問題は，行政庁による行政法適用の限界という，ノイマイヤーが関心を持った問題ではない[27]。換言すれば，かかる国際私法の専門家らは，その狭くて小さな庭のうちに止まり，その垣根を越えて物事を考えていないのである[28]。もちろん，よくみられることであるが，その教科書において牴触法的な国際行政法の概念とその問題点に1度たりとも言及していないおおかたの行政法学者にも同じことがあてはまる[29]。

---

25) *Otto Mayer*, Deutsches Verwaltungsrecht, 1. Aufl., 2 Bde. 1896. その第1版の Anhang zu Bd. 2 S. 453 ff. で，*Otto Mayer* は，——長きにわたり，唯一の行政法学者として——かなり詳細に国際行政法と取り組んでいた。しかし，その後の版ではこれに対応する章は欠けている。AöR 28 (1912), S. 352 f. に *Karl Neumeyer* の Internationalem Verwaltungsrecht の書評を書いたのは，*Otto Mayer* である。*Neumeyer* がはじめたのをみて，自己の所見を続けていくのをやめたと推測される。

26) 代表的なのが，*Gerhard Kegel*, Internationales Privatrecht, 6. Aufl. 1987, S. 24, 92. もっとも，*Christian v. Bar*, Internationales Privatrecht, Bd. I: Allgemeine Lehren, S. 216 ff. は，詳細かつ適切な理由づけをもって，別の立場をとる。

27) *Karl Neumeyer*, Internationales Verwaltungsrecht, Bd. 4 S. 41 ff. このほかの資料等については，*K. Vogel* (aaO Fn. 20) S. 294f. Fn. 106 参照。

28) こうした批判については，*v. Bar*, (aaO Fn. 26); *Klaus Vogel*, Rezension von *Schurig*, Kollisionsrecht und Sachrecht, ZaöRV 44 (1984), S. 204 ff. 参照。*Klaus Vogel*, Administrative Law, International Aspects, in: Encyclopedia of Public International Law, Vol. 9, 1986, S. 2 ff. (4) も参照されたい。

29) 最も有意義な例外は，*Hans J. Wolff/Otto Bachof*, Verwaltungsrecht I, 9. Aufl. 1974,

ノイマイヤーの著作が多くからは受け入れられなかった第3のそして決定的な理由はまた，つぎのところにもあると考えてよかろう。すなわちそれは，カール・ノイマイヤーの倦むことを知らない詳細な研究において追い求められ，そして解き明かされてきた「限界規範」及び「国境を越える効力（Überwirkung）」ということが，体系化と一般化ということのいずれに関しても，何も彼にはもたらさなかったことである。別のところにおいて詳細にその理由づけがなされているように，それ自体において完結して独立の分野を形成する国際行政法を，内国の実体行政法から展開していくことはできない。そのためには，論理的あるいは規範のヒエラルヒーという観点からして，実体的行政法とは別個の規律が必要となるはずである[30]。ヨーロッパ共同体に関するかかる規律を，共同体裁判所の法創造的な判例に平仄を合わせつつ，共同の市場というその構造原理から導きだすことができるのではないか，将来的には，おそらくはこれを，発展をとげた国際法から導きだすことができるのではないか。そういった可能性が，今日でははっきりとしてきている。国際二重課税防止条約の分野もまた，カール・ノイマイヤーの理解にかかる限界規範の体系を胚胎している[31]。彼の時代においては，これに必要な国際法がいまだ十分には発展していなかったのである。この意味で，ノイマイヤーの問題提起は，偉大な学者によくみられたように，時代の先を行っていたのであった。

V. 迫害とその逝去

ナチスが政権を握ると，ドイツ在住の何百万のユダヤ人と同じく，カール・ノイマイヤーとその妻アンナ・ノイマイヤーにとり，苦難と屈辱の歩みがはじ

S. 149 である。さらに，*Ingo von Münch* 編の Besonderes Verwaltungsrecht では，その第7版（1985年）までは *Gerhard Hoffmann* による国際行政法に関する解説が掲載されていた（S. 851 ff）。

30) *Klaus Vogel*, Räumlicher Anwendungsbereich (aaO Fn. 20), S. 270 ff.
31) *Klaus Vogel*, Doppelbesteuerungsabkommen, 2. Aufl. 1990 (engl. 1991), Einleitung Rdnr. 26.

まることとなった。彼の祖国愛そしてまたその保守的な考え方は，その学問的な業績や彼が受けていた国際的な名声と同様，何ら彼の助けにはならなかった。カール・ノイマイヤーの授業は，妨害を受けたり，ボイコットされたり，そして最後には閉講とされてしまった。彼は，しかるべき時期での退官を約束されていたにもかかわらず，それ以前に退官させられてしまった。彼は大学そしてまた公共の図書館に出入りすることを禁じられた。彼は，個人的に大量の図書を持っていたおかげで，『国際行政法』の第4巻を完成させ，1936年に出版することができた。しかし，これもまたドイツ国内ではできず，スイスの出版社が刊行した。さらに2本の論文を1938年と1939年に完成させたが，これらもやはり外国でしか出版できなかった[32]。外部からの圧力がますます増大する中，なんと彼は，さらに，バルトルス以前の国際私法の展開に関するその歴史的研究の2つの章も完成させたのであった[33]。

　その間ノイマイヤー夫妻は，常に孤独であった。息子達は，適切なときに移住を果たしていた。ノイマイヤー夫妻，カールとアンナとの関係を維持し続けてくれる勇気と礼儀を備えた同僚は，ほんのわずかしかいなかった。1941年，カール・ノイマイヤーの兄アルフレート・ノイマイヤーは，その息子がいるアルゼンチンへと脱出する機会を得た。しかしカールは，兄と同じことをするのを拒んだ。彼は，ドイツをあまりに愛していたし，そしてまた，誰にも迷惑をかけたくなかったのである[34]。1941年7月，図書が差し押さえられ，そして，いずれにしてももはや完全に自由には使えないようになっていた家からまもなく追い払われることになったとき，カール・ノイマイヤーとアンナ・ノイマイ

---

32) Le nom des personnes en droit administratif, s. Bibliographie. *Gutzwiller*, (aaO Fn. 13), S. 407 があるとしている。„Mélanges Streit"のための「国際私法における証明」に関する論文は，もはや発表されることはなかったようである。というのは，掲載予定の記念論集は，戦争のために，第1巻しか刊行されなかったからである。

33) *Karl Neumeyer* は，原稿を *Max Gutzwiller* に送っていた。これは，1965年にオランダで出版された。S. Bibliographie.

34) *Alfred Neumeyer*, Erinnerungen (aaO Fn. 1), Bl. 233; *Marianne Weber*, (aaO Fn. 5), S. 441.

ヤーは，その命を絶つことを決意した。彼らは，この別れをも周到に準備した[35]。アンナ・ノイマイヤーは，その友人にあててつぎのように書き送っている。「我々にとって，友人としての最もすばらしい対応は，あなたが悲嘆することなく，安堵の吐息を漏らしてくれることです。『ああよかった，あの人たちは，ずっと我慢していたんだ』と。」[36]

交通の激しい中に今日でもなお安らぎのオアシスとなっているミュンヘンの新ユダヤ人墓地にカール・ノイマイヤーとアンナ・ノイマイヤーは埋葬されている。大学の国際法研究所にあっては，顕彰碑が，学術への貢献――したがってまたその祖国とそして人類への貢献――をもって縁取られたその人生を，平和のうちに終わらせることがかなわなかったこの碩学への思いをはせさせてくれる。

カール・ノイマイヤーの著作（抜粋）

Die gemeinrechtliche Entwicklung des internationalen Privat- und Strafrechts bis Bartolus. Erstes Stück: Die Geltung der Stammesrechte in Italien, München 1901. Zweites Stück: Die gemeinrechtliche Entwicklung bis zur Mitte des 13. Jahrhunderts, München, Berlin und Leipzig 1916. Vom Dritten Stück, Von der Mitte des 13. Jahrhunderts bis zum Tod des Bartolus, sind nur noch zwei Kapitel fertiggestellt und veröffentlicht: Tijdschrift voor rechtsgeschiedenis 33（1965）S. 177 ff., 198 ff.

Studien aus dem internationalen Verwaltungsrecht, I. Die religiöse Kindererziehung, Ztschr. f. int. Priv. u. öffentl. R 17（1907）S. 50 ff.; II. Die Bekenntnisänderung der Erwachsenen, ebd. S. 130 ff.; III. Die Feiertagsordnung, ebd. S. 275 ff., IV. Die Schuldpflicht, ebd. 18（1908）S. 61 ff.

Internationales Verwaltungsrecht, Bd. 1: Innere Verwaltung I, München und Berlin 1910; Bd. 2: Innere Verwaltung II, ebd. 1922; Bd. 3: Innere Verwaltung III, Erste Abteilung, München, Berlin und Leipzig 1936.

Grundlinien des internationalen Verwaltungsrechts, Vortrag gehalten am 10. März 1911, Bl.

---

35) *Alfred Neumeyer*,（aaO Fn. 1）Bl. 252.
36) *Marianne Weber*,（aaO Fn. 5）, S. 443. *Alfred Neumeyer* は，夫妻が自殺したのは，1941年7月16日から17日にかけての夜だとしている。これは，墓石の記載と一致している。RabelsZ 27（1962/63），S. 401 では，7月26日とされているが，これは間違いである。

vergl. RWiss 7 (1911) Sp. 10 ff.

Le droit administratif international, Rev. gén. dr. i. publ. 18 (1911) S. 492 ff.

Vom Recht der auswärtigen Verwaltung und verwandten Rechtsgebieten, AöR 31 (1913) S. 99 ff.

Internationales Finanzrecht, Ztschr. f. intern. R. 24 (1914) II S. 186 ff.

Staatsangehörigkeit der juristischen Personen, MittDGesVölkR Heft 2 (1918) S. 149 ff.

Staatsangehörigkeit als Anknüpfungsbegriff im internationalen Verwaltungsrecht, MittDGesVölkR 4 (1924) S. 54 ff., zugleich in Ztschr. f. int. R. 32 (1924) S. 1 ff.

Les unions internationales, Conférence faite à l'Académie de Droit International de La Haye, Rev. dr. int. sc. 2 (1924) S. 16 ff., 139 ff., 343 ff., 3 (1925) S. 20 ff., 102 ff.

Internationales Privatrecht, völkerrechtliche Grundlagen, in: *Strupp* (Hrsg.), Wörterbuch des Völkerrechts und der Diplomatie, Bd. 1 (1924) S. 567 ff.

Internationales Verwaltungsrecht, Völkerrechtliche Grundlagen, ebd. S. 577 ff.

Internationales Privatrecht. Ein Grundriß. 2. Aufl., München, Berlin, Leipzig, 1930.

Le nom des personnes en droit administratif. Étude de droit comparé et de droit administratif international, Rev. dr. int. lég. comp. 65 (1938) S. 827 ff., 66 (1939) S. 41 ff.

カール・ノイマイヤーに関する文献（抜粋）

Max Gutzwiller, Karl Neumeyers Persönlichkeit und Werk, RabelsZ 27 (1962/63) S. 402 ff.;

Alfred Neumeyer [der Bruder Karl Neumeyers], Erinnerungen, Manuskript im Leo-Baeck-Institut in New York (Kopie in der Handschriftenabteilung der Bayerischen Staatsbibliothek, München);

Alfred Neumeyer [der Sohn Karl Neumeyers], Lichter und Schatten. Eine Jugend in Deutschland, München 1967;

Alfred Neumeyer [ders.], Rede zum 100jährigen Geburtstag von Karl Neumeyer am 13. X. 1969 im Institut f[ür] Rechtsvergleichung der Universität München (dem Verfasser vom Redner mit Schreiben vom 22. Juli 1970 übersandt);

Klaus Vogel, Der räumliche Anwendungsbereich der Verwaltungsrechtsnorm, Frankfurt a. M. und Berlin 1965, S. 176 ff.;

ders., Karl Neumeyer zum Gedächtnis, AöR NF Bd. 95 (1970) S. 138 ff.

マルティーン・ヴォルフ[*]

明解性の大家[**]

ディーター・メディクス[***]
訳　坂　本　恵　三

I. 最も重要な生涯の日付

　マルティーン・ヴォルフは，1872年9月26日ユダヤ商人の家族の息子としてベルリンで誕生した。彼は，ベルリンで伝統のあるフランス語系ギムナジウムに通った。大学で法律学を勉強した後，彼は，1894年ベルリン大学法学部で学位を取得した。同年出版された彼の学位論文は，担保物に対する先訴検索の利益 beneficium excussionis realis すなわち全財産に対する執行の前に特定の担保から満足を得ることを債権者に命じる，ローマ皇帝法に由来する債務者の権利を扱ったものである。

　2回試験の後，1900年にヴォルフは，ベルリン大学で教授資格を取得した。彼の教授資格申請論文のタイトル全体は，当時まさに施行されたばかりのドイツ民法典への移行を示すものである。すなわち，「他人の土地上の建築——とりわけ歴史的基礎をもとにしてドイツ民法典からみた境界を越えた建築」(1900年イェナ）というタイトルである。この論文のねらいは，「地上物は土地に従

---

　[*] *MARTIN WOLFF*（1872年-1953年）
　[**] Ein Meister an Klarheit
　[***] Dr. *Dieter Medicus* : Professor an der Universität München（ミュンヘン大学教授）

う superficies solo cedit」というローマ法の原則の厳格な適用に反対することに向けられている。この原則を厳格に適用するのではなく，建築物保護の必要性が，強調されている[1]。「活力のあるドイツ法思考を尊重すること」が，この目的に役立つといわれている[2]。この論文では，その後の多くの論文の他の個所においてと同様に，ヴォルフが，ベルリン大学でハインリッヒ・ブルンナー (*Heinrich Brunner*) とオットー・ギールケ (*Otto Gierke*) が華々しく唱えていたゲルマン法を指向していることが示されている[3]。しかし他方でヴォルフは，1901年に名声もなく死去したローマ法学者エルンスト・エック (*Ernst Eck*)[4] も，彼の師としてあげている。

1903年ヴォルフは，ベルリン大学で助教授となった。そこから，著作権法（おそらくはコーラー (*Kohler*) の影響を受けて）や商法，民法とりわけ物権法の論文が公表された。すでにここで賞賛すべきは（詳しくは以下Ⅲにおいて），エンネツェルス゠キップ゠ヴォルフ (*Enneccerus- Kipp- Wolff*) による大部の「民法の教科書」の中のヴォルフの物権法の教科書である。この教科書は，半世紀余りにわたって，一流の基本書となっていたというべきものである。この物権法の教科書は，1910年に初版が出版され，同年すぐに第2版（第1回改訂）が出版された。既に1913年には第3版が出版された。その間1912年には，同じ教科書シリーズから「家族法」が刊行され，ヴォルフははじめにの部分と婚姻法を担当した（残りの部分はテオドール・キップによって書かれた）。この教科書についてはすでに1914年再訂版（第3版）が出版された。さらに同年，ホルツェンドルフ゠コーラー (*Holtzendorff- Kohler*) の法律学百科事典[5] の中で「私的保険法」に関する内容に富んだ論稿が掲載された。

そして1914年，ヴォルフはやっとマールブルク大学へ正教授として招聘されたが，彼の正教授への就任は，その論文業績だけから見てももっとずっと早

1) もちろんローマ法においても梁木組立訴権においてこの原則は制限されている。
2) Bau aaO S. 194.
3) *L. Raiser*, AcP 172 (1972) 489/491.
4) *L. Raiser*, (aaO Fn. 3).
5) 2. Aufl. der Neubearbeitung, 2. Band S. 413-452.

く行われていなければならないものであった。1919年ヴォルフは，マールブルク大学からボン大学へと移り，1921年にはついにボン大学からベルリン大学に戻ったのである。ベルリン大学でヴォルフは，民法と商法，国際私法の講座を担当した。

1933年までヴォルフは，飽くことなく著述活動を続けた。彼の物権法は，第9訂版（1932年）まで，そして家族法は第7訂版（1931年）まで出版された。これらに加えて新たに出版されたものとしては，とりわけ（T. キップ（T. Kipp）と共著の）明解な「民事法事例演習 Zivilrechtsfälle」（初版1924年，第2版1928年）ならびに商法，株式法についての大部の論文があり，その他1933年にはシュプリンガーの百科事典の中で『国際私法』が掲載された。

そしてナチスが権力を獲得したことに伴い，ヴォルフは，職務及び教室から追放された。これについては，後でさらに触れる予定である。それとともにドイツ文献からのヴォルフ追放も行われた。1934年以降ドイツでは，わずかな比較的短いヴォルフの著作（たいていは書評）が，外国及び国際私法雑誌RavelsZに掲載されているにすぎない。しかし1936年と1937年には「物権法」と「国際私法」が，スペイン語に翻訳された。

1938年8月，それまでベルリンで堪え忍んでいたヴォルフは，彼のイギリス人の妻に従ってイギリスに渡った。そこで彼は，オックスフォード大学のオールソールズカレッジの特別研究員として研究の場を得た。ヴォルフは，彼らしいやり方で，1945年にオックスフォード大学出版から不朽の名著「国際私法」を出版することで，感謝の意を表した。この本は，すでにその分量の違いが示しているように，1933年の「国際私法」の翻訳といったものではない。英語の本のページ数は，ドイツ語の本のページ数のおよそ4倍の分量である。それどころか「国際私法」は，イギリス国際私法を全く独自に論じたものである。この2冊の本の混同を避けるために，ヴォルフは後にそのドイツ語の本の新版に「ドイツ国際私法」というタイトルを付けた。

1938年以後，ヴォルフが，再びドイツの地を踏むことはなかった[6]。だが

---

6) その理由については，*L. Raiser*, AcP 172 (1972) 489/490。

ヴォルフは，今取り上げた国際私法のさらなる改訂を予定していたようである。しかしとりわけヴォルフが1947年以降力を注いだのは，彼の「物権法」の改訂作業であった。この「物権法」は，自己の学問上及び教授法上の代表作として，特別にヴォルフの気にかかっていたのである[7]。ルートヴィッヒ・ライザー（Ludwig Raiser）の助力を得て，なんとか1957年にこの本の新版をやっと出版することはできたが，ヴォルフが，その新版を目にすることはもはやなかった。

満80歳の時にヴォルフは，オックスフォード大学から名誉博士号の学位（Doctor of Civil Law）を授与された。同じく80歳を祝して，ヴォルフは，ドイツから立派な祝賀論集の献呈を受けた[8]。しかしヴォルフはそれから程なく，すなわち1953年7月20日ロンドンで亡くなった。ヴォルフの死によってドイツの法律学が受けた損失を悔やむ追悼記事が，多数掲載された[9]。故人の業績を讃えることのほか追悼記事においては，いわば第2主題として，この傑出した大学教師でありかつ学者であった故人に1933年以降ドイツにおいてなされた非道について恥じ入る記述が，例外なく掲載された。

II. 大学教師としてのマルティーン・ヴォルフ

本稿の筆者は，まだマルティーン・ヴォルフの大学の講義を受けることができた世代には，もはや属していない。筆者は，ヴォルフの講義を自ら受けたことのある年上の者が，限りなく感激していることを知っているだけである。それゆえこの項目については，ヴォルフの優秀な弟子たちが記述した内容をいくつかそのまま引用する以外に方法は残されていない。彼らの記述が一致している[10]程度が高いことから，これが個人の主観的な感覚ではなく一般的な印象で

---

[7] L. Raiser in *Wolff-Raiser*, Sachenrecht, 10. Bearb. 1957, S. 5.

[8] Festshrift fuer *Martin Wolff*, 1952, VI, 413 S., dazu *H. Lewald*, NJW 1953, 647 ff.

[9] *W. Hallstein*, JZ 1953, 580 f.; *H. Lewald*, NJW 1953, 1253 f.; *E. Koffka*, JR 1953, 419; *H. Dölle*, RavelsZ 18 (1953), 690 f.

[10] すぐ後であげる者以外に，L. Raiser, JZ 1952, 573; ders., AcP 172 (1972) 489 ff.; *Dölle*

あることがわかる。たとえば，ハンス・レーヴァルト（Hans Lewald）は，つぎのように記述している[11]。

「ヴォルフが最も得意とするところは，語られた言葉すなわち講義にある。おそらくヴァンゲロフ（Vangerow）以来ドイツの法学部においてヴォルフほど自己の受講生を魅了し引きつける術を知っていた教師はいなかったであろう。それは，ヴォルフから放射された類い希な精神的影響力であった。すなわちヴォルフの表現のみごとな簡明さ，彼の解説の鋭く論理的な構成，これらすべてのことが，ヴォルフの講義に独自の特色を与えており，受講者はその影響を受けずにはいられなかった。なぜならば，衡平と善の術を実に巧みに操作することを熟知した教師が，自分たちに講義しているということを受講生のだれもが認めざるを得なかったからである。」

エルゼ・コフカ（Else Koffka）も，同様に感銘深く以下のように記述している[12]。

「はじめてこの背の低い痩せすぎの男を見た者は，いつも超満員の大教室においてその声が，傍目にはなんの苦もなく最後部の列にまで届くとは，とうてい信じられなかった。しかし教室で彼を前にして着席するやいなや，それを可能にする人柄の作用が感じ取られたのである。学生に，すべての法の一体性ということを深く感じさせ，多数の法律の中から１つの法を探し出し，それによって法律を活用することが法律家の使命であるということを深く感じさせることを，彼のようにできた者はほとんどいない。」

さらに最後にヴァルター・ハルシュタイン（Walter Hallstein）[13]のすばらし

（aaO Fn. 9）を参照。
11) NJW 1953, 1253 f.
12) NJW 1953, 419.
13) JZ 1953, 580.

い記述を引用しておこう。

「彼は，学部における最も感銘的な人柄を持った教師であると認められていた。痩せて弱々しい体格ながら賢明な頭脳を持った小柄な男が，小さな声を発すると，筆舌に尽くしがたい魔力が，教室を支配した。彼の声には，まるで荘重さはないが，徹底した明解さと説明のわかりやすさが含まれていた。要点が，述べられていた。努力の陰や目立とうといった欲求も……，これまで認められていない。彼の講義には，学生が押し寄せた。たとえば，有名な物権法や有価証券法，後には国際私法の講義である。大人数で演習を運営しなければならない事態を避けるために，彼が受講人数の制限をした民法の上級演習の受講許可を得ることは，勲章を意味した。親密な関係にあった弟子たちは，今日世界中に散らばっているが，激動の時代すべてを通じてずっと，家族のままであった。」

さらに，マルティーン・ヴォルフは，大学教師として講義を一度も休講にしたことがないはずだ[14]という証言が複数あるという事実を付け加えておく。さて，ほとんど比類のない教授の姿が，あきらかとなった。ヴォルフは，1933年以降わめき声を上げる群衆によって教室で授業の邪魔をされ，結局は教室から追放されたのだが，このことは，まさにヴォルフに対してどのようなショックを与えたのだろう[15]。確かにそのようなことをしたのは，ひょっとすると例外的には，「彼の」学生であったかもしれないが，少なくともその大半は，赤の他人であった。それでも，彼の信頼する弟子たちも無秩序な攻撃に結局は抵抗しきれなかったということ，すなわち正義が不正によって打ち負かされたということは，ヴォルフにとって憂鬱なことであったに違いない。しかし，その

---

14) *L. Raiser*, AcP 172 (1972) 489/490; *W. Hallstein*, JZ 1953, 580.

15) この点についての恥ずべき詳細については，次の文献を参照。*H. Lewald*, NJW 1953 1253; *Koffka*, JZ 1953, 419; *Göppinger*, Juristen *jüdisher* Abstammung im "Dritten Reich", 2. aufl. 1990, S. 195 f.

後まもなくある著名な大学教授によって「ユダヤ人の著者は，ドイツ人にとって何の権威も持たないし，純粋に学問的にも何の権威も持たない」[16]と語られた可能性があることを考えれば，これは，さほど驚くには当たらない。何という信じられない学問的な敵意と驕慢さが，この言葉によって語られていることか。

III. マルティーン・ヴォルフと「物権法」

教師としての活動は，弟子たちの記憶の中で生き続けているにすぎず，弟子たちの記憶とともに消え失せてしまうが，「形を得た」著作業績は，永続性がある。すなわち著作業績は，時空を超えてさらに長きにわたって影響を与えることができるのである。

これについてはまず第1に，マルティーン・ヴォルフの著名な物権法の教科書を挙げるべきである。この教科書は，1910年から1932年にかけて計9回の改訂作業を経て（当時の学生数が現在よりもはるかに少なかったにもかかわらず）37,000冊が出版された。50年代の最初の年に，筆者はまだこの本で勉強したのである。当時若い学生であった筆者にはこの教科書が，まさしく「偉大な」教科書の典型であると思われた。多くの同級生にとっても同様であった。この教科書の特別な印象は何に由来するのであろうか。

1 ルートヴィッヒ・ライザーは，この本は「およそ気軽に読める本ではない」と評価している[17]。この本が，当初から[18]，考えられるすべての論点に対して立場をあきらかにし，基本的なすべての論証をすることを意図しているという限りにおいては，この評価は正当なものである。この意図を実現するために避けることができないテーマの多さは，本を通読したいのであって，単に個々

---

16) たとえば，*Carl Schmitt, Göppinger,* (aaO Fn. 15) S. 162 及びそこにあげられた文献を参照。
17) AcP 172 (1972) 489/492 (「家族法」教科書についても同様である).
18) すでに 1910 年の初版において本文 637 頁それ以外に 7 頁であった。

の問題についてだけ調べたいというわけではない学生にとっては,大きな難点である。しかし他方でヴォルフは,知識は少量ずつしか伝達できないという教授法上の原理を完璧に使いこなしている。すなわち,テーマは,厳密に実施された章立ての中で,個々の段落がたいていわずかな短い文だけで構成されるように,切り分けられている。その他ヴォルフは,比較的後の版においては,あまりにも過度に脚注に頼らなくてもよいように,あらたに付け加える内容を継ぎ目なく本文に挿入することに熟練した。この点では同時に,ヴォルフが用いた体系の耐久性が,判明する。すなわち彼の体系の統一性は,あらたな内容の追加によっても,ほとんど損なわれることがなかった。

体系の一貫性はあるが,「洗練された文体」[19] である。その理由は,「叙述に必然性という若干の芸術的な威圧を与えている簡潔さ,すなわち,「文学的なもの」つまり言葉の遊びを放棄していることである」。さらにその理由として次のような賛辞が送られている。「テーマについてどんな細部にわたっても矛盾なくかつ曖昧さのない叙述を保証する方法論上の厳格さ。この点に——そして判例の細部にまでわたって精力的に思考をめぐらす点に叙述の統一性は根ざしているのである。しかし同時に,これらの点に,ヴォルフの卓越した教育上の影響力も由来しているのである」。筆者の考えでは,これ以上適切にヴォルフの教科書の長所を記述することは不可能である。

しかし他方で批判もなされている[20]。すなわち,「民法体系の一体性を保つために,公法との関係がぼやけ,——ほんのわずかな示唆さえ与えれば見えてくる——法制度の社会的,経済的背景がぼやけているという代償が支払われている。あまりにも自己完結化した民法体系は,この点で限界がある」。筆者は,この批判は一般的に理由があるものとは考えない。

まず第1に,公法との関係に関してだが,この点については,ヴォルフの教科書は,同時代の他の教科書と比べるとむしろこれを強調している。たとえば,第9改訂版では(316頁以下),社会的入植法及び鉱業法,水法にそれぞ

---

19) これと以下の引用句は, *W. Hallstein*, JZ 1953, 580/581 によるものである。
20) *L. Raiser*, AcP 172 (1972) 489/492 f.

れ見出しがつけられているが，これらの法律においては，公法がいたるところで民法に介入しているのである。土地所有権の取得の個所では，土地取得税についても論じられている（184頁以下）。最後に，第64節は，公用徴収を詳細に扱っている。公用徴収の個所でヴォルフは，すでにそれ自体として見ても極めて注目すべき独自の特別な論文に言及することができていたのである[21]。

そしてまた，社会的，経済的背景が十分に顧慮されていないという第2の批判に関しては，直前で挙げた法制度の個所でも，他の多くの法制度の個所でも[22]，社会的，経済的背景が浮かび上がることは，あきらかである。ちなみに，制度の歴史的由来についての問題だけをある程度的確に解答できる個所の多くは，おそらくまさに物権法に存在するのだろう。ヴォルフは通常，制度の歴史的由来についての問題に解答を提示している。その解答は，確かに簡潔ではあるが，的確な出典の記載を伴うものであり，ゲルマン法学者としてのあきらかな関心を伴うものであることも稀ではない[23]。それに比べて「経済的，社会的背景」は，非常に漠然としたものであることが稀でなく，この点について問題にしようと思えばできなくもない空理空論に対して，ヴォルフが反感を持っていたことは，無理もない。（たとえば所有者と占有者の関係の個所のように）少なからぬ個所において，かりに経済的，社会的背景を問題にするとすれば，それは，いずれにせよ完全に的はずれである。

残された批判は2つの点についてである。第1に，ヴォルフが一度選択した体系に間違いなく固執しているということが，感じられるのである。たとえば第9改訂版ではなお事項索引の中で，譲渡担保についての主たる掲載個所として，163節Ⅰ1dが，指示されているだけであり，この節の出発点となっているのは，占有改定による動産質の不能である。すなわち，譲渡担保は，単にこの原則の例外にすぎないものとして扱われているのである。L. ライザーによる第10改訂版においてやっと，質権の後に譲渡担保（179節，180節）を中心

---

21) Reichsverfassung und Eigentum, Festgabe *W. Kahl* 1923, als Ⅳ.
22) たとえば，物的負担についての127節や価格増額についての153a節及び153b節。
23) たとえば，先買権についての126節Ⅱ，Ⅲや，そもそも物権法についての1節Ⅰ。

とする「質権類似の担保権」に関する独立した章が登場したのである。しかしこの柔軟化は，同時に体系的な統一性をある程度放棄したことを意味するのである。

　第2に，ヴォルフは，方法論の問題に余り関心がなかったというとりわけ L. ライザーが指摘した事実が，残っている。すなわちライザー[24]によれば，「法解釈の方法論は，ヴォルフには「むしろ退屈」であった。フィリップ・ヘック（*Philipp Heck*）の利益法学及び利益法学にもとづいて構築されたヘックの 1930 年の物権法概説は，「ヴォルフの関心を引いたというよりもむしろヴォルフに不審の念を抱かせた」のである」。事実ヘックは，ヴォルフによって確かに第 9 版で引用されてはいるが，ヘックの方法論上の構想は，検討されないままであるし，それどころか言及されてもいない。しかし，だからといって，この点について専ら確かな直感によって，その後ヘックが到達したのと実質的に同じ結論に到達していた定評のある大家が，評価の高い自己の本を根本的に書き直すべきであったであろうか。性格を異にする教科書が存在するということは，むしろ幸運なことではなかろうか。ところで，法の発展について限りなく感謝されるべきローマ法の大家たちでさえ，方法論上の問題にはまったく関心がなかった。今日でもなお方法論に関する関心については，温度差が大きいが，この点について関心の低い法律家が，必然的に常に質の低い法律家であるというわけではない。

　3　したがって，「ヴォルフの物権法は，当時の法律学の模範的な書物である」[25]という文章は，現在についても基本的に制限的に解釈される必要はない。確かに，ヴォルフの教科書の他に，ある意味でより現代的で優れた他の教科書が，現れている。しかし，ヴォルフの教科書に目を向けることは，今日なお常に必要であり，それどころか真摯な研究のためには不可欠なのである。さらに，これらのあらたな教科書が，ヴォルフがつくりだした基礎に，いかに多く

---

24)　*L. Raiser,* JZ 1952, 573　同様のことは，AcP 172 (1972) 489/496。*W. Hallstein,* JZ 1953, 580/581 も参照。

25)　たとえば *Hallstein*（aaO Fn. 27）。

のことを負っているのかということを決して忘れてはならない。つぎのように言うことができる。すなわち，ヴォルフは，今日の物権法にも基本的に影響を与えたのである。

Ⅳ. マルティーン・ヴォルフのその他の著作

マルティーン・ヴォルフのその他の著作は，彼の「物権法」の陰に隠れていささか存在が目立たないか，あるいはそれらは，むしろ専門家のために書かれたものである。物権法の教科書のこの特殊な地位は，マルティーン・ヴォルフの人柄にふさわしい諸要素が，他ならぬこの物権法において大変好都合に重なり合っていることにもとづくものである。

1　いずれにせよ，T. キップとの共著である「家族法」は，1912年から1931年までに7回の改訂がなされた。しかしこの本は，1945年以来再び出版されてはいない。おそらく家族法領域においては立法者による改正がとりわけ大きかったことが，その理由であろう。さらに，ヴォルフが担当した婚姻法は，物権法に特有の体系的一体性をもともと有するものでもなかった。——類似した体系の一体性は，ヴォルフが好んで講義したと思われる有価証券法において最も容易に見いだされる。それにもかかわらず，キップ゠ヴォルフの「家族法」は，20年以上にわたって，家族法領域における一流の教科書とみなされてきたが，これはもっともな理由のあることである。

2　1914年の私的保険法の論稿は，ホルツェンドルフ゠コーラーの百科事典の中に収められていた。それゆえこの論稿は，既に論稿の容量を制限されていたことを理由として，「物権法」の有する体系的な充実性に到達することがもとも不可能であった。さらに新版の可能性は，百科事典に完全にかからしめられていた。これに続く困難と大変動の時代は，このようなマンモス企画には，どちらかといえば不都合であったに違いない。

3　商法においては，エーレンベルク (*Ehrenberg*) による商法全体についてのハンドブック（1917年出版）の第4巻第1編の大論稿が，傑出している。

ヴォルフは，この本の中で，「概要」(1頁～6頁) の他に「商品」(7頁～124頁) と「金銭」(563頁～648頁) を担当した (この巻の残りは，エルンスト・ヤコビ (Ernst Jacobi) による有価証券の有名な論稿で構成されている)。この本についても新版は存在しない。まさに「金銭」についてはインフレによって，常に観点の変動をともなうまったくあらたな問題が，さっそく発生したという限りにおいては，客観的に困難であった[26]。

4 個別的なテーマについての研究論文は，マルティーン・ヴォルフの生涯の業績の中で確かに少なからず存在する。しかしこれら研究論文は，重要性の点では論稿全体の陰に隠れて目立つものではない。その理由は，マルティーン・ヴォルフの思考方法と研究方法にあるといってよかろう[27]。すなわち――ヴォルフのように――基本的に結論を総括から得る，つまり「法形象の解明とその均衡を研究することから」[28] 結論を得る者には，無意識的にテーマ以外の非常に多くのことが目に入ってしまうので，個別のテーマだけで満足を得られるということがおよそ困難なのである。

5 しかしこのような総括は，ヴォルフが彼の「物権法」の頂点の地位に到達したといってよい領域において示されている。すなわち国際私法においてである。ヴォルフは，ベルリン大学法学部が第一次世界大戦の敗戦後エルンスト・ラーベル (Ernst Rabel) の指導の下で取り組んだ[29]比較法を通じて国際私法に到達したようである。とりわけヴォルフは，1926年にラーベルによって設立された外国及び国際私法に関するヴィルヘルム皇帝研究所の学術顧問ならびに比較法雑誌と比較法叢書の共同出版者となった。その後ヴォルフは，オックスフォード時代に，P. アルミンジョン (P. Arminjon) 及び B. ノルデ (B. Nolde) と共に「比較法概説」を書いている (第1巻と第2巻は1950年，第3

---

26) それでもヴォルフは，615頁以下において「ドイツの通貨制度」をまさに詳細に論じている。
27) L. Reiser, Acp 172 (1972) 489/492; W. Hallstein, JZ 1953, 580 f. 参照。
28) So L. Raiser, AcP 172 (1972) 489/497.
29) その理由については，L. Raiser (aaO Fn. 72) 494 f. エルンスト・ラーベルについては，本書のケーゲルの論稿を参照。

巻は1952年)。

　比較法と国際私法にはそれほどの隔たりがあるわけではない。1928年頃ヴォルフはベルリン大学において，国際私法の科目についてはじめて講義をしたようである[30]。相当程度「物権法」の概要ととりわけその明解さを共有する教科書が，その1つの成果である。すなわち，1933年に初版が出版され，その後より正確なタイトル（ドイツ国際私法）を付けて1949年に第2版が，そして1954年に第3版が出版された。国際私法のように法律学のセンスを極端に刺激するテーマにヴォルフは，好感を持ったに違いない。さらに国際私法においては，——物権法の場合とは異なって——立法者が意図的に放置した多数の欠缺を補充することが重要なのである。

　ヴォルフの国際私法についての研究は，オックスフォードで出版された1945年の大著「国際私法」(1950年に第2版) においてみごとに結実した。レーヴァルトの見解によれば[31]，これは「すばらしい」本である。「この本の特色は，同書においては「大陸の抵触法を常に顧慮しながらもほとんどこれに感情移入することなく」イギリスの抵触法が論じられているという点にある」。

V. マルティーン・ヴォルフの性格描写について

　1　マルティーン・ヴォルフにとっては，「どんな種類の無秩序と愚かさも不快」であったというすばらしいコメントは，L. ライザーによるものである[32]。このコメントに相当する記述が，ヴォルフの論稿では度々見られる。たとえば，偶発事故について不法行為以外の損害賠償義務を認め，この義務を金持ちの使用貸借借主に比べて，貧しい使用貸借貸主が負うものとすることを認めることは，「騒乱状態の法適用」として著しい嫌悪感と共に退けられる[33]。あ

---

30) *L. Raiser* (aaO. Fn. 28) 495 f.
31) NJW 1953, 1253/1254.
32) AcP 172 (1972), 489/491.
33) Festschrift Karl (aaO Fn. 21), S. IV 13.

るいは,「なぜならば,判断されるべき生活関係が,そもそも法にもとづくものであるのか否かについて,特定の法秩序がまず決定しなければならないからである」として,ヴォルフは,生活関係と法律関係の混同を非難している[34]。そしてヴォルフは続けてつぎのように述べている。すなわち「この当たり前のことを誤解したことが,脱線を引き起こしたのである」。

無秩序と愚かさに対するこの反感は,前に(上記Ⅱで)ヴォルフの講義の特色として示された明確性と論理の理想像に,とりわけ合致するものである。なぜならば,無秩序は,明確性と論理の正反対を意味するものだからである。しかし愚かさも,明確性と論理とは相容れないものである。明確性と論理とは,大学教師が,自己の職務において提供できるものである。しかし明確性と論理を提供しても,これが,努力不足にもとづくことが少なくない愚かさに遭遇する場合には,役に立つことはないのである。

2 しかしL. ライザーは,ヴォルフに関して「彼の輝かしい能力の限界」についても述べている[35]。すなわち,「国家による(あるいは判例法による)法制定行為の背後に立ち返る法の起源と効力についての問題に,ほとんど関心を示さなかったという意味において,ヴォルフは,実証主義者である。法の政治的,社会科学的次元に光を当てることを,ヴォルフは,法律家の使命であるとは考えていなかった。それゆえ,ヴォルフは,尊敬と敬愛の対象には値するが,お手本にするのには値しないのである」。

まず第1に,L. ライザーに異議を述べなければならない。すなわち,そうすることが適切な個所では,ヴォルフは,特定の法適用の政治的結論を明確に認識し,率直に見解を表明している。このことがとりわけ明確となるのは,「ライヒ憲法と所有権」に関するヴォルフの論文においてである[36]。そこでは(3頁),「許容できない頑迷な教条主義的学問」に対する絶縁が示されている。ワイマール憲法153条は,「所有権という名に値する」法制度を保障するもの

---

[34] Das Internationale Privatrecht Deutschlands, 2. Aufl. 1949, S. 2
[35] AcP 172 (1972) 489/496 f.
[36] AaO Fn. 21.

であると理解される（6頁）。たとえ，崩壊した生活秩序の残骸が公用徴収によって一掃されるとしても，許された公用徴収は，憎しみや妬みに基づく財産の破壊を含むものではない（15頁）。公用徴収は，権利を譲渡する債権的な義務を設けることにも存在する。かりにそうでないとすれば，共産主義指向のラントの立法者は，……法律行為により国家へ移転することを土地所有者に強制することができるようにするだろう（22頁）。すなわちヴォルフは，問題に関係する場面では，政治的な論証をとても上手に用いることができるのである。そのためには外観上も論文の方が，体系的な教科書に比べて，より適したものであるということには，ほとんど疑いの余地を挟むことができない。

マルティーン・ヴォルフは，法を所与の前提としてそれをできるだけうまく叙述することだけに努力を払うものとして法を受け容れていたという意味における実証主義者などでもない。むしろヴォルフは，美学的な要求とも感じられる「法形象の明確性と均衡」[37]を求める彼の意欲にもとづいて，法の不備を探り出し，これを改善することに努めたのである。例としてあげることができるのは，主として民法931条と934条の所有権譲渡について重要である間接占有[38] Nebenbesitz を「発見」したことである。この法形象については，これを認めるも認めないも好きなように態度決定することが可能である[39]。いずれにせよヴォルフは，民法868条と934条の首尾一貫性のなさをあきらかにし同時に，この欠点を除去するための手段を示したのである。

最後に，「法の政治的，社会科学的次元についての関心が欠けていたということが，ひょっとすると政治的な災いの到来を助長し，あるいは少なくともその防御を妨げた」ということもできない。何が，ヴォルフの弟子たちをこの災いに加担する気にさせたのかを，ヴォルフ自身は，何ひとつ語ったり記述した

---

[37] *L. Reiser*, AcP 172 (1972) 489/497.
[38] Sachenrecht, 9. Bearb. 1932, §§8 II, 15 II 2, 69 Fn. 21.
[39] 通常，この法形象は，実務においては否定され，学説においては受け容れられている。最近では，*Wieling*, Sachenrecht I, 1990, §6 III 3b 及びそこに引用された文献を参照。

りしていないということは，争いのないところだといってよかろう。逆に，衡平なもの及びよいものの術は，そもそも不正からの誘惑に抵抗することを促さなければならなかったはずであった。実際にヴォルフが連絡をとることができた者たちが，ナチズムに対してどのような態度をとったのかを知ることができたとしたら，それは興味深いであろう。

　しかしとりわけ，法の政治的，社会科学的次元に極めて理解を示した教授も，確かに少なからず存在したのである。これら教授たちも，直接にであれ弟子を通じて間接的にであれ，この災いを防ぐことはできなかったということは，確実なことである。それゆえ筆者の考えでは，「かりにL.ライザーが示唆する風潮にもっと強く従っていれば，それが，マルティーン・ヴォルフにとってより正しい態度であったのだ」ということを認める根拠はないのである。

　3　したがって総括としてつぎのように言うことができる。すなわち，マルティーン・ヴォルフには，非難すべき欠点の痕跡すらない。それゆえ，マルティーン・ヴォルフは，「尊敬と敬愛」の対象に値するだけでなく，──本当に彼のようにできるのであれば，お手本として努力すべき対象にも値するのである。

マルティーン・ヴォルフの著作（抜粋）

Der Bau auf fremden Boden（Habilitationsshrift）, 1900, XII, 206 S.

Der Mitbesitz nach dem Rechte des BGB, Iher. Jb. 44（1902）, S.143-206.

Die Neugestaltung des Familienfideikommissrechts in Preussen, 1904, VIII, 114 S.

Das Sachenrecht, 1. Aufl. 1910, VII, 637 S. bis 9. Bearb. 1932, XII, 732 S.; 10. Bearb. In Verbindung mit L. Raiser, 1957, XX, 825 S.

Das Familienrecht（mit Theodor Kipp）, 1. Aufl. 1912, IX, 513 S. bis 7. Bearb. 1931, XII, 664 S.

Das Privatversicherungsrecht, in: von Holtzendorf – Kohler, Enzyklopädie der Rechts-Wissenschaft, 2. Aufl. 2. Band, 1914, S. 413-452.

Die Gegenstände des Handelsrechts, 1. Abschnitt. Die Ware. 3. Abschnitt. Das Geld, in: Ehrenberg, Handbuch des gesammten Handelsrechts 4. Band 1. Abt., 1917, S. 1-6; 7-124; 563-648.

Reichsverfassung und Eigentum, Festgabe Kahl, 1923, IV S. 1-30.

Zivilrechtsfälle (mit Theodor Kipp), 1924, 125 S., 2. Aufl. 1928, 139 S.

Die Satzungen der deutschen Aktiengesellshcaften (mit Flechtheim und Schmulewitz), 1929, XIII, 519 S.

Internationales Privatrecht, 1933, VI, 159 S., unter neuem Titel 2. Aufl. 1949, 215 S.; 3. Aufl. 1954.

Privat International Law, 1955, XLIV, 637 S., 2. Aufl. 1950, XLVII, 631 S.

Traité de droit comparé (mit P. Arminjon und B. Noldet), I 1950, 540 S.; II 1950, 635 S.; III 1952, 614 S.

すべての著作目録が掲載されているのは，Festschrift für Martin Wolff, 1952, S. 401 ff.

マルティーン・ヴォルフに関する文献

H. Dölle, Martin Wolff gestorben, RabelsZ 18 (1953), 690 f.

W. Hallstein, Martin Wolff, JZ 1953, 580 f.

E. Koffka, Zum Gedächtnis von Martin Wolff, JR 1953, 419.

H. Lewald, Martin Wolf zum Gedächtnis, NJW 1953, 1253.

L. Raiser, Zum 80. Geburtstag Martin Wolfs, JZ 1952, 573.

ders., Martin Wolff, AcP 172 (1972), 489 ff.

マックス・O. フリードレンダー[*]

弁護士法の開拓者にして先見の明を備えた人物[**]

エーベルハネト・ハース[***]
オイゲン・エーピック[****]
訳　森　　勇

I. その生涯

　マックス・フリードレンダーは，西プロイセンの資産家でプロイセン上院議員（Herrnhaus）をつとめた者の息子として，1873年7月28日ブロンベルク（Bromberg）で生まれた。彼は，ベラ・フォルヒハイマー（*Bella Forchheimer*）と1回目の結婚をしたが，彼女は，フリードレンダーが亡命する1年前の1937年に亡くなった。ベラとの間に，4人の子をもうけた。6歳で亡くなったオットー（*Otto*），レオノーレ（*Leonore*），ルドルフ（*Rudolf*）そしてゲルハルト（*Gerhart*）である。ルドルフは，父よりも先にイギリスに亡命し，イギリス軍として出征して第二次世界大戦中に戦死した。姉弟のレオノーレとゲルハルトは，同じく父親よりも先にアメリカ合衆国に移住した。マック

---

[*]　*MAX O. FRIEDLAENDER*（1873年–1956年）
[**]　Wegbereiter und Vordenker des Anwaltsrechts
[***]　Dr. *Eberhard Haas*: Rechtsanwalt und Notar in Bremen, Präsident der Bundesrechtsanwaltskammer（弁護士，公証人，連邦弁護士会会長）
[****]　*Eugen Ewig*: Rechtsanwalt in Bonn（弁護士）

ス・フリードレンダーが，娘と孫に再会したのは，実に16年後の1953年になってからのことであった。

　マックス・フリードレンダーは，ジュネーブ，ベルリン，ライプチヒ及びミュンヘンで法学を学んだ。そして彼は，1898年，25歳のときに抜群の成績で「第2次国家試験」に合格し，1899年，彼はミュンヘンで，弁護士としての認可を得た。

　すでにその9年後の1908年には，何十年にもわたり標準的とされてきた彼の弁護士法のコンメンタール第1版が出版された。彼はこれを，その兄でリンブルク（*Limburg a. L.*）の地方裁判所判事であったアドルフ・フリードレンダー（*Adolf Friedlaender*）博士[1]とともに著したのであった。1919年の第2版以降，このコンメンタールには，弁護士の義務を規定した1878年ドイツ「弁護士法（Rechtsanwaltsordnung）」第28条の付論（Exkurs II zu §28）として，「簡単な倫理規範（kleiner Ehrenkodex）」なる一節が登場する。フリードレンダーはそこで，それまで法典化されていなかった弁護士の分限法（Standesrecht）を体系的に構築したのであった。彼の影響のもと，1929年には，ドイツ弁護士協会（Deutsche Anwaltsverein=DAV）が，これにもとづいて「弁護士の職業実践に関するガイドライン（Richtlinie für die Ausübung des Anwaltsberufs）」[2]を策定し，これがさらに，戦後ドイツ連邦弁護士会が策定した「弁護士分限法の基本原則（Grundsätze des anwaltlichen Standesrechts）」に引き継がれたのである。1930年，このコンメンタールの最終版となった第3版が出版されたが，1936年，ナチスはユダヤ人が著作者である文献の利用を禁止した[3]。その中には，フリードレンダーが引き継いだ，ヴァルターとヨーアヒム（*Walter / Joachim*）の手になる弁護士報酬法のコンメンタール

---

[1] Januar 1869年1月23日生。1942年8月22日 Frankfurt a. M. で没。彼は，強制収容所への移送が間近に迫ったとき，自殺した。*Göppinger, H.*, Juristen jüdischer Abstammung im „Dritten Reich", 2. Aufl. 1990, S. 232.

[2] AnwBl. 1929, Beil. zu Heft 6.

[3] JW 1936, 846; s. auch *Göppinger*, (aaO Fn. 1), S. 153 ff. 173.

(Kommentar zur Rechtsanwaltsgebührenordnung）も含まれていた。フリードレンダーは，1933年まで，法学一般誌『Juristische Wochenschrift = JW』に寄稿していた。1934年にもなお，状況が悪化する中，ユリウス・マグヌス（*Julius Magnus*）がやっとのことで編集したマルティーン・ドゥルッカー祝賀論集『Festschrift fur Martin Drucker』[4]に，著名なユダヤ系法律家及び非ユダヤ系法律家とならんで彼の論文が掲載されたが，その後は，筆を折らざるをえなかった。

　38歳となった1911年，フリードレンダーは，早くもミュンヘン弁護士会理事会のメンバーとなり，1927年に辞職するまで理事をつとめた。1911年にヴュルツブルク（Würzburg）で開かれた第20回弁護士大会（Anwaltstag）と1913年にブレスラウ（Breslau）で開かれた第21回弁護士大会では，弁護士の定員制と弁護士法の改革についての報告書を作成し，報告にあたった。1918年，彼はバイエルン弁護士同盟（Bayerischer Anwaltsverband）を設立し，この組織は直ちに彼を会長に選任した。1933年にこの組織が解散するまで，彼が会長をつとめた。1924年，彼はドイツ弁護士協会の理事に選出され，1933年にこれに対する統制がはじまるまで，同じくその職にあった。

　フリードレンダーがイギリスに亡命したのは，1938年11月になってからであった。当地の警部が，次の日に逮捕されるかもしれないと彼に警告してくれたのであった。スイスに住んでいる従姉妹の助けを借りて彼が一晩で手に入れたスイスのビザによって，最後の最後に，ミュンヘンからほど遠くないダッハウ（Dachau）の強制収容所に送り込まれるのを免れたのである。ライヒ司法省の個人調書には，彼自身につき「無信仰」と書かれていたが，これは役に立たなかった。1938年12月1日，彼の弁護士認可も取り消された[5]。

---

[4]　Festschrift M. Drucker, Faksimiledruck, Aachen 1983, 75. *Fred Grubel* の序文付き。J. Magnus については本書論文参照。

[5]　すべてのユダヤ人から弁護士資格を奪うことを規定した Reichsbürgergesetz v. 27. September 1938 の第5次施行令（RGBl. I S. 1403, 1439）による。これにより，フリードレンダーのように，1914年より前に認可を受け，1933年の弁護士認可に関する法律（Gesetzes über die Zulassung zur Rechtsanwaltschaft vom 7. April 1933（RGBl. I S.

イングランドで，彼は，同じく亡命したドイツ人，ヘドビッヒ・シュナイダー (Hedwig Schneider) と再婚した。第二次世界大戦後も，彼がドイツに戻ることはなかった。しかし，弁護士の職業法とのかかわりは持ち続けた。ベルリン弁護士会理事会，そしてまた，ドイツ弁護士協会のために，様々な意見書を書いた。この際，自分の法律学の諸業績を1度も参照できなかったことは，彼を悩ませた。彼は，1950年代になってもまだ，国際弁護士法に関する比較法的な論攷を書いている。

1956年5月28日，フリードレンダーは，ロンドンのトヴッケンハム (Twickenham/London) で亡くなった。享年82歳であった。このとき，ドイツ弁護士協会の機関誌『Anwaltsblatt』に，彼の最後の論文が載った。そのタイトルは，『麗しき文学にあらわれた弁護士及び弁護士問題 (Rechtsanwälte und Anwaltsprobleme in der schönen Literatur)』である[6]。

フリードレンダーの学術的著作の大きなテーマとなっていたのは，弁護士職業ないし分限法と弁護士報酬法であった。これとならび彼は，民事訴訟の問題も取り上げていた。フリードレンダーは，その独立性が常に保証され維持されなくてはならない自由な弁護士というその職業像を熱心に擁護した。彼は，弁護士は個々人の利益の代弁者だとして，国家と社会における重要な役割を認め

---

188)) 2条1項により，彼らにとって有利となるような制限が認められていたユダヤ系弁護士もその認可を失った。この認可に関する法律は2条1項は，Gesetzes zur Wiederherstellung des Berufsbeamtentums vom 7. April 1933 (RGBl. I S. 175) 3条2項に対応したものであるが，1914年8月1日から任用されていたいわゆるヒンデンブルクの官僚と前線の兵士については，督励のため強制退職から除外するとしたものである。vgl. Göppinger, (aaO Fn. 1), S. 69 ff.

6) この彼の履歴は，亡命ユダヤ人調査のための財団 (Research Foundation of Jewish Immigration) が作成した個人調書にもとづくものである。この調書は，ニューヨークの Leo Baeck 研究所の副所長，Dr. Fred Grubel (1938年11月 Buchenwald に収監，1939年イギリスに亡命) が著者に提供してくれたものである。この場を借りて，とくに謝辞を述べる。Dittenberger, NJW 1949, 18; Barthmann, AnwBl. 1953, 195; Kraemer, NJW 1953, 1253; von Hodenberg AnwBl. 1956, 149; Werner, Association for Jewish Refugees Journal, July 1956; Heins, NJW 1957, 861 も参照されたい。

たのである。それゆえ彼は，高い職業倫理と責任感そしてまたその職業を良心に従って実践することを弁護士に強く求めた。フリードレンダー自身が，タイプとしては古典的な自由業の化身であった。ここでいう自由業とは，フォイヒトヴァンガー（Feuchtwanger）によれば[7]，特段の社会的意義があることから，収益活動を念頭においてそれをイメージしてはならない職業を指している[8]。このことは，彼がこの職業階層の物質的安定性を擁護することの妨げとはならない。というのは，彼は，多くの期待がこめられたその職業像を維持していくためには，十分な収入の基礎が必要となることを承知していたからである。彼は，エネルギッシュに報酬法がこれに対応するよう求めた[9]。彼は，正当にも，裁判上の活動のみならず，「非常に価値の高い，社会的・国民経済的にみて有益な（活動），すなわち訴訟予防」[10]としての裁判外の活動に対しても，適切な報酬が支払われるよう幾度となく訴えている。また彼は，成功報酬合意についても，妥当であり許されるとしている[11]。

フリードレンダーはさらに，全力をあげて目下の諸問題の解決の手段と方法を模索するだけではなかった。日々の出来事を超えて思慮をめぐらし，そして，弁護士という職業への影響をいつも完全に把握していた，弁護士職業法について先見の明を備えた人物でもあった。このことは，とりわけ，彼にとって指標となり，かつまた追い求めるべきものでもある弁護士自由の原則にあてはまる。彼は，この職業階層に対して国家が影響力を行使することを一貫して拒否する[12]。それゆえ彼は，弁護士が激しい競争状態にあり，非常に深刻な経済

---

7) *Feuchtwanger, S.*, Die Freien Berufe, im besonderen: Die Anwaltschaft, 1922.
8) RAO Allg. Einf. Anm. 11.
9) JW 1918, 196 f.
10) JW 1918, 196, 197; JW 1927, 497, 498; JW 1932, 1112.
11) 彼は，法律で書式を定めるのは無意味だと厳しく批判した。JZ 1955, 11. 成功報酬合意を委任に結びつけてはならないとすることも，彼からすれば当然のこととなる。
12) 弁護士という職業タイトルを持つものに対し，司法栄誉賞（Justizrat）といった名誉章を授与することも，1919年のライヒ憲法（ワイマール憲法）109条4項に反するというのが彼の見解である。RAO Allg Einf. Anm. 13.

的関係に陥らざるをえないときであれ，弁護士の認可を制限することにたいし，それがどのようなかたちであったとしても断固反対した。彼はさらに，第二次世界大戦後においても，連邦弁護士法（Bundesrechtsanwaltsordnung）の成立過程を批判的に追い，同法の草案中にみられた，司法行政に恣意的な判断の余地を与える認可に関する個々の規定に対し疑念を提起している[13]。同じくフリードレンダーは，法的紛争処理機構（Rechtspflege）の機関としての地位にもとづき弁護士に課せられる義務や制約に対しては，何らの疑問も呈していない。彼にとって，自由業だということと法的紛争処理機構の機関だということとは，矛盾するものではない[14]。彼にとり，弁護士が法的紛争処理機構の機関として機能するということは，むしろこの職業が負う特別の責務の表現である。生涯をつうじ，彼は自由主義の精神を維持する。このことは，20年代初頭の弁護士定員制との取り組み，シンディクス弁護士問題との取り組み，そして20年代における専門化とその広告をめぐる問題，あるいはまた，たとえば国際弁護士法に関する1954年の彼の解説にはっきりとあらわれている。

　フリードレンダーが，現在は弁護士裁判所（Anwaltsgericht）とその名称が改められた弁護士名誉裁判所（Ehrengericht fur Rechtsanwalt）の判例，そしてまたこの職業に関する政策に与えた影響はこれを見逃すことはできない。この点に関する印象深い例は，1911年の弁護士大会のために用意された弁護士定員制をテーマとする彼の意見書である。この弁護士大会以前においては，定員制導入派がなお多数を占めると考えられていたが，彼は，ほかの者達と力を合わせ，意見を逆転させることに成功し，その結果，この弁護士大会は明確な多数をもって弁護士定員制を否決したのであった。さらに，彼の影響は，1878年制定にかかる弁護士法に関する3版を重ねたコンメンタールにはっきりと示されている。これは，単に職業法に関するスタンダードな著作というだけではなく，この弁護士法の唯一のコンメンタールでもある[15]。彼が必要と考えると

---

[13]　JZ 1955, 11, 13.
[14]　RAO allg. Einf. Anm. 16.
[15]　1937年に出版された*Erwin Noack*のコンメンタール（Kommentar von zur Reichs-

ころではためらうことなく厳しく批判した[16]判例は，彼にたいしては大いなる敬意を払っていた。1932年，最上級審にあたる名誉法院（Ehrengerichtshof）は，名誉裁判所手続で懲戒の判決を受けた弁護士にたいし，この弁護士がフリードレンダーの見解を知らないことを叱責したのであった[17]。

第二次世界大戦の後，人々は，彼の道徳的な完全性と専門能力を考え直すことになった。ドイツ弁護士協会は，フリードレンダーをその名誉会員とし，彼を鑑定人として重用したし，ベルリン弁護士会理事会は，しばしば報酬法に関する鑑定を依頼した。

フリードレンダーの業績はあまりにも広範であり，彼の創造力はあまりにも際立っていて，ここで与えられた紙幅では，彼の学術的活動のほんの一部のみを例示的に取り上げることができるに止まる。弁護士の世界を震撼させた連邦憲法裁判所のいわゆるバスティレ裁判（Bastille-Entscheidungen）を受けて，1987年以降，弁護士の世界においては，職業法の根本的な改革が大きなひろがりをもちかつはげしく議論されているが，このことを知っている関心ある読者をフリードレンダーの諸論攷が魅了するのは，種々の問題が，当時も今も同じだからというだけではなく，さらには，フリードレンダーが提示した解決が今日でも通用するものだからである。彼が提案したところの多くは，残念ながら過去のものとなってはいるが，しかし，今日においてもなお，考えるあらたなきっかけを与えてくれる。さまざまな問題領域からその例を2つあげると，それは，シンディクス（Syndikus）と呼ばれる弁護士の問題に関する諸論説と，法治国家という観点からして疑問のあるかたちで，司法の負担軽減のために訴訟法をいじくるのにかえ，弁護士を裁判官として用いようという提案である[18]。そしてまた，そのほかの諸論文，たとえば今日情報提供のための広告

Rechtsanwaltsanordnung）の第2版は，ナチに彩られたものである。

16) もっとも，いずれの批判に際しても常に，あきらかとなっていない事情が，個々の事案においては別の評価を正当化する可能性があることを指摘していた。

17) *Friedrich*, JW 1938, 1300, は，こうした名誉法院の叱責を「著者フリードレンダーはユダヤ人ではないか」というとんでもない論拠をもって批判している。

18) LZ 1917, 561 ff.; vgl. den Entwurf eines Gesetzes zur Entlastung der Rechtspflege

と活動分野というスローガンの下で議論されているスペシャリストについての諸論説は，惰眠からの覚醒をもたらしてくれると思われる。その第3版が出版されてから（本書の刊行まで）60年以上たった現在でも，彼の弁護士法のコンメンタールを，職業法の基本諸問題のために参照することは意味のあることなのである。

II．シンディクス

シンディクスという職業は，1920年代になってはじめて重要性を持った[19]。経済界は，弁護士であって常勤のアドバイザーをかかえることにますます多くの関心を示すようになったが，このことが，著しい物理的困窮の時代にあった弁護士の世界においても，それにたいする共鳴を引き起こしたのは当然であった。というのは，恒常的な勤務関係は，ある程度の社会的な安定を弁護士に提供するものだったからである。フリードレンダーが，その意義が増していることに鑑みて，このテーマと取り組み，弁護士法の注釈，そしてまた，1926年から1931年までのドイツ弁護士協会の機関誌『Anwaltsblatt』における名誉法院の裁判集に対する評釈をつうじて，名誉裁判権の裁判実務を批判的に追い，そしてこの裁判実務をかたちづけたことは，驚くに値しない。おそらくは，今日のシンディクス像の主な部分はこの時期に形成されたということができる。名誉法院の判例が発展させた諸原則の一部は，その文言どおりに，連邦通常裁判所の確定判例に取り込まれている。

フリードレンダーは，弁護士が行う活動のこのようなあらたな形式に，何ら異議を差し挟んでいない。むしろ彼は，リーガル・アドバイザーとして恒常的に企業や国に身をおくシンディクスに対する現実の需要があると考えた。そのため彼は，ほとんど雇用関係にある弁護士というものは認めないとする同僚達の意見を，この職業に関する政策としては間違っている，「経済にたいする不

BT-Drucks. 12/1217v. 27. September 1991.

19) RAO § 5 Anm. 20 m. w. N.

幸な挑戦」[20]だと断じたのである。同時に彼は，このような弁護士の職業実践のかたちは，弁護士の供給過剰という問題を和らげるものであることを認め，厳格な弁護士認可の実務に対して警告を発している[21]。

　もっとも，フリードレンダーのシンディクス像は，判例が展開し，そしてまた，今日まで支配的な見解に対応する考えとはその本質の点で異なっている[22]。というのは，フリードレンダーは，統一的な弁護士像を固守しているからである。彼の考えによれば，シンディクスは，その雇用者のために活動しようが，あるいは，自由な弁護士としてその（副次的）職業に従事しようが，常に弁護士だし，また弁護士であることに変わりはない。確かにフリードレンダーは，完全に雇傭されている弁護士についてはその独立性が危険にさらされることを承知していた。しかし彼は，結果的には，個々のケースでは自由な弁護士もそれに屈服する可能性がある現実の拘束にくらべ，この危険はけっして高いものではないと評価している。彼からみて決定的なのは，シンディクスがそれを守らなくてはならず，そしてまた，個々の場合に厳格な自己コントロールを義務づけている内面的な独立性である[23]。彼は，シンディクスがこの能力を備えているとする。というのは，「ここにおいても，まさにその受けた教育と公的な法的地位にあるという意識及び自らが属する分限にたいするその責任

---

20) AnwBl. 1929, 9, 12.
21) AnwBl. 1929, (aaO Fn. 20).
22) シンディクスをめぐる議論の出発点となった規範は，つぎのような弁護士法（RAO）5条4号である。
　「認可は，次の場合にはこれを拒絶すべし。
　4. 法律または弁護士会理事会の意見によれば，申請人が，弁護士たる者の職業ないしは尊厳とは相容れない地位にあるか，あるいはそのような事業をいとなんでいるとき。」現行の連邦弁護士法に引き写すと，つぎのようなその7条8号である。
　「弁護士認可は，次の場合には拒絶されなくてはならない。
　8. 申請人が，弁護士の職業ないしは弁護士たる者への敬意とは相容れない活動を行っているとき。」Vgl. *Pfeiffer*, G., Der Syndikusanwalt in der Rechtsprechung der EGHe und des Senats für Anwaltssachen bei dem BGH in Festschrift für. Oppenhoff, 1985, 249 ff.
23) RAO §5 Anm. 27a.

感が，立法者が弁護士に特別の地位を認めるにあたって前提とした独立性の保障となっている」からである[24]。

これにたいし，その裁判長をドイツ大審院（Reichsgericht）長官がつとめる弁護士名誉法院の第一法廷は，常に，公務員としての活動ないしは被傭者としての活動と弁護士たる活動を厳格に区別してきた[25]。弁護士としての独立性は，官僚または被傭者である弁護士活動が，その役務供給契約上の地位とは一切関係がない場合のみ保障されるというのが弁護士法院第一法廷の見解である[26]。これに対し，弁護士法院第二法廷は，かかる見解に与していない[27]。フリードレンダーは，第一法廷のように区別すると，つぎのような結果になると考えた。すなわちそれは，シンディクスは，とくにそのための資質を修得した法的側面からする管理活動（Sachwaltertatigkeit）を，企業及び国家のためにしてはならないということである[28]。その統一的な弁護士像を出発点に，フリードレンダーは，第一法廷が示した区別の基準を激しく批判し，そうだとするなら，シンディクスは，雇用関係における活動とならんで，単に時折自由業を営むだけではく，わざとらしくかつまた何らの法律上の後押しのないまま，法的にも事実上も自由業をかなりの範囲で営むことができなくてはならないし，そしてまた，その真摯な覚悟を持たなくてはいけなくなる，とする[29]。「弁護士は，依頼を受けるかどうかの自由を有しているのであるから，弁護士は，弁護士としての実務を行う義務をその職業法上負っているわけではない。結局

---

24) RAO§5 Anm.27a. ちなみにそのほかの点についてみると，彼の見解はその弁護士法5条の解説（Anm. 30）に掲げられている。1926年にハノーファーで開かれたドイツ弁護士協会代議員大会の決議とかなりの範囲で同じである。
25) AnwBl. 1927, 94, 95.
26) AnwBl. 1931, 141 143. 連邦通常裁判所（BGH）も，この場合弁護士は2つの職業を営んでいるとみている。BGH EGE XIV, 48; *Feuerich, W.*, Bundesrechtsanwaltsordnung, Kommentar, 2. Auflage 1992, § 7 RdNr. 127ff. m.w.N.
27) 弁護士名誉法院第一法廷と第二法廷とが離齬している点については，*Friedlaender*, AnwBl. 1929, 9 ff. 参照；同じく *Gellner*, DAV-Ratgeber S. 91 ff. も参照されたい。
28) AnwBl. 1931 141, 143.
29) AnwBl. 1927, 94, 95; 1930, 283 284; 1926, 217, 218 f.

の所，雇用者に提供する時間は，1つの依頼のみを受任し，そして1人の依頼人のみに没頭しようという自由な意思決定と何ら異ならない。」というのが彼の説くところである[30]。

　雇傭されている弁護士がその自由な実務に使うことのできる時間がどのくらいかは，その職業とマッチしない活動を禁止している弁護士法5条4号の趣旨にかなうかどうかを判断する基準たりえない，というわけである。さらにフリードレンダーは，判例のこのような区別の仕方は，自由な弁護士であるということを脅かしかねないとまで考えている。というのは，弁護士認可官庁としての司法行政に，自由業つまりは独立して実務を行う意思があるかどうかの審査権限を与えることになるからである[31]。こうなると，弁護士認可をするかどうかは，外形的な事柄，つまりは雇用契約の内容と申請人が意図するところの説明如何にかかってくるが，これは，「人の運命を判断する」基準としては，不適切であると断じたのであった[32]。もっとも，フリードレンダーは，雇用関係のもとでの活動も弁護士としての活動だとする立場へと，弁護士名誉法院の判例を変更をさせることはできなかった。そもそも，1928年以降，認可事件については，第一法廷のみが管轄することになったことから[33]，もはや無理だったのであった。弁護士としての業務を行う真摯な意図という基準は別として，戦後の連邦通常裁判所の確定判例も，弁護士名誉法院と同じく，弁護士という職業との整合性を判断する際に，弁護士業務にどのくらい時間を割けるかをいまだにその判断基準としている[34]。

　シンディクスに関するフリードレンダーの基本コンセプトに従うかどうかは別にして，非常に場当たり的な連邦通常裁判所の裁判例に照らすなら，時間を判断基準とすることにたいする批判は，今現在においてもあたっている。

---

30)　RAO § 5 Anm. 23.
31)　AnwBl. 1926, 217, 218 f.
32)　AnwBl. 1930, 283, 284.
33)　彼はまず，偶然により定まる弁護士名誉法院の事件の配付にたいしても批判を加えている。AnwBl. 1927, 94.
34)　BGH BRAK-Mitt. 1982, 175 m. w. N.

フリードレンダーは，そのコンセプトに忠実に，官僚職にあることそれ自体だけでは認可の妨げとはならないし[35]，その雇用者のために訴訟代理をすることも原則禁じられない，との見解をとる[36]。もっとも彼は，弁護士法5条4号の意味での整合性（Vereinbarkeit）という問題に関しては，判例と歩調を合わせる。彼のすべての考察の出発点は，弁護士としての尊厳（Würde）である。この尊厳を守るべき義務は，特別のものだとしても職業上の義務の1つでしかないし，また，1878年の弁護士法5条4号におけるこの職業の概念は，弁護士の職業上・分限上の諸義務の総体と理解されるはずであるから，その当然の帰結として，弁護士の尊厳との整合性を欠くものはすべて，弁護士という職業との整合性を欠くことになる。したがって，雇用関係のもとで行われる活動には，弁護士としての活動との共通点があるかどうかは，ほとんど問題ではなく，むしろ問題は，こうした活動が，弁護士の尊厳にかなうかどうかである。ここからフリードレンダーは，シンディクスは，勤務先において高い地位，つまりは，指導的かつ独立した地位にあらねばならないという結論を導き出したのである[37]。

整合性に関しての疑念は，勤務先の人格及び企業の業務対象からも生じうる。後者については，とくに，企業が弁護士と競争関係にある場合に問題となる。「法律問題に関するアドバイスのために設立された収益企業と法的問題処理機構の一機関としての弁護士との間の境が，取りはらわれることは許されない」[38]というのがその理由である。この主張は，とりわけ，フリードレンダーが断固として反対した法律コンサルタントを標的にしたものである。シンディクスは，その弁護士としての活動を，かかる企業の名で，そしてまたかかる企業のために行ってはならない，とする。なぜなら，こうすると弁護士は，企業

---

35) RAO §5 Anm. 22, 24; AnwBl. 1931, 141 ff.
36) RAO §5 Anm. 27a.
37) RAO §5 Anm. 26. これもまた，今日では，連邦通常裁判所の確定判例となっている。
38) AnwBl. 1926, 66, 68. 銀行において顧客に対し相談に応じている税理士のケースにつき，第一法廷に賛成する。

の収益活動にあまりに近くなりすぎ，そのために，弁護士の分限法がもはやその行為準則たりえなくなるからである[39]。以上は，同じく，常に１つの職業，つまり弁護士という職業を営む者というフリードレンダーのシンディクス像と重なり合っている。

　第三者にたいし，弁護士としてかかる企業の名で向き合ってはならない。これを至上命題とすることで，フリードレンダーは，シンディクスに対し，必要とされるその雇用者との距離を確保できるようにし，そうして，独立性が欠けているという印象を公衆に持たせないようにしている。このようにして彼は，つぎのような連邦通常裁判所の確定した判例に礎石をおいたのである。すなわちそれは，自身弁護士の分限上の義務に服さない雇用者の委託を受けて，第三者にたいしリーガル・アドバイスを提供する者には，弁護士認可は与えられないというものである[40]。

　フリードレンダーの見解によれば，シンディクスが，客商売（Publikumsverkehr）を営むのは，その活動の種類如何にかかわらず，一般的に弁護士の職業と整合しない[41]。たとえば，商店の経営は，自分がそれに従事するのであれば整合しないが，商店を所有しているだけならかまわないとする[42]。許されない客商売というこの考え方は，連邦通常裁判所の細かに分かれているつぎのような判例に反映している。すなわち，その判例とは，商業的な収益を目標とした経営（Kaufmannisch － Erwebwirtrschaft）は整合しないが，商業的な管理活動（Kaufmannisch・Verwaltenden Tatigkeit）は整合するとするものである[43]。もっとも，フリードレンダーにとって重要なのは，常に個々の案件における具体的

---

39) AnwBl. 1926, 165, 169.
40) BGH BRAK-Mitt. 1990, 110 m. w. N.
41) RAO§5 Anm. 37 ff. ただ，詳細な理由付けはなされていない。
42) RAO§5 Anm. 38. 同じことは，醸造業にもあてはまる。
43) シンディクス問題につき下された最近の決定（1 BvR 79/85, 643/87, 442/89, 238/90, 1258/90, 772/91, 909/91 –vom 4. November 1992）において，連邦憲法裁判所は，予想されたところではあるものの，商業的な稼業はすべて相容れないとする立場を弱め，個々の事情を強く前面に押し出した。

事情であるのにたいし，連邦通常裁判所は，抽象的に企業の事業対象と企業がどのような法形態をとっているかにより整合性についての判断を下している[44]。

フリードレンダーは，妥当性を欠く低い報酬もまた，弁護士の尊厳にたいする違反の1つであり，被傭関係のもとでの活動が整合しないとされることになるとみている[45]。実際のところ，この問題は，些細な問題でないことはあきらかである。そのコンセプトに従い，彼は，シンディクスについても，それが雇用者のために訴訟活動をする場合であっても，常に報酬法にのっとって支払いを受けるべきことを求めている[46]。もっとも，1959年の連邦弁護士法46条は，シンディクスに対し，雇用者のために訴訟代理することを認めていないため，この点は，今日ではもはや現実的な意味はない。

III．弁護士定員制と弁護士の困窮

弁護士の認可制限は，第一次世界大戦の前からヒトラーによる権力掌握まで，長年にわたり，繰り返し弁護士の世界を揺るがしたテーマである。弁護士はかなりな物質的困窮状態におかれていたが，その原因は，経済全体が非常に深刻な状況にあったこととは別に，不十分な報酬法とそしてその職業人口が過剰となっていたことにあった。訴訟費用救助事件は無報酬であった。訴訟救助事件の無報酬での受任は，弁護士強制を導入する見返りだったのである[47]。このことは弁護士の大きな負担となり，弁護士ストライキを起こそうという要求がでてくるほどであった[48]。弁護士になる者が非常に増えたことで，弁護士認

---

44) *Feuerich* §7 Anm. 143 ff.
45) RAO §5 Anm. 29, 28.
46) RAO §5 Anm. 29.
47) JW 1918, 70f., 1920, 114 ff. 1919年11月18日の法律（Reichsgesetz v. 18. Dezember 1919）によりはじめて，弁護士の出損につき，報酬規則にのっとって支給されることにはなったが，実際のコストをカバーするものではまったくなかった。LZ 1920, 99 ff., DJZ 1922, 656 ff.
48) *Friedlaender*, JW 1920, 114 ff. は，その同僚にたいし，集団で法を破る行為にで

可の数が，持ち込まれる依頼の数を上回った。競争圧力は，おぞましいまでに強まった。このような状況が権利保護を求める市民にもたらす危険をフリードレンダーはけっして過小評価していたわけではないが，かかる状況にもかかわらず，彼は，もっとも過激な言葉遣をもって，かつ一切妥協することなく，人数の上限を切る定員制に反対した人物の1人であった。彼ははっきりと，これが全体としての弁護士なるものの存続を脅かすことを知っていた。というのは，自由な弁護士という原則に反対する者からしてみると，弁護士自身が定員制を受け入れた場合には，中立的な官署が適任と考える申請者を選択するというところまでの道のりはもはやそれほど遠いものではなくなってしまうからである[49]。1878年の弁護士法13条によれば，需要がないことを理由に認可を拒否することは許されない。やっと取り除かれた国家の権力保持者への依存性が定員制の導入により復活することを，フリードレンダーは恐れたのである。上限設定を各弁護士会理事会にゆだねるとする妥協案も，適切ではないとして退けた。「ある職業を実践する者が，その裁量により，この職業へのほかの者の参入を拒否する権限を持つというのは問題」だというのがその理由である[50]。首尾一貫したフリードレンダーの態度は，つぎのことを示している。すなわち，彼が今だ青年期にあった弁護士の自由のために戦ったのは，その職業階層の利益のためだけではない。彼は，この自由を，民主主義のあらわれとみていたことから，公共の福祉のためにも戦ったのである。

しかし，フリードレンダーは，国家の影響が増大していくことにたいしてだけではなく，上限の設定をしたときに生じる後遺症に対しても警告を発している。すなわち，「長年にわたって過剰を理由に認可を受けられない後進を失うことは，知的職業として，ほかの職業では考えられないまでに恒常的な若返りを必要としている弁護士なるものを弱体化させる。最も長く待てる者が，弁護

　ることのないよう強烈に訴え，そして，そんなことをすれば，対抗処置として，政府が弁護士強制を廃止する可能性があると警告したのであった。

[49]　JW 1910, 96.
[50]　JW 1910, 96, 97.

士という職にとくに向いているなどということはない。それゆえ，弁護士認可が，待っている期間を財政的に乗り越えられるような，富める者の特権となってはならない。」と[51]。とくに危険だと彼が考えたのは，待機者が大群をなすことであった。「彼らは，まさに潜り弁護士へと駆りたてられ，そうして，分限法上の監督を一切受けることなく，リーガル・アドバイスを提供しようとする。」と指摘している[52]。

　定員制をめぐる議論は，1911年にヴュルツブルクで開かれ，彼が意見書を提出した第20回弁護士大会において，最初の頂点に達した。意見の逆転をこの大会の場でもたらしたのは，いうまでもなくフリードレンダーの功績だといってよい。総会は，緊張感に包まれた投票において，最終的には619票対244票をもっていかなる定員制をも否決し，弁護士の自由を支持したのである[53]。ヴュルツブルクにおける弁護士大会での明確な投票結果は，定員制に賛成する者を長い間沈黙させることになった。1920年代の終わり，経済の退潮にともなう現象として，弁護士の物質的困窮がその度を増した。1929年から30年にかけては，ドイツ弁護士の少なくとも30％が，6,000ライヒスマルク〔4.2ライヒスマルクが1ドルに対応〕以下の収入しかなく，約50％が10,000ライヒマルク以下，そして，60から70％が12,000ライヒマルク以下であった[54]。これがふたたび議論を燃え上がらせた。フリードレンダーは，再びかつてと同じ熱意をもってこの議論に加わった[55]。彼は――おそらくは，これから先に何が起こるかを予感しつつ――ワイマール共和国の議会は決して弁護士の自由という原則を問題にすることはないという「空しい期待」を持つ者にたいし警告を発し，そしてまた，「政府に対しあまりにも広い権限を与えることになりかねない」授権諸法に警告を発したのである[56]。こうして彼は，5年後

---

51) JW 1910, 96, 98.
52) JW (aaO Fn. 51).
53) *Lemberg*, JW 1911, 784.
54) *Thalheim*, JW 1931, 3497, 3499.
55) LZ 1929, 1009 f.
56) LZ 1929, 1009, 1015.

にヒトラーが歩んだ道を予言したのであった。1933年になる少し前に，弁護士会は，その範囲内で認可申請権が認められる定員を定めることに賛成したが，フリードレンダーにはもはやこれを止めることはできなかった[57]。しかし，1970年代中葉以降，認可数が飛躍的に増加していたにもかかわらず，弁護士会からは，定員制を求める声が上ることはもはやなかったが，これは，フリードレンダーが展開した議論の予後効といってよいだろう。

Ⅳ. 専門化と専門弁護士

フリードレンダーはこの際，定員制の危険を指摘するだけに止まってはいなかった。彼はまた，そもそものところ認可制限を求める声の発端となったその経済的困窮状態から弁護士を救い出すことができる方策を示そうと試みていた。彼は，競争圧力を和らげるには，とくに活動分野を拡大することが適切だと考えた[58]。ただ，このような着眼を皆が意識するまでには，何10年をも要したのであった[59]。活動分野の拡大は，法の改正，弁護士会の自助努力そしてまた「古ぶるしくなったこの階層についての理解の改善」によりはかられなくてはならない[60]と考えた。立法者にたいして彼が求めたのは，何ら理由もなく弁護士が社会裁判所及び仲裁裁判権から排除されているが，これを廃止すること，そして，弁護士強制をこれ以上制限するのではなく，拡大することであった[61]。より重要だと彼が考えていたのは，弁護士が自らイニシアチィブをとって専門化を支持し，そしてそれを，自らリードする継続的な研鑽により促進することである。わけても，税法，労働者保険法そして行政法の分野，つまりは，今日では古典的となった専門弁護士分野となっている諸分野においては，

---

57) JZ 1955, 11, 13.
58) JW 1918, 196, 198; LZ 1928, 1009 ff.
59) このことは，連邦衆議院 (Bundestag) 第10会期の1986年に，専門弁護士の導入が挫折したこと1つをとってみればわかる。
60) LZ 1928, 1009, 1017.
61) JW 1918 (aaO Fn. 58); LZ 1928, 1009, 1017, 1021.

権利保護を求める国民のリーガル・アドバイスにたいする大きな需要がある，そう彼は考えたのであった。1929年，ドイツ弁護士協会の代議員大会及び弁護士会理事会連合会が，税法，著作権法・出版法，工業所有権保護，国法・行政法，外国法そして労働法について専門弁護士制度を導入することを決定したが[62]，彼は，当然のこととして，これを歓迎したのであった。もっとも彼の関心事は，わけても若い弁護士そしてまた平均的な弁護士に専門化をうながすことであったことから，彼は，専門弁護士なるものが，少数の専門家からなるグループに止まってはならず，むしろ，「中程度の技量と能力」を備えた専門弁護士を想定した制度が作られるべきだとする一方，他方では，当初の経験を踏まえて，専門弁護士を認める分野の数を拡大すべきことを求めたのである[63]。

フリードレンダーが専門化とその広告について1928年以前に主張した諸原則[64]は，専門弁護士の適性に関する問題は別として，先にあげた1929年の専門弁護士に関するドイツ弁護士協会の指導要綱（Leitsätze）だけではなく，さらには今日の専門弁護士の規律にも反映している。適性の問題においては，フリードレンダーは，弁護士会理事会によるフォーマルな審査はないが，「疑念がないことの証明」を求めた1929年の専門弁護士に関する最初の決議を，はるかに超えていた。というのは，事前審査は一切行うべきではないというのが，彼の考えだったからである[65]。同僚の誠実さと世論が自らを律していく決定的な契機になるとして，それに信頼を寄せていたのである[66]。

フリードレンダーにとって，専門化と切り離せないのが，その外部への広告の問題であった。彼は，事務所の表札，レターヘッドそして開業広告に関しては，専門分野を表示しても適法だとした。こうすることでしか，公衆の中での弁護士の活動範囲を拡大するという目標は達成できない，というのがその理由

---

[62] AnwBl. 1929, 245; JW 1932, 81 ff.
[63] JW 1932, 81 ff.
[64] JW 1923, 609; LZ, 1928, 1009, 1020.
[65] LZ 1928, 1009, 1020.
[66] これは，同じくヨーロッパ裁判所が，1977年の弁護士の役務提供に関するEC指令に関し，その論拠として採用したものである。EuGH BRAK-Mitt. 1988, 152 ff.

である。すでに1923年において彼は，確かに専門化が成立していること，そしてそれが不可欠であることは認めながら，その広告を認めようとしなかった弁護士名誉法院の裁判を，子供だましだと批判している[67]。この種の広告に消極的な弁護士会理事会にたいして，彼は，広告にたいし寛大に対応することがもはや常識となっているとして，この分限の伝統的なとらえ方と決別することを求めた。

　広告と情報に関する理解が変化する中，ドイツの弁護士会において，フリードレンダーの知の所産が貫徹しはじめるまでに，なんと60年を要している[68]。これは，彼が，その時代においていかに進歩的であり，そしてまた，いかに特段にリベラルな考え方を，専門化とその広告という問題で主張したかを物語っている。

V．国際弁護士法

　フリードレンダーは，高齢になっても，その視野の広さ，そしてまたその深遠な専門的知見を維持し続けていた。1954年，つまり81歳のとき，『現行ドイツ国際弁護士法の基礎（Grundzuge des in Deutschland geltenden internationalen Anwaltsrecht）』と題する体系的な論文[69]をもって，もう1度その存在感を示した。おそらくこの論文は，もはや完成することのない，非常に広範にわたる比較法的な研究の重要な一部となるはずのものだったと考えられる。ドイツでは，国際的な活動に注目する弁護士がほんのわずかしかいなかった時代に，国家間の関係が深まっていることに鑑み，かかるテーマが，現実に大きな意義を持っていることを彼は指摘したのであった[70]。すでにこのとき，フリー

---

67)　JW 1923, 609; RAO Exkurs II zu §28 Anm. 6.
68)　ことの発端は，連邦憲法裁判所の決定である。この決定は，分限法にかかわる問題について，職業の自由という基本権をふたたび前面に押し出したものである。BRAK-Mitt. 1988. 54 ff., 58 ff.
69)　AnwBl. 1954, 1 ff.
70)　1988年になってはじめて，ヨーロッパ弁護士評議会（CCBE）は，各国の職業法

ドレンダーは，特定の概念を用いてはいないが，〔長期にわたり〕事務所を構える者と〔一時的に〕役務を提供する者とを区別している。この区別は，数年後には，ヨーロッパ経済共同体条約 60 条及び 52 条に取り入れられた。このような区別をもとに，彼は，法律事務を弁護士のみに限定する法律相談法 (Rechtsberatungsgesetz)〔訳注：この法律は，2007 年に廃止となり，かわって「裁判外のリーガルサービスに関する法律 (Gesetz uber außergerichtliche Rechtsdienstleistung-RDG)」が制定・施行されている。しかし法律事務を弁護士に独占させるという基本姿勢は維持されている。〕は，一時的に役務を提供する弁護士，つまりはドイツにおいて裁判外のリーガル・サービスを提供する弁護士には適用されないという結論を導きだしたのである[71]。一時的にサービスを提供する外国弁護士は，それが事務所を構える国の法律にのみ拘束されるのであるから，受入れ国の分限法及び分限倫理規範も，彼らには適用がない。同じことは，成功報酬の問題にもあてはまる。その結果，ドイツ弁護士は，外国でも成功報酬合意をすることは許されないが，外国弁護士は，ドイツにおいても成功報酬合意をすることができる。そう彼は説いている[72]。一貫して，事務所を構える地の法が適用されるとし，出身国の分限法のみに服するというのは，大英帝国の伝統であるが，ここには，フリードレンダーが長きにわたりイングランドに滞在したことの影響を見て取ることができる。受入れ国の分限法を遵守すべき義務は，1977 年 3 月 22 日付けの，弁護士の役務提供に関する

間の牴触を回避すべく，国境をまたいだ役務提供に関する「ヨーロッパ共同体弁護士分限規則 („Standesregeln der Rechtsanwälte der Europäischen Gemeinschaft" für den grenzüberschreitenden Dienstleistungsverkehr zur Vermeidung von Kollisionen der jeweiligen Berufsrechte)」を制定した。BRAK-Mitt. 1989 Beilage zu Heft 3.

71) 最近，法律相談法が適用されるかが問題となり，ヨーロッパ裁判所における先行裁判手続にかけられた。EuGH – Rs. Dennemeyer – BRAK-Mitt. 1991, 239 f.

72) AnwBl. 1954, 1, 4, 7. かねてよりフリードレンダーは，国内における成功報酬及び片面的成功報酬 (quota litis) 禁止についても，債権取立事件，及び，法的紛争に巻き込まれたことではじめて妥当な報酬を当事者が払えなくなった訴訟救助事件では例外的に認められるとしていた。JW 1927, 497, 498; RAO Exkurs II zu § 28 Anm. 6 f.

ヨーロッパ経済共同体指令（Rechtsanwaltsdienstleistungsrichtlinie）[73]によってはじめて確定されたのである。

Ⅵ.「麗しき文学にあらわれた弁護士と弁護士問題」

1956年5月28日に彼は死去したが，その後すぐにフリードレンダーの最後の労作『麗しき文学にあらわれた弁護士と弁護士の問題』が発表された[74]。この著作の魅力は，フリードレンダーが，文学にみられる多様なタイプの弁護士を解説したに止まらず，それを例にとって，弁護士なるものの文化史的な発展，民主主義におけるその役割，職業実践に際しての価値観の衝突，そしてまた，弁護士の職業法と職業倫理の基礎を示している点にある。したがって，この論攷は，ドイツの弁護士職業法を今日までだれにもまして決定づけ，そしてまた，その最後の論攷の序において彼が弁護士に求めた役割を抜きんでて果たした人物が，そのライフワークを見事なかたちで締めくくったものといえよう。彼はこう述べる。すなわち，「社会の展開が……進めば進むほど，法の擁護者であり保護者である弁護士の役割はより重要かつ明確となる。その理由は，すべての生活関係とともに法もまたより複雑となっていくからというだけではなく，その結果，判例の相対性というものがますます顕著にあらわれてくるからでもある。もし仮に絶対的真実というものがそもそもあるとしても，法の局面においては，それはまず考えられない。法と正義は，客観的に定まる価値では決してない。……法と経済そして人間というものを弁護士が知っているというだけでは足らない。法のために戦い，それを形成しさらに継続的に発展させるというその任務を果たそうと望むのであれば，弁護士たるものは，品性と意思という格別の資質を有しなくてはならない。そのためには，弁護士はまた，自らの職業とその組織に関し，特別の倫理的基礎を必要とする。この倫理

---

73) 77/249 EWG ABl. EG Nr. L78 vom 26. März 1977, S. 17.
74) AnwBl. 1956, 149 ff.

的基礎こそが，弁護士の分限上の倫理の保障とその尊重をもたらすのである。他方，弁護士は，たとえそれが支配的権威や国家自体にたいするものであったとしても，この正当な利益の保護を妨げかねないあらゆる拘束からできる限り自由でなくてはならないのである」と[75]。

マックス・フリードレンダーの著作（抜粋）

Kommentar zur Rechtsanwaltsordnung von 1.Juli 1878, 3, Aufllage 1930,（Dr.Adolf Friedlaender と共著）.

Kommentar zum Deutschen Gerichtskostengesetz, 1928,（Dr.Adolf Friedlaender と共著）.

Kommentar zur Gebührenordnung für Rechtsanwälte, Walter-Joachim-Friedlaender, 9. Auflage 1932（Dr. Adolf Friedlaender と共著）.

Kommentierung der Entscheidungen des Ehrengerichtshofs (18-25. Band u.a.) AnwBl. 1926, , 66 f., 165 f., 218 f.; 1927, 38 f., 94 f.; 1929, 9 f.; 1930, 283 f.: 1931, 141 f.; 1932, 89 f.

Numerus Clausus, JW 1910, 96 f.

Entwurf eines Gesetzes über die Vereinfachung der Rechtspflege, JW 1917, 390 f.

Rechtsanwälte als Richter, LZ 1917, 561 f.

Zur Notlage der Anwaltschaft, JW 1918, 196 f.

Vergütung in Armensachen, JW 1918, 707 f.

Die Organisation der Rechtsanwaltschaft, JW 1919, 409 f.

Anwaltsstreik? JW 1920, 409 f.

Die Anwaltschaft vor dem wirtschaftlichen Zusammenbruch, DJZ 1922, 656 f.

Gerichte und Standesauffassung, JW 1927, 497 f.

Justizreform und Anwaltsnot, LZ 1928, 1009 f.

Zum 50. Geburtstag der Deutschen Rechtsanwaltsordnung, DJZ 1928, 835 f.

Fachanwaltschaft, JW 1932, 81 f.

Grundzüge des in Deutschland geltenden Internationalen Anwaltsrecht, AnwBl. 1954, 1 f.

Der gesetzgeber und das Anwaltsrecht, JZ, 1955, 11 f.

Rechtsanwälte und Anwaltsprobleme in der schönen Literatur, AnwBl. 1956, 149 f.

マックス・フリードレンダーに関する文献

Wartmann, F.,Max Friedlaender 80 Jahre alt, AnwBl. 1953, 195.

Drittenberger, H.,Max Friedlaender 75.Geburtstag, NJW 1949, 18.

Heinrich,R.,100 Jahre Rechtsanwaltskammer München, 1979, 160 f.

---

75) AnwBl. 1956, 149, 154 f.

Von Hodenberg, Vorwort und Nekrolog, AnwBl. 1956, 149 f.
Ostler, F., Ein Jahrhundert Bayerischer Anwaltsverein, AnwBl. 1962, 185, 190 f.

エルンスト・ラーベル[*]

国際売買法の先駆者[**]

ゲルハルト・ケーゲル[1][***]
訳 廣瀬 克巨

初めの第一歩がその後のパレードのペースを決める。エルンスト・ラーベルが研究者として公に登場した際に発した言葉を聞いてみよう。

「著作権法という汲めども尽きない問題を抱えた領域において，最も心を奪われる問いの1つが著作者の権利が取引の客体を成すのにどの程度適しているのかということである。この権利を物質的な利益の獲得に対する権利であると単純にみなすならば，承継取得についての私法の一般原則から逸脱する必要はない。けれども著作権がすでにあらたな，しかも豊富な内容を備え，単なる財産権の域を超越しており，精神的な努力の飛翔に相応しい処遇を求めている現代において，それは従前と同じく交換取引と堅く結びつけられたものであるに過ぎないのか，それとも別の途を歩むべきなのかという疑問が浮かび上がる」。

---

[*] *ERNST RABEL*（1874 年 - 1955 年）

[**] Vorkämpfer des Weltkaufrechts

[***] Dr. h.c. *Gerhard Kegel* : em. Professor an der Universität Köln（ケルン大学名誉教授）付記（ ）のなかに挿入された文章はケーゲルの，〔 〕のそれは訳者の補足的な加筆である。

1) 本稿は1988年開催のエルンスト・ラーベルについての第1回講演の原稿（RabelsZ 54（1990）1-23）に若干手を加えたものである。

ラーベルが 1900 年に公表した処女論文「1895 年 12 月 26 日のオーストリア法による著作権の譲渡の可能性」[2] はこのように始められ，巨匠の手になる多くのものがそうであるように，この論文が今なお現実的な意義を有するものであることは，ほとんど三世代〔約 90 年〕も後に復刻されたという事実[3] が示している。

　ここにもすでに彼の特性が見て取れる。すなわち実質においては（人の身上，家族，相続，財貨の交換のような）経済的及び社会的な生活関係の機能（反映）として，そしてそれと共に常に変化するものとして法を考察したことである。形式において彼は比喩に富んだ，往々にして麗句に溢れた[4]，音楽的な表現を用いていた（ラーベルはピアノを演奏し，アントーン・ブルックナーの教えを受けていた）。加うるにラーベルは注意深いパートナーでもある読者とあたかも対話するかのような[5]，しかも「表現の的確性」と「取り急いでいるかのような簡潔性」に傾いた[6] 文章スタイルを後年発展させた。

---

2) *Rabel*, Die Übertragbarkeit des Urheberrechts nach österreichischen Gesetze vom 26. December 1895 : GrünhutsZ 27 (1900), 71-180. 〔筆者ケーゲルの記した別のラーベル評伝によれば（本書 886 頁），ラーベルは著作権をたんなる財産権というよりもむしろ人格にかかわる私権としての側面から注視していたとされる。〕

3) Ufita 108 (1988), 185-276.

4) 例えば *Rabel*, Eine Anregung zum Kollisionsrecht des Kaufs, in: Mélanges Streit II (Athen 1940, 但しこの記念論文集は公刊されることなく，本論文の抜き刷りが存在するだけである）269-282, 269 末尾 = GA（以下，GA は *Rabel*, Gesammelte Aufsätze を指示する。これについてより詳細には本書 885 頁以下の「エルンスト・ラーベルの公刊された諸業績」を参照せよ）II 360-372, 360 末尾にみられる「国際私法という百花繚乱の草原」〔という表現〕，さらに *Rabel*, Deutsches und amerikanisches Recht: RabelsZ 16 (1951), 340-359, 340 = GA III 342-363, 42 の「法比較学者は他人の支配する叢林に押し入るのが当たり前で，しかもあらゆる茂みのなかで原住民が弓矢を持って待ち伏せているのを覚悟している」〔という比喩〕など（後掲 Fn. 60, 62, 66, 67, 112, 120 であげた文献からの引用も参照せよ）。

5) 例えば後掲 Fn. 27, 114, 118, 119, 123 であげた文献からの引用を参照せよ。

6) *Rabel*, Die Haftung des Verkäufers wegen Mangels im Rechte, 1902, S. VII.

I. 民　　法

　著作権をめぐる前掲の論文は現行オーストリア法に関わるが，給付不能についての1911年の論文[7]もそうである。さらにスイス法に関する3本の論文[8]，フランス法に関する論文[9]，ドイツ債権法にかかわる8本の論文，そのうち給付障害法に関する6本の論文（初めの3本は不能をテーマとしている）[10]は現行法についてのものである。ドイツ家族法にかかわる2本の論文[11]，及びドイ

---

7) *Rabel*, Zur Lehre von der Unmöglichkeit der Leistung nach österreichischem Recht, in: Festschrift zur Jahrhundertfeier des Allgemeinen Bürgerlichen Gesetzbuches, 1. Juni 1911, II, 1911, 821–846 = GA I 79–102.

8) *Rabel*, Der sogenannte Vertrauensschaden im schweizerischen Recht: ZSR 27 (1908), 291–328 = GA I 147–177; ders., Streifgänge im schweizerischen Zivilgesetzbuch I : RheinZ 2 (1910), 308–340 = GA I 178–209, und II: RheinZ 4 (1912), 135–195 = GA I 120–267 ; ders., Einige bemerkenswerte Neuheiten im Schweizerischen Zivilgesetzbuch : Allgemeine österreichische Gerichts-Zeitung 62 (1911) Nr.21 vom 27. Mai 1911, S. 161–168 = GA I 268–292.

9) *Rabel*, Die eigene Handlung des Schuldners und des Verkäufers: RheinZ 1 (1909), 187–226 = GA I 103–140.

10) *Rabel*, Die Haftung des Arztes, Ein Gutachten, 1904; ders., Die Unmöglichkeit der Leistung, Eine kritische Studie zum Bürgerlichen Gesetzbuch, in: Aus römischem und bürgerlichem Recht, FS Bekker, 1907, 171–237 = GA I 1–55; ders., Über Unmöglichkeit der Leistung und heutige Praxis: RheinZ 3 (1911), 467–490 = GAI 56–78; ders., Die reichsgerichtliche Rechtsprechung über den Preisumsturz, Ein Wort zur Verständigung: DJZ 26 (1921), 323–327 = GA I 361–366; ders., Die Aufwertung durch den Richter: Recht und Leben (Beilage zur Vossischen Zeitung) Nr. 6 (Berlin 14. Juni 1923)（入手が適わなかった）; ders., Die Darmstädter Entscheidungen: Das Recht 27 (1923), 137–142 = GA I 367–374; ders., Die Grundzüge des Rechts der unerlaubten Handlungen, in: Deutsche Landesreferate zum Internationalen Kongreß für Rechtsvergleichung im Haag 1932 = Sonderheft zu RabelsZ 6 (1932), 10–27 = GA III 101–119; ders., Zustandekommen und Nichterfüllung schuldrechtlicher Verträge im allgemeinen: ebd. 28–44 = GA III 119–137.

11) *Rabel*, Ausbau oder Verwischung des Systems ?, Zwei praktische Fragen, A. Zweistufige

ツ法における証明責任にかかわる論文[12]も同様である。現行法が扱われているにせよ,法比較的な背景も多種多様に看取できる。

さてフォン・トゥールもあの全3巻本の民法総則を著したドイツ法律学体系書シリーズ Systematisches Handbuch der Deutschen Rechtswissenschaft のなかの債権法の執筆を申し込まれたことで,ラーベルはドイツ民法から課せられた大きな使命に直面した。だがこの名誉ある要請をラーベルは辞退した。というのも彼が私〔以下,筆者を指す〕に述べたところによると,「それは私に15年を費やさせることになるであろう」という理由からであった。フランツ・レオンハルトがその重責を担うことになった[13]。もしもそれを引き受けておれば,ラーベルは彼をはるかに凌いだものを著したに相違ないであろう。それでもラーベルがむしろ国際的な法分野で活躍してくれたことは我々の喜びであって,しかもこの活躍こそ後のアメリカ合衆国での〔比較法学や国際私法学等の分野における〕彼の登壇を容易にしたのであった。

II. 法 史

現行ドイツ法への束縛は彼にとっても窮屈なものであったに違いなかろう。というのも歴史志向が風靡したあの時代,彼も歴史から始めていたのである。彼はローマ法,ギリシア法,ギリシア-エジプト法,中世ドイツ法,及びローマ法の現代的慣用 usus modernus の発展と近世の大規模な法典編纂といった

Solidarität, Kritische Anmerkungen zum Artikel von E. Josef, Bd. 9 dieser Zeitschrift S.384: Ersatzansprüche des Kindes oder des Vaters bei Körperbeschädigungen des Kindes, B. Eigenhaftung der kraft Schlüsselgewalt handelnden Ehefrau: RheinZ 10 (1919/20), 89–121 = GA I 309–339; ders., Die privatrechtliche Stellung der unehelichen Kinder: LZ 15 (1921), 538–543 = GA I 355–360.

12) *Rabel*, Umstellung der Beweislast, insbesondere der prima facie Beweis: RheinZ 12 (1923), 428–442 = GA I 375–388.

13) *Leonhard*, Das Schuldrecht des BGB, I : Allgemeines Schuldrecht des BGB, 1929; II : Besonderes Schuldrecht des BGB, 1931.

ものすべてを抱え込むことになった。

　彼はウィーン大学で修学し，21歳でルートヴィッヒ・ミッタイスの指導のもとで博士号の学位を取得したが，父親のところで弁護士活動に短期間携わって後，1899年その尊敬する師に従ってウィーンからライプツィヒ大学に移った。彼自身の証言によれば，ルートヴィッヒ・ミッタイスのところでギリシア法及び（法に関わるパピルス古文書を含む）ギリシア-エジプト法を学び，また機能を重視した考察（生活の反映としての法）によるそれら諸法とローマ法との比較，文献学上の正確性，好古趣味や現代的なイメージ〔の安易な投影〕を払拭した法源の正確な把握，気儘な想定の自制，そして探求の持続性を学んだという[14]。この時期にヨーセフ・パルチュ，レオポルト・ヴェンガーそしてデメトリオス・パポゥリアスとの交友関係がうまれた[15]。

　1902年に浩瀚な教授資格取得論文「権利の瑕疵に基づく売主の責任」[16]が刊行されたが，それは「その——古代からプロイセン一般ラント法（ALR）やオーストリア一般民法典（ABGB）に至るまでの法思考の発展を追跡する——徹底性，自らの見解の導出とその方法の独自性，そして熟達した判断によって年若かった著者の名を称讃されるべきものとして一夜にして世に知らしめ，今に至るまで看過することの出来ない基礎的な研究業績であり続けている」[17]。

　ラーベルはそこで初期ゲルマン法まで扱っている。かくして「歴史的法比較という方法が現れたが，その後もラーベルはそれを用いて輝かしい成果を産み出した。そしてこの方法は，とくにヨーセフ・パルチュやパウル・コーシャカーの研究のモデルにもなった」[18]。

---

14) *Rabel*, In der Schule von Ludwig Mitteis: Journal of Juristic Papyrology 7-8 (1954), 157-161 = GA Ⅲ 376-380.

15) *Wolff*, Ernst Rabel, SavZ/Rom. 73 (1956), S. XI-XXVIII (XIII).

16) *Rabel*, Die Haftung des Verkäufers wegen Mangels im Rechte, Teil 1: Geschichtliche Studien über den Haftungserfolg, 1902.

17) *Wolff*, (aaO Fn. 15), S. XVI.

18) *Kunkel*, Ernst Rabel als Rechtshistoriker, Festschrift für Ernst Rabel, 1954, I S. 2. 歴史的法比較については，とくにラーベルのつぎの内容豊かにして卓越した報

同時にそこにおいて第二次世界大戦の後に初めて開花した近世私法史がすでに基礎づけられていた。というのもラーベルはその第2章を「近世の法，特にプロイセン及びオーストリアの法典編纂」に充てており，これについてグンケルは「サヴィニー雑誌においてラーベルの本著作の論評者がその第2章にまったく手を付けることの出来なかったのが，印象的である」と指摘している[19]。

次の大きな法史上の研究は「後になって形成された法律行為」で，1906年と1907年にサヴィニー雑誌において発表された[20]。ここでは既存の取引類型の変容〔としての非典型契約の登場〕による契約法の継続的な発展が問われている。再び歴史的法比較が促され，イギリス法も採りあげられている[21]。

後に形成された法律行為は「虚偽行為」と関連しているが，ラーベルはそれとは区別している。同じことは法律回避についてもあてはまり，これに関して私は1932年の夏学期にラーベルのゼミナールにおいて，国際私法についての初めての報告で採りあげた。当時私はそれを研究していた。法律回避に興味を持っていたのだ。それはともかく，この後になって形成された法律行為というものは〔契約法や契約類型において〕固有のカテゴリーを成しており，法学方法論に即していえば類推の近くに座を占めている。「ラーベルのこの論文は法史と経済史及び社会史との間の〔学際的な〕境界領域にまで踏み込んでおり，そのことによってかなり後に法史研究の一般的な意識にようやく浸透し始めた発展をまたも先取りしていた」とグンケルは思料している[22]。

同じ1907年に給付不能に関するローマ法研究が公表された[23]。前掲した現行

告を参照せよ。*Rabel*, On Comparative Research in Legal History and Modern Law: Quarterly Bulletin of the Polish Institute of Arts an Sciences in America 1944, 1–14 = GA III 247–260.

19) *Kunkel*, (aaO Fn. 18), S. 2.
20) *Rabel*, Nachgeformte Rechtsgeschäfte, Mit Beiträgen zur Lehre von der Injurezession und vom Pfandrecht: SavZ/Rom. 27 (1906), 290–335 = GA IV 9–47 und SavZ/Rom. 28 (1907), 311–379 = GA IV 47–104.
21) *Rabel*, (aaO Fn. 20), 349f. = GA IV 79f.
22) *Kunkel*, (aaO Fn. 18), S. 3.
23) *Rabel*, Origine de la règle „Impossibilium nulla obligatio", in: Mélanges Gérardin

法の給付不能についての諸論考[24]に法史上の支柱を施したのだ。そこでは「インテルポラーティオー狩り」を抜きにしたローマ法源の寛容な取り扱いが[25]、それに多様な発展への配慮、及び解釈的な狭隘からの解放が見て取れる[26]。

インテルポラーティオーについて、ラーベルはつぎのように述べていたことがある。「学問上の方法の革新がそれに相応しい意義を獲得するというよりも、むしろ直ちに学芸的、社会的そして政治的な運動を過度に促進してしまうようなことは充分にあり得るのであって、そのような時代の嵐に心中全く囚われることなくそれと距離を置くのは恐らく誰にとっても不可能である」[27]。

またラーベルはパピルス古文書学の探求そのものを自己目的としたのではない。「砂漠の砂から出現する日常の法生活に関わる豊富な文書のなかから、個々の、それ自体として非常に魅力に満ちたものを対象として追い求めたのではなく、もっと普遍的なもの、原理的なものを彼は得ようとしていた。彼はパピルス古文書に法史の視野の拡大〔の可能性〕を見つけたのだ……それは取りわけ彼のローマ法理解にとって有用なものであった」(グンケル)[28]。

パピルス古文書学だけにかかわるものとしては、職務上の仕事[29]としての「バーゼル大学付属公立図書館のパピルス史料集」〔の編纂〕[30]がある。それを別としてパピルス古文書は、歴史的法比較の礎石として役立てられている。「親権の分属」[31]や「質権設定者の処分の制限、とくにパピルス古文書にみられ

(Paris 1907), 473–512 = GA IV 105–135.

24) 前掲 Fn. 7 及び Fn. 10 にあげた文献を参照せよ。

25) *Rabel*, (aaO Fn. 14), 158 = GA II 377.

26) *Kunkel*, (aaO Fn. 18), S. 3 f.

27) *Rabel*, Zu den sogenannten praetorischen Servituten, in: Mélanges Girard II (Paris 1912), 387–413 (412 末尾以下) = GA IV 247–268 (268).

28) *Kunkel*, (aaO Fn. 18), S. 3.

29) *Kunkel*, (aaO Fn. 29).

30) Papyrusurkunden der öffentlichen Bibliothek der Universität zu Basel. I. Urkunden in griechischer Sprache mit Beiträgen mehrerer Gelehrter, hrsg. von. *E. Rabel*, 1917, 1–74 (Abhandlungen der Königlichen Gesellschaft der Wissenschaften zu Göttingen, Phil.-hist. Klasse, N. F. Bd. 16, Nr. 3).

31) *Rabel*, Elterliche Teilung, in: Festschrift zur 49. Versammlung deutscher Philologen

るもの」[32]という論文がそれにあたる。

ギリシア法について 1915 年の「Δίκη ἐξούλης〔ディケ・エグゾゥレス〕とそれに類似する制度」[33]という論文があり，ローマやゲルマンで形成された制度も参照されている。ラーベルによれば，ディケ・エグゾゥレスとは「正当な自力救済の保護を目的とする不法行為の訴え」である[34]。ハンス・ユリウス・ヴォルフは「ラーベルはそこで古代アテネにおける権利保護と執行の手段に初めて光を投げかけ，そして記述された伝承に対する批判的な検討を通して古代ギリシア法の研究を新たな方法の上に基礎づけた」と記している[35]。この問題に関してライプツィヒの枢密顧問官であるリプジィウスとの論争があった[36]。

純粋にローマ法を扱ったものとしては準支配人訴権 actio quasi institoria に関わる代理制度論[37]，及び主としてローマ法全体を歴史的に論述したラーベルの主著である 1915 年公刊の「ローマ私法概要」[38]があげられる。この書籍は古典期後期の，おおよそセウェルス帝時代（紀元後 193 年から 235 年）の法を基準に叙述されている[39]。ここではラーベルが重視していた給付障害法〔を記した箇所〕をサンプルとして紹介する。

---

und Schulmänner in Basel im Jahre 1907, S. 521-538 = GA IV 136-154.

32) *Rabel*, Die Verfügungsbeschränkungen des Verpfänders besonders in den Papyri, 1909 = GA IV 167-234.

33) *Rabel*, Δίκη ἐξούλης und Verwandtes: SavZ/Rom. 36 (1915), 340-390 = GA IV 294-335.

34) *Rabel*, (aaO Fn. 33), 346 = GA IV 299.

35) *Wolff*, (aaO Fn. 15), S. XVII.

36) *Lipsius*, Δίκη ἐξούλης : SavZ/Rom. 37 (1916), 1-14; *Rabel*, Zur δίκη ἐξούλης : SavZ/Rom. 38 (1917), 296-316 = GA IV 336-353（リプジィウスの見解に対してかなり辛辣な批判）; *Lipsius*, Nochmals zur δίκη ἐξούλης : SavZ/Rom. 39 (1918), 36-51.

37) *Rabel*, Ein Ruhmesblatt Papinians, Die sogennante actio quasi institoria, Festschrift für Ernst Zitelmann, 2. Abt., 1913, 3-25 = GA IV 269-293.

38) *Rabel*, Grundzüge des römischen Privatrechts, in : Holtzendorff/Kohler, Enzyklopädie der Rechtswissenschaft in systematischer Bearbeitung I, 1915, 399-540（その第 2 版 2. Aufl.・全 241 頁は 1955 年に単行本として公刊された）.

39) *Rabel*, (aaO Fn. 38), 2. Aufl., 1.

「給付客体の後発的な消滅を機械的に顧慮するようなことは，誠意 bonae-fidei 法において既に克服されている。契約の命運は，約束されたものが何であるかに即して秩序づけられる。それを決めるのは『給付の後発的不能』ではない。後発的不能は本来の債務を切断するに過ぎず，一方の当事者が免責されない限り，契約は依然拘束力を有しているのである。〔法源にみられる〕主要な規則によれば債務者は，履行を妨げる事情がその責めに帰さない旨証明することによって免責される。債権者の側は給付の受領の際の責めに帰さない事由を証明することによって，従って不履行〔の責め〕が自分の側にはないという『責任の免除の正当化 Exkulpierung』により双務契約から免責される。このことによって不作為義務に反する行為，帰責可能な不作為，不完全な履行，要するにドイツ民法典に従う限りでは取り扱いが困難とされるあらゆるケース，例えば（不適切に呼称されている）『積極的契約侵害』，またそれに劣らず，可能ではあるものの，かなりの出費を要する給付〔の困難，もしくは経済的不能のケース〕もスッキリと解決される。けれども誠意 bona fides は契約の第一義的な内容を超えて誠実な行態へと当事者を義務づける……。それは契約〔交渉・締結行為〕をきっかけとして生ずる当事者の関係全体を包括している。それゆえに契約を成立させることそれ自体も，信義にもとづいて与えなすことを要するすべて quidquid dare facare oportet ex fide bona の領域に属しているのだ……。したがって契約交渉上の過失責任 culpa in contrahendo という考えは，こと説明義務 Redepflicht に限っては法源になじみ易い」[40]。

この書籍を読解することの困難は既に指摘されている。〔書評の〕引用に訴えるほうが良いであろう。けれども評者の賞讃が湧きあふれている。いわく「深遠な，その凝縮性と独創性において余人をして達せられないような作品」，「簡潔な形で至るところに独自の見解」，「空疎な行文の皆無」，「後の個別研究

---

40) *Rabel*, (aaO Fn. 38), 2. Aufl., 135 f.

によって……みごと確証された」,「多くの点で……テーマによっては相当な数にのぼる後続論文のどれと比べてもはるかに的確に記述されている」[41],「容易に読解出来ないという理由は,詳述的というよりもむしろラーベルに特徴的な暗示的スタイルで記述されており,しかも極度に制約されたスペースのなかで誰も過去に遭遇したことのないような卓越した素材の使いこなしと,普通法及びそれ以降に現れた新規のローマ法文献についての知見を示しているからである」[42]。

第一次世界大戦の終わり頃には[43],法史をテーマとするラーベルの著作のノーマルな流れは止まってしまった。それでもその後13編の研究が発表された[44]。大きなものとしては,1921年の(ローマ法に関する)「売買における危険負担」[45],1925-1935年のインテルポラーティオー研究の第Ⅰ巻からⅢ巻にわたる索引目録[46],1930年の「他人の事務の処理と意思」[47],1930年の「ボンファンテの相続法論」[48],1934年の「共同相続関係と担保責任」[49],1934年の「〔ヘレニズム法における〕登録 Katagraphe」[50],1936年の「占有喪失」[51],1937

---

41) *Kunkel*, (aaO Fn.18), S. 4 f.
42) *Wolff*, (aaO Fn. 15), S. XVIII.
43) *Kunkel* (aaO Fn.18), S. 5 ; *Wolff*, (aaO Fn. 15), S. XVIII 末尾以下を参照せよ。
44) 後掲 Fn. 45 から Fn. 54 までにあげた文献を参照せよ。
45) *Rabel*, Gefahrtragung beim Kauf: SavZ/Rom. 42 (1921), 543-564 = GA IV 354-371.
46) Index Interpolationum quae in Justiniani Digestis inesse dicuntur, hrsg. von *Levy* und *Rabel* I-Ⅲ, 1929, 1931, 1935.
47) *Rabel*, Negotium alienum und animus, in: Studi in onore di Pietro Bonfante IV, 1930, 279-304 = GA IV 441-465.
48) *Rabel*, Die Erbrechtstheorie Bonfantes : SavZ/Rom. 50 (1930), 295-332 = GA IV 409-440.
49) *Rabel*, Erbengemeinschaft und Gewährleistung, Rechtsvergleichende Bemerkungen zu den neuen Gaiusfragmenten, in: Μνημοσύνα Παππούλια, 1934, 187-212 = GA IV 549-573.
50) *Rabel*, Katagraphe: SavZ/Rom. 54 (1934), 189-232 = GA IV 513-548.
51) *Rabel*, Zum Besitzverlust nach klassischer Lehre, in : Studi in onore di Salvatore Riccobono IV, 1936, 203-229 = GA IV 580-606.

年の「〔ギリシア，ヘレニズム及びローマ法における〕第三者に対する書面を用いた表示 Systasis」[52]，1943 年の「ローマ法における現実担保」[53]，1947 年の「詐欺法」[54]，そして 1949 年から 1950 年にかけての「西洋文明の持っている私法」という一連の論文のなかの「ローマ法の意義」の章[55]があげられる。

　このような学識の堆積からなる巨峰に対し，ベルリン大学で夏学期のラーベルのパンデクテン釈義に参加した一学生が一体何をなし得たのだろうか？　めぐり合わせは 1932 年に私に起こった。当時のことを今だ覚えている。保管責任 custodia についてはすでに盛んに論議されていたが，そのころの私はそれについても，またそれにかかわるインテルポラーティオー研究の詳細についても知っていなかった。そしてその弁済権 jus offerendi にかかわる解釈論を果敢に草稿してみたが，それを 19 世紀パンデクテン法学の文献にもとづけてみたのである。結果は散々であった。助手がその理由を記したものは判読が困難であった。そしてようやくにして読み取れたのは，「この研究は些細なことへの独特のこだわりに満ちている」という内容であって，当たっているように感じた。けれども「この研究は独自の思考を含んでいる」ことを同時に意味していた〔ようにも思いたいのである〕。

III. 法 の 比 較

　ラーベルは 1916 年にバーゼル大学からミュンヒェン大学に移籍し，その 10

---

52) *Rabel*, Systasis: Archives d'histoire du droit oriental I (1937), 213–237 = GA IV 607–627.

53) *Rabel*, Real Securities in Roman Law, Reflections on a Recent Study by the Late Dean Wigmore, in: Seminar 1 (1943), 32–47 = GA IV 628–641.

54) *Rabel*, The Statute of Frauds and Comparative Legal History: L. Q. Rev. 63 (1947), 174–187 = GA III 261–275.

55) *Rabel*, Private Laws of Western Civilization: La. L. Rev. 10 (1949/50), 1–14 (2–14), 107–119, 265–275, 431–460 = GA III 276–341 (277–289).

年後にはベルリン大学に移った。彼のミュンヒェン滞在の初期は第一次世界大戦の半ばに当たっていたが，その終結の際のドイツと連合国側との間の国際的な訴訟の多発がすでに予測されていたのであった。そのために外国法への対応を準備することが彼に求められ，それに応じてまずミュンヒェン大学に法比較研究所を，ついでベルリン大学にカイザー・ヴィルヘルム外国私法・国際私法研究所を設立し，興隆させることにラーベルは成功した。それと共に彼の法史研究のエポックはほぼ終了し，国際的な研究のそれが法の比較，法の統一そして国際私法という3つの緊密に相互関連し合う領域で始まった。

後日コモンローへの関心に比重がおかれるようになったことをひとまずおいて，歴史的法比較の巨匠にとって現代的な課題への取り組みは異とする aliud に足らなかった。

それ以前すでにラーベルは1906年公表の論文「ヴィントシャイトとスイス」[56] や1910年のドイツ民法典（BGB）とスイス民法典（ZGB）に関する論文[57] において，ドイツとスイスとを対照させていた。その後，BGB制定の後の25年間のドイツ民法の発展を法比較的に取り扱った[58]。

彼のこのような研究の最高峰に位置づけられるのが，1949年から1950年にかけて公表された「西洋文明の持っている私法」という一連の論文[59] である。そこで先ず提示されているのは，ローマ法，フランス民法典，ドイツ民法典及びスイス民法典である。ついで〔この論文の冒頭でラーベルが与えた定義によると，ローマ法の影響を受けた法である〕シヴィルローとコモンローとが対照され，結びにおいて昨今の国際的な法の状況が概観されており，これは1個の財宝であるといっても過言ではない。

---

56) *Rabel*, Windscheid und die Schweiz; DJZ 14 (1909), 959-961.
57) *Rabel*, Bürgerliches Gesetzbuch und Schweizerisches Zivilgesetzbuch, DJZ 15 (1910), 26-30 = GA I 141-146.
58) *Rabel*, Zum 25. Geburtstag des Bürgerlichen Gesetzbuches, DJZ 26 (1921), 515-521 = GA I 389-396.
59) 前掲 Fn. 55 にあげた文献を参照せよ。

そこにおいて古代法について，以下のように述べている。「かなり原始的な民族に固有の思考過程は，アラビアンナイトで語られる話に似ている。道に迷った旅人が人里離れた寂しい処で数個のナツメヤシを見つけ，それを食べ終わってからその種を投げ捨てた。突然悪魔が現れ，姿の見えない自分の息子にその種が当たり，殺してしまったと旅人を咎めた。古代法とはそのようなものなのである」[60]。

パピルス古文書については，それは「なにか理解し難いもので埋め尽くされた穴」のようなものとラーベルは箴言している[61]。昨今の〔研究〕状況は〔別の文脈で用いられているラーベル自身の表現を借りるならば〕つぎのようなものであろう。「もはやよそ者が火あぶりにされるということはないが，しかしかつて属人法 personal law という古代の原則が法廷地法の適用対象外にある者に何を保障したのかという点については今なお明確でない。」[62]。

BGB と ZGB は両者共に輝かしいものとして記述されている（「〔BGB に比べ〕スイス民法典の方が社会の発展を充分に反映したより前向きのものであると言うのは，全く事実に反している」）[63]。そして「〔BGB という〕重量のある，しかも大層パワフルなドイツ製機関車は，不格好ではあるが効率的でもあって，線路の通じているいかなる場所にも我々を運んでくれる。それとは違って〔ZGB という〕優雅な自動車は〔スイス〕連邦裁判所のような運転手がハンドルをとる限り永きにわたって重宝されるであろうが，負担が掛けられすぎになるかも知れない」[64]。

シヴィルローとコモンローの関係については，フレデリック・ポロック卿の見解が引用されている。「コモンローの修得 learning はその原型において法

---

60) *Rabel*,（aaO Fn. 55), 11 = GA Ⅲ 286.
61) *Rabel*,（aaO Fn. 55), 433 = GA Ⅲ 315.
62) *Rabel*,（aaO Fn. 55), 456 = GA Ⅲ 337.〔引用箇所は古代法やパピルス古文書を特に対象とはせず，人や企業の活動圏の国際化 International Life への法的な対応一般を論じている。〕
63) *Rabel*,（aaO Fn. 55), 274 = GA Ⅲ 310 末尾。
64) *Rabel*,（aaO Fn. 55), 275 = GA Ⅲ 312.

廷実務的であり，シヴィルローのそれはスコラ哲学的である」[65]。〔拘束力のある〕先例 precedent という英米法の体系は特殊なものとして一般的に受け容れられていないが，しかし「この〔先例拘束 stare decisis という〕原則への反対を続けていくためには，アメリカとドイツそれぞれの実務の間の実際的な差異を拡大鏡を用いて観察しなければならない」とラーベルはみていた[66]。もとより原則的な相違は肯定されており，「ドイツおよびアメリカ法」というほぼ同時期に出された論文において，アメリカ法につき「それはハッと息を呑ませるような大海，それも海に慣れ親しんだ者をも攫ってしまう巨大な波の立った海洋で，いかなるものもそれを御することが出来ないのである」とたとえている[67]。

このような「マクロ」レベルでの法比較と並んで，綱領としての意義を持つ論文もいくつかあり，それらは法比較という大きくしかも厄介な分野について関心をもたせてくれると共に，当時は至極当然のこととして国内〔法〕に向けられるにすぎなかった視野を世界全体へと拡げさせるものであった[68]。同じような指向は，とくにミュンヒェン大学法比較研究所に関する〔その主宰者〕ラーベル自らの報告[69]にも見て取れる。

しかしラーベルは主として「ミクロ」レベルの法比較を追求している。それは彼の主著，全2巻本の「物品売買法」[70]に認められる。その副題は「法比較

---

65) *Rabel*, (aaO Fn. 55), 433 = GA Ⅲ 314.
66) *Rabel*, (aaO Fn. 55), 441 = GA Ⅲ 322.
67) *Rabel*, Deutsches und amerikanisches Recht, (aaO Fn. 4), 347 = GA Ⅲ 349.
68) *Rabel*, Aufgabe und Notwendigkeit der Rechtsvergleichung: RheinZ 13 (1924), 279-301 = GA Ⅲ 1-21; ders., El fomento internacional del derecho privado: Rev.der. priv. 18 (1931), 321-332 (326-332) und 363-375 = GA Ⅲ 35-72 (44-53).
69) *Rabel*, Das Institut für Rechtsvergleichung an der Universität München: Zeitschrift für Rechtspflege in Bayern 15 (1919), 2-6 = GA Ⅲ 22-30; ders., Institutes of Comparative Law: Colum. L. Rev. 47 (1947), 227-237 = GA Ⅲ 235-246.
70) *Rabel*, Das Recht des Warenkaufs, Eine rechtsvergleichende Darstellung I, 1936 = Sonder-heft zu RabelsZ 9 (1935); 第Ⅱ巻は〔ラーベルの没後〕v.Dohnanyi と Käser の協力を得て 1958 年に公刊された。

的論述」となっているのだ。そもそもそれはラーベルが熱心に追求していた売買法の統一のために,その基礎を形成するものであった。

　全4巻から成る別の(「比較法的研究」という副題を有する)主著「牴触法」[71]も法比較にかかわっており,国際私法の比較というよりもむしろ〔国際私法学にいう〕実質私法の比較にとって大きな意義を有している。アメリカ法律協会 American Law Institute において——同会長ウィリアム・ドレーパー・ルイスの言明によれば——「アメリカの公衆に諸外国の準則 rules,原理及び教理を提示するという同時進行の作業によって,法牴触を規律する法の〔分野での多くの判例の規定化作業である〕リーステイトメントを補うこと」が企図されていた[72]。個別の問題のすべてについて重要な法秩序を比較することに主要な関心があったに違いない。したがってこれは元々リーステイトメントのあらゆる条項についてなされるはずであった。しかしヨーロッパ〔諸国の〕法とアメリカ法との違いのゆえにそれが現実的でないことが判明したので,ラーベルはリーステイトメントのなかでも他よりも大きな部分〔を占める外国法適用の理論,すなわち牴触法〕にのみ従事した。一般理論よりも個別の実際的な問題の解明の方が著者にはより重要だったのであろうし,それはコモンローの思考法にも適っている[73]。

　さらに実質法的な「ミクロ」レベルでの法比較を 1937 年の「双務契約の不履行に関する総則規定について」[74] (ABGB, BGB,そして同じく統一売買法の起草に際して参考にされたその他の諸法),1950 年の「商事法典草案における

---

71) *Rabel*, The Conflict of Laws, A Comparative Study. 第Ⅰ巻第2版 (Ann Arbor 1958) は Ulrich Drobnig の,第Ⅱ巻第2版 (Ann Arbor 1960) は同じく Ulrich Drobnig の,第Ⅲ巻第2版 (Ann Arbor 1964) は Herbert Bernstein の改訂を経てそれぞれ刊行された。第Ⅳ巻は 1958 年に Ann Arbor で刊行された。

72) *Rabel*, The Conflict of Laws, (aaO Fn. 71), I (1958) Foreword I, S. XI.

73) *Rabel*, (aaO Fn. 72), S. XII f.

74) *Rabel*, Zu den allgemeinen Bestimmungen über Nichterfüllung gegenseitiger Verträge, in: Spomencia Dolencu, Kreku, Kušeju i Škerlju (Festschrift für Dolenc, Krek, Kušej und Škerlj), 1937, 703-742 = GA Ⅲ 138-179.

売買法」[75]（売買法の統一にもとづく改正の提案），1951 年の「国際売買法」[76]（統一売買法と統一商事法典 UCC 草案との比較），1953 年の「比較法の一実例：売主の保証違反に対する主たる救済」[77]（瑕疵担保責任に特別な位置づけを与えるか，それとも不履行についての総則規定へのそれの統合のどちらが妥当かの検討），そして 1954 年の「比較法の一問題：回復に向けた法的保証を売主が違反したケースにおける主たる救済」[78] といった諸論考で行った。

牴触法分野の「ミクロ」レベルの比較を，1940 年の「売買の牴触法に関する一提案」[79] が取り扱っている。1943 年の「外国人との離婚，比較法の一研究」[80]，1945 年の「敵性財産の取扱における所在地法主義の問題性」[81]，1951 年の代理の準拠法及び債権契約の準拠法についての 2 つの講義[82]，そして 1953 年のラーベルの最後の論文である「遺言の方式」[83] もそれに該当する。

---

75) *Rabel*, The Sales Law in the Proposed Commercial Code: U.Chi.L.Rev. 17 (1949/50), 427–440 = GA III 702–716.

76) *Rabel*, International Sales Law, in: Lectures on the Conflict of Laws and International Contracts, Delivered at the Summer Institute on International and Comparative Law (Ann Arbor 1951), 34–47 = GA III 719–730.

77) *Rabel*, A Specimen of Comparative Law, The Main Remedies for the Seller's Breach of Warranty: Rev. Jur. Univ. Puerto Rico 22 (1953), 167–191.

78) *Rabel*, Un problema de derecho comparado, Los remedios principales en caso de incumplimiento por parte del vendedor de garantías legales de saneamiento: Rev. Jur. Univ. Puerto Rico 23 (1954), 219–247.

79) *Rabel*, Eine Anregung zum Kollisionsrecht des Kaufs, (aaO Fn. 4).

80) *Rabel*, Divorce of Foreigners, A Study in Comparative Law: Iowa L. Rev. 28 (1943), 190–224.

81) *Rabel*, Situs Problems in Enemy Property Measures: L. Contempt. Probl. 11 (1945), 118–134 = GA II 382–404.

82) *Rabel*, Lectures on the Conflict of Laws, Agency, in: Lectures on the Conflict of Laws and International Contracts, Delivered at the Summer Institute on International and Comparative Law (Ann Arbor 1951), 82–89 = GA II 448–455; ders., Lectures on the Conflict of Laws, Conflicts Rules on Contracts, in: Lectures, (aaO 本註), 127–141 = GA II 456–470.

83) *Rabel*, The Form of Wills: Vanderbilt L.Rev. 6 (1953), 533–544.

Ⅳ. 法 の 統 一

　法の比較は法として造られたものの意味を理解させてくれる。しかし法比較は同時に法の統一のための基盤をも準備し，法の統一がなお達成されない場合には，国際私法のための基盤を準備する（牴触法の比較によって国際私法はより解り易いものとなり，場合によっては法の統一がもたらされる）。

　ラーベルは国際私法において機会あるごとに，たとえば反致 renvoi については本国法と住所地法の間の牴触を規律するための 1955 年のハーグ条約の準備において[84]，及び遺言の方式について（国際的な次元では後に 1961 年の遺言の方式に関する協定で実現されることになるハーグ協定による[85]，アメリカの国内次元では 1951 年の遺言執行に関するモデル法の適用範囲の拡大による[86]）法の統一を推奨した。

　しかしラーベルは主として実質売買法の統一のために貢献した。1929 年，彼はローマに所在する私法統一国際協会において大きなプロジェクトを立ち上げ[87]，その推進力となった[88]。報告論文において彼はこの計画を慫慂

---

84) Suggestions for a Convention on Renvoi: Int. L. Q. 4 (1951), 402–411 = Rabel, S GA Ⅱ 439–447.

85) *Rabel*, (aaO Fn. 83), 543 f.

86) *Rabel*, (aaO Fn. 83), 539 f., 544.

87) *Rabel*, Der Entwurf eines einheitlichen Kaufgesetzes: RabelsZ 9 (1935), 1–79 (S. 1, dort bei N. 1) und 339–363 = GA Ⅲ 522–612 (S. 522, dort bei Fn.1); Leser, Ernst Rabel-Begründer der modernen Rechtsvergleichung: JuS 1987, 852–855 (854, dort bei und in N. 11).

88) *Rabel*, Rapport sur le droit comparé en matèriere de vente par l' „Institut für ausländisches und internationales Privatrecht" de Berlin, 1929 = GA Ⅲ 381–476; ders., Observations sur l'utilité d'une unification du droit de la vente au point de vue des besoins du commerce international: Société des Nations - Institut International pour l'Unification du Droit Privé (1935) Projet I, 119–127 = GA Ⅲ 477–484; ders., Internationales Institut für die Vereinheitlichung des Privatrechts in Rom: RabelsZ 3 (1929), 402–406 (405 f.) = GA Ⅲ 485–491 (490 f.), RabelsZ 5 (1931), 206 f. (207) = GA

し[89]，「物品売買法」[90]によって法比較上の基礎を与えた。1964年7月1日作成の国際動産売買に関する (EKG)，及び国際動産売買契約の締結に関する (EAG) 2つのハーグ条約，それに1980年4月11日の国際動産売買に関する国連ウィーン条約〔CISG〕は，まさに彼の逝去の後になって収められたその生前の全力投球の成果そのものに他ならないのである。

V. 国 際 私 法

ベルリン大学に在職してからも売買法の研究がラーベルの時間を割いていた。けれども彼の国際私法の〔本格的な〕研究も，たとえ〔その職務上〕やむを得ないことであったかもしれないにせよ，カイザー・ヴィルヘルム研究所を任されると共に始まっていた。〔50代の半ばに差しかかろうとしていた彼は〕遅ればせながらもそれを始めたのだ。

1929年ラーベルはライザーと共に「送付売買についてのドイツ-イギリス合

  III 491-493 (492 f.) und ebd. 880 f. (880) = GA III 493-495 (493 f.); ders., The Draft of a Uniform Law Concerning International Sales of Goods/Projet de loi uniforme concernant la vente internationale de marchandises, in: Unification of Law, 1948, 56-69 = GA III 657-662; ders., Rapport à M. le Président de l'Institut sur les codes entrés en vigueur depuis le Projet d'une loi uniforme sur la vente internationale, et en particulier, les formulations italienne et américaine (Institut International pour l'Unification du Droit Privé) (U. D. P. 1950, Etude IV, Vente, Doc. 96) (複写版) = GA III 662-677.

89) *Rabel*, Die Arbeiten zur Vereinheitlichung des Kaufrechts, in: Jahresbericht der juristischen Gesellschaft zu Berlin 73 (1931) 28-45 = GA III 496-515; ders., A Draft of an international Law of Sales: U. Chi. L. Rev. 5 (1938), 543-565 = GA III 613-636; ders., L'unification du droit de la vente internationale, Ses rapports avec les formulaires ou contrat-types des divers commerces, in: Introduction à l'étude du droit comparé, Festschrift für Lambert II, 1938, 668-703 = GA III 637-656; ders., The Hague Conference on the Unification of Sales Law: Am. J. Comp. L. 1 (1952), 58-69 = GA III 689-701; ders., Die Haager Konferenz über die Vereinheitlichung des Kaufrechts: RabelsZ 17 (1952), 212-224.

90) *Rabel*, (aaO Fn. 70); ders., Rapport sur le droit comparé (aaO Fn. 88) も参照せよ。

同仲裁裁判所の一判断」という論文で同裁定について詳細に評釈したが[91]、そこでこの仲裁判断の持つ価値を国際私法の見地からも認めるべきであるとしている[92]。同じ年彼は「国際私法の諸理論からみたドイツ判例」というタイトルの下に複数の著者からなる論文集〔ラーベル雑誌・特集号〕を創立50周年を迎えたライヒ最高裁判所に捧げた[93]。そこでは彼は綱領としての「序論」を書いたが[94]、そのなかでフォン・バールの見解を引用して判例を注意を払いながら有効に活用すべき必要を強調し[95]、それと共に（たとえ「法律学も法律もその固有の論理性なくして成り立たない」にせよ）過度の「論理上の穿鑿」には反対し[96]、このようにして法律関係の性質決定に関する〔昨今自主的比較法説と称される〕理論の基礎を発展させた[97]。彼自身の論文は「債権法上の法律行為についての代理権」の準拠法を扱ったもので[98]、このテーマは4年後に再び採り上げられた[99]。

1931年に法律関係の性質決定についてのあの画期的な論文[100]が、翌年には

---

91) *Rabel/Raiser*, Eine Entscheidung des Deutsch-Englischen Gemischten Schiedsgerichts über den Versendungskauf: RabelsZ 3 (1929), 62-81 = GA II 160-182.
92) *Rabel/Raiser*, (aaO Fn. 91), 63-66 und 77-81 = GA II 161-165 und 178-182.
93) Die deutsche Rechtsprechung in einzelnen Lehren des internationalen Privatrechts, bearbeitet im Institut: RabelsZ 3 (1929), 752-868.
94) *Rabel*, Vorbemerkung (zu:) Die deutsche Rechtsprechung, (aaO Fn. 93), 752-757 = GA II 242-248.
95) *Rabel*, (aaO Fn. 94), 752 = GA II 242 f.
96) *Rabel*, (aaO Fn. 94), 752-754 = GA II 243 f.
97) *Rabel*, (aaO Fn. 94), 755-757 = GA II 245-248.
98) *Rabel*, Vertretungsmacht für obligatorische Rechtsgeschäfte: RabelsZ 3 (1929), 807-836 = GA II 249-282.
99) *Rabel*, Unwiderruflichkeit der Vollmacht, Generalstatut des Vollmachtrechts, Objektivierter Begriff des Wirkungslands: RabelsZ 7 (1933), 797-807 = GA II 283-294.
100) *Rabel*, Das Problem der Qualifikation: RabelsZ 5 (1931), 242-288 = GA II 189-240.
〔本論文の綿密で思慮の深い邦訳として、桑田三郎訳「エルンスト・ラーベル『性質決定の課題』」（桑田「国際私法の課題」〔中央大学出版部、1987年〕503-584頁）が非常に貴重である。〕

国際養子法, 及び国際手形小切手法のそれぞれについて論文[101]が発表され, また実務上かなり重要な金本位制に裏付けられたドル建て債券の準拠法について1936年に公表した研究[102]は徹底して時代の先を行くものであるが, それは意図的にこの研究対象を論じる余地を残しておこうとしている[103]。

1940年代及び50年代のものでは, 売買の牴触法について[104], 外国人との離婚の準拠法について[105], 敵性財産権の所在地決定をめぐる問題について[106], そして遺言の方式の準拠法について[107]の研究, 代理及び債権契約の準拠法に関する講義[108]があげられる。記念碑的な4巻本の「牴触法」[109]については, すでに法比較の枠内で紹介した。

付け加えるに1939年と1940年のモンテビデオ協定に関する1941年の報告[110], 及びニボワイエのTraité de droit international privé Ⅲ〔国際私法概論第3巻〕についての1946年に公表された書評[111]があり, そこには原理論的な内容が含まれていた。

ここでは法律関係の性質決定と牴触法に関わる著作とに検討を絞り込まねばならない。

---

101) *Rabel*, Aus der Praxis des deutschen internationalen Privatrechts: RabelsZ 6 (1932), 320–341 = GA Ⅱ 295–327.

102) *Rabel*, Golddollar-Anleihen mit Vereinbarung des New Yorker Rechts, Ein Rückblick auf die Anwendung des internationalen Privatrechts: RabelsZ 10 (1936), 492–522 = GA Ⅱ 328–359.

103) *Rabel*, (aaO Fn. 102), 522 = GA Ⅱ 359.

104) *Rabel*, (aaO Fn. 4).

105) *Rabel*, (aaO Fn. 80).

106) *Rabel*, (aaO Fn. 81).

107) *Rabel*, (aaO Fn. 83).

108) *Rabel*, (aaO Fn. 82).

109) 前掲Fn. 71からFn. 73までにあげた文献を参照せよ。

110) *Rabel*, The Revision of the Treaty of Montevideo on the Law of Conflicts: Mich. L. Rev. 39 (1941), 517–525 = GA Ⅱ 373–381.

111) *Rabel*, Bespr. von Niboyet, Traité de droit international privé Ⅲ (Paris 1944): Mich. L. Rev. 59 (1946), 1327–1334 = GA Ⅱ 405–414.

法律関係の性質決定においては，牴触規定で用いられる法体系上の概念（婚姻，離婚，養子縁組，相続）をいかに解釈すべきかが問われている。それは法廷地法 lex fori から引き出すべきか，準拠法 lex causae からか，それともそれ以外のものからなのか？

法廷地法による性質決定について，ラーベルは後につぎのように書き留めている。「このことは私自身の家族に実際に起こった話を思い起こさせる。3歳の幼女が車台に載った白い猫のおもちゃを持っており，彼女はそれを紐で引っ張って遊んでいた。ある日通りに1匹の猫が現れ，それを見つけた彼女の保母が叫んだ。『ごらんなさい，かわいいちっちゃな猫だこと！』。しかし幼女は逆らった。『違う，あれは猫なんかじゃない。あれには車がない』。かくして猫に車輪をあてがってやらなければ，マサチューセッツ州の猫は認められないことになってしまう。法廷地法説による性質決定の哲学とでも称すべきもののすべてがここにある」[112]。

それに対してラーベルは法比較的な解釈を採ることにした。これは今までの経緯から充分に納得の出来ることであった。そもそも彼は根っからの法比較学者であって，歴史的に比較するというやり方で研究を始め，それによって驚嘆すべき成果をあげ，しかも1916年からミュンヒェンで，そして1926年からはベルリンで外国の現行法とも取り組んできたのである。

彼がどのように比較してきたのか，ということも付け加わる。冒頭で指摘したように彼にとって法とは生活関係の機能（反映）そのものであり，したがって通常は「適正なもの」なのであった。それは生活関係と共に発展していき，ダーウィンのいう淘汰によって，あるいは人間がその内心に持っているプランに即してほとんど生物学的に進化してきた。「結局オーストリア民法典の起草者が最終的には裁判官に委ねた『事物の本性 nature of things』にかかわるものが存在している」[113]。1つの実例をあげれば，「あらゆる法体系において買主

---

[112] *Rabel*, Comparative Conflicts Law: Ind. L. J. 24 (1949), 353-362, 355 = GA II 430-438, 432.

[113] *Rabel*, The Hague Conference, (aaO Fn. 89), 68 = GA III 700.

こそが注意すべきである caveat emptor という当初の原則から〔売買目的物の性状〕保証が独自の契約へと発展していき，そしてつい最近になって売買契約の一部分へと変身させられたという歴史的なプロセスをここ 15 年間（つまり 1937 年以降）の推移のなかで私自身が漸進的に理解したに過ぎないことを告白する」[114]〔とラーベルは述懐している〕。

　従って傑出したローマ法学者であるにもかかわらずラーベルは，イェーリングの意味におけるローマ法の固有の精神を肯定することなく[115]，またそれ以上にローマ法，ゲルマン法及びイスラム法の間の親縁性をたんなる「言語上及び構文上の形態という要素」に〔形式論的に〕制約しようとしたシュペングラーを退けたに違いなかろう[116]。

　彼によると，もし法がその無数のバリエーションをつけながらもまさに生活関係を反映するものに他ならないとすれば，根本において法は同一なのである。それゆえシヴィルローとコモンローとを一緒にしてしまうことすら可能であるように思われる[117]。「そこで生ずる用語上の困難の唯一満足のいく解決を，私はユニバーサルな法概念の形成のなかに見出しており，それに国別言語のなかにある専門用語が適合しさえすればよいのである」[118]。「結局のところ我々が待望するのは，それ自身の固有の概念と評価基準を備えたユニバーサルな法律学である」[119]。

　「法の問題についての省察の素材は，過去であれ現代であれ大地にあるすべての法でなければならず，また土地，風土そして人種との，諸民族の——戦争，革命，国家建設，圧政といった——歴史的命運との，宗教及び倫理観と

---

114) *Rabel*, The Hague Conference, (aaO Fn. 89), 66 f. = GA Ⅲ 697 末尾以下。
115) *Rabel*, (aaO Fn. 53), 33 f. = GA Ⅳ 629 f.
116) *Felken*, Oswald Spengler, Konservativer Denker zwischen Kaiserreich und Diktatur, 1988, 119.
117) *Rabel*, Deutsches und amerikanisches Recht, (aaO Fn. 4) という論文において，このような基調が看取できる。
118) *Rabel*, (aaO Fn. 14), 160 = GA Ⅲ 379.
119) *Rabel*, Deutsches und Amerikanisches Recht, (aaO Fn. 4), 358 = GA Ⅲ 362.

の，例えば個々人の意欲や創造力，財貨の生産や消費への欲求，階層の，党派の，階級の利益との法の関わりである。あらゆる思潮──と言うのも，封建主義，自由主義，社会主義といったものだけが内容の異なった法をもたらすのではない──，関連する法的手段の一貫性，そしてなによりも国家及び法の理念の追求がそれに作用する。社会的，経済的，法的な局面において，それらのすべては相互に条件付けあっている。発展した民族の法はすべて，陽光と風のもとで幾重にも様々の色に輝いており，しかも移ろい易い。このように揺れ動く諸々の実体が一緒になって全体を成しており，そうした全体は今なお誰からも具体的に把握されていない」[120]。

しかしその場合，牴触規定によって用いられる法体系の概念に即応した──法の比較によって確定されるべき──秩序も存在していなければならない〔という理解がある〕。

〔しかしこのような理解に対して〕牴触規定は──あらゆる私法規範と同じく──公正の実現に役立つものであって，それゆえにあれこれの法を適用することについての一定の利益がそこでは決定的であるという旨の異議があるのは当然のことである。ラーベルにはそのことが充分にわかっていた。「勿論牴触法の分野での政策 Policy〔をどのように決めるべきか〕が，おもな関心事である……。まさにそれは開拓者の活動する地平である。自国の，他国の，当事者の，善意の第三者の，商業あるいは取引一般の利益が様々の状況においてそれぞれ互いどうしどのように尊重されるべきか，そしてそれらを確実性〔の保障〕という前提条件にどのように最もうまく調和させるのかは，あらたな，しかも細かな熟慮を要する。だが当面のところ，このような考慮すべき諸事情を総合的に挙げたり，分析したりするような試みに取り組むのにはかなり時期が早すぎるかも知れない」[121]。

ラーベルもそのような国際私法上の利益衡量を個別に徹底して進めた。法律

---

120) *Rabel*, Aufgabe und Notwendigkeit der Rechtsvergleichung, (aaO Fn.68), 283 = GA Ⅲ 5.
121) *Rabel*, The Conflict of Laws, (aaO Fn. 71), Ⅰ 97 末尾。

関係の性質決定の問題についてのみ，彼は法の比較に固執した。けれども——スローガンを叫ぶようであるが——法比較による〔実質法的な〕性質決定は，国際私法的〔つまり牴触法的〕な性質決定によって置き換えられねばならない〔というのが私・筆者の主張である〕。

　全4巻本の「牴触法」が20世紀における頂点であるとすれば，ストーリとサヴィニーはその前の世紀の頂点であった。この研究領域の拡大にラーベルの本著作の巻数の多さが対応している。エルンスト・ラーベルの天賦の才と疲れを知らない傾注をもってようやくそれに対処することが可能であったが，〔彼が囲まれたような複雑で厄介な研究状況にはなかった〕19世紀の偉大な法学者は〔牴触法以外の〕様々の法分野でも研究活動ができた。

　ラーベルという巨匠のこの作品の主な成果は，実質法の比較（巨大な研究）と牴触法における評価との結合であって，しかもこの結合は一貫性を有している。

　それは時期的にはまさにアメリカにおける牴触法革命の前夜にあたっていた。そののち革命家達は長期にわたる，しかもこの全世界を巻き込んだ革命のなかに身を置いたが，元々事に処するに慎重で，伝統を重んじたラーベルはそれにかかわらなかった。しかしそのような事情があったにせよ，より良き法 better law という学説の支持者達（レフラー，ユンガー）は，「牴触法」にみられる豊富な法比較を利用してもよかったのではなかったか。

　けれどもたとえこの革命がなくとも，恐らくラーベルの著作はアメリカ合衆国においてさほど大きい影響を与えなかったであろう。そうであるとすれば，その原因はやはり（法律学の分野に限られることではないが）往々にして苦言の呈されるアメリカ人の孤立主義にある。アメリカ人は旅が好きで，善意にあふれ，闊達にして親切であるが，しかし外国語を知ろうとも受け容れようともせず，場合によっては確かに〔それなりに自己完結した〕内実の豊かな自分等の世界のなかに閉じ籠もりがちになってしまう。「アメリカ人がその心を閉ざしてしまう The Closing of the American Mind」（アラン・ブルーム著，1987年〔邦訳として菅野盾樹訳「アメリカン・マインドの終焉」みすず書房1988年

刊〕)とはよく選んだタイトルであろう。だがそのような状況のなかにあっても有名な American Journal of Comparative Law〔アメリカ比較法雑誌〕は積極的に視野を拡げていこうと努めており、そしてなによりもラーベルを支援してその法比較に基づく国際私法の研究を可能ならしめたのは[122]、〔ミシガン大学教授〕アィンテマの功労に他ならなかった。

Ⅵ. 方　　法

　以上のような概観を与えた今、ラーベルの方法を再度問うてみたい。すでに示したようにそれは歴史と現代について法比較的であって、そのことは実質法につき実質法それ自体のために妥当するものであるだけではなく、国際私法の対象として国際私法それ自体と法の統一について妥当するものでもある。たとえば法の統一についてラーベルはつぎのように言う。「最も広範で、最も深遠な比較法的な研究なくしては法的な問題にかかわるいかなる国際的な合意も可能であると考えるべきでない、というのが私の強い確信である」[123]。

　また具体的な問題について彼はつぎのように述べる。「(方法論や法哲学と対照を成すものとしての) 具体的な法律問題についての法比較的な作業は、もしそれが抽象的な理論にまで拡げられたならば往々にして失敗してしまう」[124]。

　法として形成されたものの機能 (生活関係の反映) を把握するためには、当然のこととして一定の抽象化が求められる[125]。ここではプラトンの〔「国家論」に記された〕洞窟のたとえ話にみられる具体的イデアを思い浮かべることが出来よう。

　しかしそれ以上の抽象化をラーベルは差し控えた。彼はそのようなことをする以上に歴史家であって、しかも解釈学者として解釈上の意味を比較した者

---

122)　*Rabel*, The Conflict of Laws, (aaO Fn. 71), I, Foreword II S. XIII-XXI.
123)　*Rabel*, The Hague Conference, (aaO Fn. 89), 67 = GA Ⅲ 699.
124)　*Rabel*, (aaO Fn. 123).
125)　*Rabel*, (aaO Fn. 14), 158 = GA Ⅲ 377 f.

であった。理由もなしに彼の国際私法〔の主要著書である「牴触法」〕の総論が序論 Introduction としてのみ登場し，全4巻にわたる労作のうちの僅か107ページ分だけがそれに充てられたのではない。法律回避に関するゼミ報告での私の初めての解釈上の試みを，彼は抽象的で，未だ熟成したものではないとし，後で「君はヘルヴィッヒよりも気が短い！」と私を戒めた。

確かに彼は法律関係の性質決定という問題を法比較という〔方法上の〕理論を用いて決然と推し進め，さらに牴触規定が利益衡量にもとづくことをも看取し，それゆえ当然のこととして実質法と牴触法の峻別に固執した[126]。同様にして外国法と内国法との平等な取り扱いも，それに法律行為の方式に関する締結地法，不法行為に関する不法行為地法といった諸国民のすべてに共通して受け継がれてきた牴触規定の基礎の維持も譲らなかった[127]。それでも彼は法比較を牴触法上の利益衡量と一緒にしなかったが，もしも一体として捉えておれば彼も国際私法的な性質決定の理論に至ったのではないのだろうか。

〔以上のことにも関連するが〕牴触法についての解釈論を展開することは，当時の彼には時期尚早に思われたようである。彼の言によると「牴触法の『一般的な教理』が問題全体の実際的な知識にもとづいて充分に論議されていないかも知れないこの時点ではまだ，最終結論を出す時期が到来しているとは到底思えない」[128]。

それに対して歴史と現代とを対象とする法比較においては大まかな枠組みを用い〔て整理・分析す〕ることを（それ自体一種の抽象化ではある），彼は抑制していない。そればかりかその膨大な知識と豊富な経験はかなり大胆な筆致をする権能を彼に与えており，資料による細々した裏付けが求められていると

---

126) たとえば *Rabel*, The Conflict of Laws, (aaO Fn. 71), I 96:「通常みられる実質私法と牴触法との混同は，両者が同一のパターンの価値と目的に従わねばならないという認識を引き起こした」。

127) *Rabel*, An Interim Account on Comparative Conflicts Law: Mich. L. Rev. 46 (1948), 625-638 (628) = GA II 415-429 (418).

128) *Rabel*, An Interim Account, (aaO Fn. 127), Mich. L. Rev. 626 = GA II 416.

しなかったり（のみならず「厳密性という悪魔」を口頭で戒めており），あるいは具体例をあげるにとどめたりした。この種のものの典型が1934年の「ギリシア私法とそれを取り巻く状況」[129]という論文であり，1949年から1950年にかけての「西洋文明の持っている私法」[130]という一連の論文である。

Ⅶ. 経　　歴

　彼の卓越した才能がどこから来たのかはわからない。彼は1874年1月28日にウィーンで出生した。彼の父は旧オーストリア＝ハンガリー帝国の帝室法律顧問にして弁護士であるアルベルト・ラーベルで，母はベルタ・エッチンガーであった。彼はウィーン大学で学を修め，そうしてルートヴィッヒ・ミッタイスの指導のもとで1895年12月20日に博士号の学位を取得した。わずかの間父の弁護士事務所で働いて後，彼はその師であるミッタイスに従ってライプツィヒ大学に移り，そのもとで1902年教授資格を取得した。この慶賀すべき出来事から50年後，彼に多くのものを与えてくれ，彼も終生尊敬して止まなかった偉大なロマニステンに対して素晴らしい，記念の一文を捧げた[131]。

　1904年にライプツィヒ大学で員外教授，1906年バーゼル大学において正教授になったが，そこで高等裁判所裁判官も同時に務めた。バーゼルでは招聘に際して前もって講演をしなければならなかった。この件でラーベルは，そこで何が期待されているのかを問い合わせたらしい。〔バーゼルから〕「手軽にお考えにならないで下さい。そのようになさいますとバーゼルの関係者一同は，あなたを能力不足とみるようになるかも知れません」〔と返事してきた〕。〔これに対し〕「何の問題もありません」〔とラーベルは答えた〕。

　1910年にバーゼル大学からキール大学に移り，さらに1911年にヨーゼフ・

---

129) *Rabel*, Das griechische Privatrecht und die Umwelt, Zur Begrüßung des Ἀρχεῖον Ἰδιωτικοῦ Δικαίου : Ἀρχεῖον Ἰδιωτικοῦ Δικαίου 1 (1934), 1–13 = GA Ⅲ 82–91.
130) *Rabel*, (aaO Fn. 55).
131) *Rabel*, (aaO Fn. 14).

パルチュの後任としてゲッティンゲン大学に移った[132]。ラーベルとアニィ・ウェーバーは 1912 年 4 月 9 日に結婚した。前年のドロミテ=アルプス地方への旅からの帰途，ボルツァーノでラーベルは彼女と知り合っていた[133]。二人の間にフリードリヒ・カール・ラーベルとリリー・ラーベルが生まれたが，娘リリーは 1985 年にカリフォルニアで亡くなった。未亡人になっていたアニィ・ラーベルは 1979 年，90 歳でガルミッシュ=パルテンキルヒェンにおいて亡くなった。

すでに述べたように（前掲Ⅱ）ラーベルは 1916 年にミュンヒェン大学に移籍し，そこで法比較研究所を得たが，それと共に上級地方裁判所のメンバーも務めた。1926 年 11 月に彼は，再びパルチュの後任として[134] 今度はベルリン大学に招聘された。そこではカイザー・ヴィルヘルム外国私法・国際私法研究所の設立と運営が彼に委ねられることになったが，この研究所は前年ヴィクトール・ブルンスによって設立・運営されていた外国公法・国際公法研究所とならんでベルリン王宮の広々とした最上階に位置していた。

すでにミュンヒェン，そして後にベルリンにおいてもラーベルは，第一次世界大戦によって中断された諸契約の法的処理に以下の組織の構成員としての資格で関わっていた。すなわち 1921 年から 1927 年にかけてドイツ-イタリア合同仲裁裁判所，1928 年から 1935 年にかけてドイツとイタリア間の係争についての常設仲裁委員会，そして 1919 年から 1936 年にかけて対ノルウェーについての常設仲裁委員会の構成員としてである。

それ以外に彼は 1925 年から 1927 年にかけてハーグにあった常設国際裁判所のドイツ-ポーランド間の係争担当の裁判官をも務めた。ローマ私法統一国際協会において彼は 1927 年から 1934 年にかけてその評議会及び執行委員会

---

132) *Gamillscheg, Ernst Rabel* (1874-1955), Rechtsgeschichte und Rechtsvergleichung, in: Rechtswissenschaft in Göttingen - Göttinger Juristen aus 250 Jahren, hrsg. von Loos, 1987, 456-470 (459).

133) *Wolff,* (aaO Fn. 15), XIII.

134) *Wolff,* (aaO Fn. 15), XIII.

のメンバーであって，すでに述べたように[135] そこで売買法の統一を促進させた。彼はまた 1933 年までドイツ科学振興緊急共同体 Die Notgemeinschaft der Deutschen Wissenschaft のために，その法律学部門専門委員会の委員長として尽力した[136]。

1927 年から 1936 年にかけて彼は外国私法・国際私法雑誌（今日の RabelsZ）を編集し，またこの時期彼の主導のもとに重要な「外国私法・国際私法叢書」，及び 1926 年から 1934 年にかけての国際私法〔の領域におけるドイツ〕判例集 IPRspr. が刊行された。ラーベル雑誌に関連して内外諸国の民事実体法及び手続法のためのライン地区雑誌〔RheinZ〕（以前のプヒェルト雑誌）が重要なものとされていたが，そのうちの 14 巻分についてラーベルは共同編集に関わった。サヴィニー雑誌（ローマ法部門〔SZRom〕）についてもしばらくの間（第 46 巻から第 54 巻，1926 年から 1934 年まで）彼は共同で編集した。

第三帝国の出現は，ラーベル家にとって突然の大災害であった。ラーベルはだいぶ後，1939 年になってようやく出国を決意したが，それはまさに〔亡命の〕可能な最後の一瞬であった。彼の娘は 1940 年にようやくドイツを去った。

アメリカ合衆国においてラーベルは，アメリカ法律協会，アンアーバー所在のミシガン大学ロースクール，それにハーバード・ロースクールの研究助成金を得た。こうして彼は穏やかな環境のなか，その主著である「牴触法」を全力をあげて書き下すことが出来た。

ラーベルはアテネ大学，及びルーヴァン・カソリック大学から名誉博士号を授けられ，さらにハーバード・ロースクールの栄誉あるエームス賞やローマの教皇庁立科学アカデミー Academia dei Lincei の法律学対象の「アントニオ・フェルトリネッリ」国際賞を受けている。彼の 70 歳の誕生日に祝賀記念論文集が原稿のままの形で，編者であるハンス・ユリウス・ヴォルフによって贈呈された。2 回目の記念論文集を彼は 1954 年に贈られ，それは 2 巻本になって

---

135) 前掲 Fn. 87.
136) *Wolff*, (aaO Fn. 15), XIV 末尾。

テュービンゲンのモーア出版社から公刊された。

Ⅷ. 人　　物

ラーベルは若い頃「聴く者を感動させる優れたピアノ奏者」[137]であったが（〔ベルリン近郊の〕ツェーレンドルフの彼の居宅には大きなグランドピアノが据えられていた），また「熱狂的な登山の愛好者」でもあり，しかも彼自身から聞いたところによるとダンスが好きであったらしい。けれども私は彼が60歳の時に初めて知り合った。

彼の執務室は細長い部屋で，右奥に窓があり，その横にデスクが置かれていた。そこはかなり暗く，窓のある壁面にソファーがあった。その上にはカイザー・ヴィルヘルム記念学術振興協会の設立者にして初代会長であったアードルフ・フォン・ハルナックの肘をついて手で頭を支えた写真が掛けられ，その姿勢と表情からしてラーベルとかなり似通っていた。

その部屋の縦方向全体を大きな机が占めており，そのまわりにゼミナール参加者がひしめきあい，ラーベルは上座に座っていた。およそ部屋へ入室した者と語り合わねばならない場合には，彼は常にその大机に向かった。

このゼミナールには20人位参加していたが，彼らは私講師（マックス・ラインシュタイン，エードゥアルト・ヴァール），研究所員，司法官試補，そして司法官試補見習で，一般学生はいない。

私は2回にわたり法律回避についてゼミ報告し，それを認めてくれてのことであろうかラーベルは私をハンガリーのある教授のところへ助手として1年間その地に派遣させようと望んだが，しかし勉学を中断したくなかった〔ので辞退せざるを得なかった〕。私の2回目のゼミ報告はその1学期後にラーベル雑誌の雑報欄に小論として掲載された[138]。

---

137)　*Wolff*, (aaO Fn. 15), Ⅺ.
138)　Kegel, Entscheidungen zum Pflichtteil im Übergangsrecht Elsaß-Lothringens: RabelsZ 7 (1933), 467-471.

次の１シーンが目に焼き付いている。反っ歯でブロンド髪のある司法官試補見習がルイジアナ州の夫婦財産法に関する本の論評をしなければならなかった。しかし彼はわずか３つの文章で済ませ，「きまり悪そうにニヤッと笑って」自分の仲間達を見わたしたが，彼等は赤面していた。ラーベルは当の評者を厳しく叱りつけたり，叩き出したりするのでもなく，その本を手にとり，じっと目にやって前書やら結論の部分をパラパラとめくってから，ルイジアナ州夫婦財産法について１時間半にもわたる講演を滔々とやってのけたのだ。私は唖然として，口が塞がらなかった。このことを第二次世界大戦後に尋ねてみたところ，ラーベルはそのような出来事を全く覚えていなかった。

　研究所でラーベルは，鑑定書の執筆や雑誌の編集に熱心に取り組んでいた。たとえ時として人に用を託し，その欠点や落ち度には目をつぶり，自分の代わりに遣る場合でも，彼は自分自身で仕事を成し遂げ，けっして他人任せにすることはなかった。実際私は1936年の10月から12月までの３カ月間だけ所長である彼を〔その部下として〕身近に知った。結局彼は私を雇い入れてくれたのだ。彼は事前にそのことについて私に約束していた。彼が私と再会した時，彼は言った。「なぜ君は私に会いに来なかったのですか？　私は君が来るのを待ちわびていたのです」。〔それに対し〕「枢密顧問官殿，私は自信がなかったのです」〔と答える以外になかった〕。

　報告担当者や助手が鑑定書についての論評をラーベルに求める時，緊張の余り彼らはブルブルと震えていたようであった。私はそのような事態には陥らず，ラーベルはいつも親切に接してくれた。

　後日〔1936年の末に〕研究所を離職したラーベルは，ハレで眼病の治療を受けることになっていた。彼は文字の判読が難しくなっており，しかも引っ越しの準備に取り掛かって，どの書物を持っていくかを決めなければならなかった時，本棚に沿ってすべての書籍のタイトルを読みあげるように私に頼んだ。私がそのようにした時，彼は私のあげていった書籍とその著者のすべてに対して片っ端から容赦の無い批判を浴びせた。

　それは２度にわたって私を招いてくれた彼の自宅での，夕方の出来事であっ

た。彼は寂しそうで，招かれた誰もがビールに手を伸ばすにすぎず，その情景が私には堪らなかった。

ラーベルには天才に特有の性急さがあった。噂によると彼とマルティーン・ヴォルフがある中国人の口述試験をした。受験者はラーベルの問いには沈黙した。ヴォルフがその問いを繰り返すと，その受験者は常に一呼吸を置いてから正しく答えた。中国では問われたことに即答するのは不作法とされている旨，その者は後で語ったという。

その上ラーベルは気難しかった。私が Archaion idiotikou dikaiou〔ギリシア私法論叢〕の創刊号で彼の〔前掲の「ギリシア私法とそれを取り巻く状況」と題された〕挨拶文のすぐ後に続けてマルティーン・ヴォルフの〔「追認と中間処分」と題された〕論文が載せられる旨伝えたところ，彼は編集者のことを「何とも趣味の悪い！」と吐き捨てるように言った。

ヴォルフは「ラーベルがそのように熱り立っているのを１度でも見てみたいものだ」と述べたに違いない。またヴォルフが次のように吟じたという噂もあった。「私は（大学傍のワイン酒場の）ハーベルで一息入れてみたい。だってラーベルがあそこを嫌っているから」。

両者は一冬の間ずっと昼食時になるとハーベルで法律関係の性質決定の問題を議論したそうであるが，しかし結局のところ相手が実際に何を主張したかったのか，両者共に判らなかったのではないのだろうか。けれどもヴォルフはラーベルをサヴィニーに擬えており，ラーベルとヴォルフの両者はそれなりに互いに深く尊敬しあっていた。

大学教育に携わる者としてヴォルフは比類のない成果をあげており，その講義から誰も脱落させることはなかった。それに比べるとラーベルはずっと厳しかった。ヴォルフは解り易さに重点を置いており，しかも仄聞するところによると，すべての〔担当授業〕時間において「良き成果 Gute に対するお駄賃 Bonbon」をきちんと与えていた。

私には第5学期の始まる前にラーベルのことが念頭にあって，そのゼミナールへの受け容れを請願したところ，彼は私が今まで何を学んできたのかを問い

質した。私はその頃読んでいたピレー／ニボワイェ共著の国際私法の教科書を挙げた。そのようなやり取りのあと彼は「判例を理由に」ダイシィの著作を推薦してくれたが，それを読みこなすのは一学生にとって些か荷が重かった。

　ただ１度だけ私は彼の講義を聴く機会があったが，それは博士号請求論文のことでその講義の終了の後，彼と相談したかったからである。彼は大講義室 Auditorium Maximum において債権総論を講義していたが，その内容は実に素晴らしいものであった。しかし彼の前に座っていたのはわずか２列のキツネどもに過ぎず，しかも彼らは気晴らしのために場所柄をわきまえずに足で床を擦り，踏み鳴らしたりした。そのような彼らと向き合っていたラーベルはあきれたように天を仰ぎ見ていた。

　彼はしばしば私と政治について語り合った。ライヒスバンクの副総裁に就任したばかりのブリンクマンがわずか数週間後に辞職した際（例えて言うとブリンクマンはカフェの店内で楽隊を指揮するため，テーブルのうえにさっと飛び乗ったようなものであったが），ラーベルはライヒスバンクを経営する自信が自分にあると断言した（その時は一瞬私を驚かせた発言であったが，しかしそれはまったく間違ってはいなかった）。

　国家社会主義者達の犯罪とその恥知らずな嘘八百は，彼を憤激させた。彼と彼の家族はその犠牲者であって，ドイツ国外への移住によってようやく命を存えることが出来た。ラーベルは尊厳をもってあの忌まわしい不正に耐え，そのことが——たとえその代償が高くついたにせよ——〔ナチスの台頭以降，及び亡命後の〕彼の極めて大きな営み opus maximum を可能ならしめたのであろう。けれども戦後の〔ドイツへの〕晴れがましい復帰を〔自ら〕適えることはなかった。

　1955 年 9 月 27 日，彼はチューリッヒの病院で亡くなった。彼に対する賛嘆，感謝，そして愛惜の想いは，私の心を決して離れることがない。

エルンスト・ラーベルの著作（抜粋）

Rabel, Die Haftung des Verkäufers wegen Mangels im Rechte, Teil 1: Geschichtliche

Studien über den Haftungserfolg, 1902.

Rabel, Grundzüge des römischen Privatrechts, in: Holtzendorff/Kohler, Enzyklopädie der Rechts- wissenschaft in systematischer Bearbeitung I, 1915, 399-540（その第2版・全241頁は1955年に単行本として公刊された）.

Rabel, Die Fachgebiete des Kaiser-Wilhelm-Instituts für ausländisches und internationales Privatrecht（gegr. 1926）1900-1935（nebst）Anhang: Rechtsauskünfte des Instituts, in: 25 Jahre Kaiser-Wilhelm-Gesellschaft zur Förderung der Wissenschaften Ⅲ, 1937, 77-190.

Rabel, Das Recht des Warenkaufs, Eine rechtsvergleichende Darstellung I, 1936; 第Ⅱ巻は〔ラーベルの没後〕v. Dohnanyi と Käser の協力を得て1958年に公刊された。

Rabel, The Conflict of Laws, A Comparative Study. 第Ⅰ巻第2版（Ann Arbor 1958）は Ulrich Drobnig の，第Ⅱ巻第2版（Ann Arbor 1960）は同じく Ulrich Drobnig の，第Ⅲ巻第2版（Ann Arbor 1964）は Herbert Bernstein の改訂を経てそれぞれ刊行された。第Ⅳ巻は1958年 Ann Arbor で刊行された。

Rabel, Private Laws of Western Civilization: La.L.Rev.10（1949/50），1-14（2-14），107-119, 265-275, 431-460（単行本としても出版されたが，そこには刊行場所やその日時があげられていなかった）.

Rabel, Gesammelte Aufsätze I: Arbeiten zum Privatrecht 1907-1930, hrsg. von Leser, 1965; II: Arbeiten zur internationalen Rechtsprechung und zum internationalen Privatrecht 1922-1951, hrsg. von Leser, 1965; Ⅲ: Arbeiten zur Rechtsvergleichung und zur Rechtsvereinheitlichung 1919-1954, hrsg. von Leser, 1967; IV: Arbeiten zur altgriechischen, hellenistischen und römischen Rechtsgeschichte 1905-1949, hrsg. von Hans Julius Wolff, 1971.

エルンスト・ラーベルに関する文献（抜粋）

v. Caemmerer, Das deutsche Schuldrecht und die Rechtsvergleichung, Zum Tode von Ernst Rabel: NJW 1956, 569-571.

des Coudres, Die Schriften Ernst Rabels, Festschrift für Ernst Rabel I, 1954, 685-704.

Gamillscheg, Ernst Rabel（1874-1955），Rechtsgeschichte und Rechtsvergleichung, in: Rechtswissenschaft in Göttingen-Göttinger Juristen aus 250 Jahren, hrsg. von Loos, 1987, 456-470.

Kegel, 50 Jahre Max-Planck-Institut für ausländisches und internationales Privatrecht, in: Gedächtnisschrift Rödig, 1978, 302-312（302 f.）.

Kegel, Ernst Rabel, Festschrift für Bodo Börner, 1992, 835-840.

Kunkel, Ernst Rabel als Rechtshistoriker, in: Festschrift für Ernst Rabel II, 1954, 1-6.

Leser, Verzeichnis der Schriften, in: Rabel, Gesammelte Aufsätze III, 1967, 731-755.

Leser, Einleitungen des Herausgebers, in: Rabel, Gesammelte Aufsätze I, 1965, S. XI–XXXIX, II, 1965, S. IX–XVII, III, 1967, S. XV–XXIV.

Hans Julius Wolff, Ernst Rabel: SavZ/Rom. 73 (1956), S. XI–XXVIII.

訳者による後記

　本稿の翻訳に際し「Ⅲ．法の比較」，「Ⅳ．法の統一」，そして「Ⅴ．国際私法」を中心にして，訳語，取りわけ専門用語と内容の理解につき国際私法を御専攻の中央大学教授・山内惟介先生の懇切な御助言を得ることが出来た。ここに特記して先達である同教授から受けた学恩に対し，深謝したく思う。もとより本訳の文責は訳者にある。

　ケーゲル教授がその師ラーベルの生涯と思い出を記された近時のものとしては Kegel, Ernst Rabel, in: Deutschsprachige Zivilrechtslehrer des 20. Jahrhunderts in Berichten ihrer Schüler, Eine Ideengeschichte in Einzeldarstellungen I (2007), S. 17-28 があり，それは短編ながらも本稿と同様にエルンスト・ラーベルという偉人を少しでも後生に伝えておきたいという想いを感得させる評伝で，適宜本稿訳出の参考にした。なおケーゲル教授は 2006 年 2 月 16 日に享年 95 歳で逝去なされた。

ジェームズ・パウル・ゴルトシュミット[*]

ある偉大な刑事訴訟法学者にして民事訴訟法学者[**]

ヴォルフガング・セラート[***]

訳　森　　勇

I. その履歴

　ジェームズ・パウル・ゴルトシュミットは[1)]，1874 年 12 月 17 日，銀行家ロベルト・ゴルトシュミット（*Robert Goldschmidt*）とその妻エミーリエ（*Emilie*：

---

[*]　JAMES PAUL GOLDSCHMIDT（1874 年 –1940 年）

[**]　Ein bedeutender Straf- und Zivilprozeßrechtler

[***]　Dr. *Wolfgang Sellert* : Professor an der Universität Göttingen（ゲッティンゲン大学教授）

1)　その生涯，家族及び学業については，おもにベルリン・フンボルト大学（Berliner Humboldt-Universität）の大学アーカイブに UA HUB Jur. Fak. Personalakte Goldschmidt, James Nr. 140 及び UA HUB Jur. Fak. Dekanat Nr. 495, 496 及び 498 の整理記号で保管されている人事記録によっている。このほかの個人データ及び職業記録が，Merseburg のアーカイブに Rep 76 VA Sekt. 1 u. 2 Universitäten, Generalia の整理記号で保管されている。さらに，Archiv Bibliographia Judaica e. V.（Frankfurt a. M.）にも，関連する貴重な資料がある。最後に，有益だったのは，*H. Göppinger*, Der Nationalsozialismus u. die jüdisch. Juristen, 1963, S. 97; 同，Juristen jüdischer Abstammung im „Dritten Reich", 2. Aufl. 1990 において摘示されている文献であった。もっともそれは，*Goldschmidt* の人事記録とすべて一致はしていない。*Goldschmidt* の人柄や学術的著作に関して，私の同僚 *W. Henckel*（Göttingen），*O. Kühn*（Münster），*F. Loos*（Göttingen），*M. Maiwald*（Göttingen）そして *H. Schröder*（Berlin）から，貴重な指摘をいただいたことに感謝する。

旧姓ブレスラー（Bressler））の息子として，ベルリンで出生した[2]。親達と同じく，ユダヤ教徒である。1892年の復活祭のときに，ベルリン王室フランス・ギムナジウム（Kgl. französisches Gymnasium zu Berlin）において大学入学資格試験に合格した。その後，ベルリンで5セメスターそしてハイデルベルクで1セメスター法学を学んだ。彼は，たとえば，ブルナー（H. Brunner），デルンブルク（H. Dernburg），グナイスト（R. v. Gneist），ヒンシウス（P. Hinschius），イェリネク（G. Jellinek），コーラー（J. Kohler），シュモラー（G. Schmoller）そしてマックス・ウェーバー（M. Weber）といった，そうそうたる教授陣をその教師[3]として学んだ。1895年5月31日ゴルトシュミットは，カンマーゲリヒトによる第1次国家試験に合格した[4]。ゴルトシュミットは，『終了未遂と未終了未遂（Die Lehre vom beendigten und beendigten Versuch）』と題する論文[5]によって，1895年11月26日，ベルリン大学（Kgl. Friedrich-Wilhelms-Universität）から博士号を授与された。1895年6月17日，彼は司法修習生となり，1900年試用判事に任じられた。1901年，コーラー[6]とフランツ・フォン・リスト（F. v. List）[7]を指導教授として，ベルリンにおいて教授資格を与えられ，私講師（Privatdozent）に任じられた。教授資格論文は，『行政刑法（Das Verwaltungsstrafrecht）』である[8]。1906年8月7日，彼は，

---

2) Goldschmidt には，Hans Walter（1881年10月19日生）という弟がいた。彼は，ケルンの上級地方裁判所（OLG）の裁判官をつとめ，ケルン大学の特任教授をしていた。1934年，彼は休職を命じられ，これにともないその講義権限を失った。Vgl. H. Göppinger, Juristen, (aaO Fn. 1), S. 210, 283.

3) Vgl. Lebenslauf in Goldschmidts jur. Diss. über „Die Lehre vom unbeendigten und beendigten Versuch", 1895 (= Strafrechtl. Abhdlg., Bd. 7, Breslau 1897; Neudruck Frankfurt a. M. 1977), S. 64.

4) Vgl. Lebenslauf in Goldschmidts jur. Diss., (aaO Fn. 3).

5) AaO Fn. 3.

6) A. Erler, Kohler, Josef, in: Handwörterbuch zur deutschen Rechtsgeschichte, hrsg. v. A. Erler u. E. Kaufmann (HRG), Bd. 2, 1978, Sp. 925-927.

7) W. Naucke, Liszt, Franz von, in: HRG, (aaO Fn. 6), Bd. 3, 1984, Sp. 11-13.

8) この本は，1902年に刊行され，以下の副題が付せられている。eine Untersuchung der Grenzgebiete zwischen Strafrecht und Verwaltungsrecht auf rechtsgeschichtlicher

マルガレーテ・ランゲ（Margarete Lange）と結婚し，夫妻は2人の子をもうけた[9]。ゴルトシュミットは，ベルリン大学において1908年に官僚職扱い特任教授，1919年には官僚職扱いの正教授，1921年には組織上おくことが予定されている正教授（いずれも刑事訴訟法及び民事訴訟法担当）に任じられ[10]，1931年，学部は彼を学部長に選出した[11]。

国家社会主義者つまりナチが権力を掌握した後，ゴルトシュミットとその家族にたいし，その自尊心を傷つけそしてまたその尊厳を無視した仕打ちがはじまった。以下では，その後の彼の職業上の歩みをみていくこととするが，それはこの仕打ちがいかに嫌悪を催させるものであったかを示す一部にすぎない。1933年9月，ゴルトシュミットは，「職業官僚の再生のための法律（Gesetz zur Wiederherstellung des Berufsbeamtentum……）5条」を根拠に，それに対応する布告上まだその存在がはっきりしない「学術専門高等学校」に転任を命じられ，あらたな地位に配属されるまで講義を禁止された。1934年5月1日，ゴルトシュミットは，ケルン大学に転任させられたが，同年には，申立てにもとづいてふたたびベルリンに転任となった。1935年12月31日，彼は，その

---

und rechtsvergleichender Grundlage. 彼はその序において2人の教師が「日々」かかわってくれたことに対して謝辞を述べている。

9) *Robert*（1907年6月4日）；*Werner*（1910年2月9日）；*Viktor*（1914年9月28日）そして *Ada*（1919年3月9日）である。息子の *Robert* はベルリンで法学を修め，博士号を得た。そして，強制的に休職させられるまでベルリン大学法学部の助手をつとめていた。1939年彼はイギリスに亡命し，その後南アメリカに渡り，ベネゼイラで教授となった。息子の *Werner* も同じく法律家であり1932年から1933年までキール大学の助手であった1934年アルゼンチンに亡命し，1949年から，トゥクマン（Tucumán）大学で教鞭をとった。*Göppinger*, Juristen, (aaO Fn. 1), S. 206, 283 のこの点に関する指摘参照。

10) 彼が自分で記したところによれば，1920年から1921年にかけて学部長の職にあった。vgl. Vorwort zu *J. Goldschmidt*, Der Prozeß als Rechtslage. Eine Kritik des prozessualen Denkens (= Abhdlg. aus der Berliner jur. Fakultät, Bd. 2), 1925 (Neudruck Aalen 1986).

11) Vgl. Notiz in: Jüdisch – liberale Zeitung v. 19. August 1931; Hamb. Israelit. Familienblatt v. 6. August 1931.

給与（恩給）をかなり減額された上で退官を命じられるとともに[12]，講義権限も剥奪された。

ゴルトシュミットは，1933 年以降，幾度となくスペインのマドリッド，バルセローナ，バレンシア，セビラ（Sevilla）そしてツァラゴツァ（Zaragoza）大学において客員講師として授業をしてきたが[13]，講義権限が剥奪されてあらたに授業のために外国に出かけることも禁止されたことから，彼は移住した。1938 年 12 月 19 日，ベルリン警察長官は，「その職を解かれた教授ジェームズ・ゴルトシュミット博士とその妻にたいし，イングランドへの移住のための旅券」を交付した。ゴルトシュミットは，その年のうちに南アメリカ（ウルグアイ）へと移住した[14]。ゴルトシュミットは，1940 年 6 月 28 日に亡くなるまで，モンテヴィデオ（Montevideo）大学において教鞭をとったのであった[15]。

II．法学方法論上の立ち位置と法哲学上の立ち位置

ゴルトシュミットは，広範に及ぶ学術的な著作を残した。すでに当時から，彼の主要論文は，折に触れ，概念的に構成されている，技巧的である，理解が難しい，そしてまた世事に疎いとされてきた。これら論文をうまく理解するためには，まずは彼の法学上の立ち位置を確定しおくことが有益である。

---

[12] 給与カット——彼は本来の恩給額の 35 パーセントしかもらえなかった——は，彼にとっては痛かった。そこで彼は，1935 年 12 月 20 日に大学事務局長に，「ほかの債務等はまったく無視するとしても，私は 1 月はじめには借入金の金利を支払い，私の家のために石炭を購入しなくてはなりませんし，私の住まいをそうすぐにほかに貸すこともできません。」と書き送っている。Goldschmidt は，Berlin-Grunewald, Wallotstr. 14 に住んでいた。

[13] Vgl. *R. Goldschmidt*, James Goldschmidts letzte Werke, in: AcP Bd. 151 (1950/51), S. 363-366 (364). 1934 年 12 月 20 日の Das Hamb. Israelit. Familienblatt には，*Goldschmidt* がバルセロナ大学で講師の地位を得たという記事が載っている。

[14] *R. Goldschmidt*, Werke, (aaO Fn. 13), S. 364.

[15] *A. Schönke*, Zum zehnten Todestag von James Goldschmidt, in: DRZ 1950, S. 275 (276); *Göppinger*, Juristen, (aaO Fn. 1), S. 283.

ゴルトシュミットが法律学の勉強をはじめたとき，わけても歴史法学派に由来するリベラルな法治国家を指定した概念法学の時代はいまだ終わりを告げてはいなかった。今なおプフタ（*G. F. Puchta*：1798年-1846年）の学説が息づいていた。それによれば，「法諸原則の系譜をその原理まで追い求めること，そして今度はその諸原理からそれら法原則の最外縁を下に向かって追い求めていくことで，……つぎのような法諸原則を掘り当てる」ことができる。すなわちその諸原則とは，「民族の法の中に潜み，……学問的な演繹の成果としてはじめてこれをみることができるようになるものである。」とされている[16]。また，E. シュミット（*E. Schmidt*）は，つぎのようにいう。すなわち，「法は常に，閉鎖的で完結した総体として理解されるものであり，そして人は，その総体から体系に関する抽象的な上位概念を帰納的に得ようとするが，それは，こうすることで，それに適用さるべき明確な実定法がない法律問題や法的なケースをも厳格に論理的に判断できるようにするためである。」と[17]。このような方法論の中核をなしているのは，歴史的・哲学的な考察方法であるが，この考察方法は，そもそものところ，法の成立条件，法がその時代に特有の事柄に依存していること，そしてその発展の歴史的な関連を問うものではない。むしろこの考察方法にとってみると，その助けをかりて今日の法を構成しそして基礎づけることができると信じた法的な概念素材（Begriffnaterial）を豊かにはらんでいるのは，法制史なのである。わけてもイェーリング（*R. v. Ihring*：1818年-1892年）によってもたらされた，学術上の考え方のあらたな方向性[18]は，これにたいし，法の成立を因果法則にのっとり，個人と社会の諸目的から導き出すものであったが，フランツ・フォン・リストのようにあらたな理論によらなければいけないと感じていた人々についてみても，この考え方が世間離れした法実証主義的な研究方法を全面的に排除することはできなかったのであっ

---

16) Passim.

17) *E. Schmidt*, Einführung in die Geschichte der deutschen Strafrechtspflege, 3. Aufl. 1965, S. 335.

18) *E. Schmidt*, (aaO Fn. 17), S. 357 f.

た[19]。第一次世界大戦後の社会的危機と経済恐慌，そしてまた，リベラルな法治国家という考えから社会的な法治国家という考えへの移行をまってはじめて，概念法学はその支配的地位を失うこととなった。概念法学は，法システム全体が強烈に個人主義から離れていったこと[20]，そしてまた，生存するという利益及び法の定立の目的にその関心を切り結んだ目的論的な考察方法[21]により修正されたのであった。

　ここでは，立憲君主制からワイマール共和国にいたるまでの間にどのように法学方法論が変遷したかを非常におおまかに素描したが，このような法学方法論の変遷は，ゴルトシュミットの法学上の考察方法にたいして何らの影響をも与えなかったわけではない。もっとも，彼はその考え方や研究のスタイルを変えることはなかった。そのスタイルは一貫して歴史的・哲学的であり，概念法学的であったが，彼はすでにそれを博士論文で試していた。これを受けるかたちで，彼はその博士論文をつぎのように構成しようとした。すなわち，「比較的長い歴史に関する部分では，終了した未遂という今日の概念にみられる諸構成要素を探求し，その上で，第2には，この概念が，わが国の帝国立法とあらたなドクトリンにおいてどうあつかわれているかを述べたい。そうして最後に，なお解釈論的な研究を必要とする分野を取り上げていく。」と[22]。教授資格論文の序文においてもまた，彼は歴史的方法を採用するとしてつぎのようにその理由を述べている。「著者自身もそうであるが，多くにとっては，言葉の解釈という単なるフィロロジカルな方法は，ほとんど何も感じさせるところはない。ということで，歴史的な資料の検討に際し，最初からそしてまたもっぱらその視点を実務上の目標に切り結ぶことは，法制史家にとっては考えられないことである。本書が追い求めるもっぱら法体系的な目標にとっては，何といってもこのようなやり方が必要であり，しかも唯一のやり方だと思われる。これ

---

19)　Vgl. *E. Schmidt*, (aaO Fn. 17), S. 383.
20)　*K. W. Nörr*, Zwischen den Mühlsteinen, 1988; bespr. v. *W. Sellert* in: JZ 1989, S. 235 f.
21)　*E. Schmidt*, (aaO Fn. 17), S. 355 f.
22)　AaO Fn. 3.

に加え，このようなやり方でダイレクトに実務上の成果をあげることができるとしたら，それは，法学における歴史的方法の勝利といってよかろう。」と[23]。

ゴルトシュミットは，概念法学的な構成をこよなく愛し，これを放棄することは絶対になかった。というのは，1930年にもコーラーを引き合いに出してつぎのように書いているからである。「ともかくも，法を構成するということは法律家にとっては，深みにつうじる立坑のようなものである。」と[24]。これと関連して彼はその後も，「現代の体系学の諸原則を使って」歴史的な法と取り組み，こうすることで同時に，彼が打ち立てた理論が正しいことを証明しようとしたのであった[25]。というわけで，彼にとっては，たとえば「ローマ人が自分達の法をどう理解していたか」は問題ではなく，問題は，「ローマ法自体を法学的に把握すること」であった。人はそのために，あらゆる手段を「最もモダンな構成の方法がたくわえられている倉庫からかき集めるのである。」と[26]。

彼はこのような方法をすてはしなかったとしても，第一次世界大戦とそしてワイマール共和国というあらたな政治関係の圧力のもと，彼自身がそう名付けた「法世界観（Rechtsweltanschaunung）」[27]は変化していった。たとえば第一次世界大戦の結末は，彼につぎのことを突きつけた。すなわち，それは，すべての権利，わけても個々人の権利は，「つまるところ，何が権利として通用するのかをめぐる闘争にあっては，可能性と負担の化身（権化）以外のなにものでもない。」[28]ということである。のちにもう1度取り上げるように，このことは，一方では民事訴訟の評価に関して決定的な諸結論を彼にもたらした。そし

---

23) Vgl. (aaO Fn. 8), S. VIII f.
24) *J. Goldschmidt*, Normativer Schuldbegriff, in: Festg. f. R. Frank (= Beiträge zur Strafrechtswissenschaft, hrsg. v. *A. Hegler*), Bd. 1, 1930, S. 428 ff., 433.
25) この点については，*R. Neuner*, Der Prozeß als Rechtslage. Betrachtungen zum Werke von James Goldschmidt, in: Zeitschrift für Deutschen Zivilprozeß, hrsg. v. A. *v. Staff, E. Jaeger* u. *R. Kann*, Bd. 51 (1926), S. 44-52 (44) の実に正鵠を得た批判参照。
26) *J. Goldschmidt*, Rechtslage, (aaO Fn. 10), S. 66 Anm. 293; S. 56.
27) *J. Goldschmidt*, Der Notstand ein Schuldproblem, 1913, S. 68.
28) Vorwort zu Rechtslage, (aaO Fn. 10), S. V.

てまた他方では，あらたな共和主義の国家形態から，刑事訴訟法改革の必要性を導き出したのである。彼はいう。「権威主義的な国家から共和国へと移行した後は，刑事訴訟法は，民主主義と社会主義という基礎にその標準をあわせなくてはならない。その結果として，当事者主義的訴訟が糾問主義的訴訟に取って代わらなくてはならない。」と[29]。さらにまた，ゴルトシュミットは，動じることなく概念・弁証法的な構成によって立つ考え方を維持してはいたが，わけてもその先生であるフランツ・フォン・リストの影響のもと，法の目的に切り結んだあらたな考察方法を排除したわけでは決してなかった。

同様に彼は——いうなればこのことが彼の研究方法をとくに魅力的なものとしているわけだが——けっして薄っぺらな法実証主義的なものに埋もれたままに終わったわけではない。かえって彼は，きわめて重大な法の基礎的諸問題，つまりは，「人間が，法を哲学しはじめて以来取り組んできた諸問題」を常々提起していた[30]。たとえば彼は，法の通用性と成立の基礎について考察している。彼はつぎのように記している。すなわち，「かかるものとしての法は，そもそものところ，法が正義にかない，道徳的でかつ恣意的でない場合に限り遵守されることとなる。法は，正義の理念から導き出されるべきものであり，権力と良心の間，権力とモラルの間における妥協の歴史的所産と理解されるべきである」と[31]。

彼は1926年6月7日にベルリンの弁護士協会において行った「平価切り上げの危機」に関する講演[32]において，正義にかなわない恣意的な法律もまた

---

29) J. Goldschmidt, Zur Reform des Strafverfahrens (= Recht u. Staat in Gesch. u. Gegenwart, Bd. 14) 1919, S. 4 f.

30) Vgl. J. Goldschmidt, Die Aufwertungskrise. Ein Ergebnis der Lehre vom Nominalismus des Geldes und des Rechts, 1926, S. 12.

31) それゆえ Jhering や Jellinek とは反対に，Goldschmidt にとり「法は，力の政治でもなければ最低限の倫理でもない。」。J. Goldschmidt, Rechtslage, (aaO Fn. 10), S. 236.

32) AaO Fn. 30.

法であるかという論争の種となっている問題[33]を手がかりとして，これらの問題に考察を加えた。確かにゴルトシュミットは，裁判所が，憲法にのっとって成立した法律を，それを構成する裁判官の多数の見解によれば一般的な道徳律に反するとして裁判所が適用しないとなると，当時の司法大臣が彼に書き送ったように，「それは法秩序を崩壊させ，そしてまた国家機関の一翼にたいしもはや回復不能なまでの衝撃を与えてしまいかねない」危険を感じ取ってはいた[34]。にもかかわらず彼の見解は，このような法律は適用してはならないというものであった。この際彼は，不正義な立法にたいする理論的武器[35]としての自然法論[36]及び自由法論にのみ依拠したわけではなく，彼が提唱した「法世界観」[37]からもこうした結論を導いたのである。この法世界観によれば，「やはり『良心』は，……それにふさわしい影響力を法形成にもってしかるべきである。そうでないと，つぎのような法律の形式をとって恣意が生じてしまうことになる。それは，自然法を単に同ランクの法源ではなく，むしろ上位に位置する直接の法源であることを認めるなら，裁判官がそれを適用してはならない法律である。こんな法を適用しないからといって，そうけしからぬことでもあるまい。」と[38]。全体としてみると彼は，そこでは人間のさまざまな利害が，すべ

---

33) 具体的に問題とされたのは，インフレ時代に発布された平価切上げ法 (Aufwertungsgesetz) であり，それは，それまでに減価してしまった金銭債務の額面額を事後的に切上げ，こうして，金銭債務は原則その額面で支払うべきという唯名論（額面額基準論）の原則からの乖離である。これについては，K. W. Nörr, Mühlsteine, (aaO Fn. 20), S. 65 ff. 参照。

34) J. Goldschmidt, (aaO Fn. 30), S. 14.

35) J. Goldschmidt, (aaO Fn. 30), S. 12 ff.

36) この関係では，彼はあきらかに Reichel (Gesetz und Richterspruch, S. 142) に賛成してこれによっている。Reichel は「裁判官は，つぎの場合には，その職務上法律上の規定によらない義務を負う。それは，この規定が公衆の持つ道徳感覚と，この規定を守るとすると，それを無視したときよりも法と法律の権威がかなりひどく危険にさらされるまでに矛盾する場合である。」と述べている。関連する問題については，さらに J. Goldschmidt, Gesetzesdämmerung, JW 1924, S. 245 ff. 参照。

37) Vgl. oben Fn. 27.

38) J. Goldschmidt, Aufwertungskrise, (aaO Fn. 30), S. 16. これに続いて彼は，憲法

ての人が受け入れられる均衡状態となるような法秩序を作り上げる可能性のみならず，その限界をも見極めていた。それゆえ，彼にとって法に課せられた任務とは，モラルを過度に強調しなくとも，「あい衝突する利害を正義にかなったかたちで限界づけ」，そしてまた「相反するモチベーションを妥当性に照らして考慮すること」なのであった[39]。

ゴルトシュミットの方法論上の哲学的立ち位置については，以上である程度まで説明をしてきたが，十分なものではない。しかし，以上の説明は，手始めにつぎのことを示してくれていよう。すなわちそれは，ここで取り上げた人物が，独創性にとむ鋭敏な法律家であると同時に，法実証主義，目的論的法学，自然法論そして自由法論の間にあって独立の道を切り開こうとした，高い歴史的教養を備えた哲学的頭脳の持ち主だったということである[40]。

III. その学術業績

ゴルトシュミットの業績の中心は，刑事訴訟法及び民事訴訟法の分野におかれており，この際彼は，その違いを浮き立たせたり比較しながら，さまざまな主題をしばしば一緒に取り上げていた。ということで，彼の訴訟法研究の強みとその重要性は，彼が刑事訴訟法と民事訴訟法とを常に眼中においていたこと

は，「立法者の恣意に対する十分な保障となるか」という問題と取り組み，明晰な立論をもってこれを否定している。
39) *J. Goldschmidt*, (aaO Fn. 27), S. 68.
40) *Goldschmidt* の哲学をさらにその根本まで追い求めようとするのであれば，彼が亡命中にフランス語及びスペイン語で書いた哲学に関する諸論文もまた評価しなくてはならない。とくに以下の論文がこれである。Problemas generales del derecho, 1944; Estudios de filosofia juridica, 1947. それ以前にも，Là priori dans le droit et dans la morale, in: Archives de philosophie du droit et de sociologie juridique, 1937, S. 94–139; Le terme d'imputation, in: Revue internationale de la théorie du droit, 1938, S. 55–56 (Nachdruck Frankfurt a. M. 1966) がある。この点については，*R. Goldschmidt*, Werke, (aaO Fn. 13), S. 356; *A. Schönke*, Todestag, (aaO Fn. 15), S. 275 f. 参照。

にある[41]。そうではあるが，彼の論孜は，その重点のおき所に従って，いずれかの分野に整理することはできる。もっとも，彼の非常に膨大な業績を，過不足なく評価することは，与えられた紙幅では到底無理であることはお断りしておこう。

1．刑法及び刑事訴訟法

刑法及び刑事訴訟法の分野におけるゴルトシュミットの研究は，そのほとんどが世紀の変わり目以降，わけても第一次世界大戦後ますます喫緊となっていった法律改正にその標準をあわせたものであった。1902年が終わる頃帝国司法省の発案にもとづき任意的な学術委員会が作られた。その委員会は，8人の著名な法学者[42]の指導のもと，問題となるすべての刑法上の課題について比較法的に解説し，そしてその諸成果を改革のための立法に批判的に利用することをその目的としたものであったが[43]，ベルリンの私講師ゴルトシュミットは，フランツ・フォン・リストの推薦を受けて約50人の構成メンバーの1人に選ばれたのであった[44]。その付託に応えるかたちで，6年ののちに16巻にわたる膨大な研究報告書『比較法的解説（Vergleichende Darstellung）』が提出されたが，ゴルトシュミットは，中心的な章の1つ，つまり『刑罰の内容を規定する刑の執行に関する諸原則に照らした刑罰（主たる刑と付加刑）とそれに類する処分（Strafe【Haupt und NebenStrafe】und verwandte Massregeln unter Berucksichtigung der den Inhalt der Strafe bestimmenden Grundsätze des Strafvollzuges)』を執筆した[45]。ゴルトシュミットは，しばしば刑事統計を付した有益な資料をその『解説の部（Exegtischer Teil）』に集めているが，これ

---

41) E. *Schmidt*, James Goldschmidt zum Gedächtnis, SJZ 1950, 447.

42) *K. v. Birkemeyer, F. v. Calker, R. Frank, R. v. Hippel, W. Kahl, K. v. Lilienthal, F. v. Liszt* und *A. Wach*.

43) Vgl. Vorwort (S. VI) zu „Vergleichende Darstellung des Deutschen und Ausländischen Strafrechts", Allg. Teil, Bd. 4, 1908 (Neudruck 1991 mit einer Einleitung v. *K. Lüderssen*).

44) Vgl. zu den Reformarbeiten *E. Schmidt*, (aaO Fn. 17), S. 394 ff.

45) Vergleichende Darstellung, (aaO Fn. 43), S. 81–470.

は，他の諸論文とともに「刑法の改革にかかわるすべての重要な問題に関する最も基本的な方向性を考えるには，すばらしい宝庫であった。」とされている[46]。この解説の部は，刑法史からすると，今日でもなお計り知れないほどの高い価値を有している。ゴルトシュミットのそのほかの解説とは対照的に，その「批判の部（Kritischer Teil）」と題する章は，まったく構成ということはせず，かえって終始実務に切り結んでるとの印象を与えるが，これは，著者があらゆる観点からみて，フランツ・フォン・リストの弟子であることを示している[47]。そういうことから，彼は，フランツ・フォン・リストがまずは1882年に「マーブルガー・プログラム（Marburger Program）」において，応報刑法の優越を説く当時の支配的な見解にたいして立てたテーゼを掲げたのであった。これによると，刑罰は法治国家的に形式化された行為調整（Tatausgleich）などではなく，それは単に，目的にそぐわない社会を毀損する行為にたいする合目的的で社会的に有益なリアクションでなくてはならない，ということになる[48]。そういうことでゴルトシュミットがする解説の基本となる考え方は，「改善と保安という考え方と目的を意識した改善と保安のための処分の拡充を強く考慮した我々の刑罰システムを再構築」するというものであった[49]。この際彼は——ここでもまたフランツ・フォン・リストに追随して——一般予防的な応報理論を採用する者にたいしては終始譲歩する用意があったし，そしてまた，中間的な立場をつうじて，いわゆる「学派の争い」が過激にならないようつとめたのであった。それゆえ彼は，スイス刑事訴訟法を引き合いに出して，刑罰と保安のための処分が併存すること，つまりは応報という考えと保安という考えが併存することを認めていた[50]。このほかにも，彼は，自分がそちらをよし

---

[46] *E. Schmidt,* (aaO Fn. 17), S. 395.
[47] しかしまた彼は，いつもながらあたらしいものを受け入れる用意を持っていたその師 *J. Kohler* にもまた追随していた。*J. Kohler* は，*Goldschmidt* の著書 Die Strafbarkeit der widerrechtlichen Nötigung, 1897 に序文をよせている。
[48] *W. Naucke,* (aaO Fn. 7).
[49] Vergleichende Darstellung, (aaO Fn. 43), S. 316.
[50] Vergleichende Darstellung, (aaO Fn. 43), S. 316 f.

とする規律と，将来の改革で受け入れられそうだと考える規律とを区別していた。とくにこうした使い分けをしたことに，法治国家観によって立つ自由主義的でかつまた人道的な刑法にその関心を向けた彼の姿勢が現れている。これに呼応して，彼は死刑とその執行についてつぎのように書き記している。「私は，死刑はもはや克服された時代の遺物であると確信している。」しかしそれは，斬首と同様「私にはとてつもなく不快なものではあるが，ドイツでは維持されていくことになろう。」と[51]。

ほぼ同様の時期に，実務家からなる刑法委員会なるものが，『あらたなドイツ刑法典の準備草案（Vorentwurf zu einem neuen dentschen Strafrechtsbuch）』を練り上げ，1909年の秋に公表した[52]。この準備草案は，ゴルトシュミットが所属した委員会の報告書『比較法的解説』[53]とおなじく，刑罰の応報的性格と犯罪政策上の現代的要請を調和させようと試みたものである[54]。この点はまだよしとすることはできたとしても，そこで提案された規律は，一般理論にとっては突飛でまず満足のいくものではなかった[55]。とくに批判を招いたのは，責任の種類を法定してはいるものの，当時まだ支配的だった心理主義から脱却していないことであった[56]。

そういうわけで，ゴルトシュミット，カール・フォン・リリエンタール（Karl v. Lilienthal）そしてフランツ・フォン・リストが1911年に作り上げた反対草案もまた，この点を取り上げている[57]。とくにゴルトシュミットが，当

---

51) Vergleichende Darstellung, (aaO Fn. 43), S. 320, 323.
52) *E. Schmidt*, (aaO Fn. 17), S. 395 f.
53) AaO Fn. 43.
54) *E. Schmidt*, (aaO Fn. 17), S. 395.
55) *E. Schmidt*, (aaO Fn. 17), S. 396.
56) *E. Schmidt*, (aaO Fn. 17), S. 396.
57) Gegenentwurf zum Vorentwurf eines deutschen Strafgesetzbuches, 1911. この草案により，「改革作業の進行が，正確にいえば予備草案をベースにして容易となりかつまた促進される」はずとされていた。この点についてはまた，*E. Schmidt*, (aaO Fn. 17), S. 396 f. 参照。

該の諸問題に決着をつけるまでに寄与した。というのは，責任問題に熱心に取り組み，そしてここでは，フランク（R. Frank）の先行業績を基礎にして，画期的な成果をあげていたからであった。というわけで彼は，おもに1913年に発表した論文『緊急避難，責任の問題（Notstand, Schuldproblem）』[58]においてつぎの問題と取り組んだのであった。それは，「我々の責任概念には，その心理的側面の外になお規範的側面がはらまれているか」という問題であった[59]。彼は，「すべての法的な禁止及び命令とならぶ独立したつぎのような暗黙の義務規範が存在する。それは，その規範がないと人は宙に浮いてしまうが，しかしそれのおかげで人は，地上に存する最も強い力，つまりは義務による動機づけという心理的な力にしばられている，そういう暗黙の規範である。」[60]とし，これを前提に，意図とは別物であって意図を評価した義務違反性に規範的な責任要素をみいだした。これに対応して彼は，責任は，意図に吸収されるその構成要素，つまりは，義務違反たらんとの意欲ではなく，客観的に，義務違反とされる意欲と理解されなくてはならないとする[61]。人は，義務規範と法規範への区分けは作為的であり，無用と考えるかもしれない。しかし，ゴルトシュミットがこの論文やそのほかの論攷[62]をもってして現代の規範的な責任論の基礎を確かなものとし，このようにして，そもそものところ責任問題の核心に最も厳しく取り組んだこと[63]は事実である。さらに彼は，緊急避難の問題が

---

58) Goldschmidtは，この論文を「反対草案の共著者に尊敬と信頼をこめて捧げた」のであった。

59) Notstand, (aaO Fn. 27), S. 2.

60) Notstand, (aaO Fn. 27), S. 68.

61) Notstand, (aaO Fn. 27), S. 13.

62) J. Goldschmidt, Schuldbegriff, (aaO Fn. 24), S. 428-468; 同, Schließt die Forderung der Pflichtvorstellung als Schuldvoraussetzung die Zurechnung zum Charakter aus?, in: Goltdammers Archiv, Bd. 51 (1904), S. 340-348.

63) E. Schmidt, Gedächtnis, (aaO Fn. 41), S. 447. これにたいし，E. Metzger, Strafrecht, 2. Aufl. 1933, S. 255f. は批判的である。E. Metzger, は，「義務規範は，内的に不正とは無関係ということはなく，したがって，Goldschmidtは，不正なき責任というものの存在を証明していない。」と結論づけている。

かかえる特別の諸要素を明確にしたが，この諸要素は，単にその後の学問上の議論を実り豊かにしたに止まらず，ドイツ大審院（Reichsgericht）の判例にも影響を与えたのであった[64]。

そうこうするうちに，ゴルトシュミットは，刑事訴訟法の分野の専門家としてもその名をなし，1919 年から 1920 年にかけ，ライヒ司法省から刑事訴訟法の改正計画に協力するよう求められた[65]。先に述べたように[66]，ゴルトシュミットは，刑事訴訟をワイマール共和国の成立によりもたらされた民主主義的な国家形態に適応させようと試みたし，重罪裁判所である人民裁判所（Volkgericht）での当事者型訴訟の導入に力を注いだ[67]。というのは，彼の意見では，「わが国の刑事訴訟法は，弾劾主義的なデコレーションが多くなされているにもかかわらず，[いまだなお][権威主義的な]糾問主義的手続の精神に支配されている」[68]からであった。1920 年に提出された『刑事事件における法手続に関する法律草案（Entwurf eines Gesetzes über den Rechtsgang in Strafsachen)』はしかし，期待にそうような賛成を得られなかった[69]。というのは，ゴルトシュミットは，ほとんど妥協することなく，刑事訴訟法の自由化を本気で考えていた。つまり彼は，「訴訟法は唯一リベラリズムの上に成り立つことができ，そうでないなら，その成長はない。」と考えていたのであった[70]。彼は，イギリスの刑事訴訟法をモデルに，「検察を当事者の地位にすえること」を承認すること，つまりは検察を法律上定められている中立義務から解

---

64) Vgl. RGSt 61, 242 ff. (249 ff.); *E. Schmidt*, Gedächtnis, (aaO Fn. 41), S. 447. 規範的責任論に関する *Goldschmidt* の功績は，今日でもなお刑法学において認知されており，それに相応した評価を受けている。vgl. z. *B. H. Jescheck*, Lehrbuch des Strafrechts, Allg. Teil, 4. Aufl. 1988, S. 377 ff.
65) *E. Schmidt*, Gedächtnis, (aaO Fn. 41), S. 447.
66) Vgl. oben S. 179, 182.
67) Vgl. Reform, (aaO Fn. 29), S. 4.
68) Vgl. Reform, (aaO Fn. 29), S. 1.
69) *E. Schmidt*, Gedächtnis, (aaO Fn. 41), S. 447.
70) Vgl. Vorwort zu *J. Goldschmidt*, Rechtslage, (aaO Fn. 10), S. IV.

放しそして「裁判官的な地位」から追い払うこと，さらにまた，検察の公訴権独占を廃止するよう提案したが[71]，とりわけこれらの提案は，刑事手続法の考え方を完全に変えることを意味しており，いまだその機は熟してはいなかったのであった。この点は今日にいたるまで変わってはいない。しかしながらこの草案は，いつの日か，「改めてその基礎にまで及ぶ刑事訴訟の改革が行われるときには」，おそらくおおいに注目を浴びることになろう[72]。

1902年に刊行されたその教授資格論文『行政刑法』が，ゴルトシュミットの重要な学術上の功績であることは変わらない[73]。フランツ・フォン・リストがヒントを与えたこの著作[74]においてゴルトシュミットが問題としたのは，本来の刑法にたいする行政刑法の独自性の証明であり，したがって行政刑法が行政法に属することを証明すること，あるいは彼がほかのところで述べているように，犯罪としての不正（Kriminalunrecht）と警察的な不正（Polizeiunrecht）の違いを，少なくとも一定程度あきらかにすることであった[75]。

ほとんどが法制史と比較法に切り結んで作り上げられ，そしてその最後の100頁は「行政刑法の理論構築の試み」をもって完結するこの大部の著には感

---

71) *Goldschmidt* は，わけても，当時の実務とは異なって，検察官から裁判官への転官を不適法とすることになる規定に賛成していた。というのは，*Goldschmidt* は，このような裁判官は，転官後も訴追当局の見方で被告人にたいして判決を下すことになってしまうのを恐れたからであった。Vgl. Reform, (aaO Fn. 29), S. 20 f.

72) *E. Schmidts*, Gedächtnis, (aaO Fn. 41), S. 447 は，正当にもこう推測している。1970年代になってもまだ，わが国の刑事手続法は糾問的な訴訟の重要な要素を維持していると主張されていたのであった。再度アングロ–サクソン流の刑事手続が，範例として推奨されたのであった。*I. Müller*, 100 Jahre Wahrheit und Gerechtigkeit, Kritische Justiz, Bd. 10 (1973), S. 18 ff. 及び筆者の論文, Die Bedeutung und Bewertung des Inquisitionsprinzips aus rechtshistorischer Sicht, in: Recht und Staat im sozialen Wandel (= Festschrift f. H. U. Scupin), 1983, S. 161 ff., 180 f. における批評参照。

73) AaO Fn. 8.

74) *E. Schmidt*, (aaO Fn. 17), S. 397 によると，「警察的な軽犯罪を犯罪とされる不正から切り分けるというのは*F .List* が好んだアイデアのひとつに対応したものであった。」

75) Vgl. Vorrede, (aaO Fn. 8), S. IX f.

銘を受けるが，それは，豊富な歴史的資料が披瀝されているからだけではない。今日からみれば，法源との方法論的な取り組みは，作為的でありそしてまた現在の基準で過去を範解釈するようなものに映るとしても，そのテーマのために収集された法制史の資料は，わけても刑法史にとって教えられるところが多い。

　さらにことをあきらかにしているのは，国家の法秩序と行政秩序の本質に関する考察であり，彼はここから行政法（行政罰）と法的刑罰（Rechtsstrafe）＝刑事罰（KriminelleStrafe）の違いを導き出した[76]。彼からみると，両者の本質的な違いは，一方では国家が，ダイナミックな福祉つまりは「一般意志（Allgemeiner Wille）」の担い手であると同時に，静的な法秩序つまりは市民の「特別の意思（Besonderer Wille）」守護者という二重の地位を持っていることに，そして他方では，「これに相応するかたちで個人が意思の担い手と援助機構（Hülfsorgan）という二重の地位」[77]を有していることに由来している。このことから，彼は，「法的刑罰とは異なって，行政罰は，原則，意思の担い手の法的な領域への他の意思の担い手による侵害をその内容とはしておらず，それは援助機構の処分を内容とするものであり，まさにこれは，行政的違法（Verwaltungswidrigkeit）が，意思の担い手の法的な領域への他の意思の担い手による侵害ではなく，行政にたいする援助機構の反抗であるのと同様である。」とする[78]。

　ほかでもみられるこうした複雑な説明は，一見技巧的にみえる。しかしこれは，常に明晰に考えぬかれており，そしてまた，その前提をふまえるなら，まとまりのとれた全体とマッチしている。

---

76) このことは，たとえば *Goldschmidt* が，フランク王国の時代における国王の処罰命令違反は，「決して法的に違法ではなく，行政的（警察的）に違法な行為である，つまり，法的に保護されている利益の侵害ではなく，行政が表明した利益の侵害だとしている」ことがそうである。vgl. Verwaltungsstrafrecht, (aaO Fn. 8), S. 3.

77) Verwaltungsstrafrecht, (aaO Fn. 8), S. 553.

78) Verwaltungsstrafrecht, (aaO Fn. 8), S. 552 f.

彼はこの教授資格論文を「終わり」ではなく「出発点」ととらえており[79]，したがってこの論文は議論をよびおこすはずのものであった。議論がはじまりそれはまた活発であったが，わけてもトロップス（F. Trops）の研究[80]が示しているように，批判的なものが多数を占めていた。1930年になってはじめて，ヴォルフ（E. Wolf）が，ゴルトシュミットを行政刑法に関する現代的な理論の創始者だと認め[81]，そしてつぎのように述べたのであった。すなわち，「ゴルトシュミットの理論の理念史的基礎と国家哲学的な基礎にたいする批判の根は，……その奥底のところでは，まさに，国家の基本的価値としての自由主義を，保守的な法治国家観に立って拒絶することにある」と[82]。

最後に，ゴルトシュミットの「行政刑法」は，国家による刑罰の肥大化と行政が司法の領域に干渉していく傾向を克服しようという目標にもまた役だった[83]。そういうわけで，1933年以降，ゲッティンゲンのジーゲルト（K. Siegert）のようなナチズムに傾斜した法律家が経済刑法の問題に取り組んだ際には[84]，

---

79) Vorrede, (aaO Fn. 8), S. IX. *Goldschmidt* 自身，その理論をその後の論文でより進化させそして強化していった。たとえば，Verwaltungsstrafrecht im Verhältnis zur modernen Staats- und Rechtslehre, in: Festgabe für R. Koch, 1903, S. 415-443; Materielles Justizrecht, in: Festgabe für B. Hübler 1905, S. 85-152 などがそれである。そのほかの論文等は，*E. Wolf*, Die Stellung der Verwaltungsdelikte im Strafrechtssystem, in: Festgabe für R. Frank, (aaO Fn. 24), Bd. 2, S. 518, Anm. 2 に引用されている。

80) *F. Trops*, Begriff und Wert eines Verwaltungsstrafrechts, (= Strafr. Abhdlg. Bd. 208), 1926.

81) *E. Wolf*, (aaO Fn. 79), S. 518.

82) *E. Wolf*, (aaO Fn. 79), S. 541. *A. Schönke*, Todestag, (aaO Fn. 15), S. 275 f. も参照。おおいに批判されたにもかかわらず，*Goldschmidt* の理論は，1931年のプロイセン警察行政法（Polizeiverwaltungsgesetz）について道標の役を果たした。*A. Schönke*, Todestag, (aaO Fn. 15), S. 275 f. は，*J. Goldschmidt*, Die Rechtsgültigkeit des Zwangsgeldes in Polizeiverordnungen nach dem Preußischen Polizeiverwaltungsgesetz を引いてそのようにいう。プロイセン政府が作成した意見書は，ZStrW Bd. 52 (1932), S. 497-529 に掲載されている。

83) *E. Schmidt*, Gedächtnis, (aaO Fn. 41), S. 447.

84) Deutsches Wirtschaftsrecht, 1939. この点については，*E. Schmidt*, Das neue westdeutsche Wirtschaftsrecht (= Beihefte zur Deutschen Rechts-Zeitschrift, hrsg. v.

彼の業績は黙殺されたが，このことは驚くに値しない。というのは，ゴルトシュミットの見解は，そのユダヤ出自のゆえにそもそももはや対象外だったという点は別としても，彼の法治国家観に立ったリベラルで，権力の厳格な分立をその目標としたコンセプトは，歓迎されざるものだったからである。行政庁及び警察署の権限の制限は，ナチズムの権力国家の目標とは相容れない。経済犯罪と秩序違反の間の差異，刑事罰と秩序（行政）罰の差異は否定され，そして行政庁が，原則としては司法に優先するとされていたのであった[85]。

しかしながら，1947年，完全に権力国家の方向へと駆り立てられていた経済法を，法治国家原則にのっとったあらたな規律に改めることに着手したとき，立法上の問題を解決する糸口を提供したのはほかならぬゴルトシュミットの行政刑法理論だったのである[86]。E. シュミットは，適切につぎの点を指摘している。すなわち，「この偉大な先行研究――それは1902年のゴルトシュミットの著作を指しているが――がなければ」，1949年7月26日の経済法における法治国家の視点に立った「司法と行政の間の調整」はできなかったであろう[87]と。

2. 民事訴訟法

刑法の分野においてゴルトシュミットが非常に多くの論攷を書き上げたこと

K. S. Bader, Heft 11), S. 13 参照。なお K. Siegert は，1936年10月と11月に開催された会議 „Das Judentum in der Rechtswissenschaft" において，他の人達とともに，Goldschmidt の諸論攷をもポーレミッシュに誹謗中傷した御仁であった。この点については，H. Göppinger, Nationalsozialismus, (aaO Fn. 1), S. 75 Anm. 16 参照。

85) E. Schmidt, Wirtschaftsstrafrecht, (aaO Fn. 84), S. 25, は，往時の「東側占領地域」に関してこれと同様な展開がみられるとしている。

86) E. Schmidt, Gedächtnis, (aaO Fn. 41), S. 447.

87) E. Schmidt, Gedächtnis, (aaO Fn. 41), S. 447. 個々の点については，E. Schmidt, Wirtschaftsstrafrecht, (aaO Fn. 84) 参照。Goldschmidts のいわゆる行政刑法理論にもとづいて，「いずれにせよ，その本質的部分は今日の経済刑法にもいまだなお見受けられる実体法的な解決が図られたのである。」vgl. K. Tiedemann, Wirtschaftsstrafrecht u. Wirtschaftskriminalität, Allg. Teil, 1976, S. 119.

は，彼が非常に大きな創造力を持っていたことを示しているが，とはいっても，それは彼の広範にわたる著作の一部でしかない。民事訴訟に関しても，彼は少なからず貢献しているし，そもそものところ，彼の研究はこの分野でその絶頂期をむかえたということができる。このことはとくに彼の著書『法律状態としての訴訟（Prozeß als Rechtslage）』[88]にあてはまる。シュミットが正当にも認めていたように，この著書はゴルトシュミットのライフワークの集大成だということができる[89]。先に述べたように，内容的にみて難しいこの著書は，ゴルトシュミットが第一次大戦中及び大戦後につみ，そして，そのずっと以前に発展させていた訴訟法に関する基本的な考えを確信するにいたらしめた経験から感銘を受けて成立したものであった[90]。

もし彼がその教科書である『民事訴訟法（Zivilprozessrecht）』において，難しく複雑でかつまた多くの点で理解が容易ではないゴルトシュミットの訴訟理論を非常に簡略に要約していなかったとしたら，これを短い紙幅の中で説明しようというのはとても無理であった[91]。

ゴルトシュミットは，法は，それに服する者にたいして服従を求める命令の総体であるか，あるいはまた，裁判官がそれを適用すべき基準の総体としてこれをとらえることができるということをその出発点としている。彼はつぎのように説く。すなわち，後者の見解のみが，訴訟法にはふさわしい。このような見解からすると，法諸原則は，法に服する者にとっては，裁判官の一定の行動，つまるところそれが下す裁判の約束あるいはこれをもってする脅しである。裁判官の行動をとおして生み出される当事者間の法的なかかわり合いは，けっして法律関係（静的観察方法），すなわち要求の支配という意味での義務でもなければ権利でもない。かえってそれは，法律状態（動的な観察方法），

---

88) AaO Fn. 10.
89) *E. Schmidt*, Gedächtnis, (aaO Fn. 41), S. 447.
90) 上記895頁参照。ワイマール期における訴訟法学の一般的な状況については，*K. W. Nörr*, Mühlsteine, (aaO Fn. 20), S. 230 f. 参照。
91) *J. Goldschmidt*, Zivilprozeßrecht, 2. Aufl. 1932（1. Aufl. 1929），S. 5.

換言すると，下されることになる裁判官の判断に対する緊張関係，すなわち，見込み，可能性そして負担である[92]。「法律状態」という概念は，「訴訟法律関係」[93]という概念とはつぎの点で異なる。すなわち，法律状態は，訴訟の対象となる実体権とは何の関係もなく，かえってそれは，その実体権を訴訟上主張することで，当該実体法に関して当事者が到達した状態をさすのであるとする[94]。つまり，ゴルトシュミットによると，裁判所での手続では，実体法と訴訟法は，いってみれば訴訟上主張されていない実体権とは厳格に区別される何か違ったものに融合してしまっているのである[95]。

こうした考察方法から，訴訟法に限定されることなく，法の構造全体の評価に関しても徹底した結論が導かれた。というのは，ゴルトシュミットが行った区分をもとにすると，独立した2つの法秩序を認めなくてはならなかったからである。すなわち，その1つは，実体法，つまりは立法者が発令した規範により定められる法秩序であり，もう1つは裁判官がその裁判権限上の活動とりわけ既判力を持つ判決の創造をつうじて生み出す「社会的秩序」である。それゆえゴルトシュミットは，特徴的に既判力を「裁判所力（Gerichtskraft）」とよび，法秩序とならぶかたちで表れてくる秩序をこれに対応して「裁判所秩序

---

92) *J. Goldschmidt*, Zivilprozeßrecht, (aaO Fn. 91), S. 5. *E. Schmidt*, Einführung, (aaO Fn. 17), S. 393 は，*Goldschmidt* が，「それまでの民事の静的な考察方法を訴訟法特有の動的な考察方法」をもって代えたとするが，あたっている。*Goldschmidt* は，*Oswald Spengler*（Der Untergang des Abendlandes, 1924）から示唆をうけたことに，疑う余地はない。vgl. *K. W. Nörr*, Mühlsteine, (aaO Fn. 20), S. 35.

93) *O. Bülow*, Die Rede von den Proceßeinreden u. die Proceßvoraussetzungen, 1868, は，争訟当事者間における訴訟法律関係を認めていた。

94) *J. Goldschmidt*, Zivilprozeßrecht, (aaO Fn. 91), S. 5.

95) 実体法と訴訟法の関係について，*Goldschmidt* は従前から何度も取り組んでいた。*J Goldschmidt* Materielles Justizrecht (Rechtsschutzanspruch und Strafrecht), in: Festgabe für *B. Hübler*, 1905, S. 85-152; 同，Ungerechtfertigter Vollstreckungsbetrieb (= Abhdlg. z. Privatr. u. Zivilprozeß, Bd. 20), 1910, 及び，これに大方のところは賛成する *W. Henckel*, Prozeßrecht und materielles Recht (= Göttinger Rechtsw. Studien, Bd. 78), 1970, S. 261 f.; の解説．さらには *J. Goldschmidt*, Über Begriff und Bedeutung des materiellen Ziviljustizrechts, in: Festschrift für *H. Brunner*, 1914, S. 109-161 参照。

(Gerichtsordnung)」[96]とよんでいる。両者が「衝突する」場合には「社会学的な力の原則」に従い，裁判所秩序か法秩序のどちらかが優先する。この限りにおいて，「裁判官は法の上を行くし，そしてまた……法の外にある」，そうゴルトシュミットは説いている。なるほど，裁判官は依然として法に従わなくてはならない。しかし，裁判官が法を適用せずあるいは正しく適用しなかった場合には，ゴルトシュミットの理論によると，「職務上の義務に違反したこと」にはならず，かえってそれは，単に「手工業者がその道具の使い方を間違った」ようなものであるとする[97]。換言すると，ゴルトシュミットにとっては，適法と違法ということは訴訟上カテゴリーにはなかったのである[98]。彼は，それゆえ裁判官の所作（裁判）は，……正しくないということだけで，違法ということはけっしてないのである，とする[99]。

　ゴルトシュミットも覚悟していたところであるが[100]，たとえば，いわゆる訴訟要件は，本当のところは本案判決要件であるといった考えや，訴訟行為に際しての意思の欠缺といったこの著書の個々の解説は賞賛を浴びたものの[101]，予想に違わず彼のこうした考えは，一部はポーレミッシュなかたちの反論をうけた。この場ではその批判をひとつひとつ追っていくことはできないが，これら批判の核心は，ゴルトシュミットが行った，法秩序の一体性を疑問視させることになってしかるべき「実体法的考察と訴訟法的考察」の峻別に向けられていた。1個の同一の要件が，各秩序ごとで異なって判断されうるというのであれ

---

96) *J. Goldschmidt*, Rechtslage, (aaO Fn. 10), S. 246, 250.
97) *J. Goldschmidt*, Rechtslage, (aaO Fn. 10), S. 211 ff.
98) *K. W. Nörr*, Mühlsteine, (aaO Fn. 20), S. 231.
99) *J. Goldschmidt*, Rechtslage, (aaO Fn. 10), S. 290 f.
100) *J. Goldschmidt*, Rechtslage, (aaO Fn. 10), VI.
101) Vgl. z. B. *R. Neuner*, Betrachtungen, (aaO Fn. 25), S. 52. のちに，*E. Schmidt*, Einführung, (aaO Fn. 17), S. 393, は，画期的な本というより「なんといっても読むのに苦労する著作だ」と断じている。注目に値するのは，*Goldschmidt* がかたち作った概念を，ナチは訴訟法から消去できなかったことである。彼らは，その創案者を示すことなく使い続けたのであった。Vgl. *H. Göppinger*, Juristen, (aaO Fn. 1), S. 171.

ば，こうした疑問視はなおさらである。R. ノイナー（R. Neuner）は，ゴルトシュミットの訴訟法的な考察は，「あることが，（裁判所秩序）にとっては正しく同時に（法秩序にとっては）正しくないことがありうるというあきらかな矛盾を帰結するこの理論は，認識論上原理的誤りに陥っているように思われる。」と要約している[102]。これに加えて，つぎのような批判が加えられた。すなわち，ゴルトシュミットの訴訟法的考察は，真実のところ，社会学的な考察方法がメインとなっている。そのため論理必然的に彼は社会学的な方法を優先しなくてはならなかったのである。というのは，最後に彼は「力が法に勝る。」と述べているからである。「これは，……純粋に社会学上の主張だからである[103]。これにたいし法律家は，何が法であるかを法秩序にのっとって探求し，そしてまた，規範的な考察方法のみを用いなくてはならないのである」，と批判されたのであった。

今日まで訴訟法学者の多くは，ゴルトシュミットの訴訟理論になじむことができなかった。W. ヘンケル（W. Henckel）は，ゴルトシュミットの決定的なエラーは，つぎの点にあるとみた。それは，ゴルトシュミットが訴訟的カテゴリーと実体法的カテゴリーを区別しなくてはならない必要性から，訴訟法にその基礎をおいた諸評価を実体法から完全に独立させなくてはならなかった点である[104]。W. ヘンケルはつぎのように述べている。すなわち，こうして裁判官の権限の濫用を阻止する唯一の保障は，その裁判官ということになる。その結果ゴルトシュミットの訴訟的な考察は，訴訟及び裁判官を国法上の基礎から解

---

102) Vgl. z. B. *R. Neuner*, Betrachtungen, (aaO Fn. 25), S. 51.
103) Vgl. z. B. *R. Neuner*, Betrachtungen, (aaO Fn. 25), S. 51 und 50. この考察方法は「社会的そのもの」であると評している。„ist einfach soziologisch".
104) *W. Henckel*, Prozeßrecht, (aaO Fn. 95), S. 50. まったく異なった視点から，*E. Schwinge* はその論文 Von den Aufgaben der Rechtswissenschaft, in Festschrift: „Wettbewerbsordnung im Spannungsfeld von Wirtschaft u. Rechtswissenschaft" für G. Hartmann, 1976, S. 295 ff., 298 f. において，*M. Weber* を持ち出して，*Goldschmidt* のこの本を，「この著作は，法の現実に近いということはまったくなく，その結果実務にとってまったく役に立たないしまた何かをもたらすということも一切ない論文の典型例である」と批判している。

き放してしまう。このような見解からすると，訴訟法はもはや法ではなく，そして訴訟は，法秩序においては何らの機能をも有しない。かえって訴訟は，戦争のように当事者にふりかかる事件であり宿命ということになる，と[105]。

確かにゴルトシュミットは，彼の訴訟法律状態という概念は社会学的だといわれる[106]ことにたいし予防線を張ってはいた。とはいうものの，彼の著書自身の中でも，訴訟上の諸要件を「社会学的」と読んでいた。もっとも，彼を批判する者が正しくみていたように，彼は社会学的な方法を規範的な考察方法と結びつけよう[107]，別の言い方をすると，社会学的な現象を規範的に説明しようと試みていた[108]。たとえば，一方当事者の「見込み，可能性，負担そして負担からの解放」がかなり確実である場合に限り，つまり，「規範的」に確定することのできる民法上の「期待権」に比肩すべきものであり，単なる「事実上の期待」ではない場合に限り，訴訟法律状態という概念を認める[109]のはこの例である。

つまるところ，ゴルトシュミットの学説は，人が実体法的カテゴリーと手続法的カテゴリーとをいまだ区別せず，むしろ大方は訴訟法的に考えていた時代において訴訟が有していた意義を，ふたたび訴訟に付与しようと試みるものである。最近でもこのような試みが繰り返されたが[110]，予想に違わず激しい批判

---

105) *W. Henckel*, Prozeßrecht, (aaO Fn. 95), S. 50. すでに *R. Neuner*, Betrachtungen, (aaO Fn. 25), S. 50, が，「*Goldschmidt* の考察方法は，法学から縁を切ったもの」と考えていた。

106) *J. Goldschmidt*, Zivilprozeßrecht, (aaO Fn. 91), S. 5 f.

107) *R. Neuner*, Betrachtungen, (aaO Fn. 25), S. 51; *K. W. Nörr*, Mühlsteine, (aaO Fn. 20), S. 230 f.

108) *K. W. Nörr*, Mühlsteine, (aaO Fn. 20), S. 231 f. によれば，本書は，「Jhering の『Kampf ums Recht』にたいする批判と Oswald Spengler の動的な思考の推奨及び概念法学的，自由法論的かつ社会学的考慮とを奇妙にミックスしたものであるが，しかしその相互作用が，明確なコンセプトをもたらすことは一切なかった。」とされている

109) Rechtslage, (aaO Fn. 10), S. 255 f. で，*Goldschmidt* は，主として裁判官の裁量と取り組み，ここでのみ，裁判官の裁量が羈束される当事者の「確実な見込み」というものを認めている。

110) たとえば，*N. Luhmann*, Legitimation durch Verfahren, 2. Aufl. 1975 参照。

を浴びたところである。もちろん，この点についての最終的な結論はまだでているわけではない。今日では，訴訟理論の考察にあたっては，このゴルトシュミットの著作を絶対に無視できない[111]ことは別に，このゴルトシュミットのそれ自体有益な社会学的な出発点に立ち返る日が，いつの日にかくるであろう。

ちなみにゴルトシュミットは，「象牙の塔」に座す法学理論家ではけっしてなかった。むしろ彼は，常に法の現実との結びつきを模索していた。すでに述べた立法への彼の協力のみならず，裁判実務のために彼が払った努力もまたこのことを物語っている。この関連で特記すべきは，彼が同年に編集・解説した1924年5月13日の民事訴訟法である。ケルンの新聞『Kölner Zeitung』の書評者，ハイデン博士（*Dr. Hyden*）は，1924年8月14日，その刊行をわけてもつぎのような辞をもって歓迎した。すなわち，「彼が提供した小著作は，思想の豊かさという点，そしてまた，法的素材と問題点を厳に批判的かつ明晰に掘り下げているという点で多くを約束してくれているように私には思われる。」ゴルトシュミットは，「裁判官にたいして，その日々の訴訟のための荒削りの道具を提供するに止まらず，さらには，微妙な問題やもつれた状況にある問題を解決するための指針をも提供している。」と。

3. 外国語で書かれた業績

ゴルトシュミットは亡命後も執筆活動を続けた。一部は，刑事訴訟法と民事訴訟法に関する自己の理論を擁護しさらにそれを深めたものであり[112]，一部はまた，すでに述べたところであるが[113]，法哲学的性格の著作であった。彼の息子ロベルトがこれを嘆いたのは当をえているが，1933年以降，スペイン語，

---

111) *K. W. Nörr*, Mühlsteine, (aaO Fn. 20), S. 230 のこの指摘は，まさに当を得ている。

112) あげておくべきは，以下の業績である。Metodologia juridico penal, 1935; Problemas juridicos y politicios del proceso penal, 1935; Teoria general del proceso, 1936, 及び La conception normativa de la culpabilidad, 1943. そのほかについては，*R. Goldschmidt*, Werke, (aaO Fn. 13) 参照。

113) Vgl. oben Fn. 40.

イタリア語あるいはフランス語で刊行された「これら書籍や論文は，ドイツではほとんど知られていない。」[114] ここではこれらをあげるまでしかできず，その評価までの余地は残っていない。これら出版されたものがロマン語圏諸国において高く評価されていることを疑う余地はない[115]。この限りにおいてゴルトシュミットは，ナチに踏みにじられてしまった，高度に発展しそして伝統に富んだドイツの法文化[116]を外国においてプレゼンスしたのであった。

IV. 法学教員としてのゴルトシュミット

当時のレポートをみてみると，ゴルトシュミットは，ゼミにおいてもそしてまた授業においても学生から好かれた教師であった。彼は，自らがすばらしい教育者であることをその教科書『Lehrbuch des Zivilprozesses』[117]をもってつとに示していた。訴訟法学者 G. ボーネ（*G. Bohne*）は，1929年10月20日付けの新聞『Kölner Zeitung』において，わけてもつぎのような辞を持って推薦した。すなわち「ゴルトシュミットは，民事訴訟法の教科書にたいして教育的な見地から求められるところを実に見事に充足し，取り上げる対象の選択及び解説のいずれにあっても正しい方法をとっている。」と[118]。ゴルトシュミットの

---

114) *R. Goldschmidt*, Werke, (aaO Fn. 13), S. 364. *E. Heinitz*, James Goldschmidt zum Gedächtnis in: NJW 1950, S. 536 は，ともかくもこれらの業績のいくつかをあげている。また，*A. Schönke*, Todestag, (aaO Fn. 15), S. 276 は，「ドイツの読者が翻訳のかたちでこれらの業績に接することができる」ようにならないものかと，期待を述べている。
115) この点については，*R. Goldschmidt*, Werke, (aaO Fn. 13), S. 366 参照。
116) この意味では *Alcalá-Zamora y Castillo* もそうである。vgl. *A. Schönke*, Todestag, (aaO Fn. 15), S. 276.
117) Vgl. aaO Fn. 91.
118) *Bohne* はまた，*Goldschmidt* は自分の学術上の見解の披瀝に際しては，それが「支配的見解をわかりにくくしてしまう」ことのないよう，それ相応に謙虚であったと，その授業を賞賛している。彼が著した小冊子 Rechtsfälle aus dem Strafrecht, 2. Aufl. 1927 も，教育のための著作の1つである。

講義もまた，特段の賞賛をあびた。この点に関して的を射ているのは，H. ジルベスター（H. Sylvester）が1923年2月6日付けのベルリンの新聞『Vossische Zeitung』に，「ベルリンの大学教員」に関して書いた記事の中の描写である。すなわち，「彼の授業以上に緊張感あふれるものはない。彼は，頑迷な人物でもでもなければ熟練している人物でもない。かえってそれは，集中した取り組みの中で徐々に作り上げられ，緊張した受講生の耳（そして眼）に働きかけていく。あらたなテーゼと概念をすさまじい迫力をもって繰り返し，いってみれば行ったり来たりしつつ，そしてわけても多角的に考察して，これらを思考過程の中で説明する。最高の緊張感を醸し出す表情の動きが，ときにはかすかにうかがうことができる微笑みで活気を与えられ，彼を支えている。精神的な面における軽快さもまた，ゴルトシュミットの本来的特徴である。彼のウイットをちりばめた弁論術そしてまた彼がすばらしく機転のきく人物であることは，民事訴訟・刑事訴訟という砂をかむような形式的な事柄にあっても興味を引きつける。つまり彼は，法的事例をおおいに取り上げていくことで，授業にあききった者の関心をも終始つなぎ止めておくすべを心得ているのである。鉛の重りのように，法技術的な諸概念が彼にとりついていることはない。ゴルトシュミットは，フェンシングの選手の軽やかさと実に芸術家的な喜びをもって，これらの概念を論理の戦場においてあやつっている。」そうジルベスターは記している[119]。

---

119) *Goldschmidt* の授業の評価については，ほかに *E. Schmidt*, Gedächtnis, (aaO Fn. 41), S. 447 がある。Münster 大学で教授として長年教鞭をとった法律家 *O. Kühn* 博士は，1932年から1933年にかけての冬セメスターにおいて，*Goldschmidt* の「Zivilprozeßrecht I」を受講したと話してくれた。彼は，この授業を「すばらしいもので活気がある」と思ったし，また一生懸命書き取った。*O. Kühn* 博士は，書き取ったノートの一部を今日まで保存している。大学教員に求められる教育学上の要件及び労働者家庭出身の学生を増やそうとすることについての *Goldschmidt* の一般的な考えは，今日でもなおその時事性を失ってはいない。Der deutsche Student (= Das Tagebuch, 10. Jhrg., 1929, Heft 42), S. 1737-1740 の彼の論説参照。

V. 結　　語

　ゴルトシュミットが，その時代の最も重要な天分の才の持ち主の 1 人であることは，疑う余地がない。彼は，倫理的には多様な，法哲学的基礎に立脚した概念的構成と複雑な理論構築の傾向を強く持った，ずば抜けて明晰な論理的精神の持ち主であった。同時に彼は，法の現実との関係を常に維持し，そして，それが問題になるときは，彼の抽象性の非常に高い理論を法実務及び法政策にあわせていかなくてはならないことをわかっていたのであった。彼の理論を常に完全に理解することはできないし，現在では，厳しくどころかさらにはポーレミッシュに批判されているという事実は，個性的で独創的ではあるが繊細でもある[120]こうした法律家にあっては，何ら驚くに値しない。

　ゴルトシュミットは，ナチに強いられて亡命することになったが，これによりドイツは，ヨーロッパ水準の非常に功績ある法学者を失ったのである。本稿を閉じるにあたり，我々は E. ハイニッツ（*E. Heinitz*）にならってつぎのようにいうことができる[121]。すなわち，「ジェームズ・ゴルトシュミットがそのライフワークにこめた問題提起を消化するまでに，」学界はなお長い時間を要するであろう，と。

ジェームズ・パウル・ゴルトシュミットの著作（抜粋）

Die Aufwertungskrise. Ein Ergebnis der Lehre vom Nominalismus des Geldes und des Rechts. Vortrag, Berlin 1926.

Die Lehre vom unbeendigten und beendigten Versuch, Diss. Jur. Berlin 1895 (= Strafrechtliche Abhandlungen, Bd. 7) Breslau 1897 (Neudruck Frankfurt a. M. 1977).

Die Strafbarkeit der widerrechtlichen Nötigung nach dem Reichsstrafgesetzbuch (= Strafrechtl. Abhandlungen, Bd. 6) Breslau 1897.

Das Verwaltungsstrafrecht. Eine Untersuchung der Grenzgebiete zwischen Strafrecht und

---

120) 　彼は批判を受け，また理解されていないと感じていたことから，ときとして「大いに悩んでいた。」vgl. *J. Goldschmidt, Rechtslage*, (aaO Fn. 10), VI.

121) 　(AaO Fn. 114), S. 536.

Verwaltungsrecht auf rechtsgeschichtlicher und rechtsvergleichender Grundlage, Berlin 1902.

Verwaltungsstrafrecht im Verhältnis zur modernen Staats- und Rechtslehre, in: Festgabe für Richard Koch, Berlin 1903, S. 415–443.

Materielles Justizrecht (Rechtsschutzanspruch und Strafrecht), in: Festgabe für Bernhard Hübler, Berlin 1905, S. 85–152.

Vergleichende Darstellung des deutschen und ausländischen Strafrechts, Allg. Teil, Bd. 4, 1908 (Neudruck 1991).

Der Notstand, ein Schuldproblem, Wien 1913.

Zur Reform des Strafverfahrens (= Recht und Staat in Geschichte und Gegenwart, Bd. 14), Tübingen 1919.

Gesetzesdämmerung, in: JW 1924, S. 245–249.

Der Prozeß als Rechtslage. Eine Kritik des prozeßualen Denkens (= Abhandlungen aus der Berliner Jurist. Fakultät, Bd. 2), Berlin 1925 (Neudruck Aalen 1986).

Zivilprozeßrecht, 1. Aufl. Berlin 1929, 2. umgearb. u. erw. Aufl. Berlin 1932.

Normativer Schuldbegriff, in: Festgabe für Reinhard Frank zum 70. Geburtstag am 16. Aug. 1930, Bd. 1, Tübingen 1930, S. 428–468.

ジェームズ・パウル・ゴルトシュミットに関する文献（抜粋）

Göppinger, Horst, Juristen jüdischer Abstammung im „Dritten Reich", 2. Aufl. München 1990, S. 283.

Goldschmidt, Robert, James Goldschmidts letzte Werke, in: AcP Bd. 151 (1950/1951), S. 363–366.

Heinitz, Ernst, James Goldschmidt zum Gedächtnis, in: NJW 1950, 536.

Neuner, Robert, Der Prozeß als Rechtslage. Betrachtungen zum Werke von James Goldschmidt, in: Zeitschrift für Deutschen Zivilprozeß (hrsg. v. A. v. Staff, E. Jaeger und R. Kann), Bd. 51 (1926), S. 44–52.

Schmidt, Eberhard, James Goldschmidt zum Gedächtnis, in: SJZ 1950, 447.

Schönke, A., Zum zehnten Todestag von James Goldschmidt, in: DRZ 1950, S. 275–276.

フーゴ・ジンツハイマー*

労働法の創設者**

ハンス-ペーター・ベネー***
訳 高 橋 賢 司

I. 出　　身

1. 生活の状況と家族

フーゴ・ダニエル・ジンツハイマー（ヴォルムス 1875 年 4 月 12 日生，オランダ，オーヴァー・ヴェーン 1945 年 9 月 16 日没）[1] は，労働法の学問，学説，及び実務につき帝国終期と共和国において決定的に重要な進歩を遂げさせた。労働協約の承認，労働者協議会（Arbeiterräte）のワイマール憲法への位置づけ，労働法典の制定についての取り組みによって，ジンツハイマーは，労働法の最も重要な創設者の 1 人といえる[2]。1903 年フランクフルト・アム・マ

---

* *HUGO SINZHEIMER*（1875 年 - 1945 年）

** Mitbegründer des Arbeitsrechts

*** Dr. *Hans-Peter Benöhr* : Professor an der Universität Frankfurt am Main
（フランクフルト大学教授）

1) ジンツハイマーの主要業績と彼についてのよりあたらしい最重要の文献は，大部分はこの論文の最後に示す。続いて，文献は，その都度最初の引用では詳しく，それ以降の引用では短縮形で示す。人物にかんする指摘についてはフランツ・マイシュティッツ教授におっている。

2) Vgl. *Kahn-Freund*, Die Väter des deutschen Arbeitsrechts, Frankfurter Allgemeine

インで弁護士として開業し，その後10年後一家を構えた[3]。1919年-20年，国民議会においてはヘッセン・ナッサウ選出の社会民主党の議員であった。同時に1919年フランクフルト大学において労働法の名誉教授に任命され，後に法社会学でも任命された。1933年社会民主党として，また，ユダヤ人として6月ナチスによって逮捕され[4]，脅迫され，妻と子どもとともにオランダに亡命している[5]。アムステルダムとライデンで，名声ある友人たちがジンツハイマーのために2つの基金講座を用意した。ドイツ軍の進駐後あらたに危険にさらされ，ジンツハイマーは隠れて生き延びるが[6]，解放後衰弱死した[7]。

ジンツハイマーは，裕福で，知的で政治的にはあきらかに自由な家族で生まれる[8]。最年長の兄は，ゲーテとバイロンについてのハイデルベルクでの博

Zeitung vom 24. Mai 1975. その際，ジンツハイマーは，他の者から議論され，その一部は実務から（フラトー，カスケル，ポットホフ），その一部は異なる研究の方向から（エルトマン，ヤコビ，ロートマール）議論されている。最初の助教授（カスケルとジンツハイマーのため）のために，共和国の始め，手はずが整えられている。ニッパーダイは，1925年労働法を含むケルンへ正教授のポストに招聘された。*Dubischar*, Zur Entstehung der Arbeitsrechtswissenschaft als Scientific Community, RdA 1990, S. 83-97.

3) 彼は，1913年1月10日，ヴュルツブルクで1890年5月20日生まれのパウラ・ヨハンナ・シュッテンハイマーと結婚しているが，4人の子どもをもうけている。ゲールトルート，ハンス・ジモン，エファ，ウーズラ・ドリスが子どもの名前である。*Arnsberg*, die Geschichte der Frankfurter Juden, Bd. 3, 1983, S. 430 f. Anm. 329.

4) *Hammerstein*, Die Johann Wolfgang Goethe- Universität, Bd. 1, 1989, S. 201 f., und 220; *Krach*, Jüdische Rechtsanwälte in Preußen, 1991, S. 276 f.

5) *Hirsch*, Aus des Kaisers Zeiten durch die Weimarer Republik in das Land Atatürks, 1982, S. 168 f. は，1933年パリのドイツ人の同僚を勧めたわずかな助力を描き，

6) *Valkhoff*, Hugos Sinzheimers Arbeiten in der Emigration, RdA 1967, S. 81-87; *Rood*, Introduction, in; Fifty Years of Labour Law and Social Security, Studies at the occasion of the fiftiest anniversary of the chair in soocial recht at the Rijksuniversity Leiden, S. 1-5; *Ursula P.*, in Memoriam *Hugo Sinzheimer*, in: *Jakob/ Voort* (Hrsg.) *Anne Frank* war nicht allein, Lebensgeschichten deutscher Juden in den Niederlanden, 1988, S. 210-220.

7) オランダにおいてである。――誤って多く指摘されているが――テリーゼシュタットではない。また，彼自身は追放されたのではない。

8) 家族は，バーディシェンジンズハイム出で，ネッカーシュタインアッハで生活

労働法の創設者　　　　　　　　　　　　　　　　　　921

士号取得の後，ミュンヘンで最も新しく創刊した「ユーゲント（Jugend）」の編集長[9]となり，2番目の兄は，ミュンヘンで国家学の非常勤の教授となっている[10]。3番目の兄は，工場主として働き[11]，唯一の姉妹は結婚した[12]。フランクフルトで銀行の教育訓練を始めたジンツハイマー自身は，医師になりたいと思っていたが，最終的には法律学を学んでいる。当時のドイツではかなり通例のものだが，大学を移った[13]。学友の目には，1894年-95年では，ジンツハイマーは，優雅に着こなし，いくぶん胸幅の狭い背の高い若者で，額から下へブラッシングした黒髪の若者だった。慎重そうで意味深長な茶の目と，額の広

し，後にヴォルムスに移っている。フロンティアの一人としてコートの工場を創設した彼の父，レオポルト・ジンツハイマー（1838-1917）は，ヴォールシュタンドで幸福を得ている。レオポルト・ジンツハイマーは，1890年，16人のユダヤ人のヴォルムス市民に属し，この領域の100人の最高課税者の一人に数え上げられる。*Arnsberg*, Die jüdische Gemeinden in Hessen, Bd. 2, 1972, S. 418-440, S. 431. フーゴは，四人の姉妹がいる。ザロモン，ルイーゼ・ザビーネ，ルードヴィッヒ，とパウル・デービッドである。*Hugo Sinzheimer*, Biographisches Handbuch der Deutschsprachigen Emigration nach 1933, Bd. 1, 1980, S. 705.

9)　ザロモン（1865-1917）は，1894年に博士号を取得した。1917年11月30日の新聞に追悼記事。「ユーゲント」は，1896年以来ミュンヘン発行の雑誌で，ユーゲントスタイルをその名にした。

10)　ルードヴィッヒ（1868-1922）は，ミュンヘンで1892年国家学の「volkswirtschaftlichen Charakter der technischen Entwicklung des deutschen Einsenhüttengewerbes」についての博士論文で博士号を取得した。1893年，彼は，ドイツにおける大企業の工場の再教育の限界を検討した。1900年，ロンドンの伯爵委員会についての教授資格論文を出版した。その後の業績では，労働者の住居問題（1902年），1日9時間労働（Soziale Praxis, Bd. 14, 1905），「現代の経済的な闘争（Schmollers Jahrbuch für Gesetzgebung）」，及び，「産業政策の基礎」を扱った。1909年，技術的な国民経済の研究論文を出した。彼は"geistigen Arbeiter" Teil 1, 1922の編集者であった。1922年追悼の記事が出ている in: Berliner Tageblatt（1.8.）；*Kürschner*, Literaturkalender, S. 17; Literarisches Zentralblatt, S. 630; Soziale Praxis, Bd. 31, S. 844.

11)　*Paul David*（1872-1920），1910 in Frankfurt.

12)　*Louise Sabine*（1866-1928）.

13)　ミュンヘン，フライブルク，ベルリン，マールブルク。カッセルにおいて第二次国家試験。後にハレでゼミナール。ハイデルベルクで博士号取得。

くしわになった茶の赤みを帯びた顔は，短くシャープな鼻とエネルギッシュなあごでアグレッシブにぱっと突き出る感じだった。彼は，裕福な家系の子として，決して安くはない下宿に住んでいた。情熱的に学問に取り組み，散歩をすることもなく，造形芸術や音楽との関係も持たず，むしろ，文学，演劇，文学へと向かった。……「私が多くおかげを被っている新しい友人は，外見上柔らかでそして頑強な思索力を持っていて，それによって，不確かでロマンチックに見える私の古典主義の立場を責め立て，冷酷にそれを破壊した」[14]。

2. ユダヤ性

思い出はなお続く。「私はしだいに秘密をあかし，分析的な精神の傷をもあらわにし，ドイツやドイツ的な本質への情熱的な愛のうちに，ユダヤ性をあかした。反ユダヤ主義は私には当時は疎遠で，私はそれを軽蔑した。私の友達は，後に教授になった……フーゴ・ジンツハイマーは，多くの傷を受けていたが，私はそれを知る由もなかった。このため，彼の目は，慎重そうで意味深長な目であった。ドイツのユダヤの深遠な悲劇がしだいに彼を捉えているように思われた。」

ジンツハイマーがどれだけユダヤ人として感じていたか，ユダヤの地方共同体の政策やシオニズムの利益に関心を持っていたか，信仰条項を考慮しどれだけ信仰の共同体を伴った共同体を模索したか，潜在的な反ユダヤ主義を彼自身に引き出し，個人的にユダヤとして攻撃にさらされたかどうか[15]，どれだけアウトサイダーであったかは，知る由もない[16]。

---

14) *Curtius*, Deutsche und antike Welt, 1950, S. 125 f.
15) *Curtius*, (aaO Fn. 14), S. 125 f. は，このことを指摘しようとしている。
16) *Hirsch*, (aaO Fn. 5), S. 45 は，自身のことを書いている。「ドイツーユダヤの対抗関係を矛盾した反対物として，拒否したい。私はドイツ人として成長し，自身のことをドイツ人として感じている。…私はユダヤ性を国民の帰属性としては一度も感じていない。父の信条として感じているにすぎない。非常に自由主義的な方法で成長し，これに誓い，他の信条の告白へと改宗したというとき，一度も少なくとも緊急避難の理由として感じたことはない」と。ジンツハイマーは，たぶん同様にこの

全盛期終わり未公開のある論文において，ジンツハイマーは，ユダヤ人がすべての特性をあきらめることを要求している[17]。彼は，自分の娘にごくわずかなヘブライ語しか習わせず，自らの子たちにまたユダヤ人であるとは教育しなかった[18]。その名は，ユダヤの団体や基金の著名な立場で表れることはなかった[19]。

いずれにせよ，その意思によらずに，ユダヤの諸関係と近づくようになる。なぜなら，ジンツハイマーの両親は，ユダヤ人であったし，後にジンツハイマー自身もユダヤ人の女性と結婚したからである。ジンツハイマーが誕生した都市ヴォルムスにおいては[20]，1300の世帯を含むドイツにおける最も古いユダヤ共同体の1つが息づいていた[21]。フランクフルトのユダヤ社会も，古く，そして，声望があった。1905年には，ジンツハイマーがここから移った後すぐ，この町は，23,000人超のユダヤ人を数え，人口の約7％にのぼっている[22]。ユダヤ人が，その割合が全体の人口に対して過密な場所でのギムナジウムと大学で期待できる可能性へと，その伝統的な教育熱心さを転化していった。このことは，法律学についてかなりの程度あてはまる[23]。しかし，国家の公務員においては，わずかにしか受け入れられておらず，ごく例外を除けば，トップの地位には昇進していなかった。このため，1913年，フランクフルトでは，ユダヤ人の割合は，公証人35.5％，弁護士61％に達していた[24]。当地の大学の創設

ように書きえたであろう。

17) *Meistiz, Hugo Sinzheimer* und das Arbeitsrecht, Einst und Jetzt, ZNR (in Vorb.).
18) *Ursula P.*, (aaO Fn. 6), S. 218.
19) *Arnsberg*, (aaO Fn. 3), S. 641.
20) *Arnsberg*, (aaO Fn. 8), S. 418-440.
21) 第一歩兵連隊を含めて全体で44,000の住民で，1905年の算定では，ユダヤ人の割合は3.4％に達している。
22) *Arnsberg*, (aaO Fn. 3), Bd. 2, S. 481. 1905年では，ドイツでは，6,064万100人の全人口の60,800人がユダヤ人で数え，それは人口の約1％を数えた。
23) *Benöhr*, Jüdische Rechtsgelehrte in der deutschen Rechtswissenschaft, in: Judentum im deutschen Sprachtum, hrsg.v. *Grözinger*, 1991, S. 280-308.
24) *Arnsberg*, (aaO Fn. 3), Bd. 2, S. 273.

にあたっては，ユダヤ人の構成員が同じく重要な役割を果たした[25]。

　70年代以来，つまり，フーゴ・ジンツハイマーの幼少時代，ドイツとヨーロッパの他の国々は，反ユダヤ主義と名乗る時代思潮であふれていた[26]。ジンツハイマーは，後にある党に加入した。その党は民主主義団体の党であり，その創設者テオドール・バースが，反ユダヤ主義の防御のための（主には非ユダヤ人の）団体の代表であった[27]。後に彼が党員となった進歩主義国民党は，「あらゆる宗教的な宗派の同権」を要求していた[28]。ジンツハイマーは最終的には国民議会に入るが，その党である社会民主党（SPD）は，中世的なものとしての，あるいは，資本主義の発展の一部分としての反ユダヤ主義と闘い，いかなる内容の差別も非難し，寛大かつ知的な構成員としてユダヤ人を受け入れた。社会民主主義の帝国議会議員の9％から10％は，ユダヤ人の出生であった。多くは，社会主義に動員されていた。その理由は，ユダヤ人が，労働者のように，解放と平等取扱いを勝ち取らなければならなかったからであった。ユダヤ人の政治家のうち，1867年から1878年，15％は社会主義者であったし，1892年には，19％，1914年までには39％にまでなっていた[29]。

---

[25]　*Kluke*, Die Stiftungsuniversität Frankfurt a, Main 1914–1932, 1972, S. 128ff.; *Pulzer*, Die jüdische Beteiligung an der Politik, in: Juden im Wilhelmsischen Deutschland 1890–1914, hrsg. v. *Mosse*, 1976, S. 143–239, S. 165–168; *Arnsberg*, (aaO Fn. 3), Bd. 2, S. 292–299.

[26]　1896年から1906年フランスは，ドリュフス事件で動揺した。1930年ジンツハイマーが警鐘を鳴らしている。

[27]　*Pulzer*, (aaO Fn. 25), S. 161.

[28]　1910年3月6日の合意綱領，第2号議案；*Mommsen*, Deutsche Parteiprogramme, 1960, S. 173 f.

[29]　ユダヤ人の選挙権者は，多くの場合，表向き財産，国家，宗教に反対であった党を選ぶことはなかった。個々の国の議会には，同様に，多くのユダヤ人の議員が数えられるが，多くは自由主義的な党派に属していた。この場は，ユダヤ人家族からの一連の社会主義的な政治家を列挙する場ではない。ワイマール憲法を起草し，ハーゼとランズベルクの双方の国民代議員と，ベルンシュタイン，ヘス，ヒルフェディング，ラッサール，ルクセンブルク，そして，マルクス，フーゴ・プロイスをあげれば，十分である。*Misch*, Politik, in : Juden im deutschen Kulturbereich, hrsg. v. *Kaznelson*, s. o., 2. Aufl., 1959, S. 531–589, S. 587 ; *Noam*, Volkswirtschaft

これに対して，兄ザロモンは，洗礼名ジークフリードの名で，カトリックに転向している。彼自身は，フリードリッヒ・ノイマンによって創設された国家社会主義党の党員になった。しかし，もともとは，ノイマン自身と他の党員のいく人かは，反ユダヤ主義的な神父シュテッカーの支持者であり，反ユダヤ主義に宣誓を交わし，その原理に固執していた。その主義として「私たちの国民の精神的かつ良俗的な生活の中心には，キリストがある」[30] とある。20 年代には，彼は，パウル・ティルリッヒと親しい関係となり，ヘッペンハイムで 1928 年の聖霊降臨祭の週に，「信仰にもとづく社会主義について」というテーマで「社会主義会議」が開かれ，彼らには，その言葉が標語として語られていた[31]。

3. 社会的及び政治的な活動

ジンツハイマーの生まれ故郷，ヴォルムスでは，マークス・エディンガー (1820-1879) への記憶がひき立っている。エーディンガーは，フーゴ・ジンツハイマーの父のように，被服工場を営み，「フライスジンガー」市議，地方公共団体委員会 (Gemeinderat) のメンバー，また，ヘッセン州議会のメンバーであり，多くの団体，特に労働者福祉，教育のための団体を創設している[32]。

若きフーゴ・ジンツハイマーは，工業化の影の部分と祖国の繊維工場の労働者の憂鬱，そして，ストライキの運動[33] の同時代性をともに経験した。国は，

---

und Soziologe, in : *Kaznelson*, s.o., S. 673-709 ; *Knütter*, Die Linksparteien, in: Entscheindungsjahr 1932, hrsg. v. *Mosse*, 2. Aufl., 1966, S. 323-345 ; *Toury*, Die politischen Orientierungen der Juden in Deutschland, 1966, S. 212 ff.; *Hamburger*, Jüdische Abgeordnete der sozialdemokratischen Partei, in: Juden im öffenlichen Leben Deutschlands, 1968, S. 399-540 ; *Pulzer*, (aaO Fn. 25), insbes. S. 152 ff., 197 ff.; *Paucker*, Zur Problematik einer jüdischen Abwehrstrategie in der deutschen Gesellschaft, S. 479-548, S. 501 ; *Benöhr*, (aaO Fn. 23), S. 292 ff.

30) Grundlinien vom 1896, § 7; *Treue*, Deutsche Parteiprogramme, 4. Aufl., 1968, S. 94f.; この党は，1896 年に結党し，1903 年に解党した。
31) *Hammerstein*, (aaO Fn. 4), Bd. 1, S. 118 ff.
32) *Arnsberg*, (aaO Fn.8), S. 432.
33) 特に，1889 年，1905 年と 1912 年の鉱山労働者の集団ストライキ。

一方で，社会問題に対して，そしてまた，組合と社会民主党[34]の力の増大に対して，社会主義法によって（1890年ないし1890年）応え，他方で，社会保険によって応え，労働者保護法，就業規則，事業所における労働者委員会と労働裁判所の前身を含む[35]，濃密になりつつあった法律によって，応えようとした[36]。国家の措置は，フランクフルトのようなコミューンにおいては[37]，住居と公営給食所（Volksküche），就労のあっせん，そして雇用プログラム，市民大学（Volkshochschule），年少者の保護，ならびにその他の社会政策の活動によって，強化され，さまざまな方法が検討された[38]。これこそが，若きジンツハイマーがフランクフルトにいた際，模索した雰囲気であった。

彼の兄，ルードビッヒ[39]とルーヨ・ブレンターノ[40]は，深い交友があった。

---

[34] 異なった方向の労働組合で1912年頃評価しうる方法で3,120,000人の構成員が団結していた。

[35] 社会民主党は，1890年，140万人の選挙権者（35人の議員）を擁し，ドイツの最強の党となった。*Huber*, deutsche Rechtsgeschichte, Bd. 3, 2. Aufl., 1963, S. 879. 同党は，1912年の最後の平和選挙にあたって，110の議員を擁し，議会で最も強い党派になった。Das Deutsche Kaiserreich, 1871–1914, hrsg. von *Ritter*, 2. Aufl., 1975, S. 366 f.

[36] 活発な立法に対する指摘，特に，1910年頃。*Rückert*, „Frei" und „sozial": Arbeitsvertrags-Konzeptionen um 1900 zwischen Liberalismen und Sozialismen, ZfA 1992, S. 225–294, S. 288.

[37] 特に市長の下で。Adickes, 1891 bis 1912.

[38] 特に異なった方向で。Gewerbegericht, Ausschuß für Sozialpolitik der Stadtverordnetenversammlung, Institut für Gemeinwohl, Gesellschaft für Wohlfahrtseinrichtungen, Auskunftsstelle für Arbeiterangelegenheiten, Soziales Museum, Gesellschaft für Soziale Reform, Akademie für Sozial- Handelswissenschaften, Zentrale für private Fürsorge, Gewerbehygiene; dazu die Zeitschrift Soziale Praxis.

[39] ルードヴィッヒ・ジンツハイマーは，ユーヨ・ブレンターノが教授資格論文のための資料を集める際，その訪問を受けている。彼自身は，社会政策協会のメンバーであった。

[40] Sinzheimer, Zum 70. Geburtstag Lujo Brentanos, wieder abgedruckt in : *Sinzheimer*, Arbeitsrecht und Rechtssoziologie, Gesammelte Aufsätze und Reden, hrsg. von *Kahn-Freund/ Ramm*, 2. Bde., 1976, Bd. 1, S. 375–377. ブレンターノは，出自がフランクフルトの有名な家族で，70年代より，労働関係に関する一連の著作を有していた。„Das Verhältnis von Arbeitslohn und Arbeitszeit zum Arbeitsertrag" はそのうちの最も重要な著作である。„Die Arbeitergilden der Gegenwart" は早期に，„Sozialpolitischen

そのブレンターノの講義をジンツハイマーは聴いている。フランクフルトで際立っていたフリードリッヒ・ノイマンの運動にかかわり[41]，その一派にすぐに属したフランクフルトの市参事会委員（Stadtrat）のカール・フレッシュ[42]は，おそらくヴィルヘルム・メルトン[43]のような保護者で博愛主義者の例であるが，彼らは，社会的な志向の中に決心を固めていった。

ジンツハイマーは，——よくいわれるところであるが——国家社会主義団体[44]に加入した。労働がドイツ国民経済の全体の成果の一部をなし，団体のメンバーはその分け前の最大化を望んだが，マルクス主義的な革命的な共産主義[45]のユートピアとドグマからは，このようなことを期待されていない。その団体の解消後，進歩的国民政党[46]のため，民主主義団体，同時に土地改革，団結の自由，職業団体の承認に努め[47]，その政党の綱領においては，賃金労働者と職員に対する配慮に大きな余地を与えていた[48]。戦争の間，彼は，最終的に

　　　Fragen der Zeit" は，後に公刊された。
41) フリードリッヒ・ノイマンは，1891年から1897年，フランクフルトで活動し，1895年最初の「プロテスタント社会会議」を実施した。
42) *Karl Fleschs soziales* Vermächtnis, Frankfurt 1922; *Sinzheimer*, Der Sozialpolitiker *Karl Flesch* und seine literarisch- wissenschaftliche Tätigkeit, Vortrag, gehalten im Ausschuß für Volksvorlesungen in Frankfurt am Main, 1915; wieder abgedruckt in: *Sinzheimer*, (aaO Fn. 40), Bd. 1, S. 378-387; *Sachße/ Tennstedt* (Hrsg.), Bettler, Gauner und Proleten, S. 298.
43) *Merton*, Gründer der Metallgesellschaft, 彼の財産の大部分は，社会的な施設や基金に捧げられ，後に新しい大学の基本的な財産を形作っている。
44) *Düding*, Der Nationalsoziale Verein, 1896-1903, 1972, pass.
45) Grundlinien, §4 ; Treue, (aaO Fn. 30), S. 94 f.
46) 1908年テオドール・バースが創設した。かつてのノイマンの支持者がこれに入り，そこからさらなる社会民主主義者が転向していく。すなわち，ルドルフ・ブライトシャイト。*Elm*, Demokratische Vereinigung, in: Die Bürgerlichen Parteien in Deutschland, hrsg. v. einem Redaktionskollektiv unter Leitung von *Fricke*, Bd. 1, 1968, S. 280-284: „der bedeutendste Versuch zur Bildung einer bürgerlich- demokratischen Partei".
47) Kluke, (aaO Fn. 25), S. 83.
48) 合意綱領，第6号議案，とくに，賃金労働者と被雇用者の経済的及び社会的状況の向上，使用者と労働者に関する法的な平等，職業団体の法的な承認，労働保護の

は，社会民主党に転向した。

労働法ないし社会法の価値ある秩序と進歩は，とくに多くのユダヤ人法律家が担った[49]時代[50]の任務であった。あいにくフランクフルトにおいて[51]，とくに多くのユダヤ人がそうであったように，ジンツハイマーは，法律事実の研究，法社会学，社会学に身を捧げた[52]。そして，しだいに自らが提起した別の問題にも捧げていった。ジンツハイマーは，――彼が履歴書に記すとおり――

構築について；*Mommsen*, (aaO Fn. 28), S. 173 ff.

49) *Huber*, (aaO Fn. 35), Bd. 4, 2.Aufl., 1982, S. 1251-1256; *Söllner*, Der industrielle Arbeitsvertrag in der deutschen Rechtswissenschaft des 19. Jh., in: Studien zur Europäischen Rechtsgeschichte, Festschrift f. *H. Coing*, 1972, S. 288-303; Ramm, Die Arbeitsverfassung des Kaiserreichs, in: Festschrift f. *W. Mallmann*, hrsg. v. *Triffterer* u. a., 1978, S. 191-211; *ders.*, Die Arbeitsverfassung der Weimarer Republik, in: In Memoriam *Sir Otto Kahn-Freund*, 1980, S. 225ff.; *ders*, Das deutsche kollektive Arbeitsrecht zwischen den beiden Weltkriegen, ZfA, 1988, S. 157ff.: *Bender*, Strukturen des kollektiven Arbeitsrechts vor 1914, in: Wege zur Arbeitsrechtsgeschichte, hrsg. v. *Steindl*, 1984, S. 251-293; *Nörr*, Zwischen den Mühlsteinen, Eine Privatrechtsgeschickte der Weimarer Republik, 1988, § 29, S. 177-221（vorher in RdA 1986, S. 403-447）; *Schröder*, Die Entwicklung des Kartellrechts und des kollektiven Arbeitsrechts durch die Rechtsprechung des Reichsgerichts vor 1914, 1988; pass., *Dubischar*, (aaO Fn. 2), S. 83-97; *Rückert*, (aaO Fn. 36), pass.

50) *Pinn*, Rechtswissenschaft, in : *Kaznelson*, (aaO Fn.29), S. 590-672：これによれば，多くのユダヤ人が与えたところであるが，法律学者は，正義のための意義，事実に関する明確な理解と愛を必要とするとする。*Benöhr*, (aaO Fn.33), S. 292 ff.; *Kempen*, Assimilation- Integration- Korporation, Das jüdisch- sozialistische Arbeitsrecht von Weimarer als Verhikel gesellschaftlichen Aufstiegs, in : *Brumlik* u.a. (Hrsg.), Der Antisememitismus und die Linke（Arnoldshainer Texte), Bd. 72), 1991, S. 33-52. 労働法ないし社会法に取り組んだユダヤ人としては，私たちは，ジンツハイマー以外では次のような人をあげる。フラスト―，フレンケル，ヤコビ，カーン・フロイト，カスケル，メスティッツ，ノイマン，ロージン，シュティア・ゾムロ，そして社会民主党においては，とくに，シュタットハーゲン。

51) アドルノ，グリューンベルク，ホークハイマー，クラフト，マンハイム，オッペンハイマー，ザロモン・デ・ラ・トーア。

52) エアリッヒ，グンプロビッツ，ヤシュトロー，ロベルト・ククジンスキーン，そしてその息子，ユルゲン，ヌスバウム，ローゼンシュトック・ヒュッシー，フリーダ・ブンダーリッヒ。

1901年夏にハレ大学で「労働法に関する特別な研究」を自らに課すために[53]，司法修習を中断している。その際，当時政治と法が最も争われ，法律に次いで個別的な労働関係を定める問題領域を，彼は選択している。それは，あまり形づくられていない領域で，将来に最も広く向けられた領域であり，当時は，まだ名もなかった。今日では，労働協約と呼ばれている。

II. 業　　績

1. 労 働 協 約

1920年には，136万人を対象とした8293の労働協約が存在し，それは，すべての労働者の14.2%であった[54]。この年，ライヒ裁判所は労働協約を完全に有効なものであると解し[55]，立法は，黙示的にこれを認めることから出発した[56]。使用者と労働者，ライヒ議会[57]，ライヒ政府[58]，団体[59]と法律学[60]は，協

---

53) 最初の論文は，Lohn und Anrechnung, 1902.
54) 最後の平和な年に，13,000の労働協約を数え，200万人の労働者を擁する20万の事業所がこれによって拘束を受けていた。
55) RGZ 73, 92.
56) このことは1910年のカリ法 (Kaligesetz) と1911年の家事労働法においていえる。
57) 1905年以来の中央党の動議，1908年からは国家自由主義者のそれがあり，1908年にはライヒ議会の決定があるが，1908年社会民主党によって拒否された。*Martiny*, Integration oder Konfrontation?, Studien zur Geschichte der sozialdemoktratischen Rechts- und Verfassungspolitik, 1976, S. 72-85.
58) 国の書記長ニーバーディングの宣言である。しかし，1909年以来後の書記長ベートマン・ホルヴェークとデルブリュックにより法律は拒否された。
59) 1908年第29回ドイツ法曹大会は，労働協約の法的な規制について議論し，呼び出しの宣言にあたっての損害賠償義務の実際上の問題についても議論した。社会政策協会やドイツ営業ないし商業者裁判所団体は，同一の問題に，社会の改革にあたって取り組んだ（とくに1912年-1913年）。
60) Unter anderen: *Oertmann*, Zur Lehre vom Tarifvertrag, Zeitschrift f. Sozialwissenschaft, Bd. 10 (1907), S.1ff. Literaturverzeichnis bei Sinzheimer, der korporative Arbeitsnormenvertrag, 1. Teil, 1907, S. IX-XIII; ders., 2. Teil, 1908, S. IX-XIII; *Zimmermann*, Tarifvertrag, Handwörterbuch der Staatswissenschaften, 3. Aufl., Bd. 7, 1911, S. 1094-1133.

約能力，平和義務，実行，仲裁手続，契約侵害の場合の損害賠償，不可変更性のような問題の解明に努めた。

これについて[61]，ジンツハイマーは，1905年以降，毎年[62]，見解を表明し，定義，理論，法律構成，実務への現在の関係性[63]，外国の前例，その結果とともに，特に高い程度の説得力を得るに達していた[64]。厳密に表現され，理由づけられた法律の草案を，彼は1916年に提出した[65]。

---

61) 依拠したのは，多くの先行業績である。彼は，ルーヨ・ブレンターノ，オットー・フォンギールケ，そして，フィリップ・ロートマールに依拠した。*Sinzheimer*, Ein Rechtssystem der Arbeit, Archiv für Bürgerliches Recht, BD. 34 (1910), S. 291. 322; *Philipp Lotmar* und die deutsche Arbeitsrechtswissenschaft, Arbeitsrecht 9 (1922), S. 587-600 (auch in : Sinzheimer, aaO, Fn. 40, Bd.1, S. 408-415); Jüdische Klassiker der deutschen Rechtswissenschaft, 2. Aufl., 1953, S. 207-224.
Bender, (aaO Fn. 49), S. 275 (nach der bahnbrechenden Arbeit Lotmars von 1900 bildete sich eine wahre Literaturflut), in: Gesamm. Schriften, hrsg. vn *Rehbinder*, 1991, (aaO Fn. 36), Rückert, (aaO Fn. 36), pass., insbes. S. 245ff, 266ff., 282ff., 291ff.; ders. zu *Lotmar* in diesem Band.

62) 1905年に，ドイツ営業裁判所の団体大会での労働協約に関して報告の前の準備報告に開始した。1906年に書評が続く。*Rundstein*, Die Tarifverträge im französischen Privatrecht; s. Bioliographie, in: *Sinzheimer*, (aaO Fn. 40), Bd. 2, S. 323 f. f. 彼の主要業績はつぎのようなものである。Der korporative Arbeitsnormenvertrag, 2 Bde., Leipzip 1907 und 1908, Neudruck in einem Band, Berlin und München, 1977; hierzu *Dubischar*, (aaO Fn. 2), S. 87 f.

63) 彼の包括的な法事実的な資料については，特に，以下の文献によるところが大きい。*Imle*, Gewerbliche Friedensdokumente, 1905; *derselben*, Die Tarifverträge zwischen Arbeitgebern und Arbeitnehmern in Deutschland, 1907; dem Reichsarbeitsblatt, das seit seinem 1. Bd. Tarifverträge vollständig abdruckte; sowie den vielen publizierten Entscheidungen der Gewerbe- und Kaufmannsgerichte.

64) 現代では労働協約は法律秩序で実行されることがジンツハイマーによっては重大な関心事となるから，実定法と結びついているとみて，それゆえ，部分的には，実定法の改定によって変更しようとする，結果を甘受しなければならないとする。1907-08年に，一部ロートマールが述べているのとは反対に，労働協約に反する個別的な労働契約は，その協約違反の規定によって有効とされ，使用者のみが拘束されている場合には，労働協約当事者の構成員ではない労働者は，労働協約によって有利には扱われないと構想している。

65) *Sinzheimer*, Ein Arbeitstarifgesetz, Die Idee der sozialen Selbstbestimmung im

1918年11月15日，大きな産業と組合が集団的な契約を締結した際[66]，わずかな間に，その法的な枠組みの生成はジンツハイマーとその他の作業の尽力により可能であった[67]。ライヒ労働大臣の労働法委員会のために招集されたジンツハイマーは，すぐに，労働協約に関する2つの草案を作成した[68]。労働協約法の草案が3つの草案のなかに属し，それを労働法委員会が総じてすべて完成させたことと[69]，1921年草案が公刊され得て，公の場で好ましく受け入れられたことは[70]，彼のエネルギーと器用さに負うものであった。ジンツハイマーは，共和国最後の年，ドイツでの仕事の最後の年に，なお「あらたな協約法のいくつかの根本問題」[71]に取り組んでいた。省の別の企図を理由として草案が提出されずにいたため，草案はまずは外国のために現実的な意味があり，ドイツにとってはナチス時代後のために意味を持っていた[72]。労働協約法は1991年終わ

Recht, 1916, mit 109 Paragaphen.

66) これは，いわゆるシュティネス・レギーネ・協定である。*Huber*, Dokumente zur Deutschen Verfassungsgeschichte, Bd. 3, 1966, Nr. 27, S. 19 f.; *Huber*, (aaO Fn. 35), Bd. 5, 1978, § 44, S. 768-777. Kollektives Arbeitsrecht, Quellentexte zur Geschichte des Arbeitsrechts, hrsg. von *Blanke* u. a., Bd. 1, 1975, Nr. 20, S. 181 ff., Nr. 6：すべての労働者の労働条件は，労働者の職業上の合意による集団的な合意を通じた当該営業の諸関係に従って，定められる。

67) 1918年12月23日の労働協約に関する命令，労働者ないし被雇用者委員会に関する命令，労働訴訟の仲裁に関する命令，RGBl., 1918, S. 1456 ff. このいわゆる労働協約命令は，全32条のうちの6条において労働協約を定めており，その6条のうち，5条が一般的拘束力宣言にかかわっている。暫定的制度として考えられ，全共和国中に有効である。

68) Vorentwürfe aus dem Nachlass, in: *Sinzheimer*, (aaO Fn. 40), Bd. 1, S. 441-457. 労働協約法は，仲裁手続の規定とともに，集団的な労働法の柱の1つになるはずのものであろう。*Bohle*, Einheitliches Arbeitsrecht in der Weimarer Republik, 1990, S. 139 f.

69) *Bohle*, (aaO Fn. 68), insbes. S. 138 f.

70) Entwürfe eines Arbeitstarifgesetzes, in: Reichsarbeitsblatt, Amtlicher Teil (1921), S. 491 ff.; wieder abgedruckt in: *Sinzheimer*, (aaO Fn. 40), Bd. 1, S. 182-204.

71) Sozial Praxis, Bd. 41 (1932), S. 1249-1258.

72) 実際，ジンツハイマーの草案と1949年4月9日の労働協約法には類似性がある。Gesetzblatt der Verwaltung des Vereinigten Wirtschaftsgebiets vom 22. April 1949, S.

りに 37,700 の労働協約にかかわるようなものとなった[73]。

2. 統一的な労働法（ワイマール憲法 157 条 2 項）

その他の分野では，ジンツハイマーは帝国時代にすでに法の発展を進める模索をしていた[74]。シュタットハーゲンの労働法[75]，ロートマーの労働契約[76]とポットホフの統一的な民間職員法への提案（1906 年）ののち，ジンツハイマーが，あらゆる労働者の権利と集団的労働法，手続法の統一化と現代化のため，1913 年ドイツのための統一的な労働法の基本思想と可能性を肯定するとき，ジンツハイマーは，それらの先行研究をしのぐものだった。ジンツハイマーは全法典化が現実的なものではないと考えていたが，1919 年初頭にストライキを実行した人々が政府から勝ち取った約束と同程度のものであったと彼は考えていた[77]。このため，共和国の当初は，労働権の保障[78]，労働力の保護[79]，統一的労働法の約束（ワイマール憲法 157 条 2 項）[80]，ライヒ労働省の創設に特徴づけられる。ライヒ労働大臣は，労働法委員会のためにジンツハイマーをあらたな 2 つの分科会のうちの 1 つにおいて委員長へと任命し，ジンツハイマーはま

---

55 ff., sprechend.

73) 1991 年 12 月 31 日に効力を有していた 37,700 の労働協約のうち，2,400 は，新しい連邦の州で，9,600 が，1 年のうち，協約登録された。このうち，2,200 のうち新しい連邦の州に妥当している。Bundesarbeitsblatt 1992, Heft 4, S. 5.

74) 民法制定時，社会民主党は，労働法の全法典化に対する要求を掲げた。*Vormbaum*, Sozialdemokratie und Zivilrechtskodifikation, 1977, pass.

75) *Stadthagen*, Das Arbeitsrecht, 2. Aufl., 1900; *Dubischar*, (aaO Fn. 2), S. 85 f.; Rückert, (aaO Fn. 36), S. 259 ff.

76) Wiedergegeben in Sinzheimer, (aaO Fn. 40), Bd. 1, S. 35-61.

77) *Nörr*, Die Weimarer Nationalversammlung und das Privatrecht, in: Gedächtnissschrift f. W. *Kunkel*, hrsg. v. *Nörr/Simon*, 1984, S. 317-343, S. 320f.; *Bohle*, (aaO Fn. 68), S. 5.

78) § 1 II 2 bis 4 Sozialisierungsgesetz von 1919; Art. 163 II WRV.

79) Art. 157 I WRV.

80) さらに雑誌上ジンツハイマーによって支援を受けている。Die Neuordnung des Arbeitsrechts, Jurist. Wochenschrift 1919, S. 465-468（auch in: *Sinzheimer*, aaO Fn. 40, Bd. 1, S. 62-69).

たとない委員長となった[81]。1923年，表向きは財政的な困難を理由として——労働法委員会は解散し，労働法典のプロジェクトは完成をみることなく終了し[82]，労働法の教科書の体系にのみ完成を遂げた[83]。

3. 労働者委員会ないし経済委員会（ワイマール憲法165条）

ジンツハイマーは，フランクフルトの境界を越えて知られるようになったとき，国民議会においては[84]，プロレタリアートの出自により，古参の党の同志

---

[81] 憲法の協議中，ライヒ労働大臣グスタフ・バウアー（社会民主党，1919年6月まで）が19人のメンバーからなる委員会を召集する。ジンツハイマーは，一般的労働契約法及び労働協約法についての部会に呼ばれた。一般的労働契約法に関する委員会には，さらに，（フランクフルト出身のジンツハイマーのように）ヘーデマン，エルトマン，ティッツェ各教授が入った。労働法委員会の今日もなお知られたメンバーや専門委員は，カスケル，ポットホフ，さらには，フラトーがいた。労働省は，労働法に学問的に従事する者を選んだが，使用者団体と労働者団体の直接的な代表を拒否した。1923年労働法典は，つぎの部分から成り立っている。総論，労働契約法，労働者保護法，雇用の創出，全契約法，労働の争訟，教育訓練，そして特別呼出し法。全体については，*Bohle*, (aaO Fn. 68), pass., insbes. S. 4 f.

[82] *Bohle*, (aaO Fn. 68), S. 138 f. 1934年の国家労働秩序法は，個々の領域のみを規制する。*Mason*, Sozialpolitik im Dritten Reich, 1977; *Kranig*, Lokung und Zwang. Zur Arbeitsverfassung im Dritten Reich, 1983. 崩壊の後，ヘッセン，ラインラント・ファルツとザールラントの規定は，画一的な労働法を約束し，連邦政府は，法典化の試みをはじめさせ，これを認めた。

[83] 1921年28ページのみを含んだハンドブックから，ジンツハイマーは，300ページをこえる重みのある教科書を編み，1927年に出版した。メシュティッツによって準備された第3版は，判例をより考慮したが，出版されることはなかった。3版が必要となったのは，この業績が成功であったことを示している。ジンツハイマー自身，集団的な労働規範契約を，ドラマティックで，純粋に私法的な規範的な構成部分と，当時の法実務とに著しく強く向けられたのち，カスケル，フーク，ニッパーダイがその都度の立法や判例を教科書の基礎としたのに対して，ジンツハイマーは，社会学の手法をとることを選択している。"Grundzüge des Arbeitsrechts"において，労働と従属性の要素から出発し，労働者階級をその自治的で国家的な社会の紐帯のなかに見出し，労働関係の権力法的な内容と並んで，債務法的な内容を打ち立てた。Dazu *Dubischar*, (aaO Fn. 2), S. 92, *Rückert*, (aaO Fn. 36), S. 271 ff. u. ö.

[84] Liste seiner öffenlichen Äusserungen im Plenum der Nationalversammlung, im

として党派の代表にも、政府官房（Regierungsamt）や委員会にも、指名されることはなかった[85]。彼はすぐに名声を得た。ジンツハイマーは、レーテシステムの問題に引き寄せられたが、この問題は根本的で、意見が対立した。それ以前には、ジンツハイマーは組合の組織にのみ従事していた。しかし、このとき、11月革命が労兵評議会によってあらゆる場所で行われた。労兵評議会はフランクフルトにおいて仮の警察長官を投入し、ベルリンでは、1919年2月10日まで政府権力を国民代議員のレーテが行使した[86]。

国民議会の召集の後、シャイデマンのもとであらたに召還された政府は、当初レーテをライヒの構成にいれるのを認めなかったが[87]、3月の騒擾ののち、これを決断した。1919年3月22日、23日、党会議において、ジンツハイマーの説明は、機知にとんだしゃれとしてシャイデマンに笑われ、受け入れられた後、政府の案が、国民議会の憲法委員会に提出された[88]。同様の提案は、第2レーテ会議に批判されたが[89]、憲法委員会[90]でのジンツハイマーによる反論の

Verfassungsausschuss und im zweiten Unterausschuss des Untersuchungsausschusses in: *Sinzheimer,* (aaO Fn. 40), Bd. 2, S. 329 f. Zum folgenden insbesondere: *Albrecht, Hugo Sinzheimer* in der Waimerer Nationalversammlung, Diss. Frankfurt a.M. 1970; Akten der Reichskanzrei der Weimarer Republik, Kabinett *Scheidemann,* bearb. von *Schulze,* 1971; Quelle zur Geschichte des Parlamentarismus und der politischen Parteien, 3. Reihe, Bd. 7, Deie SPD- Fraktion in der Nationalversammlung 1919-1920, eingeleitet von *Potthoff,* bearb. Von *Potthoff/ Weber,* 1986; *Vesting,* Die Mehrheitssozialdemokratie und die Entstehung der Reichtsverfassung von Weimarer, 1987, pass.

85) *Huber,* (aaO Fn. 35), Bd. 5, §§ 40-55, S. 673-953.
86) *Martiny,* (aaO Fn. 57), S. 94.
87) *Miller,* Die Bürde der Macht, Die deutsche Sozialdemokratie, 1918-1920, X978, S. 308.
88) 1919年4月5日。*Martiny,* (aaO Fn. 57), S. 94; *Nörr,* (aaO Fn. 77), S. 340.
89) Berlin, 8.-14. April. 独立社会民主党は、労働者委員会を「就業している住民の代表」として維持し、強化しようとしていた。多数の社会民主主義者の一グループは、コミューンから帝国まで、すべての組織のレベルで、2つの部会を要求し、すなわち、市民の民主主義の原理に従って選挙された国民部会、職業階級の区分にもとづいて形成される労働部会を要求した。双方の部会は、その法的な地位について

後，社会民主党統一大会[91]と国民議会の本会議で承認された[92]。

　経済的憲法（Wirtschaftverfassung）は，ワイマール憲法 165 条によれば，一方では，経営労働者協議会，地域労働者協議会，及び，ライヒ労働者協議会[93]によることになり，他方では，あらゆる職業活動により形成される経済協議会とライヒ経済協議会によることになる。これらの協議会には，命令と行政行為の公布が授権され，議会法の代表が授権され，法律提案の鑑定，行政のコントロールが授権された[94]。一方では，第 2 レーテ会議でのソビエトユニオンの憲法や独立社会民主主義派の提案に即応するような，レーテの支配は退けられ，他方で，ライヒ議会とライヒ協議会と並んだ，同権の立法の要素としての経済議会（Wirtschaftsparament）は，多数の社会主義者によってなされた第 2

　　共通の管轄でありえた。この要求は受け入れられた。これに対して，第 3 の労働者委員会を，専門鑑定のような機能を満たし，予定された社会主義化にあたっての協力のため，形成すべきとする，ジンツハイマーの構想と政府の憲法上の申請に一致した申立ては，認められなかった。*Martiny*, (aaO Fn. 57), S. 85-99; *Miller*, ((aaO Fn. 87), S. 293 f., 308 f.; *Huber*, (aaO Fn. 35), Bd. 5, § 48, S. 828-850, § 67 Ⅳ 2, S. 1105 f.

90)　*Sinzheimer* als Berichterstatter, Verfassungsausschuss, 35. Sitzung, am 2. Juni 1919, Verh. D. Nat. Vers.（bzw. D. RT), Bd. 336, S. 393-396, 立法趣意書と並んで，Drucksache nr. 224. における 34a 条に即応した規定を含む，1919 年 4 月 5 日のライヒ政府の法律案参照。auch abgedruckt in: *Sinzheimer*, (aaO Fn. 40), Bd. 1, S. 356-363.

91)　ワイマールにおける 1919 年 6 月 12 日の戦後のレーテの思想とライヒ憲法，ドイツ（多数）社会民主主義党の第 1 回の党大会での講演。第 2 回レーテ会議で多数社会民主主義者によって提案され受け入れられた修正草案は，「ジンツハイマーの輝かしい報告」によって，拒否されるにいたった。

92)　レーテ条項を含む憲法草案 5 章「経済的生活」，151 条ないし 165 条に関する憲法委員会での報告者としてのジンツハイマー。Nationalversammlung, 63. Sitzung, am 21. Juli 1919, Verh. d. Nat. Vers., Bd. 328, S. 1748-1752; auch in: *Sinzheimer*, (aaO Fn. 40), Bd. 1, S. 364-372.

93)　このレーテは，被雇用者をも含む。

94)　つぎの記述は，とくに，ジンツハイマーの講演と業績による。Wieder abgedruckt in: *Sinzheimer*, (aaO Fn. 40), Bd. 1, S. 321-372, als Teil Ⅲ. Die Räte; dazu auch *Rückert*, (aaO Fn. 36), S. 268 f.

レーテ会議の決定に対応して，退けられた。計画されたのは，「国家の憲法と並んで，独自の社会の憲法」というものであった。「国家において政治的な憲法と並んで，別の経済憲法（Wirtschaftsverfassung）が基礎づけられる必要があり，それは，経済的な勢力によって自ら国家の根本規範にもとづいて，経済的に組織化された任務を遂行されるものであるとする」。国家における最高の支配を営み最終的な決定を手にする議会は，経済デモクラシーの組織としてのレーテに依拠するというものである。ジンツハイマーの信念は，一方では，国家の組織と法律による国家の要請によって，現れ，他方では，「法における社会的自己決定」[95] の必要性によって，現れる。

　この憲法条項における第1項における労働者と使用者の組織の承認は，憲法上の地位におけるシュティネスーレギーン協定の相互の譲歩を得て，1919年の労働協約令を正当化するものであった。なぜなら，地域労働者協議会ないしライヒ労働者協議会も，経営協議会も，労働条件ないし賃金条件の合意のために権限も有しておらず，これらの権限は労働組合と使用者団体にとどまっていた。協議会法の部分的な具現化は，ジンツハイマーが関わる1920年の経営協議会法によってなされた[96]。さらに意味があるのは，ライヒ経済協議会であった。しかし，レーテ条項が投げかけたさらなる問題は，解消できなかった[97]。双方の協議会のヒエラルキーのなかでの能力，それらの権限の割り当てと限界，経営協議会と労働組合，利益団体の関係，当事者，議会，行政そして，裁判所との関係等である。1919年ジンツハイマーは，最初司法大臣として提案され[98]，任務の引継ぎに表向き心の準備はできていなかったが，社会民主党派において労働省のために選任され，むろん，それは個別に選任された。なぜなら，レーテの問題において，「労働者に妥協的に働きかける」ことが必要であるという立場をとっていたからである。議会の会議に続いて，シャイデマンや

---

95) So schon der Buchtitel 1916.
96) Vom 4. Februar 1920, RGBl., 1920, S. 147 ff.; *Nörr*, (aaO Fn. 49), S. 209.
97) Vgl. *Rückert*, (aaO Fn. 36), S. 269.
98) 1919年最初の戦後の内閣，シーデマン内閣が崩壊したとき。

バウアーのもとでの法律学者，ライヒ経済大臣ヴィッセルが書くところでは，「この状況で私にとって唯一喜ばしいのは，ジンツハイマーが内閣に入ることである。私たちは非常に大きな支えを得ることになる」と。しかし，この最終的に指名を決めた議会の同日の2つめの党派の会議において，議事録上，「これは迅速に扱われなければならない」と報告され，「ライヒ労働省にはジンツハイマー博士またはシュリッケ氏……。党派は，票数でシュリッケとジンツハイマーの間で投票数に応じた選挙を行い，106票の投票があり，このうち，シュリッケ69，ジンツハイマー35，保留1，無効1」と報告されている[99]。この政治的なチャンスの喪失は，おそらく，ジンツハイマーがアクティブな政治活動から退く理由であった。

Ⅲ. 強制退去と追放

諦念のさらなる理由は，確かに，ウィルソンの平和的な行為[100]についての

---

99) Akten der Reichskanzrei, Nr. 116, S. 493 und 495; SPD- Fraktion, Nr. 51. 53 und 54, S. 96, 102 und 104 f.: 1919年6月21日14時，第2回党議員集会が行われ，15時には，新しい内閣の第1回会議がすでに予定されていた。アレクサンダー・シュリッケ（1863-1940）精密機械工は，1895年以来，ドイツ金属労働者団体の代表であり，1916年以降，戦争局の労働組合の代表者であり，1919年ヴュルテンブルク労働大臣，バウアーとロベルトシュミットとともに，共和国の第2次内閣で，自由労働組合の著名な3人の指導者の1人になった。それ以来，労働大臣は，常に労働組合の指導者であった：ほかの2人は，アレクサンダー・シュリッケ（社会民主党，1920年6月以来），ハインリッヒ・ブラウンズ（Z，1928年6月まで）である。政府は，明らかに，国民への定着の点では，労働組合におけるより強い留保を必要とした。Potthoff, Gewerkschaften und Politik zwischen Revolution und Inflation, 1979, S. 273 und 438.

100) Die Deutsche Nationalversammlung 1919/1920, Stenographische Berichte über die öffentlichen Verhandlungen des 15. Untersuchungsausschusses, 2 Bde., 1920. 国民会議は，世界大戦の勃発についての根拠，延長，喪失，平和の可能性と国際法違反を確かめるために，1919年8月20日に調査委員会を設置した。この調査委員会は，平和の可能性の問題を部会に委譲し，部会が，1916年-17年，まずウィルソンの平和的な行為を検討した。委員会の報告者は，ジンツハイマーだった。Dazu *Knorre*, Soziale Selbstbestimmung und individuelle Verantwortung, *Hugo Sinzheimer* (1875-

議会の調査委員会が引き起こし，また強めていった，個人的な誹謗と政治的な対極化であった。おそらく，ジンツハイマーがさらされた公のスポットライトに現れたとき，暴力的な反ユダヤ主義も理由となった。委員会の重要なメンバーとして，「共和国降りろ，コーンとジンツハイマーを降ろせ」とある声が彼について起こった。「彼らはよそ者だ」との保守的なクロイツ新聞の解説もなされた。調査委員会の重要な主は，むしろ，策略的な理由から人種的な同志ないし主義的な同志の自らの陣営では，常には共鳴を得ることはなかった。なぜなら，コーンとジンツハイマーは，しばしば，あまりに不器用に振舞ったからだ。なぜユダヤ人がその劣悪な諸要素から保護されていたといえるのだろうか。ユダヤ人とアーリア人との間の亀裂がより厳しいものになっていたならば，そのユダヤ性が消滅しなければならなかったであろう[101]。

ジンツハイマーはユダヤ人であり社会民主主義者であったから，社会の中でもまた，労働法学の中でも，決してアウトサイダーではなかった[102]。ジンツハイマーがライヒ議会選挙で指名されなかったならば，彼は著名人のままであったであろう。法曹大会の代表の一構成員であったし，ライヒ労働裁判所[103]やライヒ裁判所[104]では高い名声を得ていたし，学部の中でも高い地位にあった[105]。学者としてまた大学教授としての業績は，今日まで承認されたものである[106]。

  1945), Eine politische Biographie, 1991, S. 23 ff.
101) *Knorre*, (aaO Fn. 100), S. 64 f.
102) *Dubischar*, (aaO Fn. 2), pass.
103) *Citoron*, Im Memoriam *Hugo Sinzheimer*, Die Gegenwart, Jahrgang 1 (1946), Nr. 6/7, S. 36 f., は，「非凡な精神と明晰な明確さ」のあるジンツハイマーの最終弁論を想起させる。
104) このことは，とくに，ライヒ裁判所の記念論集への参加が示している：*Sinzheimer*, Über einige Grundfragen des Arbeitstarifrechts, Eine Auseinandersetzung mit den Grundlehren *Erwin Jacobis*, in: Die Reichsgerichtspraxis im deutschen Rechtsleben, Festgabe der juristischen Fakultäten zum fünfzigjährigen Bestehen des Reichsgerichts, Bd. 4, 1929, S. 1-16 (auch in: *Sinzheimer*, (aaO Fn. 40), Bd. 1, S. 255-272).
105) 1931年のジンツハイマーの学部の事項への関与の適切な例は，ヘラーやカール・シュミットの招聘についての内部の論争である：*Hammerstein*, (aaO Fn. 4), S. 143.
106) 若い筆者がより年齢の高い筆者を引用するとき，むろん彼を引用した。Z. B.

しかし，1933 年に，彼の生命は脅かされ，大学は，彼の同僚と同様にはジンツハイマーを守りきれなかった[107]。1933 年，ジンツハイマーは公証人としても解雇された。1937 年には，市民権を剥奪され，博士の学位も剥奪され，事実上の没収が行われた[108]。ドイツが行ったこうした侮辱に対する回答として，ジンツハイマーは，「学問的な思想家は，その出生ではなく，その能力による業績により，評価されるべきである」と述べ，「ドイツ法律学のユダヤ人の代表的人物」を引き合いに出した[109]。その業績は，――ジンツハイマーが評して――ドイツの精神生活から生じたものであるとし，ドイツの法律学と実務では，あらたな材料を与えてきたものであるとする。ジンツハイマーは彼自身の業績についてもあきらかに同じことを求めていった。フランクフルトの学部

Huber, (aaO. Fn. 49), S. 1251, insbes. *Nikisch*, 1961（「重要な学問的な研究，特に，フーゴ・ジンツハイマーの業績」），*Zöllner*, 1983（「基本的な意義がある」）．*Söllner* 1990,（「未来志向的」），*Hueck/ Nipperdey*, Lehrbuch des Arbeitsrechts, Bd. 2, Teil 1, 7. Aufl., 1967, § 13 は，労働協約法の歴史の一部として，ジンツハイマーの業績を多く引用し，「集団的な労働規範契約」という彼の表現が，労働協約の一般に用いられるものとして強調し，労働協約法についてのライヒ労働省によって公表された草案は，ジンツハイマーの準備草案を基礎にしているのが想起される。労働法の歴史的な条件は，支配的な労働法の文献において，いずれにせよ，強くゆすぶられる。

107) *Arnsberg*, (aaO Fn. 3), S. 300 f..., und *Göppinger*, Juristen jüdischer Abstammung im „Dritten Reich", 2. Aufl., 1990, S. 208 は，追放されたフランクフルトの法律家と経済学者としてつぎのような人をあげている：アルトシュール，ブッジ，カーン，デュリュッカー，エアハルト，グリューンベルク，ハーン，ヘラー，ヒルシュ，ヘニンガー，フッサール，カントロビッツ，ケーバー，クラフト，クラウス，レーマン，レーベ，マインツァー，マンハイム，ミヒァエル，ノイマルク，ポロック，プリブラム，ゼンガー，ザロモン，シュテュルップ，ズルツバッハ，ヴェルトハイマー，特に，355 人のフランクフルト大学の教員のうち，125 人が排除された。Zur „Säuberung der Universität": *Hammerstein*, (aaO Fn. 4), S. 219-244. Über einige : *Diestelkamp/ Stolleis* (Hrsg.), Juristen an der Universität Frankfurt, am Main, 1989, pass.

108) Benöhr, Sinzheimer, in: Juristen an der Universität Frankfurt, (aaO F. 107), S. 79 ff.

109) 2. Aufl., 1953, mit Aufsätzen über *Stahl, Goldschmidt, Dernburg, Unger, Lenel, Wilda, Glaser, Laband, Georg Jellinek, Ehrlich, Lotmar und Simon*; weitere biographische Würdigungen in : *Sinzheimer*, (aaO Fn. 40), Bd. 1.

は, 1945年, ようやく, 「ジンツハイマー」(当時所在不明) の講義再開のため再招へいを検討した[110]。

フーゴ・ジンツハイマーの著作

重要な文献は, 論文集の中に収められている：Sinzheimer Arbeitsrecht und Rechtssoziologie, Gesammelte Aufsätze und Reden, hrsg. von Kahn- Freund/ Ramm, mit einer Einleitung von Kahn-Freund (Schriftenreihe der Otto Brenner Stiftung 4), 2 Bde., 1976.

さらにつぎの論文が強調されなければならない。

Der korporative Arbeitsnormenvertrag, Eine privatrechtliche Untersuchung, 2. Teil, 1908, Nachdr. 1977.

Ein Arbeitstarifgesetz, Die Idee der sozialen Selbstbestimmung im Recht, 1916, Nachdr. 1977.

Gründzüge des Arbeitsrechts, 2.Aufl., 1927.

Das Problem des Menschen im Recht, 1933 (Arbeitsrecht und Rechtssoziologie, Bd. 2, S. 53 ff.).

De taak der rechtssociologie, 1935 (Die Aufgabe der Rechtssoziologie, in: Arbeitsrecht und Rechtssoziologie, Bd. 2, S. 85 ff.).

Jüdische Klassiker der deutschen Rechtswissenschaft, 2. Aufl., 1953.

Theorie der Gesetzgebung, Die Idee der Evolution im Recht, 1949 (Arbeitsrecht und Rechtssoziologie, Bd. 2, S. 245 ff.; dazu Radbruch, Südd. JZ 1949, S. 732 ff.).

Die Justiz in der Weimarer Republik, Eine Chronik, Einführung Kirchheimer, hrsg. v. Ramm, 1968.

フーゴ・ジンツハイマーに関する文献

Benöhr, H. Sinzheimer, in: *Diestelkamp/ Stolleis* (Hrsg.), Juristen an der Universität Frankfurt am Main, 1989, S. 83 ff.

Erd, Hugo Sinzheimer, in: Streitbare Juristen, hrsg von Krit. Justiz, 1988, S. 282 ff.;

Fraenkel, H. Sinzheimer, JZ 1958, S. 457 ff.

Kilian, Soziale Selbstbestimmung und Tarifvertrag, Diss. Frankfurt a. M., 1965.

Knorre, Soziale Selbstbestimmung und individuelle Verantwortung, Hugo Sinzheimer (1875-1945), Eine politische Biographie, 1991.

Lufthardt, Rezension zu Sinzheimer, Arbeitsrecht und Rechtssoziologie, hrsg von Krit.

---

110) *Hammerstein*, (aaO Fn. 4), S. 601.

Justiz, 1977, S. 443 ff.

Mestiz, Einige Erinnerungen an Hugo Sinzheimer, in: Historische Wurzeln der Sozialpartnerschaft, hrsg. v. *Stourzh/ Gradner*, 1986, S. 335-344.

Ders., Zur Geschichte des Tarifvertragsrechts, ZNR 1987, S. 36 ff.

Ders., Hugo Sinzheimer und das Arbeitsrecht, Einst und Jetzt, ZNR (in Vorb.).

Ursula P., in Memoriam Hugo Sinzheimer, in: *Jakob/ v.d. Voot* (Hrsg.), Anne Frank war nicht allein, Lebensgeschichte deutscher Juden in den Niederlanden, 1988, S. 210-220.

Wildberger, Hugo Sinzheimers Beitrag zur Entwicklung der Rechtsstellung der Gewerkschaften, Diss. Frankfurt a. M. 1965.

ヘルマン・ウルリッヒ・カントロヴィッツ[*]

ジレンマに立たされた法理論家[**]

モニカ・フロンメル[***]
訳　野　沢　紀　雅

I. 法文化論，未完にとどまった今なおアクチュアルなアプローチ

　1938年にオックスフォード大学出版案内（Oxford University Press）はきわめて野心的な本の出版広告を掲載した。古代，オリエント，中世及び近代の法学を論じ，それぞれに哲学的見地からの序説が付された3巻からなる書物が出版されるというのである。しかし，中世研究者にして，法史学者，法理論家，法社会学者そして刑法学者であった，つまり，今世紀前半期における数少ない博識な法律家の1人（ランダウ（Landau））であったヘルマン・カントロヴィッツの予期せぬ死は，この壮大な企画の終了を意味した。予定されていた法理論的序文の初稿が死後に出版されただけであった（法の定義（The Definition of Law），1958年）。この著作は，一定の文化で妥当する法を孤立させることなく，社会的現実との関連において考察しようとする法文化論の要綱を示すものである。基本ははっきりとしている。一定の法秩序は経験的に記述可能な社会的ダイナミズムにおいてのみ成立し，そして機能しうるというこ

---

　　[*] *HERMANN ULRICH KANTOROWICZ*（1877年-1940年）
　　[**] Ein Rechtstheoretiker zwischen allen Stühlen
　　[***] Dr. *Monika Frommel*: Professorin an der Universität Kiel（キール大学教授）

とにある。しかしながら, 法は, 常に社会的現実の一側面以上のものでもあり, またそうあろうとするから, 法秩序の, あるいはそれどころか法的規則の体系の記述にとどまろうとするのは, カントロヴィッツによればおよそ不適切なことであっただろう。〔彼によれば〕法秩序は同時に規範の秩序として理解され, また評価されなければならない。それゆえ, それぞれの時代と文化に特殊な正義の観念の文脈において解釈することが不可欠だというのである。ドイツ語圏では, 近代の法学にとっての経験科学の意義を強調すること自体まれである。国際的にみても, 規範と哲学という異なった見方との組合せは異例である。対立する方法論を結び付けることは, 法文化論の理論的枠組みの特徴である。そのような結び付けは, 新カント主義の存在・当為二元論に対する建設的な解答である——と考えられている。そこではまだ関連付けを欠いていた存在と当為の並存が, 存在と意味及び当為の三元論の方向に解消されるのである。そのような法の3つの次元が操作され, 法学の分野横断的な1つのコンセプトにまとめられる。それにより, 方法論的に異なるものとして先行している個別の分野が複合的な法理論に統合される。〔法の〕存在の次元は, 法への歴史的及び社会学的なアプローチに割り当てられる。解釈学 (Dogmatik) と比較法 (Rechtsvergleichung) は, 何よりも規律の意味を探求する。そして, 経験的に確認された法の現実, 及びその現実の規範的関連において理解される法解釈学の価値に対する問いに対して解答を与えるのが, 法哲学と法理論のような分野であるという。

　もしこの法文化論が成っていたとしたら, それは20世紀の方法論議を豊かなものにしていたことであろう。法文化論は法律学の科学的性格を保持しており, たとえば「自然法」か「法実証主義」かというような循環的論争から脱却する道を示しているからである。もし法律学について政治的に省察された学史というものがあるとすれば, カントロヴィッツはその古典的学者の1人といえよう。もし1945年以後のドイツにおいて, 「法律による不法」という現象を「法実証主義」の無力さとして片付けようとする誘惑を免れることができていたなら, そして, もしナチスの合法的無秩序 (NS-Rechts-Unordnung) の

社会的諸条件が先入観なしに記述されていたなら，カントロヴィッツは少なくとも彼の友人であり，その著『法哲学（Rechtsphilosophie）』の各版に多くのものを彼から受け継いでいた，グスタフ・ラートブルフ（Gustav Radbruch）と同じくらい有名であったであろう。しかしながら，1945年以後の法哲学の議論は，カントロヴィッツがすでに20世紀初めに古ぼけたものと考えていた問題提起にとらわれたままだったのである。「正法」への信仰（シュタムラー（Stammler））と形式的分析への実証主義的限定（ケルゼン（Kelsen））を退けた法理学が受け継がれる見込みはなかった。残念ながら，この点は現在に至るまで変わっていない。

　カントロヴィッツは，19世紀末以降の流れとなった自然法批判を実行した数少ない20世紀初頭の論者の1人である。しかし多くの同時代人とは異なり，彼は，一般的な拘束力をもつ実体的価値——今日の用語でいえば寛容の命令や人格としての承認といったものであろう——は存在しえないという現代的な洞察を，実証主義への後退を代償として獲得したのではない。彼は，自然法批判を実定法の一般的方法論批判へと拡大したのである。マックス・ウェーバー（Max Weber）由来の認識論的相対主義を考えに入れなければ，カントロヴィッツが与した自由法の立場は理解できない。実定法も超実定法も具体的な裁判（Entscheidung）を決定しえない。それゆえに，その都度に通用している法規則の妥当性（Angemessenheit）と正義性（Gerechtigkeit）への問いが，法適用のたびごとに新たに立てられ，また解答が与えられなければならないのである。法というものは，それに従う者すなわち司法の最終審裁判所の独自の貢献なしに裁判を可能にするほど完全な形に作り上げられていることはない。つまり，カントロヴィッツは相対主義者だったのであり，決定主義の任意性から遠くないところにいる。しかし，一般的な意識では，相対主義的立場に道徳的な勢い（Impetus）は存在せず，反対に確信（Glauben）〔の契機〕が広く流布されており，すべての者が同じ価値を共有する場合にのみ道徳が成立するのであるから，法文化論のような企ては一見すると逆説的に思える。より詳しくみてはじめて，その企てが今なおアクチュアルなものであることが分かる。おそら

くは，このことが，今日の法哲学の言説においてカントロヴィッツへの言及がかくも少ないことの説明になるであろう。亡命生活中に執筆活動をなした法学者という特殊事情がこれに加わる。政治的迫害の時代に，追放された状況下で百科全書的構想の法文化論を練り上げることは困難である。法文化の間を媒介するコスモポリタンが理解され受け入れられるチャンスは，彼が寛容と受容の雰囲気の中で執筆し，講じることができる場合にのみ存在する。有名な若き日の最初の著作（法学のための戦い（Kampf um die Rechtswissenschaft））が上梓された1906年から1940年（法の定義（Definition of Law）—出版は1958年）までの間にそのような条件はなかったのである。1945年以降においても，法文化論は当時議論された問題提起に馴染むものではなかった。戦後の議論は時代錯誤的な自然法のルネッサンスに捕らわれたままであった。カントロヴィッツは，基本書において「主意主義」（カール・ラーレンツ（*Karl Larenz*））とか「実証主義と自然主義の退廃」（フランツ・ヴィアッカー（*Fraz Wieacker*））といった低い評価の見出しのもとに分類されることを甘受せざるを得なかったのである。彼の法文化論が無視されたのは，それが新観念論の価値理論の観点では理解できなかったからである[1]。

---

1) ラーレンツもヴィーアッカーも，かなりの部分において，「自由法」現象についてよくみられる歪んだ見方をしている。その原因は，両者の普及した基本書の構想にある。それらは一貫して法制史に対する新観念論的な見方に従っているのである。このことは両者について，まずは〔検討〕素材の外面的な整理に，そしてとくに―自由法のような―「実証主義」の否定的素材収集を連想させる立場に対する評価にはっきりと現れている：*Karl Larenz*, Methodenlehre der Rechtswissenschaft, 5. Aufl. 1983, S. 39 ff.（第3章），「実証主義的科学概念の影響下にある法理論と方法論」；S. 64 ff.：「自由法運動における主意主義の生成」—*Fanz Wieacker*, Privatrechtsgeschichte der Neuzeit, 2. neubearb. Aufl., 1967, S. 515 ff.：第6部：実証主義の危機における私法— §29においてヴィーアッカーは「実証主義と法学的自然主義の退廃」を論じている。自由法も「退廃した」立場（ママ）の1つに数えられている。自由法は「自然主義的」（S. 580）であり，「同時に法実証主義と科学的実証主義の概念法学への反動」である，という。これらの見出しに攻撃的な評価が現れていることは，とくに，ヴィーアッカーが肯定的に評価している立場の見出し，たとえば次章§30の「正義を求めて」と比較すれば分かる。ここでは，新観念主義

II. 自由法か法律への拘束か？　反制定法の作り話

　カントロヴィッツの名は，若き日の著作『法学のための戦い』(1906年)の——多かれ少なかれ文脈から引き剥がされた——断片に結び付けられている。この著作は自由法論の綱領とみなされ，カントロヴィッツの方法批判の関心に好意的な論者[2]によってさえも誤解されている。彼らは，自由法には法律への拘束との隔たりがあるものと考えている。つまり，方法論的な文書を司法の法政策的な綱領のように読み，「自由」という形容詞を，それによって法律への拘束からの，あるいはそれどころか理由付け義務からの解放が意図されているかのように解釈するのである。カントロヴィッツは，この誤った理解を「反制定法の作り話 (contra-legem-Fabel)」として公然と否認していた。それにもかかわらず，彼は若き日の著作による論争を後になってから相対化したのだと今でも考えられている[3]。そのような主張は，彼が1933年に——つまり法律の拘束に対する姿勢がいわゆる〔ナチスの〕法革新 (Rechtserneuerung) に対する賛否の明確な態度表明を意味した時代において——かつての著作から距離をとる理由を認めていなかった，という事実に反している。彼は，1933年に出版された刑法教科書『行為と責任 (Tat und Schuld)』のなかで，国家社会主義との論争に詳しく立ち入ることなく[4]，つぎのように言明しているのである。「『法

的な考え方が叙述されている。つまり，自由法が正義の問題を提起しなかったかのように扱われているのである。しかしながらヴィーアッカーは，§29で取り上げた「実証主義的」諸潮流を次のように整理しているのである：I. 古典的実証主義の道徳的・法政策的諸条件の解体—II. 自然主義への回帰—III. 法学と立法への自然主義の貢献—IV. 法思想の混乱に対する自然主義の関与。

2) *Kaufmann/Hassemer*, Grundprobleme der zeitgenössischen Rechtsphilosophie und Rechtstheorie, S. 52 ff.：利益法学と自由法論。

3) *Kleinheyer/Schröder*, Deutsche Juristen aus fünf Jahrhunderten, UTB 2. Aufl., 1983, S. 143 ff.

4) ナチスの権力掌握前に権力に支えられた決定主義 (machtgestützten Dezisionisumus) を主張していたのは，とくにカール・シュミット (*Carl Schmitt*), Gesetz und Urteil,

学のための戦い』においてつぎのことが述べられた。すなわち，すべての〔法律に〕拘束された解釈論は——ちなみにどちらかといえばそれは私法に多く見られるのだが——多かれ少なかれ意図的な自己欺瞞であること，その実体は自由な解釈論であり，もちろん無意識に，またそれゆえに悪質かつ乱暴に行われること，そしてその本質は，主観的にしか妥当しない解釈に——それがあるときは『立法者の意思』，あるときは『法律の意思』またあるときは『正法』であると自称されることにより——客観的な装いをまとわせる技法（Kunst）なのである。そして我々なら付け加えるであろう。法律への実直な忠誠と見せかけて法律の権威を掘り崩す技法であると。……（1933, S. 27）」。

カントロヴィッツは，挑戦する相手は法律への忠誠ではなく，えせ文言解釈

1912であった。彼は自身のアプローチを，1933年以降，いわゆる規範主義と決定主義の弁証法的止揚によっていわゆる具体的秩序思考の方向に拡大した。彼は，1933年以降，自由法論者に対する最も尖鋭な批判者となった。このことについては，*Schmitt*, Über die drei Arten des rechtswissenschaftlichen Denkens, 1934（„Dezisionismus"-Vorwurf）参照。——カール・ラーレンツも1933年の前と後でシュミットと似た著述をなしていた。このことについては，*Larenz*, Rechts- und Staatsphilosophie der Gegenwart, 1931, 2.Aufl. 1935, S. 16：「規範主義，社会主義—及び心理学主義は実証主義の3つの変種である」（原著はゲシュペルト〔強調〕参照。1960年に出版された『方法論（Methodenlehre）』初版（前掲脚注1）の序文には，30年代，40年代の著作で確認できるような国家社会主義的な論争がまだ露呈している。このことについては，*Monika Frommel*, Die Rezeption der Hermeneutik durch *Karl Larenz* und *Josef Esser*, 1981, S. 178 ff. 参照。以下の論考は自由法と具体的秩序思考の関連を取り扱っている。——ハインツ・モーンハウプト（*Heinz Mohnhaupt*）は，権力掌握の前後における保守的な「自由法論者」の登場過程を叙述している。このことについては，*Mohnhaupt*, Justus Wilhelm Hedemann als Rechtshistoriker und Zivilrechtslehrer vor und während der Epoche des Nationalsozialisimus, in: *Stolleis/Simon* (Hrsg.), Rechtsgeschichte im Nationalsozialismus, 1989, S. 107 ff. 参照。——これに対して，「自由法」と具体的秩序思考の「緩和された法律への拘束」の間に類似性が見られるとの叙述は失敗している。双方の立場とも時代錯誤的であり，原典批判的な解釈の試みなしには比較できないからである。このことについては，*Okko Behrendt*, Von der Freirechtsbewegung zum konkreten Ordnungsdenken, in: *Dreier/Sellert* (Hrsg.), Recht und Justiz im „Dritten Reich", 1989, S. 34 ff. 参照。

ないしえせ歴史的解釈と目的盲目的，目的隠蔽的，あるいは目的歪曲的な体系信仰であることを明確にしていた。しかし，体系信仰への批判は法律への拘束の過小評価を意味しないという。概念による構成は不可欠ではあるが，他の，例えば利益法学的な手法による制御が必要である。そのような手法は，「正式に」拘束されていない限りにおいて，すなわち形成過程がまだ終わっていない限りにおいて「自由」なのである，という。

1933年に出版された自身の刑法教科書において，彼は，その法理論的アプローチの模範例を実行した。彼は，責任論に関する法理論的なそして一般的でもある考察を狭義の犯罪論の前に配置した。この組み立ては著者の自由法的な確信によって明確に理由付けられた。すなわち「この組み立ての基礎には，概念による構成，ある法概念ないしある法秩序の体系，もしくはその法秩序の領域の体系への整理が他の手法での制御を受けるには早すぎるということはない，という自由法的確信がある。たしかに概念による構成は不可欠である，それは科学的思考の要請であるのみならず，正義の要請でもある。すなわち，正義だけがその手法の抽象性によって，概念盲目的な感情法学がどうしてもさらされてしまう危険，等しいものを等しくなく，等しくないものを等しく扱う危険を防ぐのである。しかし，方法論的に啓蒙された法律家は，この手法は十分でないこと，そしてどれほど厳格に見えても，目的盲目的な概念法学が結論によるコントロールなしで済ませられると思い込んでいるよりも，かなり多くの不確実さが出てくること，かなり多くの主観性を背負い込まされていることを知っている。結論が正当かつ公平であり，容易に適用でき，そして確実に実現できる場合にのみ，その結論が流れ出す元にある体系を信頼してよいだろう。論理的思考と目的論的思考，すなわち体系の首尾一貫性を指向する法律学と結論の正義を指向する法律学が，一方では世間離れした概念法学から，他方では精神なき感情法学から抜け出るために，絶えず互いに訂正し合い，互いに適応し合い，手に手を取っていかなければならない。」(1933, S. 33 f.)

しかし，カントロヴィッツは「概念」を「生活」の，一般的原則の支配を制御不能な裁判官の恣意の犠牲にしているとの先入観は，もう訂正できなかっ

た。方法論の著作と法政策的な綱領的著作との区別がつかない無能さがより深い原因であることは明らかである。法律への拘束という要請は，具体的な法的決定が規範のテキストによって決定される，ないしは法律から導かれうるという方法論的に素朴な想定だけで強化できると多くの者は考える。これに対してカントロヴィッツが強調するのは，法律の文言は法律家の解釈技法の限界を設定するだけだということである。常にと言っていいくらいに選択的な法的見解は存在するのであり，それらはすべて「法律」を引き合いに出すことができる。いずれの解決を取るかの決定は，それゆえに，法律から導き出されるのではなく，別の方法に従っているのである。したがって，すべての決定理由は，形式的要素と究極目的的 (final) 要素を含んでいる。けれどもカントロヴィッツによれば，目的と価値は科学的に根拠付けられるものではなく，特定の文化の文脈においてのみ理解されうるから，彼の見解によれば，ある価値決定を行い，それを唯一正しい決定として理由付けるための拘束力のある認識方法は存在しない。そのように考えるときにのみ，価値決定は「自由」であると述べることが意味を持ってくる。価値決定は，それが普遍的妥当性を持つものとしてではなく，時代や人，文化に特殊なものとしてのみ行われ，また理由付けられるという意味においてそのようなものなのである。しかしこのことは，よく間違って考えられているように，価値決定が恣意的になされうるとか，それどころか確たる根拠もなく純粋に決定主義的 (dezionistisch) になされうるかのようなことは意味していないのである。

しかし，自由法の認識論的基礎は相対主義的であるとの主張が意味するものは，価値自由ではない。当時の他の論者とは反対に，カントロヴィッツは，ルドルフ・シュタムラー (*Rudolf Stammler*)[5] が展開したような形式的な価値倫理によってであれ，あるいは，たとえばイエーリング (*Jhering*) とかリスト (*Liszt*) の念頭にあったような法の発達モデルによってであれ，19世紀末

---

5) *Rudolf Stammler,* Die Lehre vom Richtigen Rechte, 1902; これに対する批判として： *Hermann Ulrich Kantrowicz,* Zur Lehre vom Richtigen Recht, Archiv für Rechts- und Wirtschaftsphilosophie, 1908/1909, S. 42.

期の自然法批判を超越論哲学的に巧みにかわすような試みは行っていない。た とえば民法における利益法学とか，刑法におけるいわゆる近代学派，あるいは いわゆる社会学的国家概念といった，20世紀初頭におけるいわゆる目的論的 法思考の数多くの主張者たちを想起するだけでよい。たしかにカントロヴィッ ツは利益法学に近い立場にあったが，そのパトスには従わなかった。目的と価 値を科学的に根拠付けることができるという説を，かれは新たな迷信だと考え ていた。形式主義的な考察方法を，究極原因論的なそれに置き換えることはで きない。できるのは，「正法」なるものは存在せず，ありうるのは多かれ少な かれ納得の行きそうな法的確信だけであることを自覚しつつ，両者の観点を組 み合わせることだけである。法律学は実用的文化科学なのであり，マックス・ ウェーバーの経験的知識と価値判断の区別を守る場合にのみ，そのようなもの として科学的に扱うことができる，という。

「規範的科学」なるものは存在しないのであり，あるのは「規範についての 科学」だけである[6]。科学の任務は価値を生み出すことではない。価値は，経 験的に与えられた他の素材すべてと同じく，認識の対象である。個人的にしか 妥当しない価値判断ならば，誰しもこのことを理解する。これに対して「支配 的文化規範」（マックス・エルンスト（*Max Ernst*））は社会的に拘束力があり， 第2の社会的自然として，普遍的妥当性の外観を獲得するのが自明であるよう に考えらるかもしれない。けれども，そのことは，問題とされているのは〔規 範の〕設定（Setzungen）であること，すなわち歴史的もしくは社会学的な分 析視角からみれば社会的事実であって，歴史的，社会学的に記述されうること に変更を加えるものではない，という。同時代人がこのような洞察と折り合っ ていくのはきわめて難しいことであった。普遍的に妥当する最上位の価値は存 在し得ないことを受け入れていた論者たちでさえも，たとえば「正法」のよう に超越論的な再構成を試みた（シュタムラー）。他の者たちは，発展史的な論 証を行い，存在と当為の問題を生成中のものから機能的に探求しようと試み

---

6) *Max Weber*, Die "Objektivität" sozialwissenschaftlicher Erkenntnis, Archiv für Sozialwissenschaft und Sozialpolitik, Bd. I, 1904, S. 1ff.

た。こうした科学的分析と政治的態度決定の境界の曖昧化は，法律学に限ったことではなかった。マックス・ウェーバーは，このことをすでに1904年に社会政策学会におけるいわゆる「現実政治家（Realpolitiker）」について批判している。すなわち「実用的評価のための指示を『発展傾向』から導き出すべきだ，導き出さなければならない，いや導き出すことができるという信念がいまだに広く持たれている。けれどもそれほど一義的な『発展傾向』から獲得できるのは，一定の態度決定を取った場合に最適と思われる手段だけに関する行動の命令なのであり，その態度決定自体に関する命令は獲得できないのである」[7]。

III. ジレンマに立つ法理論家

カントロヴィッツは，1877年にユダヤ人商人の息子として〔ポーランド領〕ポーゼン（Posen）に生まれ，大学で哲学と法学のほかに国民経済学も学んだ。彼が世紀の変わり目に学んだベルリンの法学部は，政治的関心のある者にとって刺激的であった。そこでは，たとえばフランツ・フォン・リスト（*Franz von Liszt*）とその論敵ヴィルヘルム・カール（*Wilhelm Kahl*）が刑法改正と「正法」を巡って論争していた。カントロヴィッツは，1901年に1年間ミュンヘンに移り，方法的に厳密で，内容的にリベラルな「講壇社会主義者」ルーヨ・ブレンターノ（*Lujo Brentano*）のゼミナールに参加した。ベルリンに帰った後，彼は，「社会政策学会」の創立者の1人であるグスタフ・シュモラー（*Gustav Schmoller*）〔の理論〕，及び社会自由主義的な改革論議に取り組んだ。政治的には，この時代が彼を形作った。彼は，全生涯を通じてリベラル左派であり続けたのである。たしかに，彼は社会主義に対するプラトニックな愛情を持ち，そして持ち続けたが，SPD〔ドイツ社会民主党〕における議論は彼には狭すぎた。だから彼は，1903年に，その年に加入したばかりのSPDを脱退してしまったのである。彼は，民主主義の文化による資本主義構造の修正に賭け

---

[7] *Max Weber*, Der Sinn der "Wertfreiheit" der soziologischen und ökonomischen Wissenschaften, 1917, abgdr. in: Methodologische Schriften, Studienausgabe, 1968, S. 251.

ていた。彼は，官僚国家であるドイツに対しては形ばかりの愛国主義的な忠誠を守った。ともかくも 1914 年，37 歳のとき，彼は志願兵に応募したが，当時広まっていた戦争への熱狂は共有していなかった。彼の観察は多数の政治的著作の基礎となり，それらの著作からは彼が徐々に平和主義的な姿勢を強めていったことが窺われるのである。ワイマール時代の間，彼の政治的立場は，政党としては DDP〔ドイツ民主党〕に近いものであった。

　ベルリンでの学生時代は，彼の法理論的思考を決定づけた。1903 年，彼はフランツ・フォン・リストの刑法ゼミナールでグスタフ・ラートブルフと知り合った。このゼミナールから，いささか気取って「法学理論協会（Gesellschaft für Rechtswissenschaftslehre）」と名付けられた非公式のサークルが生まれ，そこでは自由法的な考え方が論じられたのである。これとほぼ同時期に，2 人の友人とリストの門弟たちはマックス・ウェーバーに取り組み，認識論的相対主義に拠ることを決意し，『月刊犯罪心理学と刑法改正（Monatschrift für Kriminalpsychologie und Strafrechtsreform）』に，互いに意見をすりあわせた論文を書いた。それらの論文は，リストの信念とは反対に，政治的・歴史的に「正しい」法の科学的認識に向かっていた[8]。その後 2 人はその立場を，対立する方向にではなく，異なった方向に修正していった。ラートブルフは価値相対主義にとどまったが，――国家社会主義に対する印象から――形ばかりの自然法的要素を統合しようと試みた。カントロヴィッツは，相対主義的なアプローチをいわゆる法文化論に拡大していったのである。

　カントロヴィッツは――後にリスト学派に戻る道を見出したラートブルフのように――ベルリンのリストではなく，より融和的なハイデルベルクのカール・フォン・リリエンタール（Karl von Lilienthal）のもとで博士学位を取得した。フライブルクでの教授資格論文（1908 年）『アルベルトス・ガンディヌスとスコラ学派の刑法（Albertus Gandinus und das Strafrecht der

---

[8]　Monika Frommel, Die Kritik am "Richtigen Recht" durch Gstav Radbruch und Hermann Urlich Kantrowicz, in: Philipps/Scholler (Hrsg.), Jenseits des Funktionalismus. Arthur Kaufmann zum 65. Geburtstag, 1989, S. 43 ff.

Scholastik)』を指導したのは，穏健な反リストのリヒャルト・シュミット (*Richard Schmidt*) であった。彼は，「厳選された13世紀の刑事訴訟記録」に基づいて当時の刑事訴訟の記録技術を「到達可能であった終局的な細部にまで及んで」叙述したが，それは「スコラ学派の精神」を文化現象として記述するためであった。つまり，精密な資料編集に労力を注いだのは，歴史的な詳しさのためにではなく，理論的な問題提起のためであった。一瞥しただけなら埃まみれの法史学的な印象の教授資格論文は，純粋に手仕事としてみるならばセンセーショナルであり，綱領的であり，どちらかといえばひんしゅくを買うものであった。カントロヴィッツは，刑法，法学史及び法哲学の教授資格を授与された[9]。このことは彼のドイツの学術界での不遇を変えるものではなかった。原因は彼の政治的関与にあった。カントロヴィッツは，学問と政治を分離するという自身の確信から，政治問題に対してリベラルな立場をとるという帰結を導き出していた。しかし，政治的文筆家としての彼はジレンマに立たされていた。社会主義に帰依することなく，自由な市場経済を支持するリベラル左派の平和主義者であることによって，そのような状態がもたらされた。彼は非常に粘り強く法政策的な論争を繰り広げていた。クルト・アイスナー (*Kurt Eisner*) の秘書フェリックス・フェッヘンバッハ (*Felix Fechenbach*) が戦争責任に関するかなり以前から知られていた書類を公表したことで国家反逆罪により訴追された訴訟では，彼は意見書を作成し (1924年)，時事評論によって弁護団を支援した (1922-25年)。多くの論説において彼は政治的司法に対する意見を表明し，その偏向を批判した。左翼に対する追求の激しさには，右翼の戦争宣伝に対する理解し難い及び腰が対応しているという。彼は，1927-28年に『司法 (Justiz)』誌に「忘れられた構成要件：戦争教唆 (Ein vergessener Tatbastand : Kriegshetze)」を発表した[10]。

---

9) 法史学者及び中世研究者としてのカントロヴィッツについては，本書のランダウの論考を参照 (S. 163, 172)。
10) 政治的著作は *Muscheler*, Relativismus und Freirecht, 1984 にすべて収録されている。さらに，その著者自身による伝記も参照。

職務不適格とするには，カントロヴィッツの政治活動のほんの一部で足りていたであろう。リベラル左派の立場は，それが国を支持する態度に譲歩できないのであれば，不文律に従い私事に留めておかなければならなかった。カントロヴィッツが講座を得るまでほぼ20年かかった。彼はフライブルクの私講師にとどまっていた。それは，同僚たちが申し訳なく思って「法律学の補助学問」の正規の助教授職を申し出た時でさえも，ある批判的な評論の故にそのままにとどまった。まさにこの時にカントロヴィッツはスイスの日刊紙にビスマルク崇拝について書いたのである。「ビスマルクの影（Bismarcks Schatten）」（1921年）がそれである。大学当局はドイツ国家人民党のグループからの圧力に屈し，「大学構成員の大多数の国家的及び社会的感情を害する」政治的態度表明は許されないという，大学としてのルールを認めた。その理由付けのために参照されたのは，一切の「公然の反抗的態度による国家的もしくは社会的感情の侵害」を学生に禁ずる学則の条文であった。これにより政治的に議論の余地ある意見表明は「公然の反抗的態度」に等しいとされ，徹底した政治的自制の義務が構成されたのである。1つの自由法的な名人芸〔的解釈〕（Meisterleistung）である。

　1929年にもこの芝居が繰り返された。1969年になってようやくイマヌエル・ガイス（Immanuel Geiss）によって公開された彼の1914年の戦争責任問題に関する意見書は，カントロヴィッツにとってはほとんどその職業経歴を犠牲にするものであった。彼，ユダヤ人，民主党員にして非協調主義の歴史家が叩かれたのは，議会の調査委員会のために（ドイツ民主党の依頼により）責任問題についてドイツ帝国に不利な見解を述べる意見書を作成したからである。この問題が政治的論争で融和の余地のない問題に属するものであったことから，その意見書は公開されはしなかったが，それが存在することだけでキールへの招聘（1929年）を挫折させたも同然であった。

　ようやくグスタフ・ラートブルフの強力な斡旋によって，彼は――当時すでに51歳であった――ラートブルフの後任者としての招聘を受けたのである。1933年に，彼は政治的理由により罷免された最初の大学教員の1人

となった。その後任に就いたかつてのラートブルフ門下生ゲオルク・ダーム（Georg Dahm）は，自分の恩師と争って不和となり，権力掌握を時事評論によって支持した。キールの法学部は，国家社会主義の「特殊攻撃部隊学部（Stoßtruppfakultät）」となったのである。

　カントロヴィッツは，亡命生活において，全体としては成功した新しい職業経歴を開始した。カントロヴィッツは，すでに以前からイギリスの文化に引きつけられており，20年代の講演旅行で，とくにケンブリッジに友人を得ていた。このことが彼の再出発を容易にした。すでに度々引用した1933年出版の刑法教科書『行為と責任』の序文に激動の雰囲気が表現されている。「1933年春に脱稿した本書は，その筆者に従って外国に行かざるを得なかった。すなわち，本書はイタリアで印刷され，イギリスで校正され，そしてスイスで出版されたのである」。

　1934年，彼は1年間のニューヨーク滞在中に，ニュー・スクール・フォー・ソーシャル・リサーチ（New School for Social Research）の「亡命者の学部（Faculty in Exile）」で教えた。この時，彼は，カール・N・リュエリン（Karl N. Llewellyn）の所で有名となった講演『リアリズムに関するいくつかの合理主義（Some rationalism about realism），1934年』を行った。これは「リアリズム法学（legal realism）」に対する要点を突いた批判であった。彼は，ハーバードではロスコー・パウンド（Roscoe Pound）のゼミナールに参加した。ファシズムの独裁とドイツの国家社会主義の成立——彼の見方からすれば——にもかかわらず，彼は自分のリベラル左派の姿勢に忠実であり続けた。1934年にそこで開催された「資本主義は法において失敗したのか」という問題に関するシンポジウムで，カントロヴィッツは自身の経済政策的信条を繰り返して，そこに集まっていたユダヤ人亡命者たちを驚かせたのである。イギリスやオランダ及びスイスのように，市場の経済的メカニズムが民主主義的な文化によって補完されているところでは，ファシズムのシステムも戦争政策への心情的支持を発生しえない，というのである。もっとも，カントロヴィッツは，当時現実のものとなりつつあった国家による経済操作の問題は扱っていな

いから，自由市場の強調に過大な解釈を与えてはならない。1937年に，彼はケンブリッジに移住した。彼は，国際的に認められてきたとの意識を持って，60歳の誕生日を祝った。1938年には夢が現実となるように思われた。本稿冒頭で述べた Oxford History of Legal Science の実現が近づいたのである。編者のカントロヴィッツとフランシス・ド・ズルエタ（*Francis de Zulueta*）は全体構成の準備作業をほぼ終えていた。グスタフ・ラートブルフは第3巻に「ドイツ法学の歴史」の章を執筆することとされていた。ラートブルフがオックスフォードに研究滞在した1年の間に，2人の友人は，集中的な意見交換の機会をいま一度持った。しかし，国家社会主義者がドイツ人の研究協力者たちに公式に協力を禁止したために，すでに1939年には，このプロジェクトの実現は深刻な危機に陥っていた。1940年にカントロヴィッツは逝去した。63歳であった。カントロヴィッツの先入観のなさとコスモポリタン的博識は，彼の法理論と法史学の研究に読むことの喜びを与えている。けれども，彼の業績全体は未完のままにとどまっているのである。

ヘルマン・ウルリッヒ・カントロヴィッツの著作（抜粋）

Der Kampf um die Rechtswissenschaft（Gnaeus Flavius の筆名による），1906, „Rechswissenschaft und Soziologie" S. 13 ff. に収録。

〔カントロヴィチ「法学のための戦い」田村五郎編訳『概念法学への挑戦』（有信堂，1958年）77頁以下所収〕

Albertus Gandius und das Strafrecht der Scholastik, 1.Bd.: Die Praxis. Ausgewählte Strafprozeßakten des dreizehnten Jahrhunderts nebst diplomatischer Einleitung, 1907; 2. Bd. Die Theorie. Kritische Ausgabe des Tractatus de Maleficiis nebst textkritischer Einleitung, 1926.

Zur Lehre vom Richtigen Recht, 1909, 短縮版 in: Archiv für Rechts- und Wirtschaftsphilosophie 2 (1908/09) S. 42 ff.

Die Contra-legem-Fabel, in: DRiZ 3 (1911), Sp. 258 ff.

Rechtswissenschaft und Soziologie, Verhandlungen des Ersten deutschen Soziologentages vom 19. bis 22. Oktober 1910 in Frankfurt a. M., 1911, „Rechswissenschaft und Soziologie" S. 117 ff. に収録。

Die Epochen der Rechtswissenschaft, in: Die Tat 6 (1914) S. 345 ff. „Rechshistorische Schriften" S. 1 ff. に収録。

Tat und Schuld, 1933.

Some rationalism about realism, Yale Law Journal. Vol. 43 (1934) 1240 ff.

The Definition of Law, Edited by Archibal Hunter Campbell. With an introduction by Arthur Lehmann Goodhardt, Cambridge: At the University Press, 1958.

論文集

Rechswissenschaft und Soziologie, Ausgewählte Schriften zur Wissenschaftslehre (Hrsg. von Thomas Würtenberger), 1962.

Rechtstheoritische Schriften (Hrsg. von Helmut Coing und Gerhard Immel), 1970.

ヘルマン・ウルリッヒ・カントロヴィッツに関する文献

Kahlheinz Muscheler, Relativismus und Freirecht, Freiburger Recht- und Staatswissenschaftliche Abhandlungen 44, 1984 (完全な文献目録付き).

ders., Hermann Ulrich Kantorowicz, Eine Biographie, 1984.

Ernst Fraenkel, Zur Soziologie der Klassenjustiz, 1927, Zur Soziologie der Klassenjustiz und Aufsätze zur Verfassungskrise 1931–32, 1968 に収録。

エルンスト・ヴォルフ[*]

一流の弁護士にして最上級審の裁判官[**]

ゲオルグ・マイヤー・ライマー[***]
訳 田 代 雅 彦

　エルンスト・ヴォルフは1933年まではドイツの一流の弁護士の1人であった。ヴォルフは亡命から帰国した後，英国占領地域における最高裁判所長官となり，したがって当時のドイツにおける最上級の裁判官の1人となった。以下においては，彼の外見からみた成功を概観した上で，その個人の運命的な衝撃や失望によって特徴付けられた人生の軌跡を辿ろうと思う。

　エルンスト・ヴォルフは1877年11月20日，軍医将官のエルンスト・ヴォルフ（*Ernst Wolff*）博士とテレーゼ・ヴォルフ（*Therese Wolff*：旧姓ジムソン *Simson*）の7人の子の1人として生まれた。ほかの2人の兄弟姉妹は早くに亡くなった。ヴォルフの祖父はエドゥアルト・フォン・ジムソン（*Eduard v. Simson*）である。エドゥアルト・フォン・ジムソンは，ハインリヒ・フォン・ガーゲルン（*Heinrich v. Gagern*）に次いで，パウルス教会における第一次ドイツ国民議会〔訳注：フランクフルト国民議会。1848年5月18日フランクフルト・アム・マインのパウルス教会で開催された国民全体の代表者の会議で，憲法制定を通じた自由主義的なドイツ統一を図り，その統一方式などを討議したが，最終的にはオーストリア，プロイセンといった有力君主国の支持を得ら

---

　[*] *ERNST WOLFF*（1877年-1959年）
　[**] Führender Anwalt und Oberster Richter
　[***] Dr. *Georg Maier-Reimer*：Rechtsanwalt in Frankfurt am Main（弁護士）

れず，1849年に頓挫した。〕の議長となり，後に帝国議会議長となり，最後にはドイツ帝国大審院長となった〔訳注：エドゥアルト・フォン・ジムソンの名前は今日，ライプチヒの地名としても残っている。戦前のドイツ大審院にして，旧東独時代のゲオルギー・ディミトロフ博物館（ナチ時代にドイツ大審院で国会放火事件の裁判が行われ，その際に起訴されたゲオルギー・ディミトロフが無罪になったことを記念して，旧ドイツ大審院は，旧東独時代にはゲオルギー・ディミトロフ博物館となっていた。)，そして現在は連邦行政裁判所となった建物が立つ広場は，初代のドイツ大審院長であったエドゥアルト・フォン・ジムソンにちなんでジムソン広場という名前で呼ばれている。ちなみにジムソン広場にはディミトロフ通りが交わっている。〕。この本の中においては，ジムソンに特別の寄稿が捧げられている。エルンスト・ヴォルフの全生涯の間，祖父の本質と外貌は，彼の手本となった。ヴォルフは祖父のために伝記と共に素晴らしい記念碑を建てた[1]。

　エルンスト・ヴォルフは19世紀末のベルリンにおいて，富裕な市民の社会に育った。大家族が，この社会においてヴォルフに安全な立場と堅実な後ろ盾を与えた。自分の家族のためを思う強い気持ちが，彼の本質にとって決定的な特徴となっている。彼の家族は，彼の兄弟姉妹と共に晩年に至るまで団結が弱まることはなかった。

　ユダヤの信仰を持った又はユダヤ人の家系の多くの人々が，ベルリンの社会に属していた。両親も祖父母もすでにキリスト教の信仰を告白していたエルンスト・ヴォルフにとっては，ユダヤ人の家系であることは1933年までは何の意味も持たなかった。

　ヴォルフはベルリンの学校（ヴィルヘルム・ギムナジウム）に通い，1895年に大学入学試験に合格した後，ローザンヌとベルリンで法律学を専攻した。ヴォルフは1898年11月21日に第1次国家試験に合格し，1898年11月26日にはすでに司法官試補（Referendar 司法修習生）として法律実務（Justizdienst）

---

1) *Wolff*, Eduard von Simson, 1929.

に就いた。1899年6月22日，ヴォルフはベルリンにおいて優（magna cum laude）〔訳注：博士号取得試験の成績は，上からsumma cum laude（秀），magna cum laude（優），cum laude（良上），satis bene（良），rite（可），non rite（不可 non probatumとも non suffici ともいう。）に分かれ，前5者は合格，後者は不合格である。〕の成績で博士号を取得した。博士号取得論文は助言者（Ratsgeber）の責任についてであった。ヴォルフは第2次国家試験を1904年7月11日，第1次国家試験と同様に優（gut）の成績で合格した。ヴォルフは，いわゆる1年の任意の兵役勤務に就くため，司法官試補の勤務を1年間，中断した。

彼は法律学と法律理論に強く傾倒したことから，学者としてのキャリアも検討した。しかし，家族との密接な結びつきが，彼を弁護士の職に就かせ，エドゥアルト・フォン・ジムソンの兄弟であるジョン・ジムソン（John Simson）によって設立され，アウグスト・フォン・ジムソン（August v. Simson）の運営していたベルリンの事務所に入所するのに，寄与したものと思われる。彼は，すでに司法官試補としての専門教育の過程でその事務所において弁護修習をしていた。ブランデンブルク門のすぐ隣のパリ広場に面したところにあった弁護士事務所は，専ら民事法関係の仕事を取り扱っていたが，すでに当時，ドイツの一流の弁護士事務所であり，その地位はエルンスト・ヴォルフの働きによって20世紀にはなおいっそう高まった。ヴォルフは1904年10月4日，ベルリン第1地方裁判所で弁護士として許可され，1905年4月28日にはこれに加えて同第2地方裁判所及び同第3地方裁判所において許可された〔訳注：弁護士の活動は，その活動をすることが許された裁判所から許可（Zulassung）をもらうのが伝統的な制度であった。〕。1919年8月4日にはベルリン・ミッテ区裁判所の地区において公証人に任命された。

1904年に戦争が始まると，ヴォルフは前線に赴いた。ヴォルフはサンシー〔訳注：Sancy-les-Meaux サンシー・レ・モーを指すものと思われる。フランスのイル・ド・フランスの中のセーヌ・マルヌ地域にある都市。〕近くのマルヌ会戦〔訳注：ドイツ軍はベルギーを突破したものの，1914年9月この会戦によってフランス軍に敗れ，第一次世界大戦は短期決戦から長期戦へと変わっ

た。〕において重傷を負い，野戦病院に入っていた際に，その野戦病院が占領されて，フランスの戦争捕虜となった。外務省の仲介による捕虜交換によって，ヴォルフはスイス（ベルン）に抑留された。ヴォルフはそこのドイツ公使館に雇われていた。ヴォルフは戦時の将校名簿と軍の身上記録から公的に——そして，機械的に——除籍したが，そこにはおそらくは当時の状況下においても普通ではない事情が，感嘆符と共に書き留められている。ヴォルフは，真実，職業上の仕事や期日の重圧のなかった抑留の時間を，人生で最も素晴らしい時間にいつも数えるのが常であったと指摘することができる。軍隊はヴォルフを，「予備役少佐の待遇（1922年付与）」で，鉄十字勲章2等を付与された予備役大尉として除籍した。

　捕虜の境遇と抑留生活から帰還すると，ヴォルフはそのままアウグスト・フォン・ジムソンの事務所において弁護士としての活動を開始した。かくしてヴォルフの弁護士としての最高の成功への道が始まった。ヴォルフはドイツにおいて最も一流の経済顧問の弁護士の1人となった。国内外の大企業が彼の助言を求め，彼の手に利益の代理を委ね，仲裁者としての熟考された判断にしたがった。

　すべての助言する弁護士のように，ヴォルフも弁護士としての能力や公証人としての能力を公衆の前でひけらかすことはしなかった。それゆえ彼の弁護士としての活動については，例外的な場合に具体的なことが伝えられるのみであった。確かに彼はこの時代においても多くの出版物に登場した。しかしながら，これらの出版物から彼の能力と意義を図ろうとするのは誤りであろう。出版物はたとえそれが彼の本来の仕事の対象についての逆推理を許すものではあったとしても，それは単に彼の活動の副産物をあきらかにするのみである。

　この時代はまず，ヴェルサイユ平和条約の結果によって形作られていた。この条約は交戦国のメンバーの間の民事法的な関係についての法律効果も含んでいた。「平和条約後のかつての敵国との間の私法的関係（Privatrechtliche Beziehungen zwischen früheren Feinden nach dem Friedensvertrag）」と題した論文によって，ヴォルフは1921年，このテーマについての専門家であること

を証明した。かつての交戦国のメンバーの間の権利の実現は，平和条約の中で設けられた，いわゆる混合仲裁裁判所（gemischte Schiedsgerichte）において行われるべきものであった。この仲裁裁判所において，エルンスト・ヴォルフは，著名なドイツの企業，またドイツ国家やプロイセン国家の代理を務めた。1920年代においては，彼の時間の大部分がその仕事によってつぶされるほどであった。当時はとりわけドイツ＝フランスとドイツ＝ベルギーの混合仲裁裁判所において，ドイツの利益のために公平な取扱いを保障することが困難であったと，ヴォルフは何度も叙述している[2]。ヴォルフは，翻訳され，評釈の付された仲裁判断の書籍の共同編集者であり，「国際取引における法的責任の追及（Rechtsverfolgung）」のシリーズの共同編者でもあった。多くのこれらの仲裁裁判所の強固な，そして政治的に決めつけられたルサンチマン（Ressentiment）〔訳注：キルケゴールによって確立された哲学上の概念。主に強者に対して，弱い者の憤りや怨恨，憎悪，非難の感情をいう。〕にたいして，ドイツの弁護士達は時代と共に，公平な立場を貫き通すのに成功していった。そして，その中でエルンスト・ヴォルフは第一人者であった。

　ドイツ＝フランスの混合仲裁裁判所の客観化（Versachlichung）も，1923年のルールの戦い（ルール地方占領）の間は逆行を経験した。そのことは，いわゆるクルップ訴訟において悲劇的な，そして，法律的なクライマックスを迎えた。フランス占領軍の分遣隊はクルップ社の自動車倉庫を占拠した。同様の他の事案と同様に，このことによって従業員全体は直ちにストライキに入り，分遣隊のメンバーが駐留している事務所の建物の前において無言のデモンストレーションが発生した。フランス人の1人が，外から見る限り何の理由もなく（ohne äußeren Anlaß），労働者に発砲した。13人が死亡し，41人の負傷者が残された。フランス占領軍は，監査役会長グスタフ・クルップ・フォン・ボーレン＝ハルバッハと数名の役員，クルップ社の重役に対する刑事訴訟を演出した。クルップ社に長年にわたって助言をしていたヴォルフは，普通であれば純

---

[2] *Wolff*, JW 1921, 1432; 1924, 593 ff.

然たる民事の弁護士であったにもかかわらず，ジュネーブ出身のスイス弁護士モリオー (*Moriaud*)，エッセンの弁護士グリム (*Grimm*) 博士，法律顧問官 (Justizrat) のヴァンデル (*Wandel*) と共に，フランス語で行われる公判において，被告人の弁護を行った。ヴォルフは弁護人の中で最初に弁論を行った。ここで彼の最終弁論から数行をドイツ語に翻訳して引用する。ヴォルフは始めた。

「裁判長，裁判官の皆様。
同僚たちの中で最初にクルップ社のメンバーの弁護の弁論をするため，深い感慨をもって立ち上がりました。私は皆様に対し，十分に精通しているとはいえない言語をもってしながら，完全に精神的に自由に自らの意見を述べることができるよう話す必要に迫られております。しかしながら，それでも私は不安を感じておりません。なぜなら，私のフランス語がどれだけ不完全であろうとも，ここではフランス語かドイツ語かを話すかが問題なのではなく，すべての文明国に共通の言語，すなわち公平と真実の言語を話すことが問題であるからです。私が皆様に話したいのはこの言葉です。そしてこの言葉のみです。」[3]

フランスの占領者はこの言葉に耳を傾けようとしなかった。彼らは被告人らに5年から15年の懲役刑を宣告した。再審 (Revision)〔訳注：この Revision はフランス刑事訴訟法 622 条にいう再審 (Des demandes en révision) を指すものと考えられる。〕も破毀の申立て (Kassationsrekurs)［上告］〔訳注：原審判決は，重罪院 la cour d'assises の判決と思われるので，原文にいう Kassationrekurs とはフランス刑事訴訟法 567 条にいう Pourvoi en cassation（破毀院への破毀の申立て）を指すものと考えられる。Kassation はフランス語の

---

3) 「フランス戦時裁判所におけるクルップ訴訟 (Der Prozeß Krupp vor dem französischen Kriegsrecht)」1923 年 48 頁から引用した。この本の貸与とクルップ裁判に関するさらなる資料はフリードリッヒ・クルップ有限会社の歴史文書館に負う。

cassation を，rekurs はフランス語の recours をそのまま使用し，フランス刑事訴訟法の条文に即した表現が使用されていると思われる。〕も棄却された[4]。この判決は，社会に受け入れられるところではなかった。その判決の評価につき，プロイセン裁判官協会は「裁判官としての殺人者」というタイトルによって態度を明らかにした[5]。

エルンスト・ヴォルフは尊敬する叔父のアウグスト・フォン・ジムソンの伝統にしたがい，弁護士の職業利益と職業組織のために積極的に取り組んだ。ヴォルフは1918年にベルリン弁護士会（Berliner Rechtsanwaltskammer）の理事会（Vorstand）の一員となり，1925年には副会長の1人となり，1929年には会長となった。彼は1933年までその職にあった。彼は同時に1929年にドイツ弁護士会理事会連盟（Vereinigung der Vorstände der deutschen Anwaltskammer）の会長となった。ヴォルフは［弁護士の］職業の利益と誠実のために，全力をもってこれらの職の任務に献身した。

弁護士はとりわけ2つの問題分野を通じて，打撃を受けていた。全般的な経済的危機が弁護士を襲った。いやこの危機はとりわけ強く弁護士を襲ったものと思われる。弁護士の労働条件もさらに構造的に悪くなったからである[6]。弁護士の数の増加に伴い，その活動領域はさらにいっそう削減されていった。弁護士による依頼者の金銭の横領事件がいくつか知られると，世間の激しい反発を招き，弁護士の監督を求める要求が高まった。過ちの原因は弁護士の窮状であり，新聞が強く反応した原因も国民全体の窮状であったであろう。

弁護士をとりまく情勢の変化は，1931年にプロイセンにおいて弁護士のための営業税が導入されたことによって，さらに悪くなった。弁護士の営業税は，国家財政の改善のための措置として導入されたが，このような措置はしば

---

4) Vgl. *Wolff*, JW 1923, 465; *Spethmann*, Zwölf Jahre Ruhrbergbau, 1930, S. 276.
5) *Spethmann*, (aaO Fn. 4), S. 275.
6) 当時の弁護士の窮状については，オストラーの「ドイツの弁護士1871年から1971年まで（Die Deutschen Rechtsanwälte 1871-1971）」の202頁以下，207頁以下を参照されたい。

しばある絶望的な措置の1つにすぎなかった。弁護士会と弁護士連盟は，この法規に対し国事裁判所（Staatsgerichthof）〔訳注：ワイマール共和国の憲法裁判所〕に訴えを提起したが，敗訴した。

この困難な時代にヴォルフは，世間に対し，また行政庁に対して，弁護士の利益を強く主張した。そして立法者に対しては，多数の刊行物[7]を通じて弁護士の利益を強く主張した。ベルリンの弁護士会は，ヴォルフを議長として，上記の横領事件について記者会見を開き，そこで弁護士会の役員は，おもにヴォルフをスポークスマンとして数時間，新聞雑誌の取材記者から質問を受けた。1933年2月の時点でなおも開催された，帝国司法大臣ギュルトナー（*Gürtner*）との何時間にも及ぶ対話において，ヴォルフはドイツ弁護士連盟（Deutsche Anwaltsverein）会長のルドルフ・ディックス（*Rudolf Dix*）と共に，弁護士の経済的窮状を緩和するために必要で，かつ直ちに可能な措置——その中には弁護士の許可の制限も含まれるが——を緊急命令〔訳注：ワイマール共和国の時代の議会の承認の要らない大統領の緊急命令〕によって講じる[8]ように緊急の請願をした。

ヴォルフは，営業税に対しては，すでに言及した事件における弁護士の刑事法違反を引き合いに出し，弁護士の活動を営業（Erwerb）の観点からのみ見て，事業（Gewerbe）として理解することは，弁護士の職業と本質的に相いれないということを詳しく述べた。「職業の廉直性を最高度に守るべき義務を負うものは，立法者が弁護士を商売を営む者（Gewerbetreibende）と租税上，同じに扱うということになれば，その任務がいかに限りなく困難になるかということを理解することができる。営業税は弁護士の職業に本質的に異質なものを

---

7) *Wolff*, JW 1919, 24; Staatsreferendar und Staatsassessor JW 1928, 15; Zum Entwurf eines Gesetzes über Vereinfachugs- und Ersparnismaßnahmen auf dem Gebiete der Rechtspflege, JW 1930, 3463; Erhaltung oder Abbau der freien Berufe? JW 1931, 1769; Homo ethicus, Homo oeconomicus, JW 1931, 2348; Der Entwurf einer Zivilprozeßordnung, JW 1931, 2439.

8) Anwaltsblatt 1933, 51.

持ち込み，その根幹において弁護士の職業にかかわるものである。」[9]

　弁護士のこの問題領域は，直接的に又は少なくとも間接的には，国民全体の窮乏状態から結果として生じているとしても，弁護士会は政治的目標をもった別の分野において危機に瀕した。とりわけ政治的な訴訟との関係において弁護士，つまり刑事弁護人の権利に対する激しい侵害が問題になった。突撃隊の隊員と労働者集落の共産主義・社会民主主義の住民との間での乱射が問題になったいわゆるフェルゼネック訴訟（Felseneck -Prozeß）において，上級地方裁判所（Kammergericht）は，1932年の暮れ，リッテン（Litten）弁護士を彼が公判の開始後に独自の調査（Ermittelung）をしていたという理由で，刑事弁護人から解任することとした。弁護士会の理事会（Kammervorstand）は，この事件を契機に，このような干渉を排除するよう，刑事訴訟法の改正を要求するようになった。ヴォルフはその理由として，以下のように詳しく述べた。「もし裁判所が弁護人の地位の自由を侵害し，それによって弁護士全体そのものの自由を侵害しようとすれば，それは我々の職業の根幹にかかわることである。真実をまずもって探求すべき裁判所が，このような理由をもって公判手続の前に場合によっては弁護人を解任することができる権利を用いるということは我慢がならないというほかない。このような干渉の精神に対しては，我々は強く抵抗しなければならない。」[10]

　すでに1933年よりも前に国家社会主義との対決は起きていた。プロイセン州議会において，クーベ（Kube）議員はドイツ弁護士会について最も不愉快な方法で中傷した。なぜなら，クーベの党員仲間であるローラント・フライスラー（Roland Freisler）博士〔訳注：最も悪名高いナチの裁判官〕が同僚による懲戒裁判において，有罪を宣告されていたからである。しかしながら，ここでは上記の中傷について，文言通りの引用をするべきではない。別々の声明の中でルドルフ・ディックスはドイツ弁護士連盟会のために，ヴォルフは［弁護

---

9) *Wolff*, JW 1931, 1769, 1770.
10) シュテファン・ケーニッヒ「法律実務（Vom Diest am Recht）」1987年27頁の引用による。

士会の〕理事会連盟（Vereinigten Vorstände）のために，このクーベの非難を憤慨をもって退けた。弁護士雑誌の編集部は，フライスラーの反論を掲載するのが正しいと考えた。その反論というのは，後に民族裁判所においてフライスラーが行ったことの前触れとなるものであった[11]〔訳注：フライスラーは，白バラのゾフィー・ショル，ヒトラー暗殺未遂事件のシュタウフェンベルク大佐らの裁判を担当したが，公判中，ひたすら被告人を罵倒する形のみの裁判を行った。〕。

　ヴォルフが弁護士会理事会の会長として講じた最後の措置の中の１つは，1933年の初めのことであり，新たな独裁者に向けられていた。帝国議会の炎上後，何人かの共産主義者の被疑者の弁護人が逮捕され，彼らの記録は差し押えられた。弁護士会の名においてヴォルフは1933年３月３日，逮捕された同僚のために尽力した。ヴォルフは，共産党員のために弁護の依頼を引き受けることは，弁護士が同様に共産党員であったり，共産党に同調しているものであったりするということを推測させるものでは決してないと説明した[12]。ヴォルフは差し押えられた記録，とりわけ他の依頼者のための記録[13]を返還させることに成功した。それでも，リッテン弁護士の命は救うことができなかった[14]。

　弁護士会の外においてもヴォルフは職業組織と法律家組織のために尽力した。ヴォルフは1920年から，ドイツ法律家大会の常任代表団に属していた。ヴォルフは国際法律協会（International Law Association）の最高執行委員会（Executive Council）のメンバーであり，国際弁護士連合の評議会（Conseil

---

11) 弁護士雑誌（Anwaltsblatt）1932年225頁，当該事件については，ユングファー（*Jungfer*）のベルリン弁護士雑誌（Berlinr Anwaltsblatt）1989年38頁に詳しく紹介されている。

12) Vgl. *Jungfer*, Berliner Anwaltsblatt 1989, 38, 40.

13) Akten des Justizministeriums betreffend die Anwaltskammer in Berlin 1929/34 Bl. 93-97.

14) Vgl. *Jungfer*, Anwaltsblatt 1988, 213; *Annedore Leber*, Das Gewissen entscheidet, 1957, S. 114.

der Union Internationales Avocats）（UIA）のメンバーでもあった。UIA のためのおそらくは最後の仕事として，ヴォルフとユリウス・マグヌス（*Julius Magnus*）は評議会のドイツのメンバーという資格で司法省のシュレーゲルベルガー（*Schlegelberger*）次官宛の 1933 年 6 月 26 日の連名の手紙において，ブリュッセルにおける評議会の会議について伝えた。彼らはとりわけドブロブニク（当時のラグザ）〔訳注：クロアチア共和国の都市。アドリア海沿岸のダルマチア最南部に位置する。「アドリア海の真珠」とたとえられる観光都市。〕における UIA の会議の準備について伝えた。その報告によれば，ドイツにとって不愉快なテーマ「防衛の賠償金（"Indemnité de la Défense"）」を避けて，ドイツの情勢についての態度が表明されたり，「この種の自然発生的な表明がされたりすることをできうる限り回避する」ということが大切であった。さらには，「当時の時局によって打撃を被っている（"frappés par les évènements"）」ドイツの法律家の宿泊施設を準備し，個々の場所，特に今日人のあふれかえっている場所における過剰な混雑を，規則正しく，あらゆる方面の利害に配慮したものにするために，UIA はアンケート用紙を送るであろうとも伝えられた。

　国家社会主義が権力を掌握した後も，ヴォルフはまだほんの数週間は弁護士の利益を代表することができた。1933 年 1 月に弁護士会理事会のあらたな選挙があった。国家社会主義ドイツ労働者党が独自の候補者リストを提示することによって選挙を政治化しようという試みが，初めてされた。しかし，国家社会主義ドイツ労働者党の候補者は誰 1 人として当選しなかった。エルンスト・ヴォルフは再び理事会の会長に選ばれた。

　ところが，政治的な事件によって，弁護士会理事会の全体（メンバー全員）が 1933 年 3 月 22 日，辞任した。国家社会主義の候補者リストに名を連ねる弁護士ノイベルト（*Neubert*）博士が理事長の職務を代行するもと，1933 年 3 月 22 日に新しい選挙が行われた。エルンスト・ヴォルフにとっては，候補者になるということはもはや考慮外であった。というのも彼の出自により，彼は国家社会主義の体制においては「純粋ユダヤ人（Volljude）」とみなされたからである。それゆえヴォルフは 1935 年 10 月に公証人として「当分の間」休職と

なり，1936年1月29日には公証人を罷免された。1938年12月1日ヴォルフの弁護士としての許可は，帝国市民法の第5命令にもとづき撤回された。1939年2月にヴォルフはイギリスに亡命した。

ヴォルフの弁護士としての生活はかくして強制的に終わりを告げた。彼は弁護士の職を1904年から1932年まで自由にかつ妨害を受けることもなく務めた。4年の戦争の期間を差し引くと，実際に弁護士として活動していた期間は25年強となるが，彼の影響や活動が広範囲にして，かつ，深いことと比べると驚くほど短い期間である。

エルンスト・ヴォルフの活動は何に基づいているのであろうか。ヴォルフが決して闘士でなかったことは間違いない。体格も声も小さく，きゃしゃであり，騒々しく，ガミガミ怒鳴るような立ち居振る舞いとはおよそ縁遠かった。ヴォルフの表現を用いると，「探るような目つき」でそれと分かる弁護士達にも，ヴォルフは属していなかった。彼は何が弁護士としての成功にとって重要な意味を持つかについて話をするときでさえも，まったく不真面目というのではなしに，「有能さは問題にならない。」と話をするのが常であった。彼は，それによって言いたかったことについて，エルンスト・ハイニッツ (*Ernst Heinitz*) の追悼演説の中で述べている。「専門家としての能力は，その背後にある人格より重要ではないということは，全ての職業について，おそらくは多かれ少なかれ，あてはまるであろう。そのことはまず第一に弁護士にあてはまる……」

そして上述のことはエルンスト・ヴォルフについては，まったくもって特別にあてはまる。あるテーマについて人にぬきんでて精通するということは，成功の要件ではあった。しかしながら，特別なこと，彼の活動の本来的な基礎となったことは，「分析と判断において，細やかさとニュアンスに富んだところ，文学的な様式のような優れた明確さ，簡明さ，洗練されたところ」[15]，判断と平穏と他者を尊重することにおいて限りなく良心にあふれており，かつ，何物に

---

15) *Hallstein*, JZ 1957, 733.

も惑わされないところ，ヴァルター・シュトラウス（Walter Strauß）が「人となりの魅力（Zauber seines Wesens）」と呼ぶところのもの——これを言葉で叙述することは不可能であるが——にあった[16]。これらの特質は話し相手を感動させ，話し相手を無条件に信用させた。さらに彼は幅広い教養に根ざした表現の才能も身につけており，それによって，事案に適した説得力のある言葉の表現を見つけることができた。彼が無条件に信用に値する人間であるということは，誰にもただちにそして直接に伝わることであるが，そのことと彼の言葉上の創作能力は，彼の成功の本来的な秘訣であったのであろう。

　1939年の初めに亡命した後，ヴォルフはロンドンにおいて「ドイツ及び国際法コンサルタント」として開業した。ドイツの株式法に卓越した知識を有する者として，彼は政府の「会社法改正委員会」に招かれた。彼は英国の官庁によって設けられた委員会の委員長となった。その委員会とは平和条約の私法上の条項（Bestimmung）の提言の起草に携わるものであった。チチェスター（Chichester）〔訳注：イングランド地方南東部，ウェスト・サセックス州西端に位置する人口23,731人の都市（2001年の国勢調査による。）〕にある英国国教会の司教ジョージ・ベル（ゲオルク・ベル）（George Bell）博士の提案によって，ナチ時代に作り出されたドイツの法律の改正案を起草する，さらに別の委員会が設置され，エルンスト・ヴォルフはその委員会の委員長にも就任した。提案された，総則的な法律の最初の条文は，法のもとの平等を求めるものであった。それは以下のようなものである「すべてのドイツ市民は法のもとにおいて平等でなければならない。特定の信念もしくは信条の支持，現在もしくは過去の政治的団体への加入，言語又は人種を理由とする，いかなる優先的待遇も差別も禁じられる。」[17] この提案によれば，単に国家社会主義ドイツ労働者党に所属していたというだけでは，法律上の不利益がもたらされるものではなかった。ヴォルフは報復など考えていなかった。将来のドイツ国家は非ナチ化

---

16) *Walter Strauß*, JZ 1952, 700.
17) 　この報告はワシントンの公文書館に保存されている。国家公文書集，R6 226, F16, Box722, 62217.

の問題に煩わされてはならないと考えていた。

　1947年の秋にエルンスト・ヴォルフはドイツに戻った。確かに彼はロンドンにおいて，調子が「とてもよい」と書いてはいたものの，自分の場所はドイツにあると感じていた。彼は「再建，とりわけドイツの司法の再建のために全力をもって」協力したいと望んでいたとされている。1947年12月1日ヴォルフは70歳にして英国占領地区の最高裁判所副長官に任命され，ついで1949年3月1日には長官に任命された。その任命については，公務員の任命はすでに定年を超えた時点においてであっても許されるという独自の法律を可決して初めて可能であった。本来であればカール・ガイラー（Karl Geiler）が最高裁判所長官に就任する予定であった。しかしながら，ヴォルフが長官に就任するまで，長官の職は空席となった。

　職業を選択する際に，ヴォルフは法律学と法律理論への強く傾倒しつつも，弁護士の職業に就くことを優先したが，これらへの傾倒を押し殺したものではなかった。祖父のエドゥアルト・フォン・ジムソンが自分自身の文筆にかかわる生産能力の不足を嘆いていたのに対し[18]，ヴォルフは法律学的に研究し，その成果を公刊することに何ら困ることはなかった。弁護士としての活動の傍ら，ヴォルフは夥しい量の公刊物を公刊する時間を見いだした。最初の論文は，とりわけ私法上の，戦争の結果にかかわる法（Kriegsfolgenrecht）に関するものであったが，それは一般的な経済問題にかかわるものでもあった[19]。ヴォルフはおそらく，弁護士が法律学にかかわる論文をだすにあたっての問題，すなわち次の機会には訴訟の反対当事者により，まさしく自分の公表した見解と対決を余儀なくされることを常に考慮しなければならないという問題があるということを意識していたと思われる[20]。1920年代の後半期からヴォ

---

18) *Wolff*, Eduard von Simson, (aaO Fn. 1), S. 8 f.

19) 　ZB : Privatrechtliche Beziehungen zwischen früheren Feinden nach dem Friedensvertrag, 1921; sowie JW 1919, 865; 1921, 1432; 1924, 593; 1925, 1202; Verträge zugunsten Dritter im Aktienrecht, Festschrift für *Albert Pinner*, 1932, S. 656 ff; Schuldverschreibungen auf Reichsoder Goldmark mit unechter Valutaklausel, 1935.

20) 　JW 1924, 593, 595 f.

ルフの論文は職業政策にかかわる (standespolitisch) 問題に集中するようになった[21]。1945年の後の時代からは，南ドイツ法律新聞[22]の上半期号におけるイギリスの法律の紹介から始まり，主として私法上の，戦争の結果に関する法 (Kriegs-folgenrecht)[23]，国際私法[24]，仲裁裁判権[25]にかかわる問題について多量の論文を執筆した。

　全人生を通じて，ヴォルフは若い人々と教職のために尽くすべきと感じていた。ヴォルフが1919年に司法試験委員会（後の州法律試験庁）のメンバーとなり，1926年にはその常任委員となったというのもこうした傾倒に沿うものであった。1932-33年の冬学期にはマルティーン・ヴォルフ (Martin Wolff) はエルンスト・ヴォルフをベルリンの客員教授 (Honorarprofessor) に任命しようとした。しかしながら政治的な変化からこのことは成し遂げられなかった。エルンスト・ヴォルフは1950年ケルン大学により，「民事実務 (zivilistische Praxis) への入門」の講義の客員教授に任命された。ヴォルフは，健康の許す限り，喜び，かつ献身的に，かくして与えられた職務を果たし，そ

---

21) Vgl. die Nachweise Fn. 7.

22) SJZ 1946, Sp. 133 ff; 193 ff; 1947, Sp. 353 ff; 1949, Sp. 593 ff; JZ 1951, 545.

23) The Problem of Pre-War Contracts in Peace Treaties, London 1946, dazu die Rezension von *Zweigert* SJZ 1947, 110 ff; deutsche Ausgabe: Vorkriegsverträge in Friedensverträgen, Tübingen 1949, mit sehr kritischer Rezension von *Kronstein*, RabelsZ XV (1949/50), S. 590 ff; vgl. demgegenüber *Benkard*, DRZ 1950, 429; Ferner : Die internationalen Gerichte und die privaten Interssen, Beiträge zum öffentlichen Recht, Sonderveröffentlichung der Zeitschrift für Ausländisches und Internationales Privatrecht, 1950, 202 ff.

24) Probleme des interlokalen Privatrechts in Deutschland, Festschrift für *Leo Raape*, 1948, S. 181 ff; Landesbericht an die International Law Association, The International Law Association Report of the Forty-Fifth Conference, 1953, S. 71 f, 83 f, 92 ff; Personalstatut für Gesellschaften, Vereine und Stiftungen, Festschrift für *Martin Wolff*, 1952, S. 375 ff; Londoner Schuldenabkommen, JZ 1954, 105 ff; Fragen des Internationalen Privatrechts im Londoner Schuldenabkommen, Festschrift für *Heinrich Lehmann*, 1956, Bd. II, S. 508.

25) Die Schiedsgerichtbarkeit nach englischem Recht, in *Schönke*, Internationales Schiedsgerichtswesen, Bd. II, S. 32 ff.

の職務は彼にもう1度大学で学ぶ若者と接する場を与えた。彼の授業〔訳注：原語にVerlesungとあるのはVorlesungの誤植と思われる。〕の活動の直接の成果は「民法と訴訟法の相互作用」という本となった。

　しかしながらヴォルフの最も重要な教えの成果は，客員教授としてではなく，ベルリンの弁護士として司法修習生の教育に携わったことによって達成したものであった。ヴォルフは司法修習生に対し，すべての若者に対するのと同様に限りない好意を持って接した。多くの重要な法律家がヴォルフの門下から輩出した。その中にはハンス・フォン・デア・グレーベン (Hans von der Groeben)，ヴァルター・ハルシュタイン (Walter Hallstein)，ハンス-ヨーアヒム・フォン・メルカッツ (Hans-Joachim v. Merkatz)，ウルリッヒ・ショイナー (Ulrich Scheuner)，ヴァルター・シュトラウス，ヨッヘン・ティーシング (Jochen Thiesing) などがいた。ヴォルフの指導を受けた司法修習生には，レジスタンスの闘士として第三帝国の手先の犠牲となったものもいた。ニクラウス・フォン・ハーレム (Niklaus v. Halem)，アダム・フォン・トゥロット・ツー・ゾルツ (Adam v. Trott zu Solz) などである。ヴォルフの80歳の誕生日にはかつての司法修習生38名が，エルンスト・ヴォルフによって法律家としての陶冶を受けた経験を有するという気持ちで，同じ住所に集まった。他の者と共に彼らはハンス・ユルゲン・カルマン (Hans Jürgen Kallmann) によって描かれた肖像を寄贈した。その絵は連邦通常裁判所の玄関ホールの中にかけられており，そこから彼の祖父であるエドゥアルト・フォン・ジムソンの胸像まではほんの数メートルしか離れていない。

　英国占領地域の最高裁判所長官としてのヴォルフの職務は，1950年の連邦通常裁判所の設置によって終わりを告げた。ヴォルフは72歳で退官しても，客員教授として，名誉職として，忙しく働き，その仕事をすることに喜びを感じていた。ドイツに帰った後，ヴォルフはドイツの法律社会と国際的な評価を取り戻すように多くの場所で努力した。これらの仕事は退官してからも数年は続けることができ，数多くの組織の指導的な立場においてドイツの法律制度を代弁した。あらたな創設に深くかかわったドイツ法律家大会の会長として，

そして後には名誉会長として[26]。国際法律協会（International Law Association）のドイツ地域集団としてヴォルフが再開を実現したドイツ国際法連盟の会長として[27]。国際法律協会の最高執行委員会（Executive Council）のドイツの代表者として[28]。ドイツ比較法協会の理事にして，比較法国際学会（Académie Internaionale de Droit Comparé）のドイツ国内委員会の会長として[29]。連邦司法省によって召集された民事裁判手続の改革のための委員会の会長として[30]。1950年のロンドンにおける法律統合（Rechtsangleichung）のための第3国際会議のドイツ国内委員会の会長として。そして法律統合のためのローマ研究所事務局のドイツにおける代表者としてである[31]。

ヴォルフは，彼が述べているように，すでに英国占領地区最高裁判所長官への任命を通じて，ナチ時代に受けた「侮辱」は，償われたと感じていた。大量の名誉職への就任によって，彼は自分が離れざるを得なくなったこの国と完全に和解した。彼は星と肩リボン（Schulterband）の付いた大功労十字勲章（Großen Verdienstkreuz）の叙勲を受けた。ドイツの法曹界にとっての彼の意義は，数多くの祝辞の言葉と追悼の辞によって評価されている[32]。ヴァルター・シュトラウス次官は，ヴォルフをドイツの法曹界における法律家の第一人者と呼び，フリッツ・シェファー（Fritz Schäffer）連邦司法大臣は10年の間においてドイツの法曹界の最も重要な代表的人物[33]と呼んだ。

エルンスト・ヴォルフにとって，人生の最後の数年は本当に孤独なものであった。ヴォルフはカール・ガイラーについて記している。ガイラーはゲー

---

26) NJW 1949, 500, 744; 1950, 734; 1951, 753.
27) NJW 1950, 341; The International Law Association, Report aaO (Fn. 24), S. 299.
28) *Walter Strauß*, JZ 1952, 700.
29) *Walter Strauß*, (aaO Fn. 28); NJW 1949, 500.
30) *Fritz Schäffer*, DRiZ 1959, 37.
31) *Walter Strauß*, JZ 1959, 133.
32) *Walter Strauß*, JZ 1952, 700; *Walter-Lewald*, NJW 1952, 1365; *Walter Hallstein*, JZ 1957, 734; *Fritz Schäffer*, DRiZ 1959, 37; *H. Ruscheweyh* NJW 1959, 376; *Walter Strauß*, JZ 1959, 133; *Paul Leverkuehn*, AnwBl 1959, 79.
33) *Walter Strauß*, JZ 1952, 700, 701 : *Fritz Schäffer*, DRiZ 1959, 37.

テの言葉の真実，すなわち「長く生きることは，多くの者よりも長く生き延びるということである。」[34] という言葉の真実から免れることはできなかった。そのことはヴォルフについてもあてはまった。ヴォルフの妻リヒャルディス（*Richardis*：旧姓スティーヴ）は，ロンドンにおいてドイツの爆撃により命を落とした。エルンスト・ヴォルフは子宝には恵まれなかった。妹はテレジエンシュタット〔訳注：チェコ北部の都市テレジーン（Terezín）。そこにはナチの強制収容所があった。〕において命を失った。国家社会主義を生き延びた兄弟姉妹はヴォルフからかなり遠いところに住んでいた。それゆえヴォルフは親切な女執事に支配されながら，隠遁してケルンに暮らしていた。他人とのつきあいは，おおよそ1955年から健康上の問題ととりわけ難聴によって困難となった。それでもヴォルフはまだ比較的若い親戚を同伴しての多くの旅，とりわけ彼の好きな「エンガディン〔訳注：スイス南東部。イン川に沿ってのびる山間の長い谷のある風光明媚な地域。代表都市はサン・モーリッツ〕への旅」に喜びと埋め合わせ（*Ausgleich*）を見いだした。

エルンスト・ヴォルフは1959年1月11日，チュービンゲンにおいて81歳で亡くなった。ヴォルフは毎年，そこにクリスマスに家族で集まるために出かけていた。ヴォルフはチュービンゲンにおいて2人の兄弟，すなわち医学博士ヴァルター・ヴォルフ（*Walter Wolff*）と元連邦憲法裁判所裁判官ベルンハルト・ヴォルフ（*Bernhard Wolff*）の隣に葬られて眠っている。

エルンスト・ヴォルフの著作

Privatrechtliche Beziehungen zwischen früheren Feinden nach dem Friedensvertrag, 1921.
Eduard von Simson, 1929.
Schuldverschreibungen auf Reichs- oder Goldmark mit unechter Valutaklausel, 1935.
The Problem of Pre-War Contracts in Peace Treaties, 1946.
Deutsche Ausgabe: Vorkriegsverträge in Friedensverträgen, 1949.
Bürgerliches Recht und Prozeßrecht in Wechselwirkung, 1952.
Die Schiedsgerichtsbarkeit nach englischem Recht in Schönke, Internationales Schiedsgerichts-

---

34) *Wolff*, JZ 1953, 518.

wesen Bd. II, S. 32 ff.

Das Recht Friedensvertrages - Die privatrechtlichen Bestimmungen, JW 1919, 865.

Der Krupp-Prozeß, JW 1923, 465.

Vier Jahre gemischte Schiedsgerichte, JW 1924, 593.

Die Gültigkeit der Schiedsklauseln im internationalen Privatverkehr, JW 1925, 1202.

Staatsreferendar und Staatsassessor, JW 1928, 15.

Zum Entwurf eines Gesetzes über Vereinfachungs- und Ersparnismaßnahmen auf dem Gebiete der Rechtspflege, JW 1930, 3463.

Erhaltung oder Abbau der freien Berufe?, JW 1931, 1769.

Homo ethicus, homo oeconomicus, JW 1931, 2348 ff.

Der Entwurf einer Zivilprozeßordnung, JW 1931, 2439 ff.

Verträge zu Gunster im Dritter im Akktienrecht, Festschrift für Albert Pinner, 1932, S. 656 ff.

Typische Entwicklungen im englischen Recht, SJZ 1946 Sp. 133 ff, 193 ff, 1947 Sp. 353 ff.

Probleme des interlokalen Privatrechts in Deutschland, Festschrift für Leo Raape, 1948, S. 181 ff.

Strukturwandlungen im Britischen Commonwealth, SJZ 1949, Sp. 593 ff, 686 ff.

Das britische Kabinettssystem, JZ 1951, 545.

Die internationalen Gerichte und die privaten Interessen, Sonderveröffentlichungen der Zeitschrift für ausländisches und internationales Privatrecht, 1950, S. 202 ff.

Personalstatut für Gesellschaften, Vereine und Stiftungen, Festschrift für Martin Wolff, 1952, S. 375 ff.

Fragen des internationalen Privatrechts im Londoner Schuldenabkommen, Festschrift für Heinrich Lehmann, 1956, Bd. II, S. 508 ff.

エルンスト・ヴォルフに関する文献

Walter Hallstein, Ernst Wolff zum 80. Geburtstag, JZ 1957, 734.

Walter Lawald, Ernst Wolff zum 75. Geburtstag, NJW 1952, 1365.

Paul Leverkuehn, Ernst Wolff, Anwaltsblatt 1959, 79.

G. Maier-Reimer, Zur Erinnerung an Ernst Wolff, Anwaltsblatt 1990, 492.

H. Ruscheweyh, Ernst Wolff zum Gedächtnis, NJW 1959, 376.

Walter Strauß, Ernst Wolff zum 75. Geburtstag, JZ 1952, 700.

Walter Strauß, Zum Gedächtnis von Ernst Wolff, JZ 1959, 133.

マックス・アルスベルク*

真実発見の創造的原理としての弁護人の批判精神**

ティルマン・クラッハ***
訳　渡　辺　靖　明

I. はじめに

　ホロコーストそれ自体と1945年以後の法の現状に対するその効果とを振り返るとき，法律家がその信仰だけでなくあきらかに出身によってさえも差別されていたことを思い返さざるを得ない。しかし，皮肉で悩ましいことに，ドイツの弁護士職の歴史を検証すると，国家社会主義体制となった1933年を基点として，ヒトラーによって押し付けられた「ユダヤ系」かどうかという基準にしたがわざるをえないのである。その基準では，たとえば，1933年初頭の帝国の首都ベルリンでは，認可された弁護士の半数以上がユダヤ系の共同社会にいたと確認される。また，1920-30年代の訴訟報告書，法律系の雑誌，論文，注釈書，判例評釈を読むと，実際にも名前からしてユダヤ系とわかる高名な刑事弁護人が多数出てくる。たとえば，アプフェル (*Apfel*)，フライ (*Frey*)，リッテン (*Litten*)，オルデン (*Olden*)，ピンダー (*Pindar*)，ローゼンフェルト (*Rosenfeld*)，ヴェルトハウアー (*Werthauer*)，レヴィー (*Levi*)，ヒルシュ

---

　　* MAX ALSBERG（1877年-1933年）
　　** Der Kritizismus des Verteidigers als schöpferisches Prinzip der Wahrheitsfindung
　*** Dr. *Tillmann Krach* : Rechtsanwalt in Mainz（弁護士）

ベルク（*Hirschberg*）である。彼らが名声を得ているのは当然であるが，それは弁護人としてである。他方，本稿が扱うのは，ワイマール期で1番の有名人であり，多くのセンセーショナルな訴訟で世間に知られているのみならず，専門家のあいだでは理論家として認知されている人物である。彼は，現在までまったく無名のエーベルハルト・フリードッリッヒ（*Eberhard Friedrich*）という弁護士から1938年に中傷された「偉人達」の1人である。とはいえ，フリードリッヒは，その「偉人達」の際立った特徴だけはつぎのように正しく評価している。

> 「まさに大都市では刑事弁護がユダヤ人に広く支配されていた。それゆえ，その刑事弁護人にも，ユダヤ人の個性がはっきりと打ち出されている。その大都市の住民のあいだでは，一定のユダヤ系弁護人が本当の「偉人達」とみなされているのである」[1]。

II. 刑事弁護人及び研究者としての成功

マックス・アルスベルク（*Max Alsberg*）は，1877年にボンで生まれ，庶民の家柄で育った。父親は中央広場で既製服店を経営し，一家はメッケンハイマー通りにある邸宅で暮らしていた（ちなみに，彼の妹は，オーラ・アルゼン（*Ola Alsen*）の名で，後に作家及びジャーナリストとして有名になった）。

彼は，ミュンヘン，ベルリン，ライプツィッヒ及びボンの各大学で学び，1899年にボン大学で最初の国家試験を受験し，助手として活動するかたわら司法修習生としてすごしていた。その当時からすでに評判は高く，「あらゆる人文科学に精通した博学の人であって，現役の法の学者や実務家と遜色ない」[2]と学生達のあいだで語られていたのである。

彼の弁護士活動の特徴として，理論と実務との結合があげられる。1906年

---

1) *Friedrich*, JW 1938, 1301.
2) *Apfel*, Weltbühne 1931/II, S. 758.

11月に，弱冠29歳でベルリンのノレンドルフ広場1番地に事務所を開いた当時，それ以前にすでに法律系雑誌で論文を何本か公表していた。ベルリンでは，優秀な刑事弁護人及び勤勉な研究者として急速に名声を得ていった。

　1903年から1933年までのあいだに公表された著作[3]のうちとくに優れたものは，『誤審と再審（Justizirrtum und Wiederaufnahme）』(1913年），『戦時暴利刑法（Kriegswucherstrafrecht）』（第4版・1918年），『勾留（Die Untersuchungshaft）』（アドルフ・ローベ（*Adolf Lobe*）との共著・1927年）及び『刑事訴訟における証拠申請（Der Beweisantrag im Strafprozeß）』（1930年）である。また，彼は，ドイツ法曹大会で何度も報告をしている。さらに，刑事訴訟法に関する高等裁判所判例集の編集者を務め，法学専門雑誌『Juristische Wochenschrift』において，判例評釈を多数公表した。彼がライヒ裁判所刑事部の評釈者の筆頭であったことは，同誌1932年Ⅲ巻の索引でのライヒ裁判所の刑事判例13件の評釈を担当した記録からもあきらかである。しかし，彼は，刑事弁護に関する自己の見解について，専門知識のある読者のみを対象としようとしたのではなかった。『予審（Voruntersuchung）』（1930年）及び『紛争（Konflikt）』（1933年）という2本の演劇脚本も書いている。とはいえ，彼の職業上の倫理観を知るためには，1930年以降の短めの著書2冊と1934年に私版としてわずかにしか出版されなかった論文1本とがとくに有益である。すなわち，『刑事弁護の哲学（Die Philosophie der Verteidigung）』，『刑事裁判官の世界観（Das Weltbild des Strafrichters）』及び『最終弁論（Plaidoyer）』である。

　上記の著作では，刑事判例では個別の事例が弁護人の協力なしに正当に判断されることはおよそ考えられない，との指摘がなされている。このことは，まず，心理学的及び社会学的に理由付けられている。そこでは，相対的に不変の裁判官の「世界観」，すなわち，職業的な共同社会を支配する精神，つまり裁判官個人の内心を動揺させるような影響を受けることなく「特殊なやり方が徹底して維持される」裁判官の精神が基礎にされている。それゆえ，裁判官は，

---

[3] *Jungfer*, Max Alsberg, in: Kritische Justiz (Hrsg.), Streitbare Juristen, S. 151 f. における詳細なリスト参照。

たとえば，自己の思考や判断をその共同社会及び国家の要求に合わせることで，「文化的に重要な使命」の担い手であるとの自負をする。裁判官個人の人格は，背後に追いやられざるを得ないのである。

これに関連して，裁判官の「権力追求への心理的問題」がおよそ考慮されていない，とする公判形成に関する彼の問題意識は，現代でもいぜんとして妥当する。確かに，裁判官は，客観公平であろうとの意思を有している。それでも，その審理中の書証にもとづく知識と広範な権限とを持つことで，客観的な公平さを維持しにくくなる。このことは，その判決がもはや上訴されえない場合の裁判官にとくに妥当し，「裁判官席に座る独裁者」の登場するおそれが生じる。アルスベルクは，この問題についても，自己の理論的分析に依拠した実際的で法哲学的な提案を絶えず追求した。すなわち，確かに，裁判官の主権を問題視することは，原則的には決して許されるものではない。しかし，その主権は制限されなければならない。より正確に言えば，上級の裁判所が監督審としてつぎの能力を拡張して，その制限がはたされなければならない。それは，前審裁判官が手続上及び実体法上の規範を遵守しているかを検証する能力である[4]。

さらに，1930年に出版した『刑事弁護の哲学』では，真実発見及び法の発見に向けた示唆を目的として，刑事訴訟における弁護人の使命を詳細に論じた。刑事弁護人は，裁判所の「真実を威勢良く性急に掴む」ような傾向に対抗しなければならない。法の発見に関しては，実際の生活と（表面上は）静的な規範とを直結させることが弁護人の使命となる。刑事弁護人は，被告人の代弁者として，まさに「その犯行を正当化する観念領域」のためにも戦う。つまり，弁護人は，たとえば，経済刑法の事案では，その不正な取引も被告人にとっては生活上不可欠であったことを示すよう努力しなければならない。また，政治絡みの訴訟では，その被告人の行動に影響を与える観念や思想をあきらかにする努力をしなければならないのである。

刑事弁護人は，刑事訴訟での緊張関係において，個人の正義のために戦い，

---

[4] これは，すべて（初めは1927年10月のベルリン法律家協会での講演として行われた）„Das Weltbild des Strafrichters", 1930からの引用。

「被告人に贖罪をするよう求める外部からの公衆の意識」とも戦うのである。それゆえ，弁護人は，その被告人の精神に身をおいて考えるだけではなく，「罪と贖罪とを共通項のあるものとして比較して考えられない（Inkommensurabilität）」との被告人の認識を他者に理解させなければならない。その際には，追体験と共感とを取り違えてはならない。しかし，あらゆる被告人は，つぎのことを求めることができる。すなわち，その犯行が，「不法の実現」としてのみならず，「その被告人個人の宿命の深さと必然性とから生じる定め……」[5]としても理解するよう求めることができるのである。それゆえ，弁護人が被告人の追体験をすると被告人に共感しかねない，との不可避であるとはいえ，綱渡りのような危険が生じる。これに関して，マックス・ハッヘンブルク（Max Hachenburg）も，1933年のアルスベルクへの追悼文で，「まさにアルスベルクは，その職務とその高度な使命とをはたせるのは弁護士だけであることを証明している。彼も，その職務と使命のために自己の一部を犠牲にしたのである。その犠牲は，自分の依頼人と一体化することによってなされたのではない。彼は，それをけっしてしなかった。しかし，自分にゆだねられた被告人の宿命を無関心な観客として傍観することをよしとしなかったのである。被告人の宿命を間違いなく共に体験していた」[6]と述べている。

彼は，1927年には裁判官に関する講演を初めて行った。その講演は，当日付けの新聞で大きな反響を呼んだ。自由主義系の大新聞だけでなく，反動的で反ユダヤ主義的な新聞 Deutsche Tageszeitung でも称賛された。また，バウムバッハ（Baumbach）やマンハイム（Mannheim）などの著作でも論評がなされた[7]。さらに，『刑事弁護の哲学』では，グスタフ・ラートブルフ（Gustav Radbruch）に依拠して，弁護人の活動の中で最も重要な使命として，「それぞ

---

5) これは，すべて（初めは1929年9月にハンブルクで開催された第24回ドイツ弁護士大会での講演のために作成された）„Philosophie der Verteidigung"，1930 からの引用．
6) DJZ1933, 1266.
7) JW1930, 2528; ZStW52 (1932), 723.

れの見解の対立における全紛争当事者の法の意識の相対性……をあきらかにすること」[8] があげられている。

　彼の理解では，少なくとも現在の一般的な見解とは異なり，刑事弁護人の最終弁論には大きな意味がある。このことは，彼の没後に私版されたマルティーン・ドルッカー（Martin Drucker）の記念論集に対する寄稿論文『最終弁論』で詳細に論じられている。そこでは，真に印象深い演説のような最終弁論がおおいに期待されていた。すなわち，その演説者たる弁護人は，裁判所において何か少しでも知りたいと思っている聴衆の心理に入り込まなければならない。それには，まず深い法的知識を伝達できなければならないが，誤った情熱によることは相応しくない。「誤った考えは深い印象を与えない」からである。最終弁論は純粋な「目的ある発言」であり，その役割は「整理，解明，簡素化である」[9]。

　これに関しては，ヴィルヘルム・フリードリッヒ（Wilhelm Friedrich）の報告書が興味深い。フリードリッヒは，1929 年に国家試験最終合格者（Assessor）及びアルスベルクの助手として，ワイマール期最大の経済訴訟の１つであるスティネス訴訟（Stinnes-Prozeß）にかかわった。その報告書によれば，「アルスベルク博士は，私に何度もつぎのように説明した。この訴訟の行方は，最終弁論で，書証及び公判で得られた素材を取り込んだ総括ができるかにかかっている，と。……私は，法律家として活動をはじめたときに，初めて知った大きな事件で最終弁論を行うアルスベルク博士のもとにいた。当時は，その最終弁論が入念に準備されたものではなく，話すために考えていることをとりあえず言葉にしてまとめたものくらいにしか思っていなかった。……博士の最終弁論は鷹揚なものだったので，予め細部にわたり入念にまとめられたものとは思いもよらなかったのである。それでも，その最終弁論は，要点だけをまとめた弁論用のメモに正確に記載されていた。その最終弁論を実際に聞いても，これま

8）　JW1930, 903.

9）　これは，すべて „Das Plaidoyer", in *Julius Magnus* (Hrsg.), Festschrift Martin Drucker, zum 65. Geburtstag, 1934（私版），Neuauflage 1983 からの引用。

でにないあたらしい表現が用いられている箇所でさえ，前日までの作業でまとめられ準備されたものと比べて，量的にも内容的にも変わるところはなかったのである」。

Ⅲ. 政治と社会

　彼は，年を追うごとに専門家としての評判を高めていった。また，帝国の首都ベルリンでは上流社会にもしっかりと迎え入れられた。ヤーコヴ通り22番地のグルーネヴァルトにある彼の邸宅では，盛大な夜会が何度も催された。その交際範囲には，ベルリンで政治的及び文化的な活動をする多くの名士が含まれていた。クルト・トッコルスキー（Kurt Tucholsky）による風刺『記者の舞踏会（Presseball）』（1930年）では，つぎのように書かれている。「弁護士のアルスベルク氏は，財界人がそばに立っていれば，友好的に会釈する。しかし，財界人が座っていれば，ブランデンブルク州の刑の執行官である枢密顧問官レムケ（Lemke）氏に会釈するのだ」。

　資料によれば，彼も，祖先の宗教的結び付きから解放された，大都市で適応した大勢のユダヤ系市民の1人であったといえる。当然ながらキリスト教の洗礼を施されることなく，すでに早い時期からユダヤ系の共同社会を抜け出していた。それでも，1933年以前にユダヤ系の弁護士を偏向的に頻繁に標的としていた反ユダヤ主義のプロパガンダが，彼にはほとんど手を出さなかったことは不自然にみえるかもしれない。その理由は，おそらく，何よりも彼の弁護士としての活動が世間に影響を及ぼす民族主義的な扇動の契機にならなかったことにある。彼は，政治的な脚光を浴びたわけでも，反ユダヤ主義のジャーナリズムに強い関心を持たれるいわゆる闇商売に関する訴訟の弁護人として有名であったわけでもない。その社会的及び経済的な評判は，1933年以前にすでに，「ユダヤ系」とのレッテル貼りをされる恐れもない程に安定していたのである。

　彼は，それどころか共和国に対する反動的な反逆者の代理人さえも務めている。とくに，1920年には，帝国財務大臣マティアス・エルツベルガー（Matthias

Erzberger）を中傷し，侮辱して不快にさせたことで罪責を問われたカール・ヘルフェリッヒ（*Karl Helfferich*）の弁護人となり，映画または戯曲の上演を中止させようとした前皇帝ヴィルヘルム 2 世（*Wilhelm* II）の代理人も務めた。また，経済界の大事業家達の弁護人を務めたことで，左派から批判を受けてもいる。1920-30 年代には，その大事業家達は，第一次世界大戦後の投資と大規模な事業とをめぐって裁判沙汰となっていたのである。たとえば，フリードリッヒ・カール・カウル（*Friedrich Karl Kaul*）は，上述のスティネス訴訟に関するアルスベルクの弁護人としての倫理観について，ほとんど理解を示していない（ちなみに，カウルは，1945 年以後にソ連の占領区域におけるナチの追跡者として有名になる）。すなわち，「それゆえ，アルスベルクの優れた才能は，その時代の社会的な雰囲気からしてあきらかに必然的なのかもしれないが，不法な事柄を適法なものへと変えたりと，常に分別のない努力をするきらいがある。それが自身の主張する法体系をいかに損ねるものか，彼はまったく理解できていない」[10]。

　クルト・リィース（*Curt Riess*）による（残念ながら）これまで唯一の伝記でも，アルスベルクの職業上の意識が誤解されている。そこでは，アルスベルクが，ロージー・ウルシュタイン（*Rosie Ullstein*），ルドビッヒ・カッツェネレンホーゲン（*Ludwig Katzenellenbogen*）及びニコデム・カロ（*Nikodem Caro*）の訴訟での弁護活動について反省していたと推測されている。しかし，その推測を理由付ける証拠は，およそ提示されていない。確かに，各被告人の出自や名声に依拠したそのやり方が反ユダヤ主義のジャーナリズムから強い関心を持たれて追及されたことは事実である。また，彼がその訴訟の政治的な含みを過小評価していたこともおそらく事実であろう。しかし，そうだとしても，自由な刑事弁護を確信して，これを守ろうとしていたのであって，政治的な損得勘定で依頼を引き受けるなどおよそ思いもよらなかったのだと思われる。また，少なくともカッツェネレンホーゲンとカロの裁判では，各被告人の

---

10) *Kaul* は，アルスベルクが賞賛を受けていたことを頻繁に取りあげている。Der Pitaval der Weimarer Republik 2. Band, 1954, S. 212 f.

公正な取扱いが保障されていたのであって，けっきょくのところ，刑事弁護人としての彼の弁護活動の意味と目的とを疑問視する理由もみあたらない。

　彼は，1931年まで（本来の意味での）政治絡みの訴訟を極端に避けていた。その方針は，いわゆる世界展望訴訟（Weltbühnen-Prozeß）において，同僚であったオルデン，ローゼンフェルト及びアプフェルと共同で，カール・フォン・オシエツキー（Carl von Ossietzky）の刑事弁護を引き受けたことで転換された。オシエツキーは，雑誌『世界展望』の編集者であったが，1929年5月（!）に，軍備拡張が民間研究としてカモフラージュされていることへの批判記事を掲載したのである（なお，この記事は，「ドイツの航空からの強い風（Windiges aus der deutschen Luftfahrt）」との見出しで，ヴァルター・クレイザー（Walter Kreiser）がハインツ・イエーガー（Heinz Jäger）のペンネームを用いて執筆したものである）。それにより，オシエツキーは，国家反逆罪及び1914年6月3日公布の軍事機密漏洩に対する法律違反（Gesetz gegen den Verrat militärischer Geheimnisse）（ドイツ帝国法令集195頁）の罪責が問われ，1931年11月には，周知のように，懲役1年6月の自由刑での有罪判決が下された（ちなみに，この判決については，連邦通常裁判所が，1992年に，無罪判決を目的とした当該手続の再審決定をすることになる）。

　アルフレート・アプフェル（Alfred Apfel）は，そのライヒ裁判所の判決に対するアルスベルクの反応をつぎのように述べている。「彼は，左派の代表的人物に対する政治的な訴訟でいかなる空気が支配しているかを弁護士として初めて体験したのである。当該刑事部の偏向的な姿勢について，きわめて動揺していた。私につぎのようなぎょっとする質問をしたくらいである。なぜ民衆は怒り狂って，このような事態を引き起こした裁判所の建物を更地にしてしまわないのか，と。彼は，裁判手続を隠れ蓑にして政治的な反逆者を一般的な犯罪者として烙印付けしようとする裁判官がいる，と思い続けるはめになった」[11]。

　アルスベルクが個人的にどれほど感情を害されたかは，1932年2月13日付

---

11) Apfel, Behind the Scenes of German Justice. Reminiscences of a German Barrister 1882-1933, 1935, S. 111，その著者が英語からドイツ語に逆翻訳したもの。

けの帝国法務大臣宛の請願書からあきらかとなる。「けっきょくのところ否定するつもりしかないとしても,有名な刑法学者からも結論的に支持されている私の最終弁論での全般的な見解を徹底的に検討することすら」必要だとも考えていない,として,ライヒ裁判所等を非難しているのである[12]

それ以外にも,ドイツにおいて最後に公刊された論文では,ライヒ裁判所の政治的問題に関する判例実務を検討している。『言論の自由の墓標(Das Grabmal der Pressfreiheit)』との表題で,1932年6月14日公布の「政治的な公告に対する」緊急命令(Notverordnung „gegen politische Ausschreitungen")(ドイツ帝国法令集297頁)に関するライヒ裁判所の解釈を批判し,その帰結として「法が広範に不安定になる」とまで明言している。すなわち,「その不安定な基盤のうえで,あらゆる反対意見が抑圧される。また,この緊急命令において規定化される委任規制を考慮すれば,あらゆる新聞が帝国新聞及び国家新聞へと変更される」[13]。

彼の思考世界は,民主主義の法治国家の観念によって鍛錬された法的なものであった。つまり,法律と法とを前提とした理性的な判断根拠を要求する思考世界である。司法の担い手自体と,審理のために必要な事実関係を法的基準に従って分析し判断する,その担い手の能力及び意思とを最後まで信頼していた。彼は,狭い意味での政治に関与する弁護士ではなかった。しかし,真の法治国家のために不可欠な強力で独立した刑事弁護をするために,断固としてまた妥協することなく戦う法律家であった。その信念にしたがえば,弁護士は制約を受けることなく自己の依頼人に惜しみのない助力を与えることが許されるし,また与えなければならない。その助力も,法的なものであって,法の領域内で正当化される利益を代弁するものなのである。

彼は,判例の安定性を信頼していた。そのため,よりによってドイツの最高裁判所があきらかに専ら政治的な基準にしたがって一定の判断を下したと認めることはできなかったし,また認めようともしなかったのである。いずれせ

---

12) Weltbühne1932/ I, S. 376 (379).
13) Tagebuch1932, S. 1746.

よ，彼は，政治及び社会における反動的な力を決して蔑むような人間ではなかった。

IV. 晩　　年

彼は，1933 年はじめに，2 本目の演劇脚本『紛争』を完成させた。同年 2 月にその演劇のリハーサルが行われた。ベルリンでの初演は同年 3 月 9 日であり，アルベルト・バッサーマン（*Albert Bassermann*）及びティラ・デュリエー（*Tilla Durieux*）が主役を務めた。その初演は，観客に制服姿のナチ党員が大勢混じっていたこともあり，表面上はきわめて冷淡にしか受け止められなかった。

同年 3 月の終わりにはベルリンを去り，4 月半ばにさらにスイスへと向かった。同年 4 月 10 日には「弁護士認可に関する法律（Gesetz über die Zulassung zur Rechtsanwaltschaft）」（ドイツ帝国法令集 188 頁）が公布されたが，1914 年 8 月 2 日以前に弁護士の認可を受けていたため，同法の適用外となり，弁護士資格を剥奪されることはなかった。ベルリン出身者で統合された弁護士会は，世界展望訴訟で刑事弁護をしたことを理由に彼を共産主義者として告発したが，それも無駄骨に終った。けっきょく，同年 7 月に，第一次世界大戦に参加しなかったことを理由として，公証人の職を失っただけで済んだのである。しかし，当然ながら，彼は，その政治的な姿勢と出自ゆえに迫害された他の全ての同僚達と同じく，ドイツではもはや働く場所がないことを理解していた。「私が身に付けていたすべてのものが崩壊している。……私は，曲がりなりにもドイツ法学で生きてきた。その法学に関する仕事ほど私を満たすものはない」[14]。

彼は，同年 9 月 11 日に，スイスのサマーデンで自殺した。ドイツ国家はその情報を大衆に知らせないよう腐心したが，検閲を免れる方法はいくらでも存在している。けっきょく，同年 9 月 13 日には，新聞 Frankurter Zeitung によ

---

14) *Riess*, Der Mann in der schwarzen Robe, 1965, S. 329 からの引用。

りつぎのように報道された。「マックス・アルスベルク博士・教授が，心臓麻痺の犠牲となった。……同教授が自殺で生涯を終えたとする別の報道では，故人の妹が役所（Contibüro）に届け出たという程度で，その根拠を示していない。これに対して，同教授が拳銃自殺をしたとの本紙の情報は，サマーデン警察の公式な発表によるものである」。

マックス・ハッヘンブルク（*Max Hachenburg*）も，法学専門雑誌『Deutsche Juristenzeitung』にて，アルスベルクに対する専門誌での唯一の追悼文となる「法律評論」を公表することがなお許された。そこでは，「あたらしい時代はあたらしい男性のみならず，刑事弁護人の資質に関するあたらしい理解を生み出しうる。刑事法の学者と実務家であるアルスベルクがドイツ刑法の歴史から失われることなど考えられない」[15]と述べられている。

V. 没後の中傷的評判

ワイマール期のドイツで最も有名な刑事弁護人アルスベルクの名は，没後から禁句とされた。それでも，彼の教科書『刑事手続の事例（Strafprozeßfälle）』は，1933年でもなお出版が許可され，刑法学の月刊誌の12月号での論評で賞賛されさえもした。彼が亡くなった事実をあらためて突き付けたのは，1934年1月16日付けの新聞 Deutsche Allgemeine Zeitung での「弁護士のマックス・アルスベルク所有の美術品」との見出し付きの広告である。その内容は，1月29日と30日に「故マックス・アルスベルク教授の」所有する美術品が競売されることを知らせるものであった。その競売では，おもに絵画や彫刻が扱われたが，「ルネッサンス期から帝政期までの美術に関するさまざまな時代の家具が多く出品された」ことも注目される。

すでに述べたように，最後の論文である『最終弁論』は，私版されたにすぎない。すなわち，少なくともそれまでに評判を落としていたドイツ弁護士協会前会長のマルティーン・ドルッカーの非合法の記念論集に所収された。やむを

---

15) *Hachenburg*, DJZ1933, 1267.

えないこととはいえ、その当時は法律家の排他的な階級制度が確立され、アルスベルクは、その犠牲者となったのである。上級検事のクルーク（Krug）は、アルスベルクの著書『刑事裁判官の世界観』での見解を「自由主義的世界観」の典型的な所産であると結論付けている。クルークは、アルスベルクの見解とは異なり、もはや、その職業がその世界観を構築するのではなくて、民族共同体における政治的経験がその世界観を構築すると一般的に認められている、としたのである。この見解によれば、「いかなる職業でもおよそ同様に」、一定の「人種の特性」[16]が繰り返し現れることになるのだろう。

　カール・ジーゲルト（Karl Siegert）は、1936年の「法学におけるユダヤ人気質」をテーマとする会議で、当時の一般的な表現方法に則り、アルスベルクの著書『刑事弁護の哲学』を誹謗している。すなわち「この大言壮語な言葉の背後には、どのような主導的な思考があるのか？　それは、ユダヤ人の精神だ。我々は、このユダヤ人が被疑者の精神に忍び込み、その後は法廷で偉大な俳優として登場することを紛れもなくみている……。それゆえに、アルスベルクは、その当時の帝国政府からは法律家であると認知されていたが、純粋にユダヤ系の「刑事弁護の哲学」を発揮しているのである。そこでは、根無し草のユダヤ人気質である硬直な法的思考と堕落という2つの面があきらかに披瀝されている……。彼は、ドイツの民族社会の撲滅とユダヤ人気質の育成という不変の目的を達成する可能性の変化に適応しつつ、これらの2つの面をユダヤ系の刑事弁護人に推奨している」[17]。

Ⅵ. むすびに

　マックス・アルスベルクの生涯とその活動とに関する描写では、その長短にかかわらず、没後の中傷的評判どころか賞賛さえも無視されている。ドイツの法律家は、彼の人柄と業績についても責めを負っている。私達は全員、現在で

---

16) *Krug*, DJZ1934, 434.
17) Tagungsberichte 4. Band, S. 32.

も,彼の業績を繰り返し思い出すべきであると共に,1933年以後の出来事にも沈黙すべきではない。

著名なズリンク（Sling）は,かつて,些細な事件での民事訴訟を題材とした機知に富むルポタージュでつぎのように述べている。「しかし,獰猛なハゲタカ（Geier）が心優しき大きなオオコウヅル（Marabu）を自己の弁護士としていて,そのオオコウヅルであるアルスベルクがこちらへ降りてきて,最終弁論をした……」[18]。

私達は,ドイツの法律家とりわけ弁護士が「大きなオオコウヅル」とその業績とをけっして忘れないことを希望する。

マックス・アルスベルクの著作（抜粋）

Unterschlagung von durch Postanweisung übersandtem Geld（郵便為替により送付された金銭の横領）. Annalren des Deutschen Reichs（ドイツ帝国年報）, 1903, 795 ff.

Die Bedeutung der Verlesung eines vom Revisionsgericht aufgehobenen Urteils in der erneuten Verhandlung（上告裁判所の破棄判決をあらたな審理において朗読することの意義）. Gerichtssaal, 1904, 147.

Zum Juristischen Natur der Eidesdelikte（宣誓犯罪の法的性質について）. Gerichtssaal, 1905, 54.

Zum Rücktritt vom nichtbeendeten Versuch（着手中止について）. Gerichtssaal, 1906, 375.

Vollendung und Realkonkurrenz beim Meineid des Zeugen und Sachverständigen（証人と鑑定人の偽証における既遂と実在的競合）, 1906.

Der Fall des Marquis de Bayros und Dr.Semerau（マークィス・デ・バイロン及びセメラウ博士の事件）. Ein Beitrag zur Lehre von der unzüchtigen Schrift und unzüchtigen Darstellung（わいせつな著作物と表現に関する学説に対する寄稿論文）, 1911.

Justizirrtum und Wiederaufnahme（誤審と再審）, 1913.

Das Kriegsrecht des Bekleidungsgewerbes（衣料品産業の戦時法）(Handels-und Gewinnbeshränkungen)（取引と利益の制限）, mit Peschke, Max（マックス・ペシュケとの共著）, 1918.

Kriegswucherstrafrecht（戦時暴利刑法）, 4. Auflage, 1918.

Das Spezialistentum in Rechtswissenschaft und Rechtsanwaltschaft（法学者と弁護士とにおける専門家気質）, JW1919, 280.

---

[18] *Schlesinger* (*Sling*), Richter und Gerichte, 1929, Neuausgabe 1969, S. 237.

Der Beweisermittlungsantrag（証拠調請求）, in: Festgabe für Josef Kohler zum 9. März1919（ヨゼフ・コーラーの1919年3月9日記念論集）. Archiv für Strafrecht und Strafprozeßrecht（刑法及び刑事訴訟法に対する資料）, Band67 (1919), 261-274.

Die Reichs-Amnestiegesetze（帝国恩赦法）, Erl., 1919.

Die strafbare Handlung（可罰的行為）. Die Schuld（責任）(§12-19AE). Beitrag in Aschrott/Kohlrausch: Reform des Strafrechts（アシュロット／コールラウシュの刑法改正における寄稿論文）, 1926, 51-76.

Der Beweisantrag im Strafprozeß（刑事訴訟法における証拠申請）. Eine begriffliche Grundlegung（概念上の基礎）, in: Festschrift für Heinitz zu seinem 50jährigen Dienstjubiläum（ハイニッツの勤務50周年記念の記念論集）, 1926, 416-445.

Empfiehlt sich eine Abänderung der Bestimmungen über parlamentarische Untersuchungsausschüsse, um den ungestörten Verlauf des Strafverfahrens und die Unabhängigkeit des Richtertums sicherzustellen?（刑事手続の妨げのない進行と裁判官への非依存を確保するために, 議会による調査委員会の規定変更は有効か？）Gutachten, Verhandlungen des 34. Deutschen Juristentages（第34回ドイツ法曹大会の会議での所見）, 1926, 332-394.

Die Untersuchungshaft, Kommentar mit Lobe, Adolf（勾留, アドルフ・ローベとの共著によるコンメンタール）, 1927.

Die strafprozessualen Entscheidungen der Oberlandsgerichte unter Mitarbeit von Gero Friedrich（上級裁判所の刑事手続に関する判例集, ゲェロ・フリードリッヒの協力のもとで）, Band1-3, 1927-1928.

Mit welchen Hauptzielen wird die Reform des Strafverfahrens in Aussicht zu nehmen sein?（いかなる目的により, 刑事手続の改正が予定されているのか？）Gutachten, Verhandlungen des 35.Deutschen Juristentages（第35回ドイツ法曹大会の会議での所見）, 1928, 440-488.

Der Prozeß des Sokrates im Lichte moderner Jurisprudenz und Psychologie（現在の法学と心理学から見たソクラテス裁判）. 2. unveränderte Auflage, 1928.

Die Sittlichkeitsdelikte im Strafgesetzentwurf（刑法草案における風俗犯罪）, in:Archiv für Kriminologie（犯罪学に対する資料）, Band83, 1928, 94-100.

Zur Lage der Strafrechtspflege（刑事司法の状況について）. Die Lehren eines praktischen Falls（実際の事件への諸学説）, in: Archiv für Kriminologie, Band82, 1928, 99-138.

Wilhelm Kahl (Meister des Rechts)（ヴィルヘルム・カール（法の大家））, 1929.

Die Philosophie der Verteidigung（刑事弁護の哲学）, 1930.

Das Weltbild des Strafrichters（刑事裁判官の世界観）, 1930.

Polizeistrafrecht, systematisiert und eingeleitet von Max Alsberg（政治刑法, マックス・アルスベルクによる体系化と導入）, 1930.

Der Beweisantrag im Strafprozeß（刑事訴訟における証拠申請）, 1930.

Abschied von Paul Levi（パウル・レヴィーとの別れ）, in: Das Tagebuch, 1930, 245.

Voruntersuchung,Schauspiel in fünf Akten（予審，5幕の劇）, 1930, mit Hesse, Otto Ernst（オットー・エルンスト・ヘッセとの共作）.

Das Grabmal der Pressefreiheit（表現の自由の墓標）, in: Das Tagebuch, 1932, 1746-1752.

Die Auslegung der Handelsstrafgesetze（商事刑法の解釈）, in Festschrift für Albert Pinner zum 75. Geburtstag（アルベルト・ピナー生誕75年の記念論集）, 1932, 215-233.

Strafprozeßfälle（刑事訴訟の事例）, 1933.

Konflikt, Schauspiel in sieben Bildern（紛争，7場の劇）, 1933.

Das Plaidoyer（最終弁論）, in Martin Drucker,zum 65. Geburtstag（マルティーン・ドルッカー生誕65年）, 1934=AnwBl. 1978, 1.

JWでの判例評釈。

マックス・アルスベルクに関する文献

Apfel, Alfred（アルフレード・アプフェル）, Alsberg（アルスベルク）, Weltbühne1931/II, S. 758.

Jungfer,Gerhard,Max Alsberg（マックス・アルスベルク）：Konflikt-Bremen, 3. 3. 1933—eine Dokumentation（1933年3月3日のブレーメンの紛争-資料）, in Festschrift für Franz-Josef Brieske（フランツ・ヨゼフ・ブリースケの記念論集）, 1987（unveröffentlicht）.

Jungfer, Gerhard（ゲールハルト・ユングファー）, Max Alsberg（マックス・アルスベルク）（1877-1933）. Verteidigung als ethische Mission（倫理的使命としての刑事弁護）, in: Kritische Justiz（批判的司法）（Hrsg.）, Streitbare Juristen（勇敢な法律家達）, 1988, S. 141.

Krach, Tillmann（ティルマン・クラッハ）, Max Alsberg（マックス・アルスベルク）—Fragmente zu einem Porträt（人物描写のための断片）, in Jüdische Rechtsanwälte in Preußenn（プロイセンでのユダヤ系弁護士）. Über die Bedeutung der freien Advokatur und ihre Zerstörung durch den Nationalsozialismus（自由な弁護士職と国家社会主義によるその破壊の意味について）, S. 98.

Riess, Curt（クルト・リィース）, Der Mann in der schwarzen Robe（黒のローブに身を包んだ男）. Das Leben des Strafverteidigers Max Alsberg（刑事弁護人マックス・アルスベルクの人生）, 1965.

Sarstedt,Werner（ヴェルナー・ザルシュテット）, Max Alsberg（マックス・アルスベルク）. Ein deutscher Strafverteidiger（ドイツの刑事弁護人）, in: Anwaltsblatt1978, S. 7.

Schwarzschild, Leopold（レオポルト・シュヴァルツシィルト）（?）, Max Alsberg（マックス・アルスベルク）, in Das Neue Tage-Buch vom 16. Semtember1933, S. 288.

Seibert, Claus（クラオス・ザイベルト）, Zur Erinnerung an Max Alsberg（マックス・アル

スベルクに関する回想), in: NJW1966, S. 1649.

　ゲールハルト・ユングファーは，マックス・アルスベルクの人生とその業績について精通した第一人者である。私は，この場を借りて，ユングファーの助力に対してあらためて感謝を捧げなければならない。ちなみに，ユングファーによるアルスベルクの伝記は，近々出版される。

レオ・ローゼンベルク★**

偉大な訴訟法学者**

カール・ハインツ・シュワープ***
訳　本　間　　学

I. ローゼンベルクの学問的経歴

　レオ・ローゼンベルクは，1879年1月7日に工場主の息子として，（グローガウ（Glogau）とリサ（Lissa）の間に位置する）シュレージエン地方のフラウシュタット（Fraustadt）で生を受けた。1年の飛び級と高校卒業資格試験により，17歳という若さで同地のギムナジウムを終えた。その後，まずフライブルク（Freiburg）で，つづいてミュンヘン（München），とりわけローター・ゾイフェルト（Lathar Seuffert）のもとで，そしてブレスラウ（Breslau）で法律学を学んだ。弱冠21歳であった1900年，この地の訴訟法学者オットー・フィッシャー（Otto Fischer）のもとで，彼は証明責任で博士号を取得した。ローゼンベルク自身は手記につぎのように記している。「この地（ブレスラウ）

　★ 本稿はC. H. ベック社創立250周年記念論文集『肖像の中の法律家（Juristen im Portrait）』（ミュンヘン，1988年）650頁のローゼンベルクに関する論稿に一部加筆修正を加えたものである。
　* *LEO ROSENBERG*（1879年-1963年）
　** Der große Prozessualist
　*** Dr. h. c. *Karl Heinz Schwab* : em. Professor an der Universität Erlangen-Nürnberg（ニュルンベルク大学教授）

で夏学期に，民法における証明責任を懸賞論文のテーマにすえたことは，私にとって大きな意味があった。第三セメスターの時点で私はこの研究に取り組むにはまだ未熟であり，民事訴訟もまだ聴講していなかったが，その後のセメスターで取り組み，1900年にブレスラウで博士号を取得すべき課題を見つけ出した。」これは，『20世紀前半期のギーセンの学者達（Gießener Gelehrte in der ersten Hälfte des 20. Jahrhunderts）』（マールブルク，1982年）778頁以下所収のエドゥアルト・ベティヒャー（Eduard Bötticher）による論稿からの引用である。この論稿は一読の価値のあるものであり，師弟の心の通った結びつきをあきらかにしている。

大方の博士論文は著者の死後も読み続けられることはないが，20歳そこそこの博士課程学生のこの書物はみごとな成功を収めた。証明責任について主張された規範説は，こんにちまで学説・判例に決定的な影響を与えてきた。『証明責任論（Beweislast）』は第5版まで版を重ねた。初版と第2版（1923年）は，ベルリンのオットー・リープマン（Otto Liebmann）社から，第3版（1953），第4版（1956），増刷による第5版（1963年）はC. H. ベック（C. H. Beck）社から出版された。

見事なまでの処女作の後，関心は学問研究へと向かい，学問研究に対する歓びはローゼンベルクを捕らえて放さなかった。ポーゼン（Posen）で過ごした修習生時代に2つの大論文，すなわち債務者遅滞[1]に関するものと自白の可分性[2]に関するものを著した。1904年にローゼンベルクは，ベルリンで第2次国家試験を済ませた。ライヒ裁判所で弁護士の代わりを首尾よく務めた後に，ライヒ裁判所での弁護士活動の許可が約束されていたにもかかわらず，大学教員の道を進むことを決意した。このように学問上の師に頼ることなく大学教員への道を決断した点は，どれほど自立的かつ自覚的にローゼンベルクが人生設計を行っていたかを示すものである。早くも1905年に，彼は300頁の論文『訴訟における代理（Stellenvertretung im Prozeß）』を教授資格論文としてゲッ

---

1) Iher. Jahrbücher 1901, S. 141 bis 298.
2) AcP 1903, S. 1 bis 114.

ティンゲン（Göttingen）大学法学部に提出した。これがもととなり1908年にフランツ・ヴァーレン（*Franz Vahlen*）社から，代理を包括的に扱う1,000頁を越える大著が出版された。同書の意義はとくに，訴訟における代理の本質をはじめてモノグラフィーにした点にある。ゲッティンゲン時代に，ローゼンベルクはゲッティンゲン大学の植物学正教授の娘であるヘドヴィッヒ・ペーター（*Hedwig Peter*）と結婚した。ローゼンベルクの長女もゲッティンゲンで生を受けた。

II. ギーセン，ライプツィヒ，ミュンヘンでのローゼンベルクの活動

今を輝く学者，また深い感銘を与える教師としてのローゼンベルクの名声は瞬く間に広まり，1912年にギーセン（Gießen）大学に招聘された。この地で当初は員外教授として，その後1916年から1932年まで正教授として活動した。ギーセン時代が人生の最良のときであったと，彼は晩年にしばしば語っている。多くの業績が生まれた時期であった。小さな大学町の安らぎの中で（法学部には当時300人の学生が在籍していた），ローゼンベルクは学問に打ち込む時間と気力を手にした。彼のきわめて重要な2つの業績はこの地で生まれた。1919年に，ヘルダー（*Hölder*）とショルマイヤー（*Schollmeyer*）の企画による民法大コンメンタールの物権法第1分冊（ドイツ民法典（BGB）854条乃至902条についての注解）を世に送り出した。大コンメンタールの企画は残念ながら後に頓挫したが，この注解が学説および実務にどれほど大きな影響を与えたかは，ローゼンベルクの物権法がこんにちでも物権法の大教科書やコンメンタールに引用されているという事実からあきらかとなる。

ギーセン時代の絶頂期は，ローゼンベルクにとっては1927年であった。この年に彼はドイツ民事訴訟法の教科書の初版を世に送り出し，さらに大学では学長に選出された。当時ローゼンベルクはちょうど48歳で，人生の絶頂期にあった。彼の弟子である，エドゥアルト・ベティヒャーは先述の論稿で，就任式の日に晴れやかな夫人を伴った新たに選任された学長，またギーセン大学の

夏祭りで4人の子どもと一緒にいる学長を見かけた際，どのような光景であったかを述べている。それは，仕事の成功と家族の幸せの光景であった！　ローゼンベルクの教科書は，刊行時に，後にライプツィヒ（Leipzig）大学で同僚となるエルンスト・イエガー（Ernst Jaeger）に大成功であると評された。この評価がドイツの法律家に一般に共有されたことは，続版が短期間で刊行された点にあらわれている。1929年には早くも第2版が，1931年には第3版が刊行された。この教科書でローゼンベルクは，ドイツ訴訟法学の頂点に立った。

　この評価は1932年にリヒャルト・シュミット（Richard Schmidt）の後継としてライプツィヒ大学に招聘されたことによっても確認される。名門ライプツィヒ大学法学部で，またエルンスト・イエガーの傍らでローゼンベルクは，確かに輝かしい活動を行った。ライプツィヒの南に位置する町，マルククリーベルク（Markkleeberg）にある，こんにちも親族が所有しているすばらしい家が一家にとって新たな故郷となった。しかしその後1934年にローゼンベルクの活動は，思いもかけず終わりを迎える。55歳のとき，1933年4月7日の公務員任用秩序回復法（Gesetz zur Wiederherstellung des Berufsbeamtentus v. 7. 4. 1933）6条にもとづきザクセン・ライヒ州知事の命令により，強制的に恩給退職させられた。これは記録によれば，「彼の主宰する講座を，新たな必要に即応した法学部の再構成の利益に供するため」であった。後に彼は恩給も剥奪された。2年の間，彼はライヒ裁判所で活動する弁護士の下で助手として働き，その後彼もその活動資格を得た。第三帝国時代を体験し，耐え忍んだことについて，ローゼンベルクは多くを語らなかった。不平や告発は彼の性格に適うものではなかった。彼の2人の姉妹はテレジエンシュタット（Theresienstadt）の強制収容所で命を落としている。バイエルン州南部，アルゴイ地方のシュティーフェンホーフェン（Stiefenhofen）にある彼の妻が手に入れた別荘で，国民社会主義の支配期を生き延びることができたという寛大な運命に，彼自身，感謝さえしただろう。このような苦難の時代のさなか，1944年に末娘の死にも遭い，一家は悲運の深い悲しみの淵に沈んだ。

　1945年，ついに転機が訪れた。ローゼンベルクは67歳という年齢でミュン

ヘン大学に招聘された。これはこんにちの教授であればすでに定年退官するか，あるいは定年退官間近の年齢である。ミュンヘン大学法学部にとっては，（ベルリン大学，フランクフルト（Frankfurt）大学，マールブルク（Marburg）大学といった）多くの招聘依頼があったにもかかわらず，この偉大な学者を獲得できたのは幸運であった。彼のもともとの所属校であったライプツィヒ大学は彼に定年退官を申し出たにすぎなかった。これに対してミュンヘン大学では，彼は再び教員としての活動を行うことができた。もちろん５年間は講座代表者代理という法的地位に過ぎなかったが，1951年に終身官吏に再び任ぜられた。

ミュンヘンという町も大学も，当時は劣悪な状態にあった。住居を手に入れることは不可能に近かった。そのためローゼンベルクは当初，ノイレウター（Neureuther）通りにある家具付の部屋で我慢するほかなかった。後に彼は家族のために，ボーゲンハウゼン（Borgenhausen）地区にある医学部の同僚の家に仮住まいを得た。結局，通貨改革の後に彼は大学のすぐそばのケーニギン（Königin）通り69番地にある広々とした住居に引っ越した。そこには以前のように，多くの蔵書を置くのに格好のスペースもあった。

1946年から1955年にかけて，ミュンヘン大学で数多くの学生がローゼンベルクのもとで民事訴訟，民法総則，物権法そして相続法の講義を聴講し，法学の基礎知識を修得した。彼がミュンヘン大学で活動を始めたのは1946年の厳冬で，翌年の冬も大学の講義室に暖房は入っていなかった。学生たちがコートに身をくるみ，凍えながら講義室に座っていたのに対して，ローゼンベルクは常にコートなしで講義を行っていた。彼には寒さは無関係であるようにみえた。本稿の筆者に，彼は後につぎのように語っている。若いころから寒さに強かったと。初めてコートを買ったのは，堅信式のときであった。

戦後の学生，とくに帰還兵には，ローゼンベルクの講義と彼の演習は忘れられないものであったであろう。その講義は特別な修辞的な才能ではなく，むしろ思考の明晰さと説明の簡明さによって傑出していた。いかなる発言も繰り返されなかった。すなわち，送達の規定は，訴訟物問題と同じような形で講義さ

れた。こんにちのようにさまざまな教育的配慮を行うことは，当時は一般的ではなかった。手控えが配られることはなく，また民事訴訟法の講義で法廷見学をすることもなかった。講義中に講師と学生の間で問答することもなかった。それにもかかわらずローゼンベルクの学生への影響力は絶大であった。というのも，聴講者はその道のエキスパートであることを彼から感じ取ったからである。とくに学生に強烈な印象を与えたのは，民事訴訟法演習であった。それは明晰さの鑑であり，多くの者にとって実に魅力的なものであった。

　ミュンヘンでローゼンベルクは，再び彼の著名な教科書の改訂作業に打ち込むことが可能となり，1949年に第4版として刊行された。ローゼンベルクにとってとりわけ重要なのは，自著を学生に安価で提供できることであった。彼の当時の助手として私には，廉価版を販売するという課題が課せられた。人だかりは大きく，当時数多くの学生がローゼンベルクの教科書を購入した。やっとのことで手にすることができた者は幸運であった。

　1949年にローゼンベルクも70歳の誕生日を迎え，彼と専門を同じくする仲間から記念論文集が献呈された。これはおそらく大戦後に刊行しえた最初の記念論文集の1つであっただろう。長く読まれた教科書の第4版は，短期間の間に5度の改版が行われ，1961年には第9版となった。第5版はスペイン語にも翻訳され，ブエノスアイレスのアントニオ・ボッシュ（Antonio Bosch）社から出版された。第10版の作業をローゼンベルクは死の間際まで行った。

III. 退官後

　73歳でローゼンベルクは1952年に退官した。名誉教授としても，しばらくは講義を継続して行った。1955年に郊外のすばらしい住宅地であるハルラッヒインク（Harlaching）地区のガブリエル・マックス（Gabriel-Max）通り26番地に住居を購入し，引っ越した時にはじめて，大学までの長い道のりは彼にとって困難なものとなった。75歳でなお住居を建築すると決意した点に，高齢であるにもかかわらず彼がどれほど活動的であったかを見ることができる。

8年の間，妻と末娘と新しい住居で過ごすことができた。こんにちこの家は残念ながら分譲住宅の建築用地とならざるを得なかった。ローゼンベルクは講義をするのをやめたときも，その年，疲れを知ることなく，助手の助けを得ることもなく引き続き教科書の作業を行っていた。そのほかにも幅広く仕事をこなしていた。これには民事訴訟専門雑誌『ZZP (Zeitschrift für Zirilprozeß)』の編集責任者も含まれる。彼を訪ねた者はみな，彼がデスクで仕事に没頭している姿を目にした。1933年からはイエガー (Jaeger)，スタッフ (Staff)，カン (Kann) と『ZZP』を共同で編集していたが，第二次世界大戦後，戦後の最初の巻である64巻から再び編集責任者を引き受けた。『ZZP』の編集にあたり，当初はアドルフ・シェンケ (Adolf Schönke) の協力を得，シェンケの死後はフリードリッヒ・レント (Friedrich Lent) の協力を得た。1961年のレントの死後，私自身も共同編集者として編集に加わった。レントは国民社会主義に反対したにもかかわらず，アメリカの手により第三帝国が崩壊した後，エアランゲン大学の講座を追われた。なぜなら彼は1933年までライヒスタークのドイツ国家人民党代議士であったからである。嫌疑が理由のないものであると明らかになったときには，講座には新たな補充がなされていた。残されたのは退官の道のみであった。その少しあと，レントはエアランゲンを後にし，アマー湖畔のヘルシング (Herrsching) に移り，その後ミュンヘンへと移った。この地で2人の偉人の友情が芽生えた。ローゼンベルクが80歳のときに，レントは『ZZP』の記念号に同学の名を冠した[3]。ローゼンベルク生誕85年の際には，彼は残念ながらすでに他界していたが，エドゥアルト・ベティヒャーによる評価を添えた追悼号として記念号を刊行した[4]。1963年12月18日の彼の死まで，ローゼンベルクは精力的に活動した。ミュンヘンのヴァルトフリードホッフで，彼は妻と末娘と共に安らかに眠っている。

晩年，ローゼンベルクは高い栄誉を与えられた。ミュンヘン大学及びインスブルック大学の国家学部から名誉博士号を授与されたのである。バイエルン科

---

3) Vgl. ZZP73, 321 ff.
4) Vgl. ZZP77, 1 ff.

学アカデミー会員にも推挙された。彼は連邦功労勲章大十字章を授与され，死後にバイエルン功労賞も授与された。元ギーセン大学教授及び総長として，特別にギーセン大学名誉評議員にも推挙された。このような栄誉は推挙章に記されているが，民事訴訟法の領域での研究者としての大きな功労とヘッセンの法律家の一世代に対する教育，元大学総長としての貢献が認められたものである。このことはミュンヘンのヴァルトフリードホッフの墓標にも記されている。

IV. ローゼンベルクの学問的意義

ローゼンベルクのドイツ法学に対する意義は，とりわけ民事訴訟法の教科書によるところが大きい。その構想と構成の点で，1927年の初版の段階で当時のほかの教科書とははっきりと異なっていた。確かに厚さの点ではヘルビッヒ (Hellwig)，ワッハ (Wach)，リヒャルト・シュミットの大著に敵わなかったが，内容の点ではあきらかに引けをとってはいなかった。明快かつ緻密に体系づけを行い，基本思想をきわめて明確にし，簡潔に概念設定をすることで，ローゼンベルクは学問的にもまた教育的にも優れた作品を生み出した。この大きな成功は，いうまでもなく理論と実務の連関によるものである。ローゼンベルクは常に裁判所実務を極めて入念に観察した。というのも，民事訴訟法ほど実務への考慮を必要とする領域はないという考えを彼は持っていたからである。また逆に教科書は実務に大いに役立った。裁判所，とりわけ最上級審裁判所は繰り返しローゼンベルクの教科書を参考にし，自らの見解を基礎付けた。

我々の訴訟法の多くの重要な制度に関する学識はローゼンベルク，とりわけ彼の教科書の説明にさかのぼる。

訴訟物に関する彼の理論の原理はすでに初版で刻明に記されていた。この原理は実体法上の請求権から離れ，固有の性質を有する請求，すなわち訴訟上の請求を見出すものであった。彼がどれほど訴訟物の研究に打ち込んだかは，(彼が職務から追われる前の最後の論文である) ZZP 57巻313頁の彼自身の記

述からあきらかとなる。ローゼンベルクはこの論文の中でつぎのように述べている。

「訴訟物概念は，長く誤解されてきた。その大きな原因は，包摂理論と個別化理論の不幸な論争，くわえてドイツ民事訴訟法（ZPO）253条2項2号の解釈に完全に誤って位置づけられた論争にあった。この概念を正しくかつ有用なものに確定するために，私は数十年来意を注ぎ，実務を観察しなければならなかった。というのも，この2つの理論の伝統的な説明の中で私は育まれ，これに長くとらわれていたからである。本誌（ZZP 49巻38頁以下）における法的観点の変更に関する私の論稿では，完全な真相にはまだ到達してはいない。しかし，あと一歩のところまで迫っている。私の教科書で適切な概念確定を行うことができると私は確信している。」

訴訟法の学問としての独自性に関するこの見解の意味するところは，ローゼンベルクの訴訟物理論を訴えの併合，訴えの変更，訴訟係属そして既判力に応用してみて初めて明らかとなる。これらの訴訟法上の制度はすべて，訴訟的訴訟物概念と密接に関係する。これらすべてについては，実体法上の請求権から離れることで適切な結果が導かれる。訴訟上の請求に関するこの見解がこんにちまでさまざまな批判に持ち堪えていることは，理論的正当性及び現実的妥当性を実証している。

訴訟物の本質に関するこの認識は，ローゼンベルクの教科書が出版されるまで，（たとえばワッハ，ヘルビッヒ，シュタイン（Stein）など）訴訟法学説上多くの支持を得ていた，いわゆる権利保護請求権説と矛盾する。権利保護請求権は，訴えの併合，訴えの変更，訴訟係属そして既判力といった訴訟の中心問題の本質を解明するには，不適切であることがあきらかとなった。正当にもローゼンベルクは，すでに自らの教科書の初版で，自分が訴訟法学の体系化を成し遂げていないことを確認していた。訴訟法学の体系化はローゼンベルクの教科書が世に問われてから60年後に成し遂げられた。このときにも，権利保

護請求権に命を吹き込む新時代の試みは,実を結ばなかった。権利保護請求権の中に法的審問請求権をみる限りで,一般的に承認された司法請求権によってその使命は実現される。これはローゼンベルクの言葉[5]によればつぎのような内容を有する。すなわち,司法機関は当事者に法的審問を与え,当事者は上訴の機会を有する。そして裁判所は事実関係を法にあてはめる司法行為を行うというものである。司法請求権は実際には,司法拒絶の場合に憲法裁判所で行使しうる,国家に対する請求権を意味する。司法請求権は実体法と訴訟法を架橋するのである。

　ローゼンベルクの名は証明責任の理論とも常に結びついているだろう。彼の博士論文で基礎付けられた規範説は,こんにちまでその正当性が実証されている。この見解は実体法規範の法的性質を前提とし,各当事者に自らに有利な規範の要件を証明させるものである。つまり原告は権利根拠規範について証明責任を負う。これに対して被告は権利消滅規範および権利障害規範について証明責任を負う。これらの実体法規範と証明責任規範は強く結びついている。この見解によれば,明文の規定を欠く場合に限り,明文で規定されていない規範を実体法に付加し,これにもとづいて裁判官に証明責任の判断をさせる。とりわけここ20年の間に提起された規範説に対する批判は,いずれにしてもその正当性を根本的に揺さぶることはできなかった。同説は民事訴訟の実務にどれほど有益な影響を与えただろうか！　100年近く悩まされてきた困難な証明問題について,同説は裁判官と弁護士に明確な基準を提供した。証明妨害の場合や職務上の義務違反,製造物責任の場合のような例外的な場合にのみ,別様の観点が承認され,規範説に一定の修正がなされる。

　自らの教科書の初版以来,ローゼンベルクは訴訟行為の分析をとくに重要視していた。法律行為が民法を基盤としているように,訴訟行為は訴訟法を基盤としている。しかも,両者は相互に厳格に区別されねばならない。両者は要件の点でも,効果の点でも同一ではない。当事者のみならず裁判所も関与する訴

---

5)　ローゼンベルク自身の手による最後の教科書である以下を参照。Deutsches Zivilprozeßrecht, 9. Aufl. 1961, §2 II 3a.

訟は三面的なものである点が、ここにあらわれている。たとえば、訴訟行為に関して作成される書面には、法律行為とは異なる規定が適用される。同様のことは、訴訟行為がなされるべき期間についても当てはまる。もっとも、とくに区別されるべきは、訴訟行為は取り消すことができない点である。このような相違点の解明は、訴訟法が民法の助法ではなく、法律学の固有の領域であるという理解に大きく寄与した。これはレオ・ローゼンベルクの功績であろう。

最後にローゼンベルクの名は、既判力学説とも常に結び付けられる。すでにその教科書の初版で、彼は既判力に関する訴訟法説を、それも彼の弟子であるエドゥアルド・ベティヒャーが後に教授資格論文[6]で説得的に基礎付けた一事不再理の形で主張した。当時、実体法的既判力論は未だ克服されずにいた。そして訴訟的既判力論は、シュタインやヘルビッヒが主張したような形で多くの訴訟法学者によって説明されていた。この理解によれば裁判官は、判決で確定された内容に拘束され、これと異なる判決をすることは許されない。これに対してローゼンベルクは、すべての新たな審理及び裁判は認められず、それゆえに不適法であることをあきらかにした。したがって既判力は消極的訴訟要件に高められた。この見解は当時、通説とは異なる少数説であったが、こんにちでは判例上も学説上も通説となっている。既判力は訴訟法が解決すべき課題を無理なく考慮し、訴訟物に関する二重の、とりわけ矛盾した裁判を阻止する。後訴の訴訟物と確定判決のなされた前訴の訴訟物が同一である場合、あるいは後訴の訴訟物が前訴の訴訟物と矛盾する関係にある場合に、既判力が認められる。もっとも、先決関係がある場合にも一事不再理が生じる。——これは、既判力によって確定された請求権について新たな裁判をすることを不適法とし、これにより裁判官は確定判決に拘束されることになり、正当な結論が導かれる見解である。

これらのすべての業績は、ローゼンベルクが偉大な法理論家であったことを示している。訴訟法ドグマが多くの者によって批判的に評価される時代におい

---

[6] Kritische Beiträge zur Lehre von der materiellen Rechtskraft im Zivilprozeß, 1930.

ては，この点はとくに強調されねばならない。ギーセン時代のローゼンベルクの教え子で後にミュンヘン大学法学部で同僚となったカール・エンギッシュ (*Karl Engisch*) は，理論家としてのローゼンベルクの意義を，1964年にバイエルン科学アカデミー年報に掲載された追悼文でつぎのように評価している[7]。

> 「最近ではローマ法の領域でも研究・教育に従事しているが，法制史研究者，法哲学者あるいは比較法研究者として活動している点だけから，彼が法律学において名声を得た者とみなされているわけではない。ローゼンベルクはむしろ，法の適切な解釈や適用を担保し，同時に若い学生に法の意義や内容をあきらかにするために，現行法の意義や任務の重要性を信じて疑わなかった。したがってローゼンベルクはまさに『理論家』であった。そして彼は実際の結論を眼外に置くわけではなかったが，批判の多い『構成的（konstruktiv）』法律学に敵対してはいなかった。というのも，構成のみが正しい理論と閉ざされたシステムに到達しうるという理解を彼は好んでいたからである。」

よって，アドルフ・ワッハやコンラード・ヘルビッヒとならんで，ローゼンベルクが偉大な民事訴訟法学者と称されるのは当然である。このように彼はドイツ訴訟法全体の新時代に決定的な影響を与えたことが認められる。彼の教科書ゆえに，ローゼンベルクのドイツ訴訟法学に対する功績は人々の記憶から永遠に消えることはないだろう。

---

[7] 以下にも再掲されている。ZZP92, 1.

ハンス・ナヴィアスキー *

連邦国家，法治国家そして民主主義に奉じたある生涯 **

ハンス・F. ツァヒャー ***
訳 畑 尻　　剛

I. 軌　　跡

　1880年にオーストリアのグラーツ（Graz）で生まれたハンス・ナヴィアスキー[1]は，まもなくウィーン（Wien）へ渡った。ヴィルヘルム2世の都ウィーンが彼の人生の最初の大きな中心を占めることとなる。だが，そこに長くとどまることはなく，父親の仕事でフランクフルト（Frankfurt）に移った。そこでナヴィアスキーはギムナジウムに通った。大学生としてウィーンに戻ったが，ドイツの首都にも心を惹かれ，数学期にわたってベルリン（Berlin）へ赴いた。南ドイツ人特有の独善的傾向からくる懐疑をことごとく払拭してくれ

---

　* *HANS NAWIASKY*（1880年-1961年）
　** Ein Leben für Bundesstaat, Rechtsstaat und Demokratie
　*** Dr. *Hans F. Zacher*: Professor an der Universität München（ミュンヘン大学教授）
　1）　本稿の叙述に関して，一般的には以下をみよ。F. Zacher, Hans Nawiasky, Ein Leben für Bundesstaat, Rechtsstaat und Demokratie, in: Festgabe für Theodor Maunz zum 70. Geburtstag, 1971, S. 477 ff.; ders., Hans Nawiasky, in: Juristen im Portrait. Verlag und Autoren in 4 Jahrzehnten, Festschrift zum 125-jahrigen Bestehen des Verlages C. H. Beck, 1988, S. 598 ff.; je mit weiteren Nachweisen.

たこの街への愛着が深く根をおろしたのは，その当時のことである。1920年代から30年代前半にかけて，このライヒの首都をたびたび訪れることとなる（とりわけライヒとの折衝に際してバイエルン州政府の顧問として）。彼はその地で仕事をするのが気に入っていた。ところが1957年，戦後はじめてドイツ国法学者大会（Vereinigung der Deutschen Staatsrechtslehrer）がベルリンで開催されたとき，彼はこれに出席しなかった。ベルリンが分離，分割され，生命を脅かされる様子を目のあたりにする痛みに耐え難いのではないかと懸念したのである。

　彼はウィーンで学業を修了した。1903年，主として国家経済学的な論文——今日ならばさしずめ「社会科学的な」論文と言われるであろう——で博士号を取得した。法学と社会科学は，まだ1つの学部に統一されて豊かな成果をあげていた。ナヴィアスキーの生涯の仕事全体が，こうした統一性を反映している。彼は国民経済学者フィリポビッチ（*Philippovich*）のもと，「オーストリアの国家公務員における女性（Die Frauen im österreichischen Staatsdienst）」のテーマで博士号を取得した。フィリポビッチと法学者ベルナツィク（*Bernatzik*）が共同で刊行していたシリーズにこの学位請求論文が掲載されることになってはじめて（したがってベルナツィクはこの論文を読んでおり，法学の大学教授資格論文を提出するようナヴィアスキーに促している），彼の学問の中心が最終的に法律学へと移った。1909年には大学教授資格を取得した。テーマは「ドイツとオーストリアの郵便法。物流。公の営造物論に関する一考察（Deutsches und österreichisches Postrecht. Der Sachverkehr. Ein Beitrag zur Lehre der öffentlichen Anstalten）」である。驚くほど多彩な学術上の初期著作群が急ピッチで展開されていった[2]。1910年からはウィーン大学で教鞭をとっ

---

2) ナヴィアスキーの文献目録について，以下をみよ。die Zusammenstellung von Willi Geiger, in: Staat und Wirtschaft, Festgabe zum 70. Geburtstag von Hans Nawiasky, 1950, S. 297 ff. (Schriftenverzeichnis I); さらに，die Zusammenstellung von Hans F. Zacher, in: Vom Bonner Grundgesetz zur gesamtdeutschen Verfassung, Festschrift zum 75. Geburtstag, 1956, S. 431 ff. (Schriftenverzeichnis II); 並びに einen ergänzenden und abschließenden Bericht bei Hans F. Zacher, Hans Nawiasky, in: Festgabe für Theodor Maunz (Fn. 1), S. 478 f. 本稿末

た。まもなく学問の上ではハンス・ケルゼン（Hans Kelsen）に近い立場をとるようになり，ケルゼンの『純粋法学（reine Rechtslehre）』には終生にわたって恩義を感じ，ケルゼンの厳格さや精勤さを共有せずにはいなかった。しかし，彼の「身過ぎ世過ぎ」はさしあたりオーストリア・ハンガリー二重帝国の郵政局での業務であり，その後も変わらなかった。その業務は行政実務を実見させてくれたばかりでなく，立法機関やオーストリアの最上級裁判所の仕事への道案内ともなった。彼は兵士としてもドナウ王国（Donaumonarchie オーストリア・ハンガリー二重帝国）に奉仕した。最初は平時に，ついで第一次世界大戦の予備将校として。

　1919年，ナヴィアスキーはミュンヘン（München）に移った。ここが人生で第2の中心地となり，おそらくは彼の人生行路の中核ともなった。彼は夫人，娘とともにミュンヘンの旧市街レーヘル（Lehel）のザンクト・アンナ・プラッツ8（St. Anna Platz 8）に住んだ。大学では最初のうち員外教授（außerordentlicher Professor）であり，のちに正教授（ordentlicher Professor）となった。この員外教授職は公法，とりわけ財政法と労働法を専門とするもので，新設されたポストであった。公法と労働法を結びつけるのは，今日の目からすると奇異に思える。その当時，労働法は依然として，雇用者と被用者の間の民法上の関係への公法に基づく介入とみなされていた。一方，ナヴィアスキーの刊行物は国家法を対象としていた。1922年に設立されたドイツ国法学者大会の第3回会議が1926年にミュンスター（Münster）で開催されたが，このときはやくも彼は報告者をつとめている。エーリッヒ・カウフマン（Erich Kaufmann）とナヴィアスキーは「ライヒ憲法第109条の意味における法律の下の平等（Die Gleichheit vor dem Gesetz im Sinne des Art. 109 der Reichsverfassung）」のテーマについて検討しなければならなかった[3]。議論の

　　の著作一覧（簡略版）も参照。以下において著者名のない引用はすべて，ナヴィアスキーの著作からのものである。

　3)　Veröffentlichungen der Vereinigung der Deutschen Staatsrechtslehrer Heft 3, 1927. カウフマンについて，本書のフリードリッヒ（Friedrich）の論稿参照。

中心は，平等の原則が立法者に対しても適用されるべきか否か，またどのように適用されるべきかというものだった。カウフマンは，「立法者が行う区別」が「該当する生活状況の秩序の内的本質に合致していなくてはならない」ことを要求した[4]。ナヴィアスキーは，立法者に対しては「対人的法的平等（persönliche Rechtsgleichheit）」を要求するが，——少なくとも平等原則からは——「事物的法的平等（sachliche Rechtsgleichheit）」は要求されないという見解を支持した[5]。ここでカウフマンは自身の解釈の中央集権的（unitarische）効果を期待しているように見えるが，一方，ナヴィアスキーの抑制的態度はほかならぬ連邦的（föderative）な考察に呼応するものであり，これは今日では忘れられているように思われる平等解釈論の一側面である[1]。

ナヴィアスキーは絶大な影響力のある大学教師だった。しかし彼にとって，法学や国家学の知的財産を狭い大学の枠組みを超えて広めることが不可欠だったようである。たとえば彼はミュンヘンに行政アカデミー（Verwaltungsakademie）を創立してライヒ国防軍（Reichswehr）の講座を担当し，専門的でない学術講演を求める声に応えた。その一方で，国家実務の仕事を要請されることも増えていった。ライヒ国法に関わる数多くの仕事のほか，1923年には『バイエルン憲法（Bayerisches Verfassungsrecht）』を著してバイエルンについてもスタンダードとなる著作を残した。まもなくバイエルン州政府は彼を顧問として登用し，ライヒ改革に関する審議に代表者として派遣したり，ライヒ国事裁判所（Staatsgerichtshof für das Deusche Reich）で自らの代理人を務めさせるようになった[2]。ヘルト（Heinrich Held）バイエルン州首相は彼に全幅の信頼を置いていた。

公的活動では自分の専門の原理的問題ばかりでなく，現実の政治問題とも対峙した。きわめてエモーショナルでイデオロギー的なワイマール時代の急進的な政治的勢力との確執が，いよいよ身近に迫ってきた。1931年に最初の衝突

---

4) Die Gleichheit vor dem Gesetz (aaO Fn. 3), S. 23.
5) Die Gleichheit vor dem Gesetz (aaO Fn. 3), S. 43.

が起こる[6]。ナヴィアスキーはある講義のなかで, ブレスト・リトフスク条約とブカレスト講和条約の厳しい条件をもって, ドイツはヴェルサイユ条約の過酷な協定の危険な先例をつくったのだと述べた。彼がヴェルサイユ条約に対して否定的に評価していることに疑問の余地はなかったにもかかわらず, 敵対する国家社会主義者にとってこの発言は攻撃を始めるのに十分だった。「民族の監視者・フェルキッシェ・ベオバハター (Völkische Beobachter)」紙は言いがかりの限りを尽くした。過激化した学生や民衆はナヴィアスキーの講義をぶち壊そうとした。大学は治安を回復するため, 一時的に閉鎖せざるを得なくなった[7]。バイエルン州議会では国家社会主義者がドイツ国家人民党の支援を得て, ナヴィアスキーに釈明を求めるよう州政府に要求した。ドイツ国家人民党の会派議員団長は, 議会での質問を理由づけるにあたってこう述べている。「また, 私がひとつ言えると考えているのは, ナヴィアスキーの眼目がヴェルサイユ条約の擁護にあるのではないということである。しかし, その一方で強調しておかなくてはならないが, 彼自身が認めている発言は……ドイツで国民としての感情をもつ者すべてが一致して断罪するベルサイユの不法を薄めることが眼目であるかのような印象を喚起せずにはおかず, また, そのような印象を現に喚起したということである」[8]。こうした言辞をもって, 法と不法に関する法学者の自由な判断よりも, 「国民としての感情をもつ者」の予断を優先しようとしているのがエアランゲン (Erlangen) 市民の〔訳注:民法学者である〕レント (*Friedrich Lent*) その人であることを知るとき, あの時代の論理の錯綜にわれわれは震撼させられる。州政府と州議会の多数派はナヴィアスキーを守る姿勢

---

6) "Die Münchner Universitätskrawalle", Privatdruck München 1931.

7) 「1968年」の「大学紛争」は時おり, 運命的にかの出来事を思い起こさせる。しかし, 一体誰が, 1931年の「ファシスト」と1968年の「反ファシスト」の類似性をあえて指摘するであろうか。意見への同調もまたくり返されるのであろうか。ナヴィアスキーがその経験からバイエルン憲法の大学条項に関して導いた結論については, 以下をみよ。H. F. Zacher, Ein Leben für Bundesstaat, Rechtsstaat und Demokratie (aaO Fn. 1), S. 482f., dort die Fn. 15.

8) "Die Münchner Universitätskrawalle" (aaO Fn. 6), S. 22.

をとったが，それもほんのわずかの間にすぎなかった。

　1933年春，ナヴィアスキーは亡命して国家社会主義者の迫害から逃れるほかなかった。ちょうど講演でシュトゥットガルト（Stuttgart）に来ていたとき，ナチス突撃隊がミュンヘンの自宅に押し入ったという情報を助手がもたらした。ナヴィアスキーはすぐさまスイスへ脱出した。その当時53歳になっていたが，彼はスイスで再出発を試みた。ザンクト・ガーレン商科大学（Handelshochschule St Gallen）から講義の依頼があり，この依頼が発展してのちに員外教授となり，最終的には正教授となった。それからはスイス法を基盤として，研究者・教師ナヴィアスキーはあらためてその力量を発揮し，そのような形で逃亡先の国に全力で感謝をあらわした。以前ミュンヘンで行政アカデミーをつくったようにザンクト・ガーレンでもスイス行政研究所（das schweizerische Institut für Verwaltungskurse）を設立し，終生これを指導した。ザンクト・ガーレン近郊のザンクト・ゲオルゲン（St Georgen）に小さい家を建てることができた。ほど近いところには墓所があり，彼はそこで最後の安息を得ることとなる。

　国家社会主義の支配が瓦解したのち，学問的にも個人的にも，ドイツの問題がナヴィアスキーの前にあらためて浮上した。彼はすぐさまドイツのために働くことを決意したが，スイスから離れる気は毛頭なく，また実際に離れることもなかった。彼はあえて「外部に」立つことでドイツの利益のために働き，とりわけ愛するバイエルンの利益のために働いた。ザンクト・ガーレンは，ミュンヘンを援助するパートナーシップを担った。ナヴィアスキーはうってつけの仲介役だった。だがそれ以上に，彼は国家社会主義に対する仮借のない敵対者であったという信用を投じて，ドイツを政治的に援助した。1946年，『ドイツ民族を民主主義と世界平和に引き入れることはできるか？（Kann das deutsche Volk für Demokratie und Weltfrieden gewonnen werden?）』という著作をチューリッヒ（Zürich）で刊行し，あらゆる手段を駆使してドイツ民族の幸福な未来を肯定した。国家社会主義者がいかにして権力を握り，これを維持できたのかを分析し，最後に，勝者と敗者に対する広い視野と率直さをもって必要な療法

は何であるかを問うている。そうした姿勢のゆえに，この著書を読むことは今日なお読者の得るところが大きいのである。

　しかし，ナヴィアスキーは「外部」からドイツのために語り，書いただけではなく，現場で復興を支援するために足を運んだ。特に，スイスという避難所にいたときに戦争と国家社会主義ののちの時代の憲法案について会談したことがある。1945年と1946年にバイエルン州首相をつとめたヴィルヘルム・ヘーグナー（Wilhelm Hoegner）に招聘されて，彼は新しいバイエルン憲法を共同で起草した[9]。ナヴィアスキーが1946年から47年にできたであろうほどに，憲法の成立過程とその実施に深く関与する機会に恵まれた憲法学者はおそらく稀であろう。しかしバイエルンの政府と州議会は，憲法制定や憲法を施行する最初の法律の準備といった範囲をはるかに超えて彼の働きを必要としていた。バイエルンは，基本法の主要な草案が作成されたヘレンキームゼー（Herrenchimsee）に彼を憲法制定を行うために派遣した。彼は州議会の代表として幾度となく憲法裁判所の法廷に立った。バイエルン州政府の代理人として1955年から1957年に行われた教会と国家の「教員養成論争（Lehrerbildungsstreit）」を調停した。こうしたことすべてが，彼をバイエルン州憲法のうってつけの注釈者にした。1948年，『1946年12月2日のバイエルン州憲法──国家法の視点からみた国家社会主義革命の叙述を含む体系的概観とコンパクトな注釈（Die Verfassung des Freistaates Bayern vom 2. Dezember 1946. Systematischer Überblick und Handkommentar mit einer Darstellung der nationalsozialistischen Revolution vom Staatsrechtlichen Blickpunkt）』[10]が刊行

---

9) これについて，とりわけ以下をみよ。Wilhelm Hoegner, Prof. Dr. Hans Nawiasky und die bayerische Verfassung von 1946, in: Festgabe für Hans Nawiasky (aaO Fn. 2), S. 1 ff.

10) 1953年，ナヴィアスキーは，連邦内務省の当時の参事官であったハンス・レヒナー（Hans Lechner）とともに補綴版を出版。ナヴィアスキーの死後は，編者としてクラウス・ロイサー（Claus Leusser）とエーリッヒ・ゲーマー（Erich Gemer）が，そして，編纂者としてカール・シュヴァイガー（Karl Schweiger）とツァヒャーが加わり，第2版が出版され，1967年以降は加除式となった。1989年，編集の仕

された。

　1947年からナヴィアスキーは愛する母校ミュンヘン大学で再び教鞭をとった。大学でのアカデミックな教育活動のほか，ミュンヘンでのナヴィアスキーは政治学大学（Hochschule für politische Wissenschaft）の開設と教授にも力を注ぎ，最後にはミュンヘンの南，シュタルンベルク湖畔のトゥッツィンク（Tutzing）の政治教育アカデミー（Akademie für politische Bildung）にも力を注いだ。こうした活動すべてをこなしながらも彼の筆が止まることはなく（最後まで止まることはなかった），類い稀なほど豊かな晩年の著作を世に送りだした。70代から80代にかけて，彼の人生の耕作地にいかに多くの種が再びまかれ収穫されたことか！　さらに外からの栄誉も待っていた。ザンクト・ガーレンでの生誕70周年とミュンヘンでの生誕75周年の2つの記念論集，ミュンヘン大学国家経済学部（Münchener Staatswirtschaftlichen Fakultät）の名誉博士号，オーストリア共和国，連邦共和国，バイエルン州の上級勲章などである。ナヴィアスキーは表彰を過大評価することはなかったが，そこにあると信ずる価値のゆえに喜んで表彰を受けた。

II. 著　　作

　著作一覧[11]には250点もの著作が含まれている。テーマは多岐にわたっており，一般法理論，一般国家学，国家法（一般国家法，ドイツのライヒ国家法と連邦国家法，バイエルン州法，リヒテンシュタイン国家法，オーストリア国家法，スイスの連邦法とカントン法），ヨーロッパ法，国際法，行政法（一般行政法，公務員法，ゲマインデ法，税法，郵便法，鉄道法，電気通信法等々），社会法，経済法，労働法，刑法，政治学などがある。その多くは時代に制約されているが，それが記された時代の法，政治，社会の有効な証言があり，ナヴィアスキーがそれに対して抱いていた見解の証言がある。また，時代に制約

　　事は，シュヴァイガーとフランツ・クネップフレ（Franz Knöpfle）に引き継がれた。
11)　再度 aaO Fn. 2 をみよ。

されないものも少なくない。以下においては、そのうちの数点に焦点をあてることができるにすぎない。

1. 国家学について[3]

　ナヴィアスキーの業績は個々の人間を優先することに特徴があり、彼は国家や法律よりも個々の人間を尊重した。「国家は人間のために存在するのであって、その逆ではない」[12]。「国家（が）有意義であるのは、個々人が自分だけの力に頼ったのでは実現できない、もしくは劣った形でしか実現できない、人間の目的に資する場合に限られる。つまりそれは、国家に体現される組織によって本来初めて可能となる共同作業でなくてはならない……そのためには……相互の上位と下位の位置づけが必要である……しかしながら、そのように個人を下位に位置づけることが一定の限度を超えるならば、それは本末転倒となる……すると自然の関係が逆転することになり、人間が国家のために存在することとなり、国家が人間のために存在するのではなくなる」[13]。

　ナヴィアスキーが実務面で国家や法律との間に多様な接触をもったことは、そうした現象を理論面でも包括的に理解しようとする努力と表裏の関係にある。このことと、方法上の潔癖さを求める彼の学問的理想とが、理念的な考察方法、社会的な考察方法、法規範的な考察方法を分ける道へと彼を向かわせた。すなわち理念として、社会的事実として、法規範として、国家と法とを区別することへ向かわせた。こうした区別は、法理論と国家論の方法論史において彼に特異な地位を与えている[14]。同時代のウィーン学派（Wiener Schule）は、

---

12) Allgemeine Staatslehre, Zweiter Teil "Staatsgesellschaftslehre", Band 1, 1952, S. 200.
13) Allgemeine Staatslehre, Vierter Teil "Staatsideenlehre", 1958, S. 11.
14) 基本的なものとして、Die Bedeutung von Idee und sozialer Tatsache für das Problem des Rechtsinhaltes, in: Prager Juristische Zeitschrift 13. Jg. (1933), Sp. 657 ff.; Norm, Idee, soziale Tatsache im Recht, in: Zeitschrift für öffentliches Recht Bd. 13 (1933/34), S. 321 ff.; Allgemeine Rechtslehre, 2. Aufl., 1948, S. 1 ff. ナヴィアスキーの理論はすでにはやくも、テオドール・マウンツ（Theodor Maunz）の教授資格論文 Hauptprobleme des öffentlichen Sachenrechts, 1933 の第１章において取り上げられ

イェリネク（*Jellinek*）が行った，社会的な構成体としての国家と法的な制度としての国家の区別を，法的なものを分離することによって過度に押し進めていた。ナヴィアスキーはこれに異を唱えた。その一方で，法規範と社会的事実という二元論では，考察対象の本質を汲みつくすことができないように彼には思われた。理念的な内実を目に見えるようにし，体系全体を理念に向けて開放することが必要であるように彼には思われた。そこで彼が編み出したのが法の理念的（また，イデオロギー的，イデオロギー批判的），社会的（事実的，また，社会心理学的），規範的（また，解釈的，法実証主義的）考察方法という，三位一体の考察方法である[15]。

このような方法上の基本構想にもとづいて，ナヴィアスキーは理念的，社会的，社会規範的な観点から国家に迫ろうとする。彼は国家を三重に定義すべきであるとまで考える[16]。まず理念として，国家を「主権のある，個々人の関係を超越する，ひとまとまりの最上級の共同体であって，広範な世俗的目的をもつもの」[17]として定義する。社会的事実としてナヴィアスキーは，「国家理念によって相互に結びあわされた人間の集団による国家理念の体現」[18]として国家を言い換える。これに加え，最後に法的な意味における国家について，国家がその内部で結びあわされた人間に対して「共同体の目的達成のために必要な行

ていた。

15) Allgemeine Rechtslehre (aaO Fn. 14), S. 6.
16) とくに，Allgemeine Staatslehre, Erster Teil "Grundlegung", 1. Aufl. 1945 をみよ。さらにこの体系にしたがって構想された同書のその他の編 (Teil)。さらに，Der Staat als Annahme, Tatsache, Norm, Leitgedanke, in: Schweizerisches Zentralblatt für Staats- und Gemeindeverwaltung 47. Jg. (1946), S. 249 ff. これを評価するものとして，たとえば以下をみよ。Martin Usteri, Theorie des Bundesstaates, 1954, § 3 (S. 30 ff., insbes. S. 35 ff., 43 ff.); Peter Badura, Die Methoden der neueren allgemeinen Staatslehre, 1959, S. 216 ff.; Erich Küchenhoff, Möglichkeiten und Grenzen begrifflicher Klarheit in der Staatsformenlehre, Bd. 1, 1967, S. 577 ff.
17) Grundlegung (aaO Fn. 16), S. 38 f.
18) Grundlegung (aaO Fn. 16), S. 46.

動を強制的制裁のもとで規定し」、国家が「法秩序の担い手となる」[19] ことも本質的に重要であると彼は考える。

ナヴィアスキーの国家論にかかわる創案は、その対象物の面から見たとき、特に国家の本質それ自体を問うだけでなく、国家の具体的あり方の問題(より一般的に表現すれば憲法政策の問題)にも取り組んでいるという特徴がある。その際に、支配の構造がはっきりとクローズアップされる[20]。ナヴィアスキーは憲法の――顕在的及び潜在的な――権限決定を、憲法の中心的要素であると考えた。彼は支配構造の固有のダイナミズムを自覚しており、それに抗して舵を切ろうとする積極的な憲法プログラムの弱点も知っていた。たとえば彼は――この点で連邦国家理論に関してと同様にトクヴィル(Tocquevilles)を継承しつつ――平等を目指す民主主義には財の分配により実質的平等を完全なものにしようとする傾向があることを再三強調しており[21]、そうした傾向に比べれば社会政策的憲法プログラムは大きな意義をもち得ない、という。

2. 民主主義について

民主主義はナヴィアスキーにとって自己目的ではなく、あらゆる国家形態と同じように、それが公共の利益を実際に正しく擁護するための保証を個人の自己決定の保護と結びつけているかどうかの判断に服するものであった。1920年代、戦争で幕を閉じることになるヨーロッパ民主主義の危機が迫っていたとき、彼は民主主義の内的弱点や、近代の階級社会と大衆社会における平等を目指す民主主義への移行によって民主主義が受けた変質を鋭く確認した。はたしてそのような民主主義を、今でも実際に正しい政治と個人の自由の保証人とみ

---

19) Grundlegung (aaO Fn. 16), S. 58 f.
20) これに関連する彼の著作活動に関して、とくに以下をみよ。Schriftenverzeichnis I (aaO Fn. 2), Abschnitt IV 3, VII und VIII; Schriftenverzeichnis II (aaO Fn. 2), Abschnitt VI 4 und 5, VII und VIII.
21) たとえば、現代の国家類型については以下をみよ。Staatstypen der Gegenwart, 1934, S. 44 f., 49 ff., 91 ff.; Allgemeine Staatslehre, Zweiter Teil "Staatsgesellschaftslehre", Band 2, 1955, S. 139 ff.; Staatsideenlehre (aaO Fn. 13), S. 86 ff.

なすことができるか否か，彼には疑問がなかったわけではなく，民主主義を別の国家形態で置き換えることができるかどうか検討した。しかし彼は世襲の君主政体には，社会の分裂という観点から説得力のある見通しがあるとは考えなかった。ファシズムや国家社会主義は，個々人の自由を軽視しているという理由だけですでに否定した。ボルシェヴィズムも同様であり，マルクス主義が抱いた国家の廃止という将来的希望は彼には楽観的にすぎると映った。ナヴィアスキーには当初，職能的な団体的秩序のほうに脱出口があるように思えた。そして彼の判断はまさにその点で長期間にわたって揺れた[22]。だが彼は，もっぱら団体的な国家構造の現実離れした静止状態に対して，集団エゴの培養に対して，そして必然的に権威主義的である制度の性質に対して，必要な留保を最後まで捨てることはできなかった[23]。それゆえ，民主主義というより少ない悪であるもののみが残った。あの時代，そして今日に至るまで好んで言われる政党民主主義に対する批判を，ナヴィアスキーは基本的に許さなかった。1924年，彼はミュンヘン大学の政治共同研究会において「政党の未来」に関する雄大な構想の講演を行ない[24]，そこで民主主義において政党が不可欠であることについて述べているが[25]，それと同時に，相手より優位に立つためではなく相手を殲滅するために闘争をするという致命的な過ちを犯さないよう政党に対して警鐘を鳴らしている。

　民主主義を実現するためには議会が不可欠だと彼は考えており[26]，議会を民

---

22) これについては，Schriftenverzeichnis I (aaO Fn. 2) unter VIII において言及されている当該著作（これらは，Schriftenverzeichnis II (aaO Fn. 2) unter VIII 1 においてまとめられている）をみよ。

23) 上述に関して，以下をみよ。Die Zukunft der politischen Parteien, 1924 ; Der Sinn der Reichsverfassung, 1931; Die Krisis der europäischen Demokratie, in: Schweizerische Rundschau 34. Jg. （1934/35), S. 147 ff.

24) 注23）をみよ。あわせて以下もみよ。Bayerisches Verfassungsrecht, 1923, S. 73.

25) 彼の Staatsgesellschaftslehre, Band 1 (aaO Fn. 12), S. 91 ff. における政党の理論（彼が同盟及び利益団体の理論と結びつけた）をみよ。

26) Die Zukunft der politischen Parteien (aaO Fn. 23)., Staatstypen der Gegenwart, 1934, S. 47 f.

主主義のエリート養成の媒体と見なしていた[27]。ミニ政党を防止するための多数代表制及びその他の方策はさほど重視しておらず，ミニ政党の心配は大げさであるとした。また，多数代表法は総投票数と議席数との耐え難い差につながる可能性があり，比例代表法によってのみ議会への人民の信頼が担保されるとした[28]。不適切で，政略的で，集団エゴ的な議会の多数決というリスクに対して，重要な対抗策になるとナヴィアスキーが考えるのが第二院である。連邦国家においては，連邦にかかわる機関の必要性からしてすでに第二院が連邦に設けられる[29]。彼は，統一国家（Einheitsstaat）においては，それ以外の点でも両院が実質的に異なっていることが合目的的であると考えた[30]。とくに，第二院をもつ議会制の政党国家に第二院によって職能的・団体的修正をほどこすことが可能であると彼は考えた[31]。バイエルン州参議院（Der Bayerische Senat）はこうした思想の賜物である[32]。

---

27) Die Zukunft der politischen Parteien (aaO Fn. 23), S. 47 f.
28) とくに以下をみよ。Betrachtungen zur Reform des deutschen Reichstagswahlrechts, in: Zeitschrift für Politik Bd. 16 (1927), S. 544 ff.; Wahlrechtsfragen im heutigen Deutschland, in: Archiv des öffentlichen Rechts n. F. Bd. 20 (1931), S. 161 ff.; Staatsrechtliche Fragen der Gegenwart, in: Vortragsheft der siebten post- und telegraphenwissenschaftlichen Woche in München, o. O. u. J. (1931), S. 143 ff. Schwere Bedenken gegen die Reform des Rechstagswahlrechts, in: Deutsche Juristen-Zeitung 36. Jg. (1931), S. 455 ff.; Staatsgesellschaftslehre, Band 1 (aaO Fn. 12), S. 236 ff.
29) Staatsgesellschaftslehre, Band 2 (aaO Fn. 21), S. 202 f.
30) Staatsgesellschaftslehre, Band 2 (aaO Fn. 21), S. 213 ff.
31) Die Zukunft der politischen Parteien (aaO Fn. 23), S. 16 f.; s. a. Die Krisis der europäischen Demokratie (aaO Fn. 23), S. 160.
32) 当該（州参議院に関する）憲法規定へのナヴィアスキーの関わりについては，以下をみよ。Nawiasky/Leusser, Die Verfassung des Freistaates Bayern (aaO Fn. 10), S. 35 f.; Hoegner, Prof. Dr. Hans Nawiasky (aaO Fn. 9), S. 6 f. 彼の提案はバイエルン州参議院の構成においては実現されているが，同様の提案がそれ以前にオーストリア身分国家の発展のためになされることはなかった。Einige unvollendete Gedanken zur Vollendung der österreichischen Verfassung, in: Monatsschrift für Kultur und Politik 2. Jg. (1937), S. 1123 f.

ナヴィアスキーは，しっかりと組織化された国家指導機関を何よりも強く求めた。国家活動の通常の手順が軌道から外れたときには，大統領（Staatspräsident）または世襲君主が補助的に介入できるようにすべきであるとした[33]。ただし，バイエルン州首相（bayerischer Staatspräsident）のための彼の闘争は民主主義が機能するためばかりでなく，州制度（Landesstaatlichkeit）の最大限の統合にも役立った[34]。

最後に，議会制の政党民主主義の振り子運動に対してナヴィアスキーが，制度的に保障され，人的にほぼ独立した，客観的に厳正な公務員制度に調整機能を認めていたことにも言及すべきである[35]。

ただしナヴィアスキーが中心問題であると考えたのは，国民，有権者，投票をする市民が，民主制が自分に委ねている責任を引き受けること，引き受けられることだった[36]。それゆえ彼の眼には，責任をもって実践される民主主義のために，あらゆる教育手段のなかでもっともラディカルな教育手段がクローズ

---

[33] Staatsgesellschaftslehre, Band 1 (aaO Fn. 12), S. 262 ff. 参照。

[34] バイエルン州首相に対するナヴィアスキーの寄与については，以下をみよ。Nawiasky/Leusser, Die Verfassung des Freistaates Bayern (Anm. 10), S. 39 ff.; Hoegner, Prof. Dr. Hans Nawiasky (aaO Fn. 9), S. 7; Nawiasky/Lechner, Die Verfassung des Freistaates Bayern. Ergänzungsband (aaO Fn. 10), S. 24. もみよ。——すでにライヒ大統領がナヴィアスキーに特別な関心を惹起していたことは，Die Grundgedanken der Reichsverfassung, 1920, S. 76 ff. をみよ。基本法のもとでナヴィアスキーは連邦大統領と連邦政府の関係についてくりかえし論じていた。Die Grundgedanken des Grundgesetzes für die Bundesrepublik Deutschland, 1959, S. 105 ff.; Der Einfluß des Bundespräsidenten auf Bildung und Bestand der Bundesregierung, in : Die Öffentliche Verwaltung 3.Jg. (1950), S. 161 ff.; Staatsoberhaupt und Regierungschef, in: Wissenschaft und Politik, hrsg. von der Hochschule für politische Wissenschaften München zur Feier ihres zehnjährigen Bestehens, 1960, S. 106 ff.

[35] Die Stellung des Berufsbeamtentums im parlamentarischen Staat, 1926.

[36] Die Grundgedanken des Grundgesetzes für die Bundesrepublik Deutschland (aaO Fn. 34), S. 67; 同様に，Die Demokratie in der Schweiz, 1951, S. 5 ff.; Staatsgesellschaftslehre, Band 1 (aaO Fn. 12), S. 213 ff.; Von der unmittelbaren Demokratie - die Bereitschaft der Schweiz – die Zurückhaltung in Deutschland, in: Rechtsstaat und Demokratie, Festgabe zum 60. Geburtstag von Zaccaria Giacometti, 1953, S. 195 ff. (195 f.).

アップされた。すなわち直接民主制である。はやくもワイマール時代に彼はこの思想を取りあげている[37]。すでにその当時，彼の視線は運命に導かれるかのようにスイスに向けられていた[38]。スイスの州民集会(Landsgemeinden)は彼の心を惹きつけたが，その具体的制約を看過することはなかった。のちにスイスの民主制を日常的に体験したことが，彼の判断を変わることのない強固なものとし，まだ1919年の時点では，ライヒ憲法がドイツ国民に自らの案件の冷静な決定力があると認めていないのは正しいと述べていた彼が[39]，1945年以降，民主ドイツの再建の礎として直接民主制の基本構想をおくことを求めている[40]。

3. 法治国家について

支配秩序の法治国家的構造は，ナヴィアスキーにとって当初どちらかといえば技術的，解釈論的な関心事であり，政治的，論争的な関心事ではなかった。自由主義的な立憲主義の形式的法治国家は，自由にそれにふさわしいものを与えるように思われた。権力分立は国家権力の他律性に優先すると述べ，また，法律の優位と留保によって形式的意味の法律が支配をすると述べ[41]，法律の民主主義的性格が国民の集団的自律によって個人の自由をも保障するとした[42]。

---

37) Fragen des bayerischen Verfassungsrechts, 1926, S. 19 ff.
38) スイスの州民集会について，以下をみよ。Schriftenverzeichnis I (Fn. 2) u. II (aaO Fn. 2), je Abschn. III5b.
39) Die Grundgedanken der Reichsverfassung (aaO Fn. 34), S. 34 ff.
40) Die Demokratie in der Schweiz (aaO Fn. 36); Die Grundgedanken des Grundgesetzes für die Bundesrepublik Deutschland (aaO Fn. 34), S. 67 ff.; Staatsgesellschaftslehre, Band 1 (aaO Fn. 12), S. 213 ff.
41) 自由という法治国家の指導目標の下で執行権が法律に拘束されることと権力分立との関係については，たとえば，以下をみよ。Bayerisches Verfassungsrecht (aaO Fn. 24), S. 322 ff., 384 ff.; Staatsgesellschaftslehre, Band 2 (aaO Fn. 21), S. 12, 138; Allgemeine Staatslehre, Dritter Teil "Staatsrechtslehre", 1956, S. 125 ff.; Staatsideenlehre (aaO Fn. 13), S. 63 ff.
42) Bayerisches Verfassungsrecht (aaO Fn. 24), S. 386 f.

言うまでもなく，法律の留保を適正に貫徹することが必要であった。ナヴィアスキーは，特別権力関係というタブーを打ち破ろうとした最初期のひとりである[43]。権力分立と法律適合性という構造の中に執行権の組織権限を組み込むにあたっても，彼は同じく先駆者としての役割を果たした[44]。しかしその場合も，法律そのものが制御的，制限的な調節機構を必要としないのかどうかが問われなくてはならなかった[45]。共和国の平等を目指す民主主義的一元論においては，立憲主義の複数の礎石の緊急関係においてよりも明確に，民主主義が常に多数派の自律であるにすぎず，決して個人の自律ではあり得ないことが露呈される。しかし，集団的な自律のなかで個人の自律が信頼に足る保護を得られないならば[46]，権利が法律の上に置かれ，法律を最低限度の自由と結びつけなければならなかった。基本権が（制度的保障（institutionelle Garantien）及びその他の拘束的な憲法原則で補完されたうえで）立法者に向かって突きつけられ，それによって新しい独立した効果が与えられた[47]。

---

43) Forderungs- und Gewaltverhältnis. Ein Beitrag zum allgemeinen Teil des privaten und öffentlichen Rechts, Festschrift für Ernst Zitelmann, 1913, また，以下もみよ。Steuerrechtliche Grundfragen, 1926, S. 34 ff., 47 ff.; Einiges über steuerrechtliche Grundfragen, in: Vierteljahresschrift für Steuer- und Finanzrecht 2. Jg. (1928), S, 442 ff. (446 ff.).

44) Bayerisches Verfassungsrecht (aaO Fn. 24), S. 40, 116, 343 ff.; Nawiasky/Leusser, Die Verfassung des Freistaates Bayern (aaO Fn. 10), S. 158 ff.

45) たとえば，以下をみよ。Staatsrechtslehre (aaO Fn. 41), S. 123 ff.; Staatsideenlehre (aaO Fn. 13), S. 26.

46) 上述に関して，以下をみよ。Staatsgesellschaftslehre, Band 1 (aaO Fn. 12), S. 220 ff.; Staatsgesellschaftslehre, Band 2 (aaO Fn. 21), S. 10; Staatsideenlehre (aaO Fn. 13), S. 29 ff.; さらに注47) をみよ。

47) Nawiasky/Leusser, Die Verfassung des Freistaates Bayern (aaO Fn. 10), S. 58. Der Kreislauf der Entwicklung der Grundrechte, in: Individuum und Gemeinschaftfestschrift zur 50-Jahr-Feier der Handelshochschule St. Gallen, 1949, S. 430 ff.; Die Grundgedanken des Grundgesetzes für die Bundesrepublik Deutschland (aaO Fn. 34), S. 18 ff.; Die Demokratie in der Schweiz (aaO Fn. 36), S. 26 ff., Staatsgesellschaftslehre, Band 2 (aaO Fn. 21), S. 10, 108 ff; Staatsrechtslehre (aaO Fn. 41), S. 63 ff.; 128 ff.; Staatsideenlehre (aaO Fn. 13), S. 30 ff., 64 ff.

一方，ナヴィアスキーの法治国家のとらえ方は，こうした構造的問題に関してだけでなく，法治国家の最終目標という面でも変転していった。彼にとって自由のない法治国家というものは依然として想像できなかったものの，自由以外に，法治国家の第2の基本要素がやがて登場するに至った。すなわち正義である。法治国家は，その名に値するためには，正義国家でなくてはならない[48]。現在の憲法は，こうした正義の要請をできる限り満たそうと試みている。しかし，仮に憲法が正義の盾として機能しないことがあきらかになったとすれば，何が起こるだろうか。法律の正しい基本秩序における裂け目というものが，そもそも考えられるだろうか。実定法に生じ得るあらゆる裂け目に，自然法が入り込んでくるのではないか。それどころか，そのような法治国家の正義の要請は適用を直接要求する自然法であって，それに対しては対立する憲法すら席を譲らざるをえないのではないか。ナヴィアスキーはこうした疑問に対し，社会的承認という十分な後ろ盾がある限度内で，超実定法を実定法として具体化する解決策で応じた。それによって彼は，自然法と実定法を融和させることに貢献した[49]。「超実定的性質を取りもどすよう要求することでしか，ある一般原則を実り豊かにすることはできないと考える根拠はどこにもない。実定法も……広い一般的思想に依拠することができる。そうした思想は明文をもって言明することができるものであってよく，または，そのような思想を推論することができる，言明された他の命題を拠り所とすることができる。特に，ある一般的原理は実体的に表現された命題を拠り所とすることができ，換言すると内在的であってよい。ただしその場合，こうした一般的原理は実定的性質を分かちもつ。……これを実定化された超実定的な法思想または法命題と表現す

---

48) Staatsrechtslehre (aaO Fn. 41), S. 130 f. Nawiasky/Leusser, Die Verfassung des Freistaates Bayern (aaO Fn. 10), Erl. zu Art. 3 (S. 80) もみよ。

49) Positives und überpositives Recht, in: Juristenzeitung 9. Jg. (1954), S. 717 ff.; Staatsrechtslehre (aaO Fn. 41), S. 11 ff.; 117 f.; Das Problem des überpositiven Rechts in: Naturordnung in Staat und Gesellschaft, Festschrift für Johannes Messner, 1961, S. 386 ff.

ることができる」50)とナヴィアスキーは言う。しかし超実定法は，通常，法共同体がその変更不能な拘束力を確信しているという理由をもって，実定化されたと見なされなくてはならない。したがって，それ自体が実定法という手段によって変更することのできない実定法の層に，すなわち国家の基礎規範に，超実定法を割り当てることが必要である51)。「ただし国家の基礎規範は，それが明文をもって言明されている場合にのみ成立するものではなく，むしろ，明文をもって言明された他の規範から必然的な推論という手段で導き出されずにはおかれない場合にも，成立すると想定される。その場合に，この国家の基礎規範は，これを内に含むもとになった規範の実定法的性格を分かちもつ」52)。以上を要約してナヴィアスキーはつぎのように言う。「そのような実定化された超実定命題は，実定化されない超実定命題に比べたとき，たとえば法律適用者の主観的な見方に依拠するだけでなく，法律制定の任を授かった者によってつくられた，すなわち合法性を認められている要素によってつくられた，客観的な規範が根底にあるので，その所与性を純粋に個人的な希望的思想にかかわりなく証明できるという利点がある」53)。

4．連邦国家について[4]

1920年に『法概念としての連邦国家（Der Bundesstaat als Rechtsbegriff）』が刊行されたとき，それによってナヴィアスキーが提示したテーマは，彼の法理論と憲法政策の影響を他のいかなるテーマとも別様に規定するものとなった54)。多様な構成要素からなる二重帝国を出身とし，オーストリア連邦国家と終生にわたってつながりを保ち，ビスマルクの連邦制の帝国によって決定的な

---

50) Das Problem des überpositiven Rechts (aaO Fn. 49), S. 389 f.
51) 国家の基礎規範の問題についてその他, Allgemeine Rechtslehre (aaO Fn. 14), S. 31 ff.; Staatsrechtslehre (aaO Fn. 41), S. 77 f., 95 f. をみよ。
52) Das Problem des überpositiven Rechts (aaO Fn. 49), S. 392.
53) Das Problem des überpositiven Rechts (aaO Fn. 49), S. 390.
54) 最も重要な指摘は, Schriftenverzeichnissen (aaO Fn. 2), unter II und III. にある。詳細は，なお以下をみよ。

青年期の印象をうけ，ワイマール連邦国家に第2の故郷を見出し，国家社会主義の統一国家と生命をかけて敵対し，スイス連邦国家であらためて力量を発揮することができ，最終的に新生ドイツ連邦国家で晩年を豊かに満たされたと感じていたナヴィアスキーは，性格，出自，人生行路の面で連邦制には運命的な恩義を感じていた。彼は，連邦制が個人の自律の強化もまた不可欠なものとすると考えた。すなわち，連邦制は民主制の集権的な多数派権力を含めた中央国家の権力をみごとに打ちくだくと考えた[55]。そして彼は多様性のなかの統一に，全体をもっとも豊かに発展させるもっとも確実な道をみた。ナヴィアスキーは地方分権主義者でもなければ分離主義者でもなかった。彼は高次の統一を肯定したが，それは連邦構成国に分かれた連邦国家的な統一としてであって，統一国家的な統一としてではない。ナヴィアスキーは，連邦と連邦構成国とが国家として並び立ち，共同で連邦国家として全体を構成するときにのみ，連邦国家固有の目的が十全に保証されると考えた。

彼の連邦国家概念は，こうした憲法政策上の要請が昇華された法理論上の対応物である。『法概念としての連邦国家』において，彼は中央国家と連邦構成国家との原理上の等置へと行きついた。すなわち両者ともに主権をもち，それ故に（それ故にのみ）国家なのである。両者は独自の権力に依拠し，また，それぞれの法秩序のなかで顕在化する独自の意思にそれぞれ依拠する。これらの法秩序が重なり合うことがないように，そして中央国家と連邦構成国家の全体的法秩序が合わさって矛盾のない統一をなすように，中央国家と連邦構成国家はそれぞれ限定された生活関係の範囲内でのみ各自で活動する。この目的のために，法律の規則や国家による執行の考えられる対象を，権限の担い手としての中央国家と連邦構成国家へ相補的かつ二者択一的に分配する。こうした権限分配は，中央国家と連邦構成国家の一致した意思に依拠して行われる。それぞ

---

55) Die Demokratie in der Schweiz (aaO Fn. 36), S. 31 ff.; Staatsgesellschaftslehre, Band 2 (aaO Fn. 21), S. 221; Die volle Bedeutung des bundesverfassungsgerichtlichen Fernsehurteils in föderalistischer Sicht, in: Zeitschrift für Politik n. F. 81. Jg. (1961), S. 135 ff.

れどの部分についても，相互性という条件に結びついた自己制限だけしか存在しない。権限分配は，事柄の性質上，連邦と連邦構成国の法秩序の構成要素であり，形式の上からは連邦にのみ存すると思われる場合にもそうである。このことは，権限を画定する権限（Kompetenz-Kompetenz）の規定についても該当する[56]。このようにナヴィアスキーは，単独の主権をもつ中央国家が優先されるという当時十分に確立されていた学説に疑問をなげかけ，中央国家と連邦構成国家との原理上の等置という思想の可能性を示すことによって，均整のとれた連邦制の展開に，きわめて重要な法理論上の新たな余地を提示したのである[57]。それでも彼の影響が根本から浸透することはなかった。連邦国家は２つの部分からなっていて中央国家に主権があるという解釈論が，基本法の解釈の主流をなしている[58]。だが，彼の理論はそこでも批判的思想のストックとなっていることが感じられる。

　ナヴィアスキーは，連邦国家という法的な一般概念についてだけでなく，連邦国家法の一般的学説についても決定的に重要な仕事をした。彼は個別・具体的な連邦国家法の解釈と叙述の達人でもあった[59]。そのほか，彼は再三にわ

---

[56] Der Bundesstaat als Rechtsbegriff, 1920 insbes. S. 21 ff.（連邦国家の定義は同所，28 頁以下及び 66 頁をみよ）。1926 年にナヴィアスキーは既にスイス人向けに Die Zeitschrift für Schweizerisches Recht n. F. Bd. 4 (1925), S. 417 ff. において彼の理論をまとめているが，そのタイトル，「連邦主義的連邦国家概念（Der föderative Bundesstaatsbegriff）」は宿命的なものを感じる。その後の──個別的には変更された──説明は，Staatsrechtslehre (aaO Fn. 41), S. 144 ff. にある。相違については以下の叙述をみよ。

[57] 連邦国家論の理論史におけるナヴィアスキーの位置づけについては，以下をみよ。Usteri, Theorie des Bundesstaats (Ann. 16), §§ 6–14 (S. 147 ff.); Otto Kimminich, Der Bundesstaat, in: Josef Isensee/Paul Kirchhof (Hrsg.), Handbuch des Staatsrechts Bd. I, 1987, S. 1113 ff., insbes. S. 1116 ff.

[58] Kimminich, De, Bundesstaat (aaO Fn. 57), S. 11; 5 ff.

[59] ドイツライヒについては，Grundprobleme der Reichsverfassung, Erster Teil: Das Reich als Bundesstaat, 1928, S. 1 ff.；スイスについては，Aufbau und Begriff der Eidgenossenschaft, 1937 を；ドイツ連邦共和国については，Die Grundgedanken des Grundgesetzes der Bundesrepublik Deutschland (aaO. Fn. 34) S. 35 をみよ。

たって社会科学的な立場から連邦国家の現実に迫った。それは，連邦国家の一般的な事物・目的法則性（Sach- und Zweckgesetzlichkeit）を白日のもとにさらすためでもあり，また，具体的な連邦国家の事実関係を理解しやすくするためでもあった[60]。

　連邦国家にかかわるナヴィアスキーの確信は，結局のところ，彼特有の連邦制の観念に呼応するものである。それに対して，連邦構成国家権力の維持と存続を擁護することを，彼は動態的な意味で「連邦主義的」と呼んだ[61]。それ自体として中央集権主義の否定と少なくとも同程度に連邦主義概念に特有であるべき地方分権主義の否定は，いかにもナヴィアスキーらしくそこに含意されてはいるが，しかし明言されてはいない。静態的な連邦主義概念は，連邦国家という国家共同体の存立に照準を定めている。そこで彼が重視したのは，連邦主義という概念を国家相互の関係だけに限定できるようにすることであった[62]。たとえばコンスタンティン・フランツ（*Constantin Frantz*）の言う意味における範囲拡張，あるいは，補完性原則の意味で等級づけされるケースすべてに範囲を広げることに対して，彼は，最高権力をもつ各共同体の連合という思想，すなわち国家の連合という思想に内在する訴求力の低下を恐れた。これは，非国家の地域をも包括するヨーロッパの地方主義にドイツの各州が「埋没」することへの警告ともなった。

---

60) 特筆すべきは以下の研究である。Die Grundgedanken der Reichsverfassung (aaO. Fn. 34), S. 36 ff.; Der föderative Gedanke in und nach der Reichsverfassung, 1921; Weg und Ziele einer föderalistischen Ausgestaltung der Reichsverfassung, in: Deutsche Juristen-Zeitung 28. Jg. (1923), Sp. 706 ff.; Die föderalistische Ausgestaltung der Reichsverfassung, 1924; Grundprobleme der Reichsverfassung (aaO Fn. 59), S. 76 ff.; Das Reich als Bundesstaat (aaO Fn. 59); Staatsgesellschaftslehre, Band 2 (aaO Fn. 21), S. 198 ff.

61) 連邦主義（Föderalismus）の概念について，Schweizerische Rundschau Bd. 45 (1946), S. 797 ff.; Notes sur le concept "Faderalisme", Politeia, Vol. I Fasc. 1 (1948/49) pp. 7 e. s.; Staatsgesellschaftslehre, Band 2 (aaO Fn. 21), S. 205.

62) 前述の立場のほか，Zweierlei Föderalismus, in: Schweizerische Rundschau Bd. 42 (1942/43), S. 219 ff. をみよ。

III. エピローグ

　ナヴィアスキーが残したのは著作だけではない。社会に積極的に参加した勇気ある男の実例，最善の意味において政治的な教授の実例もまた残された。彼にとって国家学と法学は国家，法律，そして人間に対する直接的かつ不可分な責任であった。いっさいから独立した男の模範例も残された。彼は自由を愛した。その一方で彼は，自由を維持するためにどれほど法律と秩序が必要であるかをあまりに知りすぎていた。彼は社会的であった。しかし，党派や「左派」運動といった意味でのそれではなかった。自国に対する愛，そして自国を守ろうとする覚悟すら彼には自明のことだった。しかし彼は決して「右派」ではなかった。彼はカトリックだった。しかし彼は決して聖職者ではなかった。ナチスがどうしてほかならぬ彼をあれほど憎悪したのか，著者は理解に苦しんだ。彼がユダヤ人だったことは十分な説明にはならない。ナヴィアスキーがナチスの標的になりはじめたとき，ユダヤ人の大半はまだ妨害をうけることなくこの国で暮らしていた。彼があれほど独立して国家や法律について思考し，勇気をもってそれを口にしたということ以外に，あの憎悪の理由を著者はみつけることができなかった。

　そして，ナヴィアスキーがあれほど多大な貢献を果たすことができたバイエルン憲法もまた残されている。「肝心なのは，第1に，人生を生きるに値する国家の将来像を描くことであり，第2に，この国家の将来像が実現される前提条件を提供する国家組織をつくることにある」[63]。この言葉をもってナヴィアスキーは，バイエルン憲法の制定者が1946年に見ていた課題を言い表している。民主主義と法治国家に多様な形を与え，これによって市民に向かってもっとも開かれた，ドイツでもっとも個性的な州憲法はそこから誕生した[64]。

---

　63)　Nawiasky/Leusser, Die Verfassung des Freistaates Bayern（aaO Fn. 10），S. 27.
　64)　以下をみよ。Hans F. Zacher, Vom Lebenswert der Bayerischen Verfassung, in: Land und Reich, Stamm und Nation. Probleme und Perspektiven bayerischer Geschichte,

1961年6月,高齢のナヴィアスキーはザンクト・ガーレンからミュンヘン中央駅に再度降り立った。そこで,彼は卒中の発作をおこして倒れた。救護員が彼をホテルまで運んだ。そこで数日間過ごすうちに病状が——病状の深刻さが——あきらかになってきた。彼は不自由な口で懸命にザンクト・ガーレンへ連れていってくれと訴えた。医師は長旅は無理だと言ったが,ナヴィアスキーは自分がどうしたいのか痛切に自覚していた。彼はミュンヘンをとても愛していたが,いまはザンクト・ガーレンに行くことを望んだ。かつて最大の苦難がおとずれたときに避難場所を見出したあの地へ。長く苦しい旅の末,彼はザンクト・ガーレンの市民病院に運ばれた。それからさらに2カ月間,重い病の床につき,1961年8月11日に生命の灯が消えた。オーストリア,ドイツ,スイスを結んだユダヤ系ドイツ人の運命は幕を閉じた。法律家としての生涯,学者としての生涯,そして,——政治に影響をあたえ,政治に翻弄された——ある意味で政治的な生涯であった。

ハンス・ナヴィアスキーの著作(抜粋)

Forderungs- und Gewaltverhältnis. Ein Beitrag zum allgemeinen Teil des privaten und öffentlichen Rechts. Festschrift für Ernst Zitelmann, München/Leipzig, 1913.

Der Bundesstaat als Rechtsbegriff, Tübingen, 1920.

Bayerisches Verfassungsrecht, München/Berlin/Leipzig, 1923.

Die Gleichheit vor dem Gesetz im Sinne des Art. 109 der Reichsverfassung. Veröffentlichungen der Vereinigung der Deutschen Staatsrechtslehrer, Heft 3, Berlin/Leipzig, 1927, S. 25 ff.

Einiges über steuerrechtliche Grundfragen, Vierteljahresschrift für Steuer- und Finanzrecht (Berlin) 2. Jg., 1928, S. 442 ff.

Staatsrechtliche und politische Gegenwartsfragen, München, 1929.

Aufbau und Begriff der Eidgenossenschaft. Eine staatsrechtliche Betrachtung. Veröffentlichungen der Handelshochschule St. Gallen, Reihe A, Heft 11, St. Gallen, 1937.

Allgemeine Rechtslehre als System der rechtlichen Grundbegriffe, Einsiedeln/Zürich/Köln, 1941; zweite durchgearb. und erw. Aufl. 1948.

Die rechtliche Organisation des Betriebes unter besonderer Berücksichtigung des

---

Festgabe für Max Spindler zum 90. Geburtstag, 1984, Bd. III, S. 485 ff. m. eingehenden Nachw.

schweizerischen Rechts, St. Gallener wirtschaftswissenschaftliche Forschungen, Bd. 2, St. Gallen, 1943.

Allgemeine Staatslehre, Einsiedeln/Zürich/Köln. Erster Teil: Grundlegung, 1945; Zweiter Teil: Staatsgesellschaftslehre, 1. Band 1952, 2. Band 1955; Dritter Teil: Staatsrechtslehre, 1956; Vierter Teil: Staatsideenlehre, 1958.

Die Verfassung des Freistaates Bayern vom 2. Dezember 1946. Systematische Überblick und Handkommentar, unter Mitarb. v. Claus Leusser, München/Berlin, 1948; Ergäzungsband, unter Mitarb. v. Hans Lechner, München, 1953.

Die Grundgedanken des Grundgesetzes für die Bundesrepublik Deutschland. Systematische Darstellung und kritische Würdigung, Stuttgart/Köln, 1950.

Max von Seydel (Münchner Universitätsreden, n. F. Heft 4), München 1954.

Positives und überpositives Recht, Juristenzeitung (Tübingen) 10. Jg., 1954, S. 717 ff.

Das Problem des überpositiven Rechts, in: Naturordnung in Staat und Gesellschaft Festschrift für Johannes Messner, Innsbruck/Wien/München, 1961, S. 386 ff.

ハンス・ナヴィアスキーに関する著作（抜粋）[5]

Wilhelm Hoegner, Prof. Dr. Hans Nawiasky und die bayerische Verfassung von 1946, in: Staat und Wirtschaft, Festgabe zum 70. Geburtstag von Hans Nawiasky, Einsiedeln/Zürich/Köln, 1950, S.1 ff.

Walter Leisner, Hans Nawiasky, Die öffentliche Verwaltung (Stuttgart/Köln) 14. Jg., 1961, S. 860 f.

Theodor Maunz, Hans Nawiasky, Bayerische Verwaltungsblatter n. F. (München) 7. Jg., 1961, S. 303.

ders., Hans Nawiasky, Ludwig-Maximilians-Universität, Jahres-Chronik 1961/62, München,1962, S. 18 ff.

Willi Geiger, Hans Nawiasky, Juristenzeitung (Tübingen) 17. Jg., 1962, S. 324.

Hans F. Zacher, Hans Nawiasky, - Ein Leben für Bundesstaat, Rechtsstaat und Demokratie, in: Festgabe für Theodor Maunz, München, 1971, S. 477 ff.

ders., Hans Nawiasky, in: Juristen im Portrait. Verlag und Autoren in vier Jahrzehnten, Festschrift zum 225 jahrigen Jubiläum des Verlages C. H. Beck, München, 1988, S. 598 ff.

訳注

[1] ドイツ国法学者大会におけるナヴィアスキーの主張については，熊田道彦「恣意の禁止として平等原則論」市原昌三郎・杉原泰雄編集代表『公法の基本問題（田上穣治先生喜寿記念）』（有斐閣，1984年）12頁以下参照。

[2] 1932年7月20日事件（いわゆるパーペン・クーデター事件）のライヒ国事裁判

所における審理において，ナヴィアスキーは原告側の一翼をになうバイエルン・ラント政府の代理人の一人として，被告・ライヒ政府と対峙した。これについて，山下威士訳編『クーデタを裁く—1932年7月20日事件法廷記録』（尚学社，2003年）参照。なお，山下は，この事件の性格を次のようにまとめている。「この事件が，保守革命運動のイデオローグであったパーペンが，そのかねてからの主張の『新国家』すなわち，強力な権威的中央集権国家を建設するために，一般的には，ドイツの基本的課題であったライヒとプロイセン・ラントとの二元論を排除し，特殊的には，当時の危機を乗り切るために，プロイセンの国家権力を奪取するための行動であった。この計画のために，なおヴァイマル憲法を遵守し，議会制民主主義という道で，この危機を乗り越えようとするヴアイマル連合の力が強く，『民主主義の砦』と称されたプロイセンに強力をもって介入し，ブラウン・ラント事務管理政府を強制的に罷免した。確かに，この事件においては，一発の銃弾も飛びはしなかったが，憲法の基本原理である連邦制度を，しかも憲法外的な力にもとづいて踏みにじった，まさに『クーデタ』と言われるべきものであった。」(64頁)

〔3〕ナヴィアスキーの国家学について，矢部貞治「ドイツ国家学の展開と帰結—第二次大戦前後のドイツ国家学を中心として—」福田歓一編『政治思想における西欧と日本（上）』（東京大学出版会，1961年）282頁以下参照。

〔4〕ナヴィアスキーの連邦国家概念について，清水望『西ドイツの政治機構』（成文堂，1969年）528頁以下，533頁以下参照。

〔5〕経歴と業績についての邦語文献としては，市川秀雄「ナヴィアスキー教授逝く—海外学会消息」法学新報69巻8号（1962年）77頁以下参照。

エーリッヒ・カウフマン[*]

時代の渦中にあった，そしてまた，時代を越えた法律家[**]

マンフレート・フリードリッヒ[***]
訳　小野寺　邦　広

　3巻の著作集でも網羅できず，テーマという点でも広範にわたっているエーリッヒ・カウフマンの業績を一言でまとめることは非常に難しいが，実践的という標語なら少なくとも的外れにはならないであろう。それはともかく，彼の業績の大きな特徴として以下の2つのことがある。すなわち，まず第1点は，カウフマンは当時の重要な政治的・社会的問題に私情を交えずそれでいながら情熱的に取り組み，理論的に筋の通った解決策を示し続けたこと，そして第2点目は，彼の業績は，特殊な問題の議論においてさえも，本来の方向を示す標識として，法における，時流に左右されない思考を明確に示したということである。

I．1914年までの第2帝政期における出発点と発展

　彼の業績は非常に多岐にわたっており，しかも，そこで述べられていること

---

[*] *ERICH KAUFMANN* (1880年-1972年)
[**] Jurist in der Zeit und jenseits der Zeiten
[***] Dr. *Manfred Friedrich* : Professor an der Universität Göttingen
　（ゲッティンゲン大学教授）

の多くは依然として重要性を失っていないのであるから，このポートレイトにおいても経歴よりもむしろ業績に重点を置くべきではあるが，伝記により同時に時代背景も示すことができる。

1. 1898年に若きエーリッヒ・カウフマンが――彼は1880年にポンメルン地方[1]のデミン[2]で弁護士の息子として生まれ，まもなく父の仕事の関係でベルリンに移った――文学史と哲学を研究するために――もっとも，彼は入学後すぐに法学研究に切り替えたのであるが，この大胆な企ての動機はやはり強い哲学的関心であった――ベルリン大学に入学したとき，ヴィルヘルム帝政ドイツは，すでに危機の時代に入っていたのであるが，そのことは顕著になってはいなかった。社会主義労働運動はいまや支配層を畏怖させる大衆的政治運動に発展していたが，皇帝政府の帝国議会に対する関係はビスマルク内閣の最後の時期のように一触即発という状況ではなかったし，また，帝国はまだ外交的に孤立していたわけでもなく，向う見ずな冒険に踏み出してもはや引き返せなくなったという状況でもなかった。学問・芸術分野においては，第一次世界大戦前の時期に指導的役割を果たすことになる新しいさまざまな試みはいまだ登場していなかったが，そもそも精神生活分野全体が10年後に比べてそれほど多様ではなかった。当時の学問・哲学に関する，時代を規定した潮流は，観念論的思弁に限界があるかという問題から，学問的認識が正しいかどうか確かめる方法があるかという問題に移行した新カント主義であった。若きカウフマンは，彼自身の語るところによれば，西南ドイツ派の新カント主義の影響を受けてハイデルベルク大学とフライブルク大学でも学んだが，すでに1914年以前に西南ドイツ派の新カント主義から離れていた。国法学者の中ではゲオルク・イエリネク（*Georg Jellinek*）がこの立場に親和的であったため[1]，カウフマンの『君主制原理の国家論の研究（*Studien zur Staatslehre des monarchischen Prinzips*）』という野心的な処女作（この論文により1906年に

---

1) イエリネクに対するザトラー（*Sattler*）の影響については本書ゲオルク・イエリネクの論稿参照。

ハレ大学から法学博士号取得）を広い意味でのイエリネク・シューレすなわち近代国家の精神史的研究と位置づけることも可能であろう。（しかし）イエリネクの業績以上にあるいは国法解釈学を純粋な法的概念に基づいて形成しようとしたパウル・ラーバント（*Paul Laband*）の実証主義的国法体系[2]以上にカウフマン青年に大きな影響を与えたのはアルベルト・ヘーネル及びオットー・フォン・ギールケ（*Otto v. Gierke*）の著書との出会いであり，彼らの業績に学ぶことにより彼は国法上の諸問題の現実の生気に満ちた研究，とりわけ比較法的な研究に進んだ。この様な研究の最初の成果が，『アメリカ合衆国における外交権と植民地支配権――アメリカ憲法とドイツ憲法の基礎の比較法的研究』（Auswärtige Gewalt und Kolonialgewalt in Vereinigten Staaten von Amerika ― Eine rechtsvergleichende Studie über die Grundlagen des Amerikanischen und deutschen Verfassungsrecht）』（1908 年）であり，この論文によりカウフマンは 1908 年にキール大学から，ヘーネル（*Hänel*）の庇護もあり，教授就任資格を認められ，1912 年に同大学員外教授となり，1913 年にケーニヒスベルク大学正教授となった。

カウフマンはすでに当初から公法研究から政治的観点を排除するという形式主義を拒否していたが，それでも初期の著作においては，ラーバントの前任者であるカール・フリードリッヒ・フォン・ゲルバー（*Carl Friedrich v. Gerber*）が創始した国法の学問的「構成」まで否定していたわけではなく，むしろ若きカウフマンはこれを大げさといってよいほどに評価していた[3]。それゆえ，君主制原理の理論家であるフリードリッヒ・ユリウス・シュタール（*Friedrich Julius Stahl*）についての博士論文も歴史研究を意図したわけではなく，第一次的には「構成の諸問題の追跡（Verfolgung von

---

[2] ラーバントに対するパウリー（*Pauly*）の影響については本書パウル・ラーバンドの論稿参照。

[3] 1908 年の講演 Über den Begriff des Organismus in der Staatslehre des 19. jh. においてはゲルバーは，国法の「構成」に初めて成功したゆえに国法学史上の消尽点と評価されていた。しかし，すでに 1914 年の Verwaltung, Verwaltungsrecht (Schriften I, S. 139) においてはゲルバーの法概念が厳しく批判されている。

Kanstruktionsproblemen）」[4]の試みであった。この博士論文ではこの論文を導入編として近代国家についての理念史的研究を3巻本にまとめることが予告されているが，シュタールの国家論やその憲法史的背景はその第1部にすぎない。この初期の試みとこれに続く著作において，法的構成として彼が理解したものを公理のような原理と誤解してはならない。カウフマンがそのもとで理解したのは，ある法制度や法思想の特殊な意味は交差的考察（übergreifender Betrachtung）においてのみ把握可能となるという発見的原理であった。それゆえ，彼の博士論文の第一次的意図は「時代の基本的性格」から生じ，国法上のさまざまな形成物を根拠づける「形而上的」理念を，具体的な法形式を単なるその反射物に解消してしまうことなく，展開することであった。もっとも，博士論文ではこの壮大な構想はシュタール理論の紹介・検討という形で一部が実現されたにすぎず，その後間もなく行われたキール大学での「19世紀の国家論における有機体概念について（Über den Begriff des Organismus in der Staatslehre des 19. Jh.）」と題する教授資格取得試験講義（1908年）により19世紀の国家思想からゲルバーにいたる国家思想が一筋の流れにまとめられたに止まる。

2. 1914年以前における彼の学問的頂点は，カウフマンの著作の中ではハーグでの講演を除けば最も体系的にまとまった著書であるが，異論も多かった『国際法の本質と事情変更原則——法，国家及び契約概念についての法哲学的研究（Das Wesen des Völkerrechts und die Clausula rebus sic stantibus — Rechtsphilosophische Studie zum Rechts-, Staats- und Vertragsbegriff)』（1911年）である。カウフマンの著作の中でこれほど批判されたものはなく，国際法の妥当性の放棄までもが彼の理論のせいにされた。才気に満ちたこの著作で彼は，国際法についての研究のみを行っていたのではなく，そうであったなら批判者は自己の異議を受け入れさせることも可能であったかもしれないが，私法

---

[4] Schriften I, S. 5.

についての研究も行っていた。すなわち，当時の私法理論を検討しつつ契約概念を分析し，その分析を出発点として国際法におけるこの原則の存在を肯定したのである。多くの批判を受けたこの著作の核心となる命題によれば，国家の自己保存権が国家間の法すべてに内在する限界であり，それゆえに国際法上の契約にはすべて事情変更原則という性質が内在している。すなわち，「国家間契約にはすべて，対等関係の法（Koordinationsrecht）の契約として，1つの限界がある。すなわち，国家間契約が拘束力を持つべきであり，また，そう要求しうるのは，契約が締結された時点において存在していた権力状況及び利益状況が変化し，契約の本質的部分が契約締結国の自己保存権と矛盾するにいたるということがない限りにおいてである」[5]。この様な権力国家的響きを持ち，国際法の主体となる国家に対して自己の役割を全うすることを要求しないこの命題を，戦争も勝利する限りでは社会の理想であるとしてカウフマンが戦争を推奨したことはしばしば批判されるが，しかし，それにもかかわらず，法的思考の危険な軟化と批判することはできない。というのも，このようなヴィルヘルム帝政の国家権力を前提とした実証主義を批判することは容易であるが，しかし，カウフマンの倫理的権力国家の哲学は，国際法の適用領域の中に法の拘束を受けない領域をつくり出そうとしたのではなく，むしろ，この原則の価値の切り上げによりこれを避けようとしたということは否定できないからである。もっとも，彼の場合，国際法の効力の根拠づけは議論の余地のある法理論上の基本テーゼ，すなわち，従属関係の法（Subordinationsrecht）と対等関係の法の，もっぱら矛盾対立的意味で理解された，対抗関係というテーゼにもとづいているのではあるが。ちなみに，彼は，これに対して，国家秩序内部においては法的拘束力を持つ行為の根拠はすべて授権にあるという想定の根拠は民主的で立憲国家的な秩序の意味内容に求めている。原則論文におけるこの様な法理論上の基本的立場をカウフマンはその後も維持し続けたが，他方，才気あふれる初期の論稿における社会哲学的基本思想は，その後のカウフマンの理論

---

[5] Das Wesen des Völkerrechts und die Clausula rebus stantibus, 1911, S. 204.

の特徴としては限定的なものにとどまっている。

　3．原則論文よりもさらに実り多い成果は1914年までの時期における最後の著作，すなわち，辞典の1項目ではあるが1冊の本にも匹敵する，「行政，行政法 (Verwaltung, Verwaltungrecht)」(1914年) である[6]。その目的は非常に独特であり，いまだ若い法学的行政法学にオットー・マイヤー (Otto Mayer) の指導により示されたのとは異なる道を示し，ともかくそこに導くこと，彼により示された方向の一面性を克服することであった。たとえば，これは他の学者もすでに批判していたことではあるが，「法学的方法」を過度に拡張して行政法に転用したこと，そして，この方法にもとづき，「合理主義的な」フランス行政法の諸形式を無批判に取り入れて解釈理論を形成したことがそうである[7]。もっとも，辞典の1項目でマイヤー行政法学に替わる理論を詳細に示すことは分量的にそもそも不可能なことではあったのであるが。それはともかく，カウフマンは，多くの点において，ドイツの行政諸制度の史的展開の道筋について，マイヤーとも，また，彼の法学的行政法学とは異なる基本的立場に立った学者たちとも異なる像を示した。立憲国家的秩序の根本的諸問題に関してとられた明確な立場をカウフマンは1918年以降も修正する必要がなかったが，とりわけ，憲法に抵触することのない立法権限という意味における独立の命令制定権の否定がそうである。

II．世界大戦及びワイマール民主制

　1．最前線の士官として負傷し帰還した第一次世界大戦は，彼の精神的発展

---

[6]　In: Wörterbuch des Deutschen Staats-u. Verwaltungsrechts, begr. v. *K. Frhr. v. Stengel*, hrsg. v. *M. Fleischmann*, 2. Aufl. 1914, Bd. 3 (=Schriften I, S. 75 ff.).

[7]　マイヤーの業績の評価について詳しくは Verw. archiv〔法学専門雑誌『Verwaltungs-archiv』〕1925 に掲載されているカウフマンによる追悼文 (Schriften I, S. 388 ff.) を参照。

の大きな転機となった。それ以後，形式的実証主義への拒絶は明らかに戦闘的調子を帯びるようになった。しかし世界大戦の終結により，彼の政治的，国際法的諸問題への実践活動による参加も始まった。そして，ついに戦争及び終戦の最初の年が彼の生活を大きく変えた。すなわち，1917年にカウフマンはベルリン大学に正教授として招聘されたのである。もっとも，彼ははやくも1920年にはより平穏な仕事を期待して——その期待は裏切られることになる——ボン大学に移籍したのであるが。1927年，彼は外務省の法律顧問及びドイツ帝国の訴訟代理人という彼の新たな役割を果たすためにベルリンに戻ってきたが，その間もベルリン大学名誉教授などの形で教育にかかわっていた。

　世界大戦の終盤の日々から，終わりがみえていたビスマルク憲法体制を擁護する憲法政策的試みが生まれた。すなわち，「帝国憲法におけるビスマルクの遺産 (Bismarcks Erbe in der Reichsverfassung)」(1917年) である。民主主義と「西欧的」理念に対する激しい反駁にもかかわらず，この戦闘的論文をドイツの大学教授が行った戦争擁護著作の典型例の1つとすることはできない。もっとも，この論文が，いわば最後の瞬間まで，非議会制的立憲主義を——しかも，このことはカウフマンの名誉にはならないのであるが——「世界観的」な理由づけから断固として支持した論文であることは確かであるが。この論文の意義は，彼が放棄しえないビスマルクの「遺産」とみなしたビスマルク憲法体制の特別な意味関係ないし作用関係を簡潔明瞭に示した点にある。この様な意味関係を示すことを意図した憲法分析は彼以前には行われていなかったわけではない——ヘーネルやハインリッヒ・トリーペル (Heinrich Triepel) の業績，とりわけルドルフ・スメンド (Rudolf Smend) による帝国憲法における「同盟的」交流権の研究[8]がある——が，それでもやはり，カウフマンは，上述の意図により，ビスマルク憲法体制についての理論的にまとまった独自の見方を示している。すなわち，彼はビスマルク憲法に固有の，しかし，必ずしも憲法規範により規律されているとは限らない，「有機体的な結合と分離」をこ

---

8) Ungeschriebenes Verfassungsrecht im monarchischen Bundesstaat, Fest. O. Mayer, 1916.

の憲法の核心として際立たせた。彼によれば，皇帝的で宰相的な部分と連邦参議院，連邦参議院によって帝国宰相に諸邦政府の統一性を確立するという課題が課されているのであるが，これらの密接な結合が帝国の連邦制の核心部分であり，それゆえに，帝国にとっては，議会制的な政府はもちろんのこと，通常の立憲的政府でさえも基本的に不可能である。この論文により，議会制導入を支持するマックス・ウェーバー（Max Weber）の論文「新生ドイツにおける議会と政府（Parlament und Regierung im neugeordneten Deutschland）」（1917年）——もっとも，この論文はフランクフルト新聞における連載論文をまとめたものであり，カウフマンが上記の論文を執筆した時には公刊されていなかったのであるが——この論文と正反対の立場が示された。カウフマンによるビスマルク憲法体制の憲法政策上の指導思想の明示には民主主義の進展によるビスマルク憲法体制の変遷を過小評価しているという問題はあるものの，ドイツ的「特質」[9]という無内容な常套句を持ちだすことはそれよりも一層疑問である。

2. 帝政崩壊と革命の後，カウフマンは，ぎりぎりまで反対し闘っていた議会制を受け入れたばかりでなく，議会制を強調した憲法を形成するため，積極的に活動するようになった[10]。

---

9) このことをマックス・ウェーバーは Bismarks Erbe in der Reichsverfassung の書評（Gesammeltepolitische Schriften, 2. Aufl. 1958, S. 229 ff.）において辛らつに批判している。

10) これについては以下の文献を参照せよ。Grundfragen der künftigen Reichsverfassung (1919; Schriften I, S. 253 ff.)，ならびに，カウフマンがその作成に決定的役割を果たした，政党横断的な団体である「法と経済」の憲法草案，この憲法草案は，あらたな政党議会政治を強化するために従来の政府的連邦参議院とは断絶した，「議会の一院としての」諸邦議院という考えを「……徹頭徹尾貫く」（カウフマン）ものであった。この憲法草案は 1919 年にベルリンのライマー・ホビング社から出版された。これにはカウフマンの解説が付されている。Recht u. Wirtschaft 8 (1919), S. 46 ff. 所収。憲法草案作成委員会，トリーペルもこの委員会のメンバーであったが，の設置については同書 32 頁参照。

共和国スタートの時期からは，それらが，それぞれ新しいテーマについての議論の投入点を示した著作であるため，以下の2論文が無条件に挙げられなければならない。すなわち，「検討委員会と国事裁判所（Untersuchungsausschuß und Staatsgerichtshof）」（1920年）及び「プロイセンと帝国における政府の形成と政党の役割（Die Regierungsbildung in Preußen und im Reich und Rolle der Parteien）」（1921年）である[11]。「検討委員会と国事裁判所」では新憲法の危険で困難な諸問題が検討されており，新政府形成という問題についての小論では憲法社会学の新しい中心問題すなわち憲法規範により規定されておらず，また規定することのできない議会制システムの機能条件という問題が取り上げられている。この小論によってカウフマンは，大戦前にはないがしろにされていた[12]，現実の憲法生活を形成する政治勢力つまり政党の分析に取り組む決意を示したのであるが，そのすぐ後で，カール・シュミット（Carl Schmitt）が他の観点つまり憲法理念と憲法現実の対立という観点からこれを行った。戦争責任問題を検討するための検討委員会の設置を国民会議が議決したことを受けて書かれた論文では，これもまた大戦前にはほとんど自覚されていなかった問題，すなわち憲法における特別の法学的諸問題が論じられている。カウフマンの著作のうちほとんどを占めている憲法解釈論において彼があげた重要な成果は「形式の濫用」という憲法全体にとって中心的意義を持つ概念を示したことである。この概念が表現している諸現象は大戦前の型にはまった図式的な権力分割思考の下では注目に値する現象ではなかった。

3. 「新カント主義法哲学批判（Kritik der neukantischen Rechtsphilosophie）」（1921年）は，ごく短期間であったボン時代のもっとも重要な成果であったといえる。この論文はカウフマンの精神的発展における断絶の証拠ではない。というのも，世界大戦前の時代にすでに，彼は新カント主義的立場から離れつつ

---

11) In: Die Westmark 1 (1921), S. 205-218 (=Schriften I, S. 374 ff.).
12) 第一次世界大戦前の時期における例外はトリーペルの „staatsrechtliche und politische Studie": Unitarisumus und Deutsche Reiche, 1907 である。

あったということが確認できるからである。正しくは，この論文は彼の活動のほぼ中間点つまりそれまでの活動路線の到達点であると同時に新たなそれの出発点でもある業績である。

「批判」論文の内容を検討することは本稿で行えることではない。そこで，本稿では，カウフマンの精神的発展におけるこの論文の意義と精神史的位置づけについて若干のことを述べるにとどめる。

「批判」論文の激しい論調は，この論文には自己批判という意味もあったということに由来している。批判の対象としたさまざまな立場を「新カント主義」という曖昧でとらえどころのない広い概念でひとくくりにすることが妥当かどうか疑問視することは可能であろうが，しかし，それはともかくカウフマンはそうすることにより非常に多様な立場をほとんど無理やりに1つの戦線にまとめた。「批判」論文の攻撃方向が間違っていたわけではない。すなわち，カウフマンは，同時代の法学少なくともドイツの法学において，なお支配的であった傾向，つまり「内容空虚な」，現実をみない（anschauungslosen），そのためついには方向を指し示すことも責任を負うこともできなくなってしまった思考に反対したのである。カウフマンは新カント主義哲学をこの様な態度の育ての親と考えたのであるが，この点は彼に同意できる。彼は，「全体」，すなわち形而上学の諸問題に縮減されないカント（Kant）の理論を新カント主義哲学と対立するものとして位置づけた。

「批判」論文は学派や新思想を樹立しなかったが，学問の基本的立場を大きく変えることに貢献した。この論文は，学問上のあらたな活動の芽が成長するために必要な偏見のない議論環境を取り戻すことに非常に大きく貢献した。感銘的に，スメンドはこの貢献をつぎの様に確認している。すなわち，「しかし，その歴史的効果にわれわれは今日でもなお感謝しなければならない。なぜなら，我々は，現在でもなお，実証主義がわれわれを導いた砂漠で，新カント主義により設置された囲いのなかにいて，この強制収容所から脱出しようとする者には学問上の名誉を自動的に失うという刑罰が科されるという状況にあったであろうからである。しかし，その様な状況は今や存在しない，我々の世代

は，同様の考えを持つものである限り，解放のプログラム的表現を発見したのである……」[13]。

4. あらたな学問上の岸へと向かう1920年代の運動に，カウフマンは限定的にしか参加できなかった。すなわち，「批判」論文公刊の1年後の1922年から彼は法的実践活動をはじめたのである。これはナチによる権力奪取により突然終わりを迎えたものの，その後，1950年から1958年まで彼は連邦宰相及び外務省の法律顧問として法的実践活動に携わった。外務省の法律顧問としての活動の一部についてはK. J. パルチュ（*K. J. Partsch*）により具体的に検証されているが，官職のピラミッドに組み込まれていない法律顧問という特別の地位ということもあり，これに対応する1933年以前の活動については詳らかではない。ワイマール国家のためのカウフマンの実践活動の対象は，当初は，ドイツと東方の隣国特にポーランドやチェコスロバキアとの法的問題に限られていたが，ドーズ案受け入れ後は他の国々との関係における諸問題にも広がった。役割と課題という点ではこのあらたな活動は多方面にわたりかつ多くの労力を要するものであった。すなわち，カウフマンは鑑定人であると同時に法的助言者でもあった。彼は条約交渉の準備をし，そして，交渉にも加わった。彼は，政府の代理人あるいは政党の代理人として低俗でいかがわしい（gemischt）仲裁裁判所に足を踏み入れた。そしてついには，ハーグの国際司法裁判所において，帝国さらにはオーストリーやダンツィヒの代理人を務めた。

これらのあらたな課題は，彼の学問的活動をまとめることを妨げるほど多大の労力を要するものであった。それゆえカウフマンは，「批判」論文以降1933年以前の時期にはあらたな学問上の目立った成果を上げることはできなかったが，このことがカウフマンの理念の受け容れに不利に作用したことは否めない。しかし，それにもかかわらず，彼は国法学のあらたな根拠づけの議論に加わり，議論の方向づけに貢献した。すなわち，1926年のミュンス

---

13) Zur Erich Kaufmanns wissenschaftlichen Lebenswerk, Festg. E. Kaufmann, 1950, S. 395.

ター国法学者大会における「帝国憲法第109条の意味における法律の前の平等 (Die Gleichheit vor dem Gesetz im Sinne des Art. 109 der Reichsverfassung)」と題する報告及び1931年の「国民意思の問題性について (Zur Problematik des Volkswillens)」と題する講演を行ったのである。

　ミュンスターにおける平等についての信仰告白めいた報告とその諸テーゼに対する批判がワイマール国法学の根拠づけ論争の皮切りとなり，「国民意思の問題性について」と題する講演が，その後の論争において指導的な役割を演じていた一定の傾向に対する反論となった。ミュンスター報告は，平等条項を立法者をも拘束する恣意の禁止条項とする，ワイマール時代に登場した平等条項の新解釈を提唱した報告というわけではない——すでにもっと若い世代の学者たちが「新理論」を作り上げていた——が，法哲学上の問題にまで及ぶカウフマンの報告が正当性を付与するというかたちでこれを補助したことは過小評価すべきではない。

　基本法制定以後は「新」理論が実定法となっているのであるから，この理論に対する1933年以前及びその後の賛否の議論を説明する必要はないであろう。カウフマンは，すでに当時，立法者の平等条項への拘束を自明の要求としていた。そこで彼の報告の重点は，裁判官の違憲審査権と関連する憲法問題ではなく，裁判官に対する倫理上の要求におかれ，「正義とは何か」を直接に問い，その具体的中身を列挙することはできないものの，それでも自然法は必要不可欠であるということを告白するものとなった。この自然法への信仰告白はミュンスターにおいてごくわずかの支持しか得られなかったが，おそらく，多くの者は暗黙のうちにこの信仰告白に同意していたと思われる。しかし，1945年から49年までの時期の後の全時代においても，カウフマンの存在論的法学への転向は，彼の制度的法思考を受け容れ難いものにした。

　彼の制度的法理解の要約的説明を，カウフマンは「国民意思の問題性について」において試みた。この講演からあきらかになるのは，彼にとって，ミュンスター報告の意味における一般的で実体的な正義理論は具体的憲法理論を決して不要とはしないということである。もっとも，この報告は経験的で形而上学

的ではあるが民主的憲法生活の諸問題と諸事象に合うように裁断された憲法理論の一定の基礎的範疇を示すにとどまるのであるが，しかし，これらはあらゆる政治的共同生活，及びあらゆる多面的で代表制的な意思形成の本質や構造の法則から導き出されたものである。カウフマンはそれらをつぎのように区分している。すなわち，行動（Aktion），是認（Approbation）と拒否（Reprobation），行動に関する協議（Deliberation），是認または拒否に関する協議である。なお，のちに，影響力の行使すなわち権利と義務が加えられた。これらの範疇の有用性を，カウフマンは，充実した民主的憲法生活を形成するための諸条件を説明する際に取り上げた。とりわけ，拒否と是認の能力を失っている議会は政府に対する影響力も失うという指摘などはその例である。それにより示唆された憲法理論はズメンドの統合理論の意味における精神科学的な「霊性付与」（Spiritualisierung）にも，また，カール・シュミットの決断主義におけるような憲法問題と憲法内容の「場当たり主義的な」相対化にも反対するものであった。

III．第三帝国とその後

1．第三帝国時代にはカウフマンは，失職を経験し，警察の監視下に置かれるという屈辱を味わうことになり，そして，ついには1940年以来ドイツにより占領されていた土地への移住を強いられた。1933年1月30日をもって法律顧問としての職を解かれ，1934年にはカウフマンは彼がはじめて得た職らしい職であるベルリン大学正教授の地位も追われた。独裁者の抑圧のもとでも，当初はなお若干の学問的活動を行うことは可能であった。そこで，1934年から——やがてこれも禁止されてしまうのであるがそれまでは——彼はベルリンのニコラスゼーにあった自宅で「ニコラスゼー・ゼミナール」という私塾を開き，若者たちに法と国家の基本問題を教えた[14]。しかし，いわゆる「帝国水晶の夜」[3]がカウフマン夫妻がこれ以上ドイツにとどまることを不可能にした。

---

14) これについては，私家版の追想集, Nikolasseer Kreis (Hrsg.), Ansprachen zum 80. Geburtstag von ERICH KAUFMANN am 21. September 1960 in Heidelberg を参照。

しかし，彼は——このことは第三帝国に対する精神的独立を守るためのもう1つの別の可能な道であったのだが——自らの外国とのつながりを活用して自己の学問的活動の成果を外国で出版した。かくして，1935年の夏にハーグ国際法アカデミーで行われた「平和の法の一般原理（Regles generales du Dorit de la Paix）」と題する講演，これは彼のおそらく最も体系的な著作であり，国家と法の問題についての最後のまとまった大きな叙述であろうが，この講演が同アカデミーから1936年に出版されたのである。この講演は，国家と法理念，平等条項についての報告においてすでに示唆されていた正義の諸形式，人間の共同生活の制度そして「普遍的法」という法学の古くからの問題などについてのカウフマンの考えを示すパノラマであり，原則論文と並んで彼の法理論を知るための最も重要な源泉である。

2. 1946年にカウフマンがオランダの亡命先からドイツに戻った時，彼はくじけることなく，やる気に満ちていた。まず彼は——1950年の退官まで続けるのであるが——ミュンヘン大学の正規の講座の担当を引き受け，さらに，同大学で国際法に関する組織の長や法学部長も務めた。その後1958年まで，連邦宰相及び外務省の法律顧問とボン大学名誉教授（講義担当）を兼任した。そして，1963年まではなかば公的な職にも就いていた。すなわちプール・ル・メリット勲章[4] 受章者会の事務局長（Kanzler des Ordens Pour le mérite）を務めていたのである。その後高齢になっても，彼は1972年にカールスルーエにおいて亡くなるまで学問生活に活発に参加し，国法学者大会へ出席した際などに精神活動の旺盛さと後進の研究に対する高い関心を示した。

1945年以降の著作も重要でないというわけではない。たしかに大部の著作はないが，テーマの広がりはそれ以前と比べても遜色はない。とりわけ，以下の著作は取り上げる価値が高い。「占領下におけるドイツの法的地位（Deutschlands Rechtslage unter der Besatzung）」（1948年）である。この論文で示されたドイツの権利能力と行為能力の峻別という見解が，無条件降伏後のドイツの国法上，国際法上の地位を早期に解明し，またドイツ連邦共和国への

途において西側の連合国諸国に対するドイツの立場を確認する際の重要な助けとなった。さらに，ミュンヘンの国法学者大会における「憲法裁判の限界 (Grenzen der Verfassungs gerichtsbarkeit)」についての報告（1950年）とスメンドの記念論文集への寄稿論文である「国家論の人類学的根拠づけ――ルソー (*Rousseau*)，ルター (*Luther*) そしてカント (*Kant*) についての覚書 (Die anthropologischen Grundlagen der Staatstheorien — Bemerkungen zu Rousseau, Luther und Kant)」（1952年）にも言及しておく必要があろう。ミュンヘンでの報告は，憲法裁判に本質的に内在している限界すなわち憲法裁判は政治的な決定を行うことはできないということについて検討した報告であるが，抽象的な内容空虚な定式を示すだけにならないようにするために具体例をあげながら，この誤解されがちな原則について論じられており，多面的な観察と思考により，ドイツにとってはじめての独自の様式となった憲法裁判の課題を理解する手掛かりとなった。ルソー，ルターそしてカントの国家論に関するスケッチ的論文は――この様な問題関心は1952年当時は全く流行となってはいなかったのであるが――政治理論における「人間像」を問う論文であり，カントの法理論および彼の「永久平和のために」という論文の解釈――それは「新カント主義法哲学批判」において描いた法思想家としてのカント像をさらに彫琢するものであるが――それらの解釈がこの論文のクライマックスとなっている。

Ⅳ. ドイツ法学における古典派か？

一般に，エーリッヒ・カウフマンはドイツ法学における「古典派」の1人にあげられているが，それはおそらく許されるであろう。もっとも，彼は，けっして，通常の意味における古典派ではないのであるが。古典派という言葉を自己の見解を大部な1巻のまたは数巻の体系的著書にまとめる者と理解するならば，カウフマンにはハーグでの講演を除きそのような著書はないのであるから古典派と呼ぶにふさわしくはない。また，個別の学問において長い間模範とされた理論または概念を創造した者を古典派と呼ぶ場合にも，カウフマンを古典

派と呼ぶことはできない。もっとも，彼のおかげで学界の共有財産となった可塑的概念はある。形式の濫用がそうであるし，是認と拒否という概念もそうである。しかし，おそらく，これらの概念は彼によって傷口がしっかりとふさがれたわけではないし，彼の学問の重点を示す概念でもない。

　それでも，古典派と呼ぶにふさわしい特徴をカウフマンの業績が備えていることは否定できない。なによりも，このことを正当化するのは彼の多くの仕事における思考の見識の広さである。彼の仕事はどれも限られた専門分野の産物ではなく，歴史，哲学，公法さらには私法までも，一様に並はずれて十分にマスターし使いこなされた成果で満ちている。そのうえ，カウフマンの小品は，ごく短い文章で問題の核心を捉えている点，及び，型にはまった硬直的見方にとらわれず，問題の展開により必要となった場合に，かつその場合に限って，考察の地平を変更しているという点で魅力がある。カウフマンは，文章の完成度の低さが指摘されることが多いものの，彼の核となる専門分野すなわち国法についての文体の変化に彼の文章が影響を与えたとされる。そうだとすれば，おそらく，その要因の多くは彼が示したテーゼや概念など著作の結論よりも議論の仕方の清新さにあるのであろう。彼が扱ったテーマの広さは，今日では一人の公法学者が達成することはほとんど不可能といってよいほどである。彼の特徴的な議論の仕方ゆえに，彼は，19世紀の法実証主義により特に国制及び憲法思考に強く植え付けられた思考の分割や停滞を彼以前や同時代のだれよりも根本的に克服したということができる。たとえば，外国憲法を研究対象に加えることはすでにヘーネルの著作の特徴となっていたが，ヘーネルの場合ははるかに抽象的で，無味乾燥で，具象性が乏しかった。トリーペルもすでに外国憲法の経験を有効に活用することにおいて卓越さを示していた。しかし，トリーペルは第一次世界大戦前の姿勢を大幅に変えることはなかった。スメンドの仕事は『国制と憲法（Verfassung und Verfassungsrecht）』（1928年）及び同書で展開された統合理論までは1つの狭い分野しか対象としていなかった。

　最後に，カウフマンが国家と法の諸問題を，繰り返し，人間の秩序の倫理的根本問題にまで遡って検討したという点でも彼の著作は古典と呼ばれなければ

ならない。詳しく言うと，ここでもやはり，19世紀に一層進展した法思想の形式化へのカウフマン的な反応の仕方のゆえにであるが。すなわち，彼は，人間存在の意味という問題に性急にさかのぼったり，主観的な世界観哲学に逃避したりはしなかった。彼は，政治哲学の古典のみが確固とした土台を形成しうるのだと信じていた。彼は，法律家がいつの日か条文の中には見出せない超実定的な生の秩序に遡らざるをえなくなるということを明言した。そして，このような彼の姿勢が，彼が包括的な専門的研究の権威であるがゆえに，信頼された。もっとも，人間存在の構造法則への方向転換は――それは1918年以降幅広く影響を与えた存在論におけるそれとは異なるのであるが，支持者を得られなかったのであるが。おそらく，あらたな憲法思想の発展に，より多く貢献したのは，カウフマンの社会学的で機能的憲法理解であろう。しかし，彼は，憲法においても，また，連邦共和国におけるスタートを彼も積極的に支援した政治学においても，学派を形成しなかった（以上，本稿は，Der Staat 26 (1987), 231頁-249頁に加筆した論稿である）。

エーリッヒ・カウフマンの著作
本稿で言及したカウフマンの著作は，"Auswärtige Gewalt und Kolonialgewalt in den Vereinigten Staaten von Amerika" (1908) を除き，抜粋のみも含め，1960年の80歳の誕生日に際してA. H. バン・シェルペンベルク（*A. H. van Scherpenberg*）らにより編集されカウフマンにより序文が付された上で以下の3巻本の著作集に収められている。

Bd. I. Autorität und Freiheit.Von der konstitutionellen Monarchie bis zur Bonner parlamentarischen Demokratie;

Bd. II: Der Staat in der Rechtsgemeinschaft der Völker. Vom ersten Weltkriege bis zum Wiederaufbau nach dem zweiten Wertkriege;

Bd. III: Rechtsidee und Recht.Rechtsphilosophische und ideengeschichtliche Bemühungen aus fünf Jahrzehnten.

エーリッヒ・カウフマンに関する文献（抜粋）

E. Castrucci,Tra Organiscismo e „Rechtsidee": Il pensierio giuridico di Erich Kaufmann, Milano 1984.

K. J. Partsch, Der Rechtsberater des Auswärtigen Amtes, ZaöRV〔法学専門雑誌『Zeitschrift für ausländisches öffentliches Recht und Völkerrecht』〕30 (1970), S. 223 ff.

K. Rennert, Die „geisteswissenschaftliche Richtung" in der Staatsrechtslehre der Weimarer Republik, 1987.

カウフマンの理論をとりあげている邦語文献

西浦公「カウフマンの憲法理論の基礎構造」大阪市立大学・法学雑誌24巻3号1978年29頁以下.

浜田純一「制度概念における主観性と客観性」現代憲法学研究会編『小林直樹先生還暦記念・現代国家と憲法の原理』有斐閣1983年485頁以下.

日比野勤「実質的憲法理論の形成と統合理論（一）」国家学会雑誌99巻9・10号1986年1頁以下.

三宅雄彦「政治的体験の概念と精神科学的方法（二）――スメント憲法理論再構成の試み――」早稲田法学74巻4号1999年677頁以下.

〔1〕 ドイツ北東部バルト海沿岸地方。1945年以降オーデル川より東はポーランド領。
〔2〕 ドイツ連邦共和国のメークレンブルク・フォーアポンメルン州北東部の都市。
〔3〕 1938年11月9日の夜から翌10日の未明にかけてドイツ各地で起きた反ユダヤ主義暴動。破壊されたユダヤ人住宅などのガラスが路上に散乱し，月明かりに照らされて水晶のように輝いていたことからこう呼ばれたとされる。
〔4〕 1740年にプロイセン国王フリードリッヒ2世により制定された最高の名誉勲章。軍功章と学問・芸術を対象とする平和章に分かれていたが，軍功章は1918年に廃止された。平和章は，ワイマール共和国では任意団体による表彰として継続。第二次世界大戦後1952年にドイツ連邦共和国で大統領が授与するものとして平和章が復活されたがドイツ連邦共和国功労章のような国家的勲章ではない。

* 以上，（ ）は原注，〔 〕は訳注。訳注は日本語版ウィキペディアを参照して作成した。

ハンス・ケルゼン[*]

「世紀の法学者」？[**]

ホルスト・ドライアー[***]
訳　土　田　伸　也

　ケルゼンは，新時代を切り拓いた「純粋法学」でとくに有名である。この「純粋法学」が多様で幅広い彼の全業績の中核を成していることは疑いようがなく，本稿においても，〔論述の〕中心に据える（Ⅲ）。もっとも，ほかでもないドイツ連邦共和国では，法理論の関係以外でも，彼の名前は〔法理論の関係におけるのと〕同様に決して忘れられてはならないであろう。たとえば，彼は，オーストリア憲法裁判所の創設に大きく関与している。この裁判所は，明文で法律審査権が認められ，この点で憲法裁判の歴史の中で先駆的役割を果たしている。また，彼は『民主制の本質と価値 (Vom Wesen und Wert der Demokratie)』と題する論稿によって，国法上及び政治学上，古典派と捉えられている（以上については以下のⅠ）。さらに，彼は正義〔とは何か〕に関する問いに答えているが，この回答と密接に関連している彼の自然法批判（Ⅳ）は，看過されてはならない。もっとも，これらによっても，多様な彼の業績全体を完全に把握することなど，到底できない。そこで，法律学とは関係ない彼の研究を若干参照することによって（Ⅴ），我々の著者〔ケルゼン〕の業績と生涯（Ⅱ）を駆け足で概観する本稿を結ぶことにする。

---

　　[*] *HANS KELSEN*（1881年–1973年）
　[**] „Jurist des Jahrhunderts"？
 [***] Dr. *Horst Dreier*：Professor an der Universität Hamburg（ハンブルク大学教授）

I. 憲法裁判所と民主制理論

1. 憲法の番人としてのオーストリア憲法裁判所

　第一次世界大戦が終結し，オーストリア・ハンガリー二重帝国が崩壊したのち，〔ドイツ・オーストリア国暫定政府の〕新首相レナー（*Renner*）〔1870年-1950年〕は，当時のオーストリア共和国に通用する新憲法をつくりあげるため，当時のウィーン大学員外教授で，かつての陸軍省参事官であったハンス・ケルゼンを動員した[1]。首相の〔法律〕顧問として，また，国民議会憲法委員会の審議官として，ケルゼンは，数多くの草案を起案し[2]，「政治的な駆け引きや，議会で議論がされている間も，制憲作業を主導した」[3]。そのため，彼は，確かに——時として若干誇張して言われるような——1920年の連邦憲法の唯一の「起草者」というわけではないが，しかし主要な「共同作製者」[4]としてみなされうるのである。しかも，彼は〔関係者と〕協力して，連邦憲法上，法律審査権も独自に有する憲法裁判所を設けた。このことはきわめて重要である[5]。違憲法律審査権を有する特別裁判所を設置するという考えは，〔憲法〕草案，〔憲法の〕暫定的規律及び〔それらの〕審議の中で承継されてきた路線を

---

1) 以下につき，参照，*F. Ermacora*, Österreiches Bundesverfassung und Hans Kelsen, in: Festschrift für Hans Kelsen zum 90. Geburtstag, 1971, S. 22 ff.; *ders.*, Die österreichische Bundesverfassung und Hans Kelsen, 1982; *G. Stourzh*, Hans Kelsen, die österreichische Bundesverfassung und die rechtsstaatliche Demokratie, in: Die Reine Rechtslehre in wissenschaftlicher Diskussion, 1982, S. 7 ff.

2) これについては，*G. Schmitz*, Die Vorentwürfe Hans Kelsens für die österreichische Bundesverfassung, 1981.

3) *R. Walter/C. Jabloner*, Hans Kelsen (1881–1973). Leben-Werk-Wirkung, in: M. Lutter (Hrsg.), Der Einfluß deutschsprachiger Emigranten auf die Rechtsentwicklung in den USA und in Deutschland（公刊予定。以下，原稿に従って引用する〔なお，同書は本稿公表時点では未公刊であったが，1993年に公刊されている〕。）, Ms. S. 2.

4) *Stourzh* (Fn. 1), S. 7; *Walter/Jabloner* (Fn. 3), S. 2.

5) 参照，*Ermacora*, Die österreichische Bundesverfassung (Fn. 1), S. 75; *Schmitz* (Fn. 2), S. 290 ff.; *Stourzh* (Fn. 1), S. 10 ff., 24 ff.

打ち破るものであった。このような考えは，反連邦国家的なラント法律に対抗するための保証〔制度〕が模索される中で出てきた——国事裁判所[6]〔の存在〕を強固に根拠づけるものとして連邦主義の見方があるということが確認されていた〔ことも，その背景にある〕——[7]。もっとも，つぎの（理論的及び政治的に困難な）ステップでは，当然の成り行きとして，〔連邦の憲法裁判所の権限として，ラント法律の違憲審査だけでなく〕連邦法律の違憲審査まで一緒に含められ[8]，個々のラントに対する連邦国家の優位（連邦〔国家の〕ヒエラルヒー）とともに，ラント法律及び連邦法律に対する憲法の優位（規範のヒエラルヒー）が考えられた[9]。連邦法令及びラント法令に対する違憲審査の権限〔が憲法裁

---

[6] 参照，*K. Schlaich*, Das Bundesverfassungsgericht, 2. Aufl. 1991, Rn. 462; *W. Löwer*, Zuständigkeiten und Verfahren des Bundesverfassungsgerichts, in: J. Isensee/P.Kirchhof (Hrsg.), Handbuch des Staatsrechts, Bd. II, 1987, §56 Rn. 3, 27; *J. Isensee*, Idee und Gestalt des Föderalismus im Grundgesetz, in: Handbuch des Staatsrechts, Bd.IV, 1990, §98 Rn. 243 (alle m. w. N.).

[7] この見地から予防措置を講じていたのが，たとえばワイマール共和国であった。もっとも，ワイマール憲法第13条第2項によれば，ラント法と帝国法が矛盾しないようにするため，もっぱら「帝国法はラント法を破る」という原則の帰結として理解されたラント法の審査可能性は，帝国法律の憲法適合性のコントロールまで含んでいたわけではない〔同条項は「ラント法の規定が帝国法と両立するかどうかについて，疑義又は意見の相違があるときは，帝国またはラントの管轄中央官庁は，帝国法律の詳細な規定に基づき，帝国裁判所の決定を訴求することができる。」と定めていた〕。このことは重要であり，また〔ワイマール憲法の〕特徴である（*G. Anschütz*, Kommentar zur Weimarer Reichsverfassung, 14. Aufl. 1933, Anm. 7 zu Art. 13 WRV）。

[8] 関係者（ケルゼン，レナー，とりわけラントの政治家たち）が果たした役割について，詳細に述べているのは，*Stourzh* (Fn.1), S. 11 f., 27 f. 及び *H. Haller*, Die Prüfung von Gesetzen, 1979, S. 30 ff., 45 ff., 68 ff.（モール，エトヴェシュ，イエリネク，ジャックといった初期の考え方についても，同書8頁以下，18頁以下，25頁以下）。法律の否認に関する複数の草案については，*Ermacora*, Die österreichische Bundesverfassung (Fn. 1), S. 458 ff. をみよ。

[9] 法律に対する憲法の優位の思想を明瞭に定式化しているのは，Federalist Papers No. 78 (*Hamilton*), in der Ausgabe von J.E.Cooke (The Federalist, 1961), S. 521 ff. (524 ff.), 問題につき，*R. Wahl*, Der Vorrang der Verfassung, in: Der Staat 20 (1981),

判所に認められること〕によって、「憲法裁判所（Verfassungsgerichtshof）」[10]は、連邦憲法第8章の表題にあるように（〔連邦憲法裁判所は〕行政裁判所と並んで、「憲法と行政の保障について」という表題の下にあり、これは〔連邦憲法の1つの〕特徴である）、国民議会憲法委員会においてケルゼンが発した言葉どおり、「憲法の客観的番人」[11]になったことになろう[12]。

そのために独自に創設されたのがオーストリア憲法裁判所であったが、同裁判所の一般的な法律審査権は、〔オーストリア憲法では〕比較的厳格に定めら

S.485 ff.; *E.Denninger*, Verfassung und Gesetz, in: KritV 1986, S. 291 ff.
10) *Stourzh* (Fn.1), S. 11 によれば、この用語の使用がレナーに由来するのはあきらかである（*G. Jellinek*, Ein Verfassungsgerichtshof für Österreich, 1885 も参照）。さらに、「国事裁判所（Staatsgerichtsbarkeit）」という比較的古い名称にとってかわる、今日ではよく知られた「憲法裁判所（Verfassungsgerichtsbarkeit）」という言い回しは、レナーにルーツがある。参照、*H. Triepel*, Wesen und Entwicklung der Staatsgerichtsbarkeit, VVDStRL 5 (1929), S. 2 ff. (4); Schlaich (Fn. 6), Rn. 10.
11) ケルゼンは「憲法の番人」について書かれたカール・シュミットの論稿に反対の立場を表明しているが、その態度表明はこういった背景をもとにして理解されなければならない、ということを付加的に、そして正当に指摘している *Stourzh* (Fn.1), S. 27 を参照 (*Kelsen*, Wer soll der Hütter der Verfassung sein ?, in: Die Justiz 6 [1930/31], S. 576 ff.)。
12) さらに、憲法裁判所の理念と機能に関する理論上の深化は、国法学者大会でのケルゼンの講演「国事裁判所の本質と展開」(VVDStRL 5 [1929], S. 30 ff.) の中に見出すことができる（同81頁ではっきりと強調されているのは、連邦国家の理念が憲法裁判所の制度によってようやく実現されるということである。参照、*Löwer* [Fn. 6], § 56 Rn. 28. 憲法の必要性とともに連邦国家の憲法裁判所の必要性について、*Isensee* [Fn. 6], § 98 Rn. 243 も参照。)。さらに、そこにいたって初めてケルゼンは、わかり易く憲法裁判所によるコントロールも「法秩序の段階構造」の学説と結びつけた (VVDStRL 5 [1929], S. 30 ff.)。つまり、より下位の規範がより上位の規範に合致するのか否か、法的に審査するのであれば、そこから法律レベルの諸規範を除外する理由などないのである。参照、*K. Korinek*, Die Verfassungsgerichtsbarkeit in Österreich, in: C. Starck/A.Weber (Hrsg.), Verfassungsgerichtsbarkeit in Westeuropa, Teilband I, 1986, S. 149 ff. 憲法裁判所によるコントロールをもたない憲法は「不完全な法」になる危険がある、というケルゼンのコメントも参照 (Vom Wesen und Wert der Demokratie, 2. Aufl. 1929, S. 75)。

れていた[13]。それにもかかわらず，当該審査権は，ヨーロッパの憲法裁判所の発展過程の中では，〔第1段階としての〕法の平和に資する旧〔神聖ローマ〕帝国の諸制度（帝国裁判所，枢密院，仲裁裁判所）[14]，さらに〔第2段階としての〕19世紀の二元的立憲主義[15]における，より一層観念的で，実務上ほとんど意味をなさなかった機関訴訟の基礎〔理論〕に続く，第3のあらたな段階を特徴づけるものである[16]。当該審査権は，行政裁判権と平行して機能面か

---

13) 法律審査は，もともと，「抽象的なもの」としてのみ許されていたのであり，その申立資格は連邦政府及びラント政府に限定されていた（参照, *E. Melichar*, Die Verfassungsgerichtsbarkeit in Österreich, in: H. Mosler [Hrsg.], Verfassungsgerichtsbarkeit in der Gegenwart, 1962, S. 439 ff.）。ケルゼンは，むしろ，連邦法律及びラント法律の憲法適合性を職権で審査することができた連邦検察官のことを念頭においていた。参照, *Stourzh* (Fn. 1), S. 27. 後に，コントロールの可能性は拡げられた（参照, *Korinek*, Die Verfassungsgerichtsbarkeit in Österreich [Fn. 12], S. 165 f.）。現在の状況に関して，*R. Walter/H. Mayer*, Grundriß des österreichischen Verfassungsrechts, 7. Aufl. 1992, Rn, 1151 ff.

14) *U. Scheuner*, Die Überlieferung der deutschen Staatsgerichtsbarkeit im 19. und 20. Jahrhundert, in: Festgabe Bundesverfassungsgericht, Bd. I, 1976, S. 1 ff. 及び *R. Hoke*, Verfassungsgerichtsbarkeit in den deutschen Ländern in der Tradition der deutschen Staatsgerichtsbarkeit, in: C. Starck/K. Stern (Hrsg.), Landesverfassungsgerichtsbarkeit, Bd. 1, 1983, S. 25 ff. による，包括的で，かつ，数多くの点に関する詳細な説明を参照。〔憲法裁判の歴史を〕凝縮して概観するのは，*G. Robbers*, Die historische Entwicklung der Verfassungsgerichtsbarkeit, in: JuS 1990, S. 257 ff.

15) わかりやすく記述しているのは，*Schlaich* (Fn. 6), Rn. 75 ff., 463 m. w. N. また *Löwer* (Fn. 6), Rn. 3; *R. Whal*, Die Entwicklung des deutschen Verfassungsstaates bis 1866, in: J. Isensee/P. Kirchhof (Hrsg.), Handbuch des Staatsrechts, Bd. I, 1987, § 1 Rn. 32 ff., 35 ff. もみよ。

16) *B.-O. Bryde*, Verfassungsentwicklung, 1982, S. 100 によれば，狭義の憲法裁判は，「とくに立法者のコントロールに目を向けるのであれば，1920年のオーストリア憲法とともに始められた」とみることができる。同書101頁で *Bryde* は，はっきりと「ケルゼン草案に依拠したオーストリア的解決策のモデル機能」について語っている。〔憲法裁判の制度的独自性という点でオーストリアの〕「先駆的役割」を指摘する *Robbers* (Fn. 14), S. 260 も参照（たとえばすでに *P. Häberle*, Vorwort, in: ders. [Hrsg.], Verfassungsgerichtsbarkeit, 1976, S. XIV）。同様に規範統制を知らなった，パウロ教会のモデル憲法〔1848年のいわゆるフランクフルト憲法〕に関して，参照，

ら「立法裁判権」[17]と称され,ドイツ連邦共和国基本法では,とくに強化された[18]。

2. 民主制の観念,機能及び存続

第一次世界大戦後,ヨーロッパは不穏な空気に包まれ,いたるところで保守勢力と革命勢力によって未熟な民主主義が脆弱化されていくのをみてとることができた。このことを考慮すれば,「単なる学者及び理論家であるだけでなく,政治的に積極果敢に行動した人で,毅然とした民主主義者」[19]であるケルゼンが,あらゆる政体の理論的基礎,実際の機能及び存続条件〔の解明〕に取り組み,断固として価値相対主義的民主制理論を展開したのは,不思議なことではないかもしれない[20]。

　H. J. Faller, Die Verfassungsgerichtsbarkeit in der Frankfurter Reichsverfassung vom 28. März 1849, in: Festschrift für Willi Geiger, 1974, S. 827 ff. ワイマール期の国法学は,帝国裁判所及国事裁判所の(ごくわずかな)権限(ラント内の憲法上の争い,連邦に関する争い,大臣訴訟,帝国法に違反するラント法の統制〔に関する権限〕)を越える特別な憲法裁判権の制度化に強く反対していた(参照,Hoke [Fn. 14], S. 80 ff.)。詳細には,H. Wendenburg, Die Debatte um die Verfassungsgerichtsbarkeit und der Methodenstreit der Staatsrechtslehre in der Weimarer Republik, 1984.

17)　たとえば Schlaich (Fn. 6), Rn. 5. ルネ・マルチッチ (René Marcic) は,後に,憲法裁判の中に,純粋法学のもともとの意味を認識しようとした (Verfassungsgerichtsbarkeit und Reine Rechtslehre. Hans Kelsen zum 85. Geburtstag, 1966; Verfassungsgerichtsbarkeit als Sinn der Reine Rechtslehre, in: Die moderne Demokratie und ihr Recht. Festschrift für Gerhard Leibholz, Bd. II, 1966, S. 481 ff.)。

18)　ドイツ連邦共和国基本法では,法律を連邦憲法裁判所の審査に服させる方法は数多く存在する。機関訴訟,抽象的規範統制,連邦・州訴訟,憲法異議(基本法第93条第1項)及び具体的規範統制(基本法第100条第1項)である。

19)　J. H. Herz, Vom Überleben, 1984, S. 99.

20)　最も重要で,最も有名な論稿は「民主制の本質と価値」である。これは1920年に社会学・社会政策雑誌(47巻50頁以下)の論文として公にされ,また〔その後〕J. C. B. Mohr 社から独立の刊行物として公にされている。ケルゼンは,1929年に増補版となる第2版も公刊しており,以下の引用はこれに従う。彼の民主制理論に関する〔あらたな〕ヴァージョンは,論文 „Foundations of Democracy", in:

ケルゼンからすれば，民主制は個人の自由の観念に基づいているのであって，民主制は個人の自由の観念を保障し，かつ，それに仕えなければならない。他方，自由とは，根本的には自治（Autonomie），自己決定（Selbstbestimmung）及び自律（Selbstgesetzgebung）を意味する[21]。ところで，彼は，社会関係の複雑化，分業体制の利点，社会全体を一体的に形成することの必要性からすれば，〔たとえ〕絶対的自己決定という，非現実的で，根本において国家を否定する理念から考え方が順にいろいろと変化していったとしても，〔最終的には〕選出された議員による多数支配という現実的でかつ実現可能な形態が生じる，とあっさり述べている。あらゆる秩序からの自由は無秩序な自由であるが，そのような自由が転換して，国家の中での常に限定された自由になる。個々の自治から生まれるのが集団的自己決定の形態である。もっとも，その形態は，多数派の意思と常に結びついているので，〔自分以外の他人が自分を規律する際に感じる苦痛を意味する〕「他律の苦痛」[22]を和らげるのに適している。というのも，少なくとも（そのときどきの）多数派は，自己の意思と一致して生きていくことが可能だからである[23]。〔ケルゼンと対比されることのある〕カール・シュミット（*Carl Schmitt*）は，民主制を治者と被治者の同一性として規定

　　Ethics 66 (1955), S. 1-101 で提供されているが，これは，第2版と比較すると，分量的に再び相当増え，かなり精緻化されており，自由主義と民主制の対比を弱めている。この点，とくに詳細なのは，*H. Dreier*, Rechtslehre Staatssoziologie und Demokratietheorie bei Hans Kelsen, 2. Aufl. 1990, S. 262 ff.

21) 以下につき，*Kelsen*, Wesen und Wert (Fn. 12), S. 3 ff. 及び *H. Dreier* (Fn. 20), S. 251 ff. における詳細な記述と議論を参照。また *H. Boldt*（Demokratietheorie zwischen Rousseau und Schumpeter, in: M. Kasse [Hrsg.], Politische Wissenschaft und politische Ordnung. FS Rudolf Wildenmann, 1986, S. 217 ff.）も深く踏み込んで〔記述して〕いる。彼は，ケルゼンの論稿を「総じて民主制を基礎づける重要な文献のうちの1つ」と評している（217頁）。

22) *Kelsen*, Wesen und Wert (Fn. 12), S. 3; *ders.*, Allgemeine Staatslehre, 1925, S. 321.

23) 「確かに服従はするものの，自分自身の意思にのみ服従するのであって，他人の意思に服従しない者は，政治的に自由である。」（*Kelsen*, Allgemeine Staatslehre [Fn. 22], S. 321）。

し[24]、議会主義を自身の精神的実質を奪うものとして捉え、そして、歓呼して民主制国家という最も高潔で、最も明瞭な表現をしておきながら[25]、これとは逆に代表機関をまさに非民主的要素としてみなしている[26]。〔このような〕カール・シュミットとは異なり、ケルゼンが受けいれているのは、複雑で、多層的で、かつ政党なしには考えられない、〔代表機関による国民間の〕仲介の過程である。その過程において〔議員が〕民主主義的・議会主義的に〔国民を〕代表し、そして決定が見出されるのである[27]。それどころか、彼にとって議会主義は、「民主制の理念を今日の社会的現実の中で実現しうる唯一の現実的な形態である」[28]。ケルゼンは、不評を買うことを意図したわけではないが、「フィクション」として代表の理念を捉えており[29]、そこには政治的調整を行うというメリットと、それに加えて民主制の思想に合致するというメリットがあることを認めている。というのも、まさに議会で起こるのであるが、民主制が有する妥協的性格が効果を発揮し、これによってさまざまな利益、立場、価値観（少数者のそれでさえも含まれる）がうまく仲介されるからである、という[30]。それにもかかわらず、〔ケルゼンによれば〕開かれた複数の政治的意思形成過

---

24) *C. Schmitt*, Verfassungslehre, 1928, S. 234 ff.

25) *C. Schmitt*, Volksentscheid und Volksbegehren, 1927, S. 34. 参照、*ders.*, Verfassungslehre (Fn. 24), S. 243 f.

26) シュミット（Verfassungslehre [Fn. 24], S. 315）は、「強力な代表」を、もっぱら議会に対抗して観念しているのかもしれない。参照、さらに同書204頁以下、214頁以下、218頁。民主制と代表制の分離に関して（シュミットの場合、「民主的代表制」という用語はみられない！）、より詳細には、*H. Hofmann*, Legitimität gegen Legalität. Der Weg der politischen Philosophie Carl Schmitts, 1964, S. 150 ff.; *R. Mehring*, Carl Schmitt zur Einführung, 1992, S. 77 ff. m. w. N.

27) この点、包括的には、*H. Hofmann / H. Dreier*, Repräsentation, Mehrheitsprinzip und Minderheitenschutz, in: H.-P. Schneider/W. Zeh (Hrsg.), Parlamentsrecht und Parlamentspraxis, 1989, § 5 Rn. 16 ff., 21 ff.

28) *Kelsen*, Wesen und Wert (Fn. 12), S. 27.〔なお、〕*ders.*, Das Problem des Parlamentarismus, 1925, S. 5 もみよ。

29) *Kelsen*, Allgemeine Saatslehre (Fn. 22), S. 314 ff.

30) 参照、とりわけ *Kelsen*, Wesen und Wert (Fn. 12), S. 57.

程に依拠している民主的多数支配の諸決定に，比較的高度の理性や真実が，自ずと認められるわけではない。それらの諸決定は，法と国家に関する実体的所与や，確固たる理念をはっきりさせないまま，どのみち偶然の，つまり間違いやすい人工物として，非常に冷静に捉えられている。それ以外〔の捉え方〕はすべて「国民が神の恵みを信じることを意味するであろうが，そのような期待はできない。ちょうど，諸侯が神の恵みを宣言するということが期待できないのと同様に。」[31]。多数と真理は，ずれることがありうるのである。もっとも，ケルゼンにしてみれば，真理といった偉大なものは客観的に特定することができないので，多数決原理以外の選択肢はない。まさにそれゆえに，少数者の見解であるからといって誤りであるなどということはなく，むしろ，少数者の見解には，一時的に劣勢ではあるものの，翌日にはすでにそれ自体が多数を獲得しているかもしれないという見方をみてとることができる。このことによってあきらかにされているのは，民主的多数決原理には修正原則という重要な意義があるということである[32]。とりわけ善，真，正当，公共の福祉〔の内容〕はアプリオリに確立していない。つまり，それらは所与のものではなく，むしろ自由と平等にもとづく，開かれた政治的意思形成過程に委ねられているのである[33]。それゆえ，民主制は，信条及び利益の多元主義が受け入れられていることに基礎を置く政治的な共存秩序であることがわかる。したがって，ケルゼンにとってみれば，周知の価値相対主義は，劣勢に立たされている者もまた，多数者による民主的決定——この決定は単に〔社会学でいうところの〕「権力の

---

31) *Kelsen*, Wesen und Wert（Fn. 12），S. 99.

32) 参照，*H. Hofmann*, Legitimität und Rechtsgeltung, 1977, S. 87 ff.; *W. Heun*, Das Mehrheitsprinzip in der Demokratie, 1985, S. 194 ff., 222 ff.; *H. Dreier*, Das Majoritätsprinzip im demokratischen Verfassungsstaat, in: ZParl. 1986, S. 94 ff.（107 f., 116 ff.）.

33) 自らの具体的な意見と利益を有する国民（Staatsbürger）が，要望し，作用を及ぼすことを共に行って初めて拘束力ある「国民の意思（Volkswille）」が生じるということを，〔現在のドイツ〕基本法もまた出発点にしている。参照，すべての〔関連文献の〕代わりに，*P. Badura*, Die parlamentarische Demokratie, in: J. Isensee/ P. Kirchof（Hrsg.），Handbuch des Staatsrechts, Bd. I, 1987, § 23 Rn. 9 及び *Hofmann/ Dreier*（Fn.27），Rn. 17, 18, 24.

プラス面 (Machtplus)」(G. ジンメル) としてのみ機能するだけではない——を受け入れることができるようにする精神上の基本姿勢である[34]。つまり,「人間によって認識される絶対的真理と絶対的価値が閉ざされているとみなす者は,自己の意見だけでなく,他人の反対意見をも少なくとも可能であるとみなさなければならない。それゆえ相対主義は民主制の思想が前提とする世界観である。」[35]。形而上学から自由で,真理〔の内容を明らかにすること〕に禁欲的な,この価値相対主義の背後には,脆弱なものや,優柔不断なところなど隠れていない。むしろ,彼は,近代の特筆すべき現象としての「多元主義の事実」(J. ロールズ) に公然と向き合う,と力強く述べているのである[36]。

 先験的に優れた実体的価値への信奉がないということであれば,また,国家

---

34) ケルゼンが民主制に関する基本姿勢と倫理学上の価値相対主義を結びつけたことへの批判につき,参照,*P. Koller*, Zu einigen Problemen der Rechtfertigung der Demokratie, in: W. Krawietz/E. Topitsch/P. Koller (Hrsg.), Ideologiekritik und Demokratietheorie bei Hans Kelsen, 1982, S. 319 ff.; *M. Prisching*, Hans Kelsen und Carl Schmitt. Zur Konfrontation zweier staatstheoretischer Modell, in: O. Weinberger/W. Krawietz (Hrsg.), Die Reine Rechtslehre im Spiegel ihrer Fortsetzer und Kritiker, 1988, S. 78 ff. (113 ff.).

35) *Kelsen*, Wesen und Wert (Fn. 12), S. 101 (Hv. i. O.). ケルゼンは,自身の論稿の最後において,新約聖書ヨハネ伝の物語に言及している。それによれば,ローマ総督ポンテオ・ピラトは,しきたりに従って,過越しの祭りのときに,どの囚人を釈放すべきかについて投票させたところ,これに対して民衆はイエスには不利な,そして強盗であったバラバには有利な決定を下したという。「おそらく」と書き出された文章はつぎのようにして閉じられている (104頁)。「信仰者たち,つまり政治的信仰者たちは,まさにこの例こそ,民主制の肯定ではなく,民主制の否定を語っている,と異論を唱えるであろう。そして,この異論は承認せざるを得ない。〔しかし〕言うまでもなく,それには唯一条件がある。それは,必要があれば,残虐な暴力をもってしても貫徹せられねばならない政治的真理を,信仰者たちが,確信している——しかも神の子のように,という条件である。」。この聖書のエピソードに反議会主義へと向かうきっかけを与えているのは,*Carl Schmitt*, Politische Theologie, 2. Aufl. 1934, S.78.

36) *K. Lenk*, Freiheit und Kompromißbildung: Zum Demokratiekonzept Hans Kelsens, in: H. Münkler (Hrsg.), Die Chancen der Freiheit. Grundprobleme der Demokratie, 1992, S. 114 ff. も参照。

と法に関して客観的に有効なものとして想定された確固たる理念がないということであれば，さらには，個々人から切り離された国家的まとまりが具現化されないということであれば，民主制を支えるのは，自由に行われる多数決のメカニズムのみであり，諸々の意見と個々の価値優位性に関する，多数決に先行して行われる複数の開かれた闘争のみである。〔そのため〕民主制は，自由意思に基づいて民主制を自ら放棄することと全く対立しない[37]。

このことこそ，ケルゼンが遺憾の念をもって書き留めているように，自分で自分を廃棄する「民主制が〔自分で自分を廃棄しない〕専制制に対して有する逆説的な優越性」[38]なのである[39]。確かにケルゼンは，かなり重要なこととして，平等な国民社会を基礎にして意見の対立や利益の対立を公開の場で決着することで政治的な統合が促進されるということをはっきりと強調したのであるが[40]，しかし，そこでは，いかなる同質性もない，治癒されえない分裂した社会のための万能薬と，その社会の存続のための万能薬は見出されていない[41]。一定の政治的，社会的，さらには精神的な最低条件がないと，民主的手続きによる〔諸々の意見や利益等を１つにまとめあげていく〕統合力は失われてい

---

37) それにもかかわらず，ケルゼンは，機能している民主制が有している特定の現実的諸条件〔＝民主制が民主制を放棄しないようにするための諸条件〕をあげようと試みた。参照，*H. Dreier* (Fn. 20), S. 271 ff.

38) *Kelsen*, Staatsform und Weltanschauung, 1933, S. 20.

39) 当然のことながら，憲法の安定化（参照，ドイツ基本法第79条第3項〔同条項は「この基本法の変更によって，連邦の諸ラントへの編成，立法に際しての諸ラントの原則的協力，又は，第1条及び第20条にうたわれている基本原則に触れることは許されない」と定める〕）の可能性を指摘するだけでは十分に問題を処理できない。この困難な問題をめぐる議論については，*H. Dreier* (Fn. 20), S. 269 ff., 283 ff. 及びそこで引用されている文献を参照。きわめて示唆に富むのは，*Boldt* (Fn. 21), S. 226 ff.（中心的な問題となるのは，民主制の精神的基盤としての自由主義と，〔民主的な〕決定を見出したうえで自由主義を排除する可能性との関係である）。

40) *Kelsen*, Wesen und Wert (Fn. 12), S. 66 ff.; *ders.*, Parlamentarismus (Fn. 28), S. 34 f.

41) あきらかに，*Kelsen*, Demokratie (1927), in: H. Klecatsky/R. Marcic/H. Schambeck (Hrsg.), Die Wiener Rechtstheoretische Schule, 2 Bde., 1968, Bd. II, S. 1743 ff. (1771, 1776). 参照，*H. Dreier* (Fn. 20), S. 257 ff.

く。こうなると，ケルゼンが1932年に民主制の擁護へと動いた論説[42]の中で素描しているように，民主制は，人々が冷淡かつ無関心に接する政体として，いや，それどころか，人々がいたるところで誹謗し，侮蔑する政体としてあらわれる。〔当時の〕「国法学会・社会学会」においても，「今日，民主制を侮蔑の言葉でのみ語ることがほとんど自明のこととされ，独裁制を——直接または間接に——新時代の曙光として歓迎することがモダンなこととみなされている」[43]のである。そして，ケルゼンは，自らの行動が無駄になることを十分自覚しつつ，左派及び右派からの民主制に対する批判に反論したのち，激越な調子と勢いのある書きっぷりで執筆した国民教育用の小稿を以下のように結んでいる。

「もっとも，こういった〔民主制に対する批判がなされる〕状況に直面すると，民主制を理論的に擁護するだけにとどめておくべきか，という問いが提起される。民主制は，もはやそれを欲しない民衆や，民主制を破壊しようとする意思以外の点では一致することのない多数派に抗してでも，自ら擁護すべきであろうか。こういった問題を設定することが既に民主制を否定していることなのである。多数の意思に反対し，暴力にさえ訴えて主張されようとする民主制は，民主制であることを放棄したのである。民衆の支配が民衆に抗して存立し続けることはできないし，そのようなことは試みるべきでもない。すなわち，民主制を支持する者は，命とりになるような矛盾に陥ってはいけないし，民主制を救済するために独裁を求めてはならない。たとえ船が沈没したとしても，その旗に忠実であり続けなけれ

---

42) *Kelsen*, Verteidigung der Demokratie (1932), in: ders., Demokratie und Sozialismus, hrsgg. v. N. Leser, 1967, S. 60 ff. これは大いに一読の価値のある文献であるが，紙幅の都合上，ここでは，残念ながら〔本文で〕直後に引用する部分よりも広い範囲にわたって抜粋することができない。

43) *Kelsen*, Verteidigung (Fn. 42), S. 61. 1918年以降に民主制の思想に対する信用が失われていくことにつき，一般には，*K. D. Bracher*, Zeit der Ideologien, 1985, S. 239 ff., 242 ff.

ばならない。〔沈み行く船とともに，海の〕深みへと一緒にもっていくことができるのは，自由の理念が破壊されることなどないという希望，そして深く沈めば沈むほど一層の情熱をもって自由の理念は再生されるという希望だけなのである。」[44]

これは有名な記述であって，その後をまるで預言したかのような，きわめて重要な記述である。その執筆者〔であるケルゼン〕本人は，いかなる宿命を負っていたのであろうか？〔以下，彼の経歴を確認することにしよう。〕

II．経　　　歴

1．ウィーン：初期の名声と最初の失脚

ハンス・ケルゼンは，小市民であったユダヤ人の両親の長男として，1881年10月11日にプラハで生まれた。1884年に家族はウィーンに移住した。ウィーン〔のギムナジウム〕では，ケルゼンはむしろ月並みの成績であった。その後，彼は，自身の哲学，数学，自然科学への関心とは裏腹に，法律学を学び始め，1906年に法学博士の学位を取得し，修了している[45]。

ケルゼンは，自らの告白によれば，宗教にはまったく関心のない法学博士受験資格候補者であったが，すでに1905年には〔プロテスタントの〕洗礼を受けた。これには，学問的な成功が阻害されないようにするためという目的があった。同年，彼の最初の著作が刊行された[46]。1911年に，ケルゼンは，『国

---

44) *Kelsen*, Verteidigung (Fn. 42), S. 68.

45) この点及び以下につき，*R. A. Métall*, Hans Kelsen. Leben und Werk, 1969, S. 1 ff. の非常に詳細な記述を参照。

46) Die Staatslehre des Dante Alighieri (=Wiener rechtswissenschaftliche Studien, Sechster Band, Drittes Heft), 1905. この文献を「純粋法学」に寄与する最初の文献としてみなすことはほとんど不可能であるが，ダンテの普遍的な考え方に関心が示されていることから，すでに将来の世界法学者ケルゼンの前兆がみられる。ケルゼンの国際法学説がまとめて論じられているのは，*Kelsen*, Principles of International

法学の主要問題（Hauptprobleme der Staatsrechtslehre）』[47]という著作によって，ウィーン大学法学部で教授資格を取得した。その著者〔ケルゼン〕が回顧して述べたところによれば，同書がもとになって，後に全面的に改訂され，「国法学の方法論的基礎の修正」[48]が行われた。

ケルゼンは〔当初〕予備役陸軍中尉であったが，肺炎を患い，前線では戦えないと判断された。〔事務職のみ適格と判断された〕ケルゼンは，軍事行政及び軍事司法のさまざまな部門で第一次世界大戦を体験し，1917年にはシューガー・シュタイナー（Stöger-Steiner）陸軍大臣・歩兵隊長の個別参事官になった。戦争と君主制が終結したのちに，1918年に員外教授，1919年にエドムント・ベルナチック（Edmund Bernatzik）の後継者としてウィーン大学法学部正教授に任命された[49]。彼は，憲法の実務家として任命されたのである[50]。ケルゼンは，新しいオーストリア憲法，つまり1920年の連邦憲法をつくるときに重要な役割を果たしたが，これが評価されて，1921年に憲法裁判所の裁判官として選任され，その地位が「〔憲法裁判所が〕寿命を迎えるまで」続いた[51]。

しかし，教授職と兼職して行ったこの活動は1930年までしか続かなかった。なぜなら，憲法裁判所は，1920年代に，この間に勢力を伸ばしたキリスト教社会党との関係で，ある種の緊張状態に陥ったからである。さらに，いわゆる特免結婚に関する厄介な問題につき[52]，裁判所は離婚を認めるという「自由主

　Law, 1952. ケルゼン門下生の業績である A. Verdroß, Die Einheit des rechtlichen Weltbildes auf Grunglage der Völkerrechtsverfassung, 1923 も参照。

47) 完全なタイトルは，Hauptprobleme der Staatsrechtslehre, entwickelt aus der Lehre vom Rechtssatze, 1911. 前書きを加筆された第2版が1923年に刊行されている。
48) *Kelsen*, Hauptprobleme, 2. Aufl. (Fn. 47), S. V.
49) これにつき，*R. Walter*, Die Lehre des Verfassungs- und Verwaltungsrechts an der Universität Wien von 1810-1938, in: JBl. 1988, S. 609 ff. (621).
50) 上述の〔原典の〕705頁〔=本文のI. 1〕を参照。
51) 同時にケルゼンは，裁判所のいわゆる「常任委員」のうちの1人であった。このことが彼の際立った地位を示している。参照，*Métall* (Fn. 45), S. 48.
52) カトリックが支配的なオーストリアでは（最初の）婚姻を解消できないという原則が妥当していたが，それにもかかわらず，行政官庁が〔2度目の婚姻を希望す

「世紀の法学者」？　　　　　　　　　　　　1067

義的」判断を示したが，この判断に対して，カトリック教会及び保守的政治層から批判が噴出し，それがメディアでも取り上げられ，〔関係者の怒りは〕頂点に達していた。総論的には憲法裁判所に，各論的にはケルゼンに向けられた，反ユダヤ主義の論調と無縁ではない運動は[53]，最終的には，「脱政治化」という旗印の下に行われた，憲法を改正する1929年の改革法律に結実した。この法律によって，すべての裁判官がその官職を奪われたのである。党の戦略上の理由から憲法の改正に同意した社会民主党は，失意の中にあったケルゼンに新しいポストを用意しようとしたが，うまくいかなかった。

　いわゆる「ウィーン（法理論）学派」の中心人物〔であるケルゼン〕は，この間に国境を越えて広い範囲で有名になったものの，常に激しい議論を巻き起こした。彼は，大学では自分の周りに優れた学者集団[54]を形成した。〔他方で〕大学においても，学部の数人の同僚とのいざこざが激しくなり，それは通常の学問上の論争と個人の虚栄心の度を大幅に超えていた[55]。ケルゼンは，この種

　　る者に対して〕婚姻特免を付与し，これによって2度目の婚姻が〔行政実務上〕可能とされていた。この婚姻特免を無効と宣言し，同時に2度目の婚姻の解消を宣言する権限が，通常裁判所には認められない〔つまり，婚姻特免という行政処分をめぐる争いについては通常裁判所ではなく，行政裁判所が管轄権を有する〕，という憲法裁判所の判例が，より正確には問題になったのである。とくに，その背景に関して，一読に値するのは，*Métall* (Fn. 45), S. 49 ff. の詳細な記述である。通常裁判所が官庁による処分に拘束されることをめぐって行われた，当時のより狭い意味での法的議論について，R. *Walter*, Hans Kelsens Emigration aus Österreich im Jahre 1930, in: F. Stadtler (Hrsg.), Vertriebene Vernunft II. Emigration und Exil österreichischer Wissenschaft, 1988, S. 463 ff. (470 Fn. 15) における引用文献を参照。

53)　*Métall* (Fn. 45), S. 54.

54)　とくにアドルフ・メルクル（Adolf Merkl）とアルフレッド・フェアドロス（Alfred Verdroß）は「第一世代」の門下生と呼ばれる（参照，Die Wiener Rechtstheoretische Schule [Fn. 41]）。「門下生の門下生」に関しては，*Walter/Jabloner* (Fn. 3), Ms. S. 3 f. をみよ。「姉妹学派」とみなされるのは，フランツ・ヴェア（Franz Weyr）を中心とするいわゆる「ブリュンナー学派」（あるいは「規範理論」）である（参照，V. Kubeš と O. Weinberger によって編纂された巻である Die Brünner rechtstheoretische Schule, 1980）。

55)　参照，*Métall* (Fn. 45), S. 56. ケルゼンの学部の同僚2名が，彼の理論を激しく攻撃した（A. Hold-Ferneck, Der Staat als Übermensch, zugleich eine Auseinandersetzung

の好ましからざる状況に直面して，そして，恐らくオーストリア以外のところで比較的高い評価を得たことを意識して，〔ケルン大学からの〕招聘に応じて，ケルンへと向かった[56]。

2. ケルン：途中滞在

「彼の最初の講義で，私たちは，どちらかといえば小柄で華奢な，それでいて立派な体つきの男性を目にした。彼は紺のスーツをとてもエレガントに着こなし，教壇の上では，明瞭な思考以外の方法では聴衆に働きかけようとはしなかった。彼は朗読し，あえて即興で語ることなどせず，リズムをとり，強弱をつけながら，大学のテキストを一字一句違わず読み，私たちのことなど見向

---

mit der Rechtslehre Hans Kelsens, 1926; E. Schwind, Grundlagen und Grundfragen des Rechts, 1928)。ケルゼン自身の討論能力が見事に発揮された〔批判者に対する〕「返答」には非常に辛らつな皮肉がこめられているが，そこからも〔ケルゼンの〕議論の鋭さと議論の個人的傾向を読み取ることができる (Der Staat als Übermensch, 1926; Rechtsgeschichte gegen Rechtsphilosophie?, 1928)。

[56] 〔ケルン〕大学の評議会議長であり，市長でもあったコンラート・アデナウアー博士は最初からケルゼンの招聘を支持していた。それにもかかわらず，ケルンでも，新聞紙上において不協和音が先導的に奏でられた。カトリック中央党と親密な関係にあった「ケルン新聞」の1930年7月14日の一面では，「学問と特性」という見出しが掲げられ，カトリック主義の業績が褒めたたえられた後，つぎのように記載されている。「市長であり，博士であるアデナウアー氏が同日に行われたケルゼン（ウィーン）の任命を強く支持したということを今や人々が聞いたら，人々は，それを理解できないのではないか。あるいは，いぶかしく思うのではないか。市長は，すでにケルン大学はユダヤ系教員によって占められているということや，また，教授団においても複数の実質的理由から〔ケルゼンの任命には〕強い異論がみられるという事実を認めないのだろうか。」〔ケルン大学法学部によるケルゼンの招聘は1925年以後試みられたが，ベルリンの文部省の反対により，なかなか実現しなかった。任命に至るまでの〕ケルゼンの招聘に関する長い前史については，参照，B. Heimbüchel, Die neue Universität. Selbstverständnis – Idee und Verwirklichung, in: ders., /K. Pabst, Kölner Universitätsgeschichte, Bd. II: Das 19. und 20. Jahrhundert, 1988, S. 453 ff. ケルゼンのケルン時代に関する重要な文献の引用は，B. Rüthers, Universität im Umbruch. Hans Kelsen und Carl Schmitt in Köln 1933, in: AnwBl. 1990, S. 490 ff. の寄稿論文に依拠している。

きもせず，話かけようとすることもほとんどなかった。〔ところが直接〕彼と会ってみると，直ちに事情は一変した。彼は心優しく，人なつっこく，思いやりがあり，人に対して興味深々で，純粋法学という彼の思考様式を新たに支持する者や将来にわたって唱道してくれる者を探すことに常に関心をもっていた。……シュミットは表現者として異彩を放ったが，ケルゼンは思想家だった。ケルゼンと深く関わりをもたなければならなかった者もいれば，そうでない者もいた。彼の大方の法学部の同僚が肝に銘じていたことがある。それは，「ケルゼンの純粋法学について真面目に議論することを回避する限りにおいては」という〔決まり文句を用いる〕ことである。人々は，あらゆる議論のかわりに，〔ケルゼンの純粋法学を〕丁寧に拒絶する，この決まり文句にすがり，その決まり文句はさらに学生たちへと届き，学生たちは，風変わりで，それでいて確かに洞察力は鋭いものの，しかしあきらかに世間離れしたオーストリア人の思考に何であれ取り組むことを思いとどまるよう忠告されたのである。……この〔ケルゼン〕教授は，自分の地位をわきまえていた。彼は自分を誇示する必要がなかったのである。おまけに，それどころか，彼は自らが出した成果に対してさえも，懐疑的であり続けた。彼は1度，不確かな笑みを浮かべて，心から望んでいることを打ち明けたことがある。匿名でケルゼンと彼の純粋法学を批判する本を書いてみたい，と。自分は，その弱点を知っている唯一の人間なのだから，と。」[57]。

　ドイツ文学者であり，当時は法学部生であったハンス・マイヤー（Hans Mayer）は，自らを回顧する中で，ケルゼンのことを，このように語った。この美しい思い出にもとづけば，ケルゼンはケルンにおいて大きな影響力をもっていたことになる[58]。しかし，ケルゼンのドイツ時代は長く続かなかった。ケルゼンは1930年8月に公法・一般国家学・法哲学の正教授に任命されたのち，ほどなくしてケルンの〔郊外にある高級住宅地〕マリエンベルクに移住し，研究室の仕事と講義を開始した。1932年から33年にかけての冬学期には学部長

---

57) *Hans Mayer,* Ein Deutscher auf Widerruf. Erinnerungen I, 1982, S. 148-150.
58) *Herz*（Fn.19），S. 97 ff. も参照。

職を引き受けたが，1933年4月13日には休職となった[59]。ケルゼンは，そのことを新聞で知ったのである[60]。

ユダヤ系の民主主義的法実証主義者として，社会民主主義と一定の親和性をもちながら，ドイツに留まるということはできないであろう，とケルゼンは悟っていた。加えて，苦い思いをさせられる事件が起こった。ケルゼンは，〔カール・シュミットとは〕学問及び世界観において深刻な相違があるにもかかわらず，〔1932年に〕亡くなったフリッツ・シュティア・ゾムロ (Fritz Stier-Somló) 教授の後継者としてカール・シュミットを招聘することに明示的に同意したのであるが[61]，新学部長のハンス・カール・ニッパーダイ (Hans Carl Nipperdey) が〔免職の危機にあったケルゼンを救おうと〕

---

[59] 正確な日付については，*H. -J. Becker*, 600 Jahre Rechtswissenschaft in Köln, in: Festschrift der Rechtswissenschaftlichen Fakultät zur 600-Jahre-Feier der Universität zu Köln, 1988, S. 3 f. 以下に関しては，参照，*B. Limperg*, Personelle Veränderungen in der Staatrechtslehre und ihre neue Situation nach der Machtergreifung, in: E.-W. Böckenförde (Hrsg.), Staatsrecht und Staatsrechtslehre im Dritten Reich, 1985, S. 44 ff. (52); *F. Golczewski*, Kölner Universitätslehrer und der Nationalsozialismus, 1988, S. 114 ff., 448; *H. Göppinger*, Juristen jüdischer Abstammung im „Dritten Reich". Entrechtung und Verfolgung, 2 Aufl. 1990, S. 293 f.

[60] *Métall* (Fn. 45), S. 60; *Golczewski* (Fn. 59), S. 117. 退職に向けた異動の最終決定は1933年9月11日に行われ，1934年1月1日に発効した (*Rüthers* [Fn. 56], S. 492)。その法的根拠は，非アーリア人官吏の罷免について定めた職業官吏主義の再生に関する法律 (RGBl. I S. 175; teilweise abgedruck bei I. V. Münch/U. Brodersen [Hrsg.], Gesetz des NS-Staates, 2. Aufl. 1982, S. 29 ff.) 第3条であった。退職金をめぐっては，ケルン大学，ベルリンの文部省，ジュネーブに滞在していたケルゼンの間で比較的長期にわたる争いがあったが，収束した。これについて，*Golczewski* (Fn.59), S. 118 ff. が詳細に報告している。ケルゼンは，ケルンでの講座を引き受けたことでドイツ国民となったが，形式的な出国許可を携えてドイツを去った (*Métall* (Fn. 45), S. 60)。当時は，退職年金を得ようと争っても無駄であった。

[61] 参照，*Becker* (Fn. 59), S. 22; *Heimbüchel* (Fn. 56), S. 460; *Rüthers* (Fn. 56), S. 491. *J. W. Bendersky*, Carl Schmitt. Theorist for the Reich, Princeton 1983, S. 189 f. は「シュミットの伝統的自由主義に敵対するハンス・ケルゼンが，シュミットに〔提示された〕ポストを受け入れるよう説得する，いくつかの非常に心のこもった激励の手紙」に言及している。

ケルゼンに有利な嘆願書を起草し，個人的にベルリンのプロイセン文部科学省に提出しようとしたところ[62]，法学部の教授の中で唯一シュミットだけが，これに署名しなかった[63]。シュミットは，そのかわりに，すでにナチス政権の「太鼓持ちとなって太鼓をたたいていた」[64]のである[65]。非アーリア人の同僚のために学部は危険を冒したわけであるが，これが奏功することはなかった。こうして，同年，ケルゼンは亡命したのである[66]。

3. 亡命と後期の名声

ケルゼンは，ドイツ国民として規律どおりに出国許可を得て，ドイツを後に

---

[62] 参照, *Golczewski* (Fn.59), S. 117 f. 1933年4月18日付けの請願書は一読に値する。これについては印刷されたものがあり，そこには〔第一次世界大戦で法務〕軍人〔として〕の素晴らしい勲章〔をケルゼンが獲得したこと〕が記述されている（しかも，あきらかに「国家主義的に」述べられている）。これについては, *Becker* (Fn. 59), S. 23 ff.

[63] *Métall* (Fn. 45), S. 60 f.; *Golczewski* (Fn.59), S. 117, 302; *Rüthers* (Fn. 56), S. 492.

[64] H. *Hofmann*, Art. Schmitt, in: Staatslexikon der Görres-Gesellschaft, 7. Aufl., Bd. 4, 1988, Sp. 1052 ff. (1053).

[65] 1933年3月12日のナチ新聞の中の「西ドイツ観察者」における「ドイツ革命のよき法」に関する記事では，〔最初の〕1頁で，つぎのように述べられている。「公務員，医師，法律家に関する新たな規定は，異質な非アーリア的要素を取り除き，公的生活を浄化する。ドイツ学校への入学に関する新規則やドイツ系学生団体の設立は，次世代のドイツ民族固有種を最終的に保護する。これ〔らの政策〕に続くのが，新しい職能身分秩序〔の創設〕である。この大規模で，かつ徹底的な，しかし同時に内面に関する，私流に言えば親しみのもてる成長過程の中に，異質な者が混ざり込むなどということがあってはならない。異質な者は，それがたとえ善意で行っているかもしれないことであったとしても，有害かつ危険な方法で我々を妨害する。我々は再び区別することを学ぶ。とりわけ友と敵を正確に区別することを。」。確かに，カール・シュミットという人も業績も，1933年から1936年の間に限定されるわけではない。しかし，この期間に公にされた論説は，量的には決して無視できない。全業績について，依然として標準となるのは, H. *Hofmann* (Fn. 26).〔また〕H. *Quaritsch* (Hrsg.), Complexio Oppositorum. Über Carl Schmitt, 1988における寄稿論文及び最近では R. *Mehring* (Fn. 26) も参照。

[66] 以下については, *Métall* (Fn. 45), S. 63 ff., 77 ff.

した。ケルゼンは，まずジュネーブの「国際高等研究所（Institut Universitaire des Hautes Etudes Internationales）」に移り，つぎに 1936 年から 1938 年までプラハにおけるドイツ大学の国際法担当教授を兼職した。そこでは，彼は，「民族主義的」な学生たちに絶え間なく妨害されたので，限られた範囲でしか講義の義務を履行することができなかった。第二次世界大戦が勃発すると，ケルゼンはアメリカ合衆国へと亡命することを決心した。1940 年の夏，今や還暦間近となった彼は，チェコのパスポートでニューヨークにたどり着いた。彼は 2 年間，ハーバード大学ロー・スクールで「講師」及び「研究員」として雇ってもらうことができた。ロスコー・パウンド（Roscoe Pound）は，ある有名な論文の中で，ケルゼンを「中央ヨーロッパにおける正義論のリーダーであり，またヨーロッパ大陸において大きな影響力を持つ者の 1 人」[67] と評している。そのパウンドの推薦で，ケルゼンは，1942 年にカリフォルニア大学社会科学部「客員教授」として任命され，1945 年には「正教授」となった。同年，彼はアメリカ市民権を獲得した。彼は 1952 年に定年退職し，長い年月を穏やかに過ごすことが許されることになったが，彼は，バークレイの自宅で，その時間を，衰えることのない高い学問的生産性のために費やした[68]。それが中断されるのは，たまに出かける契約旅行——その多くは行き先がヨーロッパである——のときだけであった。ほかならぬアメリカ合衆国では彼の法理論が広く注目されることはなかったが[69]，彼の純粋法学は世界のあちこちに拡がっ

---

67) *R. Pound*, Fifty Years of Jurisprudence, Part III: The Rise of the Twentieth-Century Schools, in: Harvard Law Review. Vol. 51, 1938, S. 444 ff. (449). すでに 1934 年には彼は「ケルゼン……は，疑いようもなく，当代の先駆的法律家である」と記述している（*R. Pound*, Law and the Science of Law in Recent Theories, in: Yale Law Review, Vol. 43, 1934, S. 525 ff. [532]）。

68) 彼が最後に論稿を公にしたのは，1968 年である。特徴的なのは，かなり詳細に立ち入って，純粋法学に対する批判と対決している点である（Die Problematik der Reinen Rechtslehre, in: Österreichische Zeitschrift für öffentliches Recht 18, S. 143-184）。

69) この点で誤解があるのは，*T. Rasehorn*, Carl Schmitt siegt über Hans Kelsen, in: Aus Politik und Zeitgeschichte, B 48/1985, S. 3 ff. (9). これに対して，参照，*S. L. Paulson*, Die Rezeption Kelsens in Amerika, in: Weinberger/Krawietz (Fn. 34), S. 179 ff.; *Walter/*

た。とりわけ後世にまで影響がみられるのは，ラテンアメリカ，スペイン，イタリア，日本，そしていくつかの東ヨーロッパの国々である[70]。

ケルゼンは合計 11 の名誉博士号（その中にはユトレヒト，ハーバード，シカゴ，サラマンカ，ベルリン，ウィーンからの名誉博士号が含まれている）を授与され，さらに高位の表彰を受けている。彼の著作は 20 ヶ国語以上に翻訳され[71]，これによってケルゼンは世界レベルで有名になった[72]。ケルゼンに献呈された 3 つの祝賀論文集[73]と誇るべき数多くの門下生，後継者，そして批評家たちを見届けて，ケルゼンは 1973 年 4 月 19 日にアメリカ合衆国で亡くなったのである。

III. 「純粋法学」：ハンス・ケルゼンの生涯の業績

当初「規範理論」と称された「純粋法学」への取り組みがハンス・ケルゼンの生涯をかけた業績であることは，疑いようがない。〔1911 年の〕教授資格論文『国法学の主要問題 (Hauptprobleme der Staatsrechtslehre)』から，1920 年代のモノグラフィー（1920 年の『主権の問題と国際法理論 (Das Problem der Souveränität und die Theorie des Völkerrechts)』，1922 年の『社会学的・法学

Jabloner (Fn. 3), Ms. S. 30.

70) 個々には，*Walter/Jabloner* (Fn. 3), Ms. S. 18 ff. を参照（〔当該箇所では〕さまざまな法圏に対する純粋法学の影響〔が記載されている〕）。さらに，Der Einfluß der Reinen Rechtslehre auf die Rechtstheorie in verschiedenen Ländern, Teil I: 1978, Teil II: 1983（＝ハンス・ケルゼン研究所の図書シリーズ第 2 巻及び第 3 巻）をみよ。

71) *R. Walter*, Kelsen, in: NDB 11 (1979), S. 480; *ders.*, Rechtstheorie und Erkenntnislehre gegen Reine Rechtslehre?, 1990, S. 18 Fn. 44.

72) *R. Walter*, Hans Kelsen — Ein Leben im Dienste der Wissenschaft, 1985, S. 53 ff. におけるケルゼンの年代順の業績目録は，387 のタイトルを捕捉している。

73) Gesellschaft, Staat und Recht. Festschrift, Hans Kelsen zum 50. Geburtstage gewidmet, hrsgg. v. A. Verdroß, 1931 (unveränd. Nachdruck Liechtenstein 1983); Law, State, and International Legal Order. Essays in Honor of Hans Kelsen, Knoxville 1964; Festschrift für Hans Kelsen zum 90. Geburtstag, hrsgg. v. A. Merkl u. a., 1971.

的国家概念（Der soziologische und der juristische Staatsbegriff）』，1925年の『一般国家学（Allgemeine Staatslehre）』）を経て，1934年の『純粋法学（Reine Rechtslehre）』初版へと展開されていく中で，この〔純粋法学という〕，まさに最も鋭い法実証主義の理論が基礎付けられ，展開され，具体化され，そして部分的に修正されていき，分量では，およそ3倍になった1960年の『純粋法学』第2版でもって，最もまとまりのある，いわば古典的な内容をもった純粋法学に到達する。もっとも，ケルゼンは，これによって，とくに法と論理の関係について自身が述べたことを批判的に検討し，修正することをやめたわけではない。このことを証明しているのが，『規範の一般理論（Allgemeine Theorie der Normen）』である。この著作は，彼の死後に公刊されたものではあるが，その完成原稿は，ほとんどケルゼン自身によるものである[74]。

以下では，(1.) ケルゼンの学説がいかなる目的をもち，根底ではいかなる仮説に依拠していたか，(2.) ケルゼンの学説にはいかなる根本的な批判がくわえられたか，(3.) いかなる方法で中心的な理論的支柱が展開されたかについて，少なくとも，その概略をあきらかにすることにしよう[75]。

1. 純粋法学の目的と根底〔にある〕仮説

ケルゼンの純粋法学は，自然科学の精緻な考え方を理想的なものと捉え，そこへと〔法律学を〕意識的に導こうとしている。しかもケルゼンの純粋法学は，一方であらゆる因果科学的（社会学的，経験的）な法の考察に正面から抵抗しようとしており，他方で自然法が当然の前提にしている実定法の排除に正面から抵抗しようとしているのである[76]。その目的は，法律学の自主独立

---

74) *Kelsen*, Allgemeine Theorie der Normen, 1979（〔ケルゼン没後の文献であるため〕原稿の状態については，編者の「はじめに」Ⅲ～Ⅴ頁を参照）.

75) 以下の素描は基本的な事柄に限定し，詳細な脚注を付すことはしない。当時から1985年までの数多くの個別の文献及び詳細な記述については，*H. Dreier* (Fn. 20) を参照せよ。

76) この正面からの二重の抵抗に関して，より詳細なのは，*H. Dreier* (Fn. 20), S. 27 ff. である。*J. Raz*, ThePurity of the Pure Theory, in: R. Tur/W. Twining (eds.) Essays

を確保することにあり，そして法律学とは無縁のすべての要素を取り払うことによって法律学を「真の学問，精神科学の高みへと引き上げる」[77]ことにある。純粋法学は，実定法の理論として，また，法秩序の全体的な構造分析として，「純粋」な（善き，望まれうる，正しい）法の学説ではなく，実定法の純粋な（混じりもののない）学説であろうとしている。ケルゼンは，時代と場所によって変わりうる法秩序を中立的に，すなわち価値禁欲的に描写することだけが，法律学の正当な任務である，とみている。彼にとって，それ以外は，すべて，因果律による分析をしている誤った説明，つまり自然法的な思弁であるか，または政治的イデオロギーである。

とりわけ比較的古い法実証主義との関係でケルゼン〔の純粋法学〕を位置づけた場合，その特殊性及び独自性は，3つの異なる要素が十分な緊張関係を保って（常にというわけではないが，同様の方法で，バランスをとりながら，そして，はっきりと根底で関連づけられ，）結び付けられていることから生じている。つまり，〔その3つの要素とは，第1に〕新カント主義に着想を得て，存在の世界から範疇的に区別された当為の領域を構築すること，〔第2に〕規範律の客観的根拠付けが不可能であるということを価値相対主義の観点から根本的に説くこと，〔第3に〕実証主義的に法律学の対象を実効的強制秩序に限定すること，である。

新カント主義は存在と当為を根本において基本的に区別する。これによれば，日常的に従われている秩序が存在するというだけでは，法の効力を法として根拠付けることができない。したがって，〔それを根拠付けるには〕さらにその先にある〔法の効力の〕出所が必要となる。ケルゼンは，たとえばスカンジナビアの法リアリズムとは異なり，当為に関する独自のカテゴリーである特殊な法規範に固執している。彼は，その規範的性格の拠りどころを根本規範に求めている。彼は，カント（Kant）の（たとえば『実践理性批判』や『人倫の形而上学』ではなく）『純粋理性批判』に対応して，根本規範に，規範創造的

---

on Kelsen, 1986, S. 79 ff. の優れた研究も参照。

77) *Kelsen*, Reine Rechtslehre, 1934, S. IX.

であるがゆえに先験的論理的といえる内容を付与している[78]。しかし，ケルゼンの場合，根本規範の先験的論理的内容は，（一部は仮定として，一部はフィクションとして説明される）単なる仮説の地位しか与えられていない。そのような仮説をたてることはできるかもしれないが，できないかもしれないのである。したがって，〔ケルゼンの議論には，〕認識論の領域における先験哲学の根拠の不可避性（Unausweichlichkeit）及び〔それ以上背後へと遡りえないことを意味する〕絶対的背後遡及不可能性（absolute Unhintergehbarkeit）が欠けているのである。

〔ケルゼンは，法律学を〕因果科学から区別した後，法律学の自主独立の確保に向けた次の当然の一歩を踏み出し，法律学を倫理，宗教，自然法といった他の規範体系からイデオロギー的にも意図的に区別している。法律学の唯一の考察対象として純粋法学が宣言しているのは，全体として実効的な社会強制秩序であり，ケルゼンは，この社会強制秩序をして法秩序であると定義している[79]。その際，〔法秩序を他の規範体系からイデオロギー的にも区別すると，〕実証主義に顕著な「分離命題（Trennungsthese）」[80] の帰結として，法秩序は，任意のいかなる内容であっても，したがって反倫理的で，〔通常人の〕価値に反する，非難されるべき内容であっても，受け入れることができることになる[81]。

---

78) ケルゼンの根本規範とカントの先験哲学の類似性に関するきわめて困難な問題については，参照，*H. Dreier* (Fn. 20), S. 56 ff. 特に 83 ff. m. w. N. さらに *H. Klenner*, Kelsens Kant, in: Revue Internationale de Philosophie 35 (1981), S. 539 ff.; *S. Hammer*, Kelsens Grundnormkonzeption als neukantianische Erkenntnistheorie des Rechts ? in: S. L. Paulson/R. Walter (Hrsg.), Untersuchungen zur Reinen Rechtslehre, 1986, S. 210 ff.; *R. Alexy*, Begriff und Geltung des Rechts, 1992, S. 176 f. また S. L. Paulson (Hrsg.), Fritz Sander — Hans Kelsen. Die Rolle des Neukantianismus in der Reinen Rechtslehre, 1988 もみよ。

79) *Kelsen*, Reine Rechtslehre, 2. Aufl. 1960, S. 34 ff., 45 ff., 51 ff., 206 ff.

80) 参照，*H. L. A. Hart*, Der Positivismus und die Trennung von Recht und Moral (1957), in: Ders., Recht und Moral, hrsgg. v. N. Hoerster, 1971, S.14 ff.; *W. Ott*, Der Rechtspositivismus, 1976, S. 107 ff., 174 ff.; *N. Hoerster*, Verteidigung des Rechtspositivismus, 1989, S.11, 20 ff.

81) *Kelsen*, Reine Rechtslehre (Fn. 79), S. 201. 後掲の注 92 以下の記述もみよ。

したがって，ケルゼンはすべての徹底した法実証主義者と同様，法がどうなっているかという観点から法を扱っており，法がどうあるべきかという観点から法を扱っていない。

　法規範と解されている実効的支配秩序の規律，命令，指示及び強制行為が客観的な拘束力を必要としたり，それどころか真理それ自体を必要とすることなど，価値相対主義者であるケルゼンからすれば，およそありえない。むしろ，それらは，単に仮定的・相対的に妥当しうるにすぎないのであって，統一的・規範的に創り出された根本規範という仮説の下に，まさに留保されているのである。現実の外部の世界にはそれ自体価値中立的な諸事象があり，その諸現象のための「解釈図式（Deutungschema）」[82]として，法は確かに根本規範の中に最後の拠りどころを見出すものの，それは何ら確固たる拠りどころではない。なぜなら，この根本規範は，客観的に証明不能な規範的拘束力を観念するための単なる場所取り係（Platzhalter）としての役割を果たしているにすぎず，その限りにおいて，根本規範は，経験的抽象概念でもなければ，自然科学に由来する検証可能な仮定でもなく，単にケルゼンの価値相対主義的な基本姿勢を表現したもので，かつ，そのようなものとして純粋に考えられたものにすぎないからである。必ず根本規範を根底に据えなければならないわけではないが，そうすることによって，法秩序としての実効的な強制秩序または権力秩序を考察しうる前提条件が整うし，同時に法的な解釈図式を適用しうる前提条件が整うのである。

　〔ここまでケルゼンによる純粋法学の〕理論的からくりを，限られた範囲で，〔しかも〕もっぱら大雑把に素描してきた。ケルゼンは，この理論的からくりに依拠することで，比較的古い（自然論的，非批判的，経験的）法実証主義とは距離を置きつつ，しかし，同時に自然法的なものが吹き込まれたあらゆる考え方からはっきりと一線を画すことができている。この中間的な方法によって，ケルゼンは，――比較的古い法実証主義のように――法秩序が実際に存在

---

82) *Kelsen*, Reine Rechtslehre (Fn. 79), S. 4 f.

し，実効性を有しているということだけを根拠にして，法秩序を規範的に正当化できるものとして，また客観的に拘束力あるものとして捉えるということをしないで，実証主義の分離命題に従うことができるのである[83]。新カント主義者のケルゼンにとって，実効的な強制秩序が単に存在しているということだけでは，未だ何の意味ももたない。それどころかケルゼンは規範の独自世界を徹底して説いている。そのため，彼にしてみれば，純然たる事実以上のもの——なんといっても，この「以上のもの」としての法が，もっぱら根本規範という仮説に依拠しているのであるが，仮説それ自体は疑わしく，説得力があるわけではないのである。その限りにおいて，ケルゼンの場合，法の規範性は「芸術的に語られており」[84]，その客観性は単に借り物にしかすぎない。

2. 根本的な批判

純粋法学は，その展開過程において，熱狂的な信奉者を獲得しただけでなく，常に激しい拒絶反応を示され，根本的な批判にさらされもした。〔純粋法学に対する〕批判は，主に，この〔純粋法学という〕法実証主義の理論が有する〔他とは〕まったく異なる視点に向けられている。

a) 〔ケルゼンの純粋法学に対する批判の中には〕ケルゼンがユダヤ人の血筋を引いているということを指摘した「批判」があったし，また，ケルゼンの学説が，典型的に非ドイツ的で，破壊的で，自由主義的なものであり，あるいは，得体の知れない人種の，つまり根無し草的なインテリ主義による冷徹な産物であるとして誹謗する「批判」もあった[85]。これら周知の「批判」は，およ

---

83) 有益なのは，*S. L. Paulson*, Läßt sich die Reine Rechtslehre transzendental begründen ?, in: Rechtstheorie 21 (1990), S. 155 ff. (164 ff.).

84) *N. Hoerster*, Kritischer Vergleich der Theorien der Rechtsgeltung von Hans Kelsen und H. L. A. Hart, in: Untersuchungen zur Reinen Rechtslehre (Fn. 78), S. 1 ff. (12).

85) きわめて痛ましい事態を作り出したのは，1936年10月3日及び4日の「法律学におけるユダヤ人」〔をテーマにした〕大会であった。カール・シュミットの閉会の辞が活字化されており，そのタイトルは，講演を再録したシリーズの第1巻と同様，

そ今日ではもはやみられなくなった。

b) このこととはっきり区別しなければならないのが，1920年代以降，止むことのない周知の批判である。その批判は，ケルゼンの理論が空っぽの概念を使った空虚な遊びにしかすぎず，社会の現実から遠くかけ離れた論理の訓練でしかないとし，したがってケルゼンの理論を法なき法学説，国家なき国家学説とみている[86]。そのため，そこでは，純粋法学の解釈上の主張――その主張は，学問上の方法及び学問上の倫理を理由に，ケルゼンによって異常なまでに厳格に規定されており，純粋法学の自覚的な自己抑制と，これと連動して法律家の地位低下を含んでいる――は，物足りないものとして感じとられ，この〔純粋法学という〕批判的法実証主義には「不毛なもの」との烙印がおされている。このような批判の見地からすると，純粋法学は高度に抽象的で，形式性を備え，内容が乏しく，そして普遍的であるが故に，法と国家の本来的な性質や，法と国家の個別の特性を見誤っているということになる。

この点に関する争いは，とりわけケルゼンの解釈学説が「不可知論的」であるがゆえに生じるのであろう[87]。もっとも，今日においてもなお，ケルゼンは

「ユダヤ精神と闘うドイツ法律学」となっている。これは Deutsche Juristen-Zeitung 1936, Sp 1193 ff. にある。参照，この点につき，*B. Rüthers*, Entartetes Recht, 1988, S. 135 ff.; *H. Hofmann*, „Die deutsche Rechtswissenschaft im Kampf gegen den jüdischen Geist", in: K. Müller/K. Wittstadt (Hrsg.), Geschichte und Kultur des Judentums―Eine Vorlesungsreihe an der Julius-Maximilians-Universität Würzburg, 1988, S. 223 ff.; *G. Rapp*, Die Stellung der Juden in der nationalsozialistischen Staatsrechtslehre, 1990, S. 176 ff.

86) 10年以上にわたって継続して行われ，ワイマール共和国において，とりわけヘルマン・ヘラーとルドルフ・スメントによって提起された，この批判の個々の論拠については，*H. Dreier* (Fn. 20), S. 19 ff. また，*T. Vesting*, Aporien des rechtswissenschaftlichen Formalismus: Hermann Hellers Kritik an der Reinen Rechtslehre, in: ARSP 77 (1991), S. 348 ff. もみよ。古い批判を再録しているのは，*H. Klenner*, Rechtsleere ― Verurteilung der Reinen Rechtslehre, 1972.

87) これについては後述の 726 頁以下〔この 726 頁というのは原典の頁数であって，後述の本文では III. 3. (f) に該当する〕を参照。なお，その他につぎのように言わ

法を生み出す社会的因子の存在と意義を否定しているとの批判が聞かれるが，このような批判は誤りである。というのも，他の法実証主義の理論と同様に，純粋法学にとっても，実際の各法システムの内容が社会的・政治的な利益，発展，闘争及び妥協の産物であって，したがって，社会全体の個々の構成要素を全部まとめて表現したものであることは，まったく疑いようもないからである。法の生成は，ケルゼンにあっては，社会的に規定され，条件付けられている[88]。純粋法学は，そのように成立した「実定法，すなわち人間の行為によって定立され，有効で，広く適用され，従われる法」[89]だけが法律学の日々の考察対象である，と宣言しており，その限りにおいて，純粋法学は決定的に「現実の」法理論を問題としているのである[90]。

c) 〔純粋法学は〕社会技術である実効的な法の現実に着目しているが，そのことが，純粋法学に対するさらなる批判を招く要因となっている。すなわち，純粋法学は，〔法の現実に着目したがために〕自らの規範的アプローチに誠実であり続けることができないし，また存在と当為の二元主義の主張に誠実であり続けることができないのであって，遅くとも〔法の〕実効性が求められる段階で，一層唐突に生の事実が純粋法学の論理体系の中に入り込んでくる，とい

れている。「ケルゼン〔の学説〕が『不毛』であると言われていることに関して，我々が一致していることがある。それは，第一に，ケルゼンが法律学上のいかなる重要な論点にも大きく貢献することなどなかったということが，〔ケルゼンまたは彼の学説に対する〕批判であるならば，それはあきらかにナンセンスである，ということである。」(*R. Tur/Twining*, Introduction, in: R. Tur/W. Twining [eds.], Essays on Kelsen, 1986, S. 1 ff. [33])。

88) 参照，詳細には，*H. Dreier* (Fn. 20), S. 113 ff. さらに，W. Krawietz/H. Schelsky (Hrsg.), Rechtssystem und gesellschaftliche Basis bei Hans Kelsen, 1984 における若干の寄稿論文。ケルゼンからすれば，因果律による諸事象の意味を説明することだけが，法律学上，曖昧なままにされている。それは因果科学の任務であり，とりわけ法社会学の任務であるという。

89) *Kelsen*, Reine Rechtslehre (Fn. 79), S. 112.

90) *Kelsen*, Reine Rechtslehre (Fn.79), S. 111 f., 215 ff., 403; *ders.*, Eine ‚Realistische' und die Reine Rechtslehre, in: Österreichische Zeitschrift für öffentliches Recht 10 (1959), S. 1 ff.

うのである[91]。〔しかし，〕この批判は，純粋法学の純粋性が，法の内容ではなく，法の内容を考察する法律学に関するものであるということを見誤っている。ケルゼンは，規範的に理想的で豊かなものをつくりあげたのではない。むしろ，彼は，方法論的によく考えられた方法で，価値相対主義的な前提条件を根底にすえて，法的効力の問題を解決しようとしたのである。規範と事実の一致を確保しようとする試みとして，根本規範は，対象の実証主義的考察を，新カント主義的な方法認識と調和させ，かつ，効力の価値相対主義的な根拠付けと調和させているのである。

d）　なお，純粋法学に対する最も厳しい批判のうちの１つを取り上げておくと〔つぎのような指摘ができる。すなわち〕，批判的な素振りで，反イデオロギーを装っている当該理論〔＝純粋法学〕は，価値違反の行為，すなわち非難されるべき法行為を争うための異議申立機関を何も用意していないので，必然的に，その時々の支配関係を擁護することとなり，その時々の最強の社会的権威の意思に〔人々を〕従属させることになるのではないか？[92] この問題は，ケルゼン自身によって，さらに先鋭化されており，それは彼の人生経験を背景にすると，なお一層注目される個人的な価値禁欲的態度の中にあらわれている。というのも，ケルゼンは，法が〔解釈者によって与えられた〕任意の内容を有しているという彼の命題にかたくなにこだわり，つぎのように説明しているからである。すなわち，ナチ時代の強制秩序もまた，法律学の観点からすると，法秩序であったし，それどころかナチの支持者は――純粋に法的に考察すれば――遡及効をもった命令でもって，殺戮を国家による死刑執行とすることができた，と[93]。もっとも，一見すると，〔このような見方は〕純然たる冷笑主義の

---

91) これを扱っているのは，*H. Dreier* (Fn. 20), S. 51 ff.

92) この類の批判を扱っているのは，*H. Dreier* (Fn. 20), S. 20 ff. 反論について詳細には，同書150頁以下，とくに228頁以下。

93) *Kelsen*, Reine Rechtslehre (Fn.79), S. 13, 42 f.; *ders.*, in: Österreichische Zeitschrift für öffentliches Recht 13 (1964), S. 148 (Diskussionsbemerkung); *ders.*, Allgemeine Theorie (Fn. 74), S. 117.

ようにみえるか，あるいは，自暴自棄になって支配関係を肯定しているようにみえるが，実際には，法の学問的な描写と法の倫理的な評価を厳格に区別する基本方針を徹底して行おうとしているにすぎない。というのも，ケルゼンの場合，実効的な強制秩序を法秩序として性格付けてはいるが，善，道徳的尊厳及び認識価値については，まったく何も述べていないからである。同様に，〔法を〕遵守すべきまたは〔法に〕従順であるべきという実際の主張は，その〔法秩序として強制秩序を性格づけるという〕中立的な記述とは関係ない。純粋法学は，法を——もしかすると見誤っているかもしれないが——いかなる倫理化もされていない，あるいはいかなる客観化もされていない人工物として提示している。純粋法学は，実効的な強制秩序を「病理学者の冷淡さと精確さでもって」描いている[94]。法と道徳の区別はこのことと結びついているが，この区別によって「邪悪な」，「反道徳的な」，「不正な」法をみる眼が研かれるのであり，曇らされるのではない[95]。各々の秩序に従順であるべきか，それとも当該秩序に反抗すべきかについて，ケルゼンは，個々人の自己責任で行う価値判断に委ねている。

　このことは，なぜケルゼンが，ラートブルフ（Radbruch）と異なり，自身の理論を，1945年以降，何ら修正する必要がなかったのか，説明してくれている。すなわち，彼の実証主義は，決して客観主義でもなければ，正当主義でもなく，あるいは肯定主義でもなかったのである[96]。〔ここまで指摘してきた純粋法学に対する誤った見方と〕同様に，一定の根強い偏見が存在する。それによれば，よりによって法実証主義がナチ体制の手助けをして，〔ナチ体制に〕貢献したとされる。法と正義を批判的に分離し，ワイマール期にはその学説が

---

94)　*K. Adomeit*, Hans Kelsen (Nachruf), in: Rechtstheorie 4 (1973), S. 130.

95)　*H. L. A. Hart*, Der Positivismus und die Trennung von Recht und Moral, in: ders., Recht und Moral, hrsgg. v. N. Hoerster, 1971, S. 14 ff. (42 f.); *ders.*, Der Begriffdes Rechts, 1973, S. 285 ff. (insb. 286) も参照。

96)　詳細には，出典とともに，*H. Dreier*, Die Radbruchsche Formel—Erkenntnis oder Bekenntnis?, in: Staatsrecht in Theorie und Praxis. Festschrift für Robert Walter, 1991, S. 117 ff.; *W. Ott*, Der Rechtspositivismus, 1976, S. 48 ff., 159 ff., 170 ff., 178 ff., 202 ff. を参照。

異端であったケルゼンの場合こそ,この偏見は,まったくといっていいほど歴史的真実に反しており,むしろ,その多くは〔ナチ政権の〕責任を転嫁しようとする動きと結びついている[97]。

3. 純粋法学の主要な要素とその後の展開

ケルゼンは,法理論に関する自身の主要な業績を普遍的な「一般法学」[98]としてはっきりと提示している。その一般法学は,徹底的に抽象化するという手段を使って,ある程度発展したあらゆる法秩序を根本から把握しようとしている。これに対応する純粋法学の法理論上の主要な要素及び根本〔にある〕仮説は,長年にわたって議論され,さらに発展させられたことによって一定程度明確となったが,部分的には重要な修正もされている。しかも,いかなる本質的な点についても,議論の過程が決定的な終着点にまですでにたどり着いているということはない[99]。

a) 存在と当為のカテゴリカルな区別を背景にして,中立的で,純粋に記述されたとおりに実定法秩序を把握しようとすると,指示的法規範(präskriptive Rechtsnormen)と記述的法命題(deskriptive Rechtssätzen)の区別に最も重要な意義が認められる[100]。単に書かれたにすぎない法命題は,(具体的な意思

---

[97] ワイマール共和国のナチ体制への転換につき,その責任を〔相対主義的実証主義に〕負わせることに反対するのは,参照, *Kelsen*, Foundations of Democracy (Fn. 20), S. 40 ff. (42, 44, 62). また *Ott* (Fn. 96), S. 181 A. 651 も参照。〔そこでは〕「純粋法学によれば,ナチス主義者が『法(Recht)』を語っていても,そこに裸の権力だけをみてとる余地が各人に残されている!」〔と記述されている。〕

[98] *Kelsen*, Reine Rechtslehre (Fn. 79), S. VII, 1, 195; *ders.*, Was ist die Reine Rechtslehre?, in: Demokratie und Rechtsstaat. Festgabe Giacometti, 1953, S. 143 ff. (144). 参照, *R. Lippold*, Reine Rechtslehre und Strafrechtsdoktorin, 1989, S. 80 ff.; *H. Dreier*, Art. „Rechtslehre", in: Historisches Wörterbuch der Philosophie, Bd. 8, 1992 (im Druck).

[99] ケルゼン学説の現状を展望しているのは,『法理論(Rechtstheorie)』,『法・社会哲学雑誌(Archivs für Rechts- und Sozialphilosophie)』またはその他の関連する定期刊行物の直近号。

[100] 参照, *Kelsen*, Reine Rechtslehre (Fn. 79), S. 73 ff. これに関しては, *H. Dreier* (Fn.

行為に依拠して）命じられた法規範を言い表している。そこでは，法命題を整理する場合と同様に，ケルゼンの意図は，再度，法律学の対象を〔非法的なものから〕完全に引き離し，中立化すること，したがって，その「脱神話化」へと向けられているのである[101]。

規範の定立と規範の描写がしばしば混同されることに鑑みて，以上のように両者の区別をあきらかにしたとしても，ケルゼンが法命題のために主張した「記述的当為（ein diskriptives Sollen）」[102]というカテゴリーは，依然として議論の必要が残ったままである。

b）　存在と当為の二元主義は，法秩序及びその諸規範の効力（Geltung）と実効性（Wirksamkeit）の区別にも反映している。ケルゼンは，法規範の効力を，法規範が有している規範特有の性格として，つまり法規範が当為の領域にあるものとして理解し，これに対して，実効性を，存在の世界における法規範の事実上の効果として理解している。規範の効力の根拠になりうるのは，諸事実から規範的命題を導き出せない以上，常に，より高次の他の規範しかない。そのため，〔規範の効力根拠の詮索は〕根本規範にまで遡ることでようやく終わる。もっとも，ケルゼンは，望ましい法秩序であれば，あるいは，好ましい規範で理想的に満たされているものであれば，いかなるものにも，法的効力を承認しようとしているのではない。むしろ，ケルゼンは，〔規範の〕適用と遵守が十分に示されている実効的法秩序にしか法的効力を与えようとしていない。ケルゼンによれば，それらの諸規範は全体として実効的であるから，効力をもつのではなく，全体として実効的である場合にのみ，効力をもつのである。つま

---

20), S. 196 ff.; *K. Adomeit*, Rechtstheorie für Studenten, 3. Aufl. 1990, S. 17 ff.

101)　深く立ち入っているのは，*W. Ebenstein*, The Pure Theory of Law: Demythologizing Legal Thought, in: California Law Review 59 (1971), S. 1269 ff.（insb. 1277 ff.）.

102)　この独特の型に批判的なのは，*H. L. A. Hart*, Kelsen Visited, in: UCLA Law Review 10 (1963), S. 709 ff.（713 ff.）; *R. Moore*, Kelsen's Puzzling ‚Descriptive Ought' in: UCLA Law Review 20 (1973), S. 1269 ff.（insb. 1277 ff.）.

り,「実効性は効力の条件であるが,効力それ自体ではない」[103]。

ケルゼンの〔法的効力の〕基礎付けに関連して行われた議論がある。それによってとくにあきらかになったのは,〔ケルゼンの場合,〕法的に服従させられている者が規範を遵守すること（命令部分）と,不遵守の場合に法の杖〔を有する裁判官〕によって規範が適用されること（制裁部分）〔の2つ〕に実効性の概念が分解されているが,そのような分解が可能なのは,行態に関する命令規範と禁止規範の場合だけであり,授権規範,許可規範,〔規範を廃止する規範である〕廃止規範の場合には不可能である,ということである[104]。しかも,我々は,各個別規範が有する実効性を問題にしているのではない。むしろ,我々は,ケルゼンと異なり,規範の効力の条件としての法秩序全体が有している実効性を問題にしているのである[105]。

c) ケルゼンは,まず法秩序を強制秩序として性格付けることに全力で取り組み,そのうえで行態規範の命令機能または禁止機能を自身の思考の中心に据えた。彼は,ようやく晩年になって,はっきりと,授権規範,許可規範,廃止規範も,さらなる独自の規範類型であると認めた[106]。規範類型のカテゴリーを可能な限り体系化する際に,今日,とくに議論になっているのは,許可規範という独自のカテゴリーを想定する必要があるのか否か,そして授権規範の一定の

---

103) *Kelsen*, Reine Rechtslehre (Fn.79), S.220. これに関して,*H. Dreier* (Fn. 20), S. 121 ff. さらに,*S. L. Paulson*, Neue Grundlagen für einen Begriff der Rechtsgeltung, in: ARSP 65 (1979), S. 1 ff.；*R. Lippold*, Geltung, Wirksamkeit und Verbindlichkeit von Rechtsnormen, in: Rechtstheorie 19 (1988), S. 463 ff.

104) 参照,*R. Thienel*, Geltung und Wirksamkeit, in: Untersuchungen zur Reinen Rechtslehre (Fn. 78), S. 20 ff. (38 ff.). これによって想起されるのは,法秩序を強制秩序としてよりは,むしろ授権秩序として捉える,ハートの系列に属する主張である。

105) *Thienel* (Fn. 104), S. 33 ff.

106) 参照,（あまりはっきりしないが）*Kelsen*, Reine Rechtslehre (Fn.79), S. 15 f., 57, 73. 比較的はっきりしているのは,*ders.*, Allgemeine Theorie (Fn.74), S. 76 ff. (そこでは法の静的考察及び法の動的考察をもはや話題にしていないので,おそらく偶然ではない)。

下位類型として廃止〔規範〕も捉えることができるか否か，ということである[107]。

d) この問題と密接に関連しているのが，静的規範概念と動的規範概念をまとめあげることができているかという問題である。ケルゼンは，いったん，さまざまな法段階のあらゆる規定をミクロコスモス的に強制の全体規範へと集約しておきながら[108]，別の考察では，かつて本質的なものとして観念した強制のメルクマールを考慮していない可能性がある[109]。〔また〕一方で廃止規範，授権規範，許可規範を独自の規範のタイプとして受け入れておきながら，他方でこれらの規範を全体規範の非独立的補充要素〔つまり，独立規範を補充する非独立規範〕に再び格下げすることは容易なことではなく，これを行おうとすると，規範概念を修正または分解せざるを得ないであろうし，「独立的」規範と「非独立的」規範の区別を断念せざるを得ないであろう[110]。

e) ある規範の効力は，より高次の規範の効力にのみ，もとづくことができる。このことは，法の動的性格を指し示すものであり，――中世の封建的ヒエラルヒーを純化した――法秩序の段階構造の理論に現れている[111]。このアドルフ・メルクル（Adolf Merkl）によって展開され，ケルゼンによって純粋法学へ

---

107) *R. Walter*, Art. Reine Rechtslehre, in: Ergänzbares Lexikon des Rechts 2/510 v. 27. November 1985, S. 4; *R. Thienel*, Derogation, in: R. Walter (Hrsg.), Untersuchungen zur Reinen Rechtslehre II, 1988, S. 11 ff. (23 ff.). また, *Adomeit* (Fn. 100), S. 38 ff., 48 ff. も参照。

108) *Kelsen*, Reine Rechtslehre (Fn. 79), S. 237.

109) *Kelsen*, General Theory of Law and State, 1945, S. 122. 有益なのは, *R. Walter*, Der Aufbau der Rechtsordnung, 2. Aufl. 1974, S. 16 ff., 25 ff.; *Lippold* (Fn. 98), S. 85 ff., 102 ff.

110) この問題を詳細に扱っているのは, *J. Raz*, The Concept of a Legal System, 1970, S. 93 ff. (109 ff.). さらに, *B. Stoitzner*, Die Lehre vom Stufenbau der Rechtsordnung, in: Untersuchungen zur Reinen Rechtslehre (Fn. 78), S. 51 ff. (78 f. Anm. 24) をみよ。

111) *Kelsen*, Reine Rechtslehre (Fn. 79), S. 228 ff. 参照. *H. Dreier* (Fn. 20), S. 129 ff.; *Stoitzner* (Fn. 110), S. 51 ff.

と統合された理論は，法秩序を単に判例法や慣習法を含む一般的な法令上の規範の集合体としてではなく，さまざまな法創造段階で生み出される法行為の集合体，つまり，憲法に始まり，法律及び行政命令を経て，裁判官による判決，官庁による決定または私人間で締結される契約（契約法）に至るまでの各段階において生み出される法行為の集合体として考察することを基礎にしている。

〔そこでは〕ピラミッド型の規範の層が観念されているが，その根底には，法の自己創造（及び法の自己否定）の理念がある。つまり，これによれば，諸規範は相互に導き出し，導き出され，委任し，委任され，廃止し，廃止されるという関係にある。法秩序の構造に関するこの包括的な理論に基づけば，法の個別化及び具体化が程度の差こそあれ各段階で行われていき，それが連続したもの，それが法創造の全過程である。その行き着く先にあるのは，純粋な規範（根本規範）と純粋な事実（執行行為）である。つまり，「最後に——または最初に視線の方向に——あるのは，〔純粋な規範の内容を示す〕言葉か，〔純粋な〕事実である」[112]。

ロベルト・ヴァルター（Robert Walter）は，初期のアドルフ・メルクルの業績に立脚して研究を行っている。とくに，その研究によってあきらかにされたのは，法的条件に応じた段階構造（法創造の段階構造）と並んで，これとは異なる，廃止力に応じた段階構造が存在するということである。〔ヴァルターの研究によれば〕その段階構造は具体的な実定法上の形態に応じてきわめて多層的であると指摘できる[113]。

f) 段階構造の理論は，直接，解釈学に対して影響をもたらす[114]。純粋法学が

---

112) *Kelsen*, Allgemeine Staatslehre (Fn. 22), S. 250.
113) 参照, *R. Walter*, Der Aufbau der Rechtsordnung (Fn. 109), S. 55 ff.; *Stoitzner* (Fn. 110), S. 55 ff. 批判的なのは, *T. Öhlinger*, Der Stufenbau der Rechtsordnung, 1975, S. 16 ff.
114) *Kelsen*, Reine Rechtslehre (Fn. 79), S. 346 ff. この点，より詳細には，*H. Dreier* (Fn. 20), S. 145 ff.; *C. Schwaighofer*, Kelsen zum Problem der Rechtsauslegung, in: Untersuchungen zur Reinen Rechtslehre (Fn. 78), S. 232 ff.; *Lippold* (Fn. 98), S. 159 ff., 170 ff.; *C. Varga*, Hans Kelsens Rechtsanwendungslehre, in: ARSP 76 (1990),

きわめて近代的な方法で強調するのは、その都度、より高次の規範段階が有している〔、下位規範の内容を限定するという〕枠付けの性格と〔上位規範の内容の具体化が下位規範に開かれているという〕構造的な開放性である。よりよく言えば、〔上位規範の内容を〕完全に確定することができないことから生じる、〔下位規範による〕法規律の具体化の必要性である。それゆえ、ケルゼンにとって、あらゆる法適用は同時に一個の法創造であり、したがって不可避的に創造的行為なのである。そのことからすれば、法認識と法創造の間には、単に量的な差異があるにすぎないのであって、質的な差異があるわけではない。法の解釈は、一部は認識行為であるが、同時に一部は意思行為であり、つまりは認識（Kongnition）であると同時に、意思（Dezision）なのである。したがって、ケルゼンは、しばしばなされる誤解とは反対に、法適用に関する概念法学的な考え方——これは、唯一正しい解釈結果が想定できるものと信じて、純粋に論理的で、〔特定の〕価値に縛られないで、三段論法でもって結論を導き出す過程として、法適用を捉える考え方である——と距離を置き[115]、自ら自由法学派へと接近していく[116]。ケルゼンは、純粋法学の中立的で客観的な性格を「正当な」解釈と「法律学的」解釈の区別によって維持しようとしている。〔ケルゼンによれば、〕科学は、法規範の解釈が有するさまざまな可能性を、その多様性の中で単に秩序だてて説明しうるにすぎない[117]。これに対して、法適

S. 348 ff.; *H.-J. Koch*, Die Auslegungslehre der Reinen Rechtslehre im Lichte der jüngeren sprachanalytischen Forschung, in: Zeitschrift für Verwaltung 1992, S. 1 ff.; *S. L. Paulson*, Überlegungen zur Auslegung bei Hans Kelsen und deren Folgen für die Rechtserkenntnis, in: Rechtsprechungslehre, hrsgg. v. W. Hoppe u. a., 1992, S. 409 ff.

115) *R. Walter*, Das Auslegungsproblem im Lichte der Reinen Rechtslehre, in: Festschrift für Ulrich Klug, Bd. I, 1983, S. 187 ff. (190 f.).

116) *Kelsen*, Juristischer Formalismus und reine Rechtslehre, in: JW 1929, S. 1723 ff. (1726); *ders.*, Diskussionsbemerkung, VVDStRL 4 (1928), S. 179. これは、とりわけ、〔人間の〕認識によって特定できる範囲を超えたところにある異質なものも、法適用機関が、直感的な「正当な」解釈として選択できる、ということによる。そこでは、Varga (Fn. 114), S. 359 ff. が正当に指摘したように、もはや解釈が問題とされているのではなく、規範の定立が問題とされているのである。

117) ほんのわずかに複雑な規定であっても、組み合わせの可能性が即座に無限に拡大

用機関は，さまざまな説明の可能性に最終的に拘束力をもたせることができ，まさにそれこそが法適用機関の任務である，という。

これによってケルゼンが再度イデオロギーに批判的な見地から（政治，世界観，宗教等の動機付けとなる）価値と客観的な学問的記述を区別しようとしていることは，あきらかである。もっとも，彼は，法適用が合理的に行われうるということについては，あまりにもあっさりと認めてしまっているようである。すなわち，〔法適用を合理的に行うための〕より詳細な方法が所与のものとして存在しなければ，法機関による正当な〔法の〕適用といえども，直ちに意思行為の性格を，つまり単なる意思の性格を帯びることになる。こうして，純粋法学の解釈学は，純粋法学が主意的要素を過度に強調するがゆえに，まさに法学方法論の本来的な問題が始まるところで，終わってしまうのである。〔もっとも，〕かつての「分析〔哲学〕」の流れをくむ新しい考え方や，かつての「解釈学」の流れをくむ新しい考え方からすると[118]，ケルゼンは必ずしも急進的な「解釈懐疑主義者」[119]であったというわけではないということが言えよう。しかも，「法創造の反射」[120]という意味で法適用の複雑な事象を合理的に貫徹させることは，法社会学[121]との一部古めかしくなった対立――この対立

するということに直面すると，どのみち実際には〔法規範の解釈をすべて提示するという〕要請に応えることはできない。ケルゼンは独自にコンメンタールを執筆した際も，こういった要請には応じていない（参照，*Kelsen*, Die Verfassungsgesetze der Republik Österreich. Fünfter Teil: Die Bundesverfassung vom 1. Oktober 1920, hrsg. in Verbindung mit *Froehlich* und *Merkl*, 1992; *ders.*, The Law of the United Nations, 1950）。

118) 参照，H.-J. *Koch/H. Rüßmann*, Juristische Begründungslehre, 1982; *F. Müller*, Juristische Methodik, 4. Aufl. 1990. 情報を提供しつつ概観するのは，*R. Gröschner*, Art. Rechtsfindung, in: Ergänzbares Lexikon des Rechts Nr. 2/430 (Oktober 1988). *K. Korinek*, Zur Interpretation von Verfassungsrecht, in: FS Walter (Fn. 96), S. 363 ff. もまた，さらなる展開について述べている。

119) *Koch* (Fn. 114), S. 1 ff.; *Adomeit* (Fn. 100), S. 77 は，より鋭く「方法論上のニヒリズム」を語っている。

120) *F. Müller* (Fn. 118), S. 272.

121) 参照，*H. Rottleuthner*, Rechtstheoretische Probleme der Soziologie des Rechts, in: Rechtssystem und gesellschaftliche Basis (Fn. 88), S. 522 ff.; *U. Rein*, Rechtssoziologie

が意味をもつのは法の根拠付けの局面であって，法解釈の局面ではない——を緩和することに役立つであろう[122]。

g）　ケルゼンは決して休むことなく純粋法学の構築に向けて作業を行った。その結果，とりわけ〔彼の遺稿を編纂した書籍である〕『規範の一般理論』[123]の中で示されているように，ケルゼンの後期の学説では，部分的にかなりの修正と再構築が行われた。この新たな見解は，ヴァイヒンガー（Vaihinger）の，かのようにの哲学（Als-Ob-Philosophie）[124]の意味における単なるフィクションとして，根本規範を説明する。その他，とりわけ法と論理の関係に関連して，新たな見解が提示されている。彼は，なおも『純粋法学』の第2版の中で，論理の法則を伝統的な方法で少なくとも間接的に規範体系にも応用したが[125]，他方で彼は後につぎのような見解を主張した。すなわち，無矛盾律も，推論の一般的法則（三段論法）も，命題としてみなされるものの，それらは法規範には転用され得ない。なぜなら，規範は命題ではなく，意思行為の意味を表しているからである，と[126]。実際，論理法則は，真実か真実でないかの命題にのみ用いられ，有効か無効しかあり得ない規範には用いられない[127]。したがって，単なる法認識であって，法創造ではないとされる法律学的解釈によっても，諸規範〔相互〕の衝突は解消され得ないであろう。法律学に許されているのは諸規

---

und Rechtspositivismus. Die Kontroverse zwischen Eugen Ehrlich und Hans Kelsen 1915/16, in: Untersuchungen zur Reinen Rechtslehre (Fn. 78), S. 91 ff. 一貫した比較的古いケルゼンの諸論稿を1つにまとめているのは，S.L.Paulson (Hrsg.), Hans Kelsen und die Rechtssoziologie, 1992.

122)　これに関して最近では，*R. Thienel*, Kritischer Rationalismus und Jurisprudenz, 1991, S. 170 ff., 183 ff., 212 ff., 222.

123)　注74)を参照。これに関し，その他には *K. Opalek*, Überlegungen zur Hans Kelsen „Allgemeine Theorie der Normen", 1980.

124)　*Kelsen*, Allgemeine Theorie der Normen (Fn. 74), S. 206 f.

125)　*Kelsen*, Reine Rechtslehre (Fn. 79), S. 209 ff.

126)　*Kelsen*, Allgemeine Theorie der Normen (Fn. 74), S. 166 ff., 179 ff.

127)　*H. Dreier* (Fn. 20), S. 176 ff. 及びそこで引用されている文献を参照。

範〔相互〕の衝突をいわば描写することだけであって，法律学は，法適用の権限を有する諸機関に，〔衝突する複数の規範のうち，どの規範が他の規範に優位するかを決定する〕優位の具体的決定を委ねなければならないのである[128]。

とくにオタ・ヴァインベルガー（Ota Weinberger）は，ケルゼンの新たな見解が純粋法学の「古典的」形態から180度転換し，慎重に規範懐疑主義及び規範非合理主義に向かっているとしているが[129]，〔ヴァインベルガー以外の〕その他の解釈は，規範論理に関する〔ケルゼンの〕修正を，初期の考え方に一部回帰しつつ展開したものとして，そして，純粋法学第2版よりもかなり前に唱えられた考え方を首尾一貫させて修正したものとしてみなす傾向にある[130]。いずれにせよ，ケルゼンの見解をめぐっては，なおもしばらくの間，規範論理に関する議論がなされるであろうことはあきらかである[131]。

IV. 正義の探求に向けて

確かにケルゼンは，法概念から法の正義の問題を徹底して放逐し，本来的には哲学上の問題として法律学上の問題領域から締め出した[132]。しかし，彼は正当な社会秩序を問うことの意義を否定しているわけでもなければ，矮小化し

---

128) *Kelsen*, Allgemeine Theorie der Normen（Fn. 74），S. 179.

129) 参照，*O. Weinberger*, Normentheorie als Grundlage von Jurisprudenz und Ethik, 1981; ders., Der normenlogische Skeptizismus, in: Rechtstheorie 17（1986），S. 13 ff（25 ff.）.

130) *S, L. Paulson*, Stellt die „Allgemeine Theorie der Normen" einen Bruch in Kelsens Lehre dar ?, in: Die Reine Rechtslehre in wissenschaftlicher Diskussion, 1982, S. 122 ff.

131) *R. Lippold*, Um die Grundlagen der Normenlogik, in: Untersuchungen zur Reinen Rechtslehre II（Fn. 107），S. 146 ff.; ders., （Fn. 98），S. 119 ff.; *L. Gianformaggio*, Hans Kelsen on the Deduction of Validity, in: Rechtstheorie 21（1990），S. 181 ff.; *Thienel*（Fn. 122），S. 89 ff. もみよ。

132) あきらかに，*Kelsen*, Reine Rechtslehre（Fn. 79），S. 403 f. さらに，*H. Dreier*（Fn. 20），S. 160 ff. における引用文献。さらに *J. Bjarup*, Kelsen's Theory of Law and Philosophy of Justice, in: Essays on Kelsen（Fn. 87），S. 273 ff. 及び *P. Pettit*, Kelsen On Justice. A charitable Reading, ebd., S. 305 ff. による反論もみよ。

ているわけでもない[133]。このことを証明しているのが，〔正義論に関する彼の諸々の〕詳細な研究であり[134]，〔アメリカのカリフォルニア大学〕バークレイ校において「正義とは何か」というテーマで行われた彼の最終講義である[135]。ただし，直ちにあきらかになることであるが，ケルゼンの価値相対主義は，民主制理論や法学説〔に対して影響を及ぼしているの〕と同様，〔正義論に対しても〕影響を及ぼしている。正義に関するすべての問いは，彼にしてみれば，価値判断であり，その価値判断は価値判断をする側で合理的に根拠付けることができず，最終的には意思の問題，いや，それどころか感覚の問題である[136]。価値判断は必ずこのような主観的性格を有する。それゆえ，ケルゼンは結果として絶対的正義を「不合理な理念」[137]として捉え，次のことを論証したのである。すなわち，〔人間の行動を〕縛り付ける普遍的要求とともにあらわれた正義論はすべて，証明不能な，絶対的に定立された形而上学上の仮説に依拠しているか（プラトン，アウグスティヌス，トマス・アクィナス），あるいはそうでなければ，完全に内容が空虚で，秘密にされた価値基準を前提としており（〔これに該当するのは，たとえば，第1に，人にしてもらいたいことをせよという内容をもった〕黄金律，〔第2に〕各人に〔相応しい〕各人のものを〔という見方〕，〔第3に，徳が2つの不徳の中間にあるという〕中庸の定式〔である〕），その結果，これらの空っぽの定式は，いかなる社会秩序であっても，これを正当化するのに貢献することができた，と。彼はそれほど詳細に自然法の

---

133) *Kelsen*, On the Pure Theory of Law, in: Israel Law Review 1 (1966), S. 1 ff. (4) は，「法哲学と実定法学の間における役割分担」について語っている。

134) *Kelsen*, What is Justice ? Justice, Law, and Politics in the Mirror of Science. Collected Essays, Berkeley-Los Angeles 1957 に収められている寄稿論文を参照。特に *Kelsen*, Reine Rechtslehre (Fn. 79), S. 355 ff. にある「正義の問題」についての包括的な「附録（Anhang）」もみよ。

135) *Kelsen*, Was ist Gerechtigkeit ?, 1953, 2. Aufl. 1975.

136) *Kelsen*, Was ist Gerechtigkeit (Fn. 135), S. 7.

137) *Kelsen*, Was ist Gerechtigkeit (Fn. 135), S. 40. また，*ders*., Reine Rechtslehre, 1 Aufl. 1934, S. 15 f.; *ders*., Reine Rechtslehre (Fn. 79), S. 401. もみよ。

批判をしているわけではないが、そこで行われているように[138]、彼が叙述をすれば、必然的にイデオロギー批判となる。その傾向は、彼の生涯にわたるプラトン哲学への取り組みの中に、特に顕著に表れている[139]。価値相対主義者ケルゼンに言わせれば、法と正義について競合する、逆方向の、それどころか互換的に交錯する考え方が存在し、それが多元的な世界では止揚不能となっており、このことが、絶対的な正義の内容を客観的に認識することを不可能にするのである。それゆえ、ケルゼンにしてみれば、残るのは主観的な正義の好みに関する記述だけである。したがって、各自が自分で正義に関する重要な問いに答えなければならない[140]。ケルゼンは、正義に関する彼独自の、いわば個人的告白を以下のように行っている。

---

138) ケルゼンにしてみれば、あらゆる自然法学説は、根本的に神話的思考の残骸に依拠している。つまり、ケルゼンは、〔人間の〕意のままにできない〔神による〕規範の下に成り立つ先史時代の世界を念頭に置き、そこに自然法思想が絶ち難く根ざしているとみているのである。〔しかし、〕このような見方も、自然法学説が神性を前提にしているという命題も、自然法学説が多種多様であることを正当に評価していない。〔自然法学説が適当でないことを論証するために、〕自然法がもつ復古的で保守的な性格を過度に強調することは誤りで、それを強調すると、たとえばマックス・ウェーバーが前面に押し出した自然法の革命的性格はうやむやになってしまう。特に近代における理性法の原型（Vernunftrechtsentwürfe）は、いずれにしても因習にとらわれない内容を有しているところ、結局、〔ケルゼンにあっては〕その内容は十分に評価されていない。ケルゼンの一元的考察は、すべての自然法学説の中に「原始世界観の合理化された形式」だけを読み取っており（*E. Topitsch*, Einleitung, in: Hans Kelsen, Staat und Naturrecht. Aufsätze zur Ideologiekritik, 2. Aufl. 1989, S. 21)、したがって、〔それは〕あまりにも簡潔に把握されている。*R. Hauser*, Norm, Recht und Staat, 1968, S. 92 f.; *K. Opalek*, Kelsens Kritik der Naturrechtslehre, in: Ideologiekritik und Demokratietheorie (Fn. 34), S. 71 ff. (78 ff.); *G. Luf*, Überlegungen zum transzendentallogischen Stellenwert der Grundnormkonzeption Kelsens, in: W. Krawietz u. a. (Hrsg.), Theorie der Normen. Festgabe für Ota Weinberger zum 65. Geburtstag, 1984, S. 567 ff. (575) も批判的である。

139) 遺作の中から公刊されたケルゼンの研究たる、1985年の「Die Illusion der Gerechtigkeit. Eine kritische Untersuchungen der Sozialphilosophie Platons」を参照。

140) これを強く訴えかけているのは、*Kelsen*, Reine Rechtslehre (Fn. 79), S. 442.

「私は，この論文を「正義とは何か？」という問いによって書き始めた。今，本稿を閉じるにあたって，私は，この問いに答えることができたとは，まったく思っていない。この点については，私は立派な人たちの仲間であるということで，ご容赦いただきたい。偉大な思想家たちが失敗したことに，私が成功するかもしれない，と読者に思い込ませたとすれば，〔私に〕思い上がり以上のものがあったということであろう。実際，私は正義とは何か，また絶対的正義とは何か，そしてこの人間の美しい夢が何なのか，知らないし，述べることもできない。私は相対的正義で満足するほかない。私ができることは，私にとって正義とは何かということを述べることだけである。学問が私の職業であり，それゆえ，学問が私の人生の中で最も重要なものであるから，学問を保護し，学問とともに真理と誠実を栄えさせることができるもの，それが正義である。それは自由という正義であり，平和という正義であり，民主主義という正義であり，寛容という正義である。」[141]

V. 法律学を超えて

ここまでの記述によって，ケルゼンの広範囲にわたる多様な業績の全体像をおおよそ示すことができたかもしれないが，しかし記述し尽くすことができたわけではない。それゆえ，少なくともケルゼンの『応報律と因果律（Verlegung und Kausalität）』[142] についての「社会学的考察」（〔同書の〕副題〔でもある〕）

---

141) *Kelsen*, Was ist Gerechtigkeit (Fn. 135), S. 43.
142) この文献は 1941 年に〔オランダの〕ハーグで印刷されたが，〔出版社が印刷中に爆撃されたため〕市場に出回ったのは，ようやく 1946 年になってからのことである。1982 年には，エルンスト・トピッチュ（Ernst Topitsch）が「はじめに」を補足して，無修正の復刻版が公刊されている。この業績及び同様の問題群に取り組んだケルゼンの業績に関して，参照，*H. Dreier* (Fn. 20), S. 92 ff.; *C. Jabloner*, Bemerkungen zu Kelsens 'Vergeltung und Kausalität', besonders zur Naturdeutung der Primitiven, in: Ideologiekritik und Demokratietheorie (Fn. 34), S.47 ff.; *R. Pohlmann*, Zurechnung und Kausalität. Zum wissenschaftstheoretischen Standort der Reinen Rechtslehre von Hans Kelsen, in: Rechtssystem und gesellschaftliche Basis (Fn. 88), S. 83 ff.

は参照してもらいたい。その中で，彼は，自然と社会，因果律と規範律，存在と当為の区分が近代的な思考に自明の区分で，かつ，（純粋法学の意味における）法と法律学の可能性にとって構成的（konstitutiv）区分であるとしたうえで，その区分が，どのようにして，原始時代の団体による一元論的思考に特徴的な，自然の規範的，擬社会的（soziomorph）解釈を克服し，徐々に形成されてきたかということを，広範囲にわたる民俗学的な素材を使いながら，論証している。〔その論証によれば，〕唯一無二で偉大であるものの，しかし不明確で〔人間の〕意のままにできない規範の宇宙（Normenkosmos）というまとまりから，因果による自然の関連と規範による社会の関連という区別された領域が，人類の歴史に即して徐々にゆっくりと現れるのである。

　最後になるが，触れておいたほうがよいのは，〔第1に〕ケルゼンのオーストリア派マルクス主義との徹底的な対決[143]，〔第2に〕そのイデオロギー的性格ゆえに共産主義法理論を批判的に考察した研究[144]，さらに〔第3に〕世界観を広範囲にわたって分析した，「魂と法（Seele und Recht）」，「神と国家（Gott und Staat）」[145]，「国家形態と世界観（Staatsform und Weltanschauung）」[146] といった代表的研究である。〔ケルゼンによる〕広い範囲にわたる宗教哲学に関する原稿が公にされることを未だに望む声が聞かれるところである。

---

143) *Kelsen*, Sozialismus und Staat, 2.Aufl. 1923; *ders.*, Marx oder Lassalle, 1924. これに関しては，たとえば，*G. Mozetič*, Hans Kelsen als Kritiker des Austromarxismus, in: Ideologiekritik und Demokratietheorie (Fn. 34), S. 445 ff.; *A. Pfabigan*, Hans Kelsens und Max Adllers Auseinandersetzung um die marxistische Staatstheorie, in: Reine Rechtslehre und marxistische Rechtstheorie, 1975, S. 63 ff.

144) *Kelsen*, The Political Theory of Bolshevism, 1948; *ders.*, The Communist Theory of Law, 1955（Nachdruck 1966）。

145) 前者の論稿〔＝「魂と法」〕は1937年に雑誌「Review of Religion」（第1巻337頁以下）で公にされ，後者の論稿〔＝「神と国家」〕は「Logos. Internationale Zeitschrift für Philosophie der Kultur」（第11巻，1922/23，261頁以下）で公にされている。両者は，*Kelsen*, Staat und Naturrecht (Fn. 138) で再録されている。

146) 1933年のこの論稿は，*Kelsen*, Demokratie und Sozialismus. Ausgewählte Aufsätze, hrsgg. v. N. Leser, 1967, S. 400 ff. で再録されている。

ケルゼン。彼は〔しばしば指摘されるように〕「世紀の法学者」であろうか[147]。そうかもしれない〔し,そうでないかもしれない〕。しかし,いずれにせよ,一介の法学者以上の法学者である〔ことは間違いない〕。

ハンス・ケルゼンの著作（抜粋）

Hauptprobleme der Staatsrechtslehre, entwickelt aus der Lehre vom Rechtssatz (1911), 2. Aufl. 1923 (Neudruck 1960).

Das Problem der Souveränität und die Theorie des Völkerrechts (1920), 2. Aufl. 1928 (Neudruck 1981).

Der soziologische und der juristische Staatsbegriff (1922), 2. Aufl. 1928 (Neudruck 1981).

Allgemeine Staatslehre, 1925 (Nachdruck 1966).

Vom Wesen und Wert der Demokratie (1920), 2. Aufl. 1929 (Neudruck 1981).

Wesen und Entwicklung der Staatsgerichtsbarkeit, VVDStRL 5 (1929), S. 30–80.

Reine Rechtslehre. Einleitung in die rechtswissenschftliche Problematik, 1934 (Neudruck 1985).

Vergeltung und Kausalität. Eine soziologische Untersuchung, 1941, ausgeliefert 1946 (Nachdruck 1982).

General Theory of Law and State, 1945.

Was ist Gerechtigkeit?, 1953, 2. Aufl. 1975.

Was ist die Reine Rechtslehre?, in: Demokratie und Rechtsstaat. Festgabe für Zaccaria Giacometti, 1953, S. 143–162.

Foundations of Democracy, in: Ethics 66 (1955), S. 1–101.

What is Justice? Justice, Law, and Politics in the Mirror of Science, 1957.

Reine Rechtslehre. Mit einem Anhang: Das Problem der Grechtigkeit, 2. Aufl. 1960.

Staat und Naturrecht. Aufsätze zur Ideologiekritik, mit einer Einleitung hregg. V. Ernst Topitsch, 2. Aufl. 1989 (1. Aufl. v. 1964 unter dem Titel: Aufsätz zur Ideologiekritik).

Demokratie und Sozialismus. Ausgewählte Aufsätze, hrsgg. und eingeleitet von Norbert Leser, 1967.

---

[147] しばしば用いられる言い回しである。参照,*O. Weinberger*, Hans Kelsen als Philosoph, in: *ders.*, Normentheorie als Grundlage der Jurisprudenz und Ethik. Eine Auseinandersetzung mit Hans Kelsens Theorie der Normen, 1981, S. 179ff. (179); *N. Leser*, Hans Kelsen (1881–1973), in: Neue Österr. Biographie, Bd. 20, 1979, S. 29; *P. Römer*, in: Der Staat 26 (1987), S. 592; *S. L. Paulson*, in: Ratio Juris 1 (1988), S. 269; *Walter/Jabloner* (Fn. 3), Ms. S. 1.

Allgemeine Theorie der Normen, hrsgg. v. Kurt Ringhofer und Robert Walter, 1979.

Die Illusion der Gerechtigkeit. Eine kritische Untersuchung der Sozialphilosophie Platons, hrsgg. v. Kurt Ringhofer und Robert Walter, 1985.

ケルゼンの数多くの寄稿論文は，以下〔の文献〕においても，収録されている。

Die Wiener Rechtstheoretische Schule. Ausgewählte Schriften von Hans Kelsen, Adolf Julius Merkl und Alfred Verdroß, hrsgg. v. Hans Klecatsky, René Marcic und Herbert Schambeck, 2 Bände, 1968.

ハンス・ケルゼンに関する文献（抜粋）

Dreier, Horst: Rechtslehre, Staatssoziologie und Demokratietheorie bei Hans Kelsen (1986), 2. Auf. 1990.

Ebenstein, William: Die rechtsphilosophische Schule der Reinen Rechtslehre (1938), 1969.

Krawietz, Werner/Topitsch, Ernst/Koller, Peter (Hrsg.): Ideologiekritik und Demokratietheorie bei Hans Kelsen, 1982.

Krawietz, Werner/Schelsky, Hans (Hrsg.): Rechtssystem und gesellschaftliche Basis bei Hans Kelsen, 1984.

Lippold, Rainer: Reine Rechtslehre und Strafrechtsdoktrin, 1989.

Métall, Rudolf Aladár: Hans Kelsen. Leben und Werk, 1969.

Ott, Walter: Der Rechtspositivismus. Kritische Würdigung auf der Grundlage eines juristischen Pragmatismus, 1976.

Thienel, Rudolf: Kritischer Rationalismus und Jurisprudenz, 1991.

Tur, Richard/Twining, William (eds.): Essays on Kelsen, 1986.

Walter, Robert: Der Aufbau der Rechtsordnung. Eine rechtstheoretische Untersuchung auf Grundlage der Reinen Rechtslehre (1964), 2. Aufl. 1974.

Walter, Robert: Der gegnwärtige Stand der Reinen Rechtslehre, in: Rechtstheorie 1 (1970), S. 69-95.

Walter, Robert: Hans Kelsen － Ein Leben im Dienste der Wissenschaft, 1985.

Walter, Robert/Paulson, Stanley L. (Hrsg.): Untersuchungen zur Reinen Rechtslehre, 1986.

Walter, Robert (Hrsg.): Untersuchungen zur Reinen Rechtslehre II, 1988.

Weinberger, Ota/Krawietz, Werner (Hrsg.): Reine Rechtslehre im Spiegel ihrer Fortsetzer und Kritiker, 1988.

さらにウィーンにあるハンス・ケルゼン研究所の図書シリーズを参照せよ。これまでのところ18巻がある。

フリッツ・プリングスハイム*

ローマ法研究の大家**

エルマー・ブント***

訳　川　並　美　砂

I. 家系及び青少年期

　フリッツ・プリングスハイム[1]の一族からは，数多くの著名な学者が輩出されている。たとえば，ミュンヘン大学の数学者のアルフレート・プリングスハイム（*Alfred Pringsheim*），ブレスラウ大学の物理学者のエルンスト・プリングスハイム（*Ernst Pringsheim*），ベルリン大学の植物学者のナターナエル・プリングスハイム（*Nathanael Pringsheim*）はフリッツ・プリングスハイムのいとこである。プリングスハイムの兄エルンスト（*Ernst Pringsheim*）は著名な微生物学者であった。プリングスハイム家のルーツを辿り，その祖先を確実に見出すことができるのは，シュレージエン中部（現ポーランド南部，当時

---

　* *FRITZ PRINGSHEIM*（1882 年 – 1967 年）

　** Ein Großer der Romanistik

*** Dr. *Elmar Bund*：Professor an der Universität Freiburg（フライブルグ大学教授）

1）　学術業績を詳しく評価する詳細な追悼文として，*F. Wieacker*, SZ 85 (1968), 602 ff. 及び *G. G. Archi*, SDHI 33 (1967), 593 ff. が公表されている。*H. E. Troje* により作成された，1961 年までのものを全て網羅した文献目録が，SZ 79 (1962), 538 ff. に存在する。本稿著者の筆による短い伝記が Badischen Biographien NF 1 (1982), 221 ff. にある。本稿の最後の短い文献目録も参照。

プロイセン領）である。祖先には，メンデル（メナヘム）ベン・シャイム・プリングスハイム（Mendel (Menachem) ben Chaim Pringsheim）がいるが，メンデルは1753年頃から，ベルンシュタット（現在のビェルトゥフ。現ポーランド南西の下シレジア県の都市）に住み着いた。メンデルは，エールス（現ポーランド南西，下シレジア県の都市であり，ビェルトゥフから約14km北東に位置する）ではよくみられた，領主の権利を借り受けて商売を行っているユダヤ人であった[2]。エールスに住んでいた子どものいない兄，マイヤー（Meyer Pringsheim）も同様であった。メンデルは，ベルンシュタット宮殿に帰属しているビールの醸造販売権を借り受けて商売をし，また，火酒の小売によって，かなりの財産を築いて，ベルンシュタットのユダヤ人の中でも非常に裕福になったのであった。ベルンシュタットのユダヤ人墓地は，フリードリッヒ大王の統治の時代に取得されて1900年まで使用されており，エールス公国において最も古いものであった。メンデルの子孫の1人，エマニュエル・プリングスハイム（Emmanuel Pringsheim）は，1847年にその墓地の塀及び霊安室を寄贈している。

　フリッツ・プリングスハイムの父，フーゴ・プリングスハイム（Hugo Pringsheim）は，オペルン（現ポーランド南部，オポーレ県の県都。当時プロイセン領）の出身であり，ヘイマン家の娘と結婚した。そして，1867年の移住の自由に関する法律（Freizügigkeitsgesetz）以来，貴族でない者も所有することができるようになった荘園を，ブレスラウの旧市街地から約8キロ北に位置している村，ヒューネルンの地で取得した。その荘園で，フリッツは1882年10月7日に，フーゴ・プリングスハイムの3番目の息子として誕生した。フーゴ・プリングスハイムは，ブレスラウに家を所有しており，一家は，毎年冬になるとブレスラウの家で過ごしていた。しかし，フリッツ・プリングスハイムの記憶に深く刻まれているのは自己所有の領地であったために，おおらかで理解のある，自由な田舎暮らしであった。フリッツ・プリングスハイム

---

[2] *Billing*, Die jüdischen Gemeinden Mittelschlesiens, 1972, S. 31 f., 142 f. を参照。

は晩年までずっと，静かに故郷で暮らしたいという思いを持ち続けていた。フリッツ・プリングスハイムが人や物について何か判断をする際は，冷静な性格と，幼少期に何不自由ない生活を送ったことによる自由奔放な精神が影響していた。フリッツの両親は，19世紀に生まれた1人のドイツの教養人を，傑出した存在とさせた，最良の性質を与えてくれた。それは責任感，誠実さ，人道主義的愛国心，美への愛情であった。

　フーゴ・プリングスハイムの息子達はブレスラウの高等学校に通った。フリッツは1890年に，ブレスラウの実科ギムナジウムである，ツヴィンガーギムナジウムに入った。1894年，フリッツは聖マリア・マグダレナギムナジウムという文科系ギムナジウムへ移り，そこで1902年に高校卒業試験を受けた。プリングスハイムは格別に野心を持った勤勉な生徒であるというわけではなかった。夏の午後に，両親の家の裏にあるリンゴの木で過ごすのでなはく，むっとする教室，あるいはほこりだらけの体育館で過ごさなければならないことは，プリングスハイムを非常にうんざりした気分にさせた。プリングスハイムは，おそらくは他の多くのユダヤ人がそうであったように，とりたててある特定の学問に関心を寄せることがなかったために，法学研究を選んだのではあるが，それにもかかわらず，法律家という職業に自己の人生の充実感を味わうこととなったのであった。高校卒業試験後すぐ，1902年から1903年にかけての冬学期に，プリングスハイムはミュンヘン大学への入学を許可され，その後ハイデルベルク大学でも学び，故郷にあるブレスラウ大学での司法修習生試験の準備をした。当時，法学教育の中では，民法は，今日よりもはるかに中心的な地位を占めていた。プリングスハイムは民法を学ぶことにより，法律実務への関心に火がついた。民法学では方法論としては，大半はなお，パンデクテン法学によって議論が進められていた。しかし，当時はパンデクテン法学といっても，ローマ法という法源を基にその時々の状況に応じて判断するのではなく，まだ成立して間もないドイツ民法典の文言を基礎としなければならなかった。新しい民法典の適用については，解釈が行われはじめた段階であった。ブレスラウ大学のオットー・フィッシャー（*Otto Fischer*）が指導を受け持った，

プリングスハイムの博士学位取得論文「相続分の譲渡及び差押えの理論について（Zur Lehre von der Abtretung und Pfändung des Erbteils）」は，こうした過渡期の状況に対応するものであった。それと同時並行して，プリングスハイムは，1905年12月16日にブレスラウ上級裁判所で行われる司法修習生試験に向けて，すでに勉強を開始していた。学位取得の際の厳しい口述試験が1906年3月に行われた。プリングスハイムの博士学位取得論文は，法原理上の問題及び実務上の問題にかかわるものであって，この論文によって，BGB2033条1項において，共同相続人ひとりひとりには，個々の遺産目的物に対する自己の持ち分を処分する権限はないが，自己の相続分を処分する権限を与えられており，相続共同体は，ローマ法のように個別の物が集まった共同体としてではなく，総体的なものとして形造られていることが示された。プリングスハイムは，共同相続人としての持ち分のない遺産分割を請求する権利を譲渡することができるという自己のテーゼをもってしては，ドイツ大審院[3]及びそれまで支配的であった学説を論破することができなかったのではあるが，しかし，プリングスハイムが，相続分と遺産分割対象財産に対する共同相続人の請求権とを厳密に区別したことは，その後数年間，非常に議論を活発化させることとなった。他方，相続分の差押えの際（ドイツ民事訴訟法典859条2項），相続分それ自体でなく，遺産分割対象財産に対する請求権のみを没収へと移付することができるという，強制執行のために導かれた結論は，その正当性を保っている。この博士学位取得論文は方法論的観点の下でも注目すべきものである。起草者は，合有理論による構成をとっていないと考えられる。フリッツは，法律を客観的に解釈しようとし，経済的な目的を考慮することを非常に重要視している。プリングスハイムによって取りあげられた問題は，当時の民法学において活発に議論され，そして，共同相続人としての持ち分の譲渡の効果を厳密に説明する司法判断が下された。これら一連の動きがあったことで，1910年に，プリングスハイムは，博士学位取得論文において主張した根本思想を深く掘

---

3) RGZ 60, 128 v. 9. Februar 1905.

り下げ，2,3のテーゼは維持し，それ以外のものには修正を加えた個別研究論文[4]を公表することとなった。

プリングスハイムは，1906年1月5日に，上シレジアのファルケンベルク区裁判所での予備修習に就いた。プリングスハイムは1906年から1907年にかけて，自らの意思でコルマール及びミュールハウゼン（いずれも現フランス東部，アルザス地方の都市）の第22竜騎兵連隊に入り，兵役義務を果たすため，区裁判所での勤務を中断した。プリングスハイムは1911年の夏，ブレスラウ上級地方裁判所で第2次司法国家試験を受けた。この間[5]及びライプツィヒ時代[6]までに書かれた法律に関する著作を読むと，プリングスハイムがいぜんとしてローマ法の研究の途上にあったのではなく，現行法の実務上の問題におおいに関心を寄せていたことがわかる。

II．法制史の研究の開始

ライプツィヒで判事補として仕事をはじめたとき，プリングスハイムは親戚の中に手本となる者達がいたにもかかわらず，まだ，学者を一生の仕事とすることを決めていなかった。しかし，プリングスハイムは1911年から1912年にかけての冬学期に，ルートヴィヒ・ミッタイス（*Ludwig Mitteis*）の弟子に加わった後，学者としての人生を決断したのであった。ミッタイスは，当時，10数年で歴史上のものとなったローマ法研究を代表する人物であった。中世のボローニャの法律家によるローマ法の再発見以来，ローマ法の文献は，どの時代に生じる実際の法律問題に対しても，最も適切に答えることができると理解されていた。確かに，人文主義の時代は，多くの博識な法学者の視線が，古典文

---

[4] Die Rechtstellung des Erwerbers eines Erbteils (Heft 32 der Studien zur Erläuterung des bürgerlichen Rechts).

[5] 相続分の譲受人の法的立場に関する前記の著作と並んで，DJZ 1907, 880における論稿が同じテーマを扱ったものとしてあげられる。

[6] Wesen und Form der Vereinbarung des § 91 Abs. 2 ZVG, Zentralblatt f. Freiwillige Gerichtsbarkeit, Notariat und Zwangsvollstreckung 1913, 585 ff.

化の産物としてのローマ法大全へと向けられた。しかし，このようなローマ期の法律文献の研究は散発的にしかなされておらず，現行法としてローマ法大全を適用することが法学の中心であり続けていた。ドイツで初めて，古代研究の近代的方法論をもって，ローマ法を歴史上のものとして扱うようになったのは19世紀末頃であった。すなわち，民法典が立法化されることによって，ローマ法研究は，近いうちに，その法原理としての責務を負わなくなるであろうと認識されたときであった。1880年代及びその少し前には，画期的なことに，すでに，オットー・レーネル (*Otto Lenel*) が，法務官告示[7]及びローマ期の法律文献[8]を復元したものを公表していた。フリドリン・アイゼーレ (*Fridolin Eisele*)[9]及びオットー・グラーデンヴィッツ (*Otto Gradenwitz*)[10]は，同時期に，伝承されてきた法律の原文を，ユスティニアヌス帝 (Justinian) によるインテルポラチオと，もともとの文言とに分け，古典期のローマ法が，歴史上どのように形成されたかを解明する研究法に取り組んだ。他方，ミッタイスは，ローマ帝国東部における法の実態の研究に着手した。そこでは，皇帝によって取り入れられた，ローマ法に由来する公的な法とともに，日々の取引実務において，その土地由来の特徴を持った法的観念，とりわけギリシャ的な特徴，しかも古代オリエント的な特徴をも併せ持つ法的観念が生き続けていた。1891年には，ミッタイスの画期的著作，「ローマ帝国東部諸州における帝国法と民衆法 (Reichsrecht und Volksrecht in den östlichen Provinzen des römischen Kaiserreiches)」が公表された。ミッタイスはそれによって歴史的・比較法的研究に，広いものの見方を提示した。プリングスハイムは，非常に研究が活発化しており，あらたに問題及び方法が多様化した，この古典期の法秩序の研究に取り組んだ。ミッタイスは，常に自己批判的である若い法律家達が，積極的にこの研究に加わることを奨励した。プリングスハイムは，ミッタイスの

---

7) Beiträge zur Kunde des prätorischen Edikts, 1878 ; Das Edictum perpetuum, 1883.
8) Palingenesia Iuris Civilis, 1889.
9) Zur Diagnostik der Interpolationen in den Digesten und im Codex, SZ 7 (1886), 15 ff.
10) Interpolationen in den Pandekten, 1887.

もとに集まっていた弟子達の中で、気の合う若い学者達と出会い、そのことは、法制史という学問を生涯の仕事とする決断を促すこととなった。その中で、プリングスハイムは2人の親しい友人を得た。ヨーゼフ・パルチュ (*Josef Partsch*) とハンス・ペータース (*Hans Peters*) である。2人ともプリングスハイムと同様、師、ミッタイスと研究の方向性を同じくしていた。パルチュは、その著、「ギリシャ保証法 (Griechisches Bürgerschaftsrecht)」(1909年) 及びエジプトのギリシャに関する史料の研究から、パピルス古文書学のうち、法律に関する部分のパイオニアになった。ハンス・ペータースは注目を集めた研究論文[11]によってロマニスト達を、ヘレニズム期の学問に注目させた。その主要なものはローマ法大全の成立に寄与したのであった。プリングスハイムはその長きに渡る研究生活の間ずっと自分の学問に専念することができた。ライプツィヒ時代の友人達は短い期間しか研究活動できない運命にあった。ペータースは戦争がはじまった年に東部戦線で戦死し、パルチュは1925年に病に倒れた。

　プリングスハイムの初期の主要な研究対象は、売買契約、売買代金支払い、所有権移転の関係であったが、中でも最も重要な研究対象は、ローマ法以外の法的観念を取り入れていないことがあきらかであるディオクレティアヌス帝の法を、「民衆法 (Volksrechte)」の内容にもとづいて、帰納的に推論する研究法であった。それはミッタイスから引き継いで、さらに独自に手を加えたものであった。プリングスハイムが1916年に公表した大学教授資格取得論文「他人の金銭による売買 (Kauf mit fremdem Geld)」において、プリングスハイムは、代理の原理について、ギリシャの法的見解は、自らの資金によって物を取得する者に、直接、物を帰属させる結果になるという証明を成し遂げた。プリングスハイムは、ローマ法は、この代理という考え方がなかっただけではなく、買主は売買代金の支払いによって、初めて、売買した物の所有権を得ることができるというわかりやすい法的思考を、古典期にすでに捨て去っていたと

---

11) Die oströmischen Digestenkommentare und die Entstehung der Digesten 1913.

いう命題を定立し，それは活発に議論されたが，けっして論破されることはなかった。

プリングスハイムは，1911年に結婚した。プリングスハイムの妻ケーセ (Käthe) は，ローゼンハイム家の出身であったが，ドイツの古典に造詣が深く，また，理想的な人格の持ち主であったことに，プリングスハイムは惹かれた。プリングスハイム家はいつも開放的で来客好きであり，プリングスハイム家を訪れる人達は皆，2人は非常に気が合っていると感じさせられた。2人は6人の息子をもうけた。法制史の研究をはじめることができた幸運な年，1914年の終わりには，世界大戦が勃発した。似たような社会的地位にあるほぼすべてのドイツ人男性と同じく，プリングスハイムは志願兵として従軍した。1915年にクロイツ新聞に掲載された，ハンス・ペータースへの追悼文は人々の心を揺さぶるものであり，それを読んだ者は，プリングスハイムが愛国主義者であるという印象を持ち，また，彼は軍人であると理解した[12]。プリングスハイム少尉は，フライブルク大学の法学政治学部での教授資格取得手続きの最後となる，模擬授業の試験を，1915年の短い前線休暇のあいだに行った。

III. 円 熟 期

プリングスハイムは1級鉄十字勲章及び2級鉄十字勲章を授与され，戦争から戻ってきた。他方また，大学はといえば，戦争により半分の人数しかいない教室ばかりであった。プリングスハイムはフライブルク大学の私講師の1人であった。もはや非常に若いとはいえない学者であったプリングスハイムの講義は，言葉が輝きを放つほどの華々しさはなかったが，明確で，困難を避けたり，それを隠したりしない，誠実なものであった。後に正教授になったときと同じく，私講師であったときから，プリングスハイムの言葉の背後には，真理及び正義を求める人間性が感じられた。プリングスハイムのこの人間性は，1907年からフライブルク大学で共に学び，後にヨーロッパで名声を得たオッ

---

12) Gesammelte Abhandlungen, 1961, 一以下, "Ges. Abh." と略する — I 19 f.

トー・レーネルとの友人関係を築く助けになった。プリングスハイムが大学講師でいたのはほんの短いあいだだけだった。1921年，プリングスハイムは員外教授に任命され，1923年には，ゲッティンゲン大学でこれまでフリッツ・シュルツ（*Fritz Schulz*）が担当していた講座への招聘に応じて正教授となった。しかし，1929年に，エルンスト・レヴィー（*Ernst Levy*）がハイデルベルク大学へ行くことになって，かつてレーネルが担当した講座に空きが生じたとき，プリングスハイムはためらうことなくフライブルク大学へ戻った。第一次世界大戦後の数年間で，プリングスハイムの周りには初めての弟子となる者達が集まった。その中から，ヴィルヘルム・フェルゲントレーガー（*Wilhelm Felgentraeger*）及びフランツ・ヴィアッカー（*Franz Wieacker*）らが学術的にきわめて優れた業績を残すこととなった。

伝承されてきたローマ法の生成に，ヘレニズム時代の精神が影響を与えたという認識を前提として，プリングスハイムは，研究を異なる方向へと展開させていった。ユスティニアヌス帝の立法への影響を究明するため，そして古典後期の東部の法律学校の研究方法と対照をなす，古典時代のローマの法文化の特質をよりはっきりと認識するためには，古典後期の東部の法律学校の研究方法を説明しなければならなかったのである。

ハンス・ペータース[13]は，歴史上の証明はなされていないが，まったくもってビザンチン色の強い「前学説彙纂」が存在した，というテーゼにおいて，古典後期の東部の法律学校，とくにベリュトスの法律学校は，ユスティニアヌス帝が学説彙纂を編成するための下地を整え，その原文の生成に影響を及ぼしたことをあきらかにした。プリングスハイムの研究は，ビザンチン時代の学者達の研究方法及び原理の形成の詳細をあきらかにするものであった。中世におけるローマ法の再発見もまた，学校による，文献を調査する取り組みによってあきらかにされたものであった。著名な論文「ベーリュート及びボローニャ（Beryt und Bologna）」[14]において，プリングスハイムはビザンチン時代の学者

---

13) 前掲 Fn. 11 参照。

14) Freiburger Festschrift für *O. Lenel*, 1921, S.204ff. = Ges. Abh. I 391 ff.

達とボローニャの注釈者達の研究方法を比較した。

　プリングスハイムは，東ローマの法律学校の意思理論における法原理の発展に，ヘレニズム時代の影響があったことを発見した。ヘレニズム時代の影響を文献に見出すことは，以下の理由があったため，なおさら困難であった。すなわち，パンデクテン法学によって代表される19世紀末の民法学は，法律行為の主観的要素を前面に押し出し，そして他と関連させずに考察しており，法制史学者も，法律行為の主観的要素を強調することを前提として，ローマ期の文献を読み取るという傾向が助長されたからである。文献においてビザンチン時代に由来すると思われるあらゆる所で，プリングスハイムは法律行為の構成要素としての意思（animus）という概念が存在することに疑いを向けた。プリングスハイムは最初に，ある特別の贈与意思を表す animus donandi という例に関してこの基本的な考え方をあてはめてみた[15]。オックスフォード大学で行われた講演「ローマ法における意思」[16]において，プリングスハイムは贈与以外の法律行為及び財産取得の際にもみられる，ある一定の意思という要件に，インテルポラチオの疑いを広げた。今日の法学では，すでにローマ古典期の法律家は多かれ少なかれ，付随的に意思というものを指摘していたのかもしれないと考えられている。しかしながら，ビザンチン時代の教授達の注釈は，古典期の教授達よりも法律行為において意思という要素を相当に重要視し，かつ体系的にとらえていたという，確たる認識が存在し続けている。

　すでにビザンチン時代の意思理論に関する研究によって，ローマ古典期の法律家は，むしろ全体的で実際的な，したがって客観的な理解を強く志向する考え方を持っていたという認識が得られていた。そのため，衡平（bonum et aequum），公平（aequitas），信義誠実（bona fides）[17]という主要な概念に関す

---

15) Animus donandi, SZ 42 (1921), 273 ff. = Ges. Abh. I 253 ff.

16) LQR 1933, 43 ff. ; 379 ff. = Ges. Abh. I 300 ff.

17) Ius aequm und ius strictum, SZ 42 (1921), 643 ff. = Ges. Abh. I 131 ff. ; Aequitas und bona fides, Conferenze per il XIV Centenario delle Pandette, 1931, S. 185 ff. = Ges. Abh. I 154 ff. (deutsche Fassung); Bonum et aequum, SZ 52 (1932), 78 ff. = Ges. Abh. I 173 ff. ; Römische aequitas der christlichen Kaiser, ACJI Romae 1 (1935), 119 ff. =

るプリングスハイムの著作では，法秩序の基本価値についての，東部の古典後期の考え方とローマ古典期の考え方とがはっきりと区別して考えられている。プリングスハイムにとって，信義誠実は，古典期の，2つに分かれていた民事訴訟においてもっぱら裁判官に与えられていた判断基準であり，それに対して，公平は法務官の法の認可及びその後の具体化のための基準であった。古典期の手続きが時代遅れとなったことによって，これらの概念は明確な意義を失った。ヘレニズム時代の修辞学によって好んで用いられ，キリスト教徒である皇帝達が自分達の法政策のプロパガンダにおおいに利用したそれらの概念は，確固とした意義を失ってしまい，正当性の論拠があいまいになった。プリングスハイムは，古典期の人々の，個別事例における行為はヘレニズム時代の思想による影響を極端に受けているわけではないと考えていたのかもしれない。いずれにせよ，これらと同じように，プリングスハイムはローマの法的思考の核心に関して，彼の専門ではない分野へ向けて，非常に深く足を踏み入れた。とりわけここでプリングスハイムは，研究対象においては，正直に考えること，表明された言葉に対して忠実であり，無条件に誠実であるという個人的基準を，反映させることができた。

　東ローマの法律学校の影響は，ユスティニアヌス帝の偉大な法典編纂，とりわけ，学説彙纂において，きわめてあきらかにその痕跡を残していた。プリングスハイムは，立法の際にユスティニアヌス帝及び共同してそれに携わった人々を主導していた目的とその傾向を解明しようと苦心した。プリングスハイムは，その中で，時代の要求に応える義務を負った改革者の姿だけでなく，古典期の法学へと立ち返った崇拝者の姿をも見た[18]。ユスティニアヌス帝の法典編纂の中心には，300年以上昔の法律文書を集めたものがあったが，その相当部分は，6世紀当時通用している法律ではなかった法原理を扱っていたという驚くべき事実があった。プリングスハイムは，それをベーリュート及びコンス

Ges. Abh. I 224.

18) Die archaistische Tendenz Justinians, Studi Bonfante 1 (1930), 549 ff. = Ges. Abh. II 9 ff.

タンティノープルの法学教授のイニシアチブによるものとした[19]。プリングスハイムは，学説彙纂の編纂についてのこれらの構想ができあがったのは，530年の秋であることをつきとめた。今日の考察者にしてみれば，ユスティニアヌス帝の擬古典主義傾向，またはプリングスハイムが述べたような，「古風な」傾向はあまりはっきりしていないように思われるが，この素晴らしい発見は，今でも確実な成果であり続けている。

　続けざまに出版されたこれらの著作によって，プリングスハイムは第一次世界大戦後に全盛期を迎えたインテルポラチオの研究の第一線に立った。プリングスハイムは，極端に誇張した表現をしないようにしていたので，その結果，ローマ法研究のこの新時代が第二次世界大戦後に沈静化したときに，非常に多くのインテルポラチオの推定と意見を異にする理由はなかった。その全盛期に，時代に先駆け，変革を志向する原典批判〔訳注：原典の復元を目的とする考証批評〕を批判するものは絶えなかった。とくに，プリングスハイムの見解では，まずは古典後期に影響を及ぼしたヘレニズム時代の思想に，本来のローマ法の思想が積み重なってできていることを強調したが，ローマ法の構造は，十二表法からユスティニアヌス帝の立法までまとまりをもって内在し，そして主要な部分は変わることなく発展し続けていることを前提としていた．ビオンド・ビオンディ (Biondo Biondi) 及びプリングスハイムが個人的に友人関係にあったサルヴァトーレ・リッコボーノ (Salvatore Riccobono) のような学者達は，これに激しく異論を唱えた[20]。現在では，実り多い論争をした双方が，共に真理の一部であったことが認められている。ヘレニズム時代の学問がユスティニアヌス帝による法典編纂に影響を与えたことに異論をはさむ余地はない。他方，ローマ法学の発展においては，その古典期にも，ヘレニズム期の思考パターンを受け継いでいる。それはプリングスハイムが第一次世界大戦と

---

19) Die Entstehungszeit des Digestenplanes und die Rechtsschulen, ACI Roma 1 (1934), 449 ff. = Ges. Abh. II 41 ff.

20) 例として，*Riccobono*, Fasi e fattori dell' evoluzione del diritto romano, Mélanges Cornil 2 (1926), 235 ff.

第二次世界大戦のあいだに認めることができていたのより多くのものがあったのである。

Ⅳ．迫害，亡命と帰還

　プリングスハイムの研究は30年間で頂点めざして進み，その傑出したロマニストとしての名声はドイツ国内外の学者達にまで及んだが，一方で，国家社会主義が勢力を拡大したことによって，その生活状況を劇的に悪化させることとなる政治的災禍が迫ってきていた。プリングスハイムは長いあいだ，自分と家族に対する個人的な危険を過小評価していたか，もしくは，自分達は持ちこたえることができると信じていた。プリングスハイムは多くのユダヤ及び非ユダヤ人出身の学者達と同じように，伝統的なプロテスタント信者であり愛国心を強く持っていた。ヒトラー（Hitler）率いる国家社会主義ドイツ労働者党は，裕福な市民層のあいだでは，落ち着かない戦後政治の中で，打ち寄せてはすぐに消える波の1つにすぎないとみなされていた。しかし，プリングスハイムは，1933年に国家社会主義ドイツ労働者党が権力を掌握したときすぐに，または遅くとも1934年には，新政権が非人間的で法に反するものであることを認識した。しかし，一般的には，第一次世界大戦の前線で戦った兵士には何の手出しもできないという意見が長いあいだ広まっていたのであった。実際また，1933年4月の「職業官僚制度の再生のための法律（Gesetz zur Wiederherstellung des Berufsbeamtentums）」は，第一次世界大戦にかかわったユダヤ人を，もとの公職にとどめおいた。プリングスハイムは新しい政策に同調することもなければ，または単にそれを無視したり，政治に関心を示さず棚あげすることもしなかった。1932年11月に，プリングスハイムは，フライブルク大学の学生たちに，ランゲマルクの日の式典で，ドイツの青年に与えられるであろう重大な使命について話した。1933年夏学期の民法の講義のはじめに，プリングスハイムはこのことを指摘した。そして，ドイツを新たに信用することはないと強調し，また，プロイセンの文部大臣のことで，若い大学生

達が，アーリア人でなくても研究生活に入ることはできるが，主導的立場に立つことはできないと思っているならば，それは取り返しのつかない誤りであることをはっきりと示した。プリングスハイムは，1933年から1934年にかけての冬学期のローマ法の講義を，あるローマ法への意見表明をもってはじめた。国家社会主義ドイツ労働者党の党綱領が明言したように，ローマ法を廃棄することは，アリストテレス（Aristoteles）またはルネッサンスをなかったことにすることができないのと同じく，けっして成功しえない，と。プリングスハイムが書き残したように[21]，多数の受講生は茶色または黒いシャツを身に着けていたが〔訳注：茶色は国家社会主義ドイツ労働者党の突撃隊の制服のシャツの色，黒はファシスト党武装行動隊の制服のシャツの色である〕，誰もこのことを密告しなかった。プリングスハイムの毅然とした人間性ゆえに，受講生がそれほどまでに大きい尊敬の念を抱いていたということは明白であった。

　1935年秋にドイツ党大会で公布されたニュルンベルク法（Nürnberger Gesetze）によって，すべてのユダヤ人教授は皆，その職から追放されてしまった。それにもかかわらず，プリングスハイムは，先祖伝来の土地で耐え抜くことが望ましいと考えた。プリングスハイムは，プロイセン学術アカデミーに職を得て，ベルリンへ転居した。1937年，プリングスハイムは，プロイセン学術アカデミーに，東部の法律学校の研究方法を知ることのできる最も重要な文献である，バシリカの新版の構想に関する膨大な量の鑑定意見を提出した。そのとき，ドイツでは，その鑑定意見の出版は許されなかった[22]。プリングスハイムの研究活動はそうした妨害によって決定的に影響を受けることはなかった。1933年から1939年のあいだ，国外で数多くの著作が出版されたことがそのことを証明している。ベルリンでは他の学者と意見交換する機会もあっ

---

21) Die Haltung der Freiburger Studenten in den Jahren 1933 bis 1935, Die Sammlung 15 (1960), 523 ff.

22) 1956年になって初めて，ベルリンでのビザンチン時代に関する著作全7巻がすべて出版された。プリングスハイムは簡約版を以下において公表していた。Archeion Idiotikou Dikaiou 4 (1937), 641 ff.

た。フリッツ・シュルツ及びマルティーン・ヴォルフ（Martin Wolff）のようなユダヤ出自の著名な法律家は，まだドイツ帝国首都であるベルリンで暮らしていたのであった。普段は，学術に関する討論をするために集まっていた。しかし，1939年にプリングスハイムが勾留されたとき，プリングスハイムは，ドイツではもはや命が危ないという意見を否定することはできなかった。党司令部との結びつきを持つ弟子達の手助けにより，プリングスハイムはイングランドへの亡命に成功した。

1933年にプリングスハイムの一家は，オックスフォードに住居を得た。オックスフォードは，かつてプリングスハイムが「ローマ法における意思」[23] という講演を行い，多くの聴衆を集めた地であった。プリングスハイムが所有する相当な数の蔵書は，その大部分をイングランドに持ち出すことができたので，学術研究の継続のための外部的条件にはまったく問題はなかった。プリングスハイムはオックスフォード大学のいくつかのカレッジで教えた。オックスフォードで書いた論文，「ギリシャ売買法（The Greek Law of Sale）」は1950年に公表された。今日まで，その論文は，多種多様な文献が整理され，そして，教授資格取得論文[24] においてすでに代理の原理が示されたのと同じく，ギリシャ法独特のカテゴリーを配した規範的著作であり続けている。プリングスハイムはギリシャの競売の問題に今までとは別個の構成を示した[25]。

プリングスハイムの考えはイングランドの生活様式と共通するところがあった。プリングスハイムは公正な考えを持ち，人との付き合い及び信頼関係の構築について慎重であったが，それはプリングスハイムの滞在国，イングランドの考え方と相当程度一致していた。しかし，プリングスハイムは亡命中も，ドイツの伝統に深く根をおろしていることを，けっして否定しなかった。年若いプリングスハイムの息子達とは違って，オックスフォードはプリングスハイムの本当の故郷にはならなかった。

---

[23] Fn. 16 参照。
[24] 本書1105頁参照。
[25] The Greek Law of Sale by Auction, Studi Ferrini (Milano) 3 (1949), 284 ff.

戦後，フライブルク大学から，元の講座に戻るよう依頼されたとき，プリングスハイムはオックスフォード大学が提示した，より良い条件を放棄し，フライブルク大学及び法学政治学部を新たに作りあげる手助けをする決心を固めた。1946年，プリングスハイムがフライブルクに到着したとき，町の中心部はまだ廃墟のままであった。プリングスハイムは友人のところに一時的にやっかいになった。友人達は，物の不足した時代にあって，プリングスハイムにわずかな物資を分け与えてくれた。その後数年間，プリングスハイムは半年ごとにオックスフォードとフライブルクを行き来した。1958年になってはじめて，プリングスハイムはオックスフォードの住居を最終的に手放した。

　プリングスハイムは非常に手厚く学生達の面倒をみた。学生達は今ではイデオロギー的に偏向させられることなく学問を教えられ，しかし，責任感ある民主主義的な公民になるよう教育されなければならなかった。国家社会主義及び戦争によって孤立を強いられた時期を経て，再び，学生達は自由にヨーロッパ文化及び世界の文化との結びつきを持つことができるようになった。プリングスハイムは大学の授業外でも学生達と付き合った。プリングスハイムが学生達に倫理や政治について熟慮して行動するように呼びかけた言葉は，非常に強い印象を与えた[26]。由緒あるイングランドの大学の最も優れた伝統をはっきりと思わせる提案をし，制度を変更することにより，プリングスハイムは，大学を，学生達に知識を伝達したり研究に参加させたりするだけにとどまらず，多くのことを提供する，文化的にも社会的にも整えられた組織にすることに尽力した。プリングスハイムは学生寮の建設に貢献した。学生寮は宿泊施設という機能に制限されるべきではなかった。プリングスハイムのイニシアチブによって，かつて旧大学では，そのようなものとして利用されていなかったカレッジの建物に，学生達の交流イベントを開くため，そして，小規模なグループの芸術活動のための空間が作り出された。

---

26)　2, 3のスピーチは Freiburger Schriftenreihe „Politik": Rechtserziehung und politisches Denken のうちの1つに収められている。Worte an deutsche Studenten, 1960.

プリングスハイムは，並々ならぬ苦労をもって，ドイツ育英会に所属する学生達の面倒をみた。プリングスハイムの最も出来の悪い学生の指導におけるのとまた同じように，プリングスハイムの実務センス，非常に人情味あふれる性格，傾聴能力，きわめて優秀である人物への公正な評価がここで実証された。

研究についての厳格な規律，とぎれることのない創造意欲ゆえに，プリングスハイムは老年期に差しかかってもなお，研究生活のはじめに取り掛かっていた分野の研究を引き続き行うことができた。プリイグスハイムが並々ならぬ関心を寄せていたインテルポラチオ研究の華々しい時代は，終わっていた。初期の原典批評は，その傾向としては，古典期後，早い時期に西ローマのインテルポラチオを行った者による変更前の原典を見出そうとしていた。プリングスハイムはこの試みに対して懐疑的であった。しかし，それに劣らず批判的な姿勢で，プリングスハイムは，自分自身が何十年も前に行ったインテルポラチオの推定を再調査した。プリングスハイムは進歩した学問の成果を生かして，その一部は，根拠付けが不十分であることを見出した。補足すると，ローマ法学はその多くが事実の研究に取り組んでいたため，原典批評は，法制史的位置付けを行うきっかけ及び目的としては，あまり意識されていなかった。このことは，プリングスハイムが第二次世界大戦後，ローマ法の法律行為の学説について書いた論文においても示されている[27]。プリングスハイムは，シェルテマ版バシリカ出版を奨励する論評をして支援した[28]。それを行うのに，プリングスハイムはほかの誰よりも適任であった。かつて，フライブルク大学の第1の時代及び第2の時代の著作において，ローマ法に独特の性質が比較的はっきりと示されたのと同じように[29]，ギリシャ法及び，ギリシャ法のローマ法に対する

---

27) Zur Geschichte des animus novandi, Studi Arangio-Ruiz 1 (1958), 509 ff. = Ges. Abh. I 360 ff.; Liberalitas, Studi Albertario 1 (1953) 659 ff.; Id quod actum est, SZ 78 (1961), 1 ff.

28) Rez. N. v. d. Wal, Les Commentaires Grecs du Code de Justinien, TR 22 (1954), 191 ff.; Über die Basiliken- Scholien, SZ 80 (1963), 287 ff.

29) Das römische Recht der großen Zeit, SJZ 3 (1948), 281 ff.; L'origine des contrats consensuels, RHDFE 32 (1954), 475 ff. = Ges. Abh. II 179 ff.; Symbol und Fiktion in antiken Rechten, Studi de Francisci 4 (1956), 209 ff. = Ges. Abh. II 382 ff.

関係についての研究が進められた[30]。以前とは異なって、プリングスハイムは、今や、古典期以前の法学にまで遡った歴史的展開といった問題にも取り組んだ[31]。

　ローマ法の大家であり、多くの大学に所属し、アテネ大学、グラスゴー大学、フランクフルト大学、パリ大学の名誉博士であったプリングスハイムは、80代半ばで亡くなるまでのあいだ、創造的な研究者の1人であり続けた。晩年には、身体能力が衰えはじめた。しかしいぜんとして、友人達や弟子達はプリングスハイムと話をして、教えを受け、激励してもらおうとした。1967年4月27日、3日前にひっそりと亡くなったプリングスハイムは、フライブルクの町の外にあるギュンターシュタルの墓地に埋葬された。親切で善良な人物、他に類をみないほど人を引き付ける大学の教員、外部の逆境をものともせず、ローマ法学の重要な時代を特徴づけた偉大な学者の死を、人々は悼んだ。

フリッツ・プリングスハイムの業績（抜粋）

Der Kauf mit fremdem Geld, 1916.
Animus donandi, SZ 42 (1921), 273 ff.
Ius aequum und ius strictum, SZ 42 (1921), 643 ff.
Beryt und Bologna, Festschr. für Lenel, 1921, S. 204 ff.
Eigentumsübergang beim Kauf, SZ 50 (1930), 333 ff.
Die archaistische Tendenz Justinians, Studi Bonfante 1 (1930), 549 ff.
Aequitas und bona fides, Conferenze per il XIV Centenario delle Pandette (1931), 185 ff.
Bonum et aequum, SZ 52 (1932), 78 ff.

---

30) 特に重要な出版物のみをあげる。Le témoignage dans dans la Grèce et Rome archaïque, RIDA 6 (1951), 161 ff. = Ges. Abh. II 300 ff.; Ausbreitung und Einfluß des Griechischen Rechtes, Sitzungsber. Akad. Heidelberg, Phil.-hist. Kl. 1. Abh. 1952; Geltungsbereich und Wirkung des altgriechischen Rechts, Archeion Idiotikou Dikaiou 15 (1952), 65 ff.; Griechischer Einfluß auf das römische Recht, BIDR 63 (1960), 1 ff.; Stipulationsklausel, Ges. Abh. II 194 ff.

31) Das Alter der aedilizischen actio quanti minoris, SZ 69 (1952), 234 ff.; The decisive moment for Aedilician liability, RIDA 1 (1952), 545 ff. = Ges. Abh. II 171 ff.; The origin of the „Lex Aquilia", Mélanges Lévy-Bruhl (1959), 233 ff. = Ges. Abh. II 410 ff.

Animus in Roman Law, LQR 49 (1933), 43 ff. u. 379 ff.

Die Entstehung des Digestenplanes und die Rechtsschulen, ACJ Roma 1 (1934), 449 ff.

The legal policy and reforms of Hadrian, JRS 24 (1934), 141 ff.

Natura contractus und natura actionis, SDHI 1 (1935), 73 ff.

The character of Justinian's legislation, LQR 56 (1940), 229 ff.

Das römische Recht der großen Zeit, SJZ 3 (1948), 281 ff.

The Greek Law of Sale, 1950

Ausbreitung und Einfluß des Griechischen Rechts, SB Heidelberg, Phil.-hist. Kl. 1. Abh. 1952.

Symbol und Fiktion in antiken Rechten, Studi de Francisci 4 (1956), 209 ff.

Zum Plan einer neuen Ausgabe der Basiliken (Bericht an die Preuß. Akademie der Wissensch. 1937), Berliner Byzantin. Arbeiten 7 (1956).

The origin of the „Lex Aquilia" Mélanges Lévy-Bruhl (1959), 233.

Id quod actum est, SZ 78 (1961), 1 ff.

Zur Textgeschichte des Zitiergesetzes, SDHI 27 (1961), 235 ff.

Über die Basiliken-Scholien, SZ 80 (1963), 287 ff.

フリッツ・プリングスハイムに関する文献（抜粋）

G. G. Archi, SDHI 33 (1967), 593 ff.

Elmar Bund, Fritz Pringsheim, Badische Biographien NF 1 (1982), 221 ff.

H. E. Troje, SZ 79 (1962), 538 ff. (Bibliographie).

F. Wieacker, SZ 85 (1968), 602 ff.

リヒャルト・マルティーン・ホーニッヒ[*]

正当な法を追求して[**]

バーバラ・フーバー[***]
訳 渡 辺 靖 明

リヒャルト・ホーニッヒの人柄と研究活動とを詳細にみてみると，その研究業績と人生とがいかに密接に関連しているか，あきらかになる。彼に宿命付けられた人生こそが，その研究活動上のテーマを強く決定付けたのである。彼については，簡単な追悼文[1]以外には，伝記もなく，信書も公表されておらず，著作目録も存在しない。その著作においても，当時の大学での慣行にしたがい，それが公表された理由の手がかりや彼を支援することのできた指導者（Anreger），教員または助手さえも示されていない。それゆえ，本稿は，研究業績を中心に展開される。彼の伝記を語るうえで必要な資料は，息子のリヒャルト・E・ホーニッヒ（*Richard E. Honig*）から提供された。また，イスタンブール大学法学部時代の個人的な回想ならびに調査は，彼のトルコ人聴講生の

---

[*] *RICHARD MARTIN HONIG*（1890年-1981年）

[**] Auf der Suche nach dem richtigen Recht

[***] Dr. *Barbara Huber*: Akademische Rätin am Max-Planck Institut für ausländisches und internationals Strafrecht in Freiburg（マックスプランク研究所員）

1) *Jescheck*, Richard Honig zum Gedächtnis. ZStW93（1981），S. 827-830. さらに，*Maiwald*, JZ1980, 71 による90歳の誕生日への祝詞もあげられる。有難いことに，1981年6月にゲッティンゲンで催されたリヒャルト・ホーニッヒの大学葬でのゲオルク-アウグスト大学学長・ノルベルト・カンプ（*Norbert Kamp*）教授（博士）とマイヴァルト（*Maiwald*）教授による弔辞文も入手することができた。

1人であった博士ヌアー・センテル（Nur Centel）女史の好意的な協力に負っており，トルコ亡命時代の重要な手がかりとなろう。彼の人柄は，私生活では困難を体験したことを感じさせないほどに，控えめで繊細であった。晩年のものと思われる肖像写真からも，穏やかで誠実そうな人柄がみてとれる。フライブルク滞在時に関する本稿独自の回顧は，その人柄を多少なりともあきらかにする一助となる。

I. 青春時代と勉学

リヒャルト・マルティーン・ホーニッヒは，1890年1月3日に，ポーランドの北部に位置する歴史的に重要なクヤヴィ（Kujawien）の中心都市であり，同国最古の都市でもあるグニェズノ（Gnesen）で生まれた。父親は，弁護士であり晩年は法律顧問官を務めたゲオルク・ホーニッヒ（Georg Honig），母親は，マルタ（Martha：旧姓グッテンターク（Guttentag））である。

法律家の家系に生まれた彼だが，後に研究テーマとして教会の歴史的展開をきわめて頻繁に扱うことになる。その学問上の関心を植え付けたのは，幼少期と学童期をすごしたグニェズノの歴史であったと言えよう。1000年から大司教区となったグニェズノは，ポーランド最初の首都でもあり，政治に関しては戴冠の地として11世紀から14世紀初頭まで，教会に関してはポーランドが分割されるまで，ポーランド地域では極めて重要な都市だったのである（ちなみに，グニェズノは，1772年から（1806年から1814年の中断を経て）プロイセンの支配下にあったが，第一次世界大戦後にポーランドに復帰した）。

彼は，まずミュンヘン大学で，つぎにブレスラウ大学とエアランゲン大学で法学の教育を受けたが，初学時からすでに刑法学と法哲学に関心を持っていた。とくに，ミュンヘン大学で伝統的な刑法の講義を行っていたカール・v. ビルクマイヤー（Karl v. Birkmeyer），生粋のスイス人としてブレスラウ大学で比較法学を専門としていた刑法学者のクサバー・グレテナー（Xaver Gretener）及び同じく同大学で教鞭をとり，犯罪学と教会法への関心を持っ

ていた刑法及び国際法の学者であったパウル・ハイルボルン (Paul Heilborn) から強い影響を受けた。1913年にはブレスラウ大学で初めて司法試験を受け，その1年後にはエアランゲン大学のフィリップ・アルフェルト (Philipp Allfeld) のもとで博士号を取得した。アルフェルトは，裁判官及び弁護士出身の多才な教授であると同時に，枢密宮中顧問官でもあり，長年のあいだ，比較法学者として国内外の刑法に関する論文も公表していた。そのため，ホーニッヒは，実務に精通した研究者から比較法学を学ぶことができたのである。

彼の学位請求論文のテーマ[2]は，「一般的な刑の加重根拠としての異種の再犯」[3]であった。これに取り組んだ当時は，1909年に専門家委員会によって公表されたドイツ刑法予備草案及びその補充としてカール (Kahl)，リリエンタール (Lilienthal)，v. リスト (v. Liszt) 及びゴルトシュミット (Goldschmidt) により起草された1910年の対案をめぐって議論がなされていた。専門家委員会の見解では，事前になされた異種の行為も再犯を理由付けるとされていた。彼は，この見解が将来の刑法において取り入れられるであろうことを現実的に受け止めて，異種の再犯の意味を歴史的及び理論的な観点から地道に考察した。その持ち前の誠実さで，処女作である短めの論文でも，すでに簡潔で正確な書き方がなされており，年齢を重ねた後の著作でも，緻密で的確な文体が心がけられている。そのため，彼から指導を受けた者にも，言語表現の緻密さ，正確さ及び簡潔さの感性が育まれた。

司法修習生としては，まずフラウシュタットの王国区裁判所で，つぎにベルリン高等地方裁判所で，法曹実務研修に専念した。第一次世界大戦中，この研修活動は中断されざるを得なかったが，その期間は短かった。1914年に志願兵となったものの，病気を理由にすぐに除隊させられたからである。

ベルリンでは，その後の生活を決定付ける転機がもたらされた。後に妻とな

---

[2] アルフェルト (Allfeld) は，同年の1909年に，„Die Gewohnheitsverbrecher im zukünftigen Strafrecht"に関する論文を公表している。

[3] Inaugural-Dissertation der jur.Fakultät der Friedrich-Alexanders-Universität zu Erlangen, Fraustadt1914, 64S（口頭試問は1914年2月6日）．

るケーテ・ハイルフロン（Käthe Heilfron）と知り合ったのである。彼女の父親は，枢密法律顧問官とベルリン商科大学の講師であって，元トルン大学教授であったが，さらに法学への関心を拡げていた。また，ドイツとローマの法史学についての著書及び，すべて重版された民法，民事訴訟法，破産法，商法，国家行政法，行政法，教会法の教科書を公刊していた。さらに，これらの教科書類のほか，通貨，銀行及び株式市場の制度，戦争被害に対する法的対応，さらに税法についての著書もあった。この彼女の父親とも，学問的にも友好的な関係を築いたのである。

II．ゲッティンゲン時代

　彼は，1916年，3歳年下のケーテと結婚し，その翌年には，彼女と共に，ゲッティンゲンに転居した。この地では，研究活動に専念し，刑法改正の議論にあらためて取り組んだ。ロベルト・v. ヒッペル（Robert v. Hippel）の指導のもとで教授資格の取得を志願し，同時に刑法の比較法的な解説書の共著者となった[4]。このことが，将来のドイツ刑法において被害者の同意の問題の適切な解決をめざす契機となった。その2年後の1919年，教授資格論文として，2部構成の第1部が公表され，被害者の同意の歴史と方法論上の問題点とが論じられた（なお，この論文は，この間に亡くなった父親に追悼として献呈された）。

　彼は，1909年のドイツ刑法予備草案が被害者の同意の効果に関する問題をまったく扱っていないことに不満を感じていた。確かに，同予備草案の修正のために設置された刑法委員会では，少なくとも傷害罪の違法は当該行為が善良の風俗に反していない限り，被害者の同意によって阻却されるとの提案がなされていた。しかし，それ以外には，被害者の同意の効果は，まったく論じられ

---

[4]　全15巻及び索引1巻，Berlin1905-1909であり，現在でも，刑法の総則及び各則に関する多数の項目及び諸外国の刑法体系に関する宝庫である。

ていなかったのである⁵⁾。彼は、それが難しいものであるとおそらく認識しつつも、この被害者の同意の問題についての普遍的な解決、すなわち同意にかかわる全犯罪に妥当する解決を追求した⁶⁾。まず、被害者の同意の効果の理由付けと限界とに関する刑法学上の過去の見解及びその当時の国内外の見解の整理に取り組んだ。さらに、被害者の同意の「真実性（Wahrheitsgehalt）」を基準として、それまでの見解を検討した。彼は、この検討をつうじて、犯罪行為の本質と犯罪行為概念のさまざまな表現方法とに関する刑法理論上の基本問題が関連していることにすぐに思い至った。すなわち、ドイツ刑法では、どの時代でも犯罪行為の本質及び刑法の哲学的な意味と目的とに関してさまざまな見解が主張されていたと理解したのである。彼は、各立法者は各則規定において被害者の同意の効果の限界をそれぞれあきらかにすることはできても、総則規定においてその根拠をあきらかにすることはできない、との結論に至った[7]。彼は、被害者の同意に関する総則規定を提案してもいるのだが[8]、刑法の立法者が適切な規定を設けたことは、これまでに1度もない。傷害罪における明示的規定（刑法226条a（現行法228条））を除いて、被害者の同意の問題は、いぜんとして「前法律的に」すなわち判例と学説とによって解釈されている。この限りで、彼は、実務では被害者の同意の問題を解決するための総則規定が求められている、との過大な評価をしていたのであろう。しかし、その歴史的及び方法論的な理解は、刑法学説にとって、とくに法益理論にとっても、現在でもなお理論史上の出発点となっている[9]。

教授資格論文の第2部では、被害者の同意の問題にかかわる各犯罪の検討が

---

5) Der Entwurf eines Deutschen Strafgesetzbuchs. Nach den Beschlüssen der Strafrechtskomission bearbeitet von Ebermayer. Berlin 1914.
6) Die Einwilligung des Verletzten. Teil I, Mannheim. 1919, 序文をみよ。
7) 詳しくは、Einwilligung (aaO Fn. 6) S. 119–128 をみよ。
8) Einwilligung (aaO Fn. 6) S. 177.
9) たとえば、*Jescheck*, Lehrbuch des Strafrechts. Allgemeiner Teil. 4Aufl. München 1988, S. 338; *Roxin*, Lehrbuch, Allgemeiner Teil. Teil1. München1992, S. 337; *Jakobs*, Lehrbuch Allgemeiner Teil. 2. Aufl. Berlin1991, S. 433 ff. をみよ。

行われる予定であった。そこでは，個別事例をあげたうえで，自身の提案した解決方法が，被害者の同意に関して刑法上の規定に求められるものを充足している，と論証するつもりであった[10]。

しかし，その第2部は，ついに完成しなかった。彼は，当時，刑法，刑事訴訟法及び法哲学の教授資格（venia legendi）を持つ私講師として，ボン大学及びケルン大学での講義を担当して多忙でもあったのである。さらに，刑法典の解説書の編集[11]と共に，長年所属していた国際刑事法協会のドイツグループから委託された報告書22巻の執筆もしていた（ちなみに，この報告書は，新刑事訴訟法の草案を議題とする1920年開催のギーセンでの会議におけるドイツグループによる報告内容が編さんされたものである）[12]。

1924年には，新刑事訴訟法での簡易手続の規定に対するきわめて批判的な論文を収めた初の重要な論文集が公刊された[13]。彼も，この論文集では，簡易手続制度の拡張について，独自の厳しい検討を随所にくわえながら批判を展開している[14]。新刑事訴訟法では，これまで軽微事案についてのみ認められていた簡易手続の形態が拡張されたため，事実に関する誠実な捜査及び正確な法適用への保障が大幅に削減されたのである。さらに，その後の1925年から1927年にかけて，理論上の基本的テーマである競合論に取り組み，3本の重要な論文を相次いで公表した。まず，刑法改正に対する寄稿論文として，『法律上の行為と自然上の行為との単一性の研究（Studien zur juristischen und

---

10) これについては，序文（aaO Fn. 6）をみよ。
11) Das Strafgesetzbuch für das Deutsche Reich und Nebengesetze. Hrsgg. von *Richard Honig*. Mannheim 1922.
12) Mitteilungen der I. K. V. (Deutsche Landesgruppe) 22. Band. Hrsgg. von *Richard Honig*. Berlin 1924 での新刑事訴訟法の改正部分。1920年5月27・28日のギーセンでの国際刑事法協会のドイツグループによる会議の内容が編さんされたものである。
13) Das summarische Verfahren im neue Deutschen Strafprozeß. MschrKr 1924. 138–154.
14) 「今や，この簡易手続が，ほとんどすべての犯罪に対して可能となるのは不条理である」。Summarisches Verfahren (aaO Fn. 13) S. 141

natürlichen Handlungseinheit)』を公表した[15]。その第1部では，犯罪行為が競合する限界事例を扱い，さらに長大な第2部では重要な連続犯概念の画定に取り組んだ。

その間の1925年に，刑法改正草案[16]が提案されていた。しかし，その草案では，犯罪行為の観念的な競合と実在的な競合とが，問題を残したまま概念上なお区別されていた。それにもかかわらず，その関連規定では，恣意的で粗雑な原則（Asperationsprinzip）にしたがって，統一されているかのように扱われていた。彼は，この犯罪行為の競合をめぐる理論上の対立を解消するために，基本的な解決を方法論的に理由付けようと試みた。旧刑法73条と74条の構成要件を前提として，自然上の行為の単一性と複数性（Mehrheit）との評価基準に関するライヒ裁判所の判例を詳細に検討したのである。その手法は，あきらかに斬新なものであって，肯定的に受け入れられた[17]。しかし，ある行為と別個独立した複数の行為とのあいだの法的区別を否定する提案は，異論なく受け入れられはせず，さらなる検討を要するものと評価された。彼は，この提案についても完成させることができなかった。ちなみに，刑法典上最古の問題の1つである競合に関する規定は，これまでに本質的に変更されることなく，けっきょくのところ全面的な改正を免れている。

彼が連続犯概念の画定範囲を展開するための前提として，それまでの別の著作と同様に，広範な理論史的検討をしていることは，あらためて注目すべきである。彼の立法的（de lege ferenda）提案は，故意の性質を考慮せず，その代わりに全体的な事情の重要性を強調する。そのため，その各個別行為を（最後の行為から）「遡及的に（ex tunc）」ではなく，（最初の行為から）「展望的に（ex nunc）」評価することになる。この限りで，彼の提案は，現在の基準に従えば簡

---

15) Studien zur juristischen und natürlichen Handlungseinheit. Zurgleich ein Beitrag zur Strafrechtsreform. Mannheim 1925, 142 S.

16) Amtlicher Entwurf eines Allgemeinen Deutschen Strafgesetzbuchs nebst Begründung. Berlin 1925.

17) *Grünhut* in seinem Literaturbericht „Strafrecht, Allgemeiner Teil". ZStW47 (1927), S. 514-516 をみよ。

素すぎる[18]。

　1927年には,「精緻で印象的な」[19]不可罰的な事前・事後の行為の研究において,「ただ非生産的な形式主義にのみあまりにも陥りやすい競合論の問題を解決し,体系的に分類する」努力を続けた[20]。この論文は,大学での同僚で友人でもあったパウル・シェーン（Paul Schoen）に献呈された（ちなみに,シェーンは,ゲッティンゲン大学で憲法,国際法及び教会法の領域で活躍していた）。ホーニッヒが扱っていた当該テーマは,学説からは無視されていたものの,上級裁判所ではきわめて頻繁に扱われた。彼は,犯罪の法条競合及び不可罰的な事前・事後の行為の問題を競合論において体系的に分類し,とくにその法条競合に関する原則との調和を試みたのである[21]。そこでは,法条競合及び不可罰的な事前・事後の行為に関する4つの解釈上の前提,すなわち特別関係,従属関係,吸収関係（Konsumtion）及び択一関係が検討され,「それにより,検討されるべき範囲が体系的に結び付けられて,これまで不明確であった内部的な法的基準が明示された」[22]。

　上記の研究活動には,専ら理論的なレベルで思考するとの彼の本質的な傾向の一部が,はっきりと現れている。また,このような手法にもとづいて,およそ目的論的な判断が強く否定されていた。ここには,彼の信念と思考方法の鍵となる命題が示されている。それは,つぎのような断固とした記述からもあきらかである。「しかし,この法的効果だけが重視され,その法的効果を生じさせる構成要件の法的意味の観点にもとづかずに判断が下されているということ

---

18) 詳しくは, Studien (aaO Fn. 15) S. 140 f. をみよ.
19) これは, *Grünhut* in Literaturbericht „Strafrecht, Allgemeiner Teil". ZStW50 (1930), S. 291-292 による.
20) *Honig*, Straflose Vor-und Nachtat . Abhandlungen der Rechts- und Staatswiss. Fakultät der Univ. Göttingen. 2. Heft. Leipzig 1927, 116 S. 彼は, 競合論に関する2つの論文のあいだに, 実在的な競合に関する論文も公表している。そこでは, 観念的及び実在的な競合の各規定がテーマとして扱われている。すなわち, Zusammentreffen mehrerer Gesetzesverletzungen. Gerichtssaal92 (1926), S. 115-124.
21) Vor-und Nachtat (aaO Fn.20), 序文.
22) *Grünhut* Literaturbericht (aaO Fn. 19) S. 291.

は，法律学全体が行き詰まっていることを意味する」。

この時期には，上記の代表的な著作にくわえて，法学辞典の一部[23]及びあらたな刑法草案における実質的な修正の解説3カ所[24]を執筆し，さらに生涯で唯一の共同執筆者として公刊されたヨゼフ・コーラー（*Josef Kohler*）の『法学入門（Einführung in die Rechtswissenschaft）』第6版の改訂にも携わった[25]。この法学入門では公法部分の改訂を引き受けたのだが，そこでは教育者及び教授としての才能が発揮されている。この才能が示されたことで，彼は後世においても外国で広く知られることになった。

1920年代末には，あらたなテーマに取り組みはじめた。そのテーマは，現在まで議論の対象となっている刑法上の責任の基礎としての因果性の問題と帰属であった。彼は，因果関係をめぐる当時の学説が陥っていた危機を前提として，当時の通説とは異なり，条件説と相当説との対立を，刑法上の因果性内部での議論としてのみならず，当該因果性概念による統制（Herrschaft）の限界にかかわる基礎的な問題として理解した。この議論では，両説が刑事政策上合目的であるかの検討にとどまらず，因果関係が刑法上なぜ必要とされるのかとの認識論的な疑問を解消するために基本的な態度決定をして，「学問上の基礎を拡げることで，この伝統的な議論自体を解明」しようとしたのである[26]。まず，つぎの命題が主張された。行為と結果とのあいだの刑法上の責任の関係については「因果性判断にさらに独自の判断としての客観的帰属の判断をくわえる。この判断では，刑法体系自体が提示する基準にしたがって，公理主義的な

---

23) 彼の担当した項目は，「不在者に対する手続（Verfahren gegen Abwesende）」，「特別刑法（Nebenstrafrecht）」，「居住制限（Aufenthaltsbeschränkung）」である。

24) Der neue Entwurf zu einem Deutschen Strafgesetzbuch. Die Polizei Bd. 1921, 293–299; 382–387 und 402–403; und Bd. 1922, 469–476.

25) *Josef Kohler*, Einführung in die Rechtswissenschaft . 6. neue durchgearbeitete Aufl. Hrsgg. von *Paul Oertmann* und *Richard Honig*. Leipzig 1929; ホーニッヒは，一般法すなわち憲法，行政法，教会法，刑法，刑事訴訟法，国際法の章立付きの公法部分を改訂した（S. 168–273）。

26) Kausalität und objektive Zurechnung . In: Festgabe für R. v. Frank. Tübingen1930, S. 174–201.

問題すなわち刑法体系に対する因果関係の意味を検討しなければならない」。この論文は，因果性と客観的帰属とを区別したことで，因果関係を帰属の問題として捉える学説に模範的な論拠を提供したものとして，今後も意義を有する[27]。

同年に，彼のローマ法に関する初めての論文が，義父であるエドゥアルト・ハイルフロン（Eduard Heilfron）の記念論集に寄稿された。この論文では，不作為の不可罰性に関するモムゼン（Mommsen）の主張を厳しく批判している[28]。

この10年にきわめて集中的に業績を残したことで，1925年にはゲッティンゲン大学で非常勤の教授に，1931年には正式に教授に就任するなど，彼の人生は順風満帆であった。1917年にはリヒャルト・エドゥアルト（Richard Eduard），1924年にはユルゲン・ミヒャエル（Jürgen Michael）の2人の息子が生まれて，家族も増えた。また，三男のヴェルナー・コンスタンティン（Werner Konstantin）も，1932年に生まれている。

Ⅲ．イスタンブール時代

しかし，安定し順調のようにみえた彼の研究生活も，長くは続かなかった。職業官僚制度の再生のための法律（Gesetz zur Wiederherstellung des Berufsbeamtentums）によって，学問上のポストを奪われ，生計の基盤も失われたのである。ホーニッヒ家は，大学でのドイツ人の同僚達と共に，1933年秋にトルコへと転居した。トルコにおけるドイツ人研究者による救難互助会

---

27) これは，*Jescheck* (aaO Fn. 1). Festschrift für Richard Honig. Göttingen1970, S. 169-184 の *Schaffstein*, Die Risikoerhöhung als objektives Zurechnungsprinzip im Strafrecht, inbesondere bei der Beihilfe 及び *Roxin*, Gedanken zur Problematik der Zurechnung im Strafrecht, ebenda, S. 133-150 の寄稿論文もみよ。

28) Zur Frage der Strafbarkeit der Unterlassung im römischen Recht. In: Festschrift für E. Heilfron. Berlin 1930, S. 63-80.

の斡旋で，この地に招聘されたのである[29]。その翌年から，イスタンブール大学の近代化[30]にきわめて尽力した。同年に招聘されたエルンスト・E. ヒルシュ (*Ernst E. Hirsch*)[31] 及び翌 1934 年にフライブルグ大学からイスタンブール大学にやってきたアンドレアス・ベルタラーン・シュヴァルツ (*Andreas Bertalan Schwarz*)[32] と協力して，同大学の学部に強い影響力を及ぼしたのである[33]。最も，彼自身は，刑法学を担当させられなかった。同大学の法学部と経済学部で 10 年間，研究活動をするとの契約は，1933 年 10 月半ばに結ばれた。その契約書では憲法学の教授として記載されていたが，大学歴の 1933/34 年からは，法学入門，法哲学及び法史学の講義を担当した。その翌年も，担当講義は，これらの科目に限られていた。憲法学と刑法学とは，トルコ人の教員がすでに講義を担当していたからである[34]。1934 年以降は，シュヴァルツと共に，ローマ法の講義を担当しなければならなかった。

彼は，亡命してきた若い教授とみられていたが，実際には 43 歳であった。

---

29) 1933 年以降のドイツ語を話す大学教員のトルコへの亡命の歴史と影響については，*Widmann*, Exil und Bildungshilfe. Frankfurt 1973 をみよ。

30) イスタンブール大学は，1933 年以降に亡命者を最も受け入れた大学であろう。同大学では，基本的に西欧を手本とした改革が求められていた。同時に，トルコの首都アンカラでは，新しい大学の設立も求められていた。1933 年から 1955 年のあいだに，多数の学部でのドイツ人及び後にはオーストリア人も含む約 100 人の教授が，助手，講師及び学問上の補助者と共に，イスタンブール及びアンカラで活動した。詳しくは，*Widmann* (aaO Fn. 29) S. 17 をみよ。

31) ヒルシュ (*Hirsch*) は，1933 年に商法の教授として招聘され，1943 年まで商法と著作権の講義を担当した。ヒルシュは，1943 年にはアンカラで教鞭をとっていた。詳しくは，*Widmann* (aaO Fn. 29) S. 118 ならびにヒルシュの自伝である Aus des Kaisers Zeiten durch die Weimarer Republik in das Land Atatürks-Eine unzeitgemäße Autobiographie. München 1982 をみよ。

32) シュヴァルツは，ローマ法と民法の講座を引き受けた。シュヴァルツは，ドイツには戻らず，亡くなる 1948 年までイスタンブールにとどまった。

33) *Widmann* (aaO Fn. 29) S. 116.

34) もっとも，ホーニッヒは，1936 年 4 月には，トルコの法務省に対して，現行犯 (Flagranztaten) に対する特別手続に関する法について報告をしている。このテーマは，すでにゲッティンゲン大学時代の簡易手続の論文 (1924) で取り扱われていた。

その彼が，あたらしく不慣れなことに喜んで挑戦しようとしていたのかどうかは，あきらかではない。最も，トルコ人の教員と比べても高給取りであって，経済的な問題が生じていたわけではない。旅費や引越費用もトルコ政府から支給されていた。しかし，彼を取り巻く社会的状況には，確実に問題があった。ドイツ人の亡命者及びトルコ人の教員としか学問上の交流がなかったが，彼自身も学術会議に参加するつもりがなく，当時の状況下では出張することも難しかった。アパートでの共同生活では，隣人である教員達が支援してくれたようだが，それが煩わしかったかもしれない。また，シュヴァルツが幹事の私的な学術研究会として，全学部からの参加者が各人の私宅で順番に講演を行っていたが，ホーニッヒがそれに参加していたことは確認できない[35]。政治的な理由から，一方ではドイツ人の公式な移住者とそうでない亡命者とのあいだで，他方では外国人教授とトルコ人教員とのあいだで，緊張関係が存在しており，これが悩みの種であったようである。彼は，絵を描くことに没頭して，本格的な絵画を残したとされている[36]。このことは，一時的にせよ人付き合いを避けて，孤独であったことをも意味している。

その後すぐに，シュヴァルツのみがローマ法の講義を継続して担当することになったのも，ホーニッヒにとって不満であったろう。その結果，第1学期での法学入門と第8学期での法哲学の講義しか担当できなかった。さらに，トルコ語の知識が不足していたことも問題であった。そのため，当然ながら，彼の講義はトルコ語では行われず，他のドイツ人の法学教員と同様に，たとえば法哲学の講義ではハイデルベルク大学の学生助手が通訳として付けられた。この助手が，ドイツ語でなされる講義内容をトルコ語で繰り返すことになっていたのであるが，独自の解説や私見を付けくわえることも稀ではなかったのである。講義の進行が手間取れば，誰でもいらいらさせられるだろう。

---

35) 少なくともヴィドマン (*Widmann*) は，その参加者にホーニッヒをあげていない。(aaO Fn. 29) S. 180 f. をみよ。

36) ホーニッヒと共に亡命したザウエルブルフ門下のニッセン (*Nissen*) の伝記，Hell Blätter - Dunkle Blätter. Erinnerungen eines Chirurgen. Stuttgart 1969 をみよ。

彼が担当した講義のテーマは、その著作に反映されている。確かに、ホーニッヒ家は、ドイツからトルコへ蔵書を含む所有物を運び込むことができた。それゆえ、彼は、資料の点でテーマについて制約を受けることはなかった。しかし、法史学をテーマとして扱うことを決定付けたのは、ローマ法と法史学の講義を中心に担当したことや現在でも感じ取れるイスタンブールの都市が持つ歴史的影響を受けたことにあろう。このテーマは、ゲッティンゲン大学時代では、その理論的な研究を優先させるために日の目をみることはなかったかもしれない（もちろん、彼が、常に法史学を念頭において思考し追求していたことは、ゲッティンゲン大学時代の著作がじゅうぶんに証明している）。

その講義原稿にもとづいて、すでに1934年以降には法学入門と法哲学、1935年にはローマ法に関する著作を公表している[37]。また、トルコをテーマとした論文では、ローマ法とイスタンブールにおける法学の発展[38]、トルコでの大学教育の歴史[39]、ソフィストの法哲学[40]について見解を示している。さらに、トルコの国家形成に自然法の学説が与えた影響[41]、トルコの現行法における主観的権利の意味[42]について、寄稿論文を公表した。わずかではあるが、刑法

---

37) Hukuku Baslangici ve Tarihi (Einführung in die Rechtswissenschaft und die Rechtsgeschichte). Übersetz von Yavuz Abadan. 1. Aufl. Istanbul 1934, 2. Aufl. 1935; Hukuk Felsefesi (Grundriß der Rechtsphilosophie). Übersetz von Yavuz Abadan. 1. Aufl. Istanbul 1934, 2. Aufl. 1936; Roma Hukuku Dersleri (Vorlesungen zum römischen Recht). 1935; Roma Hukuku (Römisches Recht). Übersetz von Şemseddin Talib. 2Bde. Istanbul 1938.

38) Istanbulun Roma Hukuku ve Hukuk ilminin Tarihcesi itibarile Haiz Olduğu Ehemmiyeti, (Die Bedeutung Istanbuls für die Entwicklung des römischen Rechts und Rechtswissenschaft), Capitolium 1 (1934).

39) Istanbul üniversitesinin Çok Eski Tarihi (Die frühe Geschichte der Universität von Istanbul), Yücel, Mai-Juni 1937.

40) Sofistlerin Hukuk Felsefesi, Zeitschrift der rechtswissenschaftlichen Fakultät der Universität Istanbul 3 (1937); I Principe Giusnaturalistici dei Sofisti, Rivista Internazionale di Filosofia del Diritto 1937, 1.

41) Tabii Hukuk Nazariyesinin Devletin Şekli üzerindeki Teseri, Hukuk ilmeni Yayma Kurumu Konferanslar Serisi, Bd. 15 (1937).

42) Müsbet Hukuka Göre Hak Fikrinin Manası, Zeitschrift der rechtsw.Fakultät der Univ.

関連の論文も公表しており,まずゲッティンゲン大学時代以降のじゅうらいのテーマを継続して取り扱った[43]。ローマ法からドイツの普通法時代のパンデクテン法までの過失犯及び重過失犯の発展と刑罰の目的に関する学説史についての寄稿論文では,歴史上の観点からあらたな問題を提起している[44]。

　第二次世界大戦が勃発する直前には,トルコからアメリカ合衆国へとさらに亡命する者もいた。アメリカからとくに求められていたのは自然科学者であったが,彼も,亡命者である教授間の救難互助会による支援を受けて,1939年10月に家族共々トルコを離れた。それは突発的なことであり,理由ははっきりしない。しかし,成長してきた息子達にきちんとしたマナーと専門教育とを身に付けさせたいと希望していたようである。また,懇意にしていた学生に述べていたところでは,ドイツまたはソビエトの軍隊がトルコを占領するのではないかとの生活全般にかかわる懸念もあったとされる。

IV. アメリカ合衆国時代

　経済的な心配もなく,比較的安定していたトルコでの生活と比べて,アメリカでの生活をはじめたころは,彼にとって落ち着かず,けっきょくのところ満足のいくものではなかった。アメリカ法になじむことができなかったのである。彼の思考方法と理論的な関心とが,アメリカ刑法の実体を理解するうえで妨げとなった(彼は,成文化の議論がなされた数年後に初めて,アメリカ刑法

Istanbul 3 (1937).

43)　Dig. 50, 17 nin 109 uncu Kanunun Hakiki Manası (Die Wirkliche Bedentung von Dig. 50, 17, 109), Capitolium 1 (1934) は,ハイルフロン (*Heilfron*) の記念論集での寄稿論文のテーマとして取り扱われている；Illiyet Nazariyesine Dair (Über die Kausalitatstheorie), Zeitschrift der rechtsw Fakultät der Univ. Istanbul 2 (1936) では,フランク (*Frank*) の記念論集でのテーマが継続して扱われている。

44)　Ihmal ve Teseyyüp Suçlarının Roma Hukukudan Eski Alman Müşterek Hukukuna Kadar Olan Tekamül, Capitolium 2 (1935). Ceza gayeleri Nazariyesinin Tarihine Dair, Zeitschrift der rechtsw. Fakultät der Univ.Istanbul 2 (1936).

の実体を理解することができた)。しかも，アメリカでは，トルコと違って，ドイツ法には関心が払われていなかったのである。しかし，アメリカでの彼の評判は，ジョージア州のアシンズにあるジョージア大学から広まった。同大学で2年間法哲学の講義を担当した後には，テネシー州モンティーグルにあるデュボウズ記念訓練校へと転任した。そこでは，1942年末まで，教会史学と教会法学を教えた。さらに2年間，テネシー州スワニーの南部大学附属の技術学校ですごした。1944年には，家族共々最終的にニューヨークに転居し，教会による捕虜収容者支援団体の活動に従事した。その団体は，ドイツ人戦争捕虜のために適切な書籍を選んで印刷していたが，戦争が終結し捕虜収容所が閉鎖されると，その活動も終了した。彼は，その後も，Church World Service による勉強会での教戒義務 (Lehrverpflichtungen) や戦後ヨーロッパに支援物資を供給する団体 CARE で翻訳作業などを行っていた。その後に，ニューヨーク大学で刑法の講義を担当していたドイツ出身のゲルハルト・O. W. ミュラー (Gerhard O. W. Mueller) 教授が，比較法学の合同ゼミを開催しようと彼を招聘した。

　アメリカ時代には，おそらく言語が妨げとなって，ほとんど論文を公表していない。それでも，教会法の講義を担当することで，研究上の刺激を受けた。その成果は，英国神学レビュー誌での論文[45]公表へとつながり，ドイツ帰国後の1954年にも『教会法の発展に関する寄稿論文 (Beiträge zur Entwicklung des Kirchenrechts)』として公表された[46]。さらに，神学に関する著作を翻訳した叢書[47]も，この時期から手がけている。これは，当時ホーニッヒ家がいかに

---

45) The Nicene Faith and Legislation of the Early Byzantine Emperors, Anglican Theological Review, vol. XXV, 1943; The So-called Vicariate of Illyricum, ebenda, vol. XXVI, 1944; Two Ecclesiastical Laws of Valentinian, ebenda, vol. XXXVI, 1954.

46) この寄稿論文は, *Wilhelm Enßlin*, Zeitschrift der Savigny-Stiftung für Rechtsgeschichte, kanonische Abteilung XLI, 72. Bd. 1955 により，批判的に言及されている。

47) たとえば, *Searle Bates*, Glaubensfreiheits (1947); *Niebuhr*, Das Gottesreich in Amerika (1948); *Bennet*, Christentum und Gemeischaft, I: Grundlagen einer christlichen Ethik, II: Die christliche Ethik in ihrer Bedeutung für die sozialen Problem (1949);

経済的に困窮していたかを物語っている。このように苦しい経済的状況にありながらも，一家は，ドイツ人を自宅によく招待し，手厚くもてなすと共に，若い法律家の来訪にも嫌な顔一つせずに応対した。

V. そして再びドイツに

彼は，1946年に，ゲッティンゲン大学法学部から照会状を受け取った（ちなみに，この書状はハンス・ヴェルツェル（Hans Welzel）がしたためたものである）。その内容は，同法学部の教職に復帰する気はあるかを問い合わせるものであった。しかしながら，およそ1年間悩んだ末にこの申し出を断っている。すでにアメリカで市民権を取得していたこともあったが，1933年からの一連の出来事を踏まえ，特に妻の気持ちを汲むと，とても帰国する気にはなれなかったのである。それでも，64歳すなわち1953年の定年退職を迎えてからは，1954年以降の主として夏期に，教職及研究のためにドイツに帰国した。

彼は，この帰国中の仕事に大きな喜びを感じはじめていた。その成果は，講義，ゼミを複数担当し，さまざまな著書，論文，記念論集への寄稿論文及び翻訳を手がけたことに現れている。また，同僚たちと交流し，ドイツの図書館を訪問し，旧友らとの付き合いをすることで，再び正確なドイツ語で表現できることへのあらたな可能性にきづかされた。つまり，これらの交流をすることで，慎重ではあるが規則正しい生活を送ることで培われたおおいなる創作能力と生きる喜びとが刺激されたのである。

1954年からおよそ1965年までのたいてい夏学期には，ゲッティンゲンですごした。そこでは，教職活動にくわえて自己の研究活動に熱中し，ドイツ語での著作にあらたに取り組むことにした。その数年間は，深刻な危機に直面した時代における法の倫理化を検討した『ローマ帝政後期の皇帝法における人間性

Latourette, Geschichte der Ausbreitung des Christentums (1956). ここでは，*Latourette* の History of the Expansion of Christendom のドイツ語に翻訳された概要全1巻が重要である。

と修辞法（Humanitas und Rhetorik in den spätrömischen Kaisergesetzen）』[48]の執筆に集中した。ちなみに，この著書は，妻に献呈されている。そうすることこそが，この著書を執筆する動機の1つでもあった。

彼は，支配の思想的基礎に関する研究に取り組んだ。その研究では，形式上の文体を分類すると伝統的な言語にもとづく修辞法と道徳的な要請としての古代の倫理学に由来する人間性とが，後期ローマ皇帝による公布に対して影響を与えていることがあきらかにされた。その研究をつうじて，近年の自身の経験をおそらく素材としながら，現在に対する教訓を提示しようとしたのである。

古代を研究する一方で，講義及びゼミの教職活動では，とくに優先して[49]ドイツとアメリカの刑法の展望を扱った[50]。彼は，アメリカ刑法とアメリカ法律協会による改正作業を熱心に研究したおかげで，戦後ドイツの1950-60年代において，アメリカ刑法を紹介する最重要人物となった。アメリカ時代に刑法を教えることはなかったが，アメリカ法の方法論を把握すると共に，当時のアメリカ刑法の改正計画に信頼を寄せていた。そのこともあって，ドイツ（たとえば，国内外の刑法についてはフライブルクの研究所）で収集されはじめていたアメリカ法に関する原典を読み，理解することができたのである。

1960年には，フライブルクにある刑法の比較法研究所を初めて訪問した。

---

48) Humanitas und Rhetorik in den spätrömischen Kaisergesetzen. Göttinger rechtswissenschaftliche Studien Bd. 30. Göttingen 1960, 192S.

49) 彼は，著書 „Humanitas und Rhetorik in den spätrömischen Kaisergesetzen" を執筆するための研究と並行して，その当時の最初の夏学期において，ローマ帝政後期の皇帝による刑法の立法技術に関する入門のゼミを開催した（SS 1954）。

50) Parallelen und Gegensätze im amerikanischen und deutschen Strafrecht（Vorlesung SS 1954, 1955, 1956）; Fragen der Rechtsvergleichnug-deutsches und amerikanisches strafrecht（Seminar SS 1955 und 1956）; Hauptproblem des Strafrechts（seminar SS 1958）; Strafrechtliches Seminar（SS 1959 und 1960）; Grundsätze des amerikanischen Strafrechts（Vorlesung SS 1960）; Die Regelung strafrechtlicher Hauptprobleme im deutschen und amerikanischen Strafrechtsentwurf（seminar SS 1964）; Die Technik der Strafgesetzgebung im amerikanischen Musterstrafgesetzbuch im Vergleich zum deutschen Entwurf（Seminar SS 1965）.

研究所長のハンス‐ハインリッヒ・イェシェック（*Hans-Heinrich Jescheck*）の勧めで，1961年に同研究所に長期滞在することになった。そこでの初めてのゼミでは，専らアメリカ法の方法論について講義した。1963年の夏学期間における2度目の長期滞在中には，ドイツとアメリカの刑法草案を比較するゼミを開催した。

彼は，比較法研究については，すでにアルフェルトとフォン・ヒッペルのもとで経験していたのだが，帝政期に関する著書を完成させた1960年以降は，ゲッティンゲン大学とフライブルク大学で再び比較法研究の準備をはじめた。その当時は，アメリカでもドイツでも，刑法改正の議論がなされていた。模範刑法典（Model Penal Code）[51]は，アメリカの全州で刑法改正の基礎として用いられるべきものとされており，当時のドイツ人研究者の好奇心を刺激し，1960年と1962年のドイツ刑法草案に対する比較法的な素材として強い影響を与えていたのである。そのドイツ刑法草案が実際に作成された際には，理論上の一貫性がひどく欠けた法曹法（Juristenrecht）としてのコモン・ローと大陸法系の刑法との方法論及び理論における重大な相違点がとくにあきらかにされた。同時に，北アメリカの各州での現行刑法の情報が求められた。彼は，叢書『現代の外国の刑法（Das ausländische Strafrecht der Gegenwart）』において包括的な解説をすることで，その要求に答えている[52]。とくに一般原則を論じるにあたり，ドイツ刑法の理論と厳格な分析方法とを強化すること，すなわちドイツ刑法学で用いられる犯罪行為の要素及び現象形態の類型をアメリカ法の総則部分で生じる問題に応用することを試みている[53]。1960年のドイツ刑法草案

---

[51] アメリカ模範刑法典は，1962年5月に，私設団体であるアメリカ法律協会（当時の代表者は，ハーバート・ウェクスラー（*Herbert Wechsler*））が，10年間の準備を経て，刑法典の模範として提示したものである。

[52] Das amerikanische Strafrecht. In: *Mezger/Schönke/Jescheck* (Hrsg.), Das ausländische Strafrecht der Gegenwart. Bd. 4. Berlin 1962, S. 1-262.

[53] これについては，*Eser*, Die allgemeinen Lehren des amerikanischen Strfrechts 参照。さらに，ホーニッヒによる批評, Das amerikanische Strafrecht der Gegenwart. ZStW79 (1967), S. 193-208 を参照。

の諸規定に関して，アメリカの判例に依拠して，その歴史的な関係と生成された判断材料の豊富さとを有する一般原則が想定されていたのである。もっとも，現在では，アメリカ刑法がドイツ法的な視点から厳密に分析されたため，この彼の想定が顧慮されることは少ない。

模範刑法典が1962年に最終的にアメリカ法律協会で採用された後にも，彼は，比較法的関心を持ちつづけ，ドイツ刑法草案全般に対して批判的な多数の論文のほか，個別の疑問を提起する論文[54]も公表した。その論文は，ドイツにおいて，アメリカの刑法体系の知識を深め，かつアメリカでの大規模な草案の正確なドイツ語訳[55]を提供すると同時に，その知識を完全に理解するために役立つものであった。彼は，同時に，ドイツ刑法学のために得た外国の刑法体系に関する知見を用いて，構造的な批判にもとづく独自の考察を前提として，ドイツでの改正議論に参加することができた[56]。また，模範刑法典との比較のみならず，アメリカの刑事訴訟法における証拠排除（Beweisverbote）と基本権との関係を詳細に検討し，1966年のドイツ法曹大会で証拠排除に関して報告した。現代でも不変的なこのテーマは，警察行為の限界を考えるうえで基本的に重要なものである。このテーマに関しても，自己の法治国家的な思想にもとづいて，アメリカとドイツの判例を考察した[57]。その後の1969年には，再び外

---

54) Entwurf eines Strafgesetzbuchs für die Vereinigten Staaten von Amerika (Model Penal Code), Teil I: ZStW75 (1963), S. 63-97; Teil II: ZStW72 (1965), S. 37-59. Die Regelung des Irrtums im Model Penal Code (Entwurf eines amerikanischen StGBs). MschrKrim1964, 137-152. Criminal Law Systemized, Criminal Law, Criminology and Political Science, 1963, 273 ff. Irrig-Annehmen und Glauben als Tatmerkmale. In: Festschrift für Hellmuth Mayer zum 70. Geburtstag. Berlin 1966, S. 339-351.

55) Entwurf eines amerikanischen Musterstrafgesetzbuchs (Model Penal Code). Übersetzt, eingeleitet und mit Anmerkungen versehen von *Richard M. Honig*. Berlin 1965.

56) Deutsche Strafrechtsreform im Lichte amerikanischen Strafrechtsgrunsätze. ZStW70 (1958), S. 616-631.

57) Beweisverbote und Grundrechte in amerikanischen Strafprozeß. Recht und Staat 333/334. Tübingen 1967, 47S.; Die Bewertung polizeilicher Ermittlungshandlung durch den Supreme Court der Vereinigten Staaten. ZStW79 (1967), S. 89-113.

国の訴訟法上のテーマに取り組み，アメリカの刑事手続における再審及び裁判官の反対意見（dissenting opinion）などに関する研究をはじめた。また，法の判断と継続的形成とに関する裁判官の少数意見の意義を素材として，アメリカ法での手続上の文化の特徴及び，その文化が長期に渡り継続している事実をドイツ法学に紹介している[58]。

講義，ゼミ及び著作などにおける刑法の比較法研究の活動では，主としてドイツ人の同僚達からの示唆や要望にしたがった。外国法の研究及び比較法学に関心を持つ法曹世代に，彼のアメリカ刑法の専門知識を伝授して欲しいと考えられたのである。彼は，その要望に喜んで応じ，その活動に際しても持ち前の入念さで取り組んだ。私達がアメリカの刑法改正の発展における刑事政策的及び法体系的な背景について，緻密に整理された多くの資料と知識とを得られるのは，その彼の入念さのおかげなのである。しかし，ジエローム・ホール（Jerome Hall）の著書『刑法の原理（Principles of Criminal Law）』に対する批評[59]で述べているように，これらの資料には限界があったため，彼自身は研究するうえでかならずしも満足してはいなかった。

彼の真の問題関心は，基本的に再びドイツ刑法の理論に向けられていた[60]。その著作でのドイツ刑法の理論は，1970年の彼の生誕80年の祝賀記念論集[61]で，友人や同僚から詳細な高い評価を受けている。他方で，比較法研究は，60年代末に終了している。粘り強い研究生活の晩年である1972年以降は，ドイツ刑法の研究に回帰したのである。

---

58) Wiederaufnahme und Dissenting Opinions im amerikanischen Strafverfahren. Göttinger Rechtswissenschaftliche Studien Bd. 74. Göttingen 1969, 125S.

59) *Jerome Halls* Strafrechtslehre. ZStW74 (1962), S. 380-410.

60) ホーニッヒは，ゲールズ（*Geerds*）による Zur Lehre von der Konkurrenz im Strafrecht. 及びロクシン（*Roxin*）による Täterschaft und Tatherrschaft. の公表された各教授資格論文への批評（ゲールズの論文については JZ1964, 471, ロクシンの論文については MschKrim 1966, 41-44）をして，その領域での専門用語をやはり慎重に用いている。

61) Festschrift für Richard M. Honig. Zum80. Geburtstag. Göttinger Rechtswissenschaftliche Studien Bd. 77. Göttingen 1970.

カナダのプリンストンからゲッティンゲンに移住したため，ドイツ法の研究資料は入手しやすくなった。1972年はフライブルク研究所での滞在生活の最終年であったが，妻のケーテが，この地で亡くなった。彼は，1度プリンストンに戻りはした。しかし，3人の息子がアメリカとカナダに居住していたにもかかわらず，1974年に，ゲッティンゲンに引越し，そこを終の棲家とした。晩年はドイツで暮らしたいとの長年抱いてきた願望に打ち勝つことはできなかったのである。

　その後，ほとんどは寄稿を依頼された記念論集においてではあるが，続けざまにドイツ刑法の議論を展開した。たとえば，「法学方法論の大家である」ラレンツ（*Larenz*）の記念論集での寄稿論文[62]では，刑事政策的観点から1962年の刑法改正議論における総則の概念に批判をくわえた。その論文では，被害者の同意規定に関する1919年の自己の提案を再び主張する機会を得たのである。また，1973年のドイツの判例を検討し，改正刑法の立法者が判断を示すことのできなかった条件付故意と認識ある過失との法的限界付けが，実務上必要とされていることを論証した[63]。これは刑法上の基本的な問題であり，少なくとも学説上は，現在に至るまで見解が大きくわかれているものである。さらに，陪審裁判所の名誉裁判官に関する論文[64]を公表した。ゲッティンゲン大学の友人であるフリードリッヒ・シャッフシュタイン（*Friedrich Schaffstein*）の記念論集[65]では，可罰的な不作為における保障人義務の限界の問題に取り組んだ。そこでは，個人領域（Intimsphäre）の概念が主張された。すなわち，不作為者が結果回避の責任を引き受けているかどうかがその限界付けの基準となる。現代風に言えば私的領域（Privatsphäre）の概念が，きわめて早い時期にすでに想定されていたと言ってよいだろう。この見解は，たとえば人の死を

---

62) Strafrechtliche Allgemeinbegriffe als Mittler kriminalpolitischer Ziele. In: Festschrift für K. Larenz. München 1973, S, 245-263.

63) Zur gesetzlichen Regelung des bedingten Vorsatzes. GA1973, 257-265.

64) Ehrenamtliche Richter im Schwurgericht. MDR 1974, 898-900.

65) Die Intimsphäre als Kriterium strafbaren Begehens durch Unterlassen. In: Festschrift für Friedrich Schaffstein zum 70. Geburtstag. Göttingen 1975, S. 89-103.

阻止しないとの消極的な幇助の事例のような倫理的葛藤に対する解決を示すものとして，現在でも示唆に富む。連邦通常裁判所（BGH）の判例を素材とした刑事訴訟法に関する研究[66]では，手続上の訴訟指揮の妥当性について基本法から導かれる原則を指摘している。これは，現在における裁判所の配慮義務の概念と一致する。他方では，BGHの要求する良心の緊張（Gewissensanspannung）を哲学上の伝統的な倫理から理由付けている。ホルスト・シュレーダー（Horst Schröder）の記念論集への寄稿論文では，以前に取り組んだ『法律上の行為と自然上の行為との単一性』（1925）を再び検討し，連続した可罰的行為に対して擬制される総体的な故意は不要であることをあらためて論証した[67]。最後の著作となったボッケルマン（Bockelmann）の記念論集への寄稿論文では，宿命と良心とが論じられ[68]，自身の中心的な課題であった法と倫理との関係が再び検討された。その論文では，ギリシア悲劇を例にあげて，人間の責任に関する問題が論じられている。人間の道徳意識は法律上のあらゆる命令や禁止よりも厳格である，との簡潔で緻密な総括において，刑法総論のテーマを広範で伝統的な総体的関係の中に再び位置付けている。また，理性ではなく良心こそが最終審なのである，との理想主義的な付言もしている。

1981年2月25日，リヒャルト・マルティーン・ホーニッヒは，ゲッティンゲンにおいて，91歳でこの世を去り，プリンストンにおいて妻の隣で安らかな眠りについている。

---

[66] Billigkeitserwägungen in Verfahrensurteilen des Bundesgerichtshofs. In: Festschrift für R. Lange. Göttingen 1976, S. 805–813; Bemerkungen zum Sittengesetz in der Strafrechtsjudikatur des Bundesgerichtshofs. In: Festschrift für E. Dreher. Berlin 1977, S. 39–52.

[67] Der zurückdatierte Gesamtvorsatz. In: Gedächtnisschrift für Horst Schröder. München 1978, S. 167–174.

[68] Schicksal und Gewissen. In: Festschrift für P. Bockelmann zum 70. Geburtstag. München 1979, S. 1–6.

VI. 人　　　生

　ホーニッヒの人生の初期は，同時代をすごし，あるいは運命を共にした多くの人々と同じく，良好なものであった。そこでは，行動力があり意志の強い妻の協力が常にあった。また，絵画及びバイオリンの演奏を主とした音楽の趣味によっても，絶えず元気付けられた。さらに，彼は，自己の文化を放棄しなければならなかったときに，故国を追われて外国で暮らせば誰もが感じる知的活動上の孤独を紛らそうと，あたらしい課題に取り組んだ。

　彼の研究業績には，多くの領域が含まれている。刑法，法史学及び教会史学，法哲学，アメリカ刑法，そして法学方法論である。このように関心の幅が広いことは，彼がきわめて知的好奇心の旺盛で，広い教養を備えた人物であることをはっきりと示している。このことが，生涯において，思いがけない研究上の発見をし，研究テーマを創造することにおおいに役立ったのである。

　最も，その研究活動がおよそ共感を得ているわけではない。彼の教科書は，学界向けとして想定されたものではなく，トルコ語によるものしか公刊されていないため，ほとんど後世に影響を与えていない。また，法史学・教会法史学の論文は，1世紀も前のプロイセンの研究者達の教養に敬意が払われるべきことを証明するものであり，その研究者達個人の生涯もあきらかにしている。彼自身は研究活動と個性との融合に強い感銘を受けたのだろうが，そのような融合を論文において提示することは，きわめて異例なことである。さらに，当時の彼のアメリカ刑法，とくに模範刑法典に対する研究活動は，それまでなじみの薄かったアメリカの法文化をドイツに架橋するための試みであり，彼もアメリカ法の知識の橋渡し役であることを自認していた。しかし，この試みは，やむをえずはじめられたものであり，継続されることはなかったのである。

　彼の生涯における研究活動の中心は刑法理論であった。しかし，この研究活動は，1933年に起きた悲劇によって中断せざるを得なかった。もちろん，ドイツの大学に復帰して以降，過去の個別研究を継続したことが過小評価される

わけではない。とはいえ，その各論文では，すでにテーマが限定されていることからして，ドイツ帰国後20年間の研究活動を際立たせるための全体的な洞察力と能力とはもはや発揮できていなかった，と言わねばならないだろう。

その当時の彼は，方法論的な視点からは，利益法学の支持者と評価される。あるいは，彼自身も述べているように，「社会学派」であって，概念法学に対する批判者であった[69]。彼の概念法学に対する批判は，犯罪行為の「概念」からは何が犯罪であるかを導けないとの事実に向けられている。すなわち，立法者の目的は，立法者が保護したい利益は何か，そして保護したくない利益は何かを判断することにある[70]。彼は，まさにこの法益説に立つがゆえに，利益法学に共感していた。「法益」と利益法学の意味での「利益」とを同視していたのである。

当時の潮流に対する彼の見解は，現在では，ほとんど説得力を欠くように思われる。確かに，その出発点として，概念法学的見解または彼の言うところの「自然法的」見解に対して，法または不法について誤った概念を提示するものとして批判をしている。また，過去の立法者の目的は法益保護を判断することである，との彼の命題は，一見すると正しいようにみえる。しかし，彼が「法共同体の文明観によって法と不法との限界付けがなされる」[71]と主張する途端，異説との区別は曖昧になってしまう。その一方で，概念法学の集積に完全に依拠するかのような「犯罪行為の概念は，法的思考に関してア・プリオリに生まれる分類形式，つまりあらゆる実証的な法体系とは無関係に生まれる分類形式に属する。」[72]との主張もしているのである。

それゆえ，彼の理解と厳格な概念法学との相違は，刑法理論を自然法的に導き出すことを基本的に否定することにあるにすぎない。つまり，確かに刑法は哲学的に正当化されねばならないとしても，哲学それ自体が安定していないと

---

69) Einwilligung (aaO Fn. 6) S. 46 ff. und S. 60 ff.
70) Einwilligung (aaO Fn. 6) S. 18 ff., S. 94 f.
71) Einwilligung (aaO Fn. 6) S. 25.
72) Einwilligung (aaO Fn. 6) S. 69.

確信すること、すなわち「哲学は、その時代において思想上理解される」(ヘーゲル(Hegel))[73]と確信することくらいにしか違いがないのである。

彼は、自己の思考方法が「利益法学」に依拠すると考えていた。刑法の目的は法益の保護にあると理解していたからである[74]。しかし、この理解も、異説との区別は曖昧である。法益評価の基準が存在できるのは、実証的な法からはやはり導き出せない観念においてのみである、と主張されているのである[75]。また、「社会学的」手法を論じる際には、実学(Wirklichkeitswissenschaft)の基準ではなく、規範的に考えられる社会学が問題となっている。すなわち、刑法を立法するための基礎となる観念は、「法哲学的な原理」[76]なのである。

後付けではあるが一般的な特徴付けをしようとすれば、その時代の方法論上の議論における彼の立場は、彼自身の評価よりも包括的なものである。

彼の刑法研究では、最初から最後まで、反実証主義(antipositivistisch、より正確に言えばapositivistich)が貫かれ、法実証主義との論争の必要性を1度も認めることはなかった[77]。全論文において、場合によってはその欄外脚注においてさえも、現行法の解釈に取り組んでいたことが、その象徴である。検討対象は、再犯の問題からはじまり最後の研究に至るまで、実証として法典化された法をどのように解釈すべきかではなく、実証される法をどのように正当に構成すべきかであった。彼は、生涯において、法学を現行法に関する学問ではなく正当な法のあり方に関する学問として捉えていた。つまり、法律家は法をどのように正当に制定すべきかを学問的に間違いなく論証できる、と確信して

---

73) Einwilligung (aaO Fn. 6) S. 114.
74) Einwilligung (aaO Fn. 6) S. 29 ff., Vortat (aaO Fn. 20) S. 66 ff.
75) Einwilligung (aaO Fn. 6) S. 117.
76) Einwilligung (aaO Fn. 6) S. 113.
77) ホーニッヒが Einwilligung (aaO Fn. 6) S. 61 ff. におけるイェーリング(Jhering)及びビンディング(Binding)との論争に際して、「社会的実証主義(sozialen Positivsmus)」と呼んでいるものは、マイヴァルト(Maiwald)がホーニッヒに対する大学での追悼演説で正当にも指摘しているように、むしろ現在では「自然主義的」または「自然科学的方法論」と称されると思われる。

いたのである。

　これに関連して，彼の方法論上の技術は，プロイセンの観念論のそれと同じである。立法は，表面的には共同体の信念にもとづく。すなわち，「その共同体の行為に関する認識において貫かれている無価値の評価が，立法者が法益保護を考える動機となる」[78]。しかしながら，その文化共同体の意見は，確かに歴史的変化を受容しやすいものの，「真実」かそれとも「不真実」かの評価に従属する「観念」に拘束される。それゆえ，彼は，折に触れて，法理論の「真実性（Wahrheitsgehalt）」を命題として追求した。すなわち，法的問題を「一般的に妥当する方法で解決する」[79] 立法及び理論の研究を行ったのである。否定されるべきは，現行法と矛盾する見解ではなく，法的・論理的に誤っている見解である[80]。法的評価では真実か不真実かが判断されるのであり，合目的か非合目的かが判断されるのではない。しかし，正当か否かは判断される。この理解は，一般的な論理規則が妥当しない特殊な「法的」論理（„juristische" Logik）であると誤解されないように，原則的に（誤植でないとすれば）「法論理的（juristischlogisch）」との語を用いるまでに拡張されている。この信念は，つぎのことからもみて取れる。彼は，確かに，刑事政策的に期待される「法論理的な構造」の帰結を認識して，これを支持する。たとえば，犯罪行為の単一性に関する研究では，実在的及び観念的な競合での吸収主義（Absorptionsprinzip）を徹底する。それは，「文化的に生成された刑の適用」を目的とするものと理解されている[81]。しかし，彼は，刑事政策的な動機が原則的に「正しい」立法を理由づけるものとは認めないのである。すなわち，「刑事政策を根拠としても，概念の内容画定を不安定にすることを正当化しえない」[82] または「刑事政策を前提としても，規範の理論的な根拠として充分ではない」[83]。「法論理的」

---

78) Einwilligung (aaO Fn. 6) S. 93.
79) Einwilligung (aaO Fn. 6) S. 1.
80) Vortat (aaO Fn. 20) S. 8.
81) Vortat (aaO Fn. 20) S. VII.
82) Einwilligung (aaO Fn. 6) S. 27.
83) Rückfall (aaO Fn. 3) S. 35.

に正当化されない限り，目的論的な論拠によって正当化されることはない。つまり，先にみたように，「この法的効果の観点だけが重視され，その法的効果を初めて生じさせる構成要件の法的意味の観点にもとづかずに判断が下されているということは，法律学全体が行き詰まっていることを意味する」[84]。

　彼が上記の活動をした当時は，刑法の改正について一般的に関心が集中していた時期でもあった。それゆえに彼は，立法者による解決が正当であることを「論理的」に証明しようと考えたのである。その20年間においても，そのような「論理的」考察になじむテーマが専ら扱われている。それゆえに，被害者の同意に関する教授資格論文の第2部も，ついに完成させることができなかった。その内容は，可罰性を限定するために自身が提案した総則規定を各則上の各構成要件に適用しようとするものであったが，「論理的」考察にはなじまなかったのである。刑法は正しく（richtig）なければならないが，合目的（zweckmäßig）であってはならない。この彼の徹底した見解は，現在では批判にさらされるかもしれない。しかし，理想主義的な法の理解を示すものとして今後も敬意を払われるべきである。

　彼は，自身を追放した祖国ドイツのみならず，ソビエトでも同様であった30年に及ぶ不法な独裁政治体制を経験した。その経験は，法規定または理論上の命題の「真実」をどうすれば確立できるか，とのあらたな問題を検討する契機となった。ローマ帝政後期の皇帝法に関する研究は，法史学上の関心から始められたわけではなかった。彼は，衰退した時代の末期に生きていると感じており，これまでの高度な法文化が，私達の年代計算で3世紀来の普遍的な衰退に対していかなる手法で対抗しようとしているのかを検討した。そこでは，人間性の概念，皇帝の称号，形容詞の使用に関する緻密な言語的分析を前提として，非難可能性の程度または性質がテオドシウス法典においてどのように定められていたかに，目下の関心が寄せられた。すなわち，伝統的なローマ法を宥恕化したことに示されているローマ帝政後期の皇帝法における衡平な判断を

---

84) Vortat (aaO Fn. 20) S. 61.

論証したうえ，類似の判断方法が同様の危機に対して現在でも通用するのか，との問題を提起したのである。「20世紀において，いわゆる独裁者による専制支配から民主主義へとどのように移行したのか。これについて学説を主張するためには，つぎのことが必要である。すなわち，私達の文明強化は，公序良俗，法及び信仰といった独裁者には軽視される不変の価値を想起する以外になしえない，と理解することである。この限りで，皇帝法を統治のための法源とすることは，現在でも手本として役立ち得る」[85]。

戦後には，当時の経験にもとづいて，正当な法が発展するための真実の基準となる観念を抱いていた。ドイツ帰国後の20年間では，その観念の根拠は法的論理であったが，背後には，かつて権利を制限された者としての文化的考察があったかもしれない。さらに，その観念に裏付けられた道徳的要素は，間違いなく理想主義的（または新理想主義的）哲学に依拠していた。BGHの刑事判例における公序良俗法の役割を検討[86]した際には，ヘーゲルによれば歴史的に不安定なものと考えられている公序良俗法すなわち社会的倫理と，カント（Kant）または新カント主義によれば「不安定ではない」と考えられ「以前からずっと存在している」[87]公序良俗法とが区別された。良心は，安定した公序良俗法の基準となる。このような考察にもとづき，悲劇的な状況での不可罰性を承認するための「良心の錯誤」による抗弁可能性が導かれている（ボッケルマンの記念論集での寄稿論文ではエディプスとオレストの例があげられている）。これとは異なり，責任能力のある行為者は，その個人的で一方的な確信によって非難可能性が排斥されることはなく，社会的倫理の基準つまり公衆に共通した道徳的確信に服従しなければならない，とされたのである。

最後の論文においてまで，公衆に共通する文明観を具現化する，時代的に不安定な観念も，たとえば経験的に確定されるのではなく，法律家によって認識される，との信念が貫かれた。彼は，ジエローム・ホールの刑法学説に大々的

---

85) Humanitas und Rhetorik (aaO Fn. 48) S. 7 f.
86) Festschrift für *Dreher* (aaO Fn. 66).
87) Festschrift für *Dreher* (aaO Fn. 66) S. 43.

な論争[88])を挑んだ際にも，刑法学者が刑法の原則の内容画定と総則に関する学説を展開する場合には，「医学者及び犯罪学者の意見を考慮に入れることはできず」，「法的論理に依拠する」と主張した。

彼の法的論理の法則を追求する範囲は，ドイツでの独裁政治及び第二次世界大戦を経験したことで拡張された。たとえば，刑法上の心情に関する特徴付けにとくに関心が払われている[89)]。法律家の結論は，道徳的問題を判断した際にも，真実かそれとも不真実かのいずれかのみにしかなりえない。リヒャルト・マルティーン・ホーニッヒは，常にこのことにこだわったのである。

リヒャルト・マルティーン・ホーニッヒの著作（抜粋）

Die Einwilligung des Verletzten（被害者の同意）. Teil1. Die Geschichte des Einwilligungsproblems und die Methodenfragen（被害者の同意の問題の歴史及び方法論上の問題）. Mannheim etc. 1919, 187 S.

Studien zur juristischen und natürlichen Handlungseinheit, zugleich ein Beitrag zur Strafrechtsreform（法律上の行為と自然上の行為との単一性の研究，刑法改正に対する寄稿論文として）. Mannheim etc. 1925, 142 S.

Straflose Vor-und Nachtat（不可罰的な事前・事後の行為）. Leipzig1927, 116 S.

Zur Frage der Strafbarkeit der Unterlassung im römischen Recht（ローマ法における不作為の可罰性の問題について）. FS für Eduard Heilfron（エドゥアルト・ハイルフロンの記念論集）. Berlin 1930, S. 63-80.

Kausalität und objektive Zurechnung（因果性と客観的帰属）. FS für Reinhard v. Frank.（ラインハルト・v. フランクの祝賀論集）. Tübingen 1930, S. 174-201.

Humanitas und Rhetorik in den spätrömischen Kaisergesetzen（ローマ帝政後期の皇帝法における人間性と修辞法）(Studien zur Gesinnungsgrundlage des Dominats（支配の思想的基礎についての研究）. Göttingen 1960, 192S.

Das amerikanische Strafrecht（アメリカ刑法）. In: Mezger/Schönke/Jeschek（メツガー／シェンケ／イェシェック）(Hrsg.), Das ausländische Strafrecht der Gegenwart（現代の外国の刑法）. Bd. 4. Berlin 1962, S. 1-262.

Entwurf eines amerikanischen Musterstrafgesetzbuchs（アメリカの模範刑法草案）. Übersetzt, eingeleitet und mit Anm. verstehen. Berlin 1965 (Sammlung außerdeutscher Strafgesetzbücher（外国の刑法に所収）).

---

88) ZStW74 (1962), S. 383.
89) Festschrift für Larenz (aaO Fn.62); Humanitas und Rhetorik (aaO Fn. 48) S. 21 参照.

ヘルマン・ヘラー*

自由主義的法治国家から社会的法治国家へ[1]**

クリストフ・ミュラー***
訳 工 藤 達 朗

I. ワイマール共和国のためのヘラーの闘争

　一般に，科学は，原因を探究し，そうすることで，未来に何が生じるか予言できることを目標とする。これに対して歴史家は，何が起きたかすでに知っており，起きたことは起きざるを得なかったことを証明しようと努める。しかし，すべての世代はその歴史を新しい眼で見る。時々，われわれはまさしく新しい過去を手に入れるのである。それゆえ，視線を後ろに向けた歴史学は，他の科学がこれまで現実にほんのわずか接近することに成功したにとどまり，まだ現実をとらえてはいないからといって，それよりもよい状態にあるわけでは

---

　* HERMANN HELLER（1891年–1933年）
　** Vom liberalen zum sozialen Rechtsstaat
　*** Dr. Christoph Müller: Professor an der Freien Universität Berlin（ベルリン大学教授）
　1) 本稿は，1991年7月16日の新チューリッヒ新聞（Neue Zürcher Zeitung）に発表した論文に加筆したものである。同論文をここでまた利用することを許していただいたことに感謝する。同論文はまた，フリードリヒ・エーベルト財団が1991年7月17日，ヘラー生誕100年の誕生日にライプチヒの当時のライヒ裁判所で開催したヘルマン・ヘラー・フォーラムでの講演を下敷きにしている。1932年10月，ヘラーはここの国事裁判所でワイマール共和国のための最後の闘争を戦ったのである。

決してない。
　ドイツは民主主義の伝統にそれほど富んでいるわけではない。しかし，民主主義がようやく根付いた後に，われわれは過去を新しく考察し，民主主義の発展系列に置かれるべき人や出来事が，一般に知られているよりも多いことに気づく。このような意味において，少し前からヘルマン・ヘラーに対する関心が高まっている。彼は，その国家論の仕事においても，実践的・政治的にも，ワイマール共和国を救出することに全力を傾けて闘った。彼は，その混乱の数年間において理性の声であった。しかし，〔最近まで〕ほとんど忘れ去られていた。彼は，ヒトラーの独裁による迫害からの避難所をスペイン共和国に見いだしたが，数カ月後，亡命先で亡くなった。やっと42歳になったばかりであった。

　ゲルハルト・アンシュッツ（Gerhard Anschütz），リヒャルト・トーマ（Richard Thoma）およびハンス・ケルゼン（Hans Kelsen）──若干の名前をあげるにとどめるが──とともに，ヘラーは，ワイマール共和国で憲法に忠誠を誓う，共和主義的な信条の，きわめて少数の国法学者の１人であった。君主制の下で成長した憲法学者の多くは，共和国に対して，敵対はしないまでも距離を置いた。せいぜい，「心情的君主主義者」から，かつてフリードリヒ・マイネッケ（Friedrich Meinecke）が述べたように，「理性的共和主義者」になったにすぎない[2]。ヘラーにとっては，それに対して，共和国のための闘争は，心情の問題であり，かつ理性の命令であった。彼は，労働運動においてワイマール憲法に対する理解を得ようと努めると同時に，市民層に対して議会制民主主義と市民的法治国憲法という偉大な成果を堅持するよう呼びかけた。彼は，ヒトラーのファシズムが権力に到達したとき，それは政治的および文化

---

2) Vgl. Dazu *Dian Schefold*, Hellers Ringen um den Verfassungsbegriff, in: *Christoph Müller/ Ilse Staff* (Hrsg.), Der soziale Rechtsstaat. Gedächtnisschrift für Hermann Heller. 1891-1933, Baden-Baden 1984, S. 555.〔ディアン・シェーフォルト（広沢民夫訳）「ヘルマン・ヘラーの憲法概念」Ch. ミュラー＝I. シュタフ編著（安世舟＝山口利男編訳）『ワイマール共和国の憲法状況と国家学』（未來社，1989年）215頁〕

的な崩壊を意味するだろうと情熱的に警告した。彼は，ファシズムの冒険に乗り出そうとしている「ナショナリズムの立場に立つ教授や文士連中」はヨーロッパ精神への裏切り者であると鋭い口調で断罪した。「冷血な合理主義者と血に飢えた非合理主義者の無責任なおしゃべり」に対して，最後に彼は，すべての参加者をとらえているに違いない「耐え難い嘔吐感」になお訴え続け，「そしてファシスト的独裁と社会的法治国家の間で決定が下されるだろう」[3]と述べた。しかし，あらゆる警告は無駄に終わった。

ワイマール共和国の崩壊によって，ヘルマン・ヘラーのライフワークも失敗に終わった。しかし，後になってから，彼の仕事はいまやますます考察されている。60年代の初めから，彼が「社会的法治国家の理論の偉人」に数えられることは「争いがない」[4]。

II. 生　涯

ヘルマン・イグナツ・ヘラーは，1891年7月17日，オルザ川沿いの町テシェンに生まれた。そこは当時オーストリアのシュレジエンに属していたが，今日では，一部はポーランドに，一部はチェコスロバキアに属している〔訳注：1993年1月，同国はチェコとスロバキアの2つの共和国に分かれた〕。彼はユダヤ人家族の出身であり，弁護士の息子であった。母方の親戚にはヨーゼフ・レートリッヒ（*Josef Redlich*）がいる。レートリッヒは，オーストリアでイギリス議会制度についての偉大な専門家であり，ハプスブルク王制が崩壊した時は財務大臣であったが，1926年以降ハーバード大学で教鞭をとった。

ヘラーは，ウィーン，インスブルックおよびグラーツで法学を学んだ。1914

---

3) *Hermann Heller*, Rechtsstaat oder Diktatur ? in: Gesammelte Schriften, 2. Aufl., Tübingen 1992, Bd. 2, S. 462 f.〔「法治国家か独裁か？」今井弘道＝大野達司＝山崎充彦編訳『国家学の危機』（風行社，1991年）146頁〕

4) *Manfred Funke*, Ein demokaratischer Fundamentalist. Zum hundersten Geburtstag des Carl Schmitt- Antipoden Hermann Heller, in: Frankfurter Allgemeine Zeitung, 17. Juli 1991, S. 25.

年，彼はオーストリア軍の志願兵として戦地に赴いた。戦後になって，ライプチヒを経てキールへ行き，SPD〔ドイツ社会民主党〕に入党した。1920年3月10日，彼は，グスタフ・ラートブルフ（*Gustav Radbruch*）の援助により，大学教授資格を得た。ヘラーとラートブルフは，それから親密な友情を結んだ。ここで2人は，カップ一揆に対する武装抵抗に参加した。1920年3月13日，地方総監（Landschaftsdirektor）ヴォルフガング・カップ（*Wolfgang Kapp*）は，この一揆によって，共和国の秩序を転覆しようとする試みを企てたのである。後にラートブルフとヘラーは，ともに民衆大学運動において活動した。1920年11月，ヘラーはプロイセンで市民権を獲得し，1920年12月24日，キールで有名なバレリーナ，ゲルトルート・ファルケ（*Gertrud Falke*）と結婚した。

ヘラーは，その教授資格論文において，プロイセン・ドイツの伝統であった「外交優先」に批判的かつ根本的に取り組んだ。この伝統のために，内政と社会形成のすべての問題が権力国家の要請と国民的なるもののパトスの下位に位置づけられてしまったのである。彼は，「内政優先」のための闘争を開始し，そして自由主義的法治国家を社会的法治国家へと継続的に発展させる可能性を探求した。

大学は，ユダヤ人で社会民主党員のアウトサイダーに開かれていたわけではなかった。彼は員外教授のポストを8年間待たなければならなかった[5]。彼はライプチヒに戻り，主として民衆教育，そしてとくに労働者教育に取り組むことによって，その時代を切り抜けた。1920年から1926年，彼はライプチヒで新たに設置された民衆教育局の長であり，そこでザクセンの境界を越えて行われた模範的な仕事を発展させた。

ヘラーはここで，きわめて情熱的に，社会主義者の青年たちを新しく方向づけるための戦いを開始した。自らを「正統派」と理解するマルクス主義，それはマックス・アドラー（*Max Adler*）やアルカディウス・グーラント（*Arkadius*

---

[5] *Klaus Meyer*, aaO Fn. 2, S. 81.

Gurland)のような名前によって特徴づけることができるが，この正統派マルクス主義は，市民的共和国を受け入れない（ablehnen）だけではなく，組織としての国家そのものを「否定する（verneinen）」。これに対してヘラーは，その特有の価値観をもって自己を共和国の中へ引き入れるために戦うよう，労働者階級に要請した。ずっと以前から社会民主主義は「人民の国家（Volksstaat）」や「社会的民主主義」について語っている。しかし，「社会的法治国家」に関するヘラーによる概念の刻印は，当時は新しかった。このコンセプトは，とりわけ，後のオーストリア共和国連邦大統領カール・レンナー（*Karl Renner*）やハンス・ケルゼンも依拠していた国家概念，この国家概念を新しくかつ根本的に変革すること（Verarbeitung）に基づいていた。この変革はハインリヒ・クーノー（*Heinrich Cunow*）に負うものである。

　1926年，ヘラーは学問活動に復帰した。カイザー・ヴィルヘルム外国公法・国際法研究所所長ヴィクトア・ブルンス（*Victor Bruns*）は，ヘラーに注目し，彼をベルリンに呼んだのである。1929年，ヘラーはイタリア・ファシズムに関する根本的な研究を公刊した。ヘラーはこのファシズムをイタリアでの在外研究の際にその語学力のおかげで直接かつその現場から研究することができたのである[6]。彼の研究は，今日に至るまで，この予期せぬ現象を理論的にとらえようとする，きわめて興味深い同時代的な試みの1つである。ベルリンにおいて，ヘラーは，新設の政治大学でも働いた。純粋に法学的な国家理論を創り出そうとしたハンス・ケルゼンとは全く対照的に，ヘラーにとって国家学は，経験的な政治学の理論的部分であった。彼はまさに「ドイツにおける政治学の父」[7]とみなされている。

　学部の抵抗，そしてまたルドルフ・スメント（Rudolf Smend）の抵抗を排して，プロイセン〔文部〕省は，1928年，ヘラーをベルリン大学法学部の公

---

[6] *Heller*, Europa und Faschismus, 1. Aufl. 1929, 2. erw. Aufl. 1931, in: Schriften aaO Fn. 3, Bd. 2, S. 463-609.〔「ヨーロッパとファシズム」大野達司＝細井保訳『ナショナリズムとヨーロッパ』（風行社，2004年）123-299頁〕

[7] *Hans Mommsen*, in: Vierteljahreshefte für Zeitgeschichte, 10 (1962), S. 350.

法の員外教授に任命した。1932年，彼はフランクフルト大学の正教授に任命された。しかし，今や彼に課されているように思われた「国家学」の不断の研究は，彼に与えられなかった。政治状況はますます切迫していた。

1932年7月20日のプロイセン事件（Preußenschlag）[8]によって，フランツ・フォン・パーペン（*Franz von Papen*）は，プロイセンの社会民主党政府を排除した。プロイセン政府は，この「冷たいクーデタ」に準備する時機を失してしまった。ライプチヒの国事裁判所で行われた「プロイセン対ライヒ」訴訟[9]において，ヘラーは，ラント議会の社会民主党会派の代理人を務めた。スイス連邦国法の専門家として，彼は「ライヒ執行」の要件が充足されているとの主張に対して，重大な論拠を申し立てた。ヘラーは，冷静な訴訟戦術にいつも忠実であるとは限らなかった。彼は，法学的な理由づけは口実にすぎず，問題はもっぱら，ヒトラーをライヒ内閣に受け入れることを可能にすることだと発言した。あからさまにカール・シュミット（*Carl Schmitt*）をさして，彼は，特定の国法学者のライヒ憲法に対する関係を，ヤギを庭師にするようなものだと批判したのである。

国事裁判所は，いくつかの副次的な論点で，罷免されたプロイセン・ラント政府を正当であると認めはしたけれども，権力の移動についてはライヒ政府に有利な結論を下した[10]。ワイマール共和国の運命は決した。ヘラーの恐れていたことすべてが，1933年1月30日，本当になったのである。

ヘラーは，NSDAP〔国家社会主義ドイツ労働者党〕の指導的代表者を名指しで鋭く攻撃していたので，直接的な危険にさらされた。友人の助言にしたがって，彼はロンドン——そこで彼は，ハロルド・ラスキ（Harold Laski）から招待されてロンドン・スクール・オブ・エコノミクスで講演したのである

---

8) *Karl Dietrich Bracher*, Die Auflösung der Weimarer Republik（1955），5. Aufl. Villingen 1971, S. 519.

9) Bei *Meyer*, aaO Fn. 2, S. 84.

10) Entscheidung vom 25. Oktober 1932, RGZ Bd. 138 Anhang, S. 2-43.〔山下威士編訳『クーデタを裁く』（尚学社，2003年）1017-1067頁（国事裁判所判決）〕

——からドイツに帰ることは2度となかった。彼は，スペイン共和国の招待を受け入れた。1933年4月7日の「職業官吏制度の再建に関する」不吉な法律[11]に基づいて，彼はフランクフルト大学を退職させられた。これによって彼の職業上の生存は否定された。ヘラーは，スペインからカール・シュミットに宛てた簡潔な葉書の中で，枢密顧問官に任命されたシュミットを，「ゲーリング大臣閣下によるきわめて当然の栄誉である」と祝福した[12]。

ヘラーは亡命先でその『国家学』を完成するために熱に浮かされたように研究した。しかし，過労のため，心臓病を再発した。それは戦争で兵士の時にかかったものであった。1933年11月4日，彼はマドリッドで亡くなった。

彼の敵対者カール・シュミットは，半世紀以上も長くその作品を練り上げ，今日まで有力な学派を形成することができたのであるが，彼は自分自身を「思想殺人」[13]の犠牲者だと考えていた。それに対して，ヘラーは，その『国家学』を完成することはもはやできなかった。確かに，ゲルハルト・ニーマイヤー (Gerhart Niemeyer) は，1934年，オランダにおいて未完の原稿を編集することができた。しかし，ドイツでは，この本は禁じられ，1945年に至るまで何の影響力も持たなかったのである。

しかし，1971年，彼の『著作集』が出版されることになった。それは大部の3巻本であり，今や第2版が発行されている。ヘラーの『国家学』も，美しい単行本として再版され，静かにではあるが，しだいにますます多くの読者を

---

11) RGBl. S. 175 ff.
12) Bei *Meyer*, aaO Fn. 2, S. 85.
13) 「ジェノサイド，集団虐殺，感動的概念。その一例を私は身をもって体験した。1945年のプロイセン・ドイツ官吏制度の根絶である。それは自殺に追い込まれた。しかし人は私に対して恥知らずな Ideocidium を犯したのである」。*Carl Schmitt, Glossarium. Aufzeichnungen der Jahre 1947-1951*, Berlin 1991, S. 265. しかし，法治国家的官吏制度の破壊は，カール・シュミットの積極的な関与の下，1933年に行われた (BVerfGE Bd. 3, S. 58-168 [S. 85 f.])。1945年以後，ほんのわずかの官吏，裁判官および大学教授が，ヒトラー独裁との過度の同一化を理由として，連邦共和国において公務員として雇用されなかったにすぎない。

獲得している[14]。

　ヘラーの，後のまさに広大な影響は驚くべきことである。なぜなら，彼の著作は，ワイマール共和国に特有な諸問題と密接に結びついていたからである。この特異な事態は次のように説明できるかもしれない。すなわち，ワイマールの状況の一定の構造は，社会・経済および国家の状態に関する典型的な性格を有しており，われわれはその状態を，今日の世界の政治状況の若干の傾向の中に，しかもまったく新しく，巨大で，グローバルな次元において再び見いだしているからである。このことは，ドイツその他の多くの国々においてワイマールの議論がますます関心を集め，当時の対立からの出口を見つけようとするヘラーの試みが，新しい問題提起の下で再び現実的なものとみなされるようになったわけを説明できるだろう。

Ⅲ．経済的自由主義と政治的自由主義の緊張

　ヘラーをワイマール期憲法学の多様な政治的潮流と立場の中に整理することは簡単ではない。彼は，アウトサイダーであり，どの椅子にも座ることができずに，そして，考えうる最も不愉快な場所を選んだのである。一方の人々には，彼は左翼である。なぜなら，彼は，社会主義的な変革を熟考していたからである。他方の人々にとって，彼はきわめて右翼的であった。なぜなら，あらゆる変遷にもかかわらず，自由主義時代の政治的・文化的成果との連続性が，彼にとっては重要であったからである。民主主義，議会および法治国家といった，イギリス，アメリカおよびフランスにおける市民革命のおかげで手に入れ

---

14) これまでドイツでは，ヘラーはほとんど重要視されてこなかったのに対して，ヒスパニック世界や日本では注目すべき影響を与えた。イタリア，フランス，イギリス，アメリカおよびイスラエルでも，彼の仕事は議論されている。ヘラーの著作の翻訳は，ハンス・レーデル（Hans Rädel）の作成した文献目録に挙げられている。In: *Heller*, Schriften, aaO Fn. 3, Bd. 3, S. 413-428; 影響史については，*Christoph Müller*, Hermann Heller: Leben, Werk, Wirkung, in: Heller, Schriften, aaO Fn. 3, S. 429-476.

たものは，新しい，堅固な基礎を発見すべきであり，しかしその上にさらに打ち建てられなければならないのである。

したがって，ヘラーは，ワイマール共和国において，自分の考えを誰にでもわからせることはできなかった。しかし，彼はそのアウトサイダーとしての立場に耐え，当時のザクセンの大臣が作り上げた「身の毛のよだつ言葉」，「大衆に見放されるぐらいなら，大衆とともに過ちを犯す方がましだ」を激しく攻撃した。このような格律によって，確かに「一次的にはそのポストを」維持できるだろうが，大臣が大衆を「指導する代わりに，いつも大衆に付き従う」ならば，大衆に見放されてしまうだろう[15]。なぜなら，指導の機能に属するのは，先頭に立っていくこと，新しい道を見いだすことであるが，時代精神の後を追うことではない。確かに，民主主義は多数派の支配に基づくが，しかしそこには，まさに概念必然的に，少数派とアウトサイダーも含まれるのである[16]。

ヘラーは，市場経済の概念で言い換えられる経済的自由主義を批判した[17]。市場は，大きな給付能力の情報システムである。誰か1人が市場を「発見した」のではなく，市場は自生的な現象であり，あれやこれやの形式で常に維持されるのである。今日まで，繰り返し死亡宣告されてきた市場経済は，並外れた給付と適応の能力を立証してきた。しかし，この経済的自由主義は，自己矛

---

15) *Heller*, Genie und Funktionär in der Politik (1930), in: Schriften, aaO Fn. 3, Bd. 2, S. 619.〔「政治における天才宗教と大衆自生主義」今井ほか訳・注（3）〕

16) *Hans Klsen*, Vom Wesen und Wert der Demokratie, 2. Aufl. Tübingen 1929, S. 53 ff. 〔西島芳二訳『デモクラシーの本質と価値』（岩波文庫，改版，1966年）82頁以下〕

17) 「自己責任的な諸力の自由な活動や，自由市場による調和的な利益均衡，ならびに自生的な市場秩序によって社会全体が非暴力的に構成されるという諸理念，これらの理念は，それが国家と社会の組織に関する限り，実際には，正反対の状態を大がかりに隠蔽することを正当化するイデオロギーである。これらのイデオロギーは，確かに意識的な目的ではないが，市民社会に良き良心を調達する機能を果たすのである。……現実の市民社会は，階級支配によってまとめ上げられた階級社会である。それだからこそ，自由と平等のイデオロギーを断固として主張することが市民社会の生存に不可欠なのである」。*Heller*, Staatslehre, in: Schriften, aaO Fn. 2, Bd. 3, S. 208.〔安世舟訳『国家学』（未來社，1971年）174頁〕

盾であったし，自己矛盾しているのである。

　一面では，経済的自由主義は考えられないほどの生産力を解き放ち，そうすることで市民社会をはじめて現実に生じさせた。他面では，この経済過程へ政治システムが介入する新しい形式が，すぐに再び必要になった。なぜなら，国家の機能不全と並んで，経済の機能不全が生じたからである。「見えざる手」や「理性の狡智」の配慮によって，すべての個人の解放されたエゴイズムが調和のとれた均衡に至るとの約束は，本当ではないことが明らかとなった。

　今日の西側経済の成功は，それが自由主義の諸原理を純粋に実現したことに基づくのではなく，反対に，この間に「混合経済」の「二重システム」を作り上げたことに基づくのである。包括的な公共的インフラ整備，産業と営業のための権力的な国家委任，そして自治体の公益事業による需要充足経済，これらが市場での交換が可能になる枠条件をはじめて作り出すのである。

　ますます増大する人間の生活領域の社会化は，この間にさらに進んだ。このプロセスを不可避的なものだと考える人は，それを愛さなければならないわけではない。われわれの産業の全生産様式は，従来，自然をコストのかからない資源として自由に使うことに基づいていた。残念なことに，以前は無尽蔵だとみなされた自然資源を私的利益のための利用にこれ以上ゆだねておくことは不可能である。この間にわれわれが認識したことは，われわれは，われわれ自身の生活の基礎を掘り崩すだけでなく，とりわけ，市場の出来事に全く参加することのできない後に続く世代の生活の基礎をも掘り崩しているのだ，ということである。われわれの「過剰消費社会」のあらゆる成功にもかかわらず，また「途上国への開発援助 (Entwicklungshilfe)」にもかかわらず，最近10年で貧困は世界規模で減少するどころか増大している。いわゆる「現実の社会主義」の崩壊と平行して，経済的自由主義の欠陥は治癒されないことが明らかになった。しかし，われわれは，社会的市場経済をエコロジー的市場経済へと発展させるしかなく，また地球の貧困地域との従来の交換条件を修正しなければならないのだから，喜ばしいと思うか否かはともかく，社会的コントロールの範囲は，減少するのではなく増大する。

内容的には，われわれは，ヘラーの時代にはまだ議論されていなかった問題に直面している。当時はエコロジーの問題はテーマとなっていなかった。しかし，経済的な新自由主義の今日の批判者は，ヘルマン・ヘラーに出会う。ヘラーは，ワイマールの対立において，その時代の問題を根源的に提起していたのである。当時すでに彼は，今日では以前よりももっと切迫していることであるが，「生活手段を生活目的のもとに」服させるために戦ったのである[18]。彼は，法律の前の平等を形式的な法的平等以上のものと理解し，不平等に配分された富を共通に働いて得た人々に公正に配分し，「すべての人々の生活目的を考慮」[19]することを目標とするものと考えた。ワイマール共和国を揺るがした対立は，今日では消滅したと広く見なされている。しかし，ヨーロッパ，北アメリカおよび日本における福祉の島が，不平等な世界経済的交換によって手に入れた富を，外部から遮断された要塞の中で自分たちのために享受しようと欲する限り，社会国家は今日でもなお安定した基礎の上に立っているわけではない。その間に，地球の貧困地帯の苦しみそのものが直ちに克服されなければならない，という政治的意識が一般的になった。ヘラーがその国家学においてワイマール共和国における緊張を克服するために必要不可欠であると考えたのと同じ理由から，地球上で「消費する」階級と「周辺に追いやられた」階級の間の今日の根本的矛盾も，長く維持することはできない。

　ヘラーが「経済的自由主義」に対して戦ったのと同じエネルギーをもって，彼は「政治的自由主義」の諸制度に固執した[20]。見渡す限りでは，政治的民主

---

[18]　*Heller*, Rechtsstaat oder Diktatur？in: Schriften, aaO Fn. 2, Bd. 2, S. 461.〔「法治国家か独裁か？」今井ほか編訳・注（3）『国家学の危機』146頁〕

[19]　*Heller*, Rechtsstaat oder Diktatur？in: Schriften, aaO Fn. 2, Bd. 2, S. 449.〔「法治国家か独裁か？」今井ほか編訳・注（3）『国家学の危機』127頁〕

[20]　「宗教的，精神的および政治的価値を個人がもっていることが，ヨーロッパ文化の発展の不可欠の基礎である。これは，権威的な国家とは対立しないが，全体国家とは対立する。全体国家の権威には，法的制約もなければ，権力分立や基本権もないからである。われわれにとって問題なのは，労働と財貨の秩序をも実質的法治国家の組織に服させ，自由主義的法治国家を社会主義的法治国家に造り替えることだけであって，法治国家そのものを除去することではない」。*Heller*, Ziele und Grenzen

主義の伝統的諸形式に代わる本質的な選択肢は実践的にも存在しない。その際，ヘラーが国家理論家として代表していた立場は，経済学者ヨーゼフ・シュンペーター（Joseph Schumpeter）の立場と多くの点で類似している。シュンペーターも，何らかの集団主義を楽しみにするには，あまりに個人主義者であった。しかし，本来の経済的自由主義と競争資本主義の革新的な時期がいかなる必然性から自らに終止符を打つことになるのかを，彼は書いている。しかし，それにもかかわらず，市民社会に奉仕してきた政治的「成果」は，彼にとって引き続き利用することができた。市民的議会主義と法治国家は，まず第1に，自由主義的な市民層がそれを用いて権威主義的な社会の構造を変形させてきた道具であった。しかし，この新しい道具は，一般的に，政治システムを安定化させ，変化する社会的諸条件に適応させるために利用可能であることが明らかになった[21]。これは，まったく特殊な歴史的発展の成果は変化した条件の下でもその効力を維持しうるという，ヘラーの国家理論的確信と一致するものであった[22]。

---

einer deutschen Verfassungsreform (1931), in: Schriften aaO Fn. 2, Bd. 2. S. 410.〔「ドイツ憲法改革の目標と限界」大野達司＝山崎充彦訳『ヴァイマル憲法における自由と形式』（風行社，2007年）258頁〕この文脈からはっきりとわかることは，ヘラーは今日の用語法の意味における「権威的」国家について語ったのではなく，民主主義が経済を政治システムのもとに従属させようとする場合には，かなりの権威が必要であることを念頭に置いたのである。

21) *Joseph Schumpeter*, Kapitalismus, Sozialismus und Demokratie (1942, Orig. amerik.), 2. Aufl. Bern 1950, S. 477 f. 確かに，シュンペーターによれば，政治的決定の民主的方法を経済的決定の全領域に直ちに拡張しようと試みる場合には，「民主的社会主義」は失敗せざるをえない。経済指導の機関は，むしろ，「日常の義務を遂行する際に，政治家の介入からも，尊大な委員会やそれ自身の労働者からも，十分独立していなければならない」，aaO S. 475.

22) 人間は，「歴史的発展の中で精神的刻印を受け，それによって多くの人はその本質を深く形作るので，この精神的刻印は，確かに，それが伝える社会的な活動連関から独立しては決していないが，その元々の成立からは独立に，多くの世代を超えて長く続くものなのである」。*Heller*, Staatslehre, in: Schriften, aaO Fn. 2, Bd. 3, S. 203〔安訳・注(17)『国家学』167頁〕；「生成〔起源〕」からの「効力」の相対的独立性の認識について，ヘラーははっきりとマルクスとエンゲルスを援用している。同

今日，公的資金が不足しているために，国（die öffentliche Hand）と私的セクターの境界線を引き直すことが試みられている。その際，最終的には政治的介入の多様な諸形式に帰されるべき業績〔給付〕が，しばしば市場に帰されている。「社会国家」をめぐる議論が再燃しているのは，多くの人たちが社会国家を法治国家の対立概念と理解しているためである。このことはヘラーの著作における理由づけの関連性に再び関心を引き起こす。彼は，その「社会的法治国家」の概念によって，確かに経済的自由主義を批判したが，しかし同時に政治的自由主義の偉大な成果に固執したのである。

Ⅳ. ヨーロッパ連邦国家における「国民的文化共同体」

経済と政治制度は，ヘラーにとって，社会的統合の条件であった。社会的な諸集団を動かし，協力させることに成功するか否かは，ある国の市民の特殊な意識も前提である。彼の「社会的法治国家」の概念をこの面でより詳しく規定するために，彼は「国民」の概念を取り上げる。このことは繰り返し批判されたし，今もされている。労働者運動においてこの概念はタブーだった。なぜなら，この概念は「インターナショナリズム」と矛盾すると解されたからである。そして今日では，国民の概念は国家社会主義の過ちに責任があると多くの人が考えている。しかし，ヘラーが何を考えていたのか，より詳細に耳を傾ける価値がある。

まず第1に，ヘラーは，市民層が作り出した眼前にある国民国家に結びついた。市民層にとって，国民感情は国民代表と不可避的な一対であった。封建主義と絶対主義の諸権力に対して社会を民主的に再組織化するためには，政治的形成への意思が現れ出なければならなかった。その意思は，一定の歴史的，法的，行政的，経済的および文化的な結合点を前提としていた。社会の構成員が，自分自身の仕事に対して責任と権限を自覚すべきであるなら，一種の「われわれ感情」が成立しなければならなかった。

箇所。

市民社会は交換と交通に基づく。大きな国民が成立したのは，積み重なりと移動，交易，結婚と同化が，異なる言語と宗教を有するきわめてさまざまな種族と民族を新しい統一体へ融合させることによってである。自由主義的な経済社会は，市民的平等の偉大な先導者であった。もともとの集団を超えて，個人的，家族的，社会的，経済的または文化的な関連と結びつきの網ができあがった。市民社会は都会性によって刻印されていたのであり，それ故，一定程度までコスモポリタン的で多文化的な傾向を備えていたのである。

　ヘラーは，「普遍主義的な」古い国民思想に結びついた。この国民思想は，絶対主義的な「王朝」に反対して向けられたものであったが，ショーヴィニズム的退廃をなお免れていたのである。ヘラーはこの市民的な国民概念を取り上げたが，しかし同時に，ナショナリズムの危険を取り払うために，この国民概念に内政的および社会政策的アクセントを与えた。対内的には，現実の国民を作り上げるプロセスはなお完了していない。なぜなら，労働者階級は，深刻な社会対立のため，市民的文化に参加することをこれまで妨げられていたからである。それ故，ヘラーにとって，社会的民主制を樹立することは，まさに国民の利益にもかなうのであった。

　このようなコンセプトのため，ヘラーは「国民的文化共同体」の概念を受け継いだ。彼はこの概念をオットー・バウアー（Otto Bauer）に見いだしたのである[23]。カール・レンナーと同じく，オットー・バウアーも，ハプスブルク王政の多民族国家における国民的対立から逃れる道を探していた。そこでは，多数の諸国民が併存しており，それらのいずれも，ある国民が他の国民を吸収するほどには大きいが，ヨーロッパの基準で現実的な国民になるには小さすぎ

---

23) オットー・バウアーは，真の国民理念を，「文化共同体的に個性化された社会的民主主義」，「全人民を国民的文化共同体に引き込むこと，国民の完全な自己決定の獲得，諸国民の精神的分化の進展」であると定義した。*Heller*, Ideenkreise, in: Schriften, Bd. 1, S. 358〔安世舟訳『ドイツ現代政治思想史』（お茶の水書房，1981年）155頁〕; bei *Otto Bauer*, Die Nationalitätenfrage und die Sozialdemokratie（1907）, in: Werkausgabe, Bd. 1, Wien 1975, S. 169; vgl. dazu *Hans Mommsen*, Arbeiterbewegung und nationale Frage, Göttingen 1979, S. 76 f.

た。バウアーは,これらの国民のいずれもが,広域的な経済的,政治的および文化的な協力の可能性を失うことなく,その言語と文化的特殊性を維持できることを望んだのである。彼の国民的「文化共同体」の概念は,人種的(エスニック),宗教的および言語的な対立を和らげることに役立つべきものであった[24]。バウアーの希望は,「社会的同質性」の助けによって諸集団の間に橋を架け,意思の疎通を可能にすることであった。

　ヘラーは,この思想をワイマール共和国の諸問題を解決するために取り上げた。彼は,その『国家学』において,「社会的同質性」と現実の「文化共同体」の間に存在する内的連関を深く基礎づけた。自由主義的法治国家から社会的法治国家への継続発展は,住民の全階層にほぼ等しい枠条件のもとで生活することを可能にすべきであり,社会的安全と機会の平等が緊張を緩和し,政治的対立を議会闘争という文明的な形式で戦うための前提を作り出すという希望を抱かせるものであった。

　その際,「文化共同体」の概念は,「われわれ感情」の次のような形式を説明し,かつ支持する。すなわち,このわれわれ感情において,もとは他国人でその国に住み着いた人々が,彼が住む国と自分を同一視し,その国家,その行政,その自治体のために,社会的,経済的,政治的および文化的諸問題を解決することに責任があると自覚するようになるのである。ヘラーは,ドイツ文化とユダヤ文化の総合(ジンテーゼ)という大きな展望に深く満たされていた。ユダヤ人の学者,芸術家,政治家および企業家は,はるか以前から,ドイツ文化と国民の一部となっていた。ドイツ文化と国民は,もはや彼らを抜きにしては考えられない。このような世界にヘラーは住んでいたのである。彼はロマン主義の詩人を好んだ。しかし,「政治的ロマン主義」を危惧した[25]。その無知で攻撃的な風

---

24) 自己決定への正当な権利は,オットー・バウアーが例を挙げて説明したように,遅くとも,多数派となった少数派が自分たちの側の少数派を抑圧するときに,ショービニズムに転化する。

25) 「ロマン主義の叙情詩は言葉にできないほど美しい。しかし,ロマン主義の政治は,ドイツ史の中で,論理的,政治的および道徳的に最も当てにならないものの一つである」。*Heller*, Ideenkreise, in: Schriften, aaO Fn. 3, Bd.1, S. 288. 〔安訳・注 (23)

土においては，大学においても，まさに大学において，これらの希望すべてが危機に瀕してしまう。他のすべてのユダヤ人が，著名な研究者——とくにアルベルト・アインシュタイン（Albert Einstein）——もそうであったように，ヘラーは常に，反ユダヤ主義の敵視のもとで耐えなければならなかったのである。

　ヒトラーの権力掌握の後，歴史的に成立した「文化共同体」を否定することがナチス体制公認の政策となった。「文化共同体」に「民族共同体」が取って代わるべきものとされた。それにもかかわらず，「民族的」構成要素の人種的同質性を再建しようとする試みは，最初から禁じられていたのである。人種的融合と宗教的分化の何世紀にもわたる歴史的プロセスは，もはや後戻りすることはできなかった。それが意味するであろう精神的貧困を1度すっかり度外視しても。しかし，あり得ないことが実行に移された。「人種的浄化」が「異質なもの」を民族の身体から取り除くべきものとされた。

　ヘラーの国家学がわれわれにとって今日でも重要なのは，それが，時代のドキュメントとして，当時の知的状況からナチス体制の人種理論を根本的に研究したからである。人種理論が民主主義と国民との理性的連関を完全に解体したことをヘラーは明らかにした。彼は，反国民的ナショナリズムという適確な概念を作り上げた。国民の統一性は，社会対立，深刻な亀裂と溝によって危険にさらされていた。しかし，これらの対立は，除去されることも緩和されることもない。危険にさらされた統一体を強化する代わりに，むしろそれを破壊してしまう。「民族共同体」という悪用された言葉は，まさに「国民的文化共同体と政治的人民統一体の完全な破壊」に向けられていた[26]。そのための法学的道具立ては，すでに明らかなように，まったく単純であった。「人間」という「自由主義的」法概念を「民族同胞（Volksgenosse）」という新しい法概念と取り換えることで十分である。このような法学的操作にはとくにカール・シュ

〔『ドイツ現代政治思想史』34頁〕

26)　*Heller*, Staatslehre, in: Schriften, aaO Fn. 2, Bd. 3, S. 256.〔安訳・注(17)『国家学』233頁〕

ミットが指導的にかかわったのであるが，これによって，今や恣意的に〔人種的に〕異質な人とされた多くの同胞市民は，一挙に，そのほかに多数の法改正を要することなく，法共同体の保護を奪われてしまったのである[27]。

　ヘラーが警告した文化的崩壊は，その際，考えられないような仕方で生じた。ドイツとユダヤの比類のない文化共同体は，その大いなる約束によって破壊された。ナショナリズム的逆行や「人種的浄化」の現代的形式をみれば，これらはナチス体制が悪しき手本を与えたのであるから，ヘラーの仕事は，この観点からも再びきわめてアクチュアルなものとなった。レンナー，バウアーおよびヘラーの考察を新たに取り上げるべき時である。なぜなら，たとえ繰り返し失敗に終わったとしても，各個人の発展に不可欠な前提である物質的生存の確保という基礎の上に立って，小さな統一体の自己決定を，逆流原理 (Gegenstromprinzip) にしたがい，大きな世界市民的連関と再び結び付けるという課題は，存続しているからである。

　発展した市民社会にとって，国民の枠はとっくに狭すぎるものになっていた。至る所で，広大な交通形式が成立した。生活諸関係の統一性の目標は，経済的および文化的な広大な地域で行われている事実上の交換関係と歩調を合わせなければならない。労働者運動も国際協力の新しい形式を探している。しかし，ヘラーが「国民的文化共同体」[28]と同時にヨーロッパ統合運動を支持しているのは，なんら矛盾ではない。なぜなら，彼にとって，目の前の国民国家は出発点にすぎないが，飛び越すことのできないものであった。国民の国境を越えた協力を取り決めることができるのは，必然的に，国民諸国家それ自体だけであった。ヨーロッパ国民国家の危機は，ヘラーの考えでは，ヨーロッパの諸国家が，一致して自由主義的法治国家を社会的法治国家へさらに形成するこ

---

27) Nachweise bei *Christoph Müller*, Das Freund/ Feind- Theorem Carl Schmitts, in: Gegen die Barbarei. Essays Robert M. W. Kempner zu Ehren, Frankfurt/ M 1989, S. 177 Fn. 66.

28) ドイツの労働者階級は，「国民とともに，ヨーロッパ的・国際的にのみ自らを発展させる」ことができる。*Heller*, Unterströmungen im deutschen Parteileben, in: Schriften, aaO Fn. 2, Bd. 1, S. 568.

とによってしか克服することはできないのである。ヘラーが望んでいたような「国民的文化共同体」を強化する希望が，その時代には完全に破壊されてしまった。第二次世界大戦後はじめて，ヨーロッパ統合以外のすべての選択肢が決定的に使い果たされたことが広範な階層に明らかになったのである。

V. 総　　括

　ヘラーの作品は，われわれにとって，ワイマール共和国の困難と挫折を理解するための重要な鍵である。第一共和国の分析者かつ警告者を第二共和国は放棄することはできない。われわれは，とりわけ，われわれの前にある困難な将来の課題を克服するために，ヘラーの貢献を必要とする。そのテーマの範囲が，ワイマールの次元をはるかに超えている場合でもそうなのである。

　高度に産業化された国家の過剰消費社会は，多くの人々が考えたように持続可能な社会経済的な再生産の基礎ではすでになくなっている。従来の「福祉国家」モデルを，そもそも可能であるとしてだが，世界中に普遍化する試みは，地球のエコシステムを破壊せざるをえないだろう。エコロジーと世界経済の関連に目を向ければ，本来「福祉」はどこにあるのか，われわれはまったく新しく定義しなければならない。最近200年間にわれわれはすべての経済的な潜在力を解放することを学んだその後で，「人間のエネルギー」を一定程度まで再び経済からそらし，そして他の目標が「精霊を身につけ，冒険を提供する」ことが生き延びるために重要である[29]。もし過剰消費・浪費社会というこれまでのモデルが，資源の有意義な利用と世界経済的な共同作業の諸問題を解決するのに適合的でないとしたら，まったく新しい道が探されなければならない。自由主義的法治国家から社会的法治国家への必然的な移行というヘラーの理論は，世界的な次元でまったく新しい意義を再び獲得した。この1世紀の苦い経験の後では，ヘラーがどうしてこのような発展の跳躍を避けられないものとみなしたのか，その理由をもう1度追及する価値がある。

---

29)　*Schumpeter*, aaO Fn. 19, S. 214.

ヘルマン・ヘラーの著作

Hegel und der nationale Machtstaatsgedanke in Deutschland. Ein Beitrag zur politischen Geistesgeschichte, Leipzig: Teubner, 1921;

Sozialismus und Nation (1925), 2. Aufl., Berlin: Rowohlt, 1932〔「社会主義と国民」大野達司＝細井保訳『ナショナリズムとヨーロッパ』（風行社，2004年）〕；

Die politischen Ideenkreise der Gegenwart, Breslau: Hirt, 1926〔安世舟訳『ドイツ現代政治思想史』（お茶の水書房，1981年）〕；

Die Souveränität. Ein Beitrag zur Theorie des Staats- und Völkerrechts, Berlin: de Gruyter, 1927〔大野達司＝住吉雅美＝山崎充彦訳『主権論』（風行社，1999年）〕；

Der Begriff des Gesetzes in der Reichsverfassung, in: Veröffentlichungen der Vereinigung der deutschen Staatsrechtslehrer H. 4, Berlin: de Gruyter, 1928〔「ライヒ憲法における法律概念」大野達司＝山崎充彦訳『ヴァイマル憲法における自由と形式』（風行社，2007年）〕；

Politische Demokratie und soziale Homogeniät, in: Probleme der Demokratie, H. 5, Berlin-Grunewald: Rothschild, 1928〔「政治的民主制と社会的同質性」今井弘道＝大野達司＝山崎充彦編訳『国家学の危機』（風行社，1991年）〕；

Rechtsstaat oder Diktatur? (1929), 2. Aufl., Tübingen: Mohr, 1930〔「法治国家か独裁か？」今井弘道＝大野達司＝山崎充彦編訳『国家学の危機』（風行社，1991年）〕；

Europa und Faschismus (1929), 2. Aufl., Berlin: de Gruyter, 1931〔「ヨーロッパとファシズム」大野達司＝細井保訳『ナショナリズムとヨーロッパ』（風行社，2004年）〕；

Genie und Funktionär in der Politik (1930), in: Probleme der Demokratie, H. 10., Berlin-Grunewald: Rothschild 1931〔「政治における天才宗教と大衆自生主義」今井弘道＝大野達司＝山崎充彦編訳『国家学の危機』（風行社，1991年）〕；

Staatslehre, hrsg. Und in der Bearbeitung von Gerhart Niemeyer (1934), 6. rev. Aufl., Tübingen: Mohr, 1983〔安世舟訳『国家学』（未來社，1971年）〕；

Gesammelte Schriften (1971), 3 Bde, 2. Aufl., Tübingen: Mohr (Siebeck), 1992.

ヘルマン・ヘラーについての文献

Wolfgang Schulchter, Entscheidung für den sozialen Rechtsstaat. Hermann Heller und die staatstheoretische Diskussion in der Weimarer Republik (1968), 2. Aufl. Baden-Baden: Nomos, 1983〔今井弘道訳『社会的法治国家への決断』（風行社，1991年）〕；

Gerhard Robbers, Hermann Heller: Staat und Kultur, Baden-Baden: Nomos, 1983;

Stephan Albrecht, Hermann Hellers Staats- und Demokratieauffassung, Frankfurt: Campus, 1983;

Ruedi Waser, Die sozialistische Idee im Denken Hermann Hellers, Basel/ Frankfurt: Helbing & Lichtenhan, 1985;

Thomas Vesting, Politische Einheitbildung und technischer Realisation. Über die Expansion der Technik und die Grenzen der Demokratie, Baden- Baden; Nomos, 1990;

Christoph Müller/ Ilse Staff (Hrsg.), Der soziale Rechtsstaat. Gedächtnisschrift für Hermann Heller. 1891-1933, Baden- Baden: Nomos, 1984〔安世舟＝山口利男編訳『ワイマール共和国の憲法状況と国家学』（未來社，1989年）〕;

Christoph Müller/ Ilse Staff (Hrsg.), Staatslehre in der Weimarer Republik, Hermann Heller zu ehren〔Christoph Müller/ Ilse Staff (Hrsg.), Der soziale Rechtsstaat.〕, Frankfurt: Suhrkamp (stw 547), 1985.

アルベルト・ヘンゼル[*]

法治国家にのっとった租税法を目指した闘士[**]

パウル・キルヒホッフ[***]
訳　森　　　勇

I．その源：芸術，数学そして法

　芸術と税金の関係は，画家と関税吏と同じく，相反する関係にあるようにみえる。にもかかわらず，1993年に没後60年をむかえたアルベルト・ヘンゼルは，創造的で超越的な芸術を租税法のクールな即物性と結びつけたのであった。彼の一族が，芸術家そして哲学者の伝統をうけついでいたことは，彼をして，つぎのように法を理解せしめた。すなわち，法とは，わけても個々人の尊厳を保障するものであり，責任をともなう自由の保障とその限界であり，そして法における本質的な評価と行動ルールを拘束力あるものとしている文化共同体の成果であると。画家のヴィルヘルム・ヘンゼル（*Wilhelm Hensel*）そして女性作曲家のパイオニア，ファニー・メンデルスゾーン–バルトルディー（*Fanny Mendelssohn-Bartholdy*）の曾孫であり，数学の正教授であったクルト・ヘンゼル（*Kurt Hensel*）の子供として，芸術そして数学と等しくかかわ

---

[*] *ALBERT HENSEL*（1895年–1933年）
[**] Ein Kämpfer für ein rechtsstaatlich geordnetes Steuerrecht
[***] Dr. *Paul Kirchhof*: Bundesverfassungsrichter Professor an der Universität Heidelberg（ハイデルベルク大学教授，連邦憲法裁判所裁判官）

りあうことは，アルベルト・ヘンゼル生来のものであった。彼は，想像力と法律家にとって最も重要な長所である論理的正確性というその天賦の才を，公法の分野における学術研究に用い，わけても租税法に関して，実りあるものとしたのであった。

彼にとっての関心事は，法の問題を，哲学と美学の問題としても理解することであった。平等原則についての諸研究[1]，芸術と文化の憲法及び租税法上の問題に関する諸論説[2]，制度，理念及び象徴という概念に関する諸論攷[3]，そして，基本権と政治的世界観の関係に関する諸論文[4]は，法の起源，文化と法との関係，正義と実定法との関係，そして法の成立の源とその認知の源との関係を探求したものである。

ヘンゼルが，とくにその注目をよせたのが租税法であった。「租税法は，法治国家にのっとった侵害法（Eingriffsrecht）である。」という彼のテーゼは，彼にとっては，そうだというより，むしろそうであれという要求である。最後には，音楽に世界をとらえそしてそこに世界を理解するようになったものの，すばらしい哲学的な素質を備えた学者として彼は，第一次世界大戦とその後の復興に向けた使命を心にとめて，ライヒと邦国の間の財務経済秩序を再構築し，そうして，税を徴収する国と納税義務者の関係を，権利と義務そして平等の諸原理に従って整序しようと試みたのである。この際，ワイマー

---

1) Verfassungsrechtliche Bindungen des Steuergesetzgebers, Besteuerung nach der Leistungsfähigkeit – Gleichheit vor dem Gesetz, in: Vierteljahresschrift für Steuer- und Finanzrecht (VjschrStuFR) Bd.4 (1930), 441 ff.; Die Abänderung des Steuertatbestandes durch freies Ermessen und die Gleichheit vor dem Gesetz, in: VjschrStuFR Bd. 1 (1927), 39 ff.

2) Art. 150 der WRV und seine Auswirkungen im preußischen Recht, in AöR 14 (1928), 321 ff.; Der Kunstbesitz im ausländischen und deutschen Steuerrecht, in: Kultur und Steuergesetzgebung, hrsg. V. v. *Biegelleben/Hensel/Popitz/Schreiber*, 1926, S. 77 ff., zit.: Der Kunstbesitz.

3) Institution, Idee, Symbol – Rede zum 10. Jahrestag des Erlasses der Weimarer Reichsverfassung, gehalten am 24. Juli 1929, 1929.

4) Grundrechte und politische Weltanschauung, in: Recht und Staat in Geschichte und Gegenwart, Heft 80, 1931

ル憲法134条に定められていた，支払い能力による課税という根本原則は，彼に方向性を指し示す原理を提供したのであった。彼は，法治国家にかなうよう構成された法律上の債務関係としての行政法に依拠して，課税根拠関係（Steuergrundverhaltnis）なるものを展開した。しかし，包括的かつ体系的で，しかも結論の点でも正しい総合的な税の秩序を追い求めたすべての努力にあって，芸術にたいする課税は，彼の特別の学術的傾向の対象であり続けたのであった。

II．その生涯と学者への道のり

アルベルト・ヘンゼルは，数学者クルト・ヘンゼルとその妻ゲルトルート（Gertrud：旧姓ハーン（Hahn））の長男として，1895年2月9日ベルリンで出生した。彼の曾祖父，ウィルヘルム・ヘンゼルは，フリードリッヒ・ヴィルヘルム4世（Friedrich Wilhelm IV）に仕えた宮廷画家であり，曾祖母は，かのファニー・メンデルスゾーン−バルトルディーである。1902年，父のクルト・ヘンゼルは，マールブルク大学から招聘を受けた。ヘンゼル一家は，ヴィルヘルム2世の治世下にあった大都市ベルリンを後にし，ヘッセンに移り住んだ。アルベルト・ヘンゼルは，プロテスタント系の大学都市マールブルクにおいて，1902年から1913年までその学校時代を過ごした。彼は，フィリッピウム・ギムナジウム（Gymnasium Philippium）で学んだが，その名は，マールブルク大学とともに，寛大伯フィリップ（Philipp der Großmütigte）そしてまたマールブルク宗教会議（Marburger Religionsgespräche）を思い起こさせてくれる。

学校時代を終えた後，アルベルト・ヘンゼルは，1913年10月にエアランゲン駐屯の第十バイエルン野砲連隊に1年間志願するまで，同年の夏セメスターはフライブルクにおいて歴史と哲学を学んだ。兵士となったアルベルト・ヘンゼルは，早くも最初の1カ月で，メッツ（Metz）とベルダン（Verdun）において負傷してしまった。1914年10月，彼は，打撲症を負ってエアランゲ

ンに帰還しなくてはならなかったが，この駐屯地で勉学を継続することができた。まず最初に，ヘンゼルは現在のエアランゲン・ニュールンベルク大学（Erlangen-Nürnberg Universität）であるフリードリッヒ・アレキサンダー大学（Friedrich-Alexander-Universität）に改めて哲学を専攻として入学し，何年にもわたり，叔父であるパウル・ヘンゼル（Paul Hensel）教授の哲学演習を受講した。すでに1914年の夏セメスターには，彼は法学の学生としても登録する。ヘンゼルは，後に専攻を変更した理由についてつぎのように記している。「わけても戦争という出来事が，私をして，純粋に理論的・思弁的な活動を生涯の仕事として選択しようとした私の当初の計画を断念させた。私が法学を学んだのは，実践的な職業のほうがより自分にはそぐう，そう考えたからである。とはいうものの，法学においても，哲学的な諸問題は私を引きつけたのであった。私が法学の純粋に実証的な側面に目を向けたのは，後になってからのことであった。」と。1916年，ヘンゼルは西部戦線において再び戦闘に加わった。しかし，疾病のため，再度エアランゲンへの帰還を余儀なくされ，その地において法学の学修を継続し，最後はベルリンで学業を終えることができた。1919年5月，彼はベルリンのカンマーゲリヒトが行った司法試験に優秀な成績で合格した。1918年4月18日，アルベルト・ヘンゼルは，マリー・ルイーゼ・フロートマン（Marie Luise Frothmann）と結婚した。

　1918年，ヘンゼルは，ベルリンにおいて，はじめて財政学的な問題と取り組んだ。ライヒ銀行理事会は，彼に戦争国債に関するインフォメーション・センターで働くよう求めた。彼はそこで，学業としての義務を果たすとともに，宣伝活動を指揮した。こうして財政法が，彼の学術活動の発端となったのであった。1920年ヘンゼルは，ハインリッヒ・トリーペル（Heinrich Triepel）教授の指導の下，「連邦国家における国家高権と財政高権（Staatshoheit und Finanzhochheit im Bundesstaat）」と題する博士論文をもって，世俗法・教会法両法博士（Doktor juris utriusque）の学位を得た。この点につきヘンゼルは，ある履歴書においてつぎのように書き残している。「私は，主な研究分野として公法を選んだが，その理由は，1つには，まさにこの分野に関し，トリーペ

ル教授から強い示唆を得たからであり，もう1つには，ライヒ銀行における私の仕事をつうじ，ひっきりなしに財政法に関する諸問題に注意を払うことを求められていたからであった。私は，このような方向性を維持していきたいと考え，国法学の一分野である，財政法の見地からみたライヒと邦国の関係を私の博士論文のテーマに選んだのであった。」と。1922年，ヘンゼルは，ボン大学に提出した教授資格論文に『その国法学上の意義からみた連邦国家における財政調整（Der Finanzausgleich im Bundesstaat in seiner staatsrechtlichen Bedeutung）』において，博士論文のテーマとふたたび取り組み，公法上の団体間の財政経済的法律関係を，国法の中の1つの体系ととらえたのである。「単細胞の」国家では，財政調整は不要である。公的な任務のすべてが単一の主体により果たされる。これにたいし「多細胞」の国家にあっては，経済全体の一体性から，国家が課す負担もまた一体として扱うことが求められる。ヘンゼルがその内容を刻んだ，「財政調整」，「収入高権（Ertragshoheit）」そして「租税立法（対象）高権（Objekthoheit）」という概念は，確立した法律用語となったのであった。租税法学者としてのアルベルト・ヘンゼルは，単なる法理論家だけではなく，常に，実務経験をも積むことを心がけた。第2次国家試験に合格した後，1920年から1921年の冬，ボン大学において学部助手として勤務する準備のため，マールブルクの税務所で働いた。ボン大学法学部の公法助手として自分のもとにきて，自分の授業，とくには租税法の授業を手伝ってくれるようヘンゼルに提案したのは，エーリッヒ・カウフマン（Erich Kaufmann）教授であった。1921年4月，ヘンゼルはこの地位についたのであった。大学でキャリアを積むという決断を下したことについて彼はつぎのように述べている。「私の諸先生方，とりわけ，トリーペル教授，エーリッヒ・カウフマン教授そしてマルティーン・ヴォルフ（Martin Wolf）教授が，ずっと以前から，学問の世界を歩むよう私に薦めてくれていた。このことは，私が法学を学修しはじめたときには，思いもよらないものであった。私は，戦争中，4年間にわたり教育を受ける時間を失ってしまっていたし，そして，司法試験の準備もやや慌ただしいものだったことから，もし私が，講義資格（Venia

Legendi）を得ようという目標を達成しようとするなら，とくに理論の側面に関する学修を深めなくてはならないと信じていた。」と。1923年，ヘンゼルは28歳で，官僚（Beamte）たる身分のボン大学特任教授になった。1年後，わけても租税債務関係を取り上げた彼の主要著書「租税法（Steuerrecht）」が出版された。この教科書は，課税要件，租税債務の成立，そして租税回避，租税行政法，手続関与者及び租税刑法と租税刑事手続における権利保護と租税請求権の確保を取り上げている。ここで独自の意義を与えられているのが，租税債権者にたいする還付請求権と処分を求める請求権である。法治国家の課税というものからすれば，国家が徴収できるのは，国家が法諸原則にもとづき権限を有するもののみだ，というわけである。

　ヘンゼルは，ボンでは，行政法，一般国家学，警察法そしてドイツライヒ法とドイツ州法（Deutsches Reichs-und Landesrecht）に関して教鞭をとった。1926年，31歳のとき，ヘンゼルは，オットマー・ビューラー（*Ottmar Bühler*）とともに，ミュンスターで開催されたドイツ国法学者協会（Vereinigung der deutschen Staatrechtslehrer）において，「公法の概念形成への租税法の影響（Der Einfluss des Steuerrechts auf die begliffsbildung des öffentlichen Rechts）」というテーマで報告を行った。ヘンゼルは，その報告でほとんど結論といったものを引き出さず，かえって，独立し，そして独自の合法性に従う租税法が，いかに公法の概念形成を実りあるものとすることができるかを紹介したのであった。いくつかの租税法の一般理論は，公法の他の分野にも影響を与える適格を有している，というわけである。ヘンゼルがそうだとしているのは，目的と経済的意義にしたがった解釈，租税回避の基本的な考え方，裁量論，法律行為の無効に関する諸原則及び租税上の権利能力論である。

　1926年，ヘンゼルは，アルベルトゥス大学（Albertus Universität）の招聘を受け，ケーニッヒスベルク（Konigsberg 現在は，Kaliningrad）に移った。そこでに彼は家を建て，妻と2人の息子クルト（*Kurt*）とマルティーン（*Martin*）とともに住んだ。ケーニッヒスベルクで彼が教鞭をとった分野は，一般国家学，国法学，行政法，そして国際公法であった。1931年，アルベルト・ヘン

ゼルの「租税法」は，日本語に翻訳され，1933年には，その「租税法」は，第3版を重ねたのであった。同年，ヘンゼルは，ケーニッヒスベルクでの彼の講座を強制的に休職とされてしまった。ヘンゼルはドイツを離れ，まずはイタリアに向かい，彼の地では，パヴィバ大学（Universität Pavia）の財政研究所に隠れ場所をみいだした。1933年10月18日，彼は，パビバにおいて心臓病により死去した。アルベルト・ヘンゼルは，その妻とともに，マールブルクに埋葬されている。

彼の時代における租税法関係の2つの学術専門雑誌，『Vierteljahresschrift für Steuer-und Finanzrecht』と『Steuer und Wirtschaft』は，1933年，追悼文において，その共編者であったアルベルト・ヘンゼルを讃えた。思い出は，学者としてのアルベルト・ヘンゼル，その模範的に明晰なスタイル，そしてまたよく練られたその会話だけに止まらなかった。彼が慎み深く，親切で愛すべき人間であったこともまた思い出としてあげられている。アルベルト・ヘンゼルへの追悼文は，つぎのように結ばれている。「彼は，その若さにもかかわらず，マイスターであった。」と。

Ⅲ. 課税権力に対して法治国家の縛りをかける努力

租税法は，その対象という点ではその輪郭がはっきりしていないし，負担がどうなるのかという点では抽象的である。租税法は，何か具体的な物を取り上げるのではけっしてなく，代替性のある経済的財貨，つまりは金銭を取り上げるものである。租税法律関係の輪郭がはっきりしていないということは，ほかの法諸分野以上に，論理的な結論の正当性と，そしてまた，実質的な平等を保障する体系を必要とする。負担がどうなるのかが抽象的であることは，とくに法治国家という観点から注意を払いそしてその縛りをかけることを強く求めることとなる。というのは，課税による「侵害」は，具体的な物にたいする支配を奪うというかたちで目にみえるものとはなっておらず，一部はそれこそ意識的に「わからないような負担」としてコンセプトされているからである。

ワイマール期のはじまりは，法治国家のもとにおける民主主義に向けた旅立ちの時であった。ヘンゼルは，租税法に，法律の留保による自由な市民という観念を持ち込んだ。彼はその教科書をもって，法治国家原理にしたがって構築され，現代的な内容を盛り込んだ租税体系の1つの範を描こうとしたのである。租税法は，独立の学術領域であるが，それと同時に，そこに法治国家にかなう行政のタイプを，最も純化したかたちで実現しようとする努力がなされてきた行政法の一部でもあるとする。ヘンゼルは，法学的に体系化することで，租税法の独自性を明確に浮き立たせ，そして，租税関係法規が胚胎している基本方針を明らかにしようとしたのである。　法治国家にのっとった課税ということを保障するのが法律の留保であり，課税の一般性と平等性であり，そして，課税権力による法律にもとづかない侵害に対する権利保護である。彼はそう説いている。

　ヘンゼルは，租税債務関係と租税行政法を区別し，後者は，目的に制約されるかたちで，課税要件に準拠するとする。課税をする国家と納税義務を負う市民間の法律関係を，ヘンゼルは租税債務関係と名付ける。この租税法律関係は，私法上の債務関係と，つぎの点で区別される。すなわち，前者では，法定の要件が後者の意思という要素に取って代わる。そして，租税債務は，要件が現実化することにより発生するのだと，彼は説いている。ヘンゼルの課税要件論は，課税要件の主要要素として以下の6つをあげる。

　課税要件の主観的側面としての課税債権者と課税債務者，課税要件の客観的側面としての課税対象，課税債務者と課税対象との間の関係としての帰属性，課税要件に適用し，課税要件と課税結果を結びつける一般的規律としての課税基準，そして，各課税単位に納付されるべき金額となってあらわれる税率がこれである。

　課税行政は，さまざまな課税請求権を実行し，課税手続を整序すべきものである。課税行政法は，記帳義務から第三者の情報提供義務まで，独自の行政法上の諸義務の体系を作り上げている[5]。課税庁は，行政行為によって，行政法

---

5)　この点については，A. Hensel, Die Auskunftspflicht Dritter (insbesondere der Bankindustrie)

上の諸義務を具体化し，場合によってはそれを，強制手段をもって貫徹する。そう彼は説く。

その著書「租税法」の実体法の部で，ヘンゼルは，自らの要件論を取り上げ，それが個々の租税法規にもたらす諸帰結を説明している。相続税及び贈与税は，「不労の財産増殖」[6]をその対象とするものである。売上税は，「都市が課した一般的消費税（Akzise）の現代版」として，すべての生産段階におけるすべての商工業上の成果に課されるものであるとする。ヘンゼルは，すでに当時，すべての段階における額面額による売上税は，課税の平等という原則に反すると批判していた。「すべての最終売り上げ中に潜んでいる税の総額が，完成品が，非常に多くの生産段階を踏まなくてはならないのか，それとも多くといってもそれほどではないのかという偶然に左右されるから」[7]というのがその理由である。ヘンゼルは，財産税を，まずもっては対人的な税であって対物的な税ではないととらえる。租税法は，財産税が物の価値ではなく，金銭で徴収されるという事実をふまえなくてはならない。したがって，課税に適合するのは，継続的ないしは一時的な収益をもたらす物である。たとえば家具は，国民財産の重要な部分を形成してはいるが，しかし，継続的財産税の課税対象としては不適格である[8]とする。そして，所得税は，他の税にもまして，「ワイマール憲法134条にあるように，給付能力に応じた課税の原則」を実現することが求められるし，ある人に一定期間中にもたらされた経済的財から同期間中にその人から逸出した経済的価値を差し引いたものを捕捉する。もっとも，具体的な租税債務は，課税にふさわしいかどうかについて立法者が下す具体化に向けた諸判断に大きくよっている[9]，というのが彼の説くところである。

ヘンゼルは，その課税要件論をもって，全課税システムの統一化をはかり[10]，

---

　　　im Rahmen des § 201 AO (n.F.), in: StuW 1932, 1349 ff. 参照。

6)　*A. Hensel*, Steuerrecht, 3. Aufl. 1933, S. 212.
7)　AaO Fn. 6, S. 219.
8)　AaO Fn. 6, S. 224.
9)　AaO Fn. 6, S. 239 f.
10)　*A. Hensel*, Das Steuervereinheitlichungsgesetz, einige grundsätzliche Be-

そして，個々の公租負担を比較し，全租税負担による侵害を明らかにし，加えて調整をすることで課税負荷を軽減できるようにするための基礎を打ち立てようとした。

法治国家にかなうように構成されたこうした租税法において，さらにヘンゼルは，行政裁量に憲法の縛りをかけることに力をさき[11]，そして，租税法上の特別免除も多様なその適用領域毎に的確な諸要件のもとにおき，つぎに，要件のさらなる拡大[12]と一般条項のかたちでの租税回避要件[13]をもって濫用と租税回避と戦い，加えて，課税権力にたいする裁判所のコントロールの拡大[14]と取り組んだのである。

IV. 連邦国家における財政調整に関する基礎研究

お金は，自由と文化を展開させる有益な機能があるが，しかしそれ自身は，個人とか国家が払う努力の内容とか目標であってはならない。ヘンゼルは，わけても，役割分担という点からみて妥当性を持つ国の歳入の分配に関するその研究において，金銭のこうした機能を強調する。1922年，彼はその師であるハインリッヒ・トリーペル教授に，その教授資格論文『その国法学上の意義からみた連邦国家における財政調整』を献じた。連邦国家内において，国家高権は，連邦と諸邦国に分属する。このような分属は，連邦と諸邦国間における財政調整をうながすことになるが，この財政調整では，財政権限と税収が，さま

---

trachtungen, in: StuW 1929, 1 ff.; 同, Die Bedeutung des Steuervereinheitlichungsgesetzes für die Steuerrechtswissenschaft, in: StuW 1927, 115 ff. も参照。

11) Die Abänderung des Steuertatbestandes durch freies Ermessen und die Gleichheit vor dem Gesetz, in: VjschrStuFR Bd.1 (1927), 39 ff.

12) Stundung – Aussetzung der Vollziehung – Zahlungsaufschub, in: StuW 1928, 398 ff.; 租税法上の特別免除に関してはまた *A. Hensel*, in: AaO Fn. 11, S. 54 ff. も参照。

13) *A. Hensel*, Zur Dogmatik des Begriffs „Steuerumgehung", in: Bonner Festgabe für Ernst Zitelmann, 1923, S. 217 ff.

14) *A. Hensel*, Der Rechtsschutz in Steuersachen, in: StuW 1927, 208 ff.; 同, Steuerrecht, 1. Aufl. 1924, S. 179–189; aaO Fn. 6, S. 166–169.

ざまな関係者に振り分けられる。納税義務を負う市民は，どちらかといえば，税については，ライヒ税と邦国の税による内国での二重の負担ということがない，統一的国家を期待している。これにたいし，個々の団体は，上部連合体に依存することのないよう，独自の課税高権，そしてまた財政上の自己責任を求める。結局のところ，給付能力が弱い団体は，強力な財力を備えた連合体による給付をつうじで，できるだけ同じ財政的な給付能力を得るべく，このような財政上の自治を相対化しようとする。こうした利益衝突をベースに，ヘンゼルは，課税権限を妥当なかたちで分配し，余剰分を配分し，個々の課税権力を相互に限界付け，そして，課税行政を個々の連合体に振り分けるべく，憲法体系に従い，比較法によって立って，財政調整の体系を展開したのであった。

　ヘンゼルは，課税主体間の権限分配等を定める財政構成法（Finanzverfassungsrecht）との取り組み[15]にあたっては，一般的な国家高権の中で財政高権（Finanzhoheit）は，奉仕の機能をはたしていることを常に意識していた。彼は，国家行為の手段としての財政制度は，その政治的な意義の点では，国家の行いの目標より重要と考えられているという，政治的には現実にそぐう所見を批判する。こうした現象に，ヘンゼルは，「唯物論的な国家の構成」をみてとった。「突き詰めると，その生涯の目標を金を稼ぐことにみいだし，手中に収めた物が，いかなる意味でも合目的的かつ統一的な見地から用いられることのないまま彼の手元から消え去っていく，そういう輩と，つぎのような国家との間には，何の差もない。それは，その政治的な活動にあって，財政調達を前面に押し出していく国家であり，そこでは，より重要なそのほかの事柄は財政調達の前に引っ込まざるをえず，そしてそれらの事柄は，しばしば政治的フレーズにおいてのみ，影の薄い存在でしかないような，そういった国

---

15) 財政学に関するもう1つの論文，Der Lastenausgleich, in: VjschrStuFR 3 (1929), 1 ff. は，*Johannes Popitz* が作成した意見書 Der künftige Finanzausgleich zwischen Reich, Ländern und Gemeinden, 1932 とあいまって，1938年のプロイセン財政調整法（das Preußische Finanzausgleichsgesetz vom 10. November 1938（GS S. 108）を準備するものであった。

家である。」と批判する。ヘンゼルは，1908年から9年にかけての政党の状況に，ドイツ帝国における誤った方向への展開にたいし警告を発する徴証をみて取った。それは，ドイツの経済的躍進をはかるための世界貿易政策へ向かう意向という点で一致してはいたが，「まったくもって些末なブランデー優遇税制 (Branntweinliebesgabe)」に関しては，分裂してしまった状況である。「このような例は，国家生活において，これ以上ひどいのは考えもつかないような唯物論が支配的となっていることをはっきりと示している。」当時人は多くのことを，唯一次の理由のみから怠ったのである。その理由とは，人は，恭順な人々が負うことになる非常に高い税負担に足がすくみ，それに代えて，むしろ広範にわたる国債政策によって，心配事をずっと先の将来に先送りしたことである。もっと悪かったのは，第一次世界大戦中の財政政策である。イングランドと異なり，ドイツでは，戦争税政策ではなく，戦争債務政策が行われてしまったのであった。そうヘンゼルは説いている。このような国家債務の問題についての素描にあっても，ヘンゼルの諸分析と解決のためのその諸提案は，統一ドイツそしてまた統合ヨーロッパが今日抱える諸課題にとって，まさに，格別の時事性をおびている。

V. 芸術と法

芸術と法の邂逅は，しばしば対立的であるが，しかし，芸術家である法律家にあっては，パーソナルに結びついていることは，しばしばみられる[16]。ゲーテ (Goethe)，クライスト (Kleist) グリルパルツァー (Grillparzer)，ホフマン (E. T. A. Hoffmann)，アイヘンドルフ (Eichendorff)，ストルム (Storm)，グラッペ (Grabbe)，トーマ (Thoma)，ヴェーデキント (Wedekind)，ホフマンスタール (v. Hoffmannsthal)，モルゲンシュテルン (Morgenstern)，トッコルスキー (Tucholsky)，カフカ (Kafka)，ブロード (Brod)，マティス (Matisse)，カンディンスキー (Kandinsky) そしてセザンヌ (Cezanne) ら

---

16) *Eugen Wohlhaupter*: Dichterjuristen, Bd. 1, hrsg. v. *H. G. Seifert*, 1953.

は，法律学を修めていたにもかかわらず，どちらかといえば芸術家だとされている。ヘンゼルは，法学者として格別の地位を得たが，その理由は，その芸術についての理解を法学に取り込んだからである。1925年2月に開かれた「文化財の保存と故郷の保護の日（Tag für Denkmalpflege und Heimatschutz）」の年次大会における報告において，ヘンゼルは，文化の促進に寄与する財政政策の主要な特質を示した。彼はつぎのように説いている。いわゆるいちどきの徴税により税負担を課すことは，芸術品が私人の手にあるときは，資産に対する手厳しい侵害となる。それゆえ租税法は，「芸術保護条項」をもうけるべきである，と。評価をもとに課せられる税に代わるものとして，ヘンゼルが提案したのは，「保護価値の評価（Shutzbewertung）」である。ヘンゼルは，税額を引き下げることになるこのような評価を，重要な芸術品に限定しようとする。芸術の租税法上の保護もまた，個別的になされる必要がある。個人所有の物につき，租税上の優遇措置を求める権利が認められるのは，「通常の納税諸義務を履行することで，真の公衆の文化財がおびやかされ，あるいは毀損されてしまう」場合に限る[17]。租税上の優遇措置の対象となる芸術品と認めるかどうかの選択は，——約70年をへた今日では——実際に大方の上級財務局（Oberfinanzdirektion）に設置されているような，担当州税務署に常設の鑑定所にゆだねられるべきである，そう彼は説いている。ヘンゼルの諸提案は，1925年当時に切り結んだものである。当時戦争成金が稼いだ利益は，危機に強いとして美術品に投資されていた。芸術が投機対象となっていたのであった。それゆえヘンゼルは，「その財物を，ガラスの陳列ケースより金庫にしまっておくほうがはるかにましな俗物どもに対しては」[18]明確にノーをつきつけたのであった。ライヒの立法者は，租税上の保護価値の評価についてのヘンゼルの提案を，早くもその1年後には，ライヒ評価法（Reichsbewertungsgesetz）の施行規則[19]で実現に移した。1926年のこの規律

---

17) Der Kunstbesitz, (aaO Fn. 2), S. 88.
18) AaO Fn. 17.
19) Vgl. §§ 28, 52 der Durchführungsbestimmung zum RBewG vom 14. Mai 1926, RGBl.

は，多くの改正を受けたものの，その根本的な部分については，今日でもなお妥当している（1974年評価法（Bewertungsgesetz）115条）。アルベルト・ヘンゼルは，価値の評価によって決まるすべての課税について，租税上芸術を促進するこの中心的な道具立てを作り上げた功労者なのである。

芸術とかかわりを持った国法学者，アルベルト・ヘンゼルは，1928年，ワイマール憲法150条[20]に，彼の中心テーマをみいだした。同条によれば，芸術遺産，歴史及び自然は，国家の保護と育成を受けるとされている。ワイマール憲法150条とその歴史的基礎に関する論文[21]において，ヘンゼルは，国家に向けられたこの保護・育成の任務を，個人所有者についても負わせたのである。国家による文化財保護のための処置が，文化財所有者に有利なものとなることは滅多にない。文化財保護に関する諸規定は，所有権が社会的義務を負っていることのあらわれである。文化保護は，まずは，「自発性という黄金の基盤の上」に築かれなくてはならない。自発性にたいする呼びかけではうまくいかなくなったとき，文化価値秩序と私的な経済秩序がかち合うことになる。この場合には，国家は，補償なしに個人が持っている文化財の所有権を制限してよい。というのは，所有権の諸制限は，唯一文化保護のためのものだからである。文化財保存のための収用も許される。ワイマール憲法153条が収用の要件としている「公共の福祉（Wohl der Allgemeinheit）」には，ワイマール憲法150条が定める国家の責務も含まれているのだ，とヘンゼルは説いている。

VI. 憲法の前提及びその内容としての価値秩序

ヘンゼルは，国家，法そして経済体制を人間の尊厳と自由に役立てるとい

I S. 180.

20) ワイマール憲法150条の制定を呼びかけたのは，ドイツ文化財保存会議（deutscher Denkmalpflegetag）であった。vgl. das Protokoll des Verfassungsausschusses in den Verhandlungen der verfassunggebenden deutschen Nationalversammlung, Anlagen zu den stenographischen Berichten (Bd. 336 der Reichstagsdrucksachen), S. 509 ff.

21) Art. 150 der WRV und seine Auswirkung im preußischen Recht, (aaO Fn. 2).

うその基本的関心事を，その論攷『基本権と政治的世界観（Grundrecht und politische Wertanschaunung)』[22]で追い求めた。ヘンゼルは，基本権を価値判断の基準となる基本的規範であり，法律解釈は，基本権の価値秩序に指向してこれを行うとする，今日ドイツの連邦憲法裁判所が採用している見解を素描する。彼はつぎのように説く。すなわち，基本権の体系のために統一的な関連点をみつけるには，制度及び制度的な保障の背後に理念を見据え，そしてこれを法の認識に用いるべく分析することが必要である。基本法の体系というものは，特定の政治的な世界観による基本的な諸判断を，矛盾のない統一体に集約しようとするものである。このような統一体は，価値の統一体として，基本権体系の上に構築される全法秩序に具現されなくてはならない。それゆえ，まずは立法者が，基本権における価値判断に拘束されることとなる。それに次いで，ある法律の解釈がはっきりしないときは，憲法において下されている価値判断と合致するような解釈が求められることとなるのである，と。

　価値秩序に関するヘンゼルの基本的な考えは，19世紀におけるカント後の哲学の伝統に位置している。文化国家とは，まずは教育に関するその責務を果たすものをいうとの彼の文化国家の理解は，ヘンゼルをして民主主義の要請と結びつける。彼はいう。民主主義は，レファレンダムとか国民の請願そしてまた国民投票においてその姿をあらわすというものではない。民主主義の形式を採用したとたんに，非常に困難な，国民による支配を目標とした教育上の責務がはじめて生じてくる。政治上の責任の意識，責任をとることのうれしさに向けた教育は，憲法が定立した民主主義に由来する責務である，と[23]。

　ヘンゼルが立てたこのテーゼは，歴史的な記録であるとともに，今日にもあてはまる要請である。彼はこのテーゼをナチの支配がはじまる数年前に打ち立てた。彼は，1930年，ベルリン法律家協会において，『基本権と政治的世界観（Grundrechte und politische Wertanschaunung)』というテーマで講演をしたが，それを，少数者を保護する権利でもある芸術の自由，学問の自由そして言

---

22)　AaO Fn. 4.
23)　AaO Fn. 3.

論の自由に対する帰依をもって結んだ。彼はつぎのように述べる。「近時におけるこの権利の行使にたいして加えられている攻撃は、国民全体に共通した確信という、外見上は越えがたくみえる城壁をその後ろ盾にしている。ワイマール憲法118条そして142条は絶対的なものである。これらの規定は、自由な言論、自由な芸術そして学問の自由を、その言説が国民の意見とは対立するものであっても、保護する義務を国家に課している。このことは、いつまで持続するのであろうか。」と[24]。

アルベルト・ヘンゼルの著作（抜粋）

Staatshohheit und Finanzhoheit im Bundesstaat, Diss jur.Freiburg 1920.

Der Finanzausgleich im Bundesstaat in seiner staatsrechtlichen Bedeutung, Berlin 1922.

Zur Dogmatik des Begriffs „Steuerumgehung" in :Bonner Festgabe für Ernst Zitelmann, München und Leipzig, 1923, S. 217 ff.

Steuerrecht（Enzyklopädie der Rechts-und Staatswissenschaft）Bd. 28, Berlin, 1924（1. Aufl.）1933（2. Aufl.）＝アルベルト・ヘンゼル（杉村章三郎訳）「獨逸租税法論」(1931)。

Der Einfluß des Steuerrechts auf die Begriffbildung des öffentlichen Rechts, in; Veröffentlichungen der vereinigung der Deutschen Staatsrechtslehrer（VVDStRL）, Bd. 2（1926）, S. 63 ff.

Der Kunstbesitz im ausländischen und deutschen Steuerrecht, in Kltur und Steuergesetzgebung , hrsg. v. Maximilian Freiherr von Biegelleben/Albert Hensel/Johanes Popitz/Georg Schreiber, Freiburg i. Br.,1926, S. 179 ff.

Die Abänderung des Steuertatbestandes durch freies Ermessen und die Gleichheit vor dem Gesetz, in: Vierteljahresschrift für Steuer-und Finanzrecht VjschrStuFR 1927（Bd.1）, S. 39 ff.

Der Rechtsschutz in Steuersachen, in: StuW 1927, S. 208 ff.

Art. 150 der WRV und seine Auswirkungen im preußischen Recht, in AöR 1928（Bd. 14）, S. 321 ff.

Stundung - Aussetzung der Vollziehung - Zahlungsaufschub, in: StuW 1928, S.398 ff.

Institution, Idee, Symbol - Rede zum 10. Jahrestag des Erlasses der Weimarer Reichsverfassung, gehalten am 24. Juli 1929, Königsberg i. Pr., 1929.

Der Lastenausgleich, in: VjschrStuFR 1929（Bd. 3）, S. 1 ff.

Verfassungsrechtliche Bindungen des Steuergesetzgebers, Besteuerung nach der

---

24) AaO Fn. 4, S. 34.

Leistungsfähigkeit - Gleichheit vor dem Gesetz, in: VjschrStuFR 1930, (Bd. 4) S. 441 ff.

Grundrechte und politische Weltanschauung, in: Recht und Staat in Geschichte und Gegenwart, Heft 80, Tübingen, 1931.

Die Auskunftspflicht Dritter (insbesondere der Bankindustrie) im Rahmen des § 201 AO (n. F.), in: StuW 1932, S. 1349 ff.

アルベルト・ヘンゼルに関する著作

Griziotti, Benvenuto, L'opera scientifica die Albert Hensel, Cittá di Castello, 1935 (詳細なヘンゼルの著作一覧付き).

Kirchhof, Paul, Albert hensel, Forscher eines rechtsstaatlich gebundenen Systematischen Steuerrecht, in: StuW 1983, S. 357.

Lion, Max, Zum Gedenken (Nachruf auf Albert Hensel), in : VjschrStuFR 1933. (Bd.7), S. 457.

Pausch, Alfons, Albert Hensel-Lehrmeister eines rechtsstaatlich aufgebauten Steuersystem, in: ders. (Hg.) Persönlichkeit der Steuerkultur, Herne/Berlin, 1922, S. 94.

ders., Zum 50. Todestag von Albert Hensel, in: DStZ 1983, S. 445.

ロベルト・M. W. ケンプナー[**]

プロイセン内務省警察局法律担当官から ニュールンベルク裁判における アメリカ合衆国選出主席検察官代行者への道のり[**]

ヘルマン・ウェーバー[***]
訳　森　　　勇

I．生家と青少年期

1933年以前においては，ベルリンにおいて，政府審議官（regierungsrat）そしてまた政府上級審議官の地位でプロイセン内務省警察局法律担当官

[★] 以下の解説は，ケンプナーが書いた自伝（Fn. 2），及び，名誉博士号授与の際に作成された小冊子（Fn. 19），85歳祝賀シンポジウム（Fn. 37），及び *T H. Schneider* の作成にかかる伝記（Fn. 39）ならびに90歳を機に編集されたケンプナーのエッセー集（Gegen Barbarei. Fn. 38）に掲載されている *H. Lichtenstein* の伝記風の論説「Robert M.W.Kempner」（同書20頁以下）に記述されているところにその多くをよっている。ダイレクトに引用する場合のみ注に掲げてある。著者は，1991年の夏と1992年の夏，ケンプナー氏及びその助手 Jane Lester 氏と面談し，2回にわたりその生涯及び経歴について詳しく話を聞く機会を得られたことについて，ケンプナー氏にお礼を申し上げる。

[*] ROBERT M. W. KEMPNER（1899年-1993年）

[**] Vom Justitiar in der Polizeiabteilung des Preußischen Innenministeriums zum stellvertretenden US-Hauptankläger in Nürnberg

[***] Dr. *Hermann Weber* : Rechtsanwalt in Frankfurt am Main Honorarprofessor an der Universität Frankfurt am Main（弁護士・フランクフルト大学名誉教授）

(Justitiar）をつとめ，1945 年以降は，ニュールンベルク国際軍事法廷に設けられたアメリカ選出検察官事務局の局長となり，そして最後には，いわゆるヴィルヘルム訴訟において，アメリカ選出主席検察官代行をつとめ，この後者2つの役割を果たした点で「20世紀の最も重要な証人」[1]の1人と称せられるロベルト・マックス・ヴァシリジ・ケンプナー（Robert M (ax) W (assilij) Kempner）は，1899 年 10 月 17 日，ブレイスガウのフライブルク（Freiburg in Breisgau）で誕生した。出生地がフライブルクとなったのはどちらかといえば偶然である。彼の両親は2人とも細菌学者で，当時は若い助手としてベルリンのロベルト・コッホ（Robert Koch）の研究所に勤務していたが，1899 年の夏から秋にかけて，マラリア撲滅のため，モンテネグロ（Montenegro）と後のアルバニアの国境付近に位置するバルカン半島最大の湖シュコーデル湖（スクタリ海：Skutari-See）に滞在していた。第1子の誕生をむかえるため，彼らはベルリンへの帰途についたが，ケンプナーがその自伝で述べているように，「その途中，フライブルク大学病院で彼は生まれたのであった」[2]。ケンプナーとのファーストネームは，後に洗礼の名親にもなったロベルト・コッホにならったものである。

　ケンプナーは，妹と弟の2人とともに，その時代まだベルリンには帰属していなかった町，グロース・リヒテルフェルデ（Groß-Lichterfelde）で育った。妹は，ナデシュダ（Nadeschda）といい，後に文学を学んだが，若くして結核で死亡した。弟は，ヴァルター（Walter）といい，ベルリンで大学の助手をつとめた後，1934 年アメリカ合衆国に移住し，そこで，著名な医学系教授となり，本書出版の近くまで活躍していた。この町は，後になおケンプナーの生涯にたびたび関係することになったヘルマン・ゲーリング（Hermann Göring）が所属していた中央士官学校（Hauptkadettenanstalt）から 15 分とかからないところにあった。このゲーリングとは，30 年代の初頭にある会社の代表者としてプロイセン警察に落下傘と小型飛行機を売り込もうとし，1933 年には

---

[1]　V. Götz, JuS 1991, 805 (808).
[2]　R. M. W. Kempner, Ankläger einer Epoche (Ullstein-TB 33076), 1986, S. 1.

プロイセン内務大臣となってケンプナーをその職から追放し，そして最後に，1945年，被告としてニュールンベルクにおいて尋問を受けることなった人物その人である。

　ケンプナーの生家の基本的な雰囲気は，市民的・進歩的なものであった。後に衛生審議官（Sanitätrat）となった父ヴァルター・ケンプナー博士は，1869年，裕福なユダヤ人家庭の子として，現在はポーランド領となっているブレスラウ（Breslau：現在はWroclaw）の北西にあるグローガウ（Glogau）で生まれた。ロベルト・ケンプナーの祖父は，大きな銀行の所有者であり，グローガウの重要な家系のいくつかと親戚関係にあったが[3]，早逝した。祖父が死んだ後，父ヴァルター・ケンプナーは，その母とともにベルリンにおもむき，その地で大学入学資格を得た後，医学を学んだ。彼は，「厳格な自由主義者」であり，そして社会民主主義にも共感していた進歩党（Fortschnittpartei）の支持者であった[4]。もっとも，政治的な確信よりもより強くこの家庭を特徴づけているのは，両親の学術面での活躍であった。父は，早くに，当時注目を浴びたボツヌルス中毒（バクテリアによる食中毒）に関する論文を発表していた。その後も学問的活動を続け，それとともに，医学の分野において，（たとえば，ドイツ偽医師撲滅のための協会における）名誉職をもつとめた。しかしまた彼は，自分の妻の学問的才能に早くから気づき，その研究をいつも強力に支援し，このことで（さらにまた彼が早くも1920年に喉頭結核でなくなったこともあり），「少しく，影がうすかった」[5]。

　母，リディア・ラビノヴィッチ＝ケンプナー（*Lidia Rabinowitsch-Kempner*）は，その時代にあっては，とくに耳目を引く女性であったことに間違いない。彼女は，1871年8月28日に，当時はロシア領であったリトアニアの首都ヴィリニュス（Vilnius）から西にあるコウノ（Kowno：現在は，Kaunus）で，醸

---

3) *Walter Kempners*の家族背景については，*Franz D. Lucas-Margret Heitmann*, Stadt des Glaubens. Geschichte und Kultur der Juden in Glogau, 1991, S. 297 f., 309 f. 参照。
4) *Kempner*, (aaO Fn. 2), S. 16.
5) *Kempner*, (aaO Fn. 2), S. 20.

造業を営む家庭の9人兄弟の末子として生まれた。彼女の母国語はロシア語であるが、ドイツ語も同じように話した。早くに未亡人となった祖母のエネルギーのおかげで、ほとんどすべての兄弟姉妹は大学で学ぶことができた。当時ドイツでは、女性が大学で学ぶことは認められていなかったので、ほかの男兄弟とは異なって、リディアには、近くにあるプロイセンのケーニッヒスベルク大学の門は閉ざされたままであった。彼女は、ローザ・ルクセンブルク（Rosa Luxemburg）やリカルダ・フッフ（Ricarda Huch）といった著名な同世代女性と同じく、大学教育を受けるべくスイスへとおもむき、ベルンとチューリッヒにおいて自然科学を学んだ。1896年、彼女はチューリッヒで博士号を取得した。しばらくすると、彼女は、フィラデルフィア大学から招聘され、そこで1897年に教授資格を取得し、女子医科カレッジの教授および細菌研究室長となった。彼女は、フィラデルフィアから、ベルリンのロベルト・コッホ研究所のサマースクールに参加した。そこで、ヴァルター・ケンプナーと知り合い、1898年にマドリッドで結婚したのであった。彼女は夫とともにベルリンのロベルト・コッホ研究所で働いていたが、後に、現在はベルリン自由大学医学部となっているシャリティー（charite）病院の病理学研究室に移った。1912年、ウイルヘルム2世は、プロイセン国王として彼女に教授の称号を授与した。彼女は、プロイセンにおいてこの称号を授与された最初の女性である。1921年、ベルリン・モアビット（Berlin-Moabit）病院の細菌研究室室長となる。彼女の学術研究の中心は、結核の分野におかれていた。長い間彼女は、結核専門誌『Zeitschrift für Tuberklose』の編者であった。ワイマール時代が終わりを告げる頃、彼女への信望は頂点に達していた。1930年の『Reichshandbuch der deutschen Gesellschaft』と題したハンドブックには、彼女についてつぎのように記されていた。「ケンプナーの国際的名声は、その夫とともに行った数多くの研究旅行をつうじ、国際会議の報告をつうじ、そして世界中にいる彼女の多くの弟子達をつうじて培われたものである」と[6]。にもかかわらず、1933

---

[6] Reichshandbuch der Deutschen Gesellschaft Bd. I, 1930, S. 908.

年,国家社会主義ドイツ労働者党(以下「ナチス」)による権力奪取の数週間の後,強制的に退職させられてしまい,その後すぐに,「編集者に関する法律(Schriftleitergesetz)」により,結核専門誌『Zeitschrift für Tuberkulse』の編集から外されてしまった。1935年秋,64歳の誕生日を迎えてそうたたないうちに,彼女は,ベルリン・リヒテルフェルデで逝去し,その地の共同墓地に埋葬されたのであった。

その学問的活動とならび,彼女は母として「ベランダの下にいる予防接種を受けたウサギとともに少しずつ大きくなる」[7]子供達を養育したのであった。ロベルト・ケンプナーは,グロース-リヒテルフェルデにあるシラーギムナジウム(Schillergymnasium)に通学した。このギムナジウムは,彼が後に記したように,「非常に民族的な学校であり,民族主義という点では,中央士官学校とほぼ拮抗していた」[8]。彼はこの学校で,反ユダヤ的な野卑な言葉による挑発をはじめて経験した。にもかかわらず,回顧録によれば,後の大学の同期生とは異なり「高校の同期生すべてのグループには」,「右翼民族的な教育にもかかわらず,ナチストと何らかの関係があった者は1人もいなかった」[9]。1917年,ケンプナーは,シラーギムナジウムを繰り上げ卒業し,直ちにリヒテルフェルデ近衛大隊での兵役を志願した。短期間の教育の後,西部戦線に配属され,そこでマルネ(Marne)攻防戦を経験し,その功でヒトラーと同じく一等兵になり,最後の最後,撤退のさなかに第二等鉄十字章を受けた。1918年11月ケンプナーはベルリンに帰還し,ベルリンのブランデンブルク門につうじる大通りウンター・デン・リンデン(Unter den Linden)を敗北した諸部隊の一員として行進し,近衛大隊では兵士参与(solidatenrat)に選ばれ,兵士参与として部隊の解散にともなう現実問題の処理にあたったのであった。

---

7) *Kempner*, (aaO Fn. 2), S. 20.
8) *Kempner*, (aaO Fn. 2), S. 27.
9) *Kempner*, (aaO Fn. 2), S. 29.

II. 職業教育とワイマール共和国における職業活動

　1918年の終わりに，ケンプナーは，ベルリンのフリードリッヒ・ヴィルヘルム大学（Friedrich Wilhelm-Universität）法学部に入学した。ベルリンと（第二次世界大戦後に彼が博士号を得た）フライブルク大学での学業は，彼にとってはとくに印象深いものではなかった。確かに彼はその思い出の中で，「強く右傾化し，共和制につばを吐きかける同期生」[10]との対立を報告してはいる。しかし，その教官達，いずれにしても法学部の教官達についてはふれていない。わずかながらではあるが，一貫してポジティブな評価をもってふれられているのは，法医学者アルフレート・ホーへ（Alfred Hoche）そして自由主義思想家でありクエーカー教徒として原理平和主義に立つ国民経済学者，ゲロ・フォン・シュルツェ-ゲヴェルニッツ（Gero von Schulze-Gävernitz）の名前のみである（2人は当時，フライブルクにいた）。ちなみに，ホーへとともにカール・ビンディング（Karl Binding）の名前があげられているが，ビンディングは，後にナチストからその安楽死行動の正当化のために濫用された有名な著書『生きるに値しない命の抹殺の許容（Freigabe der Vernichtung lebensunwerten Leben）』[11]の著者である。

　1923年，ベルリンへ戻ってきて，第1次国家試験に合格した。彼は，カンマーゲリヒト（Kammergericht）で修習生となった。修習生の時代，そしてまたその後も彼はアルバニアに何度も旅行し，1924年から1928年にかけて，わけてもウルシュタイン（Ullstein）系のベルリンの広域新聞『Vossischer Zeitung』に，当時独裁者で，後に国王になったアハメッド・ツォグ（Achmed Zogu）が専制的な政治体制をしいていた，このバルカンの国における政治的，法律的及び社会的状況に関する数多くの論説を発表した。ケンプナーは，修習生のかたわら，この頃ベルリンではよく知られた刑事弁護人，エーリヒ・フラ

---

10) *Kempner*, (aaO Fn. 2), S. 28.
11) 2. Aufl. 1922.

イ（Erich Frey）博士のところで働いた。当時モアビット刑事裁判所は，忘れ去られることのないベルリンの法廷ジャーナリスト，パウル・シュレジンガー（Paul Schlesinger），ニックネーム「ズリンク（Sling）」の裁判所レポートがあきらかにしているように，その全盛期にあった。ちなみにこのレポートは，ケンプナーが編集して，1929年に1冊の本として刊行されている。ケンプナーは，大事件でもフライ博士の代行をつとめた。こうしてケンプナーは，ベルリンの刑事弁護人のエリート達とコンタクトを持つこととなった。だからといってこのことは，刑事弁護人という職業の陰の部分，とりわけ，その活動の財政的裏付けにあたっては，「礼儀正しいことと不作法の間の境は非常に狭い」[12]ということを彼が認識する妨げとはならなかった。

1926年に第2次国家試験に合格した後も，ケンプナーは，弁護士になることを決断できなかった。彼は試用判事となり，最初はベルリンの検察，その後，ベルリン-リヒテルフェルデ区裁判所そしてベルリン中央（Berlin-Mitte）区裁判所に勤務した。1928年初頭，プロイセン内務省の官僚職への誘いを受け，1928年5月2日，彼はそこでの勤務をはじめた。彼は最初，交通局に配属された。彼の上司，上級政府審議官ペッチュ（Paetsch）は，最初の仕事として運転免許を取得させた。続いてケンプナーは，警察が保有する車両の問題と取り組んだが，そのほかに一般的な交通法上の問題とも取り組んだ。その後すぐに，空席となった内務省内のプロイセン警察局法律担当官（Justitiar）に転じた。法律担当官として彼は，わけても警察に対する損害賠償請求の規律を所管した。ここで彼は，すでに，ハンス・フランク（Hans Frank）といったナチスの弁護士達との接点をもった。彼らは，デモにより依頼者に生じたと考える損害を請求してきたが，ケンプナーは，出訴するようはねつけたのであった。

ケンプナーが関与した仕事で重要だったのは，プロイセン警察行政法（Polizeiverwaltungsgesetz）草案の作成であった。1931年まで，プロイセンにおける警察活動の法的根拠は，1793年の一般ラント法（Allgemeines

---

12) *Kempner*, (aaO Fn. 2), S. 38, 43.

Landesrecht)、わけてもその10条Ⅱ17の一般条項にその大方をよっていた。これは、「警察は、公の静謐、安全及び秩序を維持し、そして、公共ないしはその個々の構成員を直面する危機から保護するため不可欠の施設である。」と規定していた。主としてこの規定に基づき、プロイセンの上級行政裁判所は、長年にわたる判例において——最後には、長年その長官（そしてまた、警察法担当の第3部の裁判長）であり、最後のプロイセン王国の内務大臣であったビル・ドレーウス（*Bill Drews*）の影響のもと——法治国家における警察法の諸原則を確立してきた。ケンプナーが内務省の警察法の部署に移った後すぐに、当時の内務大臣で後にベルリン警察長官となる、——ワイマール共和国の法秩序を現実に守ろうとした断固たる最前線の闘士——社会民主党のアルベルト・グルツェシンスキー（*Albert Grzesinsky*）は、ワイマール連合に加わっていた諸政党から構成され政府を握っていた邦国議会議員団と意見の一致をみた上で、警察法を法典化するとの判断を下した。内務省警察局のトップで省局長（Ministerialdirektor）であり、1928年からは、1922年に教皇ピウス6世が呼びかけたカトリック信者による社会改革運動＝カトリック・アクションのベルリンにおけるトップをつとめ、ナチス突撃隊の参謀長レームの殺害に端を発した、いわゆるレーム・クーデター（Röhm-Putsch）の際、1934年6月30日国家社会主義者（以下「ナチ」）に射殺されたエーリヒ・クラウゼナー（*Erich Klausener*）は、ケンプナーと彼の同僚クリスティアン・ケルステンズ（*Christian Kerstiens*）に、草案作成を命じた。ケルステンズとケンプナーは、ビル・ドレーウスが副次官及びプロイセン内務大臣時代に作成した草案を拠り所とした。それとは別に、ケンプナーはまた、父の高校の同期生であるドレーウスと個人的なコンタクトを持った。彼の思い出によると、ドレーウスとは、草案の1条ごと詳細に話をした[13]。1929年7月17日、第1草案が完成した。1930年11月18日、プロイセン国政府は、最終草案を地方（Provinz）をメンバーとする立法審議機関（Staatsrat）に送った。そしてこの法律は、——

---

13) *Kempner*, (aaO Fn. 2), S. 57.

憲法問題担当委員会において，再度基本的なところから再検討をへた後——1931年5月12日に邦国議会で可決され，1931年6月1日に公布された[14]。この法律の規律は，上級行政裁判所が展開してきた一般的授権と警察の義務に関する諸原則を法典化しただけに止まらず，わけても形式的警察法の分野における改革をももたらすものであった。それは，大都市においては，最下級の地域警察署を国の管轄とするという判断をしたのであった。条文の構成が簡略かつ精緻なこの法律は，今日にいたるまで，各州における警察立法の模範となっている[15]。

ケンプナーは，その回顧録で，警察法15条における警察による拘禁についての規律を，「真の近代化」であり，「我が子」だと記している[16]。すなわち，この規律によると，警察が拘禁する権限を有するのは，「かかる処置が，当該人物を保護するのに必要とされる場合，または，すでに発生した公共の安全または秩序の障害を除去し，あるいは，目前に迫った警察所管の危険を予防するために必要で，その他の方法では，障害を除去しまたは危険を予防することができない場合のいずれか」に限られることとなっている。すでにその当時でも，警察に拘禁された人物は，遅くとも翌日末までに拘禁を解かれなくてはならないとされていたのである（プロイセン警察法15条2項）。

ケンプナーは，その公務のかたわら，すでに1926年来名誉職的にドイツ人権連盟の法務担当部署において活躍していた。1928年から，ドイツ政治専門学校（Deutsche Hochschule für Politik）とプロイセン警察研究所（Preußische Polizei-Institut）において講師として授業を担当した。このほか彼は，ウルシュタイン出版（Ullstein Verlag）の法律担当協力者であり，この関係をつうじて，ウルシュタイン出版社のオーナーであるフランツ・ウルシュタイン博士（*Franz Ullstein*）と昵懇であった。

しかし，プロイセン内務省における彼の活躍は，狭い意味での法律に関する

---

14) PrGS 1931, 77, 137.
15) この法律の評価については，*Götz*, JuS 1991, 805 ff. もまた参照のこと。
16) *Kempner*, (aaO Fn. 2), S. 57.

仕事に限定されてはいなかった。内務省の意向を受けたものではあるが，ベルリン警察本部内の政治警察のイニシアチブのもと，警察本部は，ケンプナーの協力を得てすでに1930年，ナチスにたいする報告書を完成させた。この報告書は，この政党は，犯罪・テロ集団であることをあきらかにするはずのものであった。1930年の夏，この報告書は，プロイセンの首相，オットー・ブラウン (Otto Braun) に提出され，ブラウンはこれを，ライヒ検事総長が必要な処置をとるようにとの要請を付してライヒ政府に伝達した。この報告書からは，――その理由はどうであれ――何ももたらされなかった。少し後に，「ボックスハイム文書 (Boxheimer Dokumente)」事件は，大きな関心を引き起こした。この事件は，ヘッセンの警察が，――当時ヘッセンの公務員試補で指導的なナチであるヴェルナー・ベスト (Werner Best) が起草し，ダルムシュタット (Darmstadt) 近郊にある町ブュルシュタット (Bürstadt) 近くのホテル，ボックスハイマー・ホーフ (Boxheimer Hof) において，ナチ党員がそれについて議論を交わした――諸処置のカタログの素案を入手した。それは，共産主義的な政府転覆の試みとナチによる権力掌握の後に，法治国家の諸原則を一切無視して，――その時はナチズムに染った――諸官庁とナチ突撃隊がとるべき諸処置であった。これを，反逆予備罪を理由とするライヒ裁判所における手続の対象にしようとした，当時のヘッセン内務大臣ヴィルヘルム・ロイシュナー (Wilhelm Leuschner) とプロイセン政府の試みはすべて失敗に終わり，この手続は，1932年に停止されてしまったが，このとき，ケンプナーは，エイケ・フォン・レプコフ (Eike von Repkow) というペンネームを使って，『司法の黄昏 (Justizdämmrung)』と題する論文[17]を発表した。その目的は，共和国の支持者を，ナチに対するエネルギッシュな戦いにむけて揺り動かすことだったのである。

この戦いは，周知のとおりうまくはいかなかった。1932年7月20日，ライヒ首相フランツ・フォン・パーペン (Franz von Papen) は，ライヒ大

---

17) *Eike von Repkow*, Justitzdämmerung. Auftakt zum Dritten Reich, o. J. (1932); Neudruck 1963.

統領の緊急命令にもとづいてプロイセンのブラウン内閣を罷免した。いずれも社会民主党員のグルツェシンスキーの後任カール・ゼーベリング（*Carl Severing*）のポジションには，前エッセン（Essen）市市長，フランツ・ブラハト（*Franz Bracht*）がついて，臨時内務大臣となった。続いて，政治家出の官僚の最初の解雇が行われた。ケンプナーは，当面その職に止まった。彼が推測するように，その大きな理由は，「私の影響がどこまで及んでいるかを彼らは知らなかった」[18] からであった。しかし，ほんの数カ月後，ことはそこまで進んでいた。1933年1月30日，ナチが権力を掌握した。ヘルマン・ゲーリングがプロイセン内務大臣となったのであった。ケンプナーは，2月にはすでに，ゲーリングの命令で強制的に休職させられ，数週間後には，あの悪名高い「職業官僚制度の再生のための法律（Gesetz zur Wiederherstellung des Berufsbeamtentums）」により，最終的に解雇された。1933年2月24日，日刊紙『Deutsche Allgemeine Zeitung』は，「警察の主任法律担当官，休職」というタイトルのもと，つぎのように報道した。

「長年にわたりプロイセン内務省警察局の法律担当官の職にあった上級政府審議官ケンプナーはすでに休職となっていたが，彼が内務相の元の地位に戻ることはもはやない。

　上級政府審議官ケンプナーは，ここ5年間，プロイセン警察が関与するすべての訴訟の遂行を指揮した官僚であった。彼の活躍は，警察会計（Polizeifiskus）にたいする損害賠償訴訟，つまりは銃の使用・ゴム弾の使用にたいする損害賠償訴訟，警察車両の事故そして出版禁止に基づく損害賠償，さらには，警察が締結するすべての契約の最終チェックと非常に幅広い分野に及び，これらはすべての法分野についての知識を必要とした。最近とくに重要となっている騒乱により生じた損害も彼が取り組んでいた問題であった。学問の世界では，ケンプナーは，警察行政法の立法関与

---

18) *Kempner*, (aaO Fn. 2), S. 84.

者，その初期のコメンタールの共著者，国務大臣ドレーウス……が編者となっている警察法の共著者として知られている。そして，そのほかの人の間でも，バルカン半島，とくにアルバニアへの研究旅行をつうじて知られている」[19]。

III. ナチ支配下のベルリンでの生活と亡命の年月

ケンプナーが休職に追い込まれた数日後の1933年2月27日，ベルリンの帝国議会が火災となった。ケンプナーは，この事件を目撃した。今日まで彼は，火災を起こしたのはナチスであり，その首謀者はゲーリンクだと確信している。

ケンプナーは，法律家としての活動をやめなかった。元ベルリンの裁判官であったエルンスト・アッシュナー（Ernst Aschner）博士とともに，為替及び移民相談を扱う事務所を設立した。この事務所は，マイネッケ通り（Meinekestraße）9番，パレスチナユダヤ人代表部の移民組織であるパレスチナ事務所[20]のすぐ隣にあった。この代表部（Juisch Agency for Palestine）は，当時，イギリスの信託統治下にあったパレスチナに住むユダヤ系住民グループの利益代表をしていた。ケンプナーとアッシュナーの顧客は，旅券と資金持ち出しのための為替法上の認可を得ようとしていたユダヤ系の移民希望者であった。当時まだ，ナチスが支配する国家は，ユダヤ人がドイツから出て行くことをよしとしていたので，このような相談業務と結びついた移住者の支援ならびにパレスチナ事務所の活動を容認していた。

しかし，ケンプナーはそう長くドイツには留まってはいなかった。1935年3月12日，ゲシュタポ＝秘密国家警察（Gestapo=Geheimstaatspolizei）に逮捕され，テンペルホーフ（Tempelhof）にあったその特別の拘置所であるコ

---

19) この文言は，T. v. Westphalen (Hrsg.), Ein Advokat für die Humanität. Verleihung der Ehrendoktorwürde an Robert M. W. Kempner, 1986, S. 66 によっている。

20) Vgl. W. Benz (Hrsg.), Die Juden in Deutschland 1933–1945, 1988, S. 67 f.

ロンビア・ハウス（Columbia-Haus）に連行された。そこには，当時，元カッセルの地方長官で，後にベルリンの副市長をつとめた，フェルディナンド・フリーデンスベルク（Ferdinand Friedensberg）も拘留されていた。ケンプナーの逮捕の背景にあったのは，ノーベル平和賞受賞者でナチに反逆罪の汚名を着せられたカール・フォン・オシエツキー（Carl von Ossietzky）の友人である平和主義者，ベルトホルト・ヤコブ（Berthold Jacob）をバーゼルからドイツへと拉致した際，警察官僚がヤコブの手帳に，ベルリンにあるケンプナーの事務所の住所を発見したことであった。スイスが外交圧力を加えたことで，ヒットラーが自らヤコブの放免を命じた際，ケンプナーも自由の身となった。しかし，彼にとってドイツの地はあまりに焼けただれていた。彼は，リヒテルンフェルデには帰らず，国外に出る可能性を探った。この際彼は，偶然に助けを得ることとなった。すなわち，ある日，彼のプロイセンの省勤務時代の同僚で，法律家でありプロイセン首相オットー・ブラウンの報道官であった，ヴェルナー・パイザー（Werner Peiser）が，彼とコンタクトをとってきた。パイザーは，ワイマール共和国が終焉を告げたとき，イタリアに文化担当官（Kulturreferent）として転勤していた。1933年，彼は国家公務員を解雇されたが，ドイツには戻らず，フィレンツェに，「Instituto Fiorenze」と名付けた寄宿制の学校を創設した。そこでは，わけても，しだいに「ドイツの学校から放逐されていった」[21] ユダヤ系の両親を持つドイツから来た子供達が学んでいた。教師の多くはドイツからの移住者であり，その中には，俳優イダ・オルロフ（Ida Orloff）がおり，演劇の授業を担当していた。このような学校が間隙を縫うように存在できたのは，一方では，両国間には為替条約が締結されており，これにもとづき，その子供達が学校に行くに十分な金銭をドイツからイタリアに送金ができたが，他方では，ファシストが政権を取るイタリアとナチスドイツとの関係が悪かったからである。パイザーは，ケンプナーにイタリアに移住し，フィレンツェにある彼の学校に来ないかと誘ったのであった。

---

21) *Kempner*, (aaO Fn. 2), S. 142.

ケンプナーはすぐに，イタリアに向かってドイツを後にした。運命は皮肉で，彼は，「その他の中層に属するナチス有力者」[22]とともにナチス副総統ルドルフ・ヘス（Rudolf Hess）の父親をエジプトまで運び，給油のためにベニスに途中着陸する特別機で旅をすることとなった。飛行機をフルに使うべく，テンペルホーフ空港で，なお20人の旅客が乗れることになった。その1人が，偶然にもこのときにイタリア方面への便を探していたケンプナーであった。

ケンプナーは，ベニスで飛行機から降り，フローレンスへと向かった。フローレンスの駅で，彼は先に出発していた彼の2番目の妻，ルート・リディア・ケンプナー（Ruth Lydia Kempner：旧姓ハーン（Hahn））と落ち合った。ルート・ハーンは，結婚前は，ベルリンのプレンツラウアー・ベルク（Prenzlauer Berg）にあった青少年・福祉局（Jugend-und Wohlfahrtsamt）で，ケースワーカーをしていたが，この青少年・福祉局は，社会民主主義者であるベルリン市青少年・福祉担当官で，後にバークレーの教授となったヴァルター・フリードレンダー（Walter Friedländer）が所長をつとめていた。彼とともに働いていた人たちの中には，後に党を除名されたドイツ共産党の創設メンバーの1人ルート・フィッシャー（Ruth Fischer），第二次世界大戦後にベルリンドイツ社会民主党のトップをつとめ，ヴィリー・ブラント（Willy Brandt）とは正反対の立場に立っていたフランツ・ノイマン（Franz Neumann）がいた。妻ルート・ケンプナーは，1982年に逝去したが，1944年，彼女は夫とともに，『ナチスドイツにおける女性達（Women in Nazi-Germany）』と題する本[23]を編集した。彼女は，ベネディクタ・マリア・ケンプナー（Benedicta Maria kempner）のペンネームで，ナチズムの下におけるカトリック教会の迫害について，よく読まれた本『ヒットラーの法廷における司祭（Priester vot Hitlers Tribunalen）1967年初版』と『ハーケンクロイツのもとの修道女（Nonnen unter dem Hakenkreuz）1980年初版』を発表した。

---

22) *Kempner*, (aaO Fn. 2), S. 141.
23) *Robert Kempner-Ruth Kempner*, Women in Nazi-Germany, „M-Project" of the President of the U.S., Wachington D.C. 1944.

1935年からケンプナーは,「Instituto Fiorenze」において, 教授とディレクターをつとめた。1935年から1937年までは, 学校の活動は比較的問題なく行われていた。しかし, その後ドイツとイタリアの関係は改善され, 1938年の3月, ヒトラーは元首としてローマにおもむいた。パイサーとケンプナーは, ほかの多くの亡命者と同様, ヒトラーの訪問期間中拘禁された。ヒトラーが無事にベルリンに帰った後にはじめて2人は釈放された。ドイツ大使館への告発や密告はいうにおよばず, 学校にとって困難が増していった。「よきイタリアの時代は終わっていた」,「きな臭くなってきた」[24]のであった。さらにまた, このことは, ライヒ内務大臣ヴィルヘルム・フリック (Wilhelm Frick) が行った, ケンプナーとその妻のドイツ国籍を剥奪する処分によってもはっきりした。この処分は, 1938年10月21日金曜日,『ドイツライヒ官報及びプロイセン官報 (Deutsche Reichsanzeiger und preußische Anzeiger)』に公告されたのである。パイサーとケンプナーは, よい時期にイタリアを離れることに成功した。1938年の秋, 彼らは地中海沿いの町ボルディゲルナ (Bordighera) 付近の比較的通行が自由にできた国境をとおってニースに向かい, そこで,――もちろん生徒の数は激減したが――何カ月かは学校をつづけることができた。同時にケンプナーは, アメリカ合衆国への出国の可能性を探るべく, 彼の地にいた母の知人とコンタクトをとった。その人物とは, ケンプナーの母がかつて教授として教鞭を執っていたフィラデルフィア女子医科カレッジの学部長であり, 後にフィラデルフィア市の衛生局長となったトレーシー (Tracy) 女史であるが, 彼女の招聘により, ケンプナーのアメリカ合衆国への入国が可能となった。ケンプナーは, 戦争がはじまるほんの少し前, よいときにヨーロッパを後にした。1939年9月1日, つまりヒトラーがポーランドに侵攻したその日にケンプナーは合衆国に到着した。彼は, すぐに, フィラデルフィアにあるペンシルベニア大学の国家学・コミュニケーション学研究所で職を得た。彼は, 他の高等教育機関, そしてまたウエストポイントの軍事アカデミーでも,

---

24) *Kempner*, (aaO Fn. 2), S. 147.

法学及び行政学の講義をした。「永遠の郊外市民」[25]として，彼は，フィラデルフィア自体には住まず，存命中はそのアメリカでの住まいをおいた郊外の町，ランズダウネ（Landsdowne）に住んだのである。数年の後，ケンプナーは，アメリカ合衆国の市民権をも取得した。

Ⅳ. ニュールンベルクにおける刑事訴追人

　しかし，その後のケンプナーの人生にとって決定的だったのは，アカデミックな活動ではなかった。すでに1938年には，ニースから，ワシントンの司法省に勤務するある重要な官僚に手紙を送り，ナチス政府との戦いで協力する用意があることを伝えていた。ケンプナーがアメリカ合衆国に入国した後，合衆国司法省はすぐに彼との最初のコンタクトをとった。そうこうしているうちに，ケンプナーは，合衆国司法省及び戦争省において，国際法及びヨーロッパ国法・行政学に関する特別顧問となった。先にあげた各省のために意見を述べたケンプナーの活躍が，後に，ニュールンベルクにおける刑事訴追人という任務を彼が担うこととなった原因である。1942年1月13日ヒトラーにより占領されていたヨーロッパ9カ国の代表者達は，セント・ジェームス宣言を発表したが，この宣言は，つぎのことを連合軍の最も重要な戦争目的だと記したのであった。すなわちそれは，「犯罪の責任者を処罰すること，つまり，ある犯罪につき，該当者の単独責任かそれとも共同責任かに関係なく，また，彼らが命令した者かそれとも実行した者か，あるいは，それに関与したか否かにかかわりなく，裁判により処罰することである」[26]。その後1943年10月30日に，「占領ヨーロッパにおけるドイツの残虐行為に関するモスクワ宣言」が発表され，そこで，大英帝国，ソビエト連邦及びアメリカ合衆国は，戦争犯罪を処罰する意向であることを表明したのであった。これに加え，西側列強は，すでに1942年の秋には，戦争犯罪の刑事的な追及のための提案をすることとなって

---

25) *Kempner*, (aaO Fn. 2), S. 147.
26) *W. Maser*, Nürnberg. Tribunal der Sieger, 1977, S. 18 から引用した。

いる「国連戦争犯罪委員会（United Nations War Crime Commission=UNWCC）」を設置し，この委員会は，1943年からロンドンで活動をはじめていた。この委員会を支援し，くわえて戦争犯罪訴訟のさらなる準備のため，合衆国司法省及び戦争省に戦争犯罪局が設置された。わけても戦争省にとってケンプナーの助言は有益であった。初期の段階における戦争犯罪局の主たる任務は，予備的な捜査を行うことであった。この際行われたのは，あきらかになった犯罪を正確に把握し，そして可能な限度ではあるが，当該犯罪に関して，犯行におよんだ個々の人物の個人的責任をあきらかにすることであった。このような仕事の成果が，日々そのページ数を増していった戦争犯罪登録簿であった。ケンプナーは，ドイツ人のやりようを知っていたことから，この登録簿の作成にあたって，大きな役割を果たした。捜査の手法について，彼はその回顧録においてつぎのように記している。

「ある者がリストにあがってくると，当該人物を，彼が自分について申告した以上により正確に特定しようとした。ドイツ人の熱意といったものが，これを容易にしてくれた。というのは，ある一定の階級まで，ナチス親衛隊将校のリスト，そしてまた裁判官及び検察官のリストを入手していたからであり，さらには，かなり早い時期に，特定の特殊部隊の構成がどうかの情報を入手していたいたからであった。強制収容所の守衛達などははじめからわかっていた。……後に重要な役割を果たしたのは，アメリカとイギリスの部隊が，進軍の間，残されていたものをすべて収集したことであった。焼却されてしまったゲシュタポの書類を除き，原則すべてが残っていた。それはまた，ある省に関係者の一覧が残っていたというだけではなく，さらには，実行者の一覧が複写され，さまざまなところに保管されているという有様であった」[27]。

1945年2月のヤルタ会談において，英・米・ロの三強は，再度，主たる戦

---

27) *Kempner*, (aaO Fn. 2), S. 208.

争犯罪者を処罰する意向を確認した。ただ，どのような形式でこの処罰が行われるべきかについては決まっていなかった。1945年6月26日から8月8日にかけてのロンドン会議においてはじめて，先の三強にフランスを加えた四強は，わけてもアメリカ合衆国の影響のもと，主たる戦争犯罪者の追及と処罰は国際軍事法廷における訴訟手続において行われるべきことを決した。同時にこの会議では，「国際軍事法廷」の地位についても決議された。

　国際軍事法廷におけるアメリカ合衆国訴追局の指揮をとったのは，ルーズベルト大統領の依頼を受けて，国際軍事法廷につき他の同盟国と協議をしていた最高裁判所判事ロバート・A. ジャクソン（Robert A. Jackson）であった。1944年から1945年の冬にはすでにヘルマン・ゲーリングとヴィルヘルム・フリックにたいする第1の起訴状を書き上げていたケンプナーは，ジャクソン率いる訴追局の部長（Abteilungsleiter）として，1945年の夏ドイツに到着した。彼は，ニュールンベルク訴追局の組織化にあたり，その管理上の問題に取り組んだだけではなく，さらには，ニュールンベルク，とくには，アメリカ軍がフランクフルト近郊のオーバーウルゼル（Oberursel）に設置した尋問施設，キャンプ・キング（Camp King）において，証人や被告人の尋問をも行った。ドイツ出身では，唯一彼だけが裁判所及び訴追局のメンバーであった。彼は，とくに1933年以前におけるドイツの諸事情に精通していたことから，被告人そしてまた証人にとっては，物事をよくわかった，しかし，まさにそれゆえに，しばしば嫌な尋問者であった。

　主要人物にたいする戦争犯罪訴訟において，ケンプナーは，ヴィルヘルム・フリックに対する訴追を担当した。彼こそ，10年もたたない前に，ケンプナーからドイツ国籍を剥奪する書類に署名した人物である。フリックは，すでに1923年には，ミュンヘン党幹部会のメンバーとして，ヒトラーのクーデター計画に加わり，数カ月間拘束されていたが，1924年ナチスの帝国議会議員となり，1925年帝国議会議員団の団長となった。1930年，彼はチューリンゲン（Thüringen）の内務・国民教育大臣となり，こうして彼はナチとしてはじめて邦国政府の構成員となった。1933年，ヒトラーは彼をライヒ内務大臣に任

命する。彼は内務大臣として，行政分野において，独裁の組織化と人種差別法の実行の多くを担ったのであった。第三帝国が終焉を迎える前の1943年から1945年まで，フリックは，占領責任者（Reichsprotektor）としてチェコの占領地帯のボヘミヤ及びモラバ（ドイツ語名 Mähren）に追いやられ，こうしてかなり冷遇されていた。フリックは，まずは教会及び労働組合の弾圧に自ら関与したこと，つぎに，ゲシュタポとその強制収容所の創設にかかわったこと，そしてまた，ユダヤ人の抹殺とボヘミヤとモラバの占領地域における安楽死措置を知っていたことを理由として訴追された。ちなみにニュールンベルクにおいて自分のことに関する尋問（したがって，訴追人の交互尋問）を免れたのは，ルドルフ・ヘスを除けば，彼1人だけであった[28]。ケンプナーは，ニュールンベルク裁判において訴追理由として定められる4つすべてについて有罪の判決を申し立て，量刑としては，死刑を求めたのであった。裁判所は，4つの訴追理由のうち3つしか認めなかった。戦争犯罪（軍事的必要性からは正当化されない戦争行為），平和に対する犯罪（侵略戦争）そして人間性にたいする犯罪の3つである。1番目の訴追原因，つまり，上記犯罪を行う謀議ないしは共同計画への参加については，フリックは無実とされた。にもかかわらず，軍事法廷の判決は死刑となった[29]。ライヒ政府それ自体にたいする訴追については，ケンプナーは成果を上げることはできなかった。ライヒ政府を犯罪組織と位置づけることは，裁判所から退けられたのである。

　訴訟が終了後，1946年10月2日，ケンプナーは，ジャクソン判事及びそのほかの同僚とともに，空路アメリカ合衆国に戻った。1946年から1947年の冬の数カ月，彼はフィラデルフィアとワシントンに滞在し，そこで，ニュールンベルクの訴追局で働くあたらしいスタッフの募集につとめた。1947年2月になってから，彼はやっとフランクフルトに戻った。その間に，アメリカ合衆国訴追局は，テルフォード・テーラー（Telford Taylor）将軍が率いており，そ

---

28) Vgl. *Maser*, (aaO Fn. 26), S. 414 ff.
29) *Frick* にたいする判決については，*Bradley-I Smith*, Der Jahrhundertprozeß, 1977, S. 216 ff. 参照。

の時には，監視委員会法 Nr. 10 にもとづき，唯一アメリカ合衆国がその責任で遂行にあたったニュールンベルク後続訴訟（なかんずく，法律家の責任追及訴訟，医師の責任追及訴訟，強制収容所訴訟そして特殊部隊訴訟）を行っていた。ケンプナーの重要な任務は，被告人達の勤務場所にちなんで，いわゆるウィルヘルム通り訴訟（Wilhelmstraßenprozess）と呼ばれる訴訟での訴追であった。この訴訟の被告人達は，ライヒ政府のメンバーと外務官僚であったが，その中には，事務次官グスタフ・アドルフ・フォン・スティーングラハト（Gustav Adolf von Steengracht）と同じく事務次官で，ケンプナーが，全ヴィルヘルム通り訴訟において最も悲劇的な人物の1人と評した[30]エルンスト・フォン・ヴァイツェッカー（Ernst von Weizsäcker）がいた。ヴァイツェッカーは，そのほかの被告人達と同じく，ユダヤ人抹殺を知っていたことを理由に有罪判決を受けた。量刑は，当初7年の懲役であったが，後に5年に短縮された。被告人達にたいする有罪判決が下されるにあたり決定的だったのは，それまでは知られていなかった1942年1月20日にベルリン市の南西部ヴァンゼー（Wannsee）で開かれた会議の議事録であった。これはケンプナーが外務省の記録の中から発見したものであった。この会議では，ハイドリッヒ（Heydrich）とアイヒマン（Eichmann）が，多くの事務次官を含むライヒの最上級官署の長及び党の最上級局の長にたいして，はじめてユダヤ人問題の最終解決のためのプランを伝え（この計画にたいするこれら長の了解を得）ていた[31]。ヴィルヘルム通り訴訟準備のとき，さらに尋問が行われたが，尋問を受けた者の中には，著名な国法学者で，わけても1933年以降の早い時期に第三帝国の御用法律家（Kronjurist）であったカール・シュミット（Carl Schmitt）もいた。連合軍は，当初彼を（地政学の論文により，侵略戦争の準備に協力したことを理由として）訴追しようと考えていたが，ケンプナーの進言にもとづき，その追及をやめ，1947年5月中旬最終的に釈放した[32]。

---

30) *Kempner*, (aaO Fn. 2), S. 317.
31) Wannsee-Protokollk の発見については，*Kempner*, (aaO Fn. 2), S. 310 ff. の説明参照。
32) この点の詳細は，*Cl. –D. Wieland*, Carl Schmitt in Nürnberg, in: Zeitschrift für

V. ニュールンベルク裁判終了後における弁護士としての活躍

　ニュールンベルクにおける訴追人としての活動の間，ケンプナーは，アカデミックな活動を全面的におろそかにしていたわけではなかった。1946年6月25日，彼はフライブルク大学において法学博士号を取得した。博士論文のテーマは，『公安警察と行政法（警察行政法）(Sicherheitpolizei und Verwaltungsgesetz (Polizeiverwaltungsrecht))』であった[33]。バイエルン文化大臣アロイス・フンドハマー（Alois Hundhammer）の招きで，エアランゲン大学比較行政学・法学に関する政治学講座客員教授として，何回かのセメスターで講義をした。彼はまた，他の大学においても学生向け講演を行った。

　1949年，ニュールンベルクでの活動は終わった。ケンプナーは，その後どのような職業をやっていくのかを考えなくてはならなかった。シュレースヴィヒ・ホルシュタイン州の首相で，社会民主党のヘルマン・レーデマン（Hermann Lüdemann）から，検事総長としてキールにおもむくよう請われたが，彼はこれを断った。その後にも，最上級連邦官署の長官に就くよう招請を受けたが，これも断った。この2つの地位につくには，ドイツ国籍の回復が必要であったが，ケンプナーは，これを拒否したのであった。その後すぐに，ヘッセン州首相であったゲオルグ・アウグスト・ツィン（Georg August Zinn）が，フランクフルトで弁護士になることをすすめた。法律上の規律を少し調べた結果，弁護士の認可に必要なのは，ドイツにおいて第2次国家試験に合格していることのみで，（現在もそうであるが）ドイツ国籍は必要ないことがわかった。彼の申請にもとづき，1951年，ケンプナーは，フランクフルト地

　　Sozialgeschichte des 19. und 20. Jahrhunderts, 2. Jahrgang 1987, Heft 1, S. 96 ff. 尋問調書全文付き。

33)　Mitteilung des Dekans der Rechtswissenschaftlichen Fakultät der Alber-Ludwigs-Universität Freiburg im Breisgau an *Kempner* vom 21. 7. 1992. 彼の博士論文は，公刊されていないばかりではなく，高等教育機関論集目録にもみあたらない。

方裁判所の弁護士として認可を受けた。元検事で1974年に亡くなったパートナーのレヴィーン（*R. I. Levin*）とともに，主には，ナチ時代に被った損害の補償・原状回復事件をあつかった。その中には，作家エーリッヒ・マリア・レマルク（*Erich Maria Remarque*）の原状回復手続，そして，政治的理由で1933年以前すでにその講座をおわれた平和主義者グンベル（*E. J. Gumbel*）及び教育学者フリードリッヒ・ヴィルヘルム・フェルスター（*Friedrich Wilhelm Förster*）の訴訟も担当した。このほか，彼は，さまざまな外国政府の法律顧問としても活躍した。彼はまた，時折，イスラエルと連邦政府の仲介役をもつとめた。エルサレムにおけるアイヒマンの訴訟において，彼は証人として証言した。

ケンプナーが弁護士として活動した2つめの大きな分野は，ナチの犯罪者にたいする一連のスペクタクルな刑事手続において，〔訳者注：日本の被害者参加人に類似するが，その権限は遙かに大きい〕被害者訴追人（Nebenklager）の代理人をつとめることであった。ここでは，そのうち，アンネ・フランク（*Anne Frank*）およびエディス・シュタイン（*Edith Stein*）の殺害者にたいする手続，ベルリン-ウェディンク（*Berlin-Wedding*）地区のカトリック主任司祭マックス・ヨーゼフ・メッガー（*Max Joseph Metzger*）にたいして，軍の士気を荒廃させたことを理由として民族法廷（Volksgerichthof）が下した死刑判決を理由とする，その裁判官ハンス-ヨーアヒム・レーゼ（*Hans-Joachim Rehse*）にたいする訴訟，そして最後に，カール・ヨーゼフ・フェルバー（*Karl Josef Ferber*）及びハインツ・フーゴ・ホフマン（*Heinz Hugo Hoffmann*）に対する手続だけあげておこう。フェルバーとホフマンは，1942年，ニュールンベルク・フリュト（Furth）地区のユダヤ教教区の最後の会長であった，レオ・カッツェンベルガー（*Leo Katzenberger*）にたいし，ユダヤ人とドイツ人が性的関係を持つことを指すいわゆる人種恥辱（Rassenschande）を理由として死刑判決を下し，そして，その際の特段の過激さで他に抜きん出ていた特別裁判所の陪席裁判官であった[34]。この手続における訴追は，上級検事，ハン

---

34) 本件に関しては，*Kempner*, (aaO Fn. 2), S. 281 ff. において詳細な説明がなされ

ス・ザックス（Hans Sachs）が行った。彼は，後に，テレビのドラマシリーズをつうじて，多くの一般の人々からも知られるようになった人物である。ケンプナーは，自らの過去を，マリヌス・ファン・デア・ルベ（Marinus van der Lubbe）の再審手続における代理人に重ね合わせた。この再審手続は，絞首刑に処された人物の80歳になる兄弟が，帝国議会焼き討ち訴訟においてこの人物に下された判決にたいし挑んだものであったが，最終審である連邦通常裁判所においても認められないままに終わった。それはケンプナーにとり，今日でもなお受け入れ難い結果であった[35]。

本書出版の年までいまだ続けていた弁護士としての活動期間中に，ケンプナーは数多くの顕彰を受けた。1969年に，星とカール・フォン・オシエツキー―メダル付き大連邦功労賞（Großer Bundesverdienstkreuz mit Stern und der Carl-vonOssietzky-Medalille）をうけ，1970年には，エルサレム大学の名誉フェローとなり，1975年，ヘッセン州の最高位の勲章ヴィルヘルム－ロイシャー－メダル（Wilhelm-Leuscher-Medaille）を授与され，1979年，ベルリン市議会が彼に教授の称号を付与し，1984年には，今度は星と肩たすき付きの大連邦功労賞（Großer Bundesverdienstkreuz mit Stern und Schulterband）を再度受け，1986年には，オズナブリュック大学言語・文学・メディア学部から彼に哲学名誉博士号（den Grad und die Würde eines Doktors der Philosohie Ehrenhalber）を授与された。この機会に編集されたオズナブリュック大学の小冊子[36]は，ほぼ小型の記念論文集の性格を有していた。同じことは，ミュールハイム／ルール（Mülheim/Ruhr）のプロテスタント・アカデミーの双書『邂逅（Begegnung）』の85年1号として，『時代の訴追人（Ankläger der Epoche）』[37]というタイトルのもとで刊行された，同アカデミーがケンプナー85歳の誕生日を祝うべく開いたシンポジウムの録音反訳書にもあてはまる。最後に，1989年には，彼

ている。

35) *Kempner*, (aaO Fn. 2), S. 103 ff. の説明参照。
36) *T. Westphalen* (Hrsg.), (aaO Fn. 19).
37) *Robert M. W. Kempner*, Ankläger einer Epoche - Symposium zum 85. Geburtstag.

の90歳の誕生日を祝って,『野蛮さに抗して。ロベルト・M. W. ケンプナーをたたえるエッセー集 (Gegen Barbarei. Essays Robert M. W. Kempner zu Ehre)』と題する本が出版された。編者が意識的にその題名を記念論集としなかった,この本に収録された諸論文は,「ドイツにおける倒錯した思考と行動の根にあるもの,その発現形式ならびにその帰結」を取り扱いつつも,同時に,連邦共和国内の「新右翼」にみうけられる,こういった傾向が回帰する(現実のあるいは予想される)危険にたいして警鐘を鳴らすはずである[38]。

VI. 著述家としてのロベルト・M. W. ケンプナー

ケンプナーの人物像は,著作家としての彼の活動をつまびらかにしないままでは完全なものとはならないであろう。彼の職業上(職業外)の活動のすべての局面で,ケンプナーには,さまざまな著作があった。1987年に作られた彼の——単著及び共著の——著作目録は,386頁におよんでいる[39]。

この際注目を引くのが,ケンプナーは,厳格に法学的な専門的論攷を比較的わずかしか発表してはいなかったことである。ここであげておくべきは,たとえば,クラウゼナーとケルステンズがケンプナーとともに執筆し,1931年に第3版が出版されたプロイセン警察行政法の解説付き条文集,さらに,とくに警察教育のための,1つは,『政治的な衝突に際しての警察の損害賠償義務(Schadensersatzpflicht der Polizei bei Politischen Zusammenstößen)』をテーマとし(1930年),もう1つは,『プロイセン民事行政 (Preußische Zivilverwaltung)』をテーマにした(1931年)2つの著述である。ケンプナーの編で,順次発表されていったアルバニア憲法[40],そしてまた,国際法の雑誌『Archiv für

---

38) R. *Eisfeld*-I. *Müller* (Hrsg.), Gegen Barbarei. Essays Robert M. W. Kempner zu Ehren, Frankfurt a. M. 1989.

39) *Th. Schneider* (unter Mitarbeit von *T. Westphalen*), Robert M. W. Kempner, Bibliographie, 1987.

40) *Robert M. W. Kempner*, Albaniens Staatsverfassung, JöR 14 (1926) 484; 同., The new constitution of Albania: a model constitution of European vassal states, The

Völkerrecht』に掲載されたニュールンベルク裁判の概要[41]もまた，法学の専門的な著述に数えあげることができる。

　もっとも，一般的にみると，ケンプナーの関心は，幅広く公衆に働きかけることであった。ということで，最初の単著は，早くも1922年に出版されていた，ベルリン・リヒテルフェルデのシラーギムナジウムで大学入学資格を得たすべての卒業生の（第一次世界大戦で死亡した生徒にはその経歴を付した）リストである[42]。その後に，先にあげたスリングの裁判レポート集（1929年）[43]，プロイセン警察行政法の解説付き条文集全3版（1931年），そして，論争の書『司法の黄昏』[44]が続く。1943年，ケンプナーは，地元ランズダウネにおいて，『ドイツ国民登録システム（German National registration System）』という本を出版した。ケンプナーはこの本で，――戦争犯罪登録簿を作る仕事と関連させて――ドイツにおける旅券・申告法，登録制度および戸籍法の概要を，外国人読者向けに解説している。この本ではまた，政党，政党の組織，ゲシュタポそして軍隊の人名リストが出版される際の慣行も解説されている。1年後の1944年，ケンプナーは妻とともに，ワシントンで『ナチスドイツにおける女性』という本を出版する。そののち，1946年，『被告人席のプロイセン・ビューロクラシー（Preußische Burokratie an der Anklagebank）』という題名のもと，1946年1月16日にニュールンベルク国際軍事法廷で朗読されたウイルヘルム・フリックにたいする起訴状を，そして1950年には，ニュールンベルクの弁護人，カール・ヘンセル（Carl Haensel）博士とともに編集した，ヴィルヘルム通り訴訟の記録集[45]を発表した。1964年初版の『交互尋問におけるナチ

Tulane Law Review XIV (1914), No. 3.

41) *Robert M. W. Kempner*, Übersicht über die Nürnberger Prozesse, ArchVölkR 1950, 237 ff.

42) Vgl. *Th. Schneider* (aaO Fn.39), S. 187.

43) *Sling*, Richter und Gerichtete, hrsg. von *Robert M. W. Kempner*, 1929; Neudruck 1969, 1977.

44) Vgl. (aaO Fn. 17).

45) *Robert M. W. Kempner-C. Haensel*, Das Urteil im Wilhelmstraßen-Prozeß. Der

ス親衛隊（SS im Kreuzverhör）』，1969年初版の『交互尋問における第三帝国（Das DritteReich im Kreuzverhör）』の2冊もまた，ケンプナーのニュールンベルクにおける活動の成果である。ここには，ニュールンベルク裁判での尋問調書が，取捨選択の上収録されており，後者には，たとえばヘルマン・ゲーリングとその妻エミー（*Emmy*）の尋問，ヒンデンブルク大統領（*Hindenburg*）の次官で後の国務大臣，オットー・マイスナー（*Otto Meissner*），そしてプロイセンの皇太子，フリードリッヒ・ヴィルヘルム・フォン・プロイセン（*Friedrich Wilhelm von Preußen*）の尋問，さらには，カール・シュミットの尋問の1部が収められている。1951年以降の活動から生み出されたのが，1968年の『エディス・シュタインとアンネ・フランク。何10万人のうちの2人（Edith Stein und Anne Frank. Zwei von Hundertthausend）』，1961年の『アイヒマンと共犯者達（Eichmann und Komplizen）』である。1964年，ケンプナーは，ケネディー大統領の暗殺に関する『真相報告』のドイツ語版[46]を企画した。そして1983年には，『機を逸したナチスの阻止（der verpaßte Nazi-Stopp）』[47]というタイトルのもと，彼が当時その作成にともに関与したナチスに対するプロイセンの報告書[48]を刊行している。

　ケンプナーの人柄とその生涯を最もよく知ることができるのは，1983年にはじめて『時代の訴追人』というタイトルで発表された，その回顧録である。ケンプナーが，ジャーナリストのイヨルク・フリードリッヒ（*Jörg Friedrich*）に口授してできあがったこの本は，大方の自伝では通常みられる，時代を正確に追い，そして，自らを様式化することを考えてその生涯をつづっ

---

amtliche Wortlaut im Fall Nr. 11 des Nürnberger Militärtribunals gegen von Weizsäcker und andere, mit abweichender Urteilsbegründung, Berichtigungsbeschlüsse, einem Verzeichnis der Gerichtspersonen und Zeugen und Einführungen, 1950.

46) *Robert M. W. Kempner* (Hrsg.), Warren Report über die Ermordung des Präsidenten John F. Kennedy. Vollständige Ausgabe des Berichts, Anhänge in Auszügen, 1964.

47) *Robert M. W. Kempner* (Hrsg.), Der verpaßte Nazi-Stopp. Die NSDAP als republikfeindliche, hochverräterische Verbindung. Preußische Denkschrift von 1930, 1983.

48) Vgl. (aaO Fn. 16).

たものではない。むしろ，印象主義的な手法で（そしてまた口授というやりかたで），時代の証人の回想と反省が次々につづられている。そして，ケンプナーは，この際行きつ戻りつしながら説明をしているが，このため，重複や繰返しが少なからず見受けられる。また，たとえば，それはいつだったかなど，細かなところには誤りがあるが，そのことで，全体像がかなりゆがめられてしまったということはない。

　もっとも，ケンプナーの出版活動は，上記のような本の出版に限定されていたわけではない。若い頃から彼は，さまざまな形で専門誌に，彼が取り組んだテーマすべてに関し論攷を発表していたし，さらに，普通紙には，それにもまして多くの論攷を書いていた。先ずは，1924年から1929年にかけて，とくにはベルリンの新聞『Vossische Zeitung』であるが，これに限らずその他の刊行物にも掲載されたアルバニアに関する研究がある。この研究は，1928年の名鑑『Who's Who』のドイツ語版9版においてすでに，ケンプナーがアルバニア学者として紹介されるという結果をもたらし，1935年のその10版では，「元上級政府審議官」であり，警察学者，専門性ある執筆者，アルバニア学者と紹介されている。さらに，ワイマール共和国において，ケンプナーは法及び法政策，しかしまたとくに右翼過激主義の危険に関する多くの論攷を，たとえばベルリンの日刊紙『Berliner Morgenpost』，さらには，共和主義裁判官同盟（Republikanischer Richterbund）の機関誌『Die Justiz』にも発表していた。警察関係の雑誌『Die Polizei』に掲載の多くの論攷は，警察法及び警察学に関するものである。亡命中も，ケンプナーは執筆活動をやめなかった。彼は，ニューヨークにおいてドイツ語で発刊されていた雑誌『Aufbau』に多くの論攷を寄せていたし，1945年以降も論攷の掲載を続けていた。ニュールンベルク裁判についても，彼は，先にあげた『Archiv für Volkerrecht』に掲載のその概要[49]とともに，複数の一般向け雑誌に数多くの論攷を寄せている。最後に，ケンプナーは，数多くの新聞や雑誌（たとえば，バーゼルの雑誌『jüdischer

---

49) Vgl. (aaO Fn. 41).

Rundschau Maccabi』、先にあげたニューヨークの『Aufbau』、さらにはまた、たとえば、『Tagesspiegel』、『Vorwärts』あるいは『Spiegel』といったドイツの新聞・雑誌）に発表した論攷において、彼が弁護士として遂行した訴訟及びそのほかのドイツ連邦共和国でのナチス関係の手続について、コメントしていた。

本稿を校了とした1992年においてもなお、ケンプナーは執筆活動を続けていた。ここ何日かの間に彼は近いうちに出版される予定の、――ワイマール時代の上司であった――プロイセン内務大臣カール・ゼーベリングに関するモノグラフィー[50]の序文を書き上げたし、また――彼がベルリン時代かかわった――1933年以前の数年間ベルリン警察副総監であったベルンハルト・ヴァイス（Bernhard Weiß）に対するヨーゼフ・ゲッペルス（Joseph Goebbels）の挑戦を描いたディーツ・ベーリング（Dietz Bering）の本[51]の書評を書き終わった。

これらすべての――1部はペンネームで公表した――出版物は、全体としてケンプナーが人に感銘を与える人格の持ち主であったこと、そしてまた、彼の90年を超える生涯における活躍が実に多彩であったことを我々に教えてくれる。その生涯にあって、彼は、いかなる政治システムのもとでも、民主主義と自由主義的法治国家の理念の擁護者であり続けていたのである。

* ケンプナーは、本書が出版された1993年の8月15日、フランクフルト北西にある保養地ケーニッヒシュタイン（Königstein）で逝去された。
** 原注では、注50及び51所掲の書籍は未刊となっているが、いずれも1992年に刊行されている。

ロベルトM. W. ケンプナーの著作（抜粋）

Verzeichnis aller Abiturienten des Schiller-Gymnasiums（Berlin-Lichterfelde）mit biographischen ngaben über die im I. Weltkrieg gefallenen Schüler, 1922（?）.

---

50) *Th. Alexander*, Carl Severing – Westfälischer Demokrat mit preußischen Tugenden, demnächst im Westfalen-Verlag Bielefeld, 1992.
51) *D. Bering*, Kampf um Namen. Bernhard Weiß gegen Joseph Gobbels, 1992.

Sling, Richter und Gerichte,Gerichtsreportagen aus den 20er Jahren, 1929 (Hrsg.). 1969 年と 1977 年に復刻。

Schadensersatspflicht der Polizei bei politischen Zusammenstoßen,1930.

Das Polizeiverwaltungsgesetz vom 1. Juni 1931. Textausgabe mit Quellenmaterial,kurzen Erläuterungen und Ausführungsbestimmungen, 3. aufl. 1931 (Erich Klausener および Christian Kerstiens と共著).

Justizdämmerung und Auftakt zum Dritten Reich (Eike von Repkowk というペンネームを使う). 1932 年と 1963 年に復刻。

The German National Registration System, landsdowne, 1943.

Women in Nazi-Germany, Washington D.C., 1944 (RuthKempner と共著).

Die Preußische Bürokratie auf der Anklagebank. Anklagerede gegen den Angeklagten Wilhelm Frick, 1946. 1946 年 1 月 16 日に，ニュールンベルク国際軍事法廷で朗読されたもの。

Das Urteil im Wilhelmstraßen-Prozess, 1950. Carl Haensel と共著。

Eichmann und Komplizen, 1961.

SS in Kreuzverhör, 1964 (1987 年新訂).

Edith Stein und Anne Frank, Zwei von Hunderttausend, 1968.

Verpaßte Nazi-Stopp. Die NSDAP als staats-und republikfeindliche hochverräterische Verbindung. Preußische Denkschrift von 1930, 1983 (Hrsg.).

Ankläger einer Epoche, Lebenserrinerungen, 1983 (1986 年文庫版).

ロベルト M. W. ケンプナーに関する文献

Robert M. W. Kempner, Ankläger einer Epoche,Symposium zum 85. Geburtstag, Mülheiml-Ruhr, Evangelischer ,1985.

T. Westphalen (Hrsg), Ein Advokat für Humanität, Verleihung der Ehrendoktorwürde an Robert M. W. Kempner, 1986.

H.Lichtenstein, Robert M. W. Kempner,in:R.Eisfeld-I. Müller (Hrsg.)Gegen Barbarei. Essays Robert M. W. Kempner zu Ehren, 1989, S. 20 ff.

Gratulation zum 90.Geburtstag von Robert M. W. Kempner, Friedrich-Ebert-Stiftung Bonn, 1989.

Th.Schneider, Robert M. W. Kempner. Bibliographie, 1987 (その 253 頁以下。そこには，ケンプナーに関するその他の多くの出版物が掲げられている).

迫害及び絶滅のための権利剥奪について：
国家社会主義体制のもとでのユダヤ人法律家[*]

ヴォルフガング・ベンツ[**]
訳　小　田　　　司

　1933年1月30日のアドルフ・ヒトラー（*Adolf Hitler*）の首相就任は，——国家社会主義者達によって「権力の獲得」と表現され，そしてハルツブルク戦線のドイツ国家同盟の仲間達と共に「国家的高揚」であると賞賛された——ドイツ人法律家の多数によって歓迎された。ワイマール共和国の国家及び統治体制は，賛成多数で否決され，その多数が司法及び行政，弁護士界，そして大学の法学部を支配していた。ドイツ裁判官連盟，プロイセン裁判官連合，帝国裁判所及び著名な法律学者達があらたな統治体制を好意的に迎えた。
　伝統と信念，すなわち中産階級層出の大部分の法律家の愛国的で保守的な考え方，そして権力国家的な伝統にもとづく法実証主義思想が，法律家達をあらたな権力者[1]の誘惑に負けやすくした。その誘惑とは，第一次世界大戦後のベ

---

[*] Von der Entrechtung zur Verfolgung und Vernichtung.
　　Jüdische Juristen unter dem nationalsozialistischen Regime
[**] Dr. *Wolfgang Benz*：Professor an der Technischen Universität Berlin
　　（ベルリン工科大学教授）
1) *Lothar Gruchmann*, Justiz im Dritten Reich 1933-1940. Anpassung und Unterwerfung in der Ära Gürtner, 1988; *Hermann Weinkauff*, Die deutsche Justiz und der Nationalsozialismus. Ein Überblick, 1968; *Horst Göppninger*, Juristen jüdischer Abstammung im „Dritten Reich", 2. Aufl. 1990 参照。

ルサイユ条約，賠償協定，領土喪失の屈辱と束縛からドイツを解放し，同時に好ましからざる議会制民主主義制度を克服することによって，失業や貧困，インフレや世界恐慌の状態をなくすことを約束するものであった。

Ⅰ．序幕：権力獲得後の暴力行為

1933年初頭の慌ただしい雰囲気が，法律家のみならず，過激派，国家社会主義ドイツ労働者党の党員と準軍事的党構成員の「突撃隊」，組織的な行動主義者等の多くに過ちを犯させる原因となった。それは，かつての敵対者に対する報復として，あるいは勝利気分による国民の感情の沸き立ちとして片づけられた。なぜなら，嫌われ者への殴打，逮捕，そして突撃隊事務所や残忍な強制収容所への連行は，権力者ヒトラーの鶴の一声によってすぐに終わるであろうと思われていたからである。とりわけ，共産党員に対しては，しばしば虐待が行われた。国家社会主義ドイツ労働者党の低俗な反ユダヤの形式を敬遠する者達も，国家社会主義思想の構成要素であるユダヤ人排斥——反ボルシェビズムとならんで国家社会主義思想の構成要素であった——を好意的に受け入れた。ヒトラーの支持者やドイツ国粋主義及びそのほかの左翼運動のシンパ達によって公然と行われた抗議行動，すなわちユダヤ人排斥論に対する拒絶は，「ユダヤ人問題」が存在し，それはユダヤ人が相当多数を占める職業から彼らを追い出すこと，そしてユダヤ人がドイツの公的生活，とりわけ文化や財界において有する影響力を排除することによって解決されなければならないという，多くのドイツ人が抱いていた信念を妨げるものではなかった。

1933年2月28日のドイツ帝国議事堂放火事件以降，その事件の結果として，ヒトラー政権がドイツ帝国大統領の緊急令によって独裁的な権力拡大を獲得し，とりわけ基本法からの解放によって法治国家の侵食が始まったとき，ユダヤ人裁判官と弁護士に対するテロ行為的行動が増加した。ミュンヒェンでは，警察本部において弁護依頼人の保護拘禁に対して抗告を提起した弁護士ミヒャエル・ジーゲル（Michael Siegel）自身が逮捕され，首に「私は生意気なユダ

ヤ人です。2度と抗告などしません」というプレートを付けられて市中の通りを引き回された。さらに，彼を辱めるために，彼のズボンは膝まで引き下げられた。差別的な光景は，しばしば公開された[2]。

ユダヤ人の排斥を動機づける国家社会主義者達の不当な干渉は，——それは大体，軍服姿のナチ突撃隊員であった——翌週のうちに多くの都市において行われた。最も酷かったのは，ブレスラウにおいてであった。ブレスラウでは，3月11日の午前，それは土曜日であったが，ナチ突撃隊の集団が区裁判所に突進し，ユダヤ人とみられる裁判官と弁護士を虐待のもと，法廷と執務室から通りへ追い出した。

毎週土曜日にユダヤ教会を訪れた後，区裁判所に来ていた弁護士ルートヴィヒ・フェルダー（Ludwig Foerder）は，つぎのように報告した。「突然——それは11時ちょうどであった——，廊下から野生動物のような唸り声が近づいて来るのが聞こえてきた。弁護士達の部屋のドアが開けられた。ナチ党のブルーの制服と帽子を身につけた20数人の突撃隊員が中に入って来て，『ユダヤ人は出て行け』と叫んだ。その瞬間，すべての人，すなわちユダヤ人もキリスト教徒達も恐怖にすくんだ。その後，ほとんどのユダヤ人弁護士達は部屋から出て行った。私は，法律顧問官で弁護士会の理事でもある70歳を過ぎた高齢のジークムント・コーン（Siegmund Cohn）がいるのにきづいた。彼は，恐怖のあまり釘付けされたように椅子に座ったまま立ち上がることができなかった。ナチ党のブルーの制服を着た集団の何人かが，彼に襲いかかった。そこへ，ドイツ国民『鉄兜団』のメンバーを含むキリスト教徒の若い弁護士の何人かがやって来た。そして，若い弁護士達は，侵入者達にコーンへの攻撃を止めさせるため，彼を防御すべく彼の前に立ちはだかった。最初，私自身もその場から動くことができなかった。ナチ突撃隊の1人が私に飛びかかって来て，私の腕を捕まえた。私は彼を振り払ったが，彼は即座にブルーの制服の右袖から金属の器具を引き出した。それを押すと，コイルが飛び出し，その先には鉛弾

---

2) *Robert Heinrich*, 100 Jahre Rechtsanwaltskammer München, 1979, S. 106.

が付いていた。彼は，この器具を使って私の頭を2度殴りつけた。そして，私の頭は出血し，はれ上がっていった……。多くは官服を身につけていた裁判官，検察官，弁護士達がブルーの制服を着た集団の何人かによって通りに追い出されるのがみえた。至る所で侵入者達は法廷のドアを開け，『ユダヤ人は出て行け』と叫んだ。ちょうど審理を行っていた沈着な若い裁判所試補が侵入者達を大声で怒鳴りつけた。『お前らこそ出て行け』。それによって，侵入者達は急いで立ち去った。ある部屋にユダヤ人の司法修習生が1人で座っていた。2人のならず者が彼を怒鳴りつけた。『ここには，ユダヤ人はいないか？』彼は，落ち着き払って答えた。『私は，ユダヤ人をみていません』。その後，そのならず者達はドアを閉め，さらに進んで行った。

　私は，残忍な者達に対し，外から救援を呼ぶつもりで，区裁判所の所長の部屋へ行った。かつて国土防衛隊の隊長で，20年以上前から正直で精力的なドイツ国民であることを知っている64歳の区裁判所所長は，相当青ざめた様子で肘掛椅子に座っていた。私は，前代未聞の出来事が起こったことについて，彼がどのように対処しようとしているのか訊ねた。彼は，つぎのように答えた。すでに地方裁判所の副所長と電話で話したが，その際に副所長から，彼の立場としては高等裁判所の所長と連絡を取らなければならないと言われたと。私は，このような状況において審級を遵守することはまったくもって不適切であろうと抗議し，所長に電話の使用をお願いし，彼はそれを許可した。私は，隣にある警察本部の特別機動隊に電話をし，そしてすでに20人の警察官が裁判所へ向かっているという返事を得た……。数分後，私は20人の警察官が通りを一列で行進してくるのをみた。それは，きわめてゆっくりとした足取りであった。私は，即座にあらたな警察署長ハイネス（Heines）がこの計画を手配したのだということにきづいた。すなわち，ハイネスは彼の部下である20人の警察官が裁判所に早く到着しないように取り計らっていたのであった……。このようにして，ブレスラウの裁判官達がドイツ法史の歴史上かつて存在しなかった出来事に反応したことは，非常に興味深かったことであり，おそらく今日まで十分に公表されてはいなかったであろう。その日の午後，裁判官達は高

等裁判所に集まり，ブレスラウ市にあるすべての裁判所において裁判を休止させる決定をした。一定期間，裁判官は裁判所内へ立ち入ってはならないことが公示され，その結果，裁判所において弁論は行われず，重要な法定期間の進行は停止ないし中断された。換言すれば裁判官達は，ストライキを行った。その翌週に，同様に品格を落とすような出来事が起こったすべての裁判所において，ストライキが決行されていたならば，そのようなモラルの低下をもたらした「国家的高揚」がいかなる経過を辿っていたのか想像することができない」[3]。

同日にブレスラウ地方裁判所において，その翌週の月曜日には高等裁判所において，同様な出来事が起こった。裁判は，——3月11日の午後に決定された裁判の休止により——休止された。それは，ユダヤ人以外の弁護士及び裁判官の団結心にもとづく行動であり，幸いにもブレスラウのユダヤ人新聞がこのことについて言及していた。「政治的には異なる極右派に属するキリスト教徒の法律家達がユダヤ人の同僚達のために精力的に加担したことは，大いに賞賛されなければならない」[4]。

ブレスラウの裁判所の建物は，裁判の休止のあいだ，ナチ突撃隊及びナチ親衛隊によって占領され，弁論期日及び裁判業務は行われなかった。国家社会主義者達は，1933年3月16日にユダヤ人弁護士の事務所に対して行動を起こす旨の声明を出したが，それは実行されなかった。しかし，警察副所長，司法行政の代表者，ナチ突撃隊及びナチ親衛隊のあいだでの話し合いの際に，シュレージエン弁護士会の会長で，ドイツ弁護士連合会の副会長でもある75歳のアドルフ・ハイルベルク (Adolf Heilberg) の安全については保障できないとされた。

差し迫った保護拘禁から逃れるため，法律顧問官ハイルベルクはブレスラウから立ち去った。彼は，すでにプロイセン及び帝国司法省での面談，そして弁

---

[3] *Wolfgang Benz* (Hrsg.), Die Juden in Deutschland 1933-1945. Leben unter nationalsozialistischer Herrschaft, 1988, S. 284.

[4] *Tillmann Krach*, Jüdische Rechtsanwälte in Preußen. Über die Bedeutung der freien Advokatur und ihre Zerstörung durch den Nationalsoziakismus, 1991, S. 174.

護士連合会の役員との話し合いにおいてブレスラウで起こった法律違反の差し迫った状況について報告をしていたベルリンへと赴いた。法律顧問官ハイルベルクは，数週間後，バーデン・バーデンにおいて回顧録にブレスラウでの出来事を詳細に記録し，その結果について評価した[5]。

　将来的な規則を取り決めるに際し，3月15日にブレスラウで行われた審議への参加者達は妥協案に同意し，それはただちにブレスラウのすべての弁護士に告知された。割当規則が狂信的国家社会主義者である警察署長エドムント・ハイネス（Edmund Heines）の勧めで，そして高等裁判所の所長ヴィテ（Witte）の同意により導入された。この提案は，つぎのような内容であった。「ブレスラウのすべてのユダヤ人弁護士の中から，ブレスラウの裁判所への出廷が認められる弁護士を17人選出する。これら17人は，資格を証明するために警察から特別の許可書を得る。そのほかのすべてのユダヤ人弁護士は，裁判所への出廷が禁止される」[6]。

　アドルフ・ハイルベルクは，高等裁判所の所長に対し，ブレスラウにおいても憲法，裁判所構成法及び弁護士法が適用され，弁護士の職務を誰かに代理させることは，ユダヤ人弁護士にとってあまり役立たず，彼らの法律事務所の崩壊を避けることができないであろうことを指摘した。これに対し，高等裁判所の所長はつぎのように答えた。「けれども，目下のところはまさに革命なのであり，これは単に過渡的状況にすぎない」[7]。

　ブレスラウの事例は，多くの同調者を得た。ナチ党の新聞は，ドイツに対する「国際的ユダヤ教徒による偽りないしデマ報道」であると伝えていたが，外国での報道はユダヤ人に対する国家社会主義者による不当な侵害を憂慮していた。この外国での報道に奮い立たされて，3月29日にゲルリッツである出来事が起こった。それは，地方紙「Oberlausitzer Frühpost」において，「民族主

---

[5]　*Krach*, (aaO Fn. 4), S. 175.

[6]　*Krach*, (aaO Fn. 4), S. 175.

[7]　シュレーゲルベルガーに宛てたハイルベルクの1933年3月18日の文書, Institut für Zeitgeschichte München, MA 108, Bl. 146, *Krach*, (aaO Fn. 4), S. 175 より引用。

義的革命」の始まりであると褒め称えられた。「すでに朝早くから，通りには興奮した人々の往来があった。ナチ突撃隊の全隊員，郡の幹部，ナチ親衛隊，そして国家社会主義ドイツ労働者党の召集されたナチ党員が，11時少し前に裁判所の前に集まり，ただちに無条件でユダヤ人裁判官を保護拘禁することを要求した」。ナチ突撃隊及びナチ親衛隊が裁判所の入口を占領し，各部屋を隈なく捜索し，地方裁判所の所長シュヴェンク (Schwenk)，地方裁判所の法律顧問アルマーデ (Armade)，そして弁護士２人を拘束した。少なくとも，さらに６人の裁判官と弁護士が，彼らの住居及び事務所で捕えられた。ゲルリッツの新聞は，さらにつぎのことを伝えた。「ゲルリッツの著名なナチ党員である弁護士・公証人フリッチェ (Fritsche) 博士の指揮のもと，裁判所内での行動がゲルリッツ市の国家社会主義ドイツ労働者党の郡幹部の政治的指導により行われているあいだに，民族主義及び革命にもとづく権利と感情を主張するために，ゲルリッツの民族主義者達が通りと広場に集まって来た。大きく，そして憤慨した打倒の叫びとともに，ナチ突撃隊に護衛されたユダヤ人達が迎えられた……。ゲルリッツのドイツ人達は，その叫びによってついに起こった正当防衛及び報復行動を承認し，紀律ある行動によってその地域の政治指導による必要かつ精力的な強硬手段に対する信頼を示した」[8]。

　最終的には，４人のユダヤ人法律家が市庁舎の前で長時間にわたり人々の目にさらされた後，警察の留置所に送られた。この行動が「民族主義的に必要不可欠なものとして，国家社会主義ドイツ労働者党の帝国指導部の指示により行われた」ことを強調する国家社会主義ドイツ労働者党の郡指導部の声明によって，差別的な見せ物は終わった。ゲルリッツ市民の盛んな拍手のもと，国家社会主義ドイツ労働者党の郡指導者は，長年にわたって「ドイツ民族がユダヤ人裁判官によって裁判されてきたことは，民族主義的品位を汚す状態であった」と呼びかけ，そして彼らにつぎのことを保障した。「我々は，国民の品位を汚す状態を解消し，ユダヤ人裁判官が２度とゲルリッツの区裁判所及び地方裁判

---

8) Oberlausitzer Frühpost, Zeitungsausschnitt, Bundesarchiv/Abteilung Potsdam, 30. 01 RMJ.

所に立ち入ることのないように配慮するであろう」[9]。

　ゲルリッツの新聞は，大多数の嵐のような喝采について報じた。しかし，抗議の声もあった。ゲルリッツのある法律家は，4月の初めに学友会仲間である帝国総理府の事務次官ハインリッヒ・ラマース（*Heinrich Lammers*）に送った長文の手紙の中で，暴徒達によるユダヤ人の同僚に対する暴動の際の感情を述べた。感傷やユダヤ人贔屓の心の動き，あるいはあらたな政治体制に対する抵抗が，保守的で愛国心を有する法律家に事務次官宛の手紙を書かせたのではない。それは，むしろ「自然に起こった国民の怒り」として現れ，あらたな状態をもたらすために実行された法律違反に対する不快感であった。

　「1933年3月29日水曜日，――詳細はともかくとして――恥ずべき状態のもと，裁判所で，一部は法廷で裁判官2人と弁護士2人が拘束され，重武装したナチ突撃隊に護衛されて通りに連行された。裁判官2人と弁護士の1人は，疑いなくユダヤ人であり，我々の同僚と同様に献身的にその職務に貢献していた者達であった」。偏見のない目撃者の観察によれば，それは実際には保護拘禁ではなかった。なぜなら，それは「興奮した国民から保護するための逮捕であったとする報道に反するものであり，理由なしに逮捕された者を意図的に興奮させられた国民の見せ物とするためだったからである」。このことは，事務次官ラマースに宛てた手紙に添えた新聞記事からはっきりと認識することができる。この出来事は，「一方ではその直後に自然に起こった国民感情の爆発，そして他方では上級官庁によって事前に指図された措置」であったことを示すものである。「動機があきらかに不誠実で，またまったく要求されなかった残忍な行為が行われたことは，政治的活動によって頭角を現したのではなく，義務，忠誠及び信頼において傑出している国家公務員の多数に対し悪影響を及ぼすように思われる」。

　「嫌悪感を起こさせる外国の宣伝」によって，国家的行動を行うことが必要となった。しかし，ゲルリッツの法律家は，「4月1日の紀律あるボイコット

9）　注8）の文献。

とはまったく対照的に」、その行動が必要性の限度を著しく越えるものであったと断言した。法治国家の浸食、そしてヒトラー行動の乱暴な要素の独り歩きが、手紙の作成者のみならず、彼の同僚達に対してもあきらかに不快感をもたらした。「当地の裁判官達のあいだで増大していった失望及び落胆の雰囲気が、このことを表している。けっして我々の首相の意志の真剣さ及び純粋さを疑わなかった者も、客観的報告が総統の耳に達しないことにがっかりした。新聞において沈黙された1933年3月8日のブレスラウ地方裁判所での出来事が ── それは、3月12日の首相の声明よりも前であった ──、我々を憂鬱な気分にさせた。私は、ブレスラウの高等裁判所の所長から区裁判所の顧問に至るまで、愛国的で信頼できる裁判官達と会話したが、その会話から事態が深刻であるとの印象を得た」。

最後にゲルリッツの裁判官は、学友会仲間ラマースが彼の手紙に対し自己の見解をあきらかにすること、あるいは返事を書くこと求めなかった。なぜなら、彼はラマースの職務上の立場、そしてその職務の負担について考えたからである。「我々裁判官は、国家のために何年ものあいだずっと義務に忠実に、そして堅実に働いてきた。我々は、再び心から国家のために尽くしたいと考えている。その国家のためを思い、私は私の心配事について手紙を書かなければならなかった。新生ドイツの問題が私自身に関することでもあるからなおっそう、私は1933年3月12日のヒトラーの命令を義務であると感じている」。「国民の純潔及び名誉の高揚を保護するのに役立たなければならない」[10]。

II. ボイコットと「休職」

1933年3月中旬に、ライプツィヒにおいて集会が行われた。この集会には、「国家社会主義ドイツ法律家連盟」が招かれた。ドイツ国民のみが公職に就かなければならないとする国家社会主義ドイツ労働者党の計画(「同胞のみが、国民になり得る。信条にかかわらず、ドイツの血統を有する者のみが、同胞に

---

10) Bundesarchiv/Abteilung Potsdam, 30.01 RMJ.

なり得る。それゆえに，ユダヤ人は同胞になり得ない」。）を引き合いに出して，演説者の弁護士ヴィーボルス（Wiebols）は，ユダヤ人が第三帝国において裁判官，公証人あるいは弁護士として活動してはならないことを要求した。ライプツィヒの日刊新聞の記事によれば，嵐のような拍手喝采を得た演説者の論述は，国家社会主義法律家連盟の要求項目に入れられた[11]。

第1に，最上級の帝国最高裁判所まで，ドイツのすべての裁判所は，「他人種」の裁判官と職員を排除しなければならない。第2に，同様に「他人種」の弁護士に対し，ドイツの裁判所での弁護士登録はただちに禁止されなければならない。第3に，「他人種の女性と親族関係にある者」の現存する弁護士登録は，即座に取り消されなければならない。第4に，戦争参加者の優先的任用を条件に，「ドイツの同胞」のみが「ドイツの公証人」になり得る。第5に，4年以内に，すべてのユダヤ人は弁護士の職から排除されなければならない。すなわち，年間4分の1のユダヤ人弁護士が排除される。第6に，マルクス主義政党（つまり，ドイツ共産党あるいはドイツ社会民主党）の党員であったすべての「他人種弁護士」からただちに弁護士資格が剥奪されなければならない。このことは，同様に裁判官についても妥当する。第7に，国家社会主義の法律家は，弁護士会の即座の解散と「ユダヤ人及びマルクス主義者排除」の基準のもとでのあらたな選挙を要求する。第一次世界大戦の戦闘員と戦闘で子息を失った弁護士については，必要とあれば例外が認められる。

国家社会主義法律家連盟のこの計画は，1933年3月14日以降，全ドイツ帝国において宣伝された。ユダヤ人法律家に対する力ずくの侵害よりも――それは，かろうじて個々の狂信者による暴力行為と評価し得たが――，この宣伝活動は来るべき発展にとって多くの好影響を与えた。国家社会主義者達の要求は，その後すぐに実行に移された。

---

11) 1933年3月16日のライプツィヒの日刊新聞（我々の法律家の要求）。「国家社会主義ドイツ法律家連盟」は，1936年から「国家社会主義法防御連盟」と呼ばれた。国家社会主義法防御連盟については，*Michael Sunnus*, Der NS-Rechtswahrerbund, 1990参照。

弁護士ハンス・フランク（*Hans Frank*）博士が臨時の法務大臣として在職していたバイエルンにおいて——彼は，1923年のヒトラーの反乱に参加したナチ突撃隊員として，国家社会主義ドイツ労働者党の法務部の指導者として，さらに国家社会主義ドイツ法律家連盟の創設者として，「国家社会主義革命」の立役者であった——，最初に国家社会主義者達の要求が実行された。法務大臣フランクは，3月25日に各高等裁判所の所長及び検事総長に対し，つぎのように説明した。「政治的新秩序において示されている民意」は，「ユダヤ系の裁判官が2度と刑事裁判及び懲戒裁判の審理に関与してはならず，さらにユダヤ系の検察官と国選弁護人が2度と法廷期日における公訴代理人として活動してはならない」ことを要求している[12]。

1933年4月1日，国家社会主義ドイツ労働者党は，「ユダヤ人の商店，ユダヤ人の商品，ユダヤ人医師及びユダヤ人弁護士」に対するボイコットを命じた。これは，将来ドイツにおいて実行される反ユダヤ主義を表明するための最初の公的行動であり，外国の新聞によって大いに注目された。この行動に先んじてなされた外国——特にイギリスとアメリカ——の新聞の憂慮的な論評は，「ユダヤ人によるデマ宣伝」であるとされ，それは反ユダヤ主義のスローガン及び原動力として利用された[13]。ユダヤ人の商店，ユダヤ人の法律事務所の前でのナチ突撃隊による警備とともに，1933年4月1日の企てには，大規模な催しが含まれていた。その中核は，人口の割合に応じるように，一定の職業におけるユダヤ人の数を割合に応じて制限することを求めるものであった。「行動の圧力を高める」ために，行動実行委員会（これは，反ユダヤ主義の首謀者ユリウス・シュトライヒャー（*Julius Streicher*）を中心とする指導のもとに設置された）は，医師及び弁護士職を制限すること，そして学校及び大学教員の

---

12) *Gruchmann*, (aaO Fn. 1), S. 128 以下；*Göppinger*, (aaO Fn. 1), S. 57. ヴュルテンベルク，バーデン及びヘッセンにおいて，同種の要求がなされた。ハンブルクでは，法務大臣ローテンベルガー博士が予防措置としてユダヤ人裁判官を強制的に休職させた。

13) *Benz*, (aaO Fn. 3), S. 272 以下。

資格を制限することに専念した[14]。

　1933年3月27日からプロイセンの司法行政の帝国政府委員となり，4月からプロイセンの法務大臣となったハンス・ケルル（*Hanns Kerrl*）は，3月31日の夜にテレタイプ及び警察の無線通信によって各高等裁判所の所長，検事総長及び行刑執行庁の長官に対し命令を下した。その命令は，「司法に携わるユダヤ民族に対して，最初の破滅的打撃」を与えるために考えられたものであった。ケルルは，無線通信においてつぎのように述べた。

　「在職中のユダヤ人弁護士とユダヤ人裁判官が傲慢な態度で出廷することに対する国民の怒りは，限度を超えた。それは，つぎのような可能性についてとくに考慮すべきことを強いるものである。すなわち，ユダヤ人によるすべてのデマ宣伝に対して，ドイツ国民が正当な防御のために戦うときに，国民が自力救済に着手するであろうということである。それは，司法の権威維持にとって脅威となりうるであろう。それゆえに，すべての関係官庁はその責任において，遅くとも国家社会主義ドイツ労働者党によって命じられた防御のためのボイコットが開始されると同時に，そのような自力救済行動の原因を取り除くことに努めなければならない。それゆえに，在職中のすべてのユダヤ人裁判官に対し，ただちに休暇願の提出を勧めること，そしてただちにそれを認めることを要求する。さらに，ユダヤ人裁判所試補の任命をただちに撤回することを要求する。ユダヤ人裁判官が休暇願の提出を拒否するすべてのケースにおいて，これらの者に対し，家宅不可侵権にもとづき裁判所内への立ち入りを禁止することを要求する。ユダヤ人素人裁判官（商事裁判官，参審員，陪審員，労働裁判官等）については，もはや召集しないことを要求する。そのことによって，たとえば裁判停滞の危険が生じるところでは，ただちに報告することを要求する。ユダヤ人検察官及び行刑機関におけるユダヤ人公務員については，ただちに

14）　*Gruchmann*,（aaO Fn. 1），S. 221 以下。

休職させることを要求する。ユダヤ人弁護士の傲慢な態度による出廷が，とくに国民の激しい怒りを引き起こしている。それゆえに，弁護士会，当該地域の弁護士協会あるいはそのほかの管轄機関とのあいだで，今日中につぎのことについて取り決めることを要求する。明日10時から，一定のユダヤ人弁護士，すなわち全国民に対するユダヤ人の割合に合った数のユダヤ人弁護士にのみ裁判所への出廷が認められる。出廷が許される弁護士については，国家社会主義ドイツ労働者党の地区指導者，あるいは国家社会主義ドイツ法律家連盟の地区団体の代表者との合意の上で，それを選出し決定することを要求する。ユダヤ人弁護士の妨害により，このような内容の取決めが達成し得ないところでは，これらの者に対し裁判所内への立入りを禁止することを要求する。もちろん，明日10時からユダヤ人弁護士を訴訟費用の救助を受ける者の訴訟代理人，国選弁護人，破産管財人，強制管理人等に任命してはならないことは当然である。なぜなら，ユダヤ人弁護士を任命することは，ドイツ国民のボイコット義務に違反するからである。ユダヤ人弁護士への国家賠償訴訟の訴訟委任をただちに撤回し，国家の訴訟代理をユダヤ人以外の弁護士に委任することを要求する。その際，あらたな訴訟代理人とのあいだで，従前の訴訟代理の際に生じた報酬を請求しないことにつき取決めておくことを求める。私の考えでは，そのような同意は弁護士の職業倫理義務に違反しない。妥当な交渉により，弁護士会の全理事が解任されることを要求する。国家社会主義，あるいはそのほかの民族主義的弁護士組織との協議によって選出された臨時代行者に弁護士会の臨時の業務執行について委任することを要求する。弁護士会の理事会及び理事が解任を拒否する場合には，ただちに報告することを要求する。今ここで述べた処置を完全に実施した後，国民の理解ある協力のもと，それに必要なすべての手段を用いて秩序及び威厳ある司法の維持に努めなければならない。国家社会主義ドイツ労働者党の地区あるいは郡指導者が，制服を身に着けた警備員による裁判所内の安全と秩序についての監視を求める場合には，この要求につき配慮し，そのことによって緊急に必

要な司法当局の権威維持が確保されなければならない。絶対に必要な司法の権威維持が確保されることを希望する」[15]。

バイエルンの同僚ハンス・フランクが同時期に行った完全に類似する命令と同様に，ケルルの命令も法的に根拠のないものであった。後の帝国法務省の半公式説明が，「1933年4月1日の朝，突然にドイツの司法からほとんどのユダヤ人が消えた」というものであったとしても[16]，それはケルルとフランクが表面上増え続けるユダヤ人に対する激怒にはまったく言及せずに，彼らの命令のために用いた理由（司法の威厳が守られなければならない）のようにまったくのデマではなかった。ボイコットの原因をもたらすためにユダヤ人迫害の雰囲気が上層部によって作り出されたように，裁判官を「休職」させることの目的は，政治体制の目論見である反ユダヤ主義を追及し得る法律上の理由を強行することにあった。

ユダヤ人に対する処置は，その法的意味内容と反比例して心理的な効果があった。キュストリンの弁護士・公証人であり，民主主義者，平和主義者及びユダヤ教区の活動的な構成員として知られていたジークフリート・ノイマン（Siegfried Neumann）は，その回想において，すべてのユダヤ人公証人が人口比率による最終的規制がなされるまで，すべての公務から外されるとする1933年4月1日のプロイセン法務省の命令の効力についてつぎのように述べている。「当時，法律によってユダヤ人公証人を排除することができなかったため，正当な手続を経てまったく俗悪な脅迫状を普及させた。それをしたのは，よりにもよって法務大臣である」[17]。

ユダヤ人の商店，事務所及び法律事務所の前で警備するナチ突撃隊員の面前

---

15) *Sievert Lorenzen*, Die Juden und die Justiz, Hamburg 1942, S. 172 以下 ; *Göppinger*, (aaO Fn. 1), S. 59; *Krach*, (aaO Fn. 4), S. 184 以下より引用。

16) *Lorenzen*, (aaO Fn. 15), S. 175.

17) *Siegfried Neumann*, Vom Kaiserhoch zur Austreibung, 1978, S. 87; *Krach*, (aaO Fn. 4), S. 187 参照。

で，ボイコットされたユダヤ人とともに，勇気ある市民によって一時的な連帯ないし共鳴デモが行われたが，1933年4月1日は将来起こるであろう恥ずべき予感をもたらした。裁判所内にある弁護士の部屋では，国家社会主義者達が勝利を得た。弁護士事務所の看板には，「ユダヤ人」と上書きされた。ミュンヒェンの裁判所では，「裁判業務の平穏かつ秩序維持のため，そして司法の尊厳を確保するため，4月1日から追って通達があるまで，ユダヤ人弁護士に裁判所内への立ち入りを禁止する」との掲示がなされた[18]。

ケムニッツでは，ドイツ弁護士連合会の前会長（1924年-1932年），そして名誉会長として名声高い法律顧問官マルティーン・ドルッカー（*Martin Drucker*）が4月1日の午後，法廷での弁論中に「保護拘禁」された。それは，3人のナチ突撃隊員をともなった警察官がドルッカーに対し法廷からの退去を要求し，弁論が中断された直後のことであった[19]。キールでは，東プロイセンから来たある弁護士がナチ突撃隊員との衝突後に殺害された[20]。これは，ボイコット当日に起こった最も重大な突発的出来事であった。

法の領域において，4月1日が単に公の指図にもとづいて法治国家の規範を無視するデモが行われたという理由で最悪の日となったのではない。その日は，つぎのような法規定を制定するための発端及びパイオニアとしても利用された。

Ⅲ．公務員法及び弁護士法

ドイツのユダヤ人から解放の成果を再び奪う最初の法的措置は，1933年4月7日に行われた。最初の法的措置，すなわち『公務員制度回復のための法律（Gesetz zur Wiederherstellung des Berufsbeamtentums）』という名称は，じゅうぶんにシニカルなものであった。なぜなら，それは嫌われている役人をその職務から追い出すための法律であり，まったく正反対のことを意味するもので

---

18) *Göppinger*, (aaO Fn. 1), S. 60.
19) *Krach*, (aaO Fn. 4), S. 190.
20) (aaO Fn. 19), S. 189.

あったからである。

　この法律は，一方では国家社会主義体制の政敵，とりわけ社会民主主義者，議会制民主主義を採用するワイマール憲法の明示的信奉者に対して向けられた。しかし，他方ではこの法律の第3条につぎのような規定が置かれていた。「非アーリア系の公務員は，退職させられなければならない」。名誉公務員は，解職させられた。施行規則において，ユダヤ人司法修習生，裁判官及び公証人は，公務員と同様の状況に置かれることが確保された。この「ユダヤ人排斥条項」は，公的職場における従業員及び労務者にも適用された[21]。

　しかし，公務員法の効力が及ぶ範囲は，公職の領域をはるかに超えるものであった。なぜなら，ユダヤ人構成員をその団体から排除するため，短期間のあいだに社団法人，商業団体，そして教会団体の協会，さらには体育及び音楽協会に至るまで，「ユダヤ人排斥条項」が適用されることになったからである。これに対し，プロテスタント教会においては，わずかではあるが異議が述べられた。すなわち，マールブルク大学神学部の所見において，「ユダヤ人排斥条項」はキリスト教の教えと一致しないとのテーゼが唱えられた。これに反し，エアランゲン大学のプロテスタント神学部は，つぎのような結論に達した。「今日，ドイツ国民の多くは，ドイツ国民の中にいるユダヤ人を異民族であると感じている。解放されたユダヤ教によりドイツ国民の私生活に対する脅威が認められ，この危険に対しては法的例外規定により防御されなければならない」。カトリック教会は，合法的政府，すなわちヒトラー政権の行為の合法性について疑問を呈する態度を示さなかった。1933年11月，ドイツカトリック学生組合連合はある決定を下した。その決定によれば，「ドイツの血統」を有する者のみが組合員になり得た。また，「非アーリア系」の女性との婚姻は，カトリック学生組合連合において除名の理由となった[22]。

---

21) RGBl. 1933 I S. 175 以下 ; *Joseph Walk* (Hrsg.), Das Sonderrecht für die Juden im NS-Staat. Eine Sammlung der gesetzlichen Maßnahmen und Richtlinien-Inhalt und Bedeutung, Heidelberg, 1981.

22) *Göppinger*, (aaO Fn. 1), S. 71 以下.

1933年の「ユダヤ人経済援助センター」の概算によれば，およそ2,000人の大学教育を受けた公務員が反ユダヤ立法によってその職と職場を失った。これには，約700人のユダヤ人大学教員は含まれていない[23]。1934年4月30日までに，574人のユダヤ人裁判官と検察官が退職した。当時，これらの人的範囲がそれ程大きくはなかったため，帝国大統領ヒンデンブルク（Hindenburg）の要求にもとづき，公務員法に例外規定が置かれることになった。ヒトラー政権発足後間もなく，ユダヤ人戦争参加者達は，典型的民主主義者ではないが，第一次世界大戦の軍指揮官として一般に軍人の誉と称えられる高齢の国家元首に対し，彼らの脅かされた法的地位が擁護されることを期待して絶えずアピールした。1933年4月の初めに，ヒンデンブルクはこの問題について帝国首相に意見を述べた。彼の考えでは，戦争で負傷した公務員，裁判官，教員及び弁護士，さらには第一線の戦闘員，戦死者の子息あるいは戦場で子息を失った者は，そのまま職務に就かせるべきである。「彼らがドイツのために戦い，そして血を流した価値ある人材であるならば，その職務において祖国のために尽くす者としての価値を認めなければならない」[24]。

　ヒトラーは，――差し当たり――ヒンデンブルクの強要を拒むことができず，帝国大統領に対しつぎのように答えた。法案は，すでに相応な規定を含むものである。救済のための例外規定である公務員法3条2項は，むしろ保護の範囲をより広くしている。すなわち，「ユダヤ人排斥条項」は，「1914年8月1日以前に公務員であり，現在もその職に就いている者，世界大戦においてドイツ帝国あるいはその同盟国のために戦場で戦った公務員，あるいは世界大戦で父または子息を失った公務員」には適用されない[25]。

---

23) 1933年4月1日に，全体としてプロイセンの上級司法職に就いていた643人のユダヤ人が休職させられたとするロレンツェンの記述が，第一次世界大戦参加者を含めたユダヤ人裁判官及び検察官の数の根拠となる。*Lorenzen*, (aaO Fn. 15), S. 176. プロイセンの司法におけるユダヤ人の割合は，ほかの州における割合よりも非常に多かった。*Benz*, (aaO Fn. 3), S. 286; *Göppinger*, (aaO Fn. 1), S. 74.

24) *Gruchmann*, (aaO Fn. 1), S. 134; *Göppinger*, (aaO Fn. 1), S. 69.

25) *Hans Mommsen*, Beamtentum im Dritten Reich, 1966, S. 159以下。

司法の領域における公務員法の施行は，1934年1月30日に州司法行政が解消されるまで各州にその権限が委ねられていた。とりわけ，プロイセンとバイエルンは，即座に厳格な施行規則の制定に取りかかった。プロイセンでは，該当者は3日間の期限内に証拠書類を添付して戦闘員であったこと，ないしそれに応じる特権を有することを証明しなければならなかった。疑わしい場合には，同様に3日以内に「アーリア系」であることの証明が必要であった。「非アーリア系，とりわけユダヤ人の両親ないし祖父母の血統を引く者は」，「非アーリア系」とみなされた[26]。両親あるいは祖父母の一方が，「非アーリア系」である場合にも，同様とされた。さらに，両親あるいは祖父母の一方がユダヤ教徒である場合，非アーリア系であるとされた。帝国法上の規定によれば，1914年8月1日以前に公務員資格を有していなかった公務員は，「アーリア系」であることを証明しなければならなかった。疑わしい場合には，帝国内務省において血統検査のために鑑定人による鑑定が求められた。

　戦闘員であったことの特権，ないし1914年8月1日以前に公務員であった者に対する例外規定は，1933年4月7日の『弁護士登録に関する法律（Gesetz über die Zulassung zur Rechtsanwaltschaft』においても適用された。この法律は，第2の反ユダヤ排除法として可決されたものであった。ヒンデンブルクの意見に対する1933年4月5日のヒトラーの回答からあきらかなように，ユダヤ人弁護士も公務員及び裁判官に対して計画された排除の対象にされることが最初から意図されていた。ヒトラーは，ヒンデンブルクにつぎのような文書を送った。「ユダヤ民族が一定の職業に氾濫していることに対し，ドイツ国民による防御」が要求される。なぜなら，知的職業の多くは，帝国のいくつかの場所，とりわけベルリンにおいて「80％ないしそれ以上の割合でユダヤ民族により占められている」[27]。ヒトラーが述べているのは，あきらかに弁護士と医者であった。

---

26) 1933年4月11日の法律を施行するための第1の命令, RGBl. 1933 I S. 195; *Göppinger*, (aaO Fn. 1), S. 73.

27) *Krach*, (aaO Fn. 4), S. 205より引用。

実際にユダヤ人が占める割合の規模を確認するのに，統計を一見すればじゅうぶんである。公のデータによれば，プロイセンでは 1933 年 4 月 7 日当時，登録された弁護士の総数 11,814 人のうち 3,370 人がユダヤ人であった。すなわち，ユダヤ人の占める割合は 28.6％であった。ベルリンでは，その割合はより高かったが，「80％を超えて」はいなかった。ベルリン高等裁判所の管轄区域，ないしベルリン，コットブス，フランクフルト / オーダー，ランズベルクヴァールテ，ノイルッピン，プレンツラウ及びポツダムの地方裁判所の管轄区域においては，ユダヤ人の占める割合は全体で 48.3％であった[28]。プロイセン以外では，ユダヤ人弁護士及び公証人の割合は著しく少なかった。公の評価によれば，以下の高等裁判所の管轄区域において，全体で 1,215 人のユダヤ人弁護士が登録されていた。すなわち，ユダヤ人弁護士の数は，バンベルクでは 51 人，ブラウンシュヴァイクでは 10 人，ダルムシュタットでは 77 人，ドレスデンでは 129 人，ハンブルクでは 220 人，イエナでは 23 人，カールスルーエでは 191 人，ミュンヒェンでは 230 人，ニュルンベルクでは 134 人，オルデンブルクでは 2 人，ロストックでは 11 人，シュトゥットガルトでは 92 人，ツヴァイブリュッケンでは 45 人であった[29]。

1933 年 4 月 7 日の弁護士法は，その文言によれば，排斥される人的範囲（「非アーリア系」）を明確に定義している公務員法と比べそれ程厳格なものではなかった。

弁護士法の重要な一節によれば，1933 年 9 月 30 日までに弁護士登録を取り消すことができ，最終的には「たとえこの点につき弁護士法で定められた事由が存在しない場合でも」，弁護士登録を拒否することができた。弁護士法 3 条により，「共産主義活動をした者」は，弁護士登録から排除された。この規定によって，疑わしい場合には，古くから登録している弁護士や世界大戦参加者に特権を与える規定の効力を失わせることができた[30]。実務において，裁量規

---

28) *Lorenzen*, (aaO Fn. 15), S. 166 の記載と *Krach*, (aaO Fn. 4), S. 416 及び 419.
29) *Lorenzen*, (aaO Fn. 15), S. 166.
30) 1933 年 4 月 7 日の弁護士登録に関する法律 , RGBl. 1933 I S. 188.

定が該当するユダヤ人弁護士に対し厳格に適用されたとしても，——法律の文言によれば可能性は与えられたが，彼らの弁護士登録は取り消された——，例外規定を利用することができた者の数は相当多かった。プロイセンでは，3,370人のユダヤ人弁護士のうち 2,158 人が登録を維持した。いくつかの争いあるケースの審査の後，1933 年の夏にはユダヤ人弁護士の数は再び増加（2,609 人まで）した。しかしながら，相当数のユダヤ人弁護士が自ら例外規定の利用を断念し，または移住を求め，あるいは引退したことにより，その数は絶えず低下した。

　それは実際には法律上不当であったが，戦闘員としての特権を有する何人かの著名な弁護士から，少なくとも登録されていた公証人事務所が取り上げられた。彼らは，戦闘員として弁護士登録の取消しから守られるのと同様に，公証人事務所の取上げに対して保護されなければならなかったはずである。さらに，彼らに対し「共産主義活動」を理由にその責任を求めることはできなかった。なぜなら，彼らは左派のドイツ自由民主党または社会民主党に属していたか，あるいはユダヤ教派のドイツ国民中央連合会において積極的に活動していたからである。

　ユリウス・ブロードニッツ博士（Julius Brodnitz : 1866 年 – 1936 年），そしてルートヴィヒ・ホレンダー（Ludwig Holländer : 1877 年 – 1936 年）は，彼らの公証人事務所を失った。ブロードニッツ博士は，1933 年 4 月から中央連合会の理事長として，「ドイツのユダヤ人帝国代表部」を設立する際に重要な役割を演じた人物であった。ホレンダーは，中央連合会の会長及び法律顧問であり，1919 年に Philo 出版社を設立した人物であった。Philo 出版社は，中央連合会の委託により，とくに反ユダヤ主義の防御のための著作を公刊していた。フーゴ・ジンツハイマー[31]（Hugo Sinzheimer : 1875 年 – 1945 年）は，1933 年に公証人としての職を失ったばかりではなく，長期にわたり拘留された。彼は，1903 年からフランクフルト／マインにおいて弁護士として活動し，

31）　ジンツハイマーについては，本書の Benöhr に関する論稿を参照。

1919年に社会民主党員として憲法制定の国民議会のメンバーとなり，その後は法学専門雑誌『Die Justiz』の共同編集者，またフランクフルト大学の非常勤教授として，さらに労働法の業績によって非常に著名な人物であった。ジンツハイマーは，オランダへ逃れるのに成功し，アムステルダム大学及びライデン大学において非常勤講師として活動した。1940年に，彼はテレージエンシュタットへ送られ，1945年に釈放された後，長期に及ぶ拘留が原因で死亡した。

1933年，エーリヒ・アイク（Erich Eyck：1878年-1964年）も，公証人の職を失った。彼は，1906年からベルリンにおいて弁護士として活動するのみならず，ベルリンの日刊紙及びベルリンのVossische新聞の共同経営者として，また歴史家として著名であった。中央連合会の幹部であったアイクは，1937年にイタリアを経由してロンドンに逃れた。ユリウス・マグヌス[32]（Julius Magnus：1867年-1944年）も，民主主義思想を理由に公証人事務所を取り上げられた。彼は，1898年からベルリンで弁護士登録をし，1914年に法律顧問官の称号を得た。マグヌスは，1915年から法学専門雑誌Juristische Wochenschriftの編集者，そしてドイツ弁護士連合会の理事であった。1939年8月，彼はオランダへ逃れるのに成功した。1940年にドイツ軍がオランダへ進駐した後，マグヌスは1943年，ヴェスターヴォルクの強制収容所からテレージエンシュタットへ送られ，そこで1944年の夏に死亡した。その原因は，餓死であった[33]。

統計によれば，弁護士法の成果はそれ程大きなものではなく，古くから登録していた弁護士及び戦闘員の割合をかなり低く見積もっていた社会民主主義者達をおおいに怒らせる結果となった。さらに，1933年4月の法的措置の結果も，1933年4月1日のボイコットの過程で一気に「ユダヤ人を消滅させる」ことを目論み，少なくともそのことを告知していたプロイセン及びバイエルン

---

[32] マグヌスについては，本書のJungferに関する論稿を参照。
[33] Göppinger, (aaO Fn. 1), S. 219以下の略伝（出典一覧を含む）とKrach, (aaO Fn. 4), S. 429以下参照。そのほか，Joseph Walk, Kurzbiographien zur Geschichte der Juden 1918-1945, 1988.

の臨時の法務大臣の通達及び不当な策略を大きく下回るものであった。

　1933年の初めに，相当数の法律家の身に降りかかった職業禁止による精神及び生存の破滅について，すべて記述することはできない。5年間の活動後，1933年から1934年にブレーメンにおいて弁護士資格を失ったヘルマン・レーマン（Hermann Lehmann）（彼は亡命先のチリで生き延び，30年後に再び弁護士資格を取り戻した）は，——法律家のみならず——多くの者が同様のことを味わった生存喪失の辛い経験について詳細に記述している。それは，レーマンが司法修習生として修習を受けたブレーメン地方裁判所の所長の態度であった。「私は弁護士として，何度も彼の部において弁論を行い，お互いによく知った仲であった。私は，ある日の午前にローランドの近くの広場で彼と出会い，そして年長者である彼に丁重な挨拶をした。彼はすぐに私にきづき，私に目を向けたが，挨拶には答えなかった。私は，彼にとってあきらかに尊重するに値しなかったのである。悲しいことに，人間同士の尊重において，私がいかに低くみられていたかということにきづいた」。

　これに反し，ヘルマン・レーマンは，かつての同僚達のことでよい経験もしていた。「彼らの態度は申し分ないものであり，彼らは私を同胞であるかのように扱った。長年の同級生の一人と後に同僚になった者のみが，私とのすべての関係を拒絶した。驚くべきことは，私の依頼人の態度であった。誰一人として，私を解任しなかった。私自身，委任について配慮しなければならなかった。しばしば，引き続き顧問として活動するように依頼された。それどころか，私に毎月顧問料を支払うという依頼人もいた。しかし，私はもはや幻想を持たなかった」[34]。

　「公務員法」は，ユダヤ人の行政職法律家を排除するための理由として利用された。長年ゲッペルス（Goebbels）によって「イージドール」と貶されていたベルリン警察署の副所長ベルンハルト・ヴァイス（Bernhard Weiss）のように，著名または政治的に危険な公務員は，いずれにせよその職とその土地から

---

[34] *Hermann Lehmann*, Wanderer in drei Kontinenten, in: Veröffentlichungen der Hanseatischen Rechtsanwaltskammer Bremen, Bremen 1990, S. 19 以下。

追い払われた。1933年に，ヴァイスはイギリスに亡命した。彼の名前は，国籍剥奪者リストの1番目に掲げられた。1926年からプロイセンの国家公務員であり，最終的には通商産業省に勤務したヘルベルト・ヴァイヒマン（Herbert Weichmann）の成り行きも同様であった。以前は，社会民主主義者である首相秘書官オットー・ブラウン（Otto Braun）がハンブルクの政治家として重要な役割を演じていたが，亡命後（1933年にフランス，その後はアメリカ），ヴァイヒマンは1948年からハンブルクの政治家として，最終的には最初の市長として重要な役割を演じた。行政職法律家で地方自治体の政治家でもあったフリッツ・エルザス（Fritz Elsas）の運命は，それ程幸運なものではなく，いわば典型的なものであった。彼は，ドイツ都市議会の常任理事（1926年-1931年）として，さらに2番目のベルリン市長として著名であった。エルザスが最初に拘留されたのは，1937年であった。1944年，彼はカール・ゲーデラー（Carl Goerdeler）との関係を理由に，自由主義抵抗勢力のメンバーとして逮捕され，ザクセンハウゼンの強制収容所へ送られた。1945年1月4日，エルザスはその収容所で銃殺された。

1923年から1932年までプロイセン内務省，その後に国務省の事務次官であった著名な法律家ロベルト・ヴァイスマン（Robert Weismann）は亡命に成功した。彼の亡命先は，チェコ・スロバキア，スイス，最後はアメリカ合衆国であった。ヴァイスマンは，1942年2月にアメリカ合衆国で死亡した。有名な法律家の家系に生まれたパウル・ハイニッツ（Paul Heinitz）は，プロイセン農業省の参事官であったが，1934年3月31日に強制的に退職させられた——彼は当時47歳であった——。その3年後，彼は帝国の乳製品工場における従業員としての職も失った。なぜなら，ほかの従業員がユダヤ人と一緒に仕事をすることは不当な要求であると主張したからであった。ハイニッツは1942年2月，ベルリンにおいて胃穿孔により死亡した。それは，ハイニッツがユダヤ人であるため一般病院で治療を受けることができず，また洗礼を受けたキリスト教徒であったためユダヤ人の病院でも治療を受けることができず，救急車のドライバーが彼の搬送を拒否したことが原因であった。

非ユダヤ人の同僚達の反応からみてとれるように，1933年から1934年のユダヤ人法律家に対する排除と差別は，序の口にすぎなかった。しかし，法治国家を確信するドイツ人法律家の多くが寄せる共感及び連帯感の表明は，ユダヤ人に対する迫害が増大するにともなって急速に減少していった。

　講座から追い払われた大学教授，ドイツの大学において助手，講師，非常勤講師，非常勤教授の職を失った法律家の多くは，長いあいだ，極右の学生による罵りと中傷に耐えなければならなかった。ヒトラーの「権力獲得」後，大学教授の多くは，ただちにあらたな政治体制に忠誠を誓った。多くの大学において，暴動，講義のボイコット，ユダヤ人教員を解職せよとの学生代表による要求が行われた際，ユダヤ人に対する支援はまったく期待することができなかった。1933年の春，大学での状況は裁判所におけるのと同様であった。1933年3月29日，国家社会主義学生連合会の連邦代表者がつぎのような声明を出した。それは，ドイツの大学からユダヤ人教員と助手を徹底的に排除することを求めるものであり，4月1日からのユダヤ人教授による講義とゼミナールのボイコットを告げるものであった[35]。4月中には，まずバーデン州において，ユダヤ人教員の休職が開始された。キールで行われたように，それは騒乱状態のもと，ほとんどの大学で実施された。ハンブルクにおいて行われたように，教育委員会がこれに抵抗及び抗議したのは例外であった。

　1933年の春，公務員法の適用のもと，ドイツ帝国の23の法学部でユダヤ人教員が解職された。それは，200人以上の大学教員であり（多くのケースにおいて，助手の数は確認されていない），これには経済学部，工科大学，芸術大学及び商科大学等の法律家も含まれていた。

　教育活動に対する帰結は，悲劇的なものであった。多くの教科（たとえば，ローマ法制史，税法，比較法）において，解職は壊滅したのと同様な結果をもたらした。解職された者にとっても，その結果は同様に悲劇的なものであった。なぜなら，亡命に成功した場合でも，そのキャリアを継続させること，あ

---

35) *Rudolf Schottlaender*, Verfolgte Berliner Wissenschaft, ein Gedenkwerk, 1988, S. 28.

るいはそのほかの職に就ける可能性がまったくなかったからである。

　大学からの追い出しの際，ユダヤ人大学教員は，彼らが受けた不法以上に，非ユダヤ人の同僚達の反応に排斥の辛辣さを感じた。仲間意識がうわべだけであったように，同僚達は我々が下層民になったことを強烈に感じさせた。ライプツィヒ大学の非常勤講師，ケーニッヒスベルク大学及びプラハ大学の教授，ハレ大学の正教授として素晴らしい経歴を持つ著名な法史学者ギド・キッシュ（Guido Kisch）は，1933年の春に44歳でその職を失った。

　「ヒトラーの『権力獲得』後間もなく，私はユダヤ人あるいはユダヤ系の多くの教員と同様に，まず『休職』させられた。……『休職』は，私が講義を行ってはならず，さらに博士学位試験及び第1次国家試験に関与してはならないことを意味した。私が何十年間も，多くの時間と労力を犠牲にしてきた法律学研究所の所長の職は取り上げられた。その少し前にハレ大学に招聘された刑法の若い教授エーリヒ・シュヴィンゲ（Erich Schwinge）は，私の後任者として不法な方法によって空けられた所長職に就くことを断らなかった。シュヴィンゲは，その設立者であり所長であったヨルゲス（Joerges）教授が解職させられたことにより孤立した労働法研究所の運営も引き継いだ」。

　ユダヤ人構成員の排除後に無言を通した大学の同僚達の団結心の欠如が，とりわけ排除された者を傷つけた。「このような出来事を理解し得なかった外国においては，度々つぎのようなことが言われていた。ヒトラーは，宗教あるいは血統を理由に追い払った同僚達の職を引き継ぐ者を任用しようとしても，後任教授をみつけることはできないであろう。私は，法と正義の代弁者で道徳的義務を果たす法律学の教授をまったく知らなかった。私が知る限り，唯一フランクフルト大学のアルトォアー・バウムガルテン（Arthur Baumgarten）がドイツにおいて教授職を放棄すべきような人物ではなかった。なぜなら，彼は責任感ある法律学教授として，国家社会主義的な『法哲学』の講義を行うことはできないと宣言したからである。ハレ大学の同僚達は，招聘の際にその票が重要であった正教授に対し，何年も彼らの著書及び論文の抜刷を謙虚に寄贈したにもかかわらず，無言を押し通し，皆他人のような態度をとった。私は，その

ような同僚達の多くを示すことができる。わずかな慰めの言葉さえも，彼らは自分の面子のためにしようとはしなかった」。

グイード・キッシュは，その宿命として多くのことを受け負わされた。彼は生存の喪失に加えて，マルキスト，平和主義者あるいは好戦的自由主義者であるとの嫌疑を受けたが，何らかの口実による家宅捜索，「保護拘禁」，虐待のような酷い事態にはあわずに済んだ。キッシュ教授に対する排除は，「通常のケース」であった。

「1933年の秋，私は『公務員制度回復のための法律』3条にもとづき，公式に退職させられ，同時にザクセン州の州委員会の決定により，ザクセン・アンハルトの歴史委員会から除名された。私が創設した学術双書，すなわち『Deutschrechtliche Forschungen』の発行者であるシュトゥットガルトのW. コールハマー（W. Kohlhammer），そして商法専門雑誌『Beiträge zum Handelsrecht』の発行者であるライプツィヒのR. ノスケ（R. Noske）は一方的に私との契約を解除した。年金は，大学教授が定年退職した際に適用される基準にもとづかず，それよりはるかに不利な行政職公務員の基準にもとづき算定され，間もなくその支払いは完全に中止された。私が古文書の研究をしていた大学図書館の利用は，禁止された。

社会的追放及び排除による突然の権利剥奪，そして学問領域における活動禁止の理由なき宣告が，自身の努力で教授の地位を手に入れた44歳の学者にとって何を意味するものであったのか，今日でもなお思い描くことができる」[36]。

Ⅳ. 1933年から1934年における「法改正」と司法の統合

ヒトラーがドイツ帝国首相に任命されるだいぶ前から，常にそのことをあきらかにしていたように，ヒトラーにとって法は——社会組織の理念，秩序の基本原理，規則の所産としての——，命令及び征服，弱者に対する強者の権力行使にもとづく彼の世界像，すなわち通俗的・生物進化論的思考過程及び君主哲

---

36) *Guido Kisch*, Der Lebensweg eines Rechtshistorikers. Erinnerungen, 1975, S. 75 以下。

学から導かれる彼の世界像とはまったく正反対なものであった。法にもとづき構成される政治的及び社会的秩序の理念は，ヒトラーには無縁であり，彼はそれを単に軽蔑し，彼の軽蔑は法律家層に属するすべての者に向けられていた。

　総統の意思は，国家社会主義イデオロギーにおいて争いなく法を超える最上級の権力としての効力を持った。「国民の法感情」を引き合いに出して，ヒトラーは憲法及び制定法に拘束されない独裁者，そして「ドイツ国民の最上級の裁判権所有者」としての例外的地位を利用し，法に代わって隔世遺伝的権力により――血，土地，人権，国民がそれを象徴している――正当化された総統の猛獣のような独断を行使した。

　最初に公然とこのような総統の権力が行使されたのは，1934年6月30日に行われたあからさまな形での殺害であった。ヒトラーによって直接に命じられた対抗者，敵対者，そして好ましからざる危険人物に対する血なまぐさい清算は，後に国家の自衛として正当化された。この目標を達成するために，ヒトラーは1934年7月13日の帝国議会で法及び制定法に対する彼の立場を明言した。「反乱は，永久に変わらない鉄のような法律にもとづき排除される。我々が判決に正式な裁判所を関与させていないという理由で，誰かが私を非難するならば，私はそれに対しつぎのように反論することができる。そのとき，私はドイツ民族，すなわちドイツ国民の運命に対して責任ある最上級の裁判権所有者であった。反乱を起こす地域には，常に処刑によって再び秩序がもたらされなければならない。唯一ある国家が，戦争条項を使用しなかった。その国家は，そのために崩壊した。それは，ドイツである。私は，あらたな帝国を旧帝国の運命の手に委ねたくはなかった……。私に対し，裁判手続によってのみ罪と罰について正確に判断し得るとの異議を唱えるならば，私はそのような見解に対し断固として抗議する。ドイツに対して反乱を起こす者は，国家に対する反逆行為を行っているのである。国家反逆行為を行う者は，その行為の範囲及び程度によって処罰されるべきではなく，露見したその主義によって処罰されなければならない」[37]。

37)　*Gerd Rühle*, Das Dritte Reich. Dokumentarische Darstellung des Aufbaues der

同日，ヘルマン・ゲーリング（Hermann Göring）もプロイセンの首相として，検察庁長官の前での演説においてヒトラーに加勢した。「権限のみが存在し続ければ，すべてが崩壊し得るという誇張された命題を我々は知らない。我々は，法を一次的なものとみなしていない。一次的なもの，そして一次的なものとして存在し続けるのは国民である……。しかし，国家及び国民を維持するための法は，当然に強く擁護されなければならない……。法と総統の意思は，1つである……。今日における国家指導の行為は，国民の法意識を最も実現するものであった。もはやどの機関も，この行為を再審査するための権限を用いることはできない。ある法観念，すなわち総統自身が定めた法観念のみが正当であり得る」[38]。

国家社会主義指導のそのような法観念が公に示される前から久しく，国家社会主義イデオロギーのもとでの国家と社会の征服のために，人事以外に組織の徹底が求められていた。ヒトラー自身にとって，国家社会主義の意味における法改正は，むしろどうでもよいことであった。なぜなら，彼はいずれにせよ現存の制度によっては妨げられないと感じており，制度及び決定機関をすべて変更してあらたに創設した際に，その責務において不明瞭性が生じ，また責任ある者のあいだに対抗関係が生じることを重視したからであった。しかし，総統の国家の法的基礎を固めるため，自身の任用を欲する野心的法律家が多数存在した。

カール・シュミット（Carl Schmitt），エルンスト・フォルストホッフ（Ernst Forsthoff），エルンスト・ルドルフ・フーバー（Ernst Rudolf Huber），オットー・ケルロイター（Otto Koellreutter）のように，国家社会主義を信奉する大学の法律学のエリート達は，「全体主義国家」を正当化するための法理論的演繹を得ようと努力したが，国家社会主義ドイツ労働者党の「旧戦闘員」であったヒトラーの法的歩兵隊は，簡素な論拠で片付けようとした。そのような論拠は，もちろん声高く主張され，関連する定期刊行物——たとえば，

Nation. Das zweite Jahr 1934, 2. Aufl. 1935, S. 245 以下より引用。
38) Deutsche Justiz 1934, S. 881 以下 ; *Weinkauff*, (aaO Fn. 1), S. 44.

『Deutsches Recht』及び『Deutsche Justiz』において——絶えず復唱された。カール・シュミットは，1934年6月30日の大量虐殺に際して，ヒトラーが法律にもとづかずに裁判官の身分を強奪したことについて，つぎの言葉でこれを正当化した。「真の指導者は，常に裁判官を兼ねる。指導者の身分から，裁判官の身分が生じる。この2つの身分を互いに分離し，あるいは対抗させようとする者は，司法を用いて国家を根底から変えようとしているのである。総統の行為は，真の裁判権であった。総統の行為は，司法権に服するのではなく，それ自体，最上級の司法権であった。すべての法は，国民の生存権に由来する」[39]。ローラント・フライスラー (Roland Freisler) は，同様なことを簡素な方法で述べた。「裁判官は法律とその良心にのみ責任を負うという裁判所法の規定は，あらたな解釈を必要とする。個々の事例において，裁判官が自己の良心と国家の指導者の命ずるものが異なると感じる場合には，裁判官はその誤った良心にしたがってはならない。法源は，法律以外に健全な国民感情，党の綱領及び総統の権威ある表明である。裁判官の独立性は裁判官の自信であり，それは国家社会主義及び最上級の裁判権所有者としての総統に対する忠誠に根ざすものである」[40]。

法治国家思想からの喜ばしい離別は，集団の絆（「民族共同体」），そして世界観的，人種的及び感情的な社会の同種性という至上命令のために，個人の自由に対する拒絶をともなうものであった。市民の時代は清算されたと，エルンスト・フォルストホッフは歓声をあげ，つぎのように述べた。ユダヤ人は敵であり，彼らは「害を及ぼさないように封じ込められなければならない」[41]。カール・シュミットは，総統の地位は「総統とその信奉者とのあいだの絶対的人種同一性」[42]にもとづくものであることを確信していた。ケルロイターは，「民族

---

39) *Weinkauff*, (aaO Fn. 1), S. 87 より引用。
40) Nationalsozialistisches Recht und Rechtsdenken, S. 53 以下, *Weinkauff*, (aaO Fn. 1), S. 75 より引用。
41) *Weinkauff*, (aaO Fn. 1), S. 87.
42) *Weinkauff*, (aaO Fn. 1), S. 85.

主義的理想」が「国家社会主義国家の確固たる基礎」であることを認めた[43]。ハンス・フランクは,「地, 土地, 名誉, 防衛力及び労働」の中に「法の本質的価値」を認めた[44]。ヘルムート・ニコライ (Helmut Nicolai) は, 国家社会主義の人種理論が「自然法的地位」を有することを確認した。ニコライのように国家社会主義ドイツ労働者党の活動家として高位の公務員（局長, 次官）に出世した法律家ヴィルヘルム・シュトゥカルト (Wilhelm Stuckart) は, 彼の「国家社会主義的法学教育」においてつぎのような基本思想を宣言した。「時代の重要な任務は, 我々の意識にある法及び法観念を我々の血にある法と再び一致させることである」。「人種同一性」は,「名誉, 自由, 誠実, 勇敢性, 内的存在, 心情, 公共の精神」を基本とする「ドイツ法の生物学的基礎」である[45]。

そのような観念が, 国家社会主義国家において法と司法を定めるべきであるとされた。その前提となるものは, ユダヤ人の排除――「人種同一性」の回復――以外に, 法秩序と法制度を完全に改変すること, 法治国家の伝統を放棄すること, そして国家制度の倫理を定めるすべての原則を拒否することであった。

これらを達成するために, 国家社会主義者達は, 権力獲得後ただちに仕事に取りかかった。国家社会主義支配の第1段階は, 政敵, 民主主義制度の支持者, そしてユダヤ人のように「敵」とみなされる少数派に対する恐怖政治であった。「権力獲得」後の1カ月目に, 好ましからざるエリート及び幹部をすべての国家機関から「追放」するための立法上保障された措置を通して, 暴力的な侵害が行われた。「公務員制度回復のための法律」は, 人的排除を可能にした。それに続き, 国家と社会の制度的改革が行われた。ワイマール憲法48条の緊急指令を拠り所とし, 政敵排除の手続, そして1933年1月30日の「権力獲得」直後に中央集権化された総統の国家組織のすべての制度の「統制」が

---

43) *Weinkauff*, (aaO Fn. 1), S. 84.
44) *Weinkauff*, (aaO Fn. 1), S. 60.
45) *Weinkauff*, (aaO Fn. 1), S. 61.

開始された。

　独裁制への過程において，1933年2月27日のドイツ帝国議事堂放火事件は国家社会主義者達にとって正に天からの贈り物であった。きわめてわずかな人々は，これを議会制民主主義の崩壊の合図とみていた。しかし，大多数はこれを法と秩序に対する攻撃であると感じ，そのことが――証明されているにもかかわらず，何人かの犯人については今日まで多くの人達によって疑問視されていた――政治的におおいに利用された。1933年2月28日，帝国大統領は首相ヒトラーに対し，『国民及び国家を保護するための命令 (Verordnung zum Schutz von Volk und Staat)』を許可した。この命令は，憲法の本質的基本権を失効させ，――選挙の最中に――ドイツ共産党及びドイツ社会民主党の政敵に対する迫害や広範囲にわたる排除を可能にした。

　帝国政府は，緊急令によりまだ国家社会主義の方針を取っていない州政府を排除し，それを帝国委員会に代替することができた。2月28日の命令によって生じた例外的状態は，すべての人に対する警察の直接的介入を可能にした。裁判所の監督なしに，人々を逮捕し，団体を解散させ，財産を差し押さえることが可能となった。ナチ親衛隊の帝国指導者としてのキャリアはまだ浅かったが，1933年3月にミュンヒェンの警察本部長となったハインリッヒ・ヒムラー (Heinrich Himmler) は，ダッハウに最初の「強制収容所」を設置させた。そのことによって，警察及び司法とならび，国家社会主義支配体制のもとで増大する恐怖政治を実施するための装備の基礎，そして「総統の意思」のみが法として妥当する国家においてナチ親衛隊により操られる国家機関の基礎が固められた。ドイツ帝国議事堂放火事件の際の命令によって生じた例外的状態は，1945年初頭にヒトラー政権が崩壊するまで存続した。

　1933年3月5日の帝国議会選挙において，国家社会主義ドイツ労働者党は政敵に対する妨害にもかかわらず，総投票の43.9％しか獲得できなかった。市民連合のパートナー，すなわちアルフレート・フーゲンベルク (Alfred Hugenberg) が率いるドイツ国民党との連立によって，ヒトラー政権は総投票の51.9％を獲得した。これは，安定した議会制民主主義政府にとってはじゅ

うぶんであったが，歯がみして保守派市民と妥協することによって権力を握り，現在の統治制度の完全な除去と独裁制への交代を目標に，「権力獲得」のスローガンにおいて過激主義を表明した「ナチ党」にとっては非常に少ないものであった。

『授権法（Ermächtigungsgesetz）』，すなわち最初の4年間の包括代理権は，議会のコントロールなしに政府に対し行動及び組織形成の自由を与えた。しかし，これには帝国議会の3分の2の多数が必要であった。中央党，そしてカトリック教の利益の保護及び救護を信仰するバイエルン国民党の票により，1933年3月23日に議会から権力が剥奪された。ドイツ社会民主党の94の反対票に対し，『国民及び帝国の窮状を排除するための法律（Gesetz zur Behebung der Not von Volk und Reich）』が可決された。ヒトラーが率いる帝国政府にとって，国家及び社会を改革するための手段が自由となった。すでに3月21日の2日前に，司法組織を破壊するため，すべての高等裁判所の管轄区域において特別裁判所の設置が開始された。ドイツ帝国議事堂放火事件の際の命令，そして政府に対する『悪意ある攻撃から防御するための命令（Verordnung zur Abwehr heimtückischer Angriffe）』を拠り所に，特別裁判所は政府及び与党の批判者に対して対抗した。これは，裁判上の与審，開始命令，上訴の可能性なしに行われた。同時に，「保護拘禁」の手段は，継続して設置された強制収容所の制度において，政治の通常の手段として実行された。3月初めの『ファン・デア・ルベの法』，すなわち「罪刑法定主義」の法原則に反し，放火に対し遡及的に死刑を導入したことが，司法にさらなる亀裂をもたらした。

国家機構の制度的構成も，改革されなければならなかった。その改革のために，まず「帝国と各州の統合」のための法律が利用された。1933年3月終りに，帝国議会選挙の比例代表制にもとづく選挙を実施せずに，州議会があらたに構成され，そして4月初めに，各州に対し「ヒトラーにより作成された政治指令を遵守させる」ため，帝国総督によって各州の権力が剥奪された。

4月22日，ハンス・フランクが「各州における司法の統合及び法制度改正のための帝国委員」に任命された。「弁護士ハンス・フランクⅡ博士」（1923

年にナチ突撃隊及び国家社会主義ドイツ労働者党に入ったヒトラー行動のスター法律家は，法律事務所及び裁判所において，このような肩書きを使用していた）は，高位の党職務以外に帝国委員に任命されることを前もって予定しており，彼の肩書きのⅡがそのことを示していた。フランクは，1933年以前の「闘争の時代」における党同志の弁護士として，そしてヒトラーの法律顧問として出世した。1930年から，フランクは国家社会主義ドイツ労働者党指導部の法務部長，そして「国家社会主義ドイツ法律家連盟」の指導者となり，1933年3月からバイエルンの法務大臣になった。1933年10月，彼の職務に「ドイツ法学院」の学長職，聞こえの良い「帝国法指導者」の肩書き，そして1934年に「無任所帝国大臣」の職名が加えられた。これら多数の職務から，フランクが実際には役立たない職務をあてがわれたヒトラーの協力者であったとみてよい（フランクは，占領中のポーランドにおいてヒトラー政権の総督となり，第二次世界大戦以降，重要な任務を果たすようになった。彼は「総督府」の総督として，国及び国民に対し重大な結果をもたらす事実上の権力を持った）。

　国家社会主義ドイツ法律家連盟を拠り所として，あらたな「帝国司法委員」は，1933年春に法律家の職業組織を国家社会主義ドイツ法律家連盟に「統合する」ことに取りかかった。1933年3月14日に，フランクが率いる国家社会主義の法律家によって要求された裁判官職の人種的・政治的粛清について決議され，この決議が現存する業界別の連盟を粉砕する発端となり，1934年1月にドイツ裁判官連盟及び各州の裁判官協会が正式に解体された。まず，上部組織としての裁判官連盟が帝国政府に対し忠誠心を表明した。帝国政府に対するプロイセン裁判官協会の忠誠心はより大きなものであり，同協会はつぎのような声明を行った。「プロイセン裁判官協会は，司法の領域においてドイツ法及びドイツ民族共同体のあらたな構築に寄与することを我々の重要な務めであると公言する。この目標は，プロイセンの裁判官及び検察官が帝国首相アドルフ・ヒトラーの指導のもと，共同戦線の一員になることによってのみ達成され得る。我々の闘争の範囲は，国家社会主義ドイツ法律家連盟によって輪郭づけられ，そして確定される。それゆえに，我々は我々のすべての構成員に対し，

国家社会主義ドイツ法律家連盟の一員になることを要請する」[46]。

ヴュルテンベルクの裁判官協会も同様に，あらたな時代への順応に意欲的であった。それに対し，裁判官連盟とそのほかの州の協会は，身分組織においても裁判官の独立性を守ろうとした。ドイツ弁護士協会は，1933年5月12日，国家社会主義ドイツ法律家連盟に団体加入することを決議した。その2週間後，裁判官連盟もこれにしたがった。そのことによって，少なくとも国家社会主義組織における個人会員獲得のための強制をかわす必要があった。しかし，これは旧連盟を最終的に解体する過程での中間的出来事にすぎなかった。

フランクには，法律家の統合を進めるに際し，競争相手がいた。1933年3月からプロイセンの法務大臣であったハンス・ケルル（1923年から，彼は国家社会主義ドイツ労働者党の党員であり，中級司法官僚であった）は，ドイツ公務員連盟の庇護のもと，まずプロイセンからすべての法律職公務員による独自の統一組織を形成しようとした。ケルルとフランクの競争は，2人が帝国法務大臣の座を得ようとすることによるものであった。2人は，ヒトラーが都合の良い折に，パーペン（*Papen*）が1932年に帝国法務大臣としてベルリンへ呼び寄せたドイツ国民党の役職者フランツ・ギュルトナー（*Franz Gürtner*）（それ以前，彼は10年間にわたりバイエルンの法務大臣であった）を国家社会主義者に交代することをあてにしていた。フランクとケルルが強く自薦したにもかかわらず，ヒトラーは最悪の事態を回避するためにギュルトナーを1941年に彼が死亡するまで公職に就かせた。それによって，政権にあった中産階級の政治家は，法の倒錯及び法治国家崩壊の際にギュルトナーを表看板として利用する機会を得た[47]。

ギュルトナーは，彼に寄せられた期待に応えた。

1933年6月1日，フランクは通訳者，鑑定人，執行官等の司法と関連するすべての職業連盟の上部組織として「ドイツ法律戦線」を設立した。そのことによって，フランクは競争からケルルを振り落とし，さらに国家社会主義ドイ

---

46) *Weinkauff*, (aaO Fn. 1), S. 103 以下。
47) *Gruchmann*, (aaO Fn. 1), S. 70 以下。

ツ法律家連盟の支持団体におけるすべての組織を併合しようとした。1933年10月初めのライプツッヒにおける法律家会議において，フランクはドイツにおける法律職の統一が達成されたことを告げ，さらに「帝国におけるドイツ司法の統一」が早急に実現されるであろうことを宣言した。他方では，プロイセンの法務大臣ハンス・ケルルとの競争において，フランクは国家社会主義ドイツ法律家連盟の救援活動を行った。このことが，国家社会主義ドイツ労働者党と同様に，非常に多くの支持を得た。とりわけ法律職の公務員の多くは，1936年から国家社会主義法防衛連盟と呼ばれ，1935年から国家社会主義ドイツ労働者党の「併設連盟」となった国家社会主義ドイツ法律家連盟に加入することにより，そのキャリアと存続を守ることが必要であると感じていた。

各州の司法行政の統合は，その後間もなく各州の併合と並行して実施された。1935年2月16日及び12月5日の『司法を帝国に移行するための法律 (Gesetze zur Überleitung der Rechtspflege auf das Reich)』により，司法権が行政手続上完全に帝国に移行されるまで，各州の法務省は帝国法務省の出先機関となった。州官庁は帝国官庁となり，そして州の公務員は帝国の公務員となった。

長年にわたり党の法律家のリーダーであったローラント・フライスラーは，事務次官としてプロイセンの法務省から帝国法務省へ移った。帝国法務省において，フライスラーは1942年の夏まで（彼は，国民裁判所の所長であった），精力的かつ狂信的に国家社会主義にもとづいて法を変形させることに従事した。業界別の協会の統合及びすべての組織の掌握により，司法と法律家は——言うに値する抵抗なしに——国家社会主義者あるいはその援助者の手に落ちた。1933年春の粛清後になお存在した好ましからざる者の排斥は，もはや阻止することができなくなった。

V．排除：1935年のニュルンベルク法

1935年9月15日，「自由のための党大会」において，『ニュルンベルク法 (Nürnberger Gesetze)』が公布された。この法律は，当時の法律文献において，

「国家の基本法」として（ケルロイター），国家社会主義ドイツ労働者党の綱領の実現として（フリック）高く評価され，さらに「帝国が司法におけるユダヤ教徒を根絶するための第2の打撃を与え得る」道標であるとみなされた[48]。

立法的措置は，即席で行われたが——草案の作成は，公布の前日，早急にベルリンからニュルンベルクに呼び寄せられた帝国法務省の職員により行われた[49]——，その効力は徹底かつ完全であった。『帝国人民法（Reichsbürgergesetz）』，そして『ドイツの血統及びドイツの名誉を保護するための法律（血統保護法）(Gesetz zum Schutze des deutschen Blutes und der deutschen Ehre〔Blutschutzgesetz〕)』は，アウシュヴィッツ，トレブリンカ，ソビボル，ベウジェツ，ヘウムノ及び何百万人もの命が奪われたそのほかの都市において最後の民族殺害が行われるまで，国家社会主義体制の人種差別政策のための基礎となった。

「帝国人民法」は，一方では決まり文句を並列させたものであったが，他方では非常に象徴的な作用をともなうシグナルでもあり，最終的にはユダヤ人から権利を剥奪する排斥手段を実行する枠組みを形成するものであった。この法律は，国籍保有者（「ドイツ帝国の保護連盟に属し，とりわけそれに属することが義務づけられている者」）と「帝国国民」を区別していた。これを定める規定は，つぎのような内容であった。「ドイツ国民及び帝国に忠誠を尽くす意思があり，その資格があることを行動で証明するドイツあるいは同血族の国籍保有者のみが帝国国民である」[50]。この文言によって，ユダヤ人及び好ましからざる人物を完全な資格を有する国民共同体から排斥し，国民の範囲を「人種差別的」あるいは世界観的観点にもとづき自由に定義することができた。シンティ・ロマ以外に，「国民の敵」もこの法律の対象とされた。それは，第1に

---

48) *Otto Koellreutter*, Grundfragen unserer Volks- und Staatsgestalung, 1936, S. 10; Reichsminister *Dr. Frick*, Das Reichsbürgergesetz und das Gesetz zum deutschen Blutes und der deutschen Ehre vom 15. September 1935, in: Deutsche Juristen-Zeitung 1935, S. 1390 以下; *Lorenzen*, (aaO Fn. 15), S. 183.

49) 帝国内務省と人種差別立法：ベルンハルト・レーゼナー博士の手記, in: Vierteljahrshefte für Zeitgeschichte 9 (1961), S. 262–313.

50) 1935年9月15日の帝国人民法, RGBl. 1935 I S. 1146.

排除されるべきドイツのユダヤ人，すなわち第2階級の服従者とされるべきすべての者であった。なぜなら，「帝国国民」のみが，「この法律の基準にもとづく完全な政治的権利の保有者」であったからである[51]。

　1935年11月14日に公布された帝国人民法のための第1の命令において，法律により差別されるべき人的範囲を定義する試みがなされた。すぐに，国家社会主義国家の官庁にとって問題が生じた。それは，「混血」のユダヤ人がいかなる程度でユダヤ人あるいは「アーリア人」と扱われるか，ということであった。立法者の意思を強調するシュトゥカルト／グロブケ（*Stuckart/ Globke*）の著名なコンメンタールがその定義づけに貢献したが[52]，この定義づけの苦労から国家社会主義の人種学の問題があきらかとなった。なぜなら，混血の属性を定めるためには，宗教的帰属性も考慮されなければならなかったからである。「血統上，完全にユダヤの血を引く祖父母の一方あるいは双方の血統を引く者は，混血のユダヤ人である……。祖父母の一方がユダヤ教の宗教団体に属する場合には，難なく完全なユダヤ人とみなされた」[53]。多くの者にとって，「完全なユダヤ人」及び「みなしユダヤ人」を超えて該当者の範囲を拡張することよりも，まずユダヤ人公務員を例外なくその職務から排除する規定が重要であった。帝国内務大臣フリック（*Frick*）は，帝国人民法のための命令を平易に言い換えてつぎのように記述した。「ユダヤ人が帝国国民になり得ないという事実から，ユダヤ人はいずれにせよ公職への関与から排除されるという結論が導かれる。それゆえに，現在その職に就いているユダヤ人公務員は，排除されなければならない。ユダヤ人公務員は，1935年12月31日をもって退職する。その際，ユダヤ人公務員に対し退職金が支払われる。そのうち戦闘員

---

51) 注50)の文献，§2 (3).
52) *Stuckart/Globke*, Kommentar zur deutschen Rassengesetzgebung, Bd. 1, 1936; *Martin Hirsch, Diemut Majer, Jürgen Meinck*, Recht, Verwaltung und Justiz im Nationalsozialismus. Ausgewählte Schriften, Gesetze und Gerichtsentscheidungen von 1933 bis 1945, 1984, S. 340 参照.
53) 1935年11月14日の帝国人民法のための第1の命令，§2 (2), RGBl. 1935 I S. 1333以下.

であった者については，特別規定が適用される。すなわち，戦闘員であった者に対し，定年に達するまでのあいだ，最後に支払われた給料の額が退職金として支払われる」[54]。

　ニュルンベルクでの帝国党大会の直後，帝国法務大臣ギュルトナーは，何人のユダヤ人裁判官及び検察官がなお司法職に従事しているのか報告させた。1935年9月30日の電報によって，ユダヤ人裁判官と検察官は即座に休職させられた。1933年以降，戦闘員の特権にもとづきその職に留まっていた者の多くが，自ら断念して公職から退いたため，ユダヤ人裁判官と検察官の数は232人であった。1945年中旬までに，205人のユダヤ人裁判官と検察官が解職させられた。その後，なおその職に留まっていた27人は特別な理由により解職させられた。ベルリンの高等裁判所管轄区域においては，74人の法律家がそれに該当し，ブレスラウでは21人，ハムでは14人，ケーニヒスベルクでは12人，カールスルーエ及びデュッセルドルフでは各6人，フランクフルト/マイン，ハンブルク及びニュルンベルクでは各5人，キール，バンベルク及びドレスデンでは各4人，ダルムシュタット及びツヴァイブリュッケンでは各3人，ツェレ及びイエナーでは各2人，シュトゥットガルト，ロストック及びオルデンブルクでは各1人であった。その当時，マリエンヴェルダー及びブラウンシュヴァイクの高等裁判所の管轄区域においては，もはや司法職に1人のユダヤ人も就いていなかった[55]。

　「帝国人民法」により定義された人的範囲を超えて，「ユダヤ人と姻戚関係にある」公務員も退職させられた。その根拠として，ユダヤ人に対する住居での帝国国旗の掲揚の禁止が利用された。頻繁に国旗を掲げることが命じられたため，「混血の夫婦」には義務と禁止の衝突が生じ，それゆえに「ユダヤ人と姻戚関係にある公務員の多くはユダヤ人と同様に退職させられた」[56]。

　「混血のユダヤ人」に対し，1937年1月26日のドイツ公務員法は公職から

---

54) *Frick*, Das Reichsbürgergesetz, in: Deutsche Juristen-Zeitung 1935, S. 1390 以下。
55) *Lorenzen*, (aaO Fn. 15), S. 185.
56) 注55) の文献。

排除するための根拠を与えた。あらたな公務員法上の規定は,「ユダヤ人排斥条項」により 1933 年の公務員法をはるかに超えるものであり, ニュルンベルク人種差別法を極端に斟酌するものであった。公務員法によれば, 公務に従事する者の配偶者も「ドイツあるいは同血族」でなければならず, 配偶者に対する例外的許可は,「2 親等の混血者」にのみ可能であった[57]。

1935 年の秋, 1933 年の弁護士法による制限及びその苛酷な実施にもかかわらず, ドイツ帝国にはなお 2,300 人のユダヤ人弁護士が活動していた。これらに帝国人民法によって定義される人的範囲を算入すれば, その数は 2,900 人であった[58]。1935 年 11 月に行われた国家社会主義ドイツ法律家連盟の会議の際に,「帝国の法律家の指導者」は,「あらゆる機会に彼に対して寄せられた意見, さらに純然たるユダヤ人としてドイツの法廷で過去の時代の堕落的法律稼業を続け, ドイツの法治国家を商売人精神にもとづく取引所に貶めようとした『同僚』に反対するドイツ人弁護士の意見について」自己の見解を述べた。「弁護士会からユダヤ人及び品位を貶めるすべての要素」を排除することは, 国家社会主義の要請である[59]。「ユダヤ人は, 弁護士の職から排除される」との規定を有する 1938 年 9 月 27 日の帝国人民法のための第 5 の命令が, なお現存するユダヤ人弁護士を排除するための根拠を与えた。旧帝国の領域においては, 1938 年 11 月 30 日にユダヤ人の弁護士登録が失効した。その後ドイツ帝国に併合されたオーストリアには, 経過規定が適用された[60]。

ユダヤ人に対する法的助言及び弁護は,「ユダヤ人の法律顧問」によってのみ行われた。ユダヤ人弁護士, とりわけ戦闘員であった者の中から少数の者が, 法律顧問として帝国法務省により許可され登録された。帝国弁護士会の副会長エルヴィン・ノアック (*Erwin Noack*) は, 法学専門雑誌『Juristische

---

[57]　1937 年 1 月 26 日のドイツ公務員法, とりわけ §§ 25, 59, 72, RGBl. 1937 I S. 41 以下。

[58]　*Lorenzen*, (aaO Fn. 15), S. 187 及び *Erwin Noack*, Die Entjudung der deutschen Anwaltschaft, in: Juristische Wochenschrift 1938, S. 2796 以下による数。

[59]　Grundlegende Neugestaltung der Rechtsanwaltsordnung, in: Juristische Wochenschrift 1935, S. 3448 以下。

[60]　1938 年 8 月 27 日の帝国人民法のための第 5 の命令, RGBl. 1938 I S. 1403 以下。

Wochenschrift』において，国家社会主義の特殊用語を用いた政府の動機について解説した。「ドイツの裁判所において法的保護を求めるユダヤ人は，同人種の者によって代理されること」が配慮されなければならない。なぜなら，「ドイツ人弁護士に対し，ユダヤ人のために活動すること，身分法に違反すること，そして国家社会主義法防御連盟の懲戒手続に服する可能性があることを要求し得ないならである」。いずれにせよ，「ユダヤ人がその権利を実行する際に信頼できる同人種の者を利用してよいことは，公平の要求」である。しかし，「ユダヤ人の法律顧問は，どのような場合でも権利の擁護者あるいは弁護士類似の機関とみなされてはならない。さらに，ユダヤ人の法律顧問は，ユダヤ人当事者の利益の擁護者ではない。司法機関としての裁判官及び弁護士のみが，権利を保護することができる」[61]。

　法律顧問は，一定の管轄区域に配属され，彼らは帝国法務省の監督下に置かれた。帝国法務省は，ユダヤ人の法律顧問の活動に対して支払われる報酬を「補償金」として管理した。つまり，彼らには報酬の一部のみが支払われた。補償金以上に，ユダヤ人の法律顧問は彼らの報酬により失業したユダヤ人弁護士，その中でも戦闘員であった者を優先して援助しなければならなかった。ユダヤ人の法律顧問に対する許可は，期限付きであり，撤回可能であった。彼らの活動は，おもにユダヤ人の事業及び企業の解散と清算に関与することであった。彼らは，訴訟費用の救助の枠内で緊急代理人及び国選代理人として活動した。

　1935年の2つのニュルンベルク人種差別法のもう1つ，すなわち血統保護法[62]は，帝国人民法と比べ法律家の身分に大きな影響を与えるものではなかったが，その代わりに生存を脅かす方法で多くのユダヤ人のプライバシーに介入するものであった。この法律は，ユダヤ人と非ユダヤ人の婚姻，そしてユダ

---

61) *Erwin Noack*, Die Entjudung der deutschen Anwaltschaft, in: Juristische Wochenschrift 1938, S. 2796 以下。
62) 1935年9月15日のドイツの血統及びドイツの名誉を保護するための法律，RGBl. 1935 I S. 1334 以下。

人と「アーリア人」の婚外の性交渉を禁止した。ユダヤ人とアーリア人の婚外の性交渉を禁止する規定は、密告を推し進め、さらに過酷な追及と国家社会主義司法の刑事実務によって多くの人間の生命を奪った。

「血統保護法」にもとづくユダヤ人法律家の処分は、ハンブルク地方裁判所の訴訟手続によって示されている。この事例は1つの例として、いかに国家社会主義司法が政治的及び人種的迫害の道具として利用されたのかを証明している。1886年生まれで、1912年からハンブルクで精力的に活動していたある有力な弁護士は、1938年の夏に非ユダヤ人女性と関係を持ったとの嫌疑により逮捕された。さらなる告発（外貨密輸及び獣姦）により拡張された告訴は、もともと賃料事件にもとづくものであり、それは報復行為によるものであった。有責事実の証人は、捜査機関による強力な圧力のもとにあった。告訴された弁護士（彼は世界大戦従軍者として、1933年の弁護士法の適用を受けず、逮捕されるまで弁護士として活動していた）は、非常に疑わしい証人の証言にもかかわらず、1938年12月1日に懲役6年の刑に処せられた。その理由は、つぎのようなものであった。「被告人に対し刑罰を定める際には、彼が弁護士、そしてその職務にしたがいニュルンベルク法の内容及び射程を即座に判断すべき司法試験に合格した法律家であるにもかかわらず、血統保護法に違反したことが重視される。人種的不名誉事件の弁護人として数多くの弁護を行った被告人の状況において、ユダヤ人がなお1937年及び1938年にこのような行為によりニュルンベルク法を無視したならば、それには多大な犯行の意思が必要である」。保釈金による釈放、上告及び再審手続、そして恩赦のための努力は、すべての管轄機関により常に却下された。受刑者に対し、その未決拘留期間は算入されなかった。1942年12月10日、彼はハンブルク・フールスビュッテルの刑務所からアウシュヴィッツに送られ、1943年1月初めにそこで殺害された。1946年の夏、ハンブルク地方裁判所刑事第2部の再審手続により、彼に対し没後に無罪判決が言い渡された[63]。

---

63) *Hans Robinsohn*, Justiz als politische Verfolgung. Die Rechtsprechung in „Rassenschandefälle" beim Landgericht Hamburg 1936-1943, 1977, S. 94 以下。

VI. 迫害と処分

　法廷及び法律事務所，大学の法学部，そして公官庁からの排除後，ユダヤ系法律家の運命は，ほかのドイツのユダヤ人職業グループとほとんど違いはなかったが，それには微妙な差異があった。法律家の場合，法学教育と法実務が補足的に移住を妨げる原因であった。さらに，医師と比べ，生存を奪われたユダヤ人法律家は，彼らに対する連帯感ないし共感をそれ程期待することはできなかった。医師に対しては，非ユダヤ人患者の敬慕ないし感謝の気持ちがいくらか残っており，このことが場合によっては彼らの逃亡を容易にするか，あるいは一時的に状況を緩和させたのであるが，裁判官と弁護士は，彼らが報復の犠牲者になることを覚悟しなければならなかった。この点については，多数の事例が存在した。それ程知られてはいないが，重要なものとして，弁護士ハンス・リッテンのケースがある。

　1903年，ハンス・アヒム・リッテン (*Hans Achim Litten*) は，ハレで保守的な中産階級の家に生まれた。父フリッツ・ユリウス・リッテン (*Fritz Julius Litten*) は，ケーニッヒスベルク大学のローマ法及び民事法の正教授となり，枢密法律顧問，ドイツ愛国主義者，共和国の反対者，そしてプロイセン政府の顧問であった。ユダヤの血統は，もはや重要ではなかった。洗礼を受けずに，父がそのようなキャリアを得ることは不可能であったであろうが，息子にとっては，ユダヤの伝統，ユダヤの神秘主義に関わること，とりわけ父と一線を画することが重要であった。ハンス・リッテンは，法学を学び，1928年にいくつか年上の同僚と提携してベルリンで弁護士として活動した。

　どの政党にも属さずに，リッテンは労働者運動のために力を尽くし，『救援団体 (*Roten Hilfe Deutschland*)』の法律顧問として，政治的理由から裁判所への出頭を余儀なくされた労働者階級を救済する団体のために活動した。この団体は，アルベルト・アインシュタイン (*Albert Einstein*)，ケーテ・コルヴィッツ (*Käthe Kollwitz*)，トーマス・マン (*Thomas Mann*)，ハインリッ

ヒ・マン（Heinrich Mann），クルト・トッコルスキー（Kurt Tucholsky）及びアルノルト・ツヴァイク（Arnold Zweig）の知的支援を受けていた。

若い弁護士リッテンは，殺人の教唆を理由に，社会民主主義者のベルリン警察署長ツェルギーベル（Zörgiebel）に対し刑事告訴したことによりよく知られるようになった。1929年の禁止された5月デモの際に，警察官は労働者がデモの禁止を無視したとして群衆に対し発砲した。33人の死者が悼まれた。リッテンの告訴は，調査委員会を設置させ，抗議集会をもたらした。

弁護士リッテンが国家社会主義者に対する告訴を受任したことが，彼にとって重大な結果をもたらした。1930年11月，悪名高いベルリンのナチ突撃隊員33人が労働者の集う酒場「エーデンパラスト」を襲い，男性4人が重傷を負った。リッテンは，公訴参加人として彼らを代理し，アドルフ・ヒトラーを国家社会主義ドイツ労働者党の責任ある党首として証人席に出頭させ，彼を窮地に追い込んだ。リッテンは，ナチ突撃隊員の暴力行為が党指導部によって承認されただけではなく，計画されたものであることを証明しようとした。彼は，ヒトラーを公衆の面前でベルリン地区指導者ゲッペルス（Goebbels）から無理に引き離そうとした。それは劇的であったが，リッテンの実務における唯一のケースではなかった。国家社会主義者は，復讐を誓った。

ヒトラーが帝国首相に就任したとき，リッテンは彼の友人の忠告に反し，外国へ逃れなかった。帝国議事堂が放火された1933年2月28日の夜，リッテンは逮捕され，シュパンダウの刑務所に入れられた。5年間にわたるリッテンの苦難の道は，まずゾンネンブルクの強制収容所から始まった。その後，彼は再びシュパンダウの刑務所に入れられた。1933年10月の終わりに，彼はブランデンブルクの刑務所に移された。1934年2月にエムスラントのエスターヴェーゲン強制収容所に収容される前，虐待及び拷問をともなう尋問が行われ，さらにリッテンがナチ突撃隊員に対する訴訟において代理した共産党労働者の脅しや撤回による負担が原因で自殺を試みたが失敗に終わった。その後，1934年6月から3年2カ月間，彼はリヒテンブルクの強制収容所に入れられた。リッテンは，厳しい肉体労働と医療的保護を受けられなかったことが原因で重い心

臓病を患った。彼は3カ月間，ブーヘンヴァルトの強制収容所，最終的には1937年10月からダッハウの強制収容所で過ごした。1938年2月初めに，リッテンの母は，リッテンが首吊り自殺により死亡したとの知らせを受けた。彼の死亡状況を確認することはできなかった。

　ハンス・リッテンの母は，3カ月ごとの訪問の際に，息子の肉体的衰弱を感じ，その間ずっと息子を救済するために出来る限りのことを尽くした。リッテンの母が社会的関係を有していた国家社会主義国家の重要人物に対して抗議したのと同様に，帝国大臣フォン・ブロンベルク（von Blomberg），ヒンデンブルク，そして帝国法務大臣ギュルトナーに対する陳情は無駄に終わった。外国からの呼びかけも，成果はなかった。なぜなら，ハンス・リッテンはヒトラーの個人的復讐の対象であったからである。リッテンの母は，その事を事件の調書を持っていたローラント・フライスラーを訪問した際に知った。フライスラーは，リッテンの母の願いを容赦なく撥ねつけ，どんなことがあろうともリッテンのためには何もしたくはないと告げた。フライスラーはヒトラーと話し，その結果を友人に述べた。「誰もリッテンのために獲得することはできない。ヒトラーがリッテンの名前を耳にしたとき，彼の顔は酷い目にあわされたことの怒りで赤くなった」[64]。1937年の秋，ダッハウの強制収容所を最後に訪問した際，ハンス・リッテンは彼の囚人服に政治犯であることを示す印以外に黄色のマークを付けていた。それは，収容所のフェンスの外での市民の日常生活とは程遠い強制収容所において罪人に押された烙印であり，それを付けた者に対しとくに厳しい取扱いと極端な横暴をもたらすものであった。

　国家社会主義体制のユダヤ人政策において，1933年春に暴力行為が開始され，さらに1938年秋にニュルンベルク法が正式に成文化されたとき，ユダヤ人に対する差別と排斥の局面が絶頂に達した。多数の規定，布告，命令が定められ，ドイツにおけるユダヤ人の日常生活に対し嫌がらせが行われた。11月

---

[64] *Irmgard Litten*, Eine Mutter kämpft gegen Hitler, 1984, S. 64 以下。最初，本書は英語で公刊された（A mother fights Hitler），1940 in London. その後，リッテンの事件を全世界に公表するためにパリ等で公刊された。

初めから，司法官庁内でユダヤ人に対し「ドイツ人が挨拶すること」が禁止され，このことが少なからずユダヤ人の気持ちをめいらせた。1937年11月16日の帝国内務省布告にしたがい，パスポートの発行は例外的な場合にのみ認められることとなり，このことがユダヤ人にとってより重大であった。1938年3月終りに，ユダヤ教区は社団法人の地位を失った。1938年4月終りに，すべてのユダヤ人に対し財産（5,000ライヒマルク以上）を申告することが義務づけられた。「ユダヤ人に対する運動」の過程において，前科のあるユダヤ人のすべて（軽犯罪者も含む）が逮捕され，強制収容所に入れられた。このことは，ユダヤ人に対する脅しとして役立ち，さらに彼らを移住させるための圧力となった。

　7月23日，ユダヤ人に対し特別の身分証明書の発行（1938年1月1日から）が告知され，さらに8月17日，ユダヤ人に対しサラないしイスラエルの名を強制的に付加することに同意する義務を負うことが告げられた。このことは，将来における過酷な成り行きを示唆しただけではなく，このような措置は，権利を剥奪すべき少数民族に対する計画的な略奪及び迫害の準備のために実践的な意味を持つものであった。10月初めに，ユダヤ人からパスポートが取り上げられた。再発行はただちに行われず，再発行の際には，「J」のスタンプが押されていた。しかし，これらがユダヤ人に対するすべての措置ではなかった。これには，さらに地方及び地域レベルで補足的に考案された命令が加えられた。たとえば，その土地の入口にユダヤ人は望まないとの看板が立てられ，公園のベンチには「アーリア人のみ」と上書きされ，さらにユダヤ人に対し市営プール，公園，一定の市街区への立ち入り等，そのほか多くのことが禁止された。

　1938年の秋，すなわち国家社会主義支配の5年半後，国家によって計画され，そして形式上「合法的」な差別により，ドイツにおけるユダヤ人の生存条件は激烈に悪化した。多くの人々は，多くの法律家が被った職業の喪失，社会的地位，市民としての尊厳及び市民権の喪失よりも悪い状況になるとは信じたくなかった。しかし，ほかの者は，その告知から明白であったように，ドイツからのユダヤ人の排除ないし追放，あるいはそれに類似する措置によって，

「ユダヤ人問題解決」のための脅しが現実になるであろうことを確信していた。しかし，結局のところ誰も，すでに起こった，すなわち1938年11月9日に「爆発」したように，突発的な国民の怒りが起こるとは思わなかった。

　ドイツ帝国において生活し，ポーランド政府の通達によって1938年10月30日に無国籍となった約5万人のポーランド系ユダヤ人の国外退去が，表面上のきっかけとなった。ドイツからこれらの者を非人道的に追放したことに対する抗議として，家族が国外退去にあった17歳のヘルシェル・グリュンスパン（*Herschel Grünspan*）は，パリのドイツ大使館に勤務する参事官を銃で暗殺した。大使館付参事官エルンスト・フォン・ラート（*Ernst vom Rath*）（ヒトラーは，暗殺後ただちに公使館書記官を派遣した）の暗殺が，行動を引き起こさせる引き金となり，公然たるユダヤ人排斥の凶行のための転換期となった。そのほかのどのような出来事によっても，国家社会主義政府は，法治国家の伝統及び形式の体裁をもはや重視しないというようなシニカルな行動には出なかった。国家社会主義イデオロギーの構成要素として最初に宣伝されたようなユダヤ人排斥論は，これを境に原始的な方法による身体的暴力及び迫害へと急変した。「帝国クリスタルガラスの夜」によって，全ヨーロッパにおけるユダヤ人の「最終的解決」，すなわち何万人もの民族殺害のための手段が最高潮に達した。

　ゲッペルスは，11月9日の夜，巧みな演出により国家的蛮行，すなわちユダヤ市民，彼らの財産及び彼らの礼拝堂に対する暴力行為を促した。国家社会主義者達は，全ドイツ帝国のナチ突撃隊指導者，地方支部及び郡指導者の命令により残忍者に姿を変え，ユダヤ教会を燃やし，ユダヤ人を辱め，愚弄し，さらに彼らを痛めつけ，虐待し，そして徹底的に略奪した。しかし，このような行為のほかに，「帝国クリスタルガラスの夜」には翌日からの逮捕勾留も含まれ，その夜に全ドイツにおいて約3万人のユダヤ人男性，とりわけあきらかによい境遇にあったユダヤ人男性が逮捕され，ダッハウ，ブーヘンヴァルト及びザクセンハウゼン／オラーニエンブルクの3つの強制収容所に送られた。それが該当者にとって何を意味したのか —— 多くは，弁護士，裁判官，かつて公

職に就いていた人達であった——，そのことを伝える数多くの記述があるにもかかわらず，まったく想像し得ない。このような行動が数週間に限られ，これらが脅し及び移住させるための圧力として用いられ，ユダヤ人を絶滅させるためのものではなかったとの確認は，それ程重要ではない。重要なのは，強制収容所での滞在がこれまでの生き方，高学歴で社会的に傑出した人間の荒廃，犠牲者の自負心に悲劇的な結果をもたらしたことである。多くの者は，釈放後，沈黙を通し，彼らの身に起こったことを何も家族に告げなかった。ユダヤ人に対する辱めは，虐待者，すなわち政治的努力により下層階級から支配階級に昇り，上層階級の一員となった者を社会的劣等感から解放するのに役立った。ある犠牲者は，ザクセンハウゼンの強制収容所に収容された際の状況をつぎのように述べた。「ほとんどが21歳に満たないナチ親衛隊員は，とりわけ高齢で太っており，ユダヤ人の外見を有し，さらに社会的上層階級に属するユダヤ人，たとえばラビ，教員，弁護士を狙った。他方，彼らはスポーティーで若いユダヤ人には手心を加えた。かつて高位の法律職公務員であり，その官職名が知られていた者は，とくに手荒に扱われた……」[65]。

強制収容所へ収容するための前触れとして，ナチ突撃隊員及びそのほかのヒトラー信奉者は，多くの都市において町の有力者であるユダヤ人を酒場で痛めつけた。エアフルトでは，ユダヤ人迫害の夜に18歳から80歳までのすべての男性が逮捕された。これには，ユダヤ教区の理事で弁護士・公証人であったハリー・シュテルン（*Harry Stern*）博士も含まれていた。燃え盛るユダヤ教会を通り過ぎ，体育館に連行された。「そこでは，あきらかに酔っ払った警察官，ナチ親衛隊員，ナチ突撃隊員，そして多くの市民達が騒ぎ立てていた。とくに洗礼を受けていた弁護士フレッシュ（*Flesch*）がナチ突撃隊員の1人に痛めつけられ，辱めを受けていた。その隊員は，フレッシュが弁護した離婚訴訟の相手方であった……」[66]。

---

65) *Benz*, (aaO Fn. 3), S. 530.
66) 1954年10月31日のハリー・シュテルンのインタビュー，Wiener Library, London/Tel Aviv, Best. P II d, Nr. 2.

フランクフルトでは，弁護士ユリウス・マイヤー（*Julius Meyer*）が犠牲者となった。マイヤーは，金曜日の夜，すなわち安息日に家族と過ごすことができたが，翌日の早朝に彼の連行を命じる命令が下されることを予想していた。1938年9月27日の帝国市民法のための第5の命令にしたがい，11月30日にすべてのユダヤ人弁護士の弁護士登録が抹消されたため，マイヤーは彼の法律事務所を閉める準備をしていた。しかし，彼はなお法律顧問として活動を続けたいと考えていた。「法律事務所には，弁護士登録剥奪に関する書類が整理されていた。私は，一昨日，すでに準備していた届出を高等裁判所の所長に送った。なぜなら，11月30日にすべてのユダヤ人弁護士の弁護士登録が抹消され，少数の弁護士のみが「法律顧問」としての活動を許されるからである。同僚の多くは，最初から届け出ることを断念していた。彼らは，いずれにせよ移住したいと思っており，権利の制限された「庇護ユダヤ人」として裁判所を駆けずり回り，同情され，あるいは馬鹿にされたくはないと考えていた。同時に，彼らは少数の弁護士に許された法律顧問の過酷な仕事が増加するとは考えなかった。しかし，私は届出を送った。なぜなら，私は今立ち去らなければならないとしても，将来戻って来ると考えたからである。私は，私を捕まえて無理に連行するとは思わない」。

弁護士マイヤーは，ほかの日の早朝にナチ親衛隊ないしゲスターポの3人の上級幹部によって連行された。しかし，マイヤーは幾分丁寧に扱われ，まずユダヤ教会の講演場，そしてその後にフランクフルトのユダヤ人集結所である公会堂に連行された。そこは，すでに強制収容所の色彩が強まっていた。「我々は，急いで口髭の先がひねり上がり，深緑のあらたな制服を身につけ，若い神のように立ちはだかっていた警察官のもとへ行った。彼は，我々の届出を受け取った警察官であった」。彼は，私に私の職業を尋ねた。「弁護士です」。「お前は，法を歪める者か」。「私は，地方裁判所の弁護士です」。「もはや，法は存在しない」。可哀そうなやつめ！　私は，彼に答えた。「ドイツ帝国は，存在する」[67]。

---

67) Dokumente zur Geschichte der Frankfurter Juden, hrsg. von der Kommission zur

1938年の11月計画は，国家機関により，そしてより高いレベルで実行された。この出来事にとって決定的であったのは，パリでの暗殺者やその犠牲者ではなく，1933年のドイツ帝国議事堂放火事件のように，国家社会主義者達にそのような行為を行う可能性が与えられたことであった。

国家社会主義体制によるユダヤ人迫害の計画は，第1にドイツ経済からのユダヤ人の排斥，すなわち街角の小売店からデパート，工場に至るまでのすべての企業及び事業の「アーリア化」とドイツからのユダヤ人の強制移住であった。実際，ユダヤ人迫害の恐怖の後，ドイツのユダヤ人は完全に望みを失い，全力をあげて亡命の可能性を得ようと努力した。しかし，それには非常に大きな障害があった。国家社会主義者が支配して最初の年，多くのユダヤ人は祖国ドイツから立ち去るという考えに抵抗した。その結果，資産を外国へ持ち去ること，移住許可を得ること，そして出国のための費用を賄うことが益々困難となり，最終的には不可能となった。世界経済恐慌は，まだ克服されておらず，どこの国も移住のための資金を持たない者にまったく関心を示さなかった。その上，ドイツのユダヤ人の職業構成も障害の原因となった。なぜなら，多くの移民受入国は，ドイツのユダヤ人が提供し得るのとは異なる適性に関心があったからである。法律家は，ほかの者よりもより困難であった。なぜなら，法律家は習得した職業について，移住先で確固たる地位を有するチャンスがまったくなかったからである。アングロサクソン法は，ドイツの法律家にあらたに大学教育を受けることを要求した。そのことにより，アメリカ合衆国は法律家にとって希望する移住地としての魅力を失った。パレスチナにおいては，なおオスマン帝国に由来する法が妥当していた。それにくわえ，1948年までのイギリスの委任統治国の制限が，ユダヤ人の移住を強く妨げていた。最終的には，「エルツ・イスラエル」の気候及び生活条件が中年のドイツの法律家にとってそれ程魅力のあるものではなかった。

心理的障害は別として，ドイツで大学教育を受けた中産階級の代表的なほか

Erforschung der Geschichte der Frankfurter Juden, 1963, S. 32 以下。

の多くの者と同様に,ユダヤ人法律家も嫌々ながら,そして困難をともない亡命を決意したことは不思議ではなかった。法律家,そして亡命者として絵に書いたような経歴を持つエルンスト C. スティーフェル (*Ernst C. Stiefel*) は例外であった。彼は,確かに高齢のほかの多くの同僚と比べよく準備していた。スティーフェルは,1909 年にマンハイムで生まれ,ベルリン,ハイデルベルク及びパリの大学で学んだ。彼は,1929 年に博士号を取得し,第 2 次国家試験合格後,1933 年にマンハイムにおいて弁護士として開業した。開業から 2 日後,弁護士法にもとづき彼の弁護士としての活動は終わった。スティーフェルは,フランスへ亡命し,1934 年にパリで弁護士資格を取得した。その後,彼はイギリス法を学び,1938 年にロンドン高等法院の法廷弁護士として活動することが許可された。

翌年の 1939 年,スティーフェルはニューヨークの法律事務所に穏当な勤め先を得た。戦時中及びその直後,彼はアメリカ陸軍で働き,その後,ドイツに対する軍政において活動した。1947 年以降,彼はニューヨーク及びワシントンで弁護士登録をし,ドイツで投資するアメリカの大企業,そしてアメリカにあるドイツ企業の顧問となり,さらには一流の法律著書の著作者,大学教員,高位の勲章授章者,そしてコスモポリタンとなった[68]。

ほかの法律家の運命も,立派なものであった。スティーフェルと同様に,その出発点はマンハイムであった。区裁判所顧問ハンス・ルートヴィヒ・エッティンガー (*Hans Ludwig Oettinger*) は,1933 年の春に公務員制度回復のための法律にもとづき解雇された。月額 146.62 ライヒマルクの補助金は,1 年間支払われた。32 歳のエッティンガーは,まずフランクフルトの石炭卸商に商事行為代理人及び法律顧問としての職を得た。1938 年,彼は「非アーリア人」であるとの理由から,国家社会主義ドイツ労働者党の圧力によってこれらの職も失った。11 月計画,すなわち「帝国クリスタルガラスの夜」の後,彼

---

[68] Otto Sandrock, *Ernst C. Stiefel*, in: Juristen im Porträt, 1988, S. 683–686; *Ernst C. Stiefel/Frank Mecklenburg*, Deutsche Juristen im amerikanischen Exil (1933–1950), 1990.

は逮捕され，ダッハウの強制収容所へ送られた。1939年3月，彼はドイツから立ち去ることを条件に釈放された。独身で，財産がなく，身体的障害を持ち（ダッハウでの抗議行動の夜を持ち堪えた後，彼の両手は凍傷にかかった），そして外国との関係を持たないエッティンガーは，彼がイギリス経由でアメリカ合衆国へ入国するビザを取得するのに1939年8月まで待たなければならなかった。フランクフルトの石炭卸商の職を解雇された後，彼は家政学校で学んだ。彼が家政学校で得た知識は，1940年に「敵性外国人」として拘留されるまで，彼のために身元保証をしてくれたイギリスの司祭館で家政夫として働くのに役立った。

　イギリス人は，戦争勃発後，戦闘能力のある男性を「敵性外国人」として拘留したが，皮肉なことに，ヒトラーからの逃亡者であるか，あるいはほかの理由によりイギリスに滞在するドイツ人，場合によっては国家社会主義者であるかについて，それ程明確に区別していなかった。彼らは全員，船で戦場から遠く離れたオーストラリアやカナダへ国外退去された。捕虜を乗せた何艘かの船は，オーストラリア及びカナダへ向かう途中，ドイツの軍艦によって沈没させられた。

　カナダで拘留されているとき，かつてのドイツの法律家はイギリス陸軍に志願し，まず工兵隊，その後に情報部隊に入隊した。イギリス国民となり，1943年からヘンリー・ルイス・オルモント（*Henry Lewis Ormond*）というイギリス名を用いていたエッティンガーは，戦争終結後，情報部隊の占領軍将校としてまずハノーヴァー，その後ハンブルクを訪れた。放送施設，新聞，映画，劇場，音楽等の民主的・文化的生活制度の統制及び再建が情報部隊の任務であった。ハンブルクにおいて，ヘンリー・オルモントは，定期刊行雑誌『Der Spiegel』の創設責任者であった3人の情報局将校の1人であった。Der Spiegelの創設者，そして名付け親として，その貢献はいつまでも人々の記憶に残り，影響力を有するようになった情報雑誌は，1973年のオルモントの追悼記事において彼の貢献を称えた。

　イギリスの占領軍官僚を退職した後，ヘンリー・オルモントは，1950年4

月にフランクフルトで弁護士として開業した。オルモントは，弁護士としての活動領域において有名になった。彼は，I. G. ファルベンに対するヴォールハイムの訴訟において，ユダヤ人強制労働服役者の賠償金を勝ちとり，さらに60年代には，フランクフルトのアウシュヴィッツ訴訟において公訴参加人となった。1973年5月，彼は法廷での弁論中に71歳で亡くなった。65歳から被害者補償金として，かつてのマンハイム区裁判所顧問に対し，地方裁判所所長の退職年金を与えることが認められた[69]。

　11月計画後，ユダヤ人の新聞及び団体が禁止されたことにより，ユダヤ人の公的生活は停止された。何もかも奪われ，そして惨めな境遇となり，ユダヤ人にはあらたな嫌がらせによる益々悲惨な状況のもとでの私的生活のみが残された。4月30日，『ユダヤ人との賃貸借関係に関する法律（Gesetz über Mietverhältnisse mit Juden）』にもとづき，ユダヤ人の家族を「ユダヤ人住宅」に集中させる準備が始められた。ユダヤ人を早急にある住居に密集させることの意図は，ユダヤ人の監視（そして，その後の国外追放）を容易にすることであった。しかし，その理由は，同じ住宅においてユダヤ人と共同生活することを「アーリア人」に要求し得ないということにされた。1939年9月1日の戦争開始により，外出が制限された。ユダヤ人は，夏は21時以降，冬は20時以降に住居から出ることが禁止された。9月20日から，ユダヤ人に対しラジオの所持が禁止された。それは，戦争をするにあたり不可欠であると説明された。同時に，電話を持つことが禁止された（1940年7月19日から）。なぜなら，ユダヤ人は，「帝国の敵」とみなされたからであった。1938年12月の初めから，ユダヤ人は自動車の運転と自動車を所有することが禁止された。1939年9月から，ユダヤ人は特別に指定された食料品店で購入することが定められた。1940年7月から，ベルリンのユダヤ人は，16時から17時まで食料品を購入することが許された（それにくわえ，ユダヤ人に割り当てられた配給量は，「アーリア人」に割り当てられた配給量と比べ極端に少なかった）。狡賢い官僚

---

[69] I. G. ファルベンに対するヴォールハイム事件を参照。*Henry Ormond*, Entschädigung für 22 Monate Sklavenarbeit. Plädoyer, in: Dachauer Hefte 2 (1986), S. 142-174.

達は，たとえばペットを持つこと，あるいは貸出図書の利用の禁止等，絶えずあらたに卑劣な行為を考え出した。

　1941年9月1日に，警察がユダヤ人を識別するための命令を下した。9月15日から，6歳以上のすべてのユダヤ人は，身に着ける服に黄色の星を縫い付けることが義務づけられた。そのことにより，ユダヤ人を公然と辱めること，そして彼らに烙印を押すことが徹底され，迫害すべき少数民族の監視が完全なものとなった。1941年7月1日から，ドイツにおけるユダヤ人（帝国市民法のための第13の命令により）は，警察法のもとに置かれることになった。つまり，ユダヤ人には法的に解決する機関がなくなった。しかし，この時期には，もはや多くのユダヤ人はドイツで生活していなかった。公には，ドイツ帝国に「ユダヤ人は存在しない」とされていた。ごくわずかのユダヤ人が，非合法に逃亡した。非ユダヤ人と「異宗徒間の婚姻関係」にあったそのほかの者は，不確かな保護のもとで生活し，常にドイツのユダヤ人の多数と運命を共にすることを覚悟していた。

　1941年の夏以降，ドイツ帝国の「ユダヤ人問題」につき最終的権限を有するヘルマン・ゲーリング（Hermann Göring）を代理する形で，ゲスターポの所長ラインハルト・ハイドリッヒ（Reinhard Heydrich）に2つの任務が与えられた。1つは，「ドイツが影響力を有するヨーロッパの全領域において，ユダヤ人問題を完全に解決するのに必要な組織的及び物質的準備を適切に行うことであり」，もう1つは，ハイドリッヒが帝国の目標である「ユダヤ人問題の最終的解決」のために必要なすべての計画を「ただちに」立案し，それを提出することであった[70]。その準備は，念入りに行われ，1941年10月中旬にユダヤ人問題の最終的解決のための計画が完成した。

　ユダヤ人は「疎開」のために集結所に集まるようにとの要請が，至る所で繰り返し行われた。また，ユダヤ人に対して，彼らが「東部へ移住するに際し」，

---

70) 全体的関連の詳細については，*Paul Hilberg*, Die Vernichtung der Europäischen Juden. Die Gesamtgeschichte des Holocaust, 1982, durchgesehene und erweiterte Ausgabe 1990.

何を持ち出してよいのか、どのような状態で住居を明け渡さなければならないか（電気、ガス、水道代は、出発前に支払わなければならない）、というような行動に関する規則が定められた。さらに、ユダヤ人に対し——同時に与えられた「移住番号」のもと——、1941年10月15日に遡及して彼らのすべての財産が国家警察により押収されること、「1941年10月15日以降に行われた財産の処分（贈与あるいは譲渡）は無効である」ことが告げられた。それにくわえ、財産申告書の作成が命じられ、それには、そのあいだに譲渡あるいは贈与された財産とその財産のあらたな所有者の名前と住所を記載しなければならなかった。さらに、財産目録には、債務証書、有価証券、保険証書、売買契約書等のすべての重要な証書を添付しなければならなかった。

　ユダヤ人に対し告げられた財産の略奪は、官僚の下働きを強制された者によって行われ、その略奪は1935年の「帝国人民法」のための第11の命令により合法化された。第11の命令を執行することにより、ユダヤ人の権利はただちに制限された。それは、適時に移住することができないすべてのユダヤ人を最終的にゲットー及び死の収容所へ追い込むためのものであった。1941年11月25日に施行された第11の命令は、ユダヤ人がいかなる状況のもとでドイツ国籍を喪失するかについて定め、その詳細について定義していた。ユダヤ人は、「居所を外国に移すことにより」自動的にドイツ国籍を喪失する[71]。

　国籍及び財産を遡及的に喪失させることの法的構成は、じゅうぶんに疑わしいものであった。それにくわえ、ユダヤ人達はけっして「居所」を外国へ移転しようとはしなかった。1938年から1939年のあいだに国家社会主義の官庁により強要された移住は、1941年の秋から正式に禁止された。ユダヤ人はその時点で、彼らの身に何が起こるのか知らなかったにせよ、彼らはけっして「疎開」しようとはしなかった。ドイツにおけるユダヤ人を逮捕するのに役立つ網の最後の隙間を塞ぎ、最終的に彼らの生存を奪うため、帝国内務省は1941年12月の初めに、帝国市民法のための第11の命令を執行するための密命によっ

---

71) 1941年11月25日の帝国人民法のための第11の命令、RGBl. 1941 I S. 722-724.

て，外国への移住のケースに関して「外国」の概念を定義した。「国籍の喪失及び財産の没収は，ドイツの軍隊により占領されているか，ドイツの管理下に置かれている地域，とくに総督府，そして東部地方及びウクライナの帝国人民委員会の管理下に置かれている地域に居所を有するユダヤ人，あるいは将来そこに居所を有するユダヤ人も対象とする」[72]。

立法上の措置により，ドイツからユダヤ人を追放するための枠組が作られた。帝国の領域からのユダヤ人の追い出しが，すでにさまざまな場所で試された。戦争開始から半年足らずのあいだに，ポメルン地方において最初にドイツのユダヤ人の追放が行われた。1940年2月12日の夜中に，シュテティーン及びその周辺に住む1,000人のユダヤ人が住居から連れ出され，ルブリンの3つの村に退去させられた。この追放を免れた者はごくわずかであり，多くの者は1942年の春に開始された集団虐殺の犠牲になった[73]。そのほかの行動は，1940年10月の終わりにバーデンとザールプファルツにおいて行われ，これらの行動は国家社会主義ドイツ労働者党の地域指導者ロベルト・ワーグナー（*Robert Wagner*）（バーデン）とヨーゼフ・ブリュッケル（*Josef Bürckel*）（ザールプファルツ）の主導によるものであった。彼らは，人的組織においてエルザスとロートリンゲンの民政の代表者でもあったため，彼らは特別に全権を委任され，それにもとづき彼らは約6,500人のユダヤ人をゲスターポによって逮捕させる権限を有していた。ユダヤ人は，大都市の集結所から鉄道でまだ収容に余裕のある南フランスへ輸送された。そこでは，ビシー政府がユダヤ人を勾留していた。多くのユダヤ人は，輸送の途中，あるいは輸送後すぐに死亡したが，「ブリュッケルの行動」の際に追放された者の約3分の1が生き延びた。ポメルン地方，そしてドイツ南西地方における2つの行動は，一地域に限定されたものであり，さしあたりこれに続く行動は行われなかった。ドイツのユダヤ人

---

72) *Joseph Walk* (Hrsg.), Das Sonderrecht für die Juden im NS-Staat. Eine Sammlung der gesetzlichen Maßnahmen und Richtlinien-Inhalt und Bedeutung, 1981, S. 358.

73) *Martin Gilbert*, Endlösung. Die Vertreibung und Vernichtung der Juden. Ein Atlas, 1982 参照。

は，最後に一息つくことができた。しかし，「併合」後のオーストリアからの追放と同様に，この行動自体，ドイツ帝国からすべてのユダヤ人を追放するための見本であるとみるべきであった。

　ドイツからユダヤ人を追放するためのハイドリッヒの計画のほかに，ロシアへの出兵開始後，すでに治安警察及び秘密護衛警察の「特別機動部隊」という形式でユダヤ人を現実に絶滅させるための装置の一部が存在していた。一方では，以前から東部及びバルト海沿岸諸国においてこの特別機動部隊がポーランド，ウクライナ及びロシアのユダヤ人に対し大規模な集団虐殺を開始しており，他方では西部においてゲスターポがユダヤ人追放の準備をしていた。ヨーロッパのユダヤ人の組織的追放及び殺害の詳細について話し合われた1942年1月20日のヴァンゼー会議以前に[74]，すでにそれを実行するのに必要な装置がフル稼働していた。

　ドイツのユダヤ人のあるグループは，直接に死の収容所へ送られた者よりも特権的であるように思われた。古代オーストリア時代からの要塞地である北部ボヘミア地方においては，チェコ・スロバキア，オーストリア，ドイツ（何人かは，デンマークとオランダ）からのユダヤ人のために特別収容所及び高齢者の居住地とするゲトーが設立された。それが，テレージエンシュタットであった[75]。しかし，勲章を授与された世界大戦従軍者及び著名人等，全体としてドイツの4万人のユダヤ人のための高齢者用のゲトーは，間もなくユダヤ人の自治を伴う強制収容所，そして多くの者にとってアウシュヴィッツ，トレブリンカ，ソビボル，ベウジェツの強制収容所への道のりの中間滞在地であることが判明した。支配体制の冷笑主義は，どんな酷いことでもやりかねなかった。将来のゲトー居住者は，高齢者の平安な居住場所であると思い込まされた売買契約によって残らず巻き上げられ，世間は国際的派遣団の訪問に際し行われた芸術的催し物や社会的活動等，心配なく，明朗で洗練された生活の演出

---

74) *Kurt Pätzold/Erika Schwarz*, Tagesordnung Judenmord. Die Wannseekonferenz am 20. Januar 1942. Eine Dokumentation zur Organisation der „Endlösung", 1992.

75) *H. G. Adler*, Theresienstadt, 1941–1945. Das Antlitz einer Zwangsgemeinschaft, 1955.

により欺かれた。ドイツ語圏からのユダヤ人，そしてドイツ文化に完全に同化したユダヤ人にとって，テレージエンシュタットでの現実は，彼らに対するドイツ人の背信と同義であった。彼らは，1933年の時点でもなお，解放されるであろうことを確信していた。なぜなら，彼らは彼らの愛国心が踏みにじられ，彼らのドイツ文化に対する自覚が軽視され，彼らの市民階級がもはや承認されないか，あるいは無視されるとは想像し得なかったからである。

　ポーランド，そしてソ連地域のゲットー及び死の収容所で殺害された追放者の中には，1933年から1938年のあいだにその職から追い払われ，国家社会主義国家の法律及び命令にもとづきその職を奪われたかつての弁護士及び裁判官，行政職の法律家，そして大学法学部の教授達も含まれていた。「クリスタルガラスの夜」に住居をナチ突撃隊員によって燃やされた（彼らは，家具，カーテン，カーペットにガソリンを振りかけて火をつけた）エッセンの弁護士・公証人ザロモン・ハイネマン（*Salomon Heinemann*），そして彼の妻アンナ（*Anna*）は，さらなる恐怖から逃れるために自殺した。これは，けっして唯一のケースではなかった。多くの者は，1938年の11月計画から1941年及び1942年のユダヤ人追放が開始された時期において，自殺の方法を選択した。なぜなら，彼らはさらなる辱め，侮辱及び苦境をもはや耐え忍ぶことができなかったからである[76]。

　多数の中から選び出した次なる悲運は，大多数のドイツのユダヤ人法律家の結末を代表するものである[77]。ハイルボルンの弁護で，1936年からヴュルテンベルクのユダヤ人最高評議会の議長であったジークフリート・グンベル（*Siegfried Gumbel*）は，1941年11月にダッハウの強制収容所へ送られ，彼は1942年1月27日にそこで殺害された。シュトゥットガルトの有力な弁護士・公証人ルートヴィヒ・ヘス（*Ludwig Hess*）は，職業及び住居を喪失するという悲運を被った後，1942年8月にテレージエンシュタットに移住させら

---

[76] *Hermann Schröter*, Geschichte und Schicksal der Essener Juden. Gedenkbuch für die jüdischen Mitbürger der Stadt Essen, 1980, S. 575.

[77] すべての記載の出典は，*Göppinger*及び*Krach*（aaO Fn. 31）参照。

れ，彼はその年の9月にそこで死亡した。同様に，シュトゥットガルトのロベルト・ブロッホ（Robert Bloch）は，1933年8月に年金を支給されずにヴュルテンベルク法務省を退職させられた。彼は，1942年7月にアウシュヴィッツの強制収容所へ送られ，そこで殺害された。ブローンベルク出身で，1920年から1938年までベルリンの弁護士ないし「法律顧問」であったゲオルク・アロンゾーン（Georg Aronsohn）は，1942年にテレージエンシュタットに送られ，彼は1943年1月にそこで死亡した。1935年10月1日までマンハイム地方裁判所の所長であったジークフリート・ボーデンハイマー（Siegfried Bodenheimer）は，少し後にオランダへ亡命したが，国防軍によるオランダ占領後，ゲスターポの手に落ちた。1942年，彼は彼の妻と共にヴェスターボルクの強制収容所，そこからテレージエンシュタットに送られ，そこで衰弱と飢餓により死亡した。

ミュンヒェンの弁護士エリザベス・コーン（Elisabeth Kohn）については，彼女が1941年11月20日に彼女の母と妹と共に輸送されたことのみが知られている。おそらく彼女は，その後間もなくリーガで殺害された。ハレ大学の国家学の員外教授，そして1933年まで法学専門雑誌『die gesamte Staatswissenschaft』の編者であったゲオルク・ブロードニッツ（Georg Brodnitz）は，1941年12月の初めにロッズのゲットーで死亡した。エッセンの区裁判所顧問であったヨハネス・アウステルリッツ（Johannes Austerlitz）は，ポーランドのIzbicaに送られた後（1942年4月22日），その時期は不明だがミンスクの強制収容所で死亡した。1933年までベルリン高等裁判所の弁護士であったクルト・レヴィー（Kurt Levy）は，その職が禁止された後，ドイツ国民ユダヤ教団体の本部で活動していた。彼は，1938年の11月計画によってザクセンハウゼンの強制収容所で勾留されたが，その後ドイツにおける帝国ユダヤ協会の部局長となり，1943年6月17日に追放されるまでその協会の会長であった。テレージエンシュタットは，彼にとってほかの多くの者と同様に一時的な滞在地にすぎなかった。1944年の秋，彼はさらにアウシュヴィッツの強制収容所へ送られ，10月30日の到着直後にそこで殺害された。

著名な人々は，かつて弁護士及び公証人として成功し，裁判官として尊敬され，大学教授として名声高く，さらに行政官として有能なドイツのユダヤ人法律家達であった。国家社会主義の狂信的人種差別が，彼らを排除し，彼らを法律事務所及び執務室から追い出し，彼らを大学教授職から追い払い，最終的に彼らの身体的存在を消滅させた。

　驚くべきことは，ドイツのユダヤ人法律家の運命を定めた法律，命令，措置，ボイコット行動，暴力行為よりも，彼らと同じ身分の人の圧倒的多数がそのような政策を従順に受け入れたことであった。ドイツ法曹会からのユダヤ人の「排除」は公然と行われ，国家社会主義政体は，受益者，日和見主義者，そして沈黙者の賛成を得た。1936年10月初めにベルリンで行われた「法学におけるユダヤ民族」と題する会議に多数の著名ドイツ人法律家が参加し，集まった学者達は互いにユダヤ人排斥を表明することで競い合った。カール・シュミットは，この会議の閉会の辞において，「ドイツの精神的遺産とのユダヤ人の関係」について「寄生であり」，策略的であり，そして商売人的であると述べた。さらに，シュミットは会議の参加者に対し，「帝国の法指導者」ハンス・フランクの要求に応えるために全力を尽くすとの決意を表明した。「この会議がドイツの法学におけるユダヤ民族の完全な終わりを意味するものであって欲しい」[78]。「アーリア系」のドイツ人法律家は，このことを完全に支持した。ドイツにおけるユダヤ人法律家の何人かが，亡命または非合法な方法によって，「異教徒間婚姻」による保護，あるいは最終的に強制収容所において生き延びることができたならば，それは少なくとも彼らと同じ身分の人達の連帯感によるのもであったであろう。

---

78) *Göppinger*, (aaO Fn. 1), S. 153 以下。

訳者あとがき

　まずもって，本書（原書）を翻訳して刊行しようという思いに至った経緯に少し触れておきたい。

　主としてワイマール期までに，あるいはワイマール期から暗黒の時代を乗り越えて活躍した「ドイツユダヤ人法律家」を取り上げた本書を翻訳しようではないかという計画は，かつて机をならべたといってよい関係にある何人かの大学教員と実務家が久しぶりに集った際の会話からはじまった。思い出話に花が咲いたことはいうまでもないが，話題の中心は，開設後いろいろな問題が顕在化してきていたロースクールにおかれていた。ロースクールに時間をとられ，学問との取り組みにかつてのように時間を割けなくなったことに対する「ぼやき」はさておき，その目論見と現実，その将来とそこで育った法曹の将来といったものについて，それぞれがその感想とか思いとかいったものを，まさに「語らう」と表現してよい会合であった。そこで，ロースクールの将来とともに少しく危惧されるべきこととして話題になったのは，後進の育成であった。学問を生業とする法学者が，果たしてロースクール教育の中から育っていくのか，あるいはどうやったら育っていくのかに話題がおよぶと，多弁の私森でも少しく沈黙を強いられた。もちろん，今後少なくとも実定法科目の大方の教員は，原則ロースクール出身者となっていかねばならない，少なくともそうならざるを得ないということを前提にしなければ話は別であろうが，現実にそれは無理であろう。

　ロースクールを終えた諸君が，生業として法学という学問を続けていくことを，どうやったら動機づけられるか。とりわけ，若いときにはドイツ法学に（少なくとも自身の感想では）たっぷりと浸かった我々にとって，ロースクール出身者にドイツ法学への関心をどうやったら沸き立たせてもらえるか。その1つの方策として，我々が思いついたのが，かつてはわが国の教科書にもしば

しば登場していたドイツにおける法学分野における碩学の学問的な生涯をつづることである。ドイツ法学の碩学は，わが国の法学，そしてそれをつうじて知らぬ間であれわが国の法実務の——少し大げさにいえば——1つのルーツである。これを知ってもらうことで，まずは学説なりの系譜に対する関心を呼び起こせないか。話はここからスタートしたのである。

　もっとも，一般的にわが国に影響を与えたドイツ法学界の碩学を紹介することを念頭において，彼らを紹介するドイツで刊行された論文なりを集め，それを翻訳していくことは，とてつもなく膨大な作業となることは明らかである。そこで我々の意図にそう1冊の本はないかということで，脳裏にすぐ浮かんだのが本書であった。本書の存在は知っていたし，その一部を利用したことはあるものの，実のところ全体を眺めてはいなかった。改めて本書に取り上げられている碩学を総覧してみてはじめて，我々にとりなじみ深い多くの碩学がユダヤ人であることを知ったというのが本音である。ひるがえって，このことが，本書の翻訳を思い立たせたのであった。かてて加えて，本書所掲の論文は，ユダヤ人法律家の足跡を追った3本の論文をのぞけば，伝記の大方はさして長いものではなく，気軽に手にして読み進めてもらえるものであることもまた，ドイツ法律家の足跡をつうじてドイツ法への関心を抱いてもらおうという意図にそうものであった，という次第である。

　次は，お断り，そして多分に漏れず言い訳がましいことを述べておかなくてはならない。まずもって，本書所収の大方の伝記には，碩学の写真あるいは人物画が付されていた。残念ながら，それらについては出版社 CH Beck 社より，「写真等の使用許諾は，本書のみに限られているので，必要なら，別に取得する必要がある」と告げられた。原書には，掲載の写真等の出所一覧が付されているが，そこには多くが個人所有とされており，もはや我々の能力と時間的余裕をもってしてはいかんともしがたいところであった。ウィキペディア，特にそのドイツ語版には，かなり同様の写真が掲載されているようである。

　もう1つは，表記や漢字仮名遣い，また，訳語そして体裁などの不統一である。ある程度の統一を試みてはみたが，それぞれの訳は訳者の責任であり，最

後は訳者のご判断にお任せすることとした。ただ，人名の仮名表記については
できる限り統一するよう，私が一存で作成した仮名表記リストに基本的には
よってもらっている。その限りで，仮名表記に「常ならぬ」ものがあれば，そ
れは私の責任である。なお，私が作成した「仮名表記リスト」は，ドイツ人修
習生の発音によったものである。

　本書の翻訳を思い立ってから，3年余が経過した。その間にいろいろな方か
らご援助をいただいた。まずもっては，翻訳許諾を金銭的な条件を一切付さ
ずに与えてくださったCH Beck社に対し，心よりのお礼を申し上げたい。翻
訳許諾は，CH Beck社において学生アシスタントをつとめていた*Malgorzata
Heusler*女史の支援なくしてはとてもかなわなかった。CH Beck社への感謝
は，実のところ彼女に対する感謝であるといっても過言ではない。ちなみに彼
女は，私が学術助手を務めていたドイツレーゲンスブルク大学国際私法・民法
等の講座担当教授*Karl Firsching*氏の孫の配偶者である。日本側にて真っ先
に感謝の辞を述べなくてはいけないのが，中央大学出版部の小川砂織氏であ
る。優に1,300頁を越える本翻訳書がどうにか世に出るまでにまとめ上げてく
ださったのは同氏であり，「もう森関係の書籍の編集はお断り」といわれても
仕方がないほどご迷惑をおかけした。同氏に対しては，感謝の言葉もない。両
氏以外にも，私森のいささか杜撰な性格も手伝って，他にも訳いわけをしなく
てはならないことが多々あり，また多くの方々にご迷惑をかけてしまったと思
われる。この場を借りて，お詫びと各位の海容に感謝申し上げたい。

以上

森　　勇

（訳者を代表して）

人名索引

ア

アーロンス，ナータン　Nathan Aarons　21

アーント，エルンスト・モリッツ（モーリッツ）　Ernst Moritz Arndt　75, 113

アイク，エーリヒ　Erich Eyck　235, 691, 1237

アイスナー，クルト　Kurt Eisner　954

アイゼーレ　Eisele　368, 522

アイヒホルン，ヨハン・フリードリッヒ　Johann Friedrich Eichhorn　436

アイヒマン　Eichmann　1206, 1212

アイヒラー，ヴィリー　Willi Eichler　266

アイヘンドルフ　Eichendorff　1180

アインシュタイン，アルベルト　Albert Einstein　223, 1164, 1258

アィンテマ　Yntemas　877

アウエルバッハ　Auerbach　429

アウグスティヌス　Augustinus　1092

アウステルリッツ，ヨハネス　Johannes Austerlitz　1274

アクィナス，トマス　Thomas von Aguin　1092

アシャッフェンブルク，グスタフ　Gustav Aschaffenburg　293, 296

アッシュナー，エルンスト　Ernst Aschner　1198

アディケス　Adickes　694

アドラー，マックス　Max Adler　1152

アプフェル，アルフレート　Alfred Apfel　235, 979, 987

アベル　Abel　91

アミーラ，カール・フォン　Karl von Amira　256, 511

アメルン，フォン　von Ameln　626

アリストテレス　Aristoteles　1112

アルスベルク，マックス　Max Alsberg　292

アルゼン，オーラ　Ola Alsen　980

アルテンシュタイン　Altenstein　26, 65, 70, 91

アルフェルト，フィリップ　Philipp Allfeld　1121, 1136

アルブレヒト，ヴィルヘルム・エドゥアルト　Wilhelm Eduard Albrecht　479, 480

アルベルト・フォン・プロイセン　Albert von Preußen　501, 505

アルマーデ　Armade　1223

アルミンジョン，P.　P. Arminjon　822

アルンツ　Arndts　369

アロンゾーン，ゲオルク　Georg Aronsohn　1274

アロンハイム，リヒャルト　Richard Aronheim　503

アンシュッツ，ゲルハルト　Gerhard Anschütz　463, 475, 659, 1150

イ

イエーガー，ハインツ　Heinz Jäger　987

イェーリング，ルドルフ・フォン　Rudolf von Ihring (Jhering)　71, 162, 208, 211, 238, 256, 260, 314, 343, 349, 363, 375, 377, 380, 482, 510, 538, 615, 640, 874, 893, 950

イエガー，エルンスト　Ernst Jaeger　1000, 1003

イェシェック，ハンス－ハインリッヒ　Hans-Heinrich Jeschec　1136

イエリネク，ヴァルター　Walter Jellinek　281

イエリネク，ゲオルク　Georg Jellinek　272, 274, 289, 541, 603, 890, 1018, 1036

イザイ，エルンスト　Ernst Isay　288

イザイ，ヘルマン　Hermann Isay　267, 288, 317, 323

イザイ，ルドルフ　Rudolf Isay　288, 323

イツィク，イザァク・エリアス　Isaac Elias Itzig　9

イッツェンプリッツ　Itzenplitz　408

ウ

ヴァーゲナー，ハインリッヒ　Heinrich Wagener　407

ヴァーブルク，モーリッツ（モリッツ）　Moritz Warburg　21

ヴァール　Wahl　882

ヴァーレン，フランツ　Franz Vahlen　999

ヴァイス，エゴン　Egon Weiß　250

ヴァイス，ベルンハルト　Bernhard Weiss　1238

ヴァイス，ベルンハルト　Bernhard Weiß　1214

ヴァイスマン，ヤコブ　Jakob Weismann　325

ヴァイスマン，ロベルト　Robert Weismann　1239

ヴァイツェッカー，エルンスト・フォン　Ernst von Weizsäcker　1206

ヴァイヒマン，ヘルベルト　Herbert Weichmann　1239

ヴァイヒンガー　Vaihinger　1090

ヴァインベルガー，オタ　Ota Weinberger　1091

ヴァルシャウアー，クララ　Clara Warschauer　158

ヴァルター，カロリーネ　Karoline Walther　40

ヴァルター，ロベルト　Robert Walter　1087

ヴァルデッカー，ルートヴィッヒ　Ludwig Waldecker　289

ヴァンゲロフ，カール・アドルフ・フォン　Karl Adolf von Vangerow　362, 369, 470, 815

ヴィアッカー，フランツ　Franz Wieacker　77, 248, 524, 946, 1107

ヴィーボルス　Wiebols　1226

ヴィッセル　Wissell　937

ヴィテ　Witte　1222

ヴィテ，カール　Karl Witte　46, 67

ヴィヒェルト，エルンスト　Ernst Wichert　170

ウィルソン　Wilson　937

ヴィルダ，ヴィルヘルム・エドゥアルト　Wilhelm Eduard Wilda　256

ヴィルト，ヨーゼフ　Josef Wirth　691

人名索引

ヴィルヘルミー，カール　Karl Wilhelmi　40
ヴィルヘルム1世　Wilhelm I　98, 169, 178, 496
ヴィルヘルム2世　Wilhelm II　175, 464, 508, 510, 688, 986, 1009
ヴィルヘルム，フリードリヒ3世　Friedlich Wilhem III　75, 98, 99
ヴィルヘルム，フリードリヒ4世　Friedrich Wilhelm IV　91, 96, 99, 113, 120, 165, 184
ヴィロシュコフスキー，アルフレート・ルードヴィッヒ　Alfred Wieruszowski　216, 231, 322, 613
ヴィロシェコフスキー，フリーダ　Frieda Wieruszowski（旧姓バルトドルフ　Bartdorff）　625
ヴィロシェコフスキー，ヘレーネ　Helene Wieruszowski（旧姓ヘンシルHenschel）　217, 615, 616, 626
ヴィロシュコフスキー，マリー　Marie Wieruszowski　616, 626
ヴィロシュコフスキー，モリッツ　Moritz Wieruszowski　615
ヴィロシュコフスキー，リリー　Lilli Wieruszowski　616
ヴィロシュコフスキー，ルース　Ruth Wieruszowski　614, 616, 621, 626
ヴィンター，ルードヴィッヒ　Ludwig Winter　500, 505
ヴィンデルバント　Windelband　758
ヴィントシャイト　Windscheid　299, 340, 364, 366, 375, 524, 538, 588, 615, 637, 764
ヴィンドホルスト　Windthorst　405, 413
ヴィンプハイマー，ハインリッヒ　Heinrich Wimpfheimer　322
ヴェーデキンド　Wedekind　1180
ウェーバー，マックス　Max Weber　267, 291, 355, 673, 890, 945, 951, 1042
ヴェストヘレ　Westhelle　607
ヴェヒター　Wächter　588
ヴェルカー，カール・テオドール　Karl Theiodor Welcker　41
ヴェルツェル，ハンス　Hans Welzel　1134
ヴェルトハウアー，ヨハネス　Johannes Werthauer　297, 979
ヴェルドロス，アルフレート・フォン　Alfred von Verdroß　673
ヴェルナー　Werner　733
ヴェルナー，アルフレート　Alfred Werner　305, 313
ヴェルナー，アントン・フォン　Anton von Werner　169
ヴェンガー，レオポルト　Leopold Wenger　857
ヴォイグト　Voigt　624
ヴォリンガー　Worringer　518
ヴォルフ　E. Wolf　906
ヴォルフ，ヴァルター　Wolf Walter　976
ヴォルフ，カール　Karl Wolff　307
ヴォルフ，テオドール　Theodor Wolff　235
ヴォルフ，テレーゼ　Therese Wolff（旧姓ジムソン　Simson）　959
ヴォルフ，ハンス　Hans Wolf　744, 760
ヴォルフ，ハンス・ユリウス　Hans Julius Wolff　250, 860, 881
ヴォルフ，ベルンハルト　Bernhard Wolff

1284
976
ヴォルフ，マルティーン　Martin Wolff
241, 247, 303, 332, 811, 884, 973, 1113, 1173
ヴォルフゾン，イザァク　Isaac Wolffson
229
ウルシュタイン，フランツ　Franz Ullstein
1195
ウルシュタイン，ロージー　Rosie Ullstein
986
ウルピアヌス　Ulpian　161
ウルフェルダー，アブラハム　Abraham Uhlfelder　87
ウンガー，ヨーゼフ　Joseph Unger
77, 218, 306

エ

エーベルティー　Eberty　72
エーベルト，フリードリッヒ　Friedrich Ebert　234, 670
エールリッヒ，オイゲン　Eugen Ehrlich
267, 374
エールリッヒ，パウル　Paul Ehrlich
204
エーレンツヴァイク，アルミン　Armin Ehrenzweig　307
エーレンツヴァイク，アルベルト　Albert Ehrenzweig　315
エーレンベルク，ヴィクトル　Victor Ehrenberg　314, 821
エック　Eck　522
エック，エルンスト　Ernst Eck　812
エッチンガー，ベルタ　Berta Ettinger
879
エッティンガー，ハンス・ルートヴィヒ　Hans Ludwig Oettinger　1266

エディンガー，マークス　Marcus Edinger
925
エネセルス　Enneccerus　603
エブラート，フリードリッヒ　Friedrich Ebrard　254
エミンガー　Emminger　729
エルザス，フリッツ　Fritz Elsas　1239
エルシュタッター，モーリッツ（モリッツ）　Moritz Ellstatter　33
エルツベルガー　Erzberger　689
エルツベルガー，マティアス　Matthias Erzberger　287, 985
エルデル，アントン　Anton Erdel　619
エルトマン，パウル　Paul Oertmann
217, 603, 762
エルベン，オットー　Otto Elben　391
エンギッシュ，カール　Karl Engisch
1008
エンゲルス，フリードリッヒ　Friedrich Engels　184, 207
エンゲルマン，テオドール　Theodor Engelmann　305

オ

オイヘル，イザァク・アブラハム　Isaak Abraham Euchel　8
オーケン　Oken　134
オーバーネック，ヘルマン　Hermann Oberneck　231
オシエツキー，カール・フォン　Carl von Ossietzky　223, 235, 987, 1199
オットー４世　Otto IV　500
オッペンハイム，ハインリッヒ・ベルンハルト　Heinrich Bernhard Oppenheim
23
オッペンハイム，ラッサ・フランシス・

人名索引

ラウレンス　Lassa Francisl Lawrence Oppenheim　277
オフナー，ユリウス　Julius Ofner　227
オペット，オットー　Otto Opet　246, 316
オルデン　Olden　979, 987
オルデン，ルドルフ　Rudolf Olden　235
オルモント，ヘンリー・ルイス　Henry Lewis Ormond　1267
オルロフ，イダ　Ida Orloff　1199
オンケン，ヘルマン　Hermann Oncken　191

カ

ガーゲルン，ハインリッヒ・フォン　Heinrich Von Gagern　141, 148
ガーライス，カール　Karl Gareis　316
カール，ヴィルヘルム　Wilhelm Kahl　617, 952, 1121
カール2世　Karl II　498, 505
カーン，フランツ　Franz Kahn　330
ガイウス　Geius　56
ガイス，イマヌエル　Immanuel Geiss　955
カイム，イジドール　Isidor Kaim　21
ガイラー，カール　Karl Geiler　640, 641, 648, 975, 972
カウツキー　Kautsky　533
ガウプ，ルートヴィッヒ　Ludwig Gaupp　67, 326
カウフマン，エーリッヒ　Erich Kaufmann　283, 1011, 1012, 1035, 1173
カウル，フリードリッヒ・カール　Friedlich Karl Kaul　986
カスケル，ヴァルター　Walter Kaskel　320, 575

ガセット，オルテガ・イ　Ortega y Gasset　553
カッシラー，エルンスト　Ernst Cassirer　335
カッツェネレンホーゲン，ルドビッヒ　Ludwig Katzenellenbogen　986
カッツエンベルガー，レオ　Leo Katzenberger　1208
カップ，ヴォルフガング　Wolfgang Kapp　690, 724, 1152
カフカ　Kafka　1180
カルカー，ファン　van Calcker　727
カルケル，ヴィルヘルム・ファン　Wilhelm Van Carker　566
カルマン，ハンス・ユルゲン　Hans Jürgen Kallmann　974
カルマン，ルドルフ　Rudolf Callman　317
カロ，ニコデム　Nikodem Caro　986
カロンダー　Calonder　691
カン　Kann　1003
カン，リヒャルト　Richard Kann　327
ガンス，エドゥアルト　Eduard Gans　36, 51, 63, 91, 201
ガンス，ザーロモ・フィリップ　Salomo Philipp Gans　21
カンディンスキー　Kandinsky　1180
カント　Kant　101, 110, 335, 1044, 1049, 1075, 1146
カントロヴィッツ，ヘルマン・ウルリッヒ　Hermann Ulrich Kantorowicz　81, 246, 252, 254, 267

キ

ギールケ　Gierke　211, 272, 370, 525, 538, 572

ギールケ, オットー・フォン　Otto von Gierke　208, 279, 289, 300, 319, 407, 563, 603, 637, 640, 649, 812, 1037
ギールケ, ユリウス・フォン　Julius von Gierke　212
キッシュ, ギド　Guido Kisch　206, 258, 1241
キッツィンガー, フリードリッヒ　Friedrich Kitzinger　293, 295
キップ, テオドール　Theodor Kipp　812
キュルツ, ヴィルヘルム　Wilhelm Külz　696
ギュルトナー, フランツ　Franz Gürtner　734, 735, 756, 966, 1250
キルシュマン　Kirchmann　524
キルヒマン　Kirchmann　377
ギレッセン　Günther Gillssen　669
キントラー, ユーリエ　Julie Kindler　90

ク

クイントス・ムシウス・スカエボラ　Quintus Mucius Scaevola　54
グーツヴィラー, マックス　Max Gutzwiller　800
クーベ　Kube　967
グーラント, アルカディウス　Arkadius Gurland　1152
クーレンベック　Kulenbeck　775
クーレンベック, グスタフ　Gustav Kuhlenbeck　247
クットナー, エーリヒ　Erich Kuttner　224
クットナー, ゲオルク　Georg Kuttner　243
クットナー, ステファン　Stephan Kuttner　265
グナイスト　Gneist　345, 496
グナイスト, ルドルフ・フォン　Rudolf v. Gneist　553, 652, 751, 890
クーノー, ハインリヒ　Heinrich Cunow　1153
グミュア, マックス　Max Gmür　513, 522
グムプレヒト, アーロン・ヤーコプ　Aaron Jacob Gumbrecht　9
クライスト　Kleist　1180
クライン, フランツ　Franz Klein　228, 328
クラインシュロート　Kleinschrod　362
クラウゼナー, エーリヒ　Erich Klausener　1194
グラゼル, ユリウス　Julius Glaser　238, 298
グラッペ　Grabbe　1180
グラーデンヴィッツ, オットー　Otto Gradenwitz　205, 246, 248
グラノフスキー　Granovskij　72
クランク, ハインリッヒ　Heinrich Klang　307
クリー, パウル　Paul Klee　518
クリッツィンガー　Kritzinger　735
グリム　Grim　92, 705
クリューガー, パウル　Paul Krüger　264
グリューベル　Grueber　511
グリュンスパン, ヘルシェル　Herschel Grünspan　1262
グリュンスフェルト, ジグムント (ザームエル・ローエプ)　Sigmund (Samuel Loeb) Grünsfeld　21

人名索引

グリュンフフート，カール・ザムエル Carl Samuel Grünhut　310
グリュンフート，マックス　Max Grünhut　293, 295
グリルパルツァー　Grillparzer　1180
グルーベル，フレッド　Fred Grubel　783, 788
クルシュナー　Kürschner　650
グルツェシンスキー，アルベルト Albert Grzesinsky　1194
クルックマン　Krückmann　770
クルティウス　Curtius　340, 758
クレイザー，ヴァルター　Walter Kreiser　987
クレーヴェ　Cleve　497
グレーナー，ヴィルヘルム　Wilhelm Groener　687
グレーベン，ハンス・フォン・デア Hans von der Groeben　974
クレーン，マルタ　Martha Kröhn　506
グレテナー　Gretener　513
グレテナー，クサバー　Xaver Gretener　1120
クローナー，ヴィルヘルム　Wilhelm Kroner　234
クローメ　Crome　603
クローン　Krohn　388
グロスマン－ドルト，ハンス　Hans Großmann-Doerth　577
グロッシュ，ゲオルゲ　George Grosz　235
クロップ，フリードリッヒ　Friedrich Cropp　41
グロブケ　Globke　1253
クワルク，マックス　Max Quarck　673
グンケル　Gunkel　766, 858, 859

グンプ　Gumpp　728
グンプロヴィッチ，ルートヴィッヒ Ludwig Gumplowicz　275
グンベル　E. J. Gumbel　1208
グンベル，ジークフリート　Siegfried Gumbel　1273

ケ

ゲイ，ピーター　Peter Gay　469
ゲーテ　Goethe　157, 975, 1180
ゲーデラー，カール　Carl Goerdeler　230, 1239
ケーニゲ　Könige　601
ケーニッヒ　König　513
ゲーヤー　Geyer　511, 514
ゲーリング，エミー　Emmy Göring　1212
ゲーリング，ヘルマン　Hermann Göring　1188, 1197, 1198, 1204, 1212, 1244, 1269
ゲールケ　Gercke　769
ゲスラー　Gessler　697
ケスラー，フリードリッヒ　Friedrich Keßler　333
ゲッベルス，ヨーゼフ　Joseph Goebbels　1259
ゲッペルト　Göppert　345
ゲミンゲン，フォン　Von Gemmingen　37
ケメラー，エルンスト・フォン　Ernst von Caemmerer　333
ケラー，フリードリッヒ・ルートヴィッヒ Friedrich Ludwig Keller　362, 438
ケルゼン，ハンス　Hans Kelsen　269, 289, 613, 665, 714, 945, 1011, 1053, 1150, 1153
ケルスス　Celsus　375

ケルステンズ，クリスティアン Christian Kerstiens 1194
ゲルバー，カール・フリードリッヒ・フォン Carl Friedrich von Gerber 162, 273, 478, 480, 483, 1037
ゲルラッハ，エルンスト・ルートヴィヒ Ernst Ludwig v. Gerlach 97
ゲルラッハ，フォン兄弟 v. Gerlach 92
ケルル，ハンス Hanns Kerrl 1228
ケルロイター，オットー Otto Koellreutter 1244
ゲンスラー，ヨハン・カスパー Johann Kasper Gensler 41
ケンプナー，ヴァルター Walter Kempner 1188
ケンプナー，ヴァルター Walter Kempner 1189
ケンプナー，ナデシュダ Nadeschda Kempner 1188
ケンプナー，ベネディクタ・マリア Benedicta Maria kempner 1200
ケンプナー，マクシミリアン Maximilian Kempner 231
ケンプナー，リディア・ラビノヴィッチ Lidia Rabinowitsch-Kempner 1189
ケンプナー，ルート・リディア Ruth Lydia Kempner（旧姓ハーン Hahn）1200
ケンプナー，ロベルト・マックス・ヴァシリジ Robert M (ax) W (assilij) Kempner 1188

コ

コヴァルスキー，ルートヴィッヒ Ludwig Kowalski 316
ゴェレス Görres 134
コーシャカー，パウル Paul Koschakar 857
ゴートハイン，エーベルハルト Eberhard Gothein 581
コーヘン，ヘルマン Hermann Cohen 334
コーヘン，モーリッツ（モリッツ）Moritz Cohen 21
コーラー Kohler 706
コーラー，ヨゼフ Josef Kohler 259, 277, 531, 890, 1127
ゴールトバウム，ヴェンツェル Wenzel Goldbaum 316
コールハマー，W W. Kohlhammer 1242
コーン Cohn 938
コーン，エリザベス Elisabeth Kohn 1274
コーン，エルンスト Ernst Cohn 306
コーン，オスカー Oacar Cohn 222, 223
コーン，ゲオルク Georg Cohn 258
コーン，ジークムント Siegmund Cohn 1219
ゴットシャール，ルドルフ・フォン Rudolf von Gottschall 159
ゴットフリード Gottfried 208
コッホ Koch 368
コッホ Koch 597
コッホ，ヴァルデマール Waldemar Koch 696
コッホ＝ヴェーザー，エーリッヒ Erich Koch-Weser 255, 658, 690, 732
コッホ，ロベルト Robert Koch 1188
コフカ，エルゼ Else Koffka 815

コルヴィッツ，ケーテ　Käthe Kollwitz　1258
ゴルトシュミット，エミーリエ　Emilie Goldschmidt（旧姓ブレスラー　Bressler）　889
ゴルトシュミット，ジェームス・パウル　James Paul Goldschmidt　241, 292, 314, 326, 330, 889, 1121
ゴルトシュミット，ダビット　David Goldschmidt　338
ゴルトシュミット，ハンス・ヴァルター　Hans Walter Goldschmidt　330
ゴルトシュミット，マルガレーテ・ランゲ　Margarete Lange　891
ゴルトシュミット，レヴィーン　Levin Goldschmidt　33, 214, 309, 337, 338, 364, 471
ゴルトシュミット，ロベルト　Robert Goldschmidt　889, 913
ゴルトマン，エミール　Emil Goldmann　262
ゴルドマン　Goldmann　606
コンラート，マックス　Max Conrat　251

サ

サージェント　Sargent　424
ザヴィニー，フリードリッヒ・カール・フォン　Friedrich Carl von Savigny　53, 58, 59, 65, 76, 79, 92, 157, 241, 251, 362, 495, 524, 528, 704, 876, 884
サソフェラトー，バルトルス・デェ　Bartolus de Sassoferrato　797
ザックス，ハンス　Hans Sachs　1208

シ

ジーゲル，ミヒヤエル　Michael Siegel　1218
ジーゲルト，カール　Karl Siegert　906
ジーベル，ハインリッヒ・フォン　Heinrich von Sybel　427
ジーベルス　Sievers　751
ジーメンス，ゲオルク・フォン　Georg von Siemens　423
ジーモン，ヘルマン・ファイト　Herman Veit Simon　345
シェイ・フォン・コロームラ，ヨーゼフ　Josef Schey von Koromla　307
シェーン，パウル　Paul schoen　439, 1126
シェーンシュテット　Schönstedt　596
シェーンベルク，アルノルト　Arnord Schönberg　316
シェップス，ハンス・ヨハイム　Hans Joachim Schoeps　151
ジェニー，フランソワ　Francois Gény　708
シェファー，フリッツ　Fritz Schäffer　975
シェラー　Scheller　161
シェラー，ヨハン　Johann Scherer　626
シェリンク　Schelling　90, 134
シェンケ，アドルフ　Adolf Schönke　1003
シッフ，マイヤー・イザァク　Meyer Isaak Schiff　21
シッファー，オイゲン　Eugen Schiffer　225, 683, 724, 728, 750
シッファー，ベルンハルト　Bernhard Schiffer　684

シッファー，マティルデ　Mathilde Schiffer（旧姓カッセル Kassel）　684
ジムソン，アウグスト・フォン　August v. Simson　961, 962, 965
ジムソン，エドゥアルト　Eduard Simson　27, 155, 201, 217, 972
ジムソン，ジョン　John Simson　961
ジムゾン，ツァハリアス・ヤコブ　Zacharias Jakob Simson　156
ジモン，エドゥアルト・フォン　Eduard von Simon　148
ジモン，ヘルマン・ヴァイト　Hermann veit Simon　236
シャイデマン　Phillip Scheidemann　278, 658, 936
ジャクソン，ロバート・A.　Robert A. Jackson　1204
シャッフシュタイン，フリードリッヒ　Friedrich Schaffstein　1139
シャハト，ハジャルマール　Hjalmar Schacht　492
シャプス，ゲオルク　Georg Schaps　216, 315
シャルンホルスト　Scharnhorst　734
シュヴァルツ，アンドレアス・ベルタラーン　Andreas Bertalan Schwarz　254, 1129
シュヴィンゲ，エーリヒ　Erich Schwinge　1241
シュヴェンク　Schwenk　1223
シューマッヒャー，クルト　Kurt Schumacher　223
シューマン，ペーター　Peter Schumann　429
シュタール，フリードリッヒ・ユリウス　Friedrich Julius Stahl　85, 86, 108, 201, 220, 284, 470, 1037
シュタィア・ゾムロ，フリッツ　Fritz Stier-Somló　1070
シュタイナー，シュテーガー　Stöger-Steiner　1066
シュタイン　Friedrich Freiherr von Stein　278, 652, 1005, 1007
シュタイン，エディス　Edith Stein　1208, 1212
シュタイン，ハインリッヒ・フォン　Heinrich von Stein　758
シュタイン，フリードリッヒ　Friedrich Stein　326
シュタイン，ローレンツ・フォン　Lorenz von Stein　344, 524
シュタインバッハ，エミール　Emil Steinbach　218
シュタウディンガー，フォン　von Staudinger　603
シュタウプ，エルネスティネ　Staub Ernestine（旧姓オルグラー　Orgler）　587
シュタウプ，（ザミュエル）ヘルマン　Hermann (Samuel) Staub　213, 233, 311, 585, 587, 637, 640
シュタウプ，ミヒャエル　Michael Staub　587
シュタウフェンベルク　Stauffenberg　420
シュタットハーゲン，アルトゥアー　Arthur Stadthagen　221, 932
シュタムラー　Stammler　321, 531, 538, 945
シュタムラー，ルドルフ　Rudolf Stammler　950
シュタルガルト，ヨシュア　Josua

Stargardt 435
シュティンツィンク, ローデリッヒ・フォ
　ン Roderich von Stintzing 260
シュテッドマン Stedman 141
シュテファン, ヴェルナー Werner
　Stephan 692
シュテルク, フェリックス Felix Stoerk
　273
シュテルン, モーリッツ（モリッツ）
　Moritz Stern 22
シュテルン, ハリー Harry Stern 1263
シュテルンベルク, テオドール
　Theodor Sternberg 246
シュテルンベルク, レオ Leo Sternberg
　231
シュテングライン Stenglein 213, 592,
　602
シュトゥカルト Stuckart 1253
シュトゥカルト, ヴィルヘルム
　Wilhelm Stuckart 1246
シュトゥリューク Stryk 372
シュトッカー, アドルフ Adolf Stoecker
　201
シュトライス, ミヒャエル Michael
　Stolleis 467
シュトライヒャー, ユリウス Julius
　Streicher 1227
シュトラウス, ヴァルター Walter Strauß
　971, 974, 975
シュトランツ Stranz 601
シュトランツ, マルティーン Martin
　Stranz 312, 602
シュトランツ, モーリッツ Moritz Stranz
　312, 602
シュトランツ, ヨーゼフ Josef Stranz
　312, 602

シュトルプ, カール Karl Strupp 285
シュトロウスベルク Strousberg 408
シュナイダー, ヘドビッヒ Hedwig
　Schneider 832
シュペングラー, オズヴァルト Oswald
　Spengler 335, 874
シュミット, アドルフ Adolf Schmidt
　364
シュミット, アルベルト Albert Schmid
　499, 757
シュミット, カール Carl Schmitt
　96, 110, 119, 120, 240, 290, 1043, 1059,
　1060, 1069, 1070, 1154, 1155, 1164, 1206,
　1212, 1244
シュミット, リヒャルト Richard
　Schmidt 954, 1000, 1004
シュミット, ユリアン Julian Schmidt
　187
シュメルダー Schmölder 735
シュモラー, グスタフ Gustav Schmoller
　655, 890, 952
シュライアマッヒャー Schleiermacher
　157
シュリッケ, アレキサンダー
　Alexander Schlicke 937
シュリンク, ベルンハルト Bernhard
　Schlink 466
シュルツ, フリッツ Fritz Schulz 254,
　1107
シュルツェーゲヴェルニッツ, ゲロ・
　フォン Gero von Schulze-Gävernitz
　1192
シュルツェ, デリッシュ Schultze-
　Delitzsch 180, 181
シュルテ, ヨハン・フリードリッヒ・フォ
　ン Johann Friedrich von Schulte

1292

436
シュレーゲルベルガー　Schlegelberger
　733, 735, 768, 969
シュレーダー，ホルスト　Horst Schröder
　1140
シュレジンガー，パウル　Paul Schlesinger
　1193
シュロスマン，ジグムント　Sigmund
　Schloßmann　301
シュンペーター，ヨーゼフ　Joseph
　Schumpeter　1160
ショイナー，ウルリッヒ　Ulrich
　Scheuner　974
ショイフェルト　Seuffert　511
ショーレム，ゲルショム　Gerschom
　Scholem　552
ショルマイヤー　Schollmeyer　999
ジョン　John　156
シラー　Schiller　335, 626
シリング　Schilling　596
ジルバーシュミット，ヴィルヘルム
　Wilhelm Silberschmidt　322
ジンガー，ハインリッヒ　Heinrich Singer
　264
ジンツハイマー，ザロモン（ジークフリー
　ド）　Salomon (Sieqfried) Sinzheimer
　925
ジンツハイマー，フーゴ　Hugo
　Sinzheimer　298, 319, 340, 344, 356,
　515, 538, 575, 1236
シンドラー　Schindler　587, 601
シンドラー，アルトゥр　Arthur
　Schindler　588
シンドラー，マックス　Max Schindler
　588, 589
シンドラー，ラウラ　Laura Schindler

588

ス

ズース　Süss　362
スターリン　Stalin　194
スタッフ　von Staff　1003
スティアー－ゾムロ，フリッツ　Fritz
　Stier-Somlo　243, 280
スティーフェル，エルンスト C.　Ernst
　C. Stiefel　1266
スティーングラハト，グスタフ・アドルフ・
　フォン　Gustav Adolf von Steengracht
　1206
ストーリ　Story　876
ストッベ　Stobbe　340
ストルム　Storm　1180
スパーニア－ヘルホルト　Spanjer-Herford
　504
スピノザ　Spinoza　101, 578
スメント，ルドルフ　Rudolf Smend
　119, 466, 467, 468, 485, 1041, 1044, 1049,
　1050, 1153
ズリンク　Sling　992, 1193
ズルエタ，フランシス・ド　Francis de
　Zulueta　957
ズレーヴォークト，マックス　Max
　Slevogt　491

セ

ゼーガー　Säger　506
ゼーベリング，カール　Carl Severing
　1197, 1214
ゼーリンク，エミール　Emil Sehling
　433, 438
セザンヌ　Cezanne　1180
ゼッケル，E.　E. Seckel　365

人名索引　1293

ゼバ，ユリウス　Julius Sebba　316
ゼムラー，ヴィルヘルム　Wilhelm Semler　502
ゼリクゾーン，アルノルト　Arnold Seligsohn　317
ゼンガー，アウグスト　August Saenger　314
センテル，ヌアー　Nur Centel　1120

ソ

ゾイフェルト，ローター　Lathar Seuffert　997
ゾーネマン，レオポルト　Leopold Sonnemann　418
ゾーム，ルドルフ　Rudolf Sohm　81, 439, 450

タ

ダーム，ゲオルク　Georg Dahm　956
ダールマン　Dahlmann　144
ダニエル　Daniel　494
ダルムシュテッター，フリードリッヒ　Friedrich Darmstaedter　269

ツ

ツァジウス　Zasius　372
ツァハリエ，カール・ザモロ　Karl Samolo Zachariä　41
ツァハリエ，ハインリッヒ・アルベルト　Heinrich Albert Zachariä　473, 475, 478
ツィーグラー，フランツ　Franz Ziegler　187
ツィーテルマン　Zitelmann　603
ツィーテルマン，エルンスト　Ernst Zitelmann　330

ツィテルマン　Zitelmann　524, 528
ツィン，ゲオルク・アウグスト　Georg August Zinn　1207
ツィンメルン，アドルフ　Adolph Zimmern　39
ツィンメルン，アルフレート　Alfred Zimmern　41
ツィンメルン，エリーゼ　Elise Zimmern　40
ツィンメルン・サラ　Sara Zimmern（旧姓フロルスハイム　Flörsheim）　36
ツィンメルン，ジグムント・ヴィルヘルム　Sigmund Wilhelm Zimmern　23, 35, 205
ツィンメルン，セリグマン　Seligmann Zimmern　37
ツィンメルン，ダビット　David Zimmern　36, 38
ツィンメルン，ハインリッヒ　Heinrich Zimmern　40
ツィンメルン，ハインリッヒ　Heinrich Zimmern　40
ツィンメルン，ヘルマン　Hermann Zimmern　41
ツィンメルン，ヘレン　Helen Zimmern　41
ツィンメルン，ルードビッヒ　Ludwig Zimmern　40
ツィンメルン，レギーネ　Regine Zimmern　39
ツィンメルン，ローヴ　Löw Zimmern　38
ツヴァイク，アルノルト　Arnold Zweig　1259
ツェーレレダー　Zeerleder　513
ツェルギーベル　Zörgiebel　1259

ツベルクマイヤー, リヒャルト　Richard Zwilgmeyer　505

テ

ティーシング, ヨッヘン　Jochen Thiesing　974
ディーツ, ベルンハルト　Bernhard Diez　403
ティーメ, ハンス　Hans Thieme　78
ティエルシュ, フリードリッヒ・ヴィルヘルム　Friedrich Wilhelm Thiersch　88
ディオ, カシウス　Cassius Dio　57
ディックス, ルドルフ　Rudolf Dix　780, 966
ティッツェ, H.　H. Titze　527, 535
ディッテンベルガー　Dittenberger　775, 787
ティボー, アントン・フリードリッヒ・ユストス　Anton Friedrich Justus Thibaut　41, 50, 134, 443
ディルタイ, ヴィルヘルム　Wilhelm Dilthey　758, 766
ティルリッヒ, パウル　Paul Tillich　925
テーラー, テルフォード　Telford Taylor　1205
デゲリンク, ヴィルヘルム　Wilhelm Degering　495, 497
テニィエズ　Tönnies　532
デュウーリンガー, アーデルベルト　Adelbert Düringer　592, 637, 638, 639, 640, 641, 643
デュリエー, ティラ　Tilla Durieux　989
デルブリュック　Delbrück　402, 420

デルンブルク, ハインリッヒ　Heinrich Dernburg　241, 299, 359, 603, 637, 890
デルンブルク, フリードリッヒ　Friedrich Dernburg　360
デルンブルク, ヤコブ・ハインリッヒ　Jakob Heinrich Dernburg　359
デルンブルク, ヨーゼフ・ナフタリーエ　Josef Naftalie Dernburg　360

ト

ドゥーデン, コンラート　Konrad Duden　333
トゥール, フォン　von Tuhr　603, 856
ドゥルッカー, マルティーン　Martin Drucker　788, 831
トゥロット・ツー・ゾルツ, アダム・フォン　Adam v. Trott zu Solz　974
ドーヴェ, リヒャルド　Richard Dove　438
トーマ　Thoma　1180
トーマ, リヒャルト　Richard Thoma　566, 1150
ドーム, クリスティアン・ヴィルヘルム　Christian Wilhelm Dohm　43
トール　Thöl　347, 355
トール, ハインリッヒ　Heinrich Thöl　309
ドーレ　Dölle　586, 604
トクヴィル　Tocquevilles　1019
トッコルスキー, クルト　Kurt Tucholsky　985, 1180, 1259
ドナニー　Dohnanyi　735
ドナニー, ヨハン・フォン　Johann von Dohnanyi　756
トマジウス, クリスティアン　Christian Thomasius　283, 372, 377

人名索引

ドューリンガー　Düringer　599
トライチュケ，ハインリッヒ・フォン　Heinrich von Treitschke　121, 340
トリーペル，ハインリッヒ　Heinrich Triepel　464, 680, 1041, 1050, 1172
ドルッカー，マルティーン　Martin Drucker　230, 984, 1231
トルマン　Thormann　513
ドレーウス，ビル　Bill Drews　1194, 1198
トレルチ，エルンスト　Ernst Troeltsch　554
トレーシー　Tracy　1201
トロップス　F. Trops　906

ナ

ナウマン　Naumann　689
ナビアスキー，ハンス　Hans Nawiasky　289, 290
ナポレオン1世　Napoleon I　10, 180, 278

ニ

ニーチェ　Nietzsche　758
ニートハマー，フリードリッヒ・イマニュエル　Friadrich Immanuel Niethammer　88
ニーブアー，バルトホルト・ゲオルク　Barthold Georg Niebuhr　55, 157
ニーベルディンク　Nieberding　727
ニーマイヤー，ゲルハルト　Gerhart Niemeyer　1155
ニコライ，ヘルムート　Helmut Nicolai　728, 1246
ニッパーダイ，ハンス・カール　Hans Carl Nipperdey　1070

ニボワイエ　Niboyet　872

ヌ

ヌスバウム，アルトゥール　Arthur Nußbaum　268, 332

ネ

ネッカーツィンメルン，セリグマン・フォン　Seligmann von Neckerzimmern　37
ネルソン，レオナルト　Leonard Nelson　266

ノ

ノアック，エルヴィン　Erwin Noack　1255
ノイカンプ　Neukamp　531
ノイス　W. Neuß　626
ノイステテール，レオポルト・ヨーゼフ　Leopold Joseph Neustetel　56
ノイベルト　Neubert　969
ノイマイヤー，アルフレート　Alfred Neumeyer　796, 798, 808
ノイマイヤー，アンナ　Anna Neumeyer（旧姓ヒルシュホルン　Hirschhorn）798, 807
ノイマイヤー，カール　Karl Neumeyer　282, 330, 795
ノイマイヤー，フリッツ　Fritz Neumeyer（のちにフレデリック　Frederick）798
ノイマイヤー，レオポルト　Leopold Neumeyer　796
ノイマン，ジークフリート　Siegfried Neumann　1230
ノイマン，フーゴ　Hugo Neumann

1296

232, 740, 774

ノイマン, フランツ　Franz Neumann　537, 1200

ノイマン, フリードリヒ（フリードリッヒ）Friedrich Neumann　676, 927

ノイマン, マックス　Max Neumann　237, 334

ノスケ, R.　R. Noske　1242

ノル, クヌート　Knut Nörr　315

ノルデ, B.　B. Nolde　822

ハ

パーゲンシュテッヒャー　Pagenstecher　362

バース, テオドール　Theodor Barth　924

バーダー, カール・S.　Karl S. Bader　698

ハーデンベルク, フェルスト　Fürst Hardenberg　26

バート, テオドール　Theodor Barth　651

ハーバー, ユリウス　Julius Haber　229

パーペン, フランツ・フォン　Franz von Papen　225, 734, 1154, 1196, 1250

バール, フォン　von Bar　871

ハーレム, ニクラウス・フォン　Niklaus v. Halem　974

ハーン, フォン　von Hahn　598

パイザー, ヴェルナー　Werner Peiser　1199, 1201

ハイデン博士　Dr. Hyden　913

ハイドリッヒ, ラインハルト　Reinhard Heydrich　1206, 1269

ハイニッツ, エルンスト　Ernst Heinitz　230, 233, 970

ハイニッツ, パウル　Paul Heinitz　1239

ハイネ, ハインリッヒ　Heinrich Heine　51, 137, 187, 201, 207, 469, 756

ハイネス　Heines　1220

ハイネス, エドムント　Edmund Heines　1222

ハイネマン, アンナ　Anna　1273

ハイネマン, ザロモン　Salomon Heinemann　1273

ハイマン　Haymann　356

ハイマン, アデーレ　Adele Haymann（旧姓ヨナス　Jonas）　492

ハイマン, エルンスト　Ernst Heymann　330

ハイマン, ビクトル　Victor Heymann　493

ハイマン, フランツ　Franz Haymann　254, 334

ハイム, ルドルフ　Rudolf Haym　142, 499

ハイムバッハ　Heimbach　161

ハイルフロン, エドゥアルト　Eduard Heilfron　245, 1128

ハイルフロン, ケーテ　Kaete Heilfron　1122

ハイルベルク, アドルフ　Adolf Heilberg　230, 1221

ハイルマン, エルンスト　Ernst Heilmann　224

ハインスハイマー, カール　Karl Heinsheimer　329, 632, 633

ハインリッヒ獅子王　Heinrich der Löwe　500

ハインリヒ, リッヒェルト　Heinrich

Richert　420
バウアー，オットー　Otto Bauer　937, 1162, 1165
バウアー，ブルーノ　Bruno Bauer　138
バウアー，マックス　Max Bauer　690
ハウスホーファー　Haushofer　532
ハウスマン，フリッツ　Fritz Haußmann　323
バウム，ゲオルク　Georg Baum　321
バウムガルテン，アルトォアー　Arthur Baumgarten　1241
バウムバッハ　Baumbach　983
パウリーネ　Pauline　492
パウルス　Paulus　135, 525
パウンド，ロスコー　Roscoe Pound　956, 1072
バッサーマン，アルベルト　Albert Bassermann　989
バッセヴィッツ　Bassewitz　426
ハッセ，フーゴ　Hugo Haase　222, 223
ハッセンプフルーク卿　v. Hassenpflug　91, 92
ハッチェック，ユリウス　Julius Hatschek　279
ハッツフェルト　Hatzfeldt　186, 187, 191
バット，ヘルマン　Hermann Badt　225
バッヒャー，アルベルト　Albert Bacher　523
パッペンハイム，マックス　Max Pappenheim　256, 315, 338
ハッヘンブルク，エルンスト　Ernst Hachenburg　775
ハッヘンブルク，マックス　Max Hachenburg　230, 232, 233, 312, 322, 586, 592, 594, 596, 599, 602, 631-648, 775, 983
パポゥリアス，デメトリオス　Demetrios Pappoulias　857
ハラー，カール・ルートビッヒ・フォン　Karl Ludwig von Haller　92
バル，クルト　Kurt Ball　286
ハルシュタイン，ヴァルター　Walter Hallstein　815, 974
パルチュ，ヨーゼフ　Josef Partsch　857, 879, 880, 1105
ハルトマン　Hartmann　353
ハルナック，アードルフ・フォン　Adolf von Harnack　882
ハルブルガー，ハインリッヒ　Heinrich Harburger　215
バロン，ユーリウス（ユリウス）　Jurius Baron　300, 513
バンベルガー　Bamberger　408, 420, 422

ヒ

ビーデルマン，カール　Karl Biedermann　142, 165, 412
ビーベルシュタイン，フリッツ・フライヘル・マーシャル　Fritz Freiherr Marschall von Bieberstein　567
ビオンディ，ビオンド　Biondo Biondi　1110
ビスマルク，オットー・フォン　Otto von Bismarck　96, 120, 169, 188, 191, 194, 203, 249, 364, 385, 389, 420, 463, 578, 1026
ビスマルク，ヘルベルト　Herbert Bismarck　463
ヒッペル，フリッツ・フォン　Fritz von

Hippel 266
ヒッペル, ロベルト・v. Robert v. Hippel 1122, 1136
ヒトラー, アドルフ Adolf Hitler 194, 735, 842, 845, 1217
ピナー, アルベルト Albert Pinner 312, 601
ヒムラー, ハインリッヒ Heinrich Himmler 695, 725, 735, 1247
ビューヒナー, カール Karl Büchner 187
ビューラー, オットマー Ottmar Bühler 1174
ピュッター Pütter 77
ビュロー, オスカー・フォン Oskar v. Bülow 325, 374
ビルクマイヤー, カール・v Karl v. Birkmeyer 295, 727, 1120
ヒルシュ, エルンスト・E. Ernst E. Hirsch 1129
ヒルシューバリン Hirsh-Ballin 791
ヒルシュベルク Hirschberg 979
ヒルツェル Hirzel 340
ヒルティ Hilty 513
ビンク, フリッツ Fritz Bing 313
ヒンシウス, パウル Paul Hinschius 263, 436, 460, 890
ピンダー Pindar 979
ヒンツェ, ヘドヴィック Hedwig Hintze 659
ビンディング, カール Karl Binding 210, 310, 340, 588, 603, 615, 1192
ヒンデンブルク Hindenburg 734, 1212, 1233
ヒンメルシャイン Himmelschein 607

フ

ファルケ, ゲルトルート Gertrud Falke 1152
ファルンハーゲン Varnhagen 81
フィッシャー, アドルフ Adolf Fischer 625
フィッシャー, ヴァルター Walter Fischer 777, 783
フィッシャー, オットー Otto Fischer 997, 1101
フィッシャー, クーノ Kuno Fischer 266
フィッシャー, ルート Ruth Fischer 1200
フィヒテ Fichte 180, 182, 190, 335
フィリポビッチ Philippovich 1010
フィルヒョー, ルドルフ・フォン Rudolf von Virchow 442
フーゲンベルク, アルフレート Alfred Hugenberg 1247
フーゴ, グスタフ Gustav Hugo 60
フーバー, E. E. Huber 513
フーバー, エルンスト・ルドルフ Ernst Rudolf Huber 1244
フーバー, オイゲン Eugen Huber 708
フェーレンバッハ Fehrenbach 691
フェッヘンバッハ, フェリックス Felix Fechenbach 954
フェルスター Förster 327, 368
フェルスター, フリードリッヒ・ヴィルヘルム Friedrich Wilhelm Förster 1208
フェルダー, ルートヴィヒ Ludwig Foerder 1219

人名索引

フェルバー, カール・ヨーゼフ Karl Josef Ferber 1208
フォイエルバッハ Feuerbach 298, 524
フォイヒトヴァンガー, ジークベルト Sigbert Feuchtwanger 238, 781, 833
フォス Voß 787
フォルストホッフ, エルンスト Ernst Forsthoff 1244
フォルヒハイマー, ベラ Bella Forchheimer 829
フォルマー Vollmar 533
フォンターネ, テオドール Theodor Fontane 241, 260
フックス, エルンスト Ernst Fuchs 267
フックス, オイゲン Eugen Fuchs 230, 236, 775
フッサール, エドムント Edmund Husserl 266
フッサール, ゲルハルト Gerhart Husserl 269
ブッヒャー, ローター Lothar Bucher 187
フッフ, リカルダ Ricarda Huch 1190
プヒェルト Puchelt 881
プファイファー, ゲルト Gerd Pfeiffer 155
プフタ G. F. Puchta 76, 369, 893
ブムケ, エルヴィン Erwin Bumke 728, 733, 766, 770
ブュヒャー, カール Karl Bücher 511
ブラ, グスタフ・アドルフ Gustav Adolf Bulla 577
フライ Frey 979
フライ, エーリヒ Erich Frey 1192
フライシュマン, マックス Max Fleischmann 282
フライスラー, ローラント Roland Freisler 967, 1245
フライターク, グスタフ Gustav Freytag 340
ブライト, ジェームズ James Breit 313, 641
ブライヒローダー Bleichröder 409
ブラウン, オットー Otto Braun 224, 1199, 1239
ブラウン, カール Karl Braun 391, 395
フラットーフ, ゲオルク Georg Flatow 321
プラトン Platon 877, 1092
ブラハト, フランツ Franz Bracht 1197
フランク R. Frank 727, 902
プランク Planck 511, 603, 760
フランク, アンネ Anne Frank 1208, 1212
フランク, ハンス Hans Frank 119, 1227
フランク, ルードヴィッヒ Ludwig Frank 223
フランケンシュタイン, エルンスト Ernst Frankenstein 331
フランツ, コンスタンティン Constantin Frantz 1029
ブラント, マルティーン・ゴットリープ・ヴィルヘルム Martin Gottlieb Wilhelm Brandt 39
ブラント, ヴィリー Willy Brandt 1200
ブリー, ジークフリート Siegfried Brie 264

フリーズ，ヤコブ・フリードリッヒ
　Jakob Friedrich Fries　42
フリーデンスベルク，フェルディナンド
　Ferdinand Frieddensberg　1199
フリードベルク，アドルフ・アウグスト
　Adolf August Friedberg　435
フリードベルク，イスラエル・アブラハ
　ム（後に，アウグスト（August））
　Israel Abraham（August）Friedberg
　434
フリードベルク，エマ　Emma Friedberg
　（旧姓ダン Dann）　435
フリードベルク，エミール　Emil
　Friedberg　227, 263, 433
フリードベルク，ハインリッヒ・フォン
　Heinrich von Friedberg　226, 227, 263,
　435, 589, 596
フリードベルク，フィリッピネ・エマ
　Friedberg Philippine Emma　435
フリードリッヒ，イヨルク　Jörg
　Friedrich　1212
フリードリッヒ，ヴィルヘルム　Wilhelm
　Friedrich　984
フリードリッヒ・ヴィルヘルム・フォン・
　プロイセン　Wilhelm von Preußen
　Friedrich　1212
フリードッリッヒ，エーベルハルト
　Eberhard Friedrich　980
フリードリッヒ3世　Friedrich III　651
フリードリッヒ大王　Friedrich des
　Großen　734
フリードレンダー，アドルフ　Adolf
　Friedlaender　830
フリードレンダー，アレキサンダー
　Alexander Friedlaender　23
フリードレンダー，ヴァルター　Walter
　Friedländer　1200
フリードレンダー，オットー　Otto
　Friedländer　829
フリードレンダー，ゲルハルト　Gerhart
　Friedländer　829
フリードレンダー，ダビット　David
　Friedländer　156
フリードレンダー，ハインリッヒ
　Heinrich Friedländer　324
フリードレンダー，マックス　Max
　Friedlaender　237
フリードレンダー，ルドルフ　Rudolf
　Friedländer　829
フリードレンダー，レオノーレ　Leonore
　Friedländer　829
フリック，ヴィルヘルム　Wilhelm Frick
　1201, 1204, 1253
フリッチェ　Fritsche　1223
ブリューニンク　Brüning　226, 723,
　730, 733, 734
ブリュッケル，ヨーゼフ　Josef Bürckel
　1271
プリングスハイム，アルフレート
　Alfred Pringsheim　1099
プリングスハイム，エマニュエル
　Emmanuel Pringsheim　1100
プリングスハイム，エルンスト　Ernst
　Pringsheim　1099
プリングスハイム，ナターナエル
　Nathanael Pringsheim　1099
プリングスハイム，フーゴ　Hugo
　Pringsheim　1100
プリングスハイム，フリッツ　Fritz
　Pringsheim　250, 254, 1099
プリングスハイム，マイヤー　Meyer
　Pringsheim　1100

プリングスハイム，メンデル（メヘウム）ベン・シャイム Mendel (Menachem) ben Chaim Pringsheim 1100
ブリンクマン Brinkmann 885
ブリンクマン Brinckmann 362
ブリンツ，アロイス・フォン Alois von Brinz 364, 368, 511, 512, 538
ブルーム，アラン Allan Bloom 876
ブルグ，メノ Meno Burg 16
ブルック，エーベルハルト・フリードリッヒ Eberhard Friedrich Bruck 254
ブルック，エルンスト Ernst Bruck 315, 316
ブルックナー，アントーン Anton Bruckner 854
ブルックハルト W. Burckhardt 513
ブルナー H. Brunner 890
ブルンス，ヴィクトア Victor Bruns 880, 1153
ブルンナー，ハインリッヒ Heinrich Brunner 812
ブレスラウ，マイヤー・イスラエル Meyer Israel Bresselau 21
フレッシュ Flesch 1263
フレッシュ，カール Karl Flesch 927
ブレッド Bredt 730
ブレヒト Brecht 732
フレヒトハイム，ユリウス Julius Flechtheim 313, 322
フレンケル Ernst Fraenkel 679
フレンスドルフ，フェルディナンド Ferdinand Frensdorff 256
ブレンターノ，ルーヨ Lujo Brentano 926, 952
プロイス，フーゴ Hugo Preuß 278, 688
フロインデンタール，ベルトホルト Berthold Freundenthal 243, 293
フロインド Freund 774
ブロード Brod 1180
ブロードニッツ，ゲオルク Georg Brodnitz 1274
ブロードニッツ，ユリウス Julius Brodnitz 1236
ブロッホ，ロベルト Robert Bloch 1274
フロメ Fromme 699
フロルスハイム，レーブ Löb Flörsheim 37
ブロンベルク，フォン von Blomberg 1260
ブンゼン，Chr. K. J. Christian Carl Josias v. Bunsen 92, 93, 113, 114, 116, 117
フンボルト，フォン von Humboldt 156, 734

へ

ヘアマン，アデーレ Adele Herrmann 339, 340
ヘーゲル Hegel 67, 71, 157, 183, 190, 375, 441, 1146, 1143
ヘーグナー，ヴィルヘルム Wilhelm Hoegner 1015
ベーゼラー，ゲオルク Georg Beseler 142, 144, 165, 339, 406
ペーター，ヘドヴィッヒ Hedwig Peter 999
ペータース，ハンス Hans Peters 76, 1105
ペータースドルフ Petersdorff 173
ペーツル Pözl 511

ベートマン－ホルヴェーク　Bethmann-Hollweg　687
ヘーネル，アルベルト　Albert Hänel　1037, 1041, 1050
ベーベル，アウグスト　August Bebel　392
ベーリング，ディーツ　Dietz Bering　1214
ベーレント，マルガリータ　Margarete Berent　237
ベーレント，ヤコブ・フリードリッヒ　Jakob (Jacob) Friedrich Behrend　33, 216, 768
ベカー　Bekker　523
ヘス，ルートヴィヒ　Ludwig Hess　1273
ヘス，ルドルフ　Rudolf Hess　1200
ベスト，ヴェルナー　Werner Best　1196
ヘッカー，フリードリッヒ　Friedrich Hecker　164
ベッカー　Bekker　529
ベッカー，E. I.　E. I. Bekker　364
ベッカー，エノ　Enno Becker　286
ベッカー，ベルンハルト　Bernhard Becker　189
ベック，C. H.　C. H. Beck　998
ヘック，フィリップ　Philipp Heck　303, 820
ヘッケル，M.　M. Heckel　112
ヘッケル，ヨハネス　Johannes Heckel　441
ペッチェック，ゲオルク　Georg Petschek　328
ヘッベルス，フリードリッヒ　Friedrich Hebbels　299
ベティヒャー，エドゥアルト　Eduard Bötticher　998, 999, 1003, 1007
ヘニガー，ヴィクトル　Viktor Hoeniger　218, 313, 321
ヘニガー，ハインリッヒ　Heinrich Hoeniger　321, 577
ベニグゼン，ルドルフ・フォン　Rudolf von Bennigsen　392, 395, 402, 416, 418
ベネディクト，エドムント　Edmund Benedikt　238
ベネディクト，フィリップ　Philipp Benedict　14
ヘラー，ヴィルヘルム・ロベルト　Wilhelm Robert Heller　143
ヘラー，ヘルマン　Hermann Heller　119, 289, 1149
ベル，ジョージ（ゲオルク）　George Bell　971
ベルヴァルド，ヘルマン　Hermann Bärwald　409
ヘルヴィッヒ　Hellwig　878
ベルガー，アドルフ　Adolf Berger　251
ヘルダー　Hölder　999
ヘルダー，ユリウス　Julius Hölder　418
ヘルツ，マルクス　Marcus Herz　8
ヘルツフェルダー，フェリックス　Felix Herzfelder　305
ヘルツフェルト，ヨーゼフ　Josef Herzfeld　673
ヘルテル　Härtel　340
ヘルト　Heinrich Held　1012
ベルナチック，エドムント　Edmund Bernatzik　1066
ベルナツィク　Bernatzik　1010

人名索引

ペルニース　Pernice　521
ヘルビッヒ，コンラード　Konrad Hellwig　1004, 1005, 1007, 1008
ヘルフェリッヒ，カール　Karl Helfferich　986
ヘルベルト　Herbert　421
ヘルマン，F.　F. Hellmann　511
ヘルムホルツ　Helmholtz　340
ベルンシュタイン　Eduard Bernstein　671
ベルンハルト，ゲオルグ　Georg Bernhard　731
ベルンヘフト　Bernhöft　531
ペレルス，クルト　Kurt Perels　244, 277, 283, 285
ペレルス，フェルディナンド　Ferdinand Perels　277
ペレルス，レオポルト　Leopold Perels　257, 277
ベロルツハイマー，フリッツ　Fritz Berolzheimer　269
ヘングステンベルク　Hengstenberg　92
ヘンケル，W.　W. Henckel　911
ベンサム　Bentham　539
ヘンゼル，アルベルト　Albert Hensel　286, 1169
ヘンゼル，ヴィルヘルム　Wilhelm Hensel　1169
ヘンゼル，カール　Carl Haensel　1211
ヘンゼル，クルト　Kurt Hensel　1169, 1171, 1174
ヘンゼル，ゲルトルート　Gertrud Hensel（旧姓ハーン　Hahn）　1171
ヘンゼル，パウル　Paul Hensel　1172
ヘンゼル，マリー・ルイーゼ　Marie Luise（旧姓フロートマン　Frothmann）　1172
ヘンゼル，マルティーン　Martin Hensel　1174
ベンダヴィド，ザロモン　Salomon Bendavid　9
ヘンリエッテ　Henriette（旧姓ラザー　Laser）　338

ホ

ホイジンガー，ブルーノ　Bruno Heusinger　757, 766
ホイス，テオドール　Theodor Heuss　658
ボーデ，ヴィルヘルム　Wilhelm Bode　498
ボーデンハイマー，ジークフリート　Siegfried Bodenheimer　1274
ホーニガー，フィクター　Viktor Höniger　641
ホーニッヒ，ヴェルナー・コンスタンティン　Werner Konstantin Honig　1128
ホーニッヒ，ゲオルグ　Georg Honig　1120
ホーニッヒ，マルタ　Honig Martha（旧姓グッテンターク　Guttentag）　1120
ホーニッヒ，ユルゲン・ミヒャエル　Jürgen Michael Honig　1128
ホーニッヒ，リヒャルト・エドゥアルト　Richard Eduard Honig　1128
ホーニッヒ，リヒャルト・マルティーン　Richard Martin Honig　292, 296, 1119
ホーニッヒマン，ダビット　David Honigmann　19
ボーネ，G.　G. Bohne　914
ホーヘ，アルフレート　Alfred Hoche

1304

1192
ホール，ジェローム　Jerome Hall
　1138, 1146,
ポスト　Post　706
ボッケルマン　Bockelmann　1140, 1146
ボッシュ，アントニオ　Antonio Bosch
　1002
ポピッツ　Popitz　695
ホフマン　E. T. A. Hoffmann　1180
ホフマン，ハインツ・フーゴ　Heinz
　Hugo Hoffmann　1208
ホフマンスタール　v. Hoffmannsthal
　1180
ポラック，サロモン　Salomon Pollak
　726
ホラント，フリードリッヒ‐ヴィルヘルム
　Friedrich-Wilhelm Holland　492
ホルヴェク，モリッツ・アウグスト・
　ベートマン　Moriz August v. Bethmann
　Hollweg　100
ホルスタイン，ヴァルター　Walter
　Hollstein　333
ボルネ，ルードビッヒ　Ludwig Börne
　51, 137
ボルネマン　Bornemann　227, 368
ホレンダー，ルートヴィヒ　Ludwig
　Holländer　1236
ホロヴィッツ，マクシミリアン
　Maximilian Horwitz　236
ポロック，フレデリック　Frederick
　Pollock　865
ホワイト，アンドリュー・D．　Andrew
　D. White　423
ボンディー，フェリックス　Felix Bondi
　312

マ

マール，ヴィルヘルム　Wilhelm Marr
　200
マールクヴァールドセン　Marquardsen
　362
マイ，アンゲロ　Angelo Mai　56
マイアー，オットー　Otto Mejer　436
マイヤー，オットー　Otto Mayer　280,
　476, 603, 666, 806, 1040
マイヤー，ザームエル・マールム
　Samuel Marum Meyer　23
マイヤー，ハンス　Hans Mayer　1069
マイヤー，マックス・エルンスト
　Max Ernst Mayer　269, 293, 298, 335
マイヤー，ユリウス　Julius Meyer　1264
マイヤー，ヨハン・ヤーコブ　Johann
　Jacob Meyer　14
マイスナー，オットー　Otto Meissner
　1212
マイネッケ，フリードリッヒ　Friedrich
　Meinecke　1150
マウラー，K．　K. Maurer　511
マウラー，コンラート・フォン　Konrad
　von Maurer　256
マウレンブレッヒャー，ロメオ　Romeo
　Maurenbrecher　479, 480
マグヌス，オットー　Otto Magnus
　503
マグヌス，ファニー・サラ　Fany Sara
　Magnus　790
マグヌス，ユリウス　Julius Magnus
　232, 316, 602, 773, 831, 969, 1237
マコヴァー，ヘルマン　Hermann
　Makower　311, 597
マティス　Matisse　1180

人名索引　　　　　　　　　　　　　　　1305

マネス，アルフレート　Alfred Manes　314
マリアンネ　Marianne　156
マルヴィッツ，ブルーノ　Bruno Marwitz　316
マルーム，ルートヴィッヒ　Ludwig Marum　222, 223
マルクス　Marx　729, 731
マルクス，カール　Karl Marx　118, 183, 184, 185, 189, 194, 207
マルクス，ハインリヒ　Heinrich Marx　14
マルクス，レーヴィス　Lewis Marcus　21
マルティーン，クリストフ　Christoph Martin　41
マレック　Mareck　143
マン，カチャ　Katja Mann　263
マン，トーマス　Thomas Mann　1258
マン，ハインリッヒ　Heinrich Mann　1258
マンスフェルト，ヴァルター　Walter Mansfeld　769
マンスフェルト，ヴィルヘルム　Wilhelm Mansfeld　769
マンスフェルト，フィリップ　Philipp Mannsfeld　21, 756
マンスフェルト，リヒャルト　Richard Mansfeld　217, 755
マンハイム　Mannheim　983
マンハイム，ヘルマン　Hermann Mannheim　293, 297

ミ

ミキュエル，ヨハネス　Johannes Miquel　396, 404, 405, 416

ミッターマイヤー　Mittermaier　134
ミッタイス，ルートヴィッヒ　Ludwig Mitteis　248, 331, 857, 879, 1103
ミヒャエーリス　Michaelis　21
ミヒャエーリス，J. D.　J. D. Michaelis　8
ミヒャエル，オットー　Otto Michael　588
ミヒャエル，レナ・ボナ　Lea Bona Michael　565
ミューゲル　Mügel　694
ミュラー，エマニュエル　Emanuel Müller　796
ミュラー，ゲルハルト・O. W.　Gerhard O. W. Mueller　1133
ミュラー，ヘルマン　Hermann Müller　226, 690, 732

ム

ムンク，ベルンハルト　Bernhard Munck　562

メ

メツガー，マックス・ヨーゼフ　Max Joseph Metzger　1208
メルカッツ，ハンス-ヨーアヒム・フォン　Hans-Joachim v. Merkatz　974
メルクル，アドルフ　Adolf Merkl　1086, 1087
メルスハイマー　Melsheimer　697
メルドーラ，アブラーム　Abraham Meldola　21
メルトン，ヴィルヘルム　Wilhelm Merton　927
メンガー，アントン　Anton Menger　118, 671, 702

メンツェル，アドルフ・フォン　Adolf von Menzel　491
メンデルスゾーン，モーゼス　Moses Mendelssohn　3, 151, 284, 493, 498
メンデルスゾーン-バルトルディ，アルブレヒト　Albrecht Mendelssohn-Bartholdy　244, 283, 316
メンデルスゾーン-バルトルディー，アブラハム　Abraham Mendelssohn-Bartholdy　499
メンデルスゾーン-バルトルディー，ファニー　Fanny Mendelssohn-Bartholdy　1169, 1171
メンデルスゾーン-バルトルディー，フェリックス　Felix Mendelssohn-Bartholdy　498

モ

モール，モリッツ　Moritz Mohl　147
モール，ロベルト・フォン　Robert von Mohl　141, 151, 441, 470
モッセ，アルベルト　Albert Mosse　215
モムゼン，テオドール　Theodor Mommsen　249, 263, 340, 363, 415, 470, 608, 1128
モリオー　Moriaud　964
モリス　Morris　423
モルゲンシュテルン　Morgenstern　1180
モルトケ，ヘルムート・ジェームス・グラーフ・フォン　Helmuth James Graf von Moltke　259, 408
モンジュラ　Montgela　87
モンテスキュー　Montesquieu　209

ヤ

ヤコビ，エルヴィン　Erwin Jacobi　320
ヤコビ，エルンスト　Ernst Jacobi　822
ヤコビ，フリードリッヒ・ハインリッヒ　Friedrich Heinrich Jacobi　88
ヤコビ，ヨハン　Dr. Johann Jacoby　163
ヤコブ，ベルトホルト　Berthold Jacob　1199
ヤコブ，ラッツァルス　Lazarus Jacob　132
ヤコブソン，ハインリッヒ・フリードリッヒ　Heinrich Friedrich Jacobson　263

ユ

ユーデル，イツィク　Itzig Jüdel　494
ユェーデル，マックス　Max Jüdel　503
ユスティニアヌス　Justinian　372
ユリアヌス　Julianus　525
ユンガー　Juenger　876
ユンカー，ヨーゼフ　Josef Juncker　265

ヨ

ヨエル，ギュンター　Günther Joël　735
ヨエル，クルト・ヴァルター　Curt Walter Joël　226, 227, 723
ヨエル，ザウル・ヨーアイム　Saul Joachim Joël　726
ヨーゼフ2世　Joseph II　8
ヨスト，イザアク・マルス　Isaak Markus Jost　19

人名索引　　　　　　　　　1307

ヨドル, フリードリッヒ　Friedrich Jodl
　511, 519
メクレンブルク, ヨハン・アルブレヒト・フォン　Johann Albrecht von Mecklenburg
　503, 505
ヨエル, ヘルマン　Hermann Joël　725
ヨルゲス　Joerges　1241
ヨルゾン, バベッテ　Babette Jolson（旧姓ウルフェルダー　geb. Uhlfelder）
　87
ヨルゾン, バレンティーン　Valentin Jolson　87

ラ

ラート, エルンスト・フォン　Ernst von Rath　1262
ラートブルフ, グスタフ　Gustav Radbruch　122, 252, 290, 724, 729, 730, 760, 785, 945, 953, 983, 1082, 1152
ラーバント, パウル　Paul Laband
　213, 272, 525, 592, 602, 1037
ラーベル, アニィ　Anny Rabel（旧姓ウェーバー　Weber）　880
ラーベル, アルベルト　Albert Rabel
　879
ラーベル, エルンスト　Ernst Rabel
　250, 254, 332, 822, 853
ラーベル, フリードリヒ・カール　Friedrich Karl Rabel　880
ラーベル, リリー　Lili Rabel　880
ラーレンツ, カール　Karl Larenz　946
ライザー, ルートヴィッヒ　Ludwig Raiser　333, 814, 817, 820, 823, 870
ライスナー　Reissner　80
ライシュ, ペーター　Peter Raish　338
ライナッハ, アドルフ　Adolf Reinach
　265, 270
ライナッハ, ロザリエ　Rosalie Reinach
　360
ライプニッツ　Leibnitz　60
ライプホルツ, ゲルハルト　Gerhard Leibholz　289, 292, 680
ラインシュタイン, マックス　Max Rheinstein　333, 882
ラウベ　Laube　141
ラサー, ゲルハルト　Gerhard Lassar
　288
ラサール　Lassalle　77
ラスカー, エドゥアルト　Eduard Lasker
　219, 385
ラスキ, ハロルド　Harold Laski　1154
ラスク, エミール　Emil Lask　265
ラマース, ハインリッヒ　Heinrich Lammers　1224
ラレンツ　Larenz　1139
ランズベルク　Landsberg　381
ランズベルク, エルンスト　Ernst Landsberg　53, 89, 90, 259, 512
ランズベルク, オットー　Otto Landsberg　222
ランズベルク, ジェニー　Jenny Landsberg　616
ラントヴェアー, ゲッツ　Götz Landwehr
　337, 339

リ

リィース, クルト　Curt Riess　986
リーカー, カール　Karl Rieker　439
リーサー, ガブリエル　Gabriel Riesser
　21, 27, 129, 203, 219
リーサー, ヤコブ　Jakob Riesser　220
リーバーマン, エルゼ　Else Liebermann

652

リーバーマン，フェリックス　Felix Liebermann　257
リーバーマン，マックス　Max Liebermann　652
リープマン，オットー　Otto Liebmann　232, 586, 590, 592, 596, 602, 603, 604, 740, 998
リープマン，モリッツ（モーリッツ）Moritz Liepmann　244, 293, 294, 335
リオン，マックス　Max Lion　287
リカルト　Rickert　424
リスト，フランツ・フォン　Franz von Liszt　160, 210, 283, 293, 727, 890, 893, 896, 899, 904, 950, 952, 1121
リッケルト　Rickert　550
リッコボーノ，サルヴァトーレ　Salvatore Riccobono　1110
リッテン　Litten　967, 979
リッテン，ハンス・アヒム　Hans Achim Litten　1258
リッテン，フリッツ・ユリウス　Fritz Julius Litten　302, 1258
リットン，ビューロヴァー　Bulwer-Lytton　188
リヒター，エミリウス・ルードビッヒ　Aemilius Ludwig Richter　424, 435, 443
リヒテンベルク，ベルハルト　Berhard Lichtenberg　295
リプジィウス　Lipsius　860
リューデルス，マリー－エリザベート　Marie-Elisabeth Lüders　696
リュエリン，カール・N.　Karl N. Llewellyn　956
リリエンタール，カール・フォン　Karl von Lilienthal　606, 901, 953, 1121

ル

ルイス，ウィリアム・ドレーパー　William Draper Lewis　867
ルーゲ，アルノルト　Arnold Ruge　73
ルーデンドルフ　Ludendorff　728
ルードビッヒ　Ludwig　51
ルーフス，クリスティアン・フリードリッヒ　Christian Friedrich Rühs　42
ルーボ，ユーリウス　Julius Rubo　23
ルーメリン　Rümelin　141
ルクセンブルク，ローザ　Rosa Luxemburg　223, 1190
ルソー，ジャン・ジャック　Jean Jacques Rousseau　108, 335, 1049
ルター　Luther　1049
ルドルフ　Rudolf　492
ルベ，マリヌス・ファン・デア　Marinus van der Lubbe　1209, 1248

レ

レヴィ博士　Dr. Levy　598
レヴィ（レヴィー）　Levi　768, 979
レヴィー，エルンスト　Ernst Levy　253, 1107
レヴィー，クルト　Kurt Levy　1274
レヴィー，パウル　Paul Levi　222, 223
レヴィー，マイヤー　Meyer Levy　325
レヴィーン（レヴィン），ロイス（ローイ）　Louis Levin　216, 761, 1208
レーヴァルト，ハンス　Hans Lewald　254, 331, 815, 823
レーヴィッシュ，マンフレート　Manfred Löwisch　578

レーヴェンタール，ツァハリアス　Zacharias Löwenthal　207
レーヴェンフェルト，テオドール　Theodor Loewenfeld　305, 510
レーヴェンフェルト，フィリップ　Philipp Loewenfeld　516, 518, 539
レーゲンスベルガー　Regensberger　345
レーゼ，ハンス-ヨーアヒム　Hans-Joachim Rehse　1208
レーデマン，ヘルマン　Hermann Lüdemann　1207
レーデル，ハンス　Hans Rädel　1156
レーデルン，グラフ　Graf Rödern　687
レートリッヒ，ヨーゼフ　Josef Redlich　1151
レーニン　Lenin　194
レーニング，エドガー　Edgar Loening　206, 265
レーニング，リヒャルト　Richard Loening　206
レーネル，オットー　Otto Lenel　248, 603, 1104
レーネルト，デットレフ　Detlef Lehnert　662
レーバイン　Rehbein　760
レーベンシュタイン，カール　Karl Loewenstein　289, 291
レーマン　Lehmann　513, 524
レーマン，ヘルマン　Hermann Lehmann　1238
レーマン，ユリウス　Julius Lehmann　313
レオンハルト　Leonhardt　416
レオンハルト，アドルフ　Adolf Leonhardt　435
レオンハルト，フランツ　Franz Leonhard　303, 856
レオンハルト，ルドルフ　Rudolf Leonhard　301
レスター，ジェネ　Jane Lester　1187
レッシンク　Lessing　182, 493
レッズローブ，ロベルト　Robert Redslob　678
レドリッヒ，ヨーゼフ　Josef Redlich　228
レナウ，ニコラウス　Nikolaus Lenau　38
レプコフ，エイケ・フォン　Eike von Repkow　1196
レフラー　Leflar　876
レマルク，エーリッヒ・マリア　Erich Maria Remarque　1208
レムケ　Lemke　985
レント，フリードリッヒ　Friedrich Lent　1003, 1013
レンナー，カール　Karl Renner　1153, 1165

ロ

ロイシュナー，ヴィルヘルム　Wilhelm Leuschner　1196
ロジーン，イザアク　Isaak Rosin　562
ロジーン，ハインリッヒ　Heinrich Rosin　276
ローゼンクランツ　Rosenkranz　183
ローゼンストック-フシー，オイゲン　Eugen Rosenstock-Huessy　259
ローゼンタール，アルフレート　Alfred Rosenthal　317
ローゼンタール，エドゥアルト　Eduard Rosentahl　260

ローゼンツヴァイク，フランツ　Franz Rosenzweig　334
ローゼンフェルト　Rosenfeld　979, 987
ローゼンフェルト，イゾドル　Isidor Rosenfeld　635, 636
ローゼンフェルト，クルト　Kurt Rosenfeld　222
ローゼンベルク，レオ　Leo Rosenberg　327, 997
ロート　Roth　511
ロードベルトス　Rodbertus　187
ロートマー，フィリップ　Philipp Lotmar　319, 932
ローベ，アドルフ　Adolf Lobe　981
ロールズ，J.　J. Rawls　1062
ローレンツェン，ジーベルト　Sievert Lorenzen　737
ローン，アルブレヒト・フォン　Albrecht von Roon　408
ロジーン，アーデルハイト　Adelheid Rosin（旧姓ミーロ Miro）　562
ロジーン，アーデルハイト　Adelheid Rosin　566
ロジーン，アンナ・ベルタ　Anna Bertha Rosin　566
ロジーン，ハインリッヒ　Heinrch Rosin　565
ロジーン，パウル・オットー　Paul Otto Rosin　566
ロジーン，フランツ　Franz Rosin　566
ロジーン，ベルンハルト　Bernhard Rosin　565
ロッセル　Rossel　513
ロテック，カール・フォン　Carl von Rotteck　137
ロハウ，アウグスト・ルードビッヒ・フォン　August Ludwig von Rochau　390

ワ

ワーグナー，リヒャルト　Richard Wagner　758
ワーグナー，ロベルト　Robert Wagner　1271
ワッハ，アドルフ　Adolf Wach　258, 325, 328, 588, 603, 1004, 1005, 1008

編者・訳者一覧（掲載順）

中山 幸二	明治大学法科大学院教授
森　勇	中央大学法科大学院教授
川並 美砂	東洋英和女学院大学非常勤講師
小野寺 邦広	埼玉大学非常勤講師
榊原 嘉明	明治大学兼任講師
金井 幸子	愛知大学助教
藤嶋 肇	大阪経済大学准教授
坂本 恵三	東洋大学法科大学院教授
村山 淳子	西南学院大学准教授
土屋 武	中央大学大学院法学研究科博士後期課程
工藤 達朗	中央大学法科大学院教授
梶浦 桂司	札幌大学教授
武市 周作	中央学院大学准教授
山﨑 勉	静岡地方裁判所判事
野沢 紀雅	中央大学法科大学院教授
本間 学	帝塚山大学准教授
田代 雅彦	長野地方裁判所松本支部長・判事
廣瀬 克巨	中央大学教授
高橋 賢司	立正大学准教授
渡辺 靖明	明治学院大学特別ＴＡ（副助手）
畑尻 剛	中央大学・中央大学法科大学院教授
土田 伸也	中央大学法科大学院准教授
小田 司	日本大学教授

ユダヤ出自のドイツ法律家　日本比較法研究所翻訳叢書 (62)

2012年3月30日　初版第1刷発行

監訳者　森　勇

発行者　吉田　亮二

発行所　中央大学出版部

〒192-0393
東京都八王子市東中野742-1
電話042 (674) 2351・FAX 042 (674) 2354
http://www2.chuo-u.ac.jp/up/

© 2012　　ISBN978-4-8057-0363-2　　ニシキ印刷

日本比較法研究所翻訳叢書

0	杉山直治郎訳	仏 蘭 西 法 諺	B6判 (品切)
1	F. H. ローソン 小堀憲助他訳	イギリス法の合理性	A5判 1260円
2	B. N. カドーゾ 守屋善輝訳	法 の 成 長	B5判 (品切)
3	B. N. カドーゾ 守屋善輝訳	司法過程の性質	B6判 (品切)
4	B. N. カドーゾ 守屋善輝訳	法律学上の矛盾対立	B6判 735円
5	P. ヴィノグラドフ 矢田一男他訳	中世ヨーロッパにおけるローマ法	A5判 (品切)
6	R. E. メガリ 金子文六他訳	イギリスの弁護士・裁判官	A5判 1260円
7	K. ラーレンツ 神田博司他訳	行為基礎と契約の履行	A5判 (品切)
8	F. H. ローソン 小堀憲助他訳	英米法とヨーロッパ大陸法	A5判 (品切)
9	I. ジェニングス 柳沢義男他訳	イギリス地方行政法原理	A5判 (品切)
10	守屋善輝編	英 米 法 諺	B6判 3150円
11	G. ボーリー他 新井正男他訳	〔新版〕消 費 者 保 護	A5判 2940円
12	A. Z. ヤマニー 真田芳憲訳	イスラーム法と現代の諸問題	B6判 945円
13	ワインスタイン 小島武司編訳	裁判所規則制定過程の改革	A5判 1575円
14	カペレッティ編 小島武司編訳	裁判・紛争処理の比較研究(上)	A5判 2310円
15	カペレッティ 小島武司他訳	手続保障の比較法的研究	A5判 1680円
16	J. M. ホールデン 高窪利一監訳	英国流通証券法史論	A5判 4725円
17	ゴールドシュティン 渥美東洋監訳	控えめな裁判所	A5判 1260円

日本比較法研究所翻訳叢書

18	カペレッティ編 小島武司編訳	裁判・紛争処理の比較研究(下)	A5判 2730円
19	ドゥローブニク他編 真田芳憲他訳	法社会学と比較法	A5判 3150円
20	カペレッティ編 小島・谷口編訳	正義へのアクセスと福祉国家	A5判 4725円
21	P. アーレンス編 小島武司編訳	西独民事訴訟法の現在	A5判 3045円
22	D. ヘーンリッヒ編 桑田三郎編訳	西ドイツ比較法学の諸問題	A5判 5040円
23	P. ギレス編 小島武司編訳	西独訴訟制度の課題	A5判 4410円
24	M. アサド 真田芳憲訳	イスラームの国家と統治の原則	A5判 2040円
25	A. M. プラット 藤本・河合訳	児童救済運動	A5判 2549円
26	M. ローゼンバーグ 小島・大村編訳	民事司法の展望	A5判 2345円
27	B. グロスフェルト 山内惟介訳	国際企業法の諸相	A5判 4200円
28	H. U. エーリヒゼン 中西又三編訳	西ドイツにおける自治団体	A5判 (品切)
29	P. シュロッサー 小島武司編訳	国際民事訴訟の法理	A5判 (品切)
30	P. シュロッサー他 小島武司編訳	各国仲裁の法とプラクティス	A5判 1575円
31	P. シュロッサー 小島武司編訳	国際仲裁の法理	A5判 1470円
32	張晋藩 真田芳憲監修	中国法制史(上)	A5判 (品切)
33	W. M. フライエンフェルス 田村五郎編訳	ドイツ現代家族法	A5判 (品切)
34	K. F. クロイツァー 山内惟介監修	国際私法・比較法論集	A5判 3675円
35	張晋藩 真田芳憲監修	中国法制史(下)	A5判 4095円

日本比較法研究所翻訳叢書

36	G. レジエ 他 / 山野目章夫他訳	フランス私法講演集	A5判 1575円
37	G. C. ハザード 他 / 小島武司編訳	民事司法の国際動向	A5判 1890円
38	オトー・ザンドロック / 丸山秀平編訳	国際契約法の諸問題	A5判 1470円
39	E. シャーマン / 大村雅彦編訳	ＡＤＲと民事訴訟	A5判 1365円
40	ルイ・ファボルー 他 / 植野妙実子編訳	フランス公法講演集	A5判 3150円
41	S. ウォーカー / 藤本哲也監訳	民衆司法──アメリカ刑事司法の歴史	A5判 4200円
42	ウルリッヒ・フーバー他 / 吉田豊・勢子訳	ドイツ不法行為法論文集	A5判 7665円
43	スティーブン・L. ペパー / 住吉博編訳	道徳を超えたところにある法律家の役割	A5判 4200円
44	W. マイケル・リースマン他 / 宮野洋一他訳	国家の非公然活動と国際法	A5判 3780円
45	ハインツ・D. アスマン / 丸山秀平編訳	ドイツ資本市場法の諸問題	A5判 1995円
46	デイヴィド・ルーバン / 住吉博編訳	法律家倫理と良き判断力	A5判 6300円
47	D. H. ショイイング / 石川敏行監訳	ヨーロッパ法への道	A5判 3150円
48	ヴェルナー・F. エブケ / 山内惟介編訳	経済統合・国際企業法・法の調整	A5判 2835円
49	トビアス・ヘルムス / 野沢・遠藤訳	生物学的出自と親子法	A5判 3885円
50	ハインリッヒ・デルナー / 野沢・山内編訳	ドイツ民法・国際私法論集	A5判 2415円
51	フリッツ・シュルツ / 眞田芳憲・森光訳	ローマ法の原理	A5判 (品切)
52	シュテファン・カーデルバッハ / 山内惟介編訳	国際法・ヨーロッパ公法の現状と課題	A5判 1995円
53	ペーター・ギレス / 小島武司編	民事司法システムの将来──憲法化・国際化・電子化	A5判 2730円

日本比較法研究所翻訳叢書

54	インゴ・ゼンガー 古積・山内 編訳	ドイツ・ヨーロッパ民事法の今日的諸問題	A5判 2520円
55	ディルク・エーラース 山内・石川・工藤 編訳	ヨーロッパ・ドイツ行政法の諸問題	A5判 2625円
56	コルデュラ・シュトゥンプ 楢崎・山内 編訳	変革期ドイツ私法の基盤的枠組み	A5判 3360円
57	ルードルフ・V・イエーリング 眞田・矢澤 訳	法学における冗談と真面目―法学書を読む人へのクリスマスプレゼント	A5判 5670円
58	ハロルド・J・バーマン 宮島直機訳	法 と 革 命 Ⅱ	A5判 7875円
59	ロバート・J・ケリー 藤本哲也監訳	アメリカ合衆国における組織犯罪百科事典	A5判 7770円
60	ハロルド・J・バーマン 宮島直機訳	法 と 革 命 Ⅰ	A5判 9240円
61	ハンス・D・ヤラス 松原光宏編	ヤラス教授日本講演録 現代ドイツ・ヨーロッパ基本権論	A5判 2500円

＊価格は消費税5％を含みます。